상법 강의

13th Edition

COMMERCIAL LAW

상법 강의

이론/연습문제

이상수 · 송상원 · 정다희 편저

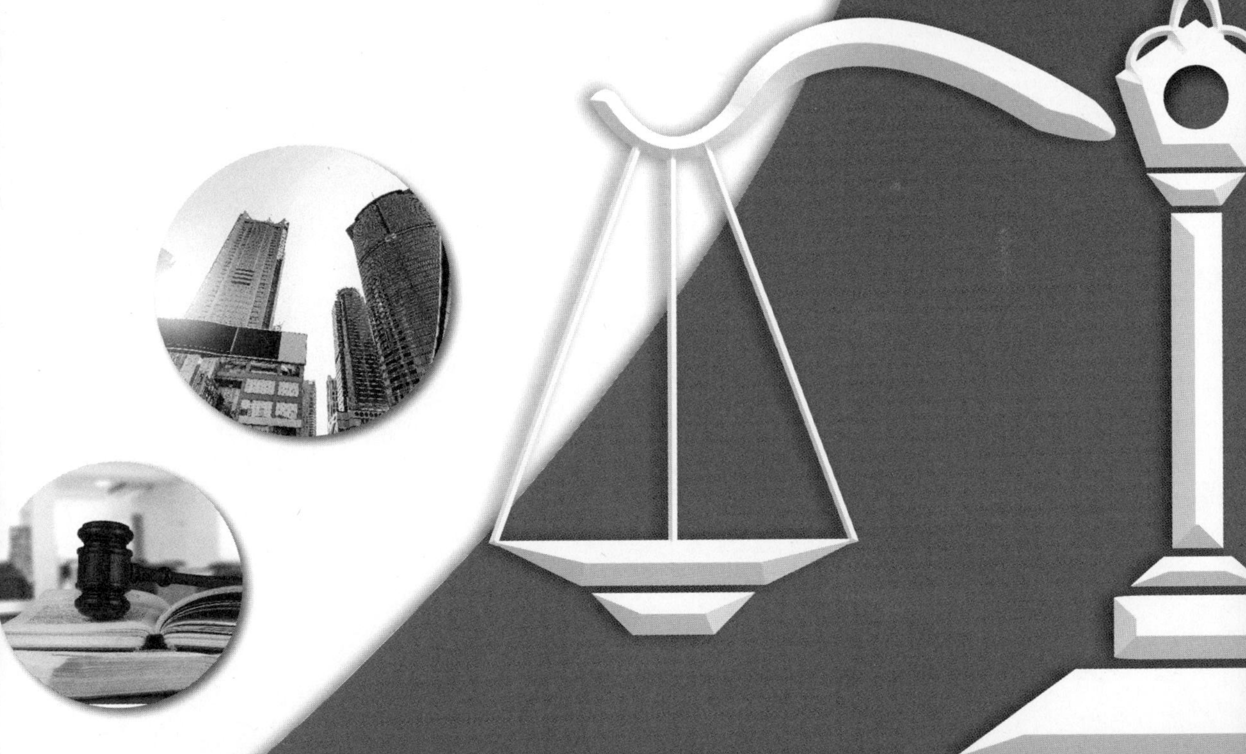

형설출판사
www.hyungseul.co.kr

먼저 『상법강의』 교재를 애용해 주신 공인회계사 시험을 준비하는 수험생 여러분에게 감사드린다. 본 교재의 완판으로 인하여 새로이 출간하면서 출판사의 사정으로 인하여 [도서출판 웅지]에서 [형설출판사]로 출판사를 옮기게 되었다.

이번 출간에서는 그동안 많은 수험생들의 질의 내용에 따라 교재내용에 부족하였던 부분을 보완하고, 또한 2017년 3월 23일 전원합의체판결로 명의주주의 주주권행사, 이사 및 감사의 지위취득에 관한 기존 판례의 내용이 변경되어 이를 보완하였다. 뿐만 아니라 2017년 공인회계사 기출문제를 추가 보완하였다.

새로이 출간되어진 본서가 공인회계사 수험생 여러분에게 더 알찬 교재로써 그 역할을 다 할 수 있을 것이라 기대된다. 수험생 여러분의 애정 어린 지적을 감사히 받아드릴 것이며 더 좋은 교재가 되도록 최선을 다할 것을 약속드린다.

마지막으로 『상법강의』의 새로운 출간에 많은 관심과 노력을 기울여주신 형설출판사 회장님, 사장님, 편집부 전직원에게 감사의 인사를 드린다.

2017년 8월

공동편저자 이상수, 송상원, 정다희

CONTENTS

C|O|N|T|E|N|T|S

CONTENTS

CONTENTS

COMMERCIAL LAW

COMMERCIAL LAW

상법총칙

section 01 상법총칙

CHAPTER

01 상법의 개설

제1절 상법의 개념

I. 형식적 의의의 상법

형식적 의의의 상법이란 1962년 1월 20일 법률 제1000호로 공포되어 1984년, 1995년, 1998년, 1999년, 2001년, 2007년, 2009년, 2010년, 2012년, 2015년, 2016년 개정되어 현재 시행되고 있는 상법전을 말하며, 이는 각국의 역사적 배경과 입법정책 등을 반영하고 있다.

우리 상법전은 제1편 상법총칙(제1조－제45조), 제2편 상행위(제46조－제168조의12), 제3편 회사(제169조－제637조), 제4편 보험(제638조－제739조), 제5편 해상(제740조－제895조)과 제6편 항공운송(제896조－제935조), 부칙으로 구성되어 있다.

II. 실질적 의의의 상법

실질적 의의의 상법은 학문적 입장에서 통일성 및 체계성을 중시하여 파악된 개념으로 상사생활관계를 어떻게 정의하느냐에 따라 상법의 적용범위와 적용대상이 확정된다.

1. 상(商)의 개념

경제발전의 초기단계에서는 상품의 매매를 상의 개념으로 이해하였으나, 점점 경제발전이 되면서 상품매매의 보조적 행위(금융업 · 운송업 · 창고업 등)도 상의 개념에 포함되게 되었고, 그 후에는 상품의 매매와는 별개인 업종(서비스업 · 광업 등)도 상의 개념에 포함되게 되었다.

2. 실질적 의의의 상법의 대상

실질적 의의의 상법 대상론으로 역사적 관련설(라스티히), 매개행위설(골드쉬미트), 집단거래설(헤크), 상적 색채설(다나까 고다로), 기업법설(뷔란트) 등이 주장되었으며, 현재 우리 나라의 통설적 견해는 기업법설이다. 기업법설은 영리를 목적으로 하여 계속적으로 경영활동을 하는 독립적인 경제적 생활조직으로서의 기업의 개념을 상정하고, 실질적 의의의 상법은 바로 「기업에 관한 특별사법」이라고 하고 있다.

3. 실질적 의의의 상법의 의의

기업법설에 따르면 상법은 기업의 생활관계에 관한 특별사법이라고 하고 있다. 이를 분설하면 다음과 같다.

(1) 「기업」에 관한 법

기업이란 일정한 계획에 따라 계속적 의도로 영리행위를 실현하는 독립된 경제단위를 말하며, 이러한 기업에 관한 법률관계를 규율하는 법이 상법이다.

(2) 기업의 「생활관계에 관한」 법

상법은 기업의 주체인 상인뿐만 아니라 기업과 거래하는 일반인에 대해서도 적용되는 법으로써, 기업의 생활관계에 관한 법이다.

(3) 기업의 생활관계에 관한 「특별사법」

상법은 기업간의 평등한 생활관계를 규율하므로 기업에 관한 사법이며, 기업관계에 민법의 일반원칙으로 해결될 수 없는 특유한 사항을 규정한 법이다.

III. 형식적 의의의 상법과 실질적 의의의 상법의 관계

실질적 의의의 상법은 순수한 사법적 규정을 두고 있다면, 형식적 의의의 상법은 필요에 의하여 상호가등기 · 회사소송 · 회사형벌 등의 공법적 규정을 두고 있기 때문에 양자는 일치하지 않는 면을 가지고 있다. 다만, 시대의 변화에 따른 형식적 의의의 상법의 보완 및 개정에 있어서 실질적 의의의 상법은 해석의 지침이 될 수 있고, 형식적 의의의 상법은 실질적 의의의 상법을 연구하는 근간이 된다.

제2절 상법의 지위

Ⅰ. 상법과 민법의 관계

1. 민법에 대한 상법의 지위

상법은 사법적 생활관계 전반을 규율하는 민법에 대해 기업의 생활관계를 규율하는 특별법의 지위를 가지고 있다. 이와 같은 상법의 민법에 대한 관계는 다음과 같은 세 가지로 구분할 수 있다.

(1) 민법규정의 보충·변경

상법은 민법의 규정을 보충·변경하는 규정을 두고 있다. 예를 들면, 민법상 대리는 반드시 대리관계를 표시하여야 하는 현명주의(顯名主義)를 택하고 있지만 상법상 대리는 비현명주의(非顯名主義)를 택하고 있다. 또한 민사채권의 소멸시효기간은 10년이지만 상사채권의 소멸시효기간은 5년으로 규정하고 있다. 그 이외에 상행위편에서 물권과 채권에 관한 특칙규정을 두고 있다.

(2) 민법상 일반제도의 변형

민법상 대리·위임·도급·고용·임치 등을 특수화하여 상업사용인·대리상·위탁매매업·운송업·창고업에 관한 규정을 두고 있고, 민법상 법인과 조합제도를 수정하여 회사제도를 두고 있다.

(3) 상법상 특유한 제도

민법에는 존재하지 않는 상호·상업장부·상업등기·상호계산 등의 특유한 제도를 두고 있다.

2. 상법의 독자성

(1) 민상이법(民商二法)통일론

기업관계에 대하여는 상법과 민법의 적용이 교차할 뿐만 아니라 일반인에 대해서도 상법의 적용이 예정되고 있기 때문에 어느 법을 적용하느냐에 따라 불공정한 결과를 초래할 수 있다는 등의 근거를 들어 민법과 상법을 통일하자는 주장이 제기되었으나, 현재는 민법과 상법은 별개의 독립된 법으로 존재하여야 한다는 것이 정형화되어 있다.

(2) 민법의 상화

독일의 리이써(Riesser)가 기업의 생활관계를 지배하는 상법의 원리와 제도가 일반인의 생활관계의 원리와 제도화되고 민법에 속하는 법률제도가 상법의 제도화되는 것을 민법의 상화라고 하였다(예 계약자유의 원칙, 민사회사 제도 등). 이러한 민법의 상화현상이 상법의 독자성을 상실된다는 주장이 있으나, 민법의 상화는 그 성질상 한계가 있고 새로운 상행위의 계속된 출현으로 상법은 독자성을 갖는다.

II. 상법과 노동법의 관계

기업보조자가 기업주를 위하여 노무를 제공하는 내부적 고용관계에 관하여 규율하는 법이 노동법이고, 기업보조자가 기업주를 위하여 제3자와 법률행위를 하는 경우에 그 효과에 관하여 규율하는 법이 상법이다.

III. 상법과 경제법의 관계

경제법은 국가가 특정한 목적을 위하여 경제를 계획적으로 지도 · 감독하는 경제통제의 일환으로서 기업에 대하여 행해지는 국가적인 요청에 의하여 만들어진 법이라고 한다면, 상법은 기본적으로 계약자유와 사적 자치를 인정하고 영리를 바탕으로 한다는 점에서 그 이념과 성격을 달리하고 있다. 다만, 상법에 잠재하는 사회성이나 규제성이라는 성격에서 볼 때에는 경제법과 상법은 하나의 법으로 통일되어야 할 것이다.

IV. 상법과 어음법 · 수표법의 관계

어음과 수표는 상인들뿐만 아니라 일반인들 상호간에도 이용이 가능하기 때문에 상법상 유가증권(화물상환증 · 창고증권 · 주권 · 사채권 · 신주인수권증서 · 신주인수권증권 · 선하증권) 등과는 달리 독립된 법으로 어음법과 수표법을 두고 있다. 그러나 실질적으로 어음과 수표는 상인간이나 상인과의 거래에서 주로 이용되고 있기 때문에 실질적 의의의 상법에 포함된다고 할 수 있고, 상법의 중요한 부분으로 취급되고 있다.

제3절 상법의 특성

Ⅰ. 조직면에서의 특성

1. 기업자본의 원활한 조달

기업은 많은 자본을 필요로 하므로 자기자본의 조달방법으로 주식회사의 주식제도, 선박공유제도를 두고 있다. 그리고 타인자본의 조달방법으로 주식회사의 사채제도, 선박담보권제도를 두고 있다. 또한 상법에는 자본집중을 위하여 영업양도, 회사의 합병제도를 두고 있다. 이들은 기업의 유지를 위한 제도이기도 하다.

2. 노력의 보충

기업규모의 확대와 기업활동의 복잡 다양화로 인하여 기업유지를 위해 상인의 노력의 보충이 필요하게 되었다. 이에 따라 상업사용인, 대리상, 중개인, 위탁매매인, 운송주선인, 운송인, 합명회사 등의 제도를 두고 있다.

3. 기업의 독립성 확보

기업의 유지를 위해서는 전제조건으로 기업의 독립성이 확보되어야 하므로, 상법은 상업장부제도를 두어 기업재산과 개인재산을 구별하고 있고, 상호제도와 영업소제도를 두고 있다. 더욱이 회사에 법인격을 부여함으로써 기업의 독립성을 더욱 확실하게 하고 있다.

4. 기업해체의 방지

기업의 유지를 위하여 영업의 양도, 상사대리의 특칙, 회사의 합병과 분할, 회사계속, 조직변경 등의 제도를 둠으로써 기업의 해체를 방지하고 있다. 특히 주식회사와 유한회사, 유한책임회사에서는 1인회사를 인정하여 기업의 유지를 꾀하고 있다.

5. 경영의 전문화

상법은 기업의 소유와 경영의 분리를 유도하고 전문경영자들에 의한 이사회, 지배인, 익명조합, 업무집행사원 등의 제도를 둠으로써 기업의 유지를 도모하고 있다.

6. 위험부담의 경감

기업규모의 거대화로 인해 상대적으로 기업의 손실의 위험도 커지고 있다. 이러한 기업의 위험부담을 줄이는 것이 기업의 유지를 위하여 필요하기 때문에 주식회사의 주식제도, 보험제도 등을 두고 있다.

II. 활동면에서의 특성

1. 상행위의 유상성

기업의 본질은 영리행위를 추구하는 것이므로 기업의 영리성은 상법상의 기본 개념인 상인과 상행위의 전제가 된다. 이를 위하여 상인의 보수청구권, 상인이 금전대여를 한 경우의 법정이자청구권, 연(年) 6푼(分)의 고율의 법정이자청구권 등을 인정하고 있다.

2. 간이 · 신속주의

기업활동은 다수인을 상대로 반복적이고 집단적으로 이루어지고 있으므로 개개의 거래가 원활하게 신속하게 이루어져야 한다. 이를 위해 상행위의 대리, 상사채권의 단기소멸시효, 상호계산, 계약청약에 대한 낙부통지의무, 상사매매의 특칙, 운송인의 운송물 공탁권 및 경매권 등의 제도를 두고 있다.

3. 거래안전의 보호

(1) 공시제도

기업의 거래 내용을 일반에게 공시함으로써 거래의 원활과 안전을 도모할 수 있게 된다. 이를 위하여 상업등기제도, 회사의 각 종 등기사항, 대차대조표의 공고의무, 재무제표 등의 비치의무 등을 인정하고 있다.

(2) 외관신뢰보호의 법리

거래의 안전을 확보하기 위하여 외관을 신뢰하고 거래한 자를 보호하는 제도를 두고 있다. 표현지배인, 명의대여자의 책임, 부실등기를 한 자의 책임, 상호속용의 영업양수인의 책임, 고가물에 대한 책임, 유사발기인의 책임, 표현대표이사의 책임, 자칭 무한책임사원의 책임, 유가증권의 문언성과 선의취득자의 보호 등의 많은 규정을 두고 있다.

4. 책임의 가중과 경감

(1) 책임의 가중

거래의 안전과 간이 · 신속한 거래를 도모하기 위하여 상인의 의무와 책임을 강화하고 있다. 상사매매에 있어서 매수인의 목적물 검사 및 하자 통지의무, 다수당사자의 연대책임, 무한책임사원, 회사의 대표사원 또는 대표이사와의 연대책임, 주식회사의 발기인 또는 이사의 자본금 충실의 책임, 위탁매매인의 이행담보책임 등의 규정을 두고 있다.

(2) 책임의 경감

기업거래의 신속한 완료와 기업유지를 위하여 고가물임을 명시하지 않은 경우의 운송인 또는 공중접객업자의 책임, 상법상 유한책임제도 등의 제도를 두고 있다.

5. 개성의 상실

기업활동은 반복적 · 계속적 · 대량적으로 이루어지고 있기 때문에 거래의 신속과 원활을 위하여 기업활동행위의 상대방이나 급부의 내용에 대한 개성을 중요시하지 않고 있다. 각 종의 개입권제도, 개입의무, 발기인이나 이사의 담보책임, 위탁매매인의 이행담보책임제도 등을 두고 있다.

6. 계약자유의 원칙

기업활동은 영리를 목적으로 하고 있으므로, 당사자의 자유의사에 맡기는 것이 거래의 원활과 신속을 도모할 수 있다. 계약자유의 원칙은 민법의 일반원칙이기도 하지만, 민법에서는 인정되지 않는 유질계약을 인정하고 있는 점은 민법보다 상법이 더 넓게 계약자유의 원칙을 인정하고 있는 것이다.

7. 계약의 정형화

기업거래가 계속적 · 반복적 · 대량적으로 이루어지고 있으므로 거래행위의 내용이 정형화되고 있다. 주식이나 사채의 청약방식의 정형화, 보통보험약관은 그 대표적인 예라고 할 수 있다.

제4절 상법의 법원

법원(法源)이란 법의 존재형식 또는 법의 존재근거로서의 자료를 말한다. 이러한 법원에 대하여 상법 제1조에서는 「상사에 관하여 본법에 규정이 없으면 상관습에 의하고 상관습법이 없으면 민법의 규정에 의한다」고 규정하고 있다.

Ⅰ. 법원의 종류

법원은 크게 제정법과 상관습법, 상사자치법이 있으며, 보통거래약관의 법원성이 논의되고 있다.

1. 제정법

제정법으로는 상법전과 상사특별법령이 있다. 상사특별법령에는 먼저 상법전의 시행을 위한 부속법령으로 상법시행법, 상법시행령, 상업등기법 등이 있다. 또한 상법전의 규정을 보충하거나 변경하는 특별법령으로서 독립한 단행법으로 존재하는 것이 상당히 있다(예 약관규제에 관한 법률, 할부거래에 관한 법률, 중재법, 자본시장과 금융투자업에 관한 법률, 선물거래법, 담보부사채신탁법, 주식회사의 외부감사에 관한 법률 등).

2. 상관습법

상관습법이란 상거래에서 일정한 관행(상관습)이 오랜 기간 계속되고, 이것이 그 거래계에서 법적 확신을 얻은 것을 말한다. 상관습법은 법규범으로서 법률과 동일한 효력을 갖고 법원을 구속한다. 법원이 인정한 상관습법성의 대표적인 예로는 백지어음의 유효성에 관한 판례가 있으나 이는 성문화되었고, 이외에 해상물건운송에 있어서의 보증도 · 기업회계기준의 내용 등을 들 수 있다.

보충 사실의 상관습과의 관계 : 상관습법과 사실의 상관습을 동일시하는 견해도 있으나, 사실의 상관습은 상거래계에서 상당기간 관행적으로 준수되는 기준으로 의사표시 해석의 자료가 되는 사실상의 관행에 지나지 않는다는 점에서 법규범의 성질을 갖는 관습법과 구별된다.

3. 상사자치법

상사 또는 기업관계에 관하여 관련 단체나 조직이 그 조직의 구성원과 단체간 또는 구성원간의 법률문제나 그 거래상대방인 제3자와의 관계를 자주적으로 정한 규범을 말한다.

자치법은 계약과 달리 개개인의 의사에 불구하고 단체의 기관이나 구성원을 구속하므로 법규적 성질을 가지며, 따라서 상사자치규약은 실질적 상법의 법원으로 인정하는 것이 통설이다.

4. 보통거래약관

(1) 보통거래약관의 의의

보통거래약관이란 그 명칭이나 형태 또는 범위를 불문하고 계약의 일방 당사자가 다수의 상대방과 계약을 체결하기 위하여 일정한 형식에 의하여 미리 마련한 거래조건을 말한다.

(2) 약관의 구속력의 근거

당사자간에 개별적 합의가 없더라도 보통거래약관에 의하여 계약이 이루어지는 경우에 보통거래약관이 계약당사자를 구속하는 근거와 관련하여 크게 의사설(意思說)과 규범설(規範說)의 대립이 있다. 판례와 다수의 상법학자는 그 근거를 당사자간의 의사에서 찾고 있다(의사설).

보충 [약관의 법원성] : 규범설(자치법규설)에 의하면 약관은 정관과 같이 자치법규의 일종으로 보거나 사회학적으로 그 거래권에 있어서 규범으로 보아 중요한 법원의 하나로 본다. 이에 대해 법률행위설(의사설)은 약관은 대개 기업자가 집단거래의 편의를 위하여 일방적으로 작성하여 시행하는 것이기 때문에 약관자체에 법규성을 인정할 수 없다고 한다.

(3) 약관개정과 소급효

의사설을 취하는 판례에 따르면 약관이 계약기간 중에 변경된 경우에는 개정부분에 관하여 당사자간의 변경에 대한 별도의 협의가 없는 한 소급효를 갖지 않는다고 한다.

II. 법규의 적용순서

법규의 적용순서에 관해서는 우리 상법 제1조에서 그 규정을 두고 있다. 즉, 상사에 관하여 먼저 특별법 우선의 원칙을 인정하고 있다. 따라서 상사특별법이나 상사조약이 상법전에 앞서 적용된다. 그리고 상법전에 규정이 없는 경우에는 상관습에 의하고, 상관습법도 존재하지 않는 경우에는 민법이 적용된다. 민법의 적용에 있어서도 특별법 우선의 원칙이 적용되는 것은 상법에서와 같다.

●●● 법규적용순서

상사자치법(정관) → 상사특별법 · 상사조약 → 상법전 → 상관습법 → 민사자치법
민사특별법 · 민사조약 → 민법전 → 민관습법 → 조리

제5절 상법의 효력

Ⅰ. 시(時)에 관한 효력

동일한 순위에 있는 둘 이상의 상사법규가 시간적으로 선후관계에 있는 경우 신법우선의 원칙이 적용된다. 그러나 상법시행법은 「상사에 관한 특별한 법령은 상법시행 후에도 그 효력이 있다」고 하여 '일반신법은 특별구법을 변경하지 못한다'는 원칙을 명시하고 있다.

Ⅱ. 장소에 관한 효력

상법은 대한민국영토의 전역에 적용됨을 원칙으로 한다. 그러나 상거래는 국제적 거래가 될 경우 이에 대해서는 섭외사법(涉外私法)에 의하여 해결된다.

Ⅲ. 인(人)에 관한 효력

상법은 대한민국 모든 국민을 대상으로 적용된다. 그러나 대한민국 국민과 외국인 사이에 이루어지는 상거래에 대해서는 섭외사법에 의하여 해결된다.

Ⅳ. 사항(事項)에 관한 효력

상법이 적용되는 것은 상사(商事)에 한정된다. 즉, 일반민사생활관계에 대해서는 상법이 적용되지 않는다. 상사의 의미에 대해서는 학설의 대립이 있으나 그 실익은 적다고 보며, 형식적 의미에서 상법에 의하여 적용되는 사항으로 규정된 사항을 말한다.

Commercial Law

연습문제

01 상법에 관한 설명으로 옳은 것은? (2013년 공인회계사)

① 형식적 의의의 상법은 학문적 입장에서 통일성 및 체계성을 중요시하여 파악된 개념이다.
② 상사에 관한 특별한 법령은 새로운 상법이 시행된 후에는 그 효력이 없다.
③ 계약자유의 원칙은 상법상의 원칙이 보편화되어 민법에 흡수된 경우이다.
④ 판례에 따르면 예금통장의 제시가 없어도 예금지급청구서에 찍힌 인영과 미리 계출된 인영이 맞기만 하면 예금을 지급하는 것은 은행거래에 있어서의 상관습법에 해당한다.
⑤ 판례에 따르면 보통거래약관은 그 내용에 따라 계약당사자를 구속하기 때문에 해당 거래계에 있어서의 법규범으로 인정된다.

① 실질적 의의의 상법은 학문적 입장에서 통일성 및 체계성을 중요시하여 파악된 개념이다.
② 상사에 관한 특별한 법령은 새로운 상법이 시행된 후에도 그 효력이 있다(상법시행령 제3조).
④ 판례에 따르면 예금통장의 제시가 없어도 예금지급청구서에 찍힌 인영과 미리 계출된 인영이 맞기만 하면 예금을 지급하는 것은 은행거래에 있어서의 상관습법에 해당하지 않는다(대판 1962. 1. 11. 4294 민상 195).
⑤ 판례에 따르면 보통거래약관은 그 내용에 따라 계약당사자를 구속하지만 해당 거래계에 있어서의 법규범으로 인정되지는 않는다(대판 1989. 3. 28. 88다4645)

02 상법에 관한 다음 설명 중 옳지 않은 것은?

① 실질적 의의의 상법은 기업의 생활관계를 규율하는 특별사법을 말한다.
② 상법은 행위의 상대방이나 급부의 내용에 있어서 그 개성이 중요시되지 않는 것이 특징이다.
③ 법원(法源)의 적용은 상법 → 민법 → 상관습법 또는 민관습법 → 조리의 순으로 한다.
④ 거래의 안전을 위해 상법은 공시주의를 취하고 있고, 그 전형적인 제도가 상업등기제도이다.
⑤ 부실등기를 한 자는 그 부실을 선의의 제3자에게 대항하지 못하도록 규정한 것은 믿고 거래한 제3자를 보호하기 위한 외관존중주의에 따른 것이다.

법원의 적용은 상법 → 상관습법 → 민법 → 민관습법 → 조리의 순으로 한다(상법 제1조, 민법 제1조 참조).

답 1. ③ 2. ③

03 기업의 유지 · 강화를 위한 제도가 아닌 것은? (1998년 공인회계사)

① 모든 회사의 법인화 ② 회사의 합병 ③ 1인 주식회사
④ 보통거래약관 ⑤ 주주의 유한책임

①, ②, ③, ⑤는 기업의 유지 · 강화를 위한 제도이지만, 보통거래약관은 계약의 정형화를 위해 필요한 것이고 기업의 유지와는 관련이 없다.

04 상법의 적용에 관한 설명으로 옳은 것은? (2017년 공인회계사)

① 상인과 비상인 간의 상거래에 있어서 상인인 당사자에게는 상법이 적용되고 비상인인 당사자에게는 민법이 적용된다.
② 공법인의 상행위에 대하여는 법령에 다른 규정이 있는 경우에도 상법이 우선 적용된다.
③ 상사에 관하여 상법에 규정이 없으면 민법에 의하고 민법에 규정이 없으면 상관습법에 의한다.
④ 판례에 의하면 새마을금고가 상인인 회원에게 영업자금을 대출한 경우 그 대출금채권의 소멸시효에 관해서는 상법이 적용된다.
⑤ 민사회사는 영리를 목적으로 하지만 상행위를 하지 않으므로 상법이 아니라 민법이 적용된다.

① 쌍방적 상행위뿐만 아니라 일방적 상행위의 경우에도 그 전원에게 상법이 적용되므로(제3조), 상인과 비상인 간의 상거래에 있어서도 상법이 적용된다.
② 공법인의 상행위에 대하여는 법령에 다른 규정이 있는 없는 경우에 상법이 적용된다(제2조).
③ 상사에 관하여 상법에 규정이 없으면 상관습법에 의하고, 상관습법이 없으면 민법에 의한다(제1조).
④ 판례에 의하면 새마을금고가 상인인 회원에게 영업자금을 대출한 경우 그 대출금채권의 소멸시효에 관해서는 상법이 적용된다(대판1998.7.10, 98다10793).
⑤ 민사회사는 상행위를 하지 아니하더라도 상인으로 본다(제5조 제2항). 따라서 민사회사에도 상법이 적용된다.

05 다음은 상법상 외관을 신뢰한 자를 보호하기 위한 규정이다. 가장 거리가 먼 것은? (2001년 공인회계사)

① 표현지배인의 행위에 대한 영업주의 책임(제14조)
② 상호의 가등기(제22조의 2)
③ 명의대여자의 책임(제24조)
④ 사실상의 회사(제190조)

답 3. ④ 4. ④ 5. ②

⑤ 유사발기인의 책임(제327조)

상호의 가등기제도는 등기배척권을 인정하여 등기권자를 보호하기 위한 제도로서 외관신뢰보호와는 무관하다.

06 상법의 법원에 관한 설명 중 틀린 것은? (2006년 공인회계사 수정)

① 주식회사의 정관은 상법의 법원으로서의 효력을 갖는다.

② 자본시장과 금융투자업에 관한 법률은 상법의 법원이다.

③ 상업등기법은 상법의 법원이다.

④ 판례에 따르면, 보통거래약관은 상관습법으로서 상법의 법원이다.

⑤ 헌법에 의하여 체결·공포된 상사에 관한 국제조약은 상법의 법원이다.

보통거래약관의 법원성을 부인하는 것이 판례의 입장이다(대판 1986. 10. 14, 84다카122). 이에 의하면 약관은 거래당사자간의 의사의 합의내용으로 본다.

07 상사(商事)에 관한 일반적인 법 적용순위가 바르게 연결된 것은? (2002년 공인회계사)

A. 상관습법	B. 상사특별법	C. 민사조약	D. 상법전
E. 민법전	F. 민사자치법	G. 상사자치법	

① B → D → A → C → E → G → F

② B → D → A → G → C → E → F

③ G → B → D → A → F → C → E

④ G → B → D → F → C → E → A

⑤ A → B → D → G → C → E → F

법적용순서는 상사자치법 → 상사특별법 · 상사조약 → 상법전 → 상관습법 → 민사가치법 → 민사특별법 · 민사조약 → 민법전의 순이다.

답 6. ④ 7. ③

CHAPTER 02

상 인

제1절 상인의 개념 및 종류

Ⅰ. 상인의 개념

기업의 거래로 인하여 생기는 법률관계의 처리를 위하여 권리 · 의무의 귀속주체가 필요하며, 이러한 기업활동에 관한 권리의무의 주체를 상인이라 한다.

●● 상인의 입법주의

상인법주의(형식주의) · 상행위법주의(실질주의) · 절충주의의 세가지 입법주의가 있다. 우리 상법이 취하는 입법주의에 대해서는 형식주의라는 입장, 절충주의라는 입장, 형식주의에 가까운 절충주의라는 입장이 있다. 이들의 견해 중에서 상법 제5조는 상행위와 관계없이 상인개념을 정하고 있으므로 형식주의의 입법이지만, 제4조는 상행위를 전제로 상인개념을 정하고 있는 점에서 실질주의의 입법으로 볼 수 있다. 다만 제4조는 순수한 실질주의의 입법으로 볼 수 없고 상행위는 상인과 관련하여서만 파악될 수 있는 영업적 상행위라는 점에서 제5조와 제4조의 상인개념의 전체적인 입법은 형식주의에 가까운 절충주의로 볼 수 있다.

Ⅱ. 상인의 종류

1. 당연상인(當然商人)

(1) 당연상인의 의의

당연상인이란 자기명의로 상행위를 하는 자이다(제4조).

(2) 당연상인의 요건

① **자기명의로 할 것** : 자기명의란 거래상의 권리의무에 관하여 스스로 귀속주체가 되는 것을 말하며, 이때 영업행위 자체는 명의인이 직접 담당하지 않고 타인에게 대리시키더라도 무방하다. 반면에 영업에 직접 종사하더라도 타인명의로 상행위를 하는 자는 상인이 아니다. 즉, 지배인 · 대표이사 · 법정대리인 등은 상인이 될 수 없다.

예외 | 1. 자기명의로 하지 않더라도 타인의 명의를 차용하여 영업을 하는 경우에는 그 명의인은 상인이 아니고, 실제 영업상의 권리 · 의무의 주체인 그 차용자가 상인이다.
2. 행정관청에 대한 신고명의인이나 납세명의인 등은 실제 영업을 하지 않는 경우 상인이 아니다.

보충 [「자기명의」와 「자기계산」의 차이] 자기명의란 거래상의 권리의무에 관하여 스스로 귀속주체가 되는 뜻이지만, 자기계산이란 자기가 경제적 이익의 주체가 된다는 뜻이다.

② **상행위를 할 것** : 상행위란 상법 제46조에 열거된 행위를 영업으로 하는 경우와 담보부사채신탁법상 제3자의 사채총액의 인수행위를 말한다.

예외 | 오로지 임금을 받을 목적으로 물건을 제조하거나 노무에 종사하는 자의 행위는 상행위에 해당하지 않는다(제46조 단서).

기본적 상행위

① 동산 · 부동산 · 유가증권 기타의 재산의 매매(제1호) : 물건을 구매하여 판매하면서 그 차액을 얻는 행위를 말하며, 소유권의 이전행위에 해당한다. 매매의 목적물은 동산 · 부동산 · 유가증권 · 기타 재산(소유권 이외의 물권 · 채권 · 사원권 · 무체재산권 · 광업권 · 어업권)이다.

② 동산 · 부동산 · 유가증권 기타의 재산의 임대차(제2호) : 임대차는 소유권의 이전을 가져오는 것이 아니라 재산의 이용을 하도록 하고 그 대가를 취득하는 행위를 말한다.

③ 제조 · 가공 또는 수선에 관한 행위(제3조) : 타인을 위한 제조 · 가공 또는 수선에 관한 행위를 인수하는 계약을 말한다.

④ 전기 · 전파 · 가스 또는 물의 공급에 관한 행위(제4호) : 전기 · 전파(방송파) · 가스 · 수도사업 등과 같이 일정한 용역을 계속적으로 공급할 것을 인수하는 행위를 말한다.

⑤ 작업 또는 노무의 도급의 인수(제5호) : 작업의 도급의 인수란 주택건설이나 선박건조 등 부동산 또는 선박에 관한 공사를 인수하는 행위를 말한다. 노무의 도급의 인수란 노동자의 공급을 인수하는 계약을 말한다.

⑥ 출판 · 인쇄 또는 촬영에 관한 행위(제6호) : 출판에 관한 행위란 문서 또는 도서를 인쇄하여 발매 또는 배포하는 행위를 말하며, 인쇄에 관한 행위란 문서 또는 도화를 복제하는 작업을

인수하는 행위이며, 촬영에 관한 행위란 사진의 촬영을 인수하는 계약을 말한다.

⑦ 광고·통신 또는 정보에 관한 행위(제7호) : 광고란 수요창출을 목적으로 특정한 기업·상품 기타 특정 사실을 일반공중에게 홍보하는 행위를 말하며, 통신에 관한 행위란 유선 또는 무선통신장비를 이용하여 정보를 수집하거나 보내는 행위를 말하며, 정보에 관한 행위란 타인이 의뢰한 정보를 유상으로 수집·제공해 주기로 하는 계약을 말한다.

⑧ 수신(受信)·여신(與信)·환(換) 기타의 금융거래(제8호) : 수신·여신이란 타인의 금전을 일정 조건하에 수탁 및 타인에게 대여하는 행위이고, 환(換)은 다른 종류의 화폐간의 교환을 말한다.

⑨ 공중이 이용하는 시설에 의한 거래(제9호) : 일반인들이 모일 수 있는 일정한 시설을 갖추고 일정한 대가를 받고 고객으로 하여금 이를 이용하게 하는 행위를 말한다.

⑩ 상행위의 대리의 인수(제10호) : 독립된 지위에서 일정한 상인을 위하여 계속적으로 상행위인 행위의 대리를 인수하는 행위이다.

⑪ 중개에 관한 행위(제11호) : 타인간의 법률행위의 중개를 인수하는 행위로서 상행위 중개뿐만 아니라 민사상의 중개행위도 포함된다.

⑫ 위탁매매 기타의 주선에 관한 행위(제12호) : 주선이란 자기의 명의로 타인의 계산으로 법률행위를 할 것을 인수하는 행위를 말한다. 주선행위를 하는 자로서 위탁매매인·준위탁매매인·준위탁매매인·운송주선인을 들 수 있으며 이들에 대해서는 상행위 각론에서 설명한다.

⑬ 운송의 인수(제13호) : 물건 또는 여객을 일정한 장소에서 다른 장소로 이동시키는 운송계약으로서 이를 인수하는 행위를 말한다. 상행위편에서는 육상운송에 관해서만 규정하고, 해상운송에 관해서는 제5편(해상), 항공운송에 관해서는 제6편(항공운송)에서 별도로 규정을 두고 있다.

⑭ 임치의 인수(제14호) : 타인을 위하여 물건 또는 유가증권을 보관할 것을 인수하는 행위를 말한다.

⑮ 신탁의 인수(제15호) : 신탁이란 신탁법 제1조 제2항에 의하면 위탁자가 수탁자와의 특별한 신임관계에 기하여 특정의 재산권을 수탁자에게 이전하거나 기타의 처분을 하고 수탁자로 하여금 수익자의 이익 또는 특정의 목적을 위하여 그 재산권을 관리 또는 처분하게 하는 법률관계를 말하며, 이러한 신탁계약의 인수행위이다.

⑯ 상호부금 기타 이와 유사한 행위(제16호) : 일정한 좌수와 급부금을 정한 다음 정기적으로 부금을 납입시키고 납입시마다 추첨·입찰 기타의 방법으로 순서를 정하여 가입자에게 차례로 금전을 빌려쓰도록 하는 행위를 말한다.

⑰ 보험(제17호) : 보험이란 다수인이 동일한 위험하의 위험단체를 형성하고, 사전에 보험료를 지급하고 보험사고로 경제적 손실을 입은 구성원에게 일정한 급여를 지급하도록 하는 것을 말한다.

⑱ 광물 또는 토석의 채취에 관한 행위(제18호) : 광물이나 토석을 채취하여 판매하는 행위는 원시산업의 행위이지만 그 자본규모나 설비 등을 감안할 때 기업성이 농후하여 예외적으로 상행위로 규정한 것이다.

⑲ 기계 · 시설 그 밖의 재산의 금융리스에 관한 행위(제19호) : 이러한 행위는 통상 물융(物融) 또는 리스(lease)라고 하는 거래를 말한다.

⑳ 상호 · 상표 등의 사용허락에 의한 영업에 관한 행위(제20호) : 이러한 행위는 통상 프랜차이즈(franchise)라 한다.

㉑ 영업상 채권의 매입 · 회수 등에 관한 행위(제21호) : 이러한 행위는 통상 팩터링(factoring)이라 하며, 팩터링(factoring)이라 하며, 외상매출채권 매매행위를 말한다.

㉒ 신용카드, 전자화폐 등을 이용한 지급결제 업무의 인수(제22호) : 이러한 행위는 신용카드 지급결제 대행업을 하는 자의 대행업무를 말한다.

③ **영업으로 할 것** : 당연상인이 되기 위해서는 자기명의로 상행위를 영업으로 하여야 한다. 이를 분설하면 다음과 같다.

㉠ 「영업」 이란 영리를 목적으로 계속적 · 지속적으로 이루어지는 행위로써 대외적 인식이 될 수 있도록 하여야 한다.

㉡ 「영리목적」 은 객관적으로 인식될 수 있으면 충분하고, 개개의 거래와 상관없이 전체적으로 인정되기만 하면 충분하다. 영리의 목적으로 하는 한 이익 또는 손실의 유 · 무나 이익의 사용목적은 불문한다.

㉢ 「계속적 · 지속적으로 이루어지는 행위」 는 동종의 행위가 상당기간 반복됨을 요한다(반드시 장기간을 요하지는 않는다). 계속적 의도는 실질적으로 인식될 수 있으면 충분하고 반드시 실제로 계속적으로 하였어야 하는 것은 아니다.

㉣ 「대외적 인식」은 행위주체의 활동이 대외적으로 인식될 수 있어야 하며 비밀리에 이루어지는 행위가 아니어야 한다는 것이다.

2. 의제상인(擬制商人)

(1) 설비상인

설비상인이란 점포 기타 유사한 설비에 의하여 상인적 방법으로 영업을 하는 자를 말한다. 이러한 자는 상법 제46조의 상행위를 하지 아니하더라도 상인으로 본다(제5조 제1항).

「상인적 방법」이란 당연상인이 기업을 경영함에 있어서 보통 필요한 설비를 갖추고, 당연상인같은 방법(예 상업장부 작성, 상업사용인의 사용 등)으로 영업을 하는 것을 말한다. 즉,

상인적 방법이란 영리추구를 주된 목적으로 하고 일정한 계획과 계산 하에 동종행위를 상당기간 동안 계속 반복하는 것을 말한다.

설비상인의 예(例)로는 농산물을 점포 기타 유사한 설비에 의하여 판매하는 자, 결혼상담소 · 연예인송출업 · 흥행업 등을 하는 자를 들 수 있다.

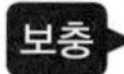
[자유직업인의 상인성] 변호사 · 의사 · 공인회계사 · 세무사 등 자유직업인은 자기명의로 점포 기타 설비에 의하여 그 활동을 하더라도 영리를 목적으로 하는 '상인적 방법에 의하여 영업을 하는 자'라고 볼 수 없으므로 상인에 해당하지 않는다는 것이 통설 · 판례의 입장이다.

(2) 민사회사

상법 제46조의 상행위를 영위하지 아니하는 민사회사는 의제상인에 해당한다(제5조 제2항). 민사회사의 대표적인 예로는 농업 · 축산업 · 수산업 등의 원시산업을 목적으로 하는 회사, 경영투자자문 회사를 들 수 있다.

3. 소상인(小商人)

(1) 의의 및 범위

소상인의 개념에 관해 상법에는 그 규정이 없으나, 「상법시행령」 제2조에서 소상인의 범위에 관해 규정하고 있다. 소상인이란 자본금 1천만원 미만의 상인으로서 회사가 아닌 자를 말한다. 따라서 회사는 비록 자본금이 1천만 원 미만이라 하더라도 소상인이 아니다.

(2) 상법의 일부규정의 적용배제

소상인에 대하여는 지배인 · 상호 · 상업장부 · 상업등기에 관한 규정을 적용하지 않는다(제9조). 그러나 소상인에 대해서도 지배인 이외의 하급사용인은 이용할 수 있고, 상호권의 침해에 관한 상법 제20조, 제23조, 제28조 등의 규정과 명의대여자의 책임에 관한 규정(제24조)은 소상인에게도 적용된다.

제2절 상인자격과 영업능력

Ⅰ. 상인자격의 취득과 상실

1. 자연인의 상인자격

(1) 취 득

자연인은 누구든지 연령 · 성별 · 행위능력 유무를 불문하고 상인자격을 취득할 수 있기 때문에, 상법 제4조 또는 제5조 제1항의 요건을 구비하면 상인이 된다.

보충 [상인자격의 취득시기] 개업준비행위를 보조적 상행위로 보고 이를 행하는 때에 상인자격을 인정하면서도 자연인의 상인자격의 취득시기에 대하여는 학설의 대립이 있으나, 상인이 영업의사를 표방하지 않더라도 상대방이 영업의사의 존재를 객관적으로 인식할 수 있으면 상인자격을 취득한다는 것이 다수설과 판례의 입장이다.

(2) 상 실

자연인의 상인자격은 사실상 영업을 폐지한 때나 사망에 의하여 영업활동이 정지됨으로써 상실하게 된다. 영업주가 파산선고나 금치산선고를 받은 경우에도 파산관재인이나 법정대리인이 상인의 명의로 영업이나 잔무처리행위를 계속하는 경우에는 상인자격이 상실되지 않는다. 다만, 금치산선고나 한정치산선고를 받으면 이러한 영업주의 상행위는 취소할 수 있을 뿐이다.

2. 영리법인의 상인자격

(1) 취 득

회사는 본점소재지에서 설립등기를 함으로써 법인격을 취득하므로, 곧 회사에 있어서는 법인격의 취득시기가 상인자격의 취득시기가 된다.

보충 [설립중의 회사의 상인자격] 설립 중의 회사의 개업준비행위에 대해서는 상인자격이 인정된다는 소수설이 있으나, 상인자격을 인정하지 않는 것이 통설의 입장이다.

(2) 상 실

회사는 청산이 사실상 종료됨으로써 법인격이 소멸하고, 상인자격을 상실한다. 따라서 회사는 해산 후라도 청산이 종료되기 전에는 법인격이 소멸되지 않고 청산의 목적범위내에서 존속하므로 상인자격을 가지고 있다. 회사의 청산등기는 선언적 효력밖에 없다(판례).

3. 기타 법인의 상인자격

(1) 공법인

존립목적이 법률에 의하여 특정되어 있는 한국농어촌공사 또는 대한광업진흥공사 · 예금보험공사와 같은 특수공법인은 상인능력이 없다(판례). 그러나 국가 및 지방자치단체와 같은 일반공법인은 영리사업을 할 수 있으므로 상인자격이 인정된다. 공법인의 상행위에 관해 제2조에서 그 규정을 두고 있다. 한편, 한국전력공사 · 대한석탄공사 · 한국도로공사 · 대한주택공사 등 특별법에 의하여 설립된 정부투자기관도 상인자격이 있다.

보충 공법인의 영리행위에 관하여는 상세한 특별규정이 있는 경우가 많고, 그 성질상 상업등기 · 상호 · 상업장부에 관한 규정이 적용되지 않는다.

(2) 비영리법인 · 중간법인

비영리법인은 영리행위를 통하여 얻은 이익을 공익에 사용하는 한 상인이 될 수 있다. 반면에 농업협동조합이나 상호보험회사와 같은 중간법인에 대해서는 상인자격이 인정되지 않는다(판례 · 다수설). 그러나 농업협동조합이나 신용협동조합 등이 비회원에 대하여 장기간 신용사업을 영위하기 위하여 자금대출행위를 하는 경우에는 상행위성을 인정하여 이에 대해서는 상인성을 인정할 수 있다(판례).

II. 영업능력

회사는 설립등기를 함으로써 권리능력 · 행위능력 · 의사능력 · 책임능력 등이 인정되므로 영업능력의 문제가 있을 수 없으나, 자연인의 경우에는 그 성질상 영업능력이 문제된다. 상법상 영업무능력자는 민법상 행위무능력자의 범위와 같이 미성년자 · 한정치산자 · 금치산자가 있으며 이에 대해 별도의 규정을 두고 있다.

① **미성년자 · 한정치산자(피한정후견인)** : 법정대리인의 동의를 얻지 않고 한 미성년자의 행위는 원칙적으로 취소할 수 있다. 그러나 법정대리인의 허락을 받은 특정한 영업에 관하여는 성년자와 동일한 행위능력이 인정된다. 다만, 미성년자가 법정대리인의 허락을 받아 영업을 하는 경우 이를 등기하여야 한다(제6조). 미성년자가 법정대리인의 허락을 얻어 회사의 무한책임사원이 된 때에는 그 사원자격으로 인한 행위를 할 때에는 능력자로 본다(제7조). 그리고 법정대리인은 미성년자를 대리하여 영업을 할 수 있으며 이 때에는 등기하여야 하며, 법정대리인이 영업을 대리하는 때에 그 대리권에 대한 제한은 선의의 제3자에게 대항하지 못한다(제8조).

② **금치산자(피성년후견인)** : 금치산자는 자신이 스스로 영업을 할 수 없고, 항상 법정대리인이 금치산자를 대리하여 영업을 하여야 하며, 이는 등기하여야 한다(제8조 제1항). 금치산자도 정관의 규정에 의하여 합명회사 또는 합자회사의 무한책임사원이 될 수 있다. 다만, 금치산자의 사원으로서의 행위는 법정대리인이 대리하여야 한다.

제3절 영업의 자유와 제한

1. 헌법의 원칙

헌법 제15조에서 「모든 국민은 직업선택의 자유를 가진다」고 규정하고 있으므로, 누구나 상인으로서 어떠한 영업이든 자유로이 할 수 있다. 그러나 헌법 제37조 제2항에 따라 영업은 법률로 제한할 수 있다.

2. 공법상 영업의 제한

공익(예 음란한 문서의 반포, 아편 등의 제조·판매 등) 또는 국가재정(예 담배의 제조·수출입, 홍삼의 제조 등, 전화 또는 서신의 송달 등)을 위한 제한이 있고, 일반공안(예 식품영업, 약품제조판매업 등) 및 신분(예 변호사, 공무원, 법관 등)에 의한 제한이 있다.

3. 사법상 영업의 제한

상업사용인이나 영업양도인, 대리상, 합명회사·합자회사의 업무집행사원, 유한책임회사의 업무집행자 또는 주식회사·유한회사의 이사 등은 경업의 제한을 받는다. 또한 선량한 풍속과 사회질서에 반하지 않는 한 당사자간의 약정에 의하여 영업을 제한할 수 있다. 다만, 경업금지특약을 위반한 경우라도 당해 영업행위의 제3자에 대한 효력에는 영향을 미치지 않고, 상대방은 영업중지 및 그 위반으로 인한 손해배상을 청구할 수 있을 뿐이다.

Commercial Law

연습문제

01 상법상 상인자격에 관한 설명으로 옳은 것은? (2017년 공인회계사)

① 미성년자가 영업을 하는 경우 법정대리인의 허락을 얻은 때에 비로소 상인자격을 취득한다.

② 법정대리인이 한정치산자를 위하여 영업을 하고자 하는 경우 이를 등기하는 때에 한정치산자의 상인자격이 인정된다.

③ 판례에 의하면 공익법인은 설립등기를 하는 때에 상인자격을 취득한다.

④ 판례에 의하면 농업협동조합은 조합원의 생산물자에 대한 판매사업을 하는 때에도 상인자격이 인정되지 않는다.

⑤ 자연인의 상인자격은 그 상인이 사망한 때 상실되며 법인의 상인자격은 행정관청에 폐업신고를 하는 때에 상실된다.

① 미성년자가 영업을 하는 경우 상인자격을 취득하며, 법정대리인의 허락을 얻은 때에는 영업능력을 갖게 되고 이를 등기하여야 한다(제6조).

② 법정대리인이 한정치산자를 위하여 영업을 하고자 하는 경우 이를 등기하는 때에는 이로써 선의의 제3자에게 대항할 수 있고(제37조 제1항), 상인자격은 한정치산자에게 인정된다.

③ 판례에 의하면 공익법인은 자연인과 같이 개업시에 상인자격을 취득한다.

④ 대판2000.2.11, 99다53292.

⑤ 자연인의 상인자격은 그 상인이 사망한 때 상실되며 법인의 상인자격은 청산절차가 완료한 때에 상실된다.

02 상인에 관한 다음 설명 중 옳은 것은?

① 당연상인은 영리를 추구하려는 의도가 있어야 하며, 이는 상법 제169조에서 규정한 회사의 영리개념과 동일하다.

② 자기명의로 상행위를 하거나 타인명의로 상행위를 하는 경우에는 상인이 된다.

③ 원시취득한 농산물 · 수산물 등을 판매하는 행위는 상행위에 해당하지 않지만, 이를 영업으로 하는 자는 의제상인이 될 수 있다.

④ 자본금 1천만원 미만의 합명회사는 소상인으로서 상호 · 상업장부 · 지배인 · 상업등기에

답 1. ④ 2. ③

관한 규정의 적용이 배제된다.

⑤ 한국농어촌공사와 같은 특수공법인에 대해서도 상인능력이 인정될 수 있다.

① 당연상인의 영리추구는 단순히 이익을 얻는 것을 의미하지만, 상법 제169조의 영리는 얻은 이익해설을 사원들에게 분배하는 것까지를 요하므로 그 개념이 같지 않다.

② 자기명의로 상행위를 하는 경우 상인으로 인정되지만, 타인명의로 상행위를 하는 경우 그 타인이 상인이 된다.

③ 원시생산물의 판매행위를 점포 기타 유사한 설비를 갖추고 영업으로 하는 경우에는 의제상인이 될 수 있다.

④ 자본금 1천만원 미만의 개인상인은 소상인이 되지만, 회사는 자본금 1천만원 미만이라 하더라도 완전상인에 해당한다.

⑤ 한국농어촌공사와 같은 특수공법인은 영리행위를 할 수 없으므로 상인능력이 인정되지 않는다.

03 A는 자본금 3천만원으로 무역센터빌딩에 사무실을 임차하여 "코리아광고미디어"라는 상호로 광고업을 하고 있는 자연인이다. 상법상 A의 지위는? (2001년 공인회계사)

① 소상인이다.

② 상인이 아니다.

③ 상법 제4조의 당연상인이다.

④ 상법 제5조 제2항의 민사회사에 해당한다.

⑤ 상법 제5조 제1항의 의제상인(설비상인)이다.

광고업은 상법 제46조 7호의 기본적 상행위에 해당하므로, 당연상인의 상행위가 된다.

04 상인자격의 취득과 상실에 관한 다음 설명으로 옳지 않은 것은?

① 자연인의 상인자격은 영업행위를 개시한 때에 취득하며, 이 때의 영업행위는 영업의 준비행위에 착수한 때에 상인자격을 취득한다는 것이 판례의 입장이다.

② 자연인의 상인자격은 영업의 종료로써 소멸하며, 여기서 영업의 종료란 영업활동의 사실상의 종결을 의미한다.

③ 영리법인은 설립등기를 함으로써 상인자격을 취득하며, 청산절차를 사실상 종결한 때에 상인자격을 상실한다. 설립 중의 회사도 영업의 준비행위에 착수한 때에 상인자격을 취득한다는 것이 판례의 입장이다.

④ 공익법인은 상인자격을 취득할 수 있으며, 그 취득시기는 영업행위를 개시한 때이다.

⑤ 한국농어촌공사와 같은 특수공법인의 경우에는 애초부터 상인능력이 없고 상인자격을 취득할 여지가 없다.

답 3. ③ 4. ③

영리법인은 설립등기를 함으로써 상인자격을 취득하고, 청산절차를 사실상 종결한 때에 상인자격을 상실한다. 그런데, 설립 중의 회사의 상인자격에 대해서는 이를 부정하는 것이 통설·판례의 입장이다. 다만, 설립 중의 회사의 설립준비행위는 보조적 상행위로 인정될 수 있다.

05 다음 중 상인에 관한 설명으로 옳은 것은? (2007년 공인회계사)

① 회사는 모두 당연상인이다.

② 자기명의로써 타인의 계산으로 물건의 매매를 영업으로 하는 자는 상인이라 할 수 없다.

③ 소상인에 대하여는 상업장부에 관한 규정이 적용되지 않는다.

④ 설립 중의 회사와 마찬가지로 청산 중의 회사는 상인이 아니다.

⑤ 미성년자를 위하여 영업을 하는 법정대리인은 상인이다.

① 회사는 상행위를 영업으로 하는 경우 당연상인이 되고, 상행위를 하지 아니하는 경우에는 의제상인으로서의 회사가 된다(제5조 제2항).

② 상인은 자기명의로 영업으로 하는 자이므로, 계산은 자기의 계산이든 타인의 계산이든 관계없다.

③ 제9조

④ 청산 중의 회사는 청산목적의 범위내에서 존속하고, 청산절차가 종료하기 전까지는 법인격이 소멸되지 않으므로 상인의 지위를 상실하지 않는다.

⑤ 미성년자가 상인이며, 법정대리인은 미성년자의 영업을 대리하는 자에 불과하다.

06 상인에 관한 다음 설명 중 옳은 것은? (이설이 있는 때에는 판례에 의함)

① 甲이 자기의 명의로 상행위를 영업으로 하는 때라도 乙의 계산으로 하는 경우에는 乙이 상인이며 甲은 상인이 아니다.

② 사과나무 과수원을 경영하는 甲이 사과를 수확하여 이를 대도시의 사과판매상 乙에게 위탁판매하는 때에는 甲은 영업으로 사과를 판매하는 것으로 보아 상인이 된다.

③ 변호사 甲이 乙로부터 변론을 위한 위임을 받고 이에 대한 대가를 받는 행위를 하더라도, '상인적방법에 의하여 영업을 하는 자'라고 볼 수 없으므로 의제상인에 해당하지 않는다.

④ 甲이 부동산임대업을 개시할 목적으로 乙로부터 건물을 매수하는 경우, 그 매수행위를 한 때 상인자격을 취득하는 것이 아니라, 甲이 임대개업광고 등의 행위로 대외적으로 영업의사를 나타냈을 때 상인자격을 취득한다.

⑤ 신용협동조합이 비조합원 甲에게 자금을 대출하고 이에 대해 이자의 지급을 받기로 하는 행위를 하더라도, 신용협동조합은 비영리법인이므로 甲에 대한 대출행위는 상행위로 볼 수 없다.

답 5. ③ 6. ③

① 甲이 자기의 명의로 상행위를 영업으로 하는 때라도 乙의 계산으로 하는 경우에는 실제 영업상 권리의무의 주체인 甲이 상인이다.
② 사과나무 과수원을 영업으로 사과를 판매하는 것으로 볼 수 없으므로 상인이 아니다(대판 1993. 6. 11, 93다7174).
③ 대결 2007. 7. 26, 2006마334
④ 甲이 부동산임대업을 개시할 목적으로 건물을 매수하는 경우, 그 매수행위는 개업준비행위로 보조적 상행위에 해당하므로, 이 개업준비행위에 착수하였을 때 상인자격을 취득한다(대판 1999. 1. 29, 98다1584).
⑤ 신용협동조합은 설립목적상 비영리법인이므로, 비조합원에 대한 이자수입을 목적으로 한장기간에 걸친 대출행위는 상법 제46조 제8호의 여신행위를 영업으로 한 경우에 해당하여 상행위로 본다(대판 2005. 7. 22, 2002다6374).

07 상법상 상인 및 상인자격에 관한 설명 중 옳은 것은? (2008년 공인회계사)

① 사무실과 종업원을 갖추고 "ㅇㅇ정보센터"라는 상호 아래 타인의 재산이나 신용상태를 조사해 주는 것을 영업으로 하는 자는 당연상인이다.
② 광산업을 운영하는 회사는 민사회사로서 의제상인에 해당한다.
③ 법정대리인의 동의없이 광고주선업을 영위하는 미성년자는 상인으로 인정되지 않는다.
④ 최저자본금액에 관한 규정이 없는 합명회사나 합자회사는 자본금 규모에 따라 소상인이 될 수 있다.
⑤ 금치산자는 영업능력이 인정되지 않기 때문에 상인자격을 취득할 수 없다.

① 신용상태의 조사제공은 제46조 제7호의 "정보에 관한 행위"에 해당하므로, 이를 영업으로 하는 자는 당연상인이다.
② 광산업을 운용하는 회사는 제46조 제18호의 "광물의 채취에 관한 행위"를 영업으로 하는 자이므로 당연상인에 해당한다.
③, ⑤ 미성년자나 금치자산자와 같은 행위무능력자라도 상인자격은 인정된다. 다만, 그 영업능력이 인정되지 않을 뿐이다.
④ 소상인은 자본금 1천만원 미만으로 회사아닌 자에 한하여 인정되므로, 회사는 소상인이 될 수 없다.

08 상인에 관한 판례의 입장으로 틀린 것은? (2009년 공인회계사)

① 영업을 위한 준비행위를 하는 자연인은 영업으로 상행위를 할 의사를 실현하는 것이므로 그 준비행위를 한 때 상인자격을 취득한다.
② 회사는 그 설립준비행위가 객관적으로 인정될 때에 상인자격을 취득하므로 설립 중의 회사도 상인자격이 있다.

답 7. ① 8. ②

③ 변호사는 상인적 방법에 의하여 영업을 하는 자라고 볼 수 없어 의제상인에 해당하지 않는다.

④ 행정관청에 대한 신고명의인이나 납세명의인이라도 그가 거래상 권리의무의 주체가 되지 않는 이상 상인이 되지 못한다.

⑤ 자신의 명의를 사용하여 영업할 것을 허용한 명의대여자가 반드시 상인임을 요하는 것은 아니다.

설립 중의 회사는 법인격이 없을 뿐만 아니라 상인자격이 인정되지 않는다. 다만, 설립중의 회사의 설립준비행위는 보조적 상행위라고 할 수 있어 상법의 규정이 적용된다는 것이 통설의 입장이다.

09 상법상 상인과 상인자격에 관한 설명으로 틀린 것은? (2013년 공인회계사)

① 자기명의로 신용카드, 전자화폐 등을 이용한 지급결제 업무의 인수를 영업으로 하는 자는 상법상의 당연상인이 아니다.

② 판례에 따르면 대한광업진흥공사가 광업자금을 광산업자에게 융자하여 주고 소정의 금리에 따른 이자 및 연체이자를 지급받는다고 하더라도 이는 영리를 목적으로 하는 행위로 인정되지 않는다.

③ 판례에 따르면 세무서에 신고된 사업자등록상의 명의와 실제영업상의 주체가 다른 경우 실제영업상의 주체가 상인으로 인정된다.

④ 판례에 따르면 새마을금고가 이자를 받는 대가로 금고의 회원에게 자금을 대출하는 경우 이는 영리를 목적으로 하는 행위로 인정되지 않는다.

⑤ 판례에 따르면 농업협동조합법에 의하여 설립된 조합이 사업의 일환으로 조합원이 생산하는 물자의 판매사업을 하는 경우 상법상의 상인으로 볼 수 없다.

자기명의로 신용카드, 전자화폐 등을 이용한 지급결제 업무의 인수를 영업으로 하는 자는 상법상의 당연상인이다(제46조 제22호).

② 대판 1994. 4. 29, 93다54842 ③ 대판 1962. 3. 29, 4294민상 962

④ 대판 1998. 7. 10, 98다10793 ⑤ 대판 2000. 2. 11, 99다53292

답 9. ①

CHAPTER

03 상업사용인

제1절 상업사용인의 의의

Ⅰ. 기업의 대규모화와 기업보조자의 필요

법인기업인 회사는 성립시부터 대규모의 인적조직을 갖추고 있고, 개인상인의 경우에도 기업의 규모가 커지고 영업활동범위가 넓어지면서 기업보조자가 필요하게 되었다. 상인의 영업활동을 보조하는 기업보조자로 상법은 총칙에서 상업사용인을 규정하고 있고, 상행위편에서 대리상 · 중개인 · 위탁매매인 · 준위탁매매인 · 운송주선인 등을 규정하고 있다.

Ⅱ. 상업사용인의 의의

상업사용인은 자연인으로써, 특정 상인에 종속되어 상인의 영업활동을 대리하는 자를 말한다.

1. 특정한 상인에 대한 종속

상업사용인은 특정한 상인에 종속된다. 이러한 면에서 독립된 상인으로서 보조자인 대리상 · 중개인 · 위탁매매인 · 준위탁매매인 · 운송주선인 등과 다르다. 상업사용인은 특정상인에 종속되어야 하므로 회사의 업무집행사원, 업무집행자, 이사 등의 임원은 상업사용인이 아니다. 다만, 이들은 상업사용인을 겸할 수 있다.

특정한 상인에 종속된다는 것이 반드시 고용계약관계를 가져야 한다는 뜻은 아니다.

2. 영업활동에 대한 대리권의 존재

상업사용인은 특정상인의 영업활동을 대리하는 자이다. 영업주와 상업사용인 간의 대리권에 관한 수권행위가 존재하여야 한다. 비록 영업주에 종속된 자라도 대리권이 없으면 상업사용인이 아니다. 즉, 단순노무자나 운전기사 등은 상업사용인이 아니다.

제2절 상업사용인의 종류

Ⅰ. 지배인

1. 지배인의 의의

지배인은 영업주의 영업에 관하여 재판상·재판 외의 모든 행위에 관한 대리권을 가지는 상업사용인이다(제11조 제1항). 상법상 지배인에 해당하는 자는 지배인인지의 명칭 여하에 관계없으며, 거래계에서 지점장·영업소장·출장소장·사업소장·지사장 등 다양한 명칭이 사용되고 있다. 판례는 은행의 출장소장도 지배인이라고 한 바 있다.

●●● 지배인과 대표이사

(1) 유사성

양자는 모두 영업에 관하여 재판상 또는 재판 외의 모든 행위를 할 수 있다는 점과 양자의 선임과 해임은 이사회의 권한에 속하고 등기사항인 점에서 유사성을 갖는다.

(2) 차이점

① 지배인의 권한은 상업사용인으로서의 개인법상의 대리권이지만, 대표이사의 권한은 회사의 기관으로서의 단체법상의 고유한 권한이다.

② 지배인의 권한은 원칙적으로 특정한 영업소의 영업에 한정되지만, 대표이사의 권한은 회사의 영업전반에서 인정된다.

③ 지배인의 경우는 임기의 제한이 없으나, 대표이사의 경우에는 이사의 임기의 제한을 받는다.

④ 지배인의 겸직금지의무는 다른 모든 영업에 걸쳐 인정되지만, 대표이사는 동종의 영업의 범위내에서 겸직금지의무를 부담한다.

⑤ 지배인의 불법행위에 대하여는 영업주는 사용자로서의 손해배상책임을 지지만, 대표이사의 불법행위에 대하여는 회사는 그 대표이사와 연대하여 손해배상책임을 진다.

2. 지배인의 선임과 종임

(1) 선 임

① 지배인은 영업주나 그의 대리인에 의해서만 선임된다(제10조).

② 개인상인의 지배인 선임에는 특별한 방식을 원하지 않으나, 회사에 있어서는 각 회사마다 선임절차를 두고 있다. 즉, 합명회사와 합자회사는 무한책임사원의 과반수 결의(제203조, 274조), 유한책임회사는 사원 과반수결의(제287조의18, 제203조), 주식회사는 이사회의 결의(제393조 제1항), 유한회사는 이사 과반수 또는 사원총회의 결의를 요한다(제564조 제1항 · 제2항).

③ 소상인에게는 지배인규정이 적용되지 않으므로(제9조), 소상인이 지배인을 선임하더라도 상법상의 지배인이 아니다.

④ 지배인은 영업주의 특별한 수권이 없는 한 지배인을 선임할 수 없으나, 지배인을 제외한 점원 기타 사용인은 선임할 수 있다(제11조 제2항).

⑤ 지배인의 수에는 제한이 없으며, 자격은 자연인인 이상 행위능력자든 행위무능력자든 제한이 없다.

① 회사의 지배인은 선임절차에 위반하여도 지배인이 제3자와 거래행위를 하는 경우, 그 선임행위에는 아무런 영향이 없다(판례).

② 재판상 소송행위만을 대리하기 위한 지배인은 선임할 수 없다.

③ 청산 중의 회사나 파산회사는 지배인을 선임할 수 없다.

④ 회사의 업무집행사원이나 이사는 지배인의 겸임이 가능하지만, 감사는 그 직무상 당해회사의 지배인이나 그 자회사의 지배인이 될 수 없다(제411조).

(2) 종 임

지배인의 대리권은 대리권의 소멸에 관한 일반원칙에 따라 소멸한다. 즉, 지배인의 사망 · 금치산 또는 파산, 영업주의 해임, 지배인의 사임, 영업주의 파산, 영업의 폐지 등에 의하여 소멸한다. 그러나 지배인의 대리권은 상인이 영업에 관하여 수여한 대리권이므로 영업주의 사망에 의하여 소멸되지 않는다(제50조).

(3) 등 기

지배인의 선임과 종임은 등기사항이므로(제13조), 등기하여야 선임 또는 종임에 대한 사실로 선의의 제3자에게 대항할 수 있다(제37조).

3. 지배인의 대리권

(1) 대리권의 범위

① 지배인에게는 영업주에 갈음하여 그 영업에 관하여 재판상 또는 재판외의 모든 행위를 할 수 있는 포괄적 대리권이 인정된다(제11조 제1항).

② 「영업에 관한 모든 행위」란 영업의 목적이 되는 행위뿐만 아니라 영업을 위하여 직접 · 간접

으로 필요한 모든 행위를 뜻한다. 그러나 영업에 관한 행위의 판단은 객관적이고 추상적으로 결정되어야 하며, 지배인의 주관적 의도와는 관계가 없다(판례).

③「재판상의 행위」는 소송수행행위를 뜻하며, 영업주를 대리한 소(訴)제기나 응소 기타 소송에 관한 각종의 행위를 포함한다.

④「재판 외의 행위」란 재판상의 행위를 제외한 영업과 관련된 모든 적법한 행위를 말한다.

⑵ 대리권의 한계

① 지배인은 영업의 양도나 폐지, 상호의 선정·변경 또는 폐지, 파산신청, 목적의 변경 등의 행위를 할 수 없다. 또한 신분법상의 행위를 대리할 수 없으며, 영업주의 개인 재산에 대한 처분행위를 할 수 없다(판례).

② 지배인은 지배인을 선임할 권한이 없으며, 영업주가 각각 다른 상호로 수개의 영업을 할 때에는 각 상호의 영업에만 한정하여 대리권이 인정된다.

③ 영업주가 동일한 영업을 위하여 수개의 영업소를 둔 때에는 그 중 선임된 영업소의 영업에만 지배권이 인정된다.

④ 지배인의 대리권의 양도나 상속은 인정되지 않는다.

⑶ 대리권의 제한

지배인의 대리권에 대한 제한은 선의의 제3자에게 대항하지 못한다(제11조 제3항). 그러나 지배인의 대리권의 제한은 악의 또는 중대한 과실이 있는 제3자에 대하여는 대항할 수 있다. 제3자의 악의 또는 중대한 과실에 대한 입증책임은 영업주가 부담한다. 제3자는 통상 지배인과 거래한 상대방을 말하지만, 상대방으로부터 전득한 자도 포함된다. 한편, 지배인의 대리권의 제한은 등기에 의하여 공시할 수 없다. 따라서 지배인이 대리권의 내부적 제한에 위반한 때에도 상인은 지배인을 해임하거나 손해배상을 청구할 수 있을 뿐이다.

⑷ 대리권의 남용

대리권의 남용이란 지배인이 객관적으로 그 대리권의 범위 내에 속하지만 주관적으로 자기 또는 영업주 이외의 제3자의 이익을 꾀하기 위하여 대리행위를 하는 것을 말한다. 이때 지배인의 행위는 일단 유효하지만 거래상대방에게 악의·중과실이 있는 때에는 영업주에 대하여 그 거래행위의 효과를 주장할 수 없다. 따라서 지배인의 유흥비 조달 등 개인적인 목적을 위하여 한 행위라도 상대방에게 악의 또는 중과실이 없는 한 영업에 관한 행위가 될 수 있고, 그 효력은 영업주에게 미친다(판례).

4. 공동지배인

(1) 의 의

영업주는 수인의 지배인으로 하여금 대리권을 공동으로 행사하게 할 수 있다(제12조 제1항). 이 경우의 지배인을 공동지배인이라 한다. 수인을 공동지배인으로 선임하거나 그 사항을 변경한 때에는 그 지배인을 둔 본점소재지 또는 지점소재지에서 등기하여야 한다(제13조 제2문).

(2) 효 과

① **대리권의 행사** : 공동지배인은 공동으로만 영업주를 위하여 거래상대방에게 의사표시를 할 수 있다. 따라서 어음행위와 같은 요식행위에서는 공동지배인 전원이 기명날인 또는 서명하여야 비로소 완전한 상인 본인을 위한 어음행위가 된다. 그러나 수동대리행위에 대하여는 각자가 대리권을 갖는다. 즉, 제3자의 공동지배인 중 1인에 대한 의사표시도 영업주에 대하여 효력이 있다(제12조 제2항).

② **대리권의 위임** : 공동지배인제도는 지배권의 남용을 사전에 방지하고 영업주의 이익을 보호하고자 하는 데 그 목적이 있다. 따라서 공동지배인 중 일부가 타인에게 포괄적으로 지배권을 위임하는 것은 공동지배인 제도의 입법취지에 어긋나므로 인정할 수 없다. 다만, 특정한 종류 또는 특정한 행위에 대하여 개별적으로 지배권을 위임하는 것은 가능하다는 것이 다수설의 입장이다.

5. 표현지배인

(1) 의 의

표현지배인(表見支配人)이란 지배인이 아니면서 본점 또는 지점의 본부장, 지점장 그 밖에 지배인으로 인정될 만한 명칭을 가진 사용인을 말한다(제14조 제1항). 이러한 표현지배인은 그가 속한 본점 또는 지점의 재판 외의 영업활동에 관하여 지배인과 동일한 권한이 있는 것으로 본다(제14조 제1항). 이것은 상거래의 보호를 위한 외관법리에 따른 것이다.

(2) 요 건

① 표현지배인은 본점 또는 지점의 본부장, 지점장 그 밖의 지배인으로 인정될 만한 명칭을 사용하였어야 한다. 명칭사용에 있어서 사회통념상 특정 영업소의 책임자로 오인할 수 있는 명칭이면 표현지배인이 될 수 있다. 그러나 지점 차장 · 지점장 대리와 같이 명칭 자체로서 상위직위의 존재를 인식할 수 있는 경우에는 표현지배인이 될 수 없고(판례), 보험회사의 영업소장의 명칭을 사용하고 있어도 표현지배인을 부정하는 것이 판례의 입장이다.

② 그 명칭 사용에 대해 영업주의 묵시적 또는 명시적 허락이 있어야 한다. 따라서 영업주의 허락이 없음에도 사용인이 자의적으로 표현적 명칭을 사용한 때에는 상법 제14조가 적용되지 않는다.

③ 본점 또는 지점은 반드시 상법상 영업소로서의 실체를 갖춘 장소이어야 한다(판례).

④ 사용인의 행위가 영업에 관한 재판 외의 행위로서 지배인의 권한에 속하는 행위이어야 한다. 표현지배인 규정은 재판상의 행위는 포함되지 않는다(제14조 제1항 단서 ; 판례).

⑤ 거래시에 상대방에게 악의 또는 중대한 과실이 없어야 한다. 이에 대한 입증책임은 영업주가 진다.

⑥ 표현지배인에 관한 규정은 거래의 직접 상대방뿐만 아니라 제3취득자도 포함된다는 것이 통설이 입장이다.

보충 표현대리에 관한 민법 제126조의 규정을 어음의 배서행위에 적용 또는 유추적용하는 경우에는 제3자는 어음을 양도받은 피배서인만을 가리키고, 피배서인으로부터 어음을 취득한 자는 제외된다는 것이 판례의 입장이다.

(3) 효 과

표현지배인으로서의 요건이 갖추어진 경우에는 표현지배인의 거래행위는 영업소의 지배인과 동일한 권한이 있는 것으로 본다(제14조 제1항 본문). 따라서 표현지배인의 행위에 대하여는 영업주가 그 책임을 진다.

II. 부분적 포괄대리권을 가진 사용인

1. 의 의

부분적 포괄대리권을 가진 사용인은 영업주로부터 영업의 특정한 종류나 사항에 대한 위임을 받아 그에 관한 재판 외의 모든 행위를 할 수 있는 권한을 가진 사용인을 말한다(제15조 제1항). 이러한 사용인으로는 영업부장 · 자재과장 · 경리계장 등이 있다. 부장 또는 과장이라도 부분적 대리권이 없는 경우도 있고, 부장 또는 과장이 아니라도 부분적 대리권이 있는 경우도 있다.

보충 부분적 포괄대리권을 가진 사용인은 영업주의 피용자인 경우가 대부분이지만 회사의 이사가 회사의 일상적인 업무를 분장하여 담당하는 경우(예 판매담당이사, 경리담당이사)에는 그 이사가 부분적 포괄대리권을 가진 사용인의 지위를 겸하는 것으로 본다는 것이 판례의 입장이다.

2. 선임과 종임

부분적 포괄대리권을 가진 사용인은 영업주뿐만 아니라 지배인도 선임할 수 있다(제15조 제2항). 이러한 사용인제도는 소상인에게도 적용된다. 부분적 포괄대리권을 가진 사용인의 선임과 종임은 등기사항이 아니다.

3. 대리권

① 원칙적으로 부분적 포괄대리권을 가진 사용인은 그가 수여받은 영업의 특정한 종류 또는 특정한 사항에 관한 재판 외의 모든 행위를 할 수 있다(제15조 제1항).

② 어떠한 행위가 대리권을 수여받은 영업의 특정한 종류 또는 특정한 사항에 해당하는가는 영업의 규모와 성격, 전체적 업무분장 등 제반사정을 고려하여 거래통념에 따라 판단하여야 할 것이다.

③ 특별한 수권이 없는 한 영업주를 위한 채무부담행위(예 지급보증행위, 손실부담약정)를 하지 못한다(판례).

④ 부분적 포괄대리권을 가진 사용인의 대리권에 대한 제한으로 선의의 제3자에게 대항할 수 없다(제15조 제2항, 제11조 제3항).

⑤ 부분적 포괄대리권을 가진 사용인에 해당하지 않는 사용인이 그러한 사용인과 유사한 명칭을 사용하여 법률행위를 하더라도 표현지배인에 관한 상법 제14조의 규정이 유추적용되지 않는다(판례).

Ⅲ. 물건판매점포의 사용인

1. 의 의

물건판매점포의 사용인이란 점포의 물건판매에 관한 모든 권한이 있는 것으로 의제된 사용인을 말한다(제16조 제1항). 상법 제16조의 규정은 영업주의 수권 여부에 관계없이 대리권이 있는 것으로 의제하는 점에 특징이 있다.

2. 적용요건

(1) 점 포

제16조는 물건을 판매하는 점포의 사용인에 대해서만 적용된다. 따라서 물건판매에 종사하는 자에 대해서만 적용되는 것이 원칙이다. 그러나 통설은 비디오점이나 도서대여점 등의 접객업소의 창구, 매표소직원, 계산대근무자 등 점포와 사용인의 존재가 결부되어 대리권의 강한 외관을 보여주는 업소의 사용인에 대하여도 제16조가 유추적용된다고 한다.

⑵ 물건판매

제16조는 물건판매에 관해서만 적용되며, 물건을 구입하는 행위에 대해서는 적용되지 않는다. 또한 제16조는 물건을 판매하는 점포의 사용인에 대해서만 적용되므로, 거래가 적어도 점포에서 체결되었거나 적어도 점포에서 개시되어야 한다. 따라서 외무사원, 외판원, 배달사원 등 점포를 벗어나 영업에 종사하는 사용인에 대해서는 제16조가 적용되지 않는다.

보충 백화점 지점의 외무사원은 물건판매점포의 사용인이 아니며, 물건판매점포의 사용인은 점포 외의 장소에서 대금을 수령할 권한이 없다(판례).

⑶ 상대방의 선의

물건판매점포의 사용인의 대리권의 의제는 상대방이 선의이고 중대한 과실이 없어야 인정된다(제16조 제2항). 상대방의 악의를 영업주가 입증하여야 한다.

3. 효 과

영업주의 수권여부에 관계없이 외관을 신뢰한 제3자에 대해 사용인이 점포 내에서 물건을 판매하는 행위를 한 때에는 그에게 점포내에서의 물건판매에 관한 모든 권한이 있는 것으로 의제된다.

제3절 상업사용인의 의무

Ⅰ. 의무의 내용

1. 경업금지의무

상업사용인은 영업주의 허락없이 자기 또는 제3자의 계산으로 영업주의 영업부류에 속하는 거래를 하지 못한다(제17조 제1항 전단). 이에 위반하여 거래하더라도 그 자체는 유효하다.

영업을 위한 보조적 행위, 영업부류에 속하지 않는 거래, 영업주의 영업에 속하는 행위라도 영리적 성질이 없는 행위는 금지되지 않는다.

영업주의 명시적 또는 묵시적 허락이 있으면 영업주의 영업부류에 속하는 거래를 할 수 있다. 제17조의 「자기 또는 제3자의 계산」이란 자기 또는 제3자의 경제적 이익의 목적을 의미한다. 상업사용인의 경업금지의무는 고용 또는 위임관계가 계속되는 한 영업시간 내이든 외이든 관계없이 인정된다.

2. 겸직금지의무

상업사용인은 영업주의 허락없이 다른 회사의 무한책임사원 · 이사 또는 다른 상인의 사용인이 될 수 없다(제17조 제1항 후단). 「다른 회사」의 무한책임사원 또는 이사가 되지 못하는 점에서 「동종영업을 목적으로 하는 회사」의 무한책임사원 또는 이사가 되지 못하는 대리상(제89조 제1항)이나 회사의 이사의 의무(제198조 제1항, 제287조의10 제1항, 제397조 제1항, 제567조)와 다르다. 그리고 상업사용인이 단순히 합자회사의 유한책임사원, 유한책임회사의 사원, 주식회사의 주주, 유한회사의 사원이 되는 것은 인정된다.

II. 의무위반의 효과

1. 경업금지의무 위반

(1) 개입권

① 상업사용인이 의무위반의 거래를 자기의 계산으로 한 때에는 그것을 영업주의 계산으로 한 것으로 볼 수 있고, 제3자의 계산으로 한 때에는 영업주가 상업사용인에 대하여 그로 인한 이익의 양도를 청구할 수 있다(제17조 제2항).

② 개입권은 형성권으로서 사용인에 대한 의사표시만으로 그 효력이 발생한다.

③ 개입권은 그 거래를 안 날로부터 2주간을 경과하거나, 그 거래가 있은 날로부터 1년이 경과하면 소멸한다(제17조 제4항).

(2) 계약해지 · 손해배상청구

사용인이 경업을 하면 그 사실만으로 경업금지의무위반에 해당하며, 이 경우 개입권의 행사와 병행하여 영업주로서는 그 의무위반의 행위로 인하여 생긴 손해배상을 청구할 수 있고, 위임이나 고용계약을 해지할 수 있다(제17조 제3항).

2. 겸직금지의무 위반

겸직금지의무에 위반하는 경우에는 영업주는 계약해지 및 손해배상청구를 할 수 있으나, 성질상 개입권은 행사할 수 없다.

Commercial Law

연습문제

01 지배인에 관한 다음 설명 중 옳지 않은 것은?

① 지배인은 영업주에 갈음하여 그 영업에 관한 재판상 또는 재판외의 모든 행위를 할 수 있는 대리권을 가진 상인이다.

② 상인의 임의대리인 중 지배인은 자기와 동등한 지위에 있는 다른 지배인을 선임할 수 없다.

③ 지배인의 대리권은 영업주의 영업에 관한 행위이어야 하므로 영업주의 신분상의 행위는 지배인의 대리권에 포함되지 않는다.

④ 지배인의 행위가 영업에 관한 행위로서 대리권한의 범위 내의 행위라 하더라도 영업주 본인의 이익이나 의사에 반하여 자기 또는 제3자의 이익을 도모할 목적으로 그 권한을 행사한 경우에 그 상대방이 지배인의 진의를 알았거나 알 수 있었을 때에는 영업주에 대해 효력이 없다.

⑤ 영업주의 지배인의 대리권에 대한 제한으로 선의의 제3자에게 대항할 수 없다.

지배인은 영업주에 갈음하여 그 영업에 관한 재판상 또는 재판 외의 모든 행위를 할 수 있는 포괄정형적 대리권을 가지고 있지만, 상업사용인에 해당할 뿐 상인은 아니다.

02 지배인에 관한 다음 설명 중 옳지 않은 것은?

① 합명회사와 합자회사에서 지배인을 선임하기 위해서는 정관에 다른 정함이 없는 한 업무집행사원을 정한 경우에도 무한책임사원의 과반수의 결의를 얻어야 한다.

② 주식회사의 이사는 지배인을 겸할 수 있지만, 감사는 그 직무상 지배인을 겸할 수 없다.

③ 지배인은 영업주에 갈음하여 그 영업에 관한 재판상 또는 재판 외의 모든 행위를 할 수 있고, 지배인의 대리권에 대한 제한은 제3자에게 대항하지 못한다.

④ 영업주가 수인의 지배인으로 하여금 대리권을 공동으로 행사하게 하더라도, 제3자의 공동지배인 1인에 대한 의사표시는 영업주에 대하여 그 효력이 있다.

⑤ 제약회사의 지방분실장이 자신의 개인적 목적을 위하여 권한 없이 대표이사의 배서를 위조하여 어음을 할인한 경우, 표현지배인이 성립한다.

답 1. ① 2. ③

지배인은 영업주에 갈음하여 그 영업에 관한 재판상 또는 재판 외의 모든 행위를 할 수 있고(제11조 제1항), 지배인의 대리권에 대한 제한은 선의의 제3자에게 대항하지 못한다(제11조 제3항).

03 상법상 지배인에 관한 설명으로 틀린 것은? (2017년 공인회계사)

① 지배인은 영업주에 갈음하여 그 영업에 관한 재판상 또는 재판외의 모든 행위를 할 수 있다.

② 판례에 의하면 표현지배인의 행위가 영업주의 영업에 관한 것인가의 여부는 표현지배인의 행위 당시의 주관적인 의사에 따라 구체적으로 판단하여야 한다.

③ 지배인의 대리권에 대한 제한은 선의의 제3자에게 대항하지 못한다.

④ 판례에 의하면 지배인의 대리권 제한에 대항할 수 있는 제3자에는 그 지배인으로부터 직접 어음을 취득한 상대방은 물론 그로부터 어음을 다시 배서 · 양도받은 자도 포함된다.

⑤ 지배인은 영업주의 허락없이 자기 또는 제3자의 계산으로 영업주의 영업부류에 속한 거래를 하거나 회사의 무한책임사원, 이사 또는 다른 상인의 사용인이 되지 못한다..

판례에 의하면 표현지배인의 행위가 영업주의 영업에 관한 것인가의 여부는 표현지배인의 행위 당시의 객관적인 사실에 의하여 구체적으로 판단하여야 하고(대판1998.8.21, 97다6704 참조), 주관적 의사에 의하는 것은 아니다.

04 서울에 본점을 두고 있는 상인 A(자본금액 2억원)는 B를 부산지점의 지배인으로 선임하였다. 다음 설명 중 틀린 것은? (2004년 공인회계사)

① A는 B의 지배인 선임사실을 서울과 부산에서 등기하여야 한다.

② A가 B를 해임한 때에는 지체 없이 해임등기를 하여야 한다.

③ A가 B를 지배인에서 해임한 경우에도 해임사실을 등기하지 아니하면 선의의 제3자에게 대항하지 못한다.

④ A가 B의 해임사실을 등기한 후라도 제3자가 정당한 사유로 인하여 이를 알지 못한 때에는 그에게 대항하지 못한다.

⑤ A가 고의로 B 대신에 C를 지배인으로 등기한 때는, C가 지배인이 아니라는 사실로써 선의의 제3자에게 대항하지 못한다.

등기사항의 경우, 본점에서 등기할 사항은 본점 및 지점에서 등기하여야 하나(제35조), 지점에서 등기할 사항은 지점에서만 등기하면 된다(제38조).

답 3. ② 4. ①

05 표현지배인에 관한 설명으로 틀린 것은? (1998년 공인회계사)

① 해임된 지배인에 대하여도 표현지배인 관계가 성립될 수 있다.

② 표현지배인의 근무장소는 영업소의 실체를 갖추어야 한다.

③ 표현지배인은 영업주에 갈음하여 영업에 관한 재판상 · 재판 외의 모든 행위를 할 수 있다.

④ 표현지배인이 개인적 이익을 위하여 하는 행위도 영업에 관한 행위이면 그 효과는 영업주에게 미친다.

⑤ 보험회사의 영업소장에 대해서는 표현지배인의 성립을 부인하는 것이 판례의 태도이다.

표현지배인으로 인정되는 행위는 재판 외의 행위를 말하며, 재판상의 행위는 포함되지 않는다.

06 상법상 지배인에 관한 설명으로 틀린 것은? (2011년 공인회계사)

① 지배인은 영업주의 허락없이 회사의 무한책임사원, 이사 또는 다른 상인의 사용인이 되지 못한다.

② 수인의 지배인이 선임된 경우 특별한 사정이 없는 한 수인의 지배인은 각자 독립된 지배권을 갖는다.

③ 지배인으로 선임된 자는 그 선임등기를 함으로써 상법상의 지배인으로서의 권한을 갖는다.

④ 표현지배인에 관한 상법규정은 영업주의 영업에 관한 재판상의 행위에 대해서는 적용되지 않는다.

⑤ 영업과 관련한 자금의 차입이나 대여 또는 어음 · 수표의 발행은 지배인의 권한범위에 속한다.

지배인으로 선임된 자는 영업주의 선임행위와 지배인의 승낙으로써 그 선임의 효력이 발생한다. 지배인 선임의 등기는 선언적 효력을 갖는 것으로써 제3자에 대한 대항력을 갖는다(상법 제37조 참조).

07 부분적 포괄대리권을 가진 상업사용인에 관한 설명 중 틀린 것은? (2009년 공인회계사)

① 영업주로부터 수권받은 영업의 특정한 종류 또는 특정한 사항에 관한 재판 이외의 모든 행위를 할 수 있다.

② 영업주뿐만 아니라 지배인도 부분적 포괄대리권을 가진 상업사용인을 선임할 수 있다.

③ 판례에 의하면, 주식회사의 기관인 상무이사는 같은 회사의 부분적 포괄대리권을 가진 상업사용인의 지위를 겸할 수 없다.

답 5. ③ 6. ③ 7. ③

④ 판례에 의하면, 주식회사의 경리부장은 자금차용에 관한 부분적 포괄대리권을 가진 상업사용인으로 볼 수 없다.

⑤ 판례에 의하면, 그 업무처리상 사장 등 상사의 결재를 받아 그 업무를 시행한 경우에도 부분적 포괄대리권을 가진 상업사용인의 성립에 지장이 없다.

주식회사의 기관인 상무이사는 같은 회사의 부분적 포괄대리권을 가진 상업사용인의 지위를 겸할 수 있다는 것이 판례의 입장이다(대판 1968. 7. 23, 68다442).

08 상업사용인의 경업금지의무에 관한 설명 중 틀린 것은? (2005년 공인회계사)

① 상업사용인의 경업금지의무는 영업주와 상업사용인 사이의 신뢰관계를 유지하고 영업주의 이익을 보호하기 위하여 상법상 특별히 인정되는 의무이다.

② 부동산매매업을 하는 회사의 지배인이 자신의 주택을 마련하기 위하여 토지와 건물을 매입하는 경우에는 그 회사의 허락을 받을 필요가 없다.

③ 상업사용인이 경업금지의무를 위반하여 제3자와 거래를 한 경우에, 그 거래는 제3자가 선의이면 유효하나 악의이면 무효가 된다.

④ 상업사용인이 경업금지의무를 위반하여 영업주가 개입권을 행사한 후에도 손해가 있으면 영업주는 그 배상을 청구할 수 있다.

⑤ 상업사용인이 영업주의 허락 없이 다른 회사의 무한책임사원이 된 경우에, 영업주는 그 상업사용인에 대하여 계약을 해지하거나 손해배상을 청구할 수 있을 뿐이고 개입권을 행사할 수는 없다.

상업사용인이 경업금지의무를 위반하여 제3자와 거래를 한 경우, 영업주는 개입권을 행사하여 그로 인한 이익의 양도를 상업사용인에게 청구할 수 있다(제17조 제2항). 개입권을 행사할 수 있도록 하고 있는 것은 제3자와의 거래가 비록 경업금지의무를 위반한 경우라도 그 행위는 유효하다는 것이 전제가 되는 것이다.

09 상법상 상업사용인에 관한 설명으로 옳은 것은? (2014년 공인회계사)

① 상업사용인은 영업주의 허락없이 다른 합자회사의 유한책임사원이 될 수 없다.

② 상업사용인이 경업금지의무를 위반하여 제3자와 거래를 한 경우에 그 거래는 제3자의 선의 · 악의를 불문하고 유효하다.

③ 물건판매점포사용인은 다른 상업사용인과 마찬가지로 법률행위에 대한 대리권의 수여행위가 있어야 한다.

답 8. ③ 9. ②

④ 합명회사의 경우 지배인의 선임과 해임은 정관에 다른 정함이 없으면 총사원 전원의 동의가 있어야 한다.

⑤ 지배인의 대리권에 대한 제한을 등기하면 선의의 제3자에게 대항할 수 있다.

① 상업사용인은 영업주의 허락없이 다른 합자회사의 유한책임사원이 될 수 있다(제17조 제1항 참조).

② 유효하기 때문에 개입권이 인정된다(제17조 제2항)

③ 물건판매점포사용인은 대리권의 수여가 없더라도 제3자가 선의인 경우 대리권이 있는 것으로 본다(제16조).

④ 합명회사의 경우 지배인의 선임과 해임은 정관에 다른 정함이 없으면 총사원 과반수의 동의가 있어야 한다(제203조).

⑤ 지배인의 대리권에 대한 제한은 등기사항이 아니며, 이를 등기하더라도 선의의 제3자에게 대항할 수 없다.

CHAPTER

04 상호

제1절 상호의 개념과 상호의 선정

Ⅰ. 상호의 의의

1. 상호의 의의

상호는 상인이 영업활동을 함에 있어서 자기를 표창하는 명칭이다. 즉, 상인의 영업상의 명칭을 말한다. 따라서 상호보험회사나 협동조합 등 비상인이 사용하는 명칭은 상호가 될 수 없고, 소상인에게는 자신의 영업에 관해 명칭을 사용하더라도 상호에 관한 규정이 적용되지 않는다(제9조).

2. 상호의 표시방법

상호는 상인의 명칭이므로 문자로써 표시되어야 하고 발음할 수 있어야 한다. 따라서 외국문자로 된 상호는 실무상 등기할 수 없으므로 외국어는 그 발음을 한자 또는 한글로 표시하는 경우에만 등기상호로 인정된다.

3. 상호와 구별되는 개념

상호는 상인이 자기의 상품을 표시하기 위하여 사용하는 상표나 영업을 표시하는 영업표와는 다르다. 또한 영업소의 내부장식에 특별한 명사를 사용하더라도 이는 상호가 아니라는 것이 판례의 입장이다.

II. 상호의 선정

1. 상호자유주의 원칙

상호의 선정에 대해서는 상호자유주의, 상호진실주의, 절충주의 등이 있으나, 우리 상법은 제18조에서 「상인은 그 성명 기타의 명칭으로 상호를 정할 수 있다」고 하여 원칙적으로 자유주의를 취하고 있다. 그리고 자유주의의 단점을 보완하기 위하여 다음과 같이 여러 가지의 제한을 두고 있다.

2. 상호자유주의에 대한 제한

(1) 회사의 상호

회사의 상호 중에는 반드시 그 회사의 종류, 즉 합명회사 · 합자회사 · 유한책임회사 · 주식회사 · 유한회사를 명시하여야 한다(제19조). 특히 공공적 사업을 목적으로 하는 회사인 은행 · 신탁 · 보험 · 증권회사의 경우에는 그 업종도 표시하여야 한다.

(2) 회사명칭의 사용제한

회사가 아닌 개인상인은 상호에 회사임을 표시하는 문자를 사용할 수 없고, 회사의 영업을 양수한 자도 그 회사의 상호를 사용할 수 없다(제20조).

(3) 상호단일의 원칙

동일한 영업에는 단일의 상호를 사용하여야 한다는 원칙이다(제21조 제1항). 회사는 수개의 영업을 하더라도 상호는 하나만 사용할 수 있다. 개인상인의 경우에는 수개의 독립된 영업에 대하여 각기 다른 상호를 사용할 수 있으나, 동일한 영업에 대하여는 하나의 상호를 사용하여야 한다. 수개의 지점이 있는 경우에는 지점의 상호를 표시할 때 본점과의 종속관계를 표시하여야 한다(제21조 제2항).

(4) 주체를 오인시킬 상호사용 금지

누구든지 부정한 목적으로 타인의 영업으로 오인할 수 있는 상호를 사용하지 못한다(제23조 제1항). 부정경쟁방지법에서는 국내에서 널리 인식된 타인의 성명 · 상호를 사용하여 타인의 상품과 혼동을 일으키거나 타인의 영업상 시설 또는 활동과 혼동을 초래하는 행위는 금지된다고 규정(동법 제2조 1호)하여 상인간의 부정한 수단으로 경쟁하는 것을 방지하고자 하고 있다.

III. 명의대여자의 책임

1. 의 의

타인에게 자기의 성명 또는 상호를 사용하여 영업을 할 것을 허락한 자는 자기를 영업주로 오인하여 거래한 제3자에 대하여 그 타인과 연대하여 거래로 인한 채무를 변제할 책임이 있다(제24조). 이 규정은 외관법리에 기인하여 상호진실주의를 간접적으로 인정한 규정이다.

보충 [위법한 명의대여자의 책임] 위법한 명의 대여(공인회계사 · 변호사 등의 자격대여)는 특별법에 의하여 금지되며 이에 위반한 명의대여는 당사자간에는 위법행위로서 무효이나, 선의의 거래상대방에 대한 관계에서는 명의대여자의 책임이 인정된다(판례).

2. 책임발생요건

(1) 명의사용의 허락

① 명의대여자의 책임이 발생하기 위해서는 자기의 성명 또는 상호를 타인이 사용하도록 허락하였어야 한다. 허락은 명시적으로 할 수도 있고 묵시적으로 할 수도 있다. 타인이 자기의 성명 또는 상호를 임의로 사용함을 알고 이를 저지하지 아니하거나 방치한 경우는 묵시에 의한 허락이 있는 것으로 본다(판례). 그러나 단순한 부작위(명의사용을 알아서 저지하지 않는 단순한 사실)만으로 묵시적 허락으로 볼 수 없고, 묵시적 허락이 되기 위해서는 자기의 점포나 사무실의 사용을 허락하는 등의 부가적 사정이 있어야 한다(판례).

보충 [묵시적 허락의 예] 자신의 영업을 임대하고 임차인이 자신의 종전의 상호를 그대로 사용하면서 영업을 하는 것을 방치하거나, 다른 상인에게 자기의 영업장소를 계속 사용하게 하면서 자기와 같은 영업을 하는 것을 허용하였던바 그 타인이 자기의 상호를 가지고 영업을 하는 것을 방치한 경우에는 묵시적 허락이 인정된다(판례).

② 허락되는 명의의 범위에 대해 상법 제24조는 성명 또는 상호만을 열거하고 있으나 거래통념상 명의대여자의 영업으로 오인할 수 있는 명칭이면 충분하다.

③ 명의사용에 있어 그대로 사용하지 않고 명의에 판매처 · 출장소 · 지점 · 영업소 등의 부가적 명칭을 붙여 사용하는 경우에도 명의대여에 따른 제24조의 책임이 인정된다(판례). 그러나 자신의 상호아래 대리점이라는 명칭을 붙여 사용하는 것을 승낙하였더라도 명의대여자의 책임은 인정되지 않는다(판례).

④ 명의대여자가 자기의 성명 또는 상호로 영업을 할 것을 허락하였어야 한다. 따라서 단순히 1회에 한하여 사용할 것을 허락하는 경우에는 명의대여자의 책임이 인정되지 않고, 표현대리의 문제가 될 뿐이다.

⑤ 명의사용을 철회하는 경우에는 상호사용의 중지통지 또는 단순한 이의제기로는 부족하고

거래처에 대한 통지 등의 방법으로 적극적으로 그 사용을 저지하여야 한다(판례).

(2) 외관의 존재

상대방이 명의차용자의 영업을 명의대여자의 영업으로 오인할 외관이 있어야 한다.

외관의 존재는 명의대여자가 영업을 하고 있지 않은 경우에는 명의차용자가 명의를 사용하여 영업을 한다는 사실만으로 인정된다.

명의대여자가 영업을 하는 경우에 명의차용인의 영업이 명의대여자의 영업과 동일성을 요하지 않고 영업의 외관의 동일성만 있으면 된다(판례).

(3) 상인성의 요부

명의대여자로 인정됨에는 상호는 물론 성명을 대여한 경우도 포함되므로 명의대여자가 상인임을 요하지 않으며, 국가나 지방자치단체 기타 공공기관도 명의대여자가 될 수 있다. 그러나 명의차용자는 상인이어야 한다.

(4) 제3자의 오인

① 명의차용자와 거래한 제3자가 거래를 함에 있어서 명의대여자를 영업주로 오인하였어야 한다. 여기서 제3자란 명의차용자와 거래한 직접의 상대방을 가리킨다. 그러나 직접의 상대방으로부터 영업상의 채권을 양수한 자도 제3자에 포함된다(판례).

② 제3자가 명의대여자를 영업주로 오인한 데에 악의 또는 중과실이 없어야 하며, 악의 또는 중과실에 대한 입증책임은 명의대여자에게 있다(판례).

3. 책임의 성질과 범위

(1) 책임의 성질

명의대여자는 자기를 영업주로 오인하여 거래한 제3자에 대하여 명의차용자와 연대하여 변제할 책임이 있고, 이 경우 명의대여자와 명의차용자의 책임은 부진정연대책임관계에 있게 된다. 명의대여자가 변제한 경우에는 명의차용자에게 구상할 수 있다.

(2) 책임의 범위

① 명의대여자는 명의차용자가 부담한 영업상의 거래로 인한 책임을 진다. 영업상의 거래로 인한 책임에는 거래상의 이행책임, 목적물에 대한 담보책임, 불이행시의 손해배상책임, 계약해제시의 원상회복의무에 대한 책임 등이 포함된다.

② 거래와 관계없는 순수한 불법행위는 명의대여자가 영업주라고 하는 외관의 신뢰와

손해의 발생 사이에 인과관계가 없으므로 적용되지 않으며, 명의차용인의 피용자의 거래행위에 대해서도 책임을 지지 않는다(판례). 명의대여자와 명의차용자 사이에 사실상의 지휘 · 감독의 관계가 존재하면 명의대여자는 사용자배상책임을 부담한다(판례).

③ 어음 · 수표행위에 대한 채무도 책임의 범위에 포함된다(판례).

④ 명의차용인의 피용자의 거래행위에 대해서는 명의대여자의 책임이 인정된다는 것이 통설의 입장이지만, 판례는 이를 부정하고 있다.

4. 명의대여의 효과

명의대여자는 자기를 영업주로 오인하여 거래한 제3자에 대하여 명의차용자와 연대하여 변제할 책임이 있고, 이 경우 명의대여자와 명의차용자는 부진정연대채무의 관계에 있게 된다(판례). 따라서 제3자는 양자 중 누구든 택일하여 변제의 청구를 할 수 있다. 명의대여자가 변제를 한 때에는 명의차용자에게 구상할 수 있다(판례). 한편, 부진정연대채무에서는 채무자 1인에 대한 이행청구 또는 채무자 1인이 행한 채무의 승인 등 소멸시효의 중단사유나 시효이익의 포기가 다른 채무자에게 효력을 미치지 아니한다(판례).

IV. 상호의 등기와 가등기

1. 상호의 등기

개인상인은 상호를 등기할 의무가 없으나, 회사의 상호는 반드시 등기하여야 한다. 개인상인이 상호를 등기한 때에는 그 변경 · 폐지도 등기하여야 한다(제40조).

2. 상호의 가등기

(1) 가등기를 할 수 있는 경우

① **물적회사의 설립시 :** 주식회사와 유한회사의 설립시는 본점소재지를 관할하는 등기소에 상호의 가등기를 신청할 수 있다(제22조의2 제1항). 신설합병의 경우에도 신설되는 회사의 등기는 설립등기와 거의 동일하므로 상호의 가등기가 인정된다.

보충 유한책임회사의 설립시 상호가등기에 관한 명문규정이 없으므로, 유한책임회사의 설립시 상호가등기가 인정되지 않는다. 그러나 유한회사의 설립절차와 유사하므로 상호가등기가 인정되어야 한다고 본다.

② **회사가 상호 · 목적을 변경하는 경우** : 회사의 상호나 목적 또는 상호와 목적을 변경하고자 할 때에는 본점의 소재지를 관할하는 등기소에 상호의 가등기를 신청할 수 있다(제22조의2 제1항).

③ **회사가 본점을 이전하는 경우 :** 회사가 본점을 이전하고자 할 때에는 이전할 곳을 관할하는 등기소에 상호의 가등기를 신청할 수 있다(제22조의2 제3항).

⑵ 가등기의 효력

상호의 가등기는 제22조(상호등기의 효력)의 적용에 있어서는 상호의 등기로 본다(제22조의2 제4항). 따라서 가등기된 상호에도 동일한 특별시 · 광역시 · 시 · 군에서 동일한 상호를 동종영업의 상호로 등기하지 못하는 등기배척력이 인정된다.

⑶ 가등기의 절차

상호가등기에 있어서 본등기를 할 때까지의 기간, 공탁금의 공탁과 그 회수, 가등기의 말소 기타 필요한 절차는 상업등기법에서 규정하고 있다(상업등기법 제38조 내지 제46조 참조).

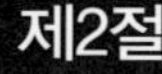

제2절 상호권

Ⅰ. 상호권의 의의

1. 개 념

상호권은 상인이 상호에 대하여 갖는 권리로써, 적법하게 상호를 사용하는 경우 타인의 방해를 받지 않고 상호를 사용할 수 있는 상호사용권(商號使用權)과 자기가 사용하는 상호와 동일 또는 유사한 상호를 부정한 목적으로 사용하는 자가 있는 경우 그 사용의 폐지를 청구할 수 있는 상호전용권(商號專用權)이 있다.

2. 성 질

상호는 상인의 영업상의 명칭이며 상호가 기업자에게 주는 경제적 가치 및 양도성의 측면에서 상호권은 인격권적인 성질을 포함하는 재산권으로 파악하는 것이 현재의 통설이다.

II. 상호권의 내용

1. 상호사용권

상인은 그가 선정 또는 승계한 상호를 타인의 방해를 받지 않고 사용할 수 있는 권리를 갖는다. 상인은 타인이 동일한 상호를 등기하였더라도 부정한 목적이 없으면 계속하여 상호를 사용할 수 있고, 상호사용에 대한 방해는 불법행위가 된다. 상호사용권은 등기상호이든 미등기상호이든 동일하게 인정된다.

2. 상호전용권

(1) 의 의

누구든지 부정한 목적으로 타인의 영업으로 오인할 수 있는 상호를 사용하지 못한다(제23조 제1항). 따라서 타인이 부정한 목적으로 자기 영업으로 오인할 수 있는 상호를 사용할 경우에는 이를 배척할 수 있는 권리(상호사용폐지청구권 또는 상호등기말소청구권)가 인정된다(제23조 제2항).

(2) 미등기상호

① 미등기상호의 경우 상호전용권은 타인이 부정한 목적으로 자기의 영업으로 오인할 수 있는 상호를 사용하여 이로 인하여 손해를 받을 염려가 있는 때에 그 상호의 사용폐지를 청구할 수 있는 권리를 말한다(제23조 제2항).

②「자기의 영업으로 오인할 수 있는 상호」란 자기의 상호와 동일한 경우뿐만 아니라 유사한 상호의 경우도 포함한다. 대표적인 판례의 예를 들면, 등기된 지역이 서울특별시로 동일하고 상호의 주요부분이 '유니텍'으로서 일반인이 확연히 구별할 수 없을 정도로 동일한 「주식회사」「유니텍」과 「주식회사 유니텍전자」는 오인할 수 있는 상호에 해당한다고 하였다.

③「부정한 목적」이란 상호권의 침해의사가 없더라도 자기의 상호를 일반공중에게 동종영업의 타인의 동일상호로 오인시키려는 목적이 있는 것을 말한다(판례). 대표적인 판례의 예를 들면 「허바허바칼라」라는 상호로 사진촬영업을 하던 자가 이 상호를 양도한 후 「새허바허바칼라」라는 상호로 단지 영업을 개시한 경우 「허바허바칼라」로 오인시키기 위한 부정목적이 있다고 하였다.

④「손해를 받을 염려」란 타인이 부정한 목적으로 상호를 사용함으로써 미등기상호권자가 손해를 받을 염려가 있는 것을 의미하며, 상호권자가 손해를 받을 염려가 있음을 입증하여야 한다.

⑤「상호의 사용」이란 법률행위에 의한 사용뿐만 아니라 계산서 · 간판 또는 광고 등에 기재

또는 인쇄하는 것과 같은 사실상의 사용을 포함한다. 그리고 제23조의 적용에 있어서는 반드시 동종영업에 사용함을 요하지 않는다(판례).

(3) 등기상호

① 상호를 등기한 자는 부정한 목적으로 자기의 영업으로 오인할 수 있는 상호를 사용하는 자가 있는 경우에 그 사용의 폐지를 청구할 수 있다(제23조 제2항). 등기상호의 경우에는 미등기상호의 경우와 달리 손해를 받을 염려의 유무와 관계없이 인정된다.

② 상호를 등기하면 등기한 상호를 동일한 특별시·광역시·시·군에서 동종영업의 상호로 사용하는 자는 부정한 목적이 있는 것으로 추정한다(제23조 제4항). 따라서 미등기상호의 경우와 달리 동일지역내에서의 부정목적에 대한 입증책임이 부정사용자에게 전환된다.

보충 [추정규정]

① 상법상 추정규정 : 제23조 제4항, 제47조 제2항, 제131조 제1항, 제168조의3 제3항, 제336조 제2항, 제356조의2 제3항, 제397조의2 제2항, 제399조 3항, 제467조의2 제2항

② 어음법(수표법)추정규정 : 어 제16조 제1항(수 제19조), 어 제20조 제2항(수 제24조 제2항), 어 제29조 제1항, 어 제41조 제4항(수 제36조 제4항)

(4) 손해배상청구

① **미등기상호** : 상호권자가 상호폐지청구권을 행사하였더라도 매출액 감소·신용훼손 등의 손해가 발생한 경우 손해배상을 청구할 수 있다(제23조 제3항).

② **등기상호 :** 상호권자가 상대방의 부정사용으로 인하여 손해가 있으면 그 배상을 청구할 수 있다(제23조 제3항).

3. 동일상호의 등기배척권

(1) 원 칙

타인이 등기한 상호 또는 가등기한 상호는 동일한 특별시·광역시·시·군에서 동종영업의 상호로 등기할 수 없다(제22조, 제22조의2 제4항). 여기서 동종영업이란 동일한 목적을 갖는 영업을 말하며, 반드시 쌍방의 모든 영업종목이 일치하여야 하는 것은 아니다. 상법 제22조의 성질에 대해서는 실체법상의 권리(등기배척권)와 등기법상의 권리(선등기자가 후등기자를 상대로 등기말소를 청구할 수 있는 권리)를 인정하는 것으로 보는 것이 판례·다수설의 입장이다.

(2) 예 외

등기배척권에 관한 규정은 행정구역의 변경으로 인한 경우와 지점등기를 하는 경우에는 적용되지 않는다.

제3절 상호의 이전과 폐지

Ⅰ. 상호의 변경

개인상인의 상호는 언제든지 변경할 수 있으나, 회사의 상호는 정관의 절대적 기재사항이므로 이를 변경하는 경우에는 정관변경이 필요하다. 또 등기상호를 변경하는 경우에는 이를 등기하여야 선의의 제3자에게 대항할 수 있다(제37조 제1항). 변경등기를 하지 않고 신상호를 사용하는 경우에도 회사는 그 사용으로 인한 책임을 면하지 못한다.

Ⅱ. 상호의 이전 및 폐지

1. 상호의 양도

(1) 양도의 원칙과 예외

① 상호의 양도는 원칙적으로 영업과 함께 하는 경우에 한하여 인정된다(제25조 제1항). 따라서 영업과 분리하여 상호만의 양도는 인정되지 않으며, 상호만의 상속이나 압류도 인정되지 않는다.

② 영업을 폐지한 때에 한하여 예외적으로 상호만의 양도가 가능하다(제25조 제1항). 이 경우의 영업의 폐지란 사실상 영업활동을 종료하는 것을 말하며, 행정적 절차에 의한 폐지뿐만 아니라 사실상 폐업한 경우도 포함된다.

(2) 양도의 절차와 효력

상호의 양도는 당사자의 의사표시만으로 그 효력이 생기지만, 다만 등기상호는 이전의 등기를 갖추어야 제3자에게 대항할 수 있다(제25조 제2항). 상호양도의 등기의 대항력은 제3자의 선의 · 악의를 묻지 않는 점에서 상업등기의 일반적 효력으로서의 대항력과 차이가 있다.

2. 상호의 상속

영업의 승계와 함께 상호의 상속이 가능하다. 등기상호의 상속인이 계속 상호를 사용하고자 할 때에는 그 자격을 증명하는 서면을 첨부하여 등기를 신청하여야 하지만, 상호상속의 등기는 대항요건이 아니다.

3. 상호의 폐지 · 말소

등기상호를 폐지 또는 변경한 경우에는 상호를 등기한 자가 그 사실을 등기하여야 한다(제40조). 상호의 폐지(변경)의 등기를 해태하더라도 아무런 제재를 가하지 않으므로, 상호를 폐지(변경)한 경우에 2주간 내에 그 상호를 등기한 자가 폐지(변경)의 등기를 하지 않는 때에는 이해관계인이 그 등기의 말소를 청구할 수 있다(제27조). 상호를 등기한 자가 정당한 사유없이 2년간 상호를 사용하지 아니하는 때에는 이를 폐지한 것으로 본다(제26조).

Commercial Law

연습문제

01 상호에 관한 설명 중 옳은 것은? (2000년 공인회계사)

① 우리 상법은 상호선정의 자유를 원칙으로 하고 있으므로 모든 상인은 상호를 선정하는 데 제한이 없다.

② 개인상인의 경우에는 수 개의 영업을 하더라도 하나의 상호를 사용하여야 한다.

③ 개인상인이 회사의 영업을 양수하면 회사의 상호를 사용하여도 상관없다.

④ 상호권자는 등기의 유무와 관계없이 타인이 부정한 목적으로 자기의 영업으로 오인할 수 있는 상호를 사용하면 그 사용폐지를 청구할 수 있다.

⑤ 동종영업에 대하여 동일한 특별시 · 광역시 · 시 · 군에서 타인이 등기한 상호를 사용하는 자는 부정목적으로 사용하는 것으로 간주한다.

① 상인이 상호선정의 자유를 원칙으로 하고 있으나, 개인상인의 회사명칭사용금지(제19조), 회사상호의 사용금지(제20조 참조), 단일상호사용제한(제21조), 부정목적의 상호사용금지(제23조) 등 제한이 있다.

② 개인상인은 동일한 영업에 단일상호를 사용하여야 하므로(제21조 1항), 수개의 영업을 하는 경우에 각 영업마다 다른 상호를 사용하는 것이 가능하다.

③ 회사가 아닌 상인은 상호에 회사임을 표시하는 문자를 사용하지 못하며, 회사의 영업을 양수한 경우에도 동일하다(제20조).

⑤ 동일한 특별시 · 광역시 · 시 · 군에서 동종영업으로 타인이 등기한 상호를 사용하는 자는 부정한 목적으로 사용하는 것으로 추정한다(제23조 4항).

02 갑은 친구이자 유명한 축구선수인 을의 허락을 받아서 「을축구용품점」을 개설하여 운영하였다. 그런데 축구팬인 병은 이 축구용품점을 을이 운영하는 것으로 알고 갑에게 100만원 상당의 축구용품을 외상으로 공급하고 대금은 나중에 받기로 하였다. 그 후 병은 축구용품점의 주인이 갑이라는 것을 알게 되었다. 이때 병에 대한 채권의 변제책임은 누가 어떻게 부담하여야 하는가? (1998년 공인회계사)

① 갑이 전액을 부담한다.

② 을이 전액을 부담한다.

③ 갑과 을이 합의한 바에 따라 책임을 진다.

답 1. ④ 2. ⑤

④ 갑과 을이 각각 반액씩 부담한다.

⑤ 갑과 을이 연대책임을 부담한다.

상기 설문은 명의대여자의 책임에 관한 것으로서, 일단 병이 거래중에 을을 상인으로 알았으므로 선의의 제3자에 해당하고, 축구용품의 외상공급은 거래행위에 해당하므로 상법 제24조의 요건을 갖추었다. 따라서 갑과 을은 연대책임을 부담한다.

03 甲은 乙에게 자기의 상호를 사용하여 영업을 할 것을 허락하였다. 乙과 거래한 丙에 대한 甲의 책임에 관한 설명 중 틀린 것은? (2002년 공인회계사)

① 甲은 자기를 영업주로 오인하여 거래한 丙에 대하여 乙과 연대하여 변제할 책임이 있다.

② 甲의 상법상 책임의 이론적 근거로는 외관이론 또는 표시에 의한 금반언의 법리를 들 수 있다.

③ 甲의 허락에는 구두 또는 서면에 의한 명시의 허락뿐만 아니라 묵시의 허락도 포함된다.

④ 丙은 甲과 乙 가운데 누구에 대해서나 변제를 청구할 수 있다.

⑤ 乙이 丙에게 변제한 경우에는 甲에게 구상할 수 있다.

명의대여자의 책임에 있어서, 명의대여자가 책임을 부담한 경우에는 명의차용자에게 구상권을 행사할 수 있으나, 명의차용자가 책임을 부담한 경우에 명의대여자에게 구상권을 행사할 수는 없다.

04 A는 B에게 자신의 명의를 사용하여 영업을 할 것을 허락하였다. 그 후 B는 A의 명의를 사용하여 C와 영업거래를 하였다. 이 경우에 관한 설명으로 틀린 것은? (이견이 있으면 판례에 의함) (2014년 공인회계사)

① A가 지방자치단체라도 A는 C에 대하여 명의대여자의 책임을 질 수 있다.

② B가 C와의 영업거래에서 부담하는 어음상 채무에 대하여도 A가 명의대여자의 책임을 질 수 있다.

③ C가 A에게 명의대여자의 책임을 추궁하기 위해서는 자신이 선의였고 중과실이 없었음을 입증하여야 한다.

④ 상법상 명의대여자의 책임이 인정되는 경우 C는 A와 B 누구에 대하여도 순서에 상관없이 채무의 변제를 청구할 수 있다.

⑤ A가 호텔영업을 하고 있는 자이고 B가 A의 명의를 사용하여 한 영업이 같은 호텔 내 나이트클럽 영업이라면 A는 명의대여자의 책임을 질 수 있다.

답 3. ⑤ 4. ③

A는 명의대여자의 책임을 지지 않기 위해서는 자신이 선의였고 중과실이 없었음을 입증하여야 한다(대판 2001. 4. 13, 2000다10512).

05 상법상 명의대여자의 책임에 관한 설명으로 옳은 것은? (2010년 공인회계사)

① 명의대여자가 책임을 면하기 위하여는 명의차용자의 거래상대방에게 악의 또는 중과실이 있음을 입증해야 한다.

② 명의자가 자기명의의 사용을 명시적 · 묵시적으로 허락하지 않은 경우 그 명의가 사용되면 명의대여자의 책임이 인정된다.

③ 다수설에 의하면, 교통사고와 같은 순수한 불법행위에 대하여도 명의대여자의 책임이 인정된다.

④ 명의대여관계에 있을 때 민법상의 사용자책임이 적용될 경우는 존재하지 않는다.

⑤ 명의대여자의 책임이 인정되면 명의차용자는 그 책임을 면한다.

② 명의대여자의 책임이 인정되기 위해서는 명시적 또는 묵시적 허락이 있어야 하며, 허락이 없는 때에는 명의대여자는 명의차용자의 행위에 대해 책임이 없다.

③ 순수불법행위에 대해서는 명의대여자의 책임이 인정되지 않는다는 것이 다수설의 입장이다.

④ 명의대여자가 명의차용인을 지휘 · 감독하는 지위에 있는 때에는 민법상 사용자배상책임을 진다는 것이 판례의 입장이다(대판 2001. 8. 21, 2001다3668).

⑤ 상법 제24조의 규정에 따라 명의대여자는 명의차용자와 연대하여 책임(부진정연대책임)을 진다. 따라서 명의대여자의 책임이 인정되더라도 명의차용자의 책임이 면제되는 것은 아니다.

06 A는 B로부터 영업용 대지와 사무실을 임차한 후 B의 허락을 얻어 B의 상호를 사용하여 영업을 하고 있다. 이에 대한 상법상 명의대여자의 책임에 관한 설명으로 옳은 것은? (이견이 있으면 판례에 의함) (2017년 공인회계사)

① B가 상인이 아니라면 B는 책임을 부담하지 않는다.

② 만약 A가 C와의 거래를 위하여 B의 상호를 사용한 사실이 없었더라도 B는 그 거래에 대한 책임을 부담한다.

③ B는 영업과 관련없는 A의 불법행위로 인한 채무에 대하여 책임을 부담하지만 어음행위에 의한 채무에 대해서는 그 책임을 부담하지 않는다.

④ A의 상업사용인이 아닌 피용자가 B의 상호를 사용하여 D로부터 사업과 무관하게 금원을 차용한 경우 B는 D에 대한 대여금 반환채무에 대하여 책임을 부담한다.

답 5. ① 6. ⑤

⑤ B가 책임을 면하기 위하여는 A와 거래한 상대방의 악의 또는 중과실에 대한 입증책임을 부담한다.

① B가 상인이 아니라도 명의대여자의 책임이 인정되므로 B는 책임을 부담한다.

② 만약 A가 C와의 거래를 위하여 B의 상호를 사용한 사실이 없다면, 외관의 존재가 없으므로 명의대여자의 책임이 인정되지 않는다. 따라서 B는 그 거래에 대한 책임을 부담하지 않는다.

③ B는 영업과 관련없는 A의 불법행위로 인한 채무에 대하여 책임을 부담하지 않고, 어음행위에 의한 채무에 대해서는 그 책임을 부담한다는 것이 판례의 입장이다.

④ A의 상업사용인이 아닌 피용자가 B의 상호를 사용하여 D로부터 사업과 무관하게 금원을 차용한 경우 B는 D에 대한 대여금 반환채무에 대하여 책임을 부담하지 않는다.

⑤ B가 책임을 면하기 위하여는 A와 거래한 상대방의 악의 또는 중과실에 대한 입증책임을 부담한다는 것이 판례의 입장이다.

07 개인상인 A는 〈일류대학〉이라는 미등기 상호로 경양식 영업을 하고 있다. 옳은 것은?

(2001년 공인회계사)

① A가 선정한 상호는 상호진실주의에 따른 것이다.

② A 이외의 다른 자가 위 상호를 사용하게 되면 부정한 목적의 사용으로 추정된다.

③ A는 위 상호를 가등기할 수 있다.

④ A는 영업과 분리하여 위 상호만을 양도할 수 있다.

⑤ A는 위 상호를 자신이 경영하는 편의점 영업의 상호로도 사용할 수 있다.

① 우리 상법은 상호의 입법주의에 있어서 상호자유주의를 택하고 있다. 경양식을 하면서 일류대학이라는 상호를 쓴 것은 자유주의에 따른 것이다.

② 개인상인의 미등기 상호에 대한 부정목적사용은 개인상인이 입증하여야 하며, 부정목적이 추정되지 않는다(제23조).

③ 개인상인에게는 상호가등기제도가 인정되지 않는다(제22조의2 참조).

④ 상호는 원칙적으로 영업과 함께 양도할 수 있다(제25조 제1항).

⑤ 개인상인은 하나의 영업에 하나의 상호를 사용할 수 있으므로, 편의점 영업을 위해 사용할 수 있다(제21조).

답 7. ⑤

08 요식업자 甲은 2003년부터 1억원을 투자하여 "신선보쌈"이라는 상호로 이를 등기하지 않고 영업 중인데, 乙은 2006년부터 같은 동네에서 음식점을 개업하고 "신선보쌈"을 자기의 상호로 등기하였다. 이 경우의 법률관계로 옳은 것은? (2007년 공인회계사)

① 甲이 乙에게 상호사용폐지청구권을 행사하기 위해서는 乙의 부정목적을 반드시 입증하여야 한다.

② 乙은 甲에게 등기배척권을 행사할 수 있다.

③ 甲은 乙에게 등기말소청구권을 행사할 수 없다.

④ 등기된 乙의 상호가 우선적으로 보호되기 때문에, 甲은 동일한 상호를 사용하지 못한다.

⑤ 등기되지 아니한 甲의 상호는 영업을 폐지하더라도 양도하지 못한다.

위 설문은 미등기상호권자의 상호전용권에 관한 것이다. 미등기상호권자라도 상대방이 부정목적으로 미등기상호권자의 상호로 오인할 수 있는 상호를 사용한다면 부정목적을 입증하여 상호폐지청구권을 행사할 수 있고, 손해를 입증하여 손해배상청구를 할 수 있다.

따라서 위의 설문의 경우 갑은 을의 부정목적을 입증하여 상호사용폐지청구권을 행사할 수 있고, 을이 상호를 등기하였으므로 등기말소청구권을 행사할 수 있으므로 ③은 틀린 지문이다. 상호전용권은 등기되었느냐에 따라 우선순위가 주어지는 것은 아니라 먼저 사용하는 자에게 주어지는 권리이므로 ④는 틀린 지문이 된다. 을이 보호되어지는 것은 아니므로 을은 상법 제22조에 따른 등기배척권은 인정되지 않으므로 ②는 틀린 지문이다. 한편, 갑은 영업을 폐지한 때에는 상호만의 양도가 가능하므로(제25조), ⑤는 틀린 지문이다.

09 상법상 상호 및 상업등기에 관한 설명으로 옳은 것은? (2010년 공인회계사)

ㄱ. 법정대리인에 의한 영업은 등기사항이 아니다.
ㄴ. 개인상인은 수개의 영업을 영위하는 경우 별개의 상호를 사용할 수 있다.
ㄷ. 회사가 아닌 자도 상호 중에 회사임을 나타내는 문자를 사용할 수 있다.
ㄹ. 상호는 등기하지 아니하면 법적 보호를 받지 못한다.
ㅁ. 다수설에 의하면, 등기소의 잘못으로 등기되지 않은 경우에도 상업등기의 소극적 공시의 원칙이 적용된다.

① ㄱ, ㄴ ② ㄴ, ㄷ ③ ㄴ, ㅁ
④ ㄷ, ㄹ ⑤ ㄹ, ㅁ

ㄱ. 법정대리인이 영업을 하는 경우 이를 등기하여야 한다(제8조 제1항).
ㄴ. 회사는 수개의 영업을 영위하는 경우 1개의 상호만을 사용할 수 있으나, 개인상인은 수개의 영업을 영위하는 경우 각 영업에 별개의 상호를 사용하거나 모든 영업에 하나의 상호를 사용할 수 있다.

답 8. ① 9. ③

ㄷ. 회사가 아닌 자는 상호 중에 회사임을 나타내는 문자를 사용할 수 없다(제20조).

ㄹ. 미등기상호의 경우에도 타인의 방해를 받지 않고 상호를 사용할 수 있는 상호사용권과 부정한 목적으로 자기의 상호로 오인할 수 있는 상호를 사용하는 자에 대한 상호폐지를 청구할 수 있는 상호전용권이 인정된다.

ㅁ. 등기사항을 등기하지 않은 귀책사유가 등기의무자에게 있어야 하는 것은 아니므로 등기공무원의 잘못으로 등기되지 않은 경우에도 등기전의 소극적 효력이 인정된다.

10 상법상 상호에 관한 설명으로 옳은 것은? (2012년 공인회계사)

① 미등기상호를 사용하고 있는 자는 자신의 상호와 동일 또는 유사한 상호를 사용하는 타인에 대하여 그 사용에 부정한 목적이 없는 한 상호사용의 폐지를 청구할 수 없다.

② 상인은 다른 상인의 상호가 가등기 되어 있더라도 이와 동일 또는 유사한 상호를 동일한 특별시 · 광역시 · 시 · 군에서 동종영업의 상호로 등기할 수 있다.

③ 상호를 등기한 자가 정당한 사유 없이 2년간 상호를 사용하지 아니한 때에는 그 상호를 폐지한 것으로 추정한다.

④ 상호를 상속한 자는 상호상속의 사실을 등기하여야 상호이전의 효력을 제3자에게 주장할 수 있다.

⑤ 변호사 사무실의 명칭은 상법상의 상호로서 상호등기부에 등기할 수 있다.

① 제23조 제1항

② 상인은 다른 상인의 상호가 가등기 되어 있더라도 이와 동일 또는 유사한 상호를 동일한 특별시 · 광역시 · 시 · 군에서 동종영업의 상호로 등기할 수 없다(제22조의2 제4항, 제22조).

③ 상호를 등기한 자가 정당한 사유 없이 2년간 상호를 사용하지 아니한 때에는 그 상호를 폐지한 것으로 본다(제26조).

④ 상호를 상속한 자는 상호상속의 사실을 입증함으로써 상호이전의 효력을 제3자에게 주장할 수 있다.

⑤ 변호사 사무실의 명칭은 상법상의 상호로 인정되지 않으므로 상호등기부에 등기할 수 없다는 것이 판례의 입장이다(대법원 2007. 7. 26. 자 2006마334 결정)

답 10. ①

CHAPTER

05 상업장부

제1절 상업장부의 개념

Ⅰ. 의 의

1. 상인의 장부

상업장부란 상인이 영업상의 재산상태 및 손익상황을 명확하게 하기 위하여 법률상의 의무로서 작성하는 장부이다. 따라서 주식회사의 주주명부나 사채원부, 중개인의 일기장 등은 상업장부가 아니다. 또한 상인이 아닌 자가 작성하는 장부나 소상인이 임의로 작성하는 장부는 상법상의 상업장부가 아니다.

2. 상업장부와 재무제표

주식회사에 있어서 매 결산기에 이사가 작성하고 이사회의 승인을 얻어 감사에게 제출하고, 주주총회의 승인을 얻어 본점과 지점에 비치 · 공시하는 재무제표가 있다.

재무제표와 상업장부는 그 종류에 있어서 대차대조표는 동일한 서류이지만, 기타 서류에 있어서는 차이가 있다. 상업장부의 작성은 상인의 의무로서 인정되지만, 재무제표는 주식회사와 유한회사, 유한책임회사에서만 인정되는 제도이다(제447조, 제579조, 제287조의33).

Ⅱ. 종 류

1. 회계장부

(1) 의 의

회계장부란 상인이 거래 기타 영업상의 재산에 영향이 있는 모든 사항을 기재한 장부를 말한다(제30조 제1항). 회계장부에는 영업상의 재산 및 자본의 증감에 관하여 화폐단위로 기록되는데, 전표 · 분개장 · 원장 · 금전출납부 · 어음책 · 수표책 등이 이에 속한다.

(2) 기재사항 및 방법

① **기재사항** : 회계장부에는 거래 기타 영업상의 재산에 영향이 있는 모든 사항을 기재하여야 한다. 여기서 영업상의 재산이란 동산 · 부동산 등 유체재산이나 각종의 채권 등 적극재산과 영업상의 채무인 소극재산 등이 포함된다. 또한 법률행위, 불법행위 등 영업상의 재산에 영향을 미치는 사항은 모두 기재하여야 한다.

② **기재방법** : 기재할 사항의 기재방법은 일반적으로 공정 · 타당한 회계관행에 좇아야 한다(제29조 제2항). 「일반적으로 공정 · 타당한 회계관행」에 있어서 「공정」은 기업의 재정상태 내지는 경영성격을 명확하게 나타내고자 하는 상업장부의 목적을 달성할 수 있을 정도로 합리적인 것을 뜻하며, 「타당」은 업종 · 업태 · 사업의 규모 등 기업의 현황과 거래의 성격에 적합한 것을 뜻한다. 그리고 「회계관행」은 회계의 이용주체간에 보편적으로 받아들여져서 상당기간 널리 적용되고 이용주체들 간에 규범의식이 형성된 것을 뜻한다.

2. 대차대조표

(1) 의 의

대차대조표란 일정한 시점에 있어서 회사 자산 · 자본 · 부채관계를 표시하기 위하여 작성하는 장부이다. 즉, 상인이 일정시점에서 가지고 있는 재산과 가지고 있어야 할 재산을 비교함으로써 기업의 재산상태와 손익관계를 명확하게 하기 위하여 작성하는 장부이다. 대차대조표는 일정한 시점에서 작성되는 점에서 회계장부와 차이가 있다.

(2) 기재사항 및 방법

대차대조표는 회계장부를 기초로 작성되며 작성자가 이에 기명날인 또는 서명하여야 한다(제30조 제2항). 대차대조표의 작성도 일반적으로 공정 · 타당한 관행에 따라 작성하면 된다.

제2절 상업장부에 관한 의무

Ⅰ. 의무의 종류

1. 작성의무

상인은 상업장부를 작성하여야 한다(제29조 제1항). 작성방법은 상법상 특별한 규정이 없는 한 일반적으로 공정하고 타당한 회계관행에 의한다(제29조 제2항). 회사를 제외한 상인은 영업을 개시한 때와 매년 1회 이상 일정한 시기에, 회사는 성립한 때와 매결산기에 회계장부에 의하여 대차대조표를 작성하고, 작성자가 이에 기명날인 또는 서명하여야 한다(제30조 제2항).

2. 보존의무

상인은 상업장부와 영업에 관한 중요한 서류를 장부폐쇄일로부터 10년간 보존하여야 한다. 다만, 전표 또는 이와 유사한 서류는 5년간 보존하여야 한다(제33조 제1항). 보존방법은 제한이 없고 상업장부와 영업에 관한 중요서류의 원본보존 또는 마이크로필름 기타 정산정보처리조직에 의하여 보존할 수 있다(제33조 제3항).

3. 제출의무

법원은 신청에 의하여 또는 직권으로 소송당사자에게 상업장부 또는 그 일부분의 제출을 명할 수 있고(제32조), 상업장부의 보존의무자는 제출의무를 부담한다. 상업장부의 증거력은 모든 사정을 참작하여 법관의 자유로운 심증에 의하여 판단한다(민소법 제187조).

Ⅱ. 의무 위반에 대한 제재

개인상인은 작성의무를 위반하더라도 사법상의 책임이 없으며, 상법상 아무런 제재도 받지 않는다. 회사도 상업장부의 작성의무를 위반한 경우 회사 자체는 아무런 책임을 지지 않는다. 그러나 주식회사나 유한회사의 이사가 작성의무를 이행하지 않은 때에는 법령위반행위로서 회사에 대해 손해배상책임을 지며(제399조, 제567조), 작성의무불이행이 임무해태로 인정되면 제3자에 대해서도 손해배상책임을 진다(제401조, 제567조).

Commercial Law

연습문제

01 다음은 상업장부에 관한 설명이다. 옳은 것은? (2001년 공인회계사)

① 상인은 10년간 상업장부를 보관하여야 하나, 영업을 폐쇄한 때에는 그 의무를 면한다.

② 우리 상법상에는 상업장부를 작성하지 아니한 개인상인을 제재하는 규정이 없으므로, 회사만이 상업장부를 작성할 의무를 부담한다.

③ 회사는 성립한 때와 매 결산기에 회계장부를 작성하고, 작성자가 이에 기명날인 또는 서명하여야 한다.

④ 우리 상법상의 상업장부에는 회계장부와 대차대조표만이 포함된다.

⑤ 법원은 신청이 있는 경우에만 소송당사자에게 상업장부 또는 그 일부분의 제출을 명할 수 있다.

① 상업장부는 장부를 폐쇄한 날로부터 10년간 보관하여야 하며, 영업을 폐쇄하더라도 계속 보관해야 할 의무를 진다(제33조 제2항).

② 상업장부는 개인상인이든 회사이든 작성해야 할 의무를 부담한다(제30조 제2항 참조). 다만, 소상인에게는 상업장부에 관한 규정이 적용되지 않는다(제9조).

③ 회사는 성립한 때와 매 결산기에 대차대조표를 작성하고, 작성자가 이에 기명날인 또는 서명하여야 한다(제30조 제2항).

④ 상법 제29조 제1항.

⑤ 법원은 신청에 의하여 또는 직권으로 소송당사자에게 상업장부 또는 그 일부분의 제출을 명할 수 있다(제32조).

02 상업장부에 관한 설명 중 틀린 것은? (2005년 공인회계사 수정)

① 상업장부는 마이크로필름 기타의 전산정보처리조직에 의하여 이를 보존할 수 있다.

② 회사 이외의 상인은 영업을 개시한 때와 매년 1회 이상 일정시기에 대차대조표를 작성하여야 한다.

③ 상업장부와 영업에 관한 중요한 서류는 장부작성일로부터 10년간 보존하여야 한다.

④ 전표 또는 이와 유사한 서류는 5년간 이를 보존하여야 한다.

답 1. ④ 2. ③

⑤ 법원은 신청이 있는 경우뿐만 아니라 직권으로도 소송당사자에게 상업장부의 제출을 명할 수 있다.

상업장부와 영업에 관한 중요한 서류는 장부폐쇄일로 부터 10년간 보존하여야 한다(제33조 제1호).

답

CHAPTER

06 영업소

제1절 영업소의 개념

Ⅰ. 의 의

1. 영업활동의 실질적 중심지

영업소라 함은 상인의 영업활동의 중심을 이루는 일정한 장소를 말한다. 영업소는 일정한 범위의 독립성을 갖고 영업에 관하여 내부적으로 지휘·명령이 내려지는 것만으로는 부족하고, 외부적으로도 영업목적인 기본적 거래가 이루어지는 곳이어야 한다. 공장이나 창고 등 상품의 제조·보관 등 사실적 행위만 이루어지는 장소, 수금·주문접수 등 영업의 일부 기능만 수행하는 장소, 단순히 판매·용역제공 등 영업거래만 이루어지는 매장 등은 영업소라 할 수 없다.

2. 독립성·고정성·계속성

영업소는 영업활동을 위한 조직의 중심으로서 독립적인 영업단위를 이루어 경영관리조직을 갖추어 그 영업활동에 관한 독립적인 관리가 행해지는 곳이어야 하며, 또 대내적 관리와 대외적 거래의 중심으로서 고정성이 있어야 하며, 시간적으로 어느 정도 계속성이 있어야 된다. 따라서 일시적인 매점이나 이동매점은 영업소로 볼 수 없다.

3. 영업소의 등기

개인상인의 경우에는 영업소는 등기사항이 아니다. 그러나 상호의 등기나 지배인의 선임등기에 있어서는 동시에 영업소도 등기가 된다(상법 제34조). 회사의 경우에는 설립등기시에 주영업소인 본점소재지는 정관에 기재되어야 하며, 등기하여야 한다(제180조 1호 참조).

II. 영업소의 판단

영업소인지의 판단여부는 영업소로서의 실체를 갖추었는지 여부에 따라 객관적으로 판단되어야 하며, 단순한 형식적 표시나 당사자의 주관적 의사만을 기준으로 하여서는 아니된다. 따라서 영업소나 지점의 명칭을 사용하고 영업소로 등기하였다 하더라도 영업소로서의 실체를 갖추지 못하였다면 영업소가 아니다.

제2절 영업소의 종류

I. 본 점

영업소는 한 개의 영업에 관해 수개를 가질 수 있다. 수개의 영업을 할 때도 각 영업별로 수개의 영업소를 가질 수 있다. 복수의 영업소를 가진 경우 주된 영업소를 본점, 종된 영업소를 지점이라 한다. 본점은 여러 영업소를 전체적으로 통할하고 그 영업성과를 하나의 경영단위로 집중시키는 영업소이다. 하나의 영업에 관하여 본점은 한 개만이 있을 수 있다.

II. 지 점

지점은 본점의 종된 영업소이다. 지점도 그 자체 독립하여 영업을 수행할 수 있는 실체이어야 한다. 따라서 단순히 영업소 업무를 부분적으로 분담하거나 영업소의 단순한 지원장소에 불과한 출장소 · 분점 · 사무소 · 직매소 등은 지점으로서 인정될 수 없다. 또 본점의 지휘감독 아래 기계적으로 제한된 보조적 서류만을 처리하는 영업소는 상법상 지점으로 인정되지 않는다.

제3절 영업소의 법적 효과

Ⅰ. 일반적 효과

영업소의 일반적 효과로서는 다음과 같은 것을 인정하고 있다.

첫째, 상행위로 인하여 생긴 채무의 이행장소가 된다.

둘째, 각종 등기사항을 등기하는 등기소 및 소송사건의 관할법원을 결정하는 기준이 된다.

셋째, 소송법상의 서류송달의 장소가 된다.

넷째, 변제장소를 정하지 않은 증권적 채권의 변제장소는 채무자의 현영업소이다.

다섯째, 파산사건의 경우에 채무자의 영업소는 관할법원을 결정하는 기준이 된다.

여섯째, 지배인 선임의 단위가 되며, 표현지배인의 인정을 위한 기준이 된다.

일곱째, 회사의 각 종의 서류(주주명부 · 이사회 의사록 · 재무제표 등)의 비치장소이다.

Ⅱ. 지점에 대한 효과

지점도 본점으로부터 분리되어 영업활동을 할 수 있으므로, 지점거래로 인한 채무이행의 장소 · 지점영업만의 양도 · 본점소재지의 등기사항의 지점소재지 등기 · 지점대리인의 대리권의 범위제한 · 지점영업에 관한 표현지배인의 인정기준 등의 법적 효력이 인정된다.

CHAPTER

07 상업등기

제1절 상업등기의 개념

Ⅰ. 의 의

상업등기란 상법 규정에 의하여 상업등기부에 등기하여야 하는 사항을 법정의 절차에 따라 법원의 상업등기부에 기재하는 것을 말한다(제34조).

예외 | 선박등기, 부동산등기, 상호보험회사의 등기 등은 상업등기에 속하지 않는다. 그러나 상호보험회사에는 상법규정이 준용된다.

Ⅱ. 상업등기부의 종류

상업등기부에는 10가지가 있다. 상호 등기부, 무능력자 등기부, 법정대리인 등기부, 지배인 등기부, 합명회사 등기부, 합자회사 등기부, 유한책임회사 등기부, 주식회사 등기부, 유한회사 등기부, 외국회사 등기부가 이에 해당한다.

Ⅲ. 등기사항

1. 절대적 등기사항 · 상대적 등기사항

절대적 등기사항이란 반드시 등기해야 하는 사항을 말하며(예 회사설립등기), 상대적 등기사항이란 등기할 수 있는 권리가 있을 뿐이고 의무가 없는 등기사항을 말한다(예 개인상인의 상호등기, 영업양수인의 채무불인수의 등기). 상대적 등기사항이라도 일단 등기 후에는 절대적 등기사항과 동일하게 그 변경이나 소멸이 있는 경우에는 등기 당사자는 지체없이 변경 또는 소멸등기를 하여야 한다(제40조).

2. 창설적 · 선언적 · 면책적 등기사항

창설적 등기사항이란 법률관계의 창설을 위한 등기를 말하며(예 회사설립등기, 합병등기), 선언적 등기사항이란 유효하게 형성된 법률관계의 선언을 위한 등기사항이며(예 지배인 선임등기), 면책적 등기사항이란 등기를 기준으로 일정한 책임이 소멸하는 효과를 가져오는 등기사항을 말한다(예 합명회사 사원의 퇴사등기).

3. 지점의 등기

본점소재지에서 등기할 절대적 등기사항은 다른 규정이 없으면 지점소재지에서도 등기하여야 한다(제35조). 다만, 절대적 등기사항이라도 다른 규정이 있는 경우로서 지배인의 선임과 대리권의 소멸에 관한 등기는 그 지배인을 둔 본점 또는 지점 소재지에서만 등기하면 된다(제13조).

Ⅳ. 등기의무위반

절대적 등기사항의 등기를 게을리한 경우 상법 제37조의 규정에 의해 그 등기사항으로 선의의 제3자에게 대항할 수 없는 것 이외에는 특별한 제재가 없다. 그러나 회사의 경우에는 이를 해태한 경우 과태료의 제재를 받는다(제635조 제1항).

제2절 상업등기의 절차

Ⅰ. 등기의 신청

등기신청은 원칙적으로 당사자의 신청에 의한다(제34조). 그러나 법원의 촉탁에 의한 경우도 있다(예 회사의 설립무효 또는 합병무효 등기, 휴면회사의 해산등기, 재판에 의한 회사의 해산등기 등).

Ⅱ. 등기공무원의 심사권

등기공무원은 등기신청의 형식적 적합성 여부만을 심사할 수 있고, 신청사항의 진실성까지 조사할 권한과 의무를 인정하지 않는다. 즉, 형식적 심사권만 인정된다.

제3절 상업등기의 효력

Ⅰ. 일반적 효력

1. 등기 전의 효력

(1) 등기 전의 소극적 효력

등기할 사항은 등기 전에는 선의의 제3자에게 대항하지 못한다(제37조 제1항). 「선의의 제3자」란 거래 당시에 등기사항의 존재를 알지 못한 등기당사자 이외의 자로서 거래상대방을 비롯하여 등기사항에 관하여 정당한 이해관계를 갖는 자를 말한다. 등기 전에는 제3자의 선의가 추정되므로 제3자가 악의인 때에는 이를 주장하는 측에서 입증책임을 부담한다.

보충 ① 합명회사 사원이 퇴사한 경우 퇴사등기를 해태한 때에는 사실상 퇴사한 후에 회사가 부담하게 된 새로운 채무에 대해서도 선의의 제3자에게 책임을 면하지 못한다.
② 등기공무원의 잘못으로 등기하지 못한 경우에도 등기 전의 소극적 효력(소극적 공시의 원칙)이 적용된다(통설).

(2) 등기할 사항

등기할 사항이란 절대적 등기사항뿐만 아니라 상대적 등기사항도 포함된다. 또한 새로 생긴 사항은 물론 등기사항이 변경 또는 소멸된 경우도 포함된다.

2. 등기 후의 효력

(1) 선의의 제3자에 대한 대항력

등기할 사항을 등기한 후에는 선의의 제3자에게도 등기사항으로 대항할 수 있다. 따라서 등기한 후에는 제3자의 악의가 의제되는 것이다. 그러나 제3자가 등기한 후라도 정당한 사유로 인하여 등기사항을 알지 못한 경우에는 등기당사자는 이로써 대항할 수 없다(제37조 제2항).

여기서 「정당한 사유로 인하여」란 교통두절이나 등기부의 소실 등의 객관적 사유로 제3자가 등기부 열람이 불가능했던 경우를 말하며, 제3자의 장기여행이나 질병 등의 주관적 사유는 포함되지 않는다. 정당한 사유로 인하여 등기부를 열람하지 못한 데 대해서는 제3자가 입증책임을 진다.

(2) 대항력의 인정범위

① **거래관계** : 상업등기의 제3자에 대한 대항력은 원칙적으로 법률행위에 의한 거래관계에만 적용된다.

② **소송관계** : 소송관계에 대한 적용여부에 대해서는 적용되지 않는다는 부정설이 있으나, 적용된다는 설이 다수설이다.

③ **공법관계** : 상업등기의 대항력은 외관법리를 근거로 하므로 외관법리가 적용되지 않는 조세관계 등 공법관계에는 적용되지 않는다. 상법 제37조에서의 제3자라 함은 대등한 지위에서 하는 보통의 거래관계의 상대방을 말하므로, 조세권에 기하여 조세의 부과처분을 하는 경우의 국가는 제3자에 포함되지 않는다(판례).

④ **지점거래** : 지점에 등기할 사항의 등기대항력에 대해서는 지점거래에 한하여 적용된다(제38조).

II. 특수적 효력

1. 창설적 효력

창설적 효력이란 등기에 의하여 새로운 법률관계가 창설되는 경우로서 설권적 효력이라고도 할 수 있다(예 회사의 설립등기에 의한 법인격 취득, 합병등기에 의한 합병의 효력 발생).

2. 보완적 효력

보완적 효력이란 등기에 의하여 등기의 전제요건이 되는 법률사실의 하자가 보완 또는 치유되어 그 하자를 주장할 수 없게 되는 경우의 효력을 말한다(예 회사설립등기후 주식청약서의 요건흠결 또는 사기 · 강박 · 착오에 의한 의사표시의 취소는 할 수 없다).

3. 부수적 효력

등기를 기준으로 일정한 행위가 허용되거나(예 설립등기후 주권발행허용, 권리주 양도제한해제), 책임이 면제되는 경우(예 합명회사 사원의 퇴사등기)가 있다.

Ⅲ. 등기의 추정력 및 공신력

1. 등기의 추정력

상업등기의 법률상의 추정력은 원칙적으로 인정되지 않으며, 등기사항이 사실로서 존재하는 경우에 한하여 등기사실이 진실하다는 사실상의 추정력만 인정된다(판례).

보충 ▸ 상법 제23조 제4항은 예외적으로 법률상의 추정력을 인정하고 있다.

2. 등기의 공신력

상업등기의 일반적 공신력은 인정되지 않는다. 즉, 부실등기를 신뢰한 제3자를 보호할 수 있는 공신력은 없다(판례).

Ⅳ. 부실등기의 효력

1. 의 의

상법 제39조에서 「고의 또는 과실로 인하여 사실과 상위한 사항을 등기한 자는 그 상위를 선의의 제3자에게 대항할 수 없다」고 하여 부실등기의 효력에 관하여 규정하고 있다.

2. 적용요건

⑴ 등기신청인의 고의 · 과실

제39조의 「상위한 사항을 등기한 자」란 당해 등기를 신청한 등기신청권자를 말한다. 그리고 「고의 · 과실」은 등기신청인의 고의 · 과실뿐만 아니라 대리인(예 지배인)의 고의 · 과실도 포함된다. 등기신청인이 회사인 경우 고의 · 과실의 유무의 결정은 대표이사 또는 대표사원을 기준으로 판단하여야 한다(판례). 부실등기자의 고의 · 과실이 없었다는 점에 대해서는 등기신청인이 이를 증명하여야 한다.

보충 ▸ 등기신청인의 의사와 무관하게 제3자의 문서위조 등의 허위신청으로 사실과 다른 등기가 이루어진 경우 부실등기의 효력이 인정되지 않지만, 등기신청인이 이후에 부실등기를 「알고도」 시정조치를 하지 않은 경우에는 상법 제39조가 적용된다(판례).

⑵ 사실과 다른 사항의 등기

등기된 사항과 실제의 사실관계가 서로 달라야 하며, 이때 사실과 다른지의 여부는 등기 당시를 기준으로 한다.

(3) 제3자의 선의

제3자는 등기내용이 사실과 다름을 알지 못하였어야 하며, 이에 중과실이 없어야 한다. 제3자는 등기신청인과 거래한 직접의 상대방뿐만 아니라 그 등기에 관한 이해관계인도 포함한다. 이때 부실등기자는 제3자가 악의라는 사실을 입증하여야 한다.

3. 제39조의 적용효과

부실등기자는 등기가 사실과 상위함을 가지고 선의의 제3자에게 대항하지 못한다. 그러나 제3자가 등기와 다른 사실관계를 주장하는 것은 무방하다.

Commercial Law

연습문제

01 상법상 상업등기에 관한 설명 중 틀린 것은? (2005년 공인회계사)

① 상호의 양도는 등기하지 않으면 제3자의 선의 · 악의를 불문하고 제3자에게 대항하지 못한다.

② 본점 소재지에서의 등기사항을 등기하면 지점소재지에서 이를 등기하지 않아도 그 지점의 거래에 관하여 선의의 제3자에게 대항할 수 있다.

③ 부실등기의 공신력은 제한적으로 인정되므로, 고의 또는 과실로 인하여 사실과 상위한 사항을 등기한 자는 그 상위를 선의의 제3자에게 대항할 수 없다.

④ 등기한 사항에 변경이 있거나 그 사항이 소멸한 때에는 당사자는 지체없이 변경 또는 소멸의 등기를 하여야 한다.

⑤ 판례에 따르면, 등기할 사항은 등기 전에는 선의의 제3자에게 대항하지 못하나, 국가가 조세의 부과처분을 하는 경우에는 국가는 여기서의 제3자에 해당되지 않는다.

본점 소재지에서의 등기사항을 지점소재지에서 등기하지 않으면 그 지점의 거래에 관하여 선의의 제3자에게 대항할 수 없다(제38조, 제37조 제1항).

02 다음 중 상업등기에 관한 설명으로 틀린 것은? (2007년 공인회계사)

① 선박등기 및 상호보험회사등기는 상업등기가 아니다.

② 회사의 상호는 절대적 등기사항으로 회사등기부에 등기한다.

③ 개인 기업이 등기한 상호의 변경은 절대적 등기사항이다.

④ 상업등기에는 원칙적으로 등기의 공신력이 인정되지 않는다.

⑤ 등기사항을 등기한 후에는 이로써 선의의 제3자에게 대항하지 못한다.

등기사항을 등기한 후에는 정당한 사유가 있는 경우를 제외하고는 선의의 제3자에게 대항할 수 있다(제37조 제2항 반대해석).

답 1. ② 2. ⑤

03 상업등기의 효력에 관한 설명 중 틀린 것은? (2009년 공인회계사)

① 판례에 의하면, 이사로 등기되어 있는 경우 특단의 사정이 없는 한 정당한 절차에 의해 선임된 적법한 이사로 추정된다.

② 지배인 甲의 해임등기를 하지 않아 그 사실을 모르고 甲과 거래한 乙에 대하여 영업주 A는 무권대리행위임을 주장할 수 없다.

③ 위 ②의 경우 영업주 A가 甲이 자신의 지배인임을 인정하더라도 乙은 무권대리행위임을 주장할 수 있다.

④ 고의 또는 중과실이 있는 경우와는 달리 경과실로 인하여 사실과 상위한 사항을 등기한 자는 그 상위를 선의의 제3자에게 대항할 수 있다.

⑤ 창설적 효력이 있는 회사의 설립등기와 회사의 합병등기에는 상업등기의 일반적 효력에 관한 상법 제37조는 적용되지 않는다.

고의 또는 과실로 사실과 상위한 사항을 등기한 자는 그 상위를 선의의 제3자에게 대항할 수 없다(제39조). 따라서 고의 뿐만 아니라 중과실 또는 경과실로 사실과 상위한 사항을 등기한 자에 대해서도 제39조의 부실등기의 효력에 관한 규정이 적용된다.

04 상업등기의 효력에 관한 다음 설명 중 옳지 않은 것은?

① 등기사항은 등기 전에는 이로써 선의의 제3자에게 대항하지 못하며, 여기서 제3자란 거래의 상대방에 국한하지 않고 등기사항에 관하여 법률상 정당한 이해관계를 갖는 모든 자를 의미한다.

② 본점에서 등기할 사항은 지점소재지에서도 등기하여야 한다.

③ 등기사항은 등기 후에는 이로써 선의의 제3자에게 대항할 수 있으며, 이에는 예외가 없다.

④ 고의 또는 과실로 인하여 사실과 상위한 사항을 등기한 자는 그 상위를 선의의 제3자에게 대항하지 못한다.

⑤ 법인등기부에 이사 또는 감사로 등기되어 있는 경우에는 특단의 사정이 없는 한 정당한 절차에 의하여 선임된 적법한 이사 또는 감사로 추정된다.

등기사항은 등기 후에는 선의의 제3자에게도 대항 할 수 있으나, 선의의 제3자가 정당한 사유로 등기사실을 알지 못하게 된 때에는 그에게 대항할 수 없다(제37조 제2항).

① 대판 1960. 4. 21, 4290민상816

⑤ 대판 1991. 12. 27, 91다4409

답 3. ④ 4. ③

05 다음 사안에 관한 설명으로 옳은 것은? (2011년 공인회계사)

영업주 A는 B를 지배인으로 선임하고 선임등기를 하였다. 그로부터 6개월 후 A는 지배인 B를 해임하였고, B는 해임에도 불구하고 A의 지배인으로서 C와 거래계약을 체결하였다.

① 계약체결시 B의 해임등기가 있으나 C가 B의 해임사실을 과실없이 몰랐다면 A는 C의 이행청구를 거절할 수 없다.

② 계약체결시 B의 해임등기가 없고 C가 B의 해임사실을 과실없이 몰랐다면 C는 B의 해임사실을 들어 계약의 무효를 주장할 수 있다.

③ 계약체결시 C가 B의 해임사실을 알았으나 B의 해임등기가 없었다면 A는 C의 이행청구를 거절할 수 없다.

④ 계약체결시 B의 해임등기가 없고 C가 B의 해임사실을 과실없이 몰랐다면 C는 A에게 B와 체결한 계약의 이행을 청구할 수 없다.

⑤ 지배인의 선·해임의 사실은 상대적 등기사항이나 B의 지배인 선임이 등기된 이상 그 해임의 경우에도 등기하여야 한다.

위의 사례에서의 지배인 선임 또는 해임등기는 선언적 등기사항으로서 상법 제37조의 적용을 받는다. 따라서 해임등기를 하지 않았다면 선의의 제3자에게 대항하지 못한다. 그러나 해임등기를 한 때에는 선의의 제3자에게도 대항할 수 있다. 다만, 정당한 사유가 있는 선의의 제3자에게는 대항하지 못한다.
①의 경우 해임등기를 했으므로 C는 악의가 의제되므로, A는 C에게 이행청구를 거절할 수 있다. ②의 경우 해임등기가 없었으므로 선의의 C에게 대항하지 못한다. 그러므로 C는 A에게 B의 해임사실을 들어 계약의 무효를 주장할 수 있다. ③의 경우 해임등기가 없었지만 C가 악의이므로 A는 C의 이행청구를 거절할 수 있다. ④의 경우 해임등기가 없었으므로 선의의 C는 A에게 이행청구를 할 수 있다. ⑤지배인의 선임 및 해임등기는 절대적 등기사항이다(상법 제13조).

06 상법상 상업등기에 관한 설명으로 틀린 것은? (2012년 공인회계사)

① 회사의 설립이나 합병의 경우 그 등기를 하기 전에는 제3자의 선의·악의를 불문하고 회사의 설립 또는 합병의 효력이 발생하지 않는다.

② 합명회사 또는 합자회사를 설립하는 경우 상호의 가등기는 인정되지 않는다.

③ 판례에 의하면 법인등기부에 이사 또는 감사로 등재되어 있는 자는 특단의 사정이 없는 한 정당한 절차에 의하여 선임된 적법한 이사 또는 감사로 추정된다.

답 5. ② 6. ⑤

④ 판례에 의하면 국가에 의한 조세의 부과처분 등과 같은 공법적 관계에 대하여는 상업등기의 일반적 효력이 인정되지 않는다.

⑤ 상업등기는 그 내용을 신문이나 관보에 공고함으로써 그 등기의 효력이 발생한다.

상업등기는 그 등기로써 효력이 발생하며, 상업등기의 공고제도는 폐지되었다.

07 상법상 상업등기에 관한 설명으로 옳은 것은? (2016년 공인회계사)

① 개인 상인의 상호가 일단 등기된 후에 이루어진 상호의 변경 또는 소멸은 지체없이 등기를 해야 하는 절대적 등기사항이다.

② 판례에 의하면 법원의 등기관은 등기신청요건에 관한 형식적 심사권은 물론 그 신청사항의 진위여부까지 심사할 실질적 심사권을 가진다.

③ 상인이 등기된 상호를 A, B 순으로 이중양도한 경우 선의의 B가 먼저 등기하더라도 A에게 이를 대항할 수 없다.

④ 자본금액 2,000만원으로 미성년자가 법정대리인의 허락을 얻어 영업을 하는 때에는 등기를 하여야 하나 그 법정대리인이 미성년자를 위하여 영업을 하는 때에는 등기할 사항이 아니다.

⑤ 상인이 A를 지배인으로 선임하였으나 과실로 B를 지배인으로 선임등기한 경우 B가 지배인이 아니라는 사실을 선의의 제3자에게 대항할 수 있다.

② 판례에 의하면 법원의 등기관은 등기신청요건에 관한 형식적 심사권은 가지나, 실질적 심사권을 갖지못한다.

③ 상인이 등기된 상호를 A, B 순으로 이중양도한 경우 선의의 B가 먼저 등기하면 이로써 A에게 대항할 수 있다(제25조).

④ 자본금액 2,000만원으로 미성년자가 법정대리인의 허락을 얻어 영업을 하는 때에는 등기를 하여야 하나 그 법정대리인이 미성년자를 위하여 영업을 하는 때에는 이를 등기하여야 한다(제8조 제1항).

⑤ 상인이 A를 지배인으로 선임하였으나 과실로 B를 지배인으로 선임등기한 경우 B가 지배인이 아니라는 사실을 선의의 제3자에게 대항할 수 없다(제39조)

답 7. ①

CHAPTER

08 영업양도

제1절 영업의 의의

영업은 크게 주관적 의의와 객관적 의의로 나눌 수 있다. 주관적 의의의 영업은 상인의 영업상의 모든 활동을 말하며, 상인의 개념에서 설명되고 있는 영업을 말한다. 객관적 의의의 영업이란 인적·물적 시설에 의하여 경제적 목적을 추구하는 조직적 일체로서의 영업재산의 총체를 말한다. 영업양도의 개념에 있어서 영업이란 객관적 의의의 영업을 말한다.

Ⅰ. 영업용재산

영업용재산에는 적극재산과 소극재산이 포함된다. 적극재산이란 동산·부동산·제한물권( 지상권·질권·저당권 등)과 영업상의 채권·불법행위나 부당이득 채권·무체재산권(예 특허권·저작권 등)을 말하며, 소극재산이란 영업활동에 관하여 생긴 채무 등 부채를 말한다.

Ⅱ. 사실관계

사실관계란 영업상의 고객관계·경영의 내부조직·영업상의 경험과 비결·판매망 등을 말하며, 이러한 것도 영업의 구성요소가 된다.

제2절 영업양도의 개념

Ⅰ. 의 의

영업양도의 의의에 관해서는 영업재산양도설, 지위 · 재산이전설, 영업유기체설, 기업자체이전설 등 영업의 구성요소를 어디에 두는가에 따라 학설이 대립되고 있다. 영업양도는 일정한 영업목적에 의하여 조직화된 유기적 일체로서의 기능적 재산의 이전을 목적으로 하는 채권계약으로써, 영업양도는 영업재산양도라는 설이 다수설 · 판례의 입장이다.

보충 상법총칙상 영업양도와 회사법상 영업양도에 관하여 판례는 원칙적으로 동일하게 해석하여 법해석의 통일성 · 안정성을 꾀하면서, 제374조 제1항 제1호의 영업양도개념에 포함되지 않는 영업용 재산의 양도에 의하여 회사영업의 전부 또는 일부를 양도하거나 폐지하는 것과 같은 결과를 가져오는 경우에는 제374조 제1항 제1호를 유추적용하여 주주를 보호하자는 견해(절충설)를 취하고 있다.

Ⅱ. 법적성질

영업양도의 대가가 유상일 경우에는 매매 또는 교환과 유사한 성질을 가지며, 무상일 경우에는 증여와 유사하다. 그러나 영업양도가 개별재산의 이전을 목적으로 하는 것이 아니므로 이와 동일시 할 수는 없다. 따라서 영업양도는 상법상 특유한 계약으로 볼 수 있다.

제3절 영업양도의 당사자 및 양도절차

Ⅰ. 당사자

영업양도의 당사자는 양도인과 양수인이다. 양도인은 언제나 상인이며, 개인상인이나 회사도 될 수 있다. 회사는 청산중이라도 영업을 양도할 수 있다. 양수인은 반드시 상인이어야 하는 것은 아니며, 영업을 양수한 때부터 상인자격을 취득할 수 있다. 양수인이 비상인인 경우에는 영업양수는 보조적 상행위로서의 개업준비행위로 볼 수 있다.

II. 양도절차

영업양도는 일반 거래법상의 채권계약으로서, 당사자간의 합의에 의하여 계약이 성립되고 그 효력이 발생한다.

1. 의사결정

개인상인과 회사의 의사결정에 차이가 있다. 개인상인은 영업양도를 위한 의사결정의 특별한 절차가 필요없다. 그러나 회사의 경우에는 회사에 따라 의사결정에 차이가 있다. 합명회사, 합자회사 및 유한책임회사는 존립중의 회사인 때에는 총사원의 동의, 해산 후의 회사인 경우에는 총사원의 과반수의 동의가 있어야 한다(제257조, 제269조, 제287조의45조). 주식회사와 유한회사가「영업의 전부 또는 영업의 중요한 일부」를 양도하는 경우 각각 주주총회와 사원총회의 특별결의가 필요하다(제374조 제1항 1호, 제576조 제1항). 주식회사와 유한회사가 A다른 회사의 영업 전부를 양수하거나 회사의 영업에 중대한 영향을 미치는 다른 회사의 영업의 일부 B를 양수하는 경우에도 주주총회와 사원총회의 특별결의가 필요하다(제374조 제1항 3호, 제576조 제1항).

보충 주식의 양도에 의해 회사의 지배권이 바뀌는 형태로 영업이 양도되는 경우에는 회사의 영업이나 재산은 아무런 변동이 없고 주식만이 양도될 뿐이므로 주주총회의 특별결의는 필요하지 않다(판례).

2. 양도방식

영업양도의 방식에는 특별한 제한이 없으나 일반적으로 서면에 의하여 체결되고 있다.

3. 계약의 체결

영업양도계약의 당사자가 개인인 경우에는 그 당사자간에 양도계약을 체결하지만, 회사의 경우에는 통상적으로 양도의 의사결정을 한 후 대표기관이 양도계약을 체결한다. 이러한 영업양도계약은 당사자간의 채권계약이며 유상계약에 해당한다. 따라서 양도인은 양도한 영업에 관한 민법상 담보책임을 부담하게 된다.

제4절 영업양도의 효과

Ⅰ. 당사자간의 효과

1. 영업재산의 이전의무

(1) 영업용 재산의 이전

① **영업용 재산의 이전범위** : 양도인은 영업양도계약에 따라 영업에 속하는 재산의 일체를 양수인에게 이전하여야 한다. 이 경우 당사자간의 특약에 의해 영업의 동일성을 해(害)하지 않는 범위내에서 일부 재산의 이전을 제외할 수 있다. 이 점에서 회사 재산의 포괄적 이전을 요구하는 합병의 경우와 차이가 있다(영업양도와 합병의 차이는 '회사편'에서 다루기로 한다). 따라서 영업양도는 영업의 동일성을 유지하는 상태에서 영업의 중요한 부분의 양도로써 가능하다.

보충▶ 주식회사의 존속의 기초가 되는 중요한 재산의 양도는 영업양도에 준하여 주주총회의 특별결의를 요하지만, 그 재산을 처분할 당시에 사실상 영업을 중단하고 있었던 때에는 주주총회의 특별결의를 요하지 않는다(판례).

② **영업용 재산의 이전방법** : 영업양도는 합병의 경우와 달리 각각의 재산 종류에 따라 개별적으로 이전하여야 한다. 물건과 권리의 이전으로써 제3자에게 대항하기 위해서는 대항요건을 갖추어야 한다. 즉, 동산은 인도, 부동산은 등기, 특허권 등은 등록, 지명채권은 지명채권양도방법에 따라 채무자의 승낙이나 채무자에 대한 통지, 지시채권은 배서교부, 기명주식은 명의개서를 하여야 한다. 등기상호도 영업과 함께 이전하는 경우에는 이전사실의 등기가 있어야 제3자에게 대항할 수 있다.

(2) 채무의 이전

영업상의 채무는 영업의 동일성과 무관하므로 영업양도의 요소에 해당하지 않는다. 따라서 채무를 이전하는 때에는 채무의 인수나 채무자의 변경으로 인한 경개(更改) 등의 절차를 필요로 하며, 채권자의 동의없는 채무인수는 채권자에게 대항력이 없다.

보충▶ 영업양도 이전에 발생하지 않은 채무는 당연히 승계되는 것이 아니므로 양수인이 변제할 책임이 없고(판례), 영업양도 이전에 성립된 퇴직금채무 등의 임금채무는 양수인에게 이전되는 것이 원칙이지만, 종업원의 의사에 반하여 이전되는 것이 아니므로 영업양도시 고용승계를 거부하고 양도기업에서 퇴직하는 경우에는 양도기업에 대하여 퇴직금 기타 임금청구권을 갖는다(판례).

(3) 사실관계의 이전

고객관계 · 영업망 · 영업상 비결 등 재산적 가치가 있는 사실관계에 대하여는 양수인이 그 이익을 향수할 수 있도록 하여야 한다. 즉, 고객에 대해 소개하고 추천하는 일, 구매처관계 및 영업상 비결 등을 양수인에게 전수하여야 한다.

(4) 고용관계의 이전

양도인의 상업사용인 등에 대한 고용계약에 대해서도 객관적 의의의 영업의 동일성을 유지하기 위하여 필요하기 때문에 이전된다고 보는 것이 통례 · 판례의 입장이다.

(5) 양도인의 담보책임

영업재산이나 사실관계의 이전이 있었으나, 영업양도계약의 내용과 다름으로 인하여 양수인이 그 계약의 목적을 달성할 수 없는 경우에는 당사자간의 특약이 있으면 이에 따르고, 특약이 없는 경우에는 양도인의 하자담보책임이 인정될 수 있다. 또한 양수인은 계약을 취소하고 원상회복과 손해배상청구를 할 수 있다.

2. 경업금지의무

(1) 의의 및 성질

양도인이 영업을 양도한 후에 같은 지역내에서 동종의 영업을 재개할 수 있다고 한다면 영업양도의 취지에 어긋나게 되고, 양수인에게 불리하게 된다. 따라서 양도인은 영업을 양도한 후 일정기간 동종의 영업을 할 수 없도록 경업금지의무를 지우고 있다(영업양도인에게 경업금지의무는 있으나 겸직금지의무는 없다). 이 의무는 법정의무이다.

(2) 의무의 내용

① **당사자간의 약정이 없는 경우** : 경업금지에 대하여 당사자간에 특별한 약정이 없는 경우에는 동일한 특별시 · 광역시 · 시 · 군과 인접 특별시 · 광역시 · 시 · 군에서 10년간 양도인은 동종의 영업을 할 수 없다(제41조 제1항).

② **당사자간의 약정기간이 있는 경우** : 경업금지에 대하여 당사자간에 약정을 하는 경우에는 동일한 특별시 · 광역시 · 시 · 군과 인접 특별시 · 광역시 · 시 · 군에 한하여 20년을 초과하지 않는 범위내에서 그 효력이 있다(제41조 제2항).

(3) 의무자의 범위

경업금지의무를 지는 자는 개인상인의 경우에는 그 양도인, 회사의 경우에는 그 회사이다. 그러나 회사의 대표자도 경업금지의무를 지며, 개인상인도 영업양도 후에 새로운 회사를 설립하여 경업을 하는 경우에는 허용되지 않는다. 또한 양도인 자신뿐만 아니라 제3자를 내세워 동종영업을 하는 것도 인정되지 않는다(판례).

(4) 의무위반의 효과

양도인이 경업금지의무를 위반한 때에는 양수인은 영업양도인의 비용으로써 그 위반한 것을 제거하고 장래에 대한 적당한 처분을 법원에 청구할 수 있고, 의무위반에 따른 손해배상청구도 가능하다.

II. 제3자에 대한 효과

1. 채권자에 대한 효과

(1) 상호속용의 경우

양수인이 양수한 영업에 관하여 양도인의 상호를 속용하는 경우에는 양도인의 영업으로 인한 제3자의 채권에 대하여 양수인도 변제할 책임을 진다(제42조 제1항). 이것은 양도인과 양수인의 부진정연대채무에 해당한다. 다만, 양수인이 영업양도 후 지체없이 양도인의 채무에 대한 책임이 없음을 등기하거나, 양도인과 양수인이 제3자에 대해 지체없이 양도인의 채무에 대하여 양수인에게 책임이 없다는 취지를 통지한 때에는 양수인은 책임을 지지 않는다(제42조 제2항). 여기서 채무는 영업상의 활동에 관하여 발생한 채무를 말하며(판례), 이에는 제3자에 · 조세채무 · 소송비용 등이 포함된다. 그러나 영업과 무관하게 생긴 채무는 대상에서 제외된다.

보충

1. 「상호속용」은 양수인이 양도인의 동일한 상호를 계속하여 사용하는 것을 의미하며 완전히 동일한 것을 요구하지 않고, 양도인의 상호 중 그 기업 주체를 상징하는 부분을 양수인 영업의 기업 주체를 상징하는 것으로 상호 중에 사용하는 경우를 포함한다(판례). '삼정장여관' 과 '삼정호텔' 또는 '주식회사 파주레미콘' 과 '파주콘크리트 주식회사' 라는 상호는 사회 통념상 동일성이 있는 상호에 해당한다(판례).
2. 「제3자」는 양도인과 직접 거래한 채권자뿐만 아니라 그러한 채권자로부터 채권을 양수한 자를 포함한다. 이러한 자들이 채무인수의 사실을 알지 못한 때에는 비록 영업양도의 사실을 알고 있더라도 보호받는다(판례).
3. 양수인만이 채권자에게 책임이 없다는 취지를 통지한 것만으로는 양수인은 변제책임을 면할 수 없다(판례).
4. 양수인도 연대책임을 진다고 하여 양도인에 대한 집행권원으로서 양수인의 재산에 대한 강제집행이 인정되지 않는다(기판력의 확장력이 인정되는 것은 아니다)(판례).

5. 상호뿐만 아니라 옥호(屋號)나 영업표지를 속용하는 경우에도 상법 제42조 제1항이 적용된다(판례).

6. 영업을 현물출자하여 설립된 회사가 현물출자자의 상호를 계속사용하는 때에는 출자의 목적이 된 영업의 개념이 동일하고 법률행위에 의한 영업의 이전이라는 점에서 영업양도와 유사하므로 새로 설립된 회사는 상법 제42조 제1항의 유추적용에 의하여 현물출자자의 채무를 변제할 책임을 진다(판례).

(2) 상호불속용의 경우

양수인이 양도인의 상호를 속용하지 않는 경우에는 양수인은 양도인의 영업으로 인한 채무에 대하여 당연히 책임을 지지 않는다. 다만, 양수인이 양도인의 영업을 양수하였다는 사실과 그 영업으로 인한 채무도 인수하였음을 광고한 때에만 책임을 진다(제44조). 광고는 하지 않았지만 채무인수의 의사를 채권자에게 통지한 경우에도 양수인은 변제책임을 진다는 것이 통설의 입장이다.

(3) 양도인의 책임

양수인이 양도인의 채권자에 대하여 책임을 지는 경우, 양도인은 영업양도 또는 채무인수의 광고 후 2년 내에는 양수인과 부진정연대채무관계에서 연대책임을 진다(제45조). 이 기간은 제척기간이므로 시효중단이나 시효정지는 인정되지 않는다.

2. 채무자에 대한 효과

(1) 상호속용의 경우

양수인이 양도인의 상호를 속용하는 경우에는 양도인의 영업으로 인한 채권에 대하여 채무자가 선의이며 중대한 과실없이 양수인에게 변제한 때에는 실제로 채권양도를 하지 않았다 하더라도 그 변제는 유효한 채무이행으로 본다(제43조). 그 취지는 상호속용양수인의 책임과 같다.

보충 제43조의 규정은 증권채무에는 적용되지 않으며, 따라서 양수인이 양도인의 상호를 속용하면서 양도인의 증권채권을 양수하지 않는 경우에는 그 증권상의 채무자가 양수인에게 변제하더라도 효력이 없다.

(2) 상호불속용의 경우

양수인이 양도인의 상호를 속용하지 않는 경우 채무자의 양수인에 대한 선의변제에 관해 특별한 규정을 두고 있지 않기 때문에 채무자를 보호할 근거는 없다.

제5절 영업의 임대차와 경영위임

Ⅰ. 영업의 임대차

1. 의 의

영업의 임대차란 영업의 전부 또는 독립된 영업의 일부를 일정한 기간 타인에게 대여하는 계약을 말한다. 영업의 임대차는 임차인에게는 기업의 일시적 확대나 콘체른의 형성을 위한 수단으로서 편리하고, 임대인은 기업소유자의 지위를 유지하면서 안정된 임대료를 받을 수 있는 장점이 있다.

2. 방식 및 절차

영업의 임대차에는 특별한 방식은 필요하지 않지만, 주식회사나 유한회사는 그 영업의 전부를 임대하는 때에는 주주총회 또는 사원총회의 특별결의가 있어야 한다(제374조 제1항 2호, 제576조 제1항).

3. 효 과

영업의 임대차의 효과는 계약내용에 따르는 것이 원칙이며, 계약내용이 없는 경우에는 영업양도에 관한 규정이 준용된다고 본다. 그 외 민법상 임대차에 관한 규정이 유추적용될 수도 있을 것이다. 임대차의 경우 상호를 사용하는 경우 임대인은 명의대여자의 책임을 부담한다(제24조).

Ⅱ. 경영위임

경영위임이란 기업의 경영을 타인에게 위임하는 계약을 말하며, 이러한 경영위임에는 손익이 수임자에게 귀속되고 수임자가 위임자에게 보수를 지급하는 계약으로서 위임자가 수임자에게 자기의 영업을 이용하게 하는 협의의 경영위임과 당사자의 일방이 상대방인 상인을 위하여 영업의 경영을 인수하는 내용의 계약으로서 일종의 위임이라 할 수 있는 경영관리계약이 있다. 주식회사나 유한회사가 경영위임을 하는 경우에는 주주총회 또는 사원총회의 특별결의가 있어야 한다(제374조 제1항 2호, 제576조 제1항).

Commercial Law

연습문제

01 영업양도에 관한 다음 설명 중 옳지 않은 것은?

① 영업은 상호와 함께 양도하는 경우에만 가능하다.

② 주식회사의 영업의 중요한 일부를 양도하는 경우에는 주주총회의 특별결의가 있어야 한다.

③ 영업양도의 방식에는 특별한 제한이 없다.

④ 양수인이 비상인인 경우에는 영업양수는 보조적 상행위로서 개업준비행위로 볼 수 있다.

⑤ 영업양도는 당사자간의 합의에 의하여 계약이 성립되고 그 효력이 발생한다.

영업양도는 상호와 함께 할 수 있으나, 반드시 상호와 함께 하여야 하는 것은 아니다. 상호의 양도는 영업과 함께 하는 경우에 가능하며 영업이 폐지된 경우에는 상호만의 양도가 가능하다.

02 영업양도에 관한 설명 중 틀린 것은? (2003년 공인회계사)

① 영업을 양도한 경우에 다른 약정이 없으면 양도인은 10년간 동일한 특별시・광역시・시・군과 인접 특별시・광역시・시・군에서 동종영업을 하지 못한다.

② 영업양수인이 양도인의 상호를 계속 사용하는 경우에는 원칙적으로 양도인의 영업으로 인한 제3자의 채권에 대하여 양수인도 변제할 책임이 있다.

③ 영업양도에 의하여 영업용재산이 포괄적으로 이전되므로 영업용재산에 대한 개별적인 이전절차는 요하지 않는다.

④ 영업양수인이 양도인의 상호를 계속 사용하는 경우에 양도인의 영업으로 인한 채권에 대하여 채무자가 선의이며 중대한 과실 없이 양수인에게 변제한 때에는 그 효력이 있다.

⑤ 합명회사의 영업양도의 경우 존립 중에는 정관의 변경을 필요로 하므로 총사원의 동의를 요하나 해산 후 청산인이 영업을 양도함에는 총사원 과반수의 결의를 요한다.

영업양도에 의하여 영업용재산은 개별적으로 이전되며, 따라서 영업용재산의 이전은 개별적 이전절차에 의한다. 이러한 점에서 회사의 합병이나 회사의 분할과 차이가 있다.

03 甲은 乙이 운영하는 P 레미콘에 시멘트를 공급한 외상채권자이다. 한편 丙은 乙로부터 P 레미콘의 영업을 양수한 후 상호를 계속 사용하여 영업하고 있다. 이 때의 법률관계에 대한 설명 중 틀린 것은? (2006 공인회계사)

답 1. ① 2. ③

① 甲은 丙에게 시멘트 대금의 지급을 청구할 수 있다.

② 만약 丙이 乙의 상호를 속용하지 않으면서 乙의 영업으로 인한 채무를 인수할 것을 광고한 경우에, 丙은 甲에 대하여 시멘트 대금을 지급할 책임이 있다.

③ 乙이 동종영업을 하지 아니할 것을 약정한 때에는 20년을 초과하지 않는 범위 내에서 동일한 특별시 · 광역시 · 시 · 군과 인접 특별시 · 광역시 · 시 · 군에서 그 효력이 있다.

④ 영업양도를 받은 후 상당한 기간 내에 丙이 甲에게 乙의 채무에 대한 책임이 없음을 통지한 때에는 변제할 책임이 없다.

⑤ 乙의 甲에 대한 채무는 영업양도 후 2년이 경과하면 소멸한다.

위 설문은 영업양도시 상호의 속용의 효과에 관한 내용이다. 영업양도를 받은 후 지체없이 乙과 丙이 甲에게 乙의 채무에 대한 책임이 없음을 통지한 때에는 丙은 변제할 책임이 없다(제42조 제2항 2문).

04 다음 중 영업양도에 관한 설명으로 틀린 것은? (2007년 공인회계사)

① 인적회사가 존속 중에 영업양도를 하기 위해서는 총사원의 동의가 있어야 한다.

② 유한회사가 영업의 중요한 일부를 양도할 때에는 사원총회의 특별결의가 있어야 한다.

③ 다른 약정이 없으면 양도인은 동일한 특별시 · 광역시 · 시 · 군과 인접 특별시 · 광역시 · 시 · 군에서 10년간 동종영업을 하지 못한다.

④ 양도인은 자신이 양도한 영업과 동종영업을 목적으로 하는 다른 회사의 무한책임사원이나 이사가 되지 못한다.

⑤ 회사의 일부합병은 인정되지 않지만, 영업의 일부양도는 인정된다.

영업양도인은 경업금지의무를 부담하는 것이지(제41조), 겸직금지의무를 부담하는 것은 아니다.

05 甲이 유흥업소를 경영하면서 丙의 연대보증아래 A은행으로부터 영업자금을 차용하였고, 乙이 甲으로부터 그 유흥업소를 양수하고 상호를 계속 사용하여 영업을 계속하였고, 그 후 丙이 甲의 연대보증인으로서 위 영업자금대출금 중 일부를 변제하였다. 이때 甲, 乙, 丙의 법률관계에 대한 설명으로 옳지 않은 것은?

① 甲은 乙에게 유흥업소를 양도하였으므로, 甲은 특별한 약정이 없는 한 동일한 특별시 · 광역시 · 시 · 군과 인접한 특별시 · 광역시 · 시 · 군에서 10년간 동종영업을 할 수 없다.

② 乙은 甲의 상호를 계속 사용하고 있으므로, 甲의 영업으로 인한 제3자의 채권에 대하여 원칙적으로 乙도 변제할 책임을 진다.

③ 甲의 영업으로 인한 채권에 대하여 채무자가 선의이며 중대한 과실없이 乙에게

답 3. ④ 4. ④ 5. ⑤

변제하는 때에는 그 효력이 있다.

④ 乙이 甲의 영업으로 인한 제3자에 대한 채무의 변제책임이 있는 경우에도, 甲은 영업양도 후 2년 내에는 乙과 연대하여 변제할 책임을 진다.

⑤ 丙이 甲이 차입한 A은행에 대한 영업자금대출금의 일부를 변제한 때에는 甲의 영업을 양수한 乙에 대하여도 구상권을 행사할 수 있다.

丙은 乙에 대한 채무를 보증한 사실이 없으므로 보증인으로서의 구상권이 발생할 수는 없으며, 乙의 영업양수가 양도인의 영업자금과 관련한 피보증인의 지위까지 승계하는 것으로 볼 수 없으므로, 丙은 乙에게 구상권을 행사할 수 없다(대판 1989. 12. 22, 89다카11005).

06 회사합병과 구별되는 영업양도의 특징에 관한 설명 중 틀린 것은? (2009년 공인회계사)

① 영업양도의 당사자는 회사 이외에 자연인도 될 수 있다.

② 영업의 일부양도가 인정된다.

③ 영업양도의 양도인은 경업금지의무가 인정된다.

④ 영업양도의 무효는 소로만 주장할 수 있다.

⑤ 영업양도는 회사의 해산사유가 되지 않는다.

영업양도는 양도인과 양수인간의 일반 개인법상의 거래계약에 해당하므로, 그 무효는 소에 의하지 않고도 주장할 수 있다는 점에서 합병과 구별된다.

07 상법상 영업양도에 관한 설명으로 틀린 것은? (2012년 공인회계사)

① 회사의 영업양도는 상법상 회사의 해산사유에 해당하지 않는다.

② 양수인은 양도인의 상호를 계속 사용하더라도 양도인의 영업상의 채무에 대하여 책임 없음을 광고한 때에는 양도인의 영업상의 채무에 대하여 책임이 없다.

③ 영업양도의 당사자 간에 합의가 없는 한 양도인의 영업상의 채권이나 채무는 양수인에게 당연히 이전되지 않는다.

④ 판례에 의하면 영업을 현물출자하여 주식회사를 설립하고 기존 영업의 상호를 계속 사용하는 경우 새로 설립된 회사는 출자자의 영업상의 채무에 대하여 변제할 책임이 있다.

⑤ 다른 약정이 없는 경우 양도인은 동일한 특별시 · 광역시 · 시 · 군뿐만 아니라 인접 특별시 · 광역시 · 시 · 군에서도 10년간 경업금지의무를 진다.

양수인은 양도인의 상호를 계속 사용하더라도 양도인의 영업상의 채무에 대하여 책임 없음을 등기한 때에는 양도인의 영업상의 채무에 대하여 책임이 없다(제42조 제2항).

답 6. ④ 7. ②

08 상법상 영업양도에 관한 설명으로 틀린 것은? (이견이 있으면 판례에 의함) (2015년 공인회계사)

① 양도인이 영업재산의 이전의무를 이행함에 있어서는 특정승계의 방법에 의하여 재산의 종류에 따라 개별적으로 이전행위를 하여야 한다.

② 양도인이 동종영업을 하지 않을 것을 약정한 때에는 동일한 특별시·광역시·시·군과 인접 특별시·광역시·시·군에 한하여 20년을 초과하지 않는 범위 내에서 그 효력이 있다.

③ 양수인이 양도인의 상호를 계속 사용하는 경우에 양도인의 영업으로 인한 채권에 대하여 채무자가 선의이며 중대한 과실 없이 양수인에게 변제한 때에는 그 효력이 있다.

④ 상호의 속용으로 인하여 양수인이 양도인의 영업상 채무에 대하여 변제책임을 지는 경우 양수인은 지체 없이 채권자에게 영업상 채무에 대한 책임이 없음을 통지하면 통지를 받은 채권자에 대하여는 변제책임을 면한다.

⑤ 채무인수의 광고로 인하여 양수인이 양도인의 영업상의 채무에 대하여 변제책임을 지는 경우 채권자에 대한 양도인의 책임은 광고 후 2년이 경과하면 소멸한다.

상호의 속용으로 인하여 양수인이 양도인의 영업상 채무에 대하여 변제책임을 지는 경우, 양수인과 양수인은 지체없이 채권자에게 영업상 채무에 대한 책임이 없음을 통지하면 통지를 받은 채권자에 대하여는 변제책임을 면한다(제42조 제2항).

09 A는 B로부터 영업을 양수하여 B의 상호를 사용하면서 영업을 하고 있고, B는 C에 대하여 영업양도 전에 발생한 영업상 채무를 가지고 있다. 이에 대한 상법상 설명으로 틀린 것은? (2017년 공인회계사)

① A는 B의 C에 대한 채무를 변제할 책임이 있다.

② A와 B가 지체없이 B의 C에 대한 채무에 대하여 A의 책임이 없음을 C에게 통지한 경우 A는 그 채무를 변제할 책임이 없다.

③ A가 지체없이 B의 C에 대한 채무에 대하여 책임이 없음을 등기한 경우 A는 그 채무를 변제할 책임이 없다.

④ 판례에 의하면 A는 B가 영업활동과 관련한 불법행위로 인하여 D에게 입힌 손해를 배상할 책임이 있다.

⑤ A는 영업양수 후 2년이 경과하면 B의 C에 대한 채무를 변제할 책임이 없다.

위 설문은 영업양도시 양수인이 상호를 계속사용하는 경우의 제3자(채권자)에 대한 관계에 관한 것으로, 상법 제42조, 제45조가 적용된다.
⑤의 경우 A는 제42조 제1항에 따라 책임을 지며, B는 제45조에 따라 영업양도 후 2년이 경과하면 그 책임을 면한다.

답 8. ④ 9. ⑤

COMMERCIAL LAW
COMMERCIAL LAW

SECTION 02

상행위

| 제1장 상행위의 개념 | 제2장 상행위 특칙 | 제3장 상사매매 | 제4장 상행위의 특수계약
| 제5장 대리상 | 제6장 중개업 | 제7장 위탁매매업 | 제8장 운송주선업 | 제9장 운송업
| 제10장 공중접객업 | 제11장 창고업 | 제12장 금융리스업 | 제13장 가맹업
| 제14장 채권매입업

section 02 상행위

CHAPTER 01

상행위의 개념

제1절 총 설

Ⅰ. 상행위법의 내용과 특성

1. 상행위법의 내용

상행위법은 상행위를 규율하는 법, 즉 기업이 영리목적의 실현을 위하여 하는 모든 경영활동을 규율하는 법으로서, 상법전의 제2편 상행위에 해당하는 규정(제46조부터 제168조의12까지)들을 말한다. 이러한 상행위법은 크게 상행위법 총론과 각론으로 나누어지고 있다. 총론은 제1장 통칙, 제2장 매매, 제3장 상호계산, 제4장 익명조합, 제4장의2 합자조합으로 구성되어 있고, 각론은 제5장 대리상, 제6장 중개업, 제7장 위탁매매업, 제8장 운송주선업, 제9장 운송업, 제10장 공중접객업, 제11장 창고업, 제12장 금융리스업, 제13장 가맹업, 제14장 채권매입업으로 구성되어 있다.

2. 상행위법의 특성

(1) 임의법규성

상행위법은 상거래에 관하여는 계약자유의 원칙이 광범위하게 인정되고 있기 때문에 임의법규의 성질을 갖는다. 상거래는 법적으로 채권관계를 발생시키는데, 그 내용은 종례의 전형적인 민사계약상의 권리관계에 비해 매우 다양하고 색다른 경우가 많다. 그러므로 채권적 법률관계에 대해 거래안전을 위하여 다양한 내용을 정하는 경향이 있다. 이러한 새로운 채권적 법률관계는 실제 거래사회에 있어서는 법의 규율이 미치기 전에 보통거래약관에 의하여 당사자관계가 정하여지는 것이 보통이다.

(2) 신속성

상거래는 다수인을 상대로 집단적, 반복적으로 이루어지므로 개개의 거래가 신속히 처리되어야 한다. 그래서 상행위법은 신속히 거래를 종료시키는 각종의 특칙을 두고 있다. 예를 들면 대화자간의 청약의 효력소멸(제51조), 확정기매매의 당연해제(제68조), 단기소멸시효(제121조, 제154조, 제166조) 등의 규정이다.

(3) 책임의 가중 · 경감

상행위법은 상거래의 안전을 도모하면서 상인에게 일반민사책임보다 가중된 책임을 부담시킴으로써 상인에 대한 일반인의 신뢰를 보호한다. 그 예로는 다수당사자의 책임(제57조), 무상수치인의 주의의무(제62조) 등이 있다. 그리고 기업의 유지나 영업의 촉진 등을 위해 상인의 책임을 경감하는 규정을 두고 있다. 그 예로는 고가물에 대한 책임(제136조), 손해배상책임에 대한 단기소멸시효(제121조, 제154조) 등이 있다.

II. 상행위법의 적용

상행위법은 당사자 쌍방이 상인이고 이 쌍방에 대하여 상행위가 되는 쌍방적 상행위뿐만 아니라 당사자 중 일방에게만 상행위가 되는 일방적 상행위의 경우에도 당사자 전원에 대하여 상법 제2편의 상행위 규정이 적용되고(제3조), 공법인의 상행위에 대해서도 특별법령에 특별규정을 두고 있지 않은 경우에는 상법을 적용한다(제2조). 상행위에 관한 규정 중에서 상사유치권(제58조), 상사매매규정(제67조부터 제71조까지)은 반드시 쌍방적 상행위에 대해서만 적용된다.

제2절 상행위의 의의와 종류

I. 상행위의 의의

상행위란 실질적으로 상인이 영리의 목적을 달성하기 위한 채권적 법률행위(기업활동)를 말하며, 형식적으로 상법 제46조와 담보부사채신탁법 제23조 제2항에서 상행위로 정한 것을 말한다.

II. 상행위의 종류

1. 기본적 상행위

상법 제46조 제1호 내지 제22호에서 정한 행위를 기본적 상행위라 한다. 이러한 상행위를 하는 자는 당연상인이지만, 오로지 임금을 받을 목적으로 물건을 제조하거나 노무에 종사하는 자의 행위는 기본적 상행위에 포함되지 않는다(제46조 단서).

2. 보조적 상행위

(1) 의 의

보조적 상행위는 상인이 영업의 목적인 상행위를 위하여 필요로 하는 재산상의 모든 행위를 말한다. 상인이 영업을 위하여 하는 모든 행위는 상행위로 본다(제47조 제1항). 어떤 경우에 영업을 위한 행위인가의 판단은 외관에 의하여 객관적으로 판단하여야 되며 상인의 주관적 내적 의사를 기준으로 하지 않는다. 상인의 영업의 준비행위나 기본적 상행위의 종료 후에 하는 잔무처리행위도 보조적 상행위가 된다.

(2) 범 위

보조적 상행위는 법률행위에 한하지 않고, 준법률행위(최고 또는 통지)를 포함한다. 재산상의 행위는 유상이냐 무상이냐를 묻지 않고 인정된다. 또 영업을 위한 직접적인 행위뿐만 아니라 영업의 유지를 위한 행위나 영업을 유익하게 하는 행위 및 영업과 간접적으로 관계되는 행위도 포함한다. 그러나 상인의 신분상의 행위는 포함되지 않으며, 불법행위도 보조적 상행위가 될 수 없다(판례).

(3) 추 정

개인상인의 경우 상인의 행위는 영업을 위하여 하는 것으로 추정한다(제47조 제2항). 그러므로 상인의 영업에 관한 행위가 아님을 주장하려면 이를 부정하는 측에서 반증을 들어 입증하여야 한다.

보충 ▸ 제47조 제2항은 새로이 채권 · 채무를 발생시키는 거래뿐만 아니라 잔존하는 채권 · 채무를 정산하기 위한 경매 · 준소비대차와 같은 계약에도 적용된다(판례).

3. 준(準)상행위

의제상인(점포 기타 유사한 설비에 의하여 상인적 방법으로 영업을 하는 자나 상행위 이외의 행위를 목적으로 하는 회사)이 영업으로 하는 행위는 상행위는 아니다. 그러나 이들의 영업으로 하는 행위를 준상행위라 하고, 준상행위는 기본적 상행위와 함께 영업적 상행위에 포함된다(제66조 참조).

연습문제

01 상행위에 대한 다음 설명 중 옳지 않은 것은?

① 상인의 행위는 영업을 위한 것으로 추정한다.
② 상인이 영업을 위하여 하는 행위는 상행위로 본다.
③ 공법인의 상행위에 대하여는 법령에 다른 규정이 없는 경우에 한하여 상법을 적용한다.
④ 당사자 중 그 1인의 행위가 상행위인 때에는 그 자에 대하여만 상법이 적용된다.
⑤ 의제상인의 행위에 대해서도 상법상 상행위에 관한 규정이 준용된다.

당사자 중 그 1인의 행위가 상행위인 때에는 전원에 대하여 상법이 적용된다(제3조)

02 PC방을 운영하는 상인이 영업자금을 조달하기 위하여 금전을 차용하는 행위는 무엇에 해당하는가? (2003년 공인회계사)

① 기본적 상행위 ② 보조적 상행위 ③ 준상행위
④ 절대적 상행위 ⑤ 영업적 상행위

PC방을 운영하는 것은 공중접객업에 해당한다. 이러한 영업자금을 조달하기 위하여 금전을 이용하는 행위는 '영업을 위한' 행위이므로 보조적 상행위에 해당한다.

03 보조적 상행위에 해당하거나 이로 추정되는 것을 모두 고르면? (2009년 공인회계사)

ㄱ. 임금을 받을 목적으로 물건을 제조하는 행위
ㄴ. 도매상인이 영업자금을 차용하는 행위
ㄷ. 증권회사가 고객의 위탁을 받아 행하는 주식매수행위
ㄹ. 상인의 매매대금 지급을 위한 수표발행행위
ㅁ. 프랜차이즈 인수(이용)자의 영업행위

답 1. ④ 2. ② 3. ④

① ㄱ, ㄴ, ㄷ ② ㄱ, ㄴ, ㅁ ③ ㄴ, ㄹ
④ ㄴ, ㄷ, ㄹ ⑤ ㄹ, ㅁ

위의 사례 중 ㄱ의 오로지 임금을 받을 목적으로 물건을 제조하는 행위는 상행위로 보지 않는다(제46조 단서). ㅁ의 프랜차이즈 인수(이용)자의 영업행위는 프랜차이즈업자의 상행위에는 해당하지 않으며, 프랜차이즈 인수(이용)자 자신의 기본적 상행위에 해당할 뿐이다.

04 쌍방적 상행위에만 적용되는 상법상 규정으로 옳은 것은? (2014년 공인회계사)

① 대리상의 상사유치권
② 상사법정이율
③ 상인의 보수청구권
④ 위탁매매인의 통지의무
⑤ 상인의 청약에 대한 낙부통지의무

대리상은 일정한 상인을 위하여 계약의 체결 또는 중개를 대리하는 자이므로, 대리상의 유치권행사는 당연히 상인간의 행위로 인한 채권에 의한 유치권행사이므로 쌍방적 상행위에 해당한다.

05 A는 당구장을 개업하기 위하여 자본금액 500만원으로 상업빌딩의 점포를 임차하고 장사를 시작하였다. 5년 후 당구장이 번창하자 B와 점포확장공사계약을 체결하고 완공한 다음 현재 운영하고 있다. 이에 대한 상법상의 설명으로 틀린 것은? (2016년 공인회계사)

① A의 당구장 영업은 공중접객업에 해당한다.
② A의 당구장 개업을 위한 점포임대차계약의 체결은 보조적 상행위로 본다.
③ A의 당구장 영업을 위한 점포확장공사계약의 체결은 보조적 상행위로 본다.
④ A가 옆가게 음식점 주인 C에게 금전을 대여한 것은 영업을 위하여 하는 것으로 간주한다.
⑤ A가 자본금액 500만원으로 당구장을 개업한 당시에 지배인을 선임하더라도 상법상 지배인의 규정이 적용되지 않는다.

A가 옆가게 음식점 주인 C에게 금전을 대여한 것은 영업을 위하여 하는 것으로 추정한다(제47조 제2항).

답 4. ① 5. ④

CHAPTER

02 상행위 특칙

제1절 민법의 총칙편에 대한 특칙

Ⅰ. 상행위의 대리와 위임

1. 대리의 방식과 효과

(1) 민법의 일반원칙

민법은 대리인이 대리행위를 함에 있어서 상대방에 대하여 그 행위가 본인을 위한 것임을 표시하여야 하고(현명주의), 이를 표시하지 않고 대리행위를 한 때에는 그 의사표시는 대리인 자신을 위한 것으로 본다(민법 제115조 본문). 그러나 상대방이 대리인으로서 한 것임을 알았거나 알 수 있었을 경우에는 대리행위에 대해 본인이 책임을 진다(민법 제115조 단서).

(2) 상법의 특칙

상행위의 대리인이 대리행위를 함에 있어서는 본인을 위한 것임을 표시하지 아니하여도 그 행위는 본인에 대하여 효력이 있다(제48조 본문). 이것은 상거래의 간이 · 신속성과 거래의 안전을 위한 비현명주의를 택한 것이다. 상대방이 본인을 위한 것임을 알지 못한 때에는 상대방은 본인뿐만 아니라 대리인에 대하여도 이행을 청구할 수 있다(제48조 단서). 이 경우 본인과 그 대리인은 부진정연대채무관계에 서게 된다.

주의 ▸ 어음 · 수표행위는 엄격한 요식행위이므로 그 대리행위는 반드시 본인을 위한 것임을 표시하여야 한다(현명주의).

2. 본인의 사망과 대리권

민법에 있어서는 본인의 사망은 대리권의 소멸사유에 해당한다(민법 제127조 1호). 그러나 상법에 있어서는 상인이 그 영업에 관하여 수여한 대리권은 본인인 상인이 사망하더라도 소멸하지 않는다(제50조). 따라서 본인인 상인이 사망하면 그 영업에 관하여 대리권을 수여받은 대리인은 그 상속인의 대리인이 되고, 상속인으로부터 다시 수권을 받을 필요가 없다.

3. 상행위의 수임인의 권한

상행위의 위임을 받은 자는 위임의 본지(本旨)에 반하지 않는 범위 내에서 위임을 받지 않은 행위도 할 수 있다(제49조).

II. 소멸시효

1. 시효기간의 단축

일반채권의 소멸시효기간을 민법은 10년으로 하고 있으나(민법 제162조 제1항), 상행위로 인한 채권의 소멸시효기간은 상법에 다른 규정이 없는 경우에는 5년으로 하고 있다(제64조).

●●● 상법 또는 다른 법상 단기소멸시효

① 상법상 단기시효 : 운송주선인 · 운송인 · 창고업자의 손해배상책임은 1년, 공중접객업자의 손해배상책임은 6개월, 보험금청구권은 2년, 보험료청구권은 1년의 소멸시효를 규정하고 있다.

② 어음법 · 수표법상 단기시효 : 어음금청구권은 3년, 어음의 상환청구권은 1년, 어음의 재상환청구권은 6개월, 수표의 지급보증인에 대한 청구권은 1년, 수표의 상환청구권 · 재상환청구권은 6개월의 시효를 규정하고 있다.

③ 민법상 단기시효 : 이자 · 부양료 · 급료 · 사용료 기타 1년 이내의 기간으로 정한 금전 또는 물건의 지급을 목적으로 하는 채권이나 생산자 및 상인이 판매한 생산물 및 상품의 대가 등의 채권은 3년의 시효가 적용되고(제163조), 여관 · 음식점 · 대석(貸席) · 오락장의 숙박료 · 음식료 · 대석료 · 입장료와 소비물의 대가 및 체당금의 채권 등은 1년의 소멸시효가 적용된다(제164조).

2. 특칙의 적용범위

상법의 단기소멸시효기간이 적용되는 채권은 일방적 상행위로 인한 채권이든 쌍방적 상행위로 인한 채권이든 불문하고, 기본적 상행위뿐만 아니라 보조적 상행위로 인한 채권도 포함된다(판례). 또한 은행에 대한 대출금채무의 이행지체로 인한 지연손해금, 상행위로 인한 채무의 불이행에 대한 손해배상청구권, 상행위인 계약의 해제로 인한 원상회복청구권도 상법 제64조의 규정이 적용된다는 것이 판례의 입장이다.

보충 (판례) 1. 상행위로 인하여 생긴 보증채무는 주채무가 민사채무인 경우에도 5년의 시효가 적용된다.
2. 상사시효의 적용을 받는 채무를 면책적 채무인수한 경우에도 5년의 시효가 적용된다.
3. 상행위로 인한 채무의 경개(更改)가 이루어진 경우에 신채무부담행위가 상행위인 경우 신채무는 5년의 시효가 적용된다.
4. 상행위가 아닌 불법행위로 인한 손해배상청구권에는 5년의 단기소멸시효가 적용되지 않는다.
5. 회사의 근로자의 유족에 대한 위로금지급의무에 대하여는 5년의 시효가 적용된다.

제2절 민법의 물권편에 대한 특칙

Ⅰ. 유질계약의 허용

1. 민법의 일반원칙

민법은 질권설정시 또는 채무변제기 전의 계약으로 질권자에게 변제에 갈음하여 질물(質物)의 소유권을 취득하게 하거나 또는 법률이 정하는 방법에 의하지 아니하고 질물을 처분할 수 있게 하는 유질계약을 금지하고 있다(민법 제339조).

2. 상법의 특칙

상행위로 인하여 발생한 채권을 담보하기 위하여 설정된 질권에 대하여는 유질계약을 허용하여, 민법의 유질계약금지에 관한 규정을 적용하지 않는다(제59조). 여기서 상행위로 인한 채권은 쌍방적 상행위뿐만 아니라 일방적 상행위도 포함된다.

Ⅱ. 상사유치권

1. 의 의

상법은「상인간의 상행위로 인한 채권이 변제기에 있는 때에는 다른 약정이 없으면 채권자는 변제를 받을 때까지 그 채무자와의 상행위로 인하여 자기가 점유하고 있는 채무자의 소유의 물건 또는 유가증권을 유치할 수 있다」고 규정하고 있다(제58조).

보충 [민사유치권과 차이] 민사유치권(민법 제320조 제1항)은 피담보채권의 발생원인이 쌍방적 상행위에 의할 필요가 없고, 유치목적물이 반드시 채무자 소유의 물건 또는 유가증권일 필요가 없다. 또한 민사유치권은 유치목적물과 피담보채권 간의 개별적 관련성을 필요로 한다는 점에서 상사유치권과 차이가 있다.

2. 성립요건과 효력

(1) 성립요건

① **상인간의 상행위** : 상사유치권은 채권자와 채무자가 모두 상인인 경우에 인정된다. 여기서 상인은 소상인이라도 관계없다. 상인의 자격은 유치물을 점유하는 당시에 있어야 한다.

② **상행위로 인한 채권**(피담보채권) : 채권은 쌍방적 상행위로 인하여 발생한 것이어야 한다. 따라서 제3자로부터 양수한 채권은 상사유치권을 행사할 수 없다. 그러나 지시식이나 무기명식 채권 취득자가 채무자 소유의 물건을 점유하는 경우 또는 상속이나 합병과 같은 포괄승계의 경우에는 승계인이 유치권을 행사할 수 있다는 것이 통설의 입장이다(반대의 소수설도 있음). 채권은 금전채권뿐만 아니라 금전채권으로 전환될 수 있는 청구권을 포함한다. 또한 채권자가 제3자로부터 채권을 양도받은 후에 채무자가 다른 채무의 담보로 제공한 물건 또는 유가증권을 채권자가 점유하게 되었다면 당연히 채권자는 그 물건 또는 유가증권에 대해 유치권을 행사할 수 있다(판례).

③ **변제기의 도래** : 채권이 변제기가 도래하지 않은 경우에는 상사유치권을 행사할 수 없다. 이는 민사유치권과 같다. 채권의 변제기가 도래한 이후 시효소멸한 경우에도 상사유치권은 인정되지 않는다.

④ **유치권의 목적물** : 유치권의 목적물은 채무자 소유의 물건 또는 유가증권이어야 한다. 목적물은 채권자가 채무자와의 상행위로 인하여 점유를 취득하였어야만 인정된다. 이 때 상행위는 반드시 쌍방적 상행위일 필요는 없지만, 적어도 채권자에게 상행위이어야 한다(통설). 목적물에 대해 직접점유를 하는 경우뿐만 아니라 간접점유를 하는 경우에도 유치권은 행사할 수 있다. 채권자가 불법행위로 인하여 점유를 취득한 물건 또는 유가증권에 대해서는 유치권이 인정되지 않는다.

⑤ **피담보채권과 목적물과의 견련관계** : 민법상 유치권과 달리 상사유치권은 피담보채권과 유치물 사이의 개별적 관련성을 요구하지 않고, 일반적 관련성만 있으면 된다. 따라서 유치권자는 채권변제를 받기 위하여 유치물을 경매할 수 있고, 유치물로 우선변제에 충당하거나 과실(果實)을 수취하여 채권변제에 충당할 수 있다.

보충 운송주선인이나 운송인의 유치권행사의 경우에는 피담보채권과 목적물 사이의 개별적 관련성이 있어야 한다(제120조, 제147조).

(2) 효 력

상사유치권의 효력에 관해서는 아무런 규정이 없으므로, 민사유치권에 관한 규정이 적용된다. 따라서 유치권자는 채권변제를 받을 때까지 유치물을 유치하거나 경매할 수 있고, 유치물로 우선변제에 충당할 수 있다.

3. 유치권의 배척

상사유치권은 채권자와 채무자간의 명시적 또는 묵시적 특약에 의하여 배척할 수 있다(제58조 단서). 채권자가 불법행위로 인하여 점유를 취득한 물건 또는 유가증권에 대해서는 유치권이 인정되지 않는다.

4. 특별상사유치권

일반상사유치권에 대해 피담보채권이나 목적물, 이들의 견련관계 등과 관련하여 특별한 규정을 둔 특별상사유치권이 있다. 즉, 대리상(제91조)·위탁매매인(제111조)·운송주선인(제120조)·운송인(제147조)의 유치권이 특별상사유치권에 속한다.

제3절 민법의 채권편에 대한 특칙

Ⅰ. 계약체결시의 특칙

1. 청약의 효력

상법은 민법과 달리 청약의 효력에 대하여 대화자간과 격지자간에 달리 규정을 두고 있다. 이 특칙은 적어도 당사자의 일방이 상인인 경우에 적용된다.

(1) 대화자간의 청약

대화자간의 계약의 청약은 상대방이 즉시 승낙하지 아니한 때에는 그 청약의 효력은 실효한다(제51조). 여기서 '대화자간'이란 전화·화상회의·통신 등을 이용하여 당사자 상호간에 즉시 상대방의 의사표시를 요지(了知)할 수 있는 상태를 의미한다. 민법에서는 별도의 규정을 두고 있지는 않지만, 해석상 청약의 효력은 대화자간에 있어서 대화가 계속되는 동안에만 계속한다고 보고 있으므로, 상법 제51조는 민법에 대한 특칙으로 볼 것은 아니다.

(2) 격지자간의 청약

① **승낙기간을 정하지 않은 경우** : 승낙기간을 정하지 않은 경우의 청약의 효력에 대해서는 상법 제52조를 삭제함으로써 민법의 규정이 적용된다. 즉, 격지자간에 승낙의 기간을 정하지 아니한 청약의 효력에 관하여 상당한 기간내에 승낙의 통지를 받지 못한 때에는 그 효력을 잃는다(민법 제529조)고 되어 있으므로, 도달주의를 택하고 있다.

② **승낙기간을 정한 경우** : 승낙기간을 정한 경우의 청약의 효력에 대해서는 상법에 아무런 규정을 두고 있지 않으므로, 민법의 규정이 적용된다. 즉, 청약자가 승낙기간 내에 승낙의 통지를 받지 못한 때(도달주의)에는 청약은 그 효력을 잃는다(민법 제528조 제1항).

2. 청약을 받은 상인의 의무

(1) 낙부통지의무

① **민법의 일반원칙** : 민법은 청약을 받은 자에게 승낙여부를 적극적으로 통지할 의무는 없다. 따라서 청약을 한 자에 대하여 청약을 받아들일 것인가의 여부에 관하여 회답할 의무가 없다. 다만, 이것은 승낙기간을 정하는 의미가 있을 뿐이고 그 기간이 도과하면 청약의 효력이 상실될 뿐이다.

② **상법의 특칙**

㉠ **특칙규정** : 상인은 상시 거래관계에 있는 자로부터 그 영업부류에 속하는 계약의 청약을 받은 때에는 지체없이 낙부의 통지를 발송하여야 하며, 이를 해태한 때에는 청약을 승낙한 것으로 본다(제53조).

㉡ **적용요건** : 상법 제53조의 규정이 적용되기 위해서는 첫째, 청약을 받은 자가 상인이어야 하며, 청약은 기본적 상행위 또는 준상행위에 속하는 거래에 관한 것이어야 하며 계약의 해제 및 대물변제의 청약에는 적용되지 않는다. 둘째, 상시 거래관계가 있거나 거래가 기대되는 경우라야 한다. 셋째, 승낙기간을 정하지 않은 청약이어야 한다. 넷째, 당사자간에 다른 약정 또는 다른 관습이나 기타 특수한 사정이 없어야 한다.

㉢ **통지해태의 효과** : 낙부통지의무를 해태한 경우 계약성립의 효과, 즉 승낙한 것으로 의제되어 계약이 성립한다.

(2) 물건보관의무

① **민법의 일반원칙** : 민법에 따르면 청약과 함께 물건을 받았을 때 그 청약을 거절한 경우에 그 물건의 반환이나 보관의무가 없다.

② **상법의 특칙**

㉠ **특칙규정** : 상인이 그의 영업부류에 속하는 거래의 청약을 받은 경우에 청약과 함께 견품 기타의 물건을 받은 때에는 그 청약을 거절한 때에도 청약자의 비용으로 그 물건을 보관하여야 한다(제60조 본문). 그러나 물건의 가액이 보관비용을 상환하기에 부족하거나 보관으로 인하여 상인이 손해를 받을 염려가 있는 때에는 보관의무가 없다(제60조 단서).

> **보충** 보관비용에는 그 물건을 보관함으로 인해 발생하는 기회비용(예 보관에 소요된 시간의 보상)은 포함하지 않는다(판례). 상인은 보관비용에 대한 채권을 가지고 보관물에 대해 상사 또는 민사유치권을 행사할 수 있다.

㉡ **적용요건** : ⓐ 영업부류에 속하는 거래의 청약이 있어야 한다. ⓑ 청약과 관련하여 견품 기타의 물건을 수령하여야 한다. ⓒ 청약을 받은 자는 상인이어야 한다.

㉢ **의무위반** : 계약의 청약을 받은 자가 물건보관의무를 이행하지 않은 경우 견품 기타 물건의 멸실・훼손에 따른 손해배상책임을 진다.

3. 계약의 성립시기

계약의 성립시기에 관해서는 상법에 별다른 규정이 없으므로, 민법 일반원칙에 따라 계약은 승낙의 통지를 발송한 때에 성립한다(민법 제531조).

II. 상행위의 유상성

1. 보수청구권

(1) 민법의 일반원칙

민법에 의하면 위임계약 또는 임치계약의 경우에 타인을 위하여 어떠한 행위를 하더라도 특약이 없으면 보수를 청구할 수 없다(제686조 제1항, 제701조).

(2) 상법의 특칙

① 상인이 그 영업범위 내에서 타인을 위하여 행위를 한 때에는 이에 대하여 상당한 보수를 청구할 수 있다(제61조).

②「영업범위 내」에서란 영업부류에 속하는 것 이외에 영업을 유익 또는 편리하게 하는 모든 것을 포함한다.

③「행위」는 법률행위이든 사실행위이든 관계없고, 그 행위의 원인이 계약상의 의무이든 아니든 관계없다. 또한 기본적 상행위이든 보조적 상행위이든 모두 포함된다.

보충 ▸ 중개인이 매도인을 위한 의사를 갖지 않고 매수인을 위한 의사만을 가지고 매매를 중개하고 매도인에게는 이로 인한 반사적이익이 돌아간 때에는 매도인에 대하여 보수청구권을 갖지 아니한다(판례).

④「상당한 보수」는 거래의 관행 · 사회의 통념 · 상인의 노력 정도 등의 구체적인 제반사정을 참작하여 정하게 된다.

⑤「타인을 위하여」란 타인의 이익을 위하여라는 의미로 본다(판례).

⑥ 행위의 대가가 이미 매매대금 · 운임 · 수수료 등에 포함된 경우나, 견적서의 작성 · 상품의 포장 등과 같이 관습상 무상으로 하는 행위 또는 보수를 지급하지 않기로 하는 특약이 있는 경우에는 별도로 보수를 청구할 수 없다.

2. 법정이자청구권

(1) 소비대차의 이자청구권

상인이 그 영업에 관하여 타인에게 금전을 대여한 경우에는 이자의 약정이 없더라도 상인은 상사법정이자를 청구할 수 있다(제55조 제1항).

(2) 체당금의 이자청구권

상인이 그 영업범위 내에서 타인을 위하여 금전을 체당한 때에는 체당한 날 이후의 법정이자를 청구할 수 있다(제55조 제2항). 「금전의 체당」이란 금전의 소비대차에 의하지 아니하고 아니하고 타인을 위하여 금전을 지급하는 것을 말한다(예 공인중개사가 매수인의 등기이전비용을 대납하는 것). 통상적으로 체당은 위임 · 도급 · 고용 등의 계약관계와 사무관리 등의 경우에 하게 된다.

3. 상사법정이율

다른 약정이 없는 한 민법의 법정이율은 연 5푼(分)이지만, 상행위로 인하여 발생한 채무의 법정이율은 연 6푼(分)이다(제54조). 여기서 「상행위로 인하여 발생한 채무」란 상행위로 인하여 직접 발생한 채무뿐만 아니라 그 채무불이행으로 인한 손해배상채무 기타 계약해제로 인한 원상회복의무를 포함한다. 그리고 「상행위」란 쌍방적 상행위 · 일방적 상행위 모두 포함한다.

주의 ① 불법행위로 인한 손해배상청구권 또는 부당이득반환청구권에는 상사법정이율이 적용되지 않는다(판례).
② 다른 법규정에 의하여 법정이율이 정하여진 경우에는 상사법정이율이 적용되지 않는다.

III. 채무의 이행

1. 이행의 장소

채무의 이행장소에 관하여 상법은 특별규정을 두고 있지 않으므로 민법의 일반원칙에 따른다. 다만 채권자의 지점의 거래에 관해서만 특칙(제56조)을 두고 있다.

상행위로 인한 채무의 이행은 그 채무의 성질 또는 당사자의 의사표시로 변제장소를 정하지 않은 때에는 특정물의 인도는 채권성립 당시에 그 물건이 있었던 곳에서 하여야 한다(민법 제467조 제1항). 특정물 이외의 영업에 관한 (지참)채무는 채권자의 현영업소에서 이행하여야 하고(민법 제467조 제2항), 증권적 채무는 이행장소를 정하지 않은 경우는 채무자의 현영업소이며 영업소가 없는 때에는 현주소에서 이행하여야 한다(민법 제516조). 그러나 채권자의 지점의 거래에 관하여 채무이행의 장소가 그 행위의 성질 또는 당사자의 의사표시에 의하여 특정되지 아니한 경우에는 특정물 인도 이외의 채무의 이행은 그 지점을 이행장소로 본다(제56조).

2. 이행의 청구

채무의 이행 또는 이행의 청구는 법령 또는 관습에 의하여 영업시간이 정하여져 있는 때에는 그 시간 내에 하여야 한다(제63조). 따라서 영업시간이 경과한 후의 채무이행에 대하여 채권자는 수령할 의무가 없고, 수령하지 않거나 수령할 수 없는 경우에도 수령지체가 되지 않는다.

IV. 상사채권의 인적담보

1. 다수채무자의 연대책임

(1) 민법의 일반원칙

민법상으로는 채무자가 수인인 경우에 특별한 의사표시가 없는 한 각 채무자는 균등한 비율로 의무를 부담하면 된다(민법 제408조). 즉, 균분주의를 택하고 있다.

(2) 상법의 특칙

상법에 의하면 수인이 그 1인 또는 전원에 대하여 상행위가 되는 행위로 인하여 채무를 부담한 때에는 연대하여 변제할 책임이 있다(제57조 제1항). 따라서 적어도 채무의 발생원인이 되는 행위는 1인 또는 수인의 채무자에 대하여 상행위이어야 하며, 채무는 수인의 채무가 1개의 공동행위에 의하여 부담한 것이어야 한다. 수인중 1인이 타인을 대리한 경우에는 공동으로 한 것으로 보아야 한다(판례).

1. 조합채무가 조합원 전원을 위한 상행위가 되는 행위로 인하여 부담하게 된 것인 때에는 조합원들은 연대책임을 진다(판례).
2. 상행위로 인하여 발생한 채무(예 채무불이행으로 인한 손해배상채무, 계약해제로 인한 원상회복채무, 상행위로 인한 채무의 일부 또는 전부가 부당이득일 경우 그 반환채무 등)도 제57조 제1항의 적용범위에 속한다(판례).

2. 보증인의 연대책임

(1) 민법의 일반원칙

민법상으로는 보증인은 특약이 없는 한 최고 및 검색의 항변권이 있으며(민법 제437조), 보증인이 수인인 때에는 분별의 이익을 갖는다(민법 제439조).

(2) 상법의 특칙

상법상으로는 보증이 상행위이거나 주채무가 상행위로 인하여 생긴 때에는 주채무자와 보증인은 연대하여 변제할 책임이 있다(제57조 제2항). 이 경우에 주채무는 채무자의 상행위로 인하여 발생한 것을 말한다는 것이 통설이다. 당사자간의 특약이 있는 경우에는 제57조 제2항의 규정적용을 배제할 수 있다.

Ⅴ. 무상수치인의 주의의무

1. 민법의 일반원칙

민법에 따르면 임치가 유상인 경우에는 수치인은 선량한 관리자의 주의로 임치물을 보관하여야 하지만, 임치가 무상인 경우에는 임치물을 자기재산과 동일한 주의로 보관하면 된다(민법 제695조).

2. 상법의 특칙

상법상 상인이 그 영업범위 내에서 물건을 임치받은 경우에는 유상이든 무상이든 관계없이 선량한 관리자의 주의를 하여야 한다(제62조). 다만, 당사자의 특약에 의하여 수치인의 주의의무를 경감할 수 있다.

Commercial Law

연습문제

01 다음 중 상행위의 대리에 관한 설명으로 틀린 것은? (2007년 공인회계사)

① 상사대리인이 본인을 위한 것임을 표시하지 아니하여도 그 행위는 본인에 대하여 효력이 있다.

② 상사대리인은 위임의 본지에 반하더라도 필요한 때에는 위임받지 않은 행위를 할 수 있다.

③ 상인이 그 영업에 관하여 수여한 대리권은 본인의 사망으로 인하여 소멸하지 아니한다.

④ 어음행위의 대리에는 반드시 본인을 위한 것임을 표시해야 한다.

⑤ 상대방이 대리인을 본인으로 믿고 거래한 경우, 상대방은 선택에 따라 본인 또는 대리인에 대하여 이행을 청구할 수 있다.

상사대리인은 위임의 본지에 반하지 아니하는 때에는 위임받지 아니한 행위를 할 수 있으나(제49조), 위임의 본지에 반하여서는 위임받지 아니한 행위를 할 수 없다.

02 상행위의 대리에 관한 설명으로 옳은 것은? (2011년 공인회계사)

① 상인이 사망한 경우 그가 영업에 관하여 수여한 대리권은 소멸한다.

② 상행위의 대리에 있어서 비현명주의에 관한 상법규정은 기본적 상행위에 적용되며 보조적 상행위에는 적용되지 않는다.

③ 상행위의 대리에 있어서 비현명주의에 관한 상법규정은 어음 및 수표행위에 적용된다.

④ 거래의 상대방은 대리인의 비현명대리행위가 본인을 위한 것임을 알았다면 대리인에 대하여 이행을 청구할 수 없다.

⑤ 거래의 상대방은 대리인의 비현명대리행위가 본인을 위한 것임을 알지 못하였다면 대리인에게만 이행을 청구할 수 있다.

① 상인이 사망한 경우 그가 영업에 관하여 수여한 대리권은 소멸하지 않는다(상법 제50조).
② 상행위의 대리에 있어서 비현명주의에 관한 상법규정은 기본적 상행위나 보조적 상행위에도 모두 적용된다.
③ 상행위의 대리에 있어서 비현명주의에 관한 상법규정은 어음 및 수표행위에 적용되지 않는다.
⑤ 거래의 상대방은 대리인의 비현명대리행위가 본인을 위한 것임을 알지 못하였다면 대리인에게도 이행을 청구할 수 있다(상법 제48조 단서).

답 1. ② 2. ④

03 다음은 상사채권의 소멸시효에 관한 설명이다. 틀린 것은? (2001년 공인회계사)

① 상사계약의 해제로 인한 원상회복청구권의 소멸시효기간은 5년이다.

② 주주의 이익의 배당금 지급청구권은 5년간 이를 행사하지 아니하면 소멸시효가 완성한다.

③ 비(非)상인간에 이루어진 투기매매에 의하여 발생한 매매대금의 지급청구권은 5년간 행사하지 않으면 시효에 의하여 소멸한다.

④ 은행의 고객에 대한 대출금 채권은 5년간 이를 행사하지 아니하면 소멸시효가 완성한다.

⑤ 보증이 상행위인 경우 그 보증채무는 5년의 시효에 의하여 소멸된다.

상사채권은 상법에 특별한 규정이 없는 한 5년의 소멸시효가 적용된다. 따라서 ①, ②, ④, ⑤의 경우에는 상사채권으로서 5년의 시효가 적용되지만, ③은 비상인간의 매매에 의한 채권(민사채권)으로서 10년의 시효가 적용된다.

04 다음의 사례에 관한 설명으로 틀린 것은? (유치권 배제의 특약은 없는 것으로 가정함) (2010년 공인회계사)

> 중고자동차 매매수리업자 A는 운송업자 B에게 중고트럭을 매도하고 소유권을 이전한 다음 일주일 후 잔금을 지급받기로 하였다. 10일이 지난 후 잔금을 지급하지 않은 상황에서 B는 자기 소유의 승용차가 고장이 나자 A에게 그 수리를 맡겼다. 수리가 끝난 후 B가 수리비를 지급하고 승용차를 가져가려고 하자, A는 트럭에 대한 잔금의 미지급을 이유로 그 승용차에 대해 유치권을 행사하려 한다.
> 한편, 트럭으로 운송업을 영위하는 C는 창고업자 D와 물건의 운송계약을 체결하고 운송을 완료한 후 운임채권을 갖게 되었다. 이후 변제기가 도래한 운임채무를 D가 이행하지 않자 C는 D의 소유가 아닌 그 물건을 유치하려 한다.

① A는 민법상의 유치권을 행사할 수 없다.

② A는 일반상사유치권을 행사하여 승용차의 인도를 거절할 수 있다.

③ C는 민법상의 유치권을 행사할 수 있다.

④ 운송인 C의 특별상사유치권은 피담보채권과 유치물 사이의 견련관계를 필요로 한다.

⑤ 운송한 물건이 D의 소유가 아니므로 C는 운송인의 특별상사유치권을 행사할 수 없다.

민법상 유치권은 피담보채권과 목적물의 개별적 견련관계가 있어야 하므로 위 사례에서 A는 민사유치권을 행사할 수 없고(①), 상사유치권을 행사할 수 있다(②). C는 민사유치권을 행사할 수 있다(③). 운송인의 유치권은 운송물로부터 발생하는 피담보채권을 요구하므로 개별적 관련성이 있어야 한다(④).

답 3. ③ 4. ⑤

⑤에서 운송인의 유치권의 목적물은 운송물로써 반드시 송하인의 소유에 해당할 필요가 없다. 따라서 송하인의 소유가 아니더라도 유치권행사가 가능하다.

05 상법 제58조의 상사유치권에 관한 설명으로 틀린 것은? (2012년 공인회계사)

① 채권자와 채무자는 유치권의 성립시점에는 모두 상인이어야 하지만 유치권을 행사하는 시점에는 상인자격을 요하지 아니한다.

② 채권자는 유치의 목적물이 채무자 소유의 물건 또는 유가증권이 아니더라도 유치권을 행사할 수 있다.

③ 피담보채권은 상인 간의 쌍방적 상행위로 인하여 발생한 채권으로 유치권의 행사를 위하여는 변제기가 도래하여야 한다.

④ 채권자는 유치의 목적물과 피담보채권 사이에 개별적 견련성이 없는 경우에도 유치권을 행사할 수 있다.

⑤ 채권자는 유치의 목적물의 점유를 채무자에 대한 상행위로 인하여 취득하여야 한다.

채권자는 유치의 목적물이 채무자 소유의 물건 또는 유가증권이어야 그 목적물에 대해 유치권을 행사할 수 있다(제58조 제1항).

06 상법상 유치권에 관한 설명으로 틀린 것은? (2017년 공인회계사)

① 당사자 간 다른 약정이 없는 한 상인간의 상행위로 인한 채권이 변제기에 있는 경우 채권자는 변제를 받을 때까지 그 채무자에 대한 상행위로 인하여 자기가 점유하고 있는 채무자소유의 물건 또는 유가증권을 유치할 수 있다.

② 당사자 간 다른 약정이 없는 한 중개인은 거래의 중개로 인한 채권이 변제기에 있는 때에는 그 변제를 받을 때까지 본인을 위하여 점유하는 물건 또는 유가증권을 유치할 수 있다.

③ 당사자 간 다른 약정이 없는 한 대리상은 거래의 대리로 인한 채권이 변제기에 있는 때에는 그 변제를 받을 때까지 본인을 위하여 점유하는 물건 또는 유가증권을 유치할 수 있다.

④ 운송주선인은 운송물에 관하여 받을 보수, 운임, 기타 위탁자를 위한 체당금이나 선대금에 관하여서만 그 운송물을 유치할 수 있다.

⑤ 물건운송인은 운송물에 관하여 받을 보수, 운임, 기타 위탁자를 위한 체당금이나 선대금에 관하여서만 그 운송물을 유치할 수 있다.

중개인의 유치권은 쌍방적 상행위의 경우에는 상법 제58조가 적용되고, 일방적 상행위의 경우에는 특별규정이 없으므로 민법에 의한다. 따라서 당사자 간 다른 약정이 없는 한 중개인은 거래의 중개로

답 5. ② 6. ②

인한 채권이 변제기에 있는 때에는 그 변제를 받을 때까지 그 중재한 물건 또는 유가증권을 유치할 수 있다(민법 제132조).

07 민법의 일반원칙에 대한 상법의 특칙으로 틀린 설명은? (2008년 공인회계사)

① 상인이 타인을 위하여 행위를 한 때에는 그 행위가 상인의 영업범위에 속하여야 이에 대하여 상당한 보수를 청구할 수 있다.

② 상행위의 대리에 있어서 상대방이 본인을 위한 대리임을 알지 못한 경우에는 본인뿐만 아니라 대리인에게도 이행의 청구를 할 수 있다.

③ 상인간에 상행위가 되는 확정기매매에서 당사자의 일방이 이행시기를 경과한 때에는 상대방은 즉시 그 이행을 청구하지 아니하면 계약을 해제한 것으로 본다.

④ 상행위의 위임을 받은 자는 위임의 본지에 반하지 않으면 위임을 받지 않은 행위도 할 수 있다.

⑤ 상인간의 상행위로 인하여 채권자가 유치권을 행사할 수 있는 목적물은 채무자소유의 물건 또는 유가증권으로 그 점유하게 된 원인에는 특별한 제한이 없다.

상인간의 상행위로 인하여 채권자가 유치권을 행사할 수 있는 목적물은 채무자 소유의 물건 또는 유가증권으로써, 이는 채무자와의 상행위로 인하여 점유하여야 한다(제58조).

08 상법상 상행위에 관한 설명 중 틀린 것은? (2008년 공인회계사 수정)

① 채권자의 지점에서의 거래로 인한 채무이행의 장소가 그 행위의 성질 또는 당사자의 의사표시에 의하여 특정되지 않으면 특정물의 인도 이외의 채무이행은 해당 지점을 이행장소로 본다.

② 상사매매에서 목적물의 하자로 계약을 해제한 매수인은 목적물이 멸실 또는 훼손될 염려가 있으면 최고없이 경매하여 그 대가를 보관 또는 공탁하면 된다.

③ 고객의 물건을 임치받은 백화점은 보수를 받지 않은 경우에도 임치물을 선량한 관리자의 주의로 보관하여야 한다.

④ 비상인에게 (그 영업에 관하여) 금전을 빌려 준 상인은 이자에 대한 약정이 없더라도 법정이자를 청구할 수 있다.

⑤ 자신의 영업범위 내에서 비상인을 위하여 금전을 체당한 상인은 특별한 약정이 없어도 체당일 이후의 법정이자를 청구할 수 있다.

상사매매에서 목적물의 하자로 계약을 해제한 매수인은 목적물이 멸실 또는 훼손될 염려가 있으면 법원의 허가를 얻어 경매하여 그 대가를 보관 또는 공탁하면 된다(제70조 제1항 단서).

답 7. ⑤ 8. ②

09 상법상 상행위 특칙에 관한 설명으로 옳은 것은? (2011년 공인회계사)

① 상인이 그 영업범위 내에서 물건의 임치를 받은 경우에는 보수를 받지 아니하는 때에도 자기재산과 동일한 주의를 하여야 한다.

② 상인이 그 영업에 관하여 비상인에게 금전을 대여한 경우 이자지급의 약정이 없더라도 상사법정이자를 청구할 수 있다.

③ 채권자의 지점에서의 거래로 인한 채무이행의 장소가 그 행위의 성질 또는 당사자의 의사표시에 의하여 특정되지 아니한 경우 특정물 인도 외의 채무이행은 채무자의 현영업소를 이행장소로 본다.

④ 격지자간의 계약의 청약은 승낙기간이 없으면 상대방이 상당한 기간 내에 승낙의 통지를 발송하지 아니한 때에는 그 효력을 잃는다.

⑤ 상인이 영업부류에 속한 계약의 청약과 함께 견품 기타의 물건을 받은 경우 그 청약을 거절하는 때에는 그 물건의 보관의무를 부담하지 않는다.

① 상인이 그 영업범위 내에서 물건의 임치를 받은 경우에는 보수를 받지 아니하는 때에도 선량한 관리자로서의 주의를 하여야 한다(상법 제62조).

③ 채권자의 지점에서의 거래로 인한 채무이행의 장소가 그 행위의 성질 또는 당사자의 의사표시에 의하여 특정되지 아니한 경우 특정물 인도 외의 채무이행은 그 지점을 이행장소로 본다(상법 제56조).

④ 격지자간의 계약의 청약은 승낙기간이 없으면 상대방이 상당한 기간 내에 승낙의 통지가 도달하지 아니한 때에는 그 효력을 잃는다(민법 제529조).

⑤ 상인이 영업부류에 속한 계약의 청약과 함께 견품 기타의 물건을 받은 경우 그 청약을 거절하는 때에도 청약자의 비용으로 그 물건의 보관하여야 한다(상법 제60조).

10 상법상 연대채무에 관한 설명으로 틀린 것은? (2010년 공인회계사)

① 다수채무자가 연대책임을 지기 위하여 채무자 중 1인은 반드시 상인이어야 한다.

② 다수채무자가 연대책임을 지기 위하여 채권자는 상인이어야 한다.

③ 다수설에 의하면, 상행위로 인한 채무와 실질적으로 동일성을 갖는 원상회복의무도 연대채무의 적용대상이 된다.

④ 판례에 의하면, 상행위로 인해 발생한 채무의 일부가 부당이득이 되는 경우 그 반환채무도 연대채무의 대상이 된다.

⑤ 판례에 의하면, 조합채무가 조합원 전원을 위해 상행위가 되는 행위로 인하여 부담하게 된 것이라면 그 채무에 관하여 조합원들이 연대책임을 부담한다.

다수채무자가 연대책임을 지는 경우에는 채무자 1인 또는 전원이 상인이어야 하지만, 채권자는 상인이든 아니든 관계없다.

④ 대판 1976. 12. 14, 76다2212 ⑤ 대판 2001. 3. 23.

답 9. ② 10. ②

CHAPTER

03 상사매매

제1절 상사매매의 의의 및 적용범위

Ⅰ. 상사매매의 의의

상사매매란 기업거래 중 가장 고전적인 형태의 상거래 행위로써 상인간에 동산과 유가증권을 목적으로 하는 매매를 말한다. 매매에 관해서는 민법의 계약법에 상세히 규정을 두고 있기 때문에, 상사매매에 관해서는 상법에는 매도인의 목적물 공탁·경매권(제67조), 확정기매매의 해제의제(제68조), 매수인의 목적물검사 및 하자통지의무(제69조), 매수인의 목적물 보관·공탁의무(제70조, 제71조)에 관한 5개조의 특칙을 두고 있을 뿐이다. 상사매매의 특칙규정은 거래의 신속한 완료를 도모하는 것을 주 목적으로 하여 매도인을 보호하는데 입법취지가 있다.

Ⅱ. 적용범위

1. 상인간의 매매

상사매매에 관한 특칙은 상인간의 매매의 경우에만 적용된다. 또한 매매를 영업으로 하지 않는 상인의 보조적 상행위로 하는 매매에도 적용된다.

상사매매에 관한 규정은 교환계약에는 유추적용할 수 있으나 도급·제조물공급계약 등에는 성질상 적용이 부적당하다(판례).

2. 임의규정

상법상 상사매매의 특칙은 임의규정으로 당사자간의 특약으로 달리 정함을 둘 수 있다. 상법의 정함이 없는 사항에 대해서는 민법의 일반원칙이 적용된다.

제2절 상사매매의 법률규정

Ⅰ. 매도인의 공탁권 · 경매권

1. 민법의 일반원칙

민법에 의하는 경우 매수인이 매매목적물의 수령을 거부하거나 수령할 수 없는 때에는 매도인은 공탁권과 경매권을 행사할 수 있다. 이 경우 먼저 공탁권을 행사하여야 하고, 공탁에 적합하지 않거나, 멸실 · 훼손될 염려가 있거나, 공탁을 위하여 과다한 비용이 드는 경우에만 법원의 허가를 얻어 경매권을 행사할 수 있다(민법 제490조). 공탁 후 공탁자는 지체없이 공탁의 통지를 하여야 하며 이때 통지는 도달주의에 의한다. 공탁에 적합하지 않는 등의 경우 경매권을 행사한 매도인은 경매대금을 공탁하여야 한다.

2. 상법의 특칙

(1) 특칙규정의 내용

상인간의 매매에 있어서 매수인이 목적물의 수령을 거부하거나 이를 수령할 수 없는 때에는 매도인은 그 물건을 공탁하거나 상당한 기간을 정하여 최고한 후 경매할 수 있다(제67조 제1항). 따라서 민법과는 달리 상사매매의 매도인은 공탁권과 경매권을 선택적으로 행사할 수 있다.

(2) 공탁권

① **공탁의 성질** : 공탁은 공탁자와 공탁소가 채권자로 하여금 계약상의 권리를 취득하도록 하기 위하여 체결하는 제3자를 위한 임치계약이라는 것이 다수설이다.

② **공탁의 요건** : 매도인이 공탁권을 행사하려면 매수인이 수령지체에 빠져야 한다. 즉, 매수인이 목적물의 수령을 거절하거나, 수령을 할 수 없는 경우이어야 하며, 수령의 회피도 수령거절의 사유가 될 수 있다. 매수인이 미리 수령을 거절한 경우나 거절할 것이 명백한 경우에는 매도인은 구두의 제공을 하지 않고서도 곧 공탁할 수 있다는 것이 통설 · 판례의 입장이다. 매수인의 수령지체에 대해서는 매도인이 입증책임을 진다.

③ **공탁의 효과** : 매도인이 공탁을 한 때에는 지체없이 매수인에게 통지를 발송하여야 한다(제67조 제1항 후단). 이 점에서 민법의 도달주의와 차이가 있다. 공탁 및 공탁통지의 비용은 매수인이 부담한다(공탁법 제7조, 제9조).

(3) 경매권

① **경매요건**

㉠ **수령지체 또는 수령불능** : 매수인이 목적물의 수령을 거부하거나 목적물을 수령할 수 없어야 한다.

㉡ **매수인에의 최고(催告)** : 상사매매의 경우에 매도인은 법원의 허가없이 어떠한 목적물이든지 상당한 기간을 정하여 매수인에게 수령의 최고만을 하고 경매할 수 있으며(제67조 제1항), 경매를 위해서는 상당한 기간을 정하여 매수인에 대해 수령의 최고를 하여야 한다. 최고는 서면에 의하든 구두에 의하든 관계없으나, 매수인에게 도달하여야 그 효력이 발생한다. 그러나 최고할 수 없거나 목적물이 멸실 또는 훼손될 염려가 있는 때에는 최고없이 경매할 수 있다(제67조 제2항).

㉢ **적법한 경매** : 경매가 적법하게 이루어지지 않은 경우에는 매수인은 그 매각을 자기의 계산으로 한 것으로 보지 않을 수 있고, 매도인은 매수인에게 경매의 효력을 주장할 수 없다.

② **경매의 효과** : 경매를 한 때에는 지체없이 매수인에 대하여 그 통지를 발송하여야 한다(제67조 제1항 후단). 경매 후 매도인은 매수인에 대하여 경매비용의 상환을 청구할 수 있다. 또한 매도인은 경매대금의 전부 또는 일부를 매매대금에 충당할 수 있고 경매비용을 공제할 수 있다(제67조 제3항). 경매비용과 매매대금을 충당하고 남은 잔액은 매수인에게 인도하거나 매수인을 위하여 공탁하여야 한다. 그러나 경매대금으로 경매비용과 매매대금의 충당을 위해 부족한 경우에는 매도인은 매수인에게 부족액의 지급을 청구할 수 있다.

II. 매수인의 검사 및 통지의무

1. 민법의 일반원칙

민법상 매매의 목적물을 수령한 매수인은 목적물에 하자가 있는지 수량이 부족한지에 대해 적극적으로 발견해야 할 의무가 없고, 하자 또는 수량부족을 발견하면 언제든지 매도인에게 담보책임을 물을 수 있다. 다만, 매수인은 목적물에 하자가 있는 경우에는 그 사실을 안 날로부터 6월 내에(민법 제582조), 수량부족의 경우에는 사실을 안 날로부터 1년(선의의 매수인) 또는 계약한 날로부터 1년(악의의 매수인) 내에 행사할 수 있다(민법 제574조, 제573조).

2. 상법의 특칙

(1) 의의 및 취지

상인간의 매매에 있어서는 매수인이 목적물을 수령한 때에는 지체없이 이를 검사하여야 하며, 하자 또는 수량부족이 있음을 발견한 때에는 즉시 매도인에게 그 통지를 발송하여야만 담보책임을 물을 수 있다(제69조 제1항 1문). 다만, 즉시 발견할 수 없는 때에는 6월 내에 발견하여 통지하면 된다(제69조 제1항 2문). 이러한 매수인의 의무규정을 둔 것은 매도인을 오랫동안 불안정한 상태로 방치하는 것은 신속한 상거래의 완료를 위해 적당하지 않고, 또 매수인이 유리한 시기를 선택하여 매도인의 위험으로 투기를 할 수 있는 기회를 주게 되는 폐단을 없애기 위한 데 그 입법취지가 있다.

(2) 적용요건

① **상인간의 매매** : 매매는 상인간에 이루어진 매매이어야 하며, 매매가 양당사자에 대하여 상행위가 되어야 한다. 당사자의 쌍방 또는 일방이 소상인이라도 관계없다.

② **하자있는 목적물 또는 수량부족의 목적물의 수령** : 매매는 목적물을 실제로 수령하였어야 하며, 목적물에 하자가 있거나 수량부족이 있어야 한다. 따라서 운송증권의 인도나 목적물반환청구권의 양도는 제외되고, 권리의 하자도 적용되지 않는다.

③ **매도인의 선의** : 매수인은 매도인에게 목적물에 하자가 있다는 것 또는 수량부족의 목적물을 인도한다는 것을 알지 못한(악의가 없는) 경우에 검사 및 통지의무를 부담한다(제69조 제2항).

④ **특약의 부존재** : 상법 제69조는 임의법규이므로 매수인과 매도인간에 특별한 약정이 없는 경우에 적용된다.

(3) 적용범위

상법 제69조는 유가증권 또는 상품의 교환 · 종류매매 · 견품매매 · 시험매매 등의 경우와 특정물매매뿐만 아니라 불특정물의 매매에는 적용된다. 그러나 제69조는 권리의 하자의 경우(: 재산권의 전부 또는 일부가 타인에 속하는 경우)에는 적용되지 않으며, 수량 과나 계약과 상이한 물건의 수령의 경우에도 적용되지 않는다. 부대체물은 제69조의 목적물에 포함되지만, 특정한 매수인만이 사용하는 부대체물을 제작하여 공급하는 계약은 매매계약이라기보다는 도급계약의 성질을 띠고 있으므로 제69조가 적용되지 않는다(판례 · 다수설). 또한 상인간의 수량을 지정한 물건의 임대차계약에는 제69조가 적용되지 않는다.

(4) 의무의 내용

① **검사의무** : 매수인은 목적물을 수령한 후 「지체없이」 검사하여야 한다. 여기서 지체없이는 '귀책사유 있는 지연이 없이'라는 뜻으로 즉시와는 다른 것이다. 지체없이 하였는지의 여부는 목적물의 종류 · 수량 · 검사방법 등을 종합적으로 고려하여 결정할 사실문제이므로, 각기 구체적인 경우에 특수한 사정을 고려하여 객관적으로 판단하여야 한다. 그러나 하자를 즉시 발견할 수 없는 경우에는 목적물을 수령한 후 6월 내에 검사하여야 한다(제69조 제1항 2문).

② **통지의무** : 매수인은 목적물을 수령한 후 지체없이 검사하여 하자 또는 수량부족을 발견한 때에는 즉시 매도인에게 통지를 발송하여야 한다(제69조 제1항 1문). 「즉시」란 지연에 대한 귀책사유의 유무를 따지지 않는 점에서 '지체없이'와 차이가 있다. 통지의 방법은 제한이 없으며 구두나 서면 또는 전화나 전보로도 가능하다. 하자를 즉시 발견할 수 없는 때에는 6월 내에 발견하여 통지하면 된다(제69조 제1항 2문). 통지의 발송에 대한 입증책임은 매수인에게 있다.

보충 매수인이 목적물을 수령한 후 6월 내에 발견할 수 없었던 경우에 6월 경과 후에 통지한 때에는 매수인이 권리를 잃지 않는다는 것이 다수설의 입장이지만, 6월 이후에 한 통지로는 매도인에게 담보책임을 물을 수 없다는 것이 판례의 입장이다.

③ **검사의무와 통지의무의 관계** : 매수인이 하자에 대한 통지의무를 해태한 때에는 목적물의 하자가 치유되지만 검사의 해태만으로는 목적물의 하자가 치유되지 않는다. 따라서 하자통지의무는 법정의무이며, 간접의무이다.

(5) 의무위반의 효과

매수인이 검사 · 통지의무를 이행하지 아니한 경우에는 계약해제 · 대금감액 · 손해배상을 청구할 수 없다(제69조 제1항 1문). 그러나 매도인이 악의인 경우에는 이 원칙이 적용되지 않는다. 즉, 매수인이 통지의무를 해태한 경우에도 매도인이 악의인 경우에는 일반원칙에 따라 계약해제나 손해배상을 청구할 수 있다. 목적물의 수량 과에 대하여는 제69조가 적용되지 않는다.

(6) 의무이행의 효과

① **목적물에 하자가 있는 경우** : 목적물에 하자가 있는 경우 통지의무를 이행한 매수인은 계약해제권 또는 손해배상청구권을 행사할 수 있으나, 대금감액청구권은 인정되지 않는다. 그리고 계약해제는 하자있는 목적물로는 계약상의 목적을 달성할 수 없는 경우에만 인정된다.

② **수량부족의 경우** : 목적물에 수량부족이 있는 경우 통지의무를 이행한 매수인은 대금감액 · 계약해제 · 손해배상청구가 가능하다. 다만, 계약해제는 수량부족으로 인하여 계약상의 목적을 달성할 수 없는 경우에만 인정된다.

III. 매수인의 목적물 보관 · 공탁 · 경매의무

1. 민법의 일반원칙

민법상으로는 매매목적물의 하자 · 수량부족을 이유로 하여 계약을 해제하면, 각 당사자는 원상회복의무를 부담하고, 매수인은 목적물을 반환해야 할 의무를 부담할 뿐이다(민법 제548조).

2. 상법의 특칙

(1) 특칙규정

상인간의 매매에 있어서 매수인이 목적물의 하자 또는 수량부족을 이유로 계약을 해제한 때에는 매도인의 비용으로 매매의 목적물을 보관 또는 공탁하여야 하고, 만일 목적물이 멸실 또는 훼손될 염려가 있는 때에는 법원의 허가를 얻어 경매하여 그 대가를 보관 또는 공탁하여야 한다(제70조 제1항). 경매한 때에는 지체없이 매도인에게 경매의 통지를 발송하여야 한다(제70조 제2항). 이러한 매수인의 목적물 보관 · 공탁 · 경매 의무는 매수인에게 인도된 물건이 매매의 목적물과 상위(相違)하거나 수량이 초과한 경우에도 준용된다(제71조).

(2) 적용범위

① **격지자인 상인간의 매매** : 매수인의 보관 · 공탁 · 경매의무는 매도인과 매수인이 모두 상인이어야 하며, 격지자간의 매매에 대해 적용할 실익이 있으므로 매도인과 매수인의 영업소가 동일한 특별시 · 광역시 · 시 · 군에 있는 경우에는 적용되지 않는다. 그러나 격지자간의 매매라 하더라도 매수인이 지정한 인도장소가 매도인의 영업소와 동일한 특별시 · 광역시 · 시 · 군에 있는 때에는 매수인은 보관 · 공탁 · 경매의무를 지지 않는다(제70조 제3항).

② **매도인의 선의 · 특약의 부존재** : 상법 제70조의 특칙이 적용되기 위해서는 매도인이 선의이어야 한다. 그리고 당사자간에 제70조의 배제약정이 없어야 한다.

(3) 의무의 내용

① **보관 · 공탁의무** : 매수인은 목적물의 하자 또는 수량부족으로 인하여 계약을 해제한 경우에 그 목적물을 보관 또는 공탁하여야 하고, 인도된 물건이 목적물과 상위(相違)하거나 약정한

수량을 초과한 경우 그 상위물건 또는 수량 과물건을 보관 · 공탁하여야 한다(제70조 제1항, 제71조). 목적물을 보관하든 공탁하든 매수인이 임의로 결정할 수 있다. 보관 또는 공탁의 비용은 매도인의 부담으로 한다.

② **경매의무** : 목적물이 멸실 또는 훼손될 염려가 있는 때에는 법원의 허가를 얻어 경매하고 그 대가를 보관 또는 공탁하여야 한다(제70조 제1항 단서). 이때의 경매를 긴급매각이라 한다. 매수인은 경매한 때에는 지체없이 매도인에게 그 통지를 발송하여야 한다(제70조 제2항).

③ **의무위반의 효과** : 매수인이 보관 · 공탁 · 경매의무를 위반한 때에는 매도인에게 그로 인한 손해배상책임을 진다.

Ⅳ. 확정기매매

1. 민법의 일반원칙

확정기매매라 함은 매매의 성질 또는 당사자의 의사표시에 의하여 일정한 일시 또는 일정한 기간 내에 이행하지 아니하면 계약의 목적을 달성할 수 없는 매매를 말한다. 따라서 단순히 이행기간이 정하여졌다고 하여 확정기매매라고 할 수 없다. 민법상 계약이 정기행위인 경우에 민법의 규정에 의하면 당사자의 일방이 그 시기가 도래하여도 이행하지 않는 때에 계약을 해제하려면 이행의 최고는 필요가 없으나 해제의 의사표시가 있어야 한다(민법 제545조).

2. 상법의 특칙

(1) 특칙규정

상법에서는 양도인의 보호와 거래의 신속한 완료를 위하여 상인간의 확정기매매의 경우에 당사자의 일방이 이행시기를 경과한 후 상대방이 즉시 이행청구를 하지 아니하면 해제의 의사표시 없이 계약은 해제된 것으로 본다(제68조).

(2) 확정기경과의 효과

상인간의 확정기매매에 있어서 당사자의 일방이 채무를 불이행한 상태에서 그 확정기가 경과하면 그 상대방이 즉시 이행을 청구하지 아니하면 계약을 해제한 것으로 본다(제68조). 계약을 해제한 경우 채무자는 민법의 일반원칙에 따라 원상회복의무와 손해배상의무를 부담한다.

Commercial Law

연습문제

01 상사매매에 관한 다음 설명 중 옳은 것은?

① 상사매매의 특칙은 상인간의 매매의 경우에만 적용되므로, 매매가 일방적 상행위인 경우에는 적용되지 않는다.

② 상사매매에 있어서 매수인이 목적물의 수령을 거부하거나 이를 수령할 수 없는 때에는 매도인은 먼저 그 물건을 공탁하여야 하고, 공탁에 적당하지 않은 경우 법원의 허가를 얻어 경매할 수 있다.

③ 상사매매에 있어서 매수인은 목적물을 수령한 때에는 지체없이 이를 검사하여야 하며, 하자나 수량부족이 있음을 발견한 때에는 지체없이 매도인에게 그 통지를 발송하여야 한다.

④ 상사매매에 있어서 매수인은 목적물의 하자 또는 수량부족을 이유로 계약을 해제한 때에도 매도인의 비용으로 매매의 목적물을 보관 또는 공탁하여야 할 의무를 부담한다. 이러한 의무는 목적물의 수량초과가 있는 경우에는 적용되지 않는다.

⑤ 상사매매에 있어서 확정기매매의 경우 이행시기가 도래한 목적물의 이행을 하지 않는 때에 계약을 해제하기 위해서는 해제의 의사표시를 하여야 한다.

② 매도인은 매수인이 목적물의 수령을 거부하거나 이를 수령할 수 없는 때에는 공탁권과 경매권을 선택적으로 행사할 수 있으며, 경매권의 행사시 법원의 허가를 필요로 하지 않는다(상법 제67조 제1항).

③ 매수인은 목적물을 수령한 후 지체없이 이를 검사하여야 하며, 하자 또는 수량부족이 있음을 발견한 때에는 즉시 매도인에게 그 통지를 발송하여야 한다(상법 제69조 제1항). 지체없이는 '게으르지 않고 바로'라는 의미로서 '즉시'와는 다른 것임을 주의하여야 한다.

④ 매수인의 보관·공탁의무는 목적물이 상이한 경우나 수량초과의 경우에도 적용된다.

⑤ 확정기매매의 경우 이행기가 도래한 목적물의 이행이 없는 경우에는 이행시기를 경과한 후 상대방이 즉시 청구를 하지 아니하면 계약은 해제된 것으로 본다(상법 제68조). 따라서 계약해제의 의사표시를 요하지 않는다.

답 1. ①

02 상사매매에 있어서 매수인의 검사 및 통지의무에 관한 다음 설명 중 옳지 않은 것은?

① 매수인의 검사 및 통지의무는 특정한 매수인만이 사용할 수 있는 부대체물을 제작하여 공급하는 계약에는 적용되지 않는다는 것이 판례의 입장이다.

② 매수인의 검사 및 통지의무에 관한 규정이 적용되는 것은 목적물에 하자 또는 수량부족이나 초과가 있는 경우이어야 한다.

③ 매수인이 목적물을 수령하여 지체없이 검사하고 하자를 발견한 때에는 즉시 하자통지를 하여야 한다.

④ 즉시 발견할 수 없는 하자는 6월 내에 이를 검사하여 발견한 경우 즉시 통지를 하여야 한다.

⑤ 6월이 경과한 후 발견한 하자는 그 통지를 하더라도 매수인의 검사 및 통지의무의 이행으로 볼 수 없으므로 매수인은 매도인에 대하여 담보책임을 물을 수 없다는 것이 판례의 입장이다.

매수인의 검사 및 통지의무에 관한 규정이 적용되는 것은 목적물에 하자 또는 수량부족이 있는 경우이어야 한다. 수량초과의 경우에는 검사 및 통지의무는 없으며 다만 보관・공탁・경매의무(제71조)를 부담한다.

03 상사매매에 있어서 매수인의 보관 · 공탁 · 경매의무에 관한 다음 설명 중 옳지 않은 것은?

① 매수인의 보관・공탁・경매의무는 매수인이 목적물을 수령한 후 목적물의 하자 또는 수량부족으로 인하여 매매계약을 해제한 경우에 적용된다.

② 매수인의 보관・공탁의무는 매도인의 영업소와 목적물의 인도장소가 동일한 특별시・광역시・시・군에 있는 때에도 적용된다.

③ 매수인의 보관・공탁・경매의무는 매수인이 매매의 목적물과 상위하거나 수량을 초과한 목적물을 수령한 경우에도 적용된다.

④ 목적물이 멸실 또는 훼손될 염려가 있는 경우에는 매수인은 법원의 허가를 얻어 그 목적물을 경매하여 그 대가를 보관 또는 공탁하여야 한다.

⑤ 매수인이 보관・공탁・경매의무를 이행하지 않은 경우에는 매도인은 매수인에 대하여 손해배상을 청구할 수 있다.

매수인의 보관・공탁의무는 매도인의 영업소와 목적물의 인도장소가 동일한 특별시・광역시・시・군에 있는 때에는 매도인이 즉시 적절한 조치를 위할 수 있기 때문에 적용되지 않는다.

답 2. ② 3. ②

04 상사매매에 관한 설명 중 틀린 것은? (2009년 공인회계사)

① 통설에 의하면 상사매매에 관한 상법 규정은 대체로 매도인을 보호하기 위한 취지이며, 임의규정이므로 당사자 간의 특약으로 배제할 수 있다.

② 매수인이 매매 목적물의 수령을 거부하는 경우 매도인은 이를 공탁할 수 있다.

③ 판례에 의하면, 목적물상 즉시 발견할 수 없는 하자에 대한 통지를 6월 내에 하지 않았다면 매수인은 매도인에 대하여 이로 인한 손해배상을 청구할 수 없다.

④ 매수인의 목적물보관 · 공탁의무는 목적물의 인도장소가 매도인의 영업소 또는 주소와 동일한 특별시 · 광역시 · 시 · 군에 있는 때에는 이를 적용하지 아니한다.

⑤ 확정기 매매에서는 이행시기가 도래하여도 채무자가 이행하지 않으면 이행의 최고 없이 해제의사표시로써 계약을 해제할 수 있다.

확정기 매매에서는 이행시기가 도래하여도 채무자가 이행하지 않으면 즉시 이행의 청구가 없는 한 계약은 해제된 것으로 본다(제68조). 따라서 민법의 정기행위와 달리 확정기 매매에서는 해제의사표시를 요하지 아니한다.

05 다음의 각 사 에 해당하는 상사매매의 내용을 옳게 연결한 것은? (2010년 공인회계사)

(ㄱ) 식품도매업자 A는 통조림 제조업자 B에게 생선통조림 100상자를 주문하였다. A는 그 물건이 도착하고 나서 10일이 지난 후 통조림통이 부풀어 있고 녹이 슨 하자를 발견하여 물건의 이상을 B에게 통지하였다.

(ㄴ) 서울의 사무용가구 제조회사 C는 창원의 가구도매업자 D에게 사무용가구 200개를 판매하고 그 물건을 창원의 D의 사업소에서 인도하였으나 물건의 하자로 매매계약이 해제되었다.

	(ㄱ)	(ㄴ)
①	매도인의 공탁권 · 경매권	확정기 매매의 해제
②	매수인의 검사 · 통지의무	매수인의 낙부통지의무
③	확정기 매매의 해제	매수인의 물건 보관 · 공탁 · 경매의무
④	매수인의 물건 보관 · 공탁 · 경매의무	매수인의 검사 · 통지의무
⑤	매수인의 검사 · 통지의무	매수인의 물건 보관 · 공탁 · 경매의무

(ㄱ)은 하자의 발견시 지체없이 통지하여야 하는 하자검사 및 통지의무(제69조)의 내용이고, (ㄴ)은 하자를 통지하고 계약을 해제한 후 그 물건의 보관 · 공탁 · 경매의무(제70조)에 관한 내용에 해당한다.

답 4. ⑤ 5. ⑤

06 중고차판매상 A는 영업을 위하여 위탁매매업자인 B에게 중고차의 구입을 위탁하고, B는 자신의 명의로 중고차를 C로부터 매수하는 계약을 체결하고 자동차를 인도받았다. 이 사안에 관한 상법상 설명으로 옳은 것은? (2013년 공인회계사)

① B가 C로부터 인도받은 자동차를 A가 수령을 거부하는 경우 B는 자동차를 공탁하거나 법원의 허가를 얻어 경매할 수 있다.

② 만일 C가 B에게 자동차를 인도하지 않았다면 자동차대금을 B에게 지급한 A는 C에 대하여 자신에게 자동차의 인도를 청구할 수 있다.

③ A와 B사이의 위탁계약이 상법상 확정기매매에 해당한다면 그 인도시기 내에 자동차가 A에게 인도되지 않은 경우 A가 즉시 그 이행을 청구하지 아니하면 위탁계약은 해제된 것으로 본다.

④ 판례에 따르면 A가 B로부터 인도받은 자동차에 즉시 발견할 수 없는 하자를 8개월이 되는 시점에서 발견하면 A는 B에게 하자담보책임을 물을 수 있다.

⑤ A가 변제기에 이른 B에 대한 다른 채무를 이행하지 않더라도 A가 자동차대금을 지급하였다면 B는 자동차를 A에게 인도하지 않고 유치할 수 없다.

① B가 C로부터 인도받은 자동차를 A가 수령을 거부하는 경우 B는 자동차를 공탁하거나 (법원의 허가없이) 경매할 수 있다(제109조, 제67조 제1항).

② A는 권리의무의 주체가 될 수 없으므로, C가 B에게 자동차를 인도하지 않았다고 하여 자동차대금을 B에게 지급한 A가 C에 대하여 자신에게 자동차의 인도를 청구할 수는 없다. 위탁매매계약의 권리의무주체는 위탁매매인 B이다(제102조 참조).

④ 판례에 따르면 A가 B로부터 인도받은 자동차에 즉시 발견할 수 없는 하자를 8개월이 되는 시점에서 발견하면 A는 B에게 하자담보책임을 물을 수 없다(제110조, 제69조 ; 대판 1999. 1. 29, 98다1584).

⑤ A가 변제기에 이른 B에 대한 다른 채무를 이행하지 않더라도 A가 자동차대금을 지급하였다면 B는 자동차를 A에게 인도하지 않고 유치할 수 있다(제111조, 제91조).

07 상법상 상사매매에 있어서 매수인의 목적물 검사와 하자통지의무를 규정하는 상법 제69조 제1항의 내용에 관한 설명으로 틀린 것은? (2016년 공인회계사)

① 매수인의 목적물 검사 및 하자통지의무는 상인 간 매매에서 적용되고 상인과 비상인간의 매매에서는 적용되지 않는다.

② 판례에 의하면 특정한 주문자의 수요를 맞추기 위한 것과 같이 대체할 수 없는 물건을 제작 공급하는 계약에서는 적용되지 않는다.

답 6. ③ 7. ③

③ 매수인이 상법의 규정대로 목적물을 검사하고 하자통지의무를 이행한 경우 선의의 매도인에게 손해배상 또는 대금감액을 청구할 수 있으나 계약해제는 할 수 없다.

④ 매수인이 목적물검사 및 하자통지의무를 위반한 경우 매수인은 선의의 매도인에 대하여 하자담보책임을 추궁할 수 없을 뿐 이로 인한 어떠한 책임이 생기는 것은 아니다.

⑤ 판례에 의하면 상법 제69조 제1항은 임의규정으로 당사자는 그 적용을 배제하는 특약을 할 수 있다.

매수인이 상법의 규정대로 목적물을 검사하고 하자통지의무를 이행한 경우 선의의 매도인에게 손해배상 또는 대금감액청구를 할 수 있을 뿐만 아니라 계약해제도 할 수 있다(제69조 제1항).

CHAPTER

04 상행위의 특수계약

제1절 상호계산

Ⅰ. 상호계산의 개념

1. 의 의

상호계산(相互計算)이란 상거래에서 상인간 또는 상인과 비상인간에 상시 거래관계가 있는 경우에 일정한 기간 내의 거래로 인한 채권 · 채무의 총액에 대하여 상계하고, 그 잔액을 지급할 것을 약정하는 계약을 말한다(제72조). 상호계산기간은 당사자간에 임의로 정할 수 있으나 특약이 없으면 6월로 한다(제74조).

2. 법적성질

상호계산약정에 기하여 당사자 쌍방의 채권 · 채무는 대등액의 범위에서 소멸하는 점에서 민법상 상계(相計)와 매우 유사하다. 그러나 상호계산은 일정 기간에 걸쳐 발생하는 채권 · 채무를 포괄적으로 소멸시키는 상법상 독자적인 계약인 점에서, 개별적 채권 · 채무를 소멸시키는 당사자 일방의 단독행위로서의 민법상 상계와 차이가 있다.

Ⅱ. 상호계산의 내용

1. 당사자

상호계산은 상인간 또는 상인과 비상인간에 이루어지는 계약이므로, 일방은 적어도 상인이어야 한다. 상호계산은 상시거래관계에 있는 당사자간에 인정될 뿐만 아니라 상시 거래관계가 예정되어 있는 경우에도 인정된다. 상호계산은 쌍방의 채권 · 채무 발생을 요건으로 하므로 당사자 일방만이 채권자가 되고 타방은 채무자가 되는 경우, 즉 일정기간의 경과 후 일괄결제하기로 하는 경우는 상호계산이 성립할 수 없다.

2. 상호계산의 대상

상호계산의 대상은 상인간 또는 상인과 비상인간에 상시 거래관계에서 발생한 일정한 기간 내의 채권 · 채무이다. 여기서 채권 · 채무는 상행위로 인하여 발생한 것으로서 일괄 상계가 가능한 금전채권에 한한다. 또한 거래로 인하여 발생한 채권 · 채무이어야 한다. 당사자간의 특약에 의하여 일정한 범위로 상호계산의 대상을 제한할 수 있다.

예외 | 불법행위나 부당이득 등으로 인한 법정채권, 제3자로부터 양수한 채권, 어음채권처럼 증권에 의하여 표창되고 일정 기간 내에 권리를 행사하여야 할 채권, 그 성질상 즉시 또는 현실로 이행되어야 할 채권은 상호계산에서 제외된다.

Ⅲ. 상호계산의 효력

1. 상호계산기간 중의 효력

(1) 원 칙

상호계산은 일정한 기간 내의 거래로 인하여 생긴 채권 · 채무의 총액을 일괄하여 계산하는 제도이므로, 상호계산기간중에 당사자간의 거래로 인하여 생긴 채권 · 채무는 모두 계산에 계입되어 그 독립성을 상실한다(상호계산불가분의 원칙). 따라서 계산기간 중의 채권은 개별적으로 행사할 수 없고, 양도할 수도 없다. 또 입질이나 압류의 대상이 되지 않으며, 상호계산 외의 다른 채무와 상계도 인정되지 않는다. 상호계산에 계입된 채권이라 하더라도 그 동일성을 유지하기 때문에 기존 채권이 경개(更改)에 의하여 소멸하거나 신채무가 성립하지 않는다. 그러나 잔액채권의 승인 전에는 해제권이나 취소권 등 각자의 채권에 따르는 원인관계상의 권리는 행사할 수 있다.

(2) 예 외

어음 기타의 상업증권을 수수한 대가로서의 채권 · 채무를 상호계산에 계입한 때에 증권상의 채무자가 변제를 하지 않은 때에는 예외적으로 당사자는 일방적으로 그 항목을 제거할 수 있다(제73조). 왜냐하면 유가증권의 경우에는 그 지급이 거절된 경우에 권리보전을 위한 특별한 절차가 필요하기 때문이다.

2. 상호계산기간 만료 후의 효력

(1) 잔액채권의 성립

상호계산기간이 만료하면 당사자는 채권 · 채무의 총액에 대하여 일괄상계하여 지급할 잔액을 확정하게 된다. 잔액의 확정은 당사자의 일방이 채권 · 채무의 각 항목과 상계잔액을 기재한 계산서를 제출하여 상대방이 이를 승인함으로써 확정된다(제75조).

(2) 잔액확정과 이의제기

계산서의 승인으로 잔액이 확정된 후에는 각 당사자는 채권 · 채무의 각 항목에 대하여 이의를 하지 못하지만, 착오나 탈루가 있을 때에는 이의를 제기할 수 있다(제75조).

(3) 잔액채권의 시효 등

계산서의 승인에 의하여 잔액채권이 확정되면, 잔액채권자는 이를 행사할 수 있고, 승인한 시점에서 소멸시효가 진행된다. 잔액채권자의 제3채권자는 확정된 잔액채권을 압류할 수 있다.

(4) 중리(重利)의 인정

특약에 의하여 계산에 계입된 날로부터 각 항목 채권에 이자를 붙이기로 한 경우에도 잔액채권에 대하여 계산폐쇄일 이후의 법정이자를 청구할 수 있다(제76조).

IV. 상호계산의 종료

1. 일반적 종료사유

상호계산계약은 존속기간의 만료, 기타 당사자의 사망, 회사의 해산 등 계약의 일반적 종료원인에 의하여 종료한다.

2. 특별종료사유

(1) 법률상의 사유

당사자 일방의 파산, 회사정리절차의 개시에 의해 종료한다.

(2) 거래관계의 종료

상호계산은 거래 당사자간의 거래관계가 종료하면 상호계산계약관계도 종료한다. 영업이 양도되면 양도인이 당사자로 되어 있는 상호계산도 종료한다.

(3) 해 지

상호계산계약은 당사자가 언제든지 해지할 수 있다(제77조 제1항). 해지는 원칙상 특별한 사유 또는 상대방에 대한 예고를 요하지 않으며, 상호계산의 존속기간을 정한 경우에도 기간의 도중에 이를 할 수 있다. 해지를 할 때에는 상호계산을 종료시킨다는 의사가 명확히 표시되어야 하며 상대방에게 그 의사표시가 도달하여야 한다. 계약이 해지된 때에는 즉시 계산을 폐쇄하고 잔액의 지급을 청구할 수 있다(제77조 제2항).

제2절 익명조합

Ⅰ. 익명조합의 의의 및 법적성질

익명조합이란 당사자의 일방이 상대방의 영업을 위하여 출자하고 상대방은 영업으로 인한 이익을 분배할 것을 약정하는 계약을 말한다(제78조). 이러한 익명조합제도는 출자능력은 있지만 사회적 지위, 경영능력의 부족, 법률적으로 영업이 제한된 경우 등 영업을 할 수 없는 자가 익명의 출자자가 되고 별도의 영업자의 영업으로 인한 이익에 참여를 가능하게 하는 제도로써, 낙성 · 쌍무 · 유상계약에 해당한다.

●●● 익명조합과 합자회사의 비교

구 분	익명조합 · 익명조합원	합자회사 · 유한책임사원
법률관계	단순한 계약관계	법 인
권리 · 의무의 주체	영업자	회 사
기업의 재산	영업자의 재산	회사의 재산
출자자의 공시	익명조합원은 등기사항이 아님	유한책임사원은 등기사항
요 소	이익분배가 계약의 요소임	이익분배는 요소가 아님
제3자에 대한 책임	익명조합원은 직접 책임을 지지 않음	유한책임사원은 출자액을 한도로 직접책임을 부담
파산의 경우	익명조합원에게는 출자반환청구권만 인정	유한책임사원은 출자를 상실함
퇴사제도	인정되지 않음	인정 됨

II. 익명조합의 내용

1. 당사자

익명조합의 당사자는 익명조합원과 영업자이다. 익명조합원은 상인이든 비상인이든 관계없으며, 수인이 공동으로 익명조합원이 될 수 있다. 그러나 영업자는 상인이어야 하며, 소상인도 포함된다. 영업자의 상인자격은 익명조합계약과 동시에 영업을 개시하면서 취득하면 된다.

2. 익명조합원의 출자

익명조합원은 영업자의 영업을 위하여 출자하여야 한다. 출자의 목적은 금전 기타 재산에 한하며 신용이나 노무는 인정되지 않는다. 물건의 사용권만을 출자할 수도 있다. 출자재산은 영업자의 재산에 귀속된다. 따라서 영업자가 그 영업의 이익금을 함부로 자기용도에 소비하더라도 횡령죄가 되지 않는다(판례).

3. 이익분배

영업으로부터 생긴 이익을 분배하는 것은 익명조합의 요소이다. 따라서 이익의 유무를 불문하고 일정한 금액의 지급을 보증하는 것은 익명조합의 본질에 어긋난다(판례).

III. 익명조합의 효력

1. 익명조합계약 당사자간의 효력

(1) 익명조합원의 의무와 권리

① **출자의무** : 익명조합원은 계약에서 정한 출자의무를 지며, 금전 기타 재산 또는 목적물의 사용권은 출자의 목적물이 될 수 있으나 노무 또는 신용은 출자할 수 없다. 출자는 특약이 없는 한 영업주의 청구가 있는 때에 이행하여야 한다. 출자된 재산은 영업자의 재산으로 본다.

② **손실분담의무** : 손실분담의무는 익명조합의 요소는 아니지만 특별한 약정이 없는 한 손실분담의 약정이 있는 것으로 추정한다. 익명조합원이 손실분담을 하더라도 계산상으로 분담액만큼 출자액이 감소할 뿐, 별도의 재산을 제공하여 손실을 전보하여야 할 의무는 없다.

③ **지위불양도의무** : 익명조합은 인적 신뢰관계를 기초로 하므로 익명조합원은 영업자의 동의

없이 이를 타인에게 양도하지 못한다. 익명조합원의 지위는 일신전속성으로 인해 상속·합병 등에 의해서도 이전되지 않는다.

④ **업무감시권** : 익명조합원은 업무집행이나 대표행위를 할 수 없기 때문에 영업자의 영업에 참여할 수 없다(제86조, 제278조). 그래서 출자자로써 영업자의 영업에 대하여 업무감시권을 갖는다(제86조, 제277조).

(2) 영업자의 의무

① **영업실행의무** : 영업자는 익명조합원의 출자를 계약의 목적에 따라 사용할 의무가 있으며, 동시에 선량한 관리자의 주의로써 기업을 경영할 의무가 있다. 따라서 익명조합원은 영업자가 영업활동을 실행하지 않는 경우 익명조합계약을 해지할 수 있다(제83조 제2항).

② **이익분배의무** : 이익분배는 익명조합계약의 요소이므로, 영업자는 영업으로 인한 이익을 분배할 의무가 있고 익명조합원은 이익에 대하여 이익분배청구권을 갖는다. 익명조합에서의 이익은 각 영업년도의 재산의 증가액 자체를 의미하며 영업재산의 평가이익은 포함되지 않는다.

③ **지위불양도의무** : 영업자는 특약이 없는 한 그 지위를 타인에게 이전할 수 없으며, 상속·합병 등에 의해서도 이전될 수 없다.

④ **경업금지의무** : 영업자는 선량한 관리자의 주의로써 공동이익을 도모하여야 하고 또 충실의무를 부담한다고 할 수 있으므로 경업금지의무를 부담한다는 것이 통설의 입장이다.

2. 제3자와 익명조합계약 당사자간의 효력

(1) 익명조합원의 지위

익명조합계약은 대외적으로 영업자의 개인기업과 같기 때문에 익명조합원은 제3자에 대하여 아무런 권리나 의무가 없다(제80조). 익명조합원은 제3자에 대하여 아무런 책임도 부담하지 않는다. 다만, 제3자가 선의인 경우에, 익명조합원이 영업자의 상호에 자기의 성명을 사용하게 하거나 자기의 상호를 영업자의 상호로 사용할 것을 허락한 때에는 그 사용 이후의 채무에 대하여 영업자와 연대하여 변제할 책임이 있다(제81조).

(2) 영업자의 지위

영업자는 자기의 명의로 영업을 하는 자이므로 제3자와의 법률관계에서 권리·의무를 갖고 또 책임을 진다.

Ⅳ. 익명조합의 종료

1. 종료원인

(1) 당사자의 해지

익명조합의 존속기간을 정하지 않았거나 또는 어느 당사자의 종신까지 존속할 것을 약정한 때에는 각 당사자는 6월 전에 상대방에게 예고하고 영업년도 말에 한하여 계약을 해지할 수 있다(제83조 제1항). 다만, 부득이한 사정이 있는 때에는 각 당사자는 언제든지 계약을 해지할 수 있다(제83조 제2항). 부득이한 사정이란 익명조합원의 출자의 해태나 불능, 영업자의 이익분배나 업무집행의 해태 및 불능, 영업자의 중대한 질병 등을 말한다.

(2) 법정사유에 의한 종료

익명조합계약은 당사자의 의사와 관계없이 영업을 폐지 또는 양도한 경우, 영업자가 사망하거나 금치산선고를 받은 경우, 영업자 또는 익명조합원이 파산한 경우에는 종료하게 된다(제84조). 익명조합원의 금치산·사망은 당연한 법정종료사유가 아니다.

2. 종료의 효과

(1) 출자가액의 반환

익명조합이 종료하면 영업자는 익명조합원에게 출자가액을 반환하여야 하며, 다만 익명조합원이 손실을 분담하는 때에는 출자가 손실로 인하여 감소하면 그 잔액을 반환하면 된다(제85조 단서). 그러나 잔액이 없거나 오히려 손실분담액이 출자액을 초과하는 때에는 반환의무가 없다.

(2) 현물출자 또는 물건의 사용권출자의 경우

익명조합원이 현물출자를 한 경우에는 금전으로 평가하여 그 가액을 반환하면 되고 목적물을 반환할 필요가 없다. 그러나 물건의 사용권을 출자한 경우 익명조합원은 소유권에 의한 반환청구권을 갖는다.

(3) 영업자의 파산

영업자의 파산에 의하여 익명조합계약이 종료한 경우에 익명조합원은 영업자의 다른 채권자와 동등한 지위에서 출자반환청구권을 갖는다.

(4) 손해배상 청구

익명조합원과 영업자 중 1인의 책임있는 사유로 익명조합계약이 종료한 때에는 상대방은 책임있는 당사자에 대하여 손해배상청구를 할 수 있다.

제3절 합자조합

Ⅰ. 합자조합의 의의 및 법적성질

1. 의 의

합자조합은 조합의 업무집행자로서 조합의 채무에 대하여 무한책임을 지는 조합원과 출자가액을 한도로 하여 유한책임을 지는 조합원이 상호출자하여 공동사업을 경영할 것을 약정함으로써 그 효력이 생긴다(제86조의2). 합자조합은 법인격이 없고, 조합계약에 따라 지분의 양도가 가능한 점 등에서 합자회사와 차이가 있다. 이러한 합자조합제도는 기업의 설립과 운영 및 해산과 관련하여 사적 자치를 폭 넓게 인정하면서도 참여자의 유한책임이 인정되기 때문에 주식회사와 조합의 장점을 살릴 수 있다는 점에 그 의의가 있다.

2. 법적성질

합자조합의 법적성질은 민법상 조합에 해당한다. 따라서 합자조합에 관하여 상법 또는 조합계약에서 달리 정한 것을 제외하고는 민법중 조합에 관한 규정이 준용된다(제86조의8 제4항 본문). 다만, 민법 제712조(조합채권자는 그 채권발생당시에 조합원의 손실부담의 비율을 알지 못한 때에는 각 조합원에게 균분하여 그 권리를 행사할 수 있다.)와 제713조(조합원 중에 변제할 자력없는 자가 있는 때에는 그 변제할 수 없는 부분은 다른 조합원이 균분하여 변제할 책임이 있다.)는 유한책임조합원에 대하여는 준용하지 않는다(제86조의8 제4항 단서).

Ⅱ. 합자조합의 설립

1. 조합계약

합자조합의 설립을 위해서는 조합원간의 조합계약이 체결되고, 조합계약시에는 조합계약서가 작성되고 총조합원의 기명날인 또는 서명이 있어야 한다(제86조의3). 조합계약서에는 ① 목적, ② 명칭, ③ 업무집행조합원의 성명 또는 상호 및 주소와 주민등록번호, ④ 유한책임조합원의 성명 또는 상호 및 주소와 주민등록번호, ⑤ 주된 영업소의 소재지, ⑥ 조합원의 출자에 관한 사항, ⑦ 조합원의 손익분배에 관한 사항, ⑧ 유한책임조합원의 지분의 양도에 관한 사항, ⑨ 둘 이상의 업무집행조합원이 공동으로 합자조합의 업무를 집행하거나 대리할 것을 정한 경우에는 그 규정, ⑩ 업무집행조합원 중 일부 업무집행조합원만 합자조합의 업무를 집행하거나 대리할 것을 정한 경우에는 그 규정, ⑪ 조합의 해산시 잔여재산분배에 관한 사항, ⑫ 조합의 존속기간이나 그 밖의 해산사유에 관한 사항, ⑬ 조합계약의 효력 발생일 등을 적어야 한다.

2. 설립등기

업무집행조합원은 합자조합 설립 후 2주내에 조합의 주된 영업소에서 일정한 사항을 등기하여야 한다(제86조의4 제1항). 등기할 사항으로는 ① 목적, ② 명칭, ③ 업무집행조합원의 성명 또는 상호 및 주소와 주민등록번호, ④ 유한책임조합원이 업무를 집행하는 경우에는 유한책임조합원의 성명 또는 상호 및 주소와 주민등록번호, ⑤ 주된 영업소의 소재지, ⑥ 둘 이상의 업무집행조합원이 공동으로 합자조합의 업무를 집행하거나 대리할 것을 정한 때에는 그 규정, ⑦ 조합원의 출자의 목적, 재산출자에는 그 가액과 이행한 부분, ⑧ 존속기간 기타 해산사유를 정한 때에는 그 기간 또는 사유, ⑨ 조합계약의 효력 발생일 등이다. 이러한 등기사항에 변경이 있는 때에는 2주 내에 변경등기를 하여야 한다(제86조의4 제2항).

한편, 본점을 이전하는 경우에는 2주 내에 구소재지에서는 신소재지와 이전년월일을, 신소재지에서는 설립등기사항을 등기하여야 한다(제86조의8 제1항, 제182조 제1항).

Ⅲ. 합자조합의 법률관계

1. 내부관계

(1) 출 자

업무집행조합원(무한책임조합원)은 조합계약에 다른 정함이 없으면 금전 기타 재산뿐만 아니라 노무나 신용의 출자가 가능하지만, 유한책임조합원은 조합계약에 다른 정함이 없으면 노무나 신용을 출자할 수 없다(제86조의8 제3항, 제272조).

(2) 업무집행

① **업무집행자** : 조합계약에 다른 규정이 없는 때에는 업무집행조합원(다른 정함이 없는 경우 무한책임조합원이 업무집행을 하지만, 유한책임조합원이 업무집행을 하는 것을 등기하도록 되어 있으므로 유한책임조합원도 업무집행을 할 수 있다.)은 각자가 합자조합의 업무를 집행하고 대리할 권리와 의무가 있다(제86조의5 제1항). 둘 이상의 업무집행조합원이 있는 경우에 조합계약에 다른 규정이 없으면 그 각 조합원의 업무집행에 관한 행위에 대하여 다른 업무집행조합원의 이의가 있는 때에는 그 행위를 중지하고 업무집행조합원 과반수의 결의에 따라야 한다(제86조의5 제3항).

② **선관의무** : 업무집행조합원은 선량한 관리자의 주의로써 업무집행을 하여야 한다(제86조의5 제2항).

(3) 지분의 양도

업무집행조합원은 다른 조합원 전원의 동의를 얻지 아니하면 그 지분의 전부 또는 일부를 타인에게 양도하지 못한다(제86조의7 제1항). 유한책임조합원의 지분은 조합계약에서 정한 바에 따라 양도할 수 있으며(제86조의7 제2항), 유한책임조합원의 지분을 양수한 자는 양도인의 조합에 대한 권리와 의무를 승계한다(제86조의7 제3항).

(4) 손익의 분배

조합계약에 정하는 바에 따라 조합원에 대한 손익분배에 관한 사항을 정할 수 있고, 이익이 없음에도 이익의 분배가 가능하다(제86조의6 제2항).

(5) 기 타

① **업무집행조합원의 지위** : 업무집행조합원에는 조합계약에 다른 규정이 없는 한 합명회사 사원의 경업금지의무(제198조)와 자기거래제한(제199조)에 관한 규정이 준용되고, 업무집행정지가처분 등기(제183조의2), 직무대행자의 권한(제200조의2)에 관한 규정이 준용된다(제86조의8 제2항). 합자조합의 업무집행조합원, 직무대행자 또는 청산인의 등기를 게을리한 경우에는 500만원 이하의 과태료를 부과한다(제86조의9).

② **유한책임조합원의 지위** : 유한책임조합원에는 조합계약에 다른 규정이 없는 한 합명회사 사원의 자기거래제한(제199조), 합자회사의 유한책임사원의 출자(제272조), 경업의 자유(제275조), 업무감시권(제277조), 업무집행과 대표행위의 제한(제278조)의 규정이 준용된다(제86조의8 제3항).

2. 외부관계

(1) 조합의 대리

합자조합의 대리권은 업무집행조합원이 행사하며, 유한책임조합원은 대리행위를 할 수 없다(제86조의8 제3항, 제278조). 업무집행조합원은 조합의 모든 영업에 관한 재판상 · 재판외의 행위를 할 수 있으며, 이를 제한하더라도 선의의 제3자에게 대항하지 못한다(제86조의8 제2항, 제209조). 한편, 공동업무집행조합원을 둔 경우에 공동업무집행조합원 1인에 대한 제3자의 의사표시는 합자조합에 효력이 있다(제86조의8 제2항, 제208조 제2항).

(2) 조합원의 책임

① **업무집행조합원의 책임** : 업무집행조합원은 합명회사의 사원과 같이 합자조합의 재산으로 채권자에게 완제할 수 없는 때에는 연대하여 변제할 책임을 진다(제86조의8 제2항, 제212조).

② **유한책임조합원의 책임** : 유한책임조합원은 조합계약에서 정한 출자가액에서 이미 이행한 부분을 뺀 가액을 한도로 하여 조합채무를 변제할 책임이 있다(제86조의6 제1항). 이 경우 합자조합에 이익이 없음에도 불구하고 배당을 받은 금액은 변제책임을 정할 때에 변제책임의 한도액에 더한다(제86조의6 제2항).

Ⅳ. 조합원의 가입 · 탈퇴

1. 조합원의 가입

조합원이 되려는 자는 합자조합의 조합원 전원과 가입계약에 의하여 가입할 수 있고, 가입한 조합원은 계약에서 정한 바에 따라 출자의무를 부담한다(제86조의3 제6호 참조).

2. 조합원의 탈퇴

합자조합의 조합원의 탈퇴사유에 대하여는 민법상 조합에 관한 규정이 준용된다. 이에 따르면 조합존속기간을 정하지 아니하거나 조합원의 종신까지 존속하는 것을 정한 때에는 언제든지 탈퇴할 수 있고(민법 제716조), 조합원의 사망 · 파산 · 금치산 · 제명의 사유로 당연히 탈퇴한다(민법 제717조).

다만, 유한책임조합원의 경우에는 유한책임사원이 사망하거나 금치산선고가 있는 때에도 퇴사의 사유가 되지 않는 규정(제283조, 제284조)이 준용한다(제86조의8 제3항). 탈퇴조합원과 다른 조합원 간의 계산은 탈퇴 당시의 조합재산 상태에 의하고, 탈퇴조합원의 지분은 그 출자종류 여하에 불구하고 금전으로 반환할 수 있으며, 탈퇴 당시에 완결되지 아니한 사항에 대하여는 완결 후에 계산할 수 있다(민법 제719조).

Ⅴ. 합자조합의 해산 및 청산

합자조합의 해산에 관하여는 합자회사의 해산 및 계속규정(제285조) 및 합명회사의 해산등기규정(제228조)이 준용되고, 청산에 관하여는 청산인의 등기규정(제253조), 청산종결의 등기규정(제264조) 및 청산인선임규정(제287조)이 준용된다(제86조의8 제1항부터 제3항까지 참조).

Commercial Law

연습문제

01 상호계산에 관한 설명 중 옳은 것은? (2005년 공인회계사)

① 각 당사자는 계약의 존속기간을 정한 경우에도 언제든지 상호계산을 해지할 수 있다.

② 어음 기타의 상업증권으로 인한 채권·채무는 상호계산에 계입될 수 없다.

③ 당사자가 각 항목을 상호계산에 계입한 날로부터 이자를 붙일 것을 약정한 경우에는, 채권자는 상계에 의해 생긴 잔액채권에 대하여 계산폐쇄일 이후의 상사법정이자를 청구할 수 없다.

④ 상호계산은 상인간의 상시 거래관계에만 인정되는 특수한 상계계약이다.

⑤ 불법행위나 사무관리에 의하여 발생한 채권 및 채무도 상호계산의 대상이 될 수 있다.

② 어음 기타의 상업증권채권은 상호계산에 계입될 수 없으나, 어음 기타의 상업증권으로 인한 채권·채무는 상호계산에 계입될 수 있다(제73조).

③ 당사자가 각 항목을 상호계산에 계입한 날로부터 이자를 붙일 것을 약정한 경우라도, 채권자는 상계에 의해 생긴 잔액채권에 대하여 계산폐쇄일 이후의 상사법정이자를 청구할 수 있다(제76조 제2항).

④ 상호계산은 상인간 또는 상인과 비상인간의 상시 거래관계에 인정되는 특수한 상계계약이다(제72조 참조).

⑤ 상호계산의 대상이 되는 채권·채무는 거래로 인한 채권채무이어야 하므로, 불법행위나 사무관리에 의하여 발생한 채권 및 채무도 상호계산의 대상이 될 수 없다(제72조 참조).

02 다음 중 상호계산에 관한 설명으로 틀린 것은? (2007년 공인회계사)

① 상인 간에만 인정되는 쌍방적 상행위이다.

② 당사자는 상시거래관계에 있어야 한다.

③ 상호계산에 계입된 채권은 독립성을 상실하지만, 어음이 지급거절된 경우에는 그 채무항목을 상호계산에서 제거할 수 있다.

④ 원칙적으로 각 당사자는 계산서의 승인 이후에는 채권·채무에 존재하던 하자를 이유로 이의를 제기할 수 없다.

⑤ 거래로 인하여 발생한 금전채권·채무는 원칙적으로 상호계산의 대상이 된다.

상호계산은 상인간 또는 상인과 비상인간에 인정되어진다(제72조).

답 1. ① 2. ①

03 상법상 상호계산에 관한 설명으로 틀린 것은? (2012년 공인회계사)

① 상호계산의 대상이 되는 채무는 일괄상계가 가능한 금전채무에 한정되지만 어음과 같은 유가증권상의 권리 자체는 상호계산의 대상이 되지 않는다.

② 당사자가 상호계산 기간을 정하지 않은 때에는 그 기간은 6개월로 한다.

③ 상호계산에 계입된 채권 · 채무의 각 항목에 대하여는 계입된 날로부터 이자를 붙이는 약정이 허용되지 않으나 채권자는 확정된 잔액채권에 대해서 계산폐쇄일 이후의 법정이자를 청구할 수 있다.

④ 상호계산의 당사자가 채권 · 채무의 각 항목을 기재한 계산서를 승인하더라도 착오나 탈루가 있는 경우 그 각 항목에 대하여 이의를 제기할 수 있다.

⑤ 상호계산의 각 당사자는 특별한 예고 없이 언제든지 계약을 해지할 수 있다.

상호계산에 계입된 채권 · 채무의 각 항목에 대하여는 계입된 날로부터 이자를 붙이는 약정이 허용되고, 채권자는 확정된 잔액채권에 대해서 계산폐쇄일 이후의 법정이자를 청구할 수 있다(제76조 제1항, 제2항).

04 익명조합에 관한 다음 설명 중 옳지 않은 것은?

① 익명조합원의 출자이행에 대하여는 민법상 매매규정이 준용되므로 출자목적물에 대하여 담보책임을 진다.

② 익명조합원이 손실분담을 하는 경우에는 분담액을 추가로 출자하여야 한다.

③ 익명조합계약의 당사자는 6월 전에 예고하고 영업년도말에 계약을 해지할 수 있다. 그러나 부득이한 사유가 있는 때에는 각 당사자는 언제든지 계약을 해지할 수 있다.

④ 익명조합원은 영업자의 행위에 관하여서는 제3자에 대하여 권리나 의무가 없다.

⑤ 익명조합원이 출자한 목적물은 영업자의 것으로 본다.

익명조합원이 손실을 분담하는 경우 손실이 출자액을 초과한 경우에도 익명조합원은 이미 받은 이익의 반환 또는 증자할 의무가 없다(제82조 제2항).

05 다음 중 익명조합에 관한 기술 중 옳은 것은?

① 익명조합원은 영업자의 행위에 관하여서 제3자에 대하여 권리를 행사할 수 있다.

② 익명조합원이 자기의 상호를 영업자의 상호로 사용할 것을 허락한 때에도 영업자의 영업상의 채무에 대하여 변제할 책임이 없다.

답 3. ③ 4. ② 5. ④

③ 익명조합의 영업자가 상인이어야 하는 것은 아니다.

④ 조합의 존속기간의 약정의 유무에 불구하고 부득이한 사정이 있는 때에는 각 당사자는 언제든지 계약을 해지할 수 있다.

⑤ 영업자가 파산하더라도 조합계약은 종료하지 않는다.

① 익명조합원과 제3자간에는 어떠한 법률관계도 존재하지 아니하므로, 영업자의 행위에 관하여 제3자에 대해 권리행사를 할 수 없다.

② 익명조합원이 자기의 상호를 영업자의 상호로 사용할 것을 허락한 경우 영업자의 영업상의 채무에 대하여 변제할 책임이 있다(제81조).

③ 영업자는 익명조합계약후 익명조합원의 출자를 받아 영업을 개시할 의무가 있으므로 상인이어야 한다.

④ 제83조 제2항

⑤ 영업자의 파산은 익명조합계약의 종료사유에 해당한다(제84조 3호).

06 상법상의 익명조합에 관한 설명이다. 틀린 것은? (2002년 공인회계사)

① 익명조합은 당사자의 일방이 상대방의 영업을 위하여 출자하고 상대방은 그 영업으로 인한 이익을 분배할 것을 약정함으로써 그 효력이 생긴다.

② 익명조합원이 자기의 상호를 영업자의 상호로 사용할 것을 허락한 때에는 그 사용이전의 영업상 채무에 관해서도 영업자와 연대하여 변제할 책임이 있다.

③ 익명조합원의 출자가 손실로 인하여 감소된 때에는 다른 약정이 없는 한 그 손실을 전보한 후가 아니면 이익배당을 청구하지 못한다.

④ 익명조합원이 출자한 금전 기타의 재산은 영업자의 재산으로 본다.

⑤ 영업자의 사망은 조합계약의 종료사유에 해당되지만, 익명조합원의 사망은 종료사유에 해당되지 않는다.

익명조합원은 자기의 상호를 영업자의 상호로 사용할 것을 허락한 때에는 그 사용 이후의 영업상 채무에 관해서 영업자와 연대하여 변제할 책임이 있다(제81조).

07 상법상 익명조합에 관한 설명 중 틀린 것은? (2006년 공인회계사)

① 익명조합원이 출자한 금전 기타의 재산은 영업자의 재산이 되므로, 영업자가 그 영업의 이익금을 임의로 소비했다 하더라도 횡령죄가 되지 않는다.

② 익명조합의 경우 금전, 동산 등의 재산출자만이 인정되므로, 익명조합원은 신용 또는

답 6. ② 7. ④

노무를 출자의 목적으로 할 수 없다.

③ 익명조합원이 자기의 성명을 영업자의 상호 중에 사용하게 하였을 때에는 그 사용 이후의 채무에 대하여 영업자와 연대하여 변제할 책임이 있다.

④ 익명조합원은 영업상의 손실이 출자액을 초과한 경우에 다른 약정이 없는 한 이미 받은 이익의 범위 내에서 출자할 의무를 부담한다.

⑤ 익명조합원은 계약으로 조합의 존속기간을 정하였더라도 부득이한 사정이 있는 때에는 언제든지 계약을 해지할 수 있다.

익명조합원은 손실이 출자액을 초과한 경우에도 이미 받은 이익의 반환 또는 증자할 의무가 없다(제82조 제2항).

08 상법상 익명조합에 관한 설명 중 옳은 것은? (2009년 공인회계사)

① 익명조합원이 출자한 부동산이 영업자의 재산으로 귀속되려면 소유권 변동에 필요한 요건을 갖추어야 한다.

② 손실이 출자액을 초과한 경우에 다른 약정이 없으면 익명조합원은 이미 받은 이익의 반환 또는 증자할 의무가 있다.

③ 익명조합원은 출자의무를 이행한 후 영업자의 동의가 없더라도 그 지위를 타인에게 양도할 수 있다.

④ 영업자는 익명조합원의 대리인으로서 거래하는 것이므로 익명조합원은 영업상의 채무에 대하여 연대하여 변제할 책임이 있다.

⑤ 영업자 또는 익명조합원의 사망 · 금치산 · 파산은 익명조합계약의 당연종료사유가 된다.

② 손실이 출자액을 초과한 경우에 다른 약정이 없으면 익명조합원은 이미 받은 이익의 반환 또는 증자할 의무가 없다(제82조 제2항).

③ 익명조합원은 출자의무를 이행한 후 영업자의 동의가 없으면 그 지위를 타인에게 양도할 수 없다. 즉, 지위불양도의무를 부담한다.

④ 영업자는 자신이 권리의무의 주체로서 책임을 부담하며, 익명조합원은 제3자에 대하여 권리의무를 취득하지 못한다(제80조).

⑤ 영업자의 사망 · 금치산 · 파산, 익명조합원의 파산은 익명조합계약의 당연종료사유가 된다(제84조). 익명조합원의 사망과 금치산은 당연종료사유로 규정되어 있지 않다. 이에 대해 입법의 불비로 보는 견해도 있다.

답 8. ①

09 상법상 익명조합에 관한 설명으로 틀린 것은? (2012년 공인회계사)

① 단순히 1회적인 거래에 출자하는 경우 출자자와 영업자 간에는 익명조합계약이 성립하지 않는다.

② 판례에 의하면 이익의 유무를 불문하고 정기적으로 일정한 금액을 지급하기로 약정한 경우에는 익명조합계약에 해당하지 않는다.

③ 익명조합원은 손실을 분담하여 출자액이 감소된 경우에 다른 약정이 없는 한 그 손실을 전보한 후가 아니면 이익분배를 청구하지 못한다.

④ 익명조합계약이 종료한 경우 손실분담액이 출자액을 초과하는 때에는 익명조합원은 다른 약정이 없는 한 추가로 출자하여야 한다.

⑤ 영업자의 사망 또는 금치산은 익명조합의 종료사유이지만 익명조합원의 사망 또는 금치산은 익명조합의 종료사유가 아니다.

익명조합계약이 종료한 경우 손실분담액이 출자액을 초과하는 때에는 익명조합원은 다른 약정이 없는 한 추가로 출자할 의무가 없다(제82조 제2항).

10 합자조합에 관한 다음 설명 중 옳지 않은 것은?

① 유한책임조합원은 조합계약에 다른 규정이 없으면 다른 사원의 동의를 받지 않고 자기거래를 할 수 있다.

② 업무집행조합원은 조합계약에 다른 규정이 없으면 각자가 합자조합의 업무를 집행하고 대리할 권리와 의무가 있다.

③ 유한책임조합원은 조합계약에서 정한 출자가액에서 이미 이행한 부분을 뺀 가액을 한도로 하여 조합채무를 변제할 책임이 있다.

④ 업무집행조합원은 다른 조합원 전원의 동의를 받지 아니하면 그 지분의 전부 또는 일부를 타인에게 양도하지 못한다.

⑤ 유한책임조합원의 지분은 조합계약에서 정하는 바에 따라 양도할 수 있다.

유한책임조합원은 조합계약에 다른 규정이 없으면 다른 사원 과반수의 동의를 받지 아니하면 자기거래를 할 수 없다(제86조의8 제3항, 제199조).

답 9. ④ 10. ①

11 상법상 합자조합에 관한 설명으로 옳은 것은? (2013년 공인회계사)

① 합자조합은 상법상의 특수조합으로서 상법상의 요건을 갖추어 설립등기를 함으로써 설립된다.

② 유한책임조합원은 조합계약에 정함이 없어도 무한책임조합원 전원이 동의하면 신용이나 노무를 출자할 수 있다.

③ 업무집행조합원은 다른 조합원 전원의 동의를 받지 아니하면 그 지분의 전부 또는 일부를 타인에게 양도하지 못한다.

④ 유한책임조합원은 조합계약에 정함이 없어도 무한책임조합원 전원이 동의하면 자신의 지분을 타인에게 양도할 수 있다.

⑤ 둘 이상의 업무집행조합원이 있는 경우에 조합계약에 다른 정함이 없으면 그 각 업무집행조합원의 업무집행에 관한 행위에 대하여 다른 업무집행조합원의 이의가 있는 경우에는 그 행위를 중지하고 업무집행조합원 전원의 결의에 따라야 한다.

① 합자조합은 상법상의 특수조합으로서 상법상의 요건을 갖추어 조합원간의 약정으로써 설립된다(제86조의2). 설립 후 2주 내에 설립등기를 하여야 한다(제86조의4 제1항).

② 유한책임조합원은 조합계약에 정함이 없어도 무한책임조합원 전원이 동의하면 신용이나 노무를 출자할 수 없다(제86조의8 제3항, 제272조).

④ 유한책임조합원은 조합계약에 정함에 따라 자신의 지분을 타인에게 양도할 수 있다(제86조의7 제2항).

⑤ 둘 이상의 업무집행조합원이 있는 경우에 조합계약에 다른 정함이 없으면 그 각 업무집행조합원의 업무집행에 관한 행위에 대하여 다른 업무집행조합원의 이의가 있는 경우에는 그 행위를 중지하고 업무집행조합원 과반수의 결의에 따라야 한다(제86조의5 제3항).

12 합자조합 甲은 무한책임조합원 A, B, C, 그리고 유한책임조합원 D가 공동사업을 경영하기 위하여 상호출자하여 설립한 조합이다. 甲조합계약상으로는 무한책임조합원이 업무집행에 대한 권한을 가진다. 이 경우에 관한 설명으로 틀린 것은? (2015년 공인회계사)

① A, B, C는 조합계약에 다른 규정이 없으면 각자가 합자조합의 업무를 집행하고 대리할 권리와 의무가 있다.

② B는 A, C, D 전원의 동의를 받아야 자신의 지분을 타인에게 양도할 수 있다.

③ A는 자신의 업무집행에 대하여 B가 이의를 제기하는 경우 조합계약에 다른 정함이

답 11. ③ 12. ③

없으면 그 행위를 중지하고 자신을 제외한 업무집행조합원 과반수의 결의에 따라야 한다.

④ D는 A와 B의 동의를 받은 경우 자기 또는 제3자의 계산으로 조합과 거래할 수 있다.

⑤ D는 다른 조합원의 동의를 받지 않아도 자기 또는 제3자의 계산으로 조합의 영업부류에 속하는 거래를 할 수 있다.

A는 자신의 업무집행에 대하여 B가 이의를 제기하는 경우 조합계약에 다른 정함이 없으면 그 행위를 중지하고 업무집행조합원 과반수의 결의에 따라야 한다(제86조의5 제3항).

CHAPTER

05 대리상

제1절 대리상의 개념 및 법적성질

Ⅰ. 대리상의 개념

1. 의 의

대리상이란 일정한 상인을 위하여 상업사용인이 아니면서 상시 그의 영업부류에 속하는 거래의 대리 또는 중개를 영업으로 하는 자를 말한다(제87조). 대리상 중에 본인인 상인의 명의와 계산으로 계약을 체결하는 자를 체약대리상이라 하고, 주로 거래의 중개를 영업으로 하는 자를 중개대리상이라 한다.

보충▶ 상품의 공급자로부터 제공된 상품을 매입하여 이것을 자기의 명의와 계산으로 판매하는 특약점(대리점)이나 상품의 공급자로부터 제공된 상품을 자기의 명의로 상품공급자의 계산으로 판매하는 대리점(위탁매매인)은 상법상 대리상의 영업에 해당하지 않는다.

2. 내 용

① 대리상은 「일정한 상인」을 위하여 그 영업거래를 보조한다. 따라서 대리상이 보조하는 상인은 특정되어야 한다. 특정된 자이면 1인이든 수인이든 관계가 없다. 이러한 점에서 불특정 다수인의 상인을 보조하는 중개인 · 위탁매매인과 다르다.

② 「상업사용인이」아니면서 라는 의미는 대리상은 독립된 상인이라는 것을 의미한다.

●●● 대리상과 상업사용인의 차이

구 분	대리상	상업사용인
상인성	독립된 상인	상인에 종속된 비상인
보수의 성질	수수료	급 료
보조하는 상인의 수	1인 또는 수인	1인
겸직금지(범위)	동종의 영업부류에 속하는 다른 회사	동종 · 이종영업의 다른 회사
자 격	자연인 또는 법인	자연인

③ 「상시」라는 의미는 대리상은 일정한 상인을 계속적으로 보조하는 자를 뜻하며, 따라서 1회 또는 일시적으로 대리행위를 하는 상행위의 대리인과 다르다.

④「영업부류」에 속하는 거래의 대리 또는 중개를 하여야 하므로, 그 상인의 기본적 영업활동이 아닌 보조적 상행위를 대리 또는 중개를 하는 자는 대리상이 아니다.

⑤ 대리상은 반드시 대리상이라는 명칭을 사용하여야 하는 것은 아니며, 실질적으로 행위의 전체적 성질에 따라 판단하여야 한다.

II. 법적 성질

대리상계약은 영업자가 독립상인으로서의 대리상에 대하여 계속적으로 그 거래의 대리 또는 중개를 위탁하는 것을 내용으로 하는 점에서 그 성질은 위임계약이다.

제2절 법률관계

I. 내부관계

1. 대리상의 권리

(1) 보수청구권

대리상의 보수는 통상 대리상계약에 의해 정해진다. 보수에 관한 약정이 없더라도 상법

제61조에 따라 대리상은 당연히 보수(수수료)를 청구할 수 있으며, 보수를 얻기 위해서는 대리상의 대리 · 중개로 계약이 성립되어야 한다.

⑵ 유치권

대리상은 거래의 대리 또는 중개로 인한 채권이 변제기에 있는 때에는 그 변제를 받을 때까지 본인을 위하여 점유하는 물건 또는 유가증권을 유치할 수 있다(제91조). 대리상의 유치권은 유치목적물이 반드시 채무자 소유의 물건 또는 유가증권일 필요가 없고, 채무자와의 상행위로 인하여 점유하는 것이 아니라도 된다는 점에서 일반상사유치권과 차이가 있다.

⑶ 보상청구권

① **의의** : 대리상의 활동으로 본인이 새로운 고객을 획득하거나 영업상의 거래가 현저히 증가한 시점에서 대리상 관계가 종료하고, 이로 인하여 본인이 계약종료 후에도 이익을 얻고 있는 경우에, 본인에 대하여 상당한 보상을 청구할 수 있다(제92조의2).

② **법적성질** : 보상청구권은 대리상 계약이 종료한 후에 청구할 수 있는 것으로서 보수청구권은 아니다.

③ **발생요건**

㉠ **대리상계약의 종료** : 유효하게 계속된 대리상관계가 종료되었어야 한다.

㉡ **본인의 이익** : 대리상관계 종료 후에도 본인이 종래 대리상의 활동에 따른 파급이익을 얻었어야 한다. 본인의 이익에 대해서는 대리상이 입증하여야 한다.

㉢ **보수의 상실** : 대리상계약의 존속으로 받을 수 있었던 보수가 대리상계약의 종료로 인하여 상실되었어야 한다. 이 경우 대리상계약관계의 종료와 보수의 상실은 인과관계가 있어야 한다.

㉣ **형평성** : 전반적인 사정을 종합하여 대리상에게 보상금을 지급함이 형평에 부합하여야 한다.

④ **보상청구금액** : 보상의 최고한도액은 대리상계약의 종료 전 5년의 평균연보수액으로 하고, 다만 계약기간이 5년 미만인 때에는 그 활동기간의 평균연보수액을 기준으로 한다(제92조의2 제2항).

⑤ **보상청구권의 배제** : 보상청구권은 대리상계약의 종료가 대리상의 책임있는 사유로 인한 경우에는 인정되지 않는다. 그러나 대리상이 대리상계약의 해약고지를 하였더라도 해약고지가 본인의 행위가 그 원인이 되었거나 대리상의 고령 또는 질병으로 인한 경우에는 보상청구권은 배제되지 않는다.

⑥ **보상청구권의 행사기간** : 보상청구권은 대리상계약이 종료한 날로부터 6월 내에 행사하여야 하며, 이 기간은 제척기간이다.

2. 대리상의 의무

(1) 주의의무

대리상은 본인에 대하여 위임관계에 있으므로, 선량한 관리자로서의 주의의무를 다하여야 한다.

(2) 통지의무

대리상이 거래의 대리 또는 중개를 한 때에는 지체없이 본인에게 그 통지를 발송하여야 한다(제88조). 통지에 대해서는 발신주의를 택하고 있으므로, 통지의 도달여부에 대한 위험은 본인이 부담한다.

(3) 경업피지의무

대리상은 본인의 허락없이 자기나 제3자의 계산으로 본인의 영업부류에 속하는 거래를 하거나 동종영업을 목적으로 하는 다른 회사의 무한책임사원 또는 이사가 되지 못한다(제89조 제1항). 대리상의 경업금지의무 위반에 대한 효과는 상업사용인의 경업금지규정에 관한 규정이 준용된다(제89조 제2항, 제17조 제2항 내지 제4항).

(4) 영업비밀준수의무

대리상은 계약의 종료 후에도 계약과 관련하여 알게 된 본인의 영업상의 비밀을 준수하여야 한다(제92조의3). 즉, 대리상은 계약의 종료 후에도 거래의 대리 또는 중개를 통하여 알게 된 본인의 영업상의 비밀을 이용하거나 누설하여서는 아니된다. 여기서「영업상의 비밀」이란 일정한 제한된 범위의 사람들만 알고 있고 공연히 알려지지 아니한 독립된 경제적 가치를 가지는 것으로서 상당한 노력에 의하여 비밀로 유지된 생산방법·판매방법 기타 영업활동에 유용한 기술상 또는 경영상의 정보를 말한다(부정경쟁방지법 제2조 2호).

II. 외부관계

1. 대리권

체약대리상은 본인을 대리하여 제3자와 계약을 체결하는 자이므로 위임된 행위를 함에 있어서 필요하다고 인정되는 범위내에서 대리권이 인정된다. 그러나 중개대리상은 거래의 중개를 할 뿐이고 대리권이 없기 때문에 중개대리상의 거래상대방은 직접 본인에 대하여 통지를 하여야 하는 불편이 있을 수 있다. 그래서 우리 상법은 물건의 판매나 중개의 위탁을 받은 대리상에게 매매의 목적물의 하자 또는 수량부족 기타 매매의 이행에 관한 통지를 받을 권한을 부여하고 있다(제90조).

2. 대리상의 의무 · 책임

제3자와의 법률행위에 대하여 대리상은 아무런 의무와 책임을 부담하지 않는다. 그러나 대리상이 업무수행중 제3자에게 불법행위를 한 경우에는 보험대리점의 경우를 제외하고는 본인은 책임을 부담하지 않고, 대리상만이 책임을 진다.

제3절 대리상관계의 종료

I. 일반적 종료사유

대리상관계는 위임계약에 해당하므로 대리상의 사망 · 본인 또는 대리상의 영업의 폐지 등에 의하여 대리상관계는 종료된다(민법 제690조). 다만, 본인이 사망하는 경우에는 종료하지 않는다(제50조).

II. 계약의 해지

민법의 위임은 언제든지 당사자가 계약을 해지할 수 있도록 하고 있지만(민법 제689조), 상법은 당사자간에 계약의 존속기간을 정하지 아니한 경우에 각 당사자는 2월 전에 예고를 하고 계약을 해지할 수 있도록 하고 있다(제92조 제1항). 2개월의 예고기간은 당사자의 합의에 의해 단축할 수 있다. 그러나 부득이한 사유가 있는 때에는 언제든지 해지할 수 있다(제92조 제2항). 부득이한 사유가 없이 계약을 해지하면 손해배상책임을 부담한다.

연습문제

01 대리상의 보상청구권에 관한 규정 중 틀린 것은? (1997년 공인회계사)

① 대리상의 활동으로 본인이 새로운 고객을 획득하거나 영업상의 거래가 현저하게 증가하고 이로 인하여 계약의 종료 후에도 본인이 이익을 얻고 있는 경우에는 대리상은 본인에 대하여 상당한 보상을 청구할 수 있다.

② 대리상의 책임있는 사유로 인하여 계약이 종료한 경우에 대리상은 보상을 청구할 수 있다.

③ 보상금액은 계약의 종료전 5년간의 평균보수액을 초과할 수 없다.

④ 계약의 존속기간이 5년 미만인 경우에는 그 기간의 평균연보수액을 기준으로 한다.

⑤ 보상청구권은 계약이 종료한 날로부터 6월을 경과하면 소멸한다.

대리상의 보상청구권은 대리상의 책임있는 사유로 인하여 계약이 종료한 경우에는 인정되지 않는다.

02 대리상에 관한 설명 중 옳은 것은? (2003년 공인회계사)

① 대리상은 본인을 위한 상업사용인이다.

② 대리상의 보상청구권에 의한 보상금액은 계약의 종료 전 5년간의 평균연보수액을 초과할 수 없다. 계약의 존속기간이 5년 미만인 경우에는 그 기간의 평균연보수액을 기준으로 한다.

③ 대리상은 본인의 허락이 있어도 동종영업을 목적으로 하는 회사의 이사가 되지 못한다.

④ 대리상의 보상청구권은 계약이 종료한 날부터 3월을 경과하면 소멸한다.

⑤ 물건판매의 중개의 위탁을 받은 대리상은 매매목적물의 하자에 관한 통지를 받을 권한이 없다.

① 대리상은 타인의 계산으로 타인의 명의로 계약의 체결 또는 중개를 대리하는 독립된 상인이다(제87조). 따라서 대리상은 상업사용인에 해당하지 않는다.

③ 대리상은 본인의 허락이 있으면 동종영업을 목적으로 하는 다른 회사의 이사 또는 무한책임사원이 될 수 있다(제89조 제1항).

답 1. ② 2. ②

④ 대리상의 보상청구권은 계약이 종료한 날부터 6개월을 경과하면 소멸한다(제92조의2 제3항).

⑤ 물건판매의 중개의 위탁을 받은 대리상도 매매목적물의 하자에 관한 통지를 받을 권한이 있다(제90조).

03 상법상 대리상에 관한 설명으로 틀린 것은? (2015년 공인회계사)

① 상인의 영업부류에 속하지 않는 거래의 대리 또는 중개를 하는 경우에는 상법상의 대리상이 아니다.

② 대리상은 거래의 대리 또는 중개로 인한 채권이 변제기에 있는 때에는 당사자 간에 다른 약정이 없으면 그 변제를 받을 때까지 본인을 위하여 점유하는 물건 또는 유가증권을 유치할 수 있다.

③ 대리상은 본인의 허락 없이 자기나 제3자의 계산으로 본인의 영업부류에 속한 거래를 하거나 동종영업을 목적으로 하는 회사의 무한책임사원 또는 이사가 되지 못한다.

④ 대리상의 보상청구권은 대리상계약의 종료가 대리상의 책임 있는 사유로 인한 경우에는 인정되지 않는다.

⑤ 중개대리상은 체약대리상과 달리 매매목적물의 하자 또는 수량부족 기타 매매의 이행에 관한 사항에 대하여 통지를 수령할 권한이 인정되지 않는다.

중개대리상이든 체약대리상이든 매매목적물의 하자 또는 수량부족 기타 매매의 이행에 관한 사항에 대하여 통지를 수령할 권한이 인정된다(제90조).

04 상법상 대리상에 관한 설명으로 틀린 것은? (2010년 공인회계사)

① 대리상은 특정 상인의 영업을 보조하지만 상업사용인은 아니다.

② 대리상이 보조하는 상인은 다수인이어도 무방하다.

③ 대리상은 본인의 허락없이 자기나 제3자의 계산으로 본인의 영업부류에 속한 거래를 하지 못한다.

④ 대리상은 본인의 허락없이 동종영업을 목적으로 하는 회사의 무한책임사원 또는 이사가 되지 못한다.

⑤ 대리상계약의 종료 전에도 본인이 현저한 이익을 얻고 있는 경우 대리상은 보상청구권을 행사할 수 있다.

대리상의 보상청구권은 대리상계약의 종료 후에만 인정된다(제92조의2 제1항).

답 3. ⑤ 4. ⑤

CHAPTER

06 중개업

제1절 중개인의 개념

Ⅰ. 의 의

중개업이란 타인간의 상행위의 중개를 인수하는 것을 목적으로 하는 영업을 가리키며, 타인간의 상행위의 중개를 영업으로 하는 자를 중개인이라 한다(제93조). 따라서 중개인은 독립된 상인이다. 중개인은 불특정 타인간의 중개를 영업으로 하는 자라는 점에서 일정한 상인을 위하여 계속적으로 상행위의 중개를 하는 중개대리상과 다르다.

●●● 민사중개인과의 구별

상행위가 아닌 행위의 중개를 하는 자는 민사중개인이라 하고, 민사중개인도 영업을 목적으로 하므로 상인이지만 상법상 중개인은 아니다. 민사중개인에 대해 별도의 규정이 없으므로 상법상 중개인에 관한 규정이 유추적용된다.

●●● 중개인과 중개대리상의 차이

구 분	중개인	중개대리상
대리권	거래의 대리권 없음	거래의 대리권 없음
지 위	불특정인을 위한 중개행위	특정상인을 위한 중개행위
통지수령권	통지수령권한 없음(단, 상대방의 성명 · 상호 묵비시 해석상 인정)	통지수령권한 있음

Ⅱ. 내용

1. 「중개」의 의미

중개인은 중개를 영업으로 하며, 이때 중개란 계약을 맺고자 하는 당사자 쌍방 사이에 계약이 성립되도록 진력하는 사실행위를 말한다. 따라서 중개인은 특약이나 상관습이 없는 한 계약을 체결하기 위한 대리권이 없다. 판례는 중개행위 해당여부는 사회통념을 기준으로 객관적으로 판단하여야 한다고 하고 있다.

2. 「상행위」의 중개

중개인은 타인간의 상행위를 중개하는 자이며, 상행위는 쌍방적 상행위이든 일방적 상행위든 관계없다.

제2절 중개인의 권리 · 의무

Ⅰ. 중개인의 권리

1. 보수청구권

(1) 보수청구권의 발생

중개인은 보수의 약정이 없더라도 계약이 성립하면 당연히 보수청구권을 갖는다. 중개인의 보수를 중개료라 한다. 중개료를 청구하기 위해서는 중개에 의하여 계약이 유효하게 성립하여야 하고, 계약과 중개인의 중개 사이에 상당인과관계가 있어야 한다. 그리고 중개료의 청구는 특약이 없는 한 결약서의 교부의무를 이행한 때에 할 수 있다(제100조 제1항).

(2) 중개료의 산정 및 부담

중개료는 정액 또는 거래가액의 일정 비율로 약정하며, 원칙적으로 당사자 쌍방이 균분하여 부담한다(제100조 제2항). 그러므로 당사자간에 보수의 분담에 관하여 다른 약정을 하더라도 이로써 중개인에게 대항할 수 없다.

2. 비용상환청구권 · 급여수령권한의 불인정

중개인의 중개료에는 거래성립을 위해 지출할 비용을 포함하고 있으므로 별도의 비용상환청구권을 인정하지 않는다. 또한 중개인은 중개라는 사실행위를 할 수 있을 뿐이므로 특별한 약정이나 관습이 없는 한 자신이 중개한 행위에 관하여 당사자를 대리하여 지급 기타의 이행을 받지 못한다(제94조).

II. 중개인의 의무

1. 주의의무

중개인은 계약당사자에 대하여 수임인으로서 선량한 관리자의 주의의무를 진다. 그러나 중개인은 특약이 없는 한 위임인에 대하여 중개를 위하여 진력할 의무는 없다.

2. 견품보관의무

중개인은 그 중개한 행위에 관하여 견품을 받은 때에는 그 행위가 완료될 때까지 이를 보관하여야 한다(제95조). 이 의무는 목적물의 품질이 견품과 동일한 것을 담보하는 이른바 견품매매에 있어서만 발생한다. 견품보관기간은 목적물의 품질에 관하여 분쟁이 일어나지 않을 것이 확실시되는 때까지 하여야 한다. 구체적으로는 급여에 대한 상대방의 승인, 이의제기기간의 경과, 계약의 해제, 검사통지의무의 해태, 시효기간이 만료된 때를 들 수 있다. 보관의무기간이 종료한 때에는 중개인은 원칙적으로 견품을 제공자에게 반환하여야 한다.

3. 결약서 교부의무

당사자간에 계약이 성립된 때에는 중개인은 지체없이 각 당사자의 성명 또는 상호, 계약연월일과 그 요령을 기재한 서면을 작성하여 기명날인 또는 서명한 후 각 당사자에게 교부하여야 한다(제96조 제1항). 그러나 계약이 즉시 이행되지 않을 때에는 중개인은 각 당사자로 하여금 결약서에 기명날인 또는 서명하게 한 후 상대방에게 교부하여야 한다(제96조 제2항).

결약서는 당사자간에 계약이 성립한 후에 작성하는 것이므로 계약서가 아니며, 결약서 작성교부는 계약성립요건도 아니다. 결약서작성의무는 견품보관의무와 같이 당사자간의 분쟁에 대비하여 계약한 사실 및 그 내용에 관한 증거를 보전하기 위해 중개인에게 부과된 의무이다. 당사자의 일방이 결약서의 수령을 거부하거나 기명날인 또는 서명을 거절한 때에는 중개인은 지체없이 상대방에게 통지를 발송하여야 한다(제96조 제3항). 만약 중개인이 통지의무를 해태한 때에는 손해배상책임을 진다.

4. 장부작성 및 등본교부의무

중개인은 계약당사자의 성명 또는 상호, 계약연월일 및 계약의 요령을 기재한 장부를 작성하여야 하고, 각 당사자의 청구가 있는 때에는 장부의 관계부분의 등본교부를 하여야 한다(제97조 제1항, 제2항). 중개인이 작성하는 장부는 타인간의 거래내용을 기재한 것이므로 재산 및 영업상황을 기재하는 상업장부와는 다르다.

5. 성명 · 상호묵비의무

당사자의 일방이 자기의 이익을 위하여 그 성명 또는 상호를 상대방에게 표시하지 아니할 것을 중개인에게 요구한 때에는 중개인은 그 상대방에게 교부할 결약서와 일기장의 등본에 그 성명 또는 상호를 기재하지 못한다(제98조). 이러한 의무를 지우는 것은 거래당사자 중 일방이 자신의 신분노출로 거래 자체가 불가능해지거나 조건이 크게 불리해질 위험에서 벗어나 원활하게 상거래가 이루어지도록 하기 위한 것이다.

6. 개입의무

중개인이 당사자 일방의 요구에 의해 또는 임의로 그 당사자의 성명 또는 상호를 상대방에게 표시하지 아니한 때에는 상대방에 대하여 중개인 자신이 이행할 책임을 진다(제99조). 중개인에게 이러한 의무는 거래의 상대방은 현실적으로 이행을 청구할 반대당사자를 알지 못하고 또 그 상대방은 중개인을 신뢰하여 계약을 체결하였으므로, 상대방을 보호하기 위해 둔 특별한 법정의 담보책임이다. 중개인이 개입의무를 이행하였다 하더라도 당사자의 지위를 차지하는 것은 아니며, 이행책임을 면한 묵비요구 당사자에 대해 구상권을 가지게 된다.

Commercial Law

연습문제

01 중개업에 관한 다음 설명 중 옳지 않은 것은?

① 상법상 중개인은 타인간의 상행위의 중개를 영업으로 하는 자를 말하며, 여기서 상행위는 쌍방적 상행위뿐만 아니라 일방적 상행위를 포함한다는 것이 통설의 입장이다.

② 중개인은 그 중개한 행위에 관하여 견품을 수령한 때에는 그 행위가 완료할 때까지 그것을 보관하여야 한다.

③ 당사자가 그 성명 또는 상호를 상대방에게 표시하지 않도록 명한 경우에는 중개인은 결약서 및 장부의 등본에 그 성명 또는 상호를 기재하지 못한다.

④ 중개인은 당사자간에 계약이 성립한 때에는 즉시 각 당사자의 성명 또는 상호·계약의 연월일 및 그 요령을 기재한 서면을 작성하여 기명날인 또는 서명한 후 각 당사자에게 교부하여야 한다.

⑤ 중개인은 중개를 함에 있어서 지출한 비용에 대해 특약이나 관습이 없는 한 그 상환을 청구할 수 없다.

② 제95조. ③ 제98조.
④ 중개인은 당사자간에 계약이 성립한 때에는 지체없이 각 당사자의 성명 또는 상호·계약의 연월일 및 그 요령을 기재한 서면을 작성하여 기명날인 또는 서명한 후 각 당사자에게 교부하여야 한다(제96조 제1항).

02 중개인에 관한 다음 설명 중 옳지 않은 것은?

① 중개인은 다른 약정이나 관습이 없는 한 그 중개한 행위에 관하여 당사자를 위하여 지급 기타의 이행을 받지 못한다.

② 중개인은 그 중개한 행위에 관하여 견품을 받은 때에는 결약서 교부시까지 이를 보관하여야 한다.

③ 당사자는 언제든지 중개인에 대하여 자기를 위하여 중개한 행위에 관한 장부의 등본의 교부를 청구할 수 있다.

답 1. ④ 2. ②

④ 중개인이 임의로 당사자의 일방의 성명 또는 상호를 상대방에게 표시하지 아니한 때에는 상대방은 중개인에 대하여 이행을 청구할 수 있다.

⑤ 중개인은 결약서의 교부의무를 종료하지 아니하면 보수를 청구할 수 없다.

① 제94조. ② 중개인이 그 중개한 행위에 관하여 견품을 받은 때에는 그 행위가 완료될 때까지 이를 보관하여야 한다(제95조).

③ 제97조. ④ 제99조. ⑤ 제100조.

03 중개업에 관한 설명 중 틀린 것은? (2005년 공인회계사)

① 중개인이 당사자의 요구에 의하여 당사자 일방의 성명 또는 상호를 그 상대방에게 알리지 않은 경우에 중개인은 그 상대방에게 스스로 이행할 책임을 지지 않는다.

② 혼인중매와 같은 행위의 중개를 영업으로 하는 자는 상인이지만 상법상의 중개인은 아니다.

③ 중개인은 다른 약정이나 관습이 있는 경우를 제외하고는 당사자를 위하여 지급 기타의 이행을 받을 권한이 없다.

④ 중개인은 중개료에 대한 특약 또는 관습이 없는 한 중개료를 균분하여 당사자 쌍방에게 지급을 청구할 수 있다.

⑤ 중개인은 결약서의 교부가 완료되면 보수를 청구할 수 있다.

중개인이 당사자의 요구에 의하여 당사자 일방의 성명 또는 상호를 그 상대방에게 알리지 않은 경우에 중개인은 그 상대방에게 스스로 이행할 책임을 진다(제99조).

답 3. ①

CHAPTER

07 위탁매매업

제1절 위탁매매인의 개념

Ⅰ. 의 의

자기명의로써 타인의 계산으로 물건 또는 유가증권의 매매를 영업으로 하는 자를 위탁매매인이라 한다(제101조). 자기명의로 영업을 하는 자이므로 위탁매매인은 상인이다.

●●● 준위탁매매업

물건 또는 유가증권의 매매를 주선하는 위탁매매인과 물건의 운송을 주선하는 운송주선인을 제외한 출판 · 광고 · 보험계약 · 여객운송 등을 주선하는 것을 영업으로 하는 자를 준위탁매매인이라 하고, 이들에 대해서는 위탁매매인에 관한 규정이 준용된다(제113조). 다만, 제107조(위탁매매인의 개입권), 제108조(위탁물의 훼손, 하자 등의 효과), 제109조(위탁물의 공탁 · 경매권), 제110조(매수위탁자가 상인인 경우)는 준위탁매매인에게 적용되지 않는다.

Ⅱ. 내 용

1. 자기명의와 타인의 계산

위탁매매인은 자기명의로 물건 또는 유가증권의 매매의 주선을 영업으로 하는 자이므로, 매매의 당사자로써 권리 · 의무의 주체가 된다(제102조). 그러나 계산은 타인의 계산으로 하므로 위탁매매인과 제3자간의 거래로 인한 경제적 이익은 위탁자에게 귀속된다.

2. 매매의 목적물

위탁매매인이 주선하는 거래의 대상은 물건 또는 유가증권이다. 물건에는 동산뿐만 아니라 부동산도 포함된다는 것이 다수설의 입장이다.

제2절 위탁매매계약의 법률관계

Ⅰ. 내부관계 (위탁자와 위탁매매인의 관계)

1. 위탁매매계약

위탁자와 위탁매매인 사이에는 위탁매매계약이 존재한다. 즉, 위탁매매인이 위탁자를 위하여 물건이나 유가증권의 매매를 주선하기로 하는 계약이 체결된다. 이러한 계약에 대해 유상의 위임계약이라는 것이 통설이다.

2. 목적물의 귀속

위탁매매인이 위탁자로부터 받은 물건 또는 유가증권이나 위탁매매로 인하여 취득한 물건, 유가증권 또는 채권은 위탁자와 위탁매매인 또는 위탁매매인의 채권자간의 관계에서 이를 위탁자의 소유 또는 채권으로 본다(제103조). 따라서 위탁매매인이 파산하더라도 위탁매매인이 매수위탁의 경우에 취득한 물건 또는 유가증권, 매도위탁의 경우에 매도전 보유한 위탁매매의 목적물, 매도위탁의 경우에 목적물의 매도로 인해 받을 대금채권에 대해서 위탁자는 환취권을 행사할 수 있다.

3. 매수위탁자가 상인인 경우

매수위탁자가 상인인 경우에는 위탁매매인과 위탁자의 관계는 상사매매에 관한 규정이 준용된다(제110조).

II. 외부관계 (위탁매매인과 제3자 또는 위탁자와 제3자의 관계)

1. 위탁매매인과 제3자의 관계

위탁매매인은 자기 명의로 매매를 하는 자이므로 위탁자를 위한 매매로 인하여 상대방인 제3자에 대하여 권리를 취득하고 의무를 부담한다(제102조).

2. 위탁자와 제3자의 관계

위탁자와 위탁매매인의 거래 상대방인 제3자간에는 아무런 법률관계가 존재하지 못한다. 따라서 위탁자는 제3자에 대하여 권리의 행사나 의무의 이행을 요구할 수 없다. 뿐만 아니라 제3자가 계약의 이행을 하지 않은 때 채권을 양도받은 경우가 아니면 직접 제3자에 대하여 손해배상을 청구하지 못하며, 다만 위탁자는 위탁매매인에게 제3자의 채무불이행에 따른 이행담보책임을 물을 수 있을 뿐이다(제105조). 위탁자와 제3자간에 존재하는 항변사유로써 위탁매매인이 상대방인 제3자에게 대항할 수 없다.

제3절 위탁매매인의 권리 · 의무

I. 위탁매매인의 권리

1. 보수청구권 · 비용상환청구권

(1) 보수청구권

위탁매매인은 특약이 없더라도 매매행위의 실행이 완료된 때에는 위탁자에 대하여 당연히 보수를 청구할 수 있다. 즉, 위탁매매인의 보수청구권은 거래가 이행된 때에 성립한다.

(2) 비용상환청구권

위탁매매인은 위탁매매의 실행을 위하여 비용이 필요한 경우에는 위탁자에게 그 선급을 청구할 수 있다. 또 위탁매매인이 앞요한 비용을 체당(替當)한 때에는 그 체당금과 체당한 날 이후의 법정이자를 청구할 수 있다.

2. 개입권

(1) 의 의

위탁매매인이 거래소의 시세있는 물건 또는 유가증권의 매매를 위탁받은 때에는 직접 그 매도인 또는 매수인이 될 수 있으며(제107조 제1항), 이를 위탁매매인의 개입권이라 한다.

보충 거래소란 공개 · 경쟁적인 방법으로 매매가 체결되는 시장으로, 그 예로는 농수산물도매시장, 한국증권거래소가 개설한 유가증권시장 등을 들 수 있다.

(2) 법적 성질

개입권은 위탁매매인의 일방적 의사표시에 의하여 효력이 발생하는 형성권의 성질을 가지며, 개입권의 행사로 매매와 동일한 효력이 생기고 또 위탁도 실행한 것이 되는 상법상 특수한 제도이다.

(3) 행사요건

① **개입금지의 특약 · 법률이 없을 것** : 개입금지에 대한 명시적 또는 묵시적 특약 또는 법률이 없어야 개입권을 행사할 수 있으며, 개입금지특약의 입증책임은 위탁자가 부담한다.

② **거래소의 시세가 있는 물건 또는 유가증권일 것** : 개입권 행사의 대상이 되는 목적물은 거래소의 시세가 있는 물건 또는 유가증권이어야 한다. 이것은 위탁자를 보호하기 위한 요건이다. 거래소란 지정된 때에는 지정된 곳, 지정되지 않은 때에는 위탁매매인의 영업소가 있는 소재지의 거래소를 말한다.

③ **위탁자에게 개입통지가 도달할 것** : 위탁매매인이 위탁자에게 개입의 뜻을 통지하여야 하며, 그 통지가 도달한 때에 개입의 효과가 발생한다. 통지의 방법에는 제한이 없다.

④ **개입시기 · 매매대금** : 개입의 시기에 대해서는 특별한 규정이 없으나 선량한 관리자로서의 주의로써 적당한 시기를 택하여야 한다. 개입권 행사시의 매매대금은 위탁매매인이 매매의 통지를 발송한 때의 거래소의 시세에 의한다(제107조 제1항 2문).

⑤ **매매계약이 성립되지 않았을 것** : 위탁매매인이 거래상대방과의 사이의 매매계약의 체결을 하지 않았어야 한다. 매매계약이 체결된 경우 위탁매매인은 매매의 실행행위를 하여야 하며, 실행된 때에는 위탁매매인이 상대방에 대해 갖는 권리는 위탁자에게 귀속되어야 하기 때문에 개입권을 행사할 여지가 없게 된다.

(4) 행사의 효과

위탁매매인은 개입권을 행사함으로 인하여, 위탁매매인의 지위와 매매계약의 당사자로서의 지위를 모두 갖는다. 따라서 위탁매매인은 개입권을 행사한 경우에도 위탁매매인으로서의 비용상환청구권과 보수청구권을 행사할 수 있고(제107조 제2항), 보수에 관하여 유치권을 행사할 수 있다.

3. 매수물의 공탁 · 경매권

위탁매매인이 매수의 위탁을 받은 경우에 위탁자가 매수한 물건의 수령을 거부하거나 수령할 수 없을 때에는 제67조(매도인의 목적물 공탁 · 경매권)의 규정이 준용된다. 따라서 위탁매매인은 매수한 물건을 공탁 또는 경매할 수 있다. 경매하는 경우에는 상당한 기간을 정하여 최고한 후 경매할 수 있으며, 이 때 상당한 기간은 위탁자가 매수한 물건을 수령할 것인지의 고려를 위해 필요한 기간을 말한다.

4. 유치권

위탁매매인에게는 대리상의 유치권(제91조)에 관한 규정이 준용되므로(제111조), 위탁매매인은 특별한 약정이 없는 한 위탁자를 위한 물건의 매매로 인하여 생긴 채권이 변제기에 있을 때에는 변제를 받을 때까지 위탁자를 위하여 점유하고 있는 물건 또는 유가증권을 유치할 수 있다.

II. 위탁매매인의 의무

1. 주의의무

위탁매매인과 위탁자 사이의 위탁매매계약은 위임이므로, 위탁매매인은 선량한 관리자로서의 주의의무를 진다.

2. 통지의무 · 계산서제출의무

위탁매매인이 위탁받은 매매를 실행한 때에는 지체없이 위탁자에 대하여 그 계약의 요령과 상대방의 주소, 성명의 통지를 발송하여야 하며 계산서를 제출하여야 한다(제104조).

3. 지정가액준수의무

위탁자가 매매의 가액을 지정한 때에는 위탁매매인은 이를 준수하여야 할 의무를 부담한다. 위탁매매인이 지정가액을 준수하지 않은 때에는 위탁자는 위탁의 실행으로 인정하지 않을 수 있다. 그러나 위탁자가 지정한 가액보다 염가로 매도하거나 고가로 매수한 경우에도 위탁매매인이 그 차액을 부담한 때에는 그 매매는 위탁자에 대하여 효력이 있다(제106조 제1항). 위탁자가 지정한 가액보다 고가로 매도하거나 염가로 매수한 경우에는 그 차액은 다른 약정이 없으면 위탁자의 이익으로 한다(제106조 제2항).

4. 이행담보책임

위탁매매인은 위탁자를 위한 매매에 관하여 상대방이 채무를 이행하지 아니하는 경우에는 다른 약정이나 관습이 없는 한 위탁자에 대하여 이를 이행할 책임이 있다(제105조). 이것은 위탁자를 보호하기 위한 특수한 책임이며, 위탁매매인의 무과실책임에 해당한다. 위탁매매인의 이행담보책임은 5년의 상사소멸시효가 적용된다.

5. 위탁물에 대한 통지 · 처분의무

위탁매매인이 위탁매매의 목적물을 인도받은 후에 그 물건의 훼손 또는 하자를 발견하거나 그 물건이 부패할 염려가 있는 때 또는 가격저락의 상황(商況)을 안 때에는 지체없이 위탁자에게 그 통지를 하여야 한다(제108조 제1항). 그러나 위탁자에게 통지하여 그 지시를 받을 수 없거나 지시가 지연되어 손해가 발생할 위험이 있는 때에는 위탁매매인은 위탁자의 이익을 위하여 적당한 처분을 할 수 있다(제108조 제2항). 여기서 적당한 처분이란 상거래의 통념에 부합하는 범위에서 공탁 또는 경매 등의 응급조치를 취하는 것을 말한다.

연습문제

01 위탁매매인에 관한 다음 설명 중 옳지 않은 것은?

① 위탁매매인은 자기명의로 타인의 계산으로 물건 또는 유가증권의 매매나 운송주선행위를 하는 것을 영업으로 하는 자이다.

② 위탁매매인의 이행담보책임은 그 성질상 대체급부가 가능한 것이라야 한다.

③ 위탁매매인의 개입의무는 영업상의 채무이므로 5년간의 불행사로 소멸시효가 완성한다.

④ 위탁매매인의 개입권은 거래소의 시세있는 물건 또는 유가증권일 경우에 인정된다.

⑤ 위탁매매인은 자기의 명의로 타인의 계산으로 하므로 제3자인 거래선에 대한 관계에서는 위탁매매인만이 당사자가 된다.

운송주선행위를 하는 것을 영업으로 하는 자는 운송주선인이다.

02 다음은 상법상의 대리상, 중개인, 위탁매매인에 관한 설명이다. 틀린 것은? (2004년 공인회계사)

① 물건의 판매나 그 중개의 위탁을 받은 대리상은 매매의 목적물의 하자에 관한 통지를 받을 권한이 있다.

② 대리상만이 경업금지의무를 부담한다.

③ 중개인의 보수는 당사자 쌍방이 균분하여 부담한다.

④ 위탁매매인이 위탁매매로 인하여 취득한 물건은 위탁자와 위탁매매인 또는 위탁매매인의 채권자간의 관계에서는 이를 위탁자의 소유로 본다.

⑤ 위탁자가 지정한 가액보다 염가로 매수한 경우에는 그 차액은 다른 약정이 없으면 위탁매매인의 이익으로 한다.

위탁자가 지정한 가액보다 염가로 매수한 경우에는 그 차액은 다른 약정이 없으면 위탁자의 이익으로 한다(제106조 제2항).

답 1. ① 2. ⑤

03 상법상 위탁매매인에 관한 설명 중 틀린 것은? (2002년 공인회계사)

① 위탁매매인은 자기의 계산으로 물건 또는 유가증권의 매매를 영업으로 하는 자이다.

② 위탁매매인이 위탁자로부터 받은 물건 또는 유가증권은 위탁자와 위탁매매인 또는 위탁매매인의 채권자간의 관계에서는 이를 위탁자의 소유로 본다.

③ 위탁자가 지정한 가액보다 고가로 매도한 경우에는 그 차액은 다른 약정이 없으면 위탁자의 이익으로 한다.

④ 위탁매매인은 개입권을 행사한 경우에도 위탁자에 대하여 보수를 청구할 수 있다.

⑤ 위탁매매인이 위탁매매의 목적물을 인도받은 후에 그 물건의 하자를 발견한 때에는 지체없이 위탁자에게 그 통지를 발송하여야 한다.

위탁매매인은 타인의 계산으로 자기의 명의로 물건 또는 유가증권의 매매를 영업으로 하는 자이다(제101조).

04 위탁매매인에 관한 설명으로 옳은 것은?

① 위탁매매인은 제3자에 대한 관계에서 스스로 법률상 권리의무의 주체가 되는 자는 아니다.

② 위탁매매인은 제3자와의 거래에서 발생한 경제적 이익의 귀속주체가 된다.

③ 위탁매매인이 하는 물건 또는 유가증권의 매매는 보조적 상행위에 해당한다.

④ 위탁매매인은 상인인 위탁자로부터 물건 또는 유가증권의 매매의 위탁을 받는 자이다.

⑤ 위탁매매인은 위탁자로부터 받은 물건 또는 유가증권이나 위탁매매로 인하여 취득한 물건 · 유가증권 또는 채권은 위탁자와 위탁매매인의 채권자간의 관계에서는 이를 위탁자의 소유 또는 채권으로 추정한다.

① 위탁매매인은 자기명의로 영업을 하는 자이므로 스스로 법률상 권리의무의 주체가 된다.
② 위탁매매인은 타인의 계산으로 영업을 하는 자이므로 제3자와의 거래에서 발생한 경제적 이익의 귀속주체가 되는 것은 아니다. 경제적 이익의 주체는 위탁자이다.
④ 위탁매매의 위탁자는 상인이든 비상인이든 관계없다. 위탁자가 상인인 경우에는 상사매매에 관한 규정이 준용된다.
⑤ 위탁매매인은 위탁자로부터 받은 물건 또는 유가증권이나 위탁매매로 인하여 취득한 물건 · 유가증권 또는 채권은 위탁자와 위탁매매인의 채권자간의 관계에서는 이를 위탁자의 소유 또는 채권으로 본다(제103조).

답 3. ① 4. ③

05 甲은 A 정보통신(주)의 주식을 매수하고자 乙 증권회사의 영업팀장에게 위 주식을 적당한 시기에 주당 1만원으로 3만주를 매수하여 줄 것을 위탁하면서 3억원을 인도하고 위탁증거금 통장을 교부받았다. 이 때의 법률관계에 대한 설명으로 틀린 것은? (2006년 공인회계사)

① 주식을 매도한 자와의 법률관계에서 권리의무의 주체는 乙 증권회사이다.
② 乙 증권회사는 주식을 매수한 후 지체 없이 甲에게 매매계약의 요령과 상대방의 주소, 성명의 통지를 발송하여야 하며 계산서를 제출해야 한다.
③ 乙 증권회사가 지정가액보다 고가로 주식을 매입했을지라도 乙이 그 차액을 부담한 때에는 甲에 대해 효력이 있다.
④ 乙 증권회사가 지정가액보다 주식을 염가로 매입했을 경우, 그 차액은 다른 약정이 없으면 甲의 이익이 된다.
⑤ 만약 A 정보통신(주)의 주식이 거래소에 상장되어 있을 경우에, 乙 증권회사는 직접 매도인이 될 수 있으나 거래의 당사자이므로 甲에게 보수를 청구할 수 없다.

위 설문은 위탁매매인의 법률관계에 관한 내용을 묻는 것이다. 위탁매매인은 자기의 명의로 매매행위를 하므로, 권리의무의 주체가 된다. 다만 타인의 계산으로 하므로, 위탁매매행위를 한 때에는 이에 대해 보수를 청구할 수 있다(제61조). 그리고 위탁매매인의 개입권 행사가 이루어지면 위탁매매인으로서의 보수청구권과 매도인 또는 매수인의 지위가 모두 인정되어 진다.

06 다음 중 위탁매매인에 관한 설명으로 옳은 것은?

① 위탁매매인은 자기의 계산으로 물건 또는 유가증권의 매매를 영업으로 하는 자이다.
② 위탁매매인은 위탁매매를 한 때에는 위탁자의 청구에 의하여 위탁자에게 그 계약의 요령과 상대방의 주소, 성명의 통지를 발송하여야 하며 계산서를 제출하여야 한다.
③ 위탁자가 지정한 가액보다 고가로 매도하거나 염가로 매수한 경우에는 그 차액은 다른 약정이 없으면 위탁매매인의 이익으로 한다.
④ 위탁매매인은 거래소의 시세있는 물건의 매매를 위탁받은 때에만 직접 그 매도인이나 매수인이 될 수 있다.
⑤ 위탁매매인은 위탁자를 위한 매매로 인하여 상대방에 대하여 직접 권리를 취득하고 의무를 부담한다.

① 위탁매매인은 자기의 명의로 타인의 계산으로 물건 또는 유가증권의 매매를 영업으로 하는 자이다(제101조).
② 위탁매매인은 위탁매매를 한 때에는 지체없이 위탁자에게 그 계약의 요령과 상대방의 주소, 성명의 통지를 발송하여야 하며 계산서를 제출하여야 한다(제104조).

답 5. ⑤ 6. ⑤

③ 위탁자가 지정한 가액보다 고가로 매도하거나 염가로 매수한 경우에는 그 차액은 다른 약정이 없으면 위탁자의 이익으로 한다(제106조 제2항).

④ 위탁매매인은 거래소의 시세있는 물건 또는 유가증권의 매매를 위탁받은 때에는 직접 그 매도인이나 매수인이 될 수 있다(제107조 제1항).

⑤ 제102조

07 상법상 위탁매매인에 관한 설명으로 틀린 것은? (2010년 공인회계사)

① 위탁매매인은 수임인으로서의 선관주의의무를 부담한다.

② 위탁매매인이 위탁받은 매매를 한 때에는 위탁자의 청구가 있는 경우에 한해 위탁자에 대하여 그 상대방의 주소 · 성명의 통지를 발송하여야 한다.

③ 위탁매매인은 위탁자를 위한 매매에 관하여 상대방이 채무를 이행하지 아니하는 경우, 다른 약정이나 관습이 없는 한 위탁자에 대하여 이를 이행할 책임이 있다.

④ 위탁자가 매도가액 또는 매수가액을 지정한 때에는 위탁매매인은 이에 따라야 한다.

⑤ 위탁매매인이 지정가액보다 고가로 양도하거나 염가로 매수한 경우에는 그 차익은 당사자간에 다른 약정이 없으면 위탁자의 이익으로 한다.

위탁매매인은 민법의 위임계약의 경우와 달리 위탁자의 청구가 없더라도 위탁매매를 실행한 때에는 위탁자에게 계약내용을 통지하고 계산서를 제출하여야 할 의무를 부담한다(제104조).

답 7. ②

CHAPTER

08 운송주선업

제1절 운송주선인의 개념

Ⅰ. 의 의

운송주선인이란 자기의 명의로 타인의 계산으로 물건운송의 주선을 영업으로 하는 독립된 상인이다(제114조). 운송주선인은 위탁자의 위탁을 받고 자기명의로 위탁자의 계산으로 운송계약을 체결하는 자이다. 운송주선인이 주선하는 운송의 종류에는 제한이 없다. 즉, 육상은 물론 해상·항공운송을 주선하는 것도 운송주선인의 영업범위에 포함된다. 운송주선이란 운송인과 운송계약을 체결하는 것 이외의 운송을 위한 준비행위(예 운송물의 포장·운송에 필요한 서류의 작성 등)도 포함된다.

●●● 위탁매매인과 운송주선인의 비교

구 분		위탁매매인	운송주선인
공통점		위탁자를 위한 주선행위를 하는 점	
차이점	주선의 차이	물건 또는 유가증권의 매매를 주선	운송을 주선
	손해배상책임	특별규정이 없음	특별규정을 두고 있음
	개입권 행사	거래소의 시세 필요	거래소의 시세 불요
	유치권의 목적물	위탁자를 위하여 점유하는 물건 또는 유가증권 (개별적 관련성 불요)	운송물(개별적 관련성 필요)

Ⅱ. 운송주선계약의 성질

운송주선의 경우 위탁자와 운송주선인 사이에는 운송주선계약이 성립하고, 운송주선인과 운송인 사이에는 운송계약이 존재하게 된다. 위탁자와 운송주선인 사이의 운송주선계약의 성질은 위임계약이며, 운송주선인과 운송인 사이의 운송계약은 도급계약에 해당한다(판례 · 통설).

Ⅲ. 위탁매매인에 관한 규정의 준용

운송주선인에 대하여는 위탁매매인에 관한 규정이 준용되고(제123조), 민법의 위임에 관한 규정이 보충적으로 적용된다(제112조). 위탁매매인에 관한 규정 중 위탁자에 대한 통지 · 계산서 제출 의무(제104조), 지정가액준수의무(제106호), 운송물(위탁물)의 하자통지 · 처분 의무(제108조) 규정이 준용된다. 그러나 제105조(이행담보책임)와 제107조(위탁매매인의 개입권), 제110조(매수위탁자가 상인인 경우), 제111조(위탁매매인의 유치권)는 적용되지 않는다.

제2절 운송주선인의 권리 · 의무

Ⅰ. 운송주선인의 권리

1. 보수청구권

운송주선인도 상인이므로 주선계약을 이행하면 위탁자와 보수를 약정하지 않더라도 주선계약에 따라 운송계약을 체결하고 운송인에게 운송물을 인도한 때에 상당한 보수를 청구할 수 있다(제119조 제1항). 그러나 운송주선계약에서 운임까지 정한 경우(확정운임운송계약)에는 다른 약정이 없는 한, 운송주선인은 따로 보수를 청구하지 못한다(제119조 제2항).

예외 | 운송주선인이 다수의 위탁자로부터 동일한 운송경로를 거치는 동종의 운송물을 일괄하여 자기의 계산으로 하나의 혼재운송계약(混載運送契約)을 체결한 경우에는 운임의 확정이 없더라도 운송주선인은 운송인의 지위를 갖게 되므로 운임 이외의 보수를 청구할 수 없다.

2. 비용상환청구권

운송주선인은 위탁사무의 처리에 비용이 소요되면 그 선급, 운송인에게 운임 기타 운송을 위한 비용을 지급한 때에는 그 상환을 위탁자에게 청구할 수 있다(제123조, 제112조).

3. 유치권

운송주선인은 운송물에 관하여 받을 보수, 운임 기타 위탁자를 위한 체당금이나 선대금에 관하여서만 운송물을 유치할 수 있다(제120조). 운송주선인의 유치권은 일반상사유치권과는 달리 피담보채권과 유치물 사이에 개별적 견련관계가 있어야 하며, 위탁자가 상인이 아니라도 행사할 수 있다. 위탁자가 상인인 경우에는 상법 제58조의 상사유치권을 행사할 수 있다.

4. 개입권

(1) 의 의

운송주선인은 다른 약정이 없으면 직접 운송을 할 수 있다(제116조 제1항). 운송주선인의 개입권을 인정하는 것은 위탁자에게 불이익하게 하지 않을 뿐만 아니라, 운송주선인으로서는 운송실행에 따른 보수를 얻을 수 있으므로 위탁매매인과 같이 개입권을 인정하고 있다.

(2) 행사요건 및 방법

개입권의 행사는 특약이 없는 한 위탁자에 대한 명시 또는 묵시의 의사표시에 의하며, 특별한 방식을 요하지 않는다. 운송주선인의 개입권은 위탁매매인과 달리 반드시 목적물이 거래소의 시세가 있어야 함을 요하지 않는다.

(3) 개입의 의제

운송주선인이 위탁자의 청구에 의하여 화물상환증을 작성한 때에는 개입권을 행사한 것으로 본다(제116조 제2항).

(4) 개입의 효과

운송주선인이 개입을 한 경우에는 운송주선인과 운송인의 지위를 병유하게 되어 운송주선인은 보수와 비용뿐만 아니라 운임도 청구할 수 있다(제123조, 제107조 제2항).

5. 채권의 시효

운송주선인의 위탁자나 수하인에 대한 채권은 1년의 시효로 소멸한다(제122조). 시효의 기산점은 위탁자 또는 수하인에 대하여 채권을 행사할 수 있는 때이다.

II. 운송주선인의 의무

1. 주의의무

운송주선인과 위탁자의 관계는 기본적으로 위임관계이므로, 운송주선인은 수임인으로서의 선량한 관리자의 주의를 다하여 운송주선계약의 이행을 하여야 한다.

2. 손해배상책임

(1) 의 의

운송주선인은 자기나 그 사용인이 운송물의 수령·인도·보관, 운송인이나 다른 운송주선인의 선택 기타 운송에 관하여 주의를 해태하지 아니하였음을 증명하지 아니하면 운송물의 멸실·훼손 또는 연착으로 인한 손해를 배상할 책임을 면하지 못한다(제115조). 이 책임은 채무불이행책임이며 과실책임이다.

(2) 손해배상책임의 원인 및 내용

① **주의의무위반** : 운송물의 수령·인도·보관, 운송인이나 다른 운송주선인의 선택 기타 운송에 관하여 주의를 해태한 경우에 책임이 발생한다.

② **자기나 이행보조자의 고의·과실** : 운송주선인은 자기나 그 이행보조자인 사용인의 고의·과실로 인하여 발생한 손해에 대해 책임을 진다. 운송인이나 다른 운송주선인의 선택에 과실이 없음을 증명하면 손해배상책임을 지지 않지만, 이행보조자의 선택에 과실이 없다는 증명만으로는 손해배상책임을 면할 수 없다.

③ **손해배상액** : 운송주선인은 채무불이행과 상당인과 관계있는 손해의 전부를 배상하여야 한다.

④ **입증책임** : 운송주선인은 자기 또는 사용인에게 고의·과실이 없었음을 증명하여야 한다.

⑤ **고가물에 대한 책임** : 고가물에 대한 운송인의 손해배상책임을 완화하는 제136조의 규정이 준용된다(제124조). 따라서 운송주선인은 위탁자가 운송의 주선을 위탁할 때에 그 종류와 가액을 명시하지 않으면 손해배상책임을 지지 않는다.

⑥ **면책특약** : 운송주선인의 책임은 고의가 있는 경우를 제외하고는 특약에 의하여 경감 또는 면제할 수 있다.

(3) 청구권 경합

운송주선인의 귀책사유로 주선계약상의 채무를 이행하지 못한 경우 상법상 채무불이행에 의한 손해배상책임과 동시에 민법상 불법행위에 의한 손해배상책임이 발생할 수 있다. 이 경우 양자 중 하나를 선택할 수 있다는 청구권경합설이 통설·판례의 입장이다.

(4) 손해배상책임의 시효

운송주선인의 손해배상책임은 운송주선인 또는 그의 이행보조자에게 악의가 없는 한 수하인이 운송물을 수령한 때에는 수령한 날로부터, 운송물이 전부 멸실한 경우에는 그 운송물을 인도할 날로부터 1년이 경과하면 소멸시효가 완성한다(제121조). 악의의 경우에는 일반상사채권의 소멸시효기간인 5년이 적용된다. 「악의」란 적극적으로 운송물의 멸실 · 훼손 · 연착을 초래하거나 은폐하는 경우뿐만 아니라 이를 알면서 수하인에게 알리지 않고 인도한 경우를 포함한다는 것이 판례 · 다수설의 입장이다. 단기소멸시효기간은 당사자의 약정으로 배제하거나 연장할 수 없다.

Ⅲ. 수하인의 지위

운송인에 관한 규정 중 수하인의 지위에 관한 규정(제140조)과 수하인의 의무에 관한 규정(제141조)은 운송주선인에게도 준용된다(제124조). 따라서 운송물이 도착지에 도착한 때에는 수하인은 송하인과 동일한 지위에 서며, 수하인이 인도를 청구하면 수하인의 권리가 송하인의 권리에 우선하게 된다. 또한 수하인은 운송물을 수령한 때에는 운임 기타 비용과 체당금을 지급할 의무를 부담한다.

제3절 순차운송주선

Ⅰ. 순차운송주선의 형태

1. 부분운송주선

송하인이 운송구간별로 수인의 운송주선인에게 각각 운송주선을 위탁하는 형태를 말한다. 이 경우에는 각 운송주선인 상호간에는 아무런 법률관계가 생기지 않고, 수개의 독립된 운송주선계약이 병존한다.

2. 하수운송주선

최초의 운송주선인이 전구간에 걸쳐 운송주선을 인수하고 주선업무의 일부 또는 전부를 다른 운송주선인으로 하여금 수행케 하는 형태를 말한다. 이때 최초의 운송주선인만이 주선계약의 당사자이며, 다른 운송주선인은 최초의 운송주선인의 이행보조자일 뿐이다.

3. 중간운송주선

발송지의 제1의 운송주선인이 위탁자의 위탁에 따라 최초의 운송주선을 인수하고, 그 이하의 구간에서의 운송은 제1의 운송주선인이 자기의 명의로 위탁자의 계산으로 제2의 운송주선인을 선임하는 경우로 제2 이하의 운송주선을 중간운송주선이라 한다. 상법상의 순차운송주선인은 중간운송주선인의 경우를 말한다.

II. 순차운송주선인의 의무 · 권리

1. 전자의 권리를 행사할 의무

수인이 순차로 운송주선을 하는 경우에는 후자는 전자에 갈음하여 그 권리를 행사할 의무를 부담한다(제117조). 여기서 전자란 자기에 대한 위탁자인 직접의 전자를 말하며, 후자에게 전자의 법정대리인의 지위를 인정하고 있다.

2. 전자의 권리의 취득

순차운송주선인의 경우에 후자가 전자에게 변제하였을 때에는 전자의 권리를 승계취득한다(제117조 제2항). 여기서 전자란 자기의 직접의 전자뿐만 아니라 자기의 모든 전자를 말한다. 운송주선인이 운송인에게 변제한 때에는 운송인의 권리를 취득한다(제118조). 여기서 운송주선인이란 최초의 운송주선인이 아니라 그 다음 중간운송주선인을 의미한다.

연습문제

01 운송주선인에 대한 다음의 설명 중 옳지 않은 것은?

① 운송주선계약시 확정운임을 정한 경우 운송주선인은 특약이 없는 한 보수를 청구할 수 없다.

② 운송주선인은 운송물에 관하여 받을 보수 · 운임 기타 위탁자를 위한 체당금 또는 선대금에 관하여서만 유치권을 행사할 수 있다.

③ 운송주선인의 개입권은 형성권이며, 운송계약체결 후에는 행사할 수 없다.

④ 위탁자의 청구에 의하여 운송주선인이 화물상환증을 작성한 때에는 자신이 운송을 하는 것으로 보고 있다.

⑤ 운송주선인은 사용인의 선임과 감독에 관한 주의를 게을리 하지 아니하였음을 증명하는 것만으로는 책임을 면하지 못한다.

개입권은 운송계약체결후에도 위탁자에게 운송계약체결을 통지하기 전까지는 개입권을 행사할 수 있다.

02 A사는 유럽여행객들을 위하여 자기의 명의로 운송계약을 체결하고 운임은 여행객이 지불하는 방식으로 영업을 하고 있다. A는 다음 중 어디에 속하는가? (1998년 공인회계사)

① 준위탁매매인 ② 위탁매매인 ③ 운송주선인

④ 항공운송중개인 ⑤ 여객운송인

설문의 경우 여객의 운송을 주선하는 업을 하는 자이므로, 준위탁매매인에 해당한다.

03 운송주선인의 손해배상책임에 관한 다음 설명 중 옳지 않은 것은?

① 운송주선인의 손해배상책임은 채무불이행책임이며, 과실책임에 해당한다.

② 운송주선인은 다른 운송주선인의 선택의 과실과 그 운송주선인의 과실로 인한 운송물의 손해에 대하여 책임을 진다.

③ 운송주선인의 손해배상책임이 불법행위를 구성하게 되는 경우, 채무불이행책임과

답 1. ③ 2. ① 3. ②

불법행위로 인한 책임이 경합하게 된다. 이때 위탁자보호를 위하여 판례・통설은 청구권경합설을 취하고 있다.

④ 화폐・유가증권 기타의 고가물에 대하여는 위탁자가 운송의 주선을 위탁함에 있어 그 종류와 가액을 명시하지 않으면 운송주선인은 손해배상책임을 지지 않는다.

⑤ 운송주선인의 채무불이행에 대한 책임은 운송주선인이 선의인 경우 수하인이 운송물을 수령한 날로부터 1년이 경과한 때에는 소멸시효가 완성한다.

운송주선인은 다른 운송주선인의 선택의 과실에 따른 손해배상책임은 부담하지만, 선택한 다른 운송주선인의 과실로 인한 운송물에 대한 손해배상책임은 부담하지 않는다.

04 상법상 운송주선업에 관한 설명 중 틀린 것은? (2006년 공인회계사)

① 운송주선인은 자기의 명의로 물건운송의 주선을 영업으로 하는 자이다.

② 운송주선인은 운송인이나 다른 운송주선인의 선택, 기타 운송에 관하여 주의를 해태하지 아니하였음을 증명하지 못하면 운송물의 멸실, 훼손 또는 연착으로 인한 손해를 배상할 책임을 부담한다.

③ 운송주선인은 위탁자의 청구에 의하여 화물상환증을 작성하여 교부하여야 한다.

④ 운송주선계약에 의해 운임의 액을 정한 경우에 운송주선인은 다른 약정이 없으면 따로 보수를 청구하지 못한다.

⑤ 운송주선인은 운송물에 관하여 받을 보수, 운임 기타 위탁자를 위한 체당금(替當金)이나 선대금(先貸金)에 관하여서만 그 운송물을 유치할 수 있다.

화물상환증은 운송인이 송하인의 청구에 의하여 발행한다(제128조 제1항). 운송주선인은 화물상환증을 발행 교부할 수 있으며(발행하여야 하는 것은 아님), 이 때에는 개입권의 의제가 된다(제116조 제2항).

05 다음 중 위탁매매인, 대리상, 중개인, 운송주선인에 대한 설명으로 틀린 것은? (2007년 공인회계사)

① 위탁매매인과 중개인은 특정 상인과 계속적인 관계에 있지 않고 불특정 다수의 일반인으 일반인으로부터 위탁을 받는 점에서 대리상과 구별된다.

② 운송주선인은 주선업자라는 점에서 위탁매매인과 같다.

③ 중개인은 위탁행위가 물건 또는 유가증권의 매매에 한정되지 않는 점에서 위탁매매인과 다르다.

답 4. ③ 5. ⑤

④ 대리상은 대리상계약이 종료된 후에도 계약과 관련하여 알게 된 본인의 영업상의 비밀을 준수하여야 하는 법정의무를 부담한다.

⑤ 운송주선인의 주선의 목적은 물건 또는 여객운송이다.

운송주선인은 물건운송의 주선을 영업으로 하는 자이고(제114조), 여객운송의 주선을 영업으로 하는 자는 준위탁매매인에 해당한다.

CHAPTER

09 운송업

제1절 운송업의 개념

Ⅰ. 운송업의 의의 및 종류

1. 운송업의 의의

운송업이란 물건 또는 여객의 장소적 변동에 의하여 타인의 영업을 보조하는 영업을 말한다.

2. 운송의 종류

(1) 운송의 객체에 의한 분류

운송의 목적물을 표준으로 하여 물건운송 · 여객운송 · 통신운송으로 분류할 수 있다. 물건운송은 화물의 수송을 목적으로 하는 운송이며, 여객운송은 사람의 수송을 목적으로 하는 운송이며, 통신운송은 전신 및 전화 등의 통신업을 말한다.

(2) 운송의 지역에 의한 분류

운송의 지역에 따라 육상운송 · 해상운송 · 항공운송으로 구분할 수 있다. 호천 · 항만에서의 운송은 육상운송에 포함되어지고, 해상운송은 상법 제5편의 해상법에서 별도로 규정하고 있다. 항공운송에 대해서는 육상운송 또는 해상운송에 관한 규정이 유추적용될 수 있다.

Ⅱ. 운송인의 의의

육상운송인이란 육상 또는 호천 · 항만에서 물건 · 여객의 운송을 영업으로 하는 자를 말한다(제125조). 상행위편 제9장에서 규정하는 운송업은 육상운송만을 의미한다. 육상운송은 철도나 자동차 · 지하철 등에 의한 운송의 형태가 기본이며, 이 외에도 일시 공중을 운행하는 케이블카 등에 의한 운송도 포함된다.

Ⅲ. 운송계약

1. 의 의

운송계약이란 당사자의 일방(운송인)이 물건 또는 여객을 한 장소에서 다른 장소로 이동할 것을 약속하고, 상대방(송하인)은 이에 대하여 보수를 지급할 것을 약속함으로써 성립하는 계약이다.

2. 법적성질

운송계약의 법적성질에 대해 낙성 · 쌍무 · 유상 · 불요식의 계약이며, 운송이라는 일의 완성을 목적으로 하는 일종의 도급계약이라는 것이 통설이다. 그리고 운송계약은 불요식의 계약이므로, 화물명세서나 화물상환증 또는 승차권의 발행은 계약성립의 요건이 아니다.

제2절 물건운송

Ⅰ. 물건운송인의 권리

1. 운송물인도청구권

운송계약의 체결 후 운송인은 운송을 준비하고 운송의 실행을 위하여 송하인에게 운송물을 적당한 상태로 인도하여 줄 것을 청구할 수 있다.

2. 화물명세서(운송장) 교부청구권

(1) 화물명세서의 의의

운송인은 계약성립 후 송하인에 대하여 화물명세서를 작성하여 교부할 것을 청구할 수 있다(제126조 제1항). 화물명세서는 유가증권이 아니며, 송하인이 운송계약에 관한 중요사항(제126조 제2항)을 기재하고 기명날인 또는 서명한 서면으로서 증거증권에 해당한다.

(2) 화물명세서의 부실기재의 효과

송하인이 화물명세서에 허위 또는 부정확한 기재를 한 때에는 고의 또는 과실이 없어도 그로 인하여 발생한 손해에 대하여 운송인에게 배상할 책임이 있다(제127조 제1항). 그러나 운송인이 악의인 경우에는 송하인은 손해배상책임을 지지 않는다(제127조 제2항). 운송인의 과실로 운송물에 손해가 난 경우에는 과실상계가 가능하다.

3. 운임 기타 비용청구권

⑴ 운임청구권

수하인이 운송물을 수령한 때에는 운송인에 대하여 운임을 지급할 의무가 있다(제141조). 따라서 운송인은 운송물을 인도한 후에 운임 등의 청구권을 갖게 된다. 여기서 인도는 현실적 인도가 아니라 인도상태를 갖추면 된다. 수하인은 운송물을 수령함으로써 운임에 관하여 송하인과 함께 연대채무자가 된다. 화물상환증이 작성된 경우에는 그 소지인이 운임지급의무자가 된다. 송하인이나 화물상환증 소지인이 운송중지 · 운송물반환 등을 청구하여 처분권을 행사한 때에는 운송을 완료하지 않았다 하더라도 운송의 비율에 따른 비율운임을 청구할 수 있다(제139조제1항).

⑵ 기타 비용청구권

운송인은 수하인에게 운송물을 인도한 때에는 운임 외에 운송에 관한 비용(예 통관비용, 보험료 등)과 체당금을 청구할 수 있다(제141조).

⑶ 채권의 소멸시효

운송인의 송하인 또는 수하인에 대한 채권은 1년간 행사하지 않으면 소멸시효가 완성된다(제147조, 제122조). 이 규정은 불법행위로 인한 손해배상청구권에는 적용되지 않는다.

4. 유치권

운송인은 운송주선인과 마찬가지로 운송물에 관하여 받을 운임, 기타 송하인을 위한 체당금이나 선대금에 관하여서만 그 운송물을 유치할 수 있다(제147조, 제120조).

5. 운송물의 공탁 · 경매권

(1) 공탁권

수하인을 알 수 없거나 또는 「수하인」이 운송물의 수령을 거부하거나 수령할 수 없는 때 운송인은 운송물을 공탁할 수 있으며(제142조 제1항, 제143조 제1항), 공탁한 때에는 지체없이 송하인에게 통지하여야 한다(제142조 제3항). 여기서 수하인 이란 송하인이 지정한 수하인은 물론 널리 운송물을 수령할 권한이 있는 자를 가리킨다. 「수하인을 알 수 없을 때」라 함은 송하인이 수하인을 지정하였으나, 수하인을 특정할 수 없거나 소재가 불명한 때를 의미한다. 「수령을 거부한 때」라 함은 수하인 등이 정당한 사유없이 수령을 거절한 때를 말한다. 「수령할 수 없을 때」라 함은 수하인의 질병이나 여행 등 주관적 사정 또는 천재지변 등의 객관적 사정으로 장기간 수령이 불가능한 때를 의미한다.

(2) 경매권

① **수하인불명의 경우 경매** : 송하인에게 상당한 기간을 정하여 운송물의 처분에 관한 지시를 최고하고, 최고하였음에도 그 기간내에 지시가 없으면 우송물을 경매할 수 있다(제142조 제2항). 운송인이 경매를 한 때에는 지체없이 송하인에게 그 통지를 발송하여야 한다(제142조 제3항).

② **수하인의 수령거부나 수령불능의 경우의 경매** : 수하인이 운송물의 수령을 거부하거나 또는 수하인이 운송물을 수령할 수 없는 경우에는 먼저 수하인에 대해 상당한 기간 내에 운송물의 처분에 관한 지시를 할 것을 최고하고, 그 기간내에 지시가 없는 경우에는 송하인에게 상당한 기간을 정하여 처분지시의 최고를 하고 송하인의 처분지시가 없는 때에는 운송물을 경매할 수 있다(제143조 제2항). 경매를 한 때에는 지체없이 수하인(또는 화물상환증소지인)에게 통지를 발송하여야 한다(제143조 제1항, 제142조 제3항).

③ **공시최고에 의한 경매** : 송하인 · 화물상환증소지인 · 수하인 모두를 알 수 없을 경우에는 공시최고에 의하여 경매할 수 있다(제144조). 공시최고는 운송인이 6월 이상의 기간을 정하여 그 기간 내에 권리를 주장할 것을 관보나 일간신문에 2회 이상 공고하고, 이 기간 내에 권리를 주장하는 자가 없는 때에는 운송물을 경매할 수 있다.

④ **경매대금의 처리** : 경매한 후에는 경락대금에서 경매비용을 공제한 잔액을 공탁해야 하나, 그 전부 또는 일부를 운임 등 운송인의 채권변제에 충당할 수 있다.

II. 물건운송인의 의무

1. 운송의무 · 주의의무

운송인은 운송계약이 성립한 후 일정한 장소에서 송하인으로부터 운송물을 인도받아 이를 목적지까지 운송하고, 인도할 날에 수하인 기타 운송물을 수령할 권한이 있는 자에게 운송물을 인도하여야 한다. 그리고 운송물을 수령한 때로부터 인도할 때까지 선량한 관리자로서의 주의의무를 진다.

2. 화물상환증 교부의무

운송인은 송하인의 청구가 있는 때에는 일정한 사항(제128조 제2항 1호 내지 4호)을 기재하여 화물상환증을 교부하여야 한다(제128조 제1항).

3. 운송물 처분의무

(1) 의무의 내용

운송인은 송하인 또는 화물상환증 소지인이 운송의 중지, 운송물의 반환 기타의 처분을 요구할 때에는 그의 지시에 따라야 한다(제139조 제1항 1문). 송하인 또는 화물상환증 소지인의 처분청구권은 형성권이다. 「운송의 중지」란 운송물의 운송을 중단하는 것을 의미한다. 또 「운송물의 반환」이란 현 소재지에서 반환함을 의미한다. 그리고 「기타의 처분」이란 양도 · 입질 등의 법률상의 처분을 의미하므로, 송하인 또는 화물상환증소지인의 처분권 행사는 운송인에게 부담을 주는 운송노선의 연장 등에는 적용되지 않는다.

(2) 처분에 따른 운송인의 권리

운송인이 송하인 또는 화물상환증소지인의 지시에 따라 운송물을 처분한 때에는 이미 운송한 비율에 따른 운임, 체당금과 처분으로 인한 비용의 지급을 청구할 수 있다(제139조 제1항 2문).

(3) 송하인 등의 처분권의 소멸

상법 제140조 제2항에 따라 운송물이 목적지에 도착한 후 수하인이 그 인도를 청구한 때에는 수하인의 권리가 송하인의 권리에 우선하므로, 수하인이 운송물의 인도를 청구한 후에는 송하인의 처분권은 소멸한다. 다만 수하인이 인도를 청구한 후에도 운송물의 수령을 거부하거나 포기하거나 수령할 수 없는 경우에는 송하인의 처분권은 부활한다. 화물상환증이 발행된 경우에는 제140조 제2항이 적용되지 않는다.

4. 운송물 인도의무

(1) 화물상환증이 발행되지 않은 경우

운송물이 도착지에 도착한 때에는 수하인은 송하인과 동일한 권리를 가진다(제140조 제1항). 그러므로 수하인은 운송인에 대하여 운송물의 인도를 청구할 수 있고, 수하인의 청구시에 운송인은 운송물을 인도하여야 할 의무를 진다.

(2) 화물상환증이 발행된 경우

① **화물상환증소지인에의 인도** : 운송인이 화물상환증을 발행한 경우에는 그 소지인만이 운송물인도청구권을 갖는다. 운송인과 화물상환증소지인간의 운송에 관한 사항은 화물상환증의 기재된 바에 의한다(제131조). 화물상환증에 의하지 않고는 운송물의 처분을 청구할 수 없고(제132조), 운송인은 화물상환증과 상환하지 않고는 운송물을 인도할 의무가 없다(제129조).

② **보증도 · 가인도** : 화물상환증이 발행된 경우에는 증권과 상환하지 않고는 운송물의 인도를 청구할 수 없으나, 예외적으로 실무상 보증도와 가인도가 인정된다. 보증도란 운송물을 화물상환증과 상환함이 없이 인도함으로써 생기는 결과에 대하여 책임을 진다는 보증은행의 보증서를 받고 운송물을 인도하는 방법이고, 가인도란 화물상환증과 상환하지 않고도 운송물을 인도하는 방법이다. 다만, 보증도 또는 가인도에 의한 운송물의 인도 후 화물상환증소지인이 운송물의 반환을 청구하는 경우 화물상환증소지인에게 채무불이행에 의한 손해배상책임을 진다.

Ⅲ. 운송인의 손해배상책임

1. 상법의 규정

운송인은 자기 또는 운송주선인이나 사용인 그 밖에 운송을 위하여 사용한 자가 운송물의 수령, 인도, 보관 및 운송에 관하여 주의를 게을리하지 아니하였음을 증명하지 아니하면 운송물의 멸실, 훼손 또는 연착으로 인한 손해를 배상할 책임이 있다(제135조). 따라서 운송인의 책임에 관하여는 과실책임주의를 택하고 있고, 과실의 유무에 대한 입증책임은 운송인이 부담한다.

2. 책임의 원인

(1) 자기 또는 이행보조자의 과실

운송인은 자기 또는 자신이 선임한 운송주선인이나 사용인 그 밖에 운송을 위하여 사용한 자의 운송물 수령·인도·보관·운송행위에 대하여도 책임을 진다. 운송인이 책임을 면하기 위해서는 이행보조자의 선임·감독에 과실이 없다는 것만 입증하는 것으로는 부족하고 이행보조자가 주의를 게을리하지 아니하였음을 입증하여야 한다.

(2) 손해의 유형

운송인은 운송물의 멸실·훼손·연착으로 인하여 손해가 생긴 경우에 책임을 진다. 손해는 운송인의 채무불이행과 상당인과관계가 있는 모든 손해를 배상하여야 한다.

(3) 손해발생의 입증책임

운송물의 멸실·훼손·연착으로 인하여 손해가 생겼다는 것은 송하인 또는 화물상환증소지인이 입증하여야 한다.

3. 손해배상액

(1) 배상액산정기준

운송물이 전부멸실되거나 연착한 경우의 손해배상액은 인도할 날의 도착지의 가격에 의하고, 운송물이 일부멸실 또는 훼손된 경우의 손해배상액은 인도한 날의 도착지의 가격에 의한다(제137조 제1항, 제2항).

(2) 배상액제한원칙 배제

운송물의 멸실·훼손·연착이 운송인의 고의나 중대한 과실로 인한 때에는 운송인은 상당인과관계가 있는 모든 손해뿐만 아니라 운송인이 알았거나 알 수 있었을 경우 특별한 사정으로 인한 손해도 배상하여야 한다(제137조 제3항). 다만, 운송물의 멸실 또는 훼손으로 인하여 지급을 요하지 아니하는 운임 기타 비용은 산정한 배상액에서 공제하여야 한다(제137조 제4항).

(3) 제137조의 적용범위

제137조의 특칙은 불법행위로 인한 책임에는 적용되지 않으며, 임의규정이므로 당사자간의 특약으로 책임을 가중 또는 경감할 수 있다.

4. 고가물에 대한 특칙

(1) 고가물임을 명시한 경우

화폐, 유가증권 기타의 고가물에 대하여는 송하인이 운송을 위탁할 때에 그 종류와 가액을 명시한 경우에 한하여 운송인이 그 손해의 배상을 할 책임이 있다(제136조). 「고가물」이란 상법 제136조에서 예시한 화폐, 유가증권 이외에 귀금속, 보석, 골동품 등을 들 수 있다.

(2) 고가물임을 명시하지 않은 경우

고가물임을 명시하지 아니한 경우에는 그 고가물이 멸실 · 훼손되더라도 운송인은 전혀 손해배상책임을 지지 않는다. 운송물이 고가물이라는 점과 그 종류 · 가액을 송하인이 명시하지 않았다는 점은 운송인이 입증하여야 한다.

5. 손해배상책임의 소멸

(1) 특별소멸사유

운송인의 손해배상책임은 수하인 또는 화물상환증소지인이 유보(留保)없이 운송물을 수령하고 운임 기타 비용을 지급한 때에는 소멸하지만, 운송물에 즉시 발견할 수 없는 훼손 또는 일부멸실이 있을 경우에 운송물을 수령한 날로부터 2주간 내에 운송인에게 그 통지를 발송한 때에는 운송인의 책임이 소멸하지 않는다(제146조 제1항). 또한 운송인 또는 그 사용인이 악의인 경우에는 수하인 또는 화물상환증소지인의 유보 여부에 관계없이 운송인의 책임은 소멸하지 않는다(제146조 제2항).

(2) 단기소멸시효

운송인의 손해배상책임은 전부멸실의 경우에는 운송물을 인도할 날로부터, 기타 손해의 경우에는 수령권자가 운송물을 수령한 날로부터 1년이 경과하면 소멸한다(제147조, 제121조 제1항 · 제2항). 다만, 운송인이나 그 사용인이 악의인 때에는 5년의 일반상사소멸시효가 적용된다. 여기서 「악의」란 멸실 · 훼손 · 연착 등의 사실을 단순히 아는 것으로는 부족하고, 운송인이 고의로 운송물을 멸실 · 훼손 · 연착시키거나 이러한 사실을 은폐하고 인도한 경우를 의미한다.

6. 불법행위책임과의 경합

운송인의 자기 또는 이행보조자의 고의 · 과실로 인하여 운송물이 멸실 · 훼손된 경우에 채무불이행에 따른 손해배상책임을 지는 것 외에 운송물에 대한 소유권의 침해로 인하여 불법행위에 의한 손해배상책임이 발생할 수 있다. 이와 관련하여 채무불이행책임과 불법행위책임의 경합문제가 다투어진다. 이에 대해 통설과 판례는 청구권경합설을 인정하고 있다. 즉, 두가지 청구권 중 하나를 임의로 선택하여 행사할 수 있다.

7. 면책약관의 효력

운송인의 책임에 관한 상법규정은 임의법규이므로 당사자 간의 특약에 의하여 운송인의 책임을 감면할 수 있다. 다만, 손해배상책임에 대한 면책약관이 있는 경우 청구권경합설을 취하는 통설과 판례에 따르면 불법행위책임에 대해서는 면책약관이 적용되지 않는다고 한다.

IV. 수하인의 지위

1. 운송물의 도착 전

운송물이 도착지에 도착하기 전에는 송하인의 권리만 존재하며 수하인은 운송물에 대하여 아무런 권리가 인정되지 않는다(제139조).

2. 운송물의 도착 후

(1) 수하인의 인도청구 전

운송물이 도착지에 도착한 후에는 수하인은 송하인과 동일한 권리를 취득한다(제140조 제1항).

(2) 수하인의 인도청구 후

운송물이 도착지에 도착한 후에 수하인이 운송물의 인도를 청구한 때에는 수하인의 권리가 송하인의 권리에 우선한다(제140조 제2항). 수하인이 운송물을 수령한 때에는 운임 기타 비용의 지급의무를 진다(제141조).

V. 화물상환증

1. 의의 및 법적성질

화물상환증이란 운송물의 수령을 증명하고 운송인에 대한 운송물인도청구권을 표창하는 유가증권으로서,요식증권성 · 요인증권성 · 문언증권성 · 지시증권성 · 상환증권성 · 인도증권성 · 처분증권성을 갖는다.

2. 화물상환증의 발행

화물상환증은 송하인의 청구에 의해 운송인이 발행한다(제128조 제1항). 화물상환증에는 ① 운송물의 종류, 중량 또는 용적, 포장의 종별, 개수와 기호, ② 도착지, ③ 수하인과 운송인의 성명 또는 상호, 영업소 또는 주소, ④ 송하인의 성명 또는 상호, 영업소 또는 주소, ⑤ 운임 기타 운송물에 관한 비용과 그 선급 또는 착급의 구별, ⑥ 화물상환증의 작성지와 작성연월일, ⑦ 운송인의 기명날인 또는 서명의 기재사항이 기재되어야 한다.

3. 화물상환증의 양도

화물상환증은 법률상 당연한 지시증권이므로 기명식으로 발행된 경우에도 배서에 의해 양도할 수 있으나(제130조), 배서를 금지한 때에는 지명채권양도의 방법과 효력에 따라서만 양도할 수 있다. 화물상환증의 배서는 어음·수표의 배서와 달리 자격수여적 효력과 권리이전적 효력만 인정되고, 담보적 효력은 인정되지 않는다.

4. 화물상환증의 효력

(1) 채권적 효력

채권적 효력이란 화물상환증소지인과 운송인 사이의 채권적 관계에 관한 효력을 말한다. 화물상환증이 발행된 경우에는 운송인과 송하인 사이에 화물상환증에 적힌 대로 운송계약이 체결되고 운송물을 수령한 것으로 추정되며(제131조 제1항), 화물상환증을 선의로 취득한 소지인에 대하여 운송인은 화물상환증에 적힌 대로 운송물을 수령한 것으로 보고 화물상환증에 적힌 바에 따라 운송인으로서 책임을 진다(제131조 제2항). 따라서 화물상환증소지인과 운송인 사이에는 화물상환증의 기재문언을 기준으로 결정한다. 운송인은 화물상환증에 기재된 바에 따라 운송물의 내용을 포함한 모든 법정기재사항에 대하여 책임을 진다. 이러한 규정은 공권 또는 운송물이 상이한 경우에 대해 문언성을 중시하는 입장에서 입법적으로 해결된 것으로 볼 수 있다. 그런데 판례는 화물상환증이 공권 또는 운송계약과 화물상환증의 기재내용이 다르게 발행된 경우 원인과 요건을 구비하지 않아 화물상환증이 무효가 된다고 한다. 화물상환증의 채권적 효력은 악의취득자에게는 인정되지 않는다.

(2) 물권적 효력

① **의의** : 화물상환증에 의하여 운송물을 받을 수 있는 자에게 화물상환증을 교부한 때에는 운송물 위에 행사하는 권리의 취득에 관하여 운송물을 인도한 것과 동일한 효력이 있다(제133조).

② **요건** : 물권적 효력은 운송물이 실물로 존재하고 그것이 운송인의 점유하에 있으면 인정되므로 운송인의 운송물에 대한 간접점유상태에서도 인정된다. 운송물을 받을 수 있는 화물상환증의 정당한 소지인에 대해 물권적 효력이 인정된다. 따라서 배서연속에 의해 화물상환증을 취득한 자 · 선의취득자 · 포괄승계인 등에게는 물권적 효력이 인정되지만, 증권의 단순한 점유자에게는 물권적 효력이 인정되지 않는다.

운송물 자체를 제3자가 선의취득한 경우에는 물권적 효력이 생기지 않고, 선의취득자가 우선한다.

③ **효과** : 화물상환증이 발행된 경우에는 제3자에 대한 운송물에 관한 처분(제132조), 운송인에 대한 처분권행사(제139조), 운송물인도청구권행사(제129조)는 화물상환증에 의하여야 한다.

VI. 순차운송

1. 운송의 형태

(1) 부분운송

동일한 운송물을 수인의 운송인이 각 구간별로 독립하여 운송하는 형태이다.

(2) 하수운송

최초의 운송인이 송하인과 전구간에 대한 운송을 인수하고, 그 전부 또는 일부구간에 대해 이행보조자로서의 다른 운송인을 이용하는 형태이다.

(3) 동일운송

수인의 운송인이 송하인과 전구간에 대한 운송계약을 체결하고 내부적으로 구간별 운송을 분담하는 것이다.

(4) 공동운송

최초의 운송인이 전구간의 운송을 인수하여 일부구간만의 운송을 실행하고, 그 나머지 구간의 운송을 자기의 명의로 송하인의 계산으로 제2 이하의 운송인에게 위임하는 형태이다. 상법상 인정되는 순차운송은 공동운송을 말한다.

2. 순차운송인의 지위

(1) 순차운송인의 책임

수인이 순차로 운송할 경우에는 각 운송인은 운송물의 멸실 · 훼손 · 연착으로 인한 손해를 연대하여 배상할 책임이 있다(제138조 제1항). 다만, 손해발생과 무관한 운송인이 손해배상을 한 때에는 그 손해의 원인이 된 행위를 한 운송인에 대하여 구상권을 행사할 수 있다(제138조 제2항). 손해의 원인이 된 운송인을 알 수 없을 때에는 각 운송인은 운임액의 비율에 따라 손해액을 분담하지만, 손해가 자기의 운송구간에서 발생하지 아니하였음을 증명한 운송인은 손해분담의 책임을 면한다(제138조 제3항).

(2) 순차운송인의 대위

후자인 운송인은 전자인 운송인의 권리를 행사할 의무가 있고, 순차운송인 가운데 후자가 미리 전자에게 변제를 한 때에는 후자는 전자가 수하인에게 갖는 권리를 취득한다(제147조, 제117조).

제3절 여객운송

Ⅰ. 의 의

여객운송이란 육상 또는 호천, 항만에서 자동차·철도 등에 의하여 여객을 일정한 장소에서 다른 장소로 운반하는 행위를 말한다(제125조). 여객운송은 여객의 생명이나 신체의 안전이 중요하기 때문에 물건운송에서보다 고도의 주의가 요구된다.

Ⅱ. 여객운송계약

1. 계약의 당사자

여객운송계약은 일정한 지점에서 다른 지점으로 자연인(여객)의 이동을 목적으로 하는 계약으로서, 통상 여객과 운송인간에 계약이 이루어진다. 그러나 타인을 운송의 객체로 하여 여객 아닌 자가 운송계약을 체결하는 것도 가능하다.

2. 계약의 성질

여객운송계약은 여객의 청약과 운송인의 승낙에 의하여 성립하며, 물건운송계약과 마찬가지로 도급계약이다.

3. 승차권의 성질

계약체결의 방식은 자유이지만, 통상 승차권이 이용된다. 그러나 승차권의 발행은 계약성립의 요건이 아니다. 승차권은 여객운송인이 여객운송의 편의를 도모하기 위하여 여객에게 발행하는 증권으로 유가증권으로 보는 것이 통설의 입장이다.

Ⅲ. 여객운송인의 권리

1. 운임청구권

여객운송인은 특별한 약정이 없더라도 당연히 보수청구권을 가진다. 그렇지만 운송계약은 도급계약이므로 운송이 완료되어야 보수를 청구할 수 있다. 따라서 운송이 중도에 종료된 때에는 원칙상 운임을 청구하지 못한다.

2. 유치권

수하물을 인도받은 경우(탁송수하물), 여객운송인은 그 수하물의 운임과 여객의 운임에 관하여 유치권을 행사할 수 있다.

Ⅳ. 여객운송인의 책임

1. 여객의 손해에 대한 책임

⑴ 의 의

여객운송인은 자기 또는 사용인이 운송에 관한 주의를 해태하지 않았음을 증명하지 않으면 여객이 운송으로 인하여 받은 손해를 배상할 책임을 면하지 못한다(제148조 제1항). 여기서 「여객」이란 운송계약의 당사자이거나 운송계약에 의하여 여객으로 지정된 자를 말한다.

여객운송인은 자기와 사용인의 무과실을 입증하지 않는 한 책임을 면하지 못한다.

⑵ 손해배상의 범위

여객운송인은 여객의 생명·신체에 받은 손상으로 인한 재산상의 손해와 피복의 손상과 연착에 대한 손해, 상실된 장래의 기대이익(일실이익)도 배상하여야 한다. 또한 여객의 정신적 손해(위자료)도 배상하여야 한다.

주의 여객운송계약의 당사자가 아닌 여객의 가족 등이 입은 정신적 손해는 배상액의 범위에 포함되지 않는다(판례). 그러므로 여객의 가족 등이 입은 정신적 손해에 대한 위자료청구를 하려면 불법행위 법리에 의할 수밖에 없다(민법 제751조 제1항).

(3) 배상액의 산정

손해액을 산정함에 있어서는 피해자와 그 가족의 정상을 참작하여야 한다(제148조 제2항). 정상참작은 여객의 생명이나 신체에 관한 손해의 경우에 요구된다. 다만, 손해액산정에 있어서 법원은 직권으로 피해자의 과실이 있는 경우 과실상계를 하여야 한다.

(4) 손해배상청구권의 승계

여객이 사망하였을 때에는 손해배상청구권은 상속인이 승계하여 청구할 수 있다.

(5) 청구권경합

물건운송에서와 같이 여객운송에서도 채무불이행책임과 불법행위책임의 관계에서 통설・판례는 청구권경합설을 취하고 있다.

(6) 책임의 소멸시효

여객의 손해에 대한 운송인의 책임은 5년의 소멸시효의 완성으로 소멸하며, 물건운송인의 경우와 같은 특칙은 인정되지 않는다.

2. 여객의 수하물에 대한 책임

(1) 탁송수하물에 대한 책임

여객운송인은 여객으로부터 인도받은 수하물에 관해서는 운임을 받지 않은 경우에도 물건운송인과 동일한 책임을 진다(제149조 제1항). 수하물이 도착지에 도착한 날로부터 10일 내에 여객이 인도를 청구하지 아니한 때에는 운송인은 수하물을 공탁・경매할 수 있으며(제149조 제2항 본문), 여객의 주소 또는 거소를 알지 못하는 여객에 대하여는 최고와 통지를 하지 않고도 공탁・경매할 수 있다(제149조 제2항 단서).

(2) 휴대수하물에 대한 책임

여객운송인은 여객으로부터 인도받지 않은 수하물에 대해서는 자기 또는 사용인의 과실이 없으면 수하물의 멸실・훼손에 대하여 손해를 배상할 책임이 없다(제150조). 운송인 또는 사용인의 과실은 여객이 입증하여야 한다.

Commercial Law

연습문제

01 물건운송인의 권리에 관한 설명으로 옳은 것은?

① 운송인은 송하인에 대하여 화물명세서의 교부를 청구할 수 있으며, 화물명세서는 유가증권에 해당한다.

② 운송인은 운송물의 전부 또는 일부가 그 성질이나 하자 또는 송하인의 과실로 인하여 멸실한 때에는 운임의 전액을 청구할 수 있으나, 운송인과 송하인은 이에 대해 다른 약정을 할 수 있다.

③ 운송인은 수하인을 알 수 없거나 수하인이 운송물의 수령을 거부하는 때에는 운송물을 공탁할 수 있으며, 공탁에 적합하지 않은 경우에 한하여 경매권을 행사할 수 있다.

④ 운송인이 운송물을 경매한 때에는 그 대금에서 경매비용을 공제하고 잔액을 공탁하여야 하며, 그 전부 또는 일부를 운임에 충당할 수 없다.

⑤ 송하인, 수하인 및 화물상환증 소지인의 모두를 알 수 없는 경우 반드시 일정기간의 공시최고를 하고, 그 기간내에 권리주장자가 없는 경우에 운송인은 운송물을 경매할 수 있다.

① 화물명세서는 유가증권이 아니며, 단순한 증거증권에 불과하다.
③ 운송인은 수하인을 알 수 없거나 수하인이 운송물의 수령을 거부하는 때에는 경매권 또는 공탁권을 선택적으로 행사할 수 있다.
④ 운송물을 경매한 때에는 경매대금에서 운임의 전부 또는 일부에 충당할 수 있다.
⑤ 송하인, 수하인 및 화물상환증 소지인을 알 수 없는 때라도 운송물이 멸실, 훼손될 염려가 있는 때에는 공시최고 없이 경매할 수 있다.

02 물건운송인의 의무에 관한 다음 설명 중 옳은 것은?

① 화물의 하주(荷主)는 당연히 화물상환증의 교부청구권을 가지므로 운송인은 하주의 청구가 있는 때에는 화물상환증을 교부하여야 한다.

② 운송인의 처분의무는 일방적으로 계약상의 의무를 가중하거나 그 의무를 변경하는 것은 인정되지 않는다.

③ 화물상환증이 발행된 경우에는 반드시 화물상환증과 상환하지 아니하고는 운송물을 인도할 수 없다.

답 1. ② 2. ②

④ 운송물이 목적지에 도착한 후 수하인이 운송물 인도청구를 한 때에는 송하인의 권리가 소멸하므로 운송인은 수하인에게 운송물을 인도할 수 없는 경우 운송물을 공탁하여야 한다.

⑤ 운송인이 송하인의 지시에 따라 운송의 중지·운송물의 반환 기타 처분을 한 때에는 운임의 전액 및 처분으로 인한 비용의 지급을 청구할 수 있다.

① 운송주선에 의하는 경우에는 운송주선인이 송하인이 되고, 송하인의 청구가 있는 경우 운송인은 화물상환증을 교부해야 할 의무를 진다. 따라서 하주는 당연히 화물상환증의 교부청구권을 가지는 것은 아니다.

③ 화물상환증이 발행된 경우에도 가인도·보증인도에 의하여 화물상환증과 상환하지 아니하고 운송물을 인도하는 경우가 있다.

④ 수하인이 운송물의 인도청구를 한 경우 수하인의 지위가 송하인의 지위에 우선할 뿐 송하인의 지위가 소멸하는 것은 아니다.

⑤ 운송인이 운송의 중지·운송물의 반환 기타 처분을 한 때에는 운송한 비율에 따른 운임·체당금 및 처분으로 인한 비용의 지급을 청구할 수 있다.

03 서울에 있는 송하인 A는 운송인 B와 고가의 물건을 부산에 있는 수하인 C에게 운송해 줄 것을 내용으로 하는 계약을 체결하였다. 이에 대한 상법상 설명으로 옳은 것은? (2017년 공인회계사)

① A가 운송물의 종류 및 가액을 명시한 때에는 운송물이 일부 멸실된 경우 B의 손해배상액은 명시가액을 최고한도로 하여 인도한 날의 도착지 가격에 의한다.

② A가 운송물의 종류 및 가액을 명시한 때에는 운송물이 전부멸실된 경우 B의 손해배상액은 명시가액을 최고한도로 하여 운송계약을 체결한 날의 출발지 가격에 의한다.

③ 판례에 의하면 A는 B의 하도급을 받아 물건을 운송하는 자에게까지 운송물의 종류 및 가액을 명시하여야 B에게 운송물에 대한 손해 배상책임을 물을 수 있다.

④ A가 운송물의 종류 및 가액을 명시하지 않은 때에는 운송물이 연착된 경우 B의 손해배상액은 운송물을 인도한 날의 도착지 가격에 의한다.

⑤ 판례에 의하면 A가 운송물의 종류 및 가액을 명시하지 않은 경우 B는 채무불이행으로 인한 손해배상책임은 물론 불법행위로 인한 손해배상책임도 부담한다.

① A가 운송물의 종류 및 가액을 명시한 때에는 운송물이 일부 멸실된 경우 B의 손해배상액은 명시가액을 최고한도로 하여 인도한 날의 도착지 가격에 의한다(제137조 제2항).

② A가 운송물의 종류 및 가액을 명시한 때에는 운송물이 전부멸실된 경우 B의 손해배상액은 명시가액을 최고한도로 하여 인도할 날의 도착지 가격에 의한다(제137조 제1항).

③ 판례에 의하면 A는 B에게 운송물의 종류 및 가액을 명시하면 B에게 운송물에 대한 손해 배상책임을 물을 수 있다.

④ A가 운송물의 종류 및 가액을 명시하지 않은 때에는 운송물이 연착된 경우 B는 책임이 없다(제136조).

⑤ 판례에 의하면 상법 제136조는 채무불이행에 관한 규정이므로 A가 운송물의 종류 및 가액을 명시하지 않은 경우 B는 채무불이행으로 인한 손해배상책임은 부담하지 않는다(대판1977.12.13, 75다107). 그러나

답 3. ①

불법행위로 인한 손해배상책임에는 제136조가 적용되지 않으므로, 불법행위로 인한 손해배상책임은 부담한다.

04 화물상환증에 관한 설명 중 옳은 것은? (2000년 공인회계사)

① 화물상환증이 발행된 경우에는 운송물의 처분은 화물상환증으로써 하여야 한다.

② 화물상환증의 채권적 효력은 송하인과 운송인간에 인정되는 효력이다.

③ 기명식으로 발행한 화물상환증은 배서에 의하여 양도할 수 없다.

④ 운송물의 소유자는 운송계약상의 송하인이 아니더라도 당연히 화물상환증의 발행을 청구할 수 있다.

⑤ 운송물이 멸실되거나 제3자가 선의취득한 경우 채권적 효력은 부정되나, 물권적 효력은 인정된다.

② 화물상환증의 채권적효력은 운송인과 화물상환증 소지인(송하인 또는 제3취득자) 간에 인정된다(제131조 참조).

③ 화물상환증은 기명식인 경우에도 배서에 의하여 양도할 수 있다(제130조). 다만 어음의 배서와 달리 담보적 효력이 없다.

④ 운송인은 송하인의 청구에 의하여 화물상환증을 교부하여야 한다(제127조 1항).

⑤ 운송물이 멸실되거나 제3자가 선의취득하게 되면 운송인과 소지인간의 채권적효력이 문제된다.

05 상법상 화물상환증에 관한 설명으로 옳은 것은? (2017년 공인회계사)

① 화물상환증이 발행된 때에는 운송인과 송하인 사이에 화물상환증에 적힌 대로 운송계약이 체결되고 운송물을 수령한 것으로 간주한다.

② 화물상환증이 발행되지 않은 때에는 수하인이 운송인에 대하여 운송의 중지, 운송물의 반환 기타의 처분을 청구할 수 있다.

③ 화물상환증에 의하여 운송물을 받을 수 있는 자에게 화물상환증을 교부한 때에는 운송물 위에 행사하는 권리의 취득에 관하여 운송물을 인도한 것과 동일한 효력이 있다.

④ 운송인이 화물상환증과 상환하지 않고 운송물을 인도한 때에는 정당한 화물상환증 소지인에 대하여 채무불이행으로 인한 손해배상책임을 부담하지 않는다.

⑤ 화물상환증이 발행된 때에는 운송물에 관한 처분은 화물상환증으로써 하여야 하며 화물상환증이 기명식인 경우에는 배서에 의해서도 양도할 수 없다.

① 화물상환증이 발행된 때에는 운송인과 송하인 사이에 화물상환증에 적힌 대로 운송계약이 체결되고 운송물을 수령한 것으로 추정한다(제131조 제1항).

② 화물상환증이 발행되지 않은 때에는 송하인이 운송인에 대하여 운송의 중지, 운송물의 반환 기타의 처분을 청구할 수 있다(제139조 제1항).

④ 운송인이 화물상환증과 상환하지 않고 운송물을 인도한 때에는 정당한 화물상환증 소지인에 대하여

답 4. ① 5. ③ 6. ④

상법 제135조에 따른 채무불이행으로 인한 손해배상책임을 부담한다.

⑤ 화물상환증이 발행된 때에는 운송물에 관한 처분은 화물상환증으로써 하여야 하며 화물상환증이 기명식인 경우에도 배서에 의해서도 양도할 수 있다(제130조).

06 상법상 운송업에 관한 설명 중 틀린 것은? (2005년 공인회계사)

① 운송인은 육상 또는 호천 · 항만에서 여객 또는 물건의 운송을 영업으로 하는 자이다.

② 운송계약의 체결에는 아무런 방식을 필요로 하지 않으므로, 구두의 방법으로도 체결될 수 있다.

③ 운송인이 운송 중에 송하인의 지시에 따라 운송물을 처분한 경우에는 이미 운송한 비율에 따라 운임 · 체당금(替當金) · 비용의 지급을 청구할 수 있다.

④ 여객으로부터 인도를 받은 수화물에 대하여 운임을 받지 않은 경우에는 여객이 그 수화물의 멸실 또는 훼손에 대한 운송인측의 과실을 증명하지 아니하면 운송인은 손해를 배상할 책임이 없다.

⑤ 운송인 또는 그 사용인이 운송물의 멸실 · 훼손된 사실을 알고서 운송물을 인도한 때에는, 이를 수하인 등이 유보 없이 수령한 경우에도 운송인은 그 책임을 면하지 못한다.

여객으로부터 인도를 받은 수화물에 대하여 운임을 받지 않은 경우라도 운송인은 그 수화물의 멸실 또는 훼손에 대해 자기 또는 자기의 사용인이 주의의무를 해태하지 않았음을 증명하지 아니하면 운송인은 손해를 배상할 책임이 있다(제149조 제1항, 제135조).

07 상법상 손해배상책임에 관한 설명 중 옳은 것은? (2008년 공인회계사)

① 육상물건운송에서 수하인이 유보없이 수령한 운송물에 즉시 발견할 수 없는 훼손이 있는 경우 수하인이 운송물을 수령한 날로부터 2주간 내에 그 통지를 발송하면 운송인에게 손해배상을 청구할 수 있다.

② 운송주선인은 자신의 사용인 또는 운송인의 과실로 운송물이 멸실 또는 훼손된 경우에도 송하인에게 손해배상책임을 져야 한다.

③ 여객이 직접 휴대한 수하물이 멸실된 경우 여객운송인은 그 멸실에 대하여 자기나 사용인의 고의 · 중과실이 없음을 입증하면 손해배상책임을 지지 않는다.

④ 임치받은 물건이 멸실된 경우 공중접객업자는 물건의 보관에 있어 자기나 사용인의 고의 · 중과실이 없음을 입증하면 책임을 면한다.

⑤ 임치물이 멸실된 경우 창고업자는 자기 또는 사용인이 임치물의 보관에 관하여 고의 · 중

답 7. ①

과실이 없음을 증명하지 못하면 손해를 배상하여야 한다.

① 육상물건운송에서 수하인이 유보없이 수령한 운송물에 즉시 발견할 수 없는 훼손이 있는 경우 수하인이 운송물을 수령한 날로부터 2주간 내에 그 통지를 발송하면 운송인에게 손해배상을 청구할 수 있다(제146조 제1항).

② 운송주선인은 자신 또는 사용인이 운송물의 수령, 인도, 보관, 운송인이나 다른 운송주선인의 선택, 기타 운송에 관하여 주의를 해태하지 아니하였음을 증명하지 아니하면 운송물의 멸실 또는 훼손, 연착으로 인한 손해의 배상책임을 진다(제115조). 따라서 다른 운송인의 과실로 인한 손해에 대해서까지 손해배상책임을 지는 것은 아니다.

③ 여객이 직접 휴대한 수하물이 멸실된 경우 여객운송인은 여객이 운송인이나 그의 사용인에게 과실이 있음을 입증하지 못하면 손해배상책임을 지지 않는다(제150조).

④ 임치받은 물건이 멸실된 경우 공중접객업자는 물건의 보관에 있어 자기나 사용인이 주의를 게을리하지 아니하였음을 입증하지 못하면 책임을 진다(제152조 제1항).

⑤ 임치물이 멸실된 경우 창고업자는 자기 또는 사용인이 임치물의 보관에 관하여 주의의무를 해태하지 않았음을 증명하지 못하면 손해를 배상하여야 한다(제160조).

08 상법상 여객운송업에 관한 설명으로 옳은 것은? (2014년 공인회계사)

① 여객운송인은 자기 또는 사용인이 운송에 관한 주의를 다하였음을 증명하는 경우에도 여객의 손해에 대한 배상책임을 면할 수 없다.

② 여객운송인의 여객의 사상으로 인한 손해배상액은 정액배상주의에 따라 산정한다.

③ 여객운송인은 여객으로부터 인도받은 수하물에 대해서 운임을 받지 않은 경우 수하물이 연착된 때의 손해배상액은 수하물을 인도받은 날의 도착지 가격에 따른다.

④ 여객운송인은 여객으로부터 인도받지 않은 수하물의 멸실 또는 훼손에 대하여는 과실이 없음을 입증할 책임을 부담하지 않는다.

⑤ 여객운송인은 수하물이 도착지에 도착한 날로부터 1월 이내에 여객이 그 물건을 수령하지 않은 경우 수하물을 공탁하거나 경매할 수 있다.

① 여객운송인은 자기 또는 사용인이 운송에 관한 주의를 다하였음을 증명하는 경우에는 여객의 손해에 대한 배상책임을 면한다(제148조 제1항).

② 여객운송인의 여객의 사상으로 인한 손해배상액은 여객의 정상을 참작하여야 한다(제148조 제2항).

③ 여객운송인은 여객으로부터 인도받은 수하물에 대해서 운임을 받지 않은 경우 수하물이 연착된 때의 손해배상액은 수하물을 인도할 날의 도착지 가격에 따른다(제149조 제1항, 제137조 제1항).

⑤ 여객운송인은 수하물이 도착지에 도착한 날로부터 10일 이내에 여객이 그 물건을 수령하지 않은 경우 수하물을 공탁하거나 경매할 수 있다(제149조 제2항).

답 8. ④

09 상법상 육상운송인에 관한 설명으로 옳은 것은? (이견이 있으면 판례에 의함) (2015년 공인회계사)

① 운송인은 운송물을 수하인 또는 화물상환증소지인에게 현실적으로 인도한 때에 한하여 운임의 지급을 청구할 수 있다.

② 운송인의 책임은 수하인 또는 화물상환증소지인이 유보없이 운송물을 수령하고 운임 기타의 비용을 지급한 때에는 소멸하는 것이 원칙이다.

③ 운송인의 책임은 수하인이 운송물을 수령한 날로부터 6개월을 경과하면 소멸시효가 완성한다.

④ 운송인의 책임이 동시에 계약상의 채무불이행책임과 불법행위 책임이 인정되는 경우 불법행위로 인한 손해배상책임이 배제되고 채무불이행으로 인한 손해배상책임만 인정된다.

⑤ 수하인이 운송물의 수령을 거부하는 경우에는 운송인은 송하인에 대한 최고에 갈음하여 수하인에 대하여 운송물의 수령을 최고하고 운송물을 수령하지 않으면 운송물을 경매할 수 있다.

① 운송인은 원칙적으로 운송물을 수하인 또는 화물상환증소지인에게 현실적으로 인도한 때에 운임의 지급을 청구할 수 있다(제134조 제1항).

③ 운송인의 책임은 수하인이 운송물을 수령한 날로부터 1년을 경과하면 소멸시효가 완성한다(제147조, 제121조 제1항).

④ 운송인의 책임이 동시에 계약상의 채무불이행책임과 불법행위 책임이 인정되는 경우 선택하여 행사할 수 있다(청구권경합설 : 판례).

⑤ 수하인이 운송물의 수령을 거부하는 경우에는 운송인은 수하인에 대하여 운송물의 수령을 최고하고 운송물을 수령하지 않으면 송하인에게 최고한 후에 운송물을 경매할 수 있다(제143조).

답 9. ②

CHAPTER

10 공중접객업

제1절 공중접객업의 개념

Ⅰ. 의 의

공중접객업이란 극장 · 여관 · 목욕탕 · 음식점, 그 밖의 공중이 이용하는 시설에 의한 거래를 영업으로 하는 것을 말하며, 이러한 행위를 영업으로 하는 자를 공중접객업자라 한다(제151조). 「공중이 이용하는 시설」이란 불특정 다수인이 모여 이용하기에 적합한 물적 · 인적 시설을 말한다.

Ⅱ. 공중접객계약의 법적성질

공중접객업자와 고객 사이에 이루어지는 계약의 법적성질은 영업의 종류에 따라 다르다. 즉, 이 · 미용업은 도급계약, 숙박업은 임대차의 성질을 갖고, 기타의 경우 혼합계약의 성질을 갖는다.

제2절 공중접객업자의 책임

Ⅰ. 임치를 받은 물건에 대한 책임

1. 원 칙

공중접객업자는 고객으로부터 임치를 받은 물건의 멸실 · 훼손에 대하여 자기 또는 그 사용인이 임치받은 물건의 보관에 주의를 게을리하지 아니하였음을 증명하지 아니하면 그 손해를 배상할 책임을 면하지 못한다(제152조 제1항). 여기서 「임치」란 공중접객업자와 고객 사이의 임치계약과 임치물 수령의 사실을 말한다. 임치가 성립하려면 공중접객업자와 고객 사이에 목적물 보관에 관한 명시적 또는 묵시적 합의가 있음을 필요로 한다(판례). 「고객」이란 공중접객업자의 시설을 이용하는 자와 이용을 위하여 대기중인 자를 말하며, 반드시 공중접객업자와 이용계약을 체결한 자만을 말하는 것은 아니다.

2. 무과실입증으로 인한 면책

공중접객업자가 임치한 물건의 멸실·훼손으로 인한 손해에 대해 보관에 관하여 주의를 게을리하지 아니하였음을 증명한 때에는 그 책임을 면한다.

3. 책임의 면제

공중접객업자의 책임규정은 강행규정이 아니므로, 공중접객업자와 고객 간의 약정에 의하여 공중접객업자의 책임을 감면할 수 있다.

II. 임치를 받지 않은 물건에 대한 책임

공중접객업자는 고객으로부터 임치받지 않은 경우에도 그 시설 내에서 휴대한 물건이 자기 또는 사용인의 과실로 인하여 멸실 또는 훼손된 때에는 그 손해를 배상할 책임이 있다(제152조 제2항). 공중접객업자나 사용인의 과실에 대해서는 고객이 입증책임을 부담한다. 상법 제152조 제2항의 규정은 임의규정이므로 당사자간의 특약에 의해 그 책임을 감경 또는 면제할 수 있다. 그러나 단순히 휴대물에 대하여 책임이 없음을 알린 경우에도 공중접객업자는 그 책임을 면하지 못한다(제152조 제3항).

III. 고가물에 대한 책임

화폐·유가증권 기타의 고가물에 대하여는 고객이 그 종류와 가액을 명시하여 임치하지 아니하면 공중접객업자는 그 물건의 멸실 또는 훼손으로 인한 손해를 배상할 책임이 없다(제153조). 고가물에 대한 책임의 내용은 물건운송인에 있어서의 고가물의 책임에 대한 특칙과 동일하다.

Ⅳ. 책임의 소멸시효

공중접객업자의 책임은 영업자나 그 사용인에게 악의가 없는 한, 공중접객업자가 임치물을 반환하거나 고객이 휴대물을 가져간 후 6개월이 지나면 소멸시효가 완성되며(제154조 제1항), 이 시효기간의 기산점은 임치물이 전부소멸한 경우에는 고객이 퇴거한 날이다(제154조 제2항). 그러나 공중접객업자나 그의 사용인이 악의인 경우에는 일반상사소멸시효인 5년이 적용된다(제154조 제3항).

Commercial Law

연습문제

01 공중접객업에 관한 설명 중 옳은 것은? (2005년 공인회계사 수정)

① 공중접객업자의 책임은 고객이 휴대물을 가져간 후 1년을 경과하면 소멸시효가 완성한다.

② 공중접객업자가 고객의 휴대물에 대하여 책임이 없음을 알린 경우에는 공중접객업자는 그 책임을 면할 수 있다.

③ 공중접객업자는 고객으로부터 임치받은 물건의 보관에 관하여 주의를 게을리하지 아니하였음을 증명하지 아니하면 지는 책임이므로 어떠한 경우에도 그 손해를 배상할 책임을 면하지 못한다.

④ 통설에 따르면, 고객으로부터 임치받은 물건에 대한 공중접객업자의 손해배상책임은 당사자간의 특약에 의하여 경감 또는 면제될 수 있다.

⑤ 공중접객업자는 임치받지 않은 물건에 대하여는 자기 또는 사용인의 중과실에 의하여 손해가 발생한 경우에만 책임을 진다.

해설 ① 공중접객업자의 책임은 고객이 휴대물을 가져간 후 6월을 경과하면 소멸시효가 완성한다(제154조 제1항).

② 공중접객업자가 고객의 휴대물에 대하여 책임이 없음을 알린 경우에도 공중접객업자는 그 책임을 면할 수 없다(제152조 제3항).

③ 공중접객업자는 고객으로부터 임치받은 물건의 보관에 관하여 주의를 게을리하지 아니하였음을 증명하면 그 책임을 면할 수 있다(제152조 제1항).

④ 통설에 따르면, 고객으로부터 임치받은 물건에 대한 공중접객업자의 손해배상책임은 당사자간의 특약에 의하여 경감 또는 면제될 수 있다. 이는 상행위에 관한 규정이 임의규정에 해당하기 때문이다.

⑤ 공중접객업자는 임치받지 않은 물건에 대하여는 자기 또는 사용인의 과실에 의하여 손해가 발생한 경우에는 책임을 진다(제152조 제2항). 따라서 중과실뿐만 아니라 경과실의 경우에도 책임을 진다.

02 공중접객업에 관한 다음 설명 중 옳지 않은 것은?

① 극장 · 여관 · 음식점, 그 밖의 공중이 이용하는 시설에 의한 거래를 영업으로 하는 자를 공중접객업자라 한다.

답 1. ④ 2. ④

② 공중접객업자는 고객으로부터 임치받은 물건의 보관에 관하여 주의를 게을리하지 아니하였음을 증명하지 아니하면 그 손해를 배상할 책임을 면하지 못한다.

③ 공중접객업자가 고객으로부터 임치를 받지 아니한 물건이라도 그 물건이 공중접객업자 또는 그 사용인의 과실로 인하여 그 시설 내에서 멸실 또는 훼손된 때에는 공중접객업자는 그 손해를 배상할 책임을 진다.

④ 고객의 휴대물의 훼손에 대한 공중접객업자의 책임은 임치받은 물건에 관하여는 고객에게 이를 반환한 때부터, 임치받지 아니한 물건에 대하여는 고객이 퇴거한 때로부터 6월이 경과하면 소멸시효가 완성한다.

⑤ 고객의 휴대물에 대하여 책임이 없음을 알린 것만으로는 공중접객업자는 그 책임을 면하지 못한다.

고객의 휴대물의 훼손에 대한 공중접객업자의 책임은 임치받은 물건에 관하여는 고객에게 이를 반환한 때부터, 임치받지 아니한 물건에 대하여는 고객이 휴대물을 가져간 때로부터 6월이 경과하면 소멸시효가 완성한다. 다만 물건이 전부멸실한 경우에는 고객이 그 시설을 퇴거한 날로부터 기산한다.

03 공중접객업에 관한 설명으로 옳지 않은 것은?

① 고객의 휴대물에 대하여 책임을 지지 않는다는 면책사항을 알린 경우에도 공중접객업자는 책임을 면할 수 없다.

② 공중접객업자는 고객으로부터 임치받지 않은 경우에도 그 시설안에 휴대한 물건이 과실로 인하여 멸실, 훼손된 때에는 배상할 책임이 있다.

③ 공중접객업자는 고객으로부터 임치받은 물건의 보관에 관하여 주의를 게을리하지 아니하였음을 입증하지 못하면 그 손해배상책임을 면하지 못한다.

④ 화폐, 유가증권 기타 고가물에 관하여 고객이 그 종류와 가액을 명시하여 임치하지 않은 경우에는 그 물건의 멸실, 훼손에 대한 손해배상책임이 없다.

⑤ 공중접객업자가 임치물을 반환하거나 고객이 휴대물을 가져간 경우에는 1년이 경과하면 시효가 완성하고, 물건이 전부 멸실된 경우에는 고객이 그 시설을 퇴거한 날로부터 1년이 경과하면 시효가 완성된다.

공중접객업자가 임치물을 반환하거나 고객이 휴대물을 가져간 경우에는 6개월이 경과하면 시효가 완성하고, 물건이 전부 멸실된 경우에는 고객이 그 시설을 퇴거한 날로부터 6개월이 경과하면 시효가 완성된다(제154조).

답 3. ⑤

04 상법상 공중접객업에 관한 설명으로 틀린 것은? (2011년 공인회계사)

① 공중접객업에 있어서 고객으로 인정되기 위하여 공중접객업자의 시설에 대한 이용계약이 체결될 필요는 없다.

② 공중접객업자는 임치받은 물건의 보관에 관하여 자기 또는 그 사용인이 주의를 게을리하지 아니하였음을 증명하지 못하면 그 물건의 멸실 또는 훼손에 대하여 손해배상책임을 진다.

③ 공중접객업자는 고객이 시설 내에 휴대한 물건이 자기 또는 그 사용인의 과실로 인하여 멸실 또는 훼손되었을 경우 그 손해를 배상할 책임이 있다.

④ 공중접객업자의 책임은 자기나 그 사용인에 악의가 없는 한 공중접객업자가 임치물을 반환하거나 고객이 휴대물을 가져간 후 6개월이 지나면 소멸시효가 완성된다.

⑤ 공중접객업자의 책임은 자기나 그 사용인이 악의인 경우에는 공중접객업자가 임치물을 반환하거나 고객이 휴대물을 가져간 후 3년이 경과하면 소멸시효가 완성된다.

공중접객업자의 책임은 자기나 그 사용인이 악의인 경우에는 공중접객업자가 임치물을 반환하거나 고객이 휴대물을 가져간 후 5년이 경과하면 소멸시효가 완성된다(상법 제64조 참조).

답 4. ⑤

CHAPTER

11 창고업

제1절 창고업자의 개념

Ⅰ. 의 의

창고업자란 타인을 위하여 창고에 물건을 보관함을 영업으로 하는 자를 말한다(제155조). 여기서 「물건」이란 타인의 물건으로 보관에 적합한 동산이어야 한다. 「보관」이란 임치물을 자기가 직접 점유하여 현상을 유지하는 것을 말하며 소유권은 이전되지 않는다. 즉, 수치인이 물건을 간접점유하는 형태를 취한다. 「창고」는 반드시 물건의 보관에 사용되는 건물을 말하는 것은 아니며, 임치물의 종류에 따라 물건의 보관을 위하여 적합하면 야적장도 창고로 볼 수 있다.

Ⅱ. 창고임치계약

창고임치계약은 창고업자가 물건을 창고에 장치·보관할 것을 인수하고 상대방이 이에 대하여 보수를 지급하기로 하는 계약으로, 낙성·불요식의 유상계약이다. 창고임치계약은 계약기간의 만료, 목적물 멸실 등 일반적 사유에 의해 종료한다.

임치기간을 정하지 않은 경우 임치인은 언제든지 계약을 해지할 수 있다. 그러나 창고업자는 임치기간을 정하지 않은 경우 임치물을 받은 날로부터 6월이 경과하여야 임치계약을 해지할 수 있고(제163조 제1항), 이 경우 2주간 전에 예고하여야 한다(제163조 제2항).

다만, 부득이한 사유(예 임치물이 부패하여 다른 재고품에 손해가 생길 우려가 있는 경우, 임치물이 위험물로서 창고업자에게 손해나 위험한 사고를 발생시킬 염려가 있는 경우 등)가 있으면 창고업자도 언제든지 임치물을 반환할 수 있다(제164조).

제2절 창고업자의 권리 · 의무

Ⅰ. 창고업자의 권리

1. 보수청구권 · 비용상환청구권

창고업자는 특약이 없는 한 상당한 보수(보관료) 기타의 비용과 체당금의 지급을 청구할 수 있다(제162조 제1항 본문). 보관료의 청구는 임치물을 출고한 때에 할 수 있으나, 보관기간이 경과한 후에는 출고전이라도 보관료를 청구할 수 있다(제162조 제1항 단서). 일부출고의 경우에는 그 비율에 따라 보관료 기타의 비용과 체당금의 지급을 청구할 수 있다(제162조 제2항).

보관료를 지급해야 할 의무자는 원칙적으로 임치인이지만, 창고증권의 소지인도 임치물의 반환을 받은 때에는 지급의무자가 된다. 창고업자의 보관료 등의 채권은 출고한 날로부터 1년간 행사하지 아니하면 소멸시효가 완성한다(제167조).

2. 유치권

창고업자의 유치권에 대해서는 특별한 규정을 두고 있지 않지만, 민법상 유치권 또는 상법상의 유치권(임치인이 상인인 경우)을 행사할 수 있다.

3. 공탁 · 경매권

임치계약의 소멸 등 일정한 경우에 창고업자는 임치물을 반환할 수 있고, 이때 임치인이나 창고증권소지인이 임치물의 수령을 거부하거나 수령할 수 없으면, 상사매매에 있어서의 매도인의 공탁권 · 경매권에 관한 규정이 준용된다(제165조, 제67조 제1항 · 제2항).

Ⅱ. 창고업자의 의무

1. 보관의무 · 주의의무

창고업자는 임치계약에 따라 선량한 관리자의 주의로써 임치물을 보관하여야 한다(제62조). 이 경우 주의는 전문적인 지식이 있는 창고업자가 할 수 있는 주의로써 임치물의 종류에 따라 주의는 다를 수 있다.

2. 창고증권 교부의무

임치물을 수령한 후 창고업자는 임치인의 청구가 있는 때에는 창고증권을 교부할 의무를 진다(제156조 제1항).

3. 임치물의 검사 · 적취 · 보존에 응할 의무

창고업자는 임치인이나 창고증권의 소지인이 임치물의 검사 또는 견품의 적취(摘取)를 희망하거나 또는 임치물의 보존에 필요한 처분을 하려고 할 때에는 이에 응할 의무가 있다(제161조). 상법 제161조에 따른 창고업자의 의무는 당사자간의 특약에 의해 제한하거나 배제할 수 있다. 창고업자가 임치인의 검사 · 적취 · 보존의무에 위반하여 임치물이 멸실된 때에는 손해배상책임을 진다.

4. 임치물에 대한 하자통지 · 처분의무

창고업자가 임치물을 받은 후 그 물건의 멸실 또는 훼손을 발견하거나 부패할 염려가 있는 때에는 지체없이 임치인에게 통지를 발송하여야 한다(제168조, 제108조 제1항). 이 경우 임치인의 지시를 받을 수 없거나 그 지시가 지연되는 때에는 창고업자는 임치인의 이익을 위하여 적당한 처분을 할 수 있다(제168조, 제108조 제2항).

5. 임치물의 반환의무

창고업자는 보존기간의 약정과 상관없이 임치인의 청구에 따라 임치물을 반환하여야 한다. 창고증권이 발행된 경우에는 창고증권소지인의 청구가 있는 때에만 임치물을 반환할 수 있고, 반환장소는 원칙적으로 보관장소이다.

III. 손해배상책임

1. 책임의 내용

창고업자는 자기 또는 사용인이 임치물의 보관에 관하여 주의를 해태하지 아니하였음을 증명하지 아니하면 임치물의 멸실 또는 훼손에 대하여 손해배상책임을 면하지 못한다(제160조). 여기서 「멸실」이란 물리적 멸실과 상대적 멸실(예 정당한 권리자가 임치물의 반환을 받지 못하게 된 경우)을 모두 포함한다.

2. 책임의 소멸

⑴ 특별소멸사유

창고업자의 책임은 임치인 또는 창고증권소지인이 유보없이 임치물을 수령하고 보관료를 지급한 때에는 창고업자의 책임이 소멸한다(제168조, 제146조 제1항 본문). 그러나 임치물에 즉시 발견할 수 없는 훼손 또는 일부멸실이 있는 경우에 임치인 또는 창고증권소지인이 임치물의 수령일로부터 2주간 내에 창고업자에게 통지를 발송한 때에는 소멸하지 않는다(제146조 제1항 단서). 이러한 특별소멸사유는 창고업자나 그 사용인에게 악의가 없는 때에만 적용된다(제146조 제2항).

⑵ 단기소멸시효

임치물의 멸실 또는 훼손으로 인하여 생긴 창고업자의 책임은 임치물을 출고한 날로부터 1년이 경과하면 소멸시효가 완성된다(제166조 제1항). 이 기간은 임치물이 전부멸실한 경우에는 임치인과 알고 있는 창고증권소지인에게 그 멸실의 통지를 발송한 날로부터 기산한다(제166조 제2항). 다만, 이 단기소멸시효는 창고업자나 그의 사용인에게 악의가 있는 때에는 적용하지 않는다(제166조 제3항). 악의에 대한 입증책임은 원칙적으로 상대방이 입증하여야 하지만, 정당한 권리가 없는 자에게 임치물을 반환한 경우에는 창고업자가 악의아님을 입증하여야 한다(판례).

제3절 창고증권

Ⅰ. 의의 · 법적성질

창고증권이란 창고업자에 대한 임치물반환청구권을 표창하는 유가증권으로, 임치인의 청구가 있는 때에 창고업자는 소정의 사항을 기재하고(기재사항 : 제156조 제2항) 창고증권을 교부하여야 한다(제156조 제1항). 창고증권의 소지인이 대량의 임치물을 분할하여 수인에게 양도 · 입질하려고 할 때에는 창고업자에 대하여 그 증권을 반환하고 임치물을 분할하여 각 부분에 대한 창고증권의 교부를 청구할 수 있다(제158조 제1항).

II. 창고증권의 효력

1. 화물상환증에 관한 규정의 준용

창고증권의 효력에 관해서는 화물상환증에 관한 상법 제129조 내지 제133조의 규정이 준용된다(제157조).

2. 창고증권에 의한 입질

창고증권소지인이 증권에 의하여 임치물을 입질(入質)하려고 하면 창고증권을 질권자에게 교부하여야 한다(제157조, 제133조). 창고증권을 제공하지 않고는 임치물의 반환을 청구할 수 없는 것이 원칙이지만, 질권자의 승낙이 있으면 임치인은 채권의 변제기 전이라도 임치물의 일부반환을 청구할 수 있다(제159조 1문). 다만, 이 때에는 창고업자가 반환할 임치물의 종류 · 품질과 수량을 창고증권에 기재하여야 한다(제159조 2문).

Commercial Law

연습문제

01 창고업에 관한 다음 설명 중 옳지 않은 것은?

① 창고업자는 타인을 위하여 물건을 창고에 보관함을 영업으로 하는 자이다.

② 물건의 보관기간에 대해 특약이 없는 한 6월이 경과하기 전에 창고업자는 임의로 물건을 반환할 수 없다.

③ 창고업자가 임치물을 받은 후 그 물건의 훼손 또는 하자를 발견하거나 그 물건이 부패할 염려가 있는 때에는 지체없이 임치인에게 그 통지를 발송하여야 하고, 만일 이 경우에 임치인의 지시를 받을 수 없거나 그 지시가 지연되는 때에는 창고업자는 임치인의 이익을 위하여 적당한 처분을 할 수 있다.

④ 임치물의 멸실 또는 훼손으로 인하여 생긴 창고업자의 책임은 창고업자가 선의인 경우에는 그 물건의 출고일로부터 1년이 경과한 때에는 소멸시효가 완성한다.

⑤ 창고업자는 위탁매매인이나 운송주선인의 경우와 같이 특별상사유치권이 인정된다.

창고업자는 위탁매매인이나 운송주선인의 경우와 같이 특별상사유치권이 인정되지 않는다. 따라서 임치인이 비상인인 경우에는 민사유치권을 행사할 수 있고, 임치인이 상인인 경우에는 일반상사유치권을 행사할 수 있다.

02 상법상 창고업에 관한 설명으로 옳은 것은? (2014년 공인회계사)

① 창고업자는 임치물을 일부 출고하는 경우에는 그 비율에 따른 보관료 기타의 비용과 체당금의 지급을 청구할 수 없다.

② 기명식으로 발행된 창고증권은 배서금지의 기재가 없는 한 배서에 의해서 양도가 가능하다.

③ 창고업자가 임치물에 대하여 보관료를 받지 않는 경우에는 보관에 관하여 선관주의의무를 부담하지 않는다.

④ 임치물의 멸실 또는 훼손으로 인한 창고업자의 책임은 그 물건을 출고한 날 이후 3년이 경과하면 소멸시효가 완성된다.

답 1. ⑤ 2. ②

⑤ 창고업자는 임치기간을 정하지 않은 경우 임치물을 받은 날로부터 3개월이 경과한 후에는 언제든지 이를 반환할 수 있다.

① 창고업자는 임치물을 일부 출고하는 경우에는 그 비율에 따른 보관료 기타의 비용과 체당금의 지급을 청구할 수 있다(제162조 제2항).
③ 창고업자가 임치물에 대하여 보관료를 받지 않는 경우에도 보관에 관하여 선관주의의무를 부담한다(제62조).
④ 임치물의 멸실 또는 훼손으로 인한 창고업자의 책임은 그 물건을 출고한 날 이후 1년이 경과하면 소멸시효가 완성된다(제166조 제1항).
⑤ 창고업자는 임치기간을 정하지 않은 경우 임치물을 받은 날로부터 6개월이 경과한 후에는 언제든지 이를 반환할 수 있다(제163조 제1항).

03 창고업에 관한 설명 중 틀린 것은? (2005년 공인회계사)

① 창고증권소지인은 창고업자에 대하여 이미 발행된 창고증권을 반환하고 임치물을 분할하여 각 부분에 대한 창고증권의 교부를 청구할 수 있다.
② 창고업자가 임치물의 훼손·하자의 통지를 하였으나 임치인의 지시를 받을 수 없거나 그 지시가 지연되는 때에는, 창고업자는 임치인의 이익을 위하여 임치물을 처분할 수 있다.
③ 창고업자의 손해배상책임은 원칙적으로 임치인 또는 창고증권소지인이 유보 없이 임치물을 수령하고 보관료 기타의 비용을 지급한 때에 소멸한다.
④ 창고업자는 보관기간이 경과한 후에는 출고 전이라도 보관료를 청구할 수 있으며, 보관기간 경과 전이라도 일부출고의 경우는 그 비율에 따라 보관료의 지급을 청구할 수 있다.
⑤ 임치기간의 약정이 없는 경우에는 창고업자는 임치물을 받은 날로부터 6월을 경과한 후에는 예고 없이 언제든지 이를 반환할 수 있다.

임치기간의 약정이 없는 경우에는 창고업자는 임치물을 받은 날로부터 6월을 경과한 후에는 언제든지 이를 반환할 수 있다. 그러나 임치물을 반환함에는 2주간전에 예고하여야 한다(제163조 제1항, 제2항).

04 상법상 권리 또는 책임의 존속기간에 관한 설명으로 틀린 것은? (2012년 공인회계사)

① 대리상의 보상청구권은 대리상계약이 종료한 날부터 6개월을 경과하면 소멸한다.
② 운송주선인의 책임은 운송물이 전부 멸실한 경우 운송인 또는 그 사용인의 악의가 없는 한 운송인이 운송물을 인도할 날로부터 1년을 경과하면 소멸시효가 완성한다.

답 3. ⑤ 4. ⑤

③ 운송인의 수하인에 대한 채권은 1년간 행사하지 아니하면 소멸시효가 완성한다.

④ 상업사용인이 경업금지의무에 위반하여 거래한 경우 영업주의 개입권은 영업주가 그 거래를 안 날로부터 2주간을 경과하거나 그 거래가 있은 날로부터 1년을 경과하면 소멸한다.

⑤ 창고업자가 임치물을 출고한 경우 창고업자의 임치인 또는 창고증권 소지인에 대한 채권은 그 출고일로부터 6개월간 행사하지 아니하면 소멸시효가 완성한다.

창고업자가 임치물을 출고한 경우 창고업자의 임치인 또는 창고증권 소지인에 대한 채권은 그 출고일로부터 1년간 행사하지 아니하면 소멸시효가 완성한다(제166조).

CHAPTER

12 금융리스업

제1절 금융리스업의 개념

Ⅰ. 의의 및 법적성질

1. 의 의

리스는 새로운 합리적인 설비조달 수단으로, 그 의의에 대해서는 여신전문금융업법 제2조 10호에서 정의되고 있다. 즉, 시설대여란「이용자가 선정한 특정물건을 리스회사가 새로이 취득하거나 대여받아 거래상대방에게 일정기간 동안 사용하게 하고, 그 기간에 걸쳐 일정한 대가를 정기적으로 분할하여 지급받으며 그 기간 종료 후의 물건의 처분에 관하여는 당사자간의 약정으로 정하는 금융」을 말한다. 상법 제46조 19호에서는「기계ㆍ시설 기타 재산의 금융리스에 관한 행위」라고 규정하고 있다.

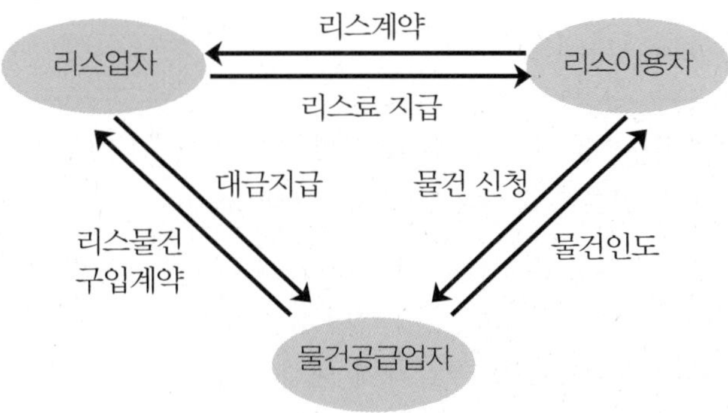

2. 법적 성질

리스계약의 법적 성질이 우리 민법상 전형계약 가운데 꼭 맞는 것이 없다는 점에 착안하여, 임대차ㆍ소비대차ㆍ매매 등의 요소가 혼합된 특수한 내용의 무명계약이라는 것이 판례의 입장이다.

II. 리스의 종류 및 내용

1. 금융리스

금융리스란 리스물건과 그 공급자 등을 리스이용자가 결정하고, 리스업자는 그 결정에 따라 정해진 물건을 매수 또는 대여받아 이를 이용자에게 대여해 주는 것을 말한다. 이러한 것을 영업으로 하는 자, 즉 금융리스이용자가 선정한 기계, 시설 그 밖의 재산("금융리스물건")을 제3자(공급자)로 부터 취득하거나 대여받아 금융리스이용자에게 이용하게 하는 것을 영업으로 하는 자를 금융리스업자라 한다(제168조의2).

2. 운용리스

운용리스는 금융리스 이외의 것을 총칭하는 것으로 서비스 제공적 성격이 강하다. 금융리스와는 달리 일반적으로 리스회사가 리스물건의 하자담보책임 · 위험부담을 지고, 리스물건의 관리 · 수리를 담당한다.

제2절 금융리스업자 등의 의무

I. 금융리스업자의 의무

1. 리스계약이행의무

금융리스업자는 금융리스이용자가 금융리스계약에서 정한 시기에 금융리스계약에 적합한 금융리스물건을 수령할 수 있도록 하여야 한다(제168조의3 제1항).

2. 협력의무

금융리스업자는 금융리스이용자가 공급자에 대하여 손해배상청구를 하거나 공급계약의 내용에 적합한 금융리스물건의 인도를 청구하는 경우 이에 필요한 협력을 하여야 한다(제168조의4 제3항).

II. 금융리스이용자의 의무

1. 리스료의 지급의무

금융리스이용자는 금융리스업자로부터 금융리스물건을 수령함과 동시에 금융리스료를 지급하여야 한다(제168조의3 제2항).

2. 리스물건수령증 발급의무

금융리스이용자는 금융리스물건을 수령한 때에는 금융리스물건수령증을 발급하여야 하며, 금융리스물건수령증을 발급한 경우에는 금융리스계약 당사자 사이에 적합한 금융리스물건이 수령된 것으로 추정한다(제168조의3 제3항).

3. 리스물건의 유지 및 관리의무

금융리스이용자는 금융리스물건을 수령한 이후에는 선량한 관리자의 주의로 금융리스물건을 유지 및 관리하여야 한다(제168조의3 제4항).

III. 공급자의 의무

1. 물건인도의무

금융리스물건의 공급자는 공급계약에서 정한 시기에 그 물건을 금융리스이용자에게 인도하여야 한다(제168조의4 제1항).

2. 손해배상책임 또는 적합물건의 인도의무

금융리스물건이 공급계약에서 정한 시기와 내용에 따라 공급되지 아니한 경우 금융리스이용자는 공급자에게 직접 손해배상을 청구하거나 공급계약의 내용에 적합한 금융리스물건의 인도를 청구할 수 있다(제168조의4 제2항).

제3절 금융리스계약의 해지와 그 효과

금융리스이용자의 책임있는 사유로 금융리스계약을 해지하는 경우에는 금융리스업자는 잔존 금융리스료 상당액의 일시 지급 또는 금융리스물건의 반환을 청구할 수 있다(제168조의5 제1항). 이에 따른 금융리스업자의 청구는 금융리스업자의 금융리스이용자에 대한 손해배상청구에 영향을 미치지 않는다(제168조의5 제2항).

금융리스이용자는 중대한 사정변경으로 인하여 금융리스물건을 계속 사용할 수 없는 경우에는 3개월 전에 예고하고 금융리스계약을 해지할 수 있다. 이 경우 금융리스이용자는 계약의 해지로 인하여 금융리스업자에게 발생한 손해를 배상하여야 한다(제168조의5 제3항).

Commercial Law

연습문제

01 금융리스계약의 일반적 법률관계에 관한 설명 중 틀린 것은? (2000년 공인회계사 수정)

① 리스이용자는 리스물건을 수령함과 동시에 리스업자에게 리스료를 지급할 의무가 있다.

② 리스이용자는 선량한 관리자의 주의의무로써 리스물건을 보관하여야 한다.

③ 리스이용자는 제3자에게 리스물건을 양도할 수 없다.

④ 리스업자는 리스이용자가 지정한 물건을 금융리스계약에서 정한 시기에 리스계약에 적합한 리스물건을 수령할 수 있도록 하여야 한다.

⑤ 리스업자는 리스물건의 기능이 정상을 유지하도록 수선해 줄 의무가 있다.

금융리스업자는 리스물건을 수령할 수 있도록 해야 하는 의무를 부담하지만(제168조의3 제2항), 리스물건의 유지·보수의무나 리스물건의 수선의무를 부담하지 않는다. 리스이용자가 리스물건을 수령한 이후에는 선량한 관리자의 주의로 리스물건을 유지·관리하여야 한다(제168조의3 제4항).

02 금융리스업에 관한 다음 설명 중 틀린 것은?

① 금융리스업자란 금융리스이용자가 선정한 기계, 시설, 그 밖의 재산을 공급자로부터 취득하거나 대여받아 금융리스이용자에게 이용하게 하는 것을 영업으로 하는 자이다.

② 금융리스물건수령증을 발급한 경우에는 금융리스계약 당사자 사이에 적합한 금융리스물건이 수령된 것으로 본다.

③ 금융리스물건의 공급자는 공급계약에서 정한 시기에 그 물건을 금융리스이용자에게 인도하여야 한다.

④ 금융리스이용자는 금융리스물건이 공급계약에서 정한 시기와 내용에 따라 공급되지 아니한 경우 공급자에게 직접 손해배상을 청구하거나 공급계약의 내용에 적합한 금융리스물건의 인도를 청구할 수 있고, 이때 금융리스업자는 금융리스이용자의 권리행사에 필요한 협력을 하여야 한다.

⑤ 금융리스이용자는 중대한 사정변경으로 인하여 금융리스물건을 계속 사용할 수 없는 경우에는 3개월 전에 예고하고 금융리스계약을 해지할 수 있다.

답 1. ⑤ 2. ②

금융리스물건수령증을 발급한 경우에는 금융리스계약 당사자 사이에 적합한 금융리스물건이 수령된 것으로 추정한다(제168조의3 제4항).

① 제168조의2 ③ 제168조의4 제1항 ④ 제168조의4 제2항, 제3항

⑤ 제168조의5 제3항

03 상법상 가맹업 및 금융리스업에 관한 설명으로 틀린 것은? (2013년 공인회계사)

① 가맹상은 가맹업자의 동의를 받아 그 영업을 양도할 수 있다.

② 가맹계약상 존속기간에 대한 약정이 있는 경우 부득이한 사정이 있으면 각 당사자는 상당한 기간을 정하여 예고한 후 가맹계약을 해지할 수 있다.

③ 금융리스물건수령증이 발급된 경우에는 금융리스계약 당사자 사이에 적합한 금융리스물건이 수령된 것으로 추정한다.

④ 금융리스이용자는 중대한 사정변경으로 인하여 금융리스물건을 계속 사용할 수 없는 경우에는 3개월 전에 예고하고 금융리스계약을 해지할 수 있다.

⑤ 금융리스물건이 공급계약에서 정한 시기와 내용에 따라 공급되지 아니한 경우 금융리스이용자는 공급자에게 직접 공급계약의 내용에 적합한 금융리스물건의 인도를 청구할 수 없다.

금융리스물건이 공급계약에서 정한 시기와 내용에 따라 공급되지 아니한 경우 금융리스이용자는 공급자에게 직접 공급계약의 내용에 적합한 금융리스물건의 인도를 청구할 수 있다(제168조의4 제2항).

답 3. ⑤

CHAPTER

13 가맹업

제1절 가맹업의 개념

Ⅰ. 의의 · 법적성질

가맹계약이란 수수료 등의 대가를 지급하고 타인의 상호 · 상표 · 서비스표 등의 상업적 징표 및 경영노하우를 자기사업 운영에 이용할 수 있는 허가와 더불어 그 제공자의 통제하에서 영업을 할 것을 내용으로 하는 독립된 상인간의 유상 · 쌍무계약으로, 프랜차이즈(franchise)라고도 한다. 이에 관하여 상법 제46조 20호에서는 「상호 · 상표 등의 사용허락에 의한 영업에 관한 행위」라고 규정하고 있다. 가맹계약에 따라 자신의 상호 · 상표 등을 제공하는 것을 영업으로 하는 자(가맹업자)로부터 그의 상호 등을 사용할 것을 허락받아 가맹업자가 지칭하는 품질기준이나 영업방식에 따라 영업을 하는 자를 가맹상이라 한다.

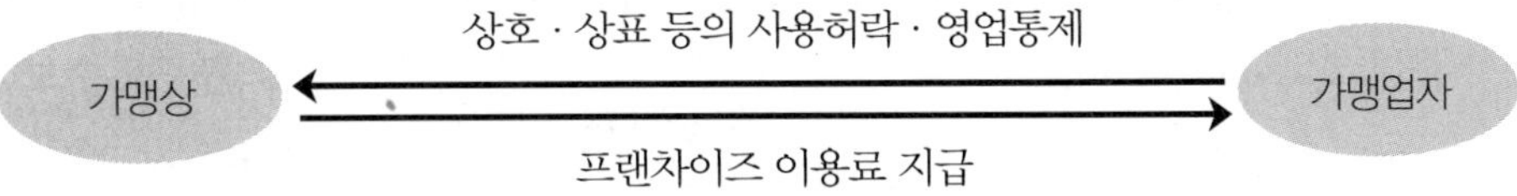

Ⅱ. 종 류

가맹계약, 즉 프랜차이즈는 제공자가 개발한 독특한 제조방법을 이용자가 이용하여 상품을 제조해서 제공자의 상표로 판매하는 제조프랜차이즈, 제공자가 자사상품을 판매하기 위하여 계속적인 상품공급계약을 맺고 이용자로 하여금 판매케 하는 판매프랜차이즈, 제공자가 개발한 상호 · 경영노하우 등을 사용하여 이용자가 소비자에게 상품 또는 서비스를 제공하는 소매연쇄점프랜차이즈 등이 있다.

제2절 가맹업자 등의 의무

Ⅰ. 가맹업자의 의무

1. 가맹상의 영업지원의무

가맹업자는 가맹상의 영업을 위하여 필요한 지원을 하여야 한다(제168조의7 제1항).

2. 가맹업자의 경업금지의무

가맹업자는 다른 약정이 없으면 가맹상의 영업지역 내에서 동일 또는 유사한 업종의 영업을 하거나 동일 또는 유사한 업종의 가맹계약을 체결할 수 없다(제168조의7 제2항).

Ⅱ. 가맹상의 의무

1. 권리침해금지의무

가맹상은 가맹업자의 영업에 관한 권리를 침해되지 않도록 하여야 한다(제168조의8 제1항).

2. 영업비밀준수의무

가맹상은 계약이 종료한 후에도 가맹계약과 관련하여 알게 된 가맹업자의 영업상의 비밀을 준수하여야 한다(제168조의8 제2항).

제3절 가맹상의 영업양도 제한 및 계약해지

Ⅰ. 가맹상의 영업양도 제한

가맹상은 가맹업자의 동의를 받아야 그 영업을 양도할 수 있으며(제168조의9 제1항), 가맹업자는 특별한 사유가 없으면 가맹상의 영업양도에 동의하여야 한다(제168조의9 제2항). 이러한 가맹상의 영업양도 제한을 둔 것은 가맹상의 영업양도로써 가맹업자의 명성이 떨어지는 상황이 올 수 있으므로 이를 방지하기 위한 데 목적이 있다.

II. 가맹업계약해지

가맹계약상 존속기간에 대한 약정의 유무와 관계없이 부득이한 사정이 있으면 각 당사자는 상당한 기간을 정하여 예고한 후 가맹계약을 해지할 수 있다(제168조의10).

Commercial Law

연습문제

01 가맹업에 관한 다음 설명 중 틀린 것은?

① 가맹상이란 자신의 상호·상표 등을 제공하는 것을 영업으로 하는 가맹업자로부터 그의 상호 등을 사용할 것을 허락받아 가맹업자가 지정하는 품질 기준이나 영업방식에 따라 영업을 하는 자이다.

② 가맹업자는 가맹상의 영업을 위하여 필요한 지원을 하여야 하며, 다른 약정이 없더라도 가맹상의 영업지역 내에서 동일 또는 유사한 업종의 영업을 하거나 동일 또는 유사한 업종의 가맹계약을 체결할 수 있다.

③ 가맹상은 가맹업자의 영업에 관한 권리가 침해되지 않도록 하여야 하고, 계약이 종료한 후에도 가맹계약과 관련하여 알게 된 가맹업자의 영업상의 비밀을 준수하여야 한다.

④ 가맹상은 가맹업자의 동의를 받아 그 영업을 양도할 수 있고, 이때 가맹업자는 특별한 사유가 없으면 영업양도에 동의하여야 한다.

⑤ 가맹계약상 존속기간에 대한 약정의 유무와 관계없이 부득이한 사정이 있으면 각 당사자는 상당한 기간을 정하여 예고한 후 가맹계약을 해지할 수 있다.

가맹업자는 다른 약정이 없으면 가맹상의 영업지역내에서 동일 또는 유사한 업종의 영업을 하거나 동일 또는 유사한 업종의 가맹계약을 체결할 수 없다(제168조의7 제2항).
① 제168조의6　③ 제168조의8 제1항, 제2항　④ 제168조의9 제1항, 제2항
⑤ 제168조의10

02 상법상 가맹업에 관한 설명으로 틀린 것은? (2011년 공인회계사)

① 가맹상은 3개월 전에 예고를 하면 가맹업자의 동의 없이 가맹계약 상의 영업을 양도할 수 있다.

② 가맹상은 가맹업자의 영업에 관한 권리가 침해되지 아니하도록 하여야 한다.

③ 계약의 존속기간에 관한 약정의 유무에 관계없이 부득이한 사정이 있으면 가맹계약의 각 당사자는 상당한 기간을 정하여 예고한 후 계약을 해지할 수 있다.

답 1. ② 2. ①

④ 가맹상은 계약이 종료한 후에도 가맹계약과 관련하여 알게 된 가맹업자의 영업상의 비밀을 준수할 의무를 부담한다.

⑤ 가맹업자는 다른 약정이 없으면 가맹상의 영업지역 내에서 동일 또는 유사한 업종의 영업을 하거나 동일 또는 유사한 업종의 가맹계약을 체결할 수 없다.

가맹상은 가맹업자의 동의를 받아 가맹계약 상의 영업을 양도할 수 있다(상법 제168조의9 제1항).

03 상법상 가맹업에 관한 설명으로 틀린 것은? (2016년 공인회계사)

① 가맹업자는 가맹상의 영업을 위하여 필요한 지원을 하여야 한다.

② 가맹상이 그 영업을 양도하기 위하여 가맹업자에게 동의를 요구하는 경우 가맹업자는 특별한 사유가 없더라도 동의하지 않을 수 있다.

③ 가맹상은 계약이 종료한 후에도 가맹계약과 관련하여 알게 된 가맹업자의 영업상의 비밀을 준수하여야 한다.

④ 가맹업자는 다른 약정이 없으면 가맹상의 영업지역 내에서 동일 또는 유사한 업종의 영업을 하거나 동일 또는 유사한 업종의 가맹계약을 체결할 수 없다.

⑤ 가맹계약상 존속기간에 대한 약정이 있더라도 부득이한 사정이 있다면 각 당사자는 상당한 기간을 정하여 예고한 후 가맹계약을 해지할 수 있다.

가맹상이 그 영업을 양도하기 위하여 가맹업자에게 동의를 요구하는 경우 가맹업자는 특별한 사유가 없는 한 동의하여야 한다(제168조의9 제2항).

답 3. ②

CHAPTER

14 채권매입업

제1절 채권매입업의 개념

Ⅰ. 의 의

채권매입업이란 팩터(factor ; 채권매입업자)가 거래상인(client)으로부터 외상매출채권을 매입하고 채무자(customer)에게 양도를 통지하여 채권의 관리·회수 및 장부작성을 행하며, 거래상인의 요청이 있는 때에는 선급금융을 해주는 한편 상대방의 거래선의 신용조사·경영상담 및 컴퓨터서비스 등과 같은 서비스를 제공하는 것을 말한다.

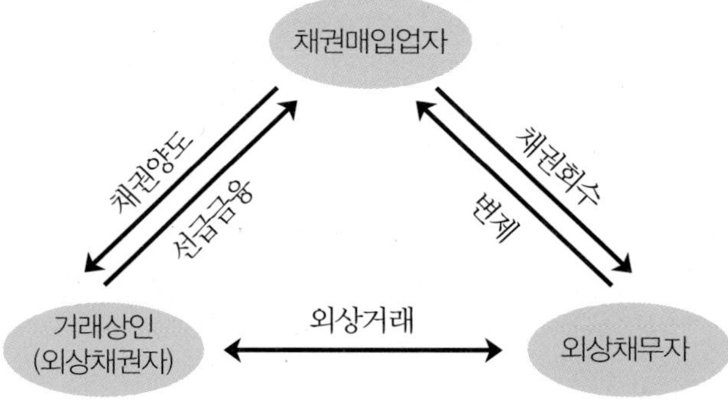

Ⅱ. 법적성질

채권매입거래에 있어서는 채권매입업자와 거래상인 사이에 기본계약으로서 채권매입계약이 체결되고, 이 채권매입계약에 기하여 거래상인의 개개의 채권이 채권매입업자에게 양도된다. 채권매입계약(기본계약)의 성질에 대해서는 특수한 내용의 혼합계약으로 볼 수 있다.

제2절 채권매입거래의 당사자 및 종류

Ⅰ. 거래의 당사자

채권매입거래는 채권매입업자 · 거래상인 · 채무자의 세 당사자 사이에서 이루어진다. 채권매입업자는 타인이 물건 · 유가증권의 판매, 용역의 제공 등에 의하여 취득하였거나 취득할 영업상의 채권(영업채권)을 매수하여 회수하는 것을 영업으로 하는 자로서(제168조의11), 거래상인으로부터 외상매출채권을 매입하고 이를 채무자로부터 추심하는 자로 주로 금융기관이다. 거래상인은 상거래로 인하여 발생한 매출채권의 채권자로서 이 매출채권을 채권매입업자에게 매각하는 자이다. 제3채무자는 거래상인으로부터 외상으로 물건을 매수하거나 용역을 제공받은 자로서 거래상인에 대한 채무를 채권매입업자에 대하여 지급할 의무를 진다.

Ⅱ. 거래의 종류

1. 상환청구권의 유무에 따른 분류

상환청구권이 있는 팩터링(비지정팩터링)과 상환청구권이 없는 팩터링(진정팩터링)으로 나눌 수 있다. 전자는 채권매입업자가 매수자의 신용위험을 인수하지 않은 채 매출채권을 매입하는 것을 말하고, 후자는 채권매입업자가 상인기업의 매출채권을 매입함에 있어서 채무자의 신용위험을 인수하는 것을 말한다. 상법은 전자의 경우를 기본으로 하고 있다.

2. 채권양도 통지의 유무에 따른 분류

거래기업이 채권매입업자에게 채권을 양도할 때 그 뜻을 채무자에게 통지하는 통지팩터링과 통지하지 않은 비통지팩터링으로 구분된다.

3. 채권매입대금의 선급의 유무에 따른 분류

채권매입업자가 매입한 매출채권의 변제시 전에 거래상인에게 매출채권의 대가를 지급하는 선급팩터링과 채권의 변제기에 이르러 그 대가를 지급하는 만기팩터링으로 구분된다.

제3절 채권양도 및 채권매입업자의 상환청구

Ⅰ. 채권양도

채권매입거래의 대상이 되는 채권은 양도가능하여야 하며, 양도되는 경우에도 지명채권양도의 대항요건을 갖추어야 한다. 이러한 대항요건을 갖추지 못할 경우에는 거래상인이 채권을 이중으로 양도하여 채권매입업자가 채권을 상실할 위험이 있다.

Ⅱ. 채권매입업자의 상환청구

채권매입계약에서 다르게 정한 경우를 제외하고는 영업채권의 채무자(제3채무자)가 그 채무를 이행하지 아니하는 경우 채권매입업자는 채권매입계약의 채무자에게 그 영업채권액의 상환을 청구할 수 있다(제168조의12).

COMMERCIAL LAW

COMMERCIAL LAW

회 사

section 03 회 사

CHAPTER

01 회사법 총론

제1절 회사법의 의의 및 특성

Ⅰ. 의 의

회사법은 실질적 의의의 회사법과 형식적 의의의 회사법으로 구분된다. 실질적 의의의 회사법은 회사라고 하는 형태의 공동기업의 조직과 경영을 규율하는 법을 말한다. 형식적 의의의 회사법은 상법 중「제3편 회사」를 말한다.

Ⅱ. 회사법의 특성

1. 단체법적 성질

회사법은 대부분이 회사라는 단체의 조직과 이를 중심으로 한 법률관계에 관한 규정으로 되어 있다. 따라서 개인 상호간의 대등관계를 정하는 개인법과 달리 단체법상의 원리, 즉 다수결원칙 · 사원평등의 원칙 · 법률관계의 획일적 확정 등의 원리에 의해 법률관계가 이루어진다. 따라서 이러한 범위에서 회사법은 대부분 강행법적 성격을 띠고 있다.

2. 영리단체적 성질

회사는 사원의 경제적 이익을 도모하는 영리의 목적을 달성하기 위한 수단인 단체로써의 성질을 가지고 있다. 따라서 회사법은 공동사회적 단체에 관한 법적 성질과는 달리 이익사회적 단체에 관한 법으로서의 성질을 가지고 있다.

3. 거래법적 성질

회사법 중에는 회사와 제3자의 거래, 사원과 회사채권자의 관계와 같은 거래법적 성질을 띠는 규정이 있다. 이러한 법률관계는 개인법상의 거래와 마찬가지로 사적자치, 거래안전의 보호와 같은 개인법상의 원리가 적용된다.

제2절 회사법의 법원

Ⅰ. 종 류

1. 제정법

제정법의 기본적인 법원(法源)으로서는 상법「제3편 회사」및 부속법령, 상법시행령과 각종의 상사특별법령이 있다. 상사특별법령은 주식회사의 외부감사에 관한 법률과 같이 법령의 전부가 회사법의 법원을 이루는 것과 은행법, 보험업법, 신탁업법, 자본시장과 금융투자업에 관한 법률, 채무자회생 및 파산에 관한 법률 등과 같이 법령의 일부가 회사법의 법원을 이루는 것이 있다.

2. 관습법

관습법은 상법의 일반적 법원으로서는 중요성을 갖지만, 회사법에 있어서는 회사제정법이 강행법규적 성질을 갖기 때문에 그 의의가 크지 못하다. 다만, 기업회계기준과 같은 것은 상법의 보충적 규정으로서의 큰 역할을 하고 있다.

3. 자치법규

자치법규의 대표적인 것은 정관이다. 정관은 이를 작성한 당사자와 사원의 지위를 취득하는 자에 대해 구속력을 갖는다.

Ⅱ. 법규의 적용순서

회사의 법률관계에 대해서는 가장 먼저 자치법규인 정관이 적용되고, 다음은 "특별법이 일반법에 우선한다"는 원칙에 따라 상사특별법이 적용되고, 다음으로 상법전이 적용된다. 관습법은 상법전보다 후순위로 적용된다. 이러한 순서대로의 적용법규가 없는 경우에 한해 민법이 적용된다(제1조).

CHAPTER

02 회사법 통칙

제1절 회사의 개념

Ⅰ. 회사의 의의

상법상 회사란 상행위나 그 밖의 영리를 목적으로 하여 설립한 법인을 말한다(제169조). 따라서 상법상 회사는 영리법인이어야 하며, 영리성과 법인성의 요소를 갖고 있다.

1. 영리성

(1) 상사회사 · 민사회사

회사는 상행위 기타 영리를 목적으로 하는 법인이다. 회사가 상행위를 할 때에는 당연상인으로서의 회사(상사회사), 상행위 이외의 행위를 영업으로 하는 회사를 의제상인으로서의 회사(민사회사)이다. 양자 모두 상인이라는 점에서는 차이가 없으므로 상법 제1편 상법총칙과 제2편 상행위편이 일반적으로 적용된다.

(2) 영리성의 의의

회사가 영리를 목적으로 한다는 것은 회사가 영리행위를 목적으로 할 뿐만 아니라 영리행위에 의하여 얻은 이익을 그 사원에게 분배하는 것까지를 그 목적으로 하여야 한다는 것이 통설(이익분배설)의 입장이다. 따라서 상호보험회사 · 중소기업협동조합 · 마을금고 등은 일종의 사단법인이지만, 단순히 단체의 내부활동을 통해 그 구성원에게 경제적 이익을 주는 것을 목적으로 하기 때문에 회사가 아니다. 국가나 지방자치단체 또는 재단법인(비영리법인)도 이익의 분배를 목적으로 하지 않으므로 상인자격을 가질 수는 있지만 회사는 아니다.

(3) 이익분배의 방법

영리성을 갖는 회사가 그 영리행위로 얻은 이익을 사원에게 분배하여야 하지만, 그 분배방법에 대해서는 특별한 제한이 없으므로 이익배당에 의하든 잔여재산분배에 의하든 관계없다. 또 일시적으로 이익배당을 제한하거나 정지하더라도 영리성은 유지된다.

2. 단체성

(1) 의 의

상법상의 회사는 모두 영리를 목적으로 하는 단체이다(제169조). 회사가 단체이라는 것은 재산의 집합체로서의 재단과 달리 회사가 복수의 사원을 존립의 기초로 하고 있다는 뜻이다. 따라서 합명회사 · 합자회사는 2인 이상의 사원의 존재가 회사의 성립요건이자 존속요건으로 되어 있다(제227조, 제269조, 제609조 제1항). 그러나 주식회사와 유한책임회사, 유한회사는 자본단체적 성질을 갖기 때문에 사원이 1인이 되더라도 해산사유로 하고 있지 않다(제517조, 제609조 참조).

한편, 회사가 단체라는 점에서는 조합과 같으나 법인격을 갖는 점에서 조합과 그 차이가 있다.

●●● 회사와 조합의 구분

구 분	회 사	조 합
법인격의 차이	법인격을 가짐	법인격이 없음
영업의 주체	회사 자체	조합원
재산의 귀속	회사 고유의 재산	조합원의 합유
사원의 내부관계	• 구성원의 개성 희박 • 구성원이 단체와의 사이의 사원관계를 통해 간접적으로 결합된 단체	• 구성원의 개성 중시 • 구성원 상호간의 계약관계에 의하여 결합된 단체

(2) 1인회사

① **의의** : 상법상 회사는 단체성을 갖기 때문에 원칙적으로 사원 2인 이상이 그의 성립요건이자 존속요건이어야 한다. 그러나 주식회사와 유한책임회사 · 유한회사의 경우에는 1인설립을 인정하고 있고, 회사성립 후 1인의 사원이 회사의 모든 주식 또는 지분을 소유하더라도 해산사유가 되지 않고 있다.

주의 1인회사라 하더라도 상법상 회사이므로 원칙적으로 회사법이 적용되고, 회사의 기관(주주총회 · 이사회 · 감사, 사원총회 · 이사)은 두어야 한다.

② 1인주식회사의 법률관계

㉠ **주주총회의 운영** : 판례는 주주총회의 소집에 관한 상법규정(제362조)에 위반하여 소집권한 없는 자가 소집하거나 소집결정을 위한 이사회결의에 하자가 있더라도 1인주주가 참석하여 이의없이 결의하였다면 주주총회의 결의가 있었다고 본다.

㉡ **영업양도시 주주총회의 특별결의를 흠결한 경우** : 회사가 영업의 전부 또는 중요한 일부를 양도하는 경우에는 주주총회의 특별결의를 얻어야 한다(제374조 1호). 그러나 1인주식회사에 있어서 1인주주이자 대표이사인 사람의 동의가 있었다면 주주총회의 특별결의를 얻지 않았다 하더라도 유효하다는 것이 판례의 입장이다(판례).

㉢ **1인주식회사와 업무상 배임 · 횡령** : 판례는 1인주식회사의 1인주주 겸 대표이사가 회사에 손해를 가한 경우에 배임죄의 성립을 인정하며, 1인주주가 회사재산을 불법영득의 의사로 횡령한 경우에 회사와 1인주주는 별개의 인격이므로 횡령죄가 성립한다고 하고 있다.

㉣ **이사의 자기거래** : 1인주식회사의 이사의 자기거래(제398조)에 대해 이사회의 승인을 얻지 않은 경우 그 효력에 관해서는 학설이 나누어지고 있으나, 판례는 승인을 얻지 않았더라도 유효한 것으로 보고 있다.

㉤ **주식병합의 통지 · 공고 절차 흠결** : 1인회사의 경우 주식병합에 관한 주주총회의 결의에 따라 그 변경등기가 경료되었다면 병합의 통지 · 공고절차(제440조)를 거치지 않았다고 하더라도 그 변경등기 무렵에 주식병합의 효력이 발생한다고 본다(판례).

㉥ **법인격부인론과의 관계** : 1인회사는 특정인이 개인적으로 부담하는 채무를 면탈하기 위하여 설립하는 경우가 많고, 회사의 법인격이 형해화(形骸化)하는 경우가 많으므로 법인격부인론을 적용할 소지가 많다.

㉦ **주식의 양도제한에 관한 정관규정의 효력** : 주식의 양도를 정관에 의하여 이사회의 승인을 얻도록 한 경우(제375조 제1항 단서), 1인주식회사의 1인주주가 소유주식의 전부를 양도할 때에는 다른 주주가 존재하지 않으므로 이사회의 승인을 받을 필요가 없다.

㉧ **의결권 제한** : 특별이해관계 있는 주주는 주주총회에서 의결권을 행사할 수 없다는 규정(제368조 제4항)이나 감사의 선임시 의결권 없는 주식을 제외한 발행주식 총수의 100분의 3을 초과하는 주식을 가진 주주는 초과하는 주식에 대해서는 의결권이 없다는 규정(제409조 제2항)은 복수사원을 전제로 하는 규정이므로 1인회사의 경우에는 적용될 여지가 없다.

㉨ **소수사원권제도** : 1인회사의 경우에는 일정수의 주식을 가진 주주에게 인정되는 소수주주권 제도는 적용될 여지가 없다.

3. 법인성

(1) 의 의

상법상 모든 회사는 법인이다(제169조). 회사는 회사의 설립등기를 함으로써 법인격을 취득하고 청산절차를 종료함으로써 법인격을 상실하게 된다. 따라서 존립중의 회사는 사원으로부터 독립하여 권리·의무를 취득할 수 있으며, 사원은 회사의 재산에 대하여 직접 권리를 갖지 못한다. 그러므로 조합적 성질을 갖는 합명회사와 합자회사, 유한책임회사에 대해서도 내부관계에 대해서는 예외적으로 민법상 조합에 관한 규정을 보충적용할 수 있도록 하고 있다. 그러나 대외적으로는 회사에 대한 법률관계의 귀속을 명확히 하고, 회사가 소송관계에 있어서 당사자능력을 갖도록 하며, 업무집행사원이 회사의 대표가 되도록 하기 위해 법인성을 인정하고 있다.

또한 법인성을 인정함으로써 회사 자체에 대한 집행권원에 의해서만 회사 재산에 대하여 강제집행을 할 수 있고, 회사 구성원 개인의 채권자에 의하여 회사재산이 강제집행의 대상이 되지 않는다.

(2) 법인격부인론

① **의의** : 회사의 법인격이 인정되는 것은 법률관계의 간명·회사기업의 영속적인 독립성을 기할 수 있다는 장점이 있는 반면에, 경제적·실제적으로는 개인기업이면서 기업상의 책임을 면탈하거나 제한하기 위하여 형식상 회사제도를 남용하는 예가 적지않다. 이러한 문제를 해결하기 위해 회사가 사원으로부터 독립된 실체를 갖지 못한 경우에 회사의 특정한 법률관계에 있어서만은 회사의 법인격을 인정하지 아니하고 회사와 사원을 동일시하여 회사의 책임을 사원에게 묻는 제도가 법인격부인이론이다.

보충 법인격부인론은 19세기 후반부터 미국의 판례에 의하여 형성·발전되어 왔으며, 현재 미국뿐만 아니라 영국·독일·일본 등 회사에 대하여 사원과 별개의 법인격을 부여하고 있는 모든 나라에서 공통적으로 인정되고 있다.

② **적용근거** : 법인격부인의 법리를 적용하기 위한 근거로 법인격의 개념에 내재하는 한계를 드는 견해도 있으나, 대법원 판례는 신의성실의 원칙의 위반과 법인격이 남용된 경우를 들고 있다.

③ **적용요건** : 법인격부인이론을 적용하기 위해서는 ㉠ 특정주주가 회사를 완전히 지배하고, ㉡ 회사는 형식에 불과하고 회사의 사업은 실질적으로 주주개인의 사업에 지나지 않아야 하며, ㉢ 회사의 무자력으로 인해 회사채권자가 변제받지 못하는 손실을 입어야 한다.

④ **적용범위** : 법인격부인론은 거래행위뿐만 아니라 불법행위의 경우에도 적용될 수 있다. 법인격부인론은 실정법에 의해 해결될 수 있는 경우에는 적용되지 않고, 실정법에 의해 해결될 수 없는 경우 보충적으로 적용될 수 있다. 한편, 사원의 채권자가 회사의 인격의 부인을

주장하여 회사에 대해 책임을 묻는 법인격부인론의 역적용의 문제에 대해 학설의 대립이 있으나 사원이 회사를 완전히 지배하고 있는 경우 역적용이 인정될 수 있다(판례).

⑤ **적용효과** : 법인격부인의 법리를 적용하더라도 회사의 법인격 자체가 소멸되는 것이 아니라, 특정한 법률관계에 대해서만 인격이 부인되는 것으로 취급된다. 따라서 회사의 책임이 소멸되는 것은 아니며, 회사의 행위로 인한 책임이 사원에게 귀속된다. 회사의 배후에 있는 사원과 회사, 또는 구회사와 신회사가 사실상 동일체인 경우에도 소송 및 강제집행절차에 있어서는 명확성과 안정성을 중시하여야 하므로, 전자에 대한 판결의 기판력 및 집행력의 범위를 후자에까지 확장하는 것은 허용되지 않는다는 것이 통설 · 판례의 입장이다.

(3) 법인격 박탈

회사의 법인격을 완전히 박탈하여 회사를 소멸시키는 것으로서, 회사의 설립 무효 · 취소, 해산명령 · 해산판결, 휴면회사의 해산의제 등의 제도가 있다.

4. 회사설립의 준칙성

회사는 회사편의 규정에 따라서 설립되어야 한다. 즉, 영리를 목적으로 하는 회사는 상법 회사편의 규정에 따라 설립된 때에 법인격을 취득하고 회사가 되는 것이다.

II. 회사의 능력

1. 권리능력

회사는 법인이므로 일반적으로 권리 · 의무의 주체가 될 수 있는 능력이 있지만, 자연인이 아니고 법률정책적으로 인정된 인격체이므로 다음과 같은 제한을 받는다.

(1) 성질에 의한 제한

회사는 자연인이 아니므로 자연인임을 전제로 하는 친족권 · 생명권 · 신체상의 자유권 · 상속권 등을 향유할 수는 없다. 또 직접적인 노무의 제공을 요구하는 상업사용인은 될 수 없다. 그러나 회사도 수유자(受遺者)의 자격에서 유증을 받을 수 있으며, 인격권 · 명예권 · 상호권 · 사원권과 같은 권리는 향유할 수 있다.

(2) 법률에 의한 제한

회사는 법에 의하여 법인격이 부여되고 있으므로, 법률에 의하여 법정책적으로 권리능력을 제한할 수 있다. 상법 제173조는「회사는 다른 회사의 무한책임사원이 될 수 없다」고 하여 회사의 권리능력을 제한하고 있다. 또 회사가 해산한 경우에는 청산의 목적범위내에서만 권리능력이 인정되고(제245조, 제269조, 제542조 제1항, 제613조 제1항), 파산회사가 파산의 목적범위 내에서만 존속하는 것도 법률에 의한 제한의 한 일환이다.

(3) 목적에 의한 제한

민법 제34조는 「법인은 법률의 규정에 좇아 정관으로 정한 목적의 범위 내에서 권리와 의무의 주체가 된다」고 규정하여 법인의 권리능력을 목적에 의해 제한하고 있다. 그러나 상법에서는 회사의 정관에는 목적을 기재하여야 하고(제179조 1호, 제269조, 제289조 제1항 1호, 제543조 제2항 1호), 또 이를 등기하여야 한다(180조, 제317조 제2항 1호, 제549조 제2항 1호)고 하고 있을 뿐, 회사의 목적에 의한 권리능력의 제한에 대해 명문규정을 두고 있지 않으므로 논란이 되고 있다. 통설은 제한부정설을 취하고 있으나, 판례는 제한긍정설을 취하고 있다.

(4) 기부행위와 권리능력

회사가 재해에 대한 구호금, 학술연구 또는 육영사업을 위한 자금 기타 사회사업 등의 기부는 합리적인 범위내에서 허용되는 것으로 보는 것이 통설의 입장이며, 정치자금의 부담에 대해서도 일반기부행위와 같이 인정될 수 있다는 것이 다수설의 입장이다.

2. 의사능력과 행위능력

법인의제설에서는 회사 자체의 의사능력과 행위능력을 부정하여 법인의 조직의 일부를 구성하는 자는 법인의 대리인이라고 하지만, 법인실재설은 회사의 대표기관은 법인의 대표기관이며 대표기관이 하는 행위는 법률상 당연히 회사의 행위가 되므로 회사의 의사능력과 행위능력이 인정된다고 한다. 법인실재설이 통설이며, 권리능력의 범위와 의사능력・행위능력의 범위는 일치한다.

3. 불법행위능력

법인의제설에 따르면 회사의 불법행위능력을 부정하게 되지만, 회사가 대표기관을 통해서 스스로 행위능력을 갖는 것으로 보는 법인실재설에 따르면 행위능력의 다른 측면인 불법행위능력도 갖는다고 할 수 있다. 상법은 회사를 대표하는 사원 또는 대표이사가 업무집행상 타인에게 손해를 가한 때에는 회사는 그 대표기관과 연대하여 배상할 책임이 있다고 규정하여(제210조, 제269조, 제389조 제3항, 제567조), 회사의 연대책임을 인정하고 있는 것은 회사의 불법행위능력을 인정한 것이라 할 것이다. 또, 대표기관 이외의 임원 또는 사용인이 회사의 업무집행과 관련하여 불법행위를 한 때에는 회사가 사용자배상책임(민법제756조 제1항)을 지기 때문에 불법행위능력이 인정된다.

4. 공법상의 능력

회사는 민사소송법상의 원고 또는 피고가 될 능력이 있고(민소법 제47조, 제60조), 회사의 보통재판적은 그 주된 사무소에 의한다(민소법 제4조). 또 회사는 납세의무를 부담한다. 그리고 형사소송법상 당사자능력과 소송능력이 인정되고(형소법 제27조), 청원권(청원법 제6조 제1항) 및 상공회의소의원의 선거권이 있다(상공회의소법 제13조 제2항). 그러나 회사는 일반적으로 형법상의 범죄능력은 없다.

Ⅲ. 회사의 종류

1. 상법상의 회사

상법상 회사는 합명회사 · 합자회사 · 유한책임회사 · 주식회사 · 유한회사 5종류로 분류되고 있다(제170조). 각 회사의 가장 큰 구분기준은 사원의 책임이다. 사원의 책임에 있어서 합명회사는 직접 · 무한 · 연대책임사원 2인 이상으로 구성된 회사이고, 합자회사는 직접 · 무한 · 연대책임사원과 직접 · 유한 · 연대책임사원 각 1인 이상이 필요한 회사이다. 유한책임회사는 간접 · 유한책임을 지는 사원으로만 구성된다. 주식회사의 사원(주주)은 간접 · 유한책임을 지는 사원이며, 유한회사의 사원도 간접 · 유한책임을 진다. 다만, 유한회사의 사원은 자본전보책임을 지는 점에서 주식회사의 사원과 차이가 있다.

●● 상법상 회사의 구분

구 분	합명회사 · 합자회사 · 유한책임회사	주식회사 · 유한회사
사원의 출자	• 무한책임사원 : 금전 기타 재산, 노무, 신용의 출자 가능 • 합자회사 또는 유한책임회사의 유한책임사원 : 금전 기타 재산의 출자만 가능	금전 기타 재산의 출자만 가능
사원의 출자시기	• 합명 · 합자회사 : 정관의 정함에 따라 또는 회사의 청구가 있는 때 • 유한책임회사 : 설립전 출자완료	회사설립전 출자완료
사원의 책임	• 무한책임사원 : 직접 · 무한 · 연대책임 • 합자회사 유한책임사원 : 직접 · 유한 · 연대책임	간접 · 유한책임(유한회사 사원은 추가출자의무를 부담함)

	• 유한책임회사 사원 : 간접 · 유한 책임	
회사의 기관성	• 합명 · 합자회사 : 사원이 직접 회사의 업무집행과 대표를 맡는 자기기관 중심 • 유한책임회사 : 사원 또는 비사원이 업무집행 · 대표	회사의 업무집행과 대표는 사원 이외의 자가 맡는 타인기관 중심
사원의 수와 지분양도	• 소수사원 • 무한책임사원의 지분양도는 다른 사원 전원의 동의, 유한책임사원의 지분양도는 무한책임사원 전원의 동의를 요함 • 유한책임회사 사원의 지분양도는 다른 사원 전원의 동의	• 주식회사 : 사원의 수에 제한이 없고, 지분양도는 정관 또는 법률의 제한이 없는 한 자유 • 유한회사 : 사원의 수에 제한이 없고, 지분양도는 정관에 다른 정함이 없는 한 자유
입사와 퇴사제도	인 정	불인정
회사의 청산	법정청산과 임의청산이 인정 됨 (유한책임회사는 법정청산만 인정)	법정청산만 인정 됨
의결권	1인 1의결권(두수주의)	1주(1좌) 1의결권(지분복수주의)

2. 인적회사 · 물적회사

(1) 구별의 기준

인적회사와 물적회사의 구분은 강의학상의 구분이다. 인적회사는 인적 신뢰관계에 있는 구성원만으로 이루어진 기업형태로써 사원의 개성을 중심으로 하는 회사이고, 물적회사는 각 사원이 단순히 그 출자를 매개로 하여 결합한 자본중심의 회사를 말한다. 인적회사는 개인주의적 회사로써 합명회사 · 합자회사 · 유한책임회사를 들 수 있고, 물적회사는 단체주의적 회사로써 주식회사 · 유한회사를 들 수 있다.

(2) 인적회사와 물적회사의 차이

① **출자의 목적** : 인적회사의 무한책임사원은 금전 기타 재산뿐만 아니라 노무나 신용의 출자가 가능하지만, 물적회사의 사원은 금전 기타 재산의 출자만 가능하다.

② **사원의 경영참가** : 인적회사는 출자사원이 업무집행을 하는 자기기관에 의해 운영되지만 (유한책임회사는 사원 또는 사원아닌 자를 업무집행자로 정할 수 있다), 물적회사는 소유와 경영이

분리되어 이사회(유한회사는 이사) 등의 타인기관에 의해 운영되어진다.

③ **사원의 지위의 이전** : 인적회사 무한책임사원은 총사원의 동의를 얻어야 지위를 이전할 수 있고, 합자회사의 유한책임사원은 무한책임사원 전원의 동의를 얻어야 지위를 이전할 수 있다. 유한책임회사의 사원은 원칙적으로 다른 사원 전원의 동의를 얻어야 지위를 이전할 수 있다. 그러나 주식회사의 사원의 지위이전은 원칙적으로 자유롭게 인정되고, 유한회사의 사원의 지위이전도 원칙적으로 자유롭게 인정된다.

④ **청산제도** : 인적회사는 임의청산제도가 인정되지만, 물적회사와 유한책임회사는 임의청산제도가 인정되지 않는다.

⑤ **사원의 출자시기** : 인적회사는 설립 전에 회사재산을 확보해 둘 필요가 없으므로, 정관의 정함에 따라 또는 회사의 청구가 있는 때 출자를 하면 된다. 유한책임회사는 설립 전에 출자가 완료되어야 한다. 물적회사는 회사 설립등기 전에 일정한 자본금의 확보가 필요하므로 회사설립시 출자가 완료되어야 한다.

⑥ **의결권** : 인적회사는 의결권행사에 있어서 1인 1의결권을 인정하고 있으나, 물적회사는 출자액에 비례하여 원칙적으로 1주 1의결권 또는 1좌 1의결권이 인정된다.

⑦ **입사와 퇴사** : 인적회사는 입사와 퇴사제도가 있지만, 물적회사는 입사와 퇴사제도가 인정되지 않는다.

3. 기 타

(1) 일반법상의 회사 · 특별법상의 회사

상법전을 근거로 하여 성립 · 존속하는 회사를 상법상의 회사 또는 일반법상의 회사라 하고, 은행법 · 보험업법 · 신탁업법 등의 특별법에 의하여 인정되는 회사를 특별법상의 회사라 한다.

(2) 민사회사 · 상사회사

상법 제46조 각호에 해당하는 상행위를 영리목적으로 하는 회사를 상사회사라 하고, 상행위를 하지 아니하고 영리를 목적으로 하는 회사를 민사회사라 한다.

(3) 내국회사 · 외국회사

이 구분은 설립절차를 어느 나라의 법에 의했는가에 따른 것이다. 내국회사는 국내법에 의하여 설립된 회사, 외국회사는 외국법에 의하여 설립된 회사를 말한다.

(4) 상장회사 · 비상장회사

회사가 발행한 주식이 증권거래소에서 거래될 수 있는 회사를 상장회사, 그렇지 않은 회사를 비상장회사라 한다.

(5) 지배회사 · 종속회사

1개의 회사가 다른 회사에 대하여 상당한 비율의 주식을 가지고 자본참가를 하여 사실상 다른 회사를 지배하는 경우, 지배하는 회사를 지배회사 · 지배당하는 회사를 종속회사라 한다. 상법상으로는 어떤 회사가 다른 회사의 발행주식총수의 100분의 50을 초과하여 주식을 취득하고 있는 경우, 어떤 회사를 모회사라 하고 다른 회사를 자회사라 한다.

제2절 회사의 설립

I. 설립에 관한 입법주의

회사발달의 기초부터 지금까지 회사설립에 대한 입법주의는 여러 변천과정을 거쳤다. 연역적으로 살펴보면, 회사를 설립하고자 하는 자들이 모여 그 실체만 형성하면 회사가 성립하는 것으로 보는 자유설립주의, 회사의 설립이 군주나 국가의 특별입법이 있어야만 인정되는 특허주의, 회사설립에 관한 성문법규를 두고 이에 근거한 면허 · 허가와 같은 행정처분을 설립의 요건으로 하는 면허주의, 성문법규로써 일반적인 회사설립의 요건 규정을 두고 이 요건을 구비하면 당연히 법인격을 취득하게 하는 준칙주의가 있다. 우리 나라에서는 설립시 설립등기를 하도록 하여 최소한의 행정관청의 감독을 받도록 되어 있는 엄격준칙주의를 택하고 있다.

II. 설립행위의 의의와 성질

1. 설립행위의 의의

회사의 설립이란 법인격을 취득하기 위한 일정한 행위인 법률요건으로서 정관의 작성으로부터 설립등기에 이르는 모든 행위를 말하며, 이들 중 특히 사원이 될 자의 법률행위를 설립행위라고 하는 것이 통설의 입장이다. 따라서 인적회사의 설립행위는 정관의 작성, 물적회사의 설립행위는 정관의 작성과 출자의무의 이행을 들 수 있다.

2. 설립행위의 성질

설립행위의 성질에 대해 학설의 대립이 있으나, 다수설은 합동행위라고 본다.

Ⅲ. 정관의 개념과 효력

1. 정관의 개념

정관의 실질적 의의는 사원들의 법률행위에 의하여 성립되어 회사의 조직과 활동 등 단체법적 법률관계를 규율하는 규범을 총칭하는 것이다. 이러한 정관은 성문법의 보충적 또는 보완적 효력을 가지며, 그 성질은 자치법규로 보는 것이 다수설의 입장이다. 규율하는 규범을 총칭하는 것이지만, 형식적으로는 그 규범을 기재한 서면을 말한다.

2. 정관의 효력

정관은 강행법규에 위반되지 않는 한 정관을 작성한 사원이나 발기인은 물론이고, 그 이후에 가입한 사원 · 주주 · 회사기관도 당연히 구속한다. 회사의 대내외적 행위가 정관에 위반한 경우 자치법규에 위반한 행위이므로 무효원인이 된다. 다만, 제3자의 보호를 위하여 무효주장이 제한될 경우가 있다.

Ⅳ. 설립등기

회사는 본점소재지에서 설립등기를 함으로써 비로소 법인격을 취득하게 된다. 설립등기의 등기사항은 회사의 종류에 따라 각각 다르게 법정하고 있다(제180조, 제271조, 제287조의5, 제317조 제2항, 제549조 제2항). 합명회사와 합자회사, 유한책임회사는 등기기간에 대해 아무런 규정을 두고 있지 않지만, 주식회사와 유한회사는 설립절차가 종료한 때로부터 2주간 내에 하여야 한다(제317조 제1항, 제549조 제1항). 법정기간 내에 등기를 하지 않을 때에는 일정한 자에 대하여 과태료의 제재가 있다(제635조 제1항 1호).

Ⅴ. 설립의 무효 또는 취소

1. 무효 또는 취소의 소(訴)제기

⑴ 당사자

① **원고** : 회사설립의 하자가 있는 경우 법률관계의 획일적 처리를 위하여 설립의 무효 또는 취소는 반드시 소에 의하여 주장할 수 있도록 하고 있다. 설립무효의 소제기권자는 합명회사 · 합자회사 · 유한책임회사의 경우에는 사원에 한정되고, 주식회사와 유한회사는 사원 · 이사 · 감사에 한한다. 주식회사를 제외한 다른 회사의 설립취소의 소제기권자는

취소권이 있는 자(예 무능력자의 법정대리인, 사기 · 강박 · 착오의 의사표시를 한 자, 사해(詐害)행위를 한 사원의 채권자 등)이다.

② **피고** : 피고에 대해서는 특별한 법규정은 없으나, 회사를 피고로 한다는 데에 이론(異論)이 없다.

(2) 소의 성질

설립무효 또는 취소의 소는 형성의 소이다. 따라서 소송에 의하지 아니하고는 설립의 무효나 취소를 주장할 수 없다.

(3) 소제기 절차

① **제기기간** : 회사설립의 무효 또는 취소의 소는 회사가 성립한 날로부터 2년 내에 한한다(제184조, 제269조, 제287조의6, 제328조, 제552조 제1항). 이 기간은 제척기간에 해당한다.

② **관할** : 회사설립의 무효 또는 취소의 소는 본점소재지의 지방법원의 관할에 전속한다(제186조, 제269조, 제287조의6, 제328조 제2항, 제552조 제2항).

③ **소제기의 공고** : 설립무효 또는 취소의 소가 제기된 때에는 회사는 지체없이 이를 공고하여야 한다(제187조, 제269조, 제287조의6, 제328조 제2항, 제552조 제2항).

④ **소의 병합** : 수개의 소가 제기된 때에는 법원은 이를 병합심리하여야 한다(제188조, 제269조, 제287조의6, 제328조 제2항, 제552조 제2항).

⑤ **법원의 자유재량권** : 설립무효 또는 취소의 소가 계속중 그 원인이 된 하자가 보완되거나 회사의 현황과 제반 사정을 참작하여 설립의 무효 또는 취소로 하는 것이 부적당하다고 인정할 때에는 법원은 그 청구를 기각할 수 있다(제189조, 제269조, 제287조의6, 제328조 제2항, 제552조 제2항).

2. 무효 또는 취소의 판결의 효력

(1) 원고승소의 효력

① **등기** : 설립무효 또는 취소의 판결이 확정되면 본점과 지점의 소재지에서 이를 등기하여야 한다(제192조, 제269조, 제287조의6, 제328조 제2항, 제552조 제2항).

② **불소급효** : 판결의 효력은 소급하여 효력이 발생하지 않으며(제190조 단서, 제269조, 제287조의6, 제328조 제2항, 제552조 제2항), 따라서 회사는 해산에 준하여 청산하여야 한다. 이와 같은 상태를 사실상의 회사라 한다.

③ **대세적 효력** : 판결의 효력은 원고와 피고인 회사뿐만 아니라 제3자에 대해서도 미친다(제190조 본문, 제269조, 제287조의6, 제328조 제2항, 제552조 제2항). 따라서 판결확정 후에는

누구도 설립의 유효를 주장할 수 없다.

④ **청산절차의 개시** : 설립무효 또는 취소의 판결이 확정된 때에는 해산의 경우에 준하여 청산하여야 하며, 이 경우에는 법원은 사원 기타의 이해관계인의 청구에 의하여 청산인을 선임할 수 있다(제193조 제1항 · 제2항, 제269조, 제287조의6, 제328조 제2항, 제552조 제2항).

⑤ **회사의 계속** : 합명회사와 합자회사, 유한책임회사에서는 설립이 무효 또는 취소되더라도 무효 또는 취소의 사유가 특정사원에 한정된 경우에는 다른 사원 전원의 동의로 회사를 계속할 수 있다(제194조 제1항, 제269조, 제287조의6).

(2) 원고패소의 효력

원고패소의 경우 그 효력은 원고에게만 효력이 미치므로, 다른 이해관계인은 다시 무효 또는 취소의 소를 제기할 수 있다. 원고가 패소한 경우 그 원고에게 악의 또는 중대한 과실이 있는 때에는 원고는 회사에 대해 손해배상책임을 진다(제191조, 제269조, 제287조의6, 제328조 제2항, 제522조 제2항).

VI. 사실상의 회사

(1) 의 의

사실상의 회사란 회사의 설립과정에서 법률적으로 유효하게 성립된 회사가 아님에도 불구하고 일정한 범위내에서 마치 유효하게 성립된 것으로 취급되는 실체를 말한다.

(2) 요 건

사실상의 회사는 ① 정관이 작성되고, ② 설립등기와 실체 회사의 활동이 있고, ③ 설립무효 또는 취소의 사유가 존재하여야 한다.

(3) 효 과

사실상의 회사로서의 요건을 갖춘 때에는 하자있는 회사는 그 내부관계나 외부관계에서 유효하게 성립된 회사와 같이 취급되고, 설립 무효 또는 취소의 판결에 의해 해산에 준하는 청산절차를 밟아야 한다.

제3절 회사의 조직변경

Ⅰ. 개 념

1. 의 의

조직변경이란 회사가 그 인격의 동일성을 유지하면서 다른 종류의 회사로 조직을 변경하는 것을 말한다. 조직변경은 변경 전의 회사와 변경 후의 회사가 동일성을 갖기 때문에 법률상의 권리 · 의무가 승계되는 것이 아니라 그대로 존속한다는 점에서 다른 회사가 법률상의 권리 · 의무를 포괄적으로 승계하는 회사의 합병과 다르고, 회사를 해산하여 청산절차를 밟고 그 회사의 사원과 재산으로 다른 종류의 회사를 신설하는 사실상의 조직변경과도 다르다.

2. 조직변경의 유형

인적회사와 물적회사는 사원의 책임과 내부조직이 전혀 다르므로 인적회사를 물적회사로, 물적회사를 인적회사로 조직변경을 허용하는 것은 그 동일성을 유지하는데 무리가 있다. 따라서 유한책임회사를 제외하고는 인적회사는 인적회사로, 물적회사는 물적회사로만 조직변경이 인정된다.

3. 조직변경의 등기

조직변경의 경우 편의상 등기의 기술적 처리를 위해 변경전의 회사는 해산등기, 변경후의 회사는 설립등기를 하게 하고 있다(제243조, 제286조 제3항, 제287조의44, 제606조, 제607조 5항). 이때 회사가 소유하는 부동산에 대해서는 이전등기가 아니라 변경등기만 하면 된다.

Ⅱ. 각 회사의 조직변경

1. 합명회사의 합자회사로의 조직변경

합명회사는 총사원의 동의로 합자회사로 조직을 변경할 수 있으며, 이때 일부 사원을 유한책임사원으로 하거나 새로이 유한책임사원을 가입시키는 방법으로 한다(제242조 제1항). 조직변경으로 인해 무한책임사원이 유한책임사원이 되었을 때에는 종전의 회사 채무에 대하여 변경등기 후 2년 내에는 무한책임사원으로서의 책임을 진다(제244조).

2. 합자회사의 합명회사로의 조직변경

합자회사는 총사원의 동의로 합명회사로 조직을 변경할 수 있으며(제286조 제1항), 이때 유한책임사원은 무한책임사원이 된다. 이때 무한책임사원이 된 유한책임사원은 종전의 회사 채무에 대하여 무한책임을 진다. 무한책임사원만 잔존하게 된 경우에는 그 사원들의 동의에 의해 합명회사로 조직을 변경할 수 있다(제286조 제2항).

3. 주식회사의 유한회사 또는 유한책임회사로의 조직변경

주식회사는 총주주의 동의로 유한회사 또는 유한책임회사로의 조직변경이 가능하지만(제287조의43 제1항, 제604조 제1항), 주식회사는 사채를 상환하기 전에는 유한회사 또는 유한책임회사로 조직을 변경하지 못한다(제287조의44, 제604조 제1항 단서). 조직변경 전 회사의 순재산액보다 많은 금액을 변경 후의 회사의 자본금의 총액으로 하지 못하며(제604조 제2항), 조직변경을 함에는 채권자보호절차를 거쳐야 한다(제608조, 제232조). 총주주의 동의를 얻지 않았거나 미상환사채가 남은 경우에는 조직변경무효가 되지만, 자본금 총액의 제한을 위반하거나 채권자보호절차를 거치지 않은 경우에는 무효가 되지 않으며 조직변경결의 당시의 주주와 이사는 연대하여 책임을 진다(제605조 제1항).

4. 유한회사의 주식회사로의 조직변경

유한회사는 총사원의 동의로 주식회사로 조직변경을 할 수 있으나(제607조 제1항 본문), 정관의 정함이 있는 때에는 사원총회의 특별결의로 주식회사로 조직변경을 할 수 있다(제607조 제1항 단서). 그리고 법원의 인가를 얻지 않으면 조직변경은 효력이 없다(제607조 제3항). 조직변경 후 회사가 발행하는 주식의 발행가액 총액은 회사에 현존하는 순재산을 초과하지 못하며(제607조 제2항), 채권자보호절차를 거쳐야 한다. 총사원의 동의를 얻지 않았거나 법원의 인가를 얻지 않은 경우에는 무효가 되지만, 자본금 총액의 제한을 위반하거나 채권자보호절차를 거치지 않은 경우에는 무효가 되지 않으며 조직변경 당시의 이사·감사·사원이 연대하여 자본전보책임을 진다(제607조 제4항).

5. 유한책임회사의 주식회사로의 조직변경

유한책임회사는 총사원의 동의에 의하여 주식회사로 조직을 변경할 수 있다(제287조의 43 제2항). 그 이외의 조직변경의 요건은 유한회사에 관한 규정이 준용된다(제287조의 44, 제607조, 제232조).

Ⅲ. 조직변경의 무효

조직변경의 무효에 관해 아무런 규정이 없으나, 회사 설립의 무효나 취소의 소에 관한 규정이 준용되어야 한다는 점에 이론(異論)이 없다.

제4절 회사의 합병

Ⅰ. 합병의 개념

1. 합병의 의의

회사의 합병이란 상법상의 일정한 절차에 따라 2개 이상의 회사가 일부 또는 전부가 소멸하고, 소멸하는 회사의 모든 권리·의무를 존속회사 또는 신설회사가 포괄적으로 승계하고 사원을 수용하는 회사법상의 법률요건이다. 이러한 합병은 경쟁력 확보·규모의 경제실현·기업의 유지를 위한 기업결합의 방법으로 이용되고 있다. 회사의 합병은 단체법상의 행위에 해당한다. 합병의 법적성질에 관해서는 인격합일로 보는 것이 통설의 입장이다. 인격합일설의 입장에서는 무증자합병(채무초과 회사를 소멸회사로 하는 합병)이 가능하게 된다.

2. 합병의 종류

⑴ 일반적 형태의 합병

일반적으로 합병은 흡수합병과 신설합병의 두가지 방법이 있다.

① **흡수합병** : 흡수합병은 수개의 합병당사회사 중 하나의 회사만 존속하고 나머지 회사는 모두 소멸하며, 존속회사가 소멸회사의 권리·의무를 포괄적으로 승계하고 사원을 수용하는 방법이다.

② **신설합병** : 합병당사회사가 모두 소멸하고, 새로운 하나의 회사가 신설되어 소멸회사의 권리·의무를 포괄적으로 승계하고 사원을 수용하는 방법이다.

⑵ 특수한 형태의 합병

주식회사간의 흡수합병의 경우 합병절차를 간소화하기 위한 합병의 방법으로 간이합병과 소규모합병을 인정하고 있고, 모회사가 자회사를 통하여 다른 회사를 합병하는 삼각합병을 인정하고 있다.

① **간이합병** : 간이합병이란 소멸하는 회사의 총주주의 동의가 있거나 그 회사의 발행주식총수의 100분의 90 이상을 존속회사가 소유하는 경우 소멸회사의 주주총회의 승인을 이사회의 승인으로 갈음할 수 있는 합병을 말한다(제527조의2 제1항). 이 경우 소멸회사는 총주주의 동의가 있는 경우가 아닌 한 합병계약서를 작성한 날로부터 2주 내에 주주총회의 승인을 얻지 않고 합병을 한다는 뜻을 공고하거나 주주에게 통지하여야 한다(제527조의2 제2항). 주주는 공고 또는 통지를 한 날로부터 2주 내에 회사에 대하여 합병반대의 의사를 통지하고, 그 2주가 경과한

날로부터 20일 내에 자기가 소유하는 주식의 매수를 청구할 수 있다(제522조의3 제2항). 총주주의 동의에 의한 간이합병의 경우에는 소멸회사의 주주에게는 주식매수청구권 규정이 적용될 여지가 없다.

② **소규모합병** : 존속회사가 합병을 함에 있어서 발행하는 신주 및 이전하는 자기주식의 총수가 그 회사의 발행주식총수의 100분의 10을 초과하지 않고, 소멸회사의 주주에게 제공할 금전이나 그 밖의 재산을 정한 경우에 그 금액이나 그 밖의 재산의 가액이 존속회사의 최종의 대차대조표상으로 현존하는 순재산액의 100분의 5를 초과하지 않는 경우 존속회사의 주주총회의 승인을 이사회의 승인으로 갈음할 수 있는 합병의 방법이다(제527조의3 제1항). 이때에는 합병계약서에 주주총회의 승인을 받지 않는다는 뜻을 기재하여야 하며(제527조의 3 제2항), 존속회사는 합병계약서를 작성한 날로부터 2주간 내에 소멸회사의 상호 · 본점 소재지 · 합병을 할 날 · 주주총회의 승인결의 없이 합병을 한다는 뜻을 공고하거나 주주에게 통지하여야 한다(제527조의 3 제3항). 다만, 이러한 소규모 합병의 절차의 간소화는 존속회사가 소규모합병을 한다는 공고 또는 통지를 한 날로부터 2주 내에 회사에 대하여 서면으로 발행주식총수의 100분의 20 이상에 해당하는 주식을 소유한 주주가 소규모합병의 반대의사를 통지한 때에는 인정되지 않는다(제527조의3 제4항). 소규모합병의 경우에는 합병반대주주의 주식매수청구권이 인정되지 않는다(제527조의3 제5항).

③ **삼각합병 :** 모회사가 자회사를 통하여 다른 회사를 합병하는 경우에 이를 삼각합병이라 한다. 우리 상법은 합병시 존속회사가 소멸회사의 주주에게 신주배정에도 불구하고 그 대가의 전부 또는 일부로서 금전이나 그 밖의 재산을 제공할 수 있도록 하고 있으며(제523조 제4호), 이에 따라 소멸하는 회사의 주주에게 제공하는 재산이 존속하는 회사의 모회사 주식을 포함하는 경우에는 존속회사는 그 지급을 위하여 모회사의 주식을 취득할 수 있도록 하여(제523조의2), 삼각합병이 가능하도록 하였다.

3. 합병과 영업양도

합병과 영업양도는 기업의 유지나 자본의 집중이라는 특성은 갖지만, 여러 가지 면에서 차이가 있다.

① 영업양도는 모든 상인에게 인정되는 개인법상의 거래행위이지만, 합병은 회사에서만 인정되는 단체법상의 법률행위에 해당한다. 따라서 영업양도는 재산의 이전을 위해 개별적 이전절차를 밟아야 하지만, 합병은 소멸회사의 권리 · 의무가 포괄적으로 존속 또는 신설회사에 이전하게 된다.

② 영업양도의 양도인이 영업을 양도한 후에도 상인자격을 상실하지 않지만, 합병 후

해산회사는 청산절차를 거치지 않고 소멸하므로 상인자격을 상실한다.

③ 영업양도의 경우 사원의 지위에는 변동이 없으나, 합병의 경우에는 사원이 존속회사 또는 신설회사에 포괄적으로 승계된다.

④ 영업양도의 경우 채권자보호절차가 별도로 필요로 하지 않지만, 합병의 경우에는 채권자보호절차를 필요로 한다.

⑤ 영업양도는 특별한 방식을 필요로 하지 않지만, 합병은 반드시 법정절차를 거쳐야 한다.

⑥ 영업양도는 자체의 등기가 필요없으나, 합병은 합병등기가 효력발생요건에 해당한다.

⑦ 영업양도는 일반거래법상의 원칙에 따라 무효주장이 가능하지만, 합병의 무효는 반드시 소송에 의하여야 한다.

⑧ 영업양도인은 경업금지의무가 있으나, 합병의 경우에는 소멸회사의 경업금지의무가 존재하지 않는다.

⑨ 영업양도는 영업의 일부 양도가 가능하지만, 합병의 경우에는 일부의 합병이라는 것이 인정되지 않는다.

●●● 영업양도와 회사의 합병의 비교

구 분	영업양도	회사의 합병
대 상	모든 상인의 영업	회사만이 대상임
절 차	당사자간의 계약 (거래법상 제도)	법정된 절차에 의함 (단체법상 제도)
등 기	영업양도 자체의 등기 불요	합병등기는 효력발생요건임
법인격소멸	법인격 불소멸	법인격 소멸
재산의 이전	개별적 이전	포괄적 이전
무효의 주장	일반 거래법상 원칙에 따라 주장	반드시 소송에 의하여야 함
경업금지의무	양도인의 경업금지의무 규정	경업금지의무 규정 부존재
채권자보호절차	특별한 보호절차규정 없음	합병시 채권자보호절차를 거쳐야 함
일부양도 · 합병	영업의 일부양도 가능	일부합병 불인정

II. 합병의 자유와 제한

1. 합병의 자유

회사는 원칙적으로 상법상의 어떤 종류의 회사와도 합병할 수 있다. 즉, 합병할 수 있는 회사의 종류에 제한이 없으며, 목적이 다른 회사간에도 합병할 수 있다. 그러나 내국회사와 외국회사의 합병은 인정되지 않으며, 상법과 특별법은 합병의 제한에 관한 규정을 두고 있다.

2. 합병의 제한

(1) 상법상의 제한

① **주식회사 · 유한회사 · 유한책임회사의 합병** : 종류가 다른 회사끼리도 합병할 수 있지만, 합병당사회사중 일방 또는 쌍방이 주식회사, 유한회사 또는 유한책임회사인 때에는 합병 후 존속하는 회사 또는 신설되는 회사는 주식회사, 유한회사 또는 유한책임회사이어야 한다(제174조 제2항).

② **미상환사채를 가진 주식회사의 합병** : 유한회사와 주식회사가 합병할 경우 주식회사가 사채의 상환을 완료하지 않으면 유한회사를 존속회사나 신설회사로 하지 못한다(제600조 제2항). 이것은 유한회사가 사채를 발행할 수 없다는 제한 때문이다.

③ **법원의 인가를 요하는 합병** : 유한회사와 주식회사가 합병하여 주식회사가 존속회사 또는 신설회사로 될 때에는 법원의 인가를 얻지 아니하면 합병의 효력이 없다(제600조 제1항). 이것은 현물출자에 의한 주식회사의 설립이나 증자의 경우 법원의 감독을 받게 되어 있는데, 이러한 법원의 감독을 피하기 위한 편법적 방법으로 주식회사가 되는 것을 방지하기 위한 것이다.

④ **해산회사의 합병** : 해산 후 청산 중에 있는 회사는 존립 중의 회사를 존속회사로 하는 경우에만 합병할 수 있다(제174조 제3항).

(2) 특별법에 의한 제한

독점규제 및 공정거래에 관한 법률(제7조, 제12조), 은행법(제55조), 금융산업의 구조개선에 관한 법률(제4조, 제5조), 보험업법(제116조), 신탁업법(제8조), 공업발전법(제8조)에 의하여 합병에 대해 일정한 절차를 요구하고 있다.

III. 합병의 절차

1. 합병계약과 합병계약서 작성

합병당사회사의 대표기관에 의해 합병조건, 합병방식, 존속회사 또는 신설회사의 정관의 내용, 기타 합병에 필요한 사항이 합의되어야 한다. 합병으로 인하여 신설회사 또는 존속회사가 합명회사 · 합자회사 또는 유한책임회사가 되는 경우에는 합병계약에 관하여 합병계약서에 기재사항을 특별히 요구하지 않으나, 합병으로 인하여 존속 또는 신설회사가 주식회사나 유한회사로 되는 경우에는 합병당사회사는 법정사항이 기재된 합병계약서를 작성하여야 한다(제523조, 제524조, 제525조, 제603조). 소규모합병의 경우에는 합병계약서에 주주총회의 승인을 받지 아니하고 합병을 한다는 뜻을 기재하여야 한다(제527조의3 제2항). 합병계약서의 법정기재사항을 흠결한 경우에는 합병승인결의가 있었다 하더라도 합병무효의 원인이 된다.

보충 합병 당사 회사의 일방 또는 쌍방이 합명회사 또는 합자회사인 경우에 그 존속 또는 신설회사가 주식회사인 경우에는 합명회사 또는 합자회사의 경우에도 법정계약서를 작성하여 총사원의 동의를 얻어야 한다(제525조). 그러나 존속 또는 신설회사가 유한회사나 유한책임회사가 되는 경우에는 이러한 제한규정이 없다.

2. 합병대차대조표 등의 공시

주식회사와 유한회사는 합병계약서, 합병을 위하여 신주를 발행하거나 자기주식을 이전하는 경우에는 합병으로 인하여 소멸하는 회사의 주주에 대한 신주의 배정 또는 자기주식의 이전에 관하여 그 이유를 기재한 서면, 각 회사의 최종의 합병대차대조표와 손익계산서를 주주총회 또는 사원총회의 2주간전부터 합병 후 6개월이 경과할 때까지 공시하여야 한다(제522조의2, 제603조).

3. 합병결의

(1) 합명회사 · 합자회사 · 유한책임회사의 경우

합명회사나 합자회사, 유한책임회사에서는 해산전후를 불문하고 총사원의 동의가 있어야 한다(제230조, 제269조, 제287조의41).

(2) 주식회사의 경우

① **결의요건** : 주식회사에서는 출석주주의 의결권의 3분의 2 이상의 수와 발행주식 총수의 3분의 1 이상의 동의로 하는 주주총회의 특별결의가 있어야 한다(제522조 제3항, 제434조). 그리고 합병으로 인하여 어느 종류의 주주에게 손해를 미치게 될 경우에 별도로 종류주주총회의 결의를 요한다(제436조). 그러나 간이합병의 경우 소멸회사의 주주총회의 승인을 이사회의 승인으로 갈음할 수 있고(제527조의2 제1항), 소규모합병의 경우에는 존속회사의 주주총회의 승인은 이를 이사회의 승인으로 갈음할 수 있다(제527조의3 제1항).

② **합병반대주주의 주식매수청구권** : 합병결의에 반대하는 주주(의결권이 없거나 제한되는 주주 포함)는 주주총회 전에 회사에 대하여 서면으로 그 결의에 반대하는 의사를 통지하고, 그 총회의 결의일로부터 20일 이내에 주식의 종류와 수를 기재한 서면으로 회사에 대하여 자기가 소유하는 주식의 매수를 청구할 수 있다(제522조의3 제1항). 주식매수청구권은 주주의 형성권에 해당하며, 주식매수청구가 있는 경우 회사는 2월 내에 주식을 매수하여야 한다(제374조의2 제2항).

주의 ① 간이합병의 경우 반대주주의 주식매수청구권을 인정하고 있으나, 소규모합병의 경우 존속회사의 반대주주의 주식매수청구권은 인정되지 않는다.
② 반대주주의 주식매수절차를 위반하더라도 이는 합병의 본질적 절차에 해당하는 것이 아니므로 합병무효의 사유가 되지 않는다.

⑶ 유한회사의 경우

유한회사에서는 총사원의 반수 이상이며 의결권의 4분의 3 이상의 동의에 의한 사원총회의 특별결의가 있어야 한다(제598조, 제585조). 이 경우 유한회사 사원이 합병에 반대하는 경우 지분매수청구권에 관해서는 상법상 그 규정이 없으므로, 지분매수청구가 인정되지 않는다.

4. 채권자보호절차

회사는 합병결의가 있은 후 2주간 내에 회사채권자에 대하여 합병에 이의가 있으면 1월 이상의 일정한 기간 내에 이를 제출할 것을 공고하고, 알고 있는 채권자에 대하여는 각별로 최고하여야 한다(제232조 제1항, 제269조, 제287조의41, 제530조 제2항, 제603조). 채권자가 이 기간 내에 이의를 제출하지 아니한 때에는 합병을 승인한 것으로 본다(제232조 제2항, 제269조, 제287조의41, 제530조 제2항, 제603조). 이의를 제출한 채권자가 있는 때에는 회사는 그 채권자에 대하여 변제하거나 상당한 담보를 제공하거나, 이를 목적으로 상당한 재산을 신탁회사에 신탁하여야 한다(제232조 제3항, 제269조, 제287조의41, 제530조 제2항, 제603조). 주식회사에서 사채권자가 이의를 제출하는 경우에는 사채권자집회의 결의가 있어야 하며, 이 경우 법원은 사채권자만을 위해 이해관계인의 청구에 의해 이의기간을 연장할 수 있다(제530조 제2항, 제439조 제3항). 채권자의 이의제출은 서면이나 구두로도 가능하다.

5. 신설합병의 경우 설립위원선임

신설합병의 경우에는 합병결의와 동일한 방법으로 당사회사에서 설립위원을 선임하여야 하며(제175조 제2항), 정관작성 기타 설립에 관한 행위는 이 설립위원이 공동으로 하여야 한다(제175조 제1항).

6. 창립총회 또는 보고총회의 소집

주식회사와 유한회사의 신설합병의 경우에 설립위원은 설립에 관한 절차가 완료된 때 창립총회를 소집하여야 하며(제527조 제1항, 제603조), 창립총회에서는 합병계약의 취지에 위반하지 않는 한 정관변경의 결의를 할 수 있다(제527조 제2항). 흡수합병의 경우에 존속하는 주식회사나 유한회사는 합병에 관한 보고총회를 소집하여 합병에 관한 사항을 보고하여야 한다(제526조 제1항, 제603조). 합병보고총회에서 합병당시에 발행하는 신주의 인수인은 주주와 동일한 권리가 있다(제526조 제2항). 그러나 주식회사의 창립총회 또는 보고총회는 이사회의 공고로써 갈음할 수 있다(제526조 제3항, 제527조 제4항).

7. 합병등기

합병절차가 끝난 때에는 합병등기를 하여야 한다. 본점소재지에서는 2주간내, 지점소재지에서는

3주간 내에 존속회사는 변경등기, 소멸회사는 해산등기, 신설회사는 설립등기를 하여야 한다(제233조, 제528조 제1항). 이 기간은 합명회사와 합자회사에서는 합병절차가 끝난 때로부터 기산한다(제233조, 제269조, 제287조의41). 주식회사가 합병한 때에는 흡수합병의 경우에는 보고총회가 종결한 날 또는 이사회의 공고일, 신설합병의 경우에는 창립총회가 종결한 날 또는 이사회의 공고일로부터 기산한다(제528조 제1항). 유한회사의 경우에는 사원총회가 종결한 날로부터 기산한다(제602조).

주식회사의 경우 합병으로 전환사채 또는 신주인수권부사채를 승계한 때에는 합병등기와 동시에 그 승계에 대해서도 등기하여야 한다(제528조 제2항).

8. 합병에 관한 서류의 사후공시

주식회사의 경우에 이사는 채권자의 이의절차의 결과, 합병을 한 날, 합병으로 인하여 소멸하는 회사로부터 승계한 재산의 가액과 채무액, 기타 합병에 관한 사항 등을 기재한 서면을 합병을 한 날로부터 6월간 본점에 비치하여야 한다(제527조의6 제1항).

9. 등기의 효력

합병은 존속회사의 본점소재지에서 변경등기를 한 때 또는 신설회사의 본점소재지에서 설립등기를 한 때 그 효력이 발생한다(제234조, 제269조, 제287조의41, 제530조 제2항, 제603조).

IV. 합병의 효과

1. 회사의 소멸과 신설

합병을 해산사유의 하나로 규정하고 있기 때문에(제227조 4호, 제269조, 제287조의38, 제517조 1호, 제609조 제1항 1호), 흡수합병의 경우에는 존속회사 이외의 당사회사, 신설합병의 경우에는 모든 당사회사가 소멸한다. 회사는 합병 후 소멸하더라도 청산절차를 거치지 않는다.

2. 권리 · 의무의 포괄적 승계

존속회사 또는 신설회사는 소멸하는 회사의 모든 권리 · 의무를 포괄적으로 승계한다(제235조, 제269조, 제287조의41, 제530조 제2항, 제603조). 승계되는 권리 · 의무에는 공법상의 권리 · 의무도 포함된다(판례). 포괄승계의 경우 권리 · 의무의 이전을 위하여 특별한 행위가 필요없으나, 제3자에 대하여 이전의 대항요건을 필요로 하는 권리는 그 절차를 밟아야 한다. 소멸하는 회사의 주식이 정관에 의하여 그 양도가 제한되는 주식이라도 양도의 승인을 청구할 필요가 없고, 근로계약상의 지위도 원칙적으로 승계한다(판례).

3. 사원의 수용

합병에 의해 소멸회사의 사원은 존속회사나 신설회사의 사원이 된다. 다만, 소멸회사의 주주 중에서 단주로 인하여 제외되거나 합병교부금을 받은 경우, 주식매수청구권을 행사한 주주는 존속회사 또는 신설회사의 사원이 될 수 없다. 사원의 지위는 합병계약에 따라 정해진다.

4. 소송법상의 효과

소송당사자인 회사가 합병으로 인해 소멸할 경우 소송절차가 중단되고 존속회사 또는 신설회사가 이 소송절차를 수계(受繼)한다(민소법 제212조 제1항).

5. 이사 및 감사의 임기

합병 후 존속하는 회사의 이사 및 감사로서 합병 전에 취임한 자는 합병계약서에 다른 정함이 있는 경우를 제외하고는 합병 후 최초로 도래하는 결산기의 정기총회가 종료한 때에 퇴임한다(제527조의4 제1항).

6. 법정준비금의 승계

특수한 목적을 위하여 소멸회사가 적립한 법정준비금은 존속회사 또는 신설회사가 그러한 사업을 승계함에 따라 존속시킬 필요가 있으므로 이를 승계할 수 있고(제459조 제2항), 존속회사는 종래의 법정준비금을 반드시 보존하여야 한다.

7. 질권의 물상대위

주식회사의 합병시에는 주식의 병합을 하지 아니하는 경우에 합병으로 인하여 소멸하는 회사의 주식을 목적으로 하는 질권은 신설회사 또는 존속회사로부터 발행되는 주식에 물상대위가 인정되며, 등록질권자는 주권의 교부를 청구할 수 있다(제530조 제4항, 제340조 제3항).

8. 자기주식의 취득

흡수합병의 경우 존속하는 회사가 합병을 하면서 자기주식을 이전하는 경우에는 자기주식을 취득할 수 있다(제523조 제3호 참조).

9. 모회사주식의 취득 및 처분

존속회사가 합병을 하면서 신주의 배정 또는 자기주식의 이전의 대가의 전부 또는 일부를 금전 기타 재산으로 지급하는 경우, 그 재산이 존속하는 회사의 모회사의 주식을 포함하는 경우에는 존속하는 회사는 그 지급을 위하여 모회사의 주식을 취득할 수 있고, 합병 후에도 계속 보유하는 경우에는 합병의 효력이 발생하는 날부터 6개월 이내에 처분하여야 한다(제523조의2 제1항 · 제2항).

V. 합병무효의 소

1. 무효의 원인

합병은 단체법상의 행위이므로 법률관계의 획일적 처리를 위해 합병에 하자가 있는 경우 반드시 소(訴)에 의해서만 무효를 주장할 수 있다. 무효가 되는 예로는 ① 합병의 제한에 관한 규정위반, ② 합병계약서의 법정요건 흠결, ③ 합병결의의 하자, ④ 채권자보호절차의 불이행, ⑤ 합병비율의 불공정 등을 들 수 있다.

2. 소의 당사자

(1) 원 고

합병무효의 소제기권자는 각 회사마다 규정을 두고 있다. 합명회사 · 합자회사 · 유한책임회사에 있어서는 각 회사의 사원 · 청산인 · 파산관재인 · 합병을 승인하지 않은 회사채권자에 한하며(제236조 제1항, 제269조, 제287조의41), 주식회사 · 유한회사에 있어서는 각 회사의 사원(주주) · 이사 · 감사 · 청산인 · 파산관재인 · 합병을 승인하지 않은 회사채권자이다(제529조 제1항, 제603조). 공정거래법을 위반한 경우 공정거래위원회도 합병무효의 소를 제기할 수 있다(독점규제법 제16조 제2항).

(2) 피 고

피고는 존속회사 또는 신설회사이다.

3. 소절차

합병무효의 소는 합병등기 후 6월 내에 제기하여야 한다(제236조 제2항, 제269조, 제287조의41, 제529조 제2항, 제603조). 기타 관할, 소제기의 공고, 소의 병합심리, 하자가 보완된 경우의 법원의 자유재량권, 패소원고의 책임 등은 회사설립무효의 소에 관한 규정이 준용된다(제240조, 제186조부터 제189조까지). 회사채권자가 소를 제기한 경우 회사는 원고의 악의를 소명하고 법원에 담보제공명령을 내릴 것을 청구할 수 있다(제237조, 제269조, 제287조의41, 제530조, 제603조, 제176조 제3항 · 제4항).

4. 무효판결의 효과

(1) 원고승소의 경우

① **대세적 효력** : 합병무효의 판결은 원고 · 피고뿐만 아니라 제3자에게도 효력이 미친다. 따라서 무효판결이 확정된 후에는 누구도 새로이 그 효력을 다투지 못한다.

② **불소급효** : 합병무효의 판결은 소급효가 제한되고 장래에 대해서만 그 효력이 있다. 이는 합병무효의 효력의 소급에 따른 법률관계의 혼란을 방지하기 위해 인정되는 효력이다.

③ **합병 전의 상태로의 환원** : 합병무효판결이 확정되면 당사회사들은 합병 전의 상태로 환원된다. ⓘ존속회사 또는 신설회사는 소멸회사로부터 승계한 권리·의무가 당연히 부활된 소멸회사에 복귀한다. 그러나 합병무효판결의 소급효가 제한되므로 합병 이후 존속회사나 신설회사가 권리를 처분하였거나 의무를 이행한 때에는 그 가액에 따른 현존가치로 환산하여 청산하여야 한다. ⓘⓘ소멸회사의 주주는 부활한 소멸회사의 주주가 되지만, 단주처리에 의해 대가를 지급받은 주주·주식매수청구권을 행사한 주주는 당연히 부활한 회사의 주주가 되지 못한다. ⓘⓘⓘ 합병 후 존속회사나 신설회사가 부담한 채무에 대해서는 합병당사회사가 연대책임을 부담하고, 합병 후 존속회사나 신설회사가 취득한 재산은 합병당사회사의 공유로 한다(제239조, 제269조, 제287조의41, 제530조, 제603조).

④ **합병무효의 등기** : 합병무효의 판결이 확정되면 본점 또는 지점소재지에서 존속회사는 변경등기, 신설회사는 해산등기, 소멸회사는 회복등기를 하여야 한다(제238조, 제269조, 제287조의41, 제530조, 제603조). 이 등기는 수소법원(受訴法院)의 촉탁에 의한다(비송사건절차법 제99조, 제98조).

(2) 원고패소의 경우

원고에게 악의 또는 중대한 과실이 있는 때에는 회사에 대하여 손해를 배상할 책임을 진다(제240조, 제269조, 제287조의41, 제530조, 제603조, 제191조).

제5절 회사의 분할

Ⅰ. 의의 및 법적성질

회사분할이라 함은 하나의 회사의 영업을 둘 이상으로 분리하고 분리된 영업재산을 자본금으로 하여 회사를 신설하거나 다른 회사와 합병시키는 조직법적 행위를 말한다. 상법은 회사가 분할하여 1개 또는 수개의 회사를 신설하는 경우를 분할이라 하고(제530조의2 제1항), 회사가 분할하여 1개 또는 수개의 회사와 합병하는 경우를 분할합병이라고 하고 있으나(제530조의2 제2항), 보통은 이들 양자를 모두 포함하여 회사의 분할이라 한다. 분할의 법적성질에 대해서는 인격분할설과 현물출자설의 대립이 있다.

●●● 사실상의 분할

일반적으로 양도회사의 영업재산에 대한 포괄방식을 취하지 않으면서 양도회사의 적극재산과 소극재산 및 사원이 하나 또는 둘 이상의 양수회사로 이전됨으로써 부분적 포괄승계를 본질로 하는 회사법상의 분할과 동일한 경제적 효과를 거둘 수 있는 우회적인 방법의 회사분할 형태를 강학상 사실상의 분할이라 한다.

II. 회사분할의 경제적 효용

회사의 분할은 품질향상을 통한 경쟁력 강화, 경영의 전문화와 효율화 도모, 경영의 위험부담범위 한정, 특정한 영업부문의 타기업과의 제휴, 불필요한 영업부분의 분리, 기업구조조정 등의 경제적 효용성을 갖는다.

III. 분할의 방법

1. 단순분할과 분할합병

(1) 단순분할

단순분할은 분할회사의 영업을 분할하고 이를 출자하여 2개 이상의 회사를 신설하면서 분할회사는 해산하는 소멸분할과 분할회사의 영업 중 일부를 신설회사에 출자하고 분할회사는 나머지 영업을 가지고 존속하는 존속분할이 있다.

(2) 분할합병

분할합병에는 분할회사가 자신의 영업을 존속중인 2개 이상의 회사에 출자하고 분할회사는 해산하는 소멸분할합병과 분할회사가 자신의 영업의 일부를 다른 회사에 출자하고 자신은 나머지 영업으로 존속하는 존속분할합병이 있다. 또한 분할회사의 영업의 일부를 다른 기존의 회사에 출자하여 그 다른 회사의 일부로 만들어 자기 사업을 분할하는 흡수분할합병과 분할회사의 영업의 일부와 다른 기존 회사의 영업의 전부 또는 일부를 합하여 새로운 회사를 설립하는 신설분할합병이 있다.

●●● 단순분할과 분할합병 비교

구 분		단순분할	분할합병
당사회사		피분할회사	피분할회사 외 분할합병 당사회사 필요
설립절차	검사인의 조사보고	요구되지 않음	요구
	분할승인서류	분할계획서	분할합병계약서

주주보호(주식매수청구권)	인정되지 않음	인정
피분할회사의 분할 전 채무에 대해 분할 후 회사가 연대책임을 지는 경우 채권자보호(채권자의 이의권)	인정되지 않음	인정
무효판결의 효력(불소급효문제)	합병 후 채무 · 채권은 분할 전 회사에 귀속	합병 후 취득한 재산은 공유, 채무는 연대책임

2. 인적분할과 물적분할

인적분할은 분할하는 회사의 주주가 분할 후에 신설되는 회사 또는 출자를 받는 기존회사의 주식을 배정받는 경우를 말하고, 물적분할은 분할회사가 자신이 분할 후에 신설되는 회사 또는 출자를 받는 기존회사의 주식을 모두 취득하는 경우를 말한다. 물적분할에 대해서는 회사법 제11절의 규정을 준용한다(제530조의12).

IV. 분할의 제한

회사의 분할은 주식회사에서만 인정되며, 합명회사 · 합자회사 · 유한책임회사 · 유한회사에서는 인정되지 는다. 그리고 해산 후의 회사는 존립중의 회사를 존속하는 회사로 하여 합병하거나 새로 회사를 설립하는 경우에만 분할할 수 있다(제530조의2 제4항). 즉, 소멸분할과 흡수분할합병만이 가능하다.

V. 분할절차

1. 분할계획서 등의 작성과 공시

회사가 분할하기 위해서는 먼저 일정한 법정기재사항(제530조의5, 제530조의6)을 기재한 분할계획서와 분할합병계약서를 작성하고(제530조의3 제1항), 분할계획서와 분할합병계약서는 주주총회의 회일의 2주 전부터 분할의 등기를 한 날 또는 분할합병을 한 날 이후 6개월간 본점에 비치하여야 한다. 분할되는 부분의 대차대조표, 분할합병의 경우 분할합병의 상대방회사의 대차대조표, 분할 또는 분할합병을 하면서 신주가 발행되거나 자기주식이 이전되는 경우에는 분할회사의 주주에 대한 신주의 배정 또는 자기주식의 이전에 관하여 그 이유를 기재한 서면도 주주총회 회일의 2주 전부터 분할의 등기를 한 날 또는 분할합병을 한 날 이후 6개월간 본점에 비치하여야 한다(제530조의7 제1항).

2. 분할결의

(1) 주주총회의 특별결의

회사의 분할은 주주총회의 특별결의에 의한 승인을 얻어야 한다(제530조의3 제1항, 제2항). 주주총회의 특별결의에는 의결권없는 주식을 가진 주주도 의결권을 행사할 수 있다(제530조의3 제3항). 이를 위한 주주총회를 소집할 때에는 분할계획 또는 분할합병계약의 요령을 소집통지 또는 소집공고에 기재하여야 한다(제530조의3 제4항).

(2) 종류주주총회

분할회사가 종류주식을 발행한 경우, 분할로 인하여 어느 종류의 주주에게 손해를 미치게 될 때에는 종류주주총회의 결의를 얻어야 한다(제530조의3 제5항).

(3) 주주부담을 가중시키는 경우의 특수결의

분할 또는 분할합병으로 인하여 분할에 관련된 각 회사의 주주의 부담이 가중되는 경우에는 주주총회의 특별결의와 종류주주총회 이외에 주주 전원의 동의를 얻어야 한다(제530조의3 제6항).

(4) 간이분할합병 · 소규모분할합병의 경우

간이분할합병의 경우 분할회사의 주주총회를 분할회사의 이사회의 결의로 갈음할 수 있고(제530조의11 제2항, 제527조의2), 소규모분할합병의 경우 존속회사의 주주총회의 결의는 존속회사의 이사회의 결의로 갈음할 수 있다(제530조의11 제2항, 제527조의3).

3. 채권자보호절차

(1) 단순분할의 경우

단순분할의 경우에는 분할회사의 재산의 일부가 분할회사에 남고 일부가 분할신설회사에 옮겨지거나 분할회사의 재산이 2개 이상의 신설회사로 나누어져 전부 옮겨지게 되므로, 분할회사의 채권자를 위한 책임재산이 줄어드는 것 같지만, 분할신설회사들이 분할회사의 채권자에 대해 연대책임을 지므로 채권자보호절차가 필요하지 않다. 그러나 분할신설회사가 분할회사의 채무에 대해 출자한 재산에 관한 채무만을 부담하기로 정한 경우(제530조의9 제2항), 분할회사의 주주에게 교부금을 지급하는 경우(제530조의5 제1항 5호)에는 채권자보호절차가 필요하다.

보충 단순분할의 경우 분할신설회사가 분할회사의 채무에 대하여 출자한 재산에 관한 채무만을 부담하기를 정한 경우 채권자보호절차를 필요로 하며, 채권자보호절차를 거치지 않은 경우 회사의 분할은 무효의 사유가 된다. 다만, 채권자보호절차를 거치면서 알고 있는 채권자에게 개별적 최고 절차를 거치지 않은 경우 분할신설회사는 분할 전 회사의 채무에 관하여 연대책임을 진다(판례).

(2) 분할합병의 경우

분할합병의 경우에는 분할합병의 당사회사의 채권자가 책임재산을 공유하게 되므로 분할회사의 채권자에게 있어서는 담보재산과 책임주체에 중대한 변화를 가져온다. 따라서 당사회사의 채권자보호절차가 필요하다.

4. 주식매수청구권

단순분할의 경우에는 반대주주에게 주식매수청구권을 인정하지 않지만, 분할합병의 경우에는 반대주주의 주식매수청구권을 인정하고 있다(제530조의11 제2항, 제522조의3). 다만, 소규모 분할합병의 경우에는 존속회사의 반대주주에게 주식매수청구권을 인정하지 않는다(제530조의 11 제2항, 제527조의3 제5항).

5. 기타 절차

분할회사 또는 분할신설회사의 창립총회와 보고총회는 합병의 규정(제527조, 제526조 제3항)이 준용된다(제530조의11 제1항). 단순분할에 의하여 설립되는 신설회사는 분할회사의 영업재산의 출자만으로도 설립할 수 있는데, 이 경우에 분할회사의 주주에게 그 주주가 보유하고 있는 분할회사의 주식에 비례하여 신설회사의 주식이 발행되는 경우 검사인의 설립조사 및 법원에 대한 보고절차는 배제된다(제530조의4 제2항). 그러나 분할합병의 경우에는 특별규정이 없기 때문에 검사인의 조사 및 법원에 대한 보고가 있어야 한다.

Ⅵ. 분할등기

분할의 효력은 분할등기를 함으로써 발생한다. 분할당사회사의 등기에 관해서는 회사의 합병등기에 관한 규정(제528조)이 준용된다(제530조의11 제1항). 따라서 신설되는 회사는 설립등기, 분할회사는 존속분할의 경우 변경등기 · 소멸분할의 경우 해산등기, 흡수분할합병의 경우 분할승계회사는 변경등기를 하여야 한다. 또한 회사의 분할 이후에 존속하는 회사나 설립되는 회사가 회사의 분할 또는 분할합병으로 인하여 전환사채나 신주인수권부사채를 승계한 때에는 분할등기와 동시에 사채의 등기를 하여야 한다.

Ⅶ. 분할의 효과

1. 법인격의 동일성 상실

회사의 합병의 경우에는 법인격이 합일(合一)되므로 합병 전의 회사의 법인격은 합병 후의 회사에서 그 동일성이 유지되지만, 분할의 경우에는 법인격의 승계라는 것은 생기지 않는다.

2. 분할에 의한 회사의 설립

회사의 분할에 의하여 회사를 설립하는 경우에는 주식회사의 설립에 관한 규정을 준용한다. 다만, 분할되는 회사(분할회사)의 출자만으로 회사가 설립되는 경우에는 법원의 변태설립사항에 대한 조사규정인 제299조를 적용하지 않는다(제530조의4).

3. 권리 · 의무의 포괄적 이전

회사의 분할은 분할계획서나 분할합병계약서에서 정한 바에 의하여 분할회사의 적극 및 소극재산이 분할등기시에 단순분할회사, 분할승계회사 또는 분할합병신설회사에 법률상 당연히 승계된다(제530조의10). 따라서 분할회사의 재산은 별도의 이전행위나 공시방법을 요하지 않고 분할로 인한 등기를 한 때에 이전되는 것으로 본다. 분할계획 또는 분할합병계약에 의해 이전된 영업재산에 관한 소송은 신설회사가 수계할 수 있고 분할합병의 경우에는 분할합병의 상대회사(분할승계회사)가 이를 인수할 수 있다(판례). 한편, 존속분할의 경우 분할회사가 신설회사에 이전한 영업에 관하여는 분할회사와 신설회사를 보호하기 위하여 상호 경업금지의무를 부담한다.

4. 분할회사의 채무승계와 책임

(1) 채무의 승계

단순분할신설회사, 분할승계회사, 분할합병신설회사는 분할계획서 또는 분할합병계약서에 의해 특정된 채무만을 인수할 뿐이다(제530조의10). 분할합병의 경우에는 채권자이의절차를 거치므로 이의를 제기하지 않는 채권자는 채무자의 변경을 승낙한 것으로 볼 수 있다. 단순분할의 경우에는 분할 전의 회사채무에 관하여 신설회사가 연대책임을 부담하므로(제530조의9 제1항), 채권자는 채무의 승계로 인하여 특별히 불이익을 받지 않기 때문에 채권자의 승낙을 요하지 않는다. 또한 소멸분할(완전분할)의 경우에는 채무의 승계에 채권자가 승낙한다는 것은 무의미하다. 따라서 소멸분할의 경우에 있어서 회사분할로 인한 채무의 승계에는 채권자의 승낙을 요하지 않는다.

(2) 연대책임

분할회사, 단순분할신설회사, 분할승계회사 또는 분할합병신설회사는 분할 또는 분할합병 전의 회사채무에 관하여 연대하여 변제할 책임이 있으나(제530조의9 제1항), 분할 후에 발생한 분할회사의 채무는 연대책임의 대상이 되지 않는다(판례). 한편, 분할회사가 제530조의3 제2항 또는 제3항의 규정에 의한 결의로 분할 또는 분할합병에 의하여 회사를 설립하는 경우 단순분할신설회사, 분할승계회사 또는 분할합병신설회사가 분할되는 회사의 채무 중에서 출자한 재산에 관한 채무만을 부담하게 할 수 있다(제530조의9 제2항, 제3항). 이 경우에는 채권자보호절차를 거쳐야 하며, 이를 위반한 경우 회사분할 무효의 사유가 된다. 또한 일부 채권자에 대해 보호절차를 거치지 않은 경우에 분할후 회사는 분할전 회사와 연대하여 분할전 회사의 채무를 이행할 책임이 있다(판례).

보충 [출자한 재산에 관한 채무] 분할되는 회사가 「출자한 재산」이란 분할되는 회사의 특정재산을 의미하는 것이 아니라 조직적 일체성을 가진 영업, 즉 특정의 영업과 그 영업에 필요한 재산을 의미하며, 「출자한 재산에 관한 채무」란 신설회사가 분할되는 회사로부터 승계한 영업에 관한 채무로써 당해 영업에 관한 채무로서 당해 영업 자체에 직접적으로 관계된 채무뿐만 아니라 그 영업을 수행하기 위해 요한 적극재산과 관련된 모든 채무가 포함된다(판례).

5. 이사 · 감사의 선임 및 정관변경

단순분할의 경우 또는 신설분할합병의 경우 각각 분할계획서 또는 분할합병계약서에서 신설회사의 이사와 감사를 정할 수 있다(제530조의5 제1항 9호, 제530조의6 제2항 1호). 흡수분할합병의 경우 분할합병계약서에 상대방회사의 이사와 감사를 정할 수 있다(제530조의6 제1항 10호). 또한 흡수분할합병계약서에 상대방회사의 정관변경사항을 기재할 수 있다(제530조의6 제1항 11호).

6. 주식의 귀속

분할회사의 주주들은 분할계획서 또는 분할합병계약서에서 정한 바에 따라 신설회사 또는 흡수분할합병의 상대방회사의 주식을 교부받게 된다. 물적분할의 경우에는 신설회사 또는 기존회사의 증가된 자본금에 해당하는 주식은 분할회사 자신이 발행받게 된다.

7. 법정준비금의 승계

분할 또는 분할합병으로 인하여 설립된 회사 또는 존속하는 회사에 출자된 재산의 가액이 출자한 회사로부터 승계한 채무액, 출자한 회사의 주주에게 지급한 금액과 설립된 회사의 자본금액 또는 존속하는 회사의 자본금 증가액을 초과한 때에는 그 과금액 중 분할되는 회사의 이익준비금 기타 법정준비금은 분할 · 분할합병 후 존속 또는 신설되는 회사가 이를 승계할 수 있다(제459조 제2항).

8. 자기주식의 취득

분할승계회사가 분할합병을 하면서 분할회사의 주주에 대하여 자기주식을 이전하는 경우에는 자기주식을 취득할 수 있다(제530조의6).

9. 모회사주식의 취득 및 처분

분할합병의 경우 분할승계회사가 분할회사의 주주에게 신주배정 또는 주기주식의 이전의 대가로 전부 또는 일부를 금전 또는 그 밖의 재산을 제공하는 경우, 그 재산이 분할승계회사의 모회사주식을 포함하는 경우에는 분할승계회사는 모회사의 주식을 취득할 수 있고, 분할합병 후에도 계속 보유하는 경우에는 분할합병의 효력이 발생하는 날부터 6개월 이내에 그 주식을 처분하여야 한다(제530조의6 제4항 · 제5항).

Ⅷ. 분할무효의 소

1. 무효의 원인

회사분할의 무효에 관해서는 합병무효의 소에 관한 규정이 준용되며(제530조의11 제1항, 제529조, 제237조 내지 제240조), 그 원인으로는 분할계획서 또는 분할합병계약서의 내용이 강행법규에 위반되거나 현저하게 불공정한 경우를 들 수 있다.

2. 소의 당사자

⑴ 원 고

분할무효의 소는 분할절차에 중대한 하자가 있는 경우에 각 회사의 주주 · 이사 · 감사 · 청산인 · 파산관재인 · 분할을 승인하지 않은 채권자가 제기할 수 있다(제530조의11 제1항, 제529조). 여기서 주주 · 이사는 존속하는 분할회사나 신설회사 또는 분할합병에 있어서의 상대방회사의 주주 · 이사를 말한다.

⑵ 피 고

분할무효판결의 효력은 회사조직의 변동을 초래하므로 당연히 회사를 피고로 하여야 하며, 회사는 분할로 인해 신설된 회사, 존속하는 회사 모두를 공동피고로 하는 필요적 공동소송이 되어야 한다.

3. 기타의 소송절차

기타 소제기절차는 회사합병무효의 소에 관한 규정이 준용된다(제530조의11 제1항, 제240조, 제186조 내지 제191조).

4. 무효판결의 효력

분할무효의 판결의 효력은 당사자 이외에 제3자에 대해서도 효력이 있고(대세적 효력), 판결의 효력은 소급하지 않는다. 그 이외의 무효판결의 효력은 합병무효의 판결의 효력에 관한 규정(제239조)을 준용하고 있다(제530조의11 제1항). 그리고 단순분할의 경우 무효판결은 바로 분할에 의해 신설된 회사의 설립이 무효로 되어 분할당사회사간의 법률관계가 회복된다. 또한 분할합병의 무효의 경우 신설회사가 분할회사 및 상대방회사로부터 승계한 재산과 채무는 각기 분할 전의 상태로 복귀한다. 따라서 분할합병 후에 신설회사가 취득한 재산은 분할회사 및 그 상대방회사의 공유로 하고, 분할 후의 회사가 부담한 채무는 쌍방회사의 연대채무로 한다(제239조).

제6절 회사의 해산

Ⅰ. 의의 및 사유

1. 의 의

회사의 해산이란 회사의 법인격을 소멸시키는 원인이 되는 법률요건을 말한다. 해산에 의해 회사는 청산의 목적범위내에서 존속하게 되고(제245조, 제542조), 청산절차가 종료한 때에 법인격을 소멸하게 된다. 해산 후의 회사의 법적성질에 대해서는 해산 전의 회사와 동일성을 갖는다는 견해(동일회사의 존속설)가 통설이다.

2. 해산사유 및 등기

(1) 해산사유

해산사유에 대해서는 회사의 종류에 따라 각기 다르게 규정하고 있다(제227조, 제269조 · 제285조 제1항, 제287조의38, 제517조, 제609조).

① **합명회사** : 합명회사의 해산사유는 존립기간의 만료 기타 정관으로 정한 해산사유의 발생, 총사원의 동의, 사원이 1인이 된 때, 합병, 파산, 법원의 해산명령 또는 해산판결 등이다(제227조).

② **합자회사** : 합자회사의 해산사유는 합명회사와 같지만(제269조, 제227조), 무한책임사원 또는 유한책임사원의 전원이 퇴사한 때에도 당연히 해산하게 된다(제285조 제1항).

③ **유한책임회사** : 유한책임회사는 존립기간의 만료 기타 정관으로 정한 사유의 발생, 총사원의 동의, 합병, 파산, 법원의 해산명령 또는 해산판결, 사원이 없게 된 경우에 해산한다 해산한다(제287조의38).

④ **주식회사** : 주식회사는 존립기간의 만료 기타 정관으로 정한 사유의 발생, 합병, 파산, 분할 · 분할합병, 해산명령, 해산판결, 주주총회의 특별결의 등의 사유에 의해 해산한다(제517조). 그리고 휴면회사의 해산의제가 인정된다(제520조의2).

⑤ **유한회사** : 유한회사는 존립기간의 만료 기타 정관으로 정한 사유의 발생, 합병, 파산, 해산명령, 해산판결, 사원총회의 특별결의에 의하여 해산한다(제609조).

(2) 해산등기

해산한 때에는 합병과 파산의 경우를 제외하고는 해산사유가 있는 날로부터 본점소재지에서는 2주간 내에, 지점소재지에서는 3주간 내에 해산등기를 하여야 한다(제228조,

제521조의2). 한편, 주식회사가 해산한 때에는 이사는 지체없이 주주에 대하여 그 통지를 하여야 한다(제521조).

II. 해산명령과 해산판결

1. 해산명령

(1) 의 의

모든 회사에 공통적으로 적용되는 해산사유로서 법원의 해산명령제도가 있다. 이 제도는 회사제도가 남용되어 공익을 해(害)하게 되어 회사의 존속을 허용할 수 없을 때 그 법인격을 박탈하기 위해 인정된 것이다. 해산명령은 이해관계인이나 검사의 청구 또는 법원의 직권으로 할 수 있다(제176조 제1항).

(2) 사 유

① **회사의 설립목적이 불법인 경우**(제176조 제1항 1호) : 정관에 기재된 목적 자체가 불법한 경우 또는 설립의 배후 기도가 불법인 경우를 포함한다(예 정관에 숙박업으로 되어 있으나 실제로는 도박업을 목적으로 하는 경우).

② **회사가 정당한 사유없이 설립 후 1년 내에 영업을 개시하지 아니하거나 1년 이상 영업을 휴지한 때**(제176조 제1항 2호) : 정당한 사유없이 영업을 하지 않을 경우 해산시킬 수 있으므로 「정당한 사유」의 유무를 판단하는 것이 중요한 문제이다. 사업자금의 부족, 영업실적의 부진과 같은 내부적 여건은 정당한 사유가 있다고 할 수 없고, 개업준비에 1년 이상 소요되거나 영업의 성질로 보아 장기간 준비가 불가피하다면 정당한 사유가 있다고 보아야 한다. 「영업의 개시」는 회사의 목적인 사업자체를 개시하는 것을 말하며, 영업의 전부를 개업하지 더라도 중요한 일부를 개업한 때에는 해산명령의 사유가 되지 않는다.

③ **이사 또는 회사의 업무를 집행하는 사원이 법령 또는 정관에 위반하여 회사의 존속을 허용할 수 없는 행위를 한 때**(제176조 제1항 3호) : 이 경우로는 이사 등의 기관의 지위에서 법령 또는 정관에 위반되는 행위를 한 경우뿐만 아니라 그 지위를 남용하여 자기의 이익을 위하여 법령 또는 정관에 위반하는 행위를 한 경우도 포함된다.

(3) 절 차

법원은 이해관계인이나 검사의 청구에 의하여 또는 직권으로 해산을 명할 수 있다. 여기서 이해관계인이란 사원 · 임원 · 회사채권자 · 이사 등의 위법행위로 피해를 입은 자 등 회사존립에 직접 법률상 이해관계가 있는 자를 말한다(판례). 이해관계인의 청구에 의하여

진행되는 해산명령절차는 비송사건절차법에 의한다. 해산명령의 청구가 있는 경우 회사의 청구에 의하여 해산청구인인 이해관계인에게 상당한 담보의 제공을 명할 수 있다(제176조 제3항). 이때 회사는 이해관계인의 청구가 악의임을 소명(疏明)하여야 한다(제176조 제4항). 그리고 해산명령의 청구가 있는 때에는 법원은 이해관계인이나 검사의 청구에 의하여 또는 직권으로 관리인의 선임 기타 회사재산의 보전에 필요한 처분을 할 수 있다(제176조 제2항).

(4) 효 과

해산명령재판의 확정으로 회사는 해산하고, 소정기간 내에 해산등기를 하여야 한다(제228조, 제269조, 제530조, 제613조 제1항).

2. 해산판결

(1) 의 의

해산판결제도는 사원의 이익을 보호하기 위하여 인정되고, 사원에 한하여 청구할 수 있고, 일반 소송사건으로서 판결에 의하는 점에서 해산명령제도와 다르다.

(2) 사 유

① **인적회사** : 합명회사와 합자회사 또는 유한책임회사의 사원은 부득이한 사유가 있을 때에 법원에 회사의 해산을 청구할 수 있다(제241조 제1항, 제269조, 제287조의42). 여기서 「부득이한 사유」란 사원간의 불화가 극심하여 더 이상 업무집행이 이루어질 수 없는 상태에 있는 등 회사의 목적을 달성할 수 없거나 회사의 존속이 불가능한 경우라고 할 수 있다.

② **물적회사** : 주식회사와 유한회사는 회사의 업무가 현저한 정돈상태를 계속하여 회복할 수 없는 손해가 생긴 때 또는 생길 염려가 있는 때, 회사재산의 관리 또는 처분의 현저한 실당(失當)으로 인하여 회사의 존립을 위태롭게 한 때 등 부득이한 사유가 있는 때에 소수사원(발행주식총수의 100분의 10 이상의 주식을 가진 주주 또는 자본금 총액의 100분의 10 이상의 출자좌수를 가진 사원)은 법원에 회사의 해산을 청구할 수 있다(제520조, 제613조 제1항). 부득이한 사유란 모든 사정을 고려하여 회사를 해산하는 것이 회사 및 사원의 이익을 보호할 수 있는 최선의 방법으로 인정되는 경우를 말한다.

(3) 절 차

해산판결청구사건은 소송사건으로 형성의 소에 해당하며, 회사의 본점소재지를 관할하는 지방법원에 전속한다(제241조 제1항, 제269조, 제287조의42, 제520조 제2항, 제613조, 제186조).

(4) 효 과

원고가 승소하면 회사는 해산하여 청산절차에 들어가며, 원고가 패소한 경우 악의 또는 중과실이 있는 때에는 회사에 대하여 손해배상책임을 진다(제241조 제2항, 제269조, 제287조의42, 제520조 제2항, 제613조, 제191조).

●●● 해산명령과 해산판결의 차이

구 분	해산명령	해산판결
의의(목적)	공익을 목적으로	사원의 이익을 목적으로
사 유	해산명령의 사유는 한정적으로 법에 규정을 함(제176조 제1항)	회사를 계속할 수 없는 '부득이한 사유'가 있는 경우
소제기권자	이해관계인과 검사의 청구 또는 법원의 직권	인적회사 : 각 사원 물적회사 : 소수사원(10/100)
절 차	비송사건절차법에 따라	일반 소송법에 따라
기 타	담보제공 명령청구(제176조 제3항 · 제4항) 회사재산 보전처분(제176조 제2항)	전속관할(제186조) 패소원고의 책임(제191조)

III. 휴면회사의 해산의제

1. 의 의

휴면회사란 사실상 영업을 폐쇄하고 존재하지 않는 회사로서 등기부상으로만 존재하는 회사를 말한다. 이러한 휴면회사는 타인의 상호사용을 제한하거나, 등기업무의 번잡 등의 폐해를 가져올 수 있기 때문에, 상법은 해산 또는 청산을 의제하고 있다.

2. 해산의제 · 청산의제

(1) 해산의제

법원행정처장이 최후의 등기 후 5년을 경과한 회사는 본점의 소재지를 관할하는 법원에 아직 영업을 폐지하지 아니하였다는 뜻의 신고를 할 것을 관보로써 공고한 경우에, 그 공고한 날에 이미 최후의 등기 후 5년을 경과한 회사로서 공고한 날로부터 2월 이내에 대통령령이 정하는 바에 의하여 신고하지 아니한 때에는 그 회사는 신고기간이 만료하면 해산한 것으로 본다. 그러나 그 기간 내에 등기를 하는 것은 신고한 것과 같은 효력이 있다(제520조의2 제1항). 공고가 있는 때에는 법원은 해당 회사에 대하여 공고가 있었다는 뜻의 통지를 하여야 한다(제520조의2 제2항).

(2) 청산의제

휴면회사가 해산의제된 날로부터 3년 이내에 회사계속결의에 의해 계속하지 않는 한 그 회사는 해산의제 이후 3년이 경과하면 청산이 종결된 것으로 본다(제520조의2 제3항, 제4항).

제7절 회사의 청산

Ⅰ. 인적회사의 청산

인적회사인 합명회사와 합자회사의 청산방법은 회사재산처분방법을 정관 또는 총사원의 결의로 정하고 있는지의 여부에 따라 정함이 있는 임의청산과 정함이 없는 법정청산으로 나누어진다. 사원이 1인이 된 때, 해산명령·해산판결의 경우에는 반드시 법정청산에 의하여야 한다.

 유한책임회사의 청산방법은 법정청산만 인정되며, 청산에 관하여는 합명회사의 청산에 관한 규정이 준용된다(제287조의45, 제245조, 제246조, 제251조부터 제257조까지, 제259조부터 제267조까지).

1. 임의청산

(1) 원 칙

합명회사의 청산방법은 임의청산을 원칙으로 한다. 즉, 해산한 회사의 재산처분방법은 정관 또는 총사원의 동의로 정할 수 있다(제247조 제1항).

(2) 일반채권자의 보호절차

임의청산을 하는 경우 재산의 처분이 불공정하게 행하여질 우려가 있기 때문에 상법은 채권자보호절차를 요구하고 있다. 회사는 해산사유가 있는 날로부터 2주간 내에 재산목록과 대차대조표를 작성하여야 하고, 이 기간 내에 채권자에 대하여 이의가 있으면 1월 이상의 일정한 기간 내에 이의를 제출할 것을 공고하고, 회사가 알고 있는 채권자에 대하여는 각별로 최고하여야 한다(제247조 제3항, 제232조 제1항). 채권자가 이의를 제출한 경우에는 변제 또는 상당한 담보를 제공하거나 이를 목적으로 하여 상당한 재산을 신탁회사에 신탁하여야 한다(제247조 제3항, 제232조 제3항). 이러한 절차에 위반하여 회사재산을 처분하여 회사채권자를 해(害)한 때에는 회사채권자는 그 위반함을 안 날로부터 1년 내, 그 처분이 있은 날로부터 5년 내에 재산처분취소를 법원에 청구할 수 있다(제248조 제1항).

(3) 지분압류채권자의 보호절차

사원의 지분을 압류한 채권자가 있을 경우에는 압류채권자의 동의를 얻어야 하며(제247조 제4항), 회사가 동의를 얻지 않고 재산을 처분한 때에는 압류채권자는 회사에 대하여 그 지분에 상당하는 금액의 지급을 청구할 수 있으며 또한 상법 제248조에 의하여 재산처분의 취소를 청구할 수 있다(제249조).

(4) 청산등기

회사는 그 재산의 처분을 완료한 날로부터 본점소재지에서는 2주간 내에, 지점소재지에서는 3주간 내에 청산종결의 등기를 하여야 한다(제247조 제5항).

(5) 장부 등의 보존

회사의 장부와 영업 및 청산에 관한 중요서류는 청산등기 후 10년간 보존하여야 하고, 전표 기타 서류는 5년간 보존하여야 하며, 보존인과 보존방법은 총사원의 과반수로 정한다(제266조).

2. 법정청산

(1) 사 유

법정청산은 청산인이 법정절차에 따라서 하는 청산으로, 사원이 1인이 된 경우나 법원의 해산명령 또는 해산판결을 받은 경우에는 반드시 법정청산에 의하여야 한다(제247조 제2항). 또한 정관이나 총사원의 동의로 재산의 처분방법을 정하지 아니한 때에도 법정청산에 의하여야 한다(제250조).

(2) 청산인

① **청산인의 선임** : 청산인은 법정청산절차에 있어서 청산사무를 집행하고 청산중의 회사를 대표하는 자를 말한다. 청산인은 총사원의 과반수의 결의로 선임하며(제251조 제1항), 별도의 선임절차가 없는 경우 업무집행사원이 청산인이 된다(제251조 제2항). 그러나 회사가 사원이 1인이 된 때와 해산명령·해산판결에 의하여 해산한 때에는 반드시 사원 기타 이해관계인이나 검사의 청구에 의하여 법원이 선임하거나 법원이 직권으로 청산인을 선임한다(제252조). 선임한 때에는 등기하여야 한다(제253조 제1항). 합자회사의 경우에는 원칙적으로 무한책임사원이 청산인이 되지만, 무한책임사원 과반수의 결의로 청산인을 선임할 수 있다(제287조).

② **청산인의 해임** : 사원에 의해 선임된 청산인은 총사원의 과반수 결의로 해임할 수 있으며(제261조), 청산인이 그 직무를 집행함에 현저하게 부적임하거나 중대한 임무를 위반한 행위가 있는 때에는 법원은 사원 기타 이해관계인의 청구에 의하여 청산인을 해임할 수 있다(제262조). 청산인의 해임시 변경등기를 하여야 한다(제253조 제2항).

③ **청산인의 권한** : 청산인은 청산사무를 집행하며, 청산인이 수인이면 과반수결의로 청산사무를 집행한다(제254조 제1항, 제2항). 청산인은 청산사무에 관하여 재판상·재판 외의 모든 행위를 할 수 있다(제254조 제3항). 수인의 청산인이 있는 경우 대표청산인을 정하거나 공동대표청산인으로 할 수 있다. 대표청산인의 권한에 대한 제한은 선의의 제3자에게 대항할 수 없다.

④ **청산인의 책임** : 청산인이 임무해태로 인하여 회사에 손해를 가하거나 제3자에게 손해가 발생한 때에는 손해배상책임을 진다. 또한 대표청산인이 청산사무집행으로 제3자에게 손해를 가한 때에는 회사와 연대하여 손해배상책임을 진다(제265조, 제210조).

⑤ **청산인의 직무**

㉠ **현존사무의 종결** : 회사의 해산 전부터 계속되고 있는 모든 사무를 종결하여야 하며, 새로운 행위를 할 수 없다. 그러나 청산사무종결을 위해서는 새로운 법률행위를 할 수 있다.

㉡ **채권의 추심** : 회사의 채권을 추심하여야 하며, 회사에 현존하는 재산이 회사의 채무를 변제함에 부족한 경우에는 청산인은 각 사원에 대하여 그의 지분에 비례하여 출자를 청구할 수 있다(제258조).

㉢ **재산의 환가처분** : 청산인은 채무의 변제와 잔여재산분배를 위하여 회사재산을 처분하거나 총사원의 과반수의 결의로 영업의 전부 또는 일부를 일괄하여 양도할 수 있다(제257조).

㉣ **채무의 변제** : 청산사무 종결을 위해 변제기가 도래하지 않은 채무도 변제할 수 있다(제259조 제1항). 이 경우 이자없는 채권에 관하여는 변제기까지의 법정이자를 가산하여 그 채권액에 달할 금액을 변제하면 되고(제259조 제2항), 이자 있는 채권으로서 그 이율이 법정이율에 달하지 못하는 것에 대하여는 법정이자와 약정이자의 차액도 가산하여 변제하여야 한다(제259조 제3항). 그리고 조건부채권이나 존속기간이 불명확한 채권 또는 가액이 불확정한 채권에 대하여는 법원이 선임한 감정인의 평가에 의하여 변제하여야 한다(제259조 제4항).

㉤ **잔여재산의 분배** : 청산인은 회사채무를 완제(完濟)한 후 사원에게 회사재산을 분배할 수 있으며, 다툼이 있는 채무가 있을 때에는 그 변제에 필요한 재산을 유보하고 분배하여야 한다(제260조).

⑥ **청산의 종결** : 청산인은 그 임무가 종료한 때에는 지체없이 계산서를 작성하여 각 사원에게 교부하고 총사원의 승인을 얻어야 한다(제263조 제1항). 사원이 계산서를 받은 날로부터 1월 내에 이의를 하지 않은 때에는 부정행위가 없는 한 그 계산을 승인한 것으로 본다(제263조 제2항). 계산서의 승인이 있은 때에는 승인한 날로부터 본점소재지에서는 2주간 내, 지점소재지에서는 3주간 내에 청산종결의 등기를 하여야 한다(제264조).

⑦ **장부 · 서류의 보존** : 총사원의 과반수의 결의로 회사의 장부와 영업 및 청산에 관한 중요한 서류의 보존인과 보존방법을 정하고, 청산등기 후 장부는 10년간 보존하여야 하고, 전표 또는 이와 유사한 서류는 5년간 보존하여야 한다(제266조).

II. 물적회사의 청산

물적회사인 주식회사와 유한회사는 반드시 법정청산에 의하여 회사를 청산하여야 한다. 법정청산은 법정절차에 따라 청산인에 의하여 청산사무가 집행되고, 주주총회 또는 사원총회의 청산승인으로 사실상 청산이 종료하게 된다. 이하에서는 유한회사의 청산은 주식회사의 규정을 준용하므로(제613조), 주식회사의 규정을 중심으로 설명하고자 한다.

1. 총 설

주식회사가 해산하면 합병 · 파산 · 분할 · 분할합병의 경우를 제외하고는 청산을 하여야 한다(제531조 제1항). 주식회사에 있어서의 청산의 의의 · 청산 중의 회사의 성질은 합명회사에서 본바와 같으며, 청산절차에 관해서는 합명회사의 청산규정이 준용된다.

2. 청산인

(1) 의 의

주식회사가 청산에 들어가면 업무집행과 관계없는 주주총회와 감사는 그대로 존속하지만, 이사 · 이사회 · 대표이사는 그 지위를 상실하고 청산인 · 청산인회 · 대표청산인이 각각 이에 갈음하여 청산업무를 행한다.

(2) 청산인의 선임 · 해임

원칙적으로 이사가 청산인이 되지만, 정관 또는 주주총회의 결의로 이사 이외의 자를 청산인으로 정할 수 있다(제531조 제1항). 그러나 청산인이 될 자가 없는 때에는 법원이 이해관계인의 청구에 의하여 청산인을 선임한다(제531조 제2항). 청산인은 법원이 선임한 경우를 제외하고는 언제든지 주주총회의 보통결의에 의해 해임할 수 있으며(제539조 제1항), 발행주식총수의 100분의 3(상장회사는 1만분의 50) 이상을 가진 주주는 청산인 해임청구를 할 수 있다(제539조 제2항). 청산인의 선임과 해임은 등기사항이다.

(3) 원수 · 자격 · 임기

청산인은 이사와는 달리 법률상 정원에 관한 규정이 없으므로 1인 또는 수인이라도 무방하다. 청산인이 1인인 경우에는 그 1인의 청산인이 당연히 대표청산인이 된다(판례). 결원시의 퇴임청산인의 권리의무 및 청산인의 직무를 행할 자의 선임은 이사의 경우와 같다. 청산인의 자격에는 특별한 자격제한이 없으며 자연인뿐만 아니라 법인도 될 수 있다. 임기에 관해서도 특별한 규정이 없으나 청산이 종료할 때까지 존재하는 것이라고 본다.

3. 청산인회 · 대표청산인

청산인회는 청산사무의 집행에 대한 의사결정을 하고(제542조 제2항, 제393조), 대표청산인이 청산인회의 의사결정에 따라 청산사무에 관한 재판상 · 재판 외의 일체의 집행을 담당한다(제542조 제2항, 제389조 제3항, 제209조). 대표청산인은 청산인이 법정청산인인 경우(이사가 청산인이 되는 경우)는 해산 전의 대표이사가 되며, 법원이 청산인을 정한 경우에는 법원이 대표청산인을 정하고, 기타의 경우는 청산인회의 결의로써 대표청산인을 정한다(제542조 제2항, 제289조 제1항).

4. 청산사무

(1) 주된 사무

청산인이 해야 할 청산사무 중 주된 사무는 현존사무의 종결, 채권의 추심과 채무의 변제, 재산의 환가처분, 잔여재산의 분배로서 합명회사와 같으나, 다만 채무의 변제와 잔여재산의 분배에 관해 특별규정을 두고 있다.

① **채권자에 대한 최고** : 청산인은 취임한 날로부터 2월 내에 회사채권자에 대하여 일정한 기간 내에 채권을 신고할 것과 그 기간 내에 신고하지 아니하면 청산에서 제외된다는 뜻을 2회 이상 공고로써 최고하여야 한다(제535조 제1항 본문). 신고기간은 2월 이상으로 하여야 한다(제535조 제1항 단서). 회사가 알고 있는 채권자에 대하여는 각별로 채권신고를 최고하여야 하며, 그 채권자가 신고하지 아니한 때에도 이를 청산에서 제외하지 못한다(제535조 제2항).

② **신고기간 내의 변제금지** : 채권자의 채권신고기간 내에는 변제기가 도래한 채권이라도 변제하지 못한다(제536조 제1항 본문). 그러나 소액의 채권, 담보 있는 채권, 기타 변제로 인하여 다른 채권자를 해할 염려가 없는 채권에 대하여는 신고기간 내라도 법원의 허가를 얻어 이를 변제할 수 있다(제536조 제2항).

③ **잔여재산분배** : 채무를 완재하고 남은 재산은 주주에게 분배하여야 하며, 이 경우 주주평등의 원칙에 따라 주식수에 비례하여 분배한다(제538조 본문). 그러나 잔여재산분배에 관해 내용이 다른 주식을 발행한 경우에는 그에 따른다(제538조 단서).

④ **제외된 채권자의 권리** : 채권신고기간 내에 신고하지 아니하여 청산에서 제외된 채권자는 주주에게 분배되지 않은 재산의 범위 내에서만 변제를 청구할 수 있다(제537조

제1항). 그러나 이미 일부의 주주에게 재산의 분배를 한 경우에는 그와 동일한 비율로 다른 주주에게 분배하는 데 필요한 재산을 잔여재산에서 공제하고 남는 재산이 있을 때에만 변제를 청구할 수 있다(제537조 제2항).

(2) 부수적 사무

① **청산인의 신고** : 청산인은 취임한 날로부터 2주간 내에 해산의 사유와 그 연월일, 청산인의 성명과 주민등록번호 및 주소를 법원에 신고하여야 한다(제532조).

② **청산재산보고** : 청산인은 취임 후 지체없이 회사의 재산상태를 조사하여 재산목록과 대차대조표를 작성하고, 이를 주주총회에 제출하여 승인을 얻은 후 지체없이 법원에 제출하여야 한다(제533조).

③ **청산대차대조표 등의 제출 :** 청산인은 정기총회일로부터 4주간 전에 대차대조표 및 그 부속명세서와 사무보고서를 작성하여 감사에게 제출하여야 한다(제543조 제1항). 감사는 이 서류에 관한 감사보고서를 정기총회일 1주간 전에 청산인에게 제출하여야 한다(제543조 제2항). 청산인은 정기총회일 1주간 전부터 대차대조표 · 부속명세서 · 사무보고서 · 감사보고서를 본점에 비치하여야 한다(제543조 제3항). 주주와 회사채권자는 이러한 서류를 열람할 수 있고 등 · 초본의 교부를 청구할 수 있다(제543조 제4항). 청산인은 대차대조표 및 사무보고서를 정기총회에 제출하여 그 승인을 요구하여야 한다(제543조 제5항).

5. 청산의 종결

(1) 결산보고서의 제출 · 청산종결의 등기

청산사무가 종결한 때에는 청산인은 지체없이 결산보고서를 작성하고 이를 주주총회에 제출하여 그 승인을 얻어야 한다(제540조 제1항). 승인을 한 때에는 부정행위가 없는 한 청산인의 책임을 해제한 것으로 본다(제540조 제2항). 청산인은 승인을 받은 후 청산종결의 등기를 하여야 한다(제542조 제1항, 제264조).

(2) 서류의 보존

회사의 장부 기타 영업과 청산에 관한 서류는 청산인 기타 이해관계인의 청구에 의하여 법원이 정하는 보존인과 보존방법에 의하여(제541조 제2항), 청산종결의 등기 후 10년간 보존하여야 하지만, 다만 전표 기타 이와 유사한 서류는 5년간 보존하면 된다(제541조 제1항).

제8절 회사의 계속

Ⅰ. 계속의 의의

회사의 계속이란 일단 해산된 회사가 청산 중에 해산전의 상태로 복귀하여 해산 전의 회사와 동일성을 유지하면서 존속중의 회사로서 존속하는 것을 말한다.

Ⅱ. 각 회사의 계속형태

1. 합명회사

(1) 사원의 동의에 의한 계속

회사의 존립기간 만료시 또는 정관의 사유가 발생하여 해산한 경우, 총사원의 동의로 해산한 때에는 사원의 전부 또는 일부의 동의로 회사를 계속할 수 있고, 이때 동의하지 아니한 사원은 퇴사한 것으로 본다(제229조 제1항). 그리고 회사설립의 무효 또는 취소판결이 확정된 경우에는 무효·취소의 원인이 있는 특정사원을 제외한 다른 사원 전원의 동의로써 회사를 계속할 수 있고, 무효·취소원인이 있는 사원은 퇴사한 것으로 본다(제194조).

(2) 사원의 가입에 의한 계속

사원이 1인이 되어 해산한 때에는 새로운 사원을 가입시켜서 회사를 계속할 수 있다(제229조 제2항). 이때에는 유한책임사원을 가입시켜 합자회사로 조직변경을 하여 계속할 수 있다(제242조 제2항).

(3) 파산폐지결정에 의한 계속

회사가 파산선고에 의하여 해산한 경우, 파산폐지결정에 따라 회사를 계속할 수 있다.

2. 합자회사

합자회사가 해산한 경우에도 합명회사의 계속사유인 사원의 동의에 의한 계속이 인정된다(제269조). 그리고 합자회사는 무한책임사원과 유한책임사원 중 어느 한 종류의 사원이 전원 퇴사하여 해산한 경우(제285조 제1항) 잔존한 사원들은 다른 종류의 사원을 새로 가입시킴으로써 회사를 계속할 수 있고(제285조 제2항), 무한책임사원만 존재하는 경우에는 전원의 동의로 합명회사로 조직을 변경하여 회사를 계속할 수 있다(제286조 제2항). 파산의 경우 파산폐지결정에 따라 회사를 계속할 수 있다.

3. 유한책임회사

유한책임회사가 존립기간의 만료나 기타 정관에 정한 사유의 발생, 총사원의 동의에 의하여 해산한 경우에는 사원의 전부 또는 일부의 동의로 회사를 계속할 수 있고, 이때 동의하지 아니한 사원은 퇴사한 것으로 본다(제287조의40, 제229조 제1항 및 제3항). 파산의 경우 파산폐지결정에 따라 회사를 계속할 수 있다.

4. 주식회사

주식회사가 존립기간 만료나 기타 정관에 정한 사유의 발생, 주주총회의 결의에 의하여 해산한 경우에는 주주총회의 특별결의에 의해 계속할 수 있다(제519조). 또 휴면회사로 의제된 회사도 3년 내에 주주총회의 특별결의에 의해 계속할 수 있다(제520조의2 제3항). 회사의 파산으로 인한 경우에는 합명회사와 같이 파산폐지결정에 의해 계속할 수 있다.

5. 유한회사

유한회사가 존립기간의 만료나 기타 정관에 정한 사유의 발생, 사원총회의 결의에 의하여 해산한 경우에는 사원총회의 특별결의에 의해 회사를 계속할 수 있다(제610조 제1항). 파산의 경우에는 합명회사와 같이 파산폐지결정에 의해 계속할 수 있다.

III. 계속등기

회사의 해산등기를 하고 사원 또는 주주의 결의에 의해 회사를 계속할 경우에는 본점소재지에서는 2주간 내, 지점소재지에서는 3주간 내에 계속등기를 하여야 한다(제229조 제3항, 제194조 제3항, 제285조 제3항, 제530조 제1항, 제611조).

IV. 계속의 효과

해산 전의 회사로 복귀하더라도 그 효과는 소급하지 않기 때문에 청산 중에 한 청산인의 행위는 효력을 상실하지 않는다. 또한 계속의 결과 청산인은 지위를 잃고 해산 전의 기관은 그 권한을 회복한다. 다만, 이사는 해산으로 자격을 상실하였으므로 새로이 선임되어야 한다.

Commercial Law

연습문제

제1절 회사의 개념

01 다음 중 상법상 회사에 관한 설명으로 옳지 않은 것은?

① 회사의 영리성은 회사의 활동에 의하여 얻은 이익을 그 구성원인 사원에게 배분하는 것을 말한다.

② 사용인이 사무집행에 관하여 제3자에게 불법행위를 한 경우에 회사는 민법상 사용자배상 사용자배상책임을 부담한다.

③ 국가나 지방자치단체는 영리행위를 할 수 있으나 회사라고 볼 수 없다.

④ 회사에 있어 이익분배의 방법은 이익배당의 방법만을 취하여야 하는 것은 아니다.

⑤ 회사 정관에 극장업을 목적으로 한 회사는 수산업을 영위할 수 없다는 것이 통설이다.

회사의 권리능력에 대해 정관에 의한 제한이 가능하다는 것은 판례와 소수설의 입장이고, 정관에 의한 제한을 인정하지 않는 것이 다수설의 입장이다.

02 상법상 회사에 관한 설명으로 틀린 것은? (2004년 공인회계사)

① 회사는 상행위 기타 영리를 목적으로 하여 설립된 법인이다.

② 회사의 종류에 관계없이 1인 회사의 설립과 존속이 인정된다.

③ 판례에 의하면 1인 주식회사에 있어서는 주주총회의 소집절차나 결의방법이 상법의 규정에 위반된다고 하더라도, 주주총회의 결의가 1인 주주의 의사에 합치하는 한 유효라고 본다.

④ 합명회사의 내부관계에 관하여는 정관 또는 상법에 다른 규정이 없으면 조합에 관한 민법의 규정을 준용한다.

⑤ 다수설 및 판례에 의하면 주식회사의 법인격이 남용되는 경우에 이를 제한하거나 부인하여 회사와 사원을 동일시함으로써 구체적으로 타당한 해결을 도모하려는 법인격부인론이 인정된다.

1인회사가 인정되는 것은 유한책임회사, 주식회사 및 유한회사뿐이다. 합명회사와 합자회사는 1인회사의 설립과 존속이 인정되지 않는다(제178조, 제227조, 제269조).

답 [제1절] 1. ⑤ 2. ②

03 상법상 회사에 관한 설명 중 옳은 것을 모두 포함하고 있는 것은? (2006년 공인회계사)

ㄱ. 회사의 목적은 상행위이어야 할 필요는 없다.
ㄴ. 민사회사는 상법상의 회사가 아니다.
ㄷ. 수단으로서 영리사업을 수행하는 공법인은 회사가 아니지만, 상법이 적용된다.
ㄹ. 비영리사단법인도 영리사업을 수행하는 범위에서 회사가 되고 상법의 적용을 받는다.
ㅁ. 합명회사와 합자회사의 내부관계에 대하여는 민법의 조합에 관한 규정이 준용된다.
ㅂ. 회사가 아니면 상호에 회사임을 나타내는 문구를 사용할 수 없지만, 다른 회사의 영업을 양수한 경우는 예외이다.

① ㄱ, ㄴ, ㅂ ② ㄷ, ㅁ, ㅂ ③ ㄷ, ㄹ, ㅁ
④ ㄱ, ㄷ, ㅁ ⑤ ㄱ, ㅁ, ㅂ

ㄱ. 회사의 목적은 기본적상행위이든 기타 기본적 상행위가 아니든 관계없다. 따라서 옳은 지문이다.
ㄴ. 민사회사도 상법상의 회사에 속한다(제169조). 따라서 틀린 지문이다.
ㄷ. 공법인이 영리사업을 하는 경우에는 상법이 적용될 수 있으며(제2조 참조), 회사는 될 수 없다. 따라서 옳은 지문이다.
ㄹ. 비영리법인도 영리사업을 하는 경우에는 상법이 적용될 수는 있으나, 영리법인이 아니므로 회사는 될 수 없다. 따라서 틀린 지문이다.
ㅁ. 제195조. 옳은 지문이다.
ㅂ. 제20조. 틀린 지문이다.

04 1인회사의 법률관계에 관한 다음 설명 중 옳지 않은 것은?

① 주주총회의 소집절차나 결의방법이 상법규정에 위반하더라도 그 결의가 1인주주의 의사에 합치하는 한 유효라는 것이 통설・판례의 입장이다.
② 이사의 자기거래에 대해 이사회의 승인이 없더라도 유효하다는 것이 판 의 입장이다.
③ 1인주주겸 대표이사가 회사에 손해를 가한 때에는 배임죄가 성립된다는 것이 판 의 입장이다.
④ 1인회사라 하더라도 회사의 기관을 구성하여야 하므로, 1인주식회사도 반드시 이사회를 두어야 한다.
⑤ 1인주식회사의 경우 정관으로 주식양도시 이사회의 승인을 얻도록 규정하고 있더라도 이사회의 승인을 얻지 않은 주식양도의 경우에도 회사에 대해 그 효력이 있다.

1인회사라 하더라도 회사의 기관은 구성하여야 하므로, 1인주식회사에서도 원칙적으로 이사회의 구성이

답 3. ④ 4. ④

되어야 한다. 그러나 1인주식회사가 자본금 10억원 미만인 경우에는 1명 또는 2명의 이사를 둘 수 있으므로(제383조 제1항 단서), 이 경우에는 이사회가 구성될 수 없다.

05 다음 중 상법상 1인회사에 관한 설명으로 틀린 것은? (2007년 공인회계사)

① 판 에 의하면, 1인회사의 주주총회는 소집절차를 거치지 않아도 언제나 유효하다.

② 주주총회의 소집절차 중 소수주주의 주주총회 소집권, 특별이해관계가 있는 주주의 의결권 제한 등의 규정은 복수주주의 존재를 전제로 하므로 1인회사에 적용되지 않는다.

③ 판례에 의하면, 실질적인 1인회사의 1인 주주가 주주총회의 특별결의 없이 회사의 중요한 영업재산을 양도한 경우 회사의 손해는 바로 그 주주 한 사람의 손해이므로 회사에 대한 배임죄는 성립되지 않는다.

④ 1인 주주는 법인격부인 등 특별한 사정이 없는 한 회사채권자에 대하여 아무런 책임을 부담하지 않는다.

⑤ 판례에 의하면, 1인회사의 영업양도에 있어서는 1인 주주의 찬성이 있으면 주주총회의 특별결의가 있는 것으로 인정한다.

실질적인 1인회사의 1인주주가 주주총회의 특별결의없이 회사의 중요한 영업재산을 양도함으로써 회사에 손해를 끼치는 경우에는 회사에 대한 배임죄가 성립된다는 것이 판례의 입장이다(대판 1983. 12. 13, 83도2330 참조).

06 상법상 1인주식회사에 관한 설명으로 옳은 것은? (판례에 의함) (2011년 공인회계사)

① 주주총회의 소집권한 없는 자가 총회를 소집하였더라도 1인주주가 참석하여 이의없이 결의한 경우 총회소집의 하자는 치유된다.

② 1인주주 겸 대표이사가 임무위반행위로써 회사에 손해를 가한 경우 회사의 손해는 그 1인주주의 손해이므로 배임행위에 해당하지 않는다.

③ 실제로 주주총회를 개최한 사실이 없었던 경우 1인주주에 의하여 의결이 있었던 것으로 총회의사록이 작성되었더라도 그 내용의 결의가 있었다고 볼 수 없다.

④ 주주총회가 법령 또는 정관상 요구되는 이사회의 결의 없이 소집되었다면 1인주주가 참석하여 이의없이 결의하였더라도 해당 총회의 결의는 무효이다.

⑤ 회사의 영업을 양도함에 있어서 1인주주 겸 대표이사가 동의하였더라도 주주총회의 특별결의를 대신할 수 없다.

답 5. ③ 6. ①

② 1인주주 겸 대표이사가 임무위반행위로써 회사에 손해를 가한 경우 회사의 손해는 회사채권자에게 손해가 될 수 있기 때문에 배임행위에 해당한다(대법원 1983. 12. 13. 선고 83도2330 판결).

③ 실제로 주주총회를 개최한 사실이 없었던 경우 1인주주에 의하여 의결이 있었던 것으로 총회의사록이 작성되었더라도 그 내용의 결의가 있었다고 볼 수 있다(대법원 1976. 4. 13. 선고 74다1955 판결).

④ 주주총회가 법령 또는 정관상 요구되는 이사회의 결의 없이 소집되었더라도 1인주주가 참석하여 이의없이 결의하였다면 해당 총회의 결의는 유효이다(대법원 1966. 9. 20. 선고 66다1187. 1188 판결).

⑤ 회사의 영업을 양도함에 있어서 1인주주 겸 대표이사가 동의하였다면 주주총회의 특별결의를 대신할 수 있다(대법원 1976. 5. 11. 선고 74다52 판결).

07 회사의 법인성에 관한 다음 설명 중 옳지 않은 것은?

① 회사는 법인명의로 권리의무의 주체가 되고, 법인 자체의 명의로 소송당사자가 될 수 있다.

② 회사가 외형상으로는 법인의 형식을 갖추고 있으나 그 실질에 있어서는 완전히 그 법인격의 배후에 있는 자에 대한 법률적용을 회피하기 위한 수단으로 쓰여지는 경우에는 그 배후자인 타인에게 회사의 행위에 관한 책임을 물을 수 있다.

③ 회사의 대표이사가 회사의 운영이나 기본재산의 처분에 있어서 주식회사 운영에 관한 법적 절차 등을 무시하고 위법부당한 절차에 의하여 외형상태를 유지하는데 불과한 경우에는 회사의 법인격이 부인될 수 있다.

④ A회사가 B회사와 기업의 형태나 내용이 실질적으로 동일하고 B회사의 채무를 면탈할 목적으로 설립되었다면, 법인격부인의 법리가 적용될 수 있다.

⑤ A회사가 B회사와 기업의 형태나 내용이 실질적으로 동일하고 B회사의 채무를 면탈할 목적으로 설립되었다면 B회사에 대한 판결의 기판력 및 집행력의 범위를 A회사에까지 확장할 수 있다.

법인격부인판결은 당해 사건에 대해서만 그 기판력 및 집행력이 인정되는 것이며, 기판력 및 집행력의 확장력을 인정하지 않는다.

08 상법상 회사에 관한 다음 설명 중 옳은 것을 모두 포함하고 있는 것은? (2005년 공인회계사)

ㄱ. 상법상 회사는 합명회사, 합자회사, 유한책임회사, 주식회사 및 유한회사로 구별되는데, 합자회사의 유한책임사원과 유한회사의 사원의 책임은 같다.

답 7. ⑤ 8. ⑤

ㄴ. 합자회사의 무한책임사원은 합명회사의 사원과 마찬가지로 회사채권자에 대하여 직접 · 연대 · 무한책임을 진다.
ㄷ. 주식회사의 사원인 주주는 회사채권자에 대하여 간접 · 유한책임을 부담하므로 합자회사의 유한책임사원의 책임과 동일하다.
ㄹ. 합자회사의 무한책임사원은 정관에 다른 규정이 없는 때에는 각자가 업무집행권을 가지고 있으나, 유한책임사원은 업무집행에는 참가하지 못하는 대신 감시권을 갖는다.
ㅁ. 유한회사의 사원의 지분은 그 양도가 제한되지 않는다.
ㅂ. 합자회사의 유한책임사원이 회사채권자에 대하여 부담하는 책임은 약속한 출자가액에서 이미 이행한 부분을 공제한 가액을 한도로 한다.

① ㄱ, ㄴ, ㄷ ② ㄴ, ㄷ, ㄹ ③ ㄷ, ㄹ, ㅁ
④ ㄱ, ㄴ, ㄹ ⑤ ㄴ, ㄹ, ㅂ

위 설문의 내용에 대한 사항 중 틀린 것만을 검토하면 다음과 같다.
ㄱ. ㄷ 합자회사의 유한책임사원은 직접 · 유한책임을 부담하고, 주식회사의 주주와 유한회사의 사원은 간접 · 유한책임을 부담한다는 점에서 차이가 있다.
ㅁ. 유한회사의 사원의 지분은 정관의 규정에 의하여 그 양도가 제한될 수 있다(제556조).

09 상법상 회사에 관한 설명 중 틀린 것은? (2009년 공인회계사)

① 판례에 의하면, 1인주주와 1인회사는 별개의 인격이라고 보아 회사에 대한 1인주주의 배임죄가 성립한다.
② 주식회사의 대표이사가 회사의 업무집행으로 인하여 타인에게 손해를 가한 경우 회사는 사용자배상책임을 진다.
③ 합명회사의 행위능력은 그 대표사원의 행위무능력으로 인하여 제한을 받지 않는다.
④ 상법상 주식회사의 재산은 원칙적으로 주주개인의 채권자에 의한 강제집행의 대상이 되지 않는다.
⑤ 법인격부인의 경우 채권자의 회사에 대한 승소판결의 기판력이 책임있는 지배주주에게 당연히 미치는 것은 아니다.

주식회사의 대표이사가 회사의 업무집행으로 인하여 타인에게 손해를 가한 경우 회사는 대표이사와 연대하여 책임을 진다(제389조 제3항, 제210조).

답 9. ②

10 상법상 각종 회사에 관한 설명으로 옳은 것은? (2017년 공인회계사)

① 합명회사의 사원이 그 채권자를 해할 것을 알고 회사를 설립한 때에는 채권자는 그 사원과 회사에 대한 소로 회사의 설립취소를 청구할 수 있다.

② 합자회사의 유한책임사원이 사망한 경우 정관에 정함이 없으면 그 상속인은 그 지분을 승계하여 사원이 될 수 없다.

③ 유한책임회사의 사원은 업무를 집행하는 사원이 없는 경우에는 사원 과반수의 동의를 받아야 그 지분의 전부 또는 일부를 타인에게 양도할 수 있다.

④ 유한회사의 각 사원은 이사가 법령 또는 정관에 위반한 행위를 하여 이로 인하여 회사에 회복할 수 없는 손해가 생길 염려가 있는 경우에는 회사를 위하여 이사에 대하여 그 행위를 유지할 것을 청구할 수 있다.

⑤ 상법상의 외국회사는 다른 법률의 적용에 있어서는 법률에 다른 규정이 있는 경우 외에는 대한민국에서 성립된 주식회사로 본다.

② 합자회사의 유한책임사원이 사망한 경우 정관에 다른 정함이 없으면 그 상속인은 그 지분을 승계하여 사원이 될 수 있다(제556조).

③ 유한책임회사의 사원은 업무를 집행하는 사원이 없는 경우에는 총사원의 동의를 받아야 그 지분의 전부 또는 일부를 타인에게 양도할 수 있다(제287조의8 제2항 단서).

④ 유한회사의 자본금 총액의 100분의 3 이상에 해당하는 출자좌수를 가진 사원은 이사가 법령 또는 정관에 위반한 행위를 하여 이로 인하여 회사에 회복할 수 없는 손해가 생길 염려가 있는 경우에는 회사를 위하여 이사에 대하여 그 행위를 유지할 것을 청구할 수 있다(제564조의2).

⑤ 상법상의 외국회사는 다른 법률의 적용에 있어서는 법률에 다른 규정이 있는 경우 외에는 대한민국에서 성립된 동종 또는 가장 유사한 회사로 본다(제621조).

11 상법상 회사의 능력에 관한 설명 중 옳은 것은? (통설에 의함) (2005년 공인회계사)

① 회사는 유한회사의 사원이 될 수 있다.

② 회사는 명예권과 상호권을 가질 수 없다.

③ 회사는 합명회사의 사원이 될 수 있다.

④ 회사는 타인으로부터 유증을 받을 수 없다.

⑤ 회사는 다른 회사의 지배인이 될 수 있다.

① 회사는 다른 회사의 유한책임사원은 될 수 있으므로, 유한회사의 사원이 될 수 있다.

② 회사는 명예권이나 인격권, 상호권을 가질 수 있다.

③ 회사는 무한책임사원이 될 수 없으므로(제173조), 합명회사의 사원이 될 수 없다.

④ 회사는 타인으로부터 유증을 받을 수 있다.

답 10. ① 11. ①

⑤ 지배인은 직접 업무를 행하는 자이므로, 자연인이어야 한다.

12 상법상 회사의 능력에 관한 설명으로 틀린 것은? (이견이 있으면 판례에 의함) (2015년 공인회계사)

① 회사의 권리능력은 회사의 설립근거가 된 법률과 회사의 정관상의 목적에 의하여 제한을 받는다.

② 회사를 대표하는 이사가 회사의 업무집행으로 인하여 타인에게 손해를 가한 경우에는 회사의 불법행위책임이 인정된다.

③ 회사의 대표기관 이외의 임원 또는 사용인이 회사의 업무집행으로 인하여 타인에게 불법행위를 한 경우에는 회사의 사용자배상책임이 인정되지 않는다.

④ 회사는 다른 회사의 주주나 유한책임사원 또는 유한책임회사의 업무집행자가 될 수 있으나 다른 회사의 무한책임사원은 될 수 없다.

⑤ 회사는 신체상의 자유권, 생명권, 친족권 또는 상속권 등의 권리는 없으나 유증을 받을 수는 있다.

회사의 대표기관 이외의 임원 또는 사용인이 회사의 업무집행으로 인하여 타인에게 불법행위를 한 경우에는 회사의 사용자배상책임이 인정된다(민법 제756조).

13 상법상 회사의 능력에 관한 설명으로 옳은 것은? (2017년 공인회계사)

① 판례에 의하면 회사의 형법상 일반적인 범죄능력은 인정되지 않는다.

② 회사는 다른 회사의 유한책임사원이 될 수 없고 청산중의 회사는 청산의 목적범위 내로 권리능력이 제한된다.

③ 판례에 의하면 회사는 정관에서 정한 목적범위 내로 그 권리능력이 제한되지 않는다.

④ 대표이사가 그 업무집행으로 인하여 타인에게 손해를 가한 경우 그 타인에 대하여 회사가 배상할 책임이 있고 대표이사는 책임을 지지 않는다.

⑤ 회사는 친권, 상속권, 유증을 받을 권리 등 자연인에게 인정되는 특유한 권리를 가질 수 없다.

① 대판1984.10.10, 82도2595

② 회사는 다른 회사의 유한책임사원이 될 수 있고(제173조 참조), 청산중의 회사는 청산의 목적범위 내로 권리능력이 제한된다.

③ 판례에 의하면 회사는 정관에서 정한 목적범위 내로 그 권리능력이 제한된다(대판1999.10.8, 98다2488).

④ 대표이사가 그 업무집행으로 인하여 타인에게 손해를 가한 경우 그 타인에 대하여 회사와 대표이사는 연대하여 변제할 책임이 있다(제389조 제3항, 제210조).

답 12. ③

⑤ 회사는 친권, 상속권 등 자연인에게 인정되는 특유한 권리를 가질 수 없으나, 유증을 받을 권리는 가질 수 있다.

제2절 회사의 설립

01 회사의 설립에 관한 다음 설명 중 옳은 것은?

① 우리 상법은 회사의 설립에 대해 단순준칙주의를 취하고 있다.

② 회사의 설립행위의 법적 성질에 대해 합동행위와 계약이 병존하는 것으로 보는 것이 통설의 입장이다.

③ 회사의 실체형성의 절차로써 정관을 작성하게 된다. 이때 정관의 법적성질에 대해서는 사원간의 계약으로 보는 견해가 통설의 입장이다.

④ 회사는 설립등기를 함으로써 성립하고, 법인격을 취득하게 된다.

⑤ 회사의 설립등기사항은 각 회사마다 임의로 정할 수 있으며 법정되어 있지 않다.

① 우리 상법은 회사설립에 대해 엄격준칙주의를 취하고 있다.
② 회사의 설립행위의 법적 성질에 대해 일률적으로 합동행위로 보는 것이 통설의 입장이다.
③ 회사의 실체형성의 절차로써 정관을 작성하게 된다. 이때 정관의 법적성질에 대해서는 회사라는 단체의 자치법규로 보는 것이 통설의 입장이다.
④ 제172조
⑤ 회사의 설립등기사항은 각 회사마다 법정되어 있다(제180조, 제271조, 제317조, 제549조).

02 회사설립의 하자에 관한 다음 설명 중 옳지 않은 것은?

① 모든 회사의 설립에 하자가 있는 경우 반드시 소를 통해 설립무효 또는 취소를 주장할 수 있다.

② 합명회사의 설립무효의 소제기권자는 사원에 한정되고, 주식회사의 설립무효의 소제기권자는 주주 · 이사 · 감사에 한정된다.

③ 설립무효 · 취소의 소의 관할법원은 회사의 본점소재지의 지방법원에 전속한다.

④ 원고가 승소하면 설립무효 · 취소의 판결의 효력은 제3자에게도 미치며, 판결의 효력은 소급하지 않는다.

⑤ 원고가 패소하면 원고에게 악의 또는 중대한 과실이 있는 때에는 원고는 회사에 대하여 연대하여 손해를 배상할 책임이 있다.

합명회사 · 합자회사 · 유한책임회사 · 유한회사의 경우에는 설립의 하자에 대해 설립무효나 설립취소의 소를 제기할 수 있으나, 주식회사의 경우에는 설립무효의 소만 인정될 뿐 설립취소의 소는 인정되지 않는다.

답 13. ① [제2절] 1. ④ 2. ①

03 상법상 회사설립의 무효 또는 취소의 소에 관한 설명 중 틀린 것은? (2015년 공인회계사)

① 합명회사 설립의 무효는 그 사원에 한하여, 설립의 취소는 그 취소권있는 자에 한하여 회사성립의 날로부터 2년 내에 소만으로 이를 주장할 수 있다.

② 주식회사 설립의 무효는 주주, 이사 또는 감사에 한하여 회사성립의 날로부터 2년 내에 소만으로 이를 주장할 수 있다.

③ 주식회사 설립무효의 소에서 원고가 승소한 경우 그 판결의 대세적 효력과 소급적 효력이 인정되며 회사는 해산에 준하여 청산절차가 개시된다.

④ 창립총회에 출석하여 권리를 행사한 주식인수인은 회사성립 전에도 사기, 강박 또는 착오를 이유로 하여 그 인수를 취소하지 못한다.

⑤ 주식회사 설립무효의 소에서 원고가 패소한 경우 원고에게 악의 또는 중대한 과실이 있는 때에는 회사에 대하여 연대하여 손해를 배상할 책임이 있다.

주식회사 설립무효의 소에서 원고가 승소한 경우 그 판결의 대세적 효력과 불소급효가 인정되며 회사는 해산에 준하여 청산절차가 개시된다(제328조 제2항, 제190조, 제193조).

제3절 회사의 조직변경

01 회사의 조직변경에 관한 설명 중 옳은 것은? (2000년 공인회계사)

① 합명회사에서 합자회사로서의 조직변경은 존속 중에는 총사원의 동의를, 해산 후 회사의 경우에는 사원 과반수의 결의를 요구한다.

② 합자회사에서 합명회사로의 조직변경은 존속 중에는 무한책임사원 전원의 동의가 있으면 족하다.

③ 유한회사에서 주식회사로의 조직변경은 법원의 인가를 요한다.

④ 주식회사에서 유한회사로의 조직변경은 주주총회의 특별결의를 요한다.

⑤ 주식회사에서 유한회사로의 조직변경은 미상환 사채가 있더라도 조직변경 후에 상환하면 가능하다.

① 합명회사는 총사원의 동의로 합자회사로 조직변경할 수 있다(제242조 1항).
② 합자회사는 총사원의 동의로 합명회사로 조직변경할 수 있다(제286조 1항).
④ 주식회사의 유한회사로의 조직변경은 총주주의 동의를 요한다(제604조 1항 본문).
⑤ 유한회사에서는 사채발행이 금지되므로 사채의 상환이 완료하지 아니한 경우에는 조직변경을 할 수 없다(제604조 1항 단서).

답 3. ③ [제3절] 1. ③

02 유한회사가 주식회사로 조직변경을 하는 경우에 관한 설명 중 틀린 것은? (2005년 공인회계사)

① (정관에 다른 규정에 없으면) 총사원의 일치에 의한 결의가 있어야 한다.

② 법원의 인가를 받지 않으면 조직변경의 효력이 없다.

③ 회사채권자의 보호절차를 밟아야 한다.

④ 조직변경의 경우에 발행하는 주식의 발행가액 총액은 유한회사에 현존하는 순재산액을 초과하지 못한다.

⑤ 조직변경의 경우에 회사에 현존하는 순재산액이 조직변경시에 발행하는 주식의 발행가액 총액에 미달하는 때에는 조직변경은 무효로 된다.

조직변경의 경우에 회사에 현존하는 순재산액이 조직변경시에 발행하는 주식의 발행가액 총액에 미달하는 때에는 조직변경 결의 당시의 사원과 이사, 감사가 전보책임을 질 뿐, 조직변경이 무효가 되는 것은 아니다(제607조 제4항 참조).

03 상법상 회사의 조직변경에 관한 설명 중 옳은 것은? (2008년 공인회계사)

① 합자회사를 주식회사로 조직변경을 하는 것은 총사원의 동의가 있으면 가능하다.

② 유한회사를 주식회사로 조직변경을 하는 경우에는 채권자보호절차를 밟을 필요가 없다.

③ 사채를 발행하지 않은 주식회사를 유한회사로 조직변경을 하는 것은 총주주의 일치에 의한 총회의 결의가 있으면 언제든지 가능하다.

④ 유한회사는 총사원의 일치에 의한 총회의 결의가 있는 경우에는 법원의 인가를 얻지 아니하고도 주식회사로의 조직변경이 가능하다.

⑤ 합명회사를 합자회사로 조직변경하는 경우 기존의 무한책임사원이 유한책임사원으로 된 때에 그 사원은 모든 회사채무에 대하여 조직변경의 등기를 한 때로부터 유한책임을 부담한다.

① 합자회사는 주식회사로 조직변경을 할 수 없고, 합명회사로의 조직변경만이 인정된다.

② 유한회사를 주식회사로 조직변경을 하는 경우에는 채권자보호절차를 밟아야 한다(제608조, 제232조).

④ 유한회사는 정관에 사원총회의 특별결의로 가능하다는 정함이 없는 때에는 총사원의 일치에 의한 총회의 결의가 있는 경우에는 법원의 인가를 얻어 주식회사로의 조직변경이 가능하다(제607조 제1항, 제2항). 즉, 법원의 인가를 얻지 아니하면 조직변경의 효력이 없다(제607조 제3항).

⑤ 합명회사를 합자회사로 조직변경하는 경우 기존의 무한책임사원이 유한책임사원으로 된 때에 그 사원은 모든 회사채무에 대하여 조직변경의 등기를 한 때로부터 2년내에는 무한책임사원의 책임을 면하지 못한다(제244조).

답 2. ⑤ 3. ③

04 상법상 회사의 조직변경에 관한 다음 설명 중 옳은 것은 모두 몇 개인가? (2009년 공인회계사)

ㄱ. 합자회사가 합명회사로 조직변경을 하는 경우에는 회사채권자를 보호하는 별도의 조치가 필요하지 않다.
ㄴ. 사채의 상환을 완료하지 아니한 주식회사도 총주주 일치의 총회 결의에 따라 유한회사로 조직을 변경할 수 있다.
ㄷ. 유한회사는 총사원의 일치에 의한 총회 결의가 있는 경우 법원의 인가를 얻지 아니하고도 주식회사로 조직을 변경할 수 있다.
ㄹ. 합자회사는 유한책임사원 전원의 동의로 유한책임사원을 무한책임사원으로 변경하여 합명회사로 조직을 변경할 수 있다.
ㅁ. 유한회사를 주식회사로 조직변경하는 경우 유한회사에 현존하는 순재산액이 조직변경으로 발행하는 주식의 발행가액 총액에 미달하면 그 조직변경은 무효이다.

① 1개 ② 2개 ③ 3개
④ 4개 ⑤ 5개

ㄱ. 합자회사가 합명회사로 조직변경을 하는 경우에는 사원이 직접책임을 부담하므로, 회사채권자를 보호하는 별도의 조치가 필요하지 않다.
ㄴ. 사채의 상환을 완료하지 아니한 주식회사는 총주주 일치의 총회 결의에 따라 유한회사로 조직을 변경할 수 없으며, 이를 위반하면 조직변경무효의 사유에 해당한다(제604조 제1항 단서).
ㄷ. 유한회사는 총사원의 일치에 의한 총회 결의가 있는 경우라도 법원의 인가를 얻지 아니하고는 주식회사로 조직을 변경할 수 없다(제607조 제3항).
ㄹ. 합자회사는 총사원의 동의로 유한책임사원을 무한책임사원으로 변경하여 합명회사로 조직을 변경할 수 있다(제286조).
ㅁ. 유한회사를 주식회사로 조직변경하는 경우 유한회사에 현존하는 순재산액이 조직변경으로 발행하는 주식의 발행가액 총액에 미달하면 그 조직변경 당시의 이사, 감사와 사원은 회사에 대하여 연대하여 그 부족액을 지급할 책임이 있을 뿐(제607조 제4항), 조직변경무효가 되는 것은 아니다.

제4절 회사의 합병

01 회사의 합병에 관한 설명으로 옳은 것은?

① 회사는 다른 회사와 합병할 수 있지만, 인적회사와 물적회사간의 합병은 인정되지 않는다.
② 주식회사와 유한회사가 합병하여 존속 또는 신설회사가 유한회사인 경우에는 법원의

답 4. ① [제4절] 1. ④

인가를 얻어야 한다.

③ 해산 후 청산 중에 있는 회사도 다른 회사와 합병하여 새로운 회사를 설립할 수 있다.

④ 합병으로 인하여 소멸하는 회사이든 존속하는 회사이든 채권자보호절차를 위반한 경우에는 합병무효의 사유가 된다.

⑤ 합병으로 존속하는 회사나 신설되는 회사는 소멸회사의 모든 권리와 의무를 포괄적으로 승계하지만, 공법상의 권리와 의무는 이에 포함되지 않는다는 것이 판례의 입장이다.

① 회사는 다른 회사와 합병할 수 있으며, 인적회사와 물적회사간의 합병도 인정된다. 다만 인적회사와 물적회사가 합병하는 경우에는 그 존속 또는 신설회사는 물적회사이어야 한다.

② 주식회사와 유한회사가 합병하여 존속 또는 신설회사가 유한회사인 경우에는 소멸하는 회사의 사채의 상환이 완료되어야 하며, 존속 또는 신설회사가 주식회사인 경우에는 법원의 인가를 얻어야 한다.

③ 해산 후 청산중에 있는 회사는 존립중의 회사를 존속회사로 하는 합병은 가능하지만, 다른 회사와 합병하여 새로운 회사를 설립할 수는 없다.

⑤ 합병으로 존속하는 회사나 신설되는 회사는 소멸회사의 모든 권리와 의무를 포괄적으로 승계하며, 공법상의 권리와 의무는 이에 포함된다는 것이 판례의 입장이다(대판 1980. 3. 25, 77누265).

02 상법상 회사의 합병에 관한 설명 중 틀린 것은? (2008년 공인회계사)

① 상법상 회사는 어느 종류의 회사와도 합병할 수 있다.

② 합병을 승인한 회사채권자도 그 승인 후 합병요건에 중대한 하자가 있음을 안 때에는 합병무효의 소를 제기할 수 있다.

③ 존속회사의 발행주식총수의 100분의 20 이상을 소유한 주주가 반대하는 의사를 통지한 때에는 소규모합병을 할 수 없다.

④ 판례에 의하면 합병결의에 하자가 있는 경우, 합병등기 전에는 결의취소의 소와 결의무효의 주장이 가능하지만, 합병등기 후에는 합병무효의 소만 인정된다.

⑤ 합병무효판결은 확정판결 전에 생긴 존속회사와 사원 및 제3자간의 권리의무에 영향을 미치지 않는다.

합병무효의 소를 제기할 수 있는 채권자는 "합병에 반대한 채권자"에 한한다(제236조, 제529조). 따라서 합병에 찬성한 채권자는 합병무효의 소를 제기할 수 없다.

답 2. ②

03 회사의 합병에 관한 설명으로 옳지 않은 것은?

① 소규모합병의 경우 존속회사의 합병승인총회를 생략하고 이사회의 승인으로 갈음할 수 있으며, 반대주주에게는 주식매수청구권이 인정된다.

② 소멸회사의 총주주의 동의가 있거나 소멸회사의 발행주식 총수의 100분의 90 이상을 존속회사가 소유하고 있는 경우 소멸회사의 주주총회의 합병승인결의를 생략하고 이사회의 승인으로 갈음할 수 있으며, 반대주주에게는 주식매수청구권이 인정된다.

③ 합병의 효과로서 존속회사 또는 신설회사는 소멸회사의 모든 권리의무를 포괄적으로 승계하므로, 소멸회사의 채무의 인수에는 개별적인 채권자의 승낙절차는 요구되지 않는다.

④ 합병결의가 있은 날로부터 2주간 내에 회사채권자에 대하여 합병에 이의가 있으면 일정한 기간 내에 이의를 제출할 것을 공고하고 알고 있는 채권자에 대하여 각 별로 이를 최고하여야 하며, 어떤 종류의 회사이든 이 절차를 밟지 않을 때에는 합병무효의 원인이 된다.

⑤ 합병무효판결이 확정된 때에는 합병 전부터 있는 적극·소극재산은 각 당사회사에 귀속시키면 되지만, 합병 후에 발생한 대외적 채무는 연대채무로 하고 재산은 합병당사회 합병당사회사의 공유로 한다.

소규모합병의 경우에는 반대주주에게 주식매수청구권이 인정되지 않는다(제527조의3 제5항).

04 상법상 합병에 관한 설명 중 옳은 것은? (2003년 공인회계사)

① 존속회사가 소멸회사의 발행주식총수의 100분의 90 이상을 소유하고 있는 때에는 존속회사의 주주총회의 승인은 이를 이사회의 승인으로 갈음할 수 있다.

② 간이합병의 경우 합병반대주주의 주식매수청구권은 인정되지 아니한다.

③ 존속회사가 합병으로 인하여 발행하는 신주의 총수가 그 회사의 발행주식총수의 100분의 10을 초과하지 아니하는 때에는 소멸회사의 주주총회의 승인은 이를 이사회의 승인으로 갈음할 수 있다.

④ 유한회사가 주식회사와 합병하는 경우에 존속회사가 유한회사인 때에는 법원의 인가를 얻지 아니하면 합병의 효력이 없다.

⑤ 합병을 승인하지 아니한 채권자도 합병무효의 소를 제기할 수 있다.

① 존속회사가 소멸회사의 발행주식총수의 100분의 90 이상을 소유하고 있는 때에는 소멸회사의 주주총회의 승인은 이를 이사회의 승인으로 갈음할 수 있다(제527조의2 제1항).
② 간이합병의 경우에는 합병반대주주의 주식매수청구권이 인정되며, 소규모합병의 경우에는

답 3. ① 4. ⑤

합병반대주주의 주식매수청구권이 인정되지 않는다(제527조의3 제5항 참조).

③ 존속회사가 합병으로 인하여 발행하는 신주의 총수가 그 회사의 발행주식총수의 100분의 10을 과하지 아니하는 때에는 존속회사의 주주총회의 승인은 이를 이사회의 승인으로 갈음할 수 있다(제527조의3 제1항).

④ 유한회사가 주식회사와 합병하는 경우에 존속회사가 유한회사인 때에는 소멸하는 주식회사의 경우 미상환사채가 없어야 하며, 존속회사가 주식회사인 때에는 법원의 인가를 얻어야 한다(제600조 제1항, 제2항).

⑤ 제529조

05 상법상 회사의 합병에 관한 설명으로 틀린 것은? (2017년 공인회계사)

① 흡수합병의 경우 존속회사는 소멸회사의 주주에게 합병대가의 전부 또는 일부로서 금전이나 그 밖의 재산을 제공할 수 있다.

② 간이합병에 반대하는 소멸회사의 주주로서 의결권이 없거나 제한되는 주주는 주식매수청구권을 행사할 수 없다.

③ 소멸회사의 주주에게 제공할 금전의 금액이 존속회사의 최종 대차대조표상으로 현존하는 순자산액의 100분의 5를 초과하는 경우에는 소규모합병을 할 수 없다.

④ 판례에 의하면 주주는 합병비율이 현저하게 불공정한 경우 합병무효의 소를 제기할 수 있다.

⑤ 자회사가 흡수합병을 하는 경우 소멸회사의 주주에게 제공하는 합병대가가 존속회사의 모회사주식을 포함하는 때에는 존속회사는 그 지급을 위하여 모회사주식을 취득할 수 있다.

간이합병에 반대하는 소멸회사의 주주로서 의결권이 없거나 제한되는 주주는 주식매수청구권을 행사할 수 있다(제522조의3 제1항).

06 회사의 합병과 영업양도의 차이에 관한 다음 설명 중 옳지 않은 것은?

① 영업양도는 회사의 해산사유가 되지 않으나, 회사의 합병은 회사의 해산사유가 된다.

② 영업양도에 있어서 영업재산의 이전은 개별적 이전방법을 취하지만, 회사의 합병은 일괄하여 포괄적 승계를 한다.

답 5. ② 6. ⑤

③ 영업양도의 경우에는 채권자보호절차를 필요로 하지 않지만, 회사의 합병은 채권자보호절차를 거쳐야 한다.

④ 영업양도에 있어서는 양도인의 경업피지의무가 있으나, 회사의 합병의 경우에는 경업피지의무와 같은 제한규정이 없다.

⑤ 주식회사의 영업양도는 주주총회 보통결의사항이지만, 합병은 주주총회의 특별결의사항에 해당한다.

주식회사의 영업양도나 합병은 모두 주주총회의 특별결의를 요한다(제374조, 제522조 제3항).

07 존속회사를 '甲', 소멸회사를 '乙'이라고 할 경우에 소규모합병에 관한 설명 중 틀린 것은?

(2005년 공인회계사)

① 甲회사가 합병시에 乙회사의 주주에게 발행하는 신주의 총수가 甲회사 발행주식총수의 10%를 과하지 않는 경우에 甲회사는 합병승인의 주주총회 대신에 이사회의 결의로 갈음할 수 있다.

② 乙회사의 주주에게 교부금을 지급하는 경우에 그 금액이 甲회사의 순자산액의 5%를 초과하는 때에는 甲회사의 주주총회에 의한 합병승인을 얻어야 한다.

③ 소규모합병의 경우에도 채권자보호절차는 필요하다.

④ 소규모합병에 반대하는 甲회사의 주주는 주식매수청구권을 행사할 수 있다.

⑤ 甲회사의 주식 20% 이상을 소유하는 주주가 반대하면 소규모합병을 할 수 없다.

소규모합병의 경우 그 존속회사의 주주는 주식매수청구권을 행사할 수 없다(제527조의3 제5항).

08 회사의 합병에 관한 설명 중 옳은 것은? (2006년 공인회계사)

① 회사의 합병 후 존속하는 회사 또는 신설회사는 소멸한 회사의 권리의무의 일부를 한정적으로 승계할 수 있다.

② 유한회사가 주식회사와 합병하는 경우에 합병 후 존속회사 또는 신설회사가 유한회사인 때에는, 법원의 인가를 얻어야 합병의 효력이 발생한다.

③ 소멸회사의 권리의무는 개별적 이전절차 없이 존속회사로 승계되며, 대항요건을 요로 하는 권리의 경우에도 별도의 대항요건을 갖출 필요가 없다.

④ 소멸회사의 사원은 단주(端株)로 인하여 제외되는 부분, 합병교부금만을 교부받는 부분,

답 7. ④ 8. ④

주식매수청구권을 행사한 부분에 대하여는 존속회사나 신설회사의 사원이 될 수 없다.

⑤ 회사가 채권자의 이의제출을 위한 공고 및 개별 최고절차를 이행하지 않으면 합병취소의 원인이 된다.

① 회사의 합병 후 존속하는 회사 또는 신설회사는 소멸한 회사의 권리의무를 포괄적으로 승계한다(제235조).

② 유한회사가 주식회사와 합병하는 경우에 합병 후 존속회사 또는 신설회사가 유한회사인 때에는, 소멸하는 주식회사에 미상환사채가 없어야 한다(제600조 제2항).

③ 소멸회사의 권리의무는 개별적 이전절차 없이 존속회사로 승계되며, 대항요건을 필요로 하는 권리의 경우에도 별도의 대항요건을 갖추어야 한다.

⑤ 회사가 채권자의 이의제출을 위한 공고 및 개별 최고절차를 이행하지 않으면 합병무효의 원인이 된다. 합병취소라는 제도는 없다.

09 甲주식회사(비상장회사)는 乙주식회사(비상장회사)의 발행주식총수의 90%를 소유하고 있는데, 양 회사를 합병하여 甲회사만 존속시키기로 하였다. 乙회사의 2009. 2. 20 합병결의 전에 그 주주 A는 서면으로, 주주 B는 구두로 합병 반대의견을 제출하였다. 乙회사는 동년 3. 5부터 4. 10까지 이의를 제출할 것을 동년 2. 27 공고만 하였을 뿐, 알고 있는 기명사채권자 C에게 개별 최고를 하지 았고, 이후 C는 동년 5. 1 이의를 제출하였다. 한편 甲회사는 합병절차가 종료된 후 D로부터 1억원을 차용하였다. 이에 관한 설명으로 옳은 것은? (2010년 공인회계사)

ㄱ. 乙회사는 주주총회를 거치지 않고 이사회의 승인을 얻어 합병결의를 할 수 있다.
ㄴ. 甲회사의 주주 E는 甲회사가 교부하는 합병신주의 비율이 현저히 불공정한 경우 합병무효의 소를 제기할 수 있다.
ㄷ. 乙회사의 주주인 A와 B는 주식매수청구권을 행사하여 투하자본을 회수할 수 있다.
ㄹ. C는 乙회사의 합병절차의 위반을 이유로 합병무효의 소를 제기할 수 있다.
ㅁ. D의 채권이 합병무효의 판결 전에 발생한 경우 甲회사만 그 채무를 부담한다.

① ㄱ, ㄴ, ㄹ　② ㄱ, ㄴ, ㅁ　③ ㄱ, ㄷ, ㄹ
④ ㄴ, ㄷ, ㅁ　⑤ ㄷ, ㄹ, ㅁ

위의 설문은 "간이합병, 주식매수청구, 합병무효의 효과"에 관한 내용이다.

ㄷ. 乙회사의 주주인 A는 서면으로 반대의견을 제출하였으므로 주식매수청구권을 행사할 수 있지만, 구두로 반대의견을 제출한 B는 주식매수청구권을 행사할 수 없다.

ㅁ. D의 채권이 합병무효의 판결 전에 발생한 경우 甲회사와 乙회사는 연대하여 그 채무를 부담한다(제239조 제1항).

답 9. ①

10 상법상 비상장 주식회사의 합병에 관한 설명으로 옳은 것은? (2012년 공인회계사)

① 소규모합병의 경우와 달리 간이합병의 경우는 이사회의 승인결의가 있은 날로부터 2주간 내에 채권자에 대하여 이의를 제출할 것을 공고 또는 최고하여야 한다.

② 흡수합병의 경우 소멸회사가 보유한 소멸회사의 자기주식은 물론이고 존속회사가 보유한 존속회사의 자기주식도 소멸한다.

③ 합병 후 존속하는 회사의 이사로서 합병 전에 취임한 자는 합병계약서에 다른 정함이 없는 한 합병 후 최초로 도래하는 결산기의 정기주주총회가 종료하는 때에 퇴임한다.

④ 판례에 의하면 주주총회의 합병결의에 무효원인이 있는 경우 합병등기 전에는 주주총회결의 무효의 소에 의하고 합병등기 후에는 주주총회결의 무효의 소와 합병무효의 소가 모두 가능하다.

⑤ 합병무효의 원고승소 판결이 있으면 존속회사 또는 신설회사가 합병 후에 취득한 재산은 합병당사회사의 합유가 되고 합병 후에 부담한 채무는 연대채무가 된다.

① 소규모합병의 경우나 간이합병의 경우나 모두 채권자보호절차를 거쳐야 한다(제527조의5).
② 흡수합병의 경우 소멸회사는 소멸하므로 그가 보유한 소멸회사의 자기주식은 소멸하지만, 존속회사가 보유한 존속회사의 자기주식은 소멸하지 않는다.
④ 판례에 의하면 주주총회의 합병결의에 무효원인이 있는 경우 합병등기 전에는 주주총회결의 무효의 소에 의하고 합병등기 후에는 합병무효의 소에 주주총회결의 무효의 소가 흡수된다.
⑤ 합병무효의 원고승소 판결이 있으면 존속회사 또는 신설회사가 합병 후에 취득한 재산은 합병당사회사의 공유가 되고 합병 후에 부담한 채무는 연대채무가 된다(제239조).

제5절 회사의 분할

01 회사분할에 관한 설명 중 틀린 것은? (2005년 공인회계사)

① 단순분할의 경우에는 분할계획서를, 분할합병의 경우에는 분할합병계약서를 작성하여 주주총회의 승인을 얻어야 한다.

② 분할 전 회사의 출자(현물출자)만으로 설립되는 회사가 분할 전 회사의 주주에게 지주비율에 따라 설립되는 회사의 주식을 발행하는 때에는, 법원이 선임한 검사인의 변태설립사항에 관한 조사·보고가 필요 없다.

③ 단순분할로 인하여 설립되는 회사가 분할 전 회사의 채무에 대하여 연대책임을 지는 경우에도 채권자의 이의권이 인정된다.

답 10. ③ [제5절] 1. ③

④ 회사분할에 반대하는 주주의 주식매수청구권은 분할합병의 경우에만 인정되고 단순분할의 경우에는 인정되지 않는다.

⑤ 회사의 분할로 인하여 분할에 관련되는 각 회사의 주주의 부담이 가중되는 경우에는 주주총회의 특별결의와 종류주주총회의 결의 외에 그 주주 전원의 동의가 필요하다.

단순분할의 경우 분할 후의 회사가 분할 전 회사의 채무에 대해 연대책임을 지는 경우에는, 기존의 채권자에게 영향을 미치지 않으므로 채권자보호절차가 필요없다(제530조의9 제4항 참조).

02 상법상 주식회사의 분할에 관한 설명으로 틀린 것은? (2017년 공인회계사)

① 회사는 분할에 의하여 1개 또는 수개의 존립 중의 회사와 합병할 수 있다.

② 회사분할의 승인을 위한 주주총회 특별결의에 관하여는 의결권이 배제되는 종류주식을 가진 주주도 의결권이 있다.

③ 회사의 분할은 분할계획서에 정한 분할을 할 날에 그 효력이 발생한다.

④ 분할계획서에 다른 정함이 없으면 분할회사와 단순분할신설회사는 분할 전의 분할회사 채무에 관하여 연대하여 변제할 책임이 있다.

⑤ 분할합병으로 인하여 분할합병에 관련되는 각 회사의 주주의 부담이 가중되는 경우에는 주주총회의 특별결의 및 종류주주총회의 결의 이외에 그 주주 전원의 동의가 있어야 한다.

회사의 분할은 분할계획서에 정한 분할등기를 함으로써 그 효력이 발생한다(제530조의11 제1항, 제234조).

03 회사의 분할에 관한 설명으로 옳은 것은?

① 모든 회사는 해산 후에는 존립 중의 회사를 존속회사로 하거나 새로이 회사를 설립하는 경우에 한하여 분할할 수 있다.

② 소규모분할합병의 경우에는 존속회사의 주주총회의 승인을 이사회의 승인으로 갈음할 수 있다.

③ 단순분할의 경우에는 주주총회의 결의에 반대하는 주주에게 주식매수청구권이 인정되지만, 분할합병의 경우에는 반대주주의 주식매수청구권이 인정되지 않는다.

답 2. ③ 3. ②

④ 분할결의는 의결권 없는 주식을 제외한 발행주식총수의 3분의 1 이상과 출석주주 의결권의 3분의 2 이상의 찬성을 얻어야 한다.

⑤ 분할로 인하여 설립되는 회사는 원칙적으로 분할로 인하여 출자받은 재산에 관한 채무만을 부담하고, 특별한 약정이 있는 때에는 분할 전 회사의 모든 채무에 대해 연대책임을 진다.

① 회사의 분할은 주식회사의 경우에만 인정된다.
② 제530조의11 제2항, 제527조의2 제1항, 제527조의3 제1항
③ 단순분할의 경우에는 주식매수청구권이 인정되지 않으며, 분할합병의 경우에는 주식매수청구권이 인정된다.
④ 분할결의에 있어서는 의결권 없는 주식을 가진 주주도 의결권을 갖는다(제530조의3 제3항).
⑤ 원칙적으로 분할로 인하여 설립되는 회사는 분할 전 회사의 모든 채무를 원칙적으로 연대하여 변제할 책임을 지며, 다만 주주총회의 결의로 분할 후 회사가 분할 전 회사의 채무 중에서 출자한 재산에 관한 채무만을 부담할 것을 정할 수 있다.

04 다음 ( ) 안에 들어갈 내용으로 옳은 것은? (2004년 공인회계사)

> 회사는 분할에 의하여 1개 또는 수개의 회사를 설립할 수 있다. 회사는 또한 분할에 의하여 1개 또는 수개의 존립중의 회사와 합병(이하 "분할합병"이라 한다)할 수 있다. 회사가 분할 또는 분할합병을 하는 때에는 (㉠) 또는 분할합병계약서를 작성하여 (㉡)에 의한 승인을 얻어야 한다.
> 분할전 회사의 이사는 회사채권자의 보호를 위하여 분할결의 전의 절차로서 분할대차대조표 등을 작성 · 비치하여야 한다. 분할 또는 분할합병으로 인하여 설립되는 회사 또는 존속하는 회사는 분할 또는 분할합병전의 회사채무에 관하여 (㉢)하여 변제할 책임이 있다.

① ㉠ 분할계약서 ㉡ 주주총회의 보통결의 ㉢ 연대
② ㉠ 분할계약서 ㉡ 주주총회의 특별결의 ㉢ 분할
③ ㉠ 분할계획서 ㉡ 주주총회의 특별결의 ㉢ 연대
④ ㉠ 분할계획서 ㉡ 주주총회의 보통결의 ㉢ 분할
⑤ ㉠ 분할결의서 ㉡ 주주총회의 특별결의 ㉢ 분할

제530조의3 제1항, 제530조의9 제1항 참조

답 4. ③

05 상법상 회사분할에 관한 설명 중 틀린 것은? (판례에 의함) (2006년 공인회계사)

D조합은 A회사를 상대로 손실을 입었다고 주장하면서 그 보상을 지속적으로 요구하였다. 이후 A회사는 그 사업의 일부를 분리하여 B회사와 C회사를 신설하는 방식으로 회사를 분할하기로 하고, 각 신설회사가 A회사의 채무 중에서 출자받은 재산에 관한 채무만을 승계하여 부담하는 내용의 분할계획서를 작성하여 주주총회의 특별결의에 의한 승인을 받았다. 이때 A회사는 D조합에 대하여 채권자의 이의제출을 위한 개별 최고절차를 이행하지 않은 상태에서 분할을 하였다.

① 사안에서 분할당사회사의 연대책임이 배제된다면, B회사와 C회사는 A회사의 채무 중에서 출자받은 재산에 관한 채무만을 부담하고, A회사는 B회사와 C회사가 부담하지 아니하는 채무만을 부담한다.
② ①의 경우 A회사와 B회사 및 C회사의 책임관계의 법적 성질은 분할채무이다.
③ A회사의 분할에 반대하는 주주는 주식매수청구권을 행사할 수 있다.
④ A회사를 상대로 손실을 입었다고 주장하면서 그 보상을 지속적으로 요구하는 D조합은 A회사가 알고 있는 채권자에 해당한다.
⑤ A회사가 D조합에 대해 개별 최고를 누락한 경우에는, 그 채권자에 대하여 분할채무관계의 효력이 발생할 수 없고 원칙으로 돌아가 A회사와 B회사 및 C회사가 연대하여 변제할 책임을 진다.

주식회사의 분할(단순분할)이 이루어지는 경우에는, 주주의 지위에 변동이 없으므로 주식매수청구권은 인정되지 않는다. 다만, 분할합병의 경우에는 반대주주의 주식매수청구권이 인정된다(제530조의11 제2항, 제522조의3). 위 설문의 경우에는 단순분할이므로 반대주주의 주식매수청구권이 인정되지 않는다.

06 건설업과 토목업을 영위하는 A주식회사는 건설부문을 B주식회사에, 토목부문을 C주식회사에 이전하는 분할합병계약을 각각 체결하였다. 이때 A회사는 분할 이후의 책임에 관하여 아무런 약정을 하지 않으면서, 무의결권 주식을 보유하고 있는 주주 甲에게는 분할합병의 승인을 위한 주주총회의 소집통지를 하지 않았다. 또한 A회사는 채권자의 이의제출을 위한 공고는 하였지만 자신이 알고 있는 채권자 丙에게는 개별 최고를 하지 았다. 다음의 설명 중 옳은 것은? (2007년 공인회계사)

답 5. ③ 6. ④

① 의결권이 없는 甲은 위 주주총회에서 의결권을 행사할 수 없기 때문에, 그 소집통지를 받지 더라도 분할합병무효의 소를 제기할 수 없다.

② 분할합병을 위한 주주총회의 소집통지를 받은 주주 乙은 A회사에 대하여 주식매수청구권을 행사할 수 없다.

③ 채권자 丙은 개별최고를 받지 않았기 때문에 A회사를 상대로 분할합병 무효의 소를 제기할 수 있지만, 분할당사회사에게 연대책임을 물을 수는 없다.

④ A회사가 알지 못하는 채권자 丁이 이의제출을 위한 공고기간 내에 이의를 제출하지 않은 경우, 丁은 분할합병을 승인한 것으로 본다.

⑤ 각 분할합병계약서에 분할합병 이후의 책임에 관하여 달리 약정하지 않았으므로, B회사와 C회사는 각각에게 승계된 채무의 범위 내에서 책임을 부담한다.

위 설문은 분할합병에 관한 내용으로, 위 설문의 내용을 살펴보면 다음과 같다.

①의 경우 의결권없는 주주도 의결권을 행사할 수 있고, 분할합병무효의 소는 주주도 제기할 수 있으므로 틀린 지문이다(제530조의3 제3항, 제530조의11 제1항, 제529조).

② 분할합병에 반대하는 주주는 주식매수청구권을 행사할 수 있다(제530조의11 제2항, 제522조의3).

③ 분할합병의 당사회사는 원칙적으로 연대책임을 지므로(제530조의9 제1항), 채권자는 당사회사에 대해 연대책임을 물을 수 있다.

④ 이의제출기간내에 이의를 제출하지 아니한 경우, 그 채권자는 분할합병을 승인한 것으로 본다(제530조의11, 제527조의5, 제232조 제2항).

⑤ 분할합병 이후의 책임에 관하여 달리 약정이 없는 한 분할 후의 회사는 연대하여 책임을 진다(제530조의9 제1항).

07 상법상 회사분할에 관한 설명 중 옳은 것은? (2009년 공인회계사)

① 분할로 인하여 설립되는 회사가 분할 전의 회사채무에 관하여 출자한 재산에 관한 채무만을 부담하는 경우 별도의 채권자보호절차를 요하지 않는다.

② 회사분할의 승인에 관한 주주총회의 경우에 의결권 없는 주식의 주주는 의결권을 행사할 수 없다.

③ 회사의 분할은 기업의 구조조정을 제도적으로 지원하기 위한 것으로 상법상 주식회사와 유한회사에 한하여 인정하고 있다.

④ 단순분할시는 물론 분할합병의 경우에도 반대주주의 주식매수청구권이 인정되지 는다.

⑤ 분할로 인하여 분할에 관련된 각 회사의 주주의 부담이 가중되는 경우에는 일반적인 분할승인 결의절차 외에 그 주주 전원의 동의가 있어야 한다.

① 분할로 인하여 설립되는 회사가 분할 전의 회사채무에 관하여 출자한 재산에 관한 채무만을

답 7. ⑤

부담하는 경우 별도의 채권자보호절차를 요한다(제530조의9 제4항).

② 회사분할의 승인에 관한 주주총회의 경우에 의결권 없는 주식의 주주도 의결권을 행사할 수 있다(제530조의3 제3항).

③ 회사의 분할은 기업의 구조조정을 제도적으로 지원하기 위한 것으로 상법상 주식회사에 한하여 인정하고 있다.

④ 단순분할시는 반대주주의 주식매수청구권이 인정되지 않으나, 분할합병의 경우에는 반대주주의 주식매수청구권이 인정된다(제530조의11 제2항, 제522조의3).

제6절 회사의 해산

01 상법상 회사의 해산사유에 관한 설명 중 옳은 것은? (2003년 공인회계사)

① 합명회사는 총사원의 3분의 2 이상의 동의가 있는 경우 해산한다.

② 합자회사는 유한책임사원의 전원이 퇴사한 때에는 해산한다.

③ 합자회사는 사원 전원의 동의로 그 조직을 유한회사로 변경하여 계속할 수 있다.

④ 주식회사는 주주가 1인으로 된 때 해산한다.

⑤ 유한회사에만 있는 해산사유로는 휴면회사의 해산의제제도가 있다.

① 합명회사는 총사원의 동의가 있는 경우에 해산할 수 있다(제227조 2호).

② 제285조 제1항

③ 합자회사는 유한회사로 조직변경할 수 없으며, 오직 합명회사로만 조직변경을 할 수 있다.

④ 주식회사는 주주가 1인으로 된 때라도 해산하지 않는다(제517조 참조).

⑤ 유한회사는 휴면회사의 해산의제제도가 인정되지 않으며, 주식회사의 경우에만 인정된다(제520조의2).

02 상법상 회사의 해산명령사유에 해당하는 것은 모두 몇 개인가? (2008년 공인회계사)

ㄱ. 회사재산의 관리의 현저한 실당으로 인하여 회사의 존립을 위태롭게 한 때

ㄴ. 회사의 업무집행사원의 행위가 정관에 위반하여 회사의 존속을 허용할 수 없는 행위를 한 때

ㄷ. 회사의 업무가 현저한 정돈상태를 계속하여 회복할 수 없는 손해가 생긴 때

ㄹ. 정당한 사유없이 1년 이상 영업을 휴지한 때

ㅁ. 이사가 회사재산을 부당하게 유용하여 주주의 정당한 이익을 보호할 수 없는 때

ㅂ. 정당한 사유없이 설립 후 1년 내 영업을 개시하지 아니한 때

ㅅ. 회사의 설립목적이 불법한 것인 때

답 [제6절] 1. ② 2. ④

① 1개　　② 2개　　③ 3개
④ 4개　　⑤ 5개

해산명령의 사유로는 ①회사의 설립목적이 불법한 것인 때, ②정당한 사유없이 설립후 1년 내 영업을 개시하지 아니하거나 1년 이상 영업을 휴지하는 때, ③이사 또는 회사의 업무를 집행하는 사원이 법령 또는 정관에 위반하여 회사의 존속을 허용할 수 없는 행위를 한 때이다.

03 상법상 회사의 해산명령에 관한 설명으로 틀린 것은? (2017년 공인회계사)

① 법원은 회사의 설립목적이 불법한 것인 때에는 직권으로 회사의 해산을 명할 수 있다.
② 법원은 회사가 정당한 사유없이 1년 이상 영업을 휴지하는 때에는 이해관계인의 청구에 의하여 회사의 해산을 명할 수 있다.
③ 법원은 이사가 법령에 위반하여 회사의 존속을 허용할 수 없는 행위를 한 때에는 검사의 청구에 의하여 회사의 해산을 명할 수 있다.
④ 법원은 이해관계인이 회사의 해산을 청구한 때에는 직권으로 그 이해관계인에 대하여 상당한 담보를 제공할 것을 명할 수 있다.
⑤ 법원은 해산을 명하기 전이라도 이해관계인이나 검사의 청구 또는 직권으로 회사재산의 보전을 위하여 관리인을 선임할 수 있다.

법원은 이해관계인이 회사의 해산을 청구한 때에는 회사의 청구에 의하여 그 이해관계인에 대하여 상당한 담보를 제공할 것을 명할 수 있다(제176조 제3항).

제7절 회사의 청산

01 상법상 주식회사의 해산과 청산에 관한 설명으로 옳은 것은? (2010년 공인회계사)

① 회사가 해산한 때에는 합병, 분할, 분할합병, 파산의 경우 외에는 이사가 청산인이 되지만, 정관에 다른 정함이 있거나 주주총회에서 타인을 선임한 때에는 그러하지 아니하다.
② 청산인은 알고 있는 채권자에 대하여는 각별로 그 채권의 신고를 최고하여야 하며, 그 채권자가 신고하지 아니한 경우에는 이를 청산에서 제외할 수 있다.
③ 청산에서 제외된 채권자는 분배되지 아니한 잔여재산에 대하여는 변제를 청구할 수 없다.
④ 법원이 청산인을 선임한 경우 주주총회의 특별결의로 이를 해임할 수 있다.

답 3. ④ [제4절] 1. ①

⑤ 청산사무의 종결 후 청산인이 결산보고서를 작성하고 주주총회에 제출하여 그 승인을 받은 경우, 회사는 청산인의 부정행위에 대하여 그 책임을 해제한 것으로 본다.

② 청산인은 알고 있는 채권자에 대하여는 각별로 그 채권의 신고를 최고하여야 하며, 그 채권자가 신고하지 아니한 경우에는 이를 청산에서 제외할 수 없다(제535조 제2항).

③ 청산에서 제외된 채권자는 분배되지 아니한 잔여재산에 대하여는 변제를 청구할 수 있다(제537조 제1항).

④ 법원이 청산인을 선임한 경우 주주총회의 결의로 이를 해임할 수 없고, 법원이 해임할 수 있을 뿐이다.

⑤ 청산사무의 종결 후 청산인이 결산보고서를 작성하고 주주총회에 제출하여 그 승인을 받은 경우, 회사는 청산인의 부정행위가 있는 경우를 제외하고 그 책임을 해제한 것으로 본다(제540조 제2항).

02 상법상 회사의 해산과 청산에 관한 설명으로 틀린 것은? (판례에 의함) (2012년 공인회계사)

① 청산회사는 해산 후 청산의 목적을 위하여 존속하는 회사로서 그 목적이 청산의 범위 내에 한정된다는 점을 제외하고는 해산 전의 회사와 동일성이 인정된다.

② 회사의 해산 전에 직무집행정지 가처분과 함께 선임된 이사 직무대행자는 회사가 해산하는 경우 당연히 청산인 직무대행자가 된다.

③ 법인이 해산결의를 하고 해산등기를 마치지 않은 이상 사실상 청산사무를 종결하였더라도 제3자에 대하여 법인의 소멸을 주장할 수 없다.

④ 청산종결의 등기를 하였더라도 청산할 채권・채무가 남아 있는 이상 청산은 종료되지 않으므로 그 한도에서 청산법인은 당사자능력이 있다.

⑤ 동업약정에 의해 회사가 설립되어 주식회사로서의 실체를 갖추고 있는 경우 상법상 주식회사의 청산절차에 의하지 않고 동업자들간의 합의로 청산이 이루어지면 동업자들은 잔여재산을 분배받을 수 있다.

동업약정에 의해 회사가 설립되어 주식회사로서의 실체를 갖추고 있는 경우 상법상 주식회사의 청산절차에 의하지 않고 동업자들간의 합의로 청산이 이루어지면 동업자들은 잔여재산을 분배받을 수 없다(대법원 2005. 4. 15 선고 2003도7773 판결).

03 상법상 주식회사의 해산과 청산에 관한 설명으로 틀린 것은? (2014년 공인회계사)

① 주식회사의 경우에는 주주총회의 특별결의로 해산할 수 있다.

② 회사가 해산하면 청산절차가 개시되지만 주식회사의 분할과 분할합병으로 해산하는

답 2. ⑤ 3. ④

경우 청산절차가 개시되지 않는다.

③ 주식회사가 존립기간의 만료에 의하여 해산한 경우에는 주주총회의 특별결의로 회사를 계속할 수 있다.

④ 주식회사의 청산인은 알고 있는 채권자에 대하여는 각별로 그 채권신고를 최고하여야 하며 그 채권자가 신고를 하지 않은 경우에는 청산에서 제외하여야 한다.

⑤ 청산에서 제외된 채권자는 모든 주주에게 분배하고 남은 잔여재산에 대해서만 변제를 청구할 수 있다.

주식회사의 청산인은 알고 있는 채권자에 대하여는 각별로 그 채권신고를 최고하여야 하며, 그 채권자가 신고를 하지 않은 경우에는 청산에서 제외할 수 없다(제535조 제2항).

제8절 회사의 계속

CHAPTER

03 합명회사

제1절 합명회사의 개념

Ⅰ. 합명회사의 특색

합명회사란 회사의 채무에 관해 직접 · 무한 · 연대책임을 지는 사원(무한책임사원)들로만 구성되는 회사이다. 그 결과 사원 개개인의 신용은 회사채권자와 사원 상호간에 중대한 영향을 미치게 된다. 따라서 회사는 소수의 사원으로 구성되며, 사원 상호간은 신뢰관계를 바탕으로 결합된다. 그리고 사원이 직접 업무집행을 하는 기관(자기기관)을 구성하게 된다. 이러한 합명회사는 그 형식에 있어서는 법인이지만 실질적으로는 조합적 성격이 짙다.

Ⅱ. 법률관계

합명회사의 법률관계에 대해서는 내부관계와 외부관계로 나누어 규정하고 있다. 내부관계는 사원과 사원간 및 사원과 회사의 관계를 말하며, 사원들의 이익과 관련되기 때문에 임의법규의 성질이 강하고 또한 조합적 성질을 갖고 있기 때문에 민법의 조합에 관한 규정이 준용된다(제195조). 그러나 외부관계는 회사와 제3자 및 사원과 제3자의 관계를 말하며, 거래안전을 위하여 강행법규의 성질을 갖는다.

제2절 회사의 설립

I. 설립의 특색

합명회사의 사원은 무한책임을 지기 때문에 설립절차가 간단하며, 사원이 되고자 하는 자 2인 이상이 정관을 작성하고(제178조), 설립등기를 함으로써 회사는 성립한다(제172조).

II. 설립절차

1. 정관의 작성

합명회사의 정관은 법정기재사항을 기재하고 총사원의 기명날인 또는 서명에 의하여 효력이 발생하며(제179조), 주식회사의 경우와 달리 공증인의 인증을 필요로 하지 않는다.

정관의 법정기재사항은 절대적 기재사항 · 상대적 기재사항 · 임의적 기재사항이 있다.

① **절대적 기재사항** : 목적, 상호, 사원의 성명 · 주민등록번호 및 주소, 사원의 출자의 목적과 그 가격 또는 평가의 기준, 본점소재지, 정관의 작성년월일

② **상대적 기재사항** : 일부사원의 업무집행권제한, 회사의 존립기간, 퇴사사유, 해산사유, 공동대표, 대표사원의 특정, 임의청산 등

③ **임의적 기재사항** : 합명회사의 본질 및 강행법규 또는 사회질서에 반하지 않는 사항

2. 설립등기

정관의 작성이 완료된 후 언제든지 본점소재지에서 설립등기를 함으로써 회사가 성립된다. 설립등기는 총사원의 공동신청으로 하며, 목적 · 상호 · 사원의 성명과 주민등록번호 및 주소(대표사원을 등기하는 때에는 사원의 주소는 제외된다) · 본점 및 지점소재지 · 기타 사항을 등기하여야 한다(제180조).

III. 설립의 무효와 취소

1. 설립의 무효

(1) 무효원인

설립무효의 원인으로는 설립에 관한 객관적 하자, 설립행위를 한 각 사원의 의사무능력 · 상대방이 알고 있는 비진의표시 · 허위표시 등의 주관적 하자 등을 들 수 있다.

(2) 소의 절차 및 효과

설립무효는 사원만이 회사가 성립한 날로부터 2년 내에 소에 의하여 주장할 수 있다(기타 절차 및 효과에 대해서는 회사법총론에 서술하였음).

2. 설립의 취소

설립취소의 원인으로는 금치산자가 설립행위를 한 때, 미성년자 또는 한정치산자가 법정대리인의 동의를 얻지 않고 설립행위를 한 때, 사기 · 강박 · 착오에 의해 의사표시를 한 때, 사원이 채권자를 해할 것을 알고 의사표시를 한 때 등을 들 수 있다. 설립취소의 소제기권자는 취소권이 있는 자로써 무능력자, 사기 · 강박 · 착오에 의해 의사표시를 한 자, 사해행위를 한 사원의 채권자이다(제184조, 제185조). 설립취소의 소절차와 효과는 무효의 경우와 같다.

제3절 회사의 내부관계

Ⅰ. 출자

1. 출자의 의의 및 종류

사원은 정관에 의해 정해진 출자액의 이행책임을 진다(제179조 4호). 출자란 사원이 회사의 목적사업을 운영하는 데 필요한 재산을 출연(出捐)하는 것으로, 금전 기타 재산뿐만 아니라 노무 · 신용을 출자할 수 있다. 여기서 노무출자는 회사를 위하여 사원이 노무를 제공하는 것을 말하며, 신용의 출자는 사원이 자기의 신용을 회사로 하여금 이용케 하는 것(예 회사채무보증, 어음담보배서 등)을 말한다.

2. 출자의무의 발생과 소멸

(1) 추상적 출자의무

사원의 출자의무는 추상적 출자의무와 구체적 출자의무로 나눌 수 있다. 추상적 출자의무는 회사의 설립계약 또는 입사계약에 의하여 발생하고, 이 의무는 사원의 자격에서 회사에 대해 부담하는 것이다. 따라서 출자청구권은 양도 또는 강제집행의 목적이 될 수 없다. 추상적 출자의무는 의무이행 또는 사원자격의 상실에 의해 소멸한다.

⑵ 구체적 출자의무

구체적 출자의무는 회사의 청구 또는 회사정관에 의한 출자기한의 도래에 의하여 구체화된 하나의 채무이다. 이 의무는 사원의 자격으로부터 독립하여 존재하므로, 양도할 수 있고 강제집행의 목적이 될 수 있다. 구체적 출자의무는 사원이 퇴사한 후에도 존속한다.

3. 출자의 이행

출자의무의 이행은 정관에 정한 때에는 그에 따르고 정관에 정함이 없는 때에는 회사의 청구에 의해 이행하여야 한다. 이행의 청구는 업무집행의 방법으로 자유로이 정하고, 이행은 사원평등의 원칙에 따라야 한다. 회사가 청산할 경우에 회사에 현존하는 재산이 회사채무를 완제하기 불가능할 때에는 청산인은 이행기가 도래하기 전이라도 사원으로 하여금 출자하게 할 수 있다(제258조).

출자이행의 방법은 출자종류에 따라 다르다. 금전출자의 경우는 실제로 납입하여야 하며, 현물출자에 있어서는 목적물의 권리를 회사에 이전하여야 하며, 하자담보·위험부담에 대해서는 민법의 규정이 준용된다(민법 제567조, 제570조 등). 노무는 제공되어야 하며, 신용출자는 필요에 따라 회사채무보증행위나 어음담보배서 등 소정의 행위를 하여야 한다.

출자의무의 불이행은 일반채무불이행의 효과를 발생시키는 동시에 당해 사원의 제명, 업무집행권 및 대표권상실의 원인이 된다(제220조 제1항 1호, 제205조 제1항, 제216조).

II. 업무집행·의사결정

1. 업무집행

⑴ 의 의

업무집행이란 회사의 목적이 되는 사업을 수행하기 위하여 직접 또는 간접으로 관련되는 모든 활동을 말하며, 법률행위나 사실행위 또는 대내적 행위나 대외적 행위도 포함된다. 그러나 업무집행은 영업의 존재를 전제로 하여 영업상의 사무를 집행하는 것이므로, 정관변경·영업양도·해산·조직변경 등 회사의 존립의 기초에 영향을 주는 행위는 제외된다.

⑵ 업무집행기관

합명회사의 각 사원은 정관에 다른 정함이 없거나 업무집행권이 박탈되는 경우가 아닌 한 회사의 업무를 집행할 권리와 의무가 있다(제200조 제1항). 즉, 각 사원은 별도로 선임행위를 거치지 않고 당연히 업무집행기관을 구성한다. 따라서 정관의 규정이나 총사원의 동의가 있더라도 사원 아닌 자에게 업무집행을 맡길 수 없다. 그러나 청산중의 회사는 사원이 아닌 자를 청산인으로 선임할 수 있다(제251조 제1항).

(3) 업무집행권의 제한과 상실

① **업무집행권의 제한** : 각 사원은 업무집행권을 갖지만, 정관으로 특히 어떤 사원을 업무집행사원으로 제한할 수 있다(제200조 제1항). 업무집행권이 없는 사원이라 하더라도 정관에 다른 정함이 없는 한 지배인의 선임과 해임의 결의에는 참가할 수 있다(제203조 참조). 그리고 정관으로 모든 사원 또는 수인의 사원이 그 전원의 동의로만 업무를 집행하도록 할 수 있다(제202조).

② **업무집행권의 상실** : 사원이 업무를 집행함에 있어서 현저하게 부적임하거나 중대한 의무에 위반한 행위가 있는 때에는 법원은 사원의 청구에 의하여 업무집행권의 상실을 선고할 수 있고(제205조 제1항), 이 경우 판결이 확정된 때에는 본점과 지점의 소재지에서 등기하여야 한다.

③ **업무집행정지가처분** : 사원의 업무집행을 정지하거나 직무대행자를 선임하는 가처분을 하거나 그 가처분을 변경·취소하는 경우에는 본점 및 지점이 있는 곳의 등기소에서 이를 등기하여야 한다(제183조의2), 직무대행자는 가처분명령에 다른 정함이 있는 경우와 법원의 허가를 얻은 경우 외에는 법인의 통상업무에 속하지 아니하는 행위를 할 수 없다(제200조의2 제1항). 이에 위반한 경우라도 회사는 선의의 제3자에게 책임을 진다(제200조의2 제2항).

(4) 업무감시권

업무집행권이 없는 사원은 회사의 업무와 재산상태를 언제든지 검사할 수 있는 업무감시권이 있다(제195조, 민법 제710조).

2. 업무집행의 의사결정

원칙적으로 각 사원이 업무를 집행하지만, 다른 사원의 이의가 있는 때에는 곧 그 행위를 중지하고 총사원의 과반수 결의에 의하여야 하며(제200조 제2항), 수인의 업무집행사원이 있는 경우 다른 업무집행사원이 이의를 제기할 때에는 그 행위를 중지하고 업무집행사원 과반수의 결의에 의하여 결정한다(제201조 제2항). 다만, 지배인의 선임과 해임은 정관에 다른 정함이 없으면 업무집행사원이 있는 경우에도 총사원 과반수의 결의에 의하여야 한다(제203조). 이 경우 사원의 의결권은 정관에 다른 정함이 없는 한 1인 1의결권주의(두수주의)에 의한다. 합명회사는 사원총회를 요구하지 않지만, 정관의 정함으로 사원총회를 운영할 수 있다. 사원총회의 결의에 흠결이 있으면 일반 무효확인소송에 의해 효력을 다투어야 할 것이다.

III. 경업피지의무 · 자기거래제한

1. 경업피지의무

사원은 다른 사원의 동의가 없으면 자기 또는 제3자의 계산으로 회사의 영업부류에 속하는 거래를 할 수 없으며, 동종영업을 목적으로 하는 다른 회사의 무한책임사원 또는 이사가 되지 못한다(제198조 제1항). 다른 사원의 동의는 다른 사원 전원의 동의를 말하며, 사전동의를 원칙으로 한다. 경업피지의무에 관한 규정은 회사의 내부관계에 속하는 사항이므로 정관으로 배제 · 제한 · 강화할 수 있다는 것이 통설의 입장이다. 경업피지의무에 위반한 경우에는 회사는 개입권을 행사할 수 있고(제198조 제2항, 제3항, 제4항), 또 회사는 다른 사원의 과반수의 결의로써 위반행위를 한 사원의 제명의 선고나 업무집행권 또는 대표권의 상실선고를 법원에 청구할 수 있다(제220조 제1항, 제205조, 제216조).

2. 자기거래제한

사원은 다른 사원 과반수의 결의가 있는 때에 한하여 자기 또는 제3자의 계산으로 회사와 거래를 할 수 있다(제199조). 이 경우 제한되는 거래는 직접거래뿐만 아니라 회사에 의한 사원의 채무보증과 같은 간접거래도 포함된다. 이 제한에 위반한 사원은 손해배상의 책임을 지고, 제명의 대상이 되며, 업무집행권 또는 대표권의 상실선고청구의 대상이 된다.

IV. 손익분배

1. 손익의 의의

대차대조표상 순자산액으로부터 채무를 공제한 잔여의 순자산액을 회사의 자본금액인 사원의 재산출자의 총액과 비교하여 전자가 후자를 초과하는 액을 이익이라 하고, 후자가 전자를 초과하는 경우를 손해라 한다.

2. 손익분배의 기준

손익분배의 기준은 정관이나 총사원의 동의로써 정할 수 있으나, 정함이 없는 때에는 각 사원은 이행한 출자가액에 비례하여 분배를 받으며, 이익 또는 손실에 대하여 분배의 비율을 정한 때에는 그 비율은 이익과 손실에 공통된 것으로 추정한다.

3. 손익분배의 시기와 방법

손익분배의 시기에 관해서는 정관에 정한 바가 있으면 이에 따르고, 없으면 회사는 매

결산기에 대차대조표를 작성하여야 하므로, 이 시기에 분배하는 것으로 볼 수 있다. 분배의 방법에 대해 정관에 특별한 정함이 없는 한 매 결산기에 금전으로 한다. 손익분배에 있어 특히 회사는 사원이 무한 · 연대책임을 지므로 이익이 없어도 배당할 수 있다.

V. 정관변경

정관은 회사의 본질 또는 강행법규에 위반하지 않는 한 자유로이 변경할 수 있다. 그 변경에는 정관에 다른 규정이 없는 한 총사원의 동의를 요한다(제204조). 정관변경은 결의로써 그 효력이 발생하지만, 정관변경사항이 등기사항일 때 변경등기를 하지 않으면 선의의 제3자에게 대항하지 못한다.

VI. 지분의 변경

1. 지분의 의의

지분이란 첫째로 사원의 지위를 뜻하는 사원권을 의미하며, 둘째로 사원이 퇴사하거나 회사가 해산하는 경우에 사원자격에 기하여 회사로부터 환급받거나 회사에 지급할 금전적인 수액(數額)을 의미한다. 사원권을 의미하는 점에서 업무집행권 · 대표권 · 감시권 등 공익권과 이익배당청구권 · 잔여재산분배청구권 등 자익권을 갖는다.

2. 지분의 양도

지분은 사원권을 의미하므로, 그 일부 또는 전부를 양도할 수 있다. 지분의 양도는 총사원의 동의를 얻어야 한다(제197조). 지분의 전부를 양도한 때에는 사원자격을 상실하고, 일부를 양도한 경우에는 그 양도인의 지분이 감소된다. 지분의 양도에 의해 사원이 변경된 때에는 사원변경의 등기를 하여야 선의의 제3자에게 대항할 수 있다. 또한 지분의 전부를 양도한 사원은 지분양도에 따른 변경등기가 됨으로써 회사채무에 대해 등기 후 2년이 경과하면 책임을 면한다(제225조 제2항).

3. 지분의 입질

지분의 입질에 대해 상법은 규정을 두고 있지 않지만, 통설은 총사원의 동의로 입질을 인정하고 있다.

4. 지분의 압류

사원의 채권자는 지분의 압류가 가능하며, 특히 상법은 회사채권자를 보호하기 위하여 지분의 압류는 사원이 장래에 갖는 이익배당권 · 지분환급청구권에 대하여도 그 효력이 있는 것으로 하고 있다(제233조). 그리고 임의청산시에는 압류채권자의 동의를 얻도록 하고(제247조 제4항), 압류채권자는 회사 및 사원에게 6월 전에 예고하고 영업년도말에 그 사원을 퇴사시킬 수 있도록 하고 있다(제224조 제1항).

5. 지분의 상속

합명회사는 사원의 개성이 중시되므로 원칙적으로 지분의 상속은 인정되지 않으며, 사원의 사망은 퇴사의 원인이 된다(제218조 3호). 다만 정관으로 지분을 상속할 수 있음을 정한 때에는 상속인이 사원의 지분을 승계할 수 있으며, 이 경우 상속인은 상속개시일로부터 3월 내에 회사에 대하여 승계 또는 포기의 통지를 발송하여야 한다(제219조 제1항). 3월 내에 통지를 발송하지 않은 경우 상속을 포기한 것으로 본다(제219조 제2항). 그러나 청산중에 사원이 사망한 경우에는 당연히 지분을 상속한다(제246조).

VII. 사원의 입사와 퇴사

1. 사원의 입사

사원이 되고자 하는 자는 회사와의 입사계약에 의하여 입사하게 되며, 입사는 정관의 절대적 기재사항의 변동을 가져오므로 총사원의 동의가 있어야 한다. 새로이 입사한 사원은 기존의 회사채무에 대하여 다른 사원과 동일하게 직접 · 무한 · 연대책임을 부담한다(제213조).

2. 사원의 퇴사

(1) 의 의

퇴사는 주식회사와 유한회사에는 없는 제도로, 회사의 존속 중에 특정사원이 그 사원으로서의 지위를 절대적으로 상실하는 것을 말한다.

(2) 퇴사원인

① **임의퇴사** : 정관으로 회사의 존립기간을 정하지 않았거나 어느 사원의 종신까지 존립하도록 한 경우에는 사원의 자유를 속박하지 않도록 사원의 자유의사에 의해 퇴사할 수 있으며, 이 경우 원칙적으로 6월 전에 예고를 하고 영업년도말에 한하여 퇴사할 수

있다(제217조 제1항). 다만, 사원으로 계속 회사에 관여하기 어려운 개인사정 등 부득이한 사유가 있는 경우에는 언제든지 퇴사할 수 있다(제217조 제2항).

② **당연퇴사** : 당연퇴사 사유에 대해서는 상법 제218조 각호에서 다음과 같은 것을 들고 있다. 즉, 정관에 정한 사유의 발생(1호) · 총사원의 동의가 있는 때(2호) · 사원이 사망한 때(3호) · 사원이 금치산선고를 받은 때(4호) · 사원이 파산선고를 받은 때(5호) 등이다. 다만, 사원이 사망한 경우 또는 금치산선고를 받은 경우에 대해 정관에 정함이 있는 경우에는 퇴사하지 않을 수 있다.

③ **제명에 의한 퇴사**(제218조 6호)

㉠ **의의** : 제명이란 어느 사원이 그의 의사에 반하여 강제적으로 지위를 박탈당하는 것을 말한다. 제명은 회사의 존속을 전제로 하여 인정되므로 사원이 2인인 경우에는 제명이 있을 수 없다.

㉡ **사유** : 제명은 타인의 의사에 반하여 지위를 박탈하는 것이므로, 그 사유가 한정된다. 즉 사원이 출자의무를 이행하지 아니한 때, 경업피지의무를 위반한 때, 회사의 업무집행 또는 대표행위에 관하여 부정한 행위가 있는 때, 기타 중요한 사유가 있는 때이다.

㉢ **절차** : 제명은 다른 사원의 과반수의 결의에 의하여 법원에 제명의 선고를 청구할 수 있다(제220조 제1항 본문).

㉣ **효과** : 법원의 판결에 의해 제명의 효과가 발생하고, 퇴사하게 된다.

④ **채권자에 의한 퇴사** : 사원의 지분을 압류한 채권자는 회사와 채무자인 사원에 대하여 6월 전에 예고하고 그 사원을 영업년도말에 퇴사시킬 수 있다(제224조 제1항). 그러나 채무자인 사원이 변제를 하거나 상당한 담보를 제공한 때에는 그 예고는 효력을 잃는다(제224조 제2항).

⑤ **기타 퇴사원인** : 설립무효 · 취소의 판결이 확정된 후 회사계속의 결의를 하는 경우 설립무효 · 취소의 원인이 있던 사원(제194조 제2항), 회사해산 후 사원의 동의로 회사계속을 결의하는 경우 동의하지 않는 사원(제229조 제1항 단서)은 퇴사한 것으로 본다.

(3) 퇴사의 효과

① **지분환급청구권** : 퇴사원은 회사에 대해 지분환급청구권을 가지며, 노무나 신용을 출자한 자도 정관에 다른 정함이 없는 한 금전으로 지분환급을 받을 수 있다. 이때 지분계산은 정관에 정함에 의하나, 정관에 정함이 없으면 퇴사일의 재산상태를 기준으로 계산을 한다. 다만, 제명의 경우에는 제명의 소를 제기한 날의 재산상태를 기준으로 계산을 하고 그 때부터의 이자를 붙인다(제221조). 그러나 만약 지분환급의 계산에서 채무가 더 많은 경우에는 회사에 대해 그 전액을 납입하여야 한다.

② **상호변경청구권** : 회사상호 중에 퇴사원의 성명이 사용된 경우에는 그 사원은 회사에 대하여 그 사용의 폐지를 청구할 수 있다(제226조).

③ **회사채권자에 대한 책임** : 퇴사원은 본점소재지에서 퇴사등기를 한 후 2년 내에는 퇴사 전의 회사채무에 대하여 다른 사원과 동일한 책임을 진다(제225조 제1항).

제4절 회사의 외부관계

Ⅰ. 회사의 대표

1. 대표권자

각 사원은 원칙적으로 회사를 대표할 수 있으나, 정관으로 업무집행사원을 정한 경우에는 대표권에 관한 정함이 없더라도 업무집행사원이 당연히 회사를 대표한다(제207조 본문). 업무집행사원이 수인인 경우 원칙적으로 각자 회사 대표권을 가지며, 정관 또는 총사원의 동의에 의해 회사를 대표할 자를 정할 수 있다(제207조 단서). 이 경우 대표사원은 등기하여야 한다(제180조 4호).

2. 대표권의 범위 및 제한

회사의 대표사원은 회사의 영업에 관하여 재판상 · 재판외의 모든 행위를 할 수 있다(제209조 제1항). 그러나 정관 또는 총사원의 동의로써 제한할 수 있으며, 대표권의 제한으로 선의의 제3자에게 대항하지 못한다(제209조 제2항). 회사와 사원간의 소송에 대해서는 다른 사원 과반수의 결의로 회사를 대표할 자를 선정하여야 한다(제211조). 업무집행권없는 사원과 대표권상실선고를 받은 사원은 대표권이 없다. 대표사원이 그 업무를 집행함에 있어서 타인에게 손해를 가했을 때에는 회사는 그 사원과 연대하여 배상책임을 진다(제210조).

3. 공동대표

정관 또는 총사원의 동의로 수인의 사원이 공동으로 회사를 대표할 것을 정할 수 있다(제208조 제1항). 이 경우 대표행위는 대표사원 공동의 의사로 하여야 하며, 단독으로 한 행위는 권한 없는 대표행위가 된다. 그러나 회사에 대한 상대방의 의사표시는 대표사원 1인에 대하여 하더라도 회사에 대하여 효력이 있다(제208조 제2항). 공동대표를 두는 경우에는 등기하여야 한다(제180조 5호).

4. 대표권의 상실

대표사원의 업무집행을 함에 현저하게 부적임하거나 중대한 업무에 위반한 때에는 법원은 사원의 청구에 의하여 대표권의 상실을 선고할 수 있고(제216조, 제205조), 다른 사원 전원의 동의에 의해 해임할 수 있다.

II. 사원의 책임

1. 의 의

합명회사의 사원은 회사채권자에 대하여 직접 · 무한 · 연대책임을 진다(제212조). 여기서 직접이란 채권자가 회사를 거치지 않고 사원에게 바로 변제를 청구할 수 있다는 뜻이며, 연대란 사원들간의 연대를 말하고, 무한이란 출자액에 관계없이 회사채무의 전액을 변제할 책임이 있다는 뜻이다.

2. 책임의 성질

사원의 책임은 회사의 재산으로 회사의 채무를 완제할 수 없는 때와 회사재산에 대한 강제집행이 주효하지 못한 때에 하게 되는 것으로(제212조 제1항, 제2항), 보증채무와 유사하다. 따라서 사원은 회사에 변제의 자력이 있으면 집행이 용이한 것을 증명하여 그 변제를 거부할 수 있다(제212조 제3항). 변제의 청구를 받은 사원은 회사가 갖는 항변권으로 회사채권자에 대항할 수 있으며, 이러한 항변권을 이유로 채권자에 대하여 이행을 거절할 수 있다(제214조).

3. 책임의 내용

사원의 책임의 대상이 되는 회사의 채무는 계약상의 채무이든, 불법행위로 인한 손해배상책임과 같은 법정채무이든, 조세든 공법상의 채무이든 발생원인을 묻지 아니하고 모든 채무가 포함된다. 다만 그 성질상 대체성있는 채무이어야 한다(판례).

4. 책임이행의 효과

사원이 회사채권자에게 채무를 변제한 경우에는 회사채무는 소멸하므로 회사에 대해 구상권을 갖고, 회사채권자에 대위한다. 변제를 한 사원은 다른 사원에 대해서도 그 부담부분에 대하여 구상권을 갖는다.

5. 책임의 소멸

사원의 책임은 해산의 경우에는 그 등기 후 5년이 경과하면 소멸하며(제267조 제1항), 이 기간이 경과한 후의 채권자는 분배하지 않은 잔여재산에 대하여만 변제를 청구할 수 있다(제267조 제2항). 또한 퇴사 또는 지분의 전부를 양도한 경우에는 퇴사등기 또는 정관변경등기 후 2년이 경과하면 소멸한다(제225조).

6. 자칭사원의 책임

사원이 아닌 자가 타인에게 자기를 사원으로 오인시키는 행위를 하였을 때에는 오인으로 인하여 회사와 거래를 한 자에 대하여 사원과 동일한 책임을 진다(제215조). 자칭사원은 회사의 채무변제에 있어 회사가 갖는 항변권으로 대항할 수 있으나, 다른 사원이 갖는 항변으로는 연대관계가 없기 때문에 대항할 수 없다.

●●● 합명회사 결의사항 비교

구 분	총사원의 동의를 요하는 사항	총사원 과반수의 동의를 요하는 사항
내용	㉠ 정관변경결의 ㉡ 경업승인 ㉢ 입사승인 ㉣ 지분의 양도 승인 ㉤ 해산결의 ㉥ 법정청산의 계산서 승인 ㉦ 해산 전 회사영업의 전부 또는 중요한 일부 양도 결의	㉠ 지배인의 선임 · 해임 ㉡ 경업 위반시 개입권 행사 결의 ㉢ 자기거래 승인 ㉣ 제명처분 결의 ㉤ 청산인의 선임 · 해임 ㉥ 청산서류 보존인과 보존 방법 결정 ㉦ 해산 후 회사영업의 전부 또는 중요한 일부 양도 결의 ㉧ 회사와 사원간의 소송시 회사대표자 선임 결의

연습문제

01 합명회사 및 주식회사에 관한 설명이다. 틀린 것은? (2002년 공인회계사)

① 합명회사뿐만 아니라 주식회사의 경우에도 설립에는 2인 이상의 사원이 필요하다.
② 설립무효는 합명회사의 경우에는 사원에 한하여 주장할 수 있으나 주식회사의 경우에는 감사도 주장할 수 있다.
③ 설립취소의 소는 합명회사의 경우에는 인정되나 주식회사의 경우에는 인정되지 않는다.
④ 신용이나 노무의 출자는 합명회사의 경우에는 인정되나 주식회사의 경우에는 인정되지 않는다.
⑤ 사원이 1인으로 된 때에는 합명회사의 경우에는 해산사유가 되나 주식회사의 경우에는 해산사유가 아니다.

합명회사의 설립에는 사원 2인 이상이 필요하지만(제178조), 주식회사의 경우에는 1인설립이 인정된다(제288조).

02 甲에 대하여 채무를 부담하고 있는 乙이 자신의 모든 재산을 현물출자하여 A합명회사를 설립하였고, A회사는 丙으로부터 영업자금을 차입하였다. 이 경우에 관한 설명 중 틀린 것은? (2005년 공인회계사)

① 甲은 회사설립취소의 소를 乙과 A회사를 상대로 제기할 수 있다.
② 甲이 승소의 확정판결을 받은 경우에는 A회사는 丙에 대하여 채무의 변제책임을 지지 않는다.
③ 甲이 제기하는 설립취소의 소는 A회사의 설립등기 시로부터 2년 내에 제기되어야 한다.
④ A회사의 설립취소판결이 확정된 경우에는 본점과 지점의 소재지에서 등기하여야 한다.
⑤ A회사의 설립취소판결이 확정되면 A회사는 해산의 경우에 준하여 청산하여야 한다.

설립무효판결전의 회사와 제3자간의 권리·의무는 효력이 있으므로(제190조 단서), A회사는 丙에 대하여 채무의 변제책임을 진다.

답 1. ① 2. ②

03 상법상 합명회사의 설립하자에 관한 설명 중 틀린 것은? (2009년 공인회계사)

① 미성년자가 법정대리인의 동의없이 합명회사를 설립한 경우 사원은 회사를 상대로 회사설립무효의 소를 제기할 수 있다.

② 사원이 그 채권자를 해할 것을 알고 합명회사를 설립한 경우 사원의 채권자는 회사설립취소의 소를 제기할 수 있다.

③ 설립무효의 소는 반드시 합명회사의 성립의 날로부터 2년 내에 제기하여야 한다.

④ 설립무효의 소에서 원고승소 판결이 확정되면 제3자도 설립의 유효를 주장할 수 없다.

⑤ 설립취소의 판결은 그 판결확정 전에 생긴 회사와 제3자간의 권리의무에 영향을 미치지 않는다.

미성년자가 법정대리인의 동의없이 합명회사를 설립한 경우 취소권자는 회사를 상대로 회사설립취소의 소를 제기할 수 있다(제184조).

04 합명회사의 내부관계에 대한 다음 설명 중 옳지 않은 것은?

① 합명회사의 사원이 출자의무를 이행하지 않으면 사원의 제명 · 업무집행권 또는 대표권권의 상실원인이 된다.

② 업무집행사원이 업무를 집행함에 현저하게 부적임하거나 중대한 의무에 위반한 행위가 있는 때에는 사원 과반수의 결의에 의하여 업무집행권을 상실시킬 수 있다.

③ 사원의 경업승인은 총사원의 동의에 의하며, 경업금지의무를 위반한 경우 회사는 다른 사원 과반수의 결의에 의하여 개입권을 행사할 수 있다.

④ 각 사원은 다른 사원 과반수의 결의가 있는 때에 한하여 자기 또는 제3자의 계산으로 회사와 거래를 할 수 있다.

⑤ 사원의 지분의 양도에 있어서 다른 사원 전원의 동의가 있어야 하며, 이는 효력발생요건이다.

업무집행사원이 업무를 집행함에 현저하게 부적임하거나 중대한 의무에 위반한 행위가 있는 때에는 사원의 청구에 의하여 법원은 업무집행권한의 상실을 선고할 수 있다(상법 제205조 제1항).

답 3. ① 4. ②

05 상법상 합명회사 사원의 출자에 관한 설명 중 틀린 것은? (2005년 공인회계사)

① 사원은 대외적으로 무한책임을 지지만, 무한출자의무를 부담하지 않는다.

② 사원이 회사에 대한 채권을 가진 경우에는 그의 출자와 채권을 상계할 수 있다.

③ 출자의무는 원칙적으로 사원자격의 취득과 동시에 발생하고, 사원자격의 상실과 동시에 소멸한다.

④ 출자이행의 시기는 정관의 규정이 없는 경우에는 보통의 업무집행의 방법으로 자유로이 정할 수 있다.

⑤ 청산인은 회사의 현존재산이 회사채무를 완제하기에 부족한 경우에도 변제기에 각 사원에 대하여 출자를 청구하여야 한다.

청산인은 회사의 현존재산이 회사채무를 완제하기에 부족한 경우에도 변제기에 각 사원에 대하여 출자를 청구할 수 있다(제258조).

06 합명회사의 사원의 지분에 관한 설명으로 옳지 않은 것은?

① 지분의 입질에 관하여 상법에 명문규정이 없으나, 이를 인정하는 것이 판례·통설의 입장이다.

② 사원의 지분은 각 사원에게 1개만 인정된다.

③ 지분양도는 당사자간의 계약에 의하여 성립하지만, 다른 사원 전원의 동의가 있어야 그 효력이 발생한다.

④ 지분양도의 제한규정은 정관으로 완화할 수 없다.

⑤ 사원이 사망한 경우에 그 사원의 지분은 원칙적으로 상속되지 않지만, 청산중의 회사의 사원의 사망은 지분상속이 인정된다.

지분양도의 제한규정은 임의규정이므로, 정관으로 완화할 수 있다.

07 합명회사에 관한 설명 중 틀린 것은? (2003년 공인회계사)

① 지배인의 선임과 해임은 정관에 다른 정함이 없으면 업무집행사원이 있는 경우에도 총사원 과반수의 결의에 의하여야 한다.

② 채권을 출자의 목적으로 한 사원은 그 채권이 변제기에 변제되지 아니한 때에는 그 채권액을 변제할 책임을 진다.

답 5. ⑤ 6. ④ 7. ⑤

③ 사원은 다른 사원의 동의를 얻지 아니하면 그 지분의 일부를 타인에게 양도하지 못한다.

④ 회사 성립 후에 가입한 사원은 그 가입 전에 생긴 회사채무에 대하여 다른 사원과 동일한 책임을 진다.

⑤ 사원이 회사채무에 관하여 변제의 청구를 받은 때에는 회사가 주장할 수 있는 항변으로 그 채권자에게 대항할 수 없다.

사원이 회사채무에 관하여 변제의 청구를 받은 때에는 회사가 주장할 수 있는 항변으로 그 채권자에게 대항할 수 있다(제214조 제1항).

08 합명회사의 사원의 책임에 관한 설명으로 틀린 것은? (2004년 공인회계사)

① 회사재산으로 회사의 채무를 완제할 수 없는 때에는 각 사원은 연대하여 변제할 책임이 있다.

② 회사성립 후에 가입한 사원은 그 가입 전에 생긴 회사채무에 대하여 다른 사원과 동일한 책임을 진다.

③ 퇴사한 사원은 본점소재지에서 퇴사등기를 하기 전에 생긴 회사채무에 대하여는 등기 후 2년 내에는 다른 사원과 동일한 책임이 있다.

④ 사원이 회사채무에 관하여 변제의 청구를 받은 때에는 회사가 주장할 수 있는 항변으로 그 채권자에게 대항할 수 있다.

⑤ 사원이 회사에 변제자력이 있으며 집행이 용이한 것을 증명한 때에도 회사의 채무를 변제할 책임을 진다.

사원이 회사에 변제자력이 있으며, 집행이 용이한 것을 증명한 때에는 회사의 채무를 변제할 책임을 지지 않는다(제212조 제3항).

09 다음 중 합명회사 사원의 책임에 관한 설명으로 틀린 것은? (2007년 공인회계사)

① 사원이 아닌 자가 타인에게 자기를 사원이라고 오인시키는 행위를 하였을 때에는 오인으로 인하여 회사와 거래한 자에 대하여 사원과 동일한 책임을 진다.

② 채권을 출자의 목적으로 한 사원은 그 채권이 변제기에 변제되지 아니한 때에는 그 채권액을 변제할 책임을 진다.

③ 사원이 회사채무에 관하여 변제의 청구를 받은 때에는 회사가 주장할 수 있는 항변으로

답 8. ⑤ 9. ④

그 채권자에게 대항할 수 있다.

④ 회사성립 후에 가입한 사원은 그 가입 전에 생긴 회사 채무에 대하여는 책임이 없다.

⑤ 퇴사한 사원은 본점소재지에서 퇴사등기를 하기 전에 생긴 회사채무에 대하여는 등기 후 2년 내에는 다른 사원과 동일한 책임이 있다.

회사성립 후에 가입한 사원은 그 가입전에 생긴 회사 채무에 대하여도 다른 사원과 연대하여 책임을 진다(제213조).

10 다음 중 인적회사의 사원에 관한 설명으로 틀린 것은? (2007년 공인회계사)

① 청산 중의 합명회사의 사원이 사망한 경우에는 정관의 규정이 없더라도 당연히 지분을 상속할 수 있다.

② 판례에 의하면, 유한책임사원도 정관에 규정이 있거나 총사원이 동의한 경우에는 회사를 대표할 수 있다.

③ 유한책임사원은 다른 사원의 동의가 없더라도 다른 회사의 무한책임사원이 될 수 있다.

④ 판례에 의하면, 합자회사의 무한책임사원이 지분을 양도하는 경우 유한책임사원을 포함한 모든 사원의 동의를 요하지만, 유한책임사원이 지분을 양도하는 경우에는 무한책임사원 전원의 동의만 있으면 족하다.

⑤ 유한책임사원이 사망한 때에는 상속인이 그 지분을 승계하여 사원이 된다.

유한책임사원은 정관에 규정이 있거나 총사원의 동의로도 회사를 대표할 수 없다는 것이 판례의 입장이다(대판 1966. 1. 25, 65다2128).

11 상법상 합명회사의 사원에 관한 설명으로 옳은 것은? (2010년 공인회계사)

① 사원은 출자의무를 부담하지만, 정관의 규정에 의해 그 출자의무가 면제되는 경우도 있다.

② 사원의 출자의무 불이행으로 인해 회사가 최고하여 발생한 구체적 출자의무는 사원 자격의 상실과 함께 소멸된다.

③ 사원이 출자한 채권이 변제기에 변제되지 아니한 경우 그 사원은 회사에 대하여 변제책임은 물론 이자지급과 손해배상의 책임을 부담한다.

④ 정관의 규정 또는 총사원의 동의가 있는 경우에는 합명회사 사원이 아닌 자에게도 업무집행을 맡길 수 있다.

답 10. ② 11. ③

⑤ 사원 중 일부가 업무집행사원인 경우 그 각 사원의 업무집행에 관한 행위에 대하여 다른 사원의 이의가 있는 때에는 곧 행위를 중지하고 총사원의 과반수의 결의에 따라야 한다.

① 사원은 출자의무를 부담하며, 정관의 규정에 의해 그 출자의무가 면제되는 경우는 있을 수 없다.
② 사원의 출자의무 불이행으로 인해 회사가 최고하여 발생한 구체적 출자의무는 사원 자격의 상실과 함께 소멸되지 않는다.
④ 업무집행은 사원에 한하여 인정된다. 따라서 정관의 규정 또는 총사원의 동의가 있는 경우라도 합명회사 사원이 아닌 자에게 업무집행을 맡길 수 없다.
⑤ 사원 중 일부가 업무집행사원인 경우 그 각 사원의 업무집행에 관한 행위에 대하여 다른 사원의 이의가 있는 때에는 곧 행위를 중지하고 그 업무집행사원의 과반수의 결의에 따라야 한다(제201조 제2항).

12 상법상 인적회사 사원의 퇴사 및 제명에 관한 설명으로 틀린 것은? (2012년 공인회계사)

① 합자회사의 무한책임사원이 파산선고를 받더라도 무한책임사원의 의사에 반하여 퇴사시킬 수는 없다.
② 합자회사의 유한책임사원은 금치산의 선고를 받은 경우에도 퇴사되지 않는다.
③ 합명회사의 사원은 부득이한 사유가 있는 경우 다른 사원의 동의를 받지 않고 언제든지 퇴사할 수 있다.
④ 합명회사 사원의 지분을 압류한 채권자는 회사와 그 사원에 대하여 6개월 전에 예고하고 영업년도 말에 그 사원을 퇴사시킬 수 있다.
⑤ 합명회사의 사원에게 경업금지의무 위반의 사유가 있는 경우 회사는 다른 사원 과반수의 결의에 의하여 그 사원의 제명선고를 법원에 청구할 수 있다.

합자회사의 무한책임사원이 파산선고를 받은 경우에는 당연퇴사사유가 되므로, 본인의 의사와 관계없이 퇴사된다(제218조).

답 12. ①

CHAPTER

04 합자회사

제1절 합자회사의 의의 및 특성

Ⅰ. 의 의

합자회사는 기능자본가인 무한책임사원과 지분자본가인 유한책임사원으로 구성되는 회사를 말한다(제268조). 따라서 합자회사는 합명회사에 자본적 결합성이 가미된 회사라 할 수 있다.

Ⅱ. 특 성

합자회사는 합명회사의 조직을 기초로 하여 유한책임사원을 가미한 것으로 2원적 조직을 가지고 있기 때문에, 약간의 특별규정을 두고 있을 뿐이며 그 이외에는 합명회사에 관한 규정이 준용된다(제269조). 무한책임사원은 자연인이어야 하지만, 유한책임사원은 회사 기타 법인도 될 수 있다.

제2절 합자회사의 설립

합자회사는 무한책임사원이 될 자 1인 이상과 유한책임사원이 될 자 1인 이상이 정관을 작성하고 설립등기를 함으로써 성립한다. 정관의 기재사항이 합명회사와 같으나, 사원이 무한책임사원인가 유한책임사원인가를 기재하고 등기하여야 하는 점에서 다르다(제270조, 제271조 제1항). 기타 내용은 합명회사에 관한 규정이 준용된다.

제3절 내부관계

Ⅰ. 출자

무한책임사원은 합명회사와 같이 금전 기타 재산뿐만 아니라 노무·신용의 출자가 가능하지만, 유한책임사원은 금전 기타 재산의 출자만 가능하다(제272조).

Ⅱ. 업무집행

1. 업무집행권자

합자회사의 업무집행은 정관에 다른 정함이 없는 한 각 무한책임사원에게 그 권리와 의무가 있다(제273조). 지배인의 선임과 해임은 업무집행사원이 있는 경우에도 무한책임사원 과반수의 결의로 한다(제274조). 유한책임사원은 회사의 업무집행권이 없다(제278조).

2. 업무집행권의 상실

업무집행사원의 권한상실선고는 유한책임사원도 청구할 수 있으며, 판례는 무한책임사원이 1인 뿐인 경우에는 업무집행권을 박탈한다면 업무집행을 담당할 자가 없게 되므로 업무집행권의 상실선고는 허용될 수 없다고 한다.

3. 유한책임사원의 업무감시권

유한책임사원은 회사의 업무집행에서 배제되므로 업무감시권을 갖는다. 유한책임사원은 영업년도 말에 있어서의 영업시간 내에 회사의 회계장부, 대차대조표, 기타의 서류를 열람할 수 있고 회사의 업무와 재산상태를 검사할 수 있다(제277조 제1항). 다만, 중요한 사유가 있는 때에는 언제든지 법원의 허가를 얻어 열람과 검사를 할 수 있다(제277조 제2항).

Ⅲ. 경업피지의무·자기거래제한

유한책임사원은 업무집행권을 갖지 못하므로 경업피지의무를 부담하지 않는다(제275조). 다만, 정관에 정함에 의하여 경업피지의무를 지울 수 있다. 그러나 유한책임사원도 회사와의 거래에 대한 제한은 받게 된다(제269조, 제199조).

Ⅳ. 손익의 분배

정관에 다른 정함이 없으면 손익은 합명회사와 같이 출자액에 비례하여 분배한다. 다만 유한책임사원은 출자액을 한도로 하여 손실을 분담할 수 있다.

Ⅴ. 사원의 변동

1. 지분양도와 사원의 지위변경

무한책임사원의 지분양도는 총사원의 동의를 요한다(제269조, 제197조). 그러나 유한책임사원의 지분양도는 무한책임사원 전원의 동의만 얻으면 되고, 지분의 양도에 따라 정관을 변경하여야 할 경우에도 같다(제276조). 무한책임사원이 유한책임사원이 되거나, 유한책임사원이 무한책임사원이 되는 경우에는 총사원의 동의를 얻어야 한다. 이때 사원의 책임에 대해 전자는 상법 제225조가 준용되고, 후자는 상법 제213조가 준용된다(제282조).

2. 유한책임사원의 사망 · 금치산

유한책임사원의 사망은 퇴사의 원인이 되지 않으며, 그 상속인이 지분을 승계한다(제283조 제1항). 유한책임사원의 상속인이 수인인 때에는 사원의 권리를 행사할 자 1인을 정하여야 하며, 정하지 아니한 때에는 회사의 통지 또는 최고는 그 중의 1인에 대하여 하면 전원에 대하여 효력이 있다(제283조 제2항). 유한책임사원의 금치산도 퇴사의 원인이 되지 않는다(제284조).

제4절 외부관계

Ⅰ. 회사의 대표

유한책임사원은 회사의 업무집행권을 갖지 못하므로 회사의 대표권도 갖지 못한다(제278조). 이것은 강행법규로 정관 또는 총사원의 동의로도 유한책임사원의 대표권을 인정할 수 없다(판례).

II. 유한책임사원의 책임

합자회사의 무한책임사원의 책임은 합명회사의 사원과 같으나, 유한책임사원은 출자가액을 한도로 하여 회사채권자에게 직접 · 연대책임을 진다(제279조 제1항). 다만, 회사에 이익이 없음에도 불구하고 배당을 받은 경우에는 변제책임을 정함에 있어 그 금액을 가산한다(제279조 제2항). 정관변경에 의해 유한책임사원의 출자액이 감소되었다 하더라도 본점소재지에서 등기하기 전에 생긴 회사채무에 대하여 등기 후 2년 내에는 책임을 면하지 못한다(제280조).

그리고 유한책임사원이 타인에게 자기를 무한책임사원이라고 오인시키고 행위를 한 때에는 오인으로 인하여 회사와 거래를 한 자에 대하여 무한책임사원과 동일한 책임을 지며(제281조 제1항), 유한책임사원이 그 책임의 한도를 오인시키는 행위를 한 경우에도 오인시킨 범위에서 책임을 진다(제281조 제2항).

Commercial Law

연습문제

01 상법상 합자회사에 관한 설명으로 옳은 것은? (2014년 공인회계사)

① 유한책임사원은 신용 또는 노무를 출자의 목적으로 할 수 있다.

② 유한책임사원의 지분의 양도에는 다른 유한책임사원의 동의를 필요로 한다.

③ 유한책임사원은 그 출자가액에서 이미 이행한 부분을 공제한 가액을 한도로 하여 회사채무를 변제할 책임이 있다.

④ 유한책임사원이 타인에게 자기를 무한책임사원이라고 오인시키는 행위를 한 경우에도 오인으로 인하여 회사와 거래를 한 자에 대하여 무한책임사원과 동일한 책임은 없다.

⑤ 유한책임사원 전원이 퇴사한 경우에 무한책임사원은 그 전원이 동의하여도 합명회사로 변경하여 회사를 계속할 수 없다.

① 유한책임사원은 신용 또는 노무를 출자의 목적으로 할 수 없다(제272조).
② 유한책임사원의 지분의 양도에는 다른 유한책임사원의 동의를 필요로 하지 않고, 무한책임사원 전원의 동의만 있으면 된다(제276조).
④ 유한책임사원이 타인에게 자기를 무한책임사원이라고 오인시키는 행위를 한 경우에는 오인으로 인하여 회사와 거래를 한 자에 대하여 무한책임사원과 동일한 책임을 진다(제281조 제1항).
⑤ 유한책임사원 전원이 퇴사한 경우에 무한책임사원은 그 전원이 동의하면 합명회사로 변경하여 회사를 계속할 수 있다(제286조 제2항).

02 합자회사의 유한책임사원에 관한 설명 중 옳은 것은? (2002년 공인회계사)

① 유한책임사원은 금치산의 선고를 받은 경우에는 퇴사된다.

② 유한책임사원은 자칭무한책임사원이 될 수 없다.

③ 유한책임사원은 회사의 업무집행은 할 수 없으나 대표행위는 할 수 있다.

④ 유한책임사원이 사망한 때에는 그 상속인이 그 지분을 승계하여 사원이 된다.

⑤ 유한책임사원은 출자의 목적에 있어서는 무한책임사원과 차이가 없다.

①, ④ 합자회사의 유한책임사원의 사망・금치산은 퇴사사유에 해당하지 않는다.
② 유한책임사원은 자칭무한책임사원으로서의 책임을 질 수 있다(제281조).
③ 유한책임사원의 업무집행권 인정에 대해서는 학설의 대립이 있으나, 회사대표권은 가질 수 없다(제278조).

답 1. ③ 2. ④

⑤ 유한책임사원의 출자의 목적은 금전 기타 재산에 한정되므로, 노무나 신용을 출자할 수 있는 무한책임사원과 차이가 있다.

03 합명회사와 합자회사의 사원의 경업금지의무에 관한 설명으로 틀린 것은? (2004년 공인회계사)

① 합명회사의 사원은 다른 사원의 동의가 없으면 자기 또는 제3자의 계산으로 회사의 영업부류에 속하는 거래를 하지 못한다.

② 합명회사의 사원이 경업금지의무에 위반하여 거래를 한 경우에 그 거래가 자기의 계산으로 한 것인 때에는 회사는 이를 회사의 계산으로 한 것으로 볼 수 있다.

③ 합자회사의 유한책임사원은 합명회사의 사원과 같은 경업금지의무를 부담한다.

④ 합명회사의 사원이 경업금지의무에 위반하여 거래를 한 경우에 회사는 그 사원에 대하여 손해배상을 청구할 수 있다.

⑤ 합명회사의 사원이 경업금지의무를 위반한 경우에는 다른 사원 과반수의 결의에 의하여 그 사원의 제명의 선고를 법원에 청구할 수 있다.

합자회사의 유한책임사원은 합명회사의 사원과 같은 경업금지의무를 부담하지 않고, 경업의 자유를 인정한다(제275조).

04 상법상 합자회사의 유한책임사원에 관한 설명 중 틀린 것은? (2009년 공인회계사)

① 유한책임사원은 다른 사원의 동의없이 동종영업을 목적으로 하는 다른 회사의 무한책임사원이 될 수 있다.

② 유한책임사원이 회사에 이익이 없음에도 불구하고 배당을 받은 경우에 그 배당받은 금액은 변제책임을 정함에 있어서 이를 가산한다.

③ 정관변경에 의하여 무한책임사원이 된 유한책임사원은 변경전 회사채무에 대하여 다른 무한책임사원과 동일한 책임을 진다.

④ 판례에 의하면, 유한책임사원이 다른 사원 전원의 동의로 대표권을 부여받은 경우 그 등기를 한 때부터 회사를 대표하는 행위를 할 수 있다.

⑤ 유한책임사원은 무한책임사원 전원의 동의가 있으면 자기의 지분의 전부 또는 일부를 타인에게 양도할 수 있다.

판례에 의하면, 유한책임사원은 회사를 대표하는 행위를 할 수 없다(대판 1966. 1. 25, 65다2128).

답 3. ③ 4. ④

05 상법상 합자회사에 관한 설명으로 틀린 것은? (2011년 공인회계사)

① 합자회사는 그 사원전원이 동의하는 경우 또는 유한책임사원 전원이 퇴사하고 무한책임사원 전원이 동의하는 경우에 합명회사로 변경할 수 있다.

② 유한책임사원의 출자는 재산출자에 한정되며 신용 또는 노무를 출자의 목적으로 하지 못한다.

③ 판례에 의하면 무한책임사원이 1인인 경우라도 그가 업무를 집행함에 현저하게 부적임하다면 법원은 해당 사원의 업무집행권한의 상실을 선고할 수 있다.

④ 유한책임사원이 회사에 이익이 없음에도 불구하고 배당을 받은 경우 그 배당금액은 회사의 채무에 관한 해당 사원의 변제책임을 정함에 있어서 이를 가산한다.

⑤ 퇴사한 무한책임사원은 본점소재지에서 퇴사등기를 하기 전에 생긴 회사채무에 대하여 등기후 2년 내에는 다른 무한책임사원과 동일한 책임이 있다.

판례에 의하면 무한책임사원이 1인인 경우에는 그가 업무를 집행함에 현저하게 부적임하다하더라도 업무집행권을 박탈하게 된다면 업무집행을 담당할 자가 없게 되므로 법원은 해당 사원의 업무집행권한의 상실을 선고할 수 없다(대법원 1977. 4. 26. 선고 75다1341 판결).

06 상법상 합자회사의 유한책임사원에 관한 설명으로 옳은 것은? (2013년 공인회계사)

① 유한책임사원도 정관 또는 총사원의 동의로 업무집행권과 대표권을 가질 수 있다.

② 유한책임사원은 무한책임사원의 업무집행을 감시할 수 있으며 업무집행에 이의를 제기한 경우 업무집행사원은 업무집행행위를 곧 중지하여야 한다.

③ 유한책임사원이 무한책임사원으로 변동되는 것은 회사채권자보호에 유리하므로 총사원의 동의가 필요 없다.

④ 유한책임사원이 사망한 경우 그 상속인이 지분을 상속하며 유한책임사원이 금치산 선고를 받은 경우에 그 유한책임사원은 퇴사한다.

⑤ 유한책임사원이 회사에 이익이 없음에도 불구하고 배당을 받은 금액은 회사채무 변제책임을 정함에 있어서 이를 가산한다.

① 유한책임사원도 정관 또는 총사원의 동의가 있어도 대표권을 가질 수 없다는 것이 통설 및 판례의 입장이다.

② 유한책임사원은 무한책임사원의 업무집행을 감시할 수 있으나 이는 원칙적으로 영업년도말에 서류열람과 업무와 재산상태의 조사를 하는 것일 뿐이다(제277조). 유한책임사원이 이의제기를 하여 업무집행사원의 업무집행을 중지시킬 수는 없다.

답 5. ③ 6. ⑤

③ 유한책임사원이 무한책임사원으로 변동되는 것은 정관변경을 필요로 하므로 총사원의 동의가 필요하다(제269조, 제204조).

④ 유한책임사원이 사망한 경우 그 상속인이 지분을 상속하며, 유한책임사원이 금치산 선고를 받은 경우에도 그 유한책임사원은 퇴사하지 않는다(제283조, 제2

CHAPTER

05 유한책임회사

Ⅰ. 의의 및 특성

1. 의 의

유한책임회사란 유한책임사원만으로 구성되어지는 회사라는 점에서는 주식회사나 유한회사와 같다. 그러나 주식회사나 유한회사와 달리 기관의 구성을 필요로 하지 않고, 회사의 설립이나 운영 등의 면에서 유한회사보다 사적자치가 폭넓게 인정되는 형태의 회사이다. 유한책임회사는 인적회사에 가깝고, 출자지분의 양도제한규정을 두고 있고, 정관변경이 총사원의 동의를 얻어야 하며, 업무집행자는 원칙적으로 각 사원(또는 사원 아닌 자)이라는 점에서 유한회사와 차이가 있다.

2. 특 성

유한책임회사는 현행법상의 합명회사, 합자회사, 주식회사, 유한회사의 특성을 조합한 형태의 회사로서 부동산, 첨단기술, 외국과의 합작투자사업 뿐만 아니라 컨설팅, 회계법인, 법무법인, 사모펀드 등 전문서비스 업종인 소규모기업에 많이 활용될 수 있는 형태의 회사에 해당한다.

Ⅱ. 설 립

1. 정관의 작성

유한책임회사를 설립함에서는 사원은 정관을 작성하여야 한다(제287조의2). 설립시 사원의 수에는 제한이 없으므로, 1인 이상이면 가능하며, 1인설립이 인정된다. 이러한 점에서 합명회사나 합자회사와 차이가 있다.

정관에는 목적, 상호, 사원의 성명과 주소 및 주민등록번호, 본점소재지, 정관작성연월일, 사원의 출자목적 및 가액, 자본금의 액, 업무집행자의 성명(법인인 경우에는 명칭)과 주소를 기재하 기재하여야 한다(제287조의3). 자본금의 액을 기재하는 점에서 주식회사와 차이가 있다. 자본금의 액은 사원이 출자한 금전 그밖에 재산의 가액으로 한다(제287조의35).

2. 출자의 이행

(1) 출자목적물

유한책임회사의 사원은 신용 또는 노무를 출자의 목적으로 하지 못한다(제287조의4 제1항). 따라서 유한책임회사의 사원은 금전 기타 재산의 출자만이 가능하다.

(2) 출자시기

사원은 정관의 작성 후 설립등기를 하는 때까지 금전 그밖에 재산의 출자를 전부 이행하여야 한다(제287조의4 제2항). 사원이 현물출자를 하는 경우에는 주식회사의 설립시 현물출자와 같이 납입기일에 지체없이 유한책임회사에 출자의 목적인 재산을 인도하고, 등기나 등록 그 밖의 권리의 설정이나 이전이 필요한 경우에는 이를 위한 서류를 모두 갖추어 교부하여야 한다(제287조의4 제3항). 유한책임회사의 사원의 현물출자의 경우에는 주식회사와는 달리 검사인의 조사절차를 필요로 하지 않는다.

(3) 출자의 불이행

유한책임사원이 출자의무를 이행하지 아니하는 경우에 대해서는 특별한 규정이 없다. 그러나 사원이 정관에 기재되므로 주식회사의 설립시 주식인수의 실효절차규정이 준용될 수 없다. 따라서 회사는 민법상 채무불이행에 따른 강제집행을 할 수 있고, 이것이 불가능하다면 회사불성립이 된다고 본다.

3. 설립등기와 지점설치 등의 등기

(1) 설립등기

사원의 출자의 이행이 완료된 후에는 설립등기를 함으로써 유한책임회사가 성립한다(제287조의5 제1항). 설립등기를 함에는 ① 목적, ② 상호, ③ 본점소재지, ④ 지점을 둔 때에는 그 소재지, ⑤ 존립기간 기타 해산사유를 정한 때에는 그 기간 또는 사유, ⑥ 자본금의 액, ⑦ 업무집행자의 성명과 주소(유한책임회사를 대표할 업무집행자를 정한 경우에는 그 외의 업무집행자의 주소는 제외된다.) 및 주민등록번호(법인인 경우에는 명칭, 주소 및 법인등록번호), ⑧ 유한책임회사를 대표할 자를 정한 때에는 그 성명과 주소 및 주민등록번호(법인인 경우에는 명칭, 주소 및 법인등록번호), ⑨ 정관으로 공고방법을 정한 때에는 그 공고방법, ⑩ 둘 이상의 업무집행자가 공동으로 회사를 대표할 것을 정한 경우에는 그 규정 등을 본점소재지에서 등기하여야 한다(제287조의5 제1항). 등기기간에는 제한이 없다.

(2) 지점의 설치 등의 등기

지점의 설치 및 본점 · 지점의 이전에 관해서는 제181조와 제182조의 합명회사의 지점설치 및 본점 · 지점의 이전에 관한 규정이 준용된다(제287조의5 제2항, 제3항). 등기사항의 변경등기는 본점소재지에서는 2주간내, 지점소재지에서는 3주간내에 하여야 한다(제287조의5 제4항). 유한책임회사의 업무집행자의 업무집행을 정지하거나 직무대행자를 선임하는 가처분을 하거나 직무대행자를 선임하는 가처분을 하거나 그 가처분을 변경 또는 취소하는 경우에 본점 및 지점이 있는 곳의 등기소에서 등기하여야 한다(제287조의5 제5항).

4. 설립무효와 취소

설립무효와 취소에 관해서는 합명회사의 설립무효와 취소에 관한 제184조 내지 제194조의 규정이 준용된다(제287조의6). 다만, 설립무효의 소를 제기할 수 있는 자에는 사원뿐만 아니라 업무집행자도 포함이 된다.

Ⅲ. 내부관계

유한책임회사의 내부관계에 대해서는 정관 또는 법률에 다른 규정이 없으면 합명회사에 관한 규정이 준용된다(제287조의18).

1. 사원의 책임

사원은 법에 다른 규정이 있는 경우 외에는 그 출자가액의 범위내에서만 책임을 진다(제287조의7).

2. 지 분

(1) 지분의 양도

사원의 지분의 전부 또는 일부의 양도는 정관에 다른 정함이 없는 한 다른 사원 전원의 동의를 얻어야 한다(제287조의8 제1항 및 제3항). 다만, 업무집행을 하지 아니한 사원은 업무를 집행하는 사원 전원의 동의가 있으면 지분의 전부 또는 일부를 타인에게 양도할 수 있으나, 업무를 집행하는 사원이 없는 경우에는 사원 전원의 동의를 얻어야 한다(제287조의8 제2항). 이에 대해서 정관으로 달리 정할 수 있다(제287조의8 제3항).

(2) 자기지분의 취득금지

유한책임회사는 그 지분의 전부 또는 일부를 양수할 수 없으며, 지분을 취득하는 경우에 그 지분은 취득한 때에 소멸한다(제287조의9 제1항, 제2항).

(3) 지분의 압류

사원의 지분은 압류할 수 있고, 지분의 압류는 잉여금의 배당을 청구하는 권리에 대하여도 그 효력이 있다(제287조의37 제6항).

(4) 지분의 상속

사원의 사망은 퇴사의 사유에 해당하므로, 사원의 지분은 원칙적으로 상속이 인정되지 않는다(제287조의 25, 제218조). 다만, 정관에 정함이 있는 때에는 상속이 가능하다(제287조의26, 제219조).

3. 업무집행자의 경업피지의무

업무집행자는 사원 전원의 동의를 받지 아니하고는 자기 또는 제3자의 계산으로 회사의 영업부류에 속한 거래를 하지 못하며, 같은 종류의 영업을 목적으로 하는 다른 회사의 업무집행자 · 이사 또는 집행임원이 되지 못한다(제287조의10 제1항). 업무집행자가 경업피지의무를 위반한 경우에는 합명회사 사원의 경업피지의무위반에 관한 규정(제198조 제2항부터 제4항까지)이 준용된다(제287조의10 제2항).

4. 업무집행자의 자기거래

업무집행자는 다른 사원 과반수의 결의가 있는 경우에만 자기 또는 제3자의 계산으로 회사와 거래할 수 있으며, 이 경우 민법 제124조(자기계약, 쌍방대리의 금지)는 적용하지 아니한다(제287조의11).

5. 업무집행

(1) 업무집행자의 선임

정관으로 사원 또는 사원이 아닌 자를 업무집행자로 정하여야 한다(제287조의12 제1항). 업무집행자는 법인도 가능하다(제287조의3 제4호)는 점에서 특징이 있다.

(2) 업무집행권 행사

1명 또는 둘 이상의 업무집행자를 정한 경우에는 업무집행자 각자가 회사의 업무를 집행할 권리와 의무가 있다(제287조의12 제2항 본문). 다만, 다른 업무집행자의 이의가 있는 때에는 업무집행을 중단하고, 업무집행자의 과반수의 결의로 결정하여야 한다(제287조의12 제2항 단서, 제201조 제2항). 한편, 업무집행권이 없는 사원은 합자회사 유한책임사원의 업무감시권에 관한 규정(제277조)이 준용된다(제287조의14).

⑶ 공동업무집행자

정관에서 둘 이상의 공동업무집행자를 정할 수 있고, 이 때에는 그 전원의 동의가 없으면 업무집행에 관한 행위를 하지 못한다(제287조의12 제3항).

⑷ 업무집행자가 법인인 경우 직무수행자 선임

법인이 업무집행자인 경우에는 당해 법인은 당해 업무집행자의 직무를 행할 자를 선임하여야 하고, 그 자의 성명과 주소를 다른 사원에게 통지하여야 한다(제287조의15 제1항). 업무집행자의 직무를 행할 직무수행자에 대해서는 자기거래제한이 인정된다(제287조의15 제2항, 제287조의11).

⑸ 업무집행권 상실

업무집행자의 업무집행권의 상실에 관해서는 합명회사의 사원의 업무집행권상실에 관한 규정(제205조)이 준용된다(제287조의17 제1항). 업무집행권상실의 소를 제기하는 때 그 소는 본점소재지를 관할하는 지방법원의 관할에 전속한다(제287조의18 제2항).

업무집행자의 선임무효나 업무집행권 상실의 소가 제기되어 업무집행자의 직무집행정지가처분 및 직무대행자선임가처분이 있는 경우, 직무대행자의 권한에 대해서는 합명회사의 규정(제200조의2)이 준용된다(제287조의13).

6. 정관변경

정관에 다른 정함이 없으면 총사원의 동의가 있어야 정관을 변경할 수 있다(제287조의16).

Ⅳ. 외부관계

1. 회사의 대표

업무집행자는 회사를 대표하며(제287조의19 제1항), 업무집행자가 둘 이상인 경우 정관 또는 총사원의 동의로 회사를 대표할 업무집행자를 정할 수 있다(제287조의19 제2항). 회사는 정관 또는 총사원의 동의로 둘 이상의 업무집행자가 공동으로 회사를 대표할 것을 정할 수도 있고(제287조의19 제3항), 공동대표를 정한 경우에도 제3자의 회사에 대한 의사표시는 공동대표의 권한이 있는 자 1인에 대하여 이를 함으로써 그 효력이 생긴다(제287조의19 제4항). 대표업무집행자의 대표권에 대해서는 합명회사의 규정(제209조)이 준용된다(제287조의19 제5항).

2. 유한책임회사와 사원간의 소송

유한책임회사와 사원간 또는 유한책임회사와 업무집행자(업무집행자는 사원이든 아니든 불문하고 모두 포함된다.) 간의 소에 대해서는 유한책임회사를 대표할 사원이 없을 때에는 다른 사원 과반수의 결의로 대표할 사원을 선정하여야 한다(제287조의21).

3. 제3자에 대한 책임

유한책임회사를 대표하는 업무집행자가 그 업무집행으로 인하여 타인에게 손해를 입힌 경우에는 회사와 그 업무집행자가 연대하여 손해를 배상할 책임이 있다(제287조의20).

4. 대표소송

사원은 회사에 대하여 업무집행자의 책임을 추궁하는 소의 제기를 청구할 수 있고(제287조의22 제1항), 이에 대해 회사가 업무집행자의 책임을 추궁하는 소를 제기하지 아니하는 경우 사원은 대표소송을 제기할 수 있다. 이러한 대표소송에 대해서는 주식회사의 대표소송에 관한 규정(제403조 제2항부터 제4항까지, 제6항, 제7항 및 제404조부터 제406조까지)이 준용된다(제287조의22 제2항).

V. 사원의 가입 및 탈퇴

1. 사원의 가입

정관을 변경하여 새로운 사원을 가입시킬 수 있다(제287조의23 제1항). 따라서 사원 전원의 동의가 있어야 사원으로 가입이 가능하다. 그리고 사원의 가입은 정관을 변경한 때에 효력이 발생한다(제287조의23 제2항 본문). 다만, 정관을 변경한 때에 당해 사원이 출자에 관한 납입 또는 재산의 전부 또는 일부의 출자를 이행하지 아니한 경우에는 당해 납입 또는 이행을 완료한 때에 사원이 된다(제287조의23 제2항 단서). 사원으로 가입하는 자의 현물출자의 경우에는 직접 이행을 하여야 하나, 등기나 등록 기타 권리의 설정 또는 이전이 필요한 경우에는 그 서류를 제출하면 된다(제287조의23 제3항, 제287조의4 제3항).

2. 사원의 탈퇴

(1) 퇴사사유

① **사원의 임의퇴사** : 사원은 정관에 다른 정함이 없는 경우 임의퇴사할 수 있으며, 이 때에는 합명회사의 규정(제217조 제1항)이 준용된다(제287조의24).

② **당연퇴사** : 사원은 정관의 규정에 의한 경우 등 합명회사의 당연퇴사규정(제218조)이 준용된다(제287조의25). 사원의 사망은 퇴사의 원인에 해당하지만, 정관의 정함이 있는 경우에는 퇴사사유에서 제외할 수 있으며, 권리승계에 관해서는 합명회사의 규정(제219조)이 준용된다(제287조의26).

③ **제명** : 사원은 제명에 의하여 퇴사할 수 있으며, 이 때에는 합명회사 사원의 제명규정(제220조)이 준용된다. 다만 사원의 제명에 필요한 결의는 정관에서 달리 정할 수 있다(제287조의27).

④ **지분압류채권자에 의한 퇴사** : 사원의 지분을 압류한 채권자가 그 사원을 퇴사시키는 경우에는 합명회사의 규정(제224조)이 준용된다(제287조의29).

(2) 퇴사효과

① **퇴사원의 지분환급** : 퇴사사원은 정관에 다른 정함이 없는 한 그 지분의 환급을 금전으로 받을 수 있으며(제287조의28 제1항, 제3항), 이때 퇴사사원에 대한 환급금액은 퇴사시의 회사의 재산상황에 따라 정한다(제287조의28 제2항).

② **채권자의 이의** : 회사의 채권자는 퇴사하는 사원에게 환급하는 금액이 대차대조표상의 순자산액으로부터 자본금의 액을 공제한 잉여금을 초과한 때에는 그 환급에 대하여 회사에 이의를 제기할 수 있다(제287조의30 제1항, 제287조의37). 채권자의 이의제기에 대해서는 합명회사의 채권자이의규정(제232조)이 준용된다(제287조의30 제2항 본문). 다만, 지분을 환급하더라도 채권자를 해할 우려가 없는 경우에는 채권자를 보호하기 위한 담보제공이나 신탁을 할 필요는 없다(제287조의30 제2항 단서).

③ **퇴사원의 상호변경청구권** : 퇴사한 사원의 성명이 유한책임회사의 상호 중에 사용된 경우에는 그 사원은 유한책임회사에 대하여 그 사용의 폐지를 청구할 수 있다(제287조의31).

VI. 회계 등

1. 회계원칙

유한책임회사의 회계는 법률과 대통령령으로 규정한 것을 제외하고는 일반적으로 공정타당한 회계관행에 의한다(제287조의32).

2. 재무제표의 작성 및 보존

업무집행자는 매결산기에 대차대조표, 손익계산서 그 밖에 유한책임회사의 재무상태와 경영성과를 표시하는 것으로서 대통령령에서 정하는 서류를 작성하여야 한다(제287조의33). 업무집행자는 재무제표 등의 서류를 본점에 5년간, 그 등본을 지점에 3년간 갖추어 두어야 하고(제287조의34 제1항), 사원과 유한책임회사의 채권자는 회사의 영업시간 내에는 언제든지 열람과 등사를 청구할 수 있다(제287조의34 제2항).

3. 자본금의 감소

유한책임회사의 자본금은 사원이 출자한 금전이나 그 밖의 재산의 가액이며(제287조의35), 회사는 정관 변경의 방법으로 자본금을 감소할 수 있다(제287조의36 제1항). 자본금을 감소하는 경우에는 채권자보호절차를 거쳐야 한다(제287조의36 제2항 본문). 다만, 자본금의 감소 후에도 자본금의 액이 순자산액에 미달하지 않는 경우에는 채권자보호절차를 요하지 않는다(제287조의36 제2항 단서).

4. 잉여금의 분배

(1) 분배금액의 한도 및 위법분배

회사는 대차대조표상의 순자산액으로부터 자본금의 액을 뺀 액(잉여금)을 한도로 하여 잉여금의 분배를 할 수 있다(제287조의37 제1항). 이에 위반하여 잉여금을 분배한 때에는 회사채권자는 이를 회사에 반환할 것을 청구할 수 있고(제287조의37 제 2항), 반환청구의 소를 제기하는 경우에는 본점소재지를 관할하는 지방법원에 하여야 한다(제287조의37 제3항).

(2) 잉여금 분배의 기준

잉여금은 정관에 달리 정함이 없으면 각 사원이 출자한 가액에 비례하여 분배한다(제287조의37 제4항).

(3) 분배청구의 방법

잉여금의 분배를 청구하는 방법이나 그 밖에 잉여금의 분배에 관한 사항은 정관에서 정할 수 있다(제287조의37 제5항).

Commercial Law

연습문제

01 다음 중 유한책임회사의 설립에 관한 설명으로 옳지 않은 것은?

① 유한책임회사를 설립할 때에는 2인 이상의 사원이 정관을 작성하여야 한다.

② 정관에는 자본금의 액, 업무집행자의 성명 및 주소가 기재되어야 한다.

③ 정관은 각 사원이 기명날인 또는 서명함으로써 효력이 발생한다.

④ 정관의 변경은 정관에 다른 규정이 없는 경우 총사원의 동의가 있어야 한다.

⑤ 설립시 사원은 정관작성 후 설립등기를 하는 때까지 금전이나 그 밖의 재산의 출자를 전부 이행하여야 하고, 신용이나 노무는 출자의 목적으로 하지 못한다.

유한책임회사를 설립할 때에는 사원은 정관을 작성하여야 한다(제287조의2)고 규정함으로써 1인설립이 가능하게 된다.

02 다음 중 유한책임회사의 내부관계에 관한 설명으로 옳지 않은 것은?

① 사원은 상법에 다른 규정이 있는 경우를 제외하고는 출자금액을 한도로 책임을 진다.

② 정관에 다른 정함이 없는 한 사원은 다른 사원의 동의를 받지 아니하면 그 지분의 전부 또는 일부를 타인에게 양도하지 못한다. 다만, 업무집행권이 없는 사원은 업무집행권이 있는 사원 전원의 동의가 있으면 지분의 전부 또는 일부를 타인에게 양도할 수 있다.

③ 회사는 그 회사의 지분의 전부 또는 일부를 양수할 수 있다.

④ 업무집행자는 다른 사원 과반수의 결의가 있는 경우에만 자기 또는 제3자의 계산으로 회사와 거래를 할 수 있다.

⑤ 정관에 다른 규정이 없는 경우 정관변경은 총사원의 동의가 있어야 한다.

회사는 그 지분의 전부 또는 일부를 양수할 수 없으며, 회사가 지분을 취득한 경우 그 지분은 취득한 때에 소멸한다(제287조의9 제1항, 제2항).

답 1. ① 2. ③

03 유한책임회사의 업무집행에 관한 설명으로 옳지 않은 것은?

① 정관에서 사원이 아닌 자를 업무집행자로 정할 수 없다.

② 업무집행자는 사원 전원의 동의를 받지 아니하고는 자기 또는 제3자의 계산으로 회사의 영업부류에 속한 거래를 하지 못하며, 같은 종류의 영업을 목적으로 하는 다른 회사의 업무집행자, 이사 또는 집행임원이 되지 못한다.

③ 법인이 업무집행자인 경우에는 그 법인은 해당 업무집행자의 직무를 행할 자를 선임하고, 그 자의 성명과 주소를 다른 사원에게 통지하여야 한다.

④ 사원은 업무집행자가 업무집행을 함에 있어서 현저하게 부적임하거나 중대한 의무에 위반한 행위가 있는 때에는 업무집행자의 권한상실을 법원에 청구할 수 있다.

⑤ 유한책임회사의 내부관계에 관하여 정관이나 상법에 다른 규정이 없으면 합명회사에 관한 규정을 준용한다.

정관에서 사원 또는 사원이 아닌 자를 업무집행자로 선임하여야 한다(제287조의12 제1항).

04 유한책임회사의 외부관계에 관한 다음 설명 중 옳지 않은 것은?

① 업무집행자는 회사를 대표하며, 업무집행자가 둘 이상인 경우에 정관 또는 총사원의 동의로 회사를 대표할 업무집행자를 정할 수 있다.

② 회사를 대표하는 업무집행자가 그 업무집행으로 타인에게 손해를 입힌 경우에는 회사는 그 업무집행자와 연대하여 배상할 책임이 있다.

③ 유한책임회사가 사원에 대하여 또는 사원이 유한책임회사에 대하여 소를 제기하는 경우에 유한책임회사를 대표할 사원이 없을 때에는 다른 사원 전원의 결의로 대표할 사원을 정하여야 한다.

④ 사원은 회사에 대하여 업무집행자의 책임을 추궁하는 소의 제기를 청구할 수 있고, 이 때에는 주식회사의 대표소송에 관한 규정이 준용된다.

⑤ 유한책임회사는 정관 또는 총사원의 동의로 둘 이상의 업무집행자가 공동으로 회사를 대표할 것을 정할 수 있고, 이 경우 제3자의 회사에 대한 의사표시는 공동대표의 권한이 있는 자 1인에 대하여 함으로써 그 효력이 생긴다.

유한책임회사가 사원에 대하여 또는 사원이 유한책임회사에 대하여 소를 제기하는 경우에 유한책임회사를 대표할 사원이 없을 때에는 다른 사원 과반수의 결의로 대표할 사원을 정하여야 한다(제287조의21).

답 3. ① 4. ③

05 유한책임회사의 회계에 관한 다음 설명 중 옳지 않은 것은?

① 업무집행자는 대차대조표, 손익계산서, 그 밖에 유한책임회사의 재무상태와 경영성과를 표시하는 것으로서 대통령령으로 정하는 서류를 본점에 5년간 갖추어 두어야 하며, 그 등본을 지점에 3년간 갖추어 두어야 한다.

② 사원이 출자한 금전이나 그 밖의 재산의 가액을 유한책임회사의 자본금으로 한다.

③ 유한책임회사의 자본금의 감소는 정관의 변경으로 가능하며, 이 경우 감소 후의 자본금의 액이 순자산액 이상인 경우를 제외하고는 채권자보호절차를 거쳐야 한다.

④ 회사는 대차대조표상의 순자산액으로부터 자본금의 액을 뺀 액을 한도로 하여 잉여금을 분배할 수 있다.

⑤ 위법한 잉여금의 분배가 있는 경우 회사의 채권자는 그 잉여금을 분배받은 자에 대하여 자기에게 반환할 것을 청구할 수 있다.

위법한 잉여금의 분배가 있는 경우 회사의 채권자는 그 잉여금을 분배받은 자에 대하여 회사에 반환할 것을 청구할 수 있다(제287조의37 제2항).

06 상법상 유한책임회사에 관한 설명으로 옳은 것은? (2013년 공인회계사)

① 유한책임회사제도를 도입한 취지상 사원은 신용이나 노무를 출자의 목적으로 할 수 있다.

② 유한책임회사를 대표하는 업무집행자가 그 업무집행으로 인하여 타인에게 손해를 입힌 경우에는 회사는 그 업무집행자와 연대하여 손해를 배상할 책임이 있다.

③ 업무집행자를 포함한 사원 과반수의 동의가 있으면 정관변경 없이도 새로운 사원을 가입시킬 수 있다.

④ 회사가 자기 지분을 취득하는 경우 그 지분은 취득한 때에 소멸하며 그만큼 자본금이 감소한다.

⑤ 사원이 출자한 금전이나 그 밖의 재산의 가액과 잉여금의 합을 자본금으로 한다.

① 유한책임회사제도를 도입한 취지상 사원은 신용이나 노무를 출자의 목적으로 할 수 없다(제287조의4 제1항).

③ 새로운 사원의 가입은 정관변경으로 하며, 정관변경은 총사원의 동의가 있어야 한다(제287조의23 제1항, 제287조의16).

④ 회사가 자기 지분을 취득하는 경우 그 지분은 취득한 때에 소멸하지만(제287조의9 제2항), 자본금이 감소하지 않는다. 자본금감소는 정관변경절차를 거쳐야 한다(제287조의36 제1항).

⑤ 사원이 출자한 금전이나 그 밖의 재산의 가액을 자본금으로 한다(제287조의35).

답 5. ⑤ 6. ②

07 상법상 유한책임회사에 관한 설명으로 옳은 것은? (2015년 공인회계사)

① 유한책임회사는 주식회사 또는 유한회사로 조직변경 할 수 있다.

② 업무집행자 중 사원이 아닌 자는 설립무효의 소의 제소권자가 아니다.

③ 잉여금은 각 사원이 출자한 가액에 비례하여 분배하며 정관에 달리 정할 수 없다.

④ 사원이 부득이한 사유가 있을 때에는 언제든지 퇴사할 수 있으나 지분압류채권자에 의한 퇴사청구는 인정하지 않는다.

⑤ 사원이 아닌 자도 업무집행자인 때에는 대표로 될 수도 있다.

① 유한책임회사는 주식회사로 조직변경할 수 있으나, 유한회사로 조직변경 할 수 없다(제287조의43).
② 사원이든 아니든 업무집행자는 설립무효의 소의 제소권자이다(제287조의6).
③ 잉여금은 각 사원이 출자한 가액에 비례하여 분배하며 정관에 달리 정할 수 있다(제287조의37 제4항).
④ 사원이 부득이한 사유가 있을 때에는 언제든지 퇴사할 수 있으며, 지분압류채권자에 의한 퇴사청구는 인정된다(제287조의29, 제224조).

답 7. ⑤

CHAPTER

06 주식회사

제1절 총 설

Ⅰ. 주식회사의 의의와 본질

1. 의 의

주식회사란 일정한 자본금을 중심으로 하고, 자본금이 주식으로 세분화되어 있으며, 주식인수가액을 한도로 출자의무를 이행할 뿐 회사채권자에 대해 직접 책임을 지지 않는 사원(주주)으로 구성된 회사를 말한다. 따라서 주식회사는 자본금 · 주식 · 주주의 유한책임 등 세가지를 본질로 하는 회사이다.

2. 본 질

(1) 자본금

① **의의** : 자본금이란 액면주식을 발행하는 경우에는 회사가 발행한 주식의 액면총액을 의미하며, 무액면주식을 발행하는 경우에는 주식발행가액의 2분의 1 이상의 금액으로서 이사회에서 자본금으로 계상하기로 한 금액의 총액을 말한다(제451조 제1항, 제2항). 이러한 자본금은 회사채권자를 보호하기 위하여 회사가 보유해야 하는 책임재산의 최저한도를 말한다. 회사채권자의 담보가 되는 회사의 재산은 회사에 속하는 자산으로 일정한 시점에서 회사가 갖고 있는 적극재산으로서 회사의 경영상태에 따라 변동이 있다. 이에 대해 자본금은 증감절차를 밟기 전에는 불변이고 회사가 보유해야 할 기준재산을 의미한다. 회사채권자를 보호하기 위한 최소한도의 담보액인 자본금에 대해 주식회사의 경우 세가지 원칙을 두고 있다.

② **자본금 3원칙**

㉠ **자본금 확정의 원칙** : 회사설립시에 자본금이 정관으로 확정되고 자본금액 전부에 대한

주식인수가 확정되어야 한다는 원칙이다. 현행상법은 수권자본금제도를 채택하고 있기 때문에 자본금 확정의 원칙은 사실상 폐기되었다고 할 수 있다. 그러나 설립시에는 액면주식을 발행하는 경우 정관에 설립시 발행주식총수와 1주의 금액이 기재되고, 설립시 발행주식총수의 전부가 인수되어야 하므로 이 한도내에서는 자본금 확정의 원칙이 존속한다고 할 수 있다.

●●● 수권자본금제도

정관에 기재한 발행예정주식의 총수의 범위 내에서 이사회가 필요에 따라 신주를 발행함으로써 회사의 자기자본금을 조달할 수 있는 제도이다.

㉡ **자본금 유지의 원칙** : 회사는 자본금액에 상당하는 순재산을 실질적으로 유지하여야 한다는 원칙으로 자본금 구속의 원칙 또는 자본금 충실의 원칙이라고도 한다. 자본금 유지의 원칙은 주주의 유한책임제도하에서 채권자보호를 위해 중요한 원칙이므로 상법상 이 원칙을 반영한 규정이 많다.

●●● 자본금 유지를 위한 제도

주금액의 전액납입주의(제295조, 제303조, 제305조 등), 변태설립사항에 대한 엄격한 절차(제229조, 제310조, 제313조 등), 발기인과 이사의 자본금 충실의 책임(제321조, 제428조), 액면미달발행의 제한(제417조 등), 자기주식취득의 제한(제341조, 제341조의2 등), 법정준비금제도(제458조 등), 이익배당의 제한 및 위법배당금의 반환청구(제462조) 등이 그 예이다.

㉢ **자본금 불변의 원칙** : 일단 확정된 자본금을 엄격한 법정절차에 의하지 않고는 감소시키지 못하도록 하는 원칙이다.

(2) 주 식

주식회사의 자본금은 주식으로 분할되며, 주식은 사원(주주)의 출자단위가 된다. 이러한 주식은 첫째로는 자본금의 구성단위를 의미하고, 둘째로는 권리발생의 기초인 독립된 사원의 지위 또는 자격을 의미한다.

(3) 주주의 유한책임

주식회사의 사원인 주주는 회사에 대하여 주식의 인수가액을 한도로 출자의무를 부담할 뿐 회사채무에 대하여 아무런 책임도 부담하지 않는다(간접유한책임). 주주의 유한책임제도는 주식회사의 본질적인 요소로서 정관이나 주주총회의 결의로도 가중시킬 수 없다.

II. 주식회사의 특성

1. 강행법규성

주식회사는 주주 · 이사 · 채권자 · 사회공공(社會公共) 등의 각 이익이 서로 대립하게 되므로 그들 사이의 법률관계를 방임할 때에는 다른 자의 이익을 해(害)하여서까지 자기이익만을 추구할 염려가 있다. 따라서 이러한 폐해를 방지하기 위하여 법은 간섭을 강화하고 있다. 즉, 외부적으로는 회사채권자와 공공의 이익을 보호하고, 내부적으로는 이사의 전횡 · 배임행위 또는 대주주의 권한남용 등으로부터 회사와 일반주주를 보호하기 위하여 외부관계나 내부관계에 대해 강행법규로 규정하고 있다.

2. 공시주의의 강화

회사에 관한 중요한 사항을 공개함으로써 이해관계인들의 이익을 보호하도록 공시주의를 채택하고 있다. 즉, 정관이나 주주총회 의사록을 공시하도록 하고(제396조), 재무제표 등의 공시를 강화하고(제448조), 대차대조표를 공고토록 하고 있다(제449조 제3항).

3. 법률관계의 획일성

주식회사는 다수의 주주로써 구성되므로 법률관계의 집단적 · 획일적 처리가 요구된다. 이를 위해 회사의 설립무효 · 주주총회의 결의취소 · 신주발행무효 · 자본금 감소무효 · 회사의 합병 및 분할의 무효주장에 대해서는 반드시 소(訴)에 의하도록 하고 있다(제328조, 제376조, 제429조, 제445조, 529조, 제530조의11 제1항).

4. 벌칙의 강화

주식회사의 발기인 · 이사 등이 그의 임무를 해태하였거나 위법행위를 함으로써 회사 또는 제3자에게 손해를 가한 때에는 손해배상책임을 부담하도록 하고, 또 그 위반행위에 대해서는 엄중한 형벌규정을 두고 있다(제622조 이하).

Commercial Law

연습문제

01 상법상 주식회사의 수권자본금제도에 관한 설명 중 옳은 것은?

① 수권자본금제도는 자본금 유지보다는 자금조달의 편의를 도모하기 위한 제도이다.

② 설립시에 발행하는 주식의 총수는 수권주식수의 2분의 1 이상이어야 한다.

③ 회사가 성립한 후에 수권주식수를 증가하는 경우에는 발행주식총수의 4배를 초과할 수 없다.

④ 수권주식수의 증가는 주주총회의 보통결의사항이다.

⑤ 수권주식수의 범위내에서 신주를 발행하는 한 이사회의 결의만으로 신주의 할인발행을 할 수 있다.

② 설립시 발행주식 총수는 수권주식수 내에서면 가능하고 발행제한 규정이 없다.
③ 수권주식수의 증가폭에는 제한이 없다.
④ 주권주식수의 증가는 정관변경을 요하므로 주주총회의 특별결의가 있어야 한다.
⑤ 신주의 할인발행은 주주총회의 특별결의가 있어야 한다(제417조 제1항).

02 상법상 주식회사의 자본금 유지(충실)의 원칙을 반영한 제도를 모두 포함하고 있는 것은?

(2008년 공인회계사 수정)

ㄱ. 회사설립시 발행하는 주식 총수의 절대적 정관기재
ㄴ. 주금납입에서의 상계금지
ㄷ. 정관의 정함에 의한 종류주식발행
ㄹ. 주식의 할인발행 제한
ㅁ. 법정준비금의 적립
ㅂ. 이사회의 결의에 의한 자본금의 증가

① ㄴ, ㄹ, ㅁ　② ㄱ, ㄹ, ㅂ　③ ㄴ, ㄷ, ㅁ
④ ㄱ, ㄷ, ㄹ　⑤ ㄴ, ㅁ, ㅂ

위의 예에서 자본금 충실의 원칙을 반영한 제도는 주금납입에서의 상계금지, 주식의 할인발행의 제한, 법정준비금의 적립이다. 회사설립시 발행하는 주식의 총수의 필수적 발행은 자본금의 최저한의 확보를 위한 제도이고, 종류주식의 발행이나 이사회의 결의에 의한 자본금의 증가는 자본금의 조달의 편의를 위한 제도이다.

답 1. ① 2. ①

제2절 주식회사의 설립

【제1관】 총 설

Ⅰ. 주식회사 설립절차의 특색

합명회사나 합자회사, 유한책임회사 또는 유한회사의 경우에는 설립시 정관의 작성으로 사원이 확정되고 회사의 실체가 형성되어(유한책임회사와 유한회사는 사원의 출자이행을 요한다) 설립등기만 하면 법인격을 취득하게 된다. 그러나 주식회사는 사원이 정관에 의해 확정되는 것이 아니기 때문에 주주확정을 위한 주식인수절차를 필요로 한다. 또 회사재산이 회사채권자의 유일한 담보가 되므로 설립 전에 담보재산의 확보를 위한 출자의 이행 등이 필요하다. 이와 같이 주식회사는 정관의 작성 이외에 실체형성의 절차를 필요로 한다.

●●● 회사설립에 있어 합명회사와의 차이

① 합명회사의 사원이 정관에 의해 특정되지만, 주식회사의 사원(주주)은 정관에 의하여 특정되지 않고 주식인수절차가 완료되어야 특정된다.

② 합명회사의 사원은 자연인이어야 하지만, 주식회사의 사원은 자연인뿐만 아니라 법인이라도 관계없다.

③ 합명회사는 설립무효 · 취소의 소가 인정되지만, 주식회사는 설립취소의 소가 인정되지 않다.

④ 합명회사는 설립시 자본금 형성의 절차를 반드시 필요로 하지 않지만, 주식회사는 설립시 반드시 자본금 형성의 절차를 거쳐야 한다.

⑤ 합명회사 사원은 노무 · 신용의 출자가 가능하나, 주식회사의 사원은 노무 · 신용의 출자가 인정되지 않는다.

⑥ 합명회사의 설립시 현물출자에 대해서는 법원에 의한 조사가 필요없으나, 주식회사는 현물출자 등 변태설립사항에 있어서 법원에 의해 선임된 검사인의 조사가 필요하다.

⑦ 합명회사의 사원은 스스로 업무집행기관이 되지만, 주식회사는 소유와 경영이 분리되어 업무집행기관을 별도로 구성하여야 한다.

II. 설립의 방법

1. 발기설립

발기설립은 발기인들에 의해서만 회사가 만들어지고, 발기인들만으로 주주를 구성하는 설립방법이다. 따라서 발기인들이 발행주식의 전부를 인수하고 납입하며, 발기인들에 의해 이사 · 감사가 선임된다. 또 선임된 이사 · 감사에 의해 설립경과에 대한 조사가 이루어지고 조사내용은 발기인에게 보고한다.

2. 모집설립

모집설립은 발기인들이 주식의 일부를 인수하고 나머지는 모집주주로 하여금 인수하도록 하여 회사를 성립시키는 방법이다. 모집설립에 의해 설립된 회사는 발기인과 모집주주들로 구성된다. 그리고 인수주식의 주금액납입이 완료된 후에 바로 주식인수인들로 구성되는 창립총회를 소집하여 이사 · 감사를 선임하고, 이들로 하여금 설립경과조사보고를 받는다.

●●● 발기설립과 모집설립의 차이

구 분	발기설립	모집설립
주식인수	발기인만이 주식인수	발기인 이외의 제3자 모집
주금납입장소지정 · 변경	발기인 지정, 납입장소 변경시 법원허가 불요	주식청약서에 기재, 납입장소 변경시 법원의 허가 필요
납입해태	채무불이행의 원칙적용	제3주식인수인의 경우 실권 (발기인은 발기설립과 동일)
기관구성(이사, 감사 선임)	발기인 의결권 과반수로 선임	창립총회에서 선임
설립경과조사보고	이사 · 감사의 조사, 발기인에 보고	이사 · 감사의 조사, 창립총회에 보고
변태설립사항조사를 위한 검사인 선임청구	이사가 법원에 검사인선임 청구	발기인이 법원에 검사인 선임 청구
변태설립사항의 조사 · 보고 및 변경	법원에 보고, 법원에서 변경	창립총회에 보고, 창립총회에서 변경
원시정관의 변경	발기인 전원동의, 공증인의 인증 필요	창립총회결의만으로 가능

설립등기기간의 기산점	변태설립사항에 대한 법원의 통고절차 종료의 날로부터(변태설립사항이 없을 때에는 이사·감사의 설립경과 조사보고 절차 종료의 날로부터)	창립총회의 종결의 날 또는 변태설립사항의 변경절차 종료의 날로부터

Ⅲ. 발기인·발기인조합

1. 발기인

(1) 의 의

발기인이란 실질적으로 회사설립을 기획하고 그 절차를 담당하는 자를 말하지만, 법률적으로는 정관에 발기인으로서 기재되고 기명날인 또는 서명한 자를 말한다. 따라서 실제 회사설립에 참여하고 있지만 정관에 기명날인 또는 서명하지 않은 자로써 발기인으로 오인하게 한 자는 유사발기인으로서 발기인과 동일한 책임을 진다(제327조). 유사발기인제도는 간접적으로 주식회사의 설립을 촉진시키는 의미를 갖는다. 발기인은 설립중의 회사의 기관으로서 설립사무를 관장하고, 설립에 대한 엄격한 책임을 진다(제321조 등).

(2) 자격과 수

① 발기인의 자격에는 제한이 없으며 법인도 발기인이 될 수 있고, 무능력자도 발기인이 될 수 있다. 그러나 합명회사나 합자회사의 무한책임사원은 회사와 독립하여 발기인이 될 수 없고, 민법상의 조합이나 권리능력없는 사단도 발기인이 될 수 없다.
② 발기인의 수에는 제한이 없다. 즉, 1인의 발기인에 의한 회사의 설립이 가능하다.

(3) 의 무

발기인이 된 자는 적어도 1주 이상의 주식을 인수하여야 한다(제293조). 발기인의 주식인수는 발기인이 되기 위한 요건이 아니라 발기인의 의무이다.

(4) 지 위

발기인은 대외적으로 설립중의 회사의 업무집행기관에 해당하며, 대내적으로는 발기인조합의 구성원으로서 설립사무에 종사한다.

2. 발기인조합

발기인들간에는 설립을 목적으로 하는 계약을 체결하고, 그의 이행으로서 정관의 작성 등

설립에 관한 행위를 하게 된다. 이 경우에 발기인들간의 계약은 조합계약이며, 이 계약에 의하여 발기인조합이 성립한다. 발기인조합은 민법상의 조합으로서 조합에 관한 민법규정의 적용을 받으며, 정관작성·주식인수 등 설립에 필요한 발기인의 일련의 행위는 발기인조합계약의 이행으로서 행해진다는 것이 통설의 입장이다.

●●● 발기인조합과 설립중의 회사

① 발기인조합은 발기인 상호간의 내부적인 계약관계에 의하여 형성되지만, 설립중의 회사는 사단적 계약에 의하여 성립된다.
② 발기인조합의 설립행위가 일정한 단계에 이르게 되면 설립중의 회사가 성립하지만, 발기인조합과 설립중의 회사는 형식적으로 별개의 존재이다.
③ 발기인의 행위는 조합계약의 이행행위가 되는 동시에 설립중의 회사의 기관으로서의 업무집행활동이 된다.
④ 발기인은 대내적으로는 발기인조합의 구성원으로서 회사의 설립사무에 종사하지만, 대외적으로는 설립중의 회사의 기관으로 활동하게 된다.
⑤ 발기인조합은 설립중의 회사의 성립 전에 이미 존재하게 되지만 설립중의 회사가 성립되면 양자는 병존하게 된다(통설).

Ⅳ. 설립중의 회사

1. 의의 및 법적성질

회사는 설립등기에 의하여 성립하지만, 회사설립에 착수하여 어느 정도 회사의 실체가 이루어졌을 때부터 설립등기에 이르기까지의 단계에 대해 사회적 실재성을 인정하고 강의학상 이를 설립중의 회사라고 한다. 설립중의 회사는 주로 주식회사의 설립과정에서 발기인이 회사설립을 위하여 취득한 권리·의무가 발기인 등 출자자에게 귀속되지 않고 성립 후의 회사에 귀속되는 관계를 설명하기 위해 인정된다. 설립중의 회사는 설립된 회사와 동일성을 갖는 존재로서 권리능력 없는 사단이라는 것이 판례·통설의 입장이다.

2. 설립중의 회사의 성립시기·존속시기

⑴ 성립시기

설립중의 회사의 성립시기에 대하여는 학설의 대립이 있으나 정관을 작성하고 발기인이 적어도 1주 이상의 주식을 인수한 때로 보는것이 판례·통설의 입장이다.

(2) 존속시기

설립중의 회사는 설립등기에 의하여 회사가 성립될 때까지 존속하며, 회사가 불성립하는 경우에는 설립중의 회사가 해산하여 청산이 종결될 때까지 존속한다.

3. 설립중의 회사의 법률관계

① 발기인이 설립 중의 회사의 명의로 회사설립을 위해 수행한 행위로 인하여 발생한 권리·의무를 설립중의 회사가 취득하고, 이것이 설립중의 회사에 총유적으로 귀속하였다가 회사가 성립하면 특별한 이전행위를 요하지 않고 회사에 귀속된다. 이러한 효과가 발생하는 것은 발기인이 설립중의 회사의 기관으로서 한 행위에 한한다는 것이 통설의 입장이다. 따라서 설립중의 회사의 실질적인 권리능력의 범위는 발기인이 회사설립을 위해 할 수 있는 행위의 범위와 일치한다.

② 설립중의 회사와 무관하게 발기인 개인 또는 발기인 조합에 귀속되었던 권리·의무는 별도의 이전절차를 거쳐 회사에 귀속하게 된다.

4. 설립중의 회사의 능력

설립중의 회사는 권리능력이 없는 사단이므로 원칙적으로 형식상의 권리능력은 갖지 못하지만, 민사소송법상 당사자능력이 인정되고(제48조), 부동산등기법상 등기능력(제30조)·어음능력이나 예금능력이 인정된다.

5. 설립중의 회사의 기관

(1) 창립총회

창립총회는 모집설립에만 있는 기관으로, 회사의 설립에 관한 모든 사항을 결의할 수 있다. 창립총회의 소집절차는 주주총회에 관한 규정이 많이 준용된다(제308조 제2항).

(2) 업무집행기관

설립중의 회사의 업무집행기관은 발기인이며, 판례는 발기인은 그의 권한 범위(설립중의 회사의 행위능력의 범위) 내에서 설립에 관한 설립행위뿐만 아니라 개업준비행위를 할 권한을 갖는다고 한다. 이 판례의 견해에 의하면 제290조의 재산인수행위는 발기인의 권한남용을 방지하기 위하여 상법이 제한하고 있다고 한다.

(3) 감독기관

설립중의 회사의 감독기관은 설립시 선임된 이사와 감사이며, 이들은 설립에 관한 사항을 조사하여 발기설립의 경우에는 발기인에게, 모집설립의 경우에는 창립총회에 보고하게 된다.

6. 제3자에 대한 책임

설립중의 회사가 제3자에게 부담하는 채무에 대해서는 설립중의 회사는 법인격이 없으므로 주식인수인과 발기인이 책임을 부담해야 한다. 주식인수인은 자기의 주식의 인수가액의 범위내에서, 그리고 발기인은 개인적으로 연대하여 무한책임을 진다.

【제2관】 정관의 작성

Ⅰ. 정관의 의의 및 효력

1. 의 의

정관이란 회사가 제정한 자치법규로서 회사의 조직 및 활동에 관한 단체법상의 근본규칙을 정한 서면을 말한다. 회사설립의 첫단계로 발기인이 정관(원시정관)을 작성하고 기명날인 또는 서명하고 공증인의 인증을 받음으로써 효력이 생긴다(제292조 본문). 다만, 자본금 총액이 10억원 미만인 회사를 발기설립하는 경우에는 각 발기인이 정관에 기명날인 또는 서명함으로써 효력이 생긴다(제292조 단서).

2. 효 력

정관은 발기인뿐만 아니라 회사의 사원·기관을 구속하는 효력이 있으나, 제3자에 대하여는 효력이 미치지 않는다.

Ⅱ. 정관의 기재사항

정관의 기재사항은 절대적 기재사항·상대적 기재사항·임의적 기재사항으로 구분할 수 있다.

1. 절대적 기재사항

정관의 절대적 기재사항은 상법이 정관의 유효요건으로 정한 사항으로서 하나라도 기재하지 않거나 내용이 위법하면 정관이 무효가 되고 회사설립의 무효사유가 된다.

(1) 목 적

목적은 회사가 존재이유로 삼아 수행하고자 하는 사업을 말하며, 제3자에 대해서는 회사를 상대로 거래함에 있어서 회사에 대해 기대할 수 있는 반대급부의 범위를 예측하는 기준이 된다.

⑵ 상 호

상호는 회사를 나타내는 명칭이며, 상호에 주식회사라는 문자를 사용하여야 한다(제19조). 회사는 수개의 영업을 하더라도 1개의 상호만을 사용할 수 있을 뿐이다.

⑶ 회사가 발행할 주식의 총수

수권자본금제도를 도입함으로써 회사가 발행할 주식의 총수(발행예정주식총수)를 기재하여야 한다.

⑷ 액면주식을 발행하는 경우 1주의 금액

액면주식을 발행하는 경우 1주의 금액은 100원 이상 균일하여야 한다(제329조 제3항). 회사는 원칙적으로 자본금 유지의 원칙상 액면가 이하로 주식을 발행할 수 없다(제330조). 액면가에 발행주식총수를 곱하면 자본금이 된다(제451조 제1항).

⑸ 회사가 설립시에 발행하는 주식의 총수

회사가 설립시에 발행하는 주식의 전부에 대해 인수가 확정되어야 한다.

⑹ 본점의 소재지

본점은 주된 영업소를 말하며, 회사의 주소가 있는 곳이다. 본점은 최소행정구역단위와 지번으로 특정되어야 한다.

⑺ 회사가 공고하는 방법

주식회사는 특히 공시해야 할 사항들이 많으며, 주주와 회사채권자 등 이해관계인을 보호하기 위하여 공고는 관보 또는 시사를 게제하는 일간신문에 하여야 하지만, 정관의 정함에 의해 전자적 방법으로 공고할 수 있다(제289조 제3항). 따라서 방송이나 일정한 장소에 게시하는 것은 공고방법이 될 수 없다.

보충 [전자적 방법에 의한 공고] 정관에서 정하는 바에 따라 전자적 방법으로 공고할 수 있다(제289조 제3항). 회사가 정관의 정함에 따라 전자적 방법으로 공고할 경우 대통령령으로 정하는 기간(법에 정한 경우 외에는 공고를 한 날로부터 3개월이 지난 날)까지 계속 공고하고, 재무제표를 전자적 방법으로 공고할 경우에는 제450조에서 정한기간까지 계속 공고하여야 한다. 다만, 공고기간 이후에도 누구나 그 내용을 열람할 수 있도록 하여야한다(제289조 제4항). 회사가 전자적 방법으로 공고를 할 경우에는 게시 기간과 게시 내용에 대하여 증명하여야 한다(제289조 제5항). 회사의 전자적 방법으로 하는 공고에 관하여 필요한 사항은 대통령령으로 정한다(제289조 제6항).

(8) 발기인의 성명 · 주민등록번호 · 주소

발기인은 정관을 작성하고 기명날인 또는 서명하여야 하므로 기명날인 또는 서명한 발기인의 성명 · 주민등록번호 · 주소를 정관에 기재하게 하는 것이다.

2. 상대적 기재사항

상대적 기재사항은 정관에 기재하지 아니하더라도 정관의 효력에는 영향이 없다. 다만, 정관에 기재하지 않은 경우에는 그러한 행위를 하더라도 그 효력이 없다.

(1) 변태설립사항

변태설립사항은 회사 설립 당시에 발기인에 의해 남용되어 자본금 충실을 해칠 우려가 있는 사항으로써, 특별히 이러한 사항을 실행하고자 하는 경우에는 정관에 기재하고 주식청약서에 기재하여야 하며 별도의 엄격한 검사절차를 받도록 하고 있다(제299조, 제310조).

① **발기인이 받을 특별이익과 이를 받을 자의 성명**(제290조 1호)

㉠ **특별이익의 의의** : 회사설립의 발기인으로서 위험을 부담하고 활동한 공로에 대한 보상으로 특정한 발기인 또는 그 전원에게 인정하는 이익으로 자본금 충실의 원칙에 위배되는 이익(예 무상주교부나 납입의무의 면제 등), 주주평등의 원칙에 반하는 이익(예 발기인의 주식에 복수의 의결권을 부여하는 것 등), 단체법적 질서에 위배되는 이익(예 이사나 감사 등 일정 지위를 약속하는 것 등)의 경우에는 인정되지 않는다. 특별이익의 예로는 이익배당 · 신주발행 등의 경우에 우선권 부여, 회사설비의 무상이용권, 회사제품 지역총판매권 부여 등을 들 수 있다.

㉡ **특별이익의 성질** : 특별이익은 발기인이었던 자에 대해 인정하는 채권자적 권리로서 회사의 성립과 동시에 인정되고, 그 성질에 반하지 않는 한 특별이익만의 양도나 상속이 인정된다.

② **현물출자** : 현물출자를 하는 자의 성명과 그 목적인 재산의 종류 · 수량 · 가격과 이에 대하여 부여할 주식의 종류와 수를 변태설립사항으로 하고 있다(제290조 2호).

㉠ **현물출자의 의의** : 현물출자는 금전 이외의 재산으로 하는 출자를 말한다. 현물출자는 단체법상의 유상쌍무계약이라 할 수 있다. 따라서 현물출자에는 위험부담 · 하자담보책임에 관한 민법규정(제537조, 570조 이하)이 적용 또는 유추적용될 수 있다.

㉡ **현물출자자** : 현물출자자에는 제한이 없으나, 정관에 정한 자이어야 한다. 따라서 현물출자자는 발기인에 한정되는 것은 아니다.

㉢ **현물출자의 목적물** : 현물출자의 목적물은 경제적 가치를 확정할 수 있고 양도가 가능하며 대차대조표의 자산의 부에 계상할 수 있는 재산이면 가능하다. 동산 · 부동산 · 채권 · 유가증권 · 무체재산권 · 다른 회사의 주식 · 영업상의 비결 등 재산적 가치가 있는 사실관계와 영업의 전부 또는 일부도 될 수 있다. 그러나 노무와 신용은 출자의

목적물이 될 수 없다.

㉣ **현물출자의 부당평가** : 현물출자가 과대평가된 경우 이를 시정하지 않은 채 설립등기를 한 경우, 그 정도가 경미하다면 발기인과 임원의 손해배상책임의 추궁으로 해결하고 그 정도가 큰 경우 현물출자를 무효로 보아야 한다.

㉤ **현물출자의 이행불능 · 이행지체** : 이행불능의 경우 정관을 변경하여 설립절차를 속행할 수 있고, 이행지체의 경우 강제집행을 하거나 정관변경으로 설립절차를 속행할 수 있다.

③ **재산인수** : 발기인이 특정재산의 소유자와 회사성립 후에 회사가 그 재산을 양수할 것을 약정하는 경우 그 재산의 종류 · 수량 · 가격과 그 양도인의 성명을 정관에 기재하여야 한다(제290조 3호).

㉠ **재산인수의 의의** : 발기인이 설립중의 회사를 대표하여 특정인과 회사성립 후 그 특정인으로부터 일정한 재산을 회사가 양수하기로 약정하는 개인법상의 계약이다. 발기인의 재산인수행위는 개업준비행위로서 회사의 영업개시를 위한 준비행위에 속한다. 이 경우에도 현물출자와 같은 재산에 대한 과대평가로 인하여 자본금 유지를 해할 염려가 있기 때문에 변태설립사항으로 정한 것이다.

㉡ **재산인수의 목적물** : 현물출자와 같이 대차대조표의 자산의 부에 계상할 수 있는 목적물이면 모두 가능하다.

㉢ **재산인수의 양도인** : 재산인수의 양도인에는 제한이 없으므로, 설립중의 회사의 대표인 발기인과 인수계약을 하는 자라면 발기인 · 주식인수인 기타 제3자 등 누구나 양도인이 될 수 있다.

㉣ **재산인수의 효력** : 원시정관에 기재되지 않은 재산인수는 무효로써(판례), 회사가 성립하여도 발기인이 한 재산인수 행위의 효과는 당연히 회사에 귀속되지 않는다. 이 무효는 회사뿐만 아니라 양도인도 주장할 수 있다.

보충 정관에 규정이 없는 재산인수의 추인에 관하여 이를 부정하는 견해(다수설)와 사후설립에 준하여 주주총회의 특별결의에 의해 추인이 가능하다는 견해(판례 · 소수설)의 대립이 있다.

④ **회사가 부담할 설립비용과 발기인이 받을 보수액** (제290조 4호)

㉠ **설립비용** : 설립비용이란 회사설립절차의 실행에 소요되는 비용(예 사무실의 임차비용, 통신비, 정관이나 주식청약서의 인쇄비, 광고비, 납입금 취급은행의 수수료 등)을 말한다. 그러나 설립 후의 회사의 사업상 필요한 공장 · 건물 등의 구입비는 개업준비비로서 포함되지 않는다. 판례는 개업준비를 위한 금전차입도 포함되지 않는다고 하였다. 정관에 기재하지 않고 지출한 비용은 회사에 대하여 구상할 수 없고, 발기인 개인이 책임을 져야 한다. 정관에 정한 설립비용의 범위를 초과한 경우 회사가 설립된 후에는 회사가 전액 책임을 부담하고 그 과분에 대해서는 발기인에게 구상할 수 있다(판례).

㉡ **발기인의 보수** : 발기인이 설립사무를 위하여 제공한 노무의 대가를 말한다. 발기인의 보수는 설립중의 기관으로서 제공한 노무의 대가이므로 설립 전에 그 원인이 발생하고 설립중의 회사가 부담해야 한다.

(2) 기타 상대적 기재사항

기타의 상대적 기재사항은 상법전 전반에 걸쳐 산재해 있으나, 대표적인 예를 들면 주식매수선택권의 부여(제340조의2 제1항), 종류주식발행(제344조 제2항), 전환주식의 발행(제346조 제1항), 서면결의의 채택(제368조의3 제1항), 감사위원회 등 이사회내 위원회의 설치(제393조의2, 제415조의2), 자격주(제387조), 이사회소집기간의 단축(제390조 제2항), 제3자의 신주인수권(제418조 제1항), 중간배당(제462조의3 제1항), 현물배당(제462조의4 제1항) 등을 들 수 있다.

3. 임의적 기재사항

주식회사의 본질에 반하지 않고 강행법규에 위반되지 않는 사항이라면 상법이 허용하는 범위 내에서 필요한 사항을 기재할 수 있다. 이러한 예로는 이사의 수, 영업연도의 시기·종기, 주주총회 의장, 의결권 대리행사, 이익처분방법 등을 들 수 있다.

【제3관】 자본금 형성 및 기관의 구성

Ⅰ. 주식발행사항 결정

회사가 설립시에 발행하는 주식의 총수와 액면주식의 경우 1주의 금액은 정관에 기재하여야 하는 필요적 기재사항이므로 이미 정해지지만, 주식발행을 실천하기 위해서는 발기인들이 주식발행에 대한 구체적인 계획을 결정하여야 한다. 그 주된 내용으로써 주식의 종류와 수, 액면주식의 경우에 액면 이상의 가액으로 주식을 발행하는 때에 그 수와 금액에 관한 사항, 무액면주식을 발행하는 경우에는 주식의 발행가액과 주식의 발행가액 중 자본금으로 계상하는 금액의 결정은 발기인 전원의 동의를 요한다(제291조 본문). 그리고 기타 주식발행사항으로 청약기간, 납입기관(장소), 납입기일 등의 결정은 발기인 과반수의 동의를 얻으면 된다. 주식발행사항의 결정은 발기인에 의한 주식인수 전이어야 하며, 발기인의 동의를 설립등기전까지 얻지 못하면 설립무효의 사유가 된다.

II. 발기설립

1. 발기인의 주식인수

발기설립은 발기인들만으로 주주를 구성하는 설립방법이므로 발기인들이 설립시에 발행하는 주식의 총수를 인수하여야 하며(제295조 제1항), 주식의 인수는 서면으로 하여야 한다(제293조). 서면에 의하지 않은 주식인수는 무효라는 것이 통설의 입장이다.

2. 출자의 이행

(1) 금전납입

발기인이 설립시에 발행하는 주식의 총수를 인수한 때에는 지체없이 각 주식에 대하여 그 인수가액의 전액을 납입하여야 한다(제295조 제1항). 납입은 발기인들에 의해 정해진 은행 기타 금융기관에 하여야 한다(제302조 제2항 9호). 발기인이 납입을 하지 않은 경우에는 실권제도가 없으므로 강제집행을 하거나, 발기인 전원의 동의로 다른 발기인이 인수하여 납입하게 할 수 있다. 그렇지 않은 경우에는 회사불성립에 그치게 될 것이다.

(2) 현물출자

현물출자를 하는 경우에도 납입기일에 지체없이 현물출자를 이행하여야 한다(제295조 제2항, 제305조 제3항). 이행이 있기 위해서는 재산의 종류별로 권리이전방식에 의한 재산권의 이전이 있어야 한다. 그러나 등기·등록 기타 권리의 설정 또는 이전을 요할 경우에는 이에 관한 서류를 완비하여 교부하면 된다(제295조 제2항). 현물출자에 관한 위험부담·하자담보 등에 관하여는 민법의 규정이 유추적용된다. 한편, 현물출자의 불이행이 있는 경우에는 실권절차는 인정되지 않으므로 강제집행의 방법을 취할 수 있고, 정관변경에 의해 설립절차를 속행할 수 있다.

3. 이사·감사의 선임 및 의사록 작성

발기인이 인수한 주식에 대하여 출자가 이행되면 발기인은 지체없이 의결권의 과반수로 이사와 감사를 선임하여야 한다(제296조 제1항). 의결권은 인수주식 1주에 대하여 1개씩 인정된다(제296조 제2항). 여기서 선임된 이사·감사는 설립중의 회사의 감독기관이 되고 설립등기와 더불어 바로 회사의 기관이 된다. 발기인은 의사록을 작성하여 의사의 경과와 그 결과를 기재하고 기명날인 또는 서명하여야 한다(제297조).

4. 설립경과의 조사

이사와 감사는 취임 후 지체없이 회사의 설립에 관한 모든 사항이 법령 또는 정관의 규정에 위반되지 아니하는지의 여부를 조사하여 발기인에게 보고하여야 한다(제298조 제1항). 이사와 감사 중 발기인이었던 자, 현물출자자, 회사성립 후 양수할 재산의 계약당사자인 자는 설립경과의 조사·보고에 참가하지 못한다(제298조 제2항). 만일 이사와 감사 전원이 이러한 제척사유에 해당하는 때에는 이사는 공증인으로 하여금 조사·보고하게 하여야 한다(제298조 제3항).

5. 변태설립사항의 조사

정관에 변태설립사항이 있는 경우에는 이사는 선임 후 지체없이 이에 관한 조사를 하게 하기 위하여 검사인의 선임을 법원에 청구하여야 한다(제298조 제4항 본문). 법원에서 선임된 검사인은 변태설립사항과 현물출자의 이행에 관한 사항을 조사하여 서면으로 법원에 보고하여야 하며(제299조 제1항), 보고서의 등본을 지체없이 각 발기인에게 교부하여야 한다(제299조 제3항). 이 보고서에 사실과 상위한 사항이 있을 때에는 발기인은 그에 대한 설명서를 법원에 제출할 수 있다(제299조 제4항).

보충 현물출자 및 재산인수의 재산총액이 자본금의 5분의 1을 초과하지 아니하고 대통령령으로 정한 금액을 초과하지 아니하는 경우, 현물출자 및 재산인수의 재산이 거래소에서 시세가 있는 유가증권인 경우로서 정관에 적힌 가격이 대통령령으로 정한 방법으로 산정된 시세를 초과하지 아니하는 경우, 그 밖에 이에 준하는 경우로 대통령령으로 정하는 경우에는 검사인의 조사·보고를 필요로 하지 않는다(제299조 제2항).

법원에서 선임된 검사인의 조사·보고는 발기인에게 특별이익을 부여하는 경우와 설립비용·발기인의 보수에 관해서는 공증인의 조사·보고로, 현물출자나 재산인수에 관해서는 감정인의 감정·보고로 갈음할 수 있다(제299조의 2).

6. 법원의 변경처분

법원은 검사인의 보고 또는 공증인의 보고나 감정인의 감정결과, 발기인의 설명서를 심사하여 변태설립에 관한 사항이 부당하다고 인정한 때에는 이를 변경하여 각 발기인에게 통고할 수 있다(제300조 제1항). 이러한 변경에 불복하는 발기인은 법원의 변경결정에 대하여 즉시 항고하거나 그 주식의 인수를 취소할 수 있다(제300조 제2항).

법원의 변경에 불복하는 발기인은 주식인수를 취소할 수 있다. 주식인수를 취소한 발기인이 있더라도 다른 발기인이 이를 인수하거나 정관을 변경하여 설립절차를 계속할 수 있다(제300조 제2항). 그러나 법원의 통고가 있은 후 2주간 내에 주식의 인수를 취소한 발기인이 없는 때에는 정관은 통고에 따라 변경된 것으로 본다(제300조 제3항).

III. 모집설립

1. 발기인의 주식인수

발기인은 반드시 주식 중 일부를 서면으로 인수하여야 한다(제293조).

2. 주주의 모집

발기인이 인수한 주식 이외의 주식에 대해서는 주주를 모집하여야 한다(제301조). 주주의 모집방법에는 제한이 없으며, 공모에 의하든 연고모집에 의하든 관계없다. 주주모집의 경우에 우리 상법은 주식청약서주의를 택하고 있으므로, 주식청약서에 의하지 않은 주식인수의 청약은 무효이다.

(1) 주식인수의 청약

주주모집시 주식인수의 청약은 주식청약서2통에 인수할 주식의 종류 및 수와 주소를 기재하고 기명날인 또는 서명하여(제302조 제1항) 발기인에게 하여야 한다. 주식청약서에는 정관의 절대적 기재사항 · 변태설립사항 · 회사설립의 개요를 알 수 있는 사항을 기재하여야 한다(제302조 제2항).

주의 주식인수의 청약에 있어서는 비진의표시의 무효에 관한 일반원칙은 적용되지 않는다(제302조 제3항). 그러나 통정허위표시에 의한 주식인수의 청약이나 의사무능력에 의한 주식인수의 청약은 무효가 된다.

주식인수의 청약시 가설인의 명의나 타인의 승낙없이 그의 명의로 주식인수의 청약을 하는 경우에는 실제의 인수인이 주식인수인으로서의 책임을 지며(제332조 제1항), 타인의 승낙을 얻어 그의 명의로 주식인수의 청약을 한 경우에는 그 명의를 대여한 자는 실제의 인수인과 연대하여 납입할 책임을 진다(제332조 제2항).

주의 타인의 승낙을 얻어 그 명의로 주식인수의 청약을 한 경우, 사실상의 청약자인 명의차용자가 주식인수인이고 명의대여자는 납입의 연대책임을 질 뿐이다(판례).

(2) 주식의 배정

주식인수의 청약이 이루어진 후 발기인이 이에 대해 주식을 배정한다. 배정은 발기인들의 자유배정에 의하며, 배정에는 특별한 방법을 필요로 하지 않으며 구두로 하여도 관계없다. 배정이 이루어진 경우 발기인은 주식청약인에 대한 배정결과를 통지하고 주식인수인에 대해 납입을 최고하고, 창립총회의 소집을 통지하여야 한다. 이 통지 · 최고는 주식청약서에 기재된 주소 또는 청약인이 회사에 통지한 주소로 하면 되고(제304조 제1항), 그 통지 · 최고는 보통 도달할 시기에 도달한 것으로 본다(제304조 제2항).

(3) 주식인수의 무효 · 취소

주식인수인은 창립총회에 출석하여 권리를 행사한 후 또는 회사성립 후에는 주식청약서의 요건흠결에 의한 인수의 무효를 주장하거나 사기 · 강박 또는 착오를 이유로 하여 인수를 취소하지 못한다(제320조 제1항, 제2항).

회사 성립 후에도 통정허위표시에 의한 주식인수의 무효 · 의사무능력자의 주식인수의 무효 · 무권대리에 의한 주식인수의 무효주장은 가능하며, 행위무능력자의 주식인수취소도 언제든지 가능하다. 또한 채무자의 사해행위에 대한 채권자취소권의 행사도 인정되므로, 채권자를 해할 목적으로 한 채무자의 주식인수도 채권자가 취소할 수 있다.

(4) 출자의 이행

① **납입의무** : 주식인수인은 배정된 주식의 수에 따라 인수가액을 납입할 의무를 지며(제303조), 발기인은 주식의 총수가 인수된 때에는 지체없이 각 주식에 대한 인수가액의 전액을 납입시켜야 한다(제305조 제1항). 주식인수인의 납입은 대물변제 · 경개(更改) 등은 허용되지 않는다. 한편, 어음 · 수표에 의한 납입의 경우에는 실제 지급인에 의하여 지급되어야만 유효하게 납입이 이루어진 것이 된다(판례).

② **납입장소** : 발기인은 주식청약서에 주금액을 납입할 은행 기타 금융기관을 기재하여야 한다(제302조 제2항 9호). 주식인수인은 납입장소에서 납입하여야 한다(제305조 제2항). 납입금 보관자 또는 납입장소를 변경할 때에는 법원의 허가를 얻어야 한다(제306조).

③ **가장납입**

㉠ **가장납입의 의의** : 가장납입이란 주금을 실제 납입함이 없이 납입된 것으로 가장하고 설립등기를 마치는 것을 말한다.

㉡ **가장납입의 유형** : 납입가장행위는 납입취급은행과의 공모에 의하여 하는 가장납입(예합)과 발기인이 의도적으로 납입취급은행 이외의 제3자로부터 납입금 전액을 차입하여 주금을 납입하여 회사를 설립한 다음 납입금 전액을 인출하여 반환하는 일시차입금에 의한 가장납입(견금납입)이 있다.

㉢ **가장납입의 효과**

ⓐ **공모에 의한 가장납입** : 이 경우에는 주금의 현실적 납입이 없고 설립 후에 납입금의 사용이 제한되므로 납입의 효력이 없다. 그런데 상법은 납입금보관은행 기타 금융기관은 납입금보관증명을 발급하여 증명한 보관금액에 대하여는 납입의 부실 또는 그 금액의 반환에 제한이 있음을 이유로 하여 회사에 대항하지 못한다고 규정하고 있으므로(제318조 제2항), 사실상 공모에 의한 가장납입은 거의 이루어지기 어렵다.

ⓑ **일시차입금에 의한 가장납입** : 일시차입금으로 납입한 경우의 효력에 관해서는

학설의 대립이 있으나, 판례는 견금납입의 경우에도 유효하다는 견해를 취하고 있다. 판례의 견해에 따르면 회사가 주주를 위하여 납입금을 체당한 것이므로 주주는 회사에 대하여 주금액을 상환할 책임이 있다고 한다.

ⓒ **발기인 등의 책임** : 납입가장행위를 한 발기인이나 이사는 공동불법행위를 한 자로서 회사에 대해 손해배상책임을 부담하고, 악의 또는 중대한 과실이 있는 때에는 제3자에 대해서도 손해배상책임을 진다. 또한 발기인이나 이사 등은 상법 제628조 제1항의 납입가장죄·형법상 공정증서원본부실기재죄와 동행사죄(형법 제228조 제1항, 제229조)가 성립할 수 있다. 납입가장죄가 인정되는 한 횡령죄는 성립되지 않는다(판례).

㉣ **가장납입과 발기인의 자본금 충실책임** : 가장납입의 경우에도 주금납입의 효력을 부인할 수 없으므로 발기인의 자본금 충실책임은 인정하지 않는다(판례).

④ **납입의 불이행** : 주식인수인이 납입하지 아니한 때에는 발기인은 일정한 기일을 정하여 그 기일 내에 납입하지 아니하면 그 권리를 잃는다는 뜻을 기일의 2주간 전에 그 주식인수인에게 통지하여야 한다(제307조 제1항). 이 통지를 받은 주식인수인이 그 기일 내에 납입의 이행을 하지 아니한 때에는 그 권리는 당연히 실권하며, 실권된 주식에 대하여 발기인은 주주를 재모집할 수 있고(제307조 제2항), 실권된 주식을 발기인이 인수할 수도 있다. 그러나 현물출자의 불이행은 사실상 재모집이 불가능하므로 강제집행의 방법을 취할 수밖에 없다. 납입의 불이행시 주식인수인에 대하여 손해배상을 청구할 수 있다(제307조 제3항).

3. 변태설립사항의 조사

정관에 변태설립사항이 기재된 때에는 발기인은 이에 관한 조사를 하기 위하여 법원에 검사인의 선임을 청구하여야 하고, 선임된 검사인은 조사보고서를 창립총회에 제출하여야 한다(제310조 제1항, 제2항). 발기인은 검사인의 조사보고에 갈음하여 변태설립사항중 발기인의 특별이익과 발기인의 보수·설립비용에 관한 사항은 공증인의 조사보고로, 현물출자와 재산인수에 관해서는 감정인의 감정서로 할 수 있다(제310조 제3항).

4. 창립총회

(1) 의 의

창립총회는 회사설립의 최종적 단계에서 주식인수인으로 구성된 설립중의 회사의 최고의 의사결정기관이며, 주주총회의 전신이다. 따라서 창립총회의 소집·의결권·결의하자 등에 대해서는 주주총회에 관한 규정이 준용된다(제308조 제2항).

(2) 소집 · 결의

발기인은 주금의 납입과 현물출자의 이행이 완료한 때에 지체없이 소집하여야 한다(제308조 제1항). 창립총회의 결의는 출석한 주식인수인의 의결권의 3분의 2 이상이며 인수된 주식총수의 과반수에 해당하는 다수로 한다(제309조). 이러한 창립총회의 결의요건에 있어서 인수된 주식총수 또는 출석한 주식인수인의 의결권에는 의결권없는 주식도 산입한다.

(3) 권 한

① **발기인의 회사창립에 관한 보고** : 발기인은 주식인수와 납입에 관한 제반사항 및 변태설립사항에 관한 실태를 명확히 기재한 서면에 의하여 회사창립에 관한 사항을 창립총회에 보고하여야 한다(제311조 제1항, 제2항).

② **이사 · 감사의 선임** : 창립총회에서는 장래에 설립될 회사의 기관이며, 설립중의 회사의 설립경과를 조사할 이사와 감사를 선임하여야 한다.

③ **설립경과의 조사** : 이사와 감사는 취임 후 지체없이 회사의 설립에 관한 모든 사항이 법령 또는 정관의 규정에 위반하지 아니하는 지의 여부를 조사하여 창립총회에 보고하여야 한다(제313조 제1항). 이때 이사와 감사가 발기인이나 현물출자자 또는 재산인수의 당사자인 때에는 이 조사 · 보고에 참가하지 못한다. 특히 이사와 감사 전원이 이 제척사유에 해당될 때에는 이사는 공증인으로 하여금 설립경과를 조사 · 보고하게 하여야 한다(제313조 제2항).

④ **변태설립사항의 변경** : 법원에서 선임된 검사인 또는 공증인의 조사보고나 감정인의 감정보고된 변태설립사항이 부당하다고 인정한 때에는 이를 변경할 수 있다(제314조 제1항). 이 변경에 불복하는 발기인은 주식인수를 취소할 수 있고, 또 정관을 변경하여 설립절차를 속행할 수 있다(제314조 제2항, 제300조 제2항). 창립총회에서의 변경이 있은 후 2주내에 주식의 인수를 취소한 발기인이 없는 때에는 정관은 결의에 따라 변경된 것으로 본다(제314조 제2항, 제300조 제3항). 그러나 주식인수인은 주식의 인수를 취소할 수 없다. 변태설립사항에 대한 창립총회의 변경결의가 있더라도 발기인에 대한 손해배상청구에 영향을 미치지 않는다(제315조).

⑤ **정관변경 · 설립폐지** : 창립총회에서는 정관변경 또는 설립폐지의 결의를 할 수 있다(제316조 제1항). 창립총회소집통지서에 이런 뜻의 기재가 없는 경우에도 가능하다(제316조 제2항).

주의 ▸ 원시정관은 공증인의 인증을 필요로 하지만, 창립총회에서의 정관변경의 경우에는 공증인의 인증은 필요없다.

【제4관】 설립등기

Ⅰ. 등기시기

회사는 설립등기에 의해 성립하므로(제172조), 발기설립의 경우에는 법원의 변경처분절차가 끝난 때로부터, 모집설립의 경우에는 창립총회가 종료한 때로부터 본점소재지에서 2주간내에 상법 제317조 제2항의 소정의 사항들을 등기하여야 한다(제317조 제1항).

Ⅱ. 등기사항

설립등기사항은 목적, 상호, 발행예정주식총수, 액면주식을 발행하는 경우 1주금액, 본점소재지, 회사가 공고하는 방법, 자본금의 총액, 주식매수선택권 부여규정, 지점소재지, 전환주식에 관한 사항, 사내이사 · 사외이사 · 그 밖에 상무에 종사하지 아니하는 이사 · 감사 및 집행임원의 성명과 주민등록번호, 대표이사 또는 대표집행임원의 성명과 주민등록번호 및 주소, 감사위원회 위원의 성명 및 주민등록번호 등이다(제317조 제2항).

Ⅲ. 등기효력

1. 본래적 효력

설립등기로 인하여 회사는 법인격을 취득하고 권리능력을 갖게 된다. 따라서 설립중의 회사의 기관으로서의 발기인이 설립을 위하여 한 행위에 의하여 취득 또는 부담한 권리 · 의무는 당연히 회사에 귀속하게 되고, 주식인수인은 주주가 된다.

2. 부수적 효력

설립등기를 하여 회사가 성립하면 주식인수인은 주식청약서의 요건흠결에 따른 주식인수의 무효주장이나 사기 · 강박 또는 착오를 이유로 한 주식인수의 취소를 하지 못한다(제320조 제1항). 창립총회에 출석하여 그 권리를 행사한 주식인수인은 회사성립의 전후를 불문하고 주식인수의 취소를 하지 못한다(제320조 제2항). 또한 권리주란 상태가 종식되므로 권리주의 양도제한에 관한 규정이 적용되지 않고(제319조 참조), 회사는 주권을 발행할 수 있으며(제355조 제2항), 발기인 등의 자본금 충실의 책임 · 손해배상책임 문제가 제기될 수 있다. 또한 설립등기시 상호가 등기되므로 등기상호의 등기배척권(제22조) · 부정목적 추정(제23조 제4항) 등의 효력이 인정된다.

【제5관】 설립에 관한 책임

Ⅰ. 발기인의 책임

1. 회사성립의 경우

(1) 회사에 대한 책임

① **자본금 충실의 책임**

㉠ **인수담보책임** : 회사설립시에 발행한 주식으로서 회사성립 후에 아직 인수되지 아니한 주식이 있거나(예 의사무능력자의 주식인수 또는 무권대리에 의한 주식인수가 무효가 된 경우), 주식인수의 청약이 취소된 때(예 행위무능력자의 주식인수가 취소되는 경우)에는 발기인이 이를 공동으로 인수한 것으로 본다(제321조 제1항). 그 예로는 행위무능력자가 한 주식인수의 취소를 들 수 있다.

ⓐ **책임의 성질** : 법정책임으로써 무과실책임이다.

ⓑ **책임의 형태** : 발기인이 공동으로 인수한 것으로 본다. 따라서 발기인간에서는 인수가 간주된 주식에 관하여 공유관계가 성립한다.

ⓒ **책임의 효과** : 발기인이 주식을 인수한 것으로 보기 때문에, 발기인의 의사와 관계없이 또 발기인의 인수행위를 별도로 요하지 않고 발기인이 주식을 인수한 것으로 의제되고 그 결과 납입의무를 진다. 이러한 납입을 완료한 발기인은 인수된 주식에 대해 주주의 자격을 갖게 된다.

주의▶ 주식인수인은 비진의표시 또는 주식청약서의 요건흠결에 따른 주식인수의 무효와 사기 · 강박 · 착오에 의한 주식인수의 취소는 설립등기 후에는 주장할 수 없으므로 이 경우에는 발기인의 인수담보책임이 발생하지 않는다.

ⓓ **설립무효와의 관계** : 설립무효판결이 확정되더라도 발기인의 인수담보책임은 소멸하지 않는다. 무효판결을 받은 사실상의 회사의 청산을 위해서는 자본금 충실이 요구되기 때문이다.

㉡ **납입담보책임** : 회사성립 후 납입이 완료되지 않은 주식이 있는 때에는 발기인이 연대하여 납입하여야 한다(제321조 제2항).

ⓐ **책임의 성질** : 무과실책임이다.

ⓑ **책임의 형태** : 주식의 인수는 있었으나 설립등기 후에도 납입되지 않은 주식에 대해 발기인은 연대하여 납입할 책임을 진다. 발기인 각자의 부담부분은 균등한 것으로 추정해야 할 것이다.

ⓒ **책임의 효과** : 발기인이 납입담보책임을 이행하더라도 주주가 되는 것이 아니고 주식인수인의 채무를 이행한 결과가 될 뿐이다. 따라서 발기인은 주식인수인에 대하여 회사를 대위하여 변제를 청구할 수 있다.

주의 현물출자의 이행이 되지 아니한 경우 발기인의 자본금 충실책임이 인정될 수 있는가에 대하여 논란이 있으나, 현물출자는 일반적으로 타인의 대체이행이 곤란하므로 발기인의 자본금 충실책임을 부정하는 것이 타당하며, 현물출자의 이행이 없는 때에는 설립무효의 사유가 된다고 본다(통설).

② **손해배상책임** : 발기인이 회사의 설립에 관하여 그 임무를 해태한 때에는 그 발기인은 회사에 대하여 연대하여 손해배상책임을 진다(제322조 제1항).

㉠ **책임의 성질** : 발기인의 손해배상책임은 계약상의 책임이 아니고 상법이 인정하는 특수한 손해배상책임으로서 과실책임이다. 발기인이 설립중의 회사의 기관으로서 선량한 관리자의 주의의무를 위배하여 설립중의 회사에 손해를 가하였을 경우에는 설립중의 회사가 발기인에 대하여 손해배상청구권을 가지며, 설립 후의 회사가 이를 승계한다.

㉡ **책임의 범위** : 임무해태로 인하여 발생한 상당인과관계가 있는 모든 손해에 대하여 배상책임을 진다.

㉢ **설립무효와의 관계** : 회사설립의 무효가 되더라도 사실상의 회사가 존재하므로 발기인의 손해배상책임은 소멸하지 않는다.

③ **책임의 추궁 · 면제 · 소멸** : 회사가 발기인에 대한 자본금 충실의 책임과 손해배상책임을 묻지 않는 경우 발행주식총수의 100분의 1(상장회사는 1만분의 1) 이상을 가진 소수주주가 회사를 위하여 대표소송을 제기하여 책임을 추궁할 수 있다(제324조, 제403조 내지 제406조). 그리고 발기인의 책임은 10년의 시효기간의 경과로 소멸한다. 발기인의 손해배상책임은 총주주의 동의로 면제할 수 있으나, 자본금 충실의 책임은 총주주의 동의로도 면제할 수 없다.

(2) 제3자에 대한 책임

① **의의 · 성질** : 회사의 설립에 관하여 악의 또는 중대한 과실로 인하여 그 임무를 해태한 발기인은 제3자에 대하여 연대하여 손해배상책임을 진다(제322조 제2항). 따라서 경과실로 인한 제3자의 손해에 대해서는 책임을 지지 않는다.

② **책임의 요건** : 발기인에게 회사에 대한 임무해태가 있고, 이로 인하여 제3자에게 손해가 발생하여야 한다.

③ **이사 · 감사와의 연대책임** : 발기인과 더불어 이사 · 감사도 제3자에 대해 손해배상책임을 지는 경우에는 발기인은 이들과 연대하여 배상할 책임이 있다(제323조).

2. 회사불성립의 경우

(1) 회사불성립의 의의 · 성질

회사의 불성립이란 설립절차에 착수하였으나 설립등기에 이르지 못할 것으로 확정된 것을 말한다. 따라서 회사설립등기 후 설립무효판결이 난 경우에는 회사가 성립한 경우의 책임을 지는 것이지, 불성립의 책임을 지는 것은 아니다.

(2) 책임의 성질

회사불성립에 관한 발기인의 책임은 무과실책임이며, 불성립에 관하여 발기인의 고의 · 과실을 요하지 않는다.

(3) 책임의 내용

회사불성립의 경우 설립에 관한 행위에 대하여 연대하여 책임을 지며, 설립비용을 부담한다(제326조 제1항, 제2항). 여기서 「설립에 관한 행위」에 대한 책임이란 주로 주식인수인에 대한 주금액의 반환을 말하며, 「설립비용」은 변태설립사항으로 정관에 기재된 것에 한하지 않고 광고비 · 사무실 임차비 · 사무원의 고용비용 등을 말한다.

(4) 임무해태로 인한 책임

회사불성립의 경우에는 발기인은 임무해태로 인한 책임은 지지 않는다.

II. 이사 · 감사, 검사인 · 공증인 · 감정인의 책임

1. 이사 · 감사의 책임

이사 및 감사는 설립절차에 대한 조사 · 보고의무를 게을리 한 경우 회사에게 손해배상책임을 부담하며, 발기인도 책임을 질 때에는 연대하여 손해를 배상하여야 한다(제323조). 이들에 대한 책임은 총주주의 동의로 면제할 수 있다. 이사 · 감사의 제3자에 대한 책임은 악의 또는 중대한 과실이 있는 때에만 진다. 이사 · 감사의 임무해태로 인한 손해의 발생에 대한 입증책임은 회사 또는 제3자가 부담한다.

2. 검사인 · 공증인 · 감정인의 책임

검사인이 변태설립사항의 조사 · 보고에 있어 악의 또는 중대한 과실이 있었을 때에는 회사 또는 제3자에 대하여 손해배상책임을 진다(제325조).

검사인에 갈음하여 공증인 또는 감정인이 변태설립사항의 조사 · 평가에 고의 · 과실이 있는 경우 명문규정은 없으나, 고의 · 과실로 회사에 손해를 가하게 된 때와 고의 · 중과실로 제3자가 손해를 입은 때에는 상법 제323조를 유추적용하여 책임을 물어야 한다.

III. 유사발기인의 책임

1. 유사발기인의 의의

주식청약서 기타 주식모집에 관한 서면에 성명과 회사의 설립에 찬조한다는 뜻의 기재를 승낙한 자는 발기인은 아니지만 실질적으로 설립에 관여한 외관을 갖추었기 때문에 그 외관을 신뢰한 자를 보호하기 위하여 발기인과 동일한 책임을 부담한다(제327조). 이러한 책임을 지는 자를 유사발기인이라 하고, 금반언의 원칙에 따라 인정한 책임이다.

2. 책임의 범위

유사발기인은 회사성립의 경우 자본금 충실의 책임을 지고, 불성립의 경우 주식인수인에 대하여 납입금 및 증거금액의 반환에 관하여 발기인과 동일한 책임을 진다. 다만, 유사발기인은 발기인으로서의 직무권한이 없기 때문에 임무해태로 인한 책임은 부담하지 않는다.

3. 책임의 추궁 · 면제

유사발기인의 책임추궁을 위하여 소수주주의 대표소송이 인정되며, 자본금 충실의 책임은 총주주의 동의로 면제될 수 없다.

IV. 납입금 보관자의 책임

1. 납입증명서 발급의무

납입금을 보관한 은행이나 그 밖의 금융기관은 발기인 또는 이사의 청구를 받으면 그 보관금액에 관하여 증명서를 발급하여야 한다(제318조 제1항). 다만, 자본금 총액이 10억원 미만인 회사를 발기설립하는 경우에는 증명서를 은행이나 그 밖의 금융기관의 잔고증명서로 대체할 수 있다(제318조 제3항).

2. 납입금 반환책임

납입금을 보관한 은행이나 그 밖의 금융기관은 증명한 보관금액에 대하여는 납입이 부실하거나 그 금액의 반환에 제한이 있다는 것을 이유로 회사에 대항하지 못한다(제318조 제2항).

【제6관】 설립의 무효

I. 무효의 원인

설립무효의 원인은 정관의 절대적 기재사항의 하자, 설립목적이 위법하거나 사회질서에 어긋날 때, 정관에 발기인의 기명날인 또는 서명이 없거나 공증인의 인증이 없는 때, 주식발행사항의 결정이 없거나 위법한 때, 창립총회를 소집하지 않은 때, 설립등기가 무효인 때 등 설립절차상에 하자가 있거나 강행법규에 위반된 경우 또는 주식회사의 본질에 반하는 경우이다.

II. 무효의 소

회사설립무효의 소는 회사가 성립한 날로부터 2년 내에 주주 · 이사 · 감사만이 제기할 수 있다(제328조). 기타 설립무효의 소제기절차와 효과는 회사법 총론에서 서술한 바와 같다.

【제7관】 회사의 부존재 · 사후설립

I. 회사의 부존재

회사의 부존재란 설립등기만 있고 설립절차가 전혀없는 경우를 말하며, 이러한 경우에는 누구든지 언제라도 어떠한 방법으로든 회사의 부존재를 주장할 수 있다. 회사부존재는 설립무효와 같은 사실상의 회사의 존재를 인정할 여지가 없다.

II. 사후설립

회사설립 후의 계약으로 회사가 성립 후 2년 내에 그 성립 전부터 존재하는 재산으로서 영업을 위하여 계속하여 사용하여야 할 것을 자본금의 100분의 5 이상에 해당하는 대가로 취득하는 계약을 하는 경우에는 주주총회의 특별결의가 있어야 한다(제375조). 여기서 사후설립의 규제대상인 재산은 회사성립 전부터 존재하는 것이어야 하지만 회사성립 후에 창설이 예정된 재산도 포함된다.

연습문제

01 상법상 주식회사의 설립에 관한 설명 중 틀린 것은? (2008년 공인회계사)

① 실제 설립사무에 종사하는지 여부와 관계없이 정관에 발기인으로 기명날인 또는 서명을 하지 않은 자는 상법상 발기인이 아니다.

② 발기설립의 경우 발기인은 변태설립사항을 조사하기 위하여 법원에 대하여 검사인의 선임을 청구하여야 한다.

③ 주주는 정관작성에 의해서가 아니라 별도의 주식인수절차에 의하여 확정된다.

④ 판례에 의하면, 발기인의 권한은 회사성립 후의 개업을 위한 준비행위를 포함한다.

⑤ 모집설립의 경우 납입금의 보관자 또는 납입장소를 변경한 때에는 법원의 허가를 얻어야 한다.

발기설립의 경우 이사는 변태설립사항을 조사하기 위하여 법원에 대하여 검사인의 선임을 청구하여야 한다(제298조 제4항).

02 주식회사의 발기설립과 모집설립의 차이에 관한 설명으로 옳지 않은 것은?

① 발기설립의 경우 납입의 해태는 채무불이행의 일반원칙에 의해 처리되나, 모집설립의 경우 납입의 해태는 실권절차가 인정된다.

② 발기설립의 경우 이사와 감사의 선임은 발기인의 의결권의 과반수에 의하나, 모집설립의 경우 이사와 감사의 선임은 창립총회에서 한다.

③ 발기설립의 경우 설립경과에 대하여는 원칙적으로 이사와 감사가 조사하지만, 모집설립의 경우 설립경과에 대하여는 창립총회에서 선임된 공증인이 조사한다.

④ 발기설립의 경우 설립경과에 대한 조사보고는 발기인에게 하지만, 모집설립의 경우 설립경과에 대한 조사보고는 창립총회에 한다.

⑤ 발기설립의 경우 변태설립사항의 부당변경은 법원이 하지만, 모집설립의 경우 변태설립사항의 부당변경은 창립총회가 한다.

주식회사의 설립경과에 대하여 이사와 감사가 조사하고 보고하는 점에서는 발기설립과 모집설립에 차이가 없다.

답 1. ② 2. ③

03 발기설립에 관한 다음 설명 중 옳은 것은?

① 발기인은 서면에 의해 설립시 발행되는 모든 주식을 인수하여야 하며, 구두에 의한 주식 인수도 무효는 아니다.

② 발기인은 지정된 은행에 출자금을 납입하여야 하며, 납입되지 아니한 부분에 대해서는 재모집을 인정하고 있다.

③ 법원에서 선임된 검사인은 모든 설립과정에 대해 조사하지만, 법원에 보고하여야 할 사항은 변태설립사항에 대한 조사내용에 한한다.

④ 주금액의 전액이 납입된 후 발기인의 의결권의 과반수로 이사와 감사를 선임하여야 하며, 발기인의 의결권은 그 인수주식의 1주에 대하여 1개로 한다.

⑤ 주식회사의 자본금은 주식인수 이외의 다른 방법으로 직접 출자할 수 있다는 것이 판례의 입장이다.

① 구두에 의한 주식인수는 무효이다.
② 발기설립은 발기인에 의하여 설립되어지는 것이므로, 모집설립과 같은 재모집절차는 인정되지 않는다.
③ 회사의 모든 설립과정에 대한 조사는 원칙적으로 발기인에 의해 선임된 이사나 감사가 하여야 하며, 이사나 감사 모두가 발기인인 경우에는 공증인이 조사한다(제298조 제3항).
④ 제296조
⑤ 판례는 주식회사의 자본금은 주식에 의한 출자로써 형성되는 것이므로 주식인수 이외의 방법으로 직접 출자할 수 없다고 하고 있다(대판 1966. 1. 18, 65 다 880 · 881, 파기환송).

03 주식회사의 모집설립에 관한 설명으로 옳은 것은?

① 모집설립에 있어서는 모든 주식인수시 주식청약서에 의하여야 한다.

② 주주의 모집방법은 반드시 공모에 의하여야 한다.

③ 발기인들의 전원의 동의에 의해 주금납입금의 보관자 또는 납입장소를 변경할 수 있다.

④ 타인명의로 주식인수를 청약한 자는 반드시 타인과 연대하여 납입할 책임이 있다.

⑤ 주식납입금보관금융기관과 발기인의 통모없이 발기인측의 일방적인 가장납입행위에 의한 주금납입에 대해서 학설은 무효설과 유효설의 대립이 있으나, 대법원판례는 유효설을 취하고 있다.

① 모집설립시 주식청약은 주식청약서에 의하지만, 발기인의 주식인수는 서면에 의하면 될 뿐, 주식청약서에 의할 필요가 없다.
② 주주의 모집방법은 제한이 없으며 공모에 의하든 연고모집에 의하든 관계없다.
③ 주금납입금의 보관자 또는 납입장소를 변경하는 경우 법원의 허가를 얻어야 한다.

답 3. ④ 4. ⑤

④ 타인명의로 주식인수를 청약한 자는 그 타인의 동의를 얻은 경우에 그 타인과 연대하여 납입할 책임을 진다.
⑤ 대판 1985. 1. 29, 84 다카 1823 · 1824

05 주식회사의 발기인에 관한 다음 설명 중 틀린 것은? (2004년 공인회계사)

① 발기인이 받을 특별이익과 이를 받을 자의 성명은 정관에 기재함으로써 그 효력이 있다.
② 발기인은 1인 이상이어야 한다.
③ 발기인은 주식인수담보책임 및 납입담보책임을 부담한다.
④ 변태설립사항을 조사하기 위하여 발기설립의 경우에는 이사가 법원에 검사인의 선임청구를 하고, 모집설립의 경우에는 발기인이 법원에 검사인의 선임청구를 하여야 한다.
⑤ 이사와 감사의 선임은 발기설립과 모집설립의 경우 모두 발기인의 의결권의 과반수로 하여야 한다.

이사와 감사의 선임은 발기설립의 경우에는 발기인의 의결권의 과반수로 하여야 하며(제296조 제1항), 모집설립의 경우에는 창립총회에서 선임한다(제312조).

06 주식회사의 발기인 · 발기인조합 및 설립중의 회사에 관한 설명 중 틀린 것은? (2006년 공인회계사)

① 실제 설립사무에 종사하지 않았더라도 정관에 발기인으로 기명날인 또는 서명을 한 자가 발기인이 된다.
② 판례에 따르면, 개업준비행위는 발기인의 권한에 포함된다.
③ 발기인조합의 법적 성질은 민법상의 조합이므로 조합에 관한 민법의 규정이 적용된다.
④ 판례에 따르면, 설립중의 회사의 성립시기는 정관이 작성되고 발기인이 1주 이상의 주식을 인수한 때이다.
⑤ 설립중의 회사의 명의로 취득한 권리의무는 설립중의 회사에 귀속하였다가 성립 후의 회사에 별도의 이전행위를 통해 귀속된다.

설립중의 회사의 법적성질에 대해 성립후의 회사와 동일성을 갖는다는 것이 판례와 통설의 입장이다. 이 견해에 의할 때, 설립중의 회사의 명의로 취득한 권리의무는 별도의 이전절차없이 성립후의 회사에 귀속된다고 한다.

답 5. ⑤ 6. ⑤

07 상법상 주식회사의 설립에 관한 설명으로 틀린 것은? (2017년 공인회계사)

① 판례에 의하면 설립중의 회사는 정관이 작성되고 발기인이 적어도 1주 이상의 주식을 인수하였을 때에 성립한다.

② 판례에 의하면 발기인이 설립중의 회사 명의로 그 권한 내에서 한 행위의 효과는 회사의 설립과 동시에 그 설립된 회사에 귀속된다.

③ 발기인이 받을 보수액은 정관에 기재해야 효력이 있고 법원이 선임한 검사인의 조사를 받거나 공증인의 조사 · 보고를 받아야 한다.

④ 발기설립에서 이사와 감사는 취임 후 지체없이 회사의 설립에 관한 모든 사항이 법령 또는 정관의 규정에 위반되지 아니하는지의 여부를 조사하여 발기인에게 보고하여야 한다.

⑤ 모집설립에서 검사인은 현물출자와 그 이행을 조사하여 법원에 보고하여야 하고 법원은 현물출자가 부당하다고 인정하면 이를 변경할 수 있다.

모집설립에서 검사인은 현물출자와 그 이행을 조사하여 주주총회에 보고하여야 하고, 주주총회는 현물출자가 부당하다고 인정하면 이를 변경할 수 있다(제314조 제1항).

08 상법상 주식회사의 설립에서 설립중의 회사에 관한 설명으로 틀린 것은? (2010년 공인회계사)

① 판례에 의하면, 설립중의 회사는 정관이 작성되고 발기인이 적어도 1주 이상의 주식을 인수하였을 때 성립한다.

② 발기인이 회사설립을 위해 수행한 행위가 성립 후의 회사에 귀속되기 위해서는 설립중의 회사의 기관으로서 한 행위이어야 한다.

③ 판례에 의하면, 발기인이 성립 후의 회사의 영업을 위하여 제3자와 체결한 자동차 조립계약은 발기인의 권한 내의 행위가 되고 이에 대하여 성립 후의 회사가 책임을 진다.

④ 발기인 또는 창립총회가 선임한 이사는 설립중의 회사의 업무집행기관이자 감사기관이다.

⑤ 설립중의 회사로서의 실체가 갖추어지기 전에 발기인이 취득한 권리의무는 별도의 이전행위가 있어야 성립 후의 회사에 귀속된다.

발기인은 설립중의 회사의 업무집행기관이고, 설립 중에 선임된 이사는 감사와 함께 설립중의 회사의 감독기관에 해당한다.

① 대판 1998. 5. 12, 97다56020 ③ 대판 1970. 8. 31, 70다1357

답 7. ⑤ 8. ④

09 상법상 주식회사의 변태설립사항에 관한 설명 중 틀린 것은? (2008년 공인회계사)

① 발기인이 받을 보수액은 정관뿐만 아니라 주식청약서에도 기재하여야 한다.

② 발기인이 받을 특별이익은 공증인의 조사 · 보고로 법원이 선임한 검사인의 조사에 갈음할 수 있다.

③ 설립비용을 정관에 기재한 경우 발기인은 회사가 성립하지 아니한 때에는 그 설립비용에 대하여 책임을 지지 않는다.

④ 검사인은 변태설립사항의 조사결과를 발기설립의 경우 법원에, 모집설립의 경우 창립총회에 보고하여야 한다.

⑤ 현물출자의 경우 납입기일에 출자의 목적물을 인도하고, 권리의 설정 또는 이전을 요하는 때에는 관련서류를 완비하여 교부하여야 한다.

설립비용을 정관에 기재한 경우라도 회사가 성립하지 아니한 때에는 발기인이 그 설립비용을 부담한다(제326조 제2항).

10 주식회사의 변태설립사항에 관한 설명 중 틀린 것은? (2003년 공인회계사)

① 정관의 상대적 기재사항의 일종이다.

② 정관에 기재함으로써 그 효력이 있다.

③ 원칙적으로 법원이 선임한 검사인에 의하여 조사를 받아야 한다.

④ 현물출자와 재산인수에 관하여는 공증인의 조사 · 보고로 검사인의 조사에 갈음할 수 있다.

⑤ 발기인이 받을 특별이익과 보수액, 그리고 회사가 부담할 설립비용도 변태설립사항이다.

현물출자와 재산인수에 관하여는 감정인의 조사 · 보고로 검사인의 조사에 갈음할 수 있다(제299조의2).

11 상법상 주식회사의 현물출자, 재산인수 및 사후설립에 관한 다음 설명 중 옳은 것은? (2004년 공인회계사)

① 현물출자는 발기인에 한하여 이를 할 수 있다.

② 현물출자를 하는 발기인은 납입기일에 지체 없이 출자의 목적인 재산을 인도하고 등기 · 등록 기타 권리의 설정 또는 이전을 요할 경우에는 이에 관한 서류를 완비하여 교부하여야 한다.

답 9. ③ 10. ④ 11. ②

③ 현물출자는 개인법상의 거래행위이나, 재산인수는 단체법상의 출자행위라는 점에서 양자는 구별된다.

④ 재산인수는 정관에 기재하지 않아도 그 효력이 있다.

⑤ 사후설립은 회사가 그 성립 후 2년 내에 그 성립 전부터 존재하는 재산으로서 영업을 위하여 계속하여 사용하여야 할 것을 자본금의 100분의 5 이상에 해당하는 대가로 취득하는 계약이며, 이 경우에는 주주총회의 보통결의를 얻어야 한다.

① 현물출자는 발기인이 아니더라도 정관에 정한 자는 누구나 할 수 있다.
② 제295조 제2항
③ 현물출자는 단체법상의 거래행위이나, 재산인수는 개인법상의 출자행위라는 점에서 양자는 구별된다.
④ 재산인수는 정관에 기재하지 않으면 그 효력이 없다(제290조 본문).
⑤ 사후설립은 회사가 그 성립 후 2년 내에 그 성립 전부터 존재하는 재산으로서 영업을 위하여 계속하여 사용하여야 할 것을 자본금의 100분의 5 이상에 해당하는 대가로 취득하는 계약이며, 이 경우에는 주주총회의 특별결의를 얻어야 한다(제375조).

12 주식회사의 변태설립사항 중 상법의 해석상 허용되는 것으로 짝지어진 것은? (2009년 공인회계사)

ㄱ. 발기인에게 회사제품의 총판매권을 부여하는 경우
ㄴ. 발기인에게 신주인수의 우선권을 부여하는 경우
ㄷ. 발기인에게 의결권에 대한 특혜를 약속하는 경우
ㄹ. 발기인이 영업에 요한 특허권을 출자하는 경우
ㅁ. 발기인에게 무상주를 교부하는 경우

① ㄱ, ㄴ, ㄹ　② ㄱ, ㄴ, ㅁ　③ ㄱ, ㄷ, ㅁ
④ ㄴ, ㄷ, ㄹ　⑤ ㄷ, ㄹ, ㅁ

ㄱ. 발기인에게 회사제품의 총판매권을 부여하는 경우, ㄴ. 발기인에게 신주인수의 우선권을 부여하는 경우에는 발기인에 대한 특별이익이 될 수 있다. 그러나, ㄷ. 발기인에게 의결권에 대한 특혜를 약속하는 경우, ㅁ. 발기인에게 무상주를 교부하는 경우는 특별이익으로 인정되지 않는다. ㄹ. 발기인이 영업에 필요한 특허권을 출자하는 경우는 현물출자로써 변태설립사항으로 허용된다.

답 12. ①

13 甲주식회사의 발기인 A와 B는 납입자본금총액을 1억 6천만원으로 정한 후 A는 1억원을 현금으로 납입하고, B는 甲회사의 창고부지로 사용하기 위하여 6천만원에 상당하는 B소유 토지를 현물출자하기로 하였다. 상법상 다음의 설명 중 옳은 것은? (이견이 있으면 판례에 의함)

(2015년 공인회계사)

① A가 납입금 1억원 중 9천만원을 사채업자로부터 일시차입하여 주금납입의 외형을 갖추고 회사설립절차를 마친 후 바로 납입금을 인출하여 차입금을 변제하였다면 이는 회사설립의 중대한 하자가 되어 회사설립무효의 원인이 된다.

② B는 자신의 성명, 현물출자하는 재산의 종류와 가격 및 이에 대하여 부여할 주식의 종류와 수를 정관에 기재하고 납입기일에 지체없이 해당 토지에 대한 소유권 이전등기를 마쳐야 한다.

③ B가 현물출자한 재산총액이 자본총액의 5분의 1을 초과하고 대통령령으로 정한 금액을 과하기 때문에 현물출자의 이행에 관하여 법원이 선임한 검사인 또는 공인된 감정인의 조사를 받아야 한다.

④ 법원이 선임한 검사인은 B의 현물출자 재산이 과대평가되었다고 판단한 경우에 한하여 그 결과를 법원에 보고하고 법원은 조사결과 보고서를 각 발기인에게 교부하여야 한다.

⑤ B의 현물출자에 대한 법원선임 검사인의 조사는 공인된 감정인의 감정으로 대신할 수 있으며 이 경우 감정인은 조사 또는 감정결과를 발기인에게 보고하여야 한다.

① A가 납입금 1억원 중 9천만원을 사채업자로부터 일시차입하여 주금납입의 외형을 갖추고 회사설립절차를 마친 후 바로 납입금을 인출하여 차입금을 변제하였다하더라도 그 납입은 유효하다(판례)

② B는 자신의 성명, 현물출자하는 재산의 종류와 가격 및 이에 대하여 부여할 주식의 종류와 수를 정관에 기재하고, 납입기일에 소유권 이전을 위한 서류를 구비하여 제출하여야 한다(제295조 제2항).

④ 법원이 선임한 검사인은 B의 현물출자 재산에 대한 조사결과를 법원에 보고하고 검사인은 조사결과 보고서의 등본을 각 발기인에게 교부하여야 한다(제299조 제1항, 3항).

⑤ B의 현물출자에 대한 법원선임 검사인의 조사는 공인된 감정인의 감정으로 대신할 수 있으며 이 경우 감정인은 조사 또는 감정결과를 법원에 보고하여야 한다(제299조의2).

14 상법상 주식회사의 정관에 관한 설명으로 틀린 것은? (2010년 공인회계사)

① 회사설립시 발행하는 주식의 종류는 정관에 규정이 없으면 발기인 전원의 과반수로 정한다.

② 정관에는 회사가 발행하는 주식의 총수와 회사의 설립시에 발행하는 주식의 총수가

답 13 ③ 14. ①

모두 기재되어야 한다.

③ 발기인이 받을 특별이익과 보수액은 정관에 기재하지 않으면 효력이 없다.

④ 자본금총액 10억원 미만인 회사를 발기설립하는 경우 정관은 각 발기인이 정관에 기명날인 또는 서명함으로써 효력이 생긴다.

⑤ 정관변경을 위한 주주총회의 결의는 출석한 주주의 의결권의 3분의 2 이상의 수와 발행주식총수의 3분의 1 이상의 수로써 하여야 한다.

회사설립시 발행하는 주식의 종류는 정관에 규정이 없으면 발기인 전원의 동의로써 정한다(제291조).

15 상법상 주식회사 설립시의 주식 인수에 관한 설명 중 틀린 것은? (2009년 공인회계사)

① 발기설립시 발기인은 회사의 설립시에 발행하는 주식의 총수를 인수하여야 한다.

② 발기설립시 발기인이 인수한 주식에 대해 출자를 이행하지 않을 경우에 그 부분은 모집설립의 실권절차를 준용한다.

③ 모집설립시 가설인의 명의로 주식인수의 청약을 하는 경우에 실제로 청약을 한 자가 주식인수인으로서의 책임을 부담한다.

④ 모집설립시 비진의로 주식인수의 청약을 하는 경우에 발기인이 이를 알았을 때에도 그 청약은 무효가 되지 않는다.

⑤ 모집설립시 발기인은 주식인수의 청약에 대하여 미리 배정방법을 공고하지 않은 이상 자유로이 배정할 수 있다.

발기설립시 발기인이 인수한 주식에 대해 출자를 이행하지 않을 경우에는 그 부분에 대해 모집설립의 실권절차를 준용하는 것이 아니라, 강제집행의 방법에 의하고, 그 실행이 되지 않는다면 회사불성립이 된다.

16 甲은 乙주식회사의 설립시 丙의 명의로 주식을 인수하였다. 다음 설명 중 틀린 것은?

(2003년 공인회계사)

① 丙이 가설인인 경우에는 甲이 주식인수인으로서의 책임이 있다.

② 丙의 승낙이 없는 경우에도 甲이 주식인수인으로서의 책임이 있다.

③ 丙의 승낙이 있는 경우에는 甲과 丙이 연대하여 주금액을 납입할 책임이 있다.

④ 丙의 승낙이 있는 경우 甲과 丙 가운데 누가 주주가 되는가에 대해서는 학설이 갈린다.

답 15. ② 16. ⑤

⑤ 丙의 승낙이 있는 경우 판 는 丙이 주주가 된다고 한다.

타인명의로 주식을 인수한 때에는 명의차용인이 회사의 실질상의 주식인수인으로서의 주주가 되고, 단순한 명의대여자는 회사의 주주로 볼 수 없다는 것이 판례의 입장이다(대판 1975. 7. 8, 75다410).

17 발기인 甲, 乙, 丙은 총납입자본액 1억 5천만원의 주식회사를 설립하면서 사채업자로부터 1억원을 일시 차입하여 주금납입의 외형을 갖추고 회사설립절차를 마친 후 바로 그 납입금을 인출하여 차입금을 변제하였다. 다음 설명 중 틀린 것은? (2009년 공인회계사)

① 판례는 가장납입을 한 甲, 乙, 丙의 납입행위에 대하여 주금납입의 효력을 인정하고 있다.

② 판례에 의하면, 甲, 乙, 丙의 납입행위는 회사설립의 중대한 하자에 해당하여 회사설립무효의 원인이 된다.

③ 가장납입으로 인하여 제3자에게 손해가 발생하는 경우 甲, 乙, 丙은 제3자에게 연대하여 손해를 배상할 책임이 있다.

④ 판례에 의하면, 甲, 乙, 丙은 공동불법행위를 구성하므로 회사에 대하여 연대하여 손해배상책임을 진다.

⑤ 가장납입을 한 甲, 乙, 丙은 납입가장죄로 형사처벌을 받을 수 있다.

판례에 의하면, 甲, 乙, 丙의 납입행위는 유효한 것으로 보기 때문에 회사설립무효의 원인이 되지 않지만, 이들은 공동불법행위를 형성하므로 손해배상책임을 진다.

18 주식회사의 설립에 있어서 기관구성의 절차에 관한 설명으로 옳은 것은?

① 발기설립시 이사와 감사는 발기인 과반수의 동의에 의하여 선임된다.

② 발기설립시 이사와 감사를 선임하는 경우 발기인은 1인 1의결권이 인정된다.

③ 모집설립의 경우 이사와 감사는 창립총회에서 선임되며, 선임결의는 출석한 주식인수인의 의결권의 3분의 2 이상이며 인수된 주식총수의 3분의 1 이상에 해당하는 다수로 한다.

④ 발기설립의 경우 이사와 감사는 취임 후 지체없이 회사의 설립에 관한 모든 사항을 조사하여 법원에 보고하여야 한다.

⑤ 발기설립이든 모집설립이든 이사와 감사 전원이 발기인이었던 자이거나 현물출자자 또는 회사성립 후 양수할 재산의 계약당사자이었던 경우에는 설립과정에 대한 조사·보고는 공증인에 의한다.

답 17. ② 18. ⑤

① 발기설립시 이사와 감사는 발기인 의결권의 과반수의 동의에 의하여 선임된다(제296조 제1항).
② 발기설립시 이사와 감사를 선임하는 경우 발기인은 인수주식 1주에 대해 1의결권이 인정된다(제296조 제2항).
③ 모집설립의 경우 이사와 감사는 창립총회에서 선임되며, 선임결의는 출석한 주식인수인의 의결권의 3분의 2 이상이며 인수된 주식총수의 과반수에 해당하는 다수로 한다(제309조).
④ 발기설립의 경우 이사와 감사는 취임 후 지체없이 회사의 설립에 관한 모든 사항을 조사하여 발기인에 보고하여야 한다(제298조 제1항).

19 다음 중 주식회사의 설립에 관한 설명으로 틀린 것은? (2007년 공인회계사)

① 판례에 의하면, 설립중의 회사는 정관이 작성되고 발기인이 적어도 1주 이상의 주식을 인수하였을 때 비로소 성립한다.
② 발기인의 자격에는 제한이 없으므로 법인 또는 무능력자도 발기인이 될 수 있다.
③ 자본금 총액이 10억원 미만인 회사를 발기설립하는 경우를 제외하고는 설립시 작성하는 원시정관에 모든 발기인이 기명날인 하였더라도 공증인의 인증이 없는 한 정관의 효력이 발생하지 않는다.
④ 회사 설립시에 발행하는 주식의 종류와 수에 관하여 정관에 다른 정함이 없는 경우에는 발기인 전원의 동의로써 이를 정한다.
⑤ 창립총회에서는 소집통지서에 그 뜻의 기재가 없으면 설립폐지의 결의를 할 수 없다.

창립총회에서는 소집통지서에 그 뜻의 기재가 없는 경우에도 설립폐지의 결의를 할 수 있다(제316조 제2항).

20 상법상 주식회사의 설립에 관한 설명으로 틀린 것은? (2010년 공인회계사)

① 회사가 성립하지 못한 경우 회사의 설립에 관하여 지급한 비용은 발기인이 부담한다.
② 이사와 감사는 취임 후 지체없이 회사의 설립에 관한 사항이 법령 또는 정관에 위반되는지 여부를 조사하여야 한다.
③ 모집에 응한 주식인수인이 주금납입을 하지 아니한 때에는 상법상 실권절차가 인정된다.
④ 자본금총액 10억원 미만인 회사를 발기설립하는 경우, 은행 기타 금융기관의 납입금 보관증명서를 해당 기관의 잔고증명서로 대체할 수 있다.
⑤ 발기설립의 경우 발기인은 출자의 이행 후 지체없이 창립총회를 소집하고 의결권의 과반수로 이사와 감사를 선임하여야 한다.

발기설립시에는 발기인 의결권의 과반수로 이사와 감사를 선임하며(제296조 제1항), 창립총회는 모집설립의 경우에만 존재하며, 발기설립의 경우에는 존재하지 않는다.

답 19. ⑤ 20. ⑤

21 주식회사의 설립에 관한 설명으로 옳은 것은? (2006년 공인회계사)

① 현물출자의 불이행이 있는 경우에는 민법상 일반원칙에 의하여 현물출자자에게 손해배상을 청구할 수 있고 정관을 변경하여 설립절차를 속행할 수도 있다.

② 발기인이 받을 특별이익에는 이익배당이나 잔여재산분배에서의 우선권, 회사제품의 총판매권부여, 의결권에 대한 특혜 등이 포함된다.

③ 이사와 감사 전원이 현물출자자인 경우는 감정인이 대신 설립경과를 조사하여야 한다.

④ 정관에 다른 정함이 없으면, 주식발행사항을 결정할 때 액면 과발행시의 주식발행가액과 납입기일은 발기인 전원의 동의로써 정한다.

⑤ 회사의 설립등기 후에도 주식인수인은 주식청약서의 요건의 흠결을 이유로 하여 그 인수의 무효를 주장할 수 있다.

① 현물출자의 불이행이 있는 경우에는 민법상 일반원칙에 의하여 현물출자자에게 손해배상을 청구할 수 있고, 정관의 기재사항인 현물출자에 대한 변경으로 회사설립을 계속할 수 있다.

② 발기인이 받을 특별이익에는 이익배당이나 잔여재산분배에서의 우선권, 회사제품의 총판매권부여는 가능하지만, 주주평등의 원칙에 위반되는 의결권에 대한 특혜는 인정되지 않는다.

③ 이사와 감사 전원이 현물출자자인 경우는 공증인이 대신 설립경과를 조사하여야 한다(제298조 제3항).

④ 정관에 다른 정함이 없으면, 주식발행사항을 결정할 때 액면 과발행시의 주식발행가액은 발기인 전원의 동의로써 정하지만(제291조), 납입기일은 발기인 과반수의 동의로써 정한다.

⑤ 회사의 설립등기 후에도 주식인수인은 주식청약서의 요건의 흠결을 이유로 하여 그 인수의 무효를 주장할 수 없다(제320조 제1항).

22 상법상 주식회사의 설립에 관한 설명으로 옳은 것은? (2011년 공인회계사)

① 발기인조합은 정관작성, 주식인수 기타 회사설립에 필요한 행위를 하므로 그 법적인 지위가 설립중의 회사와 동일하게 취급된다.

② 판례에 의하면 설립중의 회사는 발기인의 주식인수 여부를 불문하고 정관이 작성된 때에 성립한다.

③ 정관에 발기인으로 기명날인 또는 서명을 한 자라도 회사의 설립사무에 실제로 종사하지 았다면 발기인으로 볼 수 없다.

④ 자본금 총액이 15억원인 회사를 발기설립할 경우 해당 회사의 정관은 공증인의 인증을 받음으로써 효력이 생긴다.

답 21. ① 22. ④

⑤ 발기인이 설립중의 회사를 대표하여 특정인과 회사성립 후에 일정한 재산을 양수할 것을 약정한 경우 재산의 종류, 수량, 가격과 그 양도인의 성명을 등기하여야 효력이 생긴다.

① 발기인조합은 정관작성, 주식인수 기타 회사설립에 필요한 행위를 하기 위한 발기인의 의사결정을 위한 조합계약에 해당하지만, 설립중의 회사는 설립시 발생하는 권리의무를 별도의 이전절차없이 성립후의 회사에 귀속시키기 위한 강의학상 개념으로 인정된다.

② 판례에 의하면 설립중의 회사는 정관이 작성되고 발기인이 1주 이상의 주식을 인수한 때에 성립한다(대법원 1994. 1. 28. 선고 93다50215 판결).

③ 정관에 발기인으로 기명날인 또는 서명을 한 자는 발기인에 해당한다.

⑤ 발기인이 설립중의 회사를 대표하여 특정인과 회사성립 후에 일정한 재산을 양수할 것을 약정한 경우 재산의 종류, 수량, 가격과 그 양도인의 성명을 정관에 기재하여야 효력이 생긴다(상법 제290조).

23 상법상 주식회사의 설립시 주금납입에 관한 사안의 설명으로 틀린 것은? (판례에 의함) (2011년 공인회계사)

> 甲주식회사의 주식인수인 A는 발기인 B와 공모하여 주금납입금에 해당하는 금액(20억원)을 사채업자로부터 차입하여 주금납입취급은행에 납입하였다. 이후 B는 납입금보관증명서를 교부받아 설립등기를 마친 직후 이를 인출하여 위 차용금채무의 변제에 사용하였다.

① B의 행위는 등기를 위하여 납입을 가장하는 것으로서 상법상 납입가장죄가 성립한다.
② 사안의 경우 금원의 이동에 따른 현실의 불입이 있는 것이므로 주금납입의 효력이 발생한다.
③ 사안에서 A는 인출된 금액을 甲주식회사에게 상환할 의무를 지지 않는다.
④ 사안과 달리 B가 납입금 중 3억원을 甲주식회사의 회사채무의 지급 용도로 사용한 경우 그 3억원에 대하여는 납입을 가장한 것이라고 할 수 없다.
⑤ 사안에서 A와 B의 행위에도 불구하고 회사 설립의 효력에는 영향이 없다.

사안에서 A는 인출된 금액을 甲주식회사에게 상환할 의무를 진다(대법원 2004. 3. 26. 선고 2002다29138 판결 참조).

24 상법상 주식회사의 설립시 주금의 납입에 관한 설명으로 틀린 것은? (2017년 공인회계사)

① 모집설립에서 납입금의 보관자 또는 납입장소를 변경할 때에는 법원의 허가를 얻어야 한다.

답 23. ③ 24. ④

② 납입금을 보관한 은행이 발기인 또는 이사의 청구에 따라 그 보관금액에 관하여 증명서를 발급한 경우 그 금액의 반환에 제한이 있다는 것을 이유로 회사에 대항하지 못한다.

③ 자본금 총액이 10억원 미만인 회사가 발기설립을 하는 경우에는 납입금의 보관금액에 관한 증명서를 은행이나 그 밖의 금융기관의 잔고증명서로 대체할 수 있다.

④ 판례에 의하면 발기인이 제3자로부터 일시적으로 금전을 차입하여 주금을 납입하고 회사 성립 후 즉시 인출하여 차입금을 변제한 경우에는 주금납입으로서의 효력이 없다.

⑤ 타인의 승낙을 얻어 그 명의로 주식을 인수한 자는 그 타인과 연대하여 주금을 납입할 책임이 있다.

판례에 의하면 발기인이 제3자로부터 일시적으로 금전을 차입하여 주금을 납입하고 회사 성립 후 즉시 인출하여 차입금을 변제한 경우에는 주금납입으로서의 효력이 있다(대판1983.5.24., 82누522).

25 다음은 회사설립의 하자원인을 열거한 것이다. 이 중 주식회사의 설립무효원인으로 인정되는 것을 모두 고르면? (판례에 의함) (2007년 공인회계사)

ㄱ. 주주가 강박으로 인하여 설립행위를 한 경우
ㄴ. 정관의 절대적 기재사항을 흠결한 경우
ㄷ. 주주가 그 채무자를 해할 것을 알고 설립행위를 한 경우
ㄹ. 모집방식의 설립을 하면서 창립총회를 소집하지 않은 경우
ㅁ. 일시차입금에 의한 주금납입(견금)의 경우

① ㄱ, ㄴ, ㄷ　② ㄱ, ㄷ, ㅁ　③ ㄴ, ㄹ
④ ㄴ, ㄹ, ㅁ　⑤ ㄷ, ㄹ

주식회사의 설립무효는 객관적 절차상의 하자만이 그 무효의 원인이 되므로, 위 설문에서는 정관의 절대적 기재사항을 흠결한 경우나 모집방식의 설립을 하면서 창립총회를 소집하지 않은 경우만이 설립무효의 원인이 된다. 주주가 강박으로 인하여 설립행위를 한 경우에는 설립등기전에 주식인수의 취소를 할 수 있을 뿐이고, 주주가 그 채무자를 해할 것을 알고 설립행위를 한 경우에는 설립등기전 또는 설립등기후에 주식인수의 취소를 할 수 있을 뿐이다(설립등기 후에는 취소할 수 없다는 견해도 있다). 일시차입금에 의한 주금납입(견금)의 경우에는 납입의 유효성을 인정하는 것이 판례의 입장이고, 이에 의하면 설립의 하자가 될 수 없다.

답 25. ③

26 상법상 주식회사 설립무효에 관한 설명으로 옳은 것은? (2013년 공인회계사)

① 주식회사 설립하자의 경우 설립취소의 소가 인정되며 주관적 무효원인이 있어도 설립무효의 소를 제기할 수 있다.

② 주식회사 설립무효의 소는 소제기 이익이 있는 자는 누구나 회사성립의 날로부터 2년 내에 소로써 이를 주장할 수 있다.

③ 정관의 상대적 기재사항이 불비한 때 주식회사 설립무효의 소를 제기할 수 있다.

④ 주식회사 설립무효판결은 법률관계를 획일적으로 확정하기 위하여 소급효를 인정하므로 회사 성립 후 무효판결 전에 행하여진 법률행위는 모두 무효가 된다.

⑤ 주식회사 설립 시에 정관에 기재하는 발행예정주식총수가 1천주인 경우 회사 설립 시에 1주만 발행하더라도 설립무효의 원인이 되지 않는다.

① 주식회사 설립하자의 경우 설립취소의 소는 인정되지 않으며, 주관적 무효원인이 있어도 설립무효의 소를 제기할 수 없다.

② 주식회사 설립무효의 소는 주주, 이사, 감사에 한하여 회사성립의 날로부터 2년 내에 소로써 이를 주장할 수 있다(제328조 제1항).

③ 정관의 절대적 기재사항이 불비한 때에는 설립무효의 소를 제기할 수 있으나, 상대적 기재사항이 불비한 때 주식회사 설립무효의 소를 제기할 수 없다.

④ 주식회사 설립무효판결은 거래안전을 위하여 소급효를 인정하지 않으므로(제328조 제2항, 제190조 단서), 회사 성립 후 무효판결 전에 행하여진 법률행위는 모두 유효가 된다.

27 주식회사의 설립관여자의 책임에 관한 다음 설명 중 옳은 것은?

① 발기인의 회사에 대한 책임은 총주주의 동의에 의하여 면제할 수 있다.

② 발기인은 회사성립 후에 이미 인수된 주식에 대하여 납입되지 않은 주식이 있는 때에는 연대하여 납입할 의무를 부담하고, 납입한 주식에 대해 주주의 지위를 갖는다.

③ 발기인은 악의 또는 과실로 인하여 그 임무를 해태한 때에는 제3자에 대하여도 연대하여 손해배상책임을 진다.

④ 이사는 임무해태로 인하여 제3자에게 손해를 입힌 경우라도 직접 책임을 지지는 않는다.

⑤ 유사발기인은 발기인과 동일한 책임을 지지만, 해석상 임무해태로 인한 발기인의 책임은 유사발기인에게 적용되지 않는다.

① 발기인의 회사에 대한 책임중 자본금 충실의 책임은 총주주의 동의로도 면제할 수 없다.

② 발기인이 납입담보책임을 진 경우, 주식인수인에 대하여 구상권을 행사할 수 있을 뿐이다.

③ 발기인은 악의 또는 중대한 과실로 인하여 그 임무를 해태한 때에는 제3자에 대하여도 연대하여 손해배상책임을 진다. 그러나, 경과실로 인한 경우는 제외된다.

④ 설립시의 이사는 임무해태로 인하여 회사와 제3자에 손해를 입힌 때에는 이를 연대하여 배상할 책임을 진다(상법 제323조).

답 26. ⑤ 27. ⑤

28 발기인과 이사의 자본충실책임에 관한 설명 중 틀린 것은? (2005년 공인회계사)

① 회사의 설립등기 전에는 설립 시에 발행하는 주식총수의 인수가 완료되지 않거나 주식인수가 취소되어도 발기인의 자본충실책임은 생기지 않는다.

② 회사성립 후에 납입을 완료하지 않은 주식이 있는 경우에 발기인이 납입담보책임에 따라 주금액을 납입하더라도 발기인이 주주가 되는 것은 아니다.

③ 신주발행으로 인한 변경등기 후 신주인수인이 주식인수를 취소한 경우에 이사가 인수담보책임에 의하여 주금액을 납입하면 주주가 된다.

④ 신주발행시에 신주인수인이 주금의 납입을 하지 않은 때에는 이사는 납입담보책임을 진다.

⑤ 발기인과 이사의 자본충실책임은 무과실책임으로 총주주의 동의에 의하여도 면제할 수 없다.

신주발행시에 신주인수인이 주금의 납입을 하지 않은 때에는 실권처리로 인하여 미발행주식이 되므로(제423조 제2항), 이사의 납입담보책임이 생길 여지가 없다.

29 주식회사의 설립관여자의 책임에 관한 설명 중 틀린 것은? (2006년 공인회계사)

① 주식인수인의 주식인수가 사기·강박·착오에 의해 이루어진 경우는 주식의 인수를 취소할 수 없으므로, 발기인의 인수담보책임이 인정되지 않는다.

② 발기인의 임무해태로 인하여 주식의 인수나 납입에 흠결이 생긴 경우에, 발기인은 회사에 대하여 자본금 충실의 책임을 지는 외에 손해배상책임도 연대하여 부담한다.

③ 발기인이 회사에 대하여 부담하는 손해배상책임은 총주주의 동의에 의해서도 면제될 수 없다.

④ 발기인이 악의 또는 중대한 과실로 인하여 그 임무를 해태한 때에는 그 발기인은 제3자에 대하여도 연대하여 손해를 배상할 책임을 진다.

⑤ 유사발기인은 회사가 성립한 경우의 자본금 충실의 책임과 회사가 불성립한 경우의 그에 따른 책임만 부담한다.

① 주식인수인의 사기·강박·착오에 의해 이루어진 경우는 설립등기후(또는 창립총회에서 의결권을 행사한 후)에 주식의 인수를 취소할 수 없게 되고, 이 때에는 발기인의 인수담보책임은 인정되지 는다. ①의 지문은 등기전후를 명백히 하지 않은 점에서 옳지 않다.

③ 발기인이 회사에 대하여 부담하는 손해배상책임은 총주주의 동의에 의해서도 면제될 수 있다(제324조, 제400조).

답 28. ④ 29. ①, ③

30 상법상 주식회사의 설립관여자의 책임에 관한 설명 중 옳은 것은? (2008년 공인회계사)

① 발기인의 인수 및 납입담보책임은 총주주의 동의가 있으면 면제된다.

② 회사가 성립된 경우에 유사발기인은 손해배상책임을 지는 외에 자본금 충실책임을 부담하지는 않는다.

③ 발기인은 경과실로 인하여 그 임무를 해태한 때에도 제3자에 대하여 직접 연대하여 손해를 배상할 책임을 진다.

④ 회사가 불성립한 경우 그 설립에 관한 행위에 대하여 과실있는 발기인은 연대하여 책임을 진다.

⑤ 법원이 선임한 검사인은 악의 또는 중과실로 그 임무를 해태한 경우에 회사에 대하여 손해를 배상할 책임이 있다.

① 발기인의 인수 및 납입담보책임은 총주주의 동의로 면제할 수 없다.
② 회사가 성립된 경우에 유사발기인은 자본금 충실책임과 회사불성립의 책임을 부담하지만, 임무해태에 따른 손해배상책임을 부담하지는 않는다.
③ 발기인은 경과실로 인하여 그 임무를 해태한 때에는 제3자에 대하여 직접 연대하여 손해를 배상할 책임을 지지 않는다.
④ 회사가 불성립한 경우 그 설립에 관한 행위에 대하여 모든 발기인은 연대하여 책임을 진다. 따라서 과실있는 발기인이든 과실없는 발기인이든 모두 연대하여 책임을 진다.

31 상법상 주식회사의 설립시 주식의 인수, 납입 및 관련 책임에 관한 설명으로 틀린 것은? (2011년 공인회계사)

① 주식인수의 청약을 하는 자가 진의(眞意)를 가지고 청약하지 않았다는 사실을 발기인이 알았다면 해당 청약은 효력이 없다.

② 회사 설립시에 발행하는 주식의 총수가 인수된 때에는 발기인은 지체없이 주식인수인에 대하여 각 주식에 대한 인수가액의 전액을 납입시켜야 한다.

③ 회사 성립후에는 주식을 인수한 자는 주식청약서의 요건의 흠결을 이유로 하여 그 인수의 무효를 주장할 수 없다.

④ 회사 설립시에 발행한 주식으로서 회사성립 후에 아직 인수되지 아니한 주식이 있을 경우 발기인이 이를 공동으로 인수한 것으로 본다.

⑤ 주식청약서 기타 주식모집에 관한 서면에 성명과 회사의 설립에 찬조하는 뜻을 기재할 것을 승낙한 자는 발기인과 동일한 책임이 있다.

주식인수의 청약을 하는 자가 진의(眞意)를 가지고 청약하지 않았다는 사실을 발기인이 알았다 하더라도 해당 청약은 효력이 있다(상법 제302조 제3항).

답 30. ④, ⑤ 31. ①

32 주식회사가 성립한 경우 발기인의 상법상 책임에 관한 설명으로 틀린 것은? (2011년 공인회계사)

① 회사 설립시에 발행한 주식으로서 회사 성립후에 주식인수의 청약이 취소된 때에는 발기인이 이를 공동으로 인수한 것으로 본다.

② 비상장회사에서 발행주식총수의 100분의 1 이상에 해당하는 주식을 가진 주주는 회사에 대하여 발기인의 책임을 추궁할 소의 제기를 청구할 수 있다.

③ 발기인이 회사의 설립에 관하여 그 임무를 해태한 경우 회사에 대하여 연대하여 손해를 배상할 책임이 있다.

④ 발기인이 회사의 설립에 관하여 악의 또는 중대한 과실로 인하여 그 임무를 해태한 경우 제3자에 대하여 연대하여 손해를 배상할 책임이 있다.

⑤ 회사의 모집설립시에 인수된 주식 중 납입되지 아니한 주식이 있는 경우 발기인이 부담하는 납입담보책임은 모든 모집주주들의 동의로 면제될 수 있다.

회사의 모집설립시에 인수된 주식 중 납입되지 아니한 주식이 있는 경우 발기인이 부담하는 납입담보책임은 자본금 충실책임으로서 모든 모집주주들의 동의로 면제될 수 없다.

33 상법상 주식회사 설립에 관한 다음 사례의 설명 중에서 틀린 것은? (2013년 공인회계사)

A는 단독으로 자본금 5천만원(1주 액면가액 5천원, 설립시 발행주식총수 1만주)으로 하는 甲주식회사를 발기설립하고자 한다. 정관에 발기인으로 기명날인한 A는 설립중의 회사의 기관의 지위에서 甲회사 성립 후에 B로부터 원재료를 2천만원에 양수한다는 계약을 체결하였으나, 이 계약에 관하여 甲회사 원시정관에는 A의 경과실로 아무런 기재도 하지 않았다. 그런데 甲회사 원시정관에는 발기인 A의 보수의 대가로 5백만원을 지급한다는 사항, 회사 창업 공로의 대가로 A가 가진 보통주식에 복수의 의결권을 부여해 준다는 내용이 기재되어 있다(상법 소정의 변태설립에 필요한 모든 절차를 거침)

① 발기인 A와 B간의 계약은 무효이므로 B는 甲회사에 원재료를 양도하고 그 대금 2천만원을 지급청구할 수 없다.

② B에게 손해가 발생한 경우 B는 A에게 상법 제322조 제2항의 발기인의 제3자에 대한 손해배상책임을 물을 수 있다.

③ A는 회사성립 후 보수 5백만원을 甲회사에 청구할 수 있다.

④ 상법 소정의 변태설립에 필요한 모든 절차를 밟았어도 甲회사가 A의 보수가 부당하게

답 32. ⑤ 33. ②

과대 지급된 것을 입증한 경우 甲회사는 A에게 손해배상을 청구할 수 있다.

⑤ 甲회사 창업에 기여한 대가로 A가 회사로부터 자신 소유의 보통주식에 복수의결권을 부여받기로 한 약정은 무효이다.

A의 경과실로 원시정관에 재산인수계약에 관한 사항을 기재하지 않았으므로, B에게 손해가 발생한 경우 B는 A에게 상법 제322조 제2항의 발기인의 제3자에 대한 손해배상책임을 물을 수 없다.

34 상법상 주식회사의 설립에 관한 설명으로 옳은 것은 모두 몇 개인가? (2012년 공인회계사)

ㄱ. 발기설립이든 모집설립이든 발기인은 적어도 1주 이상의 주식을 인수하여야 한다.

ㄴ. 발기설립의 경우 이사와 감사의 선임은 발기인들의 의결권의 과반수로 하지만 모집설립의 경우에는 창립총회에서 출석한 주식인수인의 의결권의 3분의 2 이상이며 인수된 주식 총수의 과반수로 한다.

ㄷ. 법정대리인의 동의 없이 주식을 인수한 미성년자가 회사 성립 후에 주식인수계약을 취소하면 상업등기된 자본금이 부족하게 되므로 회사설립 무효의 소의 원인이 된다.

ㄹ. 모집설립의 경우 창립총회에서 선임된 이사는 선임된 때로부터 설립중의 회사의 업무를 집행한다.

ㅁ. 설립중의 회사가 특정인으로부터 재산을 양수하기로 하는 계약은 정관의 기재 없이 체결된 경우에도 유효하다.

ㅂ. 회사가 성립하지 않으면 유사발기인은 발기인과 연대하여 주식인수인에 대하여 주금액 반환책임을 진다.

① 1개 ② 2개 ③ 3개

④ 4개 ⑤ 5개

ㄷ. 법정대리인의 동의 없이 주식을 인수한 미성년자가 회사 성립 후에 주식인수계약을 취소하면 발기인에게 인수담보책임이 발생할 뿐이며, 회사설립 무효의 소의 원인이 되는 것은 아니다.

ㄹ. 설립중의 회사의 업무를 집행하는 권한은 발기인에게 있고, 이사는 감독기관의 지위를 갖는다.

ㅁ. 설립중의 회사가 특정인으로부터 재산을 양수하기로 하는 계약은 정관의 기재 없이 체결된 경우에는 무효가 된다(제29조)

답 34. ③

제3절 주식 · 주주 · 주권 · 주주명부

【제1관】 주 식

Ⅰ. 주식의 개념

주식회사의 사원인 주주가 회사에 갖는 출자지분을 주식이라고 한다. 이 점에서 주식은 인적회사에 있어서의 지분과 그 뜻이 같다. 그러나 주식은 지분복수주의를 취하고 있기 때문에 합병 · 합자 · 유한책임회사의 지분과 그 성격을 달리하고 있다.

주식이란 자본금의 구성분자로써의 의미를 가지며, 발행주식의 액면총액은 자본금이 된다(제451조 제1항). 그리고 주식은 회사에 대한 권리 · 의무의 기초인 사원의 지위 또는 자격을 의미한다. 주식은 불가분의 성질을 가지고 있으므로 주식이 표창하는 권리와 분리하여 양도할 수 없다.

Ⅱ. 주식의 종류

1. 액면주식 · 무액면주식

액면주식은 1주의 금액이 정관에 정해지고 또 그것이 주권에 표시되는 주식을 말하며, 무액면주식은 1주의 금액이 표시되지 않고 주권에는 주식수만이 기재되는 주식이다. 회사는 정관에서 정한 경우에는 주식의 전부를 무액면주식으로 발행할 수 있고, 무액면주식을 발행하는 경우에는 액면주식을 발행할 수 없다(제329조 제1항). 회사는 정관에서 정하는 바에 따라 발행된 액면주식을 무액면주식으로 전환하거나 무액면주식을 액면주식으로 전환할 수 있다(제329조 제4항). 이 경우에는 제440조, 제441조 본문, 제442조가 준용된다(제329조 제5항).

●●● 액면주식과 무액면주식의 비교

① 액면주식은 액면미달발행제한이 인정되지만, 무액면주식에는 그러한 제한이 있을 수 없다.
② 액면주식에는 자본금감소를 위한 주식소각이 인정되나, 무액면주식에는 인정되지 않는다.
③ 액면주식의 자본금은 발행주식의 액면총액의 합계액이지만, 무액면주식의 자본금은 주식발행시 결정된 금액이다.
④ 액면주식은 1주의 금액이 정관의 절대적 기재사항이지만, 무액면주식은 1주의 금액이 없다.

⑤ 액면주식의 경우에는 주식분할제도가 인정되지만, 무액면주식의 경우에는 인정되지 않는다.
⑥ 액면주식은 권면액에 의한 주식배당이 인정되지만, 무액면주식은 인정되지 않는다.

2. 단 주

단주란 1주 미만의 주식을 말하며, 주식배당 · 무상주의 교부 · 주식의 병합 · 회사의 합병의 경우 각각 단주처리방법이 법정되어 있으므로 그에 의하고(제462조의2 제3항, 제461조 제2항, 제443조 제1항, 제530조 제3항), 신주발행의 경우에는 규정이 없으나 주식병합의 경우의 단주처리와 동일한 방법으로 처리하여야 한다.

3. 상법상 종류주식

(1) 종류주식의 의의

종류주식이란 이익의 배당, 잔여재산의 분배, 주주총회에서의 의결권의 행사, 상환 및 전환 등에 관하여 내용이 다른 주식을 말한다(제344조 제1항). 이와 같은 다양한 종류주식의 발행을 허용하는 것은 투자자들이 투자할 수 있는 다양한 주식을 제공함으로써 기업의 원활한 자금조달을 지원하기 위한데 있다.

(2) 종류주식의 발행

종류의 주식을 발행하는 경우에는 정관에서 각 종류의 주식의 내용과 수를 정하여야 한다(제344조 제2항). 각 종류의 주식을 발행하는 경우 그 내용은 등기하여야 하며(제317조 제2항 3호), 주식청약서나 주주명부 · 주권 등에 이를 기재하여야 한다(제302조 제2항, 제352조, 제356조).

(3) 종류주식에 관한 특칙

① **신주배정에 관한 특수한 정함** : 회사가 종류주식을 발행하는 때에는 정관에 다른 정함이 없는 경우에도 주식의 종류에 따라 신주의 인수, 주식의 병합 · 분할 · 소각 또는 회사의 합병 · 분할로 인한 주식의 배정에 관하여 특수하게 정할 수 있다(제344조 제3항).
② **종류주주총회** : 제344조 제3항에 따라 주식의 종류에 따라 특수하게 정하는 경우(어느 종류의 주주에게 손해가 있는 경우)와 정관변경, 회사합병, 회사분할, 주식의 포괄적 교환이나 이전, 자본금 감소 등의 경우 어느 종류주식의 주주에게 손해를 미치게 될 때에는 그 종류주식의 주주들이 모인 종류주주총회 결의가 있어야 한다(제435조, 제436조). 이때 그 종류주식 주주의 종류주주총회 결의는 출석한 주주의 의결권의 3분의 2 이상의 수와 그 종류의 발행

주식총수의 3분의 1 이상의 수로써 하여야 한다(제344조 제4항, 제435조 제2항).

③ **주주평등의 원칙의 예외 :** 종류주식을 발행한 경우 이익배당이나 잔여재산의 분배 등의 경우에 각 종류의 주식간에는 주주평등의 원칙의 예외가 인정된다(제464조 단서, 제538조 단서).

4. 이익배당, 잔여재산분배에 관한 종류주식

⑴ 개 념

이익배당이나 잔여재산의 분배에 있어서 내용이 다른 종류의 주식을 말한다. 즉, 주주의 재산적 내용(자익권)이 다른 종류의 주식을 말한다. 「내용이 다른 종류의 주식」이란 이익배당이나 잔여재산의 분배에 있어서 순서에 차등을 두거나 배당재산 또는 배당액에 차등을 두는 주식(1% 배당우선주)을 말한다. 일반적인 경우로 배당순서에 따라 우선주 · 보통주 · 후배분 · 혼합주로 분리할 수 있다.

⑵ 유 형

① **보통주** : 이익배당이나 잔여재산의 분배에 있어서 어떠한 제한이나 우선권도 주어지지 않는 주식을 말한다.

② **우선주** : 이익배당이나 잔여재산의 분배에 있어서 보통주에 비해 우선적으로 소정의 배당 또는 분배를 받을 수 있는 주식이다.

㉠ **누적적 우선주 · 비누적적 우선주** : 이익이 없는 결산기에 소정의 배당금을 충족시키지 못한 경우 다음 결산기의 배당금에 합산하여 받게 하는 누적적 우선주와 당기의 배당이 부족하더라도 이월시키지 않는 비누적적 우선주가 있다.

㉡ **참가적 우선주 · 비참가적 우선주** : 우선주로서 자신의 소정의 배당을 받고 다시 잔여이익의 배당에 참가할 수 있는 참가적 우선주와 잔여이익의 배당에 참여할 수 없는 비참가적 우선주가 있다.

㉢ **조건부 · 기한부 우선주** : 조건이 성취되거나 기한이 도래하면 우선권이 자동적으로 소멸되어 보통주가 되는 우선주를 말한다.

③ **후배주** : 이익배당이나 잔여재산의 분배에 있어서 보통주보다 불리한 지위를 갖는 주식이다.

④ **혼합주** : 잔여재산의 분배에 있어서는 보통주보다 우선적 지위가 인정되고, 이익배당에서는 보통주보다 불리한 지위가 인정되는 주식이다.

⑶ 발 행

① **회사가 이익의 배당에 관하여 내용이 다른 종류주식을 발행하는 경우** : 정관에 그

종류주식의 주주에게 교부하는 배당재산의 종류, 배당재산의 가액의 결정방법, 이익을 배당하는 조건 등 이익배당에 관한 내용을 정하여야 한다(제344조의2 제1항).

② 회사가 잔여재산의 분배에 관하여 내용이 다른 종류주식을 발행하는 경우 : 정관에 잔여재산의 종류, 잔여재산의 가액의 결정방법, 그 밖에 잔여재산분배에 관한 내용을 정하여야 한다(제344조의2 제2항).

5. 의결권의 배제 · 제한에 관한 종류주식

(1) 의 의

의결권의 배제에 관한 종류주식이란 주주총회에서 의결권을 행사할 수 있는 사항 전부에 관하여 의결권없는 주식을 말하며, 의결권이 제한되는 주식은 이사의 선임, 정관의 변경 등과 같은 주주총회에서 의결권을 행사할 수 있는 특정한 사항에 한하여 의결권이 없는 주식을 말하는 것이다. 의결권이 제한되는 주식의 경우 그 발행을 근거로 하여 부분의결권(1주에 대해 0.5만큼의 의결권만을 부여하는 것)을 부여할 수 있다는 것은 아니다.

이러한 주식의 발행은 다수주주는 완전한 의결권이 있는 주식을 보유하여 자기의 회사지배권을 유지하면서 의결권이 없거나 의결권이 제한되는 주식을 타인에게 발행함으로써 적대적 M&A를 예방할 수 있다는데 그 의의가 있다.

(2) 발행의 요건

회사가 의결권이 없는 주식이나 의결권이 제한되는 종류주식을 발행하는 경우에는 정관에 의결권을 행사할 수 없는 사항과 의결권행사 또는 부활의 조건을 정한 경우에는 그 조건 등을 정하여야 한다(제344조의3 제1항).

(3) 발행주식수의 제한

의결권이 없거나 제한되는 종류주식의 총수는 발행주식총수의 4분의 1을 초과하지 못하며, 의결권이 없거나 제한되는 종류주식이 발행주식총수의 4분의 1을 초과하여 발행된 경우에는 회사는 지체없이 그 제한을 초과하지 아니하도록 하기 위하여 필요한 조치를 하여야 한다(제344조의3 제2항). 여기서 필요한 조치란 의결권없는 주식의 총수가 발행주식의 총수에 대한 비율이 4분의 1을 초과하는 법인은 그 비율 이내에서 신주인수권의 행사, 준비금의 자본금 전입 또는 주식배당 등의 방법으로 의결권있는 주식을 발행하도록 하는 것을 들 수 있다.

(4) 의결권의 부활

의결권없는 주식도 총주주의 동의를 요하는 사항, 의결권없는 주식을 가진 주주만이 출석하는 종류주주총회결의, 창립총회의 결의, 회사의 분할결의에 있어서는 의결권이 있다. 그리고 정관에서 의결권 부활의 조건을 정한 경우 그 조건에 따라 의결권이 인정될 수 있다.

6. 주식의 상환에 관한 종류주식

(1) 의 의

주식의 상환에 관한 종류주식(상환주식)은 회사의 이익으로써 소각할 수 있는 종류의 주식을 말하며, 회사가 상환권을 갖는 주식과 주주가 상환권을 갖는 주식이 발행될 수 있다.

(2) 발행의 요건

① **회사가 상환권을 갖는 주식의 발행**

㉠ **정관의 규정** : 정관에서 정하는 바에 따라 회사가 상환권을 갖는 상환주식을 발행하는 경우 회사는 정관에 상환가액, 상환기간, 상환의 방법과 상환할 주식의 수를 정하여야 한다(제345조 제1항).

㉡ **종류주식의 발행** : 회사가 상환권을 갖는 상환주식은 종류주식(상환과 전환에 관한 것은 제외한다. 즉, 상환주식은 이익배당이나 잔여재산 분배에 관한 종류주식, 의결권 배제 · 제한에 관한 종류주식에 한하여 발행할 수 있다.)에 한정하여 발행할 수 있다(제345조 제5항).

② **주주가 상환권을 갖는 주식의 발행**

㉠ **정관의 규정** : 정관에서 정하는 바에 따라 주주가 상환권을 갖는 상환주식을 발행하는 경우 회사는 정관에서 주주가 회사에 대하여 상환을 청구할 수 있다는 뜻, 상환가액, 상환청구기간, 상환방법을 정하여야 한다(제345조 제3항).

㉡ **종류주식의 발행** : 주주가 상환권을 갖는 상환주식은 종류주식(상환과 전환에 관한 것은 제외한다.)에 한정하여 발행할 수 있다(제345조 제5항).

③ **주식청약서 등의 기재 및 등기** : 상환주식의 발행내용을 주식청약서 등에 기재하고(제302조 제2항 6호), 설립등기시기에 이를 등기하여야 한다(제317조 제2항 6호).

(3) 상 환

상환주식의 상환은 배당가능한 이익이 있는 때에만 가능하며, 정관 소정의 방법에 의하여 상환하여야 한다. 상환주식의 일부 상환은 인정되지 않으며, 상환시 주주평등의 원칙을 지켜야 한다. 회사의 상환권행사 또는 주주의 상환권행사의 경우 상환의 방법으로, 회사는 주식의 취득의 대가로 현금 이외에 유가증권(다른 종류주식은 제외한다.)이나 그 밖의 자산을 교부할 수 있다(제345조 제4항 본문). 다만, 이 경우에는 자산의 장부가액이 제462조에 따른 배당가능이익을 초과하여서는 아니된다(제345조 제4항 단서).

(4) 주주 및 질권자 등에 대한 통지

회사가 상환권을 갖는 상환주식을 발행하여 상환하는 때에는 회사는 상환대상인 주식의 취득일부터 2주 전에 정관에 정한 사실(상환가액, 상환기간, 상환방법 등)을 그 주식의 주주 및 주주명부에 적힌 권리자에게 따로 통지하여야 하며, 이는 공고로 갈음할 수 있다(제345조 제2항).

(5) 상환의 효력발생시기와 상환의 효과

① **효력발생시기** : 회사가 상환권을 갖는 주식의 상환의 경우(임의상환)에는 상환기간내에 상환주식의 소각에 의한 주권실효절차가 종료(주주로부터 주식을 취득한 때)한 때에 그 효력이 발생하고, 주주가 상환권을 갖는 주식의 상환(의무상환)의 경우에는 상환청구기간이 만료한 때(제441조 본문의 기간만료시)에 그 효력이 발생한다.

② **상환의 효과 :** 상환의 효과는 배당가능이익의 범위에서 상환이 이루어지므로 발행주식수는 감소하지만 자본금의 변동이 없다. 따라서 채권자보호절차를 거칠 필요가 없다. 상환주식의 상환으로 회사가 발행한 주식총수와 각 종류주식의 내용과 수에 변경이 있으므로 변경등기를 하여야 한다(제317조 제2항 3호).

7. 주식의 전환에 관한 종류주식

(1) 의 의

주식의 전환에 관한 종류주식이란 어느 종류의 주식이 다른 종류의 주식으로 전환될 수 있는 성질을 갖는 주식이다. 회사가 종류주식을 발행하는 경우 정관으로 주주에게 어느 종류의 주식에 대하여 다른 종류의 주식으로 전환할 것을 청구할 수 있는 권리를 부여한 주식과 회사가 주주의 인수주식을 다른 종류주식으로 전환할 수 있는 주식이 발행될 수 있다.

(2) 발행의 요건

① **주주가 전환권을 갖는 주식**

㉠ **정관의 규정** : 주주가 전환권을 갖는 종류주식을 발행하는 경우에는 정관에 그 규정이 있어야 한다. 정관에는 전환의 조건, 전환의 청구기간, 전환으로 인하여 발행할 주식의 수와 내용을 정하여야 한다(제346조 제1항).

㉡ **종류주식의 발행** : 전환권이 있는 종류주식의 발행은 제344조 제1항에 따른 종류주식의 발행이 있는 경우에 가능하다.

㉢ **주식청약서 등의 기재 및 등기** : 주식청약서 · 신주인수권증서 · 주권 · 주주명부에 전환의 뜻, 전환의 조건, 전환으로 인하여 발행할 주식의 내용, 전환청구기간을 기재하여야 하고(제347조, 제352조 제3항, 제356조 제8호), 설립등기시에 이를 등기하여야 한다(제317조 제2항 7호).

② 회사가 전환권을 갖는 주식

㉠ **정관의 규정** : 일정한 사유가 발생할 때 회사가 주주의 인수 주식을 다른 종류주식으로 전환할 수 있음을 정관에 정하여야 한다. 정관에는 전환의 사유, 전환의 조건, 전환의 기간, 전환으로 인하여 발행할 주식의 수와 내용을 정하여야 한다(제346조 제2항).

㉡ **종류주식의 발행** : 전환권이 있는 종류주식의 발행은 제344조 제1항에 따른 종류주식의 발행이 있는 경우에 가능하다.

㉢ **주식청약서 등의 기재 및 등기** : 주식청약서 · 신주인수권증서 · 주권 · 주주명부에 전환의 뜻, 전환의 조건, 전환으로 인하여 발행할 주식의 내용, 전환기간을 기재하여야 하고(제347조), 등기하여야 한다(제317조 제2항 7호).

(3) 전환권의 행사

① **회사가 전환권을 갖는 경우** : 회사가 전환권을 갖는 주식을 발행하여 회사가 전환권을 행사하는 경우에는 전환을 위한 일정한 사유가 발생하여야 한다. 그 이후에 이사회(이사회가 존재하지 는 경우에는 각 이사)는 전환할 주식, 2주 이상의 일정한 기간 내에 그 주권을 회사에 제출하여야 한다는 뜻, 그 기간 내에 주권을 제출하지 아니할 때에는 그 주권이 무효로 된다는 뜻을 주주 및 주주명부에 적힌 권리자에게 따로 통지하여야 한다(제346조 제3항 본문). 다만, 통지는 공고로 갈음할 수 있다(제346조 제3항 단서).

② **주주가 전환권을 갖는 경우** : 전환을 청구하는 주주는 청구서 2통에 주권을 첨부하여 회사에 제출하여야 하며(제349조 제1항), 청구서에는 전환하고자 하는 주식의 종류와 수 및 청구연월일을 기재하고 기명날인 또는 서명하여야 한다(제349조 제2항).

③ **미발행주식의 보유** : 정관으로 정한 각 종류주식의 수(제344조 제2항) 중 새로 발행할 주식의 수는 전환청구기간 또는 전환기간 내에는 그 발행을 유보하여야 한다(제346조 제4항).

④ **신주식의 발행가액** : 전환으로 인하여 신주식을 발행하는 경우에는 전환 전의 주식의 발행가액을 신주식의 발행가액으로 한다(제348조).

(4) 전환의 효력발생

주식의 전환은 주주가 전환을 청구한 경우에는 그 청구한 때에, 회사가 전환을 한 경우에는 주권제출기간(제346조 제3항 2호)이 끝난 때에 그 효력이 발생한다(제350조 제1항). 다만, 전환에 의하여 발행된 주식의 이익배당에 관하여는 주주가 전환을 청구한 때 또는 주권제출기간이 끝난 때가 속하는 영업연도 말에 전환된 것으로 본다(제350조 제3항 전문). 이 경우 신주에 대한 이익배당에 관하여는 정관에서 정하는 바에 따라 그 청구를 한 때 또는 주권제출기간이 끝난 때가 속하는 영업연도의 직전 영업연도 말에 전환된 것으로 할 수 있다(제350조 제3항 후문).

(5) 전환의 효과

주주명부의 폐쇄기간 중에 전환된 주식의 주주는 그 기간 중의 총회의 결의에 관하여는 신주의 의결권을 행사할 수 없다(제350조 제2항). 전환주식을 목적으로 하는 질권은 전환으로 인하여 발행되는 신주에 대하여 존재하게 되고(제339조), 등록질권자는 회사에 대하여 신주권의 교부를 청구할 수 있다(제340조 제3항).

(6) 전환의 등기

주식의 전환으로 인한 변경등기는 전환을 청구한 날 또는 주권제출기간이 끝난 날이 속하는 달의 마지막 날부터 2주 내에 본점소재지에서 하여야 한다(제351조).

【제2관】 주 주

Ⅰ. 총 설

1. 주주의 자격 취득과 상실

(1) 자격 취득

주주란 주식회사의 사원을 말하며, 주식의 원시취득 또는 승계취득에 의하여 주주자격을 취득하게 된다. 이에 대한 예외는 있을 수 없으며, 이와 다른 약정은 무효이다(판례).

(2) 자격 상실

주주의 지위는 사망 · 주식의 양도 · 주식의 소각 · 단주의 처리 · 해산 등에 의하여 상실하며, 주식인수인은 실권절차에 의하여 그 지위를 상실하게 된다(제307조). 그러나 주주가 주권을 멸각하거나 회사에 주식포기의 의사표시를 하고 주권을 반환하였더라도 주주의 지위를 상실하지 않는다(판례). 합명회사의 사원의 제명에 관한 규정을 물적회사인 주식회사에 유추적용하여 주주의 제명을 할 수는 없다(판례).

2. 공유주주

공유주주란 일정한 주식을 수인이 공유하는 경우를 말한다. 이러한 주식공유가 발생하는 경우로는 수인이 일정한 주식을 공동으로 인수하거나 양수하는 경우 또는 주식의 상속인이 수인인 경우 등을 들 수 있다. 수인이 공동으로 주식을 인수한 경우에는 수인이 연대하여 납입책임을 지고(제333조 제1항), 공유주식에 대한 권리는 공유주주들이 직접 공동으로 할 수는 없으며 이들을 위하여 권리를 행사할 자를 정하여야 한다(제333조 제2항). 권리행사자가 없는 때에는 공유자에 대한 회사의 통지나 최고는 그 1인에게 하면 된다(제333조 제3항).

3. 주주의 자격 · 수

주주의 자격에는 제한이 없으므로 자연인이나 법인도 주주가 될 수 있고, 능력자나 무능력자 및 외국인과 외국법인도 주주가 될 수 있다. 주주의 수에는 아무런 제한이 없으므로, 주주가 1인이 되더라도 무방하다.

II. 주주평등의 원칙

1. 의 의

주주평등의 원칙이란 주주가 회사와의 법률관계에서 그가 가진 주식의 수에 따라 평등하게 권리를 가지는 것을 말하며, 주주평등의 원칙은 동일한 내용의 주식에 대하여 동일한 취급을 하여야 한다는 원칙이다.

2. 내용과 예외

주주평등의 원칙은 선언적 규정은 없으나, 이익배당이나 잔여재산분배에 있어서의 평등, 의결권의 평등, 신주인수권, 준비금의 자본금 전입 등에 있어서 구체화된다. 그러나 주주평등의 원칙도 종류주식 · 의결권없는 주식 · 감사의 선임(제409조) · 소수주주권 · 단주의 처리 등에 관해서는 적용되지 않는다.

3. 주주평등의 원칙의 위반효과

주주평등의 원칙은 강행법적 성격을 갖기 때문에 이에 위반되는 정관의 규정이나 주주총회 또는 이사회의 결의는 무효이다. 다만, 불이익을 받은 주주의 동의가 있는 경우에는 그 무효가 치유된다.

III. 주주의 권리

1. 의 의

주주는 회사에 대하여 여러 가지 구체적이고 개별적인 권리를 갖는다. 즉, 경제적 이익의 확보를 위한 재산적 권리인 자익권과 업무집행에 대한 행정적 권리인 공익권을 갖는다. 이러한 주주의 권리는 주주의 회사에 대한 일반채권자로서의 권리인 채권자적 권리와는 다르다. 주주의 권리는 주주의 자격과 분리하여 양도 · 입질 · 압류할 수 없고, 시효에 걸리지도 않는다.

2. 권리의 분류

(1) 자익권

주주가 회사로부터 경제적 이익이나 기타 편익을 받는 것을 목적으로 하는 권리를 자익권이라 하며, 자익권에는 이익배당청구권 · 주권교부청구권 · 주식전환청구권 · 명의개서청구권 · 신주인수권 · 준비금의 자본금 전입시 신주배정청구권 · 잔여재산분배청구권 등이 있다.

(2) 공익권

공익권은 회사의 운영에 참가하는 것을 목적으로 하거나 이와 관련하여 행사하는 권리로써, 크게 단독주주권과 소수주주권으로 구분된다.

① **단독주주권** : 1주를 소유하고 있는 주주라도 행사할 수 있는 권리를 말하며, 의결권 · 각종의 소제기권 · 신주발행유지청구권 · 정관이나 재무제표 등의 열람청구권 등이 있다.

② **소수주주권** : 일정수의 주식소유를 권리행사의 요건으로 하는 주주의 권리를 말한다. 소수주주의 요건은 1인의 주주가 소수주주의 요건을 갖추거나 수인의 주주들이 소유하는 주식을 합하여 소수주주의 요건을 갖추면 된다. 이러한 소수주주의 요건은 재판상 행사될 때에는 판결이 확정될 때까지 유지되어야 하지만, 대표소송의 경우에는 예외적으로 제소 후에는 그 요건을 갖추지 못하더라도 제소의 효력에 영향이 없다(제403조 제5항).

●●● 소수주주권의 분류(비상장회사)

① 발행주식총수의 100분의 1 이상을 가진 주주에게 인정되는 권리 : 이사의 위법행위에 대한 유지청구권, 대표소송제기권, 주주총회 소집절차나 결의방법의 적법성 조사를 위한 검사인선임청구권
② 발행주식총수의 100분의 3 이상을 가진 주주에게 인정되는 권리 : 주주총회 소집청구권, 주주제안권, 집중투표청구권, 이사 · 감사 · 청산인의 해임청구권, 회계장부 열람청구권, 회사의 업무와 재산상태의 조사를 위한 검사인 선임청구권
③ 발행주식총수의 100분의 10 이상을 가진 주주에게 인정되는 권리 : 회사의 해산판결청구권

보충 상장회사의 소수주주권 : 주주총회소집청구권 및 재산상태조사를 위한 검사인 선임청구권(1천분의 15), 주주제안권(1천분의 10). 대표소송제기권(1만분의 1), 회계장부열람청구권(1만분의 10), 이사 · 감사 · 청산인의

해임청구권(1만분의 50), 이사의 위법행위유지청구권(10만분의 50)이 있고, 이러한 권리를 행사하기 위해서는 6개월 이상 계속 보유하여야 한다. 한편, 주주제안권 · 회계장부열람청구권 · 이사 등 해임청구권 · 이사의 위법행위 유지청구권의 경우 자본금 1천억원 이상의 회사에서는 그 지주비율이 줄어든다.

Ⅳ. 주주의 의무

상법상 주주의 의무는 주금액의 납입의무뿐이다(제331조). 그러나 실질적으로 납입의무는 주식인수인의 의무에 불과하므로 실질적으로는 주주의 의무는 아니다.

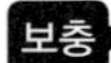 주주의 구체적 출자의무가 발생하면 회사는 이 출자이행청구권을 양도할 수 있고, 회사채권자는 이를 압류하거나 대위행사할 수 있다. 그러나 주주가 추상적 출자의무만을 부담하는 경우에는 회사 채권자가 이를 압류하거나 대위행사할 수 없다(판례).

【제3관】 주권과 주주명부

Ⅰ. 주권

1. 주권의 의의 및 성질

주권이란 주식(사원권)을 표창하는 유가증권이다. 주권은 이미 발생한 사원권을 표창하는 것이므로 비설권증권이며, 비문언증권이고, 요인증권이고, 요식증권이며, 비상환증권으로서 불완전유가증권에 해당한다.

한 개의 주식을 표창하는 주권인 단일주권과 수개의 주식을 표창하는 주권인 병합주권을 발행할 수 있다. 회사는 정관의 규정으로 1주권 · 10주권 · 100주권 등을 발행할 수 있다.

보충 1. 1주권의 발행을 제한하는 정관의 규정은 효력이 없다.
2. 100주권을 10주권 10매로 분할하는 것은 주권의 분할로써 주식의 분할과 차이가 있다.

2. 주권의 발행

(1) 주권의 기재사항

주권은 요식증권이므로 상법 제356조 제1호에서부터 제6호의2까지의 사항과 주권번호를 기재하고 대표이사가 기명날인 또는 서명하여야 한다(제356조). 그 이외에 주권이 표창하는 주식의 수량을 기재하여야 하며, 기명주권의 경우에는 주주의 성명도 기재하여야 한다. 이러한 기재사항 중 본질적인 것이 아닌 한 일부를 결(缺)하더라도 유효하다. 주주의 성명은 기재하지 았다 하더라도 주권의 효력에는 영향이 없다(판례).

보충 [주식의 전자등록(제356조의2)]

① 회사는 주권을 발행하는 대신 정관에서 정하는 바에 따라 전자등록기관의 전자등록부에 주식을 등록할 수 있으며, 전자등록부에 등록된 주식의 양도나 입질은 전자등록부에 등록하여야 효력이 발생한다.

② 전자등록부에 주식을 등록한 자는 그 등록된 주식에 대한 권리를 적법하게 보유한 것으로 추정하며, 이러한 전자등록부를 선의로 중대한 과실없이 신뢰하고 전자등록부에 등록하여 권리를 취득한 자는 그 권리를 적법하게 취득한다.

③ 전자등록의 절차 · 방법 및 효과, 전자등록기간의 지정 · 감독 등 주식의 전자등록에 관하여 필요한 사항은 대통령령으로 정한다.

(2) 주권의 발행의무 · 제한

① **발행의무** : 회사는 성립 후 또는 신주의 납입기일 후 지체없이 주권을 발행하여야 한다(제355조 제1항). 회사의 주권발행의무에 관한 제355조 제1항은 보통의 신주발행뿐만 아니라 특수한 신주발행의 경우에도 적용된다. 회사의 주권발행의무는 곧 주주의 주권교부청구권에 해당하고, 주권교부청구권은 대리행사 또는 채권자의 대위행사가 가능하다(판례). 주주의 주권교부청구권 행사가 있는 때에 회사가 주권을 발행하지 않는 경우 이사는 회사 및 주주에 대하여 손해배상책임을 진다. 주권발행은 대표이사의 권한에 해당하므로 이사회나 주주총회의 결의없이 단독으로 발행하더라도 주권은 무효가 되지 않는다(판례).

② **발행제한** : 회사 성립 전 또는 신주의 납입기일 전에는 주권을 발행하지 못한다 (제355조 제2항). 이에 위반하여 발행한 주권은 무효이며(제355조 제3항), 회사성립 또는 납입기일의 경과로 치유 되지 않는다. 제355조 제2항에 위반하여 주권을 발행한 발기인 · 이사는 과태료의 제재를 받는 다(제635조 제1항 19호).

(3) 주권의 효력발생시기

주권의 효력발생시기에 대해 학설의 대립이 있으나 판례 · 통설은 대표이사가 주권을 작성하고 기명날인 또는 서명하여 그 주권을 주주에게 교부한 때에 주권으로서의 효력이 발생한다고 한다.

3. 주권불소지제도

(1) 취 지

주식을 소유하는 주주는 회사에 주권의 불소지를 신고할 수 있다(제358조의2). 이러한 불소지제도를 인정하는 것은 주권을 분실하거나 도난당할 우려가 있는 경우에 주권을 재발행받는 데 번거로울 뿐만 아니라 주주로서의 권리를 잃을 위험성이 있기 때문이다.

(2) 불소지신고

① **허용요건** : 주권불소지는 정관에 이를 금지하는 규정이 없어야 한다(제358조의2 제1항).

② **신고자격** : 기명주식의 주주만이 불소지신고를 할 수 있다. 회사설립 중이나 신주발행의 효력발생 전의 신주인수인도 불소지신고를 할 수 있다. 또한 주주는 일부주식에 대해서만 불소지신고를 할 수도 있다.

③ **신고방법** : 주권이 발행되지 않은 경우에는 주주는 회사에 주권의 불소지를 신고하기만 하면 되고, 주권이 발행된 경우에는 이를 회사에 제출하여 주권불소지를 신고할 수 있다(제358조의2 제3항). 따라서 주권의 제출은 신고를 위한 효력요건이다. 회사가 명의개서 대리인을 둔 경우에는 그에 대해서도 불소지신고를 할 수 있다.

④ **신고시기** : 회사가 주권을 발행하기 전이든 후이든 신고를 할 수 있으며, 주주명부 폐쇄기간중이라도 신고할 수 있다.

(3) 신고의 효력

주권발행 전에 신고한 경우에는 회사는 지체없이 주권을 발행하지 아니한다는 뜻을 주주명부와 그 복본에 기재하고 그 사실을 주주에게 통지하여야 하며, 이에 의해 회사는 불소지신고된 주식에 관하여 주권을 발행하지 못한다(제358조의2 제2항).

보충 주권발행 후에 신고한 경우에는 회사는 제출된 주권을 무효로 하거나 명의개서대리인을 둔 경우에는 그에게 임치하여야 한다(제358조의2 제3항).

주권을 임치하는 경우에는 주주명부에 주권발행을 하지 않는다는 뜻을 기재할 수 없고, 임치된 주권이 유통된다면 선의취득도 가능하다.

보충 회사에 제출된 주권을 무효로 한 경우에는 그 주권이 유통되더라도 선의취득이 인정되지 않는다.

(4) 주권의 발행 · 반환청구

주권불소지를 신고한 주주는 주식의 양도나 입질을 위하여 주권이 필요한 경우에는 언제든지 회사에 대하여 주권의 발행 또는 반환을 청구할 수 있다(제358조의2 제4항). 주권의 발행 · 반환의 청구는 주주명부폐쇄기간중에도 할 수 있다.

4. 주권의 상실

(1) 개 설

주권이 도난 · 분실 · 멸실 등에 의하여 상실되더라도 주주의 지위는 반드시 소멸하지 않으므로, 주권의 재발행이 요청되지만 회사가 상실의 사실을 확인하지 않고 주권을 재발행한다면 동일한 주식에 대해 복수의 주권이 유통될 위험이 있다. 따라서 상법은 민사소송법에 의하여 공시최고절차에 따라 상실한 주권을 무효로 하는 제권판결을 얻은 다음에 회사에 대하여 그 주권의 재발행을 청구할 수 있도록 하고 있다(제360조 제2항).

(2) 공시최고

공시최고는 멸실·분실된 주권을 무효로 하는 절차이며, 공시최고신청은 회사의 본점소재지를 관할하는 지방법원에 하여야 한다(민소법 제447조 제2항). 신청받은 관할법원은 3월 이상의 기간을 정하여 권리의 신고를 최고하고 그 기간 내에 신고가 없을 때에는 주권에 대하여 제권판결을 하여야 한다(민소법 제458조).

(3) 제권판결의 효력

제권판결에서는 주권의 무효를 선고하고, 이로써 주권은 효력을 상실하게 된다.

주의 ① 제권판결은 주권의 점유에 대신하여 효력을 주는 데 그치고 실체적 권리관계까지 창설 또는 확정하는 효력은 없으므로 신청인이 정당한 소지인이라거나 주권 또는 그 표창하는 주식의 내용까지 확정하는 것은 아니다.
② 주권상실에 따른 제권판결이 있는 경우, 그 이전에 주권에 대한 선의취득이 있은 때에는 제권판결취득자와 선의취득자간에 누가 우선하는가에 대해 판례는 제권판결취득자의 권리가 우선한다고 한다.

(4) 주권의 재발행

주권을 상실한 자는 제권판결을 얻지 않은 때에는 회사에 대하여 주권의 재발행을 청구할 수 없다(제360조 제2항). 따라서 제권판결을 얻지 않은 때에는 주권을 상실한 자가 재발행을 청구할 수 없으며 회사가 이를 승인하여도 재발행하는 것은 허용되지 않는다. 또 주주가 주권을 분실한 것이 아니고 회사가 주권을 보관하던 중 분실하였다 하더라도 제권판결이 없는 한 주주는 재발행을 청구할 수 없다(판례).

II. 주주명부

1. 개 념

(1) 의 의

주주명부란 주주 및 주식에 관한 현황을 나타내기 위하여 작성·비치하는 장부이다(제396조 제1항). 따라서 회사의 영업 및 재산의 상황을 나타내는 것이 아니므로 상업장부는 아니다.

보충 [전자주주명부] 회사는 정관에서 정하는 바에 따라 전자문서로 주주명부(전자주주명부)를 작성할 수 있고(제352조의2 제1항), 여기에는 주주명부의 기재사항 외에 전자우편주소를 적어야 한다(제352조의2 제2항). 전자주주명부의 비치 · 공시 및 열람의 방법에 관하여 필요한 사항은 대통령령으로 정한다(제352조의2 제3항).

(2) 비치 · 공시

이사는 주주명부를 작성하여 본점에 비치하여야 하며, 명의개서대리인을 둔 때에는 대리인의 영업소에 주주명부 또는 복본을 둘 수 있다(제396조 제1항). 주주명부를 명의개 서대리인의 영업소에 두기로 한 때에는 본점에 비치하지 않아도 된다. 주주 및 회사채권자는 영업시간 내에는 언제든지 주주명부 또는 그 복본의 열람 또는 등사를 청구할 수 있다(제396조 제2항). 그러나 그 청구가 부당한 목적을 위한 것으로 권리남용으로 인정되는 경우에는 회사는 목적의 부당함을 입증하고 청구를 거절할 수 있다(판례).

(3) 기재사항

① **기명주식을 발행한 경우** : 주주명부에 주주의 성명과 주소, 각 주주가 가진 주식의 종류와 수, 각 주주가 가진 주식의 주권을 발행한 때에는 그 주권의 번호, 각 주식의 취득년월일을 기재한다.
② **전환주식을 발행한 경우** : 전환주식에 대한 소정사항(제347조)을 기재한다.
③ **기타** : 질권의 등록, 신탁재산의 표시, 주식공유의 경우 주주권행사자의 표시, 기명주식의 불소지신고 등을 기재한다.

2. 주주명부의 효력

(1) 주주의 권리추정력

주주명부에 명의개서를 한 자는 그 기재의 자격수여적 효력에 의하여 주주로 추정되어 실질적인 권리를 증명하지 않고도 권리행사가 가능하다. 주주명부의 권리추정력이 인정되더라도 주주명부에 주주로 등재되어 있다는 사실 자체는 주주권을 주장하는 자가 입증하여야 한다(판례).

(2) 회사의 면책력

회사는 주주명부에 기재된 자를 주주로 취급함으로써 그 책임을 면한다. 그러나 회사가 주주명부상의 주주가 진정한 주주가 아님을 알았고 그것을 용이하게 증명할 수 있었던 경우나 중대한 과실로 진정한 주주가 아님을 알지 못한 때에는 면책되지 않는다.

(3) 회사에 대한 대항력

주식양수인은 주주명부에 명의개서를 하지 않으면 회사에 대해 주주권을 행사할 수 없다(제337조 제1항). 즉, 주주명부에 명의개서를 함으로써 주주의 자격에서 권리를 행사할 수 있게 된다.

(4) 기타의 효력

주주의 주권불소지신고에 의해 회사가 주주명부에 주권을 발행하지 아니한다는 뜻을 기재하면 주권을 발행할 수 없고, 주주가 제출한 주권은 무효가 된다(제358조의2 제3항). 또한 기명주식의 경우 질권설정자의 청구로 질권자의 성명과 주소를 주주명부에 기재하고, 그 성명을 주권에 기재한 때에는 등록질의 효력이 생긴다(제340조).

3. 주주명부의 폐쇄와 기준일

(1) 주주명부의 폐쇄

① **의의** : 주주명부의 폐쇄란 회사가 의결권을 행사하거나 이익배당을 받을 주주 또는 질권자로서 권리를 행사할 자를 정하기 위하여 일정 기간 주주명부의 기재를 정지하는 것을 말한다.

② **폐쇄기간** : 폐쇄기간은 3월을 초과하지 못한다(제354조 제2항). 초과하는 기간은 무효이며, 폐쇄의 시기가 분명하지 않은 때에는 그 전부가 무효가 된다. 폐쇄기간을 정한 때에는 그 기간의 2주간 전에 이를 공고하여야 하나, 정관으로 폐쇄기간을 정한 때에는 공고는 필요하지 않다(제354조 제4항).

③ **폐쇄의 효과** : 주주명부의 폐쇄에 대하여 폐쇄직전에 주주명부에 기재된 자가 주주권을 행사할 자로 확정된다. 그리고 주주명부의 폐쇄기간 중에는 명의개서나 질권의 등록・말소, 신탁재산의 표시・말소 등 주주 또는 질권자의 권리를 변동시키는 기재는 할 수 없다. 그러나 주주권의 변동과 관계없는 주주의 주소변경・주주인 회사의 상호변경・주권불소지신고 등은 할 수 있고, 폐쇄기간 중이라도 전환주식 또는 전환사채의 전환청구와 신주인수권부사채의 신주인수권행사, 주식매수선택권 행사 등은 인정된다.

(2) 기준일

회사는 일정한 날을 정하여 그 날에 주주명부에 기재되어 있는 주주 또는 질권자를 권리행사자로서 일률적으로 확정할 수 있는 데, 그 날을 기준일 또는 등록일이라 한다(제354조 제1항). 기준일은 주주 또는 질권자로서 권리를 행사할 날에 앞선 3월 내의 날로 정하여야 한다(제354조 제3항). 회사가 기준일을 정한 경우에는 기준일과 그 설정의 목적을 기준일의 2주간 전에 공고하여야 하지만, 정관에 기준일을 정한 경우에는 공고할 필요가 없다(제354조 제4항). 기준일은 주주명부의 폐쇄와 병용할 수 있다.

【제4관】 주식의 양도

Ⅰ. 주식양도의 개념

1. 의 의

주식의 양도란 사원의 지위인 주식을 법률행위에 의하여 이전하는 것을 뜻한다. 주식의 양도로 인해 양수인은 양도인으로부터 주주권을 특정승계한다. 따라서 선의취득 · 신주인수와 같은 원시적 취득과 구별되고, 상속이나 합병과 같은 포괄승계와 구별된다.

2. 성 질

주식의 양도는 그 원인행위인 매매 · 증여 등의 채권계약의 이행행위로서 하는 이전행위이며 그 성질은 준물권행위이다. 따라서 주식의 양도로 주주가 갖는 공익권 · 자익권은 포괄적으로 양수인에게 귀속된다. 사원의 지위는 원칙적으로 불가분의 관계에 따라 자익권(예 이익배당청구권등)과 공익권(예 의결권 등)을 분리하여 양도할 수 없다. 그러나 배당금지급청구권 · 신주인수권 등이 구체화되는 경우, 독립적 성질에 의하여 특약이 없는 한 주식의 양도와 함께 이전하지 않는다.

3. 양도제한

주식양도자유의 원칙은 주식회사의 중요한 특성중의 하나라 할 수 있으로 원칙적으로 주식양도는 자유이다. 그러므로 주식은 법령 · 정관에 의하지 않고는 양도를 제한하지 못한다. 다만, 주식양도를 정관에 의해 전면적으로 금지할 수는 없다(판례).

Ⅱ. 정관에 의한 주식양도의 제한

1. 양도제한의 요건

(1) 정관의 규정

① 주식의 양도제한은 주주의 권리에 대한 중대한 단체법적 구속을 가하는 것이므로 반드시 정관에 규정을 두어야 한다(제335조 제1항 단서).

② 기명주식에 대해서는 정관의 규정으로 양도제한을 할 수 있다는 점에 이론(異論)이 없으나, 무기명주식에 대해서는 견해가 나누어진다. 무기명주식의 속성상 주권의 소지로 권리가 증명되므로 그 소지인을 제한할 수 없다고 본다.

(2) 양도제한의 공시

① 주주와 주식거래를 하는 자들에게 중대한 이해관계가 있으므로 다수인에게 양도제한 사실을 공시하여야 한다. 따라서 주식의 양도제한은 등기하여야 한다(제317조 제2항 3호의2). 정관에 규정을 두더라도 등기하지 않은 경우에는 선의의 제3자에게 대항하지 못한다.

② 양도제한 사실은 주식의 취득당시부터 공시되어야 할 것이므로 주식청약서에 기재하여야 하고(제302조 제2항 5호의2), 주권에도 기재하여야 한다(제356조 6호의2). 그리고 전환사채와 신주인수권부사채의 청약서, 채권 그리고 신주인수권증권에도 기재하여야 한다. 주식청약서에 주식양도제한의 사항을 기재하지 않은 경우에는 주식청약서의 요건흠결로서 주식인수의 무효주장사유가 된다.

2. 양도제한의 방법

주식의 양도는 정관에 정함으로 이사회의 승인을 얻도록 할 수 있다(제335조 제1항 단서). 그 밖의 다른 제한방법은 인정되지 않는다. 즉, 이사회 이외의 주주총회의 결의나 대표이사의 승인을 요구하는 것은 인정되지 않는다. 특정주주 또는 특정부류의 주주에 국한하여 양도 제한을 하는 것은 주식평등의 원칙에 어긋나므로 무효이다.

3. 적용범위

정관에 의한 주식양도 제한규정은 주식의 양도에 한해 적용되며, 상속·합병과 같은 포괄승계나 입질 등 담보제공행위에 대해서는 적용되지 않는다. 주주의 채권자가 주식을 압류할 때에는 이사회의 승인을 요하지 않지만, 담보권자나 압류채권자가 채권의 실현을 위해 주식을 경매할 때에는 이사회의 승인을 얻어야 한다. 한편, 상장회사의 주식에 대하여는 정관에 의한 주식양도의 제한규정이 적용되지 않는다.

4. 승인없는 양도의 효력

정관에 의하여 주식양도는 이사회의 승인을 얻도록 한 경우에 이사회의 승인이 없이 한 주식의 양도는 회사에 대하여 효력이 없지만(제335조 제2항 단서), 당사자간에는 유효하다. 당사자간에 주식양도가 유효하더라도 회사는 양수인에게 권리행사를 하게 할 수 없다. 이사회의 승인이 없는 주식양도는 대표이사 또는 회사가 이를 승인 또는 추인하더라도 효력이 없다. 그리고 총주주의 동의가 있는 때에는 이사회의 승인없이 주식의 양도를 할 수 있다.

5. 양도승인절차

(1) 양도의 승인청구

주식의 양도를 하고자 하는 주주는 회사에 대하여 양도의 상대방 및 양도하려는 주식의 종류와 수를 기재한 서면으로 양도의 승인을 청구할 수 있다(제335조의2 제1항). 또한 양도의 제한이 있는 주식의 양수인도 주식의 종류와 수를 기재한 서면으로 그 취득의 승인을 청구할 수 있다(제335조의7 제1항). 양도승인청구는 서면에 의하여야 하지만, 구두에 의한 승인청구에 대해 회사가 양도의 승인을 하는 것은 무방하다. 양도승인의 청구는 주주명부의 폐쇄기간중이라도 가능하나, 명의개서는 폐쇄기간이 종료한 후에 하여야 한다.

(2) 승인의 시기

회사는 승인청구가 있는 날로부터 1월 이내에 양도주주 또는 주식의 양수인에게 그 승인 여부를 서면으로 통지하여야 하며(제335조의2 제2항, 제335조의7 제2항), 위 기간내에 양도주주 또는 주식의 양수인에게 거부의 통지를 하지 아니한 때에는 주식의 양도를 승인한 것으로 본다(제335조의2 제3항, 제335조의7 제2항).

(3) 양도승인 거부시 절차

① **양도상대방의 지정청구**

㉠ **지정청구** : 양도승인의 거부통지를 받은 양도주주 또는 주식의 양수인은 통지를 받은 날로부터 20일 내에 회사에 대하여 양도상대방을 지정해 줄 것을 청구할 수 있다(제335조의2 제4항, 제335조의7 제2항). 양도상대방의 지정청구는 서면이나 구두로도 가능하다. 회사는 이러한 청구가 있은 날로부터 2주간 내에 이사회의 결의로 상대방을 지정하고, 양도주주 또는 주식의 양수인 및 지정된 상대방에게 서면으로 이를 통지하여야 한다(제335조의3 제1항, 제335조의7 제2항). 이 기간 내에 청구인에게 양도상대방 지정의 통지를 하지 않은 때에는 주식의 양도에 관하여 이사회의 승인이 있는 것으로 본다(제335조의3 제2항).

㉡ **지정상대방의 매도청구권** : 이사회의 결의에 의해 양도상대방으로 지정된 자는 지정통지를 받은 날로부터 10일 내에 지정청구인에 대해 서면으로 당해 주식을 자기에게 매도할 것을 청구할 수 있다(제335조의4 제1항, 제335조의7 제2항). 이러한 매도청구권은 형성권이며, 따라서 지정청구권자의 승낙을 요하지 않으며 지정매 수인에게 주식을 양도해야 할 의무를 부담한다. 지정매수인은 매도청구권를 포기할 수 있고, 이로 인해 지정통지를 받은 날로부터 10일 내에 청구자에게 통지하지 못한 경우에는 매도청구권을 상실하고 회사가 양도를 승인한 것으로 간주된다(제335조의4 제2항).

㉢ **매수가액의 결정** : 주식의 매수가액은 양도주주 또는 주식의 양수인과 지정상대방간의 합의에 의해 결정하며, 협의가 이루어지지 않은 때에는 양도주주 또는 주식의 양수인 및 지정상대방이 청구를 받은 날로부터 30일 이내에 법원에 대하여 매수가액의 결정을 청구할 수 있다(제335조의5 제2항, 제335조의7 제2항).

② **주식의 매수청구**

㉠ **매수청구** : 회사가 주식양도의 승인을 거부한 경우에, 회사에 대하여 양도주주나 주식의 양수인은 회사에 대하여 그 주식의 매수를 청구할 수 있다(제335조의2 제4항). 회사는 청구를 받은 날로부터 2월 내에 그 주식을 매수하여야 한다(제335조의6, 제374조의2 제2항).

㉡ **매수가액의 결정** : 주식매수청구의 경우 회사와 주주간의 협의에 의해 매수가액을 결정하고, 그 협의가 이루어지지 않는 경우 회사 또는 주식의 매수를 청구한 주주가 매수청구한 때로부터 30일 내에 법원에 매수가액의 결정을 청구할 수 있다(제335조의6, 제374조의2 제4항).

Ⅲ. 법률에 의한 주식양도의 제한

1. 권리주 양도의 제한

회사설립시 설립등기 전 또는 신주발행시 납입기일까지는 주주란 있을 수 없고 주식의 인수로 인한 주식인수인으로서의 지위를 가질 뿐이다. 이러한 주식인수인의 지위를 권리주라 한다. 상법 제319조에서는 회사설립시 「주식의 인수로 인한 권리의 양도는 회사에 대하여 효력이 없다」고 규정하고, 상법 제425조 제1항에서는 제319조의 규정을 준용하고 있다.

권리주의 양도는 회사에 대해서는 효력이 없으므로, 회사가 권리주양도의 승인을 하더라도 효력이 없다(통설 · 판례). 또한 양도인과 양수인은 회사에 대하여 양도의 효력을 주장할 수 없고, 양수인이 주주권을 행사할 수 없다. 그러나 권리주의 양도는 당사자 간에는 효력이 있다.

2. 주권발행 전 주식양도의 제한

(1) 개 념

주권발행전의 주식이란 회사설립시에는 설립등기를 필한 때로부터 주권을 발행할 때까지, 그리고 신주발행시에는 신주의 납입기일의 다음 날로부터 주권을 발행할 때까지의 상태에 있는 주식을 말한다.

상법 제335조 제3항은 「주권발행전주식의 양도는 회사에 대하여 효력이 없다. 그러나 회사성립 후 또는 신주의 납입기일 후 6월이 경과한 때에는 그러하지 아니하다」라고 규정하고 있다.

(2) 회사의 성립 후 또는 신주의 납입기일 후 6월이 경과하기 전의 양도

회사의 성립 후 또는 신주의 납입기일 후 6월이 경과되기까지 회사가 주권을 발행하지 않은 경우에는 6월이 경과하기 전에 한 주식의 양도는 회사에 대하여 효력이 없다.

주권발행 전 주식양도가 회사에 대하여 효력이 없다하더라도 양도당사자간에는 양도의 효력이 있다(판례).

주권발행 전 주식양도의 경우에 회사가 이러한 양도를 승인하고 명의개서까지 하더라도 그 양도는 무효이고 양수인은 회사에 대하여 주권의 발행 · 교부를 청구할 수 없다(판례). 따라서 주권의 발행이 없는 주식의 양수인이 주주총회를 개최하여 새로이 이사를 선임하더라도 그 효력이 없고, 이러한 주주총회는 결의부존재의 사유가 된다(판례). 한편, 주권발행 전 주식양도가 이루어진 후에 회사성립 후 6월이 경과하였으나 여전히 주권발행이 되지 않는 경우에는 그 양도는 하자가 치유되어 유효한 양도가 된다(판례).

(3) 회사의 성립 후 또는 신주의 납입기일 후 6월이 경과한 후의 양도

회사의 성립 후 또는 신주의 납입기일 후 6월이 경과하도록 회사가 주권을 발행하지 않을 경우에는 주권없이 주식을 양도할 수 있다. 주권발행 전의 양도방법은 지명채권양도의 일반원칙에 따라 당사자의 의사표시에 의해 양도할 수 있다(판례).

주식양수인이 회사에 대하여 계속적으로 주주권을 행사하기 위해서는 명의개서를 하여야 하고, 회사 및 제3자에게 대항력을 갖기 위해서는 회사에 대한 통지 또는 회사의 승낙을 얻어야 한다(판례).

보충 [주권발행전 .이중양도의 경우 우선순위]

① 주권발행전 주식의 이중양도가 있는 경우 제1주식양수인이 확정일자 있는 양도증서에 의한 회사에 대한 대항요건을 갖춘 경우 제2주식양수인이 명의개서를 하였더라도 제1주식양수인의 지위가 우선한다(판례).

② 주권발행전 주식의 이중양도가 있는 경우 제1주식양수인과 제2주식양수인 모두 확정일자 있는 양도증서에 의한 회사에 대한 대항요건을 갖추지 못한 상태에서 제1주식양수인이 명의개서를 하였다면 이후 제2주식양수인이 그 후 확정일자 있는 양도증서에 의한 회사에 대한 대항요건을 갖추더라도 이로써 제1주식양수인에 우선할 수 없다(판례).

3. 자기주식의 취득 제한

(1) 자기주식의 의의

상법상 자기주식이란 주식회사가 이미 발행한 주식을 그 발행회사가 다시 일정한 사유로 취득하여 보유하는 주식을 말한다. 이러한 자기주식의 취득은 주주평등의 원칙의 위반, 자본금 충실의 원칙의 위반, 회사 지배관계의 왜곡 등의 문제로 인하여 금지되어왔지만, 세계적 추세를 감안하고 주식시장의 활성화 등의 이유에서 현행법은 자기주식의 취득의 자유를 허용하고 있다. 다만, 자기주식취득의 폐해를 줄이기 위한 일정한 제한을 두고 있다.

(2) 자기주식의 취득

① **배당가능이익에 의한 자기주식의 취득**

㉠ **취득의 범위** : 회사는 제462조 제1항에 의한 배당가능이익의 범위(직전결산기 대차대조표의 순자산액으로부터 자본금의 액, 그 결산기까지 적립된 자본준비금과 이익준비금의 합계액, 당해 영업연도에 적립할 이익준비금, 대통령령으로 정하는 미실현금액을 공제한 액) 내에서 자기의 명의와 계산으로 자기주식을 취득할 수 있다(제341조 제1항).

㉡ **취득의 방법** : 자기주식의 취득의 방법으로는 거래소의 시세있는 주식의 경우에는 거래소에서 취득하는 방법, 주식의 상환에 관한 종류의 주식(상환주식)의 경우를 제외하고 각 주주가 가진 주식 수에 따라 균등한 조건으로 취득하는 것으로서 대통령령이 정하는 방법 등이 있다(제341조 제1항 1호 및 2호). 이에 위반하여 자기주식을 취득한 경우의 효력에 대해서는 유효설과 무효설의 대립이 있으나, 강행법규위반 · 주주평등원칙위반에 해당하므로 무효로 본다.

㉢ **취득의 절차** : 배당가능이익의 범위 내에서 자기주식을 취득하고자 하는 회사는 미리 주주총회의 결의로 취득할 수 있는 주식의 종류 및 수, 취득가액의 총액의 한도, 1년을 초과하지 않는 범위에서 자기주식을 취득할 수 있는 기간을 결정하여야 한다(제341조 제2항 본문). 다만, 이사회의 결의로 이익배당을 할 수 있다고 정관에서 정하고 있는 경우에는 이사회의 결의로 주주총회의 결의를 갈음할 수 있다(제341조 제2항 단서).

㉣ **취득의 제한** : 회사는 당해 영업연도의 결산기의 대차대조표상의 순자산액이 제462조 제1항 각호의 금액의 합계액에 미치지 못할 우려가 있는 경우에는 배당가능이익에 의한 자기주식취득이 인정되지 않는다(제341조 제3항).

㉤ **취득제한의 위반의 효과** : 해당 영업연도의 결산기에 배당가능이익이 없음에도 불구하고 회사가 자기주식을 취득한 경우 이사는 회사에 대하여 연대하여 배상할 책임을 진다(제341조 제4항 본문). 다만, 이사가 해당 영업연도의 결산기에 대차대조표상의 순자산액에서 제462조 제1항의 각 호의 금액의 합계액에 미치지 못할 우려가 없다고 판단하는 때에 주의를 게을리 하지 아니하였음을 증명한 경우에는 책임이 없다(제341조 제4항 단서).

② **특정목적에 의한 자기주식의 취득** : 회사는 배당가능이익에 의한 자기주식의 취득이 허용되는 경우를 제외하고, ① 회사의 합병 또는 다른 회사의 영업전부의 양수로 인한 경우, ② 회사의 채권실행을 하려 하나 채무자에게 회사발행의 주식 이외에 다른 재산이

없으므로 그 주식을 대물변제로 받거나 또는 그 주식이 경매될 때 이를 경락하는 경우(판례)와 같이 회사의 권리를 실행함에 있어 그 목적을 달성하기 위하여 필요한 경우, ③ 통상의 신주발행이나 전환주식의 전환 · 전환사채의 전환 및 신주인수권부사채의 신주인수권행사로 인한 신주발행의 경우와 같이 단주처리방법이 법정되어 있지 않은 경우에 단주처리를 위하여 필요한 경우, ④ 정관에 의한 주식양도제한의 경우 이사회의 주식양도 승인이 거부된 경우나 주주총회의 특별결의사항 중 합병결의나 영업양도 결의 · 분할합병의 결의 · 주식의 포괄적 교환이나 이전의 경우에 반대주주가 주식 매수청구권을 행사한 경우에도 자기주식의 취득이 가능하다(제341조의2). ⑤ 회사의 분할 합병이나 주식의 포괄적 교환의 경우에도 자기주식을 취득할 수 있다(제530조의6 제2호, 제360조의2 제2항). 이에 위반하여 자기주식을 취득하는 경우에는 무효가 된다(판례).

③ **해석상의 자기주식의 취득** : 배당가능이익에 의한 자기주식의 취득의 허용이나 특정목적에 의한 자기주식의 취득의 경우 외에 회사의 자본적 기초를 위태롭게 할 염려가 없는 무상행위에 의하여 자기주식을 취득하는 경우(판례), 자기채권의 담보를 위한 점유의 경우, 위탁매매업을 하는 회사가 위탁의 실행으로 타인의 계산으로 자기주식을 취득하는 경우(판례), 신탁회사가 자기주식의 신탁을 받는 경우 등의 경우에는 예외적으로 자기주식의 취득이 인정된다.

④ **특별법상의 예외** : 자본시장과 금융투자업법상 투자회사 등은 담보권의 실행 등 권리행사에 필요한 경우, 주식투자자로부터 투자회사 등이 집합투자증권을 환매하는 경우, 정관변경이나 합병 등에 대한 투자회사의 반대주주의 주식매수청구에 따라 주식을 매수하는 경우에는 자기의 계산으로 자기가 발행한 집합투자증권을 취득할 수 있다(동법 제186조 제1항).

(3) 자기주식의 지위

회사가 유효하게 취득한 자기주식은 의결권이 없다(제369조 제2항). 그 이외의 이익배당청구권이나 잔여재산분배청구권, 주식배당청구권, 신주인수권, 준비금의 자본금 전입시 신주배정을 받을 권리 등이 인정되는가에 대해서는 학설의 대립이 있으나 자기주식에는 그러한 권리가 인정되지 않는다는 것이 통설적 입장이다.

(4) 자기주식의 처분

회사가 보유하는 자기주식을 처분하는 경우에는 처분할 주식의 종류와 수, 처분할 주식의 처분가액과 납입기일을 정관으로 정하여야 하며, 정관에 그 규정이 없는 때에는 이사회가 이를 결정한다(제342조).

(5) 자기주식의 소각

회사는 이사회의 결의(이사회가 존재하지 않는 경우 각 이사가 결정)에 의하여 회사가 보유 하는 자기주식을 소각할 수 있다(제343조 제1항 단서). 회사가 배당가능이익의 범위내에서 자기주식을 취득하여 이를 소각하는 경우에는 발행주식수의 감소는 가져오지만, 자본금의 감소는 가져오지 않는다. 따라서 이러한 경우에는 채권자보호절차를 필요로 하지 않는다.

4. 주식의 상호보유 규제

(1) 의 의

상호주보유란 두 개의 독립된 회사가 상대방회사에 대해 출자하고 교환적으로 주식을 취득하고 있는 것을 말한다.

(2) 모회사주식의 취득금지

① **원칙** : 우리 상법 제342조의2 제1항에서 자회사는 모회사의 주식을 취득할 수 없다고 규정하였다. 여기서 어떤 회사가 다른 회사의 발행주식총수 중 100분의 50을 초과하여 주식을 취득하고 있는 경우 어떤 회사를 모회사, 다른 회사를 자회사라 한다. 자회사가 모회사주식 취득금지규정에 위반하여 모회사주식을 취득한 경우의 효과에 관해서는 학설이 대립되고 있으나, 무효로 본다.

② **예외적 취득**

㉠ 자회사는 주식의 포괄적 교환이나 이전의 경우, 회사의 합병 또는 다른 회사의 영업전부를 양수하는 때, 회사의 권리실행을 함에 있어서 그 목적을 달성하기 위하여 요한 때에는 예외적으로 모회사의 주식을 취득할 수 있다(제342조의2 제1항). 예외적으로 취득한 모회사의 주식은 취득한 날로부터 6개월 내에 처분하여야 한다(제342조의2 제2항).

㉡ 흡수합병시 소멸회사의 주주에게 제공하는 재산이 존속하는 회사의 모회사주식을 포함하는 경우에도 존속하는 회사는 그 지급을 위하여 모회사주식을 취득할 수 있고(제523조의2 제1항). 예외적으로 취득한 모회사의 주식을 합병 후에는 계속 보유하는 경우에는 합병의 효력이 발생하는 날부터 6개월 이내에 그 주식을 처분하여야 한다(제523조의2 제2항). 주식의 포괄적 교환 및 이전(제360조의3 제6항 · 제7항, 제360조의16 제1항 제4호), 회사의 분할합병(제530조의6 제4항 · 제5항)의 경우에도 같다. 예외적으로 취득한 모회사의 주식의 지위는 자기주식의 지위와 같다.

(3) 비모자회사간의 주식상호보유규제

어떤 회사(A)가 다른 회사(B)의 발행주식총수의 10분의 1을 초과하여 취득한 경우, 다른 회사(B)가 가진 어떤 회사(A)의 주식은 의결권이 없으며(제369조 제3항), 취득한 후 지체없이 그 다른 회사(B)에 통지하여야 한다(제342조의3). 양 당사회사가 서로 상대방회사의 발행주식총수의 10분의 1을 초과하여 취득하고 있는 경우에는 서로 의결권을 행사할 수 없다. 10분의 1을 계산하는 때에는 당사회사의 자회사가 취득한 주식도 포함된다. 취득사실을 통지함에는 특별한 제한이 없으며 어떤 방법으로든 취득한 주식의 종류와 수를 알려주면 되나, 통지와 관련한 입증책임은 주식을 취득한 회사가 부담한다. 이러한 통지를 위반한 경우에 대해서는 특별한 규정을 두고 있지 않다.

Ⅳ. 주식의 양도방법 및 대항요건

1. 주식의 양도방법

(1) 주권발행 전의 주식양도

회사성립 후 또는 신주의 납입기일 후 6월이 경과한 후에 회사가 주권을 발행하지 않았기 때문에 주권없이 한 주권발행전 주식의 양도는 당사자간의 의사표시만으로 가능하다. 이러한 주식양도는 당사자간에서 뿐만 아니라 회사에 대해서도 그 효력이 있다(제335조 제3항 단서).

(2) 주권발행 후의 주식양도

주권발행 후의 주식양도는 기명주식이든 무기명주식이든 주권의 교부에 의하여야 한다(제336조 제1항). 주권의 교부는 주식양도의 효력발생요건이다(성립요건이라고도 한다). 주권의 교부는 현실의 인도뿐만 아니라 간이인도(민법 제188조 제2항)·점유개정(민법 제189조)· 목적물반환청구권의 양도(민법 제190조)에 의하여 할 수 있다(판례).

예외 | 1. 상속이나 합병과 같은 포괄승계의 경우에는 주권의 교부가 없더라도 주식이 이전하며, 유증에 의한 이전도 양도가 아니므로 주권의 교부를 요하지 않는다.

2. 타인에게 주식을 명의신탁하였다가 그 명의신탁을 해지한 경우에는 주주권이 바로 신탁자에게 회복되고 양도의 합의나 주권의 교부를 요하지 않는다.

3. 주식양도계약이 해제된 경우에는 주권의 반환이 없더라도 주식양수인은 주주의 지위를 상실하므로 양수인이 주권을 점유하고 있더라도 주주로서의 권리를 행사할 수 없다(판례).

(3) 전자등록된 주식의 양도

전자등록부에 등록된 주식의 양도는 전자등록부에 등록하여야 그 효력이 발생한다(제356조의2 제2항). 전자등록의 절차·방법 및 효과 등에 관하여 필요한 사항은 대통령령으로 정한다(제356조의2 제4항).

2. 주식의 양도의 대항요건

(1) 명의개서

① **의의** : 주식의 경우 주식양수인이 회사에 대해 주주의 권리를 행사하려면 주주명부에 자기의 성명과 주소 등을 기재하여야 하며, 이를 명의개서라 한다. 기명주식의 이전은 명의개서를 하지 않으면 회사에 대항하지 못한다(제337조 제1항).

② **주권의 제시** : 명의개서를 청구하는 자는 실질적 권리를 증명할 필요없이 주권을 점유하고 있는 한 회사에 대하여 주권을 제시하여 명의개서를 청구할 수 있다. 그러나, 주권발행전 주식양도의 경우에는 주식을 양수한 자는 주식의 양수를 증명함으로써 회사에 대하여 명의개서를 청구할 수 있다(판례).

③ **회사의 조사권** : 회사는 명의개서의 청구가 있는 때에 주식양도의 적법성을 형식적으로 심사하여 명의개서를 하였을 때에는 그 청구자가 실질적인 권리자가 아닌 경우라도 사기 또는 중대한 과실이 없는 한 회사는 책임을 면한다.

④ **명의개서의 효력** : 주식양수인 등 취득자는 명의개서를 함으로써 회사에 대하여 주주권을 행사할 수 있다. 명의개서를 한 경우 주주명부의 효력과 같이 권리추정력 · 대항력 · 회사의 면책력 등이 인정된다.

⑤ **명의개서의 부당거부** : 회사는 명의개서청구자의 실질적 무권리를 입증하지 못하는 한 명의개서를 거절할 수 없다. 회사가 주권소지인의 명의개서를 부당하게 거절한 경우나 중대한 과실 또는 경과실로 인하여 명의개서를 하지 않은 때에는 예외적으로 주식 양수인은 명의개서와 관계없이 주주의 권리를 행사할 수 있다.

⑥ **명의개서 미필주주의 지위** : 명의개서를 하지 않은 양수인은 주주권을 행사할 수 없고 양도인이 권리를 행사할 수 있다. 주식양도계약의 내용에 따라 양수인은 양도인에 대해 권리행사의 결과를 이전해 줄 것을 청구할 수 있는 채권자로서의 지위를 가질 뿐이다(판례).

⑦ **실기주** : 주식양수인이 명의개서를 하지 않은 상태에서 신주발행이나 배당금 또는 청산금에 대해 권리행사를 하지 못하는 주식을 실기주(失期株) 또는 실념주(失念株)라 한다. 이러한 경우 회사는 주식양도인에게 신주배정을 하거나 배당금 또는 청산금을 지급하게 될 것이다. 이때 주식양수인은 양도인이 배정받은 주식이나 배당금 또는 청산금의 반환을 청구할 수 있다.

(2) 명의개서대리인

① **자격** : 명의개서는 회사가 함이 원칙이나, 정관이 정하는 바에 의하여 명의개서대리인을

둘 수 있다(제337조 제2항). 명의개서대리인은 회사와의 관계에서 위임관계에 있으므로, 쌍방의 계약에 의해 선임된다. 명의개서대리인은 증권예탁원과 주무장관의 허가를 받은 주식회사만이 영위할 수 있다.

② **공시** : 명의개서대리인을 둔 때에는 그 성명 · 주소 · 영업소를 등기하여야 하고(제317조 제2항 11호), 주식청약서 · 신주인수권증서 · 사채청약서 등에도 기재하여야 한다.

③ **권한** : 명의개서대리인은 명의개서의 대행뿐만 아니라(제337조 제2항 후단), 질권의 등록(제340조 제1항) 및 사채원부에의 명의개서를 할 수 있는 권한이 있다(제479조 제2항). 또한 배당 · 이자지급 · 상환금지급의 대행, 주권 · 채권 등 유가증권의 발행을 대행하는 업무를 영위할 수 있다.

④ **책임** : 명의개서대리인은 회사에 대한 관계에서 선량한 관리자로서의 주의의무를 다해야 하고, 또 정당한 사유없이 명의개서를 하지 거나 주주명부 또는 그 복본에 기재할 사항을 기재하지 않거나 또는 부실기재한 때에는 500만원 이하의 과태료의 적용을 받는다(제635조 제1항 7호 · 9호).

V. 주권의 선의취득

1. 의의 및 효과

주권에 관하여 수표법 제21조의 규정을 준용하여, 주권의 양수인이 양도의 하자에 관하여 악의 또는 중대한 과실이 없는 한 주권의 선의취득을 인정하고 있다. 선의취득을 하게 되면 주주의 지위를 취득하게 되고, 기명주식의 경우 명의개서를 하여야 대항력이 생긴다.

보충 주식에 대한 질권 기타 주식을 담보로 하는 권리도 선의취득할 수 있다.

2. 요 건

선의취득이 인정되기 위해서는 ① 주권을 교부에 의하여 취득하였어야 하며, 승계취득(상속 · 합병)은 인정되지 않는다. ② 양도인이 무권리자이거나 대리권이 흠결된 경우 또는 처분권이 없는 경우이어야 한다(판례). 이에 대해 무능력자나 주식양도에 관하여 의사표시의 하자가 있는 경우에도 선의취득을 인정하는 견해와 부정하는 견해가 있다. ③ 양수인에게 악의 또는 중대한 과실이 없어야 한다. ④ 주권이 유효하여야 한다. 제권판결을 받은 주권, 회사 성립 전 또는 신주의 효력이 발생하기 전에 발행된 주권, 상환에 의해 회사에 반환된 주권 등은 무효이므로 선의취득이 인정되지 않는다.

VI. 주식매수선택권

1. 의 의

주식매수선택권이란 정관에 정한 바에 따라 회사의 설립 · 경영과 기술혁신 등에 기여하거나 기여할 수 있는 회사의 이사 · 집행임원 · 감사 또는 피용자인 임 · 직원에게 미리 정한 가액으로 신주를 인수하거나 자기의 주식을 매수할 권리를 부여하는 것을 말한다(제340조의2 제1항). 주식매수선택권의 부여는 주주총회의 특별결의에 의한다. 매수선택권을 부여받은 임 · 직원은 매수선택권 행사기간 내에 주가가 행사가격보다 상승하는 경우에 권리를 행사하여 주식을 취득하고, 이 후 매각함으로써 주가의 상승에 의한 이익을 얻을 수 있다.

2. 법적성질

주식매수선택권은 형성권에 해당하는 권리이며, 매수선택권이 부여되었다고 하여 반드시 행사하여야 할 의무는 없으며 포기할 수도 있다.

3. 주식매수선택권자

(1) 범 위

주식매수선택권을 갖는 자는 회사의 설립과 경영 · 기술혁신 등에 기여하였거나 기여할 능력을 갖춘 당해 회사의 이사 · 집행임원 · 감사 또는 피용자이다(제340조의2 제1항).

예외 | 의결권 없는 주식을 제외한 발행주식총수의 100분의 10 이상의 주식을 가진 주주와 이사 · 집행 임원 · 감사의 선임과 해임 등 회사의 주요경영사항에 대하여 사실상 영향력을 행사하는 자 및 이들의 배우자와 직계존 · 비속에 대하여는 주식매수선택권을 부여할 수 없다(제340조의2 제2항).

보충▸ [상장회사의 경우] 상장회사는 이사, 집행임원, 감사, 피용자 외에도 대통령령이 정하는 관계회사의 이사, 집행임원, 감사 또는 피용자에게도 주식매수선택권을 부여할 수 있으나, 의결권 없는 주식을 제외한 발행주식총수를 기준으로 본인 및 그와 대통령령으로 정하는 특수한 관계에 있는 자가 소유하는 주식의 수가 가장 많은 경우 그 본인 및 그의 특수관계인 등 대통령령으로 정하는 자에게는 주식매수선택권을 부여할 수 없다(제542조의3 제1항).

(2) 매수선택권의 취소

회사는 정관의 정함에 따라 이사회의 결의(1인의 이사를 둔 회사는 주주총회의 결의)로 매수선택권의 부여를 취소할 수 있다(제340조의3 제1항 5호).

보충▸ [상장회사의 경우] ㉠ 매수선택권을 부여 받은 자가 본인의 의사에 따라 사임 또는 사직한 경우, ㉡ 매수선택권을 부여 받은 자가 고의 또는 과실로 회사에 중대한 손해를 입힌 경우, ㉢ 해당 회사의 파산

등으로 주식매수선택권 행사에 응할 수 없는 경우, ㉣ 그 밖에 주식매수선택권을 부여받은 자와 체결한 주식매수선택권 부여계약에서 정한 취소사유가 발생한 경우에는 이사회 결의에 의하여 주식매수선택권의 부여를 취소할 수 있다(상법 시행령 제9조 제6항).

4. 부여절차

(1) 정관의 규정

임・직원에게 매수선택권을 부여하기 위해서는 정관에 다음과 같은 사항에 관해 규정이 있어야 한다(제340조의3 제1항). 즉 일정한 경우 선택권을 부여할 수 있다는 뜻, 선택권의 행사로 발행하거나 양도할 주식의 종류와 총수, 선택권을 부여받을 자의 자격요건, 행사기간, 일정한 경우 이사회의 결의로 선택권의 부여를 취소할 수 있다는 뜻을 기재하여야 한다.

(2) 주주총회의 특별결의

임・직원에게 선택권을 부여하려면 정관의 규정 이외에 주주총회의 특별결의가 있어야 한다(제340조의2 제1항). 주주총회의 결의에서는 선택권을 부여받을 자의 성명, 선택권의 부여방법, 선택권의 행사가액과 조정에 관한 사항, 행사기간, 선택권을 부여받을 자 각각에 대하여 선택권의 행사로 발행하거나 양도할 주식의 종류와 수 등을 결정하여야 한다(제340조의3 제2항).

(3) 부여계약

회사는 선택권을 부여받을 자와 계약을 체결하고 상당한 기간 내에 계약서를 작성 하여(제340조의3 제3항), 이를 선택권의 행사기간이 종료할 때까지 본점에 비치하고 주주가 영업시간 내에 열람할 수 있도록 하여야 한다(제340조의3 제4항).

5. 부여방법

(1) 부여방식

① **자기주식 양도방식** : 회사가 보유하는 자기주식을 예정된 가격으로 양수할 수 있는 권리를 부여하는 방식이다(제340조의2 제1항 본문).

② **신주발행방식** : 선택권의 행사에 응하여 행사가액으로 회사가 신주를 발행하는 방식이다(제340조의2 제1항 본문). 이 경우에는 임직원이 선택권을 행사하여 행사가액을 납입한 경우에는 회사는 그만큼의 신주를 발행하여 교부하여야 한다.

(2) 차액정산

이상 2가지 중 어느 방식으로 선택권을 부여하든 선택권의 행사에 응한 회사는 자기주식양도나 신주발행에 갈음하여 주식의 실질가액과 행사가액의 차액을 정산하는 방법을 취할 수 있다. 즉

선택권의 행사시점에서 주식의 실질가액이 행사가액을 상회할 경우, 그 차액을 회사가 선택권자에게 금전으로 지급하거나 차액상당액의 자기주식을 이전해 주는 것이다(제340조의2 제1항 단서). 이때 이전해 주는 자기주식은 선택권의 행사시점에서의 실질가액으로 평가하여야 한다(제340조의2 제1항 후단).

6. 부여한도

회사가 선택권을 부여할 수 있는 주식은 회사의 발행주식총수의 100분의 10을 초과할 수 없다(제340조의2 제3항).

보충 상장회사의 경우 : 발행주식총수의 100분의 20의 범위내에서 대통령령으로 정하는 한도(발행주식총수의 100분의 15)까지 주식매수선택권을 부여할 수 있다(제542조의3 제2항). 정관에서 정하는 바에따라 발생주식 총수의 100분의 10 범위에서 대통령령으로 정하는 한도까지 이사회가 매수선택권을 부여할 수 있고, 이 경우 주식매수선택권을 부여한 후 처음으로 소집되는 주주총회의 승인을 받아야 한다(제542조의3 제3항).

7. 매수선택권의 양도와 상속

선택권은 양도할 수 없다(제340조의4 제2항 본문). 그러나 선택권을 행사할 수 있는 자가 사망한 경우에는 그 상속인이 선택권을 행사할 수 있다(제340조의4 제2항 단서).

8. 매수선택권의 행사 및 효과

(1) 행사기간

선택권자가 선택권을 행사하기 위해서는 매수선택권을 부여하는 주주총회결의일로부터 2년 이상 재임 또는 재직하여야 한다(제340조의4 제1항).

보충 상장회사의 경우 : 주식매수선택권을 부여받은 자는 대통령령으로 정하는 경우를 제외하고는 주식매수선택권을 부여하기로 한 주주총회 또는 이사회의 결의일로부터 2년 이상 재임하거나 재직하여야 매수선택권을 행사할 수 있다(제542조의3 제4항). 주식매수선택권의 행사기한을 해당 이사 · 감사 또는 피용자의 퇴임일 또는 퇴직일로 정하는 경우 이들이 본인의 책임이 아닌 사유로 퇴임하거나 퇴직하였을 때에는 그 날부터 3개월 이상의 행사기간을 추가로 부여하여야 한다(상법시행령 제30조 제7항).

(2) 행사가액

선택권의 행사가액은 신주를 발행하는 경우에는 선택권의 부여일을 기준으로 한 주식의 실질가액과 주식의 권면액 중 높은 금액(다만, 무액면주식을 발행한 경우에는 자본금으로 계상되는 금액 중 1주에 해당하는 금액을 권면액으로 본다.), 자기주식을 양도하는 경우에는 선택권의 부여일을 기준으로 한 주식의 실질가액 이상이어야 한다(제340조의2 제4항).

(3) 행사절차

① **청구** : 선택권을 행사하려는 자는 청구서 2통에 선택권을 행사할 주식의 종류와 수를 기재하고 기명날인 또는 서명하여 회사에 제출하여야 한다(제340조의5, 제516조의9 제1항 · 제3항).

② **회사의 결정** : 회사는 선택권의 행사에 대해 자기주식 또는 신주를 발행할 것인지, 아니면 이에 갈음하여 차액을 정산할 것인지를 결정하여야 한다.

③ **납입** : 회사의 결정에 의해 선택권의 행사가 자기주식양도청구권 또는 신주인수권으로 확정된 경우 선택권자는 행사가액 전액을 납입하여야 한다(제340조의5, 제516조의9 제1항 · 제3항).

(4) 행사의 효력발생시기

신주발행방식의 경우에는 행사가액을 납부한 때(제340조의5, 제516조의10 전단), 자기주식교부방식의 경우에는 주식매수선택권을 행사(납입)하고 주권교부를 받은 때 주식매수선택권 행사의 효력이 발생한다.

(5) 행사의 효과

회사는 선택권의 행사에 따라 임 · 직원이 그 대금을 납입기일까지 납입한 경우에는 지체없이 신주 또는 자기주식을 교부하여야 하며, 선택권의 행사가격과 시가와의 차액을 현금으로 교부하는 경우에는 신속하게 이를 교부하여야 한다. 주주명부폐쇄기간중에 선택권을 행사한 경우에는 폐쇄기간중의 주주총회의 결의에서는 의결권을 행사할 수 없다(제340조의5, 제350조 제2항). 그러나 이익배당에 관해서는 정관이 정하는 바에 따라 선택권을 행사한 때가 속하는 영업연도의 직전 영업연도 말에 주주가 된 것으로 할 수 있다(제340조의5, 제350조 제3항 후단). 신주발행방식의 경우 선택권의 행사로 인하여 발행주식수와 자본금이 변동된다. 따라서 선택권을 행사한 날이 속하는 달의 마지막 날로부터 2주간 내에 그 변경등기를 하여야 한다(제340조의5, 제351조).

【제5관】 주식의 담보

Ⅰ. 주식의 입질

1. 의 의

주식은 재산적 가치를 가지며 양도가능하므로 당연히 채권의 담보가 될 수 있으며, 상법이 정하는 바에 따라 질권의 목적으로 할 수 있다.

2. 자기주식의 질취제한

(1) 의 의

자기주식의 질취가 과거 자기주식 취득금지규정의 잠탈을 위한 수단으로 이용될 가능성이 있다고 하여 1984년 개정상법 이전에는 자기주식의 질취가 금지되었었다. 그러나 1984년 개정상법에서는 기업금융의 편의를 도모하기 위하여 일정한 범위 내의 자기주식의 질취를 가능하게 하였다.

(2) 질취제한

회사는 발행주식총수의 20분의 1을 초과하지 않는 범위 내에서 자기주식의 질취를 인정하고 있다(제341조의3 본문). 다만, 회사합병 또는 다른 회사의 영업의 전부를 양수하는 경우나 회사의 권리를 실행함에 있어서 그 목적을 달성하기 위하여 필요한 때에는 제한없이 자기주식의 질취가 인정된다(제341조의3 단서).

(3) 질취제한위반의 효과

질취제한의 위반으로 인하여 회사에 손해가 발생한 때에는 이사는 연대하여 손해배상책임을 지고(제399조), 악의 또는 중대한 과실이 있는 때에는 제3자에 대하여도 연대하여 손해배상책임을 진다(제401조).

(4) 질취한 자기주식의 지위

공익권은 질권설정자인 주주가 행사한다. 다만 질권자는 우선변제권 · 전질권을 행사할 수 있고 물상대위가 인정된다.

3. 입질방법

(1) 약식질

질권설정의 합의와 주권의 교부에 의하여 그 효력이 발생한다(제338조 제1항). 주권의 교부는 현실의 인도뿐만 아니라 간이인도 · 목적물반환청구권의 양도에 의한 방법으로 가능하나, 점유개정에 의한 인도는 민사질에 관하여 이를 금하는 민법상의 원칙(민법 제332조)을 유추적용하여 인정되지 않는다고 본다. 제3자에 대한 대항요건으로서는 주권을 계속하여 점유하고 있어야 한다(제338조 제2항).

(2) 등록질

등록질이란 질권설정자인 주주의 청구에 의하여 질권자의 성명과 주소를 주주명부에 기재하고 또 그 성명을 주권에 기재하는 방법의 입질이다(제340조 제1항). 이 경우 제3자에 대한 대항요건으로서는 주권을 계속하여 점유하고 있어야 한다(제338조 제2항). 등록질권자는 회사에 대한 관계에서는 주권을 제시하거나 그 밖의 방법으로 권리를 입증할 필요없이 질권자로서의 권리를 행사할 수 있다.

4. 질권의 효력

(1) 물상대위

질권자는 주식의 소각·병합·전환이 있는 때에는 이로 인하여 종전의 주주가 받을 금전이나 주식에 대하여도 종전의 주식을 목적으로 한 질권을 행사할 수 있다(제339조). 등록질은 주주가 회사로부터 받을 이익배당, 잔여재산의 분배 그리고 주식배당에 관해 물상대위가 인정된다. 등록질권자는 물상대위의 대상이 주식인 때에는 압류할 필요없이 회사에 대해 주권의 교부를 청구할 수 있고(제340조 제3항), 금전인 때에는 직접 지급받아 채권의 변제에 충당할 수 있다(제340조 제1항). 그러나 약식질권자는 주식 또는 금전에 대해 그 교부 또는 지급전에 압류하여야 한다.

(2) 우선변제권

질권이 설정된 주식을 경매하여 우선변제를 받을 수 있고, 물상대위의 목적물이 금전일 때에는 질권자의 채권이 변제기도래전일 때 금전의 공탁을 청구할 수 있고 그 금전으로 우선변제에 충당할 수 있다(제340조 제2항, 민법 제353조 제3항).

(3) 기 타

질권자는 주주권을 취득하는 것은 아니므로 의결권 등 주주의 권리를 행사하지 못한다(판례). 회사는 질권자가 적시에 권리를 행사할 수 있도록 물상대위할 사항이 발생한 경우에는 회사로 하여금 질권자에게 통지하도록 규정하고 있다(제440조, 제431조 제2항, 제343조 제2항, 제461조 제5항, 제462조의2 제5항).

II. 주식의 양도담보

1. 의 의

양도담보란 채무의 담보를 위해 채무자가 주식을 양도한 후 채무를 변제하면 채권자가 주식을 반환하고, 채무를 변제하지 않을 경우에는 채권자가 확정적으로 주식을 취득하기로 약정하는 경우를 말한다. 주식의 양도담보는 주권발행 후 뿐만 아니라 주권을 발행하여야 할 때로부터 6월이 경과한 경우에는 주권발행 전이라도 가능하다(판례). 양도담보에는 주권을 교부하고 명의개서는 하지 않는 약식양도담보와 명의개서까지 마치는 등록양도담보가 있다. 양도담보에 의한 소유권의 이전은 이른바 신탁형양도이므로 목적물의 소유권을 취득하는 유담보(流擔保)는 허용되지 않는다(통설 · 판례).

2. 양도담보의 효력

양도담보는 당사자간의 합의와 주권의 교부에 의하여 그 효력이 발생하고, 양도담보권자는 대외적으로 주식의 소유자이므로, 명의개서를 마친 등록양도담보권자는 모든 주주권을 행사할 수 있다(판례).

【제6관】 주식의 소각 · 병합 · 분할

Ⅰ. 주식의 소각

1. 의 의

주식의 소각이란 회사의 존속중에 발행주식의 일부를 절대적으로 소각시키는 회사의 행위를 말한다. 주식 자체가 소각된다는 점에서 주식에는 영향이 없고 그를 표창하는 주권만을 무효화시키는 제권판결과는 다르다.

2. 소각의 종류와 방법

(1) 임의소각과 강제소각

주식의 소각이 주주의 의사에 의하는 경우를 임의소각, 주주의 의사에 관계없이 회사의 일방적 행위에 의하는 경우를 강제소각이라 한다. 특히 강제소각의 경우에는 주주평등의 원칙에 따라야 한다.

(2) 유상소각과 무상소각

주식의 소각에 대한 대가를 지급하는 경우를 유상소각, 아무런 대가를 지급하지 않는 경우를 무상소각이라 한다. 자기주식의 소각(특정목적에 의하여 취득하는 제341조의2의 경우는 제외하고 제341조에 따라 배당가능이익 범위 내에서 취득한 자기주식의 소각)이나 상환주식의 소각과 같이 소각의 재원이 이익인 경우와 자본금 감소에 의한 소각과 같이 소각의 재원이 자본금인 경우가 있다.

⑶ 자기주식의 소각과 자본금감소규정에 따른 소각

① **자기주식의 소각** : 이사회의 결의에 의하여(배당가능이익의 범위 내에서 취득하여) 회사가 보유하는 자기주식을 소각할 수 있다(제343조 제1항 단서). 이 경우에는 자본금의 감소를 가져오지 않고, 이는 상환주식의 상환과 같은 주식소각의 효력이 생긴다.

② **자본금감소규정에 의한 소각** : 자본금 감소에 의한 주식소각의 경우에는 주주총회의 특별결의와 채권자보호절차를 거쳐야 한다. 자본금 감소에 관한 규정에 따라 주식을 소각하는 경우에는 제440조의 절차에 따른다(제343조 제2항).

3. 소각의 효력발생시기

소각의 효력은 강제소각의 경우에는 원칙적으로 주권제출기간이 만료한 때에, 임의소각의 경우에는 회사가 주권실효절차를 밟은 때에 효력이 발생한다. 그러나 자본금감소의 경우에는 채권자보호절차가 종료한 때에 그 효력이 생긴다(제343조 제2항, 제441조).

4. 소각의 효과

이익소각의 경우에는 자본금은 감소하지 않고 발행주식수가 감소하게 되지만, 자본금 감소의 경우에는 자본금이 감소하게 된다. 이 경우에는 변경등기를 하여야 한다. 소각된 주식수는 발행예정주식수중에 미발행주식으로 다시 부활하지 않으므로 소각된 만큼의 주식을 재발행하지 못한다.

II. 주식의 병합

1. 의 의

주식의 병합이란 수개의 주식을 합하여 그보다 적은 수의 주식으로 하는 것으로, 자본금 감소의 경우, 합병시 당사회사의 재산상태가 다른 경우, 1주의 권면액을 인상하는 경우 등을 위해서 하게 된다.

2. 병합의 절차

⑴ 구주권 제출의 통지 · 공고 등

주식을 병합하는 경우에는 회사는 1월 이상의 기간을 정하여 그 뜻과 그 기간 내에 주권을 회사에 제출할 것을 공고하고, 주주명부에 기재된 주주와 등록질권자에 대하여 각별로 통지를 하여야 한다(제440조). 다만, 구주권을 회사에 제출할 수 없는 자가 있는 때에는 회사는 그 자의 청구에 의하여 3월 이상의 기간을 정하고, 이해관계인에 대하여 그 주권에 대한 이의가 있으면 그 기간 내에 제출할 뜻을 청구자의 부담으로 공고하고, 그 기간이 경과한 후에 신주권을 청구자에게 교부할 수 있다(제442조).

(2) 단주의 처리

병합에 적당하지 아니한 수의 주식이 있는 때에는 그 부분에 대하여 발행한 주식을 경매하여 각 주수에 따라 그 대금을 종전의 주주에게 지급하여야 한다. 그러나 거래소의 시세있는 주식은 거래소를 통하여 매각하고, 거래소의 시세없는 주식은 법원의 허가를 얻어 경매 이외의 방법으로 임의매각할 수 있다(제443조 제1항). 이 경우 병합에 적당하지 아니한 구주권을 제출할 수 없는 자에게는 이의최고절차(제442조)가 끝난 다음에 대금을 교부하면 된다(제443조 제2항).

(3) 등 기

주식병합의 결과 회사의 발행주식총수가 변경되므로 회사는 이에 관한 변경등기를 하여야 한다(제317조 제2항, 제183조).

3. 병합의 효력 · 효과

주식병합의 효력은 주권제출기간이 만료한 때에 그 효력이 생기지만(제441조 본문), 채권자보호를 위한 절차가 종료하지 않은 때에는 그 절차가 종료한 때에 효력이 생긴다(제441조 단서). 주식병합으로 인해 회사가 발행한 주식총수는 감소하고, 주권을 제출한 주주는 신주권을 교부받고, 구주식의 권리는 신주식에 존속하게 된다.

III. 주식의 분할

1. 의 의

주식의 분할이란 주식의 병합에 반대되는 것으로 회사의 자본금이나 자산의 변경없이 기존의 주식을 세분화하여 발행주식총수를 증가시키는 것이다. 주식분할은 주가의 상승으로 인해 주식의 유통성이 둔화되는 경우 그 유통성을 원활히 하기 위하여 인정된 제도이다.

2. 분할의 요건 · 절차

주식의 분할은 주금액의 변동을 가져오게 되므로 정관변경절차를 거쳐야 한다. 따라서 주식분할시에는 주주총회의 특별결의가 있어야 한다(제329조의2 제1항). 주식을 분할하더라도 그 액면가는 100원 미만으로 하는 것은 불가능하다(제329조의2 제2항). 이 이외의 절차는 주식병합에 관한 규정(제440조부터 제444조까지)이 준용된다(제329조의2 제3항). 주식분할로 인하여 발행주식총수의 변경을 가져오므로 변경등기를 하여야 한다(제317조 제2항, 제183조).

3. 분할의 효과

주식분할의 효력은 주식병합과 마찬가지로 주권제출기간이 만료된 때에 발생하고, 주식분할로 인하여 발행주식총수의 증가를 가져온다. 그러나 자본금 · 재산에는 변동이 없고, 주주의 지분에도 실질적인 변동은 없다. 그리고 구주식에 대한 질권은 물상대위에 의하여 신주식에 대하여 행사할 수 있다(제339조). 주식분할이 위법인 때에는 신주발행유지청구권과 신주발행무효의 소에 관한 규정이 유추적용될 수 있다.

【제7관】 주식의 포괄적 교환 · 포괄적 이전

Ⅰ. 주식의 포괄적 교환

1. 의 의

甲회사(완전자회사가 되는 회사)의 주주가 가지는 甲회사의 주식을 주식교환에 의하여 乙회사(완전모회사가 되는 회사)에 이전하고, 甲회사의 주주는 乙회사가 주식교환을 위하여 발행하는 신주의 배정을 받거나 그 회사의 자기주식의 이전을 받음으로써 乙회사의 주주가 되는 것을 말한다(제360조의2 제2항).

보충 상각주식교환 : 주식의 포괄적 교환시 완전모회사가 되는 회사가 완전자회사가 되는 회사의 주주에게 완전모회사가 되는 회사의 모회사의 주식을 교부하는 제도로써 역삼각합병이라고도 한다(제360조의3 제3항 제4호, 제4항, 제5항).

2. 절 차

① **주식교환계약서등의 사전공시** : 주주총회 회일의 2주전부터 주식교환의 날 이후 6개월이 경과하는 날까지 주식교환계약서 등의 서류를 본점에 비치하여야 한다(제360조의4).

② **주주총회의 승인** : 주식교환을 하고자 하는 회사는 주식교환계약서에 일정사항(제360조의3 제3항)을 작성하여 주주총회의 특별결의로 승인을 얻어야 한다(제360조의3 제1항 · 제2항).
주식의 포괄적 교환에 관한 주주총회의 승인결의시 특정 종류의 주식을 가진 주주에게 손해가 발생할 염려가 있다면 종류주주총회를 거쳐야 한다(제436조, 제435조). 한편, 주식의 포괄적 교환으로 인하여 주식교환에 관련되는 각 회사의 주주의 부담이 가중되는 경우에는 주주 전원의 동의가 있어야 한다(제360조의3 제5항).

예외 | 간이주식교환의 경우에는 완전자회사가 되는 회사의 주주총회 특별결의는 이사회의 결의로 갈음할 수 있고(제360조의 9), 소규모의 주식교환의 경우에는 완전모회사가 되는 회사의 주주총회 특별결의는 이사회의 결의로 갈음할 수 있다(제360조의 10).

③ **반대주주의 주식매수청구권** : 주식교환을 위한 주총결의에 반대하는 주주(의결권이 없거나 제한되는 주주 포함)는 총회 결의일로부터 20일 이내에 주식매수를 청구할 수 있다(제360조의5). 간이주식교환의 경우에는 주식매수청구권을 인정하지만, 소규모 주식교환의 경우에는 인정되지 않는다.

④ **주권실효절차** : 주식교환에 의하여 완전자회사가 되는 회사는 주주총회에서 승인한 때에는 주식교환의 날 1월 전에 주식교환승인 · 구주권제출 등의 공고를 하고, 주주와 질권자에게 통지하여야 한다(제360조의8).

⑤ **단주처리** : 주식교환의 경우 발생하는 단주처리는 주식병합의 경우 단주처리규정(제443조)을 준용한다(제360조의11).

⑥ **사후공시** : 이사는 주식교환의 날로부터 6개월간 주식교환의 날, 주식교환의 날에 완전자회사가 되는 회사에 현존하는 순자산액, 주식교환으로 인하여 완전모회사에 이전한 완전자회사의 주식수, 그 밖의 주식교환에 관한 사항을 기재한 서면을 본점에 비치하여야 한다(제360조의 12).

3. 효 과

① **완전 모 · 자회사 관계성립** : 주식교환에 의하여 완전자회사와 완전모회사의 관계가 성립되며, 완전자회사가 되는 회사의 주주는 완전모회사의 주주가 된다.

② **신주발행에 갈음한 자기주식의 이전** : 완전모회사가 되는 회사는 주식교환시 신주발행에 갈음하여 회사가 소유하는 자기주식으로서 완전자회사가 되는 회사의 주주에게 이전할 수 있다(제36조의3 제2항).

③ **완전 모회사의 자본금 증가의 한도액** : 완전모회사가 되는 회사의 자본금은 주식교환의 날에 자회사가 되는 회사에 현존하는 순자산에서 일정금액(제360조의7 제1항 각호)을 뺀 금액을 초과하여 증가시킬 수 없다(제360조의7).

④ **완전 모회사의 이사 · 감사의 임기** : 주식교환에 의하여 완전모회사가 되는 회사의 이사 및 감사로서 주식교환전에 취임한 자는 주식교환계약서에 다른 정함이 있는 경우를 제외하고는 주식교환 후 최초로 도래하는 결산기에 관한 정기총회가 종료한 때에 퇴임한다(제360조의13).

⑤ **모회사주식의 취득 및 처분** : 주식의 포괄적 교환으로 완전모회사가 되는 회사가 완전자회사가 되는 회사의 주주에게 신주배정 또는 자기주식의 이전의 대가의 전부 또는

일부로서 금전 기타 재산을 제공하는 경우, 그 재산이 모회사의 주식을 포함하는 경우에는 완전모회사가 되는 회사는 모회사 주식을 취득할 수 있고, 주식교환 후에도 계속 보유하는 경우에는 주식교환의 효력이 발생하는 날부터 6개월 이내에 그 주식을 처분하여야 한다(제360조의3 제6항 · 제7항).

4. 무 효

(1) 절 차

① **소제기권자** : 주식교환의 무효의 소제기권자는 각 회사의 주주 · 이사 · 감사 · 감사위원회의 위원 또는 청산인에 한한다.

② **소제기기간** : 주식교환의 날로부터 6월 내에만 소만으로 주식교환의 무효를 주장할 수 있다(제360조의14 제1항).

③ **관할법원** : 주식교환 무효의 소는 완전모회사가 되는 회사의 본점소재지의 지방법원의 관할에 전속한다(제360조의14 제2항).

④ **기타규정의 준용** : 소제기공고, 소의 병합심리, 법원의 자유재량권에 관해서는 상법 제187조 내지 제189조, 제소주주의 담보제공의무에 관해서는 상법 제377조가 준용된다(제360조의14 제4항).

(2) 효 과

① **판결의 불소급효** : 주식교환 무효의 판결은 장래에 대하여 그 효력이 발생한다(제360조의14 제4항, 제431조).

② **주식의 이전** : 주식교환을 무효로 하는 판결이 확정된 때에는 완전모회사가 된 회사는 주식교환을 위하여 발행할 신주 또는 자기주식을 이전 받은 주주에 대하여 그가 소유하였던 완전자회사가 된 회사의 주식을 이전하여야 한다(제360조의14 제3항).

③ **기타규정의 준용** : 제191조, 제192조, 제339조, 제340조 제3항은 주식교환무효의 소에 준용한다(제360조의14 제4항).

II. 주식의 포괄적 이전

1. 의 의

甲회사(완전자회사가 되는 회사)의 주주가 소유하는 甲회사의 주식은 주식이전에 의하여 설립하는 乙회사(완전모회사)가 되는 회사에 이전하고, 甲회사의 주주는 乙회사가 주식이전을 위하여 발행하는 주식의 배정을 받음으로서 乙회사의 주주가 되는 것을 말한다(제360조의15).

2. 절 차

① **주식이전계획서의 승인** : 주식이전을 하고자 하는 회사는 일정사항(제360조의16 제1항)을 기재한 주식이전계획서를 작성하여 주주총회 특별결의로 승인을 얻어야 한다(제360조의 16 제1항 · 제2항). 주주총회 결의로 특정종류의 주주에게 손해가 발생할 염려가 있는 때에는 종류주주총회를 거쳐야 하며(제436조), 주식이전에 관련되는 각 회사의 주주의 부담이 가중되는 경우에는 주주총회 특별결의와 종류주총결의 외에 주주 전원의 동의를 얻어야 한다(제360조의16 제4항). 주식이전승인결의에 반대하는 주주에게는 주식매수청구권이 인정된다(제360조의22, 제360조의5).

② **서류의 공시** : 주식이전승인을 위한 주주총회 회일의 2주전부터 주식이전의 날 이후 6월이 경과하는 날까지 주식이전계획서 · 주식배정에 관한 이유를 기재한 서면 · 완전자회사의 대차대조표 및 손익계산서 등의 서류를 본점에 비치하여야 한다(제360조의17).

③ **주권의 실효절차** : 완전자회사가 되는 회사는 주식이전 결의를 할 때에는 결의를 한 뜻, 주권제출의 뜻 등을 공고하고, 주주명부상의 주주와 질권자에게 통지하여야 한다(제360조의19).

④ **단주의 처리** : 주식이전시 발생하는 단주의 처리에는 주식교환에 관한 규정(제360조의11)이 준용된다(제360조의22).

3. 주식이전의 등기 및 효력발생시기

① **주식이전의 등기** : 완전모회사는 주식이전 후 본점소재지에서는 2주 내에, 지점소재지에서는 3주 내에 주식이전의 등기(설립등기)를 하여야 한다(제360조의20).

② **주식이전의 효력발생시기** : 주식이전의 효력은 주식이전의 등기를 함으로써 발생한다(제360조의 21).

4. 효 과

① **완전 모 · 자회사관계성립** : 주식의 이전으로 완전모회사가 설립되고 주식의 포괄적 이전을 한 회사는 완전자회사가 되며, 완전자회사가 되는 회사의 주주는 주식이전을 위해 발행하는 주식의 배정을 받음으로써 완전모회사의 주주가 된다.

② **완전모회사의 자본금의 한도액** : 설립하는 완전모회사의 자본금은 주식이전의 날에 완전자회사가 되는 회사에 현존하는 순자산액에서 그 회사의 주주에게 제공할 금전 및 그 밖의 재산의 가액을 공제한 액을 초과하지 못한다(제360조의18).

5. 주식의 이전의 무효

(1) 절 차

① **소제기권자** : 주식이전의 무효의 소제기권자는 각 회사의 주주 · 이사 · 감사 · 감사위원회의

위원 또는 청산인에 한한다(제360조의23 제1항).

② **소제기기간** : 주식이전의 날로부터 6월 내에 소만으로 주식이전의 무효를 주장할 수 있다(제360조의23 제1항).

③ **관할법원** : 주식이전무효의 소는 완전모회사가 되는 회사의 본점소재지의 지방법원의 관할에 전속한다(제360조의23 제2항).

④ **기타규정의 준용** : 소제기의 공고, 소의 병합심리, 법원의 자유재량권에 관해서는 상법 제187조 내지 제189조가 준용되고, 제소주주의 담보제공의무에 관해서는 상법 제377조가 준용된다(제360조의23 제4항).

(2) 효 과

① **불소급효** : 주식이전을 무효로 하는 판결은 불소급의 효력이 있다(제360조의23 제4항, 제190조 단서).

② **주식의 이전** : 주식이전을 무효로 하는 판결이 확정된 때에는 완전모회사가 된 회사는 주식이전을 위하여 발행한 주식의 주주에 대하여 그가 소유하였던 완전자회사가 된 회사의 주식을 이전하여야 한다(제360조의23 제3항).

③ **기타규정의 준용** : 제191조 내지 제193조, 제339조, 제340조 제3항의 규정은 주식이전무효의 소에 준용한다(제360조의23 제4항).

주식의 포괄적 교환과 포괄적 이전의 차이

포괄적 교환	포괄적 이전
교환계약서 작성	이전계획서 작성
간이주식교환 및 소규모주식교환 인정	간이주식이전 · 소규모주식이전은 있을 수 없음
신주교부에 갈음하여 자기주식을 교부할 수 있음	자기주식의 교부는 있을 수 없음
완전모회사의 자본금 증가의 한도를 둠	완전모회사의 자본금의 한도를 둠
주식교환의 날 효력발생	주식이전의 날(이전등기 필요) 효력발생
완전모회사의 이사 · 감사의 임기제한 규정 있음	완전모회사의 이사 · 감사의 임기제한 규정 없음
주식교환무효시 완전모회사는 신주발행 무효가 됨	주식이전 무효시 완전모회사는 설립무효로 해산에 준하여 청산함

Ⅰ. 지배주주의 소주주주에 대한 주식매도청구권

1. 지배주주의 매도청구권의 의의

회사의 발행주식총수의 100분의 95 이상을 자기의 계산으로 보유하고 있는 지배주주는 회사의 경영상 목적을 달성하기 위하여 필요한 경우(다른 소수주주가 회사의 원만한 운영을 의도적으로 방해하는 경우)에는 회사의 다른 소수주주에게 그 보유하는 주식의 매도를 청구할 수 있다(제360조의24 제1항). 여기서 보유하는 주식수를 산정함에 있어서는 모회사와 자회사가 보유한 주식을 합산한다. 이 경우 회사가 아닌 주주가 발행주식총수의 100분의 50을 초과하는 주식을 가진 회사가 보유하는 주식도 그 주주가 보유하는 주식과 합산한다(제360조의24 제2항).

2. 제도의 취지

소수주식의 강제매수제도를 도입하는 취지는 특정주주가 주식의 대부분을 보유하는 경우 회사로서는 주주총회 운영 등과 관련하여 관리비용이 들고 소수주주로서는 정상적인 출자 회수의 길이 막히기 때문에 대주주가 소수주주의 주식을 매입함으로써 그 동업관계를 해소할 수 있도록 허용할 필요가 있기 때문이다. 이 제도를 도입함으로써 회사의 주주관리 비용이 절감되고 경영의 효율성이 향상될 것으로 기대된다

3. 매도청구의 절차

(1) 주주총회의 승인

지배주주가 주식매도청구권을 행사하기 위해서는 주주총회의 승인을 얻어야 한다 (제360조의24 제3항). 주주총회의 소집을 통지할 때에는 지배주주의 회사 주식의 보유현황, 매도청구의 목적, 매매가액의 산정근거와 적정성에 관한 공인된 감정인의 평가 및 매매가액의 지급보증 등에 관한 사항을 기재하여야 한다(제360조의24 제4항).

(2) 지배주주의 매도청구내용 설명

지배주주는 매도청구권을 행사하기 위한 주주총회에서 소집통지에 기재한 사항들을 설명하여야 한다(제360조의24 제4항).

(3) 주주와 질권자에 대한 통지 및 공고

지배주주는 매도청구의 날 1개월 전까지 소수주주는 매매가액의 수령과 동시에 주권을 지배주주에게 교부하여야 한다는 뜻, 교부하지 않을 경우 매매가액을 수령하거나 지배주주가

매도가액을 공탁한 날에 주권은 무효가 된다는 뜻을 공고하여야 하고, 주주명부에 적힌 주주와 질권자에게 따로 그 통지를 하여야 한다(제360조의24 제5항).

(4) 소수주주의 주식매도

지배주주의 매도청구를 받은 소수주주는 매도청구를 받은 날로부터 2개월 내에 지배주주에게 그 주식을 매도하여야 한다(제360조의24 제5항).

4. 매도가액의 결정

지배주주의 매도청구가 있는 경우 그 매매가액은 매도청구를 받은 소수주주와 매도를 청구한 지배주주의 협의로 결정한다(제360조의24 제7항). 그러나 매도청구를 받은 날로부터 30일 내에 매도가격에 대한 협의가 이루어지지 아니한 경우에는 매도청구를 받은 소수주주 또는 매도청구를 한 지배주주는 법원에 매도가액의 결정을 청구할 수 있고(제360조의24 제8항), 법원은 회사의 제반사정을 참작하여 공정한 가액으로 매도가액을 산정하여야 한다(제360조의24 제9항).

II. 소수주주의 지배주주에 대한 주식매수청구권

1. 소수주주의 매수청구권의 의의

회사의 발행주식총수의 100분의 95 이상을 자기의 계산으로 보유하는 지배주주가 있는 회사의 소수주주는 언제든지 지배주주에게 그 보유주식의 매수를 청구할 수 있고(제360조의25 제1항), 이 경우 매수청구를 받은 지배주주는 매수를 청구한 날을 기준으로 2개월 내에 매수를 청구한 주주로부터 그 주식을 매수하여야 한다(제360조의25 제2항).

2. 매수청구의 절차

소수주주가 매수청구를 하는 경우에 대해서는 특별한 절차의 규정이 없으므로, 소수주주의 매수청구의 의사표시만 있으면 된다.

3. 매매가액의 결정

지배주주에 대하여 매수를 청구한 경우, 그 매매가액은 매수를 청구한 주주와 매수청구를 받은 지배주주간의 협의로 이를 결정한다(제360조의25 제3항). 그러나 지배주주가 매수청구를 받은 날부터 30일 내에 매매가액에 대한 협의가 이루어지지 아니한 경우에는 매수청구를 받은 지배주주 또는 매수청구를 한 소수주주는 법원에 대하여 매매가액의 결정을 청구할 수 있다(제360조의25 제4항). 이때 법원은 회사의 재산상태와 그 밖의 사정을 고려하여 공정한 가액으로 매매가액을 산정하여야 한다(제360조의25 제5항).

Ⅲ. 지배주주의 주식취득과 주식의 이전

소수주주에 대한 지배주주의 주식매도청구나 지배주주에 대한 소수주주의 주식매수청구에 의하여 주식을 취득한 지배주주가 매매가액을 소수주주에게 지급한 때 주식의 이전이 이루어진 것으로 본다(제360조의26 제1항). 매매가액을 지급할 소수주주를 알 수 없거나 소수주주가 수령을 거부할 경우에는 지배주주는 그 가액을 공탁할 수 있다. 이 경우 주식은 공탁한 날에 지배주주에게 이전된 것으로 본다(제360조의26 제2항).

연습문제

[제1관] 주 식

01 상법상 주식회사의 액면주식과 무액면주식에 관한 설명으로 틀린 것은? (2017년 공인회계사)

① 액면주식의 경우 1주의 금액은 100원 이상이어야 하고 액면을 초과하여 발행한 경우 그 초과액은 자본준비금으로 적립하여야 한다.

② 무액면주식을 발행한 회사의 자본금은 주식 발행가액의 2분의 1 이상의 금액으로서 이사회(정관으로 신주발행을 주주총회에서 결정하기로 정한 경우에는 주주총회)에서 자본금으로 계상하기로 한 금액의 총액으로 한다.

③ 회사는 정관으로 정하는 바에 따라 액면주식 또는 무액면주식을 선택하여 발행할 수 있지만 무액면주식을 발행하는 경우에는 액면주식을 발행할 수 없다.

④ 무액면주식을 병합할 경우 회사는 1월 이상의 기간을 정하여 그 뜻과 그 기간 내에 주권을 회사에 제출할 것을 공고하고 주주명부에 기재된 주주와 질권자에 대하여는 각별로 그 통지를 하여야 한다.

⑤ 액면주식을 무액면주식으로 전환하는 경우 자본금이 동일하게 유지되어야 하므로 전환에 의해 발행되는 무액면주식의 수는 기존의 주식 수와 동일하여야 한다.

액면주식을 무액면주식으로 전환하는 경우 자본금이 동일하게 유지되어야 하지만(제451조 제3항), 전환에 의해 발행되는 무액면주식의 수에 대한 제한은 없다.

02 상법상 액면주식과 무액면주식에 관한 설명으로 틀린 것은? (2013년 공인회계사)

① 주식회사는 정관으로 액면주식과 무액면주식을 병행하여 발행할 수 없다.

② 회사는 정관으로 정하는 바에 따라 발행된 액면주식 전부를 무액면주식으로 전환할 수 있고 이를 다시 전부 액면주식으로 전환할 수 있다.

③ 회사가 발행하는 무액면주식의 자본금은 주식 발행가액의 2분의 1 이상의 금액으로서 이사회 또는 주주총회에서 자본금으로 계상하기로 하는 금액의 총액으로 한다.

④ 회사가 액면주식을 무액면주식으로 전환할 때 자본금을 변경하지 못하므로 전환 시에 자본충실의 원칙상 발행주식총수를 감소하여 발행할 수 없다.

답 [제1관] 1. ⑤ 2. ④

⑤ 회사가 발기설립시에 무액면주식을 발행하는 경우 주식의 발행가액과 주식의 발행가액 중 자본금으로 계상하는 금액은 정관으로 달리 정하지 않으면 발기인 전원의 동의로 이를 정한다.

회사가 액면주식을 무액면주식으로 전환할 때 자본금을 변경하지 못하며(제451조 제3항), 전환시에 발행되는 무액면주식의 경우 주식수와 자본금은 무관하므로 발행주식총수를 감소하여 발행할 수 있다.

03 상법상 종류주식에 관한 설명으로 틀린 것은? (2013년 공인회계사)

① 주식회사가 종류주식을 발행한 때에는 정관에 다른 정함이 없어도 이사회 또는 주주총회의 결의에 따라 의결권 있는 주식과 의결권 없는 주식 간에 소각에 관하여 특수하게 정할 수 있다.

② 주식회사는 "보통주 이익배당률에 1%를 가산한 배당률"을 내용으로 하는 종류주식을 발행할 수 있다.

③ 회사는 정관의 정함으로 보통주에서 의결권이 배제 · 제한되는 종류주식을 발행할 수 있다.

④ 주식회사가 상환종류주식을 발행한 경우 회사는 상환종류주식 취득의 대가로 상법 제462조 제1항에 따른 배당가능이익을 초과하지 않는 범위 내에서 현금 외에 유가증권이나 그 밖의 자산을 교부할 수도 있고 다른 종류주식으로 교부할 수도 있다.

⑤ 회사에서 의결권이 없거나 제한되는 종류주식이 발행주식총수의 4분의 1을 초과하여 발행된 경우 회사는 지체 없이 그 제한을 초과하지 아니하도록 하기 위하여 필요한 조치를 하여야 한다.

주식회사가 상환종류주식을 발행한 경우 회사는 상환종류주식 취득의 대가로 상법 제462조 제1항에 따른 배당가능이익을 초과하지 않는 범위 내에서 현금 외에 유가증권(다른 종류주식은 제외한다)이나 그 밖의 자산을 교부할 수도 있다(제345조 제4항).

04 상법상 주식회사의 종류주식으로 인정되지 않는 것은? (2014년 공인회계사)

① 회사가 전환권을 가지는 전환주식

② 주주가 상환권을 가지는 상환주식

③ 의결권이 배제된 보통주식

④ 발행 회사의 의결권 제한 주식을 상환대가로 하는 상환주식

⑤ 이익배당에 있어 우선적 지위를 가지는 참가적 · 비누적적 우선주

상환주식의 상환은 현금 외에 유가증권이나 그 밖의 자산을 교부할 수 있으나, 다른 종류주식으로 상환할 수 없다(제345조 제4항).

답 3. ④ 4. ④ 5. ①

05 다음 중 상환주식에 대한 설명으로 옳은 것은? (2007년 공인회계사)

① 상환주식의 상환은 회사의 이익으로 하여야 하며, 상환시기가 도래하였으나 회사의 이익이 없는 경우에는 상환할 수 없다.

② 주금액의 일부에 대한 상환을 할 수 있다.

③ 상환으로 인하여 회사가 일시적으로 취득하게 되는 자기주식은 6월 내 실효의 절차를 밟아 소멸시켜야 한다.

④ 잔여재산의 분배에 관하여 우선적 내용이 있는 종류의 주식에 대하여 상환주식으로 할 수 있다.

⑤ 상환주식을 상환하면 발행주식총수는 감소되므로 감소된 수만큼의 신주를 다시 발행하여야 한다.

② 주금액의 일부에 대한 상환은 인정되지 않는다.
③ 상환으로 인하여 회사가 일시적으로 취득하게 되는 자기주식의 소각시기에 제한이 없다.
④ 상환주식은 종류주식으로 발행할 수 있으나, 이익으로 상환할 주식이어야 한다.
⑤ 상환주식의 상환으로 소각되는 주식수만큼은 재발행을 할 수 없다. 왜냐하면, 발행주식수가 감소하더라도 자본금의 감소가 없으므로, 이미 발행된 주식으로 보아야 하기 때문이다.

06 전환주식에 관한 설명으로 옳지 않은 것은?

① 전환주식은 인수한 주식을 다른 종류의 주식으로 전환할 수 있는 주식을 말하며, 전환주식의 전환은 특수한 신주발행에 해당한다.

② 주주에게 전환권이 있는 전환주식을 발행한 때에는 주식청약서 · 신주인수권증서 · 주권 · 주주 명부 등에 전환의 뜻, 전환조건, 전환으로 발행할 주식의 내용, 전환청구기간을 기재하여야 하지만, 등기를 요하지는 않는다.

③ 전환의 효력은 전환청구시 또는 주권제출기간이 끝난 때에 발생하지만, 이익배당에 대하여는 그 청구한 때 또는 주권제출기간이 끝난 때가 속하는 영업연도말에 전환된 것으로 본다.

④ 주주명부의 폐쇄기간 중에 전환된 주식은 그 기간중의 총회의 결의에 관하여는 전환된 주식에 의한 의결권을 행사할 수 없다.

⑤ 전환주식을 목적으로 하는 질권은 전환에 의하여 발행되는 신주식에 존재하게 되며, 전환주식의 등록질권자는 회사에 대하여 신주권의 교부를 청구할 수 있다.

전환주식을 발행한 때에는 주식청약서 · 신주인수권증서 · 주권 · 주주명부 등에 전환의 뜻, 전환조건, 전환으로 발행할 주식의 내용, 전환청구기간을 기재하여야 하며, 등기를 요한다(제317조 제2항 7호).

답 6. ②

07 주주에게 전환권을 인정하는 전환주식에 관한 다음 설명 중 옳지 않은 것은?

① 회사가 전환주식을 발행하는 경우에는 전환을 청구할 수 있다는 뜻과 전환조건, 전환청구기간과 전환으로 발행할 주식의 수와 내용을 정관에서 정하여야 한다.

② 전환청구기간 내에는 회사가 발행할 주식의 총수 중 전환으로 인하여 발행할 주식의 수를 보유해야 한다.

③ 전환청구에 따라 신주식을 발행하는 경우에는 주식의 액면가액을 신주식의 발행가액으로 한다.

④ 주주명부폐쇄기간 중에 전환된 주식의 주주는 그 기간 중의 총회의 결의에 관하여는 의결권을 행사할 수 없다.

⑤ 주식의 전환으로 인한 변경등기는 전환을 청구한 날이 속하는 달의 말일부터 2주간 내에 하여야 한다.

전환으로 인하여 발행하는 신주의 발행가액은 전환전의 전환주식의 발행가액과 같아야 한다(제348조).

08 상법상 상환에 관한 종류주식과 전환에 관한 종류주식에 관한 설명으로 옳은 것은?

(2016년 공인회계사)

① 회사가 의결권이 제한되는 종류주식을 발행하면서 그 주주에게 당해 주식의 상환을 청구할 수 있는 권리를 부여할 수 없다.

② 회사가 상환권을 가진 상환에 관한 종류주식을 발행한 회사가 그 종류주식을 상환하면 회사의 자본금은 감소한다.

③ 상환에 관한 종류주식을 발행한 회사가 그 종류주식을 상환할 경우 다른 회사가 발행한 종류주식을 상환의 대가로 교부할 수 있다.

④ 주주명부 폐쇄기간 중에 전환에 관한 종류주식을 가진 주주가 의결권 있는 주식으로 전환을 청구하면 그 폐쇄기간 중의 주주총회 결의에서 전환으로 발행된 신주의 의결권을 행사할 수 있다.

⑤ 전환에 관한 종류주식의 경우 전환으로 인해 발행되는 신주 1주의 액면가와 전환으로 인해 소멸하는 전환주식 1주의 액면가는 다를 수 있다.

① 회사가 의결권이 제한되는 종류주식을 발행하면서 그 주주에게 당해 주식의 상환을 청구할 수 있는 권리를 부여할 수 있다(345조 제1항).

② 회사가 상환권을 가진 상환에 관한 종류주식을 발행한 회사가 그 종류주식을 상환하더라도 회사의 자본금은 감소하지 않는다.

답 7. ③ 8. ③

④ 주주명부 폐쇄기간 중에 전환에 관한 종류주식을 가진 주주가 의결권있는 주식으로 전환을 청구하면 그 폐쇄기간 중의 주주총회 결의에서 전환으로 발행된 신주의 의결권을 행사할 수 없다(제350조 제2항).

⑤ 전환에 관한 종류주식의 경우 전환으로 인해 발행되는 신주의 발행가액은 전환으로 인해 소멸하는 전환주식의 발행가액으로 한다(제348조).

09 다음 중 상법상 주식회사의 자본금 변동에 관한 설명으로 틀린 것은? (2007년 공인회계사)

① 주식배당을 하는 경우 자본금은 증가한다.

② 상환주식을 상환하여 소각하는 경우 자본금에는 변동이 없다.

③ 전환주식을 신주로 전환하는 경우 자본금은 증가한다.

④ 자기주식을 이익으로 소각하는 경우 자본금에는 변동이 없다.

⑤ 주식매수선택권의 행사에 의하여 자기주식을 교부하는 경우 자본금에는 변동이 없다.

이 문제에서 가장 옳지 않은 것으로는 ③이 될 수 있다. 그러나 약간의 오류를 지적하고 싶다. 전환주식의 전환으로 신주를 발행하는 경우 1 : 1전환이 인정된다면 자본금의 증감은 없다. 그러나 주식의 가치상 1 : 1전환은 사실상 존재하지 않는다. 한편, 자본금 감소를 가져오는 전환은 채권자보호절차를 거쳐야 하고 자본금 충실의 원칙상 인정되지 않는다고 본다. 따라서 상법상 엄격한 자본금 감소절차를 탈법하는 것이 되는 자본금 감소를 가져오는 전환은 무효라고 보아야 할 것이지만, 이에 대해 상향전환(자본금 감소를 가져오는 전환)을 인정하는 견해도 있다. 전환주식의 전환으로 자본금의 증가를 가져오는 전환은 당연히 인정된다. 이렇게 본다면, 위 ③번의 지문이 반드시 틀렸다고 보기에 무리가 있는 것으로 보인다. 물론 상향전환을 인정하는 견해에 의하면 옳다고 볼 수 없을 것이다.

10 甲주식회사는 전환우선주식 2,000주를 6,000원에 발행하였다(정관상 1주의 액면금액은 4,000원임). A가 전환우선주식 2,000주에 대하여 전환권을 행사한 경우에 전환우선주식은 발행가액 4,000원인 보통주식(㉠)로 전환되며 甲주식회사의 자본금은 (㉡)이다(되었다). 다음에서 ㉠과 ㉡에 들어갈 것으로 옳은 것은? (2014년 공인회계사)

① ㉠－3,000주, ㉡－증가
② ㉠－2,000주, ㉡－불변
③ ㉠－3,000주, ㉡－불변
④ ㉠－4,000주, ㉡－증가
⑤ ㉠－2,000주, ㉡－감소

전환주식의 전환으로 인하여 발행하는 신주의 발행가액은 전환전의 주식의 발행가액으로 하므로(제348조), 전환전의 주식의 총발행가액은 2,000주×6,000원으로, 전환후의 주식의 총발행가액은 4,000원××가 된다. 따라서 x는 3,000주가 되어야 하며, 자본금은 전환전에는 2,000주×4,000원이지만 전환후에는 3,000주×4,000원이므로 증가하게 된다.

답 9. ③ 10. ①

[제2관] 주 주

01 주주에 관한 설명으로 옳지 않은 것은?

① 주주의 자격에는 제한이 없으므로 자연인이나 법인도 주주가 될 수 있다.

② 주주의 수는 1인이 되더라도 무방하다.

③ 주식의 원시취득 또는 승계취득에 의하여 주주자격을 취득하게 되는데, 이에 대한 예외를 둘 수 없으며 이와 다른 약정은 무효라는 것이 판례의 입장이다.

④ 주주평등의 원칙은 정관의 정함이나 법률의 규정에 의하여 예외를 둘 수 있다.

⑤ 주주평등의 원칙은 동일한 내용의 주식에 대하여 그가 가진 주식수에 따라 평등하게 취급하여야 한다는 원칙이다.

주주평등의 원칙은 법률의 규정에 의하여 예외를 둘 수 있으나, 정관에 의한 예외규정을 두는 경우에는 그 정관은 무효가 된다. 다만 불이익을 받는 주주의 동의가 있는 경우에는 그 무효가 치유된다.

02 다음 중 주주의 권리에 관한 설명으로 옳지 않은 것은? (상장회사를 제외함)

① 주주평등의 원칙은 모든 주주간에 인정되어지고, 이에 위반한 내용은 무효가 된다.

② 해산판결청구권은 발행주식총수의 100분의 10 이상의 주식을 가진 주주에게 인정되는 권리이다.

③ 회계장부열람권은 발행주식총수의 100분의 3 이상의 주식을 가진 주주에게 인정되는 권리이다.

④ 주권교부청구권은 1주의 주식을 가진 주주라도 갖는 자익권에 해당한다.

⑤ 이사의 위법행위유지청구권은 발행주식총수의 100분의 1 이상의 주식을 가진 주주에게 인정되는 권리이다.

주주평등의 원칙은 원칙적으로 그가 가진 주식수에 따라 평등한 취급을 받는 것을 말하지만, 이익배당 또는 잔여재산분배에 관하여 내용이 다른 종류 주식간에는 주주평등의 원칙이 적용되지 않는다.

03 주주의 권리행사에 대한 다음 설명 중 옳지 않은 것은?

① 주주의 권리는 단체법상의 권리로서 원칙적으로 주주의 자격과 분리하여 양도 · 입질 · 압류할 수 없다.

② 주주는 주주권에 기하여 회사가 제3자에 대하여 갖는 재판상의 청구권을 대위행사 할 수 없다.

답 [제2관] 1. ④ 2. ① 3. ④

③ 주식을 매수한 주주로서의 권리를 가진다는 것만으로 회사 소유의 부동산에 관하여 어떠한 청구권을 가진다고 할 수는 없으므로, 주주로서의 권리를 보전하기 위하여 회사 소유 부동산에 대한 처분금지가처분을 구하는 것은 허용되지 않는다.

④ 주주의 주권교부청구권 · 신주인수권 · 이익배당청구권은 공익권에 해당한다.

⑤ 대표소송의 경우는 제소 후 보유주식이 발행주식총수의 100분의 1 미만으로 감소한 때에도 제소의 효력에는 영향이 없다.

해설 주주의 주권교부청구권 · 신주인수권 · 이익배당청구권은 자익권에 해당한다.
② 대판 1998. 3. 24, 95다6885. ③ 대판 1998. 9. 18, 96다44136. ⑤ 제403조 제5항.

[제3관] 주권과 주주명부

01 주권에 관한 설명으로 옳은 것은?

① 주권은 사원권을 표창하는 유가증권으로서 비설권증권 · 비상환증권 · 문언증권 · 요식증권에 해당한다.

② 회사는 주권을 발행하는 대신에 정관에서 정하는 바에 따라 전자등록기관의 전자등록부에 주식을 등록할 수 있다.

③ 하나의 주권은 하나의 주식만을 표창할 수 있고, 수개의 주식을 표창하는 주권은 발행할 수 없다.

④ 주권은 회사 성립 후 또는 신주의 납입기일 후 즉시 발행하여야 한다.

⑤ 주권의 효력발생시기에 대해서는 학설의 대립이 있으나 통설 · 판례는 주권의 기재사항을 기재하여 작성하고 대표이사가 기명날인한 때에 효력이 발생한다고 한다.

해설 ① 주권은 사원권을 표창하는 유가증권으로서 비설권증권 · 비상환증권 · 비문언증권 · 요식증권에 해당한다.
③ 하나의 주권에 의해 1개의 주식을 표창하는 때에는 단일주권, 10개 또는 100개의 의결권을 하나의 주권으로 표창하는 때에는 병합주권이라 한다.
④ 주권은 회사 성립 후 또는 신주의 납입기일 후 지체없이 발행하여야 한다(제355조 제1항).
⑤ 주권의 효력발생시기에 대해서는 학설의 대립이 있으나 통설 · 판례는 주권작성하여 주주에게 교부한 때에 효력이 발생한다고 한다.

답 [제3관] 1. ②

02 주권에 대한 다음 설명 중에서 옳은 것은? (1996년 공인회계사)

① 회사성립 전에 주권을 발행하면 발기인에 대하여 과태료에 의한 제재가 있으나, 주권 자체는 유효하다.

② 회사는 성립 후 또는 신주의 납입기일 후 6개월 이내에 주권을 발행하면 된다.

③ 주권을 소지하는 주주가 주식을 양도하려면 주주명부에 명의개서를 하면 충분하다.

④ 〈삭 제〉

⑤ 주권의 불소지제도는 정관에 이를 허용하는 규정이 있는 경우에 한하여 이용가능하다.

① 회사성립 전에 발행된 주권은 효력이 없다(제355조 제2항).
② 원칙적으로 주권은 회사성립 후 또는 신주의 납입기일 후 지체없이 발행해야 한다(제355조 제1항).
③ 주식의 양도는 주권의 교부에 의한다(제336조 제1항).
④ 제368조 제2항
⑤ 주주는 정관에 다른 정함이 있는 경우를 제외하고는 불소지를 신고할 수 있다(제358조의2 참조).

03 주권에 관한 다음 설명 중 옳은 것은?

① 회사는 성립 후 또는 신주의 납입기일 후 6개월 이내에 주권을 발행하면 된다.

② 정관에 정함이 있는 때에는 주권을 발행하는 대신 전자등록기관의 전자등록부에 주식을 등록할 수 있다.

③ 주주는 상법의 규정에 따라 언제든지 기명주권을 무기명주권으로 전환해줄 것을 청구할 수 있다.

④ 〈삭 제〉

⑤ 주권을 상실한 경우에는 법원의 제권판결이 있어야 재발행이 가능하나, 주식병합을 위한 신주발행의 경우에는 회사의 공시최고만에 의하여 주권을 재발행할 수 있다.

① 회사는 성립 후 또는 신주의 납입기일 후 지체없이 주권을 발행하여야 한다(제355조 제1항).
③ 상법상 무기명주권은 발행할 수 없다.
⑤ 주식병합을 위한 신주발행의 경우 공시최고에 의하여 주권의 재발행을 하는 것이 아니라, 3월 이상의 기간을 정하여 공시최고를 하고 그 기간이 경과한 후에 신주권을 청구자에게 교부할 수 있다(제442조 제1항).

04 상법상 주권불소지제도에 관한 설명 중 옳은 것은? (2010년 공인회계사)

① 정관의 규정에 의하지 않고는 주권불소지제도를 배제할 수 없다.

② 주권불소지신고를 한 주주는 주주명부의 폐쇄기간 중에 주권의 발행을 청구할 수 없다.

답 2. ④ 3. ② 4. ①

③ 명의개서를 하지 않은 주식의 양수인도 주권불소지신고를 할 수 있다.

④ 회사가 명의개서대리인을 둔 경우에도 주권불소지의 신고는 이를 반드시 회사에 하여야 하며, 명의개서대리인에게 하는 것은 허용되지 않는다.

⑤ 주권발행 전에 주식의 인수인은 주권불소지신고를 할 수 없다.

② 주권불소지신고는 주주 지위의 변동을 가져오는 것은 아니므로 주권불소지신고를 한 주주는 주주명부의 폐쇄기간 중에 주권의 발행을 청구할 수 있다.

③ 주권불소지는 주주명부에 불소지의 기재를 하여야 하므로, 명의개서를 하지 않은 주식의 양수인도 주권불소지신고를 할 수 없다.

④ 회사가 명의개서대리인을 둔 경우, 명의개서대리인은 주주명부의 기재에 관한 대리권을 가지므로, 주권불소지신고를 명의개서대리인에게 하는 것은 허용된다.

⑤ 주권발행 전에 주식의 인수인은 주주명부에 그 성명이 기재되어 있다면 주권불소지신고를 할 수 있다.

05 상법상 주권의 불소지제도에 관한 설명으로 옳은 것은? (2014년 공인회계사 수정)

① 주권의 불소지는 정관에 주권불소지제도를 배제하는 규정이 없는 경우에 인정된다.

② 상장주식회사는 주주의 편의를 위하여 주권의 불소지제도를 채택하여야 한다.

③ 주권이 미발행된 상태에서 주주의 주권의 불소지신고가 있는 경우 회사는 불소지신고된 주식에 관해 주권을 발행할 수 없다.

④ 이미 발행된 주권이 있는 경우 주주의 주권의 불소지신고가 있다면 그 주권은 주권의 제출여부와 상관없이 불소지신고시에 효력을 상실한다.

⑤ 주주가 주권의 불소지신고를 한 경우에는 회사에 대하여 그 주권의 발행을 청구할 수 없다.

② 상장주식회사는 주주의 편의를 위하여 주권의 불소지제도를 채택할 수 있다(제358조의2 제1항 참조).

④ 이미 발행된 주권이 있는 경우 주주의 주권의 불소지신고가 있다면 그 주권은 무효로 하거나 명의개서대리인에게 이를 임치하여야 한다(제358조의2 제3항). 임치한 경우에는 그 주권은 무효가 되지 않는다.

⑤ 주주가 주권의 불소지신고를 한 경우에는 회사에 대하여 언제든지 그 주권의 발행을 청구할 수 있다(제358조의2 제4항).

답 5. ①, ③

06 주주명부에 관한 다음 설명 중 옳은 것은?

① 주주명부의 기재사항에 대해 상법은 주식을 발행한 경우에 대해서만 규정을 두고 있다.

② 주주는 자기가 주주임을 증명하기 위해서는 주권을 소지하고 있어야 하며, 기타 특별한 절차를 필요로 하지 않는다.

③ 주주명부의 폐쇄기간 중이라도 전환주식 · 전환사채 · 신주인수권부사채의 권리행사가 가능하다.

④ 주주명부의 폐쇄시에는 폐쇄기간의 2주일 전에 이를 반드시 공고하여야 한다.

⑤ 회사는 주주명부에 명의개서를 하지 않은 주식양수인을 주주로 인정하는 것은 인정되지 않는다는 것이 판례의 입장이다.

① 주주명부의 기재사항에 대해 상법은 주식을 발행한 경우, 전환주식을 발행한 경우로 구분하여 규정하고 있다(제352조 제1항 내지 제3항).

② 기명주주는 자기가 주주임을 회사에 대항하기 위해서는 주주명부에 명의개서를 하여야 한다(제337조 제1항).

④ 주주명부의 폐쇄시에는 폐쇄기간의 2주일 전에 이를 공고하여야 하지만, 정관에 폐쇄기간을 정한 경우에는 공고할 필요가 없다(제354조 제4항 단서).

⑤ 주주명부에 명의개서를 하지 아니한 자의 주주권 행사를 인정할 수 없다는 것이 판례의 입장이다(대판 2017. 3. 23. 2015 다 248342)

07 주주명부에 관한 설명 중 틀린 것은? (2006년 공인회계사)

① 판례에 따르면, 회사는 명의개서를 하지 않은 주식양수인을 주주로 인정하지 못한다.

② 주주명부폐쇄기간은 3월을 초과할 수 없으며, 폐쇄기간의 2주간 전에 이를 공고하여야 한다.

③ 주주명부에 등록질권자로 기재된 자는 적법한 질권자로 추정되어 질권을 행사할 수 있다.

④ 실무상으로는 결산기 이후 정기주주총회에 출석할 주주와 이익배당을 받을 주주를 확정하기 위하여 주주명부의 폐쇄제도와 기준일제도가 병용되고 있다.

⑤ 주주명부폐쇄기간 중에도 주주의 주소변경은 가능하다.

명의개시를 하지 아니한 주식양수인을 주소로 인정하지 못한다(대판 2017. 3. 23. 2015 다 248342).

답 6. ③, ⑤ 7. 정답없음

08 상법상 주주명부의 효력에 관한 설명으로 옳은 것은? (2010년 공인회계사)

① 주식의 주식양도계약이 해제된 경우 양도인은 주주명부상 주주명의를 자신의 명의로 복구하지 않아도 회사에 대하여 주주로서 대항할 수 있다.

② 주주명부상 명의주주라도 회사에 대하여 주권을 제시하여야 적법한 주주로서의 권리를 행사할 수 있다.

③ 주권의 점유로 인하여 적법한 소지인으로 추정되는 자는 명의개서 없이 회사에 대하여 주주권을 행사할 수 있다.

④ 회사는 주주명부에 기재된 명의주주에 대하여 실질적 권리가 없음을 입증함으로써 주주로서의 권리행사를 거절할 수 있다.

⑤ 주주명부의 폐쇄기간이 3월을 초과하는 경우 그 폐쇄기간은 거래안전을 위하여 언제나 전부 무효이다.

① 주식양도계약이 해제된 경우 주주명부상의 주주명의를 자신의 명의로 복구하여야 회사에 대하여 주주로서 대항할 수 있다는 것이 판례의 입장이다(대판 2002. 12. 24, 2000다69927).

② 주주명부상의 주주는 권리추정력이 있으므로, 주권제시없이 권리행사를 할 수 있다.

③ 주권을 점유하고 있는 (기명)주주가 회사에 대해 주주권을 행사하기 위해서는 주주명부에의 명의개시가 있어야 한다.

④ 특별한 사정이 없는 한, 주주명부에 적법하게 주주로 기재되어 있는 자만이 회사와의 관계에서 그 주식에 관한 의결권 등 주주권을 행사할 수 있다(대판 2017. 3. 23. 2015 다 248342)

⑤ 주주명부의 폐쇄기간이 3월을 초과하는 경우 그 초과기간만 무효가 될 뿐이다.

09 상법상 주주 또는 주권에 관한 설명으로 옳은 것은? (2011년 공인회계사)

① 주식을 양도할 경우 주권을 교부하여야 하며 이 경우 현실의 인도방법에 의한 교부만이 가능하다.

② 주주에 대한 회사의 통지 또는 최고는 주주명부에 기재한 주소 또는 그 자로부터 회사에 통지된 주소로 하면 된다.

③ 판례에 의하면 주식회사가 주주가 아닌 제3자에게 주주권을 표창하는 문서를 작성하여 교부한 경우 그 문서는 주권으로서의 효력을 갖는다.

④ 주권의 점유자는 해당 주권의 적법한 소지인으로 추정되므로 명의개서를 하지 않더라도 회사에 대항할 수 있다.

⑤ 판례에 의하면 타인의 명의로 주식을 인수하여 대금을 납입한 경우 회사에 대하여 명의대여자가 주주가 된다.

① 주식을 양도할 경우 주권을 교부하여야 하며 이 경우 현실의 인도방법에 의한 교부 또는

답 8. 정답없음 9. ②, ⑤

간이인도나 목적물반환청구권의 양도 등의 간접점유의 이전도 가능하다(대법원 2010. 2. 25. 선고 2008다96963. 96970 판결).

② 제353조

③ 판례에 의하면 주식회사가 주주가 아닌 제3자에게 주주권을 표창하는 문서를 작성하여 교부한 경우 그 문서는 주권으로서의 효력이 없다(대법원 1977. 4. 12. 선고 76다2766 판결).

④ 주권의 점유자는 해당 주권의 적법한 소지인으로 추정되지만, 명의개서를 하지 않으면 회사에 대항할 수 없다(제337조 제1항).

⑤ 판례에 의하면 타인의 명의로 주식을 인수하여 대금을 납입한 후 명의자를 주주명부에 기재한 경우 회사에 대하여 명의대여자가 주주가 된다(대판 2017. 3. 23. 2015 다 248342).

10 비상장회사 甲이 정관이 정하는 바에 따라 결산기 말일의 다음 날부터 정기주주총회 종료일까지 주주명부를 폐쇄한 경우에 관한 설명으로 틀린 것은? (2012년 공인회계사)

① 甲회사의 주주가 주주명부 폐쇄기간 중에 전환권을 행사하여 전환주식을 보통주로 전환한 경우 정기총회에서는 전환된 보통주의 주주로서 의결권을 행사할 수 있다.

② 甲회사는 주주명부 폐쇄기간 중에 질권설정자의 주식에 대한 질권등록 청구가 있더라도 질권등록을 할 수 없다.

③ 甲회사의 주주는 주주명부 폐쇄기간 중에도 주권불소지 신고를 할 수 있다.

④ 甲회사는 주주명부 폐쇄기간이 개시되기 2주간 전에 폐쇄기간을 공고할 필요가 없다.

⑤ 주소가 변경된 주주가 주주명부 폐쇄기간 중에 그 주소의 변경기재를 청구하면 甲회사는 이를 변경할 수 있다.

甲회사의 주주가 주주명부 폐쇄기간 중에 전환권을 행사하여 전환주식을 보통주로 전환한 경우 정기총회에서는 전환된 보통주의 주주로서 의결권을 행사할 수 없다(제350조 제2항).

[제4관] 주식의 양도

01 상법상 주식의 양도에 관한 설명 중 옳은 것은? (2008년 공인회계사)

① 정관의 규정에 의하여 예외적으로 주식의 양도를 제한하거나 금지할 수 있다.

② 판례에 의하면, 회사가 권리주의 양도를 승인하는 경우에 그 양도는 회사에 대하여 효력이 있다.

③ 주식의 양도에 관하여 이사회의 승인을 요하는 경우에 이사회의 승인 없이 한 주식의 양도는 당사자간에 그 효력이 없다.

④ 신주납입기일 후 6월이 경과하였음에도 주권이 발행되지 않은 경우, 그 주식의 양도는

답 10 ① [제4관] 1. ④

회사에 대하여 효력이 있다

⑤ 판례에 의하면, 주식의 양도인이 무권리자인 경우에 한하여 주권의 선의취득이 가능하다.

① 정관의 규정에 의하여 예외적으로 주식의 양도를 제한할 수 있으나 금지할 수 없다.

② 판례에 의하면, 회사가 권리주의 양도를 승인하는 경우에도 그 양도는 회사에 대하여 효력이 없다.

③ 주식의 양도에 관하여 이사회의 승인을 요하는 경우에 이사회의 승인 없이 한 주식의 양도는 회사에 대하여 효력이 없으나, 당사자간에는 그 효력이 있다.

④ 제335조 제3항 단서

⑤ 판례에 의하면, 주식의 양도인이 무권리자인 경우나 무처분권자 또는 무권대리인인 경우에 주권의 선의취득이 가능하다.

02 상법상 주식양도의 제한에 관한 설명으로 틀린 것은? (2017년 공인회계사)

① 판례에 의하면 주식의 양도에 관하여 이사회의 승인을 받도록 규정한 정관에도 불구하고 이사회의 승인 없이 주식을 양도한 경우 주주 사이의 주식양도계약 자체가 효력이 없다.

② 회사가 권리를 실행함에 있어 그 목적을 달성하기 위하여 필요한 경우에는 자기주식의 취득가액 총액이 배당가능이익의 금액을 초과하더라도 자기주식을 취득할 수 있다.

③ 주권 발행 전 주식의 양도가 회사성립 후 또는 신주의 납입기일 후 6월이 경과한 후에 이루어진 경우에는 회사에 대하여 효력이 있다.

④ 자회사는 주식의 포괄적 교환으로 인하여 모회사의 주식을 취득한 경우 그 주식을 취득한 날로부터 6월 이내에 이를 처분하여야 한다.

⑤ 회사가 다른 회사의 발행주식총수의 10분의 1을 초과하여 주식을 취득한 때에는 그 다른 회사에 대하여 지체없이 이를 통지하여야 한다.

판례에 의하면 주식의 양도에 관하여 이사회의 승인을 받도록 규정한 정관에도 불구하고 이사회의 승인 없이 주식을 양도한 경우, 회사에 대하여는 효력이 없으나 주주 사이의 주식양도계약 자체는 효력이 있다(대판2008.7.10, 2007다14193).

03 상법상 주식의 양도에 관한 설명으로 틀린 것은? (2010년 공인회계사 수정)

① 주권발행 후에는 주식양도의 합의와 주권의 교부만으로 주식을 양도할 수 있다.

② 판례에 의하면, 주식의 양도계약이 해제된 경우에는 주권의 반환이 없더라도 주식 양수인은 주주의 지위를 상실한다.

③ 주권의 교부는 현실의 인도뿐만 아니라 간이인도, 점유개정, 목적물반환청구권의 양도로도 가능하다.

답 2. ① 3. ⑤

④ 판례에 의하면, 주식의 인수로 인한 권리의 양도를 회사가 승인한 경우에 그 양도는 회사에 대하여 효력이 없다.

⑤ 판례에 의하면, 회사 성립 후 6월이 경과한 경우 주권발행 전의 주식은 당사자의 의사표시만으로 양도할 수 없다.

판례에 의하면, 회사 성립 후 6월이 경과한 경우 주권발행 전의 주식은 당사자의 의사표시만으로 양도할 수 있고, 이를 회사에 대항하기 위해서는 지명채권양도의 대항요건으로서 회사에의 통지 또는 회사의 승낙이 있어야 한다(대판 1995. 5. 23, 94다36421).

② 대판 1994. 6. 28, 93다44906　　④ 대판 2001. 4. 24, 2001다3719

04 甲주식회사는 주식양도시 이사회의 승인을 얻도록 하는 정관규정을 두고 있다. 甲회사의 주주인 A는 주주가 아닌 B에게 주식을 양도하고자 한다. A가 甲회사에 대하여 그 주식양도의 승인을 청구한 경우 다음 설명 중 틀린 것은? (2003년 공인회계사)

① 甲이 A의 승인청구가 있는 날부터 1월 이내에 거부의 통지를 하지 아니한 때에는 그 주식의 양도에 관하여 이사회의 승인이 있는 것으로 본다.

② 甲이 양도승인 거부의 통지를 한 경우 A는 그 통지를 받은 날부터 20일 내에 甲에 대하여 양도상대방의 지정 또는 그 주식의 매수를 청구할 수 있다.

③ 甲이 C를 양도상대방으로 지정하는 경우 甲은 A의 양도상대방의 지정청구가 있은 날부터 2주간 내에 A 및 C에게 서면으로 이를 통지하여야 한다.

④ A와 C가 그 주식의 매도가액을 협의로 결정하지 못한 경우 회사가 지정하는 회계전문가가 그 가액을 결정한다.

⑤ B가 그 주식을 취득하였다면, B도 甲에 대하여 서면으로 그 취득의 승인을 청구할 수 있다.

정관에 의한 주식양도제한을 둔 경우에 있어서, 이사회의 승인거부시 상대방지정청구를 하여, 그 상대방이 매도청구권을 행사한 때에 매도가액은 당사자의 협의에 의하여 결정하고 청구를 받은 때로부터 30일 이내에 협의가 되지 않는 경우에는 법원에 매도가액의 결정을 청구할 수 있고, 이때 법원은 회사의 제반사정 등을 참작하여 매도가액을 결정하게 된다(제335조 제1항, 제2항).

05 A회사의 정관에는 주식의 양도시 이사회의 승인을 얻도록 정하고 있다. A회사의 주주인 甲은 자기가 소유하는 주식을 乙에게 양도하기 위하여 이사회의 승인을 청구하였지만, 이사회는 주식양도의 승인을 거부하였다. 이에 대한 다음 설명 중 옳지 않은 것은?

① 주주 갑은 A회사에 대해 주식양도의 승인거부통지를 받은 날로부터 20일 내에 주식매수청구를 할 수 있다.

② 주주 갑은 A회사에 대해 승인거부통지를 받은 날로부터 20일 내에 상대방의 지정을

답 4. ④　5. ⑤

청구할 수 있다.

③ 주주 갑이 상대방의 지정청구를 한 후 A회사가 2주간 내에 상대방지정통지를 하지 않은 때에는 그 주식양도에 대해 A회사의 이사회의 승인이 있는 것으로 간주한다.

④ 주주 갑이 상대방의 지정통지를 받은 후 10일 내에 상대방의 서면에 의한 매도청구가 없는 때에는 A회사의 이사회의 승인이 있는 것으로 본다.

⑤ 이사회의 승인거부가 있었음에도 불구하고 주주 갑이 을에게 주식을 양도한 경우, 그 양수인 을은 회사에 대해 양수승인청구를 할 수 없다.

이사회의 승인거부가 있었음에도 불구하고 주주 갑이 을에게 주식을 양도한 경우, 그 양수인 을은 회사에 대해 양수승인청구를 할 수 있다(제345조의7).

06 상법상 정관에 의한 주식양도의 제한에 관한 설명 중 틀린 것은? (2009년 공인회계사)

① 이사회의 승인을 얻지 않고 주식을 양도하더라도 양도인과 양수인 간에서는 유효하다.

② 주주는 회사에 대하여 양도의 상대방 및 양도하고자 하는 주식의 종류와 수를 기재한 서면으로 양도의 승인을 청구할 수 있다.

③ 주주의 지정청구에 따라 회사가 양도상대방을 지정한 경우 양도상대방으로 지정된 매수인은 그 주식을 매수할 의무가 있다.

④ 회사로부터 양도승인거부의 통지를 받은 주주는 통지를 받은 날로부터 20일 내에 회사에 대하여 그 주식의 매수를 청구할 수 있다.

⑤ 회사가 주주의 양도승인청구에 대해 1월 이내에 서면으로 승인거부의 통지를 하지 아니하면 주식양도에 관한 이사회의 승인이 있는 것으로 본다.

주주의 지정청구에 따라 회사가 양도상대방을 지정한 경우 양도상대방으로 지정된 매수인은 그 주식의 매수(도)청구를 할 권리는 있으나, 의무가 있는 것은 아니다. 지정된 매수인이 매수(도)청구를 하지 아니하면 이사회의 승인이 있는 것으로 본다(제335조의4 제2항).

07 甲, 乙, 丙, 丁회사는 비상장주식회사로서 甲회사는 乙회사 발행주식총수의 63%, 丙회사 발행주식총수의 12%를 취득하였다. 乙회사는 丙회사 발행주식총수의 41%를 취득하였고, 丙회사는 丁회사 발행주식총수의 15%를 취득하였다. 丁회사는 甲회사 발행주식총수의 8%를 취득하였다. 상법상 甲, 乙, 丙, 丁회사의 법률관계에 관한 다음의 설명 중 옳은 것은? (2015년 공인회계사)

① 乙회사는 어떠한 경우에도 甲회사의 주식을 취득할 수 없다.

② 丙회사가 甲회사 및 乙회사의 주식을 취득하는 것은 금지된다.

답 6. ③ 7. ⑤

③ 丁회사가 乙회사 및 丙회사의 주식을 취득하는 것은 금지된다.

④ 丙회사는 丁회사에게 주식취득사실을 통지할 필요가 없다.

⑤ 丁회사는 자신이 보유하고 있는 甲회사의 주식에 대하여 의결권을 행사할 수 없다.

① 乙회사는 합병이나 영업의 전부양수 등 예외적인 경우 甲회사의 주식을 취득할 수 있다(제342조의2 제1항).

② 丙회사가 甲회사의 주식은 취득이 금지되지만, 乙회사의 주식을 취득하는 것은 인정된다. 다만 丙회사가 취득한 乙회사의 주식은 의결권이 없다(제369조 제3항).

③ 丁회사가 乙회사 및 丙회사의 주식을 취득하는 것은 금지되지 않는다. 다만 의결권이 인정되지는다(제369조 제3항).

④ 丙회사는 丁회사에게 주식취득사실을 지체없이 통지하여야 한다(제342조의3).

08 상법상 주식회사의 상호주 규제에 관한 설명으로 틀린 것은? (2012년 공인회계사)

① 甲회사가 乙회사 발행주식총수의 50%를 소유하고 있는 경우 乙회사는 甲회사 주식을 취득할 수 있다.

② 甲회사의 자회사인 乙회사가 丙회사 발행주식총수의 11%를 취득한 경우 丙회사는 甲회사 발행주식총수의 10%를 취득하여 그 주식으로 의결권을 행사할 수 있다.

③ 甲회사의 자회사인 乙회사는 甲회사 주식을 소유한 丙회사의 영업 전부를 양수함으로써 丙회사가 소유하던 甲회사 주식을 취득할 수 있다.

④ 甲회사의 자회사인 乙회사는 甲회사 주식을 소유한 丙회사를 흡수합병함으로써 丙회사가 소유하던 甲회사 주식을 취득할 수 있다.

⑤ 甲회사의 자회사인 乙회사는 자신의 모회사인 甲회사가 발행한 전환사채를 취득할 수 있다.

甲회사의 자회사인 乙회사가 丙회사 발행주식총수의 11%를 취득한 경우 丙회사는 甲회사 발행주식총수의 10%를 취득하여 그 주식으로 의결권을 행사할 수 없다(제369조 제3항).

09 주식의 상호보유규제에 관한 설명으로 옳은 것은?

① A주식회사의 자회사가 B주식회사의 발행주식총수의 100분의 50을 초과하여 취득하고 있는 경우에, B주식회사가 취득한 A주식회사의 주식은 의결권이 있다.

② A주식회사가 B주식회사의 발행주식총수의 100분의 50을 초과하여 취득하고 있는 때에는 B주식회사가 예외적으로 취득한 A주식회사의 주식은 상당한 기간내에 처분하여야 한다.

③ A주식회사와 그의 자회사인 C주식회사가 B주식회사의 발행주식총수의 10분의 1을

답 8. ② 9. ⑤

초과하여 취득하고 있는 때에는 B주식회사가 취득한 C주식회사의 주식은 의결권이 없다.

④ A주식회사가 B주식회사의 발행주식총수의 10분의 1을 초과하여 취득한 이후 B주식회사가 A주식회사의 발행주식총수의 10분의 1을 초과하여 취득하더라도 A주식회사가 취득한 B주식회사의 주식은 의결권이 있다.

⑤ A주식회사가 B주식회사의 발행주식총수의 10분의 1을 초과하여 취득한 때에는 B주식회사에 대하여 지체없이 그 취득의 사실을 통지하여야 한다.

① A주식회사의 자회사가 B주식회사의 발행주식총수의 100분의 50을 초과하여 취득하고 있는 경우에, B주식회사는 A주식회사의 자회사가 되므로, B주식회사가 예외적으로 취득한 A주식회사의 주식은 의결권이 없다.

② A주식회사가 B주식회사의 발행주식총수의 100분의 50을 초과하여 취득하고 있는 때에는 B주식회사가 예외적으로 취득한 A주식회사의 주식은 6월 내에 처분하여야 한다.

③ 예를 들어 A주식회사가 B회사의 발행주식총수의 100분의 5를, 그의 자회사인 C주식회사가 B주식회사의 발행주식총수의 100분의 6을 초과하여 취득하고 있는 때에는, B주식회사가 취득한 A주식회사의 주식은 의결권이 없으나, C주식회사의 주식은 의결권이 있다.

④ A주식회사가 B주식회사의 발행주식총수의 10분의 1을 초과하여 취득한 이후 B주식회사가 A주식회사의 발행주식총수의 10분의 1을 초과하여 취득하면 양회사 모두 의결권을 행사할 수 없다.

10 다음은 C주식회사가 소유하는 A주식회사 또는 B주식회사의 주식에 대한 상법상의 의결권에 관한 설명이다. 다음 중 틀린 것은? (2004년 공인회계사)

① A회사는 C회사 주식의 20%를 소유하고 C회사는 A회사의 주식 13%를 소유하는 경우, A회사와 C회사가 소유하는 상대방 회사의 주식은 의결권이 없다.

② A회사는 B회사 주식의 51%와 C회사 주식 5%를 소유하고, B회사는 C회사 주식의 8%를 소유하는 경우, C회사가 소유하는 A회사 주식은 의결권이 없다.

③ A회사는 B회사 주식의 51%와 C회사 주식 5%를 소유하고, B회사는 C회사 주식의 8%를 소유하는 경우, C회사가 소유하는 B회사 주식은 의결권이 없다.

④ A회사는 B회사 주식의 51%를 소유하고, B회사는 C회사 주식의 13%를 소유하는 경우, C회사가 소유하는 A회사 주식은 의결권이 없다.

⑤ A회사는 B회사 주식의 51%를 소유하고, B회사는 C회사 주식의 13%를 소유하는 경우, C회사가 소유하는 B회사 주식은 의결권이 없다.

위 설문과 지문은 모자회사관계와 비모자회사간의 상호보유규제에 관한 내용이다. 자회사는 모회사의 주식을 취득하더라도 권리행사를 할 수 없으며, 비모자회사관계에서 어떤회사가 다른 회사의 발행주식총수의 10분의 1을 초과하여 취득하는 경우 다른 회사가 갖는 어떤 회사의 주식은 의결권이 없다. 이러한 내용을 조합하면, 위 지문 ③의 경우 A회사와 그의 자회사인 B회사가 합하여 C회사의

답 10. ③

주식의 10분의 1을 초과하여 취득하고 있으므로 C회사가 갖는 A회사의 주식은 의결권이 없다. 그러나 B회사가 취득한 주식은 C회사의 발행주식총수의 10분의 1을 초과하지 못하므로 C회사가 취득한 B회사의 주식에 대해서는 의결권이 있다.

11 주식의 양도제한에 대한 설명 중 틀린 것은? (판례에 의함) (2006년 공인회계사)

① 권리주의 양도는 회사가 승인하더라도 회사에 대하여 효력이 없다.

② 정관의 규정으로 주식양도를 제한하는 경우에도 주식양도를 전면적으로 금지하는 규정을 둘 수 없다.

③ 주권발행 전의 주식양도는 당사자간에는 양도의 효력(채권적 효력)이 있다.

④ 주식의 양도는 6월 경과 전에 이루어졌으나 6월이 경과하도록 회사가 주권을 발행하지 은 경우는, 6월 경과 전의 양도의 하자가 치유된다.

⑤ 회사가 무상으로 자기주식을 취득하는 것은 허용되지 않는다.

회사가 무상으로 자기주식을 취득하는 것은 회사의 자본충실을 해하는 것이 아니므로 제한없이 가능하다는 것이 통설의 입장이다.

12 상법상 자기주식에 관한 설명으로 옳지 않은 것은?

① 회사는 배당가능이익의 범위내에서 거래소에서 시세있는 주식의 경우에는 거래소에서 취득하는 방법에 따라 자기의 명의와 계산으로 자기의 주식을 취득할 수 있다.

② 회사가 배당가능이익이 없음에도 불구하고 자기주식을 취득하는 경우 이사는 회사에 대하여 연대하여 배상할 책임을 진다.

③ 자기주식을 취득하는 경우에는 취득할 수 있는 주식의 종류와 수, 취득가액의 총액의 한도, 1년을 과하지 아니하는 범위에서 자기주식을 취득할 수 있는 기간은 주주총회의 결의로 결정하여야 하고, 이사회의 결의로 결정할 수는 없다.

④ 회사는 발행주식총수의 20분의 1을 초과하여 자기의 주식을 질권의 목적으로 받지 못한다. 다만, 합병이나 영업 전부의 양수 및 권리실행의 목적을 달성하기 위하여 필요한 경우에는 그 한도를 과하여 질권의 목적으로 할 수 있다.

⑤ 이사회의 결의에 의하여 회사가 보유하는 자기주식은 소각할 수 있다.

자기주식을 취득하는 경우에는 취득할 수 있는 주식의 종류와 수, 취득가액의 총액의 한도, 1년을 초과하지 아니하는 범위에서 자기주식을 취득할 수 있는 기간은 주주총회의 결의로 결정하여야 한다. 다만, 이사회의 결의로 이익배당을 할 수 있다고 정관에서 정하고 있는 경우에는 이사회의 결의로써 주주총회의 결의를 갈음할 수 있다(제341조 제2항).

답 11. ⑤ 12. ③

13 배당가능이익의 범위를 넘어서 자기주식을 취득할 수 있는 경우가 아닌 것은?

① 회사의 합병의 경우

② 다른 회사의 영업의 전부나 중요한 일부의 양수

③ 단주의 처리를 위하여 필요한 경우

④ 주주가 주식매수청구권을 행사한 경우

⑤ 무상(無償)으로 자기주식을 취득하는 경우

다른 회사의 영업의 전부의 양수의 경우에는 자기주식취득이 가능하지만, 영업의 중요한 일부의 양수의 경우에는 인정되지 않는다(제341조의2 1호).

14 회사가 보유하는 자기주식처분의 경우 정관에 규정이 없으면 이사회가 결정하는 사항에 해당하지 않는 것은?

① 처분할 주식의 종류와 수

② 처분할 주식의 처분가액과 납입기일

③ 주식을 처분할 상대방

④ 주식을 처분하는 방법

⑤ 주식처분의 시기

회사가 보유하는 자기의 주식을 처분하는 경우에 ① 처분할 주식의 종류와 수, ② 처분할 주식의 처분가액과 납입기일, ③ 주식을 처분할 상대방 및 처분방법은 정관에 규정이 없으면 이사회가 결정한다(제342조).

15 비상장회사인 甲주식회사는 직전 결산기의 배당가능이익을 재원으로 하여 주주들로부터 일정기간 신청을 받아 자기주식을 취득하려 한다. 이에 관한 상법상 설명으로 옳은 것은?

(2016년 공인회계사)

① 甲회사는 甲회사의 명의와 계산으로 자기주식을 취득할 수 있다.

② 상법은 甲회사가 취득할 수 있는 자기주식의 종류와 수 등을 결정할 수 있는 기관을 주주총회로 한정하고 있다.

③ 甲회사가 자기주식을 취득한 영업연도의 결산기에 결손이 발생한 경우 이사가 과실로 결손을 예견하지 못했음을 甲회사가 증명해야 이사에게 배상책임을 물을 수 있다.

④ 甲회사는 취득한 자기주식을 상당한 기간 내에 처분해야 할 의무를 부담한다.

⑤ 甲회사가 자기주식을 처분하는 경우 상법은 명문의 규정으로 주주들에게 자신의 주식

답 13. ② 14. ⑤ 15. ①

소유비율에 따라 우선적으로 자기주식을 양수할 수 있는 권리를 인정한다.

② 상법은 甲회사가 취득할 수 있는 자기주식의 종류와 수 등을 결정하는 경우 정관에 정함에 의하여 이사회의 결의로 가능할 수 있다(제341조 제2항단서).

③ 감회사가 자기주식을 취득한 영업연도의 결산기에 결손이 발생한 경우 이사가 과실로 결손을 예견하지 못했음을 이사가 증명하지 못하면 회사는 이사에게 배상책임을 물을 수 있다(제341조 제4항 단서).

④ 甲회사가 취득한 자기주식의 처분은 이사회에서 정한다(제342조).

⑤ 甲회사가 자기주식을 처분하는 경우 주주들에게 자신의 주식 소유비율에 따라 우선적으로 자기주식을 양수할 수 있는 권리를 인정하는 상법의 명문규정은 없다.

16 비상장회사에서 상법상 주식의 양도 또는 취득의 제한에 관한 설명으로 옳은 것은?

(2011년 공인회계사)

① 정관에서 주식의 양도에 대하여 이사회의 승인을 얻도록 정한 경우 이를 위반한 주식의 양도는 양도당사자 간에 효력이 없다.

② 판례에 의하면 주주간에 일정기간 주식의 양도를 일체 금지하는 양도제한약정을 한 경우 이에 위반한 주식양도는 효력이 없다.

③ 판례에 의하면 주권발행 전의 주식양도가 회사성립후 6개월이 경과한 후에 이루어진 때에는 그 주식양수인은 주식의 양수사실을 증명하여 회사에 명의개서를 청구할 수 있다.

④ 판례에 의하면 주금 납입 전에 주식의 인수로 인한 권리의 양도는 회사가 그 양도를 승인하면 회사에 대하여 효력이 있다.

⑤ 자회사가 모회사의 주식을 갖는 다른 회사의 영업 일부를 양수하는 경우 그 자회사는 그 모회사의 주식을 취득할 수 있다.

① 정관에서 주식의 양도에 대하여 이사회의 승인을 얻도록 정한 경우 이를 위반한 주식의 양도는 회사에 대하여는 효력이 없으나, 양도당사자 간에는 효력이 있다.

② 판례에 의하면 주주간에 일정기간 주식의 양도를 일체 금지하는 양도제한약정을 한 경우 이에 위반한 주식양도는 효력이 있다(대법원 2000. 9. 26. 선고 99다48429 판결).

④ 판례에 의하면 주금 납입 전에 주식의 인수로 인한 권리의 양도는 회사가 그 양도를 승인하더라도 회사에 대하여 효력이 없다(대법원 1965. 12. 7. 선고 65다2069 판결).

⑤ 자회사가 모회사의 주식을 갖는 다른 회사의 영업 전부를 양수하는 경우에는 그 모회사의 주식을 취득할 수 있으나(상법 제342조의2 제1항), 다른 회사의 영업의 일부를 양수하는 경우 그 자회사는 그 모회사의 주식을 취득할 수 없다.

답 16. ③

17 상법상 다음의 ( )에 들어갈 내용으로 바르게 묶은 것은? (2015년 공인회계사)

> 주식의 양도에 관하여 정관에 따라 이사회 승인을 얻어야 하는 경우 주식을 양도하고자 하는 주주는 회사에 대하여 양도 상대방 및 양도하고자 하는 주식의 종류와 수를 기재한 서면으로 양도승인을 청구할 수 있다. 회사는 이 청구가 있는 날부터 (ㄱ) 내에 주주에게 그 승인여부를 서면으로 통지하여야 하며, 양도승인거부의 통지를 한 경우 주주는 통지를 받은 날부터 (ㄴ) 내에 회사에 대하여 양도 상대방의 지정 또는 그 주식의 매수를 청구할 수 있다. 이 경우 이사회가 양도 상대방을 지정하면, 그 청구가 있은 날부터 (ㄷ) 내에 주주 및 지정된 상대방에게 서면으로 이를 통지하여야 한다. 상대방으로 지정된 자는 지정통지를 받은 날부터 (ㄹ) 내에 지정청구를 한 주주에 대하여 서면으로 그 주식을 자기에게 매도할 것을 청구할 수 있다.

① ㄱ－1월 ㄴ－20일 ㄷ－2주간 ㄹ－10일
② ㄱ－2주간 ㄴ－10일 ㄷ－1주간 ㄹ－20일
③ ㄱ－1월 ㄴ－30일 ㄷ－2주간 ㄹ－10일
④ ㄱ－2주간 ㄴ－10일 ㄷ－1주간 ㄹ－30일
⑤ ㄱ－1월 ㄴ－20일 ㄷ－2주간 ㄹ－20일

제335조의2 제2항 및 제4항, 제335조의3 제1항, 제335조의4 제1항

18 명의개서에 관한 다음 설명 중 옳은 것은?

① 회사성립 후 6월이 경과한 후에도 회사가 주권을 발행하지 않은 때에는 주권없이 주식을 양수한 자는 주식의 양수를 증명함으로써 회사에 대하여 명의개서를 청구할 수 있으며, 상속·합병 등의 포괄승계의 경우에도 같다.
② 주권의 소지인이 상호변경을 이유로 명의개서를 요청하여 온 경우, 주식회사는 상호변경절차의 형식적 적법성만 심사하여 명의개서를 해주더라도 회사에는 중대한 과실이 없다는 것이 판례의 입장이다.
③ 회사가 주권소지인의 명의개서를 부당하게 거절한 경우, 명의개서전에는 주식양수인은 주주의 권리를 행사할 수 없다.
④ 주권이 발행된 때에는 명의개서 청구시 반드시 주권의 제시가 있어야만 한다는데 이설(異說)이 없다.

답 17. ① 18. ⑤

⑤ 명의개서대리인은 주주명부의 명의개서뿐만 아니라 질권의 등록, 사채원부에의 명의개서도 할 수 있다.

① 상속·합병 등의 포괄승계에 의하여 주권을 점유한 자는 주권의 제시만으로 명의개서를 청구할 수 있다.

② 판례는 주권의 소지인이 상호변경을 이유로 명의개서를 요청하여 온 경우, 주식회사는 상호변경절차의 (실질적) 적법성을 조사한 후가 아니면 그 명의개서를 하여서는 아니될 의무가 있고, 이를 해태한 때에는 중대한 과실이 있다고 하였다(대판 1974. 5. 28, 73다1320).

③ 회사가 주권소지인의 명의개서를 부당하게 거절한 경우, 명의개서 전이라도 예외적으로 주식양수인은 명의개서와 관계없이 주주권을 행사할 수 있다.

④ 명의개서 청구시 주권이 발행된 경우라도 주권불소지의 신고를 한 때에는 상속·합병만의 사실만을 증명하면 주권의 제시없이 명의개서가 인정된다. 다만, 주권불소지를 하지 않은 경우에는 상속·합병만의 사실만 입증하면 명의개서를 할 수 있다는 설과 주권을 제시하여야만 한다는 설이 있다.

19 B는 A로부터 C주식회사의 기명주식 1만주를 양도받고 그 대금을 지급하였지만 신주배정 기준일까지 명의개서를 하지 않았다. C회사는 이사회에서 무상증자에 의한 신주배정을 의결하고 주주명부상의 주주에게 보유주식 1주에 대해 0.3주의 비율로 신주를 배정하였다. 다음 설명 중 틀린 것은? (2004년 공인회계사)

① B는 C회사에 대해 신주 3천주를 자신에게 교부할 것을 청구할 수 없다.

② C회사는 신주 3천주를 A에게 교부할 수 있다.

③ 판례에 의하면, C회사는 A와 B간의 주식양도사실을 확인한 경우에도 신주 3천주를 B에게 교부할 수 없다.

④ C회사가 A에게 신주 3천주를 교부한 경우, B는 A에 대해 그 주식의 인도 또는 그로 인해 얻은 이득의 양도를 청구할 수 있다.

⑤ C회사에 대해 명의개서를 하지 않아도 위 주식매매는 A와 B 사이에서는 유효하다.

본 문제의 설문은 '명의개서미 주주의 법적지위'에 관한 것이다. 원칙적으로 신주발행의 경우 주주명부상의 주주가 신주배정을 받는 것은 당연하다(제418조 제1항). 따라서 주식을 양수한 자가 명의개서를 하지 않은 경우에 있어서 회사는 주주명부상의 주주에게 신주를 배정하면 된다. 그러나 명의개서는 대항요건에 해당할 뿐이므로, 명의개서가 없더라도 주식양도는 유효하며, 이 때 회사는 양수인이 진정한 주주임을 확인한 경우 그 양수인에게 신주를 배정할 수 있다. 따라서 위 설문의 경우 C회사는 A와 B간의 주식양도사실을 확인한 경우에 신주 3천주를 B에게 교부할 수 있다.

답 19. ③

20 다음 중 주식양도와 명의개서에 관한 설명으로 틀린 것을 모두 고르면? (2007년 공인회계사)

ㄱ. 회사의 설립 후 또는 신주의 납입기일 후 6월이 경과하도록 주권을 발행하지 아니하여 의사표시만으로 주식을 양도한 경우에 회사는 명의개서를 거절할 수 있다.
ㄴ. 주식의 취득자는 단독으로 회사에 대하여 명의개서를 청구할 수 있다.
ㄷ. 주권의 점유자가 명의개서를 청구한 경우에 회사는 그 점유자의 형식적 자격만을 심사할 의무가 있다.
ㄹ. 명의개서대리인이 취득자의 성명과 주소를 주주명부의 복본에 기재한 때에는 주주명부에 명의개서가 있는 것으로 본다.
ㅁ. 주주명부 폐쇄기간 중에도 명의개서는 허용된다.

① ㄱ, ㄷ　② ㄱ, ㅁ　③ ㄴ, ㅁ
④ ㄴ, ㄷ, ㄹ　⑤ ㄴ, ㄹ, ㅁ

위의 예시중에서 회사의 설립 후 또는 신주의 납입기일 후 6월이 경과하도록 주권을 발행하지 아니하여 의사표시만으로 주식을 양도한 경우, 그 양수인은 명의개서를 청구할 수 있고, 회사는 정당한 주주가 아님을 입증하지 못하면 명의개서를 거절할 수 없다. 그리고 주주명부 폐쇄기간 중에는 주주명부에 주주의 변동사항을 기재할 수 없으므로, 명의개서가 허용되지 않는다.
위 설문중 주권의 점유자가 명의개서를 청구한 경우에 회사는 그 점유자의 형식적 자격만을 심사할 의무가 있을 뿐, 실질적 자격을 심사할 의무는 없다. 반면 실질적 자격을 심사할 권한이 있는가에 대해서는 학설의 대립이 있으나 부정하는 것이 타당하다고 본다.

21 다음의 사례에 관한 설명으로 틀린 것은? (2010년 공인회계사)

A는 甲주식회사의 기명주식을 B에게 양도하고 B는 甲회사에게 명의개서를 청구하였는데, 甲회사는 정당한 사유없이 이를 지체하였다. 그 동안 甲회사는 A에게 주주총회의 소집통지를 발송하였고, A가 그 주주총회에 출석하여 이사의 선임을 위한 결의에 참가하였다. 이후 甲회사는 A에게 이익배당을 하였다.

① B는 명의개서에 갈음하는 판결을 구할 수 있고, 甲회사에 대하여 손해배상을 청구할 수 있다.

답 20. ② 21. ②

② 판례에 의하면, B는 명의개서를 하지 않고서는 회사에 대하여 이익배당에 관한 권리를 주장할 수 없다.

③ 다수설에 의하면, 당사자 간에 별도의 약정이 없는 한 B는 A에게 甲회사로부터 받은 이익의 반환을 청구할 수 있다.

④ 판례에 의하면, 甲회사는 명의개서를 하지 않은 B를 주주로 인정하여 권리행사를 허용할 수 있다.

⑤ B는 이사의 선임을 위한 주주총회의 결의의 취소를 청구할 수 있다.

위의 사례는 "정당사유없이 명의개서를 거절한 경우"의 주주의 권리행사에 관한 내용이다. 회사가 정당한 사유없이 명의개서를 거절한 경우 판례(대판 2001. 12. 21, 2001다121)를 참조하면 B는 ①, ③, ④, ⑤ 뿐만 아니라 회사에 대하여 이익배당에 관한 권리도 주장할 수 있다.

22 상법상 다음 사례에 관한 설명으로 옳은 것은? (이견이 있으면 판례에 의함) (2013년 공인회계사)

甲주식회사는 2011년 3월 초에 설립등기를 하였는데 주권은 발행하지 않고 있다. 甲회사 설립당시부터 계속 주식을 보유하고 있던 주주 A는 2011년 12월 20일 자신의 주식을 B에게 양도하였으나, 명의개서는 하지 않았다. 甲회사는 매년 12월 말일이 결산일인데 2012년 3월 중순 주주총회결의로 이익배당을 하기로 결의하였다(이익배당의 기준일은 정기주주총회일로 함). 이 후 2012년 12월 중순 경에 A는 명의개서미필을 기회로 C에게 주식을 이중 양도하였다.

① 판례에 따르면 B는 A의 협력을 받아 공동으로 甲회사에 대하여 명의개서를 청구하여야 한다.

② 甲회사가 A에게 이익배당금을 지급한 경우에도 반드시 B에게 다시 이익배당금을 지급하여야 한다.

③ 판례에 따르면 A는 甲회사에 확정일자 있는 주식양도통지를 하여 B로 하여금 제3자에 대한 대항요건을 갖출 수 있도록 해 줄 의무는 없다.

④ 판례에 따르면 B가 주식을 취득한 사실을 증명한 경우라면 명의개서 청구에 소정서류의 제출을 요한다고 하는 정관의 규정이 있다 하더라도 甲회사는 소정의 서류가 갖추어지지 않았다는 이유로 명의개서를 거부할 수 없다.

답 22. ④

⑤ 판례에 따르면 A가 주식을 B와 C에게 이중양도한 경우 B와 C 상호간의 주주로서의 지위취득의 선후는 주식매매계약의 체결순서에 따른다.

① 판례에 따르면 B는 단독으로 甲회사에 대하여 명의개서를 청구할 수 있다(대판 1995. 5. 23, 94다36421).

② 甲회사가 A에게 이익배당금을 지급한 경우에는 회사의 면책력이 인정되므로, B에게 다시 이익배당금을 지급할 책임이 없다.

③ 판례에 따르면 A는 甲회사에 확정일자 있는 주식양도통지를 하여 B로 하여금 제3자에 대한 대항요건을 갖출 수 있도록 해 줄 의무는 있다(대판 2006. 9. 14, 2005다45537).

④ 대판 1995. 3. 24, 94다47728

⑤ 판례에 따르면 A가 주식을 B와 C에게 이중양도한 경우 B와 C 상호간의 주주로서의 지위취득의 선후는 회사에 먼저 통지하거나 승낙을 받아 명의개서를 하였느냐에 따른다(대판 2010. 4. 29, 2009다88631).

23 주권의 선의취득에 관한 설명 중 틀린 것은? (2009년 공인회계사)

① 위조된 주권을 취득한 경우에는 선의취득이 인정되지 않는다.

② 상속이나 회사합병에 의해 주권을 취득한 경우에는 선의취득이 인정되지 않는다.

③ 주주가 주권불소지신고를 하고 회사에 제출하여 무효가 된 주권을 취득한 경우에도 선의취득이 인정된다.

④ 양수인이 주권을 선의취득하려면 선의이며 중대한 과실이 없어야 한다.

⑤ 판례는 무권대리인으로부터 유상으로 양수한 주권에 대하여도 선의취득을 인정한다.

주권의 선의취득이 인정되기 위해서는 주권이 유효하여야 하므로, 주주가 주권불소지신고를 하고 회사에 제출하여 무효가 된 주권을 취득한 경우에는 선의취득이 인정되지 않는다.

24 상법상 비상장회사의 주식매수선택권(스톡 옵션)에 관한 다음 설명 중 옳은 것은? (2004년 공인회계사 수정)

① 자본금의 총액이 5억원 미만인 주식회사는 주식매수선택권을 부여할 수 없다.

② 주식회사의 설립·경영과 기술혁신 등에 기여하거나 기여할 수 있는 회사의 이사·집행임원·감사 또는 피용자는 주식매수선택권을 부여받을 수 있다.

③ 주식회사의 이사·집행임원·감사 또는 피용자라 하더라도 그가 의결권이 없는 주식을 제외한 발행주식총수의 100분의 5 이상의 주식을 가진 주주이면 주식매수선택권을 부여받을 수 없다.

답 23. ③ 24. ②

④ 주식회사가 주식매수선택권을 부여하기 위해서는 정관의 규정과 주주총회의 보통 결의가 있어야 한다.

⑤ 주식회사가 주식매수선택권의 부여를 취소하기 위해서는 정관의 규정에 의한 주주총회의 특별결의가 있어야 한다.

① 상법상 주식회사는 자본금액에 관계없이 정관에 정함이 있으면 주식매수선택권을 부여할 수 있다(제340조의2 제1항).

③ 주식회사의 이사·감사 또는 피용자라 하더라도 그가 의결권이 없는 주식을 제외한 발행주식총수의 100분의 10이상의 주식을 가진 주주이면 주식매수선택권을 부여받을 수 없다(제340조의2 제2항 1호).

④ 주식회사가 주식매수선택권을 부여하기 위해서는 정관의 규정과 주주총회의 특별결의가 있어야 한다(제340조의2 제1항).

⑤ 주식회사가 주식매수선택권의 부여를 취소하기 위해서는 정관의 규정에 의한 이사회의 결의가 있어야 한다(제340조의3 제1항 5호). 다만, 정관의 규정이 있는 경우 이사가 1인인 때에는 주주총회의 결의로 취소할 수 있다.

25 비상장회사인 A주식회사가 이사 甲에게 3년 후에 5년 이내의 주식매수선택권의 행사가액(부여일 기준으로 1주당 액면가액은 500원, 실질가액은 1,000원임)에 의하여 주식매수할 수 있는 권리를 부여하였다. 다음 설명 중 옳지 않은 것은?

① 갑이사의 주식매수선택권은 정관의 정함이 있는 때에는 일정한 경우 이사회의 결의로 취소할 수 있다.

② 갑이사는 주식매수선택권을 양도할 수 없으며, 갑이사가 사망한 경우 그의 상속인이 이를 행사할 수 없다.

③ 주식매수선택권을 자기주식의 부여방식으로 정하는 경우, 갑이사의 행사가액은 주식매수선택권의 부여일을 기준으로 1,000원 이상이어야 한다.

④ 갑이사가 주식매수선택권을 행사한 경우, 주금액을 납입한 때에 신주의 주주가 된다.

⑤ 갑이사가 주주명부폐쇄기간중에 선택권을 행사한 경우에는 그 폐쇄기간중의 주주총회에서는 의결권을 행사할 수 없다.

갑이사는 주식매수선택권을 양도할 수 없다. 그러나 갑이사가 사망한 경우 그의 상속인이 이를 행사할 수 있다(제340조의4 제2항).

26 상법상 비상장회사의 주식매수선택권에 관한 설명 중 틀린 것은? (2008년 공인회계사)

① 주식매수선택권자의 일방적 의사표시가 있으면 회사의 승낙이 없더라도 주식매수

답 25. ② 26. ④

선택권의 효력이 발생한다.

② 의결권없는 주식을 제외한 발행주식총수의 100분의 15를 가진 주주인 이사에게는 회사의 설립과 경영에 기여하였더라도 주식매수선택권을 부여할 수 없다.

③ 주식매수선택권을 부여하기 위하여 발행할 신주는 회사의 발행주식총수의 100분의 10을 초과할 수 없다.

④ 주식매수선택권을 부여하기 위하여는 정관의 규정과 이사회의 결의가 있어야 한다.

⑤ 주식매수선택권은 타인에게 이를 양도할 수 없지만, 상속은 가능하다.

해 주식매수선택권을 부여하기 위하여는 정관의 규정과 주주총회의 특별결의가 있어야 한다(제340조의2 제1항).

27 상법상 비상장회사의 주식매수선택권에 관한 설명 중 틀린 것은? (2006년 공인회계사)

① 주권비상장법인은 이사 · 집행임원 · 감사 및 피용자에게 주식매수선택권을 부여할 수 있다.

② '신주 교부방식'의 경우에 주식매수선택권자는 주식매수선택권을 행사하고 행사가액을 납입한 때 주주가 된다.

③ '자기주식 교부방식'의 경우에 주식매수선택권자는 주식매수선택권을 행사할 때 주주가 된다.

④ '신주 교부방식'의 경우에 주식매수선택권의 행사가격은 주식매수선택권의 부여일을 기준으로 한 주식의 실질가액과 권면액 중 높은 금액 이상이어야 한다.

⑤ '자기주식 교부방식'의 경우에 주식매수선택권의 행사가격은 주식매수선택권의 부여일을 기준으로 한 주식의 실질가액 이상이어야 한다.

해 자기주식 교부방식에 의하는 경우 매수선택권을 행사한 자는 회사에 주금액을 납입하고, 회사가 주권을 교부한 때 주주가 된다.

28 상법상 주식매수선택권에 관한 설명으로 틀린 것은? (2012년 공인회계사)

① 주식매수선택권은 양도할 수 없지만 주식매수선택권을 행사할 수 있는 자가 사망한 경우에는 그 상속인이 이를 행사할 수 있다.

② 상장회사의 경우 정관으로 정하면 발행주식총수의 일정 한도까지 이사회 결의로 주식매수선택권을 부여할 수 있는데 주식매수선택권을 부여한 후 처음으로 소집되는 주주총회에서 승인을 얻어야 한다.

답 27. ③ 28. ③

③ 판례에 의하면 비상장회사의 경우 본인의 귀책사유가 아닌 사유로 퇴임 또는 퇴직하는 때에는 퇴임 또는 퇴직일까지 2년 이상의 재임 또는 재직 요건을 충족하지 못하더라도 주식매수선택권을 행사할 수 있다.

④ 비상장회사의 주식매수선택권의 행사가격은 신주를 발행하는 경우 주식매수선택권의 부여일을 기준으로 한 주식의 실질가액과 주식의 권면액 중 높은 금액 이상으로 한다.

⑤ 상장회사의 경우 주식매수선택권자로 선정될 수 있는 자에는 자기회사는 물론이고 대통령령으로 정하는 관계회사의 이사와 감사 및 피용자도 포함된다.

판례에 의하면 비상장회사의 경우 본인의 귀책사유가 아닌 사유로 퇴임 또는 퇴직하는 때에는 퇴임 또는 퇴직일까지 2년 이상의 재임 또는 재직 요건을 충족하지 못하여 주식매수선택권을 행사할 수 없다(대법원 2011. 3. 24. 선고 2010다85027 판결).

[제5관] 주식의 담보

01 주식의 담보에 관한 설명 중 틀린 것은? (2009년 공인회계사)

① 회사의 합병의 경우에 회사는 발행주식총수의 20분의 1을 초과하여 자기주식을 질권의 목적으로 받을 수 있다.

② 주식의 등록질권자가 회사에 대하여 자기의 권리를 행사하려면 주권을 제시하여야 한다.

③ 주식의 등록질권자가 물상대위권을 행사할 경우 목적물의 압류절차 없이 회사로부터 직접 그 목적물을 지급받을 수 있다.

④ 〈삭 제〉

⑤ 〈삭 제〉

주식의 등록질권자가 회사에 대하여 자기의 권리를 행사하는 때에는 주주명부에 그 질권자의 성명과 주소가 기재되어 있으므로, 주권을 제시할 필요는 없다.

02 주식의 담보에 관한 설명 중 틀린 것은? (2005년 공인회계사)

① 회사는 발행주식총수의 20분의 1을 초과한 자기주식을 질권의 목적으로 취득하지 못한다.

② 〈삭 제〉

답 [제5관] 1. ② 2. ④

③ 주식의 등록질은 당사자간의 합의와 주권의 교부 외에 질권설정자의 청구에 의하여 질권자의 성명과 주소가 주주명부에 기재됨으로써 그 효력이 발생한다.

④ 주식의 약식질권자는 유치권, 우선변제권, 전질권을 가지나 물상대위권을 갖지 못한다.

⑤ 주식의 등록질권자는 물상대위의 목적물이 주식인 경우에는 그 주식에 대한 주권의 교부를 회사에 대하여 직접 청구할 수 있다.

주식의 약식질권자에 대해서도 질권의 효력이 인정되므로, 우선변제권뿐만 아니라 물상대위권도 인정된다.

03 상법상 주식의 담보에 관한 설명으로 틀린 것은? (2017년 공인회계사)

① 등록질권자가 회사에 대하여 질권자로서의 권리를 행사하기 위하여는 주권을 제시하여야 한다.

② 주식의 양도담보는 관습법상 인정되고 있는 제도로서 약식양도담보와 등록양도담보가 모두 가능하다.

③ 등록질권자는 회사로부터 잔여재산의 분배에 따른 금전의 지급을 받아 다른 채권자에 우선하여 자기채권의 변제에 충당할 수 있다.

④ 회사는 합병 또는 다른 회사의 영업전부를 양수하는 경우 발행주식총수의 20분의 1을 초과하여 자기의 주식을 질권의 목적으로 받을 수 있다.

⑤ 주식의 소각, 병합, 분할 또는 전환으로 인하여 종전의 주주가 받을 금전이나 주식에 대하여도 종전의 주식을 목적으로 한 질권을 행사할 수 있다.

약식질권자가 회사에 대하여 질권자로서의 권리를 행사하기 위하여는 주권을 제시하여야 한다. 그러나 등록질권자의 권리행사에는 주권을 제시할 필요가 없다(제340조 제1항 참조).

[제6관] 주식의 소각 · 병합 · 분할

01 주식의 병합 · 분할 · 소각에 관한 설명으로 옳지 않은 것은?

① 회사는 이사회의 결의로 자기주식을 소각할 수 있다.

② 자본금 감소에 의한 주식소각이나 주식병합의 경우에는 채권자보호절차를 거쳐야 한다.

③ 주식소각의 효력은 강제소각의 경우에는 주권제출기간이 만료한 때에, 임의소각의 경우에는 회사가 일시적으로 자기주식을 취득한 다음에 실효절차를 밟은 때에 발생한다.

답 3. ① [제6관] 1. ⑤

④ 주식을 병합하는 경우에는 회사는 1월 이상의 기간을 정하여 그 뜻과 그 기간 내에 주권을 회사에 제출할 것을 공고하고, 주주명부에 기재된 주주와 등록질권자에게 각별로 통지하여야 한다.

⑤ 주식분할시에는 주주총회의 보통결의가 있어야 하며, 주식을 분할하더라도 주금액은 100원 미만으로 할 수 없다.

주식분할시에는 주주총회의 특별결의가 있어야 한다(제329조의2 제1항).

02 상법상 주식의 분할에 관한 설명 중 틀린 것은? (2005년 공인회계사)

① 주식의 분할은 단위주식의 시가를 낮추기 위한 경우 또는 합병절차를 간소화하기 위한 방법으로 주식의 액면가를 일치시키기 위한 경우 등에 이용된다.

② 주식의 분할은 주주총회의 특별결의를 요하며, 1주의 금액은 최저 100원 미만으로 할 수 없다.

③ 주식이 분할되더라도 회사의 자본금과 재산은 원칙적으로 변동되지 않는다.

④ 주식분할의 결과 회사는 주주에게 신주권을 발행하여야 하고, 발행주식총수가 증가하므로 변경등기를 하여야 한다.

⑤ 주식분할의 효력은 주주총회의 특별결의시에 발생한다.

주식분할의 효력에 관해서는 제329조의2 제3항에 따라 제441조가 준용되므로, 주권제출기간이 만료한 때에 효력이 발생한다.

03 상법상 주식의 분할에 관한 설명으로 옳은 것은? (2010년 공인회계사)

① 주식의 분할은 주주총회의 특별결의를 요하며, 분할 후에는 1주의 금액을 100원 미만으로 할 수 있다.

② 주식의 분할로 인해 주금액과 발행주식의 총수가 변경되므로 회사의 자본금이 변동한다.

③ 주식의 분할은 그에 대한 주주총회의 결의 후 주식분할전 주권을 회사에 제출한 때에 그 효력이 발생한다.

답 2. ⑤ 3. ⑤

④ 주식분할전의 주식에 대한 질권은 분할 후의 신주식에 대하여 그 효력이 미치지 않는다.

⑤ 주식분할에 적당하지 아니한 수의 주식이 있는 때에는 그 부분에 대하여 발행한 신주가 거래소의 시세가 없는 경우, 법원의 허가를 받아 경매 외의 방법으로 매각할 수 있다.

① 분할 후의 1주의 금액은 100원 미만으로 할 수 없다(제329조의2 제2항).
② 주식의 분할은 액면분할이므로 발행주식총수의 증가는 있으나, 자본금은 변동되지 않는다.
③ 주식의 분할은 주권제출기간이 만료한 때에 그 효력이 생긴다(제329조의2 제3항, 제441조).
④ 분할 전 주식의 질권자는 분할 후 발행되는 신주권에 대해 물상대위권을 행사할 수 있으므로, 그 분할 후의 신주에 대해서도 질권의 효력이 있다.

04 주식의 병합절차에 관한 설명으로 옳지 않은 것은?

① 주식병합을 하고자 하는 때에는 회사는 1월 이상의 기간을 정하여 그 뜻과 그 기간내에 주권을 회사에 제출할 것을 공고하고, 주주명부에 기재된 주주와 질권자에 대하여는 각별로 그 통지를 하여야 한다.

② 주식병합은 원칙적으로 채권자보호절차가 종료한 때에 효력이 발생한다.

③ 주식병합을 하는 경우에 구주권을 회사에 제출할 수 없는 자가 있는 때에는 공시최고 절차를 거쳐 그 기간이 경과한 후에 신주권을 교부할 수 있다.

④ 병합에 적당하지 아니한 주식이 있는 때에는 병합에 적당하지 아니한 부분에 대하여 발행한 신주를 경매하여 각 주수에 따라 그 대금을 종전의 주주에게 지급하여야 한다.

⑤ 주식병합의 결과 회사의 발행주식총수가 변경되므로 회사는 이에 관한 변경등기를 하여야 한다.

주식병합은 원칙적으로 주권제출기간이 만료한 때에 효력이 발생한다. 다만, 자본금 감소의 경우에는 채권자보호절차가 종료한 때에 주식병합의 효력이 발생한다.

[제7관] 주식의 포괄적 교환 · 포괄적 이전

01 상법상 주식의 포괄적 교환에 관한 설명으로 틀린 것은? (2004년 공인회계사)

① 자회사를 완전자회사로 만들기 위하여 이용될 수 있다.

② 주식교환의 무효는 각 회사의 주주 · 이사 · 감사 · 감사위원회의 위원 또는 청산인에 한하여 주식교환의 날부터 6월내에 소만으로 이를 주장할 수 있다.

답 4. ② [제7관] 1. ⑤

③ 주식의 포괄적 교환을 위해서는 원칙적으로 주식교환계약서의 작성과 주주총회의 특별결의에 의한 승인이 필요하다.

④ 간이주식교환이나 소규모주식교환이 인정된다.

⑤ 소규모 주식교환의 경우 반대주주의 주식매수청구권이 인정된다.

소규모 주식교환의 경우 반대주주의 주식매수청구권이 인정되지 않는다(제360조의10 제7항).

02 상법상 주식의 포괄적 교환에 관한 설명 중 틀린 것은? (2008년 공인회계사 수정)

① 회사는 주식의 포괄적 교환에 의하여 다른 회사의 완전모회사가 될 수 있다.

② 완전자회사가 되는 회사의 발행주식총수의 100분의 90 이상을 완전모회사가 되는 회사가 소유하고 있는 때에는 완전자회사가 되는 회사의 주주총회의 승인은 이를 이사회의 승인으로 갈음할 수 있다.

③ 주식교환이 이루어지면 그 당사회사인 완전모회사와 완전자회사는 채권자보호절차로서 채권자의 이의제출권을 보장하여야 한다.

④ 완전모회사가 되는 회사는 신주발행에 갈음하여 회사가 소유하는 자기주식으로서 상당한 시기에 처분해야 할 주식을 완전자회사가 되는 회사의 주주에게 이전할 수 있다.

⑤ 주식의 포괄적 교환이 있는 경우에도 자회사가 모회사의 주식을 취득할 수는 있지만 그 주식을 교환의 효력이 발생한 날로부터 6개월 이내에 처분해야 한다.

주식교환의 경우에, 완전모회사는 자본금이 증가하며 완전자회사는 자본금의 변동이 없이 주주만 변동될 뿐이므로 채권자보호절차를 거칠 필요가 없다. 따라서 채권자의 이의제출권이 인정되지 않는다.

03 다음 중 주식의 포괄적 이전에 관한 설명으로 틀린 것은? (2007년 공인회계사)

① 주식의 포괄적 이전이란 기존의 회사가 완전모회사를 설립하여 그 회사의 완전자회사가 되는 절차이다.

② 주식이전계획서의 승인을 위한 주주총회의 소집에 관하여 이사회의 결의가 있는 경우, 그 결의에 반대하는 주주는 주식매수청구권을 행사할 수 있다.

③ 설립하는 완전모회사의 자본금은 주식이전의 날에 완전자회사가 되는 회사에 현존하는 순자산액에서 그 회사의 주주에게 지급할 금액을 공제한 액을 초과하지 못한다.

④ 주식이전비율에 따라 단주가 발생한 경우에는 이에 대하여 발행한 신주를 경매하여 각 주수에 따라 그 대금을 주주에게 지급하여야 한다.

답 2. ③ 3. ⑤

⑤ 주식이전 무효의 소에서 원고가 승소하면, 신주발행 무효판결의 불소급에 관한 규정이 준용되어 완전모회사는 그대로 존속한다.

주식이전 무효의 소에서 원고가 승소하면 설립무효판결의 불소급에 관한 규정이 준용되므로(제360조의23 제4항, 제190조 단서), 무효판결 후의 완전모회사는 해산에 준하여 청산절차에 들어가게 된다(제360조의23 제4항, 제193조).

04 상법상 주식의 포괄적 교환과 포괄적 이전의 이동(異同)에 관한 설명 중 틀린 것은?

(2006년 공인회계사)

① 양자는 모두 완전모회사가 되는 회사가 신주를 발행하여 완전자회사가 되는 회사의 주주에게 그들의 소유주식에 비례하여 배정한다.

② 주식교환의 경우 완전모회사로 되는 회사에는 완전자회사와 관계가 없는 주주가 존재하지만, 주식이전의 경우에는 그러하지 아니하다.

③ 주식교환의 경우 완전모회사가 되는 회사는 완전자회사가 될 회사의 주주에게 신주를 발행할 수 있을 뿐이지만, 주식이전의 경우는 자기주식의 교부도 허용된다.

④ 주식교환무효의 경우에는 주식교환의 당사회사가 모두 법인격을 유지하지만, 주식이전무효의 경우에는 설립된 모회사가 해산에 준하여 청산을 해야 한다.

⑤ 주식교환무효의 소와 주식이전무효의 소에는 모두 판결의 소급효가 인정되지 않는다.

주식교환의 경우에는 자기주식의 교부로 신주발행에 갈음할 수 있으나(제360조의6), 주식이전의 경우에는 완전모회사가 새로이 설립되므로 자기주식의 교부가 있을 수 없다.

05 상법상 주식의 포괄적 교환 또는 이전에 관한 설명으로 옳은 것은? (2011년 공인회계사수정)

① 주식의 포괄적 교환의 경우 완전자회사가 되는 회사의 모든 주주는 교환계약에 정한 주식을 교환하는 날에 완전모회사가 되는 회사가 발행하는 주식을 배정받는 계약을 체결하게 된다.

② 회사가 주식의 포괄적 이전을 하는 경우 그 회사의 모든 주주는 신설되는 다른 회사가 주식이전을 위하여 발행하는 주식에 대한 주금납입을 마침으로써 그 신설회사의 주주가 된다.

③ 주식의 포괄적 이전을 하는 경우 설립되는 회사의 자본금은 주식이전의 날에 완전자회사가 되는 회사에 현존하는 순자산액에서 그 완전자회사의 주주에게 제공할 금전 및 그 밖의 재산의 가액을 공제한 액을 초과하지 못한다.

답 4. ③ 5. ③

④ 주식의 포괄적 교환 또는 이전에 관하여 이사회의 승인 결의가 있는 경우 그 결의에 반대하는 주주는 주주총회의 결의가 있기 전에 회사에 대하여 자기가 소유하는 주식의 매수를 청구할 수 있다.

⑤ 주식의 포괄적 교환 또는 이전에 관한 무효는 각 회사의 주주 · 이사 · 감사 · 감사위원회의 위원 또는 청산인에 한하여 주주총회 승인결의의 날로부터 2개월 내에 소만으로 이를 주장할 수 있다.

① 주식의 포괄적 교환의 경우 완전자회사가 되는 회사의 모든 주주는 교환계약에 정한 주식을 교환하는 날에 포괄적 교환의 효력이 발생하므로, 이 때 완전모회사가 되는 회사가 발행하는 주식을 발행받게 된다.

② 회사가 주식의 포괄적 이전을 하는 경우, 이전등기 후 그 회사의 모든 주주는 신설되는 다른 회사가 주식이전을 위하여 발행하는 주식을 교부받으면 그 신설회사의 주주가 된다.

③ 제360조의18

④ 주식의 포괄적 교환 또는 이전에 관하여 이사회의 승인 결의가 있는 경우 그 결의에 반대하는 주주는 주주총회의 결의가 있기 전에 반대의 의사를 서면으로 표시하고, 주주총회결의 후 20일 내에 회사에 대하여 자기가 소유하는 주식의 매수를 청구할 수 있다(상법 제360조의5, 제360조의22).

⑤ 주식의 포괄적 교환 또는 이전에 관한 무효는 각 회사의 주주 · 이사 · 감사 · 감사위원회의 위원 또는 청산인에 한하여 포괄적 교환 또는 이전의 날로부터 6개월 내에 소만으로 이를 주장할 수 있다(상법 제360조의14 제1항, 제360조의23 제1항).

[제8관] 지배주주에 의한 소수주식 전부취득

01 지배주주의 매수청구권에 관한 설명으로 옳지 않은 것은?

① 회사의 발행주식총수의 100분의 90 이상을 자기의 계산으로 보유하고 있는 주주는 회사의 경영상의 목적을 달성하기 위하여 필요한 경우에는 회사의 다른 주주에게 그 보유주식의 매도를 청구할 수 있다.

② 지배주주가 매도청구를 할 때에는 미리 주주총회의 승인을 받아야 한다.

③ 매도청구를 할 수 있는 지배주주의 보유주식수를 산정할 때에는 모회사의 자회사가 보유한 주식을 합산한다.

④ 지배주주의 매도청구의 승인을 위한 주주총회의 소집통지를 할 때에는 지배주주의 회사 주식의 보유현황, 매도청구의 목적 등을 적어야 하고, 매도청구하는 지배주주는 주주총회에서 그 내용을 설명하여야 한다.

⑤ 매도청구를 받은 소수주주는 매도청구를 받은 날부터 2개월 내에 지배주주에게 그 주식을 매도하여야 한다.

답 [제8관] 1. ①

회사의 발행주식총수의 100분의 90 이상을 자기의 계산으로 보유하고 있는 주주는 회사의 경영상의 목적을 달성하기 위하여 필요한 경우에는 회사의 다른 주주에게 그 보유주식의 매도를 청구할 수 있다(제360조의 24 제1항).

02 상법상 지배주주의 매도청구권 및 소수주주의 매수청구권에 관한 설명으로 옳은 것은?

(2017년 공인회계사)

① 소수주주의 보유주식에 대한 지배주주의 매도청구는 상장회사의 경우에는 인정되지 않는다.

② 지배주주인지 여부를 판단할 때 자연인인 주주가 어느 회사의 발행주식총수의 100분의 50을 초과하는 주식을 가진 경우 그 회사가 보유하는 주식은 그 주주가 보유하는 주식과 합산한다.

③ 소수주주가 지배주주에 대하여 그 보유주식의 매수를 청구하기 위해서는 주주총회의 사전승인이 필요하다.

④ 소수주주가 지배주주에 대하여 그 보유주식의 매수를 청구한 경우 지배주주는 매수청구한 날을 기준으로 2개월 내에 그 주식을 매수하거나 그 청구를 거절할 수 있다.

⑤ 지배주주인지 여부를 판단하기 위한 보유주식수를 산정할 때에는 지배주주의 명의로써 타인의 계산으로 보유한 주식을 산입한다.

① 소수주주의 보유주식에 대한 지배주주의 매도청구는 비상장회사이든 상장회사이든 인정된다.
③ 지배주주가 소수주주에 대하여 그 보유주식의 매도를 청구하기 위해서는 주주총회의 사전승인이 필요하다(제360조의24 제3항).
④ 소수주주가 지배주주에 대하여 그 보유주식의 매수를 청구한 경우 지배주주는 매수청구한 날을 기준으로 2개월 내에 그 주식을 매수하여야 한다(제360조의25 제2항).
⑤ 지배주주인지 여부를 판단하기 위한 보유주식수를 산정할 때에는 지배주주(자기)의 계산으로 보유한 주식을 산입한다(제360조의24 제1항).

03 소수주주의 매수청구권에 관한 설명으로 옳지 않은 것은?

① 지배주주가 있는 회사의 소수주주는 언제든지 지배주주에게 그 보유주식의 매수를 청구할 수 있다.

② 매수청구를 받은 지배주주는 매수를 청구한 날을 기준으로 1개월 내에 매수를 청구한 주주로부터 그 주식을 매수하여야 한다.

③ 지배주주와 소수주주 간의 협의로 주식의 매매가액을 결정한다.

답 2. ② 3. ②

④ 지배주주와 소수주주 간의 매매가액의 협의가 이루어지지 않은 경우 법원에 매매가액의 결정을 청구할 수 있고, 이때 법원은 회사의 재산상태와 그 밖의 사정을 고려하여 공정한 가액으로 산정하여야 한다.

⑤ 매매가액을 소수주주가 수령을 거부할 경우에는 지배주주는 그 가액을 공탁할 수 있고, 이 경우 주식은 공탁한 날에 지배주주에게 이전된 것으로 본다.

매수청구를 받은 지배주주는 매수를 청구한 날을 기준으로 2개월 내에 매수를 청구한 주주로부터 그 주식을 매수하여야 한다(제360조의25 제2항).

04 A, B, C는 비상장주식회사인 甲주식회사의 기명주주이다. 이 경우에 관한 설명으로 상법상 옳은 것은? (이견이 있으면 판례에 의함) (2014년 공인회계사)

① A가 회사의 설립등기 후 3개월 되는 시점에 주권발행이 없는 상태에서 D에게 주식을 양도하였고 甲회사가 D에게 명의개서를 해주었다면 그 명의개서는 유효하다.

② A와 B 사이에 자신들이 보유한 甲회사 주식 전체의 양도를 실질적으로 불가능하게 하는 계약이 체결되었다면 그 계약은 회사에 대하여 효력이 있다.

③ 甲회사는 A에게만 취득할 자기주식의 수량을 정하여 통지하고 배당가능이익을 재원으로 자기 명의로 A의 주식을 취득할 수 있다.

④ A가 甲회사의 발행주식총수의 96%를, B가 甲회사의 발행주식총수의 3%를, C가 甲회사의 발행주식총수의 1%를 보유하고 있다면 B는 A에게 자신이 보유하는 주식의 매수를 청구할 수 있다.

⑤ C가 신주의 인수로 인한 권리를 E에게 양도하였다면 E는 이 권리의 양수로써 甲회사에 대항할 수 있다.

① A가 회사의 설립등기 후 3개월 되는 시점에 주권발행이 없는 상태에서 D에게 주식을 양도하였더라도 그 효력이 없으므로, 甲회사가 D에게 명의개서를 해주었다면 그 명의개서는 효력이 없다(제335조 제3항 참조).

② A와 B 사이에 자신들이 보유한 甲회사 주식 전체의 양도를 실질적으로 불가능하게 하는 계약이 체결되었다면 그 계약은 회사에 대하여 효력이 없다(대판 2000. 9. 26, 99다48429).

③ 甲회사는 A에게만 취득할 자기주식의 수량을 정하여 통지하고 배당가능이익을 재원으로 자기 명의로 A의 주식을 취득할 수 없다(제341조 제1항 2호).

⑤ C가 신주의 인수로 인한 권리를 E에게 양도하였다면 E는 이 권리의 양수로써 甲회사에 대항할 수 없다(제425조, 제319조).

답 4. ④

제4절 주식회사의 기관

【제1관】 기관의 구조

Ⅰ. 기관의 구성

1. 기관의 의의

회사의 의사를 결정하고 행위를 실천하는 회사조직상의 지위를 기관이라 한다. 주식회사는 회사의 대내적 의사를 결정하는 의사결정기관으로서 주주총회와 이사회, 대표기관이며 업무집행기관으로서 대표이사나 대표집행임원, 감독기관으로서 감사 등의 필요적 기관으로 분화되고, 임시기관으로서 검사인을 선임할 수 있다.

2. 기관의 분화와 기능

(1) 주주총회

주주총회는 주주들로 구성되며 이사·감사의 선임, 정관변경 등 법정 주요사항에 관하여 최고의 의사결정을 하는 기관이다(제361조).

(2) 이사·이사회·대표이사·집행임원

주주총회에서 선임되는 이사들로 구성된 이사회는 회사의 업무집행에 관한 의사결정권을 갖는다(제393조 제1항). 이러한 이사회의 결정사항을 집행하는 기관이 대표이사이다. 즉, 대표이사는 대외적으로 회사를 대표하여 조직법적 및 거래법적 법률관계를 형성한다. 이사회는 업무집행의 결정을 하는 권한이 있으므로, 대표이사의 집행행위를 감독한다(제393조 제2항). 회사의 업무집행이나 의사결정, 회사대표권을 갖는 집행임원을 선임할 수 있고(제408조의2), 집행임원을 두는 경우에는 대표이사를 선임할 수 없다.

(3) 감사·감사위원회·검사인·외부감사인

감사 및 감사위원회는 이사회 및 대표이사의 업무집행을 감사하는 기관이다. 감사는 주주총회가 선임하는 기관이며, 감사위원회는 이사회 내부에 두어 이사들로 구성되는 회의체이다. 따라서 감사는 독립된 감독기관이지만, 감사위원회는 이사회의 감독하에 기능하는 기관이다. 검사인은 회사설립시 현물출자 등 변태설립사항의 검사나 회사의 재산 및 영업상태 조사 등의 경우에 필요에 따라 선임되는 임시감독기관이다. 그리고 외부감사인은 자산총액 100억원 이상인 회사의 회계감사를 위해 선임되는 임시감독기관이다.

II. 소유와 경영의 분리

주식회사는 주주들이 유한책임을 지므로 회사에 현존하는 재산만이 회사채권자에 대한 담보가 될 뿐이다. 따라서 회사채권자를 보호하기 위해 회사재산을 건전하게 유지하도록 하기 위해 회사경영의 객관성을 유지하고 재산을 독립적으로 관리할 수 있도록 소유와 경영이 분리되어 있다. 또한 소유와 경영을 분리하여 전문경영인에게 경영을 위임함으로써 경영의 효율을 기할 수 있다.

【제2관】 주주총회

I. 의 의

주주총회란 회사의 기본조직과 경영에 관한 중요사항에 관하여 주주들이 의사를 표시함으로써 회사의 의사를 결정하는 필요기관이며, 법률과 정관에 정하여진 사항에 대해 결의할 수 있는 최고의사결정기관이다.

II. 주주총회의 권한

1. 의 의

상법이 규정하고 있는 주주총회의 권한은 그 중요도에 따라 특별결의사항 · 보통결의사항 · 특수결의사항으로 나누어지며, 정관에 정함에 따라 주주총회의 권한은 추가된다. 그리고 법령이나 정관에 의해 주주총회의 권한으로 되어 있는 것은 반드시 주주총회에서 결의하여야 하며 다른 기관이나 개인에게 위임할 수 없다.

2. 법령에 의해 주어진 권한

(1) 특별결의사항과 요건

① **특별결의 사항 :** 정관의 변경 · 영업의 전부 또는 중요한 일부의 양도 · 영업전부의 임대 또는 경영위임 · 회사의 영업에 중대한 영향을 미치는 다른 회사 영업 전부 또는 일부 양수 · 주식의 이전과 교환 · 손익공동계약 등의 체결 및 변경 또는 해약 · 다른 회사의 영업 전부의

양수 · 이사 또는 감사의 해임 · 자본금 감소 · 사후설립, 임의해산 · 회사의 계속 · 주식의 분할 · 주식의 할인발행 · 주주 이외의 자에 대한 전환사채 및 신주인수권부사채의 발행 · 신설합병의 경우 설립위원의 선임 · 합병계약서의 승인 · 분할계획서 및 분할합병계약서의 승인 · 휴면회사의 계속 · 주식매수선택권의 부여 등이 있다.

보충 ▶ 영업양도, 양수, 임대 등을 하는 회사의 총주주의 동의가 있거나 그 회사가 발행주식총수의 100분의 90 이상을 해당 행위의 상대방이 소유하고 있는 경우에는 그 회사의 주주총회의 승인은 이를 이사회의 승인으로 갈음할 수 있다(제374조의3 제1항).

② **특별결의 요건** : 특별결의는 출석한 주주의 의결권의 3분의 2 이상의 수와 발행주식총수의 3분의 1 이상의 수로 한다(제434조). 주주총회의 특별결의요건은 정관규정으로도 완화할 수 없으나 가중은 가능하다.

(2) 보통결의사항과 요건

① **보통결의 사항** : 자기주식취득, 지배주주에 의한 소수주식 전부취득, 이사 · 감사의 선임, 청산인의 선임 · 해임, 이사 · 감사 · 청산인의 보수결정, 재무제표의 승인, 이익배당, 주식배당, 배당금지급시기의 특정, 총회의 연기 또는 속행의 결정, 결손보전을 위한 자본금 감소, 법정준비금의 감소, 청산인의 청산종료의 승인, 외부감사인의 선임 등이 있다.

② **보통결의요건** : 보통결의는 상법 또는 정관에 다른 정함이 없는 한 출석한 주주의 의결권의 과반수와 발행주식총수의 4분의 1 이상의 수로써 한다(제368조).

(3) 특수결의사항과 요건

총주주의 동의가 필요한 결의사항으로 이사 · 감사 · 발기인의 회사에 대한 손해배상책임면제, 주식회사의 유한책임회사나 유한회사로의 조직변경 등이 있다.

3. 정관에 의한 권한

정관의 규정에 의하여 주주총회의 권한을 추가할 수 있다. 이러한 결의사항에 대한 결의요건에 대해 정관에 아무런 정함이 없는 때에는 보통결의에 의한다.

보충 ▶ 이사회결의사항을 정관으로 주주총회결의사항으로 할 수 있다는 명문규정을 두고 있는 것으로는 대표이사의 선 · 해임, 신주발행사항결정, 준비금의 자본금 전입, 주주에 대한 전환사채 · 신주인수권부사채의 발행사항결정 등이 있다.

Ⅲ. 주주총회의 소집

1. 소집결정

(1) 이사회의 결의

주주총회의 소집은 상법에 다른 규정이 있는 경우를 제외하고는 이사회 또는 청산인회가 이를 결정한다(제362조, 제542조 제2항). 이사회는 주주총회의 일시 · 장소 · 의안 등을 정하며, 그 소집결정의 집행은 업무집행권을 가진 대표이사가 한다. 그러나 자본금 10억원 미만의 회사로써 이사가 1명 또는 2명인 경우에는 대표이사를 정한 때에는 대표이사, 대표이사를 정하지 아니한 때에는 이사가 주주총회의 소집을 결정하여 집행한다(제383조 제6항). 이사회의 소집결정 없이 대표이사에 의해 소집된 주주총회의 결의는 취소의 사유가 되며, 이사회의 소집결정 없이 대표권이 없는 이사나 감사에 의하여 소집된 주주총회의 결의는 부존재의 사유가 된다(판례).

(2) 소수주주에 의한 소집

발행주식총수의 100분의 3 이상을 가진 주주는 회의의 목적사항과 소집의 이유를 기재한 서면 또는 전자문서를 이사회에 제출하여 임시주주총회의 소집을 청구할 수 있다(제366조 제1항). 여기서 발행주식총수에는 자기주식과 의결권없는 주식은 포함되지 않는다. 소수주주의 청구가 있을 때에는 이사회는 지체없이 주주총회소집의 절차를 밟아야 한다(제366조 제2항). 소수주주의 청구가 있음에도 불구하고 소집절차를 밟지 않을 때에는 소집을 청구한 주주는 법원의 허가를 얻어 직접 총회를 소집할 수 있다. 이 경우 주주총회의 의장은 법원이 이해관계인의 청구나 직권으로 선임할 수 있다(제366조 제2항). 소수주주의 청구에 의하여 총회가 소집된 경우 총회는 회사의 업무와 재산상태를 검사하기 위하여 검사인을 선임할 수 있다(제366조 제3항).

보충 ▸ 상장회사의 경우에는 6월 전부터 보유하고 있는 발행주식총수의 1,000분의 15 이상의 주식을 가진 주주에게 주주총회 소집청구권이 인정된다(제542조의6 제1항).

(3) 감사 또는 감사위원회에 의한 소집

감사 또는 감사위원회는 회의의 목적사항과 소집의 이유를 기재한 서면을 이사회에 제출하여 주주총회의 소집을 청구할 수 있고, 이사회가 소집을 게을리 하는 때에는 법원의 허가를 얻어 직접 주주총회를 소집할 수 있다(제412조의3).

(4) 법원의 명령에 의한 소집

발행주식총수의 100분의 3 이상을 가진 주주는 회사의 업무집행에 관하여 부정행위 또는 법령이나 정관에 위반한 중대한 사실을 의심할 사유가 있음을 이유로 회사의 업무와 재산상태를 조사하게 하기 위하여 법원에 검사인의 선임을 청구할 수 있고(제467조 제1항), 이 검사인의 조사보고에 의해 필요하다고 인정될 때에는 법원은 주주총회의 소집을 명할 수 있다(제467조 제3항). 이 때에는 대표이사가 바로 소집하여야 한다. 대표이사가 법원의 명령에 의한 주주총회 소집을 하지 아니하는 때에는 과태료의 제재를 받는다(제635조 제1항 20호).

2. 주주총회의 시기

주주총회는 정기주주총회와 임시주주총회로 나누어진다. 정기주주총회는 매결산기에 1회에 일정한 시기에 소집하여야 하고, 결산기가 1년을 넘더라도 매년 1회는 반드시 소집하여야 한다(제365조 제1항, 제2항). 정기주주총회는 소집시기를 정관에 규정하지만, 규정이 없는 때에는 매결산기 후 3월 내에 소집되어야 한다(제354조 제2항 · 제3항 참조). 임시주주총회는 필요에 따라 수시로 소집할 수 있다(제365조 제3항).

3. 소집의 통지

(1) 통지의 기간 및 방법

주주총회를 소집하기 위해서는 기명주식의 주주에게는 개별적으로 서면으로 통지를 발송하거나 각 주주의 동의를 받아 전자문서에 의해 총회일의 2주 전에 통지를 발송하여야 하고(제363조 제1항), 이 기간은 정관의 규정으로 늘릴 수는 있으나 줄일 수는 없다. 주주총회 소집 통지의 불도달로 인한 불이익은 주주의 부담으로 하지만, 통지 자체 및 기간준수 여부에 관한 입증책임은 회사가 부담한다. 그리고 주주총회 회일 · 총회장소 · 회의의 목적사항을 통지하여야 한다(제363조 제2항). 정관변경 · 자본금 감소 · 회사의 합병 · 회사의 분할 · 제3자에 대한 전환사채나 신주인수권부사채의 발행 등의 경우에는 소집통지에 의안의 요령도 기재하여야 한다.

보충 1. 상장회사가 주주총회 소집을 하는 경우 : 발행주식총수의 100분의 1 이하의 주식을 소유하는 주주에게는 정관에게 정하는 바에 따라 주주총회일의 2주전에 주주총회를 소집한다는 뜻과 회의의 목적사항을 둘 이상의 일간신문에 2회 이상 공고하거나 대통령령으로 정하는 바에 따라 전자적 방법으로 공고함으로써 소집통지에 갈음할 수 있다(제542조의4 제1항).

2. 소규모회사가 주주총회 소집을 하는 경우 : 자본금총액이 10억원 미만인 회사가 주주총회를 소집하는 경우에는 주주총회일의 10일 전에 각 주주에게 서면으로 통지를 발송하거나 각 주주의 동의를 받아 전자문서로 통지를 발송할 수 있고, 무기명식의 주권을 발행한 경우에는 주주총회일의 2주 전에 주주총회를 소집하는 뜻과 회의의 목적사항을 공고할 수 있다(제363조 제4항). 그리고 주주 전원의 동의가 있을 경우에는 소집절차 없이 주주총회를 개최할 수 있고, 서면에 의한 결의로써 주주총회의 결의를 갈음할 수 있다. 결의의 목적사항에 대하여 주주 전원이 서면으로 동의를 한 때에는 서면에 의한 결의가 있는 것으로 본다(제363조 제5항). 이러한 소규모 회사의 서면에 의한 결의는 주주총회의 결의와 같은 효력이 있고(제363조 제6항), 주주총회에 관한 규정을 준용한다(제363조 제7항).

⑵ 통지의 해태

회사가 총회소집의 통지를 게을리하거나 부적법하게 한 때에는 소집절차가 법령 또는 정관에 위반한 것이 되어 결의취소의 사유가 된다(제376조 제1항). 소집통지를 일부주주에게 하지 아니한 경우에는 결의취소의 사유가 되고 일부주주에게만 한 경우에는 결의부존재의 사유가 된다(판례). 그리고 이사 또는 청산인은 과태료의 처분을 받는다(제635조 제1항 2호).

⑶ 소집통지의 생략

회사는 의결권없는 주주(반대주주의 주식매수청구권이 인정되는 경우는 제외)에 대해서는 통지를 할 필요가 없다(제363조 제8항). 회사가 주주에게 주주총회의 소집을 통지하는 경우 주주명부에 기재된 주소 혹은 주주가 회사에 통지한 주소에 3년간 도달하지 아니한 때에는 회사는 당해 주주에게 총회소집의 통지를 하지 않아도 된다(제363조 제1항 단서). 한편, 1인회사의 주주가 출석한 경우나 회사의 모든 주주가 총회를 개최할 것을 동의하여 출석한 전원출석총회의 경우에는 소집통지를 하지 않은 때에도 총회는 유효하게 성립한다는 것이 통설 · 판례의 입장이다. 전원 출석총회는 주주의 대리인이 출석한 경우도 포함된다(판례).

참고 | 신주인수권자에 대한 신주인수권 최고의 통지, 준비금의 자본금 전입시 신주배정통지, 주식배당의 통지, 전환사채나 신주인수권부사채의 인수권자에 대한 사채인수최고의 통지는 3년간의 불도달을 이유로 생략할 수 없다.

4. 소집지 · 소집장소

주주총회는 정관에 다른 정함이 없는 한 본점소재지 또는 이에 인접한 지에서 소집하여야 한다(제364조). 본점소재지란 최소행정구역단위(시 · 군 · 구)를 말하고, 인접지란 본점소재지와 인접하고 있는 최소행정구역단위를 말한다. 소집장소는 소집지 내에 있는 총회소집장소로써 회사의 본점의 소집장소를 말한다. 따라서 총회소집을 소집지를 벗어난 장소에서 한다면 결의취소의 사유가 된다. 소집통지 및 공고에 소집장소의 기재가 없으면 본점이 소집장소가 된다.

5. 주주제안권

⑴ 상법의 규정

의결권 없는 주식을 제외한 발행주식총수의 100분의 3 이상에 해당하는 주식을 가진 주주는 이사에 대하여 일정한 사항을 주주총회의 목적사항으로 할 것을 제안할 수 있다(제363조의2 제1항). 주주제안권은 공익권에 해당한다.

상장회사는 6개월 전부터 계속하여 발행주식총수의 1,000분의 10(자본금 1천억원 이상인 회사 : 1,000분의 5) 이상에 해당하는 주식을 보유한 주주가 주주제안권을 행사할 수 있다.

⑵ 제안내용

주주제안권은 이미 소집이 결정된 주주총회의 안건에 관하여 행사하므로 이사회에서 정한 회의의 목적사항에 안건을 추가할 것을 요구하는 것으로, 의제제안권과 의안제안권이 있다.

⑶ 제안권행사의 절차

소수주주는 총회일의 6주 전까지 이사에게 서면 또는 전자문서로 제안내용을 제출하여야 하며(제363조의2 제1항), 소수주주는 의안제안을 하는 경우에는 회의의 목적으로 할 사항에 추가하여 당해 주주가 제출하는 의안의 요령을 소집통지에 기재할 것을 청구할 수 있다(제363조의2 제2항). 이사는 주주제안이 있는 경우 이를 이사회에 보고하고, 이사회는 제안내용이 법령·정관에 위반되지 않고, 대통령령으로 정하는 일정한 경우(예 주주개인의 고충에 관한 제안, 발행주식총수의 100분의 10 미만의 찬성으로 부결된 사항을 3년내에 다시 제안하는 경우, 소수주주권에 해당하는 사항의 제안, 회사가 실현할 수 없는 사항 또는 제안 이유가 명백히 거짓이거나 특정인의 명예를 훼손하는 사항, 상장회사의 임기중에 있는 임원의 해임에 관한 사항)를 제외하고는 주주총회의 목적사항으로 상정하여야 하며, 제안한 자의 요청이 있을 경우에는 주주총회에서 당해 의안을 설명할 수 있는 기회를 주어야 한다(제363조의2 제3항).

⑷ 주주제안을 무시한 결의의 효력

회사가 주주의 의안제안을 무시한 경우, 제안된 의안과 대응하는 결의가 이루어진 경우에는 그 결의는 결의방법에 하자가 있는 것으로 보아 결의취소의 사유가 된다.

예외 | 의제제안권에 위반한 경우에는 결의취소의 대상이 존재하지 않으므로 결의취소의 소를 제기할 수 없다. 다만, 이사의 주주에 대한 손해배상책임이 생기고, 과태료의 제재를 받게된다.

6. 총회의 연기와 속행

주주총회에서는 회의의 속행 또는 연기를 결의할 수 있고(제372조 제1항), 특별한 통지·공고의 절차를 요하지 않는다(제372조 제2항). 그러나 속행 또는 연기의 기일과 장소의 정함이 없는 경우가 있던 때에는 그 후에 기일과 장소의 통지를 하여야 한다.

Ⅳ. 주주의 의결권

1. 의결권의 의의·성질

의결권이란 주주가 주주총회에 출석하여 의사표시를 통하여 주주 공동의 의사결정의 표결에 참가할 수 있는 권리를 말한다. 그러므로 의결권은 주주의 가장 중요한 공익권이며, 고유권의 일종으로서 법률에 의하지 아니하고는 이를 박탈하거나 제한할 수 없다. 그리고 주주도 주식과 분리하여 이를 포기하지 못하며, 주식과 분리하여 양도하는 것이 불가능하다.

2. 의결권의 수

주주의 의결권은 주주평등의 원칙에 따라 1주마다 1개만이 주어진다(제369조 제1항). 이러한 1주1의결권의 원칙은 강행법규이므로 법이 특별히 인정하는 예외의 경우를 제외하고는 정관 또는 주주총회의 결의로도 이에 반하는 규정을 두지 못한다. 즉, 법에 의하여 의결권행사가 제한될 수 있다.

3. 의결권의 제한

(1) 의결권없는 주식

의결권 배제 또는 제한 종류주식은 주주총회에서 의결권을 행사할 수 없고, 의결권 없는 주식의 수는 발행주식수에 산입하지 않는다(제371조 제1항).

(2) 자기주식

회사가 가진 자기주식은 의결권이 없다(제369조 제2항). 그리고 자회사가 예외적으로 취득한 모회사주식도 의결권이 없다.

(3) 상호보유주식

어떤 회사가 다른 회사의 발행주식총수중 100분의 10을 초과하여 보유하는 경우, 다른 회사가 가진 어떤 회사의 주식은 의결권이 없다(제369조 제3항). 쌍방이 서로 100분의 10을 초과하여 보유한다면 양쪽이 다 의결권을 행사할 수 없다.

(4) 특별이해관계인의 소유주식

주주총회의 결의에 관하여 특별한 이해관계가 있는 자는 의결권을 행사하지 못한다(제368조 제4항). 특별이해관계에 있는 자의 의결권의 수는 총회결의에 있어서 발행주식총수에는 산입되나 출석한 주주의 의결권에는 산입되지 않는다(제371조 제2항). 특별한 이해관계 있는 자가 의결권을 행사한 때에는 결의취소의 사유가 된다(제376조 제1항). 특별이해관계있는 자가 특별한 이해관계없는 대리인을 통하여 의결권을 행사할 경우에도 주주의 이해관계가 대리의사에 화체된다고 보아 제368조 제4항이 적용된다.

특별이해관계인의 범위

특별이해관계는 특정한 주주가 주주로서의 지위와 관계없이 개인적으로 이해관계를 갖는 것을 의미하며(통설), 이러한 의미에서 특별이해관계가 있다고 볼 수 있는 주주는 발기인 · 이사 · 감사의 책임을 면제하는 결의를 할 때의 발기인 · 이사 · 감사인 주주, 영업양도의 결의시 양수인인 주주, 임원의 보수를 결정할 때의 임원인 주주 등을 들 수 있다.
그러나 주주인 지위에서 회사지배와 관련되는 결의(예 이사 · 감사의 선 · 해임, 재무제표의 승인)나 회사의 합병 결의 등에서 당사자이며 주주인 이사 · 감사는 특별이해관계인이라 할 수 없다.

(5) 감사선임시의 제한

감사를 선임하는 결의에서는 의결권없는 주식을 제외한 발행주식총수의 100분의 3을 초과하는 수의 주식을 가진 주주는 그 초과하는 수의 주식을 가지고 의결권을 행사하지 못하며, 출석한 주주의 의결권 수에 산입하지 아니한다(제409조 제2항, 제371조 제2항). 이 제한비율에 있어서 정관으로 법정비율보다 낮은 비율을 정하는 것은 허용되지만(제409조 제3항), 높은 비율로 정하는 것은 허용되지 않는다.

(6) 주주명부폐쇄기간내 전환된 주식 등

주주명부의 폐쇄기간 중에 전환된 주식의 주주는 그 기간 중의 총회의 결의에 관하여는 의결권을 행사하지 못한다(제350조 제2항). 주주명부의 폐쇄기간 중의 전환사채의 전환권행사나 신주인수권부사채의 신주인수권행사 또는 주식매수선택권의 행사의 경우에도 같다.

(7) 의결권행사정지 가처분이 있는 경우

주식의 효력에 관하여 다툼이 있는 경우에 의결권행사정지의 가처분이 있는 때에는 의결권의 행사가 제한된다. 가처분결정에 의하여 의결권행사가 제한된 주식은 발행주식총수에는 산입하여야 한다(판례).

(8) 상장회사의 특례규정에 의한 제한

① 상장회사가 정관으로 집중투표를 배제하거나 그 배제된 정관을 변경하려는 경우에는 의결권없는 주식을 제외한 발행주식총수의 100분의 3을 초과하는 수의 주식을 가진 주주는 그 초과하는 주식에 관하여 의결권을 행사하지 못한다. 다만, 정관으로 이보다 낮은 주식보유비율을 정할 수 있다(제542조의7 제3항).

② 최대주주, 최대주주의 특수관계인, 그 밖에 대통령령으로 정하는 자가 소유하는

상장회사의 의결권있는 주식의 합계가 그 회사의 의결권없는 주식을 제외한 발행주식총수의 100분의 3을 초과하는 경우 그 주주는 그 초과하는 주식에 관하여 감사 또는 사외이사가 아닌 감사위원회 위원을 선임하거나 해임하는 때에 의결권을 행사하지 못한다. 다만, 정관으로 이보다 낮은 주식 보유 비율을 정할 수 있다(제542조의12 제3항).

③ 최근 사업연도 말 현재 자산총액이 2조원 이상인 상장회사의 의결권 없는 주식을 제외한 발행주식총수의 100분의 3을 초과하는 수의 주식을 가진 주주는 그 초과하는 주식에 관하여 사외이사인 감사위원회 위원을 선임할 때에 의결권을 행사하지 못한다. 다만, 정관으로 이보다 낮은 주식보유 비율을 정할 수 있다(제542조의12 제4항).

4. 의결권의 행사

⑴ 주주의 의결권행사

주주는 자기의 의사에 의하여 자유로이 의결권을 행사할 수 있다. 기명주식의 소유자인 주주는 총회 당시에 주주명부상의 주주임이 확인되면 주권을 제시할 필요없이 의결권을 행사할 수 있다. 따라서 주식의 양수인이라도 주주명부의 명의개서를 하지 않으면 의결권을 행사할 수 없다(판례).

⑵ 의결권 대리행사

① 주주는 의결권을 대리인으로 하여금 행사하게 할 수 있다(제368조 제3항). 이는 주주권행사의 편의를 보장해 주는 동시에 주식이 널리 분산된 회사에서 의결정족수의 확보를 용이하게 해 주는 의미도 있다. 그러므로 정관으로도 의결권의 대리행사를 금지할 수 없다. 다만, 의결권 대리행사로 말미암아 주주총회의 개최가 부당하게 저해되거나 또는 회사의 이익을 부당하게 침해될 염려가 있는 등의 특별한 사정이 있는 경우에는 회사는 대리행사를 거절할 수 있다(판례).

② 대리인의 자격에 대해서는 특별한 제한을 받지 않고, 무능력자나 법인도 대리인이 될 수 있다. 주주의 대리인의 자격을 제한할 만한 합리적인 이유가 있는 경우 정관으로 대리인의 자격을 주주로 제한하는 것이 가능하다(판례).

③ 의결권을 대리행사하고자 하는 대리인은 대리권을 증명하는 서면을 총회에 제출하여야 한다(제368조 제3항 후단). 대리권을 증명하는 서면(위임장)은 원본이어야 한다(판례).

④ 의결권의 대리행사의 경우 대리권은 포괄적으로 위임할 수 있다(판례). 이 경우 한번의 포괄적 위임으로 1회의 주주총회의 의결권의 포괄적 대리만 인정된다는 견해도 있으나, 한번의 포괄적 위임으로 수회의 총회의 의결권의 포괄적 대리도 가능하다고 본다.

대리인이 본인의 이익에 반하는 의결권행사를 하더라도 유효하다(판례).

⑤ 주주는 수인의 대리인을 선임하여 각자에게 일부씩 대리권을 행사시킬 수 있고, 의결권불통일행사의 요건을 갖춘 경우에는 주주 자신이 일부의 주식의 의결권을 행사하고 나머지 일부는 대리인에게 행사시킬 수도 있다.

⑥ 의결권의 대리행사를 위임받은 대리인은 본인의 반대의 의사표시가 없는 한 제3자에게 의결권 행사를 재위임할 수 있다(판례).

보충 [대리행사의 권유제도] 이사, 대주주 또는 새로이 경영권을 쟁취하고자 하는 자 등이 대리인이 되고자 주주들에게 집단적으로 의결권의 위임을 권유하는 제도로써, 사장된 의결권을 발굴하여 주주총회 정족수를 유지하고 주주의사의 반영을 극대화하는 한편 경영권의 다툼과 연결되어 의결권의 효용을 높이는데 그 의의가 있다. 이에 대한 절차는 「자본시장과 금융투자업에 관한 법률」에서 규정하고 있다.

(3) 서면에 의한 의결권행사

① 주주는 정관에 규정이 있는 경우에 한하여 총회에 출석하지 아니하고 서면에 의하여 의결권을 행사할 수 있다(제368조의3 제1항). 이 경우 회사는 소집통지서에 서면에 의한 의결권행사에 필요한 서면과 참고자료를 첨부하여야 한다(제368조의3 제2항).

② 서면에 의하여 의결권을 행사하려는 주주는 회사가 소집통지를 첨부한 서면에 필요한 사항을 기재하고 총회 회일의 전일까지 회사에 제출하여야 한다.

③ 서면에 의한 의결권행사에 있어서도 의결권의 불통일행사가 인정된다.

④ 서면에 의한 의결권행사의 효력은 총회에서 표결에 의하여 결의가 성립한 때이다.

⑤ 이사회의 결의에 의한 전자적 방법에 의한 의결권행사와 정관에 의한 서면에 의한 의결권행사가 모두 가능한 경우에는 둘 중 어느 하나를 선택하여야 한다.

(4) 전자적 방법에 의한 의결권행사

① 회사는 이사회의 결의로 주주가 총회에 출석하지 아니하고 전자적 방법으로 의결권을 행사할 수 있음을 정할 수 있고(제368조의 4 제1항), 이 경우에는 주주총회의 소집통지나 공고에 기재하여야 한다(제368조의4 제2항).

② 회사가 이사회의 결의로 전자적 방법에 의하여 의결권 행사를 할 수 있음을 정한 경우에 주주는 주주확인절차 등 대통령령으로 정하는 바에 따라 의결권을 행사하여야 한다. 이 경우 회사는 의결권행사에 필요한 양식과 참고자료를 주주에게 전자적 방법으로 제공하여야 한다(제368조의4 제3항).

③ 동일한 주식에 관하여 전자적 방법으로 의결권을 행사하거나 서면에 의하여 의결권을 행사하는 경우 전자적 방법 또는 서면 중 어느 하나의 방법을 선택하여야 한다(제368조의4 제4항).

④ 회사는 의결권행사에 관한 전자적 기록을 총회가 끝난 날부터 3개월 간 본점에 갖추어 두어 열람하게 하고 총회가 끝난 날부터 5년간 보존하여야 한다(제368조의4 제5항).

⑤ 주주 확인절차 등 전자적 방법에 의한 의결권 행사의 절차와 그 밖에 필요한 사항은 대통령령으로 정한다(제368조의4 제6항).

5. 의결권의 불통일행사

(1) 의 의

주주가 2개 이상의 의결권을 가지고 있는 때에는 이를 통일하지 아니하고 행사할 수 있다(제368조의2 제1항 전단). 회사는 주주가 주식의 신탁을 인수하였거나 기타 타인을 위하여 주식을 가지고 있는 경우 외에는 의결권의 불통일행사를 거부할 수 있으므로(제368조의2 제2항), 의결권의 불통일행사는 주주가 주식의 신탁을 인수하였거나 기타 타인을 위하여 주식을 가지고 있는 경우에 한해 허용된다(제368조의2 제2항). 회사의 불통일행사의 거부는 총회일 전에 하여야 한다.

(2) 절 차

주주가 의결권을 불통일행사하기 위하여는 주주총회일의 3일 전에 회사에 대하여 서면 또는 전자문서로 그 뜻과 이유를 통지하여야 한다(제368조의2 제1항 후단). 통지는 3일 전에 회사에 도달하여야 한다. 불통일행사를 통지하더라도 통일행사하는 것은 무방하다.

(3) 효 과

불통일행사된 의결권은 각기 전부 유효한 찬부의 표가 되어 정족수계산에 산입된다. 주주가 불통일행사의 통지를 하지 않고 의결권을 불통일행사한 경우, 회사는 불통일행사를 승인할 수 없으며 주주가 통지없이 의결권을 불통일행사하여 이루어진 결의는 결의취소의 원인이 된다.

Ⅴ. 주주총회의 의사진행과 결의

1. 주주총회의 의사진행

(1) 의사의 방법과 공정질서

주주총회의 의사방법에 관해 명문의 규정이 없으므로, 주주총회 의사(議事)의 운영은 회의의 관행과 일반원칙에 따른다.

(2) 의 장

① **의장의 선임** : 총회에는 의사진행을 맡을 의장이 있어야 하며, 정관의 규정이 없으면

총회에서 주주들이 의장을 선출하여야 한다(제366조의2 제1항). 의장의 선임은 보통결의에 의한다. 다만, 소수주주가 법원의 허가를 얻어 주주총회를 소집한 때에는 이해관계인의 청구나 직권으로 법원이 선임할 수 있다(제366조 제2항).

② **의장의 의사정리권** : 의장은 총회의 질서를 유지하고 의사를 정리한다(제366조의2 제2항). 즉, 의장은 출석주주의 확인 · 개회의 선언 · 의사진행에 필요한 각종의 발언의 정리 · 표결의 실시 · 폐회의 선언 등 주주들의 단체의사의 수렴을 위해 필요한 일체의 절차를 관장하게 된다. 의장은 의사진행에 대한 권한만 가질뿐 가부동수인 의안의 결정권을 행사하는 등으로 결의에 관여할 수는 없다.

③ **의장의 질서유지권** : 주주총회의장은 총회장에서 고의로 의사진행을 방해하기 위한 언동을 하거나 현저히 질서를 문란케 하는 자에 대하여 그 발언의 정지 또는 퇴장을 명할 수 있다(제366조의2 제3항).

④ **의장의 의사록 작성의무** : 의장은 주주총회의 의사에 관하여 의사록을 작성하고, 이 의사록에는 의사의 경과요령과 그 결과를 기재하고, 의장과 출석한 이사가 기명날인 또는 서명하여야 한다(제373조 제2항).

2. 주주총회의 결의

주주총회의 결의는 주주들의 표결을 통해 형성된 주주총회의 의사표시이다. 따라서 결의의 구성요소인 주주의 의결권행사와는 구별해야 한다. 총회의 결의는 주주 개개인의 의사와는 관계없이 주주전원을 구속함은 물론 회사의 각 기관 등 관계자 전원을 법적으로 구속한다.

주의 개인의 의사와 관계없는 결의의 단체적 성질로 인해 결의가 비진의표시 · 허위표시임을 이유로 무효임을 주장하거나 착오 · 사기 · 강박을 이유로 결의를 취소할 수 없다.

VI. 반대주주의 주식매수청구권

1. 의 의

반대주주의 주식매수청구권이란 주주의 이해관계에 중대한 영향을 미치는 일정한 의안이 주주총회에서 결의되었을 때, 그 결의에 반대했던 주주(의결권이 없거나 제한되는 주주도 포함)가 자신의 소유주식을 회사로 하여금 매수하게 할 수 있는 권리를 말한다.

2. 매수청구의 요건

(1) 매수청구를 인정하는 결의사항

반대주주의 주식매수청구권은 영업양도 등을 위한 특별결의, 합병계약과 분할합병계약의 승인을 위한 특별결의, 주식의 포괄적 교환과 포괄적 이전을 위한 특별결의에 있어서만 인정된다. 해산 후의 영업양도에는 주식매수청구권이 인정되지 않는다.

(2) 주주의 반대

주식매수청구권은 결의에 반대한 주주에게 그 반대에도 불구하고 가결되었을 때에만 주어진다(제374조의2 제1항, 제530조). 사전에 반대의 의사를 통지한 주주가 주주총회에 출석하여 그 결의에 찬성한 때에는 주식매수청구권을 포기한 것으로 본다.

(3) 반대주주의 자격

영업의 전부를 양도하는 경우에는 양도하는 회사와 양수하는 회사 모두 주주총회의 특별결의를 요하므로 양쪽 회사의 주주가 주식매수청구권을 갖는다. 그러나 영업의 일부를 양도하는 경우에는 그 중요성의 유무에 따라 쌍방 모두 주주총회의 결의를 요하는 경우와 일방만이 요하는 경우 또는 쌍방 모두에 주주총회의 결의를 요하지 않는 경우가 있으므로, 주주총회의 결의를 요하는 경우에만 주식매수청구권이 인정된다고 본다. 회사의 합병의 경우에는 소규모합병의 경우를 제외하고는 소멸회사의 주주이든 존속회사의 주주이든 모두 주식매수청구권이 인정된다.

3. 주주의 반대절차

영업양도 등의 결의를 하는 경우 주주총회 소집의 통지 또는 공고에서는 주식매수청구권의 내용 및 행사방법을 명시하여야 한다(제374조 제2항). 그리고 결의에 반대하는 주주는 주주총회 전에 당해 회사에 대하여 서면으로 그 결의에 반대하는 의사를 통지하여야 한다(제374조의2 제1항). 통지는 총회일 전에 회사에 도달하여야 하며, 통지사실은 주주가 입증하여야 한다. 결의에 반대하는 의사를 통지한 주주는 반드시 주주총회에 출석하여 반대를 하여야 하는 것은 아니다.

4. 매수청구

총회 전에 반대의 통지를 한 주주는 총회의 결의 후 20일 내에 서면으로 매수청구를 청구하여야 한다. 매수청구주식은 소유주식의 전부든 일부든 가능하다. 주주가 매수청구권을 행사할 경우 회사는 매수청구기간이 종료하는 날부터 2월 이내에 당해 주식을 매수하여야 한다(제374조의2 제2항).

5. 매수가액의 결정

주식매수가액의 결정은 주주와 회사간의 협의에 의함을 원칙으로 하고, 협의가 이루어지지 을 경우에는 매수청구기간이 종료하는 날로부터 30일 내에 주주 또는 회사가 법원에 대하여 매수가액의 결정을 청구할 수 있다(제374조의2 제4항). 이때 회사의 재산상태 그 밖의 사정을 참작하여 공정한 가액으로 산정하여야 한다(제374조의2 제5항).

Ⅶ. 종류주주총회

회사가 종류주식을 발행하고 있는 경우에 주주총회와는 별도로 개최되는 일정한 종류의 주식을 가진 주주들의 총회를 말한다. 종류주주총회의 결의는 출석한 주주의 의결권의 3분의 2 이상의 수와 그 종류의 발행주식의 총수의 3분의 1 이상의 수로써 하여야 한다(제435조 제2항). 종류주주총회의 소집 등에 대해서는 주주총회에 관한 규정이 준용된다(제435조 제3항). 주주총회의 결의를 위하여 종류주주총회의 결의를 필요로 하는 경우(예 종류주식이 발행된 경우, 신주인수 등의 경우 주식의 종류에 따라 특수한 정함을 하는 경우, 회사의 합병 · 분할 또는 분할합병, 자본금 감소, 정관변경, 주식의 포괄적 교환 · 이전 등)에 이 결의가 유효하게 성립하지 않으면 주주총회의 결의는 효력이 발생하지 않는다(판례).

① 종류주주총회는 주주총회 결의에 부수적 요건이며, 주주총회와 달리 기관의 지위가 인정되는 것은 아니다.
② 종류주주총회를 필요로 하는 것은 주주총회의 결의사항(정관변경 등)뿐만 아니라 이사회결의사항의 경우(신주인수)도 포함된다.

Ⅷ. 주주총회결의의 하자

1. 결의취소의 소

(1) 취소의 원인

결의취소의 소제기원인은 소집절차 또는 결의방법이 법령 · 정관에 위반하거나 현저히 불공정한 경우, 결의내용이 정관에 위반한 경우이다.

●● 결의취소의 소제기 원인에 대한 판례의 예

① 소집절차의 하자의 예 : 이사회의 소집결의의 하자, 이사회결의 없이 대표이사가 소집한 경우, 일부주주에게 소집통지를 하지 않은 경우, 통지기간을 준수하지 않은 경우, 구두에 의한 통지, 통지사항이 미비한 경우, 소집목적 이외의 사항에 대한 결의 등
② 결의방법의 하자의 예 : 주주 아닌 자의 결의참가, 의결권이 제한되는 주주의 의결권 행사, 정족수 · 의결권의 계산이 위법한 경우, 의장자격이 없는 자의 의사진행, 종류주주총회의 흠결 등
③ 결의방법이 현저히 불공정한 경우의 예 : 부당하게 주주의 발언을 제한하거나 주주를 퇴장시키는 경우, 총회꾼을 동원하여 결의하는 경우, 결의에 반대가 예상되는 주주의 출석을 지연시키는 경우 등

④ 결의내용의 정관위반의 예 : 정관이 정한 이사의 자격에 미달하는 자를 이사로 선임하는 경우, 정관이 정하는 정원을 초과하여 이사를 선임하는 경우, 정관에 정한 이사의 보수액 이상을 지급하는 결의의 경우 등

(2) 소의 성질

주주총회 결의 취소의 소는 형성의 소라는데 이설(異說)이 없다.

(3) 소제기권자

주주총회 결의취소의 소제기권자는 주주 · 이사 · 감사에 한한다(제376조 제1항). 여기서 주주는 결의 당시의 주주임을 요하지 않으며 제소 당시의 주주명부상의 주주이면 되며, 이사 · 감사는 제소 당시의 이사 · 감사이어야 한다. 제소권자는 소제기 후 변론종결시까지 그 자격을 유지하여야 한다.

(4) 소의 제기

① **피고** : 결의취소의 소의 경우 피고는 명문의 규정은 없으나 회사이다.

② **제소기간** : 결의취소의 소는 결의가 있은 날로부터 2월 내에 제기하여야 한다(제376조 제1항).

③ **합병무효의 소 · 감자(減資)무효의 소와의 관계** : 회사의 합병이나 자본금 감소의 결의에 관하여 절차상의 하자가 있는 때에는 합병이나 자본금 감소의 등기 전에는 결의취소의 소를 제기할 수 있으나, 등기일 이후에는 합병무효 또는 자본금감소무효의 소에 흡수되어 별도로 제기할 수 없다.

④ **소의 관할 등의 절차** : 결의취소의 소는 본점소재지의 지방법원의 관할에 전속하고, 소가 제기된 때에는 회사는 지체없이 공고하여야 하며, 수개의 소가 제기된 때에는 법원은 이를 병합심리하여야 한다. 법원은 회사의 청구에 의하여 제소주주에게 상당한 담보를 제공할 것을 명할 수 있다(제377조 제1항 본문). 이때 회사는 제소주주가 악의임을 소명하여야 한다. 소를 제기한 주주가 이사 · 감사인 경우에는 담보제공명령제도가 적용되지 않는다(제377조 제1항 단서). 이사 · 감사의 소제기는 그들의 직무에 의하는 것이기 때문이다.

⑤ **법원의 자유재량권** : 결의취소의 소가 제기된 경우 결의의 내용 및 회사의 현황과 제반 사정을 참작하여 그 취소가 부적당한 때에는 법원은 그 청구를 기각할 수 있다(제379조).

(5) 판결의 효력

① **원고승소의 경우** : 결의취소의 효력이 당사자 이외의 제3자에 대해서도 미치는 대세적 효력과 소급효(遡及效)가 인정된다.

② **원고패소의 경우** : 원고패소의 경우에는 대세적 효력이 없으며, 원고에게 악의 또는 중대한 과실이 있는 경우에는 회사에 대하여 연대하여 손해배상책임을 진다.

2. 결의무효 · 부존재의 소

(1) 무효 · 부존재의 원인

주주총회 결의의 내용이 법령에 위반하는 경우 무효가 되며, 주주총회 소집절차나 결의방법에 총회결의가 존재한다고 볼 수 없을 정도의 중대한 하자가 있는 경우에는 결의부존재의 사유가 된다(제380조).

●●● 결의무효 · 부존재의 소제기 원인에 대한 판례의 사례

① 무효의 원인 : 유한책임의 원칙에 위반한 결의, 회사채권자의 이익에 반하는 결의, 주주평등의 원칙에 위반한 결의, 결의 내용이 선량한 풍속 기타 사회질서에 위반하는 경우 등
② 부존재의 원인 : 이사회결의없이 소집권한이 없는 이사 또는 감사에 의한 총회의 소집, 총회의 산회선언 후 일부 주주들이 별도의 장소에서 한 결의의 경우, 전혀 소집절차를 거치지 않은 경우, 대부분 주주 아닌 자들로 이루어져 결의한 경우, 대부분의 주주에게 소집통지를 하지 않은 경우 등

(2) 소의 성질

주주총회 결의 무효 또는 부존재의 소의 성질에 대해서는 형성소송설과 확인소송설(다수설 · 판례)로 나누어지고 있다. 확인의 소라고 본다면 주주총회결의 무효 또는 부존재는 소 이외의 방법으로도 주장할 수 있다.

(3) 제소권자

주주총회 결의의 무효 또는 부존재의 소를 제기할 수 있는 제소권자에는 제한이 없으며, 소의 이익이 있는 자는 소를 제기할 수 있다. 따라서 의결권없는 주식을 가진 주주나 총회결의에 찬성한 주주도 제소권을 갖는다. 그러나 명의개서를 하지 않은 주주나 명의대여자에 불과한 주주는 소제기권이 없다. 회사의 채권자도 소의 이익이 있다면 소를 제기할 수 있다.

(4) 소의 절차

① **제소기간** : 제소기간의 제한이 없다.

② **소의 절차** : 주주총회 결의 무효 또는 부존재의 소의 제기절차에 대해서는 결의취소에 관한 규정이 그대로 준용된다. 다만, 결의무효 또는 부존재의 소의 경우에는 상법 제379조의 자유재량권에 관한 규정이 준용되지 않는다.

③ **합병무효의 소 · 감자(減資)무효의 소와의 관계** : 합병등기나 자본금 변경 등기전에는 결의무효의 소를 제기할 수 있으나, 등기 후에는 합병무효의 소나 감자무효의 소에 흡수되어 독립적인 소를 제기할 수 없다.

④ **판결의 효력** : 결의취소 판결의 효력과 같다.

3. 부당결의 취소 · 변경의 소

결의에 관하여 특별한 이해관계가 있는 주주가 그 결의에 의결권을 행사하지 못하여 현저하게 부당한 결의가 되었고, 그 주주가 의결권을 행사하였더라면 이를 저지할 수 있었을 때에는 그 결의의 날로부터 2월 내에 결의의 취소 또는 변경의 소를 제기할 수 있다(제381조 제1항). 부당결의 취소 · 변경의 소는 형성의 소이며, 제소권자는 특별이해관계인으로서 의결권을 행사하지 못한 주주에 한한다. 이 소의 절차와 효력에 관해서는 결의취소의 내용과 같다(제381조 제2항). 다만, 결의취소의 소에 대한 법원의 자유재량권(제379조)이 인정되지 않는다.

●●● 주주총회 결의하자에 대한 각 소의 비교

구 분	결의취소의 소	결의무효의	결의부존재의 소	부당결의 취소 · 변경의 소
소제기 원인	–소집절차 · 결의방법이 법령 · 정관에 위반하거나, 현저하게 불공정한 경우 –결의내용이 정관에 위반되는 경우	결의 내용이 법령에 위반되는 경우	결의가 존재한다고 볼 수 없는 정도 정도의 중대한 하자가 있는 경우	특별이해관계 있는 주주가 의결권을 행사하지 못함으로써 현저히 부당하게 결의되었을 경우
청구권자	주주 · 이사 · 감사	정당한 법률상의 이익이 있는 이해관계인		특별이해관계 있는 주주
소제기 기간	결의시로부터 2월 내	언제든지		결의시로부터 2월 내
소의 성질	형성의 소	확인의 소(다수설)		형성의 소
자유재량권	인정	불인정		불인정
담보제공명령 청구	인정(이사 · 감사인 주주 제외)	인정		인정
판결의 대세효	인정	인정		인정

판결의 소급효	인정	인정	인정
패소한 원고의 손해배상책임	악의 · 중과실이 있는 때	악의 · 중과실이 있는 때	악의 · 중과실이 있는 때

【제3관】 이사 · 이사회 · 대표이사 · 집행임원

Ⅰ. 이사

1. 의 의

이사란 회사의 수임인으로서의 지위를 가지며, 이사회의 구성원으로서 회사의 업무집행의 의사 결정에 참여하는 자를 말한다. 이사는 주주총회에서 선임하지만, 주주총회 또는 주주의 대리인이나 사용인이 아니고 회사의 수임인이다. 회사와 이사의 관계에 대해서는 민법상의 위임에 관한 규정을 준용한다(제382조 제2항).

2. 이사의 선임과 종임

(1) 이사의 선임

① **선임기관** : 이사는 주주총회에서 보통결의에 의하여 선임한다(제382조 제1항). 이사의 선임은 주주총회의 전속권한이며 정관의 규정 또는 주주총회의 특별결의로도 제3자나 다른 기관에 위임할 수 없다. 회사설립전의 이사선임의 경우에는 발기설립시에는 발기인들이 호선하며, 모집설립시에는 창립총회에서 선임한다. 이사의 선임은 주주총회의 결의에 의하여 그 효력이 발생하지만, 결의와 이사의 동의로써 이사의 지위를 취득한다.

보충 상장회사가 이사, 감사의 선임에 관한 사항을 목적으로 하는 주주총회의 소집통지 또는 공고하는 경우에는 이사 및 감사 후보자의 성명, 약력, 추천인 그 밖에 대통령령으로 정하는 후보자에 관한 사항을 통지하거나 공고하여야 하며, 이러한 통지 또는 공고한 후보자 중에서 이사 또는 감사를 선임하여야 한다(제542조의4 제2항).

② **이사자격** : 이사의 자격에 관해 상법은 특별한 제한을 두고 있지 않으며, 감사는 이사를 겸임하지 못한다는 정도의 규정을 두고 있을 뿐이다(제411조). 그러나 정관으로 이사의 자격을 제한하는 것은 그 내용이 사회질서에 반하지 않는 한 유효하다(통상 이사는 주주이어야 한다는 제한을 둔다). 정관으로 이사가 가져야 할 주식(자격주)의 수를 정한 때에는 다른 규정이 없는 한

이사는 주권을 감사에게 공탁하여야 한다(제387조). 파산선고를 받은 자는 이사가 될 수 없다.

③ **사외이사** : 사외이사란 전문적인 지식과 능력을 갖추고 경영실무를 담당하지 않으면서 업무집행기관으로부터 독립적인 지위에서 이사회의 구성원으로서 활동하는 이사를 말한다. 사외이사의 선임에 대해 강제적 규정을 일반적으로 두고 있지 않으나, 감사위원회를 설치하는 경우에는 그 위원의 3분의 2 이상은 사외이사이어야 한다(제415조의2 제2항). 사외이사도 상법상 이사이므로 이사의 의무와 책임에 관한 규정의 적용을 받는다.

●●● 사외이사가 될 수 없는 자

① 회사의 상무에 종사하는 이사 · 집행임원 및 피용자 또는 최근 2년 이내에 회사의 상무에 종사한 이사 · 감사 · 집행임원 및 피용자
② 최대주주가 자연인인 경우 본인과 그 배우자 및 직계존비속
③ 최대주주가 법인인 경우 그 법인의 이사 · 감사 · 집행임원 및 피용자
④ 이사 · 감사 · 집행임원의 배우자 및 직계존비속
⑤ 회사의 모회사 또는 자회사의 이사 · 감사 · 집행임원 및 피용자
⑥ 회사와 거래관계 등 중요한 이해관계에 있는 법인의 이사 · 감사 · 집행임원 및 피용자
⑦ 회사의 이사 및 피용자가 이사로 있는 다른 회사의 이사 · 감사 · 집행임원 및 피용자 등

보충 [상장회사의 특례] ① **사외이사의 수** : 상장회사는 원칙적으로 이사 총수의 4분의 1 이상을 사외이사로 하여야 하나, 최근사업연도 말 현재의 자산총액이 2조원 이상인 상장회사의 사외이사는 3인 이상이어야 하며 이사총수의 과반수가 되도록 하여야 한다(제542조의8 제1항).

② **사외이사의 자격제한** : ㉠ 미성년자, 금치산자 또는 한정치산자, ㉡ 파산선고를 받은 사람으로서 복권되지 아니한 자, ㉢ 금고 이상의 형을 선고받고 그 집행이 끝나거나 집행이 면제된 후 2년이 지나지 아니한 자, ㉣ 대통령령으로 별도로 정하는 법률에 위반하여 해임되거나 면직된 후 2년이 지나지 아니한 자, ㉤ 상장회사의 주주로서 의결권 없는 주식을 제외한 발행주식총수를 기준으로 본인 및 그와 대통령령으로 정하는 특수한 관계에 있는 자가 소유하는 주식의 수가 가장 많은 경우 그 본인 및 그의 특수관계인, ㉥ 누구의 명의로 하든지 자기의 계산으로 의결권 없는 주식을 제외한 발행주식총수의 100분의 10 이상의 주식을 소유하거나 이사 · 집행임원 · 감사의 선임과 해임 등 상장회사의 주요 경영사항에 대하여 사실상의 영향력을 행사하는 주주 및 그의 배우자와 직계존비속, ㉦ 그 밖에 사외이사로서의 직무를 충실하게 수행하기 곤란하거나 상장회사의 경영에 영향을 미칠 수 있는 자로서 대통령령으로 정하는 자

③ **사외이사의 선임** : 자산 2조원 이상인 상자회사가 사외이사를 선임하려는 경우에는 사외이사후보를 추천하기 위하여 이사회내 위원회로 사외이사가 총위원의 과반수인 "사외이사 후보추천위원회"를 설치하고, "사외이사 후보추천위원회"에서 추천을 받은 자 중에서 주주총회에서 선임하여야 한다. 이

경우 사외이사 후보추천위원회가 사외이사 후보를 추천할 때에는 발행주식총수의 1,000분의 10(자본금 1천억원 이상인 회사 : 발행주식총수의 1,000분의 5) 이상의 주식을 가진 주주가 주주총회일의 6주 전에 추천한 사외이사 후보를 포함시켜야 한다.

④ **사외이사의 결원** : 상장회사는 사외이사의 사임 · 사망 등의 사유로 인하여 사외이사의 수가 이사회 구성요건에 미달하게 되면 그 사유가 발생한 후 처음으로 소집되는 주주총회에서 사외이사는 선임하여야 한다.

④ **집중투표제도**

㉠ **의의** : 집중투표란 이사선임에 있어 1주당 선임하고자 하는 이사수에 상당하는 복수의 의결권을 부여하는 방법을 말한다. 즉, 2인 이상의 이사의 선임에서 각 주주가 1주마다 선임할 이사의 수와 동일한 의결권을 갖고 이 의결권을 이사 후보자 1인 또는 수인에게 집중하여 투표하는 방법을 집중투표라 한다.

㉡ **요건** : 집중투표제도는 2인 이상의 이사를 선임할 때에 정관에 다른 정함이 없는 경우에 한하여 채택할 수 있다(제382조의2 제1항). 의결권없는 주식을 제외한 발행주식총수의 100분의 3 이상에 해당하는 주식을 보유한 주주가 총회일의 7일 전까지 서면 또는 전자문서로 집중투표를 청구하여야 한다(제382조의2 제2항). 집중투표를 청구할 수 있는 소수주주의 지주요건은 그 청구시로부터 선임결의를 할 때까지는 유지되어야 한다. 집중투표의 청구서면은 주주총회가 종결될 때까지 본점에 비치하고 주주로 하여금 열람할 수 있게 하여야 한다(제382조의2 제6항). 그리고 주주총회의 의장은 주주총회에서 이사선임결의를 하기 전에 집중투표의 청구가 있음을 알려야 한다(제382조의2 제5항).

보충 상장회사의 경우 : 집중투표의 청구는 주주총회일의 6주 전까지 서면 또는 전자문서로 회사에 청구하여야 하며, 최근 사업연도말 현재 자산총액이 2조원 이상인 상장회사의 경우에는 의결권없는 주식을 제외한 발생주식총수의 100분의 1 이상에 해당하는 주식을 보유한 주주는 집중투표의 방법으로 이사를 선임할 것을 청구할 수있다(제452조의7 제1항, 제2항).

㉢ **집중투표의 예외** : 집중투표의 청구는 회사성립 후 주주총회에서 2인 이상의 이사를 선임하는 경우에만 인정되고, 회사 설립시에 발기인 또는 창립총회에 의하여 선임되는 최 의 이사에 대하여는 집중투표가 인정되지 않는다.

㉣ **이사선임방법** : 주주는 소유주식수에 선임하고자 하는 이사의 수를 곱한 수의 의결권을 가지고 동일한 이사후보에게 투표할 수도 있고, 분산하여 수인의 이사후보에게 투표할 수도 있다(제382조의2 제3항). 그 결과 최다수의 표를 얻은 자의 순으로 이사가 된다(제382조의2 제4항).

⑤ **이사의 수 · 임기** : 이사는 원칙적으로 3인 이상이어야 하나, 자본금의 총액이 10억원 미만의 회사는 1명 또는 2명의 이사를 둘 수 있다(제383조 제1항). 이사의 임기는 3년을 초과하지 못하지만(제383조 제2항), 정관의 규정으로 임기중의 최종의 결산기에 관한

정기주주총회의 종결에 이르기까지 연장할 수 있다(제383조 제3항).

(2) 이사 종임

① **종임사유** : 이사는 위임의 일반적 종료사유(이사의 사망 · 파산 · 금치산, 회사의 해산 · 회사의 파산)에 의해 종임하며, 또 임기의 만료 · 정관소정의 자격상실 · 총회의 해임결의 · 소수주주의 청구에 의한 법원의 해임판결 등에 의해 종임한다. 이사는 언제든지 사임할 수 있다.

② **해임결의** : 주주총회는 언제든지 중대한 사유가 없는 경우에도 특별결의로써 이사를 해임할 수 있다(제385조 제1항). 「중대한 사유」란 해임이 합리적이고 상당하다고 인정되는 경우로서 불법행위나 법령 · 정관에 위반한 중대한 사실뿐만 아니라 직무의 현저한 부적임도 포함된다. 회사가 정당한 사유없이 임기만료 전에 주주총회의 결의로 이사를 해임한 때에는 그 이사는 회사에 대하여 해임으로 인한 손해의 배상을 청구할 수 있다(제385조 제1항 단서). 그러나 이사의 임기를 정하지 아니한 경우에는 해임되더라도 손해배상을 청구할 수 없다.

③ **소수주주의 해임청구** : 이사가 그 직무에 관하여 불법행위 또는 법령이나 정관에 위반한 중대한 사실이 있음에도 불구하고 주주총회에서 그 해임을 부결한 때에는 발행주식총수의 100분의 3 이상을 가진 주주는 총회결의가 있은 날로부터 1월 내에 그 이사의 해임을 법원에 청구할 수 있다(제385조 제2항). 해임청구의 대상이 되는 이사는 임기중의 이사에 한하고 퇴임 후 이사의 권리의무를 갖는 자는 대상이 아니다.

보충 상장회사의 경우 : 6개월 전부터 계속하여 발행주식총수의 1만분의 50(자본금 1천억원 이상의 회사 : 1만분의 25) 이상에 해당하는 주식을 보유한 주주가 이사의 해임청구를 할 수 있다.

④ **사임** : 이사는 언제든지 사임할 수 있으며, 사임은 단독행위로서 회사에 대한 일방적 의사표시에 의하여 효력이 발생한다. 사임의 의사표시는 대표이사에게 하여야 하며, 대표이사에게 도달함으로써 그 효력이 발생한다.

(3) 등 기

이사의 선임과 해임은 등기하여야 한다. 즉, 선임시에는 이사의 성명과 주민등록번호를 등기하여야 하며, 해임시에는 등기사항의 변동을 가져오므로 변경등기를 하여야 한다.

(4) 이사의 결원

① **퇴임이사 · 가이사()** : 법률 또는 정관에 정한 이사의 원수를 결한 경우에는 임기의 만료 또는 사임으로 인하여 퇴임한 이사는 새로 선임된 이사가 취임할 때까지 이사의 권리 · 의무가 있다(제386조 제1항). 또 이사의 사망 · 파산 등에 의해 이사의 정원을 결(缺)한 경우 법원이 필요하다고 인정할 때에는 이사 · 감사 기타 이해관계인의 청구에 의하여

일시 이사의 직무를 행할 자를 선임할 수 있다(제386조의2 제2항). 퇴임이사나 가이사는 정상적인 이사의 모든 권리·의무에 미친다(판).

② **직무집행정지 가처분과 직무대행자** : 이사선임결의의 무효나 취소 또는 이사해임의 소가 제기된 경우에는 법원은 당사자의 신청에 의하여 가처분으로서 이사의 직무집행을 정지하거나 직무대행자를 선임할 수 있다(제407조 제1항). 특히 이사의 직무집행이 계속되는 경우에 회사재산의 상실이 우려되는 등 급박한 사정이 있는 때에는 본안소송의 제기 전이라도 법원은 가처분을 할 수 있다(제407조 제1항). 법원은 당사자의 신청(피신청인은 이사로 한다)에 의하여 이러한 가처분을 변경 또는 취소할 수 있다(제407조 제2항). 당사자의 신청에 의하여 법원으로부터 가처분 또는 그의 변경이나 취소의 처분이 있는 때에는 본점과 지점의 소재지에서 등기하여야 한다(제407조 제3항). 이사의 직무대행자는 가처분명령에 다른 정함이 있거나 법원의 허가를 얻은 경우가 아니면 회사의 상무에 속하지 아니한 행위를 하지 못한다(제408조 제1항). 그러나 회사는 이를 위반한 직무대행자의 행위에 대해서도 선의의 제3자에 대하여 책임을 진다(제408조 제2항).

 (판례) 1. 이사의 직무집행정지가처분결정이 있은 후 사임하고 주주총회에서 새로이 선임된 경우에는 가처분의 피보전권리가 없으므로 가처분결정은 각하되어야 한다.

2. 직무집행 정지된 대표이사가 그 정지기간 중에 체결한 계약은 절대적으로 무효이고, 그 후 가처분신청의 취하에 의하여 보전집행이 취소되었다 하더라도 집행의 효력은 장래에 대하여 소멸할 뿐이므로 가처분신청이 취하되었다하여 무효인 계약이 유효하게 되지는 않는다.
3. 주주총회에서 직무집행정지 중의 이사를 해임하고 후임이사를 새로 선임한 경우, 가처분이 취소되지 않는 한 직무대행자만이 이사의 직무를 집행할 권한을 가질 뿐이다.
4. 대표이사가 해임되고 새로운 대표이사가 선임되었다 하더라도 가처분결정이 취소되지 않는 한 새로 선임된 대표이사는 그 선임결의의 적법 여부에 관계없이 대표이사로서의 권한을 갖지 못한다.
5. 대표이사의 선임에 관한 이사회결의 무효의 소를 본안으로 하는 가처분의 경우는 대표이사로서의 직무만 정지되지만, 기타의 경우에 정지의 효력은 이사의 자격을 전제로 하는 모든 직무에 미친다.
6. 변호사에게 소송대리를 위임하고 그 보수계약을 체결하는 행위는 회사의 상무에 속하지만, 대표이사의 집무대행자가 회사에 관한 소송에서 상대방 당사자의 변호사의 보수지급에 관하여 약정하는 행위는 회사의 상무에 속하지 않는다.

3. 이사의 보수

(1) 보수의 의의

이사의 보수란 그 명칭이나 형식과는 관계없이 이사의 직무집행의 대가로 지급되는 금전이나 현물급여를 모두 포함한다. 그러므로 퇴직금 · 퇴직위로금도 보수에 속한다(판례).

(2) 보수의 결정 · 분배의 위임

이사의 보수는 그 금액을 정관에서 정하지 않은 때에는 주주총회의 결의로 정한다(제388조). 따라서 주주총회의 결의가 없는 한 보수청구권을 행사할 수 없다(판례). 주주총회에서 보수액은 개개의 이사에 대하여 개별적으로 정하지 않고 총액 또는 최고액만을 정하고 그 분배는 이사회에 위임할 수 있다. 그러나 보수액의 결정 및 지급을 전적으로 이사회나 대표이사에게 위임하는 내용의 주주총회 결의는 무효이다(판례).

II. 이사회

1. 의 의

이사회는 회사의 업무집행에 관한 의사결정을 위해 전원의 이사로 구성되는 회사의 필요적 독립기관이다(제393조 제1항 참조). 이사회는 회의체기관이며, 업무집행에 관해 의사를 결정하고 그 구체적인 실천은 대표이사가 행한다. 다만 업무집행의 적정을 기하기 위하여 이사회는 대표이사를 포함한 모든 이사의 집무집행을 감독한다(제393조 제2항). 이사회는 독립된 기관이므로 이사회가 결의한 사항을 주주총회의 결의로 번복하거나 무효로 할 수 없다(판례).

2. 이사회의 권한

(1) 업무집행결정권

회사의 업무집행은 이사회의 결의로 한다(제393조 제1항). 업무집행이란 회사의 운영에 관련되는 모든 사무를 말하지만, 이사회는 정관 또는 법령에 의하여 주주총회의 결의사항으로 하는 것을 제외한 사항을 결의할 수 있다. 법정된 권한사항은 주주총회소집 · 주주제안채택결정 · 대표이사의 선임과 공동대표의 결정 · 집행임원 · 대표집행임원의 선임, 신주의 발행 · 사채의 발행 · 지배인의 선임과 해임 · 중요한 재산의 처분 및 양도 · 주주총회의 소집결정 · 이사에 대한 경업승인 · 이사와 회사간의 거래의 승인 · 준비금의 자본금 전입 · 간이합병이나 소규모합병의 승인 · 중간배당의 결정 · 주주에 대한 전환사채나 신주인수권부사채의 발행 등이 있다.

••• 이사가 1인 또는 2인인 회사

이사가 1인 또는 2인인 회사는 이사회가 없으므로, 이사회의 결의사항은 다음과 같이 결의가 달라진다.

① 주주총회의 결의에 의하는 사항(예 신주발행 · 사채발행 · 이사에 대한 경업승인 · 이사와 회사간의 거래승인 · 전환사채의 발행 · 준비금의 자본금 전입 · 전환사채의 발행 등)이 있다(제383조 제4항).

② 대표이사가 없는 때에는 각 이사가 결정하는 사항(예 자기주식소각의 결정 · 회사가 전환권을 갖는 전환주식의 전환시 주주 및 질권자에 대한 통지 · 중요한 자산의 처분 및 양도 · 대규모 재산의 차입 · 지배인의 선임과 해임 · 지점의 설치와 이전 및 폐지 · 주주총회의 소집결정 · 주주제안의 채택 · 전자적 방법에 의한 의결권 행사의 결정 · 중간배당 등)이 있다(제383조 제6항).

③ 자기주식취득의 결정 · 재무제표의 사전승인 · 이사회의 소집 등 이사회와 관계된 일부 규정은 이사가 1인 또는 2인인 회사에는 적용하지 않는다(제383조 제5항).

(2) 이사회의 감독권

이사회는 이사의 직무의 집행을 감독한다(제393조 제2항). 이사회는 업무집행에 관한 결정권을 가지고, 그 집행을 대표이사 또는 업무담당이사에게 맡기는 것이므로 이사회는 당연히 이사의 업무집행을 감독할 권한을 갖는다. 감독의 주된 대상은 대표이사의 행위가 되고, 감독권은 위법 · 부당한 행위의 견제와 같은 소극적인 시정목적에서뿐만 아니라 합목적성 · 능률성을 이유로 한 경영정책목적에서도 행사할 수 있다. 이사회는 이사의 업무집행에 대한 감독권을 갖고 있으므로 이사회의 구성원으로서의 평이사는 대표이사뿐만 아니라 업무담당이사의 전반적인 업무를 감시할 의무가 있다(판례).

(3) 대표이사 및 이사, 집행임원의 업무보고

이사는 대표이사 또는 대표집행임원으로 하여금 다른 이사나 다른 집행임원 또는 피용자의 업무에 관하여 이사회에 보고할 것을 요구할 수 있고(제393조 제3항, 제408조의6 제3항), 이사 또는 집행임원은 3월에 1회 이상 업무의 집행상황을 이사회에 보고하여야 한다(제393조 제4항, 제408조의6 제1항). 한편, 집행임원은 이사회의 요구가 있으면 언제든지 이사회에 출석하여 요구한 사항을 보고하여야 한다(제408조의6 제2항).

3. 이사회의 소집

(1) 소집권자

① **이사** : 이사회의 소집은 원칙적으로 각 이사가 하지만, 이사회의 결의로 소집할 이사를 정한 때에는 그 이사가 소집한다(제390조 제1항). 그러나 다른 이사가 소집권자인 이사에게 이사회의 소집을 요구할 수 있고, 이를 정당한 이유없이 거절한 때에는 다른 이사도 이사회를 소집할 수 있다(제390조 제2항).

② **감사** : 감사는 필요하면 회의의 목적사항과 소집이유를 서면에 적어 이사(소집권자가 있는 경우 소집권자)에게 제출하여 이사회의 소집을 청구할 수 있고(제412조의4 제1항), 이사가 지체없이 소집하지 아니하면 감사가 이사회를 소집할 수 있다(제412조의4 제2항).

③ **집행임원** : 집행임원은 필요하면 회의의 목적사항과 소집이유를 서면에 적어 이사(소집권자가 있는 경우 소집권자)에게 제출하여 이사회의 소집을 청구할 수 있고(제408조의7 제1항), 이사가 소집하지 않은 경우 법원의 허가를 받아 집행임원이 이사회를 소집할 수 있다(제408조의7 제2항).

(2) 소집절차

이사회를 소집함에는 소집권자가 회일의 1주간 전에 각 이사에 대하여 통지를 발송하여야 하며, 이 기간은 정관으로 단축할 수 있다(제390조 제3항). 감사를 둔 경우에는 감사도 이사회에 출석할 권한이 있으므로 감사에게도 소집통지를 하여야 한다(제391조의2, 제390조 제3항). 소집통지의 방법은 구두에 의하든 서면에 의하든 관계없으며, 이사회의 소집시기에 대해서도 특별한 규정이 없다. 일부의 이사에게 소집통지를 하지 않고 소집한 이사회의 결의는 무효이지만, 일체 경영에 참가한 일이 없는 이사에게 항상 소집통지를 하지 않고 개최한 이사회결의는 유효하다(판례). 이사회는 이사 및 감사 전원의 동의가 있는 때에는 소집절차없이 언제든지 회의를 개최할 수 있다(제390조 제4항).

4. 이사회의 결의

(1) 결의요건

이사회의 결의는 총이사 과반수의 출석과 출석이사의 과반수로 하여야 한다(제391조 제1항). 다만, 이사의 회사사업기회 이용허락(제397조의2 제1항), 이사 등의 자기거래승인(제398조), 감사위원의 해임(제415조의2 제3항) 등은 총이사 3분의 2 이상의 결의로 해야 한다. 이사회의 결의요건은 정관으로 가중할 수 있으나, 완화하지 못한다(제391조 제1항 단서).

(2) 의결권 행사 및 제한

① **의결권 행사** : 이사회에서의 의결권은 1인에게 1개의 의결권이 주어지므로, 의결권 불통일행사가 허용되지 않는다. 그리고 이사는 의결권의 행사에 대해 회사에 책임을 져야 하며(제399조 제2항), 또 이사회는 회사가 기대하는 이사 개개인의 능력과 고도의 신뢰관계에 기 해서 구체적인 업무집행의 결정을 하는 기관이므로 이사는 직접 의결권을 행사하여야 하고 그 대리행사는 허용되지 않는다(판례). 이사의 의결권 행사의 경우 서면투표나 무기명투표는 허용되지 않는다.

② **의결권 제한** : 이사회의 결의에 대해 특별한 이해관계를 갖는 이사는 의결권을 행사할 수 없다(제391조 제2항, 제368조 제4항). 특별이해관계를 갖는 이사는 이사회에서 의결권을 행사할 수는 없으나, 의사정족수 산정의 기초가 되는 총 이사의 수에는 포함되고 다만 의결성립에 필요한 출석이사에는 산입되지 않는다(제391조 제2항, 제371조 제2항). 특별이해관계의 예로는 경업승인을 구하는 이사 · 회사사업기회이용승인을 구하는 이사 · 자기거래의 당사자 · 주식양도승인청구 이사 등을 들 수 있다. 그러나 이사의 보수의 분배결정시에는 특별이해관계가 없다고 본다.

(3) 결의방법

이사회는 적법하게 개최된 회의에서 결의하여야 하며, 서면결의는 인정되지 않는다. 최근 회사의 규모가 커지면서 이사의 수가 많아지기 때문에 이사들이 일시에 한 장소에서 회의가 어렵기 때문에 정관에 다른 규정이 없는 한 음성을 동시에 송수신하는 원격통신수단에 의한 회의가 가능하다(제391조 제2항).

5. 이사회의 의사록 작성과 공시의 제한

이사회의 의사에 관하여 의사록을 작성하여야 하며(제391조의3 제1항), 의사록에는 의사의 안건 · 경과요령 · 그 결과 · 반대하는 자와 그 반대이유를 기재하고 출석한 이사 및 감사가 기명날인 또는 서명하여야 한다(제391조의3 제2항). 주주는 영업시간 내에 이사회 의사록의 열람 또는 등사를 청구할 수 있으나(제391조의3 제3항), 이사회 의사록에 회사의 기밀에 속하는 사항이 기재되어 있을 수 있고 이것이 누설된다면 회사에 큰 손해가 발생할 수 있으므로, 회사는 이유를 붙여 이를 거절할 수 있다. 거절에는 정당한 이유가 있어야 한다. 회사가 이사회 의사록의 열람 또는 등사를 거부하는 경우에는 주주는 법원의 허가를 얻어 이사회의사록을 열람 또는 등사할 수 있다(제391조의3 제4항).

6. 이사회결의의 하자

(1) 하자있는 결의의 효력

이사회의 결의에 관하여 소집절차 · 결의방법이 법령 또는 정관에 위반하거나 현저하게 불공정한 때, 또는 결의내용이 법령 · 정관 · 사회질서에 반하거나 불공정한 때에 관하여 주주총회의 경우와 달리 그 하자 주장방법이 상법상 규정이 없다. 따라서 이사회결의의 하자에 대해서는 일반무효의 법리에 따라 해결하여야 한다.

(2) 결의의 하자와 대표행위의 효력

무효인 이사회의 결의에 의하여 한 대표이사의 행위의 효력에 관해서 상법상 아무런 규정이 없다. 해석상 대표이사의 선임이나 지배인의 선 · 해임 등 내부적 문제에 그치는 행위는 무효이고, 사채의 발행 · 제3자와의 거래행위 등 대외적 거래행위는 상대방이 선의인 경우에는 유효하고, 상대방이 악의 · 중과실이 있는 경우에는 무효라는 것이 통설 · 판례의 입장이다. 이때 상대방의 악의 · 중과실은 거래행위의 무효를 주장하는 자(회사)가 입증하여야 한다(판례).

7. 이사회내 위원회

(1) 위원회 구성

이사회는 정관이 정하는 방법에 의하여 위원회를 둘 수 있다(제393조의2 제1항). 위원회는 2인 이상의 이사로 구성된다(제393조의2 제3항). 그러나 감사위원회는 3인 이상의 이사로 구성되고, 위원의 3분의 2는 사외이사이어야 한다(제415조의2 제2항).

(2) 위원회의 권한

위원회는 이사회로부터 위임받은 사항에 대하여 결정할 권한을 갖는다. 그러나 주주총회의 승인을 요하는 사항의 제안, 대표이사의 선임 및 해임, 위원회의 설치와 그 위원의 선임 및 해임, 정관에서 정하는 사항 등은 위원회에 위임할 수 없다(제393조의2 제1항).

(3) 위원회의 소집과 결의

위원회의 소집과 결의에 관해서는 이사회의 소집과 결의에 관한 절차가 준용된다. 위원회의 결의는 이사회의 결의와 같은 효력이 있다. 그러므로 모든 이사에게 주지시키기 위하여 위원회는 결의된 사항을 각 이사에게 통지하여야 한다(제393조의3 제4항 전단). 이 경우 통지를 받은 각 이사는 이사회의 소집을 요구할 수 있고, 이사회는 위원회가 결의한 사항에 대하여 감사위원회의 결의를 제외하고는 다시 결의할 수 있다(제393조의3 제4항 후단). 이사회의 다른 결의가 있으면 위원회의 결의는 효력을 잃는다.

⑷ 부당결의의 감독책임

위원회의 결의를 통지받은 이사가 위원회의 결의가 부당함에도 불구하고 이사회의 소집을 게을리하거나 소집된 이사회에서 이사들이 위원회 결의와 다른 결의를 하는데 반대하는 것은 임무해태에 해당하므로 회사 또는 제3자에 대하여 손해배상책임을 진다(제399조, 제401조).

Ⅲ. 대표이사

1. 의 의

대표이사는 회사를 대표하고 업무를 집행하는 권한을 가진 이사이며, 주식회사의 필요적 상설기관이다. 다만, 집행임원을 둔 때에는 대표이사를 둘 수 없다(제408조의2 제1항).

2. 선임과 종임

⑴ 선 임

대표이사는 이사 중에서 선임하며, 정관으로 주주총회에서 선정할 것을 정하지 않은 때에는 이사회에 선임권이 있다(제389조 제1항). 주주총회에서 선임하는 경우에는 보통결의에 의한다. 대표이사는 이사회 또는 주주총회의 결의에 의하지 않는 다른 방법으로는 선임할 수 없다. 그러나 이사가 1인 또는 2인인 회사에서는 각 이사가 회사를 대표하나, 정관으로 대표이사를 정할 수 있다(제393조 제6항).

⑵ 대표이사의 원수 · 임기 · 자격

대표이사의 원수(員數)에는 특별한 제한이 없으며, 임기에 대해서도 별도의 규정이 없다. 그러나 대표이사는 이사이어야 하므로, 이사의 임기를 초과할 수 없다.

⑶ 종 임

대표이사는 이사임을 전제로 하므로, 이사의 임기만료 · 해임 · 사임 등의 원인에 의해 이사의 자격이 종임됨으로써 당연히 대표이사의 지위도 상실한다. 대표이사는 그 선임기관에 의해 언제든지 해임될 수 있고, 대표이사는 언제든지 사임할 수 있다.

⑷ 대표이사의 결원

대표이사의 종임으로 대표이사가 없게 되거나 정관상의 정원을 결한 경우에, 종임된 대표이사는 새로운 대표이사가 취임할 때까지 대표이사로서의 권리의무가 있고, 법원이 필요하다고 인정할 때에는 이해관계인의 청구로 일시 대표이사의 직무를 행할 자를 선정할 수 있음은 이사의 경우와 같다(제389조 제3항, 제386조).

3. 대표이사의 권한

(1) 업무집행권

대표이사는 대내적으로 뿐만 아니라 대외적으로 회사의 업무를 집행할 권한을 갖는다. 대표이사의 직무는 주권과 채권(債券)상의 기명날인 또는 서명, 본점에 정관 · 주주총회 의사록 · 주주명부 · 사채원부의 비치, 주식청약서 · 사채청약서의 작성, 신주인수권증서의 발행, 신주인수권증권의 발행, 재무제표와 그 부속명세서의 작성 · 비치 · 공시 · 제출, 영업보고서의 작성 · 제출 · 보고, 대차대조표의 공고 등이다.

보충 법률 또는 정관 등의 규정에 의하여 주주총회 또는 이사회의 결의를 필요로 하는 것으로 되어있지 아니한 업무중 이사회가 일반적 · 구체적으로 대표이사에게 위임하지 않은 업무로서 일상업무에 속하지 않는 중요한 업무에 대하여는 이사회에게 그 의사결정권이 있다(판례).

(2) 대표권

① **범위** : 대표이사는 회사의 영업에 관하여 재판상 또는 재판외의 모든 행위를 할 권한이 있다(제389조 제3항, 제209조 제1항). 따라서 대표이사의 대표권은 회사의 권리능력의 범위와 일치한다. 대표이사의 대표행위는 대리와 달리 사실행위 · 불법행위에도 미친다. 대표이사의 대표권은 지배인의 대리권과 유사하지만 대리권의 범위 등에 차이가 있다.

••● 대표이사와 지배인의 비교

> ① 대표이사의 불법행위책임에는 민법 제35조(법인의 불법행위책임)가 적용되지만, 지배인의 불법행위책임에는 민법 제756조(사용자의 불법행위책임)가 적용된다.
> ② 대표이사의 대표권은 회사의 모든 영업에 인정되지만, 지배인의 대리인은 일정한 영업에 한정된다.

② **제한** : 대표권의 제한은 법률에 의해 제한되는 경우와 회사 내부적으로 제한하는 경우가 있다.

㉠ **법률상 제한** : 첫째, 회사와 이사간의 소송에 있어서는 감사가 회사를 대표하며(제394조 제1항), 감사위원회의 위원이 회사와의 소의 당사자인 경우 또는 감사를 두지 않은 자본금 10억원 미만의 회사의 경우에는 감사위원회 또는 이사가 법원에 회사를 대표할 자를 선임해 줄 것을 신청하여야 하고(제394조 제2항), 자본금 총액 10억원 미만인 회사로써 감사를 선임하지 아니한 경우에는 회사 · 이사 또는 이해관계인은 법원에 회사를 대표할 자를 선임하여 줄 것을 신청하여야 한다(제409조 제5항). 둘째, 영업양도 · 신주

발행·사채발행·사후설립 등의 사항에 대해서는 대표이사는 주주총회 또는 이사회의 결의가 있는 경우에만 회사를 대표할 수 있고, 이에 위반한 대표행위는 무효이다.

㉡ **내부적 제한** : 정관이나 기타 사규, 주주총회나 이사회의 결의에 의해 대표이사의 대표권을 제한할 수 있으나, 이러한 제한으로는 선의의 제3자에게는 대항하지 못한다(제389조 제3항, 제209조 제2항).

③ **대표권의 남용**

㉠ **의의** : 대표권의 남용이란 외관상으로는 대표이사의 권한 내의 적법한 행위이지만, 실제로는 자기 또는 제3자의 이익을 위하여 하는 행위로서 회사에 손실을 가져오는 것을 말한다.

㉡ **대내적 효력** : 대표이사가 대표권의 남용행위로 인하여 대내적으로 회사에 손해를 준 때에는 회사에 대하여 손해배상책임을 진다.

㉢ **대외적 효력** : 대표권의 남용행위는 상대방이 남용행위임을 안 때에는 회사는 무효를 주장할 수 있지만, 알지 못한 때(선의에 중과실이 없는 것)에는 유효하다는 것이 통설과 판례의 일치된 견해이다. 어음행위의 남용의 경우에도 같다. 다만, 어음행위 이후의 취득자와의 관계에서는 대표권의 남용은 인적 항변사유가 될 뿐이다.

㉣ **입증책임** : 대표권 남용을 이유로 대표행위의 무효를 주장할 때에는 그 무효를 주장하는 자가 대표권의 남용이라는 사실, 상대방이 악의라는 사실을 입증하여야 한다(판례).

④ **위법한 대표행위의 효력**

㉠ **대내적 행위** : 대내적으로 위법한 대표행위를 하는 경우(예 이사회결의 없이 대표이사가 지배인을 선임하는 경우)에는 거래안정과 무관하므로 언제나 무효이다.

㉡ **대외적 행위 :** 법률에 의하여 주주총회의 결의를 얻어야 하는 대외적 행위를 주주총회 결의없이 대표이사가 행한 경우에는 회사의 이익을 위하여 중요하므로 제3자의 선·악을 불문하고 언제나 무효이다. 반면에 법률에 의하여 이사회의 결의를 얻어야 하는 경우나 정관에 의해 이사회 또는 주주총회의 결의를 얻어야 하는 경우에 이것을 얻지 않고 한 대표이사의 행위(또는 결의가 있는 경우에도 그 결의에 위반하여 한 대표이사의 행위)가 대외적 행위인 때에는 제3자 보호를 위하여 상대방이 선의에 중과실이 없는 경우에는 유효하다(판례).

4. 대표이사의 불법행위

대표이사가 업무집행으로 인하여 타인에게 손해를 가한 때에는 회사는 대표이사와 연대하여 배상할 책임이 있다(제389조 제3항, 제210조). 여기서 「업무집행으로 인하여」란 「대표행위로 인하여」라는 뜻으로 해석할 수 있다. 타인에게 악의 또는 중대한 과실이 있는 때에는 손해배상책임이 발생하지 않는다.

5. 공동대표이사

(1) 의 의

원칙적으로 대표이사가 수인인 경우에도 1인인 경우와 마찬가지로 각자가 단독으로 업무집행권을 행사하고 각자가 회사를 대표한다. 그러나 이사회의 결의로 공동대표이사를 정한 때에는 수인의 대표이사가 공동의 의사표시로써만 회사를 대표하여야 한다(제389조 제2항). 따라서 공동대표이사란 2인 이상이 공동으로써만 회사를 대표할 수 있는 대표이사를 말한다. 공동대표이사를 정한 때에는 그 내용을 등기하여야 한다(제317조 제2항 10호).

(2) 공동대표이사의 지위

① **능동대표** : 회사가 제3자에게 하는 의사표시, 즉 능동대표는 대표이사들이 공동으로만 회사를 대표할 수 있다(제389조 제2항). 따라서 공동대표이사중 1인이 다른 공동대표이사의 동의없이 단독으로 대표행위를 한 경우에는 그 대표행위는 무효가 된다. 무효가 된 대표행위에 대해서는 추인할 수 있다.

② **수동대표** : 거래상대방이 회사에 대하여 하는 의사표시는 공동대표이사중 1인에게만 하여도 효력이 있다. 즉, 수동대표는 공동대표이사가 각자 할 수 있는 것이다.

③ **불법행위** : 공동대표제도는 거래행위에만 적용되고 불법행위에는 적용되지 않는다.

④ **대내적 업무집행** : 공동대표이사는 대내적인 업무집행도 공동으로 행하는 것이 원칙이지만, 순수한 대내적 업무집행이라면 단독으로 하더라도 문제가 없다.

(3) 대표권의 위임

공동대표이사의 경우 대표권의 위임에 대해, 일반적이고 포괄적으로 대표권의 행사를 위임하는 것은 허용되지 않고, 개별적 위임은 인정된다(판례 · 다수설). 개별적 위임의 경우, 소송행위나 어음행위와 같은 엄격한 형식을 요하는 법률행위에 대해서도 가능하다(다수설).

(4) 공동대표제도와 제3자의 보호

공동대표이사중 1인의 단독행위는 무효이지만 이를 추인할 수 있고, 표현대표이사의 요건을 충족하는 경우 회사의 책임이 인정될 수 있다. 표현대표이사의 요건을 충족하지 못하게 되는 경우 상대방은 그 1인의 대표이사에게 개인적인 불법행위책임을 물어 손해배상청구를 할 수 있다.

6. 표현대표이사

(1) 취 지

대표이사의 대외적 행위만이 회사의 행위가 되고, 대표이사만이 회사를 대표할 수 있다. 그러나 실제로는 대표이사가 아닌 자가 회사의 승인아래 대표이사로 오인할 만한 명칭을 사용하여 대표행위를 하는 경우에 이를 믿고 거래한 상대방을 보호하기 위하여 거래안전의 도모를 위해 특칙으로 표현대표이사(表見代表理事)제도를 두고 있다.

(2) 다른 제도와의 관계

① **상업등기와의 관계** : 상법 제37조에서는 등기사항이 등기된 후에는 그 사항에 관해 제3자의 악의가 의제된다. 그렇다면 대표이사에 대해서는 등기사항이므로 회사에서 대표이사를 등기한 경우 제3자의 악의가 의제되어 제3자는 보호를 받을 수 없다. 따라서 상법 제395조는 제37조의 예외적 규정에 해당한다.

② **표현지배인과의 관계** : 이사의 자격이 없는 회사의 사용인이나 이사직을 사임한 자가 회사를 대표할 권한이 있는 것으로 인정될 만한 명칭을 사용한 경우 상법 제395조를 유추적용할 수 있다.

(3) 적용요건

① **외관의 존재** : 대표이사가 아닌 이사가 회사를 대표할 만한 권한이 있는 것으로 인정할 만한 외관을 갖추었어야 한다. 외관이란 대표권이 존재하는 것과 같은 명칭을 말하며, 사장 · 부사장 · 전무 · 상무 기타 회장 · 부회장 같은 명칭 등을 들 수 있다. 표현대표이사가 되기 위해서는 이사의 자격이 있어야 하지만, 이사의 자격이 없는 자의 행위라도 상법 제395조가 유추적용된다는 것이 통설과 판례의 입장이다.

② **외관에 대한 회사의 귀책사유**

㉠ **명칭사용의 허용** : 표현대표이사가 성립하기 위해서는 회사가 명시적 또는 묵시적으로 명칭의 사용을 허락했어야 한다. 표현대표이사가 한 계약을 이의없이 이행한다든지 또는 명칭사용의 사실을 알고도 제지하지 않고 방치한 경우, 또는 적법한 대표이사가 장기간 회사업무를 방치하고 이사 1인이 실질적으로 대표이사로서 대외거래를 한 경우 등은 묵시적으로 승인한 것으로 보아야 한다(판례). 한편, 표현대표이사의 명칭을 임의로 사용한 때에는 제395조가 적용되지 않는다(판례).

㉡ **명칭사용의 허용기관** : 회사가 허용하였다고 보기 위하여는 주주총회나 이사회에서 결의하거나 대표이사가 명의사용을 허용하여야 한다. 이사회의 결의는 총이사의 과반수가 명시적 또는 묵시적으로 명칭사용을 허용한 경우를 말한다(판례).

③ **표현대표이사의 대표행위** : 표현대표이사가 대표이사의 권한 내에 속하는 대표행위를 하였어야 한다. 즉, 제395조가 적용되는 행위는 대표행위에 국한되며, 불법행위와 소송행위에는 적용되지 않는다.

④ **외관에 대한 제3자의 신뢰**

㉠ **선의의 제3자의 범위** : 제395조가 적용되는 것은 선의의 제3자에 대해서 만이다. 여기서 「선의의 제3자」란 표현대표이사가 대표권을 갖지 않음을 알지 못한 표현대표이사의 행위의 직접의 상대방뿐만 아니라 그 행위에 관련하여 표현적 명칭을 신뢰한 당사자를 모두 포함한다. 따라서 표현대표이사가 한 어음행위를 믿고 이 어음을 취득한 제3자도 보호된다(판례).

㉡ **제3자의 무과실요부** : 제3자가 중대한 과실로 인하여 대표권의 흠결을 알지 못한 때에는 제3자가 악의인 경우에 준하여 회사는 책임을 지지 않지만, 제3자가 선의이지만 경과실이 있는 경우에는 회사가 책임을 진다. 그러나 표현대표이사의 행위가 이사회의 결의가 필요한 행위이고 거래의 상대방인 제3자가 이사회의 결의가 없었음을 알았거나 알 수 있었을 때에는 회사는 그 행위에 대한 책임을 면한다.

(4) 적용범위

① **공동대표와 표현대표이사** : 공동대표이사 중 1인이 사장 등 단독으로 대표할 권한이 있는 듯한 명칭을 회사로부터 허락받아 사용하면서 단독으로 회사를 대표하여 행위한 때에는 이를 표현대표이사의 행위로 본다(판례).

② **선임이 무효 · 취소된 대표이사의 행위** : 이사선임에 관한 주주총회의 결의가 무효 또는 취소된 경우나 대표이사를 선임한 이사회의 결의가 무효인 경우에는 회사가 그러한 외관을 야기하였고, 그에 대해 귀책사유가 있는 때에는 상법 제395조가 적용 또는 유추적용될 수 있다는 견해와 부실등기의 책임에 관한 제39조가 적용된다는 견해(최근 판례)가 있다.

③ **표현대표이사가 진정한 대표이사의 이름으로 한 행위** : 일단 표현대표이사로서의 요건을 갖춘 자가 정작 대표행위는 자기의 이름으로 하지 않고 진정한 대표이사의 이름으로 한 경우 제395조가 적용된다(판례).

④ **이사의 자격이 없는 사용인이나 사임이사의 행위** : 이사의 자격이 없는 사용인이나 이사직을 사임한 이사가 표현대표이사로서의 요건을 갖추고 표현대표이사의 명칭을 사용하고 있는 것은 회사가 알면서도 묵인한 경우 제395조가 유추적용된다(판례).

(5) 적용효과

회사는 표현대표이사의 행위에 대해 대표이사가 한 행위와 마찬가지로 제3자에 대하여 책임을 진다(제395조). 표현대표이사의 행위로 인하여 회사가 책임을 진 결과 손해를 입은 경우에 회사는 당해 표현대표이사에 대하여 손해배상청구권을 행사할 수 있다.

IV. 집행임원

1. 집행임원의 의의

회사는 집행임원을 둘 수 있고, 집행임원을 둔 회사는 대표이사를 둘 수 없다(제408조의2 제1항). 집행임원을 둔 회사와 집행임원의 관계는 민법중 위임에 관한 규정이 준용된다(제408조의2 제2항). 집행임원이란 이사회에서 선임되어 이사회의 경영방침에 따라 업무집행을 맡는 회사의 집행기관으로서, 경영 · 재무 · 기술 등 분야별 집행임원이 경영 전반에 권한을 갖고 책임을 지는 자로서 흔히 CEO(최고집행임원), CFO(재무집행임원), CTO(기술집행임원), COO(운영집행임원) 등이 있다.

보충 집행임원제도의 도입취지 : 대규모 상장회사가 이사의 수를 대폭 축소하고, 정관이나 내규 등으로 집행임원(비등기임원)을 다수 운영하는 실정이어서 이를 법제화하는 한편, 현행 이사회제도는 업무집행기능과 감독기능이 함께 부여되어 있어서 이사회의 감독기능이 미약한 상태이므로 이를 분리하여 집행임원에게 업무집행을 담당하게 함으로써 이사회의 감독기능을 제고하고자 하는 것이 도입취지이다. 즉, 현행 회사법상 대표이사가 업무집행권과 대표권을 가지고 이사회는 대표이사의 업무집행을 감독하는 구조이나 대표이사 등의 최고경영자가 이사회도 지배하고 있는 실정이므로 이사회가 대표이사 등 경영진의 경영활동을 적절하게 감시하기 어려운 구조적인 문제를 해결하기 위한데 그 도입의 이유가 있다. 더욱이 이사회의 기능 중 업무집행기능을 분리하여 집행임원에게 전담하게 하고, 이사회는 중요한 전략적 의사결정과 업무집행에 관한 감독기능만을 담당하는 효율적인 지배구조로 개선하고자 하는데 그 도입의 취지가 있다.

2. 집행임원의 선임과 종임

(1) 선 임

집행임원은 이사회에서 선임한다(제408조의2 제3항 제1호). 이사가 1명 또는 2명인 자본금 총액 10억원 미만의 회사는 집행임원을 둘 수 없다(제383조 제5항 참조). 집행임원의 성명 및 주민등록번호는 등기하여야 한다(제317조 제2항 제8호). 집행임원을 선임하는 회사는 대표이사를 두지 못한다(제408조의2 제1항).

(2) 종 임

집행임원 설치회사와 집행임원의 관계에는 위임에 관한 규정이 준용되므로(제408조의2 제1항), 집행임원의 사망 · 파산 · 금치산과 회사의 해산 및 청산에 의하여 종임한다. 또한 사임이나 이사회의 해임에 의하여 종임한다(제408조의2 제3항 제1호). 집행임원의 선임 무효나 취소 또는 해임의 소가 제기된 경우에는 이사의 직무집행정지가처분 및 직무대행자의 직무에 관한 규정이 준용된다(제408조의9, 제407조, 제408조).

3. 집행임원의 수와 임기 및 자격

(1) 집행임원의 수

집행임원의 수에는 특별한 제한이 없으므로, 이사회의 결의에 따라 1인 이상의 집행임원을 둘 수 있다. 2명 이상의 집행위원이 선임된 경우에는 이사회에서 집행임원 설치회사의 대표집행위원을 선임하여야 한다(제408조의5 제1항 본문). 다만, 집행임원이 1명인 경우에는 그 집행임원이 대표집행임원이 된다(제408조의5 제1항 단서).

(2) 집행임원의 임기

집행임원의 임기는 정관에 다른 규정이 없으면 2년을 초과하지 못한다(제408조의3 제1항). 다만, 정관으로 그 임기 중의 최종 결산기에 관한 정기주주총회가 종결한 후 가장 먼저 소집하는 이사회의 종결시까지로 정할 수 있다(제408조의3 제2항).

(3) 집행임원의 자격

집행임원의 자격에 관하여 특별한 규정이 없으므로, 자연인이면 가능하다. 집행임원의 기능상 법인은 집행임원이 될 수 없다고 본다. 집행임원은 사외이사가 될 수 없고, 집행임원이 되는 경우 사외이사의 직을 상실한다(제382조 제3항).

보충 이사가 집행임원이 될 수 있는가에 대해서는 학설의 대립이 있으나, 업무집행임원의 업무성격과 기능상 이사는 집행임원이 될 수 있다고 본다.

4. 집행임원의 보수

집행임원의 보수는 정관에 규정이 없거나 주주총회의 승인이 없는 경우에는 이사회에서 결정한다(제408조의2 제3항 제6호). 이 점에서 정관이나 주주총회의 승인으로 정하는 이사와 감사의 보수결정과 차이가 있다.

5. 대표집행임원

(1) 대표집행임원의 선임

2명 이상의 집 행임원이 선임된 경우에는 이사회의 결의로 집행임원 설치회사를 대표할 집행임원을 선임하여야 한다. 다만, 집행임원이 1명인 경우에는 그 집행임원이 대표집행임원이 된다(제408조의5 제1항). 대표집행임원이 선임되는 경우 그 대표집행임원의 성명과 주민등록번호 및 주소를 등기하여야 한다(제317조 제2항 9호).

(2) 대표집행임원의 지위

대표집행임원에 관하여 상법에 다른 규정이 없으면 주식회사의 대표이사에 관한 규정이 준용된다(제408조의5 제2항). 집행임원 설치회사에 있어서도 표현대표이사에 관한 규정(제395조)이 준용된다(제408조의5 제3항).

(3) 공동대표집행임원

2명이상의 공동대표집행임원으로 선임될 수 있고, 공동대표집행임원이 공동으로 회사를 대표할 것을 정한 경우, 그 규정은 이를 등기하여야 한다(제317조 제2항 10호). 공동대표집행임원의 권한에 대해서는 대표이사의 규정이 준용된다(제408조의5 제2항).

6. 집행임원의 권한, 의무와 책임

(1) 집행임원의 권한

① **업무집행에 관한 의사결정권** : 집행임원은 집행임원 설치회사의 업무집행과 정관이나 이사회의 결의에 의하여 위임받은 업무집행에 관한 의사결정을 할 권한을 갖는다(제408조의4).

② **이사회소집청구권** : 집행임원은 필요하면 회사의 목적사항과 소집이유를 서면에 적어 이사(소집권자가 있는 경우에는 소집권자)에게 제출하여 이사회의 소집을 청구할 수 있다(제408조의7 제1항). 집행임원이 이사회의 소집 청구를 한 후 이사가 지체없이 이사회 소집의 절차를 밟지 아니하면 소집을 청구한 집행임원은 법원의 허가를 받아 이사회를 소집할 수 있다(제408조의7 제2항 전문). 이 경우 이사회 의장은 법원이 이해관계인의 청구에 의하여 또는 직권으로 선임할 수 있다(제408조의7 제2항 후문).

(2) 집행임원의 의무 및 책임

① **집행임원의 의무**

㉠ **이사회에 대한 보고의무** : 집행임원은 3개월에 1회 이상 업무의 집행상황을 이사회에 보고하여야 한다(제408조의6 제1항). 집행임원은 이사회의 요구가 있으면 언제든지 이사회에 출석하여 요구한 사항을 보고하여야 한다(제408조의6 제2항). 이사는 대표집행임원으로 하여금 다른 집행임원 또는 피용자의 업무에 관하여 이사회에 보고할 것을 요구할 수 있다(제408조의6 제3항).

㉡ **기타** : 집행임원에게는 이사의 충실의무(제382조의3), 기업비밀유지의무(제382조의4), 경업금지의무(제397조), 회사의 사업기회유용금지의무(제397조의2), 자기거래제한(제3

98조)에 관한 규정이 준용된다(제408조의9). 그리고 정관 등의 비치 · 공시의무(제396조), 감사에 대한 이사의 보고의무(제412조의2)의 규정이 준용된다(제408조의9).

② **집행임원의 책임**

㉠ **회사에 대한 책임** : 집행임원이 고의 또는 과실로 법령이나 정관을 위반한 행위를 하거나 그 임무를 게을리 한 경우에는 그 집행임원은 집행임원 설치회사에 손해를 배상할 책임이 있다(제408조의8 제1항). 이때 다른 집행임원 · 이사 또는 감사도 그 책임이 있으면 이들과 연대하여 배상할 책임이 있다(제408조의8 제3항). 회사에 대한 책임은 총주주의 동의로 면제할 수 있다(제408조의9, 제400조 제1항). 집행임원의 책임에 대해서는 대표소송에 의하여 추궁할 수 있다(제408조의9, 제403조 내지 제406조).

㉡ **제3자에 대한 책임** : 집행임원이 고의 또는 중대한 과실로 그 임무를 게을리한 경우에는 그 집행임원은 제3자에게 손해를 배상할 책임이 있다(제408조의8 제2항). 이에 다른 집행임원 · 이사 또는 감사도 책임이 있으면 이들도 연대하여 배상할 책임이 있다(제408조의8 제3항).

㉢ **업무집행지시자 등의 책임** : 집행임원에 대하여 업무집행을 지시하거나 집행임원의 명의로 업무집행을 한 자 또는 집행임원으로 오인할 수 있는 일정한 명칭(예 회장, 부회장 등)을 사용하는 자의 업무집행에 대해서는 집행임원의 책임에 관한 규정이 준용된다(제408조의9, 제401조의2).

7. 집행임원 설치회사의 이사회

(1) 이사회의 권한

집행임원을 설치한 회사의 이사회는 집행임원과 대표집행임원의 선임 및 해임, 집행임원의 업무감독, 집행임원과 집행임원 설치회사의 소송에서 집행임원 설치회사를 대표할 자의 선임, 집행임원에게 업무집행에 관한 의사결정의 위임(상법에서 이사회 권한사항으로 정한 경우는 제외한다), 집행임원이 여러 명인 경우 집행임원의 직무 분담 및 지휘 · 명령관계, 그 밖에 집행임원의 상호관계에 관한 사항의 결정, 정관에 규정이 없거나 주주총회의 승인이 없는 경우 집행임원의 보수결정 등의 권한을 갖는다(제408조의2 제3항).

(2) 이사회의 의장

집행임원 설치회사는 이사회의 회의를 주관하기 위하여 이사회 의장을 두어야 한다. 이 경우 이사회의 의장은 정관의 규정이 없으면 이사회 결의로 선임한다(제408조의2 제4항). 다만, 법원의 허가를 얻어 집행임원이 이사회를 소집하는 경우에는 이해관계자의 청구나 직권으로 법원이 선임할수 있다(제408조의7 제2항).

8. 집행임원에 대한 기타 준용규정

집행임원에 대해서도 감사의 업무감사권(제412조), 이사의 위법행위에 대한 유지청구권(제402조)에 관한 규정이 준용된다(제408조의9).

V. 이사의 의무

1. 선관의무 · 충실의무

이사는 회사와 위임관계에 있으므로, 이사는 회사에 대해 선량한 관리자로서의 주의의무를 다해 회사의 사무를 처리하여야 하며, 이러한 의무로 상법은 이사는 법령과 정관의 규정에 따라 회사를 위하여 직무를 충실하게 수행하여야 한다(제382조의3)고 규정하고 있다.

보충 [경영판단의 법칙] 이사 또는 임원이 성실하게 그리고 자신의 독자적이고 합리적인 판단에 의해 회사에 최선의 이익이라고 생각되는 방법으로 임무를 수행하였다면 법원은 그 판단의 잘못을 탓할 수 없다는 이론이다. 이 이론은 임무해태에 국한하여 적용할 수 있고, 법령에 위반한 행위에는 적용될 수 없다(판례). 따라서 충실의무위반행위는 경영판단의 법칙이 적용되지 않는다(판례).

2. 경업피지의무

(1) 의 의

이사는 이사회의 승인이 없으면 자기 또는 제3자의 계산으로 회사의 영업부류에 속하는 거래를 하거나 동종영업을 목적으로 하는 다른 회사의 무한책임사원이나 이사가 되지 못한다(제397조 제1항).

(2) 이사회의 승인

이사는 사전에 이사회에 대하여 승인의 대상인 사항에 관하여 중요한 사실을 밝히고 승인을 얻어야 한다. 경업적 거래의 승인은 원칙적으로 구체적인 거래에 대하여 개별적으로 하여야 한다. 경업의 승인을 구하는 이사는 이사회의 경업승인결의에서 그의 의결권을 행사하지 못한다.

(3) 금지내용

① **경업** : 자기 또는 제3자의 계산으로 회사의 영업부류에 속하는 거래를 하는 것을 말한다. 영업부류에 속하는 거래란 회사의 정관상의 사업목적에 국한하지 않고 사실상 회사의 영리활동의 대상이 되어 있는 것을 모두 포함한다고 해석된다. 거래는 일회적이든 계속적이든 묻지 않으며, 회사의 사업과 시장에서 경합관계가 생겨 이사와 회사간에

이익이 충돌되는 거래를 말한다.

② **겸직** : 이사는 동종영업을 목적으로 하는 다른 회사의 무한책임사원이 되지 못한다. 동종영업을 목적으로 한다는 것은 경업에서의 회사의 영업부류와 같이 해석한다. 따라서 상업사용인의 겸직금지의무보다 범위가 좁다. 동종영업을 목적으로 하는 다른 회사란 반드시 실제 영업을 수행하는 회사이어야 하는 것은 아니고, 아직 개업을 준비하는 단계에 있는 회사의 이사를 겸하더라도 겸직금지의무를 위반한 것이 된다.

(4) 위반의 효과

① **손해배상책임** : 경업금지의무위반으로 회사에 손해가 발생한 경우에 이사는 회사에 대하여 손해배상책임을 진다(제399조).

② **해임** : 경업 또는 겸직의무위반은 이사해임의 사유가 되며, 소수주주가 법원에 해임을 청구할 수 있는 사유가 된다.

③ **거래의 효과** : 경업금지에 위반한 거래도 그 자체는 유효하다.

④ **개입권**

㉠ **의의** : 이사가 경업을 한 경우에만 인정되는 회사의 권리이다. 회사는 경업거래가 이사 자신의 계산으로 한 것인 때에는 이를 회사의 계산으로 한 것으로 볼 수 있고, 제3자의 계산으로 한 것인 때에는 그 이사에 대하여 이로 인한 이득의 양도를 청구할 수 있다(제397조 제2항).

㉡ **성질 및 행사기간** : 개입권은 형성권이며, 개입권은 거래가 있은 날로부터 1년을 경과하면 소멸한다(제397조 제3항).

㉢ **내용** : 개입권을 행사하더라도 그 효과는 회사와 이사간의 관계에만 미치고 이사와 제3자간의 법률관계를 변경시키거나 회사가 제3자에 대하여 거래의 당사자가 되는 것은 아니며, 상대방에 대한 계산의 주체는 여전히 이사이다. 회사가 개입권을 행사하면 이사가 자기의 계산으로 한 경우에는 이사는 그 거래의 경제적 효과를 회사에 귀속시켜야 하고, 제3자의 계산으로 한 경우에는 이사는 회사에 그 거래로 인하여 취득한 이득 즉, 제3자로부터 받은 보수를 인도하여야 한다.

3. 이사의 기회 및 자산의 유용 금지

(1) 의 의

이사는 이사회의 승인 없이 현재 또는 장래에 회사의 이익이 될 수 있는 회사의 사업기회를 자기 또는 제3자의 이익을 위하여 이용하여서는 아니된다(제397조의2 제1항 전문). 이를 이사의 사업기회의 유용금지의무라 한다. 여기서 사업기회의 유용이란 회사에 대하여 충실의무를 부담하는 이사나 임원이 정당하게 회사에 귀속되어야 할 영업기회를 이사나 임원 또는 제3자의 이익을 위하여 편취하는 것을 말한다. 회사의 사업기회유용으로 인하여 회사에 손해를 끼치는 것뿐만 아니라 대표이사나 지배주주들이 지배권을 강화하거나 경영권을 승계하는 방법으로 악용하는 것을 방지하기 위하여 이사의 의무로써 새로이 규정한 것이다.

(2) 금지의무의 내용

① **이사회의 승인** : 이사가 회사의 사업기회를 이용하기 위해서는 이사회의 승인을 얻어야 한다. 이 경우 이사회의 승인은 이사 3분의 2 이상의 수로써 하여야 한다(제397조의2 제1항 후문).

② **사업기회** : 이사회의 승인이 없이 이사는 회사의 사업기회를 이용하여서는 아니된다. 사업기회에 관하여 상법은 현재 또는 장래에 회사의 이익이 될 수 있는 ① 직무를 수행하는 과정에서 알게 되거나 회사의 정보를 이용한 사업기회, ② 회사가 수행하고 있거나 수행할 사업과 밀접한 관계가 있는 사업기회를 예시하고 있다(제397조의2 제1항 1호 · 2호). 그러나 여기서 사업기회는 구체적으로 어떠한 것인지 그 개념이 애매모호하다는 점에서 논란이 있을 수 있으나, 각 회사의 구체적 경영상황에 따라 개별적으로 판단하여 해석하여야 할 것이다.

③ **자기 또는 제3자의 이익** : 자기 또는 제3자의 이익을 위하여 이용하여서는 아니된다. 자기 또는 제3자의 이익은 곧 회사의 손해로 추정되어 회사는 손해배상청구를 할 수 있다.

(3) 의무위반의 효과

이사회의 승인을 얻지 않고 사업기회를 이용하여 회사에 손해를 발생시킨 이사는 손해배상책임을 지며, 이사회에서 승인을 얻어 사업기회를 이용하더라도 회사에 손해가 있는 때에는 그 이사와 이사회에서 승인한 이사는 연대하여 손해를 배상할 책임을 부담한다(제399조 제2항). 회사의 사업기회의 이용으로 얻은 이사 또는 제3자의 이익은 회사의 손해로 추정한다(제397조의2 제2항).

4. 자기거래의 제한

(1) 의 의

이사 등은 미리 이사회의 승인을 얻은 경우에 한하여 자기 또는 제3자의 계산으로 회사와 거래를 할 수 있다(제398조 전단). 이사 등의 회사와의 거래내용과 절차는 공정하여야 한다(제398조 후단). 그러나 이사 등의 회사와의 거래가 불공정할 우려가 크므로 이사회의 승인을 얻도록 함으로써 자기거래임을 공개하고, 이에 대해 이사회의 사전적 감시 및 사후의 책임추궁을 용이하게 하는 것이다. 자기거래의 제한은 비상근이사든 상근이사든 모든 이사에게 적용된다.

보충 1. 자기거래의 제한을 받는 자는 이사뿐만 아니라 ① 제542조의8 제2항 제6호에 따른 주요주주, ② 이사나 주요주주의 배우자 및 직계존비속, 이사나 주요주주의 배우자의 직계존비속, ③ 앞의 ①과 ②의 자들이 단독 또는 공동으로 의결권 있는 발행주식 총수의 100분의 50 이상을 가진 회사 및 그 자회사, ④ 앞의 ①과 ②의 자가 ③의 회사와 합하여 의결권 있는 발행주식 총수의 100분의 50 이상을 가진 회사 등이다.

2. 상장회사의 경우에는 주요주주 등 이해관계자와의 거래에 관해 신용공여(자금대출 등)금지 및 예외(복리후생 등)를 규정하고 있고(제542조의9 제1항, 제2항), 주요주주 등 이해관계자와의 거래제한 및 예외규정을 두고 있다(제542조의9 제3항, 제4항).

(2) 제한되는 거래의 내용

① **직접거래와 간접거래** : 제한되는 거래는 이사와 회사의 이해가 상충되어 회사의 이익을 해할 염려가 있는 모든 재산적 거래이다. 이사와 회사간의 직접거래(이사가 직접 회사의 상대방이 된 경우)뿐만 아니라 간접거래(회사의 거래로 인한 결과적인 이득이 이사에 귀속되는 경우)도 포함된다.

② **어음행위** : 이사와 회사간의 어음행위도 자기거래의 제한을 받는가에 대해서는 학설의 대립이 있으나, 어음행위로 인하여 원인관계와 별개의 새로운 채무를 부담하게 된 때에는 어음행위도 자기거래의 제한을 받는다고 본다(판례).

③ **기타** : 이사가 제3자의 대리인으로 또는 제3자의 위탁을 받아 회사와 거래하는 것, 이사가 제3자와 회사의 거래를 중개하는 것, 이사가 제3자에게 위탁하여 회사와 거래하는 것 등은 자기거래가 된다. 그리고 2개 회사의 대표이사를 겸하면서 이해관계가 상반된 양회사의 대표이사로서 쌍방대표행위를 한 경우에도 자기거래가 된다(판례).

(3) 제한되지 않는 거래

형식상은 이사와 회사간의 거래라도 실질상의 이해충돌을 가져올 염려가 없는 거래 또는 행위의 성질상 회사에 불이익이 생길 염려가 없는 거래, 즉 회사에 대한 무이자 · 무담보자금대여, 상계, 채무의 이행, 보통거래약관에 의한 거래, 회사채무의 보증, 회사의 명의로 해 두었던 명의신탁의 해지, 회사가 부담없이 무상증여를 받는 계약 등과 같은 거래는 자기거래에 포함되지 않는다(판례).

(4) 이사회의 승인

① **승인기관 및 승인시기** : 이사 등의 자기거래는 미리 해당 거래에 관한 중요한 사실을 밝히고 이사회의 승인을 받아야 한다. 이 경우 이사회의 승인은 이사 3분의 2 이상의 수로써 하여야 한다(제398조). 다만 이사가 1인인 회사의 경우는 주주총회의 결의에 의한다.

① 이사가 이사회의 승인없이 한 자기거래가 무효인 때 이사회에 의한 추인이 가능하다는 판례가 있다.

② 이사가 이사회의 승인없이 자기거래를 한 경우 이로 인하여 회사에 손해가 있는 때에는 손해배상책임을 진다(제399조 제1항).

② **승인방법** : 이사회의 승인은 개개의 거래에 대하여 이루어져야 하고, 포괄적인 승인은 허용되지 않는다. 다만, 반복적으로 이루어지는 동종·동일형태의 거래에 관해서는 기간·한도 등을 합리적인 범위로 정하여 포괄적으로 승인하는 것도 무방하다.

③ **이사회의 승인과 이사의 책임** : 이사회의 승인을 얻어 거래한 결과 그 거래이사가 회사에 손해를 가했을 때에는 이사는 회사에 대해 손해배상책임을 지며, 이사회에서 승인결의에 찬성한 이사도 연대하여 책임을 진다(제399조 제2항, 제3항).

(5) 위반거래의 효과

이사가 이사회의 승인 없이 자기거래를 한 경우에 그 효력에 대해서는 유효설과 무효설이 대립되고 있다. 그러나 판례는 이사와 회사간에는 무효이나, 자기거래에 관련되는 제3자(자기거래의 행위중 간접거래의 경우)와의 사이에서는 회사가 제3자의 악의를 입증하지 못하는 때에는(즉, 제3자가 선의이고 중대한 과실이 없는 때에는) 유효하다는 입장이다. 한편, 이사의 자기거래의 무효는 회사가 주장할 수 있으며, 이사나 제3자(예 전득자)는 무효를 주장할 수 없다.

5. 보고의무

(1) 감사에 대한 보고의무

이사는 회사에 현저하게 손해를 미칠 염려가 있는 사실을 발견한 때에는 이를 즉시 감사에게 보고하여 이에 대한 감사의 감사를 촉구함으로써 회사의 손해를 가급적 미연에 방지하도록 하여야 한다(제412조의2 참조). 이사가 이러한 보고의무를 위반한 때에는 그로 인하여 생긴 회사의 손해를 배상할 책임을 면하지 못한다(제399조 제1항).

(2) 이사회에 대한 보고의무

이사는 3월에 1회 이상 업무의 집행사항을 이사회에 보고하여야 하며(제393조 제4항), 보고방법은 구두에 의하든 서면에 의하든 제한이 없다.

6. 기업비밀준수의무

이사는 재임중뿐만 아니라 퇴직 후에도 그 직무와 관련하여 알게 된 회사의 영업상 비밀을 누설하여서는 아니된다(제382조의4). 따라서 이사는 기업비밀을 지킬 의무와 기업비밀을 개인적 이익을 위해 사용하지 않을 의무를 진다.

7. 감시의무

① 대표이사는 다른 이사의 직무집행을 감시할 의무가 있고, 공동대표이사의 경우 각 대표이사는 다른 대표이사의 직무집행을 상호 감시하여야 할 의무가 있다.

② 업무담당이사는 다른 이사의 직무집행에 대해 감시의무를 진다.

③ 업무집행권이 없는 평이사도 감시의무를 부담한다(판례).

④ 감시의무를 위반한 이사는 회사에 대하여 임무해태로 인한 손해배상책임을 지며, 악의 또는 중과실이 있는 경우에는 제3자에 대하여도 손해배상책임을 진다.

VI. 이사의 책임

1. 이사의 회사에 대한 책임

(1) 손해배상책임

① **의의** : 이사가 고의 또는 과실로 법령 또는 정관에 위반한 행위를 하거나 그 임무를 해태한 때에는 회사에 대하여 연대하여 손해를 배상할 책임을 진다(제399조 제1항).

② **책임의 원인**

㉠ **법령 또는 정관의 위반** : 법령 또는 정관에 위반한 행위는 이사가 단독으로 법령 또는 정관에 위반한 행위(예 이사회의 승인없이 경업을 하거나 자기거래를 한 경우), 이사들이 이사회에서 법령 또는 정관에 위반한 결의를 한 경우(예 위법한 신주발행을 결의한 경우), 대표이사가 법령 또는 정관에 위반하여 업무집행 또는 대표행위를 한 경우(예 정관상의 제한을 위반하여 업무집행을 한 경우, 공동대표가 단독으로 대표하는 것, 대표권을 남용한 경우 등)의 세가지 형태로 나누어질 수 있다.

㉡ **임무해태** : 임무해태란 이사가 직무수행과 관련하여 선량한 관리자로서의 주의의무를 게을리함으로써 회사에 손해를 가하거나 손해를 방지하지 못한 경우를 뜻한다. 예를 들어 이사가 이사회의 승인을 얻고 거래하였으나 거래가 불공정하여 회사에 손해가 생겼다면 법령이나 정관에 위반한 것은 아니지만 임무해태에는 해당되며, 평이사가 업무담당이사의 위법행위에 대해 감시의무를 위반한 경우에도 임무해태에 포함된다.

보충 이사는 자기의 과실에 대해서는 책임을 지지만, 기타 이행보조자의 행위에 대하여 그 감독에 과실이 있는 경우가 아니면 책임을 지지 않는다.

③ **공동행위자의 책임형태** : 고의 또는 과실로 법령 또는 정관에 위반한 행위 또는 임무해태가 수인의 이사에 의하여 이루어진 경우에는 연대책임을 지며(제399조 제1항), 감사도 책임질 경우에는 이사와 연대책임을 진다(제414조 제3항). 이들의 연대책임은 부진정연대책임이다.

④ **찬성이사의 책임** : 고의 또는 과실로 법령 또는 정관에 위반한 행위 또는 임무해태가 이사회의 결의에 의한 것인 때에는 그 결의에 찬성한 이사도 연대하여 책임을 진다(제399조 제2항). 이사회의 결의에 참가한 이사로서 이의를 한 기재가 의사록에 없는 자는 그 결의에 찬성한 것으로 추정한다(제399조 제3항).

⑤ **책임의 범위** : 이사의 책임은 손해배상의 일반원칙에 따라 법령 또는 정관위반이나 임무해태와 상당인과관계가 있는 손해에 한하여 책임을 진다.

(2) 자본금 충실책임

① **의의** : 이사는 신주발행의 경우에 설립시의 발기인의 책임과 같은 자본금 충실의 책임을 진다. 그 결과 신주의 발행으로 인한 변경등기가 있은 후에 아직 인수하지 아니한 주식이 있거나 주식인수의 청약이 취소된 때에는 이사가 이를 공동으로 인수한 것으로 본다(제427조 제1항). 이는 이사에 대한 손해배상청구에 영향을 미치지 않는다(제427조 제2항).

보충 ▸ 발기인의 자본금 충실의 책임의 경우에는 인수담보책임과 납입담보책임이 인정되지만, 이와는 달리 이사는 납입담보책임은 부담하지 않는다.

② **책임의 성질** : 자본금 충실의 책임은 무과실책임이며, 회사채권자의 보호를 위하여 법정한 특별책임이다.

(3) 책임의 추궁

이사의 회사에 대한 손해배상책임과 자본금 충실의 책임은 회사가 추궁하여야 하지만 발행주식총수의 100분의 1(상장회사는 1만분의 1) 이상의 주식을 가진 소수주주도 대표소송에 의하여 이를 추궁할 수 있다(제403조).

(4) 책임의 소멸

① **책임의 면제** : 이사의 손해배상책임은 의결권없는 주식을 포함하여 총주주의 동의가 없으면 면제하지 못한다(제400조 제1항). 총주주의 동의는 명시적 · 적극적으로 이루어질 요는 없으며 묵시적으로 이루어질 수도 있다(판례). 그러나 이사의 자본금 충실의 책임은 총주주의 동의로도 면제되지 않는다.

보충 ▸ 회사는 정관에서 정하는 바에 따라 제399조에 따른 이사의 책임을 이사가 불법행위를 한 날 이전 최근 1년간의 보수액(상여금과 주식매수선택권의 행사로 인한 이익 등을 포함한다)의 6배(사외이사의 경우는 3배)를 초과하는 금액에 대하여 면제할 수 있다. 다만, 이사가 고의 또는 중대한 과실로 손해를 발생시킨 경우와 경업피지의무위반, 자기거래제한에 위반한 경우, 회사의 사업기회유용금지의무에 위반한 경우에는 그러하지 아니한다(제400조 제2항).

② **책임의 해제** : 정기주주총회에서 재무제표를 승인한 때에는 이사·감사의 부정행위가 있는 경우를 제외하고는 2년 내에 다른 결의가 없으면 이사와 감사의 책임은 해제된다(제450조).

③ **책임의 시효 :** 이사의 책임을 법정책임 또는 위임계약의 불이행책임으로 본다면 채권의 일반시효인 10년의 소멸시효가 적용된다.

2. 이사의 제3자에 대한 책임

(1) 의 의

이사가 고의 또는 중대한 과실로 인하여 그 임무를 해태한 때에는 그 이사는 제3자에 대하여 연대하여 손해를 배상할 책임이 있다(제401조 제1항). 이사의 직무수행이 제3자에게까지 영향을 미치는 경우가 많음을 고려하여 제3자를 보호하고, 또 이사가 직무수행을 함에 있어 신중을 기하게 하는 의미에서 이사의 제3자에 대한 책임을 인정한 것이다.

(2) 손해의 범위

이사의 임무해태(예 다른 이사의 업무집행이 위법하다고 의심할 만한 사유가 있음에도 이를 방치한 경우, 회사의 대규모 분식회계에 가담한 경우 등)로 인한 손해는 직접손해(직접 제3자가 입은 손해)와 간접손해(회사가 입은 손해로 인해 다시 제3자가 입은 손해)가 있을 수 있다.

(3) 제3자의 범위

이사가 책임을 지는 제3자는 회사와 책임을 지는 이사 이외의 자를 말하며, 이 경우 주주도 제3자에 포함되는가에 대해 직접손해의 경우에는 주주도 포함된다는 점에 이설(異說)이 없지만, 간접손해에 대해서는 제3자에 주주가 포함된다는 설과 포함되지 않는다는 설의 대립이 있다. 판례는 직접손해의 경우에만 제3자에 주주가 포함되며, 회사가 입은 손해로 인하여 간접적으로 주주가 손해를 입는 경우에는 제3자에 주주는 포함되지 않는다고 한다.

(4) 입증책임

이사의 임무해태에 관한 고의 또는 중대한 과실은 제3자가 입증하여야 한다. 고의 또는 중대한 과실은 회사의 임무에 관하여 요구된다는 것이 판례의 입장이다.

(5) 책임의 소멸

이사의 제3자에 대한 책임은 그 이행과 소멸시효의 완성에 의하여 소멸될 뿐, 책임의 해제나 면제는 인정되지 않는다. 이사의 제3자에 대한 책임을 불법행위책임으로 보아 3년의 시효로 소멸한다는 견해가 있으나, 제3자에 대한 책임은 법정책임으로 채권의 일반시효인 10년의 소멸시효가 적용된다(판례).

(6) 제3자에 대한 책임의 기능

이사의 제3자에 대한 책임이 법인격부인의 대체적 기능을 할 수 있다. 즉, 주로 지배주주가 이사를 겸하고 지배주주의 개인사업처럼 운영되는 소규모의 회사에서 회사재산의 부족으로 채권자가 채권회수를 하지 못할 때, 제401조가 작용된다면 제3자의 보호를 가져올 수 있다.

3. 업무집행지시자 등의 책임

(1) 의 의

우리나라에서는 대부분의 회사에 지배주주가 존재하고, 이러한 지배주주가 기관이 아니면서 이사에 대해 사실상의 영향력을 행사하여 적정하지 않은 방법으로 업무를 집행하게 하여 회사에 손해를 끼치는 경우가 많다. 이와 같이 회사에 대한 영향력을 기화로 회사의 업무집행에 관여하는 자에 대해 상법 제401조의2는 상법 제399조, 제401조, 제403조의 적용에 있어서 이사로 본다고 규정하였다.

(2) 업무집행지시자

① **요건** : 회사에 대한 자신의 영향력을 이용하여 이사에게 업무집행을 지시한 자는 그 지시한 업무에 관하여 이사로 본다(제401조의2 제1항 1호).

㉠ 회사에 대한 자신의 영향력을 이용하여야 한다. 회사에 대한 영향력이란 회사의 의사결정을 자신이 의도하는 바대로 유도할 수 있는 힘을 말한다.

㉡ 자신의 영향력을 이용하여 대표이사나 이사에게 업무집행을 지시하였어야 한다. 영향력의 행사란 직접적이든 간접적이든 불문한다. 그리고, 업무집행의 지시는 적극적으로 행하여져 회사 및 이사나 사용인 등에 대해 구속력을 가지는 경우를 말한다.

② **책임** : 회사에 대한 자신의 영향력을 이용하여 업무를 집행한 자는 상법 제399조, 제401조 및 제403조의 적용에 있어서 이사로 간주되므로, 임무해태로 인한 이사의 손해배상책임 · 제3자에 대한 손해배상책임에 있어서 이사와 연대책임을 부담하게 된다.

(3) 이사의 이름으로 직접 회사의 업무를 집행한 자

이사의 이름으로 직접 회사의 업무를 집행한 자(제401조의2 제1항 2호)란 명목상의 이사를 두고 특정인이 그 이사의 명의로 실제의 업무집행을 하는 자를 말하며, 무권대행자라고도 한다. 이에 대해서도 업무집행지시자와 마찬가지로 상법 제399조, 제401조, 제403조의 적용에 있어서 이사로 간주된다.

(4) 표현이사

이사가 아니면서 명예회장, 회장, 사장, 부사장, 전무, 상무, 이사 기타 회사의 업무를 집행할 권한이 있는 것으로 인정될 만한 명칭을 사용하는 자가 회사의 업무를 집행한 때에는 그 집행한 업무에 관하여는 이사와 같은 책임을 진다(제401조의2 제1항 3호). 이러한 책임을 지는 자를 표현이사라 한다. 표현이사제도는 아래 표와 같이 표현이사제도와 차이가 있다.

●●● 표현대표이사와 사실상 이사(표현이사)의 차이

구 분	표현대표이사	표현이사
책임주체의 차이	회사	표현이사 개인
제3자의 외관신뢰 여부	신뢰가 있어야 한다.	신뢰가 없어도 된다.
명칭사용의 허락	사용의 허락이 있어야 한다.	사용허락이 없어도 된다.
이사요건	이사이어야 한다(사임이사에게도 표현대표이사 제도적용).	이사가 아니어야 한다.
책임추궁	대표소송에 의한 추궁이 인정되지 않는다.	대표소송에 의한 추궁이 가능하다.

Ⅶ. 주주의 이사견제와 책임추궁

1. 이사의 위법행위 유지청구권

(1) 의 의

이사의 법령 또는 정관에 위반한 행위로 인하여 회사에 회복할 수 없는 손해가 생길 염려가 있는 경우에 감사(감사위원회를 두는 경우에는 감사위원회)와 발행주식총수의 100분의 1 이상을 가진 소수주주는 회사를 위하여 이사에 대하여 그 행위를 유지할 것을 청구할 수 있다(제402조). 유지청구권은 주주의 공익권에 해당한다. 유지청구는 손해발생의 염려가 있는 경우 사전적 예방수단으로 인정되는 점에서, 이미 발생한 손해의 회복을 위한 사후적 구제수단인 대표소송과 차이가 있다.

(2) 유지청구의 당사자

유지청구를 할 수 있는 자는 감사(또는 감사위원회)와 발행주식총수의 100분의 1 이상에 해당하는 주식을 가진 소수주주에 한한다. 소수주주에는 의결권없는 주식을 가진 주주도 포함된다. 유지청구의 상대방은 법령 또는 정관에 위반한 행위를 하려는 이사(집행임원에도 준용)이다.

보충 상장회사의 경우 : 6개월 전부터 보유하는 발행주식총수의 10만분의 50(자본금 1천억원 이상의 회사 : 10만분의 25) 이상에 해당하는 주식을 가진 주주가 이사의 위법행위 유지청구권을 갖는다.

(3) 유지청구의 요건

① **법령 또는 정관에 위반한 행위** : 이사가 법령 또는 정관에 위반한 행위로, 그 행위는 목적범위 내・외를 불문하며 불법행위・법률행위・준법률행위・사실행위도 포함된다. 또한 행위는 법령 또는 정관에 위반하면 충분하고, 이사의 고의나 과실 또는 이사의 권한 내・외를 불문한다. 그러나 법령 또는 정관에 위반되지 않는 한 임무해태가 있더라도 유지청구의 원인이 될 수 없다.

② **회복할 수 없는 손해의 발생염려** : 회복할 수 없는 손해의 여부는 사회통념에 따라 판단할 문제이다. 회복은 법률적으로 불가능한 것만을 말하는 것이 아니며, 회복을 위한 비용이나 절차 등으로 보아 회복이 곤란하거나 상당한 시일을 요하는 경우에도 유지청구가 가능하다.

(4) 유지청구의 방법

유지청구는 반드시 소송에 의할 필요는 없으며, 위법행위를 하는 이사에 대하여 그 행위를 중지할 것을 재판 외의 방법으로 청구할 수 있다. 그러나 재판 외의 청구에도 불구하고 이사가 그 행위를 중지하지 않는 경우 유지청구의 소를 제기할 수 있다. 소를 제기하는 경우에는 이행의 소 또는 장래의 이행의 소가 된다. 더불어 가처분으로 이사의 행위를 중지시킬 수도 있다. 유지청구를 위한 소는 회사를 위하여 제기된 것이므로 판결의 효과는 당연히 회사에 미친다.

(5) 유지청구의 소(訴)의 절차

유지청구의 소는 대표소송과 마찬가지로 주주가 회사의 대표기관적 지위에서 제기하는 것이므로 소의 관할, 회사의 참가, 승소주주의 권리, 패소주주의 책임 등에 관하여 대표소송에 관한 규정을 유추적용할 수 있다.

(6) 유지청구의 효과

유지청구를 소에 의하는 때에는 판결에 따라 효과가 주어지지만, 소에 의하지 않는 경우에는 이사는 자신의 행위를 유지할 것인가에 대해 선량한 관리자의 주의로 결정하여야 한다. 이사가 유지청구를 받고도 법령 또는 정관에 위반한 행위를 유지하지 않음으로 인하여 회사에 손해가 생기면 임무해태로 인한 손해배상책임을 지게 된다(제399조 제1항).

2. 대표소송

(1) 의 의

대표소송이란 회사가 이사에 대한 책임추궁을 게을리 할 경우에 주주가 회사를 위하여 이사의 회사에 대한 책임을 추궁하기 위하여 제기하는 소송이다(제403조).

보충 주주의 대표소송은 집행임원 · 발기인 · 감사 · 청산인 · 불공정한 가액의 신주인수인 · 회사로부터 이익공여를 받은 자 등의 책임에 대해서도 준용된다. 그리고 대표소송규정은 유한책임회사의 업무집행자의 책임에도 준용되고(제287조의22), 유한회사의 이사에 대하여도 준용된다(제565조 제2항).

(2) 성 질

대표소송은 회사의 채무자가 이사라는 특수한 관계로 인해 회사의 권리구제가 소홀해질 염려가 있으므로 특히 인정되는 대위소송에 해당한다. 대표소송은 주주의 개별적 이익을 위한 것이 아니고 회사와 주주 전체의 이익을 위한 것이므로 주주의 공익권에 해당한다.

(3) 소제기 당사자

① **제소권자** : 발행주식총수의 100분의 1 이상의 주식을 가진 소수주주(상장회사의 경우에는 6개월전부터 계속하여 발행주식총수의 1만분의 1 이상의 주식을 보유한 주주)에 한하여 제소권을 갖는다. 상법상 제소요건주식은 소제기시점에서 보유하면 족하고, 제소 후에는 지주수(持株數)가 100분의 1 이하로 감소하여도 무방하다(제403조 제5항). 상장회사의 경우에는 요건주식(발행주식총수의 1만분의 1 이상)을 제소 전에 6월간 보유하여야 한다(상법 제542조의6 제6항).

② **피고** : 대표소송의 피고는 회사에 대하여 책임이 있는 이사 또는 이사이었던 자이다.

(4) 대표소송의 제기

소수주주는 먼저 대표소송을 제기하기 전에 이유를 기재한 서면으로 회사에 대하여 이사의 책임을 추궁할 소를 제기할 것을 청구할 수 있다(제403조 제1항, 제2항). 소수주주의 청구가 있은 날로부터 30일 내에 회사가 소를 제기하지 아니한 때에 비로소 소수주주가 직접 소를 제기할 수 있다(제403조 제3항). 그러나 이 기간의 경과로 인하여 회사에 회복할 수 없는 손해(예 시효의 완성, 이사의 도피나 재산의 은닉 등)가 생길 염려가 있는 경우에는 회사에 대해 청구하지 아니하고, 또 청구를 했더라도 30일을 기다릴 필요없이 즉시 소를 제기할 수 있다(제403조 제4항).

(5) 대표소송에 의한 책임추궁의 범위

대표소송은 이사의 회사에 대한 책임을 추궁하는 것이므로 주주 자신의 손실회복을 위한 때에는 제기할 수 없다. 대표소송은 이사의 지위에 있는 동안에 발생한 책임에 대해 가능하며, 이사가 퇴임하더라도 시효가 완성되기 전의 책임은 대표소송에 의한 추궁이 가능하다.

(6) 소의 절차

① **관할** : 대표소송은 회사의 본점소재지의 지방법원의 관할에 전속한다.

② **고지와 참가** : 주주가 대표소송을 제기한 때에는 지체없이 회사에 대하여 소송의 고지를 하여야 하며(제404조 제2항), 회사는 주주의 대표소송에 참가할 수 있다. 회사의 소송참가는 공동소송참가에 해당된다.

③ **주주의 담보제공** : 소수주주권자가 소를 제기한 경우에 피고인 이사는 주주가 악의임을 소명하고 주주로 하여금 상당한 담보를 제공할 것을 법원에 청구할 수 있다(제403조 제7항, 제176조 제3항 · 제4항).

④ **소의 취하, 청구의 포기 · 화해 등** : 제소주주는 소송물에 관한 처분권이 없으므로 법원의 허가를 얻지 아니하고는 소의 취하, 청구의 포기 · 인낙, 소송상의 화해 등을 할 수 없다(제403조 제6항). 소수주주의 청구에 의하여 회사가 이사의 책임을 추궁하는 경우에도 같다.

(7) 판결의 효과

① **원고승소의 경우** : 대표소송에 의한 판결의 효과는 회사에 대하여 그 효력이 미친다. 대표소송에서 승소한 주주는 패소한 피고로부터 소송비용을 청구할 수 있고, 회사에 대해 피고인 이사로부터 보상받지 못한 소송비용 이외의 소송으로 인한 상당한 금액의 지급을 회사에 대하여 청구할 수 있다(제405조 제1항). 이를 지급한 회사는 피고인 이사에게 구상할 수 있다.

② **원고패소의 경우** : 주주가 패소한 때에는 악의가 있는 경우에 한하여 회사에 대해 손해를 배상할 책임을 진다(제405조 제2항). 악의란 회사에 손해를 끼칠 목적이나 회사를 해(害)하려는 고의가 있는 것을 말한다.

(8) 재심의 소

대표소송에서 원고와 피고의 공모로 인하여 소송의 목적인 회사의 권리를 사해(詐害)할 목적으로서 판결을 하게 한 때에는 회사 또는 주주는 확정된 종국판결에 대하여 재심의 소를 제기할 수 있다(제406조). 재심의 소를 제기할 수 있는 주주는 소수주주가 아니라도 무방하며 재심청구 당시의 주주이면 족하다.

【제4관】감사 · 감사위원회 · 검사인 · 외부감사인

Ⅰ. 감사

1. 의 의

감사(監事)란 회사의 회계 및 업무의 감사를 직무로 하는 주식회사의 필요적 상설기관이다. 감사는 감사위원회를 두지 않는 경우에만 둘 수 있다(제415조의2 제1항). 그리고 자본금 10억원 미만의 회사는 감사를 두지 않아도 된다(제409조 제4항).

2. 선임 · 종임 등

(1) 선임 및 자격

① **감사의 선임** : 감사는 주주총회에서 보통결의로 선임한다(제409조 제1항). 의결권없는 주식을 제외한 발행주식총수의 100분의 3을 초과하는 수의 주식을 가진 주주는 그 초과하는 주식에 관하여는 의결권을 행사하지 못한다(제409조 제2항). 이 비율은 낮추는 것은 가능하지만, 높이는 것은 인정되지 않는다(제409조 제3항 참조).

보충 상장회사의 감사를 선임하거나 해임할 때에는 최대주주, 최대주주의 특수관계인, 그 밖에 대통령령으로 정하는 자가 소유하는 상장회사의 의결권있는 주식의 합계가 그 회사의 의결권없는 주식을 제외한 발행주식총수의 100분의 3을 초과하는 경우 그 주주는 초과하는 주식에 관하여 의결권을 행사하지 못한다. 다만, 정관에서 이보다 낮은 주식 보유비율을 정할 수 있다(제542조의12 제3항).

② **감사의 자격** : 감사의 자격에는 제한이 없으나, 다만 감사는 당해 회사 및 자회사의 이사, 지배인 또는 그 밖의 사용인을 겸하지 못한다(제411조).

(2) 감사의 수와 임기

감사의 수에는 제한이 없으므로 1인 또는 수인을 둘 수 있다. 감사의 임기는 취임 후 3년 내의 최종의 결산기에 관한 정기주주총회의 종결일까지이다(제410조). 임기는 취임을 한 때로부터 기산한다.

보충 상장회사의 경우 : 최근 사업연도 말 현재 자산총액이 1천억 원 이상인 상장회사는 주주총회결의에 의하여 회사에 상근하면서 감사업무를 수행하는 상근감사 1인 이상을 두어야 한다. 다만, 감사위원회를 설치한 회사는 상근감사를 두지 않아도 된다(제542조의10 제1항).

(3) 종 임

감사는 임기만료와 위임의 종료사유로 퇴임한다. 또한 특별결의에 의한 이사의 해임, 소수주주에 의한 해임청구의 소, 직무집행정지 등에 의해 종임하는 것은 이사의 경우와 같다. 그러나 회사가 해산하여도 이사의 경우와는 달리 그 자격을 잃지 않는다.

(4) 보 수

감사의 보수도 이사의 보수와 같이 정관으로 정하거나 주주총회에서 정하여야 한다(제415조, 제388조). 그러나 이사와 달리 감사를 위한 보수총액을 주주총회에서 결정하고 그 배분을 이사회에 위임하는 것은 인정되지 않는다.

(5) 선임 · 종임의 등기

감사의 선임절차가 끝나면 감사의 성명과 주민등록번호를 등기하여야 하며, 종임의 경우에도 그 사실을 등기하여야 한다.

3. 감사의 권한

(1) 회계 및 업무감사권

감사는 회계감사의 업무 이외에 이사의 직무의 집행을 감사(監査)한다(제412조 제1항). 감사는 언제든지 이사 또는 집행임원에 대하여 영업에 관하여 보고를 요구하거나 회사의 업무와 재산상태를 조사할 수 있고(제412조 제2항, 제408조의9), 이때 회사의 비용으로 전문가의 도움을 구할 수 있다(제412조 제3항).

보충 감사를 두지 않은 자본금 10억원 미만의 회사의 회계 및 업무감사권, 자회사에 대한 조사권, 이사의 보고 수령권은 주주총회의 권한이 된다(제409조 제6항)

(2) 자회사의 감사권

모회사의 감사는 그 직무를 수행하기 위하여 필요한 때에는 자회사에 대하여 영업의 보고를 요구할 수 있다(제412조의5 제1항). 이러한 권리는 모회사의 감사를 위하여 필요한 때에만 행사할 수 있다. 모회사의 감사가 자회사에 대하여 영업에 관한 보고를 요구하였으나, 자회사가 지체없이 보고를 하지 않거나 보고를 하였더라도 보고의 전부를 확인할 필요가 있는 때에는 자회사의 업무와 재산상태를 조사할 수 있다(제412조의5 제2항). 자회사는 정당한 사유가 없는 한 감사의 보고요구 및 조사를 거부할 수 없다(제412조의5 제3항).

⑶ 이사회 소집청구권

감사는 회의의 목적사항과 소집이유를 기재한 서면을 이사에게 제출하여 이사회 소집을 청구할 수 있고(제412조의4 제1항), 이사가 지체없이 이사회를 소집하지 아니하면 그 청구한 감사가 이사회를 소집할 수 있다(제412조의4 제2항).

⑷ 이사회출석권 · 의견진술권

감사는 이사회에 출석하여 의견을 진술할 수 있다(제391조의2 제1항). 따라서 이사회를 소집할 때에는 감사에게도 소집통지를 하여야 하며, 소집통지를 생략하고자 할 때에는 감사의 동의도 얻어야 한다(제390조 제2항, 제3항).

⑸ 이사회의사록의 기명날인 또는 서명권

이사회에 출석한 감사는 이사회의 의사록에 기명날인 또는 서명하여야 한다(제391조의3 제2항). 이것은 감사의 출석을 보장하고 의사록작성의 공정 · 정확을 기하기 위함이다.

⑹ 이사의 보고수령권

이사는 회사에 현저한 손해를 미칠 염려가 있는 사실을 발견한 때에는 즉시 감사에게 이를 보고하여야 한다(제412조의2). 감사를 선임하지 아니한 소규모회사의 경우에는 회사의 이사는 주주총회에 이를 보고하여야 한다(제409조 제6항). 감사는 보고받은 사실을 조사하고 이사회와 주주총회에 의견을 진술하여야 한다.

⑺ 주주총회소집청구권

감사는 회의의 목적사항과 소집의 이유를 기재한 서면을 이사회에 제출하여 임시총회의 소집을 청구할 수 있다(제412조의3 제1항).

⑻ 감사해임에 관한 의견진술권

감사는 주주총회에서 감사의 해임에 관하여 의견을 진술할 수 있다(제409조의2). 감사는 자신의 해임에 관해서는 물론 다른 감사의 해임에 관해서도 의견을 진술할 수 있다.

⑼ 회사와 이사간의 소송시 회사대표권

회사가 이사에 대하여 또는 이사가 회사에 대하여 소송을 제기하는 경우 또는 소수주주가 회사에 대하여 이사의 책임추궁을 위한 소제기를 청구할 경우에 감사는 그 소에 관하여 회사를 대표한다(제394조). 대표이사가 회사를 대표하여야 하지만, 소송수행의 공정을 위해 객관적 · 중립적 기구로서의 감사에게 소대표권을 부여한 것이다. 감사는 단독으로 소제기의 결정권을 행사할 수 있다. 감사의 소(訴)대표권에 관한 규정은 효력규정으로서, 이에 위반하여 대표이사가 회사를 대표하여 행한 소송행위는 무효이다.

(10) 위법행위 유지청구권

이사 또는 집행임원이 법령·정관에 위반된 행위로 회사에 회복할 수 없는 손해가 발생할 염려가 있는 때에는 이사의 행위에 대하여 유지를 청구할 수 있다(제402조, 제408조의9).

(11) 각종의 소제기권

감사에게는 각종의 소제기권이 인정된다. 즉, 회사설립무효의 소, 총회결의취소의 소, 신주발행무효의 소, 자본금 감소무효의 소, 합병무효의 소 등에 있어 원고가 될 수 있다.

4. 감사의 의무

(1) 이사회에 대한 보고의무

감사는 이사가 법령 또는 정관에 위반한 행위를 하거나 그 행위를 할 염려가 있다고 인정한 때에는 이사회에 이를 보고하여야 한다(제391조의2 제2항).

(2) 주주총회에서의 의견진술의무

감사는 이사가 주주총회에 제출할 의안 및 서류를 조사하여 법령 또는 정관에 위반하거나 현저하게 부당한 사항이 있는지의 여부에 관하여 주주총회에서 그 의견을 진술하여야 한다(제413조).

(3) 감사록의 작성의무

감사는 감사(監査)에 관하여 감사록을 작성하여야 한다(제413조의2 제1항). 감사록에는 감사의 실시요령과 그 결과를 기재하고 감사를 실시한 감사(監事)가 기명날인 또는 서명하여야 한다(제413조의2 제2항).

(4) 감사보고서의 작성의무

감사는 이사로부터 정기총회일의 6주간 전에 재무제표와 그 부속명세서 및 영업보고서를 제출받아, 이를 받은 날로부터 4주간 내에 감사보고서를 이사에게 제출하여야 한다(제447조의4 제1항). 감사보고서의 기재사항에 대해서는 상법 제447조의4 제2항 각호에서 규정을 두고 있다.

(5) 기 타

감사도 회사와 위임관계에 있으므로 선관의무를 부담하여, 이사회출석권 및 의견진술권 등이 있으므로 회사의 영업비밀을 쉽게 알수 있어 기업비밀준수의무를 부담한다(제415조, 제382조의4). 그러나 감사는 업무집행을 하는 자가 아니므로 경업금지의무, 회사의 사업 및 자산유용금지의무를 부담하지 아니하며, 자기거래의 제한을 받지 않는다.

5. 감사의 책임

(1) 회사에 대한 책임

감사는 그 임무를 해태한 때에는 그 감사는 회사에 대하여 연대하여 손해를 배상할 책임이 있다(제414조 제1항). 감사의 회사에 대한 손해배상책임도 총주주의 동의로 면제할 수 있고, 이사의 경우와 같이 대표소송에 의한 책임추궁이 인정된다. 감사의 불법행위책임은 총주주가 면제의 의사표시를 하여도 면제되지 않는 점도 이사의 경우와 같다.

(2) 제3자에 대한 책임

감사가 직무를 수행함에 있어서 악의 또는 중대한 과실이 있는 때에는 제3자에 대하여도 연대하여 손해배상책임을 부담한다(제414조 제2항). 이 경우 이사도 책임이 있는 때에는 감사와 이사는 연대하여 손해배상책임을 진다(제414조 제3항).

II. 감사위원회

1. 의 의

회사는 정관의 정하는 바에 따라 감사에 갈음하여 이사회의 위원회로서 감사위원회를 둘 수 있고, 감사위원회를 설치하는 경우에는 감사를 둘 수 없다(제415조의2 제1항). 감사위원회는 감사의 권한을 행사한다(제415조의2 제6항).

2. 감사위원회의 설치와 구성

(1) 설 치

회사는 정관의 정하는 바에 따라 이사회내 위원회의 하나로써 감사에 갈음하여 감사위원회를 설치할 수 있다(제415조의2 제1항).

보충 상장회사의 경우 : 최근 사업연도 말 현재 자산총액 2조원 이상의 상장회사는 감사위원회를 설치하여야 하며(제542조의12 제1항), 감사위원회 위원 중 1명 이상은 대통령령으로 정하는 회계 또는 재무전문가이어야 하고, 감사위원회의 대표는 사외이사이어야 한다(제542조의12 제2항).

(2) 감사위원회의 원수와 자격

감사위원회는 3인 이상의 이사로 구성된다. 따라서 감사위원회를 두기 위해서는 최소한 4인 이상의 이사가 존재하는 경우에만 인정된다. 감사위원회의 감사위원의 자격에 관해서는 특별한 규정을 두고 있지 않다. 다만 감사위원회의 중립성과 객관성을 확보하기 위하여 사외이사가 감사위원회 위원의 3분의 2 이상이어야 한다(제415조의2 제2항).

(3) 감사위원의 선임 · 해임

감사위원은 정관에 다른 정함이 없는 한 이사회의 결의로 선임하며, 감사위원의 해임은 이사 총수의 3분의 2 이상의 결의로 하여야 한다(제415조의2 제3항). 정관 또는 이사회의 정함이 없는 한 감사위원의 임기는 이사의 지위의 종료와 함께 종료된다.

보충 ① 상장회사의 경우 사외이사아닌 감사위원을 선임하거나 해임할 때에는 최대주주, 최대주주의 특수관계인, 그 밖에 대통령령으로 정하는 자가 소유하는 상장회사의 의결권 있는 주식의 합계가 그 회사의 의결권 없는 주식을 제외한 발행주식총수의 100분의 3을 초과하는 경우 그 주주는 그 초과하는 주식에 관하여 의결권을 행사하지 못한다. 다만, 정관으로 이보다 낮은 주식보유비율을 정할 수 있다(제542조의12 제3항).

② 최근 사업연도 말 현재 자산총액 2조원 이상의 상장회사의 경우 감사위원회 위원의 선임 · 해임은 주주총회의 권한사항이며, 감사위원회 위원은 주주총회에서 이사를 선임한 후 선임된 이사 중에서 선임하여야 한다(제542조의12 제1항, 제2항). 사외이사인 감사위원회 위원을 선임하는 경우에는 의결권 없는 주식을 제외한 발행주식 총수의 100분의 3을 초과하는 수의 주식을 가진 주주는 그 초과하는 주식에 관하여 의결권을 행사하지 못한다. 다만, 정관에서 이보다 낮은 주식보유비율을 정할 수 있다(제542조12 제4항).

3. 감사위원회의 운영

감사위원회는 회의체기관이므로 권한행사는 위원회의 결의를 통하여 한다. 감사위원회의 소집 등 운영은 이사회내 위원회의 운영방법에 따라야 한다(제393조의2 참조). 감사위원회의 대표는 감사위원회의 결의로 선정하며, 대표위원은 수인을 선정하여 공동으로 대표하게 할 수 있다(제415조의2 제4항). 감사위원회는 회사의 비용으로 전문가의 조력을 구할 수 있다(제415조의2 제5항). 감사위원회의 결의내용에 대해서는 이사회가 재결의를 할 수 없다(제415조의2 제6항).

4. 감사위원회의 권한과 책임

감사위원회는 감사와 동등한 권한과 의무를 부담한다(제415조의2 제7항). 감사위원회의 감사의 범위에 대해서도 감사의 경우와 같이 다툼이 있다. 감사위원도 회사와 제3자에 대하여 감사와 동일한 책임을 진다(제415조의2 제7항, 제414조). 감사위원의 회사에 대한 책임은 총주주의 동의로 면제할 수 있다(제415조의2 제7항, 제400조).

Ⅲ. 검사인

1. 의 의

검사인은 일정한 법정사항(예 회사설립시의 변태설립사항과 현물출자의 이행, 존속중의 회사의 업무와 재산상태)을 조사하기 위하여 선임되는 회사의 임시기관이다.

2. 지위 · 자격

주주총회에서 선임하는 검사인은 회사와 위임관계에 있으므로 회사에 대해 선량한 관리자로서의 주의의무를 진다. 법원에서 선임되는 검사인은 회사와 위임관계가 없고, 권한도 법률의 규정에 의해 정해진다. 검사인의 자격에는 제한이 없으나 직무의 성질상 자연인이어야 하며, 당해 회사의 이사 · 감사 · 사용인은 검사인이 될 수 없다.

3. 선임 · 종임

⑴ 선 임

① **법원이 선임하는 경우** : 회사설립시 변태설립사항(제290조)이 있을 경우(제298조 제4항, 제310조 제1항), 액면미달의 신주발행을 하는 경우에 법원이 최저발행가액을 변경할 경우(제417조 제4항), 신주발행시 현물출자가 있는 경우(제422조 제1항), 회사의 업무집행에 관하여 부정행위 또는 법령 · 정관에 위반한 중대한 사실이 있음을 의심할 만한 사유가 있는 때(제467조 제1항)에는 법원이 검사인을 선임한다. 또한 회사나 발행주식총수의 100분의 1 이상에 해당하는 주식을 가진 주주청구가 있는 때 총회의 소집절차나 결의방법의 적법성을 조사하기 위하여 총회 전에 법원이 검사인을 선임할 수 있다(제367조 제2항).

② **주주총회가 선임하는 경우** : 소수주주의 청구에 의하여 소집된 주주총회에서 회사의 업무와 재산상태를 조사하게 하기 위한 경우(제366조 제3항), 주주총회에서 이사가 제출한 서류와 감사의 보고서를 조사하게 하기 위한 경우(제367조 제1항), 그리고 청산 중의 회사의 주주총회에서 청산인이 제출한 서류와 감사의 보고서를 조사하기 위한 경우(제542조, 제366조 제3항)에는 주주총회에서 검사인을 선임한다.

⑵ 종 임

검사인의 지위는 임시적이므로 통상 직무의 종료로 그 지위가 소멸한다. 그러나 직무의 종료 전이라도 주주총회에서 선임한 때에는 주주총회의 해임결의로, 법원이 선임한 경우에는 법원의 해임으로 그 지위가 소멸한다.

4. 책 임

주주총회에서 선임된 검사인은 회사와 위임관계에 있으므로 임무해태를 한 때에는 회사에 대해 채무불이행책임을 진다. 그러나 제3자에 대하여는 직접적인 법률관계가 없으므로 책임을 지지 않는다. 한편, 법원이 설립경과를 조사하게 하기 위하여 선임한 검사인에 대해서 악의 또는 중대한 과실로 인하여 그 임무를 해태한 때에는 회사 또는 제3자에 대하여 손해를 배상할 책임이 있다(제325조).

IV. 외부감사인

「외부감사에 관한 법률」에 의하여 직전사업연도말을 기준으로 자산총액 100억원 이상인 회사는 외부감사인을 선임하여 외부감사를 받아야 한다(외감법 제2조). 외부감사인이 될 수 있는 자는 회계법인, 한국공인회계사회에 등록된 감사반에 한한다(외감법 제3조 제1항).

외부감사인은 일반적으로 공정타당한 회계감사기준에 따라 감사를 실시하고, 이러한 직무수행을 위하여 회계장부열람권 · 회계자료제출요구권 등을 갖는다(외감법 제6조). 한편 외부감사인은 감사보고서를 작성하여 일정기간 내에 회사 · 증권선물위원회 · 공인회계사회에 제출할 의무를 진다(외감법 제7조).

외부감사인과 그에 소속된 공인회계사는 그 직무상 알게된 비밀을 엄수하여야 한다(외감법 제9조). 외부감사인도 감사와 같이 회사 및 제3자에 대한 손해배상책임을 부담한다. 다만, 외부감사인의 책임은 청구권자가 그 사실을 안 날로부터 1년, 감사보고서를 제출한 날로부터 3년이 경과하면 소멸한다(외감법 제17조).

Commercial Law

연습문제

[제1관] 기관의 구조

[제2관] 주주총회

01 상법상 비상장주식회사의 주주총회 소집절차에 관한 설명으로 틀린 것은? (2017년 공인회계사)

① 정기총회는 매년 1회 일정한 시기에 이를 소집하여야 하지만 연 2회 이상의 결산기를 정한 회사는 매기에 총회를 소집하여야 한다.

② 발행주식총수의 100분의 3 이상에 해당하는 주식을 가진 주주는 회의의 목적사항과 소집의 이유를 적은 서면 또는 전자문서를 이사회에 제출하여 임시총회의 소집을 청구할 수 있다.

③ 주주총회에서 회의의 속행 또는 연기의 결의를 한 경우 총회소집절차에서와 같은 방법으로 주주들에게 이를 통지하여야 한다.

④ 판례에 의하면 주주총회 소집을 통지한 후에 소집을 철회하기 위해서는 소집의 경우에 준하여 이사회의 결의를 거쳐 대표이사가 그 뜻을 소집에서와 같은 방법으로 통지하여야 한다.

⑤ 판례에 의하면 주주명부상의 주주 전원이 출석하여 총회를 개최하는 데 동의하고 아무런 이의 없이 만장일치로 결의가 이루어졌다면 그 결의는 특별한 사정이 없는 한 유효하다.

주주총회에서 회의의 속행 또는 연기의 결의를 한 경우에는 다시 소집절차를 거칠 필요가 없다(제372조 제2항).

02 상법상 주주총회의 소집절차에 관한 설명으로 틀린 것은? (2010년 공인회계사)

① 원칙적으로 이사회가 주주총회의 소집을 결정하고, 대표이사가 이를 소집한다.

② 판례에 의하면, 회사의 모든 주주가 총회를 개최할 것에 동의하여 출석한 전원출석총회라 하더라도 이사회의 소집절차를 거치지 아니한 경우 총회는 무효이다.

답 [제2관] 1. ③ 2. ②

③ 정기주주총회는 매년 1회 일정한 시기에 소집하여야 하며, 연 2회 이상 결산기를 정한 때에는 매 기에 소집하여야 한다.

④ 임시주주총회의 소집청구를 위한 소수주주의 지주율 계산에 있어서 자기주식은 발행주식총수에서 제외된다.

⑤ 판례에 의하면, 임시주주총회가 법정기간을 준수한 서면통지를 하지 아니한 채 소집되었다 하더라도 정족수가 넘는 주주의 출석으로 결의를 하였다면 그 결의는 적법하다.

판례에 의하면, 회사의 모든 주주가 총회를 개최할 것에 동의하여 출석한 전원출석총회의 경우에는 이사회의 소집절차가 없더라도 유효이다(대판 2002. 12. 24, 2000다69927).

⑤ 대판 1991. 5. 28, 90다6774

03 상법상 주주총회의 소집에 관한 설명으로 옳은 것은? (2012년 공인회계사)

① 상장회사의 경우 일정 수 이하의 주식을 소유하는 기명주주에 대하여는 정관이 정하는 바에 따라 일정한 방법으로 주주총회 소집을 공고함으로써 그 통지절차를 생략할 수 있다.

② 비상장회사의 경우 의결권 있는 발행주식총수의 100분의 3 이상에 해당하는 주식을 가진 주주는 회의의 목적사항과 소집이유를 기재한 서면 또는 전자문서를 이사회에 제출하여 정기총회의 소집을 청구할 수 있다.

③ 판례에 의하면 건물의 옥상이나 다방은 주주총회 소집장소가 될 수 없다.

④ 회사는 주주총회의 소집통지서가 주주명부상 주주의 주소에 계속하여 5년간 도달하지 아니한 때에는 당해 주주에게 소집통지를 하지 않아도 된다.

⑤ 주주총회가 주주의 의제제안을 부당하게 거절하고 결의를 한 경우 주주총회결의 취소의 소의 원인이 된다.

② 비상장회사의 경우 발행주식총수(통설은 의결권없는 주식을 제외하는 것으로 봄)의 100분의 3 이상에 해당하는 주식을 가진 주주는 회의의 목적사항과 소집이유를 기재한 서면 또는 전자문서를 이사회에 제출하여 임시총회의 소집을 청구할 수 있다(제366조 제1항).

③ 주주총회의 소집장소는 주주총회가 개최되어질 수 있는 장소라면 가능하므로 다방이나 옥상이라도 가능하다.

④ 회사는 주주총회의 소집통지서가 주주명부상 주주의 주소에 계속하여 3년간 도달하지 아니한 때에는 당해 주주에게 소집통지를 하지 않아도 된다(제363조 제1항 단서).

⑤ 주주총회가 주주의 의제제안을 부당하게 거절하고 결의를 한 경우, 의제는 의결사항이 아니므로 주주총회결의 취소의 소의 원인이 되지 않는다.

답 3. ①

04 상법상 주주제안권에 관한 다음 설명 중 틀린 것은? (2004년 공인회계사 수정)

① 비상장회사의 의결권 없는 주식을 제외한 발행주식총수의 100분의 3 이상에 해당하는 주식을 가진 주주는 이사에 대하여 일정한 사항을 주주총회의 목적사항으로 할 것을 제안할 수 있다.

② 주주제안을 할 수 있는 주주는 주주총회의 회일의 6주 전에 서면 또는 전자문서로 제안할 수 있다.

③ 이사는 주주제안이 있는 경우에는 이를 이사회에 보고하고, 이사회는 주주제안의 내용에 관계없이 이를 주주총회의 목적사항으로 하여야 한다.

④ 주주제안을 주주총회의 목적사항으로 한 경우 주주제안을 한 자의 청구가 있는 때에는 주주총회에서 당해 의안을 설명할 기회를 주어야 한다.

⑤ 이사가 상법규정에 위반하여 주주제안을 무시하고 주주가 제안한 사항을 주주총회의 목적사항으로 하지 아니한 때에는 과태료의 제재를 받는다.

이사는 주주제안이 있는 경우에는 이를 이사회에 보고하고, 이사회는 주주제안의 내용이 법령·정관에 위반되는 경우 또는 대통령령으로 정하는 일정한 경우를 제외하고는 이를 주주총회의 목적사항으로 하여야 한다(제363조의2 제3항 1문).

05 상법상 주식회사의 주주제안권에 관한 설명 중 옳은 것은? (상장회사는 제외함)

(2008년 공인회계사)

① 주주의 적법한 의제제안을 무시하고 한 총회결의는 결의취소의 소의 원인이 된다.

② 의결권 없는 주식을 포함한 발행주식총수의 100분의 3 이상에 해당하는 주식을 가진 주주는 주주제안을 할 수 있다.

③ 주주제안은 구두 또는 서면으로 회일의 6주 전에 하여야 한다.

④ 이사회는 주주제안의 내용이 법령 또는 정관에 위반되는 경우 또는 대통령령으로 정하는 일정한 경우를 제외하고는 이를 반드시 주주총회의 목적사항으로 하여야 한다.

⑤ 주주제안을 하지 않은 주주가 의안의 설명기회를 청구한 때에도 주주총회에서 당해 의안의 설명기회를 주어야 한다.

① 주주의 적법한 의제제안을 무시하고 한 총회결의에 대해서는 다른 다툼이 있을 수 없다. 다만, 의안제안을 무시한 총회결의는 결의취소의 소의 원인이 된다.

② 의결권 없는 주식을 제외한 발행주식총수의 100분의 3 이상에 해당하는 주식을 가진 주주는 주주제안을 할 수 있다.

③ 주주제안은 서면 또는 전자문서로 회일의 6주 전에 하여야 한다.

답 4. ③ 5. ④

⑤ 주주제안을 한 주주가 의안의 설명기회를 청구한 때에는 주주총회에서 당해 의안의 설명기회를 주어야 한다.

06 A는 비상장주식회사인 甲회사의 의결권 없는 주식을 제외한 발행주식총수의 5%를 보유하고 있는 주주이다. 甲회사는 2014년 3월 20일 개최되는 정기주주총회에서 재무제표에 대한 승인을 구하고자 하였다. 한편 A는 임기 중에 있는 이사 乙을 해임하자는 주주제안을 하였다. 상법상 다음의 설명 중 옳은 것은? (2015년 공인회계사)

① A가 2014년 2월 10일 甲회사 이사에게 서면으로 한 주주제안은 유효하다.

② A가 주주제안한 내용을 주주총회에서 설명하고자 하는 때에는 이를 주주제안과 함께 이사에게 청구하고 이사회의 승인을 얻어야 한다.

③ 甲회사는 주주총회 소집통지를 발송할 때 A의 주주제안이유와 의안의 요령을 소집통지서에 기재하여야 한다.

④ A의 주주제안을 받은 甲회사의 이사회는 주주제안의 내용이 법령 또는 정관을 위반하는 경우와 대통령령으로 정하는 경우를 제외하고는 이를 주주총회의 목적사항으로 하여야 한다.

⑤ 임기 중에 있는 임원의 해임에 관한 사항은 이사가 주주제안을 거부할 수 있는 사유에 해당하므로 甲회사는 이사 乙의 해임에 관한 A의 주주제안은 거부할 수 있다.

해설 ① A가 2014년 2월 10일 甲회사 이사에게 서면으로 한 주주제안은 유효하지 않다. 주주제안은 총회일의 6주전에 하여야 한다(제363조의2 제1항).

② A가 주주제안한 내용을 주주총회에서 설명하고자 하는 때에는 이를 주주제안과 함께 이사에게 청구하면 된다. 이사회의 승인을 얻을 필요가 없다(제363조의2 제3항).

③ 甲회사는 주주총회 소집통지를 발송할 때 A의 청구가 있는 때에는 제출의안의 요령을 소집통지서에 기재하여야 한다(제363조의2 제2항).

⑤ 비상장회의 경우에는 임기 중에 있는 임원의 해임에 관한 사항은 이사가 주주제안을 거부할 수 있는 사유에 해당하지 않는다.

07 주주총회의 결의에 관한 다음 설명 중 옳지 않은 것은?

① 특별결의는 출석주주의 의결권의 3분의 2 이상의 수와 발행주식총수의 3분의 1 이상의 수로써 한다.

② 보통결의는 원칙적으로 출석주주의 의결권의 과반수와 발행주식총수의 4분의 1 이상의 수로써 한다.

③ 주주총회 결의시 가부동수(可否同數)인 경우 그 의안은 부결된 것으로 보아야 하며,

답 6. ④ 7. ⑤

의장에게 그 결정권을 주는 내용의 정관의 규정은 무효라는 것이 통설의 입장이다.

④ 주주총회의 결의는 결의시 다른 정함이 없는 한 그 결의한 때 효력이 발생한다.

⑤ 회사설립시 창립총회의 결의사항은 출석한 주식인수인의 3분의 2 이상이며 인수된 주식총수의 과반수에 의한 결의를 요하며, 이 때에는 의결권없는 주식의 인수인은 의결권을 행사할 수 없다.

창립총회 결의는 출석한 주식인수인의 3분의 2 이상이며 인수된 주식총수의 과반수에 의한 결의를 요하며, 이 때에 의결권없는 주식의 인수인도 포함된다.

08 상법상 주식회사 주주의 의결권에 관한 설명 중 틀린 것은? (2009년 공인회계사)

① 정관이나 주주총회의 결의로는 1주 1의결권 원칙의 예외를 두지 못한다.

② 주주총회의 표결의 결과 가부동수인 경우 그 의안은 가결된 것으로 처리한다.

③ 〈삭 제〉

④ 특정 의안에 대하여 특별한 이해관계가 있는 주주의 주식은 해당 안건의 표결을 위한 출석주주 의결권수의 계산에 산입되지 아니한다.

⑤ 회사의 정관으로 일부의 주주에 한하여 서면투표를 허용하는 것은 주주평등의 원칙에 반한다.

주주총회의 표결의 결과 가부동수인 경우 그 의안은 부결된 것으로 처리한다. 만약 이를 가결된 것으로 처리한다면 의장은 1주2의결권을 갖는 꼴이 되어 이는 주주평등의 원칙에 위반된다.

09 상법상 주주총회에서 의결권을 행사할 수 있는 경우에 해당하는 것은? (이견이 있으면 판례에 의함) (2017년 공인회계사)

① 주권발행 전의 주식의 양도인이 회사에 대하여 양수인으로의 명의개서를 요구하였으나 아직 양수인 앞으로 명의개서가 이루어지지 않은 경우 그 주식양수인

② 주식양수인이 회사에 명의개서를 청구하였으나 회사의 대표이사가 정당한 사유 없이 명의개서를 거절하여 아직 명의개서가 이루어지지 않은 경우 그 주식양수인

③ 주식에 대하여 질권이 설정되고 질권자의 성명과 주소가 주주명부에 기재된 경우 그 질권자

④ 자회사가 다른 회사의 발행주식총수의 10분의 1을 초과하는 주식을 가지고 있는 경우 그 다른 회사가 가지고 있는 모회사의 주식

답 8. ② 9. ②

⑤ 주주총회가 재무제표를 승인한 후 2년 내에 이사의 책임을 추궁하는 결의를 할 때 당해 이사가 주주인 경우

주식양수인이 회사에 명의개서를 청구하였으나 회사의 대표이사가 정당한 사유 없이 명의개서를 거절하여 아직 명의개서가 이루어지지 않은 경우에도 그 주식양수인은 주주로서의 지위가 인정되므로(대판1993.7.13, 92다40952), 주주총회에서 의결권을 행사할 수 있다.

10 상법상 주주총회에서 주주의 의결권 제한에 관한 설명 중 틀린 것은? (2008년 공인회계사)

① A회사가 B회사의 발행주식총수의 10분의 1을 초과하는 주식을 가지고 있는 경우 B회사가 가지고 있는 A회사의 주식은 의결권이 없다.

② A회사가 B회사의 발행주식총수의 10분의 1을 초과하여 취득하게 되는 경우 A회사는 B회사에 대하여 지체 없이 이를 통지하여야 한다.

③ 판례에 의하면, A회사가 B회사의 발행주식총수의 10분의 1을 초과하여 의결권을 대리행사할 권한을 취득하였다고 하여도 A회사는 통지의무가 없다.

④ B회사의 주식을 51% 가지고 있는 A회사는 C회사의 주식을 3%, B회사는 C회사의 주식을 9% 가지고 있는 경우, C회사가 가지고 있는 B회사의 주식에는 의결권이 없다.

⑤ 재무제표의 승인결의와 동시에 이사나 감사의 책임해제유보결의를 하는 경우에 당사자인 이사나 감사가 주주인 때에 당해 주주는 특별이해관계인으로서 의결권을 행사할 수 없다.

모회사인 A회사와 그의 자회사인 B회사가 C회사의 주식에 대해 각각 3%와 9%를 취득하고 있으므로, 이를 합한 때에 C회사의 발행주식총수의 10분의 1을 초과하여 취득하므로, C회사가 취득하고 있는 A회사의 주식에 대해서는 의결권이 없으나, B회사의 주식에 대해서는 의결권을 행사할 수 있다.

11 다음 중 주주총회의 결의에 있어서 의결권이 제한되는 특별이해관계인이 아닌 경우를 모두 고르면? (2007년 공인회계사)

ㄱ. 재무제표의 승인결의에 있어서 이사가 주주인 경우
ㄴ. 이사의 해임결의에 있어서 그 대상이 되는 자가 주주인 경우
ㄷ. 감사의 회사에 대한 책임면제의 결의를 하는 때에 당사자인 감사가 주주인 경우
ㄹ. 이사의 보수를 정함에 있어서 당사자인 이사가 주주인 경우
ㅁ. 합병결의에 있어서 상대방회사가 주주인 경우
ㅂ. 영업 전부의 경영위임계약에 있어서 당해 계약의 상대방이 주주인 경우

답 10. ④ 11. ①

① ㄱ, ㄴ, ㅁ ② ㄱ, ㄷ, ㄹ ③ ㄴ, ㄷ, ㅁ

④ ㄴ, ㄹ, ㅂ ⑤ ㄷ, ㅁ, ㅂ

재무제표의 승인결의에 있어서 이사가 주주인 경우, 이사의 해임결의에 있어서 그 대상이 되는 자가 주주인 경우, 합병결의에 있어서 상대방회사가 주주인 경우는 주주가 개인적으로 이해관계를 갖는 것이 아니므로 특별이해관계를 인정할 수 없다.

12 상법상 주주총회에서 의결권의 대리행사에 관한 설명 중 틀린 것은? (2008년 공인회계사)

① 의결권의 대리행사를 위임하였다 하더라도 본인은 언제든지 이를 철회하고 의결권을 직접 행사할 수 있다.

② 대리권을 증명하는 서면은 원본이어야 하고, 특별한 사정이 없는 한 사본은 그 서면에 해당하지 않는다.

③ 의결권의 대리행사는 정관에 의하여 이를 제한하거나 금지할 수 있다.

④ 의결권의 대리행사로 말미암아 주주총회의 개최가 부당하게 저해되거나 또는 회사의 이익이 부당하게 침해될 염려가 있는 등의 특별한 사정이 있는 경우에는 회사는 이를 거절할 수 있다.

⑤ 대리인이 수인의 주주를 대리할 경우 각 수권에 따라 의결권을 불통일행사할 수 있다.

의결권은 대리에 친한 행위로서, 정관에 의하여 의결권대리행사를 제한하거나 금지할 수 없다는 것이 통설 · 판례의 입장이다.

13 A는 甲주식회사 발행주식총수의 35%, A의 아들 B는 1%를 보유하고 있는 주주이다. A는 이사선임을 위한 정기주주총회에 참석할 수 없게 되자 B로 하여금 의결권을 대리행사하도록 하였다. 한편 甲회사 정관에는 대리인 자격에 관한 아무런 제한 규정을 두지 않고 있다. 상법상 다음의 설명 중 옳은 것은? (이견이 있으면 판례에 의함) (2015년 공인회계사)

① A가 B에게 의결권의 대리행사를 위임하면서 명시적인 반대의 의사표시가 없는 한 B는 C에게 다시 의결권의 대리행사를 위임할 수 있다.

② A가 총회의 결의에 관하여 특별한 이해관계가 있는 경우에도 B는 의결권의 대리행사를 할 수 있다.

③ A는 B에게 대리권을 수여한 이상 총회에 출석하여 의결권을 행사할 수 없다.

④ A는 B에게 D후보자에게 찬성투표하도록 하였으나 B는 E에게 찬성투표하여 E가 이사로

답 12. ③ 13. ①

선임된 경우 A는 결의방법에 중대한 하자를 이유로 주주총회 결의의 효력을 다툴 수 있다.

⑤ 만일 B가 甲회사의 주주가 아니라면 A의 의결권 행사를 위한 대리인으로 선임될 수 없다.

② A가 총회의 결의에 관하여 특별한 이해관계가 있는 경우에는 B는 의결권의 대리행사를 할 수 없다.
③ A는 B에게 대리권을 수여한 이후 언제든지 철회하고 총회에 출석하여 의결권을 행사할 수 있다.
④ A는 B에게 D후보자에게 찬성투표하도록 하였으나 B는 E에게 찬성투표하여 E가 이사로 선임된 경우 A는 결의방법에 중대한 하자를 이유로 주주총회 결의의 효력을 다툴 수 없다(판례).
⑤ 정관에 대리인 자격에 대해 아무런 제한을 두고 있지 않으므로, 만일 B가 甲회사의 주주가 아니라도 A의 의결권 행사를 위한 대리인으로 선임될 수 있다.

14 상법상 주주의 의결권 불통일행사에 관한 설명 중 틀린 것은? (2009년 공인회계사)

① 주주가 의결권을 불통일행사하기 위해서는 주주총회일의 3일 전에 회사에 대하여 서면 또는 전자문서로 그 뜻과 이유를 통지하여야 한다.

② 불통일행사된 의결권은 각기 유효한 찬성표 또는 반대표가 되어 정족수 계산에 산입된다.

③ 주주가 주식의 신탁을 인수하였거나 기타 타인을 위하여 주식을 가지고 있는 경우 외에는 회사가 의결권 불통일행사를 거부할 수 있다.

④ 주주가 의결권의 불통일행사를 통지하였더라도 주주총회에서 의결권을 통일적으로 행사하는 것은 무방하다.

⑤ 의결권 불통일행사의 규정에 위반하여 주주총회의 결의가 성립된 때에는 주주총회결의무효확인의 소를 제기할 수 있다.

의결권 불통일행사의 규정에 위반하여 주주총회의 결의가 성립된 때에는 주주총회결의방법에 하자가 있으므로, 주주총회결의 취소의 소를 제기할 수 있다(제376조).

15 상법상 주주총회에서의 의결권행사방법에 관한 설명으로 틀린 것은? (2011년 공인회계사)

① 주주는 정관이 정한 바에 따라 총회에 출석하지 아니하고 서면에 의하여 의결권을 행사할 수 있다.

② 회사는 이사회의 결의로 주주가 총회에 출석하지 아니하고 전자적 방법으로 의결권을 행사할 수 있음을 정할 수 있다.

③ 주주가 의결권을 불통일행사하려면 주주총회일의 3일 전에 회사에 대하여 서면 또는 전자문서로 그 뜻과 이유를 통지하여야 한다.

④ 자본금 총액이 10억원 미만인 회사는 주주 전원의 동의가 있을 경우에는 서면에 의한 결의로써 주주총회의 결의를 갈음할 수 있다.

답 14. ⑤ 15. ⑤

⑤ 대리인이 의결권을 대리행사하려면 정관에 이를 허용하는 규정이 있어야 하고 대리권을 증명하는 서면을 총회에 제출하여야 한다.

대리인의 의결권 대리행사는 정관으로도 제한할 수 없다. 따라서 대리행사는 본인의 의사에 따라 가능하며, 이 경우에 대리권을 증명하는 서면을 총회에 제출하여야 한다(상법 제368조 제3항).

14 상법상 주주총회의 의결권 행사에 관한 설명으로 틀린 것은? (2012년 공인회계사)

① 판례에 의하면 의결권 대리행사에 있어서 대리권을 증명하는 서면은 특별한 사정이 없는 한 원본이어야 한다.

② 판례에 의하면 주주가 총회일 3일 전부터 총회일 전일까지 의결권 불통일행사의 뜻과 이유를 통지한 경우 회사는 총회운영에 지장이 없다고 판단하면 그 불통일행사를 허용할 수 있다.

③ 회사가 서면투표 방식 또는 전자투표 방식을 도입하고자 경우 서면투표는 정관에 규정을 두어야 하지만 전자투표는 정관에 규정이 없더라도 이사회 결의로 이를 채택할 수 있다.

④ 회사가 전자투표에 의한 의결권행사를 정한 경우 회사는 주주에게 의결권행사에 필요한 양식과 참고자료를 전자적 방법으로 제공하여야 한다.

⑤ 회사가 서면투표 방식과 전자투표 방식을 모두 허용하고 있는 경우 주주는 동일한 주식에 관하여 의결권을 행사할 때에 이 두 가지 방식을 동시에 사용하여야 한다.

회사가 서면투표 방식과 전자투표 방식을 모두 허용하고 있는 경우 주주는 동일한 주식에 관하여 의결권을 행사할 때에 이 두 가지 방식중 어느 하나의 방법을 선택하여 사용하여야 한다(제368조의4 제4항).

① 대법원 1995. 7. 28. 선고 94다34579 판결

③ 대법원 2009. 4. 23. 선고 2005다22701,22718 판결

17 甲주식회사는 乙주식회사의 발행주식총수의 60%를 소유하고 있으며, 아울러 丙주식회사의 발행주식총수의 10%를 소유하고 있다. 한편 丙회사는 甲회사의 주식 7%를 소유하고 있다. 이러한 주식 소유관계에 관한 상법상 설명으로 틀린 것은? (각 지문은 독립된 것임) (2016년 공인회계사)

① 甲, 乙, 丙회사가 더 이상 주식을 취득하지 않는다면 丙회사가 가진 甲회사 주식 7%는 의결권이 있다.

② 乙회사가 丙회사 주식을 1% 추가로 취득하면 丙회사가 가진 甲회사 주식 7%는

답 16. ⑤ 17. ⑤

의결권이 없다.

③ 丙회사가 甲회사의 주식을 5% 추가로 취득하면 甲회사가 가진 丙회사의 주식 10%는 의결권이 없다.

④ 甲회사가 丙회사의 주식을 1% 추가로 취득하면 丙회사가 가진 甲회사 주식 7%는 의결권이 없다.

⑤ 丙회사가 乙회사의 주식을 11% 추가로 취득하면 甲회사가 가진 丙회사의 주식 10%는 의결권이 없다.

丙회사가 乙회사의 주식을 11% 추가로 취득하더라도 甲회사가 가진 丙회사의 주식 10%는 의결권이 있다.

18 비상장주식회사인 甲회사는 2015년 2월 5일 임시주주총회를 개최하여 특별결의로 회사 영업에 중대한 영향을 미치는 乙회사의 영업 전부양수를 결의하였다. 甲회사는 2015년 1월 15일 유일한 총회 안건이었던 乙회사 영업 전부양수에 관한 사항만 명시하여 총회소집 통지를 하였다. A는 甲회사 발행주식총수의 1%를 보유하고 있는 주주이다. 상법상 다음의 설명 중 옳은 것은? (이견이 있으면 판례에 의함) (2015년 공인회계사)

① A는 주주총회 결의에 반대하더라도 3% 소수주주 요건을 충족하지 못하였으므로 주식매수청구권을 행사할 수 없다.

② A가 총회소집통지를 받은 후 총회 전 그 결의에 반대하는 의사를 서면 통지한 경우에는 2015년 3월 2일 주식의 종류와 수를 기재한 서면으로 주식매수청구를 할 수 있다.

③ A가 주식매수청구권을 행사하는 경우 이와 함께 주주총회 소집절차상의 하자를 이유로 주주총회결의취소의 소를 제기할 수 있다.

④ A가 주식매수청구권을 행사한 경우에는 甲회사는 그 청구일 기준 2월 이내에 그 승낙여부를 A에게 통지하여야 한다.

⑤ A가 주식매수청구권을 행사하고 甲회사가 주식을 매수하는 경우 그 매수가격은 우선적으로 법원이 결정하는 가액을 기준으로 한다.

① A는 주주총회 결의에 반대하면, 총회결의전에 서면으로 반대의 의사표시를 한 때에는 주식매수청구권을 행사할 수 있다(제374조의2 제1항).

② A가 총회소집통지를 받은 후 총회 전 그 결의에 반대하는 의사를 서면 통지한 경우에는 총회결의일로부터 20일내에 주식매수청구를 하여야 하므로, 2015년 3월 2일 주식의 종류와 수를 기재한 서면으로 주식매수청구를 할 수 없다(제374조의2 제1항).

④ A가 주식매수청구권을 행사한 경우에는 甲회사는 그 청구일 기준 2월 이내에 그 주식을 매수하여야 한다(제374조의2 제2항).

답 18. ③

⑤ A가 주식매수청구권을 행사하고 甲회사가 주식을 매수하는 경우 그 매수가격은 우선적으로 당사자간의 협의에 의하여야 한다(제374조의2 제3항).

19 상법상 주주총회결의 반대주주의 주식매수청구권에 관한 설명 중 틀린 것은?

(2002년 공인회계사)

① 반대주주는 주주총회 전에 회사에 대하여 결의반대의사를 통지하여야 한다.

② 반대주주는 주주총회의 결의일로부터 20일 내에 회사에 대하여 매수를 청구하여야 한다.

③ 회사는 매수의 청구를 받은 날부터 2월 이내에 그 주식을 매수하여야 한다.

④ 회사는 매수한 주식을 지체없이 처분하여야 한다.

⑤ 매수가액에 관해 회사와 주주간 협의가 이루어지지 아니한 경우, 회사 또는 주주는 법원에 대하여 매수가액의 결정을 청구할 수 있다.

회사가 취득한 자기주식의 처분에 관하여는 회사의 자율에 따라 처분할 수 있으며, 그 구체적 사항은 제342조에 따라 정관에 규정이 없으면 이사회가 이를 결정한다.

20 다음의 사례에 관한 설명으로 옳은 것은?

(2010년 공인회계사)

전자제품을 생산하는 甲주식회사(비상장회사)는 그 영업 전부를 乙주식회사(비상장회사)에 양도하기로 결정하고, 2009. 6. 7. 주주총회를 개최하여 그 승인을 받았다. 甲회사의 주주 A는 동년 6. 3. 甲회사에 대하여 그 주주총회의 결의에 반대하는 의사를 서면으로 통지하였고, 동년 6. 15. 자기가 소유하고 있는 주식의 매수를 청구하였다.
한편 甲회사의 정관에는 주주가 그 주식을 양도하기 위하여는 이사회의 승인을 얻어야 하는 것으로 규정되어 있다. 甲회사의 주주 B는 회사에 대하여 주식양도의 승인청구를 하지 않고 자신의 주식을 C에게 양도하였다.

① 甲회사가 乙회사에게 영업의 전부를 양도하기 위해서는 甲회사와 乙회사 모두 주주총회의 특별결의가 필요하다.

② 주주 A는 동년 6. 27. 이내에 구두 또는 서면으로 甲회사에 대하여 그 매수를 청구해야 한다.

③ 주주 A의 매수청구에 대하여 甲회사는 동년 8. 15. 이내에 그 주식을 매수할 수 있다.

④ 甲회사와 주주 A 사이에 동년 7. 15. 이내에 매수가액의 협의가 이루어지지 않으면,

답 19. ④ 20. ①

甲회사와 A는 함께 법원에 대하여 매수가액의 결정을 청구해야 한다.

⑤ 주식의 취득에 대한 C의 승인청구를 甲회사의 이사회가 거부한 경우, C는 甲회사에 대하여 주식의 매수를 청구할 수 없다.

위 설문은 "영업양도와 주식매수청구" 및 "정관에 의한 주식양도제한" 규정에 관한 것이며, 그 내용에 관한 지문을 분석하면 다음과 같다.

② 주주 A는 동년 6. 27. 이내에 서면으로 甲회사에 대하여 그 매수를 청구해야 한다. 구두에 의한 매수청구는 인정되지 않는다.

③ 주주 A의 매수청구에 대하여 甲회사는 동년 8. 15. 이내에 그 주식을 매수하여야 한다. 주식매수청구권은 주주의 형성권에 해당한다.

④ 甲회사와 주주 A 사이에 동년 7. 15. 이내에 매수가액의 협의가 이루어지지 않으면, 甲회사 또는 A는 법원에 대하여 매수가액의 결정을 청구할 수 있다.

⑤ 주식의 취득에 대한 C의 승인청구를 甲회사의 이사회가 거부한 경우, C는 甲회사에 대하여 거부의 통지를 받은 때로부터 20일 이내에 주식의 매수를 청구할 수 있다.

21 상법상 종류주주총회에 관한 설명으로 틀린 것은? (2011년 공인회계사)

① 종류주주총회의 결의는 출석한 주주의 의결권의 3분의 2 이상의 수와 그 종류의 발행주식총수의 3분의 1 이상의 수로써 한다.

② 어느 종류의 주주에게 손해를 미치는 내용으로 정관을 변경할 경우 주주총회의 특별결의 외에 그 종류의 주주의 총회의 결의가 필요하다.

③ 회사의 합병이 있는 경우 모든 종류의 주주의 총회의 결의가 필요하다.

④ 주주총회에 관한 규정은 의결권없는 종류의 주식에 관한 것을 제외하고 종류주주총회에 준용한다.

⑤ 정관에 의하지 않고 신주인수로 인한 주식배정에 관하여 주식의 종류에 따라 특수한 정함을 하는 경우 그 종류의 주주의 총회의 결의가 필요하다.

회사의 합병의 경우 어느 특정한 종류의 주주에게 손해가 발생할 염려가 있는 때에는 그 종류주주총회 결의가 있어야 한다(상법 제436조).

22 주주총회결의의 하자를 다투는 소에 관한 설명 중 옳은 것은? (2003년 공인회계사)

① 결의취소의 판결의 효력은 소급효가 없다.

② 이사인 주주가 결의취소의 소를 제기한 때에는 법원은 회사의 청구에 의하여 상당한 담보를 제공할 것을 명할 수 있다.

③ 법원은 결의무효확인의 소가 제기된 경우에 결의의 내용, 회사의 현황과 제반사정을

답 21. ③, ⑤ 22. ⑤

참작하여 그 무효가 부당하다고 인정한 때에는 그 청구를 기각할 수 있다.

④ 결의의 내용이 법령이나 정관에 위반한 때에는 결의무효확인의 소를 제기할 수 있다.

⑤ 판례에 의하면 결의의 무효에 관한 주장은 소의 방법에 한하지 않는다.

① 결의취소의 판결의 효력은 소급효가 인정된다(제376조 제2항 참조).

② 제소주주의 담조제공의무는 주주가 소를 제기한 경우에만 인정되며, 이사나 감사가 소를 제기한 경우에는 인정되지 않는다(제377조 제1항).

③ 결의취소의 소의 경우에는 법원의 자유재량권이 인정되지만(제379조), 결의무효나 부존재 또는 부당결의취소・변경의 소에 있어서는 자유재량권이 인정되지 않는다(제380조, 제381조 참조).

④ 결의내용이 법령에 위반된 경우에는 결의무효의 소를 제기할 수 있으나, 결의내용이 정관에 위반된 경우에는 결의취소의 소를 제기할 수 있다(제380조, 제376조 제1항).

⑤ 대판 1963. 5. 17, 4294민상1114;동1992. 9. 22, 91다5365

23 상법상 주주총회 결의하자의 소에 관한 설명으로 틀린 것은? (2012년 공인회계사)

① 주주총회의 결의내용이 정관에 위반된 경우 결의취소의 소의 원인이 된다.

② 적법한 주주총회 소집통지를 받은 주주는 다른 주주에 대한 소집절차상의 하자를 이유로 주주총회결의 취소의 소를 제기할 수 없다.

③ 판례에 의하면 유효한 주주총회가 종료한 후에 일부 주주들만 모여 개최한 주주총회에서의 결의는 주주총회결의 부존재확인의 소의 원인이 된다.

④ 상법은 주주총회결의 무효확인의 소의 제소권자에 대하여 아무런 규정을 두고 있지 않으나 판례에 의하면 무효확인에 관하여 정당한 법률상 이익이 있는 자가 무효확인의 소를 제기할 수 있다.

⑤ 주주총회결의 취소의 소가 제기된 경우 법원은 그 소의 원인이 인정되어도 회사의 현황과 제반사정을 참작하여 그 결의의 취소가 부적당하다고 인정한 때에는 그 청구를 기각할 수 있다.

주주총회결의 취소의 소는 주주, 이사, 감사에 한하므로(제376조), 주주는 이해관계있는 자라면 누구나 소를 제기할 수 있다.

24 1인주주회사 또는 전원출석 주주총회가 아님을 전제할 경우, 판례에 의한 주주총회결의취소의 소의 원인이 아닌 사항은 모두 몇 개인가? (2009년 공인회계사)

답 23. ② 24. ②

ㄱ. 소집권한이 없는 자가 이사회 결의를 거치지 않고 주주총회를 소집한 경우
ㄴ. 대표이사가 이사회 결의를 거치지 않고 주주총회를 소집한 경우
ㄷ. 주주총회의 목적사항으로 통지되지 않은 사항을 결의한 경우
ㄹ. 소집통지기간이 부족한 경우
ㅁ. 주주총회에서 이사의 보수결정을 이사회에 일임하는 결정을 한 경우

① 1개 ② 2개 ③ 3개
④ 4개 ⑤ 5개

ㄱ. 소집권한이 없는 자가 이사회 결의를 거치지 않고 주주총회를 소집한 경우는 결의부존재의 사유에 해당한다.

ㄴ. 대표이사가 이사회 결의를 거치지 않고 주주총회를 소집한 경우, ㄷ. 주주총회의 목적사항으로 통지되지 않은 사항을 결의한 경우, ㄹ. 소집통지기간이 부족한 경우는 주주총회결의취소의 사유에 해당한다.

ㅁ. 주주총회에서 이사의 보수결정을 이사회에 일임하는 결정을 한 경우는 주주총회결의 무효의 사유에 해당한다.

25 상법상 주식회사의 주주총회에 관한 설명으로 옳은 것은 모두 몇 개인가? (2013년 공인회계사)

(가) 주주가 의결권 불통일 행사 요건을 갖추고 이를 총회일 3일 전에 회사에 통지하였으나 주주총회에서는 의결권을 통일행사할 수도 있다.
(나) 정기주주총회는 매년 1회 반드시 소집할 필요는 없고 필요한 경우 임시주주총회를 개최하면 된다.
(다) 상장회사의 경우 임기 중에 있는 임원의 해임에 관한 사항을 주주가 제안하는 경우 회사는 이를 거절할 수 없다.
(라) 주주총회결의에 관하여 회사가 가진 자기주식의 의결권의 수는 출석한 주주의 의결권의 수에 산입하지 않는다.
(마) 주주총회의 의장은 고의로 의사진행을 방해하기 위한 발언·행동을 하는 등 현저히 질서를 문란하게 하는 자에 대하여 그 발언의 정지 또는 퇴장을 명할 수 있다.
(바) 주식회사가 타인과 영업의 손익 전부를 같이 하는 계약을 체결하는 경우 주주총회의 특별결의를 얻어야 한다.

답 25. ④ (확정 답안은 ③, ④)

① 1개　　② 2개　　③ 3개

④ 4개　　⑤ 5개

(가) 옳은 지문이다. 주주가 의결권 불통일 행사 요건을 갖추고 이를 총회일 3일 전에 회사에 통지하였으나 주주총회에서는 의결권을 통일행사할 수도 있다.

(나) 틀린 지문이다. 정기주주총회는 매년 1회 반드시 소집하여야 한다(제365조 제1항).

(다) 틀린 지문이다. 상장회사의 경우 임기 중에 있는 임원의 해임에 관한 사항을 주주가 제안하는 경우 회사는 이를 거절할 수 있다(제363조의2 제3항, 상법시행령 제12조 제4호).

(라) 옳은 지문이다. 주주총회결의에 관하여 회사가 가진 자기주식의 의결권의 수는 발행주식총수에 산입하지 않으며, 출석한 주주의 의결권수에도 산입하지 않는다(제371조 제1항).

(마) 옳은 지문이다. 주주총회의 의장은 고의로 의사진행을 방해하기 위한 발언·행동을 하는 등 현저히 질서를 문란하게 하는 자에 대하여 그 발언의 정지 또는 퇴장을 명할 수 있다(제366조의2 제3항).

(바) 옳은 지문이다. 주식회사가 타인과 영업의 손익 전부를 같이 하는 계약을 체결하는 경우 주주총회의 특별결의를 얻어야 한다(제374조 제1항 2호).

26 다음의 보기 중 상법상 주주총회결의의 하자에 관한 설명으로 옳은 것은? (이견이 있으면 판례에 의함) (2013년 공인회계사)

(가) 판례에 따르면 이사회의 소집결의가 있지만 대표이사 또는 정관상의 소집권자가 아닌 자가 소집한 경우 결의취소사유에 해당한다.

(나) 판례에 따르면 총회결의에 찬성한 주주가 소의 이익이 있어도 결의부존재확인의 소를 제기할 수 없다.

(다) 회사는 결의취소의 소를 제기한 주주가 이사라 하더라도 악의임을 소명하면 주주의 담보제공을 청구할 수 있으며 법원은 이에 따라 상당한 담보제공을 명할 수 있다.

(라) 감사선임결의에 있어서 100분의 5의 의결권 주식을 가진 주주가 그가 보유하는 모든 주식으로 의결권을 행사한 경우 결의취소사유에 해당한다.

(마) 판례에 따르면 임시주주총회가 개회선언되고 법률상으로나 사실상 의사를 진행할 수 있는 상태에서 총회의장이 주주들의 의사에 반하여 자진퇴장한 경우 출석한 총주식 과반수의 주주들이 전원의 동의로 임시의장을 선출하고 진행한 총회결의는 적법하다.

(바) 판례에 따르면 결의취소의 소가 제기된 경우 법원은 당사자의 주장에 의해서만 결의의 내용, 회사의 현황과 제반사정을 참작하여 그 취소가 부적당하다고 인정한 때 재량기각할 수 있다.

① (가), (나), (마)　　② (가), (라), (마)　　③ (가), (다), (바)

④ (가), (라), (바)　　⑤ (나), (라), (마)

답 26. ②

(가) 옳은 지문이다. 판례에 따르면 이사회의 소집결의가 있지만 대표이사 또는 정관상의 소집권자가 아닌 자가 소집한 경우 결의취소사유에 해당한다(대판 1993. 9. 10, 93도698).

(나) 틀린 지문이다. 판례에 따르면 총회결의에 찬성한 주주가 소의 이익이 있어도 결의부존재확인의 소를 제기할 수 있다(대판 1997. 4. 26, 76다1440 · 1441).

(다) 틀린 지문이다. 회사는 결의취소의 소를 제기한 주주가 이사라면 악의임을 소명하더라도 주주의 담보제공을 청구할 수 없고 법원은 이에 따라 상당한 담보제공을 명할 수 없다(제377조 제1항).

(라) 옳은 지문이다. 감사선임결의에 있어서 100분의 5의 의결권 주식을 가진 주주가 그가 보유하는 모든 주식으로 의결권을 행사한 경우는 결의방법의 하자로써 결의취소사유에 해당한다(제409조 제2항 참조).

(마) 옳은 지문이다. 판례에 따르면 임시주주총회가 개회선언되고 법률상으로나 사실상 의사를 진행할 수 있는 상태에서 총회의장이 주주들의 의사에 반하여 자진퇴장한 경우 출석한 총주식 과반수의 주주들이 전원의 동의로 임시의장을 선출하고 진행한 총회결의는 적법하다(대판 1983. 8. 23, 83도748).

(바) 틀린 지문이다. 판례에 따르면 결의취소의 소가 제기된 경우 법원은 당사자의 주장이 없더라도 직권으로 결의의 내용, 회사의 현황과 제반사정을 참작하여 그 취소가 부적당하다고 인정한 때 재량기각할 수 있다(대판 2003. 7. 11, 2001다45584).

27 甲주식회사는 주주총회를 개최하여 A를 이사로 선임하는 결의와 정관을 변경하는 결의를 하였고, 다음 날 甲회사의 이사회는 A를 대표이사로 선임하였다. 이에 관한 상법상 설명으로 틀린 것은? (2017년 공인회계사)

① 판례에 의하면 위 주주총회에 참석하여 의결권을 행사한 주주 B는 다른 주주가 소집통지를 받지 못하였음을 이유로 하여 결의취소의 소를 제기할 수 없다.

② 甲회사의 이사나 감사가 아닌 주주 C가 결의취소의 소를 제기한 때에는 법원은 甲회사의 청구에 의하여 C에게 상당한 담보를 제공할 것을 명할 수 있다.

③ A를 이사로 선임하는 결의를 취소하는 판결이 확정되었다면 A가 대표이사로서 甲회사를 대표하여 한 행위는 소급적으로 효력이 상실된다.

④ 甲회사의 정관변경으로 우선주의 배당률이 낮아지는 경우 그 정관변경이 효력을 발생하려면 甲회사의 우선주를 가진 주주들의 종류주주총회의 결의가 있어야 한다.

⑤ 판례에 의하면 甲회사의 대표이사가 아닌 이사가 이사회의 소집결의에 따라서 위 주주총회를 소집한 것이라면 결의취소사유에 불과하고 결의가 부존재한다고 볼 수는 없다.

판례에 의하면 위 주주총회에 참석하여 의결권을 행사한 주주 B는 다른 주주가 소집통지를 받지 못하였음을 이유로 하여 결의취소의 소를 제기할 수 있다(대판2003.7.11, 2001다45584).

답 27. ①

[제3관] 이사 · 이사회 · 대표이사 · 집행임원

01 상법상 주식회사의 이사에 관한 설명으로 옳은 것은? (2014년 공인회계사)

① 상법상 이사는 사내이사, 사외이사, 그 밖에 상무에 종사하지 아니하는 이사로 나뉜다.

② 甲회사에서 집중투표제에 의하여 이사를 선임하고자 하는 경우 이사후보자가 5인이고 선임하고자 하는 이사의 수는 3인이라고 할 때 A주주가 보유하는 의결권 있는 보통주식이 100주라면 A주주는 500개의 의결권을 행사할 수 있다.

③ 이사는 해임에 대한 정당한 이유가 있는 경우 주주총회의 보통결의로 해임될 수 있고 정당한 이유가 없는 경우 주주총회의 특별결의에 의하여 해임될 수 있다.

④ 이사가 제3자에 대해 상법상 손해배상책임을 지는 경우 회사는 정관의 정함에 의하여 그 이사가 원인된 행위를 한 날 이전 최근 1년간 보수액의 6배를 초과하는 금액에 대하여 면제할 수 있다.

⑤ 판례에 의하면 모회사(甲)의 주주가 의결권 없는 주식을 포함하여 발행주식총수의 1%를 1년간 보유하고 있는 경우에 자회사(乙)의 이사의 책임을 묻기 위해 대표소송을 제기할 수 있다.

② 甲회사에서 집중투표제에 의하여 이사를 선임하고자 하는 경우 이사후보자가 5인이고 선임하고자 하는 이사의 수는 3인이라고 할 때 A주주가 보유하는 의결권 있는 보통주식이 100주라면 A주주는 300개의 의결권을 행사할 수 있다(제382조의2 제3항).

③ 이사는 해임에 대한 정당한 이유가 있는 경우든 정당한 이유가 없는 경우든 주주총회의 특별결의에 의하여 해임될 수 있다(제385조 제1항).

④ 이사가 회사에 대하여 손해배상책임을 지는 경우에는 회사는 정관의 정함에 의하여 그 이사가 원인된 행위를 한 날 이전 최근 1년간 보수액의 6배를 초과하는 금액에 대하여 면제할 수 있다(제400조 제2항). 제3자에 대한 손해배상책임의 면제규정은 없다.

⑤ 판례에 의하면 모회사(甲)의 주주가 의결권 없는 주식을 포함하여 발행주식총수의 1%를 1년간 보유하고 있는 경우에 자회사(乙)의 이사의 책임을 묻기 위해 대표소송을 제기할 수 없다(대판 2004. 9. 23, 2003다49221).

02 상법상 비상장주식회사 이사의 선임을 위한 집중투표방법에 관한 설명으로 옳은 것은? (2015년 공인회계사)

① 집중투표의 방법은 3인 이상의 이사를 선임하는 경우에 한하여 채택한다.

② 정관에서 허용하는 경우에 한하여 집중투표의 방법으로 이사를 선임할 수 있다.

③ 집중투표는 의결권 없는 주식을 제외한 발행주식총수의 100분의 1 이상에 해당하는 주식을 가진 주주가 회사에 대하여 주주총회일의 7일 전까지 서면 또는 전자문서로

답 [제3관] 1. ① 2. ④ 3. ③

청구하여야 한다.

④ 주주에 의한 서면청구가 있는 경우 회사는 이러한 서면을 주주총회가 종결될 때까지 본점에 비치하고 주주로 하여금 영업시간 내에 열람할 수 있게 하여야 한다.

⑤ 집중투표를 하는 경우 각 주주는 1주마다 이사후보자의 수와 동일한 의결권을 가지며 그 의결권은 이사 후보자 1인 또는 수인에게 집중하여 투표하는 방법으로 행사할 수 있다.

① 집중투표의 방법은 2인 이상의 이사를 선임하는 경우에 한하여 채택한다.
② 정관에서 다른 정함이 없는 경우에 한하여 집중투표의 방법으로 이사를 선임할 수 있다.
③ 집중투표는 의결권 없는 주식을 제외한 발행주식총수의 100분의 3 이상에 해당하는 주식을 가진 주주가 회사에 대하여 주주총회일의 7일 전까지 서면 또는 전자문서로 청구하여야 한다.
⑤ 집중투표를 하는 경우 각 주주는 1주마다 이사선임 수와 동일한 의결권을 가지며 그 의결권은 이사 후보자 1인 또는 수인에게 집중하여 투표하는 방법으로 행사할 수 있다.

03 의결권이 없는 주식을 제외한 발행주식 총수가 1,200주인 A주식회사는 임시주주총회를 소집하여 임기만료 등으로 결원이 생긴 이사 3인을 동시에 선임하려고 한다. 모든 주주가 총회에 출석하여 상법상의 집중투표를 할 경우, 어떠한 상황에서도 소수파 주주인 B가 다른 주주의 도움 없이 자기가 지지하는 후보자 1인을 이사로 선임하기 위해 보유해야 할 최소한의 주식 수는? (2004년 공인회계사)

① 200주 ② 300주 ③ 301주
④ 400주 ⑤ 401주

위 설문은 집중투표에 관한 것으로, 집중투표는 선임하는 이사수에 자기가 가진 주식수를 곱하여 그 의결권수를 1인 또는 수인에게 집중하여 투표하는 제도이다. 소수주주가 301주를 가져야 후보 1인에게 집중투표하여 903개의 찬성표를 줄 수 있고, 대주주가 899주에 대한 의결권(899주×3)을 3등분하든 2등분하든 최소 3위의 다득표를 하여 이사가 될 수 있다.

04 상법상 주식회사의 이사선임을 위한 집중투표에 관한 설명 중 틀린 것은? (상장회사는 제외함) (2008년 공인회계사)

① 2인 이상의 이사의 선임을 목적으로 하는 총회의 소집이 있는 때, 의결권 없는 주식을 제외한 발행주식총수의 100분의 3 이상에 해당하는 주식을 가진 주주가 회사에 대하여 청구할 수 있다.

② 집중투표의 방법으로 이사를 선임하는 경우에는 투표의 최다수를 얻은 자부터 순차적으로 이사에 선임되는 것으로 한다.

③ 집중투표의 경우에 각 주주는 1주마다 선임할 이사의 수와 동일한 수의 의결권을

답 3. ③ 4. ④

가지며, 그 의결권을 후보자 1인에게 집중하여 또는 수인에게 분산하여 투표할 수 있다.

④ 집중투표의 방식은 다른 법률에 의하여 이를 배제할 수 있지만, 정관에 의하여 배제할 수는 없다.

⑤ 집중투표의 청구가 있는 경우, 그 청구서면은 총회가 종결될 때까지 본점에 비치하고 주주로 하여금 영업시간 내에 열람할 수 있게 하여야 한다.

집중투표의 방식은 정관에 다른 정함이 없는 경우에 인정되는 제도이므로, 정관의 규정에 의하여 집중투표의 방식을 배제할 수 있다(제382조의2 제1항).

05 상법상 주식회사의 이사에 관한 설명으로 틀린 것은? (2017년 공인회계사)

① 이사의 임기는 3년을 초과하지 못하지만 정관으로 그 임기 중의 최종의 결산기에 관한 정기주주총회의 종결에 이르기까지 연장할 수 있다.

② 최대주주가 아니면서 비상장회사의 발행주식총수의 10% 이상의 주식을 소유하는 주요주주와 그 배우자 및 직계 존속 · 비속은 그 회사의 사외이사로 선임될 수 없다.

③ 정관으로 이사가 가질 주식의 수를 정한 경우 다른 규정이 없으면 이사는 그 수의 주권을 감사 또는 감사위원회에 공탁하여야 한다.

④ 가처분으로써 이사의 직무대행자로 선임된 자는 가처분명령에 다른 정함이 있거나 법원의 허가를 얻은 경우 외에는 회사의 상무에 속하지 아니한 행위를 하지 못한다.

⑤ 이사의 사임으로 인하여 법률 또는 정관에서 정한 이사의 원수를 결한 경우 그 사임한 이사는 새로 선임된 이사가 취임할 때까지 이사로서의 권리의무가 있다.

최대주주와 그 배우자 및 직계 존속 · 비속은 그 회사의 사외이사로 선임될 수 없다(제382조 제3항 2호)..

06 상법상 이사의 해임에 관한 설명으로 틀린 것은? (2011년 공인회계사)

① 회사는 정당한 이유가 있는 경우에는 주주총회의 보통결의로써 이사를 해임할 수 있다.

② 정당한 이유없이 그 임기만료 전에 해임된 이사는 회사에 대하여 해임으로 인한 손해의 배상을 청구할 수 있다.

③ 판례에 의하면 이사의 임기를 정한 경우라 함은 정관 또는 주주총회의 결의로 임기를 정하고 있는 경우를 말한다.

④ 판례에 의하면 주주와 이사 사이에 불화로 인하여 단순히 주관적인 신뢰관계가 상실된 것만으로는 이사의 해임에 정당한 이유가 있다고 보기에 부족하다.

⑤ 비상장회사의 주주총회에서 중대한 해임사유가 있는 이사의 해임을 부결한 때에는

답 5. ② 6. ①

발행주식총수의 100분의 3 이상에 해당하는 주식을 가진 주주는 그 이사의 해임을 법원에 청구할 수 있다.

회사는 정당한 이유가 있는 경우에는 주주총회의 특별결의로써 이사를 해임할 수 있다(상법 제385조 제1항).

③ 대법원 2001. 6. 15. 선고 2001다23928 판결

④ 대법원 2004. 10. 15. 선고 2004다25611 판결

07 甲주식회사가 발행한 발행주식총수는 현재 350주(의결권 있는 보통주식 330주, 무의결권주식 20주)이다. 다음과 같은 조건의 경우 甲회사의 주주총회에서 A이사의 해임 결의에 필요한 최소 의결권의 수는? (2012년 공인회계사)

> ㄱ. 甲회사 주주명부에 기재된 A주주의 주식 : 32주 (자신의 해임결의에 특별이해관계가 없는 것으로 가정함)
> ㄴ. 甲회사 주주명부에 기재된 B주주의 무의결권주식 : 20주 (정관으로 정한 우선적 배당이 이루어지고 있음)
> ㄷ. 甲회사가 보유하고 있는 자기주식 : 30주
> ㄹ. 주주총회에 출석한 주식의 총수 : 233주 (ㄱ, ㄴ, ㄷ 주식 모두 포함)

① 75개 ② 92개 ③ 100개
④ 101개 ⑤ 122개

특별결의는 발행주식총수의 3분의 1 이상의 수와 출석주주 의결권의 3분의 2 이상의 수로써 결의하는 것이다. 따라서 발행주식총수의 3분의 1은 100개가 되고 출석주주의결권의 3분의 2(183주의 3분의2)는 122개가 되므로 둘을 모두 충족하기 위해서는 최소 122개의 의결권의 찬성이 있어야 한다.

08 甲 주식회사의 주주총회는 3인의 이사를 둔다는 정관의 규정에 따라 A, B, C를 이사로 선임하였다. 이를 바탕으로 발생할 수 있는 법적문제에 관한 설명 중 옳은 것은?(2006년 공인회계사)

① 판례에 따르면, A, B, C는 주주총회에서 이사선임결의가 종료된 때에 상법상의 이사가 된다.

② A, B, C의 임기가 임기 중의 최종의 결산기에 관한 정기주주총회가 종결하기 전에 만료할 때에는, 주주총회의 결의에 의하여 정기주주총회의 종결에 이르기까지 임기를 연장할 수 있다.

답 7. ⑤ 8. ⑤

③ 甲은 언제든지 주주총회의 보통결의에 의해 A, B, C를 해임할 수 있으며, 만일 甲이 A를 정당한 이유 없이 임기 도중에 해임한 때에는 甲은 A에 대하여 손해배상책임을 진다.

④ B가 주주총회에서 해임된 경우에, B는 새로운 이사가 취임할 때까지 퇴임이사로서 이사의 권리의무를 계속 가진다.

⑤ 이사선임결의의 무효의 소가 제기된 경우에, 이사의 직무대행자로 선임된 D는 법원의 허가를 얻어 임시주주총회를 소집할 수 있다.

① 판례에 따르면, A, B, C는 주주총회에서 이사선임결의가 종료된 때가 아니라 이사의 취임승낙이 있는 때에 상법상의 이사가 된다(대판 1995. 2. 28, 94다31440).

② A, B, C의 임기가 임기 중의 최종의 결산기에 관한 정기주주총회가 종결하기 전에 만료할 때에는, 정관의 규정에 의하여 정기주주총회의 종결에 이르기까지 임기를 연장할 수 있다(제383조 제3항).

③ 甲은 언제든지 주주총회의 특별결의에 의해 A, B, C를 해임할 수 있으며, 만일 甲이 A를 정당한 이유 없이 임기 도중에 해임한 때에는 甲은 A에 대하여 손해배상책임을 진다(제385조 제1항).

④ B가 주주총회에서 해임된 경우에, 법원에 일시이사의 선임을 청구할 수 있다. 이사로서의 권리의무를 계속가질 수 있는 경우로는 임기의 만료 또는 사임으로 퇴임한 경우이다(제386조 제1항, 제2항).

⑤ 직무대행자는 가처분명령에 다른 정함이 있는 경우 외에는 통상의 업무만을 행할 수 있으나, 예외적으로 법원의 허가를 얻은 행위는 할 수 있다(제408조 제1항).

09 다음 중 주식회사의 이사에 대한 직무집행정지 가처분 및 직무대행자의 선임에 관한 설명으로 틀린 것은? (판례에 의함) (2007년 공인회계사

① 직무대행자는 가처분명령에 다른 정함이 있거나 법원의 허가를 얻은 경우가 아니면 정기주주총회의 소집은 할 수 있지만, 임시주주총회의 소집은 할 수 없다.

② 직무대행자가 법원의 허가 없이 회사의 상무에 속하지 아니하는 행위를 한 경우, 회사는 선의의 제3자에 대하여 책임을 진다.

③ 직무대행자가 당해 가처분신청인에게 그 권한의 전부를 위임하여 회사의 경영을 일임하는 행위는 가처분명령에 위배되므로 허용될 수 없다.

④ 주주총회에서 직무집행정지 중의 이사를 해임하고 후임이사를 새로 선임한 경우, 가처분이 취소되지 않는 한 직무대행자만이 이사의 직무를 집행할 권한을 가질 뿐이다.

⑤ 새로 선임된 대표이사가 가처분에 반하여 회사 대표자의 자격에서 한 법률행위는 제3자에 대한 관계에서 무효이지만, 그 제3자는 자신이 선의이었음을 들어 당해 법률행위의 유효를 주장할 수 있다.

새로 선임된 대표이사가 가처분에 반하여 회사 대표자의 자격에서 한 법률행위는 제3자에 대한 관계에서 무효이므로, 그 제3자는 자신이 선의이었음을 들어 당해 법률행위의 유효를 주장할 수 없다(대판 1992. 5. 12, 92다5638).

답 9. ⑤

10 상법상 주식회사 이사의 직무집행정지 및 직무대행자의 선임에 관한 설명 중 틀린 것은?
(2008년 공인회계사)

① 이사선임결의의 무효나 취소 또는 이사해임의 소가 제기된 경우에, 법원은 당사자의 신청에 의하여 가처분으로써 이사의 직무집행을 정지할 수 있고 또는 직무대행자를 선임할 수 있다.

② 이사의 직무집행의 정지 및 직무대행자의 선임을 위한 가처분은 급박한 사정이 있는 때에는 본안 소송의 제기 전에도 할 수 있다.

③ 직무대행자는 가처분명령에 다른 정함이 있다 하더라도 법원의 허가가 없는 한 회사의 상무에 속하지 아니한 행위를 하지 못한다.

④ 대표이사의 선임에 관한 이사회결의 무효의 소를 본안으로 하는 가처분의 경우는 대표이사로서의 직무만 정지되지만, 기타의 경우에 정지의 효력은 이사의 자격을 전제로 하는 모든 직무에 미친다.

⑤ 판례에 의하면, 대표이사가 해임되고 새로운 대표이사가 선임되었다 하더라도 가처분결정이 취소되지 않는 한 새로 선임된 대표이사는 그 선임결의의 적법 여부에 관계없이 대표이사로서의 권한을 갖지 못한다.

직무대행자는 가처분명령에 다른 정함이 있는 경우 회사의 상무에 속하지 아니하는 행위를 할 수 있고, 법원의 허가가 있는 경우에도 회사의 상무에 속하지 아니하는 행위를 할 수 있다(제408조 제1항).
⑤ 대판 1992. 5. 12, 92다5638

11 상법상 주식회사의 이사회에 관한 설명 중 틀린 것은? (2005년 공인회계사)

① 이사 및 감사 전원의 동의가 있는 경우에는 소집절차 없이 언제든지 이사회를 개최할 수 있다.

② 지배인의 선임과 해임은 이사회의 전속권한이므로 이를 이사회의 결의 없이 대표이사가 단독으로 하지 못한다.

③ 이사회는 원칙적으로 대표이사가 이를 소집한다.

④ 정관에 정함이 있는 경우에는 준비금의 자본금 전입, 신주발행사항은 주주총회의 권한으로 할 수 있다.

⑤ 이사회는 이사의 직무집행에 대한 감독권을 가지는데 그 범위는 적법성뿐만 아니라 타당성에도 미친다.

이사회는 원칙적으로 각 이사가 이를 소집한다(제390조 제1항).

답 10. ③ 11. ③

12 상법상 자본금 총액이 10억원 미만인 주식회사에 관한 설명으로 틀린 것은?

(2012년 공인회계사)

① 발기설립의 경우 발기인이 원시정관을 작성하고 기명날인 또는 서명하면 공증인의 인증을 받지 않아도 정관으로서의 효력이 발생한다.

② 기명주주에 대하여 주주총회의 소집통지를 하는 경우 총회일의 10일전에 서면으로 통지를 발송하거나 각 주주의 동의를 받아 전자문서로 통지를 발송할 수 있다.

③ 주주 전원의 동의가 있는 경우에는 소집절차 없이 주주총회를 개최할 수 있고 서면에 의한 결의로써 주주총회의 결의를 갈음할 수 있다.

④ 1명의 이사가 선임된 경우 그 이사가 회사를 대표하지만 2명의 이사가 선임된 경우 정관에 따라 대표이사를 정한 때를 제외하고는 각 이사가 회사를 대표한다.

⑤ 회사가 감사를 선임한 경우 주주총회의 소집결정에 관한 권한은 감사가 갖는다.

주주총회의 소집결정은 이사회가 하는 것이며, 이사가 1명 또는 2명인 경우에는 각 이사가 소집결정을 한다(제362조, 제383조 제6항).

13 상법상 주식회사의 이사회에 관한 설명 중 옳은 것은?

(2008년 공인회계사)

① 이사회의 결의로 소집할 이사를 정한 경우가 아닌 한, 원칙적으로 대표이사가 이사회를 소집한다.

② 이사회를 소집함에는 회일을 정하고 그 1주 전에 각 이사 및 감사에 대하여 통지를 발송해야 하며, 그 기간은 정관으로 단축할 수 없다.

③ 이사회는 이사 및 감사 전원의 동의가 있는 때에는 각 이사 및 감사에 대하여 통지를 발송하는 절차 없이 언제든지 회의할 수 있다.

④ 이사회의 결의는 이사 과반수의 출석과 출석이사의 과반수로 해야 하지만, 정관으로 그 비율을 완화할 수 있다.

⑤ 특별이해관계가 있는 이사는 의사정족수 산정의 기출가 되는 이사의 수에는 물론이고, 결의의 성립에 필요한 출석 이사의 수에도 산입되지 않는다.

① 이사회의 결의로 소집할 이사를 정한 경우가 아닌 한, 원칙적으로 각 이사가 이사회를 소집한다(제390조 제1항).

② 이사회를 소집함에는 회일을 정하고 그 1주 전에 각 이사 및 감사에 대하여 통지를 발송해야 하며, 그 기간은 정관으로 단축할 수 있다(제390조 제3항).

④ 이사회의 결의는 이사 과반수의 출석과 출석이사의 과반수로 해야 하지만, 정관으로 그 비율을 완화할 수 없고, 강화할 수 있다(제391조 제1항).

⑤ 특별이해관계가 있는 이사는 의사정족수 산정의 기초가 되는 이사의 수에는 산입된다(제391조 제2항).

답 12. ⑤ 13. ③

14 이사회에 관한 다음 설명 중 옳지 않은 것은?

① 이사 2인 중 회사의 경영에 전혀 참여하지 않고 경영에 관한 모든 사항을 다른 이사들에게 위임하여 놓고 그들의 결정에 따르며 필요시 이사회 회의록 등에 날인만 하여 주고 있는 이사에 대한 소집통지 없이 열린 이사회에서 한 결의는 유효하다는 것이 판례의 입장이다.

② 이사회를 소집하기 위해서는 반드시 회일로부터 1주 전에 각 이사 및 감사에게 통지를 발송하여야 한다.

③ 이사회내 위원회는 원칙적으로 이사회로부터 위임받은 업무에 대하여만 이를 결의할 권한을 갖는다.

④ 이사회 결의에 하자가 있는 경우에 그 결의의 효력에 관하여 상법에는 아무런 규정이 없다.

⑤ 이사회의 결의요건은 총이사의 과반수의 출석과 출석이사의 과반수에 의하지만, 정관으로 결의요건을 가중할 수 있다.

이사회를 소집하기 위해서는 정관에 다른 정함이 없는 한 회일로부터 1주 전에 각 이사 및 감사에게 통지를 발송하여야 한다.

15 다음 중 주식회사의 이사회내 위원회에 관한 설명으로 틀린 것은? (2007년 공인회계사 수정)

① 이사회는 정관에서 정하는 바에 따라 2인 이상의 이사로 구성하는 위원회를 설치할 수 있다.

② 자본금총액이 10억원 미만인 회사에서 이사의 수를 1인 또는 2인으로 한 경우에는 위원회를 설치할 수 없다.

③ 위원회의 위원은 이사의 자격을 전제로 하기 때문에 그 자격을 주주로 제한하는 사항을 정관으로 따로 정할 수 없다.

④ 이사회는 주주총회의 승인을 요하는 사항의 제안, 대표이사의 선임과 해임, 위원회의 설치와 그 위원의 선임 및 해임, 정관에서 정하는 사항을 제외하고는 그 권한을 위원회에 위임할 수 있다.

⑤ 위원회는 결의된 사항을 각 이사에게 통지하여야 하는데 이를 통지받은 이사는 이사회의 소집을 요구할 수 있으며, 이사회는 위원회가 결의한 사항에 대하여 다시 결의할 수 있다.

정관으로 이사가 가질 주식의 수를 정할 수 있다(제387조). 따라서 위원회의 위원이 주주로 제한된다는 것은 이사가 주주로 제한된다는 것을 의미하므로 위 지문은 틀린 것이다.

답 14. ② 15. ③

16 상법상 이사회 내 위원회에 관한 설명으로 옳은 것은? (2010년 공인회계사)

① 이사회는 정관에 규정이 없더라도 주주총회의 특별결의를 얻어 위원회를 설치할 수 있다.

② 감사위원회는 3인 이상의 이사로 구성되고, 위원의 3분의 1은 사외이사이어야 한다.

③ 이사회는 주주총회의 승인을 요하는 사항의 제안도 회사의 경영상 목적을 달성하기 위하여 필요한 경우 위원회에 위임할 수 있다.

④ 위원의 원수가 3인 이상인 때에 위원회의 결의는 위원 과반수의 출석과 출석위원 과반수의 찬성으로 하며, 정관으로 그 비율을 낮게 정할 수 있다.

⑤ 위원회의 결의는 이사회의 결의와 동일한 효력이 있으며, 이사회는 감사위원회가 결의한 사항에 대하여 다시 결의할 수 없다.

① 위원회는 정관에 규정이 있어야 설치할 수 있다(제393조의2 제1항).
② 감사위원회는 3인 이상의 이사로 구성되고, 위원의 3분의 2 이상은 사외이사이어야 한다(제415조의2 제2항).
③ 이사회는 주주총회의 승인을 요하는 사항의 제안은 위원회에 위임할 수 없다(제393조의2 제2항).
④ 위원의 원수가 3인 이상인 때에 위원회의 결의는 위원 과반수의 출석과 출석위원 과반수의 찬성으로 하며, 정관으로 그 비율을 높게 정할 수 있다(제393조의2 제5항, 제391조 제1항).

17 상법상 비상장회사의 전자문서 사용에 관한 설명으로 틀린 것은? (2012년 공인회계사)

① 회사는 정관이 정하는 바에 따라 전자문서로 주주명부를 작성하는 경우 전자주주명부에는 서면주주명부와 달리 주주의 주소 외에 전자우편주소를 기재하여야 한다.

② 회사는 정관으로 정하는 바에 따라 전자적 방법으로 주주총회의 소집에 관한 공고를 할 수 있으며 이를 위하여 회사의 인터넷 홈페이지의 주소를 등기하여야 한다.

③ 의결권 있는 발행주식총수의 100분의 3 이상에 해당하는 주주가 집중투표에 의하여 이사를 선임할 것을 청구하는 경우 그 청구는 이사선임을 위한 주주총회일의 7일 전까지 서면 또는 전자문서로 하여야 한다.

④ 회사는 주주총회 및 이사회의 의사록을 서면 또는 전자문서로 작성하여 주주 또는 채권자가 열람할 수 있도록 비치할 의무가 있다.

⑤ 회사가 전자주주명부를 작성하고 그 내용을 주주 또는 채권자가 서면으로 인쇄할 수 있는 상태에 두면 상법상 주주명부의 비치의무를 다한 것으로 본다.

회사는 주주총회 및 이사회의 의사록을 작성하여야 하며, 이 경우 전자문서로의 작성에 대해서는 규정이 없다(제373조, 제391조의3). 그리고 주주총회 의사록은 주주 또는 채권자가 열람할 수 있도록 비치할 의무가 있으나(제396조 제2항), 이사회의 의사록은 비치의무가 없다.

답 16. ⑤ 17. ④

18 상법상 주식회사 이사회의 운영에 관한 설명으로 틀린 것은? (이견이 있으면 판례에 의함)

(2012년 공인회계사)

① 이사회의 결의에서 의결권을 행사할 수 없는 이사는 이사회의 성립정족수에는 포함되지만 의결정족수의 계산에서 출석 이사의 수에는 산입하지 않는다.

② 이사회 결의요건을 충족하는지 여부는 이사회 결의 당시를 기준으로 판단하여야 하고 그 결의의 대상인 행위가 실제로 이루어진 날을 기준으로 판단할 것은 아니다.

③ 이사회의 결의에 하자가 있는 경우 하자의 유형을 구별함이 없이 민법의 일반원칙에 의해 그 무효를 주장할 수 있다.

④ 정관에서 정하는 소집권자인 이사가 정당한 이유 없이 이사회의 소집을 거절하는 경우 소집권 있는 이사를 제외한 다른 이사는 이사회를 소집할 수 없다.

⑤ 이사는 대표이사에 대하여 다른 이사 또는 피용자의 업무에 관해 이사회에 보고할 것을 요구할 수 있고 대표이사는 3개월에 1회 이상 업무의 집행상황을 이사회에 보고하여야 한다.

정관에서 정하는 소집권자인 이사가 정당한 이유 없이 이사회의 소집을 거절하는 경우 소집권 있는 이사를 제외한 다른 이사는 이사회를 소집할 수 있다(제390조 제2항).

19 상법상 주식회사 대표이사에 관한 설명 중 틀린 것은? (2005년 공인회계사)

① 회사가 수인의 대표이사를 둔 때에는 원칙적으로 각자 단독으로 회사를 대표하나, 예외적으로 공동으로 회사를 대표할 것을 정할 수 있다.

② 대표이사가 제3자에게 손해를 가한 경우에는 회사와 대표이사는 연대하여 손해배상책임을 진다.

③ 대표이사는 회사의 영업에 관한 재판상, 재판 외의 모든 행위를 할 권한을 갖는다.

④ 대표이사는 이사회의 결의로 선임되나, 정관규정에 의하여 주주총회에서 선정될 수 있다.

⑤ 대표이사의 권한에 대한 내부적 제한은 선의의 제3자에게도 대항할 수 있다.

대표이사의 권한에 대한 내부적 제한은 선의의 제3자에게도 대항할 수 없다(제389조 제3항, 제209조 제2항).

20 A는 甲주식회사의 대표이사이다. 다음 설명 중 상법상 옳은 것은? (이견이 있으면 판례에 의함)

(2013년 공인회계사)

① 甲회사가 甲회사의 감사위원회 위원 B에게 소송을 제기하는 경우에는 A가 당연히 甲회사를 대표한다.

답 18. ④ 19. ⑤

② A는 甲회사의 모회사인 乙주식회사의 감사의 직무를 겸할 수 있다.

③ 甲회사가 정관으로 A의 영업에 관한 대표 권한을 제한한 경우에는 선의의 제3자에게도 대항할 수 있다.

④ 판례에 따르면 A가 객관적으로 대표권의 범위내의 행위를 한 경우에도 그것이 자기의 사적 이익을 위한 것이었고 회사에 손해가 발생한 경우 거래상대방이 이 같은 사정을 알았다면 甲회사가 이를 입증하여 무효를 주장할 수 있다.

⑤ 소액의 대표이사 직무수행자금 조달을 위한 신주발행은 정관규정이나 이사회의 결의 없이 A의 결정만으로 할 수 있다.

① 甲회사가 甲회사의 감사위원회 위원 B에게 소송을 제기하는 경우에는 감사위원회 또는 이사는 법원에 회사를 대표할 자를 선임하여 줄 것을 신청하여야 한다(제394조 제2항).

② A는 甲회사의 모회사인 乙주식회사의 감사의 직무를 겸할 수 없다(제411조).

③ 甲회사가 정관으로 A의 영업에 관한 대표 권한을 제한한 경우에는 선의의 제3자에게도 대항할 수 없다(제389조 제3항, 제209조 제2항).

④ 대판 1987. 10. 13, 86다카1522

⑤ 소액의 대표이사 직무수행자금 조달을 위한 신주발행은 정관규정이나 이사회의 결의가 있어야 한다(제416조).

21 주식회사 갑의 대표이사 을에 관한 다음 1에서 5까지의 기술 중 옳은 것은 몇 개인가?

1. 을이 갑회사와 동종의 영업을 하는 다른 주식회사의 이사에 취임하는 때에는 갑회사의 이사회에서 중요한 사실을 개시하고, 그 승인을 얻어야 한다.
2. 을이 갑회사의 이사회의 승인을 얻지 않고, 제3자를 대리하여, 갑회사의 영업부류에 속하는 거래를 한 때는 갑회사의 이사회는 그 거래를 갑회사의 계산으로 한 것으로 볼 수 있다.
3. 을이 갑회사를 대표하여, 갑회사의 다른 이사 병의 채무를 보증하는 때에는 갑회사의 이사회의 승인을 얻어야 한다.
4. 을은 자기의 계산으로 갑회사의 영업부류에 속하는 거래를 하고 이것에 의해 갑회사에 손해를 준 때에는 그 거래에 대해 처음부터 갑회사의 이사회의 승인을 얻었다고 하더라도 갑회사의 손해를 배상할 책임을 부담한다.
5. 을은 갑회사로부터 재산을 양수하고, 이것에 의해 갑회사에 손해를 준 때에는 그 양도에 대해 처음부터 갑회사의 이사회의 승인을 얻었다고 하더라도 갑회사의 손해를 배상할 책임을 부담한다.

① 1개 ② 2개 ③ 3개

④ 4개 ⑤ 5개

답 20. ④ 21. ④

① 이사는 동종영업부류에 속하는 다른 회사의 무한책임사원 또는 이사가 되기 위해서는 이사회의 승인을 얻어야 한다(제397조 제1항). 따라서 1번 지문은 옳은 것이다.

② 이사가 제3자의 계산으로 회사의 영업부류에 속하는 거래를 한 경우에는 회사는 이사에게 그로 인한 이익의 양도를 청구할 수 있을 뿐, 그 거래를 자기의 계산으로 할 수는 없다(제397조 제2항). 따라서 2번 지문은 틀린 것이다.

③ 갑회사를 대표하는 을이 다른 이사 병의 채무보증행위를 하는 것은 곧 회사가 이사의 채무보증행위를 하는 것이고, 이는 자기거래의 승인대상이 된다. 따라서 3번 지문은 옳은 것이다.

④ 이사가 이사회의 경업승인을 얻어 경업행위를 하였더라도, 이로 인하여 회사에 손해가 발생하였다면, 이사의 충실의무위반으로써 그 손해배상책임을 부담하여야 한다고 본다. 따라서 4번 지문은 옳은 것이다.

⑤ 이사와 회사간의 자기거래에서 그 승인을 얻었다 하더라도 이로 인하여 회사에 손해가 발생하였다면, 그 이사와 승인한 이사회 결의에 찬성한 이사는 연대하여 손해배상책임을 부담한다. 따라서 5번 지문은 옳은 것이다.

22 상법상 주식회사의 대표이사의 권한에 관한 설명으로 틀린 것은? (2011년 공인회계사)

① 대표이사는 대외적으로 회사를 대표하여 회사의 영업에 관하여 재판상 또는 재판외의 모든 행위를 할 권한이 있다.

② 이사회는 원칙적으로 대표이사가 소집하며 다만 이사회의 결의로 소집할 이사를 정한 때에는 그러하지 아니하다.

③ 대표이사의 대표권에 대한 제한은 선의의 제3자에게 대항하지 못한다.

④ 판례에 의하면 대표이사가 대표권의 범위 내에서 한 행위는 대표권을 남용한 것이라도 상대방이 대표이사의 진의를 알았거나 알 수 있었을 경우가 아니라면 유효하다.

⑤ 판례에 의하면 대표이사가 이사회의 결의를 거쳐야 할 대외적 거래행위를 이사회 결의 없이 하였더라도 상대방이 이를 알았거나 알 수 있었을 경우가 아니라면 유효하다.

이사회는 원칙적으로 각 이사가 소집하며 다만 이사회의 결의로 소집할 이사를 정한 때에는 그러하지 아니하다(상법 제390조 제1항).

④ 대법원 1997. 8. 29. 선고 97다18059 판결 ; 대법원 2005. 7. 28. 선고 2005다3649 판결

⑤ 대법원 1996. 1. 26. 선고 94다42754 판결 ; 대법원 2003. 1. 24. 선고 2000다20670 판결

23 상법상 주식회사의 공동대표이사 제도에 관한 설명으로 틀린 것은? (2011년 공인회계사)

① 주식회사가 수인의 대표이사를 둔 경우에는 원칙적으로 각 대표이사가 단독으로 회사를 대표하지만 예외적으로 공동으로 회사를 대표할 것을 정할 수 있다.

답 22. ②

② 공동대표이사의 정함이 있는 경우 회사가 어음을 발행하려면 공동대표이사 전원의 기명날인 또는 서명이 있어야 한다.

③ 공동대표이사가 있는 회사에 대한 의사표시는 공동대표이사 전원에 대하여 하여야 한다.

④ 판례에 의하면 공동대표이사 1인이 그 대표권의 행사를 다른 공동대표이사에게 일반적 · 포괄적으로 위임함은 허용되지 않는다.

⑤ 판례에 의하면 회사가 공동대표이사에게 단순히 '대표이사'라는 명칭을 사용하여 단독으로 법률행위를 하는 것을 용인 내지 방임한 경우에도 표현대표이사 규정이 적용될 수 있다.

공동대표이사가 있는 회사에 대한 의사표시는 공동대표이사 중 1인에 대하여 하여도 효력이 있다(상법 제389조 제3항, 제208조 제2항).

④ 대법원 1989. 5. 23. 선고 89다카3677 판결

⑤ 대법원 1991. 11. 12. 선고 91다19111 판결

24 상법상 공동대표이사의 사례에 관한 설명으로 틀린 것은? (이견이 있으면 판례에 의함)

(2012년 공인회계사)

> 甲주식회사는 사장 A와 전무 B를 공동대표이사로 선임하여 공동대표이사의 등기를 하였다. 그런데 A는 '甲주식회사의 대표이사 A'라는 단독명의로 乙과 회사의 업무용 토지에 관한 매매계약을 체결하였다. 이후 甲회사는 그 계약이 불리하게 체결된 점을 발견하고 공동대표이사 규정의 위반을 이유로 매매계약의 효력을 부인하고 있다.

① 공동대표이사 중의 1인인 사장 A가 단독으로 행한 乙과의 매매계약은 무권대표행위로서 무효이다.

② 전무 B가 사장 A의 행위를 추인한 때에는 하자가 치유되므로 乙은 甲회사에 대하여 매매의 효력을 주장할 수 있다.

③ 전무 B의 추인이 없는 경우 乙은 사장 A에 대하여는 민법상 손해배상책임을 묻고 甲회사에 대하여는 사용자책임을 물을 수 있다.

④ 전무 B가 사장 A에게 대표권을 포괄적으로 위임하였다면 사장 A와 乙 사이에 체결된 매매계약은 甲회사에 대하여 유효하다.

⑤ 사장 A가 '甲주식회사의 대표이사 A'라고 명함에 사용하는 것을 甲회사가 허락하였다면 선의 · 경과실인 乙은 甲회사에 대하여 매매계약상의 책임을 물을 수 있다.

답 23. ③ 24. ④

공동대표이사의 경우 대표권의 포괄적 위임은 제도취지에 반하므로 인정되지 않는다는 것이 판례와 통설의 입장이다. 따라서 포괄적 위임에 의한 사장 A의 매매계약체결은 무권대표행위가 되고, 회사에 대하여 효력이 없다.

25 표현대표이사에 관한 설명 중 틀린 것은? (2005년 공인회계사)

① 통설에 따르면, 회사가 책임을 지는 표현대표이사의 행위는 회사의 영업에 관한 재판 외의 행위뿐만 아니라 재판상의 행위를 포함한다.

② 판례 및 통설에 따르면, 이사가 아닌 지배인이 상무라고 칭하면서 대표권에 속하는 행위를 한 경우에도 회사는 표현대표이사의 행위로 인한 책임을 부담한다.

③ 판례에 따르면, 표현대표이사의 행위에 대한 회사의 책임을 묻기 위해서는 상대방이 선의이어야 하는데, 여기서 선의란 표현대표이사가 회사를 대표할 권한이 없음을 알지 못하는 것을 뜻한다.

④ 표현대표이사의 행위에 대하여 회사의 책임이 성립하려면 그 행위가 대표이사의 권한에 속한 것이어야 한다.

⑤ 표현대표이사의 행위에 대하여 회사가 책임을 부담한 결과 손해가 발생한 때에는 당해 표현대표이사에 대하여 배상청구를 할 수 있다.

표현대표이사의 행위는 재판 외의 행위만을 포함하며, 재판상의 행위는 포함되지 않는다.

26 상법상 주식회사의 표현대표이사에 관한 설명으로 틀린 것은? (이견이 있으면 판례에 의함) (2015년 공인회계사)

① 판례에 의하면 부존재하는 주주총회 결의에 의하여 선임된 이사의 행위에 대하여도 표현대표이사에 관한 상법 제395조를 유추 적용한다.

② 제3자가 회사의 대표이사가 아닌 이사와 거래행위를 함에 있어 그 이사가 회사를 대표할 권한이 있다고 믿었을지라도 그와 같은 믿음에 중대한 과실이 있는 때에는 회사는 그 제3자에 대하여 책임을 지지 않는다.

③ 판례에 의하면 표현대표이사가 회사의 명의로 어음행위를 한 경우 회사가 책임을 지는 선의의 제3자의 범위에는 표현대표이사로부터 직접 어음을 취득한 상대방뿐만 아니라 그로부터 어음을 배서양도 받은 제3취득자도 포함된다.

④ 제3자가 법인등기부 등기를 열람하지 않고 회사와 거래한다면 표현대표이사 성립에 있어서 중대한 과실이 있다.

답 25. ① 26. ④

⑤ 회사가 표현대표이사의 명칭사용을 허락하거나 이를 알고도 용인한 경우 회사는 표현책임을 질 수 있다.

표현대표이사제도는 상업등기와는 다른 차원에서 회사의 표현책임을 인정한 규정이므로, 제3자가 법인등기부 등기를 열람하지 않고 회사와 거래하더라도 표현대표이사 성립에 있어서 중대한 과실에 해당하지 않는다(판례).

27 A회사의 1인주주인 C는 명목상의 대표이사인 D로부터 대표이사 인감과 명판을 건네 받아 직접 A회사의 대표이사로서의 업무집행권을 실질적으로 행사하였고, D도 이러한 사실을 알면서 방치하였다. C는 자신에게 A회사의 대표권을 행사할 권한이 있다고 믿은 B은행으로부터 융자를 받으면서 A회사가 소유하는 부동산에 대해 근저당권설정계약을 체결하였는데, 계약서에는 법인등기부상 대표이사인 D를 A회사의 대표이사로 기재하고 D의 명판과 인감을 날인하였다. 근저당권설정계약의 효력과 그 근거에 관한 설명으로서 옳은 것은? (판례에 의함) (2004년 공인회계사)

① C는 A회사의 대표이사도 아니고, A회사로부터 근저당권설정의 대리권을 수여 받은 사실이 없으므로, 근저당권설정계약은 무효이다.

② 이사가 아닌 C는 A회사의 표현대표이사가 될 수 없으므로, 근저당권설정계약은 무효이다.

③ C가 자신의 명칭이 아닌 D의 명칭을 사용한 경우에는 A회사의 표현대표이사가 될 수 없으므로, 근저당권설정계약은 무효이다.

④ A회사는 C에게 대표권한이 있는 명칭사용을 승인한 바 없으므로, 근저당권설정계약은 무효이다.

⑤ C가 A회사의 대표권을 행사할 권한이 있다고 믿은 데 대해 B은행에 중대한 과실이 없는 경우에는, 근저당권설정계약은 효력이 있다.

위 설문은 제395조의 표현대표이사의 책임에 관한 내용이다. 표현대표이사의 요건을 갖추었다면 회사는 그 책임을 져야 한다. 따라서 C가 A회사의 대표권을 행사할 권한이 있다고 믿은 데 대해 B은행에 중대한 과실이 없는 경우에는, 근저당권설정계약은 효력이 있다.

28 집행임원과 집행임원 설치회사에 관한 다음 설명 중 옳지 않은 것은?

① 회사는 집행임원을 둘 수 있고, 집행임원을 둔 경우에는 대표이사는 두지 못한다.

② 집행임원과 집행임원 설치회사는 위임관계에 있고, 민법 중 위임에 관한 규정이 준용된다.

답 27. ⑤ 28. ④

③ 집행임원과 대표집행임원의 선임 및 해임은 이사회의 권한 사항에 해당한다.

④ 정관에 규정이 없거나 주주총회의 승인이 없는 경우 집행임원의 보수는 인정되지 않는다.

⑤ 집행임원 설치회사는 이사회의 회의를 주관하기 위하여 이사회 의장을 두어야 한다. 의장은 정관에 규정이 없으면 이사회 결의로 선임한다.

정관에 규정이 없거나 주주총회의 승인이 없는 경우 집행임원의 보수는 이사회에서 이를 결정한다(제408조의2 제3항 6호)

29 집행임원에 관한 다음 설명 중 옳지 않은 것은?

① 집행임원의 임기는 원칙적으로 2년을 초과하지 못하지만, 정관으로 연장할 수 있다.

② 집행임원은 집행임원 설치회사의 업무집행, 정관이나 이사회의 결의에 의하여 위임받은 업무집행에 관한 의사결정의 권한을 갖는다.

③ 2명 이상의 집행임원이 선임된 경우에는 이사회의 결의로 집행임원 설치회사를 대표할 대표집행임원을 선임하여야 한다. 다만, 집행임원이 1명인 경우에는 그 집행임원이 대표집행임원이 된다.

④ 집행임원에 대하여도 표현대표이사에 관한 규정이 준용된다.

⑤ 집행임원의 회사에 대한 손해배상책임은 총주주의 동의로 면제할 수 없다.

집행임원의 회사에 대한 손해배상책임은 총주주의 동의로 면제할 수 있다(제408조의9, 제400조 제1항).

30 집행임원의 의무 및 권한에 관한 다음 설명 중 옳지 않은 것은?

① 집행임원은 3개월에 1회 이상 업무의 집행상황을 이사회에 보고하여야 한다.

② 집행임원은 이사회의 요구가 있으면 언제든지 이사회에 출석하여 요구한 사항을 보고하여야 한다.

③ 이사는 대표집행임원으로 하여금 다른 집행임원 또는 피용자의 업무에 관하여 이사회에 보고할 것을 요구할 수 있다.

④ 집행임원은 필요하면 회사의 목적사항과 소집이유를 기재한 서면 또는 전자문서로 이사 또는 이사회소집권자에게 제출하여 이사회 소집을 청구할 수 있다.

⑤ 집행임원의 청구에도 이사회를 소집하지 않는 경우 집행임원은 법원의 허가를 받아 이사회를 소집할 수 있다. 이 경우 이사회의장은 법원이 이해관계자의 청구에 의하여 또는 직권으로 선임할 수 있다.

답 29. ⑤ 30. ④

집행임원은 필요하면 회사의 목적사항과 소집이유를 기재한 서면으로 이사 또는 이사회소집권자에게 제출하여 이사회 소집을 청구할 수 있다(제408조의7 제1항).

31 집행임원의 책임에 관한 다음 설명 중 옳지 않은 것은?

① 집행임원이 고의 또는 과실로 법령이나 정관을 위반한 행위를 하거나 그 임무를 게을리 한 경우에는 그 집행임원은 집행임원 설치회사에 손해를 배상할 책임이 있다.

② 집행임원이 고의 또는 중대한 과실로 그 임무를 게을리 한 경우에는 그 집행임원은 제3자에게 손해를 배상할 책임이 있다.

③ 집행임원의 이름으로 직접 업무집행을 한 자는 집행임원과 같이 회사 및 제3자에 대한 책임을 진다.

④ 집행임원이 회사에 손해를 배상할 책임이 있는 경우에 다른 집행임원, 이사 또는 감사도 그 책임이 있으면 연대하여 배상할 책임이 있다.

⑤ 집행임원의 회사에 대한 책임에 대하여는 대표소송에 의한 추궁이 인정되지 않는다.

집행임원의 회사에 대한 책임에 대하여도 대표소송에 의한 추궁이 인정된다(제408조의9, 제403조).

32 다음 사항 중 상법상 주식회사에 관한 설명으로 틀린 것은 모두 몇 개인가? (이견이 있으면 판례에 의함) (2013년 공인회계사)

(가) 집중투표의 방법으로 이사를 선임하는 경우에 회사가 집중투표 청구 서면을 총회종결 시까지 본점에 비치하지 않았거나 주주총회에서 의장이 의결에 앞서 그러한 청구의 취지를 알리지 았으면 그 이사선임 결의는 결의취소의 소의 원인이 될 수 있다.

(나) 한정치산자는 상장회사의 사외이사가 될 자격이 있다.

(다) 회사가 이사에게 퇴직위로금을 지급하려면 정관에 그 금액을 정하지 않았으면 주주총회의 특별결의로 정해야 한다.

(라) 상법 이외의 법률이 준법지원인의 임기를 2년으로 규정하여도 상법이 우선하여 적용되어 준법지원인의 임기는 3년이다.

(마) 집행임원의 임기는 정관에 다른 규정이 없으면 2년을 초과하지 못한다.

(바) 회사의 경영에 대하여 영향력을 가진 주주가 이사의 명의로 고의로 위법한 업무를 직접 집행한 경우에는 그로 인하여 회사에 손해가 발생하여도 상법 제399조(회사에 대한 책임)의 책임을 부담하지 않는다.

답 31. ⑤ 32. ②

① 2개 ② 3개 ③ 4개
④ 5개 ⑤ 6개

(가) 옳은 지문이다. 집중투표의 방법으로 이사를 선임하는 경우에 회사가 집중투표 청구 서면을 총회종결시까지 본점에 비치하지 않았거나 주주총회에서 의장이 의결에 앞서 그러한 청구의 취지를 알리지 않았으면 소집절차나 결의방법에 하자가 있으므로 그 이사선임 결의는 결의취소의 소의 원인이 될 수 있다.

(나) 틀린 지문이다. 한정치산자는 상장회사의 사외이사가 될 자격이 없다(제542조의8 제2항 제1호).

(다) 틀린 지문이다. 퇴직위로금은 이사의 보수에 속하므로, 회사가 이사에게 퇴직위로금을 지급하려면 정관에 그 금액을 정하지 않았으면 주주총회의 보통결의로 정해야 한다(제388조).

(라) 옳은 지문이다. 상법 이외의 법률이 준법지원인의 임기를 2년으로 규정하여도 상법이 우선하여 적용되어 준법지원인의 임기는 3년이다(제542조의13 제6항, 제11항).

(마) 옳은 지문이다. 집행임원의 임기는 정관에 다른 규정이 없으면 2년을 초과하지 못한다(제408조의3 제1항).

(바) 틀린 지문이다. 회사의 경영에 대하여 영향력을 가진 주주가 이사의 명의로 고의로 위법한 업무를 직접 집행한 경우에는 그로 인하여 회사에 손해가 발생하면 상법 제399조(회사에 대한 책임)의 책임을 부담한다(제401조의2 제1항).

33 상법상 주식회사의 이사와 집행임원에 관한 설명으로 틀린 것을 묶은 것은?

(2014년 공인회계사)

㉠ 회사의 성립 이후에는 이사는 주주총회에서 선임되지만 집행임원은 이사회에서 선임된다.
㉡ 회사는 집행임원을 둘 수 있고 집행임원 설치회사는 대표이사를 두지 못한다.
㉢ 이사는 집행임원으로 선임되지 못하며 집행임원 설치회사는 이사회의 회의를 주관하기 위하여 이사회의 의장을 둘 수 있다.
㉣ 집행임원 설치회사에서 집행임원을 3인 이상 선임하는 경우에는 집행임원회를 설치하여야 한다.
㉤ 집행임원의 임기는 정관에 다른 규정이 없으면 2년을 초과하지 못한다.

① ㉠, ㉢ ② ㉡, ㉣ ③ ㉢, ㉤
④ ㉠, ㉡ ⑤ ㉢, ㉣

㉢ 이사는 집행임원으로 선임되지 못하며 집행임원 설치회사는 이사회의 회의를 주관하기 위하여 이사회의 의장을 두어야 한다(제408조의2 제4항).

㉣ 집행임원 설치회사에서 집행임원을 3인 이상 선임하는 경우에도 집행임원회제도는 없으며, 다만 이사회에서는 대표집행임원을 선임하여야 한다(제408조의5).

답 33. ⑤

34 주식회사의 이사의 상법상 의무에 관한 설명으로 틀린 것은? (2004년 공인회계사)

① 이사는 회사와 위임관계에 있으므로 선관주의의무를 부담한다.

② 이사는 법령과 정관의 규정에 따라 회사를 위하여 그 직무를 충실하게 수행하여야 할 의무를 부담한다.

③ 이사는 회사에 현저하게 손해를 미칠 염려가 있는 사실을 발견한 때에는 즉시 감사(감사위원회)에게 이를 보고할 의무가 있다.

④ 이사는 재임중 직무상 알게된 회사의 영업상 비밀을 누설하여서는 아니되며, 퇴임 후에는 이러한 의무를 부담하지 않는다.

⑤ 자본금의 총액이 10억원 이상인 회사의 이사는 이사회의 승인이 없으면 자기 또는 제3자의 계산으로 회사의 영업부류에 속하는 거래를 하지 못한다.

이사는 재임중 뿐만 아니라 퇴임 후에도 직무상 알게 된 회사의 영업상 비밀을 누설하여서는 아니된다(제382조의4).

35 상법상 주식회사의 이사의 의무에 관한 설명으로 옳은 것은? (2017년 공인회계사)

① 이사가 이사회의 승인 없이 제3자의 계산으로 회사의 영업부류에 속한 거래를 한 경우 회사는 이사회의 결의로 이를 회사의 계산으로 한 것으로 볼 수 있다.

② 이사가 직무를 수행하는 과정에서 알게 된 회사의 이익이 될 수 있는 사업기회를 자기의 이익을 위하여 이용하기 위해서는 이사 과반수에 의한 이사회의 승인을 받아야 한다.

③ 이사의 배우자가 자기 또는 제3자의 계산으로 회사와 자기거래를 하기 위하여는 미리 이사회에서 그 거래에 관한 중요사실을 밝히고 이사회의 승인을 받아야 한다.

④ 판례에 의하면 이사가 이사회의 승인 없이 한 자기거래는 회사의 이익을 해할 가능성이 크므로 이사와 회사 사이는 물론 제3자에 대하여도 그의 선의와 악의를 묻지 않고 효력이 없다.

⑤ 판례에 의하면 이사가 이사회의 승인 없이 자기거래를 한 경우 회사는 물론 거래의 상대방이나 제3자도 회사의 이익을 위하여 그 거래의 무효를 주장할 수 있다.

① 이사가 이사회의 승인 없이 자기의 계산으로 회사의 영업부류에 속한 거래를 한 경우 회사는 이사회의 결의로 이를 회사의 계산으로 한 것으로 볼 수 있다(제398조 제2항).

② 이사가 직무를 수행하는 과정에서 알게 된 회사의 이익이 될 수 있는 사업기회를 자기의 이익을 위하여 이용하기 위해서는 총 이사 3분의2에 의한 이사회의 승인을 받아야 한다(제397조의2 제1항).

④ 판례에 의하면 이사가 이사회의 승인 없이 한 자기거래는 회사의 이익을 해할 가능성이 크므로 이사와 회사 사이는 그의 선의와 악의를 묻지 않고 효력이 없다. 그러나 제3자의 악의 또는 중대한 과실을 입증한 때에는 제3자에 대해서도 효력이 없다(대판1973.10.31, 73다954).

답 34. ④ 35. ③

⑤ 판례에 의하면 이사가 이사회의 승인 없이 자기거래를 한 경우 회사는 그 거래의 무효를 주장할 수 있으나, 상대방 또는 제3자는 이를 주장할 수 없다(대판2012.12.27, 2011다67651)..

36 주식회사와 이사간의 거래에 관한 다음 기술 중 옳지 않은 것끼리 묶은 것은?

1. 갑회사의 대표이사 A가 자기의 B에 대한 매매대금채무에 대해 연대보증을 하기 위해, 동회사를 대표하여 매도인과의 사이에 계약을 체결하는 때에는 이사회의 승인을 얻어야 한다.
2. 갑회사의 대표이사 A가 동회사에 대해 금전대여를 하는 때에 그 대여가 무이자 · 무담보라 하더라도 이사회의 승인을 얻어야 한다.
3. 갑회사의 대표이사 A가 제3자 B의 대리인으로써 동회사와의 사이에 매매계약을 체결하는 때에는 이사회의 승인을 요하지 않는다.
4. 갑회사의 대표이사 A는 동회사와의 사이에 매매를 하는 것에 대해 이사회의 승인을 받고 있는 경우에 있어서도, 매매에 의해 동회사에 손해가 발생한 때는 동회사에 대해 손해배상책임을 부담한다.
5. 갑회사의 대표이사 A가 동회사의 이사 B에 대해, 이사회의 승인없이 금전을 대차한 경우, 기한내에 변제가 이루어지지 않은 때는 대표이사 A는 동회사에 대해 변제가 이루어지지 않은 금액에 대해 변제할 책임을 부담한다.

① 1, 2 ② 2, 3 ③ 2, 4
④ 3, 4 ⑤ 4, 5

이사와 회사간의 거래에서 이해충돌관계를 가져오는 경우에는 이사회의 승인을 얻어야 한다. 그러나 회사에 대한 무이자 · 무담보의 금전대여 등 회사에 이해충돌이 생길 염려가 없는 경우에는 이사회의 승인을 필요로 하지 않는다. 한편 쌍방대리의 경우 회사에 이해충돌이 생길 염려가 있다면 이 경우에도 이사회의 승인을 얻어야 한다.
① 대판 1984. 12. 11, 84다카1591 ④, ⑤ 제399조 참조

37 비상장 주식회사의 이사와 회사의 자기거래로서 이사회의 승인이 필요한 경우는 모두 몇 개인가? (이견이 있으면 판례에 의함) (2012년 공인회계사)

ㄱ. 회사에 대한 이사의 채무를 회사가 면제하는 경우
ㄴ. 회사의 채권을 이사의 채권으로 하는 경개
ㄷ. 이사의 제3자에 대한 채무에 대하여 회사가 보증하는 경우
ㄹ. 대표이사가 회사의 채무를 담보하기 위하여 자신을 수취인으로 하는 회사 명의의 약속어음을 발행하는 경우

답 36. ② 37. ③

ㅁ. 회사가 이사에 대하여 환어음을 배서양도하는 경우
ㅂ. 변제기가 모두 도래한 이사와 회사 간의 채무의 상계
ㅅ. 보험회사의 이사가 당해 회사의 보험상품에 그 약관에 의해 가입하는 경우

① 2개 ② 3개 ③ 4개
④ 5개 ⑤ 6개

ㄱ. 회사에 대한 이사의 채무를 회사가 면제하는 경우, ㄴ. 회사의 채권을 이사의 채권으로 하는 경개, ㄷ. 이사의 제3자에 대한 채무에 대하여 회사가 보증하는 경우, ㅁ. 회사가 이사에 대하여 환어음을 배서양도하는 경우는 회사에 불이익이 되는 것이므로 이사회의 승인을 얻어야 한다.
그러나 ㄹ. 대표이사가 회사의 채무를 담보하기 위하여 자신을 수취인으로 하는 회사 명의의 약속어음을 발행하는 경우, ㅂ. 변제기가 모두 도래한 이사와 회사 간의 채무의 상계, ㅅ. 보험회사의 이사가 당해 회사의 보험상품에 그 약관에 의해 가입하는 경우는 회사에 이익이 되거나 이해충돌이 없는 행위이므로 이사회의 승인을 요하지 않는다.

38 다음 중 주식회사 이사의 의무에 관한 설명으로 틀린 것은? (2007년 공인회계사)

① 판례에 의하면, 대표이사가 개인적 용도에 사용할 목적으로 타인이 발행한 약속어음에 배서해 주기 위해서는 이사회의 승인을 얻어야 한다.
② 판례에 의하면, 대표이사가 자기 회사의 채무를 담보하기 위하여 자신에게 회사명의의 약속어음을 발행하는 경우에는 이사회의 승인을 얻어야 한다.
③ 판례에 의하면, 대표권도 없고 업무도 담당하지 않는 평이사는 이사회를 통하지 않고도 다른 업무담당이사의 업무집행을 전반적으로 감시할 의무가 있다.
④ 판례에 의하면, 대표이사가 개인적으로 제3자에게 금원을 대여하고 자신의 회사로 하여금 연대보증을 서게 하기 위해서는 이사회의 승인을 얻어야 한다.
⑤ 이사는 자신의 회사와 업종이 다른 합자회사의 무한책임사원이 되기 위해 이사회의 승인을 얻을 필요가 없다.

① 대판 1989. 1. 31, 87누760(대표이사가 개인적 용도에 사용할 목적으로 타인이 발행한 약속어음에 "회사명의의" 배서를 해 주기 위해서는 이사회의 승인을 요한다). 이 판례의 내용으로 본다면 위 지문은 누구 명의인지를 명확히 하지 않은 점에 오류가 있다.
② 대표이사가 자기 회사의 채무를 담보하기 위하여 자신에게 회사명의의 약속어음을 발행하는 경우에는 회사와 이해충돌관계가 없으므로 이사회의 승인을 요하지 않는다는 것이 판례의 입장이다(대판 1962. 3. 13, 62라1).
③ 대판 2004. 12. 10, 2002다60467 참조 ④ 대판 1980. 7. 22, 80다341.342

답 38. ①, ②

39 A주식회사는 면사류의 수탁가공업을 하는 회사이고, 이 회사에는 대표이사 甲과 乙, 丙 등의 수인의 이사가 있다. A주식회사는 甲이 경영하는 B회사로부터 혼방사의 제조위탁을 받고 납품하였으나, 그 거래사실에 대해 甲이 위탁제조한 사실을 신고하지 않아 A주식회사가 탈세혐의로 조사를 받고 물품세와 직물류세가 추징과세되었다. 다음의 설명 중 옳지 않은 것은? (학설의 대립이 있는 때에는 판례에 따름)

① 丙이 업무집행을 담당하지 아니하는 평이사인 경우, 丙은 회사에 대해 감시의무위반에 따른 손해를 배상할 책임이 없다.

② A주식회사와 B주식회사간의 혼방사의 제조위탁계약의 경우, A주식회사 뿐만 아니라 B주식회사도 이사회의 승인이 있어야 한다.

③ A주식회사의 B주식회사에 대한 혼방사의 제조위탁계약으로 손해가 발생한 경우, A주식회사의 이사회에서 乙이 그 거래의 승인에 찬성하였다면 甲과 연대하여 손해배상책임을 진다.

④ A주식회사의 이사회 의사록에 乙이 혼방사의 제조위탁계약승인결의에 반대의 표시가 없었다면 이는 찬성한 것으로 추정한다.

⑤ 제조위탁거래와 추징과세로 인하여 회사가 손해를 입고 이로 인해 X 등 주주가 이익배당을 받지 못하는 손해가 있는 때, 그 주주들은 甲에 대하여 자신들의 손해의 배상청구를 할 수 없다.

업무집행을 담당하지 아니하는 평이사라도 이사회의 일원으로서 이사회를 통하여 대표이사를 비롯한 업무담당이사의 업무집행을 감시할 의무가 있으므로, 위 사례에서 병이 비록 업무집행을 담당하지 아니하는 이사라 하더라도 감시의무위반에 따른 손해배상책임을 진다(대판 1985. 6. 25, 84다카1954).

40 A회사와 C회사의 대표이사를 겸직하고 있는 D는, C회사가 B은행으로부터 융자를 받음에 있어, C회사의 채무에 대한 보증의 목적으로 A회사를 대표하여 B은행을 수취인으로 하는 A회사 명의의 약속어음을 발행교부하였다. D가 이 어음발행에 대해 A회사 이사회의 승인을 받지 않았고 B은행도 이러한 사실을 몰랐으며 이를 알 수도 없었을 경우, A회사의 어음금 지급책임에 대한 설명으로서 옳은 것은? (판례에 의함) (2004년 공인회계사)

① B은행에 대한 어음발행은 이사회의 승인을 받아야 할 자기거래에 해당하지 아니하므로, A회사는 어음금지급책임이 있다.

답 39. ① 40. ②

② A회사의 이사회의 승인을 받지 아니한 자기거래는 무효이지만 이를 선의인 B은행에 대항할 수 없으므로, A회사는 어음금지급책임이 있다.

③ B은행에 대한 보증은 A회사 이사회의 승인을 받아야 할 자기거래에 해당하지 아니하므로, A회사는 어음금지급책임이 있다.

④ A회사의 이사회의 승인을 받지 아니한 자기거래는 무효이므로, A회사는 어음금지급책임이 없다.

⑤ A회사의 이사회의 승인을 받지 아니한 자기거래는 유효이므로, A회사는 어음금지급책임이 있다.

위의 설문은 이사의 자기거래제한에 관한 내용이다. 이사는 회사와의 거래에서 이사회의 승인을 얻어야 한다. 만약 얻지 않는다면 그 거래는 무효가 된다. 이 때 어음행위도 자기거래제한의 범위에 해당하는가에 대해 논란이 되지만, 어음행위도 이해관계의 충돌을 가져오므로 회사의 불이익이 될 수 있다. 따라서 자기거래의 범위에 포함된다. 그렇다면 A회사의 이사회의 승인을 받지 아니한 자기거래는 무효이다. 그렇지만 이사회의 승인을 얻지 않은 어음발행에 대해 선의인 B은행에 대항할 수 없으므로, A회사는 어음금지급책임이 있다.

41 상법상 이사의 의무와 책임에 관한 설명으로 틀린 것은? (2011년 공인회계사)

① 이사와 회사의 관계는 민법의 위임에 관한 규정을 준용하므로 이사는 회사에 대하여 선량한 관리자의 주의의무를 부담한다.

② 판례에 의하면 이사가 주주총회 또는 이사회의 결의에 따라 업무를 집행하였더라도 그 결의내용이 위법 또는 불공정한 것이라면 책임을 면할 수 없다.

③ 판례에 의하면 이사가 다른 업무담당이사의 업무집행이 위법하다고 의심할 사유가 있음에도 불구하고 이를 방치한 때에는 회사가 입은 손해를 배상할 책임이 있다.

④ 이사는 이사회의 승인이 없으면 자기 또는 제3자의 계산으로 회사의 영업부류에 속한 거래를 하거나 동종영업을 목적으로 하는 다른 회사의 무한책임사원이나 이사가 되지 못한다.

⑤ 이사가 경업금지의무를 위반하여 거래를 한 경우 회사는 이사회의 결의로 직접 그 이사가 한 거래의 당사자가 될 수 있다.

이사가 경업금지의무를 위반하여 거래를 한 경우 회사는 이사회의 결의로 개입권을 행사할 수 있으며, 이 경우 자기의 계산은 회사의 계산으로 제3자의 계산으로 한 경우에는 그로 인한 이익의 양도를 청구할 수 있다. 경업금지의무위반행위에 대해 회사는 직접 그 이사가 한 거래의 당사자가 될 수는 없다.
③ 대법원 1985. 6. 25. 선고 84다카1954 판결

답 41. ⑤

42 이사의 책임에 관한 다음 설명 중 옳은 것은?

① 이사는 신주발행에 있어서 인수담보책임과 납입담보책임을 부담한다.

② 이사의 회사에 대한 손해배상책임중에 불법행위로 인한 책임도 총주주의 동의로 면제할 수 있다.

③ 이사는 고의 또는 과실로 인하여 그 임무를 해태하여 제3자에게 손해가 생긴 때에는 손해배상책임을 진다.

④ 회사에 대한 자신의 영향력을 이용하여 이사에게 업무집행을 지시한 자는 이사와 동일한 책임을 부담한다.

⑤ 이사가 아니면서 명예회장 · 회장 등 회사의 업무를 집행할 권한이 있는 것으로 인정될만한 명칭을 사용하여 회사의 업무를 집행한 자에 대해서는 대표소송에 의한 책임추궁이 인정될 수 없다.

① 이사는 발기인과 달리 납입담보책임을 부담하지 않는다.

② 이사의 회사에 대한 손해배상책임 중 총주주의 동의로 면제할 수 있는 것은 채무불이행책임이며, 불법행위책임은 제외된다.

③ 이사의 제3자에 대한 책임은 「고의 또는 중대한 과실」로 인하여 임무를 해태한 경우 지는 책임이다.

⑤ 이사가 아니면서 명예회장 · 회장 등의 명칭을 사용하여 업무를 집행한 자는 이사와 같은 책임을 지므로(제401조의2), 대표소송에 의한 책임추궁이 가능하다.

43 이사의 주식회사에 대한 상법상의 손해배상책임에 관한 설명으로 옳은 것은?

(2004년 공인회계사)

① 이사가 1인인 주식회사의 경우 이사가 주주총회의 승인 없이 회사와 한 거래로 인하여 발생한 손해에 대하여 배상책임을 진다.

② 여러 명의 이사가 손해배상책임을 지는 경우에는 각각 분할하여 책임을 진다.

③ 이사의 정관위반행위가 이사회의 결의에 의한 경우에는 이사회에 참석한 모든 이사는 그 결의에 찬성한 것으로 추정한다.

④ 이사의 손해배상책임은 주주총회의 특별결의로 면제할 수 있다.

⑤ 이사는 법령 또는 정관에 위반한 행위를 한 경우 외에는 손해배상책임을 지지 않는다.

① 원칙적으로 이사의 자기거래제한은 이사회의 승인사항이며, 승인없이 한 거래로 인한 손해배상책임을 진다. 그런데 이사가 1인인 주식회사의 경우 이사회가 없으므로, 이사가 주주총회의 승인을 얻어야 하며, 주주총회의 승인 없이 회사와 한 거래로 인하여 발생한 손해에 대하여 배상책임을 진다.

② 여러 명의 이사가 손해배상책임을 지는 경우에는 연대하여 책임을 진다(제399조 제1항).

답 42. ④ 43. ①

③ 이사의 정관위반행위가 이사회의 결의에 의한 경우에는 이사회에 참석한 이사로서 이의를 한 기재가 의사록에 없는 자는 그 결의에 찬성한 것으로 추정한다(제399조 제3항).
④ 이사의 손해배상책임은 총주주의 동의로 면제할 수 있다(제400조 제1항).
⑤ 이사는 고의 또는 과실로 법령 또는 정관에 위반한 행위를 하거나 그 임무해태의 경우에는 손해배상책임을 진다(제399조 제1항).

44 상법상 주식회사의 이사의 책임에 관한 설명으로 틀린 것은? (이견이 있으면 판례에 의함) (2013년 공인회계사)

① 판례에 따르면 배당가능이익이 없음에도 대표이사가 재무제표를 허위 작성하여 이익배당이 이루어져 회사에 손해가 발생한 경우에는 그 대표이사의 책임과 관련하여 경영판단의 원칙이 적용되지 않는다.
② 판례에 따르면 이사가 정당한 사유 없이 이사회에 참석하지 않고 이사회 결의를 사후적으로 추인하는 등 실질적으로 이사의 임무를 전혀 수행하지 않았다면 그 같은 불출석행위 자체가 이사의 임무해태에 해당할 수 있다.
③ 회사에 대한 사외이사의 손해배상책임을 사외이사가 그 행위를 한 날 이전 최근 1년간의 보수액(상여금과 주식매수선택권의 행사로 인한 이익 등을 포함함)의 6배를 초과하는 금액을 면제하는 어느 회사의 정관규정은 적법하다.
④ 판례에 따르면 이사가 거액의 회사자금을 횡령하여 회사가 도산위기에 빠짐으로써 결과적으로 주주의 경제적 이익이 침해되는 손해를 입었더라도 그 주주는 해당이사에 대하여 손해의 배상을 직접 물을 수 없다.
⑤ 이사의 임무해태가 이사회의 결의에 의한 경우 그 이사회 결의에는 참여하였으나 의사록에 이의의 기재가 없는 이사에 대하여는 회사채권자가 결의에서의 찬성을 입증하지 못하는 한 그 이사에 대하여 직접 손해배상책임을 추궁할 수 없다.

이사의 임무해태가 이사회의 결의에 의한 경우 그 이사회 결의에는 참여하였으나 의사록에 이의의 기재가 없는 이사는 그 결의에 찬성한 것으로 추정되므로(제399조 제3항), 회사채권자는 그 이사에 대하여 직접 손해배상책임을 추궁할 수 있다.
① 대판 2007. 11. 30, 2006다19603 ② 대판 2007. 5. 31, 2005다56995 참조.
③ 제400조 제2항 ④ 대판 1993. 1. 26, 91다36093

45 상법상 주식회사 이사의 책임에 관한 설명으로 옳은 것은? (2014년 공인회계사)

① 이사가 아니면서 회장의 명칭을 사용하여 회사의 업무를 집행한 자는 이사의 회사에 대한 손해배상책임 및 제3자에 대한 손해배상책임의 적용에 있어서 이를 이사로 본다.

답 44. ⑤ 45. ①

② 판례에 의하면 이사의 회사에 대한 손해배상책임에 있어서 이사가 법령에 위반하는 행위를 한 경우에도 경영판단의 원칙을 적용한다.

③ 판례에 의하면 甲과 乙 두 회사의 대표이사를 겸하는 A가 甲회사 이사회의 승인없이 甲회사를 대표하여 乙회사의 채무를 보증한 경우에도 A는 甲회사에 대하여 자기거래금지를 위반한 것은 아니다.

④ 이사가 미리 이사회에서 해당 거래에 관한 중요 사실을 밝히고 이사회의 승인을 받아 자기거래를 하였으나 불공정한 거래로 회사에 손해가 발생한 경우 이사의 책임은 회사의 정관이 정하는 바에 따라 감면될 수 있다.

⑤ 이사는 과실이 없다 하더라도 신주인수인이 인수한 주식에 대하여 인수가액을 납입하지 않은 경우 자본금 충실의 원칙에 따라 연대하여 납입할 책임을 부담한다.

② 판례에 의하면 이사의 회사에 대한 손해배상책임에 있어서 이사가 법령에 위반하는 행위를 한 경우에도 경영판단의 원칙을 적용되지 않는다(대판 2005. 10. 28, 2003다69638).

③ 판례에 의하면 甲과 乙 두 회사의 대표이사를 겸하는 A가 甲회사 이사회의 승인없이 甲회사를 대표하여 乙회사의 채무를 보증한 경우에도 A는 甲회사에 대하여 자기거래금지를 위반한 것이다(대판 1969. 11. 11, 69다1374).

④ 이사가 미리 이사회에서 해당 거래에 관한 중요 사실을 밝히고 이사회의 승인을 받아 자기거래를 하였으나 불공정한 거래로 회사에 손해가 발생한 경우 이사의 책임은 회사의 정관이 정하는 바에 따라 감면될 수 없다(제400조 제2항).

⑤ 이사는 인수담보책임은 부담하지만, 납입담보책임을 부담하지는 않는다(제423조 제2항 참조).

46 甲주식회사에는 대표이사 A, 상무이사 B 및 평이사 C의 3인의 이사가 있는데, C는 월 1회 개최되는 이사회에만 참석할 뿐 회사의 업무에 관여하지 않고 있다. A와 B는 이사회에 보고도 하지 않은 채 거래내역을 누락시키는 방법으로 탈세를 하다가 세무조사 결과 거액의 세금을 추징당하게 되면서 甲회사가 경영파탄에 빠지게 되었다. C의 甲회사에 대한 책임에 관한 다음 설명 중 옳은 것을 모두 포함하고 있는 것은? (판례에 의함)

(2004년 공인회계사)

ㄱ. C는 회사의 업무에 관여하지 았으므로 A, B의 법위반행위에 대한 책임이 없다.

ㄴ. C는 이사회에 보고되지 않은 사항에 대해서는 감시의무가 없으므로 A, B의 법위반행위에 대한 책임이 없다.

ㄷ. C는 이사회 결의에 의한 것이 아닌 사항에 대해서는 감시의무가 없으므로 A, B의 법위반행위에 대한 책임이 없다.

답 46. ⑤

ㄹ. C가 A, B의 법위반행위를 알 수 있었음에도 불구하고 감시의무를 게을리한 경우에는 책임이 있다.
ㅁ. ㄹ에서 C가 책임을 지는 경우 C는 A, B와 연대하여 책임을 진다.

① ㄱ, ㄴ, ㄷ ② ㄱ, ㄷ ③ ㄴ, ㄷ
④ ㄹ ⑤ ㄹ, ㅁ

본 설문은 대판 1985. 6. 25, 84다카1954의 내용으로, 이에 의하면 "업무를 담당하지 않는 이사도 감시의무를 위반한 경우 회사가 입은 손해에 대하여 배상책임을 면할 수 없다"고 한다. 따라서 ㄹ은 옳은 것이며 위법행위를 한 이사들의 책임은 연대책임으로 ㅁ.도 옳은 것이다.

47 甲주식회사의 대표이사 A는 대주주인 C의 업무집행지시에 따라서 경리담당이사 B와 공모하여 회사재산을 횡령함으로써 그 결과 회사가 도산하였다. 이로 인하여 채권을 회수할 수 없게 된 회사채권자 D의 상법상 손해배상청구에 관한 설명으로 옳은 것만으로 짝지어진 것은? (2004년 공인회계사)

ㄱ. D는 A에 대하여 손해배상을 청구할 수 있다.
ㄴ. D는 A에 대하여 민법상 불법행위로 인한 손해배상을 청구할 수 없다는데 학설과 판례가 일치한다.
ㄷ. D는 A, B 및 C에 대하여 연대책임을 물을 수 있다.
ㄹ. D는 C에 대하여는 손해배상을 청구할 수 없다.

① ㄱ, ㄴ ② ㄱ, ㄷ ③ ㄱ, ㄹ
④ ㄴ, ㄷ ⑤ ㄴ, ㄹ

위 설문은 업무집행지시자 등의 책임에 관한 제401조의2의 문제이다. 업무집행지시자 등은 이사와 같은 책임을 부담하므로, 손해배상책임을 져야 하며, 다른 이사도 공모함으로써 회사에 손해를 준 때에는 연대책임을 져야 한다.

48 1인회사인 甲건설주식회사의 지배주주 A는 명목상의 대표이사인 B로부터 대표이사 직인 및 B의 인감을 받아 보관하면서 C 등 상가분양신청자들과 직접 甲회사의 명의로 상가분양계약을 체결하였다. 분양대금도 A 개인의 통장에 입금시킨 채 이를 개인적인

답 47. ② 48. ④

용도로 사용하였으며, 결국 甲회사는 상가건설 중에 도산하고 말았다. C는 甲회사에 대하여 적법하게 분양계약을 해제하였으나, 계약금 및 중도금을 반환받을 수 없었다. C가 취할 수 있는 조치에 관한 설명 중 틀린 것은? (2005년 공인회계사)

① C는 A에 대하여 업무집행지시자 등의 책임에 관한 상법 제401조의2의 규정을 근거로 손해배상을 청구할 수 있다.

② C는 甲회사의 대표이사인 B에 대하여 임무해태로 인한 손해배상책임을 물을 수 있다.

③ C는 법인격부인의 법리를 근거로 A에 대하여 계약금 및 중도금의 반환을 청구할 수 있다.

④ 법인격부인의 법리에 의하여 A의 책임이 인정되는 경우에 甲회사의 책임은 면제된다.

⑤ C는 A와 B에 대하여 연대책임을 주장할 수 있다.

본 설문은 '법인격부인의 법리'의 적용에 관한 것으로, 법인격부인의 법리에 의해 A의 책임이 인정되는 경우라도, 실제 행위의 주체자인 甲회사는 책임을 져야하며 그 책임이 면제되는 것이 아니다.

49 甲주식회사의 대표이사 A는 영업년도 말에 당해 회사의 결손으로 인해 금융기관으로부터 대출을 받기가 곤란해지자 이익이 난 것처럼 재무제표를 허위로 작성하여 이사회의 결의를 거친 후 乙은행으로부터 대출을 받았다. 변제기에 이르러 甲회사가 채무를 변제하지 못하게 되자 乙은행은 부실재무제표의 작성을 주도한 甲회사의 대표이사 A를 상대로 상법 제401조 제1항 소정의 손해배상을 청구하고 있다. 다음 중 이에 대한 설명으로 틀린 것은? (2007년 공인회계사)

① 대표이사 A가 재무제표를 허위로 작성한 것은 고의 또는 중대한 과실로 그 임무를 해태한 행위이고, 이로 인해 부실채권을 갖게 된 乙은행은 손해를 입은 것이 인정된다.

② 대표이사 A의 고의 또는 중대한 과실에 대한 입증책임은 乙은행이 부담한다.

③ 회사의 임무에 대한 대표이사 A의 고의 또는 중대한 과실이 입증되면, A는 乙은행에게 손해를 배상해야 한다.

④ 법정책임설에 의하면, 대표이사 A의 부실재무제표 작성행위가 민법상 불법행위의 요건을 구비하는 경우, 乙은행은 위의 손해배상과 함께 불법행위책임을 물을 수 있다.

⑤ 위 이사회에 참가하였지만 의사록에 이의를 기재하지 않은 이사 B는 그 결의에 반대한 것으로 추정되므로, A와 연대하여 손해를 배상할 책임이 없다.

이사회에 참가하여 의사록에 이의를 기재하지 않은 이사는 찬성한 것으로 추정되므로(제401조 제2항, 제399조 제3항), 연대하여 손해를 배상할 책임이 있다.

답 49. ⑤

50 상장회사인 甲회사의 회장인 A의 지시로 회사의 이사들이 분식결산을 하였을 경우 회사의 주주들이 A와 이사들을 상대로 손해배상책임을 묻는 경우에 관한 설명으로 옳은 것은?

(2011년 공인회계사)

① 6개월 전부터 계속하여 甲회사 발행주식총수의 1만분의 1 이상에 해당하는 주식을 보유한 주주는 甲회사에 대하여 이사의 책임을 추궁할 소의 제기를 청구할 수 있다.

② 판례에 의하면 甲회사의 주주들은 이사들의 고의 또는 중과실에 의한 임무해태로 인한 주가 하락으로 입은 손해에 대하여 직접 배상을 청구할 수 있다.

③ 회장인 A가 등기이사가 아니라면 甲회사나 제3자에 대하여 상법상 손해배상책임을 지지 않는다.

④ 이사들이 회사의 경영에 도움이 된다고 판단하여 분식결산을 하게 된 것이라면 경영판단의 원칙에 따라 책임을 지지 않는다.

⑤ 분식결산으로 인한 재무제표를 정기총회에서 승인한 후 2년 내에 다른 결의가 없었다면 이사들의 책임을 해제한 것으로 본다.

② 판례에 의하면 甲회사의 주주들은 이사들의 고의 또는 중과실에 의한 임무해태로 인한 주가 하락으로 입은 손해는 간접손해에 해당하므로 직접 배상을 청구할 수 없다(대법원 1993. 1. 26. 선고 91다36093 판결 참조).

③ 회장인 A가 등기이사가 아니라도 업무집행지시자로써 甲회사나 제3자에 대하여 상법상 손해배상책임을 진다(상법 제401조의2 제1항).

④ 이사들이 회사의 경영에 도움이 된다고 판단하여 분식결산을 하게 된 것이라도 이는 법률에 위반된 행위이므로 경영판단의 원칙이 적용되지 않는다(대법원 2005. 10. 28. 선고 2003다69638 판결 등).

⑤ 분식결산으로 인한 재무제표를 정기총회에서 승인한 것은 부정행위가 있는 것이므로, 2년 내에 다른 결의가 없었다 하더라도 이사들의 책임을 해제한 것으로 볼 수 없다.

51 상법상 주식회사의 이사 등의 책임에 관한 설명으로 틀린 것은? (2017년 공인회계사)

① 판례에 의하면 이사의 회사에 대한 임무해태로 인한 손해배상책임은 위임관계로 인한 채무불이행책임이므로 그 소멸시효기간은 일반채무의 경우와 같이 10년이다.

② 판례에 의하면 이사가 임무를 수행함에 있어서 법령에 위반한 행위를 한 때에는 원칙적으로 경영판단의 원칙이 적용되지 않는다.

③ 고의 또는 중대한 과실로 임무를 게을리한 이사의 행위가 이사회의 결의에 의한 것인 때에는 그 결의에 찬성한 이사도 제3자에 대하여 연대하여 손해를 배상할 책임이 있다.

④ 회사에 대한 자신의 영향력을 이용하여 이사에게 업무집행을 지시하여 고의로 법령에 위반한 행위를 하게 한 자는 회사에 대하여 연대하여 손해를 배상할 책임이 있다.

답 50. ① 51. ③

⑤ 회사는 정관의 규정으로 사외이사의 제3자에 대한 손해배상책임에 관하여 그 행위를 한 날 이전 최근 1년간의 보수액의 3배를 초과하는 금액에 대하여 면제할 수 있다.

해설 회사는 정관의 규정으로 사외이사의 회사에 대한 손해배상책임에 관하여 그 행위를 한 날 이전 최근 1년간의 보수액의 3배를 초과하는 금액에 대하여 면제할 수 있다(제400조 제2항).

52 상법상 주주의 대표소송에 관한 설명 중 틀린 것은? (2008년 공인회계사)

① 대표소송을 제기한 주주가 패소한 때에도 악의인 경우 외에는 과실이 있다고 하더라도 회사에 대하여 손해배상책임을 지지 않는다.

② 대표소송을 제기한 주주의 보유주식이 제소 후 발행주식총수의 100분의 1 미만으로 감소한 경우는 물론이고 발행주식을 보유하지 않게 되더라도 제소의 효력에는 영향이 없다.

③ 대표소송을 제기한 경우 당사자는 법원의 허가를 얻지 아니하고는 소의 취하, 청구의 포기 · 인락, 화해를 할 수 없다.

④ 판례에 의하면, 대표소송에 의하여 추궁할 수 있는 책임의 범위는 회사의 이익과 관련되는 한 계약에 의한 채무불이행 등 일반거래로 인한 채무도 모두 포함된다.

⑤ 판례에 의하면, 지배회사의 주주는 종속회사의 이사 등에 대하여 책임을 추궁하는 대표소송을 제기할 수 없다.

해설 대표소송을 제기한 주주의 보유주식이 제소 후 발행주식총수의 100분의 1 미만으로 감소한 경우라도 제소의 효력에는 영향이 없지만, 발행주식의 전부를 보유하지 않게 된 때에는 당사자부적격에 해당하므로 소는 각하된다(제403조 제5항).

53 소수주주가 대표소송을 제기할 수 있는 경우에 해당하지 않는 사항은 모두 몇 개인가? (2009년 공인회계사)

> ㄱ. 발기인의 제3자에 대한 손해배상책임
> ㄴ. 퇴임한 이사가 퇴임 전에 행한 행위에 대하여 회사에 대하여 지는 손해배상책임
> ㄷ. 이사의 이름으로 직접 업무를 집행한 자의 회사에 대한 손해배상책임
> ㄹ. 청산사무의 집행에 과실이 있는 청산인의 청산 중의 회사에 대한 손해배상책임
> ㅁ. 주주권의 행사와 관련하여 이익을 공여받은 자에 대한 이익반환 청구

① 1개 ② 2개 ③ 3개
④ 4개 ⑤ 5개

답 52. ② 53. ①

ㄱ. 발기인의 제3자에 대한 손해배상책임은 대표소송의 대상이 되지 않는다.
ㄴ. 퇴임한 이사가 퇴임 전에 행한 행위에 대하여 회사에 대하여 지는 손해배상책임(제403조 제1항), ㄷ. 이사의 이름으로 직접 업무를 집행한 자의 회사에 대한 손해배상책임(제401조의2 제1항, 제403조), ㄹ. 청산사무의 집행에 과실이 있는 청산인의 청산 중의 회사에 대한 손해배상책임(제542조 제2항, 제403조), ㅁ. 주주권의 행사와 관련하여 이익을 공여받은 자에 대한 이익반환 청구(제467조의2 제3항, 제403조)는 대표소송의 대상이 된다.

54 상법상 비상장회사의 대표소송에 관한 설명으로 옳은 것은? (2012년 공인회계사)

① 대표소송은 감사 또는 의결권 있는 발행주식총수의 100분의 1 이상에 해당하는 주식을 소유하는 주주가 제기할 수 있다.
② 이사의 책임발생 이후에 주식을 취득한 자도 원고가 될 수 있으며 재임 중의 행위에 의하여 책임이 있는 퇴임한 이사도 피고가 될 수 있다.
③ 대표소송을 제기한 경우 당사자는 총주주의 동의를 얻지 아니하고는 소의 취하, 청구의 포기나 인락, 화해를 할 수 없다.
④ 이사 아닌 자가 회사로부터 이익공여를 받은 경우 그 반환책임에 대하여는 대표소송이 인정되지 않는다.
⑤ 판례에 의하면 종속회사의 이사가 고의 또는 중과실로 임무를 해태한 경우 종속회사의 주주가 아닌 지배회사의 주주는 그 이사의 종속회사에 대한 책임을 추궁하는 이중대표소송을 제기할 수 있다.

① 대표소송은 의결권 있는 발행주식총수의 100분의 1 이상에 해당하는 주식을 소유하는 주주가 제기할 수 있다(제403조 제1항). 감사는 대표소송을 제기할 수 없다.
③ 대표소송을 제기한 경우 당사자는 법원의 허가를 얻지 아니하고는 소의 취하, 청구의 포기나 인락, 화해를 할 수 없다(제403조 제5항).
④ 이사 아닌 자가 회사로부터 이익공여를 받은 경우 그 반환책임에 대하여는 대표소송이 인정된다(제467조의2 제4항, 제403조 내지 제406조).
⑤ 판례에 의하면 종속회사의 이사가 고의 또는 중과실로 임무를 해태한 경우 종속회사의 주주가 아닌 지배회사의 주주는 그 이사의 종속회사에 대한 책임을 추궁하는 이중대표소송을 제기할 수 없다(대법원 2004. 9. 23. 선고 2003다49221 판결).

55 甲 상호신용금고(주)의 대표이사 A는 재직 당시 동일인에 대한 대출한도를 초과하여 대출하면서 충분한 담보를 확보하지 아니하여 甲 상호신용금고(주)에 대하여 대출금을 회수하지 못하게 하는 손해를 입게 하였다. 이 경우에 甲 상호신용금고(주)의 발행주식총수의 3%를 보유하고 있는 주주 B가 취할 수 있는 조치에 관한 설명으로 틀린 것은? (2006년 공인회계사)

답 54. ①

① 판례에 따르면, 이러한 회사의 손해로 인하여 이익배당을 받지 못한 경우에 B는 A를 상대로 자신에게 직접 손해를 배상할 것을 청구할 수 있다.

② B가 회사를 대표하여 A에 대하여 대표소송을 제기한 후에 보유주식의 비율이 발행주식총수의 1% 미만이 된 경우에도, 제소의 효력에는 영향이 없다.

③ B가 회사를 대표하여 A에 대하여 대표소송을 제기한 경우에, A와 B는 법원의 허가를 얻어 소의 취하, 청구의 포기, 화해를 할 수 있다.

④ B가 대표소송에서 승소하여 B에게 소송비용을 지급한 회사는 A에 대하여 구상권을 행사할 수 있다.

⑤ B가 대표소송에서 패소한 경우에는 악의가 없는 한 비록 과실이 있다 하더라도 회사에 대하여 손해배상의 책임을 부담하지 않는다.

위 설문의 경우 대표소송에 관한 내용이지만, ①번 지문은 이사의 제3자에 대한 책임과 관련한 것이다. 이사의 제3자에 대한 손해배상책임에 대해 제3자의 범위와 관련하여, 판례는 직접손해를 입은 주주는 제3자의 범위에 포함시키지만, 간접손해(회사의 손해로 배당이익을 받지 못하는 경우)를 입은 주주는 제3자의 범위에 포함시키지 않는다(대판 1993. 1. 26, 91다36093).

[제4관] 감사 · 감사위원회

01 주식회사의 감사에 관한 다음 설명 중 옳지 않은 것은?

① 감사는 주주총회에서 선임되며, 이는 주주총회의 전속권한사항이다.

② 감사의 해임은 주주총회 특별결의에 의하며, 감사는 해임에 대한 의견을 진술할 수 있다.

③ 감사의 임기는 원칙적으로 3년이며, 정관으로 취임후 3년 내의 최종의 결산정기주주총회의 종결시까지 연장할 수 있다.

④ 모회사의 감사는 그 직무를 수행하기 위하여 필요한 때에는 자회사에 대하여 영업의 보고를 요구할 수 있다.

⑤ 감사는 이사가 법령 또는 정관에 위반한 행위를 하여 이로 인하여 회사에 회복할 수 없는 손해가 생길 염려가 있는 경우에는 유지청구를 할 수 있다.

감사의 임기는 취임 후 3년 내의 최종의 결산정기주주총회의 종결시까지이다(제410조).

답 55.⑤ [제4관] 1. ③

02 다음 중 감사에 관한 설명으로 옳지 않은 것은?

① 감사의 직무집행감사는 회계감사권뿐만 아니라 업무감사권이 포함되며, 업무감사권은 적법성과 타당성을 모두 감사할 수 있다는 것이 통설의 입장이다.

② 이사가 회사에 대하여 소를 제기하는 경우에 감사는 그 소에 관하여 회사를 대표한다.

③ 회의의 목적사항과 소집이유를 기재한 서면을 이사에게 제출하여 이사회 소집을 청구할 수 있다.

④ 감사는 경업금지의무가 없으며 자기거래제한을 받지 않는다.

⑤ 감사는 필요시 자회사에 대하여 영업의 보고를 요구할 수 있고, 자회사는 정당한 사유가 없는 한 보고나 조사를 거부할 수 없다.

감사의 업무감사권은 적법성여부를 감사하는 것이 원칙이고, 다만 부분적 또는 예외적인 타당성 감사를 인정하는 것이 다수설의 입장이다.

03 비상장주식회사의 감사 및 감사위원회에 관한 설명으로 옳은 것은? (2006년 공인회계사)

① 감사는 지위의 독립성과 감사의 공정성을 기하기 위하여 자신의 회사 및 자회사의 이사의 직무를 겸할 수 없으나 사용인은 될 수 있다.

② 감사를 주주총회에서 해임하는 경우에, 감사는 이사와 달리 주주총회에서 해임에 관하여 의견을 진술할 수 없다.

③ 감사와 회사 간의 관계는 위임이므로, 감사에게는 경업피지의무 및 자기거래금지의무가 인정된다.

④ 감사위원회의 위원의 해임에 관한 이사회의 결의는 이사총수의 과반수 결의로 하여야 한다.

⑤ 감사위원회의 위원이 악의 또는 중과실로 인하여 그 임무를 해태한 경우에, 그 위원은 제3자에 대하여 연대하여 손해를 배상할 책임이 있다.

① 감사는 지위의 독립성과 감사의 공정성을 기하기 위하여 자신의 회사 및 자회사의 이사의 직무를 겸할 수 없으며, 사용인도 될 수 없다(제411조).

② 감사를 주주총회에서 해임하는 경우에, 감사는 이사와 달리 주주총회에서 해임에 관하여 의견을 진술할 수 있다(제409조의2).

③ 감사와 회사 간의 관계는 위임이지만, 업무집행을 하는 자가 아니므로 감사에게는 경업피지의무 및 자기거래금지의무가 인정되지 않는다.

④ 감사위원회의 위원의 해임에 관한 이사회의 결의는 이사총수의 3분의 2 이상의 찬성으로 하여야 한다(제415조의2 제3항).

⑤ 감사위원회의 위원이 악의 또는 중과실로 인하여 그 임무를 해태한 경우에, 그 위원은 제3자에 대하여 연대하여 손해를 배상할 책임이 있다(제415조의2 제6항, 제414조 제2항).

답 2. ① 3. ⑤

04 비상장주식회사의 감사 및 감사위원회 제도에 관한 설명 중 틀린 것은?

(2009년 공인회계사)

① 감사 및 감사위원회 위원은 모두 주주총회에서 선임한다.

② 감사의 임기는 취임 후 3년 내의 최종의 결산기에 관한 정기총회의 종결시까지이다.

③ 감사와 달리 감사위원회 위원에 대하여는 경업금지의무가 적용된다.

④ 감사위원회는 3인 이상의 이사로 구성하며 사외이사가 위원의 3분의 2 이상이어야 한다.

⑤ 감사위원회 위원의 해임에 관한 이사회 결의는 이사 총수의 3분의 2 이상의 결의로 한다.

감사는 주주총회에서 선임하지만(제409조 제1항), 감사위원회 위원은 이사회에서 선임한다(제393조의2 제2항 참조).

05 상법상 주식회사의 감사제도에 관한 설명으로 옳은 것은? (2014년 공인회계사)

① 감사위원회 설치의무가 있는 상장회사에서 A가 그 회사 감사위원회의 대표라면 A는 사외이사이어야 한다.

② 甲회사의 정관이 의결권 없는 주식을 제외한 발행주식총수의 100분의 5를 초과하는 수의 주식을 가진 주주는 그 초과하는 주식에 관하여 감사선임시 의결권을 행사할 수 없다고 규정한 경우 그러한 정관규정은 유효하다.

③ 모회사와 자회사는 법인격이 다르므로 모회사의 감사는 자회사의 이사에 대하여 영업의 보고를 요구하거나 자회사의 재무와 재산상태를 조사할 수가 없다.

④ 감사는 주주대표소송으로 책임추궁을 받지 않고 정관에 규정을 두어 책임을 경감 받을 수 없다.

⑤ 최근 사업연도 말 현재의 자산총액이 3천억원인 상장회사의 경우 감사위원회 위원은 이사회에서 선임하고 해임한다.

② 甲회사의 정관이 의결권 없는 주식을 제외한 발행주식총수의 100분의 5를 초과하는 수의 주식을 가진 주주는 그 초과하는 주식에 관하여 감사선임시 의결권을 행사할 수 없다고 규정한 경우 그러한 정관규정은 효력이 없다(제409조 제2항, 제3항).

③ 모회사의 감사는 자회사의 이사에 대하여 영업의 보고를 요구하거나 자회사의 재무와 재산상태를 조사할 수가 있다(제412조의5 제1항).

④ 감사는 주주대표소송으로 책임추궁을 받지 않고 정관에 규정을 두어 책임을 경감 받을 수 있다(제415조, 제400조).

⑤ 최근 사업연도 말 현재의 자산총액이 3천억원인 상장회사의 경우 사외이사가 아닌 자를 감사위원회 위원으로 선임하는 경우 주주총회에서 선임할 때에 의결권의 제한이 있다(제412조의12 제13항)

답 4. ① 5. ①

06 상법상 주식회사의 감사 및 감사위원회 위원의 선임과 해임에 관한 설명으로 틀린 것은?

(2017년 공인회계사)

① 최근 사업연도 말 현재의 자산총액이 1천억원 이상 2조원 미만인 상장회사가 감사를 두는 경우에는 1인 이상을 상근으로 하여야 한다.

② 판례에 의하면 주주총회에서 감사선임결의가 있더라도 대표이사가 임용계약의 청약을 하고 피선임자가 이에 승낙함으로써 감사로서의 지위를 갖게 된다.

③ 감사의 임기는 취임 후 3년 내의 최종의 결산기에 관한 정기총회의 종결시까지로 한다.

④ 비상장회사의 감사를 해임하는 경우 의결권없는 주식을 제외한 발행주식총수의 100분의 3을 초과하는 수의 주식을 가진 주주는 그 초과하는 주식에 관하여 의결권을 행사하지 못한다.

⑤ 비상장회사의 감사위원회는 사외이사가 위원의 3분의 2 이상이어야 하고 위원의 해임에 관한 이사회의 결의는 이사 총수의 3분의 2 이상의 결의로 하여야 한다.

비상장회사의 감사를 선임하는 경우 의결권없는 주식을 제외한 발행주식총수의 100분의 3을 초과하는 수의 주식을 가진 주주는 그 초과하는 주식에 관하여 의결권을 행사하지 못한다(제409조 제2항).

6. ④

제5절 신주의 발행

【제1관】 신주발행의 개념과 종류

Ⅰ. 신주발행의 개념

1. 자본금 조달방법

주식회사의 자본금 조달의 방법은 신주를 발행하여 자기자본금을 조달하는 방법과 사채를 발행하여 타인자본을 조달하는 방법이 있다. 신주발행은 회사가 주식을 소각하지 않는 한 반환의 부담이 없고 이익이 없을 때에는 배당을 하지 않아도 되지만, 사채의 발행은 상환의 기일이 도래하면 반드시 상환하여야 하고 이익이 없어도 일정한 이자를 지급하여야 한다는 점에 차이가 있다.

2. 신주발행의 의의

신주의 발행이란 발행예정주식총수(수권주식의 범위) 내에서 이미 발행하고 남은 미발행주식 중에서 주식을 발행하여 회사의 자본금을 증가시키는 것을 말한다. 미발행주식 중에서 새로이 주식을 발행하는 것은 이사회의 권한사항이므로 이사회의 의사결정만으로 신속하게 자본금을 조달할 수 있다(제416조 본문).

Ⅱ. 신주발행의 종류

1. 통상의 신주발행

통상의 신주발행이란 상법 제416조 이하의 규정에 따라서 신주를 발행하는 것을 말한다. 통상의 신주발행은 미발행주식 중에서 유상으로 신주를 발행하는 것으로 자본금이 증가하고, 그에 따라 순재산도 증가한다. 그리고 통상의 신주발행은 주식인수인을 정하는 방법에 따라 주주배정 · 공모 · 제3자배정으로 구분할 수 있다.

2. 특수한 신주발행

특수한 신주발행은 전환주식 또는 전환사채의 전환, 신주인수권부사채의 신주인수권의 행사, 준비금의 자본금 전입, 주식배당, 주식의 병합 · 분할, 회사의 합병이나 분할 등의 경우에 신주를 발행하는 것이다.

●●● 보통의 신주발행과 특수한 신주발행의 차이

구 분	보통의 신주발행	특수한신주발행
발행절차의 차이	-청약 · 배정 · 납입 등의 절차 필요 -정관에 정함이 없는 경우 이사회의 결의에 의해 발행(정관으로 주주총회 결의로 할 수 있음)	-별도의 절차가 없음 -합병 · 분할 : 주주총회 특별결의 -준비금의 자본금 전입 : 이사회 결의 원칙(정관정함으로 주주총회 결의 가능) -주식배당 : 주주총회 보통 결의 -전환주식 · 전환사채 : 전환권 행사 -신주인수권부사채 : 신주인수권 행사 -주식의 병합 · 분할 · 소각 : 주주총회 특별결의 -주식매수선택권 부여 : 주주총회 특별결의
재산의 증가	재산의 증가를 가져옴	재산의 불변(주식매수선택권의 행사시나 신주인수권부사채의 신주인수권의 행사시는 제외)
자본금 증가	자본금 증가를 가져옴	자본금이 증가하지 않는 경우 있음 (전환주식의 전환시)
효력발생 시기	납입기일의 다음 날	-합병 · 분할 : 합병등기 또는 분할회사의 설립등기 · 분할합병 등기시 -준비금의 자본금 전입 : 자본금 전입 결의 후 신주배정일 날(주주총회 결의시) -주식배당 : 주주총회 종료일 -전환주식 · 전환사채 : 전환 청구시 -신주인수권부사채 : 주금액을 납입한 때 (대용납입의 경우는 신주인수권 행사의 청구서류를 제출한 때) -주식의 병합 · 분할 · 소각 : 주권제출기간 만료시 -주식매수선택권 : 주금액을 납입한 때

【제2관】 신주인수권

Ⅰ. 의의

신주인수권이란 회사가 신주를 발행하는 경우에 그 신주를 타인에 우선하여 인수할 수 있는 권리를 말한다. 신주인수에 우선하는 권리일 뿐 발행가액이나 기타 인수 조건에서 우대받을 수 있는 권리는 아니다. 회사가 신속하게 거액의 자금을 조달할 수 있도록 하기 위해 주주뿐만 아니라 제3자에게도 신주인수권을 부여하고 있다.

Ⅱ. 주주의 신주인수권

1. 의의 및 성질

주주의 신주인수권이란 주주가 소유주식의 수에 비례하여 우선적으로 신주의 배정을 받을 수 있는 권리를 말한다(제418조). 주주의 신주인수권에는 추상적 신주인수권과 구체적 신주인수권이 있다. 추상적 신주인수권은 주주의 자격에서 당연히 갖는 권리로 주식과 불가분의 관계에 있지만, 구체적 신주인수권은 이사회의 결의로 주주가 취득한 권리로서 주식과 별개의 독립된 권리(채권적 권리)이다.

2. 신주인수권의 제한

주주의 신주인수권은 신기술의 도입・재무구조의 개선 등 회사의 경영상 목적을 달성하기 위하여 필요한 경우에 한하여 제한될 수 있으며(제418조 제2항, 제420조 5호), 제한 가능한 범위내에서 박탈이 가능하다는 것이 통설의 입장이다.

3. 신주인수권과 주주평등의 원칙

모든 주주는 원칙적으로 그가 소유하는 주식의 수에 비례하여 평등하게 신주인수권이 인정된다. 그러나 종류주식 간에는 신주의 인수에 관하여 정관에 특수한 정함을 둘 수 있고(제344조 제3항), 자기주식은 원칙적으로 신주인수권이 없다. 정관에 주주평등의 원칙에 위반하여 신주인수권을 부여하거나 제한하는 규정을 두는 경우에는 그 규정은 무효이고, 그 규정에 따라 신주를 발행하는 경우에는 신주발행유지청구와 신주발행무효의 원인이 된다.

4. 현물출자와 신주인수권

현물출자를 받을 때에는 실무적으로 각 주주의 신주인수권에 따른 주식수를 정확히 안배하기 어렵고, 또 때로는 회사가 특정인으로부터 특정재산을 출자받기 위한 목적으로 신주발행을 하기 때문에 다른 주주에게는 일체 신주를 배정하지 아니하는 수도 있다. 그래서 현물출자에 대해 배정하는 주식의 일부 또는 전부는 부득이 주주의 신주인수권의 예외를 이루게 된다(판례).

5. 주주의 신주인수권의 무시와 그 효과

주주에게 신주인수권이 있음에도 이를 무시하고 회사가 신주를 발행하려고 하는 때에는 주주는 신주발행유지청구권을 행사할 수 있고 신주발행무효의 원인이 된다.

Ⅲ. 제3자의 신주인수권

1. 의 의

제3자의 신주인수권이란 주주 이외의 자가 신주발행의 경우에 일정한 신주에 대하여 우선적으로 배정받을 수 있는 권리를 말한다. 주주라도 자기가 가진 주식수에 따라서 갖는 신주인수권 외에 추가로 신주를 인수할 권리를 갖는다면 이것도 제3자의 신주인수권이다.

2. 신주인수권의 부여요건

(1) 정관의 규정 · 공시

제3자에게 신주인수권이 주어지기 위해서는 정관의 규정이 있어야 한다(제418조 제1항). 제3자에게 신주인수권을 부여하는 것은 신기술의 도입, 재무구조의 개선 등 회사의 경영상 목적을 달성하기 위하여 필요한 경우에 한한다(제418조 제2항). 제3자에게 신주인수권을 부여하는 경우에는 주식청약서에 그 뜻을 기재하여야 한다(제420조 5호).

(2) 제3자의 구체성

제3자에게 신주인수권이 부여되기 위해서는 정관에 구체적으로 제3자의 범위를 설정하여야 한다. 즉, 임원 · 발기인 · 종업원 · 공모 등으로 그 범위가 명확하여야 한다. 따라서 제3자 배정의 구체적 합리성을 보장할 수 없는 정관의 정함은 무효가 된다.

3. 제3자의 신주인수권의 무시와 효과

회사가 제3자의 신주인수권을 무시하더라도 신주발행의 유지를 청구하거나 신주발행의 무효를 주장할 수 없으며, 단지 회사에 대해 채무불이행에 따른 손해배상을 청구할 수 있을 뿐이다.

Ⅳ. 신주인수권의 양도

1. 양도요건

주주의 신주인수권의 양도는 정관의 규정이나 정관으로 주주총회에서 결정하기로 정한 경우가 아니면 이사회의 결의에 의하여 인정할 수 있다(제416조 5호). 제3자의 신주인수권은 회사와 제3자간의 계약상의 권리이므로, 성질상 양도할 수 없다는 것이 다수설의 입장이다.

2. 양도방법

신주인수권의 양도를 정관 또는 이사회의 결의로 정한 때에는 신주인수권증서의 교부에 의해서만 가능하게 된다(제420조의3 제1항). 따라서 증서의 점유자는 적법한 권리자로 추정되며(제420조의3 제2항, 제336조 제2항), 이러한 소지인으로부터 악의 또는 중대한 과실이 없이 신주인수권증서를 양수한 경우는 선의취득이 인정된다(제420조의3 제2항, 수표법 제21조).

3. 신주인수권증서

(1) 의 의

신주인수권증서란 주주의 신주인수권을 표창한 유가증권으로서, 주주의 신주인수권에 대해서만 발행할 수 있고 제3자의 신주인수권에 대해서는 발행할 수 없다.

(2) 성 질

신주인수권증서는 유가증권이며, 요식증권 · 비설권증권 · 무기명증권이다.

(3) 발 행

이사회가 신주의 발행사항으로 신주의 신주인수권을 양도할 수 있음을 정한 경우에 한하여, 신주인수권증서의 청구기간을 정한 때에는 그 기간 내에 청구한 주주에 대하여 신주인수권증서를 발행하여야 하며, 그 청구기간을 정하지 아니한 때에는 신주청약기일의 2주간 전에 주주의 청구와 관계 없이 신주인수권증서를 발행하여야 한다(제420조의2 제1항).

보충 ▶ 회사는 신주인수권 증서를 발행하는 대신 정관에서 정하는 바에 따라 전자등록기관의 전자등록부에 신주인수권을 등록할 수 있고, 이에 관하여는 주식의 전자등록에 관한 규정이 준용된다(제420조의4).

(4) 기재사항

신주인수권증서에는 신주인수권증서라는 뜻의 표시, 주식청약서 소정의 사항, 신주인수권의 목적인 주식의 종류와 수, 일정기일까지 주식의 청약을 하지 아니할 때에는 그 권리를 잃는다는 뜻을 기재하고(제420조의2 제1항 1호 내지 4호), 이사가 기명날인 또는 서명하여야 한다(제420조의2 제2항).

(5) 상실과 신주청약

신주인수권 증서를 상실한 경우 제권판결에 의하여 재발행을 받을 수 없기 때문에 신주청약은 주식청약서에 의한다. 이때 주식청약서에 의한 청약과 상실했던 신주인수권 증서에 의한 청약이 중복하면 주식청약서에 의한 청약은 효력을 잃는다(제420조의 4 제2항 단서).

【제3관】 신주발행의 절차

Ⅰ. 신주발행사항의 결정

1. 결정기관

발행예정주식의 범위 내에서의 신주발행 즉, 통상의 신주발행은 정관에 규정을 두어 주주총회의 결의사항으로 하지 않는 한 이사회에서 결정한다(제416조). 이사회는 신주발행의 결정을 대표이사나 기타에 위임할 수 없다.

2. 결정사항

(1) 신주의 종류와 수

정관으로 종류주식의 발행을 예정하고 있는 경우 보통주·우선주 등의 발행할 주식을 결정하여야 한다. 그 종류와 수는 정관에 정해진 발행예정주식 중 미발행주식수의 범위 내에서 정하여야 한다.

(2) 신주의 발행가액과 납입기일

신주발행시 액면주식을 발행하는 경우에는 액면가액 이상의 금액으로 발행가액을 정하는 경우 그 발행가액을 정하여야 한다. 발행가액은 종류가 다른 주식은 가치가 다르므로 각기 발행가액을 달리 정할 수 있다. 액면미달발행은 회사 성립 후 2년이 경과한 회사가 일정한 법정절차에 따라 발행할 수 있다(제417조 제1항). 주금의 납입 또는 현물출자의 이행을 위한 납입기일을 정하여야 한다.

보충 무액면주식을 발행하는 경우에는 신주의 발행가액과 발행가액 중 자본금으로 계상하는 금액을 정하여야 한다(제416조 2의2).

(3) 신주의 인수방법

주식의 청약단위와 실권주나 단주의 처리방법을 정하고, 정관에 의해 제3자가 신주를 인수할 수 있는 경우에는 그 인수권을 주는 방법을 정하여야 한다.

(4) 현물출자에 관한 사항

현물출자를 받을 경우 출자자의 성명과 그 목적인 재산의 종류 · 수량 · 가액과 이에 대하여 부여할 주식의 종류와 수를 정하여야 한다.

(5) 주주의 신주인수권을 양도할 수 있는 것에 관한 사항

주주의 신주인수권의 양도를 인정하는 경우에는 이에 관한 사항을 정하여야 한다. 이는 회사가 임의로 정하는 것이므로 신주인수권이 양도되는 것을 원하지 않을 경우에는 이를 정하지 않을 수 있다.

(6) 주주의 청구가 있는 때에만 신주인수권증서를 발행한다는 것과 그 청구기간

신주인수권을 양도할 수 있게 하는 경우 그 양도는 신주인수권증서를 교부하는 방법에 의하여야 하므로(제420조의3 제1항), 회사는 신주인수권증서를 발행한다는 것과 그 청구기간을 정하여야 한다. 그리고 신주인수권증서는 청구기간 중에 청구를 한 주주에게만 발행한다. 그러나 이사회가 신주인수권증서의 발행에 관하여 아무런 정함을 하지 않은 때는 신주청약기일의 2주 전에 모든 주주에게 신주인수권증서를 발행하여야 한다(제420조의2 제1항).

(7) 배정기준일

회사는 일정한 날을 정하여 그 날에 주주명부에 기재된 주주를 그가 가진 주식수에 따라서 주식의 배정을 받을 수 있는 신주인수권자로 확정하기 위한 배정기준일을 정하여야 한다.

Ⅱ. 기타 발행절차

1. 신주배정일의 공고

(1) 주주에게 신주를 발행하는 경우

신주배정일을 정하여 그 배정일의 2주간 전에 공고하여야 한다(제418조 제3항 본문). 이러한 공고에서는 신주배정일날에 주주명부에 기재된 주주가 그가 가진 주식수에 따라서 주식의 배정을 받을 권리를 가진다는 뜻과 신주인수권을 양도할 수 있을 경우에는 그 뜻을 공고하여야 한다. 신주배정일이 주주명부의 폐쇄기간 중인 때에는 그 기간의 초일의 2주간 전에 공고하여야 한다(제418조 제3항 단서). 이사가 배정일의 공고를 해태한 때에는 손해배상의 책임을 진다(제401조).

(2) 주주 외의 자에게 신주를 발행하는 경우

주주 외의 자에게 신주를 배정하는 경우 회사는 신주의 종류와 수, 신주의 발행가액과 납입기일, 무액면주식을 발행하는 경우 발행가액 중 자본금으로 계상하는 금액, 신주인수방법, 현물출자에 대하여 정하는 사항을 그 납입기일의 2주 전까지 주주에게 통지하거나 공고하여야 한다(제418조 제4항).

2. 신주인수권자에 대한 최고

회사는 일정한 기일(청약기일)을 정하고 그 기일의 2주간 전에 신주인수권자에게 그가 인수권을 가지는 신주의 종류와 수, 그 기일까지 주식인수의 청약을 하지 아니하면 그 권리를 잃는다는 뜻, 신주인수권의 양도를 인정한 때에는 그 뜻과 주주의 청구가 있는 때에만 신주인수권증서를 발행한다는 것과 그 청구기간을 통지하여야 한다(제419조 제1항, 제3항). 회사가 통지를 해태한 때에는 과태료의 제재를 받게 되지만(제635조 제1항 2호), 신주인수권에는 영향을 미치지 않는다. 신주인수권자가 청약기일까지 청약을 하지 않으면 신주인수권을 상실하게 되어 실권주가 생긴다. 실권주에 대해서는 주주를 모집할 수 있다.

3. 주식인수

(1) 청 약

현물출자의 경우를 제외하고 주식인수의 청약을 하고자 하는 자는 법정사항(제420조)을 기재한 주식청약서 2통에 인수할 주식의 종류와 수 및 주소 기타 소정의 사항을 기재하고 기명날인 또는 서명하여야 한다(제425조, 제302조 제1항). 그러나 신주인수권증서를 발행한 경우에는 이에 의하여 청약하여야 한다(제420조의4 제1항 2문). 다만 신주인수권증서를 상실한 경우에는 주식청약서에 의하여 청약할 수 있으나, 주식청약서에 의한 청약과 신주인수권증서에 의한 청약이 중복되는 경우에는 주식청약서에 의한 청약은 효력을 잃는다(제420조의4 제2항).

(2) 배정 · 인수

신주인수의 청약에 대하여 이사가 배정하고, 주주이든 제3자이든 신주인수권을 가지는 자에 대한 배정에 있어서는 이사의 재량이 있을 수 없다. 즉, 신주인수권자에 대해서 이사는 배정의무를 지게 된다. 배정에 의하여 신주인수는 완결되고 신주인수인은 납입의 의무를 부담한다(제425조, 제303조). 주식인수의 청약과 배정에 의하여 성립하는 주식청약인과 회사와의 입사계약에 의해 주식인수는 이루어진다.

(3) 납 입

신주인수인은 인수가액을 납입할 의무를 지며, 이사는 신주인수인으로 하여금 그 배정한 주식수에 따라 납입기일에 그 인수한 주식에 대한 인수가액의 전액을 납입시켜야 한다(제421조 제1항). 이때 신주의 인수인은 회사의 동의 없이 주금납입채무와 주식회사에 대한 채권을 상계할 수 없다(제421조 제2항). 현물출자자는 납입기일에 출자의 목적인 재산을 인도하고 등기·등록 기타 권리의 설정 또는 이전을 필요로 할 경우에는 그에 필요한 서류를 완비하여 교부하여야 한다(제425조, 제305조 제3항, 제295조 제2항). 납입장소 등에 관한 절차는 모집설립시와 같으나, 다만 신주인수권증서에 의한 청약의 경우에 납입은 신주인수권증서에 기재된 납입장소에서 하여야 한다. 인수인이 납입기일에 납입하지 아니한 때에는 인수인으로서의 권리를 잃게 된다(제423조 제2항). 실권한 주식인수인에 대하여는 손해배상을 청구할 수 있다(제423조 제3항).

(4) 현물출자의 검사

현물출자가 있는 경우 제422조 제2항의 각호의 경우를 제외하고는 이사는 이를 조사하게 하기 위하여 법원에 검사인의 선임을 청구할 수 있으나, 공인된 감정인의 감정으로 갈음할 수 있다(제422조 제1항). 법원은 검사인의 조사보고서 또는 감정인의 감정결과를 심사하여 현물출자가 부당하다고 인정한 때에는 이를 변경하여 이사와 현물출자자에게 통고할 수 있다(제422조 제3항). 현물출자자는 이에 불복하여 주식의 인수를 취소할 수 있고, 통고 후 2주간 내에 취소가 없으면 통고한 내용대로 변경된 것으로 본다(제422조 제4항, 제5항).

(5) 실권주와 단주의 처리

신주인수권자가 청약을 하지 않았거나 신주인수인이 납입기일에 납입하지 않음으로써 발생한 실권주는 미발행주식부분으로 유보된다. 그러나 이사회의 결의로 달리 처리할 수도 있다. 신주발행의 경우 발생하는 단주의 처리에 대해서는 아무런 규정이 없으나, 시가로 처분하여 발행가액과의 차액을 단주의 주주에게 분배하여야 할 것이다.

(6) 신주발행의 효력발생시기

신주인수인이 납입 또는 현물출자의 이행을 한 때에는 이사회가 정한 납입기일의 다음날로부터 신주의 효력이 발생한다(제423조 제1항 본문). 다만, 신주인수권의 행사에 의하여 발행된 주식에 대한 이익배당에 관하여는 정관에 정하는 바에 따라 그 납입기일이 속하는 영업연도의 직전 영업연도 말에 신주가 발행된 것으로 할 수 있다(제423조 제1항 후단, 제350조 제3항).

(7) 등 기

신주의 효력이 발생하게 되면 회사의 발행주식총수와 자본금 총액이 증가하므로 회사는 납입기일로부터 본점소재지에서는 2주간 내, 지점소재지에서는 3주간 내에 변경등기를 하여야 한다(제317조 제4항, 제183조). 이 때에는 미상각액을 등기하여야 한다(제426조). 변경등기 후 1년이 경과하거나 주식에 대하여 주주권을 행사한 신주인수인은 주식청약서 또는 신주인수권증서의 요건의 흠결을 이유로 하여 그 인수의 무효를 주장하거나 사기 · 강박 · 착오를 이유로 하여 주식의 인수를 취소하지 못한다(제427조).

Ⅲ. 신주의 액면미달발행

1. 의 의

액면미달의 신주발행은 자본금 충실을 해(害)하게 되고 채권자의 이익을 해할 우려가 있으므로, 신주발행은 원칙적으로 액면이상의 가액이어야 한다. 그러나 회사의 실적부진 등으로 신주에 대한 투자자들의 수요가 낮거나 현재의 주가가 액면가액을 하회하는 경우에는 액면가액 이상으로 발행한다는 것은 현실적으로 불가능하게 되고, 회사의 자본금 조달에 차질을 가져오게 된다. 따라서 상법은 일정한 요건하에서 액면미달발행을 예외적으로 인정하고 있다(제417조).

2. 요 건

신주의 액면미달발행은 다음과 같은 요건하에서만 인정된다.

① 회사가 성립한 날로부터 2년이 경과한 경우에만 발행할 수 있다(제417조 제1항).

② 액면미달발행은 주주총회의 특별결의가 있어야 하고, 여기서는 최저발행가액을 정하여야 한다(제417조 제2항).

③ 법원의 인가를 얻어야 한다. 법원은 회사의 현황과 제반 사정을 참작하여 최저발행가액을 변경하여 인가할 수 있으며, 이 경우 법원은 회사의 재산상태 기타 필요한 사항을 조사하기 위하여 검사인을 선임할 수 있다(제417조 제3항).

④ 법원의 인가를 얻은 날로부터 1월 내에 발행하여야 하나, 법원은 이 기간을 연장하여 인가할 수 있다(제417조 제4항).

3. 이연계정 · 공시

할인발행의 경우에 주식청약서에는 발행조건과 그 미상각액을 기재하여야 하며(제420조 4호), 할인발행의 변경등기에는 미상각액도 등기하여야 한다(제426조).

Ⅳ. 신주발행과 이사의 책임

1. 자본금 충실책임

신주의 발행으로 인한 변경등기가 있은 후에 인수되지 아니한 주식이 있거나 주식인수의 청약이 취소된 때에는 이사가 이를 공동으로 인수한 것으로 본다(제428조 제1항). 따라서 이사는 공동인수인으로서 연대하여 납입할 책임을 진다(제333조 제1항). 이사의 자본금 충실의 책임은 모집설립의 경우와 달리 납입담보책임은 없다. 그 이유는 신주발행시에는 납입기일 내에 납입되지 않은 주식은 미발행주식으로 유보되기 때문이다. 이사의 자본금 충실의 책임은 법정특별책임으로서 무과실책임이며, 총주주의 동의로도 면제할 수 없다.

2. 손해배상책임

이사가 연대하여 인수담보책임을 지는 것과는 별도로 회사에 손해가 발생하면 회사는 이사에 대하여 손해배상을 청구할 수 있다(제428조 제2항). 이사의 손해배상책임은 과실책임이며, 총주주의 동의로 면제할 수 있다.

【제4관】 신주발행의 불공정과 무효

Ⅰ. 신주발행유지청구

1. 의 의

회사가 법령 또는 정관에 위반하거나 현저하게 불공정한 방법에 의하여 주식을 발행함으로써 주주가 불이익을 받을 염려가 있는 때에는 그 주주는 회사에 대하여 그 발행을 유지할 것을 청구할 수 있다(제424조).

●●● 신주발행유지청구권과 이사의 위법행위유지청구권

구 분	신주발행유지청구권	이사의 위법행위유지청구권
유지청구권자	주주 개인	소수주주(1/100) 또는 감사
청구원인	법령 · 정관에 위반되어 주주의 손해 발생가능 염려가 있거나, 불공정한 발행인 경우	법령 · 정관에 위반되어 회사에 회복할 수 없는 손해가 발생할 염려가 있는 경우

유지청구의 상대방	회사	이사
유지청구의 목적	주주 개인의 이익을 목적으로 함	회사의 손해발생방지(회사의 이익)를 목적으로 함

2. 유지청구원인

회사가 법령 또는 정관에 위반하거나 현저하게 불공정한 방법에 의하여 주식을 발행하였어야 한다(제424조).

3. 신주발행유지청구의 절차

(1) 청구권자

신주발행으로 불이익을 받을 염려가 있는 주주가 회사에 대하여 청구할 수 있다.

예외 | 제3자는 신주인수권이 있어도 신주발행유지청구를 할 수 없다. 의결권없는 주식을 가진 주주는 신주발행유지청구권을 행사할 수 있다.

(2) 청구방법 · 청구시기

특별한 규정이 없으므로, 주주는 재판외의 방법으로 신주발행유지를 청구하거나, 필요에 따라 회사를 피고로 하여 신주발행유지의 소를 제기할 수 있다.

4. 유지청구를 무시한 신주발행의 효력

신주발행의 유지청구가 재판상의 방법에 의한 경우에는 이에 위반하여 신주를 발행한 경우 그 발행은 무효이다. 그러나 재판외의 방법에 의한 경우에는 이에 위반하여 신주를 발행한 경우 그 자체는 유효하며, 다만 이사의 책임이 생길 뿐이라는 것이 통설의 입장이다.

II. 불공정가액의 신주인수인의 책임

(1) 책임발생의 요건

신주인수인이 이사와 통모하여 현저하게 불공정한 발행가액으로 주식을 인수한 때에는 회사에 대하여 공정한 발행가액과의 차액에 해당하는 금액을 지급할 의무가 있다(제424조의2 제1항).

이사와 통모하였으나 공정한 발행가액으로 인수한 경우 또는 불공정한 발행가액이라도 통모를 하지 않은 경우에는 주식인수인은 차액지급의무를 부담하지 않는다. 통모와 발행가액이 현저하게 불공정한 경우에 대해서는 회사 또는 주주가 입증책임을 진다.

⑵ 책임의 내용 · 성질

신주인수인은 공정한 발행가액과의 차액에 해당하는 금액을 지급하여야 할 의무를 지며, 신주인수인이 지급한 차액은 자본준비금으로 적립하여야 한다. 신주인수인의 책임은 회사가 추궁하는 것이 원칙이지만 회사가 이를 게을리 하는 경우에는 주주가 대표소송을 제기할 수 있다(제424조의2 제2항). 한편, 신주인수인과 통모한 이사는 회사 또는 주주에 대한 손해배상책임을 진다(제424조의2 제3항).

Ⅲ. 신주발행의 무효

1. 무효원인

신주발행의 무효사유에 대해 상법은 규정을 두고 있지 않다. 따라서 신주발행이 법령 · 정관에 위반하였거나 현저하게 불공정하게 이루어진 경우에도 일괄적으로 무효라고 할 수 없고, 신주발행이 무효가 되었을 때의 법률관계의 혼란을 고려하여 가급적 무효원인을 엄격하게 인정하여야 할 것이다. 이로 인해 각종의 무효원인에 대해서는 학설의 대립이 되고 있다.

2. 무효의 소

⑴ 제소기간

신주발행의 무효는 신주를 발행한 날로부터 6월 내에 소만으로 주장할 수 있다.

⑵ 제소권자 및 상대방

신주발행무효의 소제기권자는 주주 · 이사 · 감사에 한하고, 제3자는 포함되지 않는다. 소의 피고는 회사이다.

⑶ 소의 절차 등

소의 절차 · 청구의 기각 · 패소원고의 책임 · 등기 등에 대해서는 설립무효의 소의 규정이 준용되고, 제소주주의 담보제공의무는 주주총회 결의취소의 소에 관한 규정이 준용된다.

⑷ 다른 소송과의 관계

이사회의 결의 또는 주주총회의 결의에 하자가 있는 경우에는 그 하자는 신주발행의 하자에 흡수되어 신주발행무효의 소만을 제기할 수 있다(판례).

(5) 무효판결의 효력

① **대세적 효력** : 신주발행의 무효판결은 법률관계의 획일적 확정을 위해 제3자에 대하여도 그 효력이 미친다.

② **불소급효** : 신주발행은 무효판결이 확정된 때로부터 장래에 대하여 그 효력을 잃는다(제431조 제1항).

③ **등기의 경정** : 신주발행무효로 인해 자본금액이 감소하고 미발행주식 수가 증가하게 되므로 등기의 경정을 하여야 한다.

④ **신주권의 회수** : 무효판결이 확정된 때에는 회사는 지체없이 그 뜻과 3월 이상의 일정한 기간 내에 신주의 주권을 회사에 제출할 것을 공고하고, 주주명부에 기재된 주주와 질권자에 대하여는 각별로 통지하여야 한다(제431조 제2항).

⑤ **주금액의 반환** : 회사는 신주의 주주에 대하여 그 납입한 금액을 반환하여야 한다(제432조 제1항). 현물출자자에 대해서는 그 평가액을 금전으로 반환하여야 한다. 그러나 회사가 반환할 금액이 판결확정시에 회사의 재산상태에 비추어 현저하게 부당한 때에는 법원은 회사 또는 신주의 주주의 청구에 의하여 그 금액의 증감을 명할 수 있다(제432조 제2항).

⑥ **질권의 물상대위** : 신주발행무효로 주금액의 반환이 있게 되는 경우에 실효한 신주의 질권자는 주금액에 대해 물상대위권을 갖는다(제432조 제3항, 제339조, 제340조 제1항 · 제2항).

Ⅳ. 신주발행의 부존재

신주발행의 절차가 전혀 취해진 바가 없이 신주가 발행된 것 같은 외관만 존재하는 경우에는 신주발행의 부존재를 주장할 수 있다. 신주발행의 부존재는 누구든지 언제나 어떤 방법으로든 주장할 수 있다. 부존재확인의 소를 제기한 경우 그 효력은 대세적 효력이 없고 소급효가 제한되지 않는다.

연습문제

01 다음은 주식회사의 모집설립과 신주발행에 관한 설명이다. 옳지 않은 것은?

① 모집설립이나 신주발행이나 발행이 결정된 주식 전부에 대해 반드시 납입이 있어야 하는 것은 아니다.

② 모집설립의 경우 주식배정은 발기인의 자유배정이 가능하지만, 신주발행의 경우에는 주주평등의 원칙이 지켜져야 한다.

③ 모집설립의 경우 현물출자는 원시정관의 상대적 기재사항이지만, 신주발행의 경우 현물출자는 정관에 규정이 없으면 이사회의 결의사항이다.

④ 모집설립의 경우 주주가 되는 시기는 설립등기를 한 때이지만, 신주발행의 경우 주주가 되는 시기는 납입기일의 다음 날이다.

⑤ 모집설립의 경우 설립등기 후 또는 창립총회에서 그 권리를 행사한 후에는 주식청약서의 요건흠결에 따른 무효주장이나 사기·강박·착오에 의한 주식인수의 취소를 하지 못하며, 신주발행의 경우 신주발행의 등기 후 1년이 경과하거나 주주권을 행사한 후에는 주식청약서 또는 신주인수권증서의 요건의 흠결에 따른 무효주장이나 사기·강박·착오에 의한 주식인수의 취소를 하지 못한다.

모집설립의 경우에는 발행이 결정된 주식수 만큼에 대해서는 반드시 인수와 납입이 있어야 하지만, 신주발행의 경우에는 납입된 범위 내에서만 신주의 효력이 발생하므로 반드시 발행이 결정된 주식 전부에 대해 납입이 있어야 하는 것은 아니다.

[신주발행과 모집설립의 차이]

구 분	신주발행	모집설립
납입담보책임의 존재	이사의 납입담보책임이 불인정	발기인의 납입담보책임 인정
주금미납입 발행주식의 처리	미발행주식이	재모집이 가능함
효력발생시기	주금납입 다음 날	설립등기시
무효의 소제기	효력발생일로부터 6개월 내	설립등기후 2년 내
인수취소(무능력자 제외) 기간	변경등기의 날로부터 1년 내	설립등기후 취소 불가

답 1. ①

02 신주인수권에 관한 설명으로 옳지 않은 것은?

① 주주는 정관에 다른 정함이 없으면 신주의 배정을 받을 수 있으므로, 주주의 신주인수권은 정관으로 제한할 수 없다.

② 회사가 종류주식을 발행하는 때에는 정관에 다른 정함이 없는 경우에도 주식의 종류에 따라 신주의 인수에 관하여 특수한 정함을 할 수 있다.

③ 제3자의 신주인수권은 주주총회의 특별결의로 부여할 수 없으며, 정관에 정함이 있어야 한다.

④ 정관이나 이사회의 결의로 신주인수권의 양도에 관한 사항을 결정하지 아니한 경우에도 회사가 그 양도를 승낙한 때에는 회사에 대하여도 그 효력이 있다는 것이 판례의 입장이다.

⑤ 주주의 구체적 신주인수권은 주식과 별개의 독립된 권리이므로 주식과 분리하여 양도할 수 있으며, 신주인수권의 양도는 신주인수권증서의 교부에 의하여서만 할 수 있다.

2001년 상법개정으로 제418조 제1항은 「주주는 그가 가진 주식수에 따라서 신주의 배정을 받을 권리가 있다」고 개정됨으로써 주주의 신주인수권을 보장하게 되었다. 그러나, 신기술의 도입·재무구조의 개선 등 회사의 경영상 목적을 달성하기 위하여 필요한 경우에 한하여 정관에 의하여 주주의 신주인수권은 제한될 수 있다.

03 신주인수권에 관한 설명으로 옳지 않은 것은?

① 주주의 신주인수권은 정관에 의하여 제한할 수 없다.

② 신주발행시 신주인수권의 대상인 주식 중에서 실권주가 발생하는 경우 수권주식 중 미발행주식으로 남게 된다.

③ 주주의 신주인수권은 정관 또는 이사회결의로 이를 양도할 수 있음을 정한 경우에만 회사에 대한 관계에서 유효하게 양도할 수 있다.

④ 회사가 제3자의 신주인수권을 무시하고 신주발행을 한 경우 그 신주발행이 무효가 되는 것은 아니라는 것이 통설의 입장이다.

⑤ 주주의 신주인수권은 법률의 규정에 의하여 주주에게 당연히 생기는 권리에 해당한다.

주주의 신주인수권은 신기술의 도입·재무구조의 개선 등 회사의 경영상 필요한 경우에 한하여 정관에 의해 제한할 수 있다(제418조 제2항 단서 참조).

답 2. ① 3. ①

04 다음 중 신주인수권증서에 관한 설명으로 틀린 것은? (2007년 공인회계사)

① 신주인수권증서는 주주의 청구가 있어야 발행할 수 있으며, 주주는 신주인수권증서가 발행되면 그 증서에 의해 주식의 청약을 한다.

② 신주인수권증서의 청구기간을 정한 때에는 그 기간 내에 청구한 주주에 대하여 신주인수권증서를 발행해야 하고, 그 기간을 정하지 않은 때에는 신주청약기일의 2주간 전에 주주의 청구와 관계없이 이를 발행해야 한다.

③ 판례에 의하면, 신주인수권증서가 발행되지 아니한 경우 신주인수권의 양도는 지명채권 양도의 일반원칙에 따른다.

④ 신주인수권증서의 점유자는 적법한 소지인으로 추정되며, 이러한 소지인으로부터 악의 또는 중대한 과실 없이 이를 양수한 자에게는 선의취득이 인정된다.

⑤ 신주인수권증서를 상실한 경우 공시최고절차를 통한 제권판결에 의해 신주인수권증서의 재발행을 청구할 수 있다.

① 신주인수권증서는 위 지문 ②에서 언급하는 바와 같이 신주인수권증서의 발행은 청구기간을 정한 때에는 그 기간내에 주주의 청구가 있어야 발행하지만, 그 기간을 정하지 아니한 때에는 주주의 청구와 관계없이 이를 발행하게 되므로 ①에서 "주주의 청구가 있어야 발행할 수 있으며" 라는 것은 틀린 지문이 된다.

⑤ 신주 인수권증서를 상실한 경우에는 주식청약서에 의하여 청약할 수 있으며, 그 이용기간이 짧기 때문에 제권판결에 의한 신주인수권증서의 재발행은 인정될 여지가 없다.

05 상법상 신주인수권에 관한 설명으로 옳은 것은? (2012년 공인회계사)

① 유가증권인 신주인수권증서를 상실한 자는 제권판결을 받지 않으면 주식의 청약을 할 수 없다.

② 판례에 의하면 정관 또는 이사회의 결의로 신주인수권의 양도를 인정하고 있지 않은 경우에는 회사가 그 양도를 승낙하더라도 회사에 대하여는 양도의 효력이 없다.

③ 회사는 신주인수권의 양도를 인정한 경우에도 정관의 규정에 따라 신주인수권증서를 발행하지 아니할 수 있다.

④ 신주인수권부 사채권자는 이사회가 정한 발행조건에 따라 신주인수권만을 따로 양도할 수 있으며 이 경우 신주인수권의 양도는 신주인수권 증권의 교부에 의한다.

⑤ 신주인수권증서의 점유자는 적법한 소지인으로 간주되므로 그 점유자로부터 신주인수권증서를 양수한 자가 선의 · 경과실이면 선의취득이 인정된다.

① 유가증권인 신주인수권증서에 대해서는 제권판결이 인정되지 않는다(제420조의3 제2항 참조).

답 4. ①, ⑤ 5. ④

② 판례에 의하면 정관 또는 이사회의 결의로 신주인수권의 양도를 인정하고 있지 않은 경우에는 회사가 그 양도를 승낙하더라도 회사에 대하여는 양도의 효력이 있다(대법원 1995. 5. 23 선고 94다36421 판결).

③ 회사는 신주인수권의 양도를 인정한 경우에는 원칙적으로 신주인수권증서를 발행하여야 하며, 정관에 정한 발행금지규정은 효력이 없다.

⑤ 신주인수권증서의 점유자는 적법한 소지인으로 추정되므로 그 점유자로부터 신주인수권증서를 양수한 자가 선의·경과실이면 선의취득이 인정된다(제420조의3 제2항, 제336조 제2항, 수표법 제21조).

06 다음 중 신주발행의 절차에 관한 설명으로 옳지 않은 것은?

① 신주발행사항은 정관에 규정이 없으면 원칙적으로 이사회가 결정하지만, 이사가 1인인 회사에서는 이사회가 없으므로 신주발행은 주주총회에서 결정한다.

② 액면미달발행의 경우에는 주주총회의 특별결의와 법원의 인가가 필요하므로 이사회가 발행가액을 결정할 수 없다.

③ 신주발행시 현물출자에 대해서는 정관에 규정이 없으면 원칙적으로 이사회에서 결정하며, 현물출자자에 제한이 없다.

④ 대표이사는 신주인수권을 가진 자의 청약에 대하여 배정할 의무는 없으며, 배정자유의 원칙이 적용된다.

⑤ 신주인수권을 가진 주주가 청약기일까지 주식을 청약하지 아니하면 신주인수권을 잃게 되고, 청약을 하여도 납입기일까지 주금납입을 하지 아니한 때에는 주식인수인의 지위를 잃게 된다.

신주발행시 신주의 배정에 대해서는 모집설립의 경우와 달리 배정자유의 원칙이 적용되지 않으며, 신주인수권을 가진 자의 청약에 대해 대표이사는 배정할 의무를 진다.

07 상법상 통상의 신주발행에 관한 설명 중 옳은 것은? (2003년 공인회계사)

① 신주발행시에는 설립시 주식발행의 경우와는 달리 유지청구권이 인정되지 않는다.

② 신주발행의 무효는 주주·이사 또는 신주인수권자에 한하여 신주를 발행한 날로부터 6월 내에 소만으로 이를 주장할 수 있다.

③ 정관에 정하는 바에 따라 주주 외의 자에게 신주를 배정하는 경우에는 신기술의 도입, 재무구조의 개선 등 회사의 경영상 목적을 달성하기 위하여 필요한 경우에 한한다.

④ 신주인수인이 납입한 때에는 변경등기시로부터 주주의 권리의무가 있다.

⑤ 신주인수권증서에는 선의취득이 인정되지 않는다.

① 신주발행시 신주발행유지청구권이 인정된다(제424조).

답 6. ④ 7. ③

② 신주발행무효의 소는 주주·이사·감사에 한하여 신주발행일로부터 6월 내에 소만으로 이를 주장할 수 있다(제429조).

③ 제418조 제2항.

④ 신주인수의 효력은 신주의 납입기일 다음 날로부터 발생한다. 따라서 납입기일 다음 날로부터 주주의 권리와 의무가 있다(제423조 제1항).

⑤ 신주인수권증서는 유가증권이므로 선의취득이 인정된다(제420조의3, 수표법 제21조).

08 신주발행에 관한 설명 중 옳은 것은? (2006년 공인회계사)

① 신주의 발행 여부에 관한 사항은 원칙적으로 주주총회가 결정한다.

② 회사설립 후에 신주를 발행하는 경우에는 발행을 예정한 주식의 전부에 대한 인수와 납입이 있어야 한다.

③ 판례에 따르면, 현물출자로 인한 신주발행의 경우에도 일반 주주의 신주인수권이 인정된다.

④ (신주인수권을 전자등록한 경우를 제외하고) 신주인수권의 양도는 신주인수권증서의 교부에 의해서만 가능하다.

⑤ 신주의 인수인이 납입하지 아니한 때에는 이사가 연대하여 납입할 책임을 부담한다.

① 신주의 발행 여부에 관한 사항은 원칙적으로 이사회가 결정한다(제416조 참조).

② 회사설립 후에 신주를 발행하는 경우에는 발행을 예정한 주식의 전부에 대한 인수와 납입이 있어야 하는 것은 아니며, 납입되지 않은 주식은 미발행주식으로 돌아간다. 따라서 회사설립시와 달리 이사의 인수담보책임만 인정될 뿐 납입담보책임은 없다(제428조 참조).

③ 판례에 따르면, 현물출자로 인한 신주발행의 경우에는 특정인에게 신주를 부여하는 것으로, 일반 주주의 신주인수권의 대상이 되지 않는다(대판 1989. 3. 14, 88누889).

⑤ 신주의 인수인이 납입하지 아니한 때에는 그 권리를 잃고, 미발행주식으로 돌아간다.

09 상법상 신주의 발행에 관한 설명으로 옳은 것은? (2010년 공인회계사)

① 주주는 그가 가진 주식 수에 따라 신주의 배정을 받을 권리와 의무가 있다.

② 회사의 경영상 목적을 달성하기 위하여 필요한 경우에는 정관의 규정이 없더라도 주주총회의 보통결의로 주주 외의 자에게 신주를 배정할 수 있다.

③ 액면미달발행의 경우 회사는 법원의 인가를 얻은 날로부터 1월 내에 주식을 발행해야 하고, 법원은 그 기간을 연장하여 인가할 수 있다.

④ 납입기일 이후 납입을 한 신주의 인수인은 납입을 완료한 날의 다음 날로부터 주주의 권리의무가 있다.

답 8. ④ 9. ③

⑤ 신주의 인수인이 납입기일에 납입 또는 현물출자의 이행을 하지 아니하더라도 손해배상책임을 부담하지 않는다.

① 주주는 그가 가진 주식 수에 따라 신주의 배정을 받을 권리는 있으나, 의무는 없다.
② 회사의 경영상 목적을 달성하기 위하여 필요한 경우에는 정관에 규정이 있는 때에는 주주 외의 자에게 신주를 배정할 수 있다(제418조 제2항 단서).
④ 납입기일내에 납입하지 아니하면 실권이 되므로, 주주로서의 권리의무가 없게 된다. 그리고 신주의 인수인은 납입기일의 다음 날로부터 주주의 권리의무가 있다(제423조 제1항).
⑤ 신주의 인수인이 납입기일에 납입 또는 현물출자의 이행을 하지 아니하면, 실권이 될 뿐만 아니라 손해배상책임을 부담한다(제423조 제3항).

10 甲주식회사의 정관은 신주발행사항은 이사회가 결정한다고 규정하고 있으며, 甲회사는 회사자금을 조달할 목적으로 신주를 발행하면서 주식의 소유비율에 따라 주주들에게 신주를 배정하였다. 이에 관한 상법상 설명으로 옳은 것은? (2016년 공인회계사)

① 판례에 의하면 甲회사의 정관규정 또는 신주발행에 관한 이사회결의에서 신주인수권의 양도에 관한 사항을 정하지 았다고 하더라도 신주인수권의 양도가 전혀 허용되지 않는 것은 아니다.
② 甲회사는 주주들이 신주인수의 청약을 하지 않아 실권된 주식을 다시 제3자에게 배정할 수 없다.
③ 이사회 결의에서 신주인수권 양도에 관한 사항을 정한 경우 주주들은 신주인수권증서를 발행받아야 신주인수권을 취득할 수 있다.
④ 주주가 신주를 인수한 후 납입기일까지 납입을 하지 않으면 甲회사가 별도로 해제의 의사표시를 해야 실권이 이루어진다.
⑤ 신주를 인수한 주주가 납입기일에 이행기가 도래한 甲회사에 대한 금전채권을 가지고 있다면 회사의 동의 없이 주주의 일방적 의사표시만으로 주식대금 납입의무와 상계할 수 있다.

② 甲회사는 주주들이 신주인수의 청약을 하지 않아 실권된 주식을 다시 제3자에게 배정할 수 있다.
③ 이사회결의에서 신주발행에 관한 사항이 결정되고, 신주배정일에 주주들은 신주인수권을 취득하게 된다.
④ 주주가 신주를 인수한 후 납입기일까지 납입하지 않으면 실권이 이루어진다(제423조 제2항).
⑤ 신주를 인수한 주주가 납입기일에 이행기가 도래한 甲회사에 대한 금전채권을 가지고 있다면 회사의 동의를 얻어 주식대금 납입의무와 상계할 수 있다(제421조 제2항).

답 10. ①

11 다음 중 상법상 주주가 이사에 대하여 행사할 수 있는 유지청구권에 관한 설명으로 옳은 것은? (상장회사의 경우를 제외함) (2007년 공인회계사)

① 위법행위유지청구권은 그 청구 당시 의결권있는 발행주식총수의 100분의 1 이상에 해당하는 주식을 가진 주주만이 행사할 수 있다.

② 위법행위유지청구권은 이사의 위법한 행위로 인하여 주주가 불이익을 받을 염려가 있어야 행사할 수 있다.

③ 신주발행유지청구권은 위법한 신주발행으로 인하여 주주가 불이익을 받을 염려가 있다면, 단 1주만을 보유해도 행사할 수 있다.

④ 신주발행유지청구권은 위법한 신주발행으로 인하여 회사에 회복할 수 없는 손해가 발생할 염려가 있어야 행사할 수 있다.

⑤ 위법행위유지청구권은 주주의 공익권이고, 신주발행유지청구권은 주주의 자익권이다.

① 위법행위유지청구권은 발행주식총수의 100분의 1이상에 해당하는 주식을 가진 주주(의결권없는 주식을 가진 주주도 포함)나 감사가 제기할 수 있다.

② 위법행위유지청구권은 이사의 위법행위로 인하여 회사에 회복할 수 없는 손해가 발생할 염려가 있어야 행사할 수 있다.

④ 신주발행유지청구권은 위법한 신주발행으로 인하여 주주가 불이익을 받을 염려가 있는 경우에 그 주주가 행사할 수 있는 권리이다.

⑤ 위법행위유지청구권은 주주의 공익권이라는데 이의가 없으나, 신주발행유지청구권은 공익권이라는 견해와 자익권이라는 견해의 대립이 있다. 공익권이라는 견해가 다수설의 입장이다.

12 상법상 위법불공정한 신주발행에 관한 설명 중 틀린 것은? (2009년 공인회계사)

① 이사와 공모하여 현저하게 불공정한 가액으로 주식을 인수한 자는 회사에 대하여 공정한 발행가액과의 차액에 상당한 금액을 지급할 의무가 있다.

② 회사가 현저하게 불공정한 방법에 의하여 신주를 발행함으로써 주주가 불이익을 받을 염려가 있는 경우 그 주주는 회사에 대하여 신주발행의 유지를 청구할 수 있다.

③ 위 ②의 경우 신주발행유지의 청구는 소에 의할 수도 있고 소 이외의 방법에 의하여 할 수도 있다.

④ 신주발행에 주식회사의 본질에 반하는 중대한 위법행위가 있는 경우 주주는 신주를 발행한 날로부터 6월 내에 회사를 상대로 하여 신주발행무효의 소를 제기할 수 있다.

⑤ 신주발행무효의 판결이 확정된 때에는 대세적 효력과 소급효가 인정되므로 회사는 신주의 주주에 대하여 납입금액을 환급하여야 한다.

답 11. ③ 12. ⑤

신주발행무효의 판결이 확정된 때에는 대세적 효력(제430조, 제190조 본문)과 불소급효가 인정되므로(제431조 제1항), 회사는 신주의 주주에 대하여 납입금액을 환급하여야 한다(제432조).

13 다음 사 에 관한 상법상 설명 중 옳은 것은? (이견이 있으면 판례에 의함) (2013년 공인회계사)

> 甲주식회사(수권자본금 50억원, 자본금 8억원, 주주가 A와 B 2명 뿐인 비상장회사) 대표이사 A는 회사 자금사정이 급격하게 어려워지자 긴박하게 회사의 경영자금을 조달하기 위하여 이사회의 결의로 제3자인 C에게 발행가를 액면가 이상으로 신주를 배정하였다(甲회사의 정관에는 "이사회는 새로운 기술의 도입이나 긴급한 경영자금의 조달이라는 경영목적을 위해서는 주주 아닌 제3자에게 신주를 배정할 수 있다"고 규정되어 있음). C는 2억원의 신주대금의 납입을 위하여, 이사회의 결정내용대로 재산가액 4천만원의 부동산의 출자를 비롯하여, 이행기가 도래해 있는 甲회사에 대한 4천만원의 금전채권을 가지고 상계하고 나머지는 현금으로 지급하였다.

① C가 A와 공모하여 현저하게 불공정한 발행가액으로 주식을 인수했다고 하더라도 C가 공정한 발행가액과의 차액에 상당하는 금액을 회사에 지급하면 甲회사에 대한 A의 손해배상책임은 발생하지 않는다.

② B는 C에 대한 신주발행이 위법하고 이로 인하여 자신이 불이익을 입을 염려가 있다고 판단하면 A를 상대방으로 하여 신주발행유지의 소를 제기할 수 있다.

③ C의 재산가액 4천만원의 부동산 출자는 법원이 선임한 검사인의 검사나 공인된 감정인의 감정이라는 검사절차가 있어야 적법하다.

④ C가 甲회사에 대한 4천만원의 금전채권으로 상계한 것은 甲회사의 동의가 있는 경우에만 신주대금 납입으로서 유효하다.

⑤ 판례에 따르면 만일 甲회사가 오직 경영권 방어만을 목적으로 C에게 신주를 배정하였더라도 C에 대한 신주발행은 유효하다.

① C가 A와 공모하여 현저하게 불공정한 발행가액으로 주식을 인수했다고 하더라도 C가 공정한 발행가액과의 차액에 상당하는 금액을 회사에 지급하더라도 甲회사에 대한 A의 손해배상책임은 영향을 받지 않는다(제424조의2 제3항).

② B는 C에 대한 신주발행이 위법하고 이로 인하여 자신이 불이익을 입을 염려가 있다고 판단하면 회사를 상대방으로 하여 신주발행유지의 소를 제기할 수 있다(제424조).

③ C의 재산가액 4천만원의 부동산 출자는 회사의 자본금의 5분의 1을 초과하지 아니하고 5천만원을 넘지 아니하므로 법원이 선임한 검사인의 검사나 공인된 감정인의 감정이라는 검사절차를 필요로

답 13. ④

하지 않는다(제422조 제2항 제1호).

⑤ 판례에 따르면 만일 甲회사가 오직 경영권 방어만을 목적으로 C에게 신주를 배정하였더라도 C에 대한 신주발행은 무효의 사유에 해당한다(대판 2009.1.30, 2008다50776).

14 비상장 주식회사의 신주발행 사례에 관한 설명으로 틀린 것은? (2012년 공인회계사)

甲주식회사의 정관에는 주주총회의 결의에 의하여 신주발행을 하는 것으로 정하고 있다. 대표이사 A는 자신과 주주 B의 이익을 위하여 신주발행을 추진하면서 이에 반대하는 주주 C에게 신주발행을 위한 주주총회의 소집통지를 하지 않았다. 한편 주주 C가 참석하지 않은 주주총회에서는 시가에 훨씬 못 미치는 가액으로 신주를 발행하기로 결의하고 주주 C에 대하여 신주인수권의 행사에 관한 최고를 하지 않았다.

① 甲회사의 신주발행의 효력은 납입기일의 다음 날부터 생기며 그 효력이 발생하기 이전이라면 주주 C는 甲회사를 상대로 신주발행의 유지를 청구할 수 있다.

② 대표이사 A가 주주 B로부터 현물출자를 받고 상법 소정의 현물출자의 검사절차를 이행하지 않았다면 신주발행이나 이로 인한 변경등기는 무효가 된다.

③ 주주 C는 신주발행의 효력이 발생한 이후에는 그 날로부터 6개월 이내에 신주발행 무효의 소를 제기할 수 있다.

④ 주주 B는 대표이사 A와 통모하여 현저하게 불공정한 가액으로 주식을 인수하였다면 甲회사에 대하여 공정한 발행가액과의 차액에 상당한 금액을 지급할 의무가 있다.

⑤ 대표이사 A는 신주를 시가에 훨씬 못 미치는 가액으로 발행한 것이 임무해태에 해당하므로 甲회사에 대하여 손해배상책임을 부담한다.

현물출0자의 검사절차를 거치지 아니하였다고 하여 현물출자가 무효가 되는 것은 아니다. 현물출자는 정관이나 이사회(정관의 정함에 의한 주주총회)의 결의를 거쳐 그 출자 목적물의 평가가액이 현저히 불공정 가액이 아닌 한 유효하게 된다.

15 상법상 주식회사의 신주발행에 관한 설명으로 틀린 것은? (2014년 공인회계사)

① 신주의 발행시기가 다르거나 종류가 다른 주식은 이사회에서 각기 발행가를 달리 정할 수 있다.

답 14. ② 15. ③

② 비상장회사가 액면미달발행을 하려면 회사성립 후 2년이 경과하여야 하고 주주총회의 특별결의를 얻은 후 법원의 인가를 받아야 한다.

③ 신주발행무효의 소의 판결은 소급효가 있으므로 판결시까지 이루어진 신주인수인의 주금납입이나 그 신주에 대한 이익배당은 무효가 된다.

④ 회사는 신주배정기준일을 정하고 그 날의 주주명부에 기재된 주주가 신주인수권을 가진다는 뜻을 그 날의 2주간 전에 공고하여야 한다(주주명부폐쇄 제외).

⑤ 주주의 신주인수권에 대해서만 신주인수권증서를 발행할 수 있고 제3자의 신주인수권에 대해서는 이를 발행할 수 없다.

신주발행무효의 소의 판결은 장래에 대하여 효력이 있으므로(제431조 제1항), 판결시까지 이루어진 신주인수인의 주금납입이나 그 신주에 대한 이익배당은 유효하다.

16 상법상 주식회사의 신주발행에 관한 설명으로 틀린 것은? (2017년 공인회계사)

① 신주의 인수인은 납입기일에 인수가액의 전액을 납입하지 않으면 실권절차 없이 바로 인수인으로서의 권리를 잃는다.

② 회사는 신기술의 도입, 재무구조의 개선 등 회사의 경영상 목적을 달성하기 위하여 필요한 경우 정관이 정하는 바에 따라 주주 외의 자에게 신주를 배정할 수 있다.

③ 회사가 성립한 날로부터 2년을 경과한 후에는 주주총회의 특별결의와 법원의 인가를 얻어서 주식을 액면미달의 가액으로 발행할 수 있다.

④ 신주의 인수인은 회사의 동의를 얻더라도 납입채무와 회사에 대한 채권을 상계할 수 없다.

⑤ 신주인수권증서를 상실한 자는 주식청약서에 의하여 주식회사 청약을 할 수 있지만 그 청약은 신주인수권증서에 의한 청약이 있는 때에는 그 효력을 잃는다.

신주의 인수인은 회사의 동의를 얻어 납입채무와 회사의 동의를 얻어 납입채무와 회사에 대한 채권을 상계할 수 있다(제421조 제2항).

17 상법상 신주발행의 하자에 관한 설명으로 틀린 것은? (2017년 공인회계사)

① 현저하게 불공정한 방법에 의하여 주식을 발행함으로써 주주가 불이익을 받을 염려가 있는 경우 그 주주는 회사에 대하여 그 발행을 유지할 것을 청구할 수 있다.

② 이사와 통모하여 현저하게 불공정한 가액으로 주식을 인수한 자에 대하여 공정한

16. ④ 17. ④

발행가액과의 차액지급을 청구하는 소에 관하여는 주주대표소송에 관한 규정이 준용된다.

③ 신주발행의 무효는 주주·이사 또는 감사에 한하여 신주를 발행한 날로부터 6월 내에 소만으로 이를 주장할 수 있다.

④ 신주발행무효의 판결이 확정된 경우 신주는 소급하여 그 효력을 상실하므로 확정판결 전에 이루어진 신주의 양도는 무효가 된다.

⑤ 신주발행무효의 판결이 확정된 때에는 회사는 신주의 주주에 대하여 그 납입한 금액을 반환하여야 한다.

신주발행무효의 판결이 확정된 경우 신주는 장래에 대하여 그 효력을 상실하므로(제413조 제1항), 확정판결 전에 이루어진 신주의 양도는 유효하다.

제6절 정관의 변경

Ⅰ. 정관변경의 의의

1. 정관의 의의

정관이란 사업목적, 자본금에 관한 사항을 규정한 회사의 조직과 활동에 관한 근본규칙을 실질적 의의의 정관이라 하며, 기재사항의 서면을 형식적 의의의 정관이라 한다.

2. 정관변경의 의의

정관의 기재사항을 추가하거나 삭제하거나 수정하는 것을 정관변경이라 한다. 정관의 간단한 자구나 구두점의 수정·가감도 정관변경이며, 절대적 기재사항이건 상대적 기재사항이건 또는 임의적 기재사항이건 정관에 기재된 사항의 변경은 모두 정관변경에 해당한다. 정관변경은 실질적 의의의 정관의 변경을 말한다.

보충 정관의 기재사항의 변경이라 하더라도 본점소재지의 지명의 변경, 공고게재지의 신문명의 변경과 같은 경우에는 정관변경절차 없이 정관의 기재변경이 가능하다.

3. 정관변경의 범위

정관변경의 범위에는 특별한 제한이 없다. 따라서 발기인의 성명·설립시 발행주식 총수 등 역사적 사실을 제외한 목적·상호 등 어떠한 사항도 변경할 수 있다. 원시정관에 정관변경을 금지하고 있는 경우에도 이 규정을 변경하여 정관변경은 가능하다. 그런데, 정관변경을 하더라도 사회질서나 강행법규에 위반한 내용으로의 변경은 인정되지 않으며, 주주의 고유권을 침해하거나 주주평등의 원칙에 반하는 정관변경은 인정되지 않는다.

Ⅱ. 정관변경의 절차

1. 주주총회의 특별결의

정관변경은 발행주식총수의 3분의 1 이상의 수와 출석한 주주의 의결권의 3분의 2 이상의 수로써 하여야 한다. 즉, 정관변경은 주주총회의 특별결의사항이다(제433조 제1항, 제434조). 정관변경을 위한 주주총회를 소집할 경우에는 정관변경에 관한 의안의 요령을 기재하여 통지·공고하여야 한다(제433조 제2항).

2. 종류주주총회

회사가 종류주식을 발행한 경우에 정관을 변경함으로써 어느 종류주식의 주주에게 손해를 미치게 될 때에는 주주총회의 결의 외에 그 종류주식의 주주의 총회의 결의가 있어야 한다(제435조 제1항) .

3. 등 기

정관변경 자체는 등기를 필요로 하지 않지만, 정관변경으로 등기사항이 변동되는 때에는 변경등기를 하여야 한다. 등기가 정관변경의 효력발생요건은 아니다.

Ⅲ. 정관변경의 주요 내용

1. 발행예정주식총수의 변경

회사 설립 후에 정관변경으로 발행예정주식총수를 증가시키는 경우 그 수에 제한이 없다. 발행예정주식총수를 감소시키는 것도 가능하지만, 감소의 경우에는 발행주식총수 이하로는 감소시킬 수 없다.

2. 주금액의 변경

⑴ 주금액의 인하

정관의 절대적 기재사항 중 하나인「1주의 금액」을 인하하여 자본금을 감소시키는 경우에는 정관변경이 필요하다. 주금액의 인하는 최저액면가인 100원 미만으로 인하할 수는 없다(제329조 제4항).

⑵ 주금액의 인상

주금액의 인상으로 주주에게 추가출자의무를 부담시키는 것은 주주의 유한책임의 원칙에 반하므로 총주주의 동의를 필요로 하지만, 주식의 병합에 의한 주금액의 인상의 경우에는 주주총회의 특별결의에 의해 가능하다.

IV. 정관변경의 효력발생

정관변경은 주주총회의 결의로 효력이 발생하며, 변경된 내용을 문서화하거나 등기할 때에 효력이 생기는 것은 아니다. 주주총회에서 정관변경의 소급적용을 결의하는 경우 그 소급효는 인정되지 않는다. 정관변경의 효력발생의 시기 또는 종기를 정하는 기한부 변경은 허용된다. 변경정관의 효력발생을 조건부로 하는 경우는 허용될 수 없다.

V. 변경등기

정관변경 자체의 등기는 필요하지 아니하나, 액면주식의 1주금액 변경, 발행주식총수의 변경 등은 변경등기를 필요로 한다. 그러나 변경등기는 정관변경의 결과로써 사후적으로 이루어지는 것일 뿐이며, 정관변경절차와는 관련이 없다.

Commercial Law

연습문제

01 정관변경에 관한 설명으로 옳지 않은 것은?

① 정관변경은 주주총회의 특별결의에 의하여야 한다.

② 정관의 변경에 관한 의안의 요령은 주주총회소집통지와 공고에 기재하여야 한다.

③ 회사가 종류주식을 발행한 경우에 정관을 변경함으로써 어느 종류의 주주에게 손해를 미치게 될 때에는 주주총회의 결의 외에 그 종류의 주주의 총회의 결의가 있어야 한다.

④ 정관변경의 효력은 주주총회의 결의시 발생한다.

⑤ 발행예정주식총수를 변경하는 경우에는 상법규정에 따라서 회사의 총발행주식수의 4배를 초과할 수 없다.

발행예정주식총수의 증가에 관한 제437조의 규정이 삭제됨으로써 발행예정주식총수의 증가에 대한 제한이 없어졌다.

02 다음 중 주식회사의 정관변경의 효력에 관한 설명으로 틀린 것은? (2007년 공인회계사)

① 정관의 절대적 기재사항인 회사의 본점 소재지를 변경하는 경우에 주주총회의 특별결의를 거치지 않더라도 정관변경의 효력이 발생한다.

② 정관변경은 공증인의 인증을 받지 않더라도 주주총회의 특별결의만으로 그 효력이 발생한다.

③ 정관의 절대적 기재사항인 수권주식총수를 증가시키고자 하는 경우에는 반드시 주주총회의 특별결의를 거쳐야 정관변경의 효력이 발생한다.

④ 정관의 변경으로 어느 종류의 주주에게 손해를 입히게 될 때에는 의결권 있는 그 종류의 주주총회 결의가 있어야만 정관변경의 효력이 발생한다.

⑤ 주식을 분할하기 위한 정관변경은 주주총회의 특별결의가 있어야 그 효력이 발생한다.

① 정관의 절대적 기재사항인 회사의 본점 소재지를 변경하는 경우, 이는 정관변경절차를 거쳐야 하므로 주주총회 특별결의가 있어야 한다. 주주총회의 특별결의를 거치지 않으면 정관변경의

답 1. ⑤ 2. ①, ④

효력이 없다.

④ 정관의 변경으로 어느 종류의 주주에게 손해를 입히게 될 때에는 주주총회결의 외에 그 종류의 주주총회의 결의가 있어야 정관변경의 효력이 발생한다.

03 상법상 주식회사 정관의 변경에 관한 설명 중 틀린 것은? (2009년 공인회계사)

① 정관의 기재사항을 일부 삭제하거나 수정하는 것도 정관 변경에 해당된다.

② 정관의 변경에 관한 의안의 요령은 주주총회의 소집통지와 공고에 기재하여야 한다.

③ 정관의 임의적 기재사항 변경은 주주총회의 특별결의를 거치지 않아도 된다.

④ 설립당시의 원시정관에 기재된 발기인 · 설립시 발행한 주식총수 및 변태설립사항은 역사적 사실로서 정관변경의 대상이 아니다.

⑤ 법령의 개정 또는 지명의 변경에 의하여 정관의 기재사항이 변경되는 경우는 상법상의 정관변경에 해당하지 않는다.

정관의 기재사항은 절대적 기재사항이든 상대적 기재사항이든 임의적 기재사항이든 이들의 변경은 정관변경에 해당하므로 주주총회의 특별결의를 거쳐야 된다.

답 3. ③

제7절 자본금의 감소

Ⅰ. 의 의

자본금 감소란 회사의 자본금의 금액을 일정한 방법에 의하여 감소시키는 것을 말한다. 자본금액의 감소에 따른 순재산의 감소 여부를 기준으로 통상 실질적 자본금 감소와 명목상의 자본금 감소로 분류한다. 실질적 자본금 감소란 감소된 자본금을 실제로 주주에게 반환하는 경우를 말하고, 명목상의 자본금 감소는 주주에게 감소된 자본금을 현실로 반환하지 않고 계산상으로만 자본금을 감소시키는 것을 말한다.

Ⅱ. 자본금 감소의 방법

1. 주금액의 감소

주금액의 감소에 의한 자본금의 감소는 발행주식수를 줄이지 않고 주식의 액면가액을 낮추는 방법이다. 이 방법은 주금액이 100원 이상인 경우에만 가능하다. 감소되는 금액의 처리는 자본금 감소의 목적에 따라 다르다. 실질적 자본금 감소를 할 때에는 주주에게 감소된 자본금을 주주에게 환급하게 되고, 명목상의 자본금 감소를 할 때에는 주주의 손실로 처리하게 된다.

2. 주식수의 감소

(1) 주식의 소각

주식의 소각이란 회사가 일정한 주식을 절대적으로 소멸시키는 것을 말한다. 주식의 소각은 동의한 주주의 주식에 대해서만 소각할 수 있는 임의소각과, 주주의 의사와 관계없이 주식을 소멸시킬 수 있는 강제소각이 있다. 또 주식의 소각으로 주주에게 주금(株金)을 지급하는 유상소각과 지급하지 않는 무상소각이 있다. 주주총회에서 정한 자본금 감소의 방법이 주주평등의 원칙에 위반하는 때에는 무효이다.

(2) 주식의 병합

주식병합은 여러 주식을 합하여 그보다 적은 수의 주식을 발행하는 것을 말한다. 주권을 회사에 제출한 자에 대해서는 신주권을 교부한다.

병합에 적당하지 않은 부분에 대해서는 발행한 신주를 경매하여 각 주식수에 따라 그 대금을 종전의 주주에게 지급하여야 한다(제443조 제1항 본문). 그러나 거래소의 시세가 있는 주식은 거래소를 통하여 매각하고, 거래소의 시세가 없는 주식은 법원의 허가를 받아 경매 외의 방법으로 매각할 수 있다(제443조 제1항 단서).

Ⅲ. 자본금 감소의 절차

1. 주주총회의 결의

자본금 감소는 회사의 자본금 구조의 변화를 초래하고 주주의 이해관계에 중대한 영향을 미치므로 주주총회의 특별결의를 요한다(제438조 제1항). 자본금 감소를 위한 주주총회의 소집시에는 의안의 요령도 통지·공고하여야 한다(제438조 제3항). 다만, 결손의 보전(補塡)을 위한 자본금 감소는 주주총회의 보통결의에 의한다(제438조 제2항). 주주총회의 결의에서는 자본금 감소의 방법을 정하여야 한다(제439조 제1항).

2. 종류주주총회의 결의

회사가 종류주식을 발행하고 있은 경우에 어느 종류주식의 주주에게 손해를 미치게 될 때에는 주주총회의 결의 외에 그 종류주주총회의 결의가 있어야 한다(제435조 제1항).

3. 채권자보호절차

자본금 감소는 회사채권자를 위한 담보액의 감소를 초래하므로 회사는 자본금 감소의 결의일로부터 2주간 내에 회사채권자에 대하여 자본금 감소에 이의가 있으면 1월 이상의 일정한 기간 내에 이의를 제출할 것을 공고하고 알고 있는 채권자에 대하여는 각별로 최고하여야 한다(제439조 제2항 본문, 제232조 제1항). 일반채권자의 이의제출에는 특별한 방식을 필요로 하지 않는다. 그러나 사채권자가 이의를 제기하려면 사채권자집회의 결의가 있어야 하며, 이 경우 법원은 이해관계인의 청구로 이의기간을 연장할 수 있다(제439조 제3항). 이의를 제기한 채권자에 대하여 회사는 채무를 변제하거나, 상당한 담보를 제공하거나, 또는 이를 목적으로 하여 상당한 재산을 신탁회사에 신탁하여야 한다(제439조 제2항, 제232조 제3항). 한편, 결손의 보전을 위하여 자본금을 감소하는 경우에는 채권자보호절차를 필요로 하지 않는다(제439조 제2항 단서).

4. 기타 절차

(1) 주식병합절차

주식병합에 의한 자본금 감소의 경우 회사는 1월 이상의 기간을 정하여 그 기간 내에 주권을 회사에 제출할 것을 공고하고 주주명부에 기재된 주주와 질권자에 대해서는 각별로 통지하여야 한다(제440조).

●●● 자본금 감소 효력발생시기

> 주권제출기간이 만료한 때에 주식병합의 효력이 발생한다(제441조 본문). 그러나 채권자의 이의기간 및 이의에 따른 변제 등의 조치가 종료하지 않은 때에는 그 기간 또는 절차가 종료한 때에 효력이 발생한다(제441조 단서).

(2) 주식소각절차

주식소각절차에 대해 별도의 규정을 두고 있지 않고 주식병합절차에 관한 규정을 준용하고 있다(제342조 제2항, 제440조, 제441조).

(3) 변경등기

자본금 감소로 인해 등기사항에 변동이 생기므로 변경등기를 하여야 한다(제317조 제3항, 제183조).

Ⅳ. 자본금 감소의 효과

주식의 소각이나 병합으로 인해 받는 주식이나 금액에 대해 질권의 물상대위권이 인정된다. 주식의 소각이나 병합으로 인해 자본금 감소가 되는 경우 감소된 주식수만큼 재발행이 가능한가에 대하여 학설의 대립이 있으나, 다수설은 재발행이 가능하지 않다고 한다.

Ⅴ. 자본금 감소의 무효

1. 무효원인

자본금 감소를 위한 주주총회 결의의 하자, 채권자보호절차의 흠결, 자본금 감소의 방법 기타 절차에 있어 주주평등의 원칙위반, 법령 · 정관에 위반하거나 현저하게 불공정한 자본금 감소는 무효의 원인이 된다.

2. 무효의 소

(1) 당사자

자본금 감소무효의 소제기권자는 주주 · 이사 · 감사 · 청산인 · 파산관재인 · 자본금 감소를 승인하지 않은 채권자에 한하며(제445조), 회사를 피고로 한다.

(2) 제소기간

자본금 감소무효의 소는 자본금 감소로 인한 변경등기가 있은 날로부터 6월 내에만 제기할 수 있다(제445조).

(3) 소의 절차

자본금 감소무효의 소에 관한 절차에 대해서는 설립무효에 관한 규정(제186조부터 제189조까지)을 준용하며, 채권자나 주주가 소를 제기한 경우의 담보제공의무에 관하여는 주주총회결의취소의 소에 관한 규정(제377조)을 준용한다(제446조).

(4) 다른 소(訴)와의 관계

자본금 감소의 효력이 발생하기 전에는 총회결의 취소 · 무효확인 또는 부존재의 소를 제기할 수 있으나, 자본금 감소의 효력이 발생한 후에는 자본금 감소무효의 소에 흡수된다.

(5) 판결의 효과

① **원고승소의 경우** : 자본금 감소무효의 판결이 확정되면 자본금 감소는 무효가 되고, 그 효과는 제3자에 대해서도 미친다(대세적 효력).

무효판결이 확정된 때에는 본점과 지점의 소재지에서 등기를 하여야 한다(제446조, 제192조). 자본금 감소의 무효판결 후 주주로부터 감소대가의 회수가 불가능하여 회사가 손해를 보는 경우에는 이사의 책임이 발생하고(제399조), 주주나 회사채권자에게 손해가 생기는 경우에는 회사 또는 이사에 대하여 손해배상을 청구할 수 있다(제389조 제3항, 제210조, 제401조).

주의▸ 자본금 감소무효판결의 효과에 대해 190조 본문만 준용하고 있기 때문에 판결의 효과에 소급효가 인정된다.

② **원고패소의 경우** : 판결의 효과는 원고에 대해서만 미치고(대인적 효력), 원고에게 악의 또는 중대한 과실이 있는 경우에 한하여 회사에 대하여 연대하여 손해를 배상할 책임이 있다(제446조, 제191조).

연습문제

01 자본금 감소에 관한 다음 설명 중 옳은 것은?

① 회사가 자본금 감소를 하기 위해서는 주주총회의 보통결의가 있어야 한다.

② 자본금 감소무효의 소는 주주, 이사, 감사만이 변경등기가 있은 날로부터 6월 내에 제기할 수 있다.

③ 자본금 감소시 채권자보호절차로써 이의제출의 일반적 공고 이외에 알고있는 채권자에 대해서 개별통지를 할 필요는 없다.

④ 자본금 감소의 효력은 변경등기시 발생하는 것이 아니라 최종의 감소절차가 완료한 때에 발생한다.

⑤ 자본금 감소무효의 판결은 장래에 대해서만 효력이 인정된다.

① 자본금 감소는 주주총회의 특별결의사항이다.
② 자본금 감소무효의 소는 주주, 이사, 감사, 청산인, 파산관재인, 자본금 감소를 승인하지 않은 채권자가 제기할 수 있다.
③ 알고 있는 채권자에 대해서는 개별통지를 하여야 한다.
⑤ 자본금 감소무효의 판결은 소급적 효력이 인정된다(446조).

02 자본금 감소를 위한 채권자보호절차에 관한 설명 중 틀린 것은? (2005년 공인회계사)

① 자본금 감소 결의일로부터 2주간 내에 회사채권자에게 이의를 제출하도록 공고하고, 알고 있는 채권자에게는 따로따로 최고하여야 한다.

② 채권자의 이의제출기간은 1개월 이상이어야 한다.

③ 이의를 제출한 채권자에 대해서는 변제, 담보제공 또는 상당한 재산의 신탁 등의 조치를 취하여야 한다.

④ 이의제출기간 내에 이의를 제출하지 않은 채권자도 자본금 감소무효의 소를 제기할 수 있다.

⑤ 사채권자가 이의를 제기하려면 사채권자집회의 결의를 거쳐야 한다.

답 1. ④ 2. ④

자본금 감소무효의 소를 제기할 수 있는 채권자는 자본금 감소에 이의를 제출한(즉, 자본금 감소를 승인하지 않은) 채권자만을 말한다(제445조)

03 주식회사의 자본금 감소에 관한 설명 중 옳은 것은?

① 자본금 감소를 하려면 채권자에게 2주 이상의 기간을 정하여 이의제출기간을 주어야 한다.

② 자본금 감소의 무효는 주주, 이사, 감사, 청산인, 파산관재인, 자본금 감소를 승인하지 아니한 이의채권자에 한하여 소로서만 주장할 수 있다.

③ 자본금 감소의 무효는 주주총회의 특별결의일로부터 6월 이내에 소만으로 제기하여야 한다.

④ 자본금 감소무효의 소에는 판결의 소급효가 인정되지 않는다.

⑤ 자본금 감소의 효력이 발생하는 시기는 채권자보호절차 또는 주식소각 및 주식병합의 절차 중에서 최종의 절차가 종료하는 때가 아니라, 변경등기를 한 때이다.

① 자본금 감소를 하려면 채권자에게 1월 이상의 기간을 정하여 이의제출기간을 주어야 한다(제439조 제2항, 제232조).
② 제445조.
③ 자본금 감소의 무효는 자본금 감소로 인한 변경등기일로부터 6월 이내에 소만으로 제기하여야 한다(제445조).
④ 자본금 감소무효의 소에는 판결의 소급효가 인정된다(제446조 참조).
⑤ 자본금 감소의 효력이 발생하는 시기는 채권자보호절차 또는 주식소각 및 주식병합의 절차 중에서 최종의 절차가 종료하는 때이다(제441조).

04 상법상 주식회사의 자본금의 감소에 관한 설명으로 옳은 것은? (2016년 공인회계사)

① 결손의 보전을 위하여 자본금을 감소하기 위해서는 주주총회의 특별결의가 있어야 한다.

② 회사는 결손의 보전을 위한 자본금의 감소를 결의한 날부터 2주내에 회사채권자에 대하여 1월 이상의 기간을 정하여 그 기간 내에 이의를 제출할 것을 공고해야 한다.

③ 주주총회는 자본금의 감소를 결의하면서 감소의 방법을 전혀 정하지 않고 추후 이사회가 정하게 할 수 있다.

④ 자본금 감소의 채권자보호절차에서 사채권자가 이의를 제기하려면 사채권자집회의 결의가 있어야 한다.

답 3. ② 4. ④

⑤ 자본금 감소의 무효를 인정하는 판결이 확정되면 그 판결은 제3자에 대하여도 효력이 있지만 소급효는 없다.

① 결손의 보전을 위하여 자본금을 감소하기 위해서는 주주총회의 보통결의만 하면 된다(438조 제3항).

② 회사는 결손의 보전을 위한 자본금의 감소를 결의하는 때에는 채권자보호절차를 필요로 하지 않는다(제439조 제2항).

③ 자본금감소의 방법은 주주총회에서 정하여야 한다(제439조 제1항).

⑤ 자본금감소의 무효는 소급효가 있다(제446조).

제8절 회사의 회계

【제1관】 총 설

회사의 회계란 회사가 주체가 되어 일정한 결산기를 단위로 하여 회사의 재산상태와 손익을 평가하고, 이익 또는 손실을 처리하기 위한 의사결정을 하는 일련의 행위를 말하며, 이는 회사와 이해관계인들에게 다각적인 의미를 갖는다. 즉, 경영자는 계산을 통해 지난 영업연도의 경영성과를 분석 · 평가함으로써 이를 토대로 계속기업으로서의 목표와 방향을 효과적으로 설정할 수 있다. 또 주주에게 있어서는 이익배당을 받을 수 있는 법적 절차라는 의미가 있다. 뿐만 아니라 회사의 회계는 채권자들의 회사 손익에 대한 관심을 충족시켜주고 회사의 회계를 통해 회사의 재산상태를 기초로 하여 채권의 회수여부나 채권보전조치의 요부(要否) 등을 결정한다. 이러한 주식회사에 있어서 회사의 회계의 중요성을 고려하여 회계의 기본원칙 규정(제446조의2)을 비롯한 재무제표 · 준비금 · 배당 등 회계에 관한 독립된 절(節)을 두어 상세하게 규정하고 있다.

【제2관】 재무제표 등

Ⅰ. 의 의

1. 재무제표

상법상 재무제표란 주식회사의 결산을 위해 작성하고 주주총회의 승인을 받아 확정되는 회계서류로써 대차대조표, 손익계산서, 그 밖에 회사의 재무상태와 경영성과를 표시하는 것으로서 대통령령으로 정하는 서류(예 자본변동표, 현금흐름표 등)를 말한다. 주식회사의 이사는 매 결산기에 재무제표와 그 부속명세서를 작성하여야 한다(제447조 제1항). 대통령령으로 정하는 회사의 이사는 연결재무제표를 작성하여야 한다(제447조 제2항).

2. 부속명세서

재무제표의 부속명세서란 대차대조표와 손익계산서의 중요한 항목에 관하여 내역명세를 기재한 것을 말한다.

3. 영업보고서

영업보고서는 당해 영업연도 내에 있어서의 영업의 개요, 영업소의 명칭 · 위치와 수의 증감, 주주총회에 관한 사항, 자본금, 준비금, 기타 중요한 사항을 기재하여 회사의 개요를 나타내는 보고서를 말하며, 대표이사가 작성하여 이사회의 승인을 얻어(제447조의2 제1항), 주주총회에 보고하여야 한다(제449조 제2항).

II. 재무제표의 승인절차

1. 작성 · 제출

이사는 재무제표(대통령령으로 정하는 회사는 연결재무제표)와 그 부속명세서 및 영업보고서를 작성하여 이사회의 승인을 얻어야 한다(제447조, 제447조의2 제1항). 이사는 이사회의 승인을 얻은 후 정기주주총회일의 6주간 전에 감사에게 제출하여야 하며(제447조의3), 또한 이사는 재무제표를 주주총회의 승인을 얻기 위해 제출하여야 한다(제449조 제1항). 법문상 재무제표의 작성 · 제출은 이사가 하도록 되어 있으나, 실질적으로는 대표이사의 업무집행사항이므로 대표이사가 하여야 한다.

2. 감 사

감사는 이사로부터 재무제표 등의 서류를 받은 날로부터 4주간 내에 법정기재사항(제447조의4 제2항)을 기재한 감사보고서를 이사에게 제출하여야 한다(제447조의4 제1항). 감사를 하기 위하여 필요한 조사를 할 수 없었던 경우에는 감사는 감사보고서에 그 뜻과 이유를 적어야 한다(제447조의4 제3항).

보충 상장회사의 감사 또는 감사위원회는 이사에게 감사보고서를 주주총회일의 1주 전까지 제출할 수 있다(제542조의12 제6항).

3. 공 시

이사는 정기주주총회 회일의 1주간 전부터 대차대조표, 영업보고서, 감사보고서를 본점에 5년간, 그 등본을 지점에 3년간 비치하여야 한다(제448조 제1항). 주주와 회사채권자는 영업시간 내에 언제든지 재무제표 등의 서류를 열람할 수 있으며 회사가 정한 비용을 지급하고 그 서류의 등본이나 초본의 교부를 청구할 수 있다(제448조 제2항).

4. 승 인

(1) 절 차

이사는 이사회의 승인과 감사(監事)의 감사를 경유한 후 재무제표를 정기주주총회에 제출하여 승인을 요구하여야 한다(제449조 제1항). 재무제표의 승인은 주주총회의 보통결의에 의하며, 주주총회에서는 재무제표의 승인을 거부하거나 수정하여 승인할 수 있다. 영업보고서는 주주총회에 제출하고 그 내용을 보고하여야 한다(제449조 제2항). 다만, 제447조의 각 서류가 법령 및 정관에 따라 회사의 재무상태 및 경영성과를 적정하게 표시하고 있다는 외부감사인의 의견이 있고 감사(감사위원) 전원의 동의가 있는 경우에는 정관에서 정하는 바에 따라 재무제표는 이사회의 결의로 승인할 수 있다(제449조의2 제1항). 이사회가 승인한 경우에는 이사는 재무제표와 부속명세서 내용을 주주총회에 보고하여야 한다(제449조의2 제2항).

(2) 승인의 효력

① **재무제표의 확정** : 주주총회의 승인을 얻은 경우에 재무제표는 확정된다.

② **이익배당청구권 발생** : 재무제표의 승인으로 주주는 회사에 대하여 확정된 이익배당청구권을 갖게 된다.

③ **이사 또는 감사의 책임해제** : 정기주주총회에서 재무제표의 승인이 있은 후 2년 내에 다른 결의가 없으면 회사는 이사와 감사(또는 감사위원회 위원)의 책임을 해제한 것으로 본다(제450조 본문, 제415조의2 제6항).

예외 | 재무제표의 승인 후 2년내 다른 결의가 있거나(제450조 본문) 또는 이사 또는 감사에게 부정행위가 있는 때(제450조 단서)에는 해제되지 않는다.

이사 또는 감사가 책임해제를 주장하려면 승인결의가 있었다는 것뿐만 아니라 그 서류에 책임사유가 기재되었다는 사실을 입증하여야 한다(판례).

④ **대차대조표의 공고** : 이사는 정기주주총회에서 재무제표의 승인이 있었을 때에는 지체없이 대차대조표를 공고하여야 한다(제449조 제3항).

Ⅰ. 의의 및 종류

1. 의 의

순재산액 중 자본금액을 초과하는 금액으로서 회사가 주주에게 배당하지 않고 회사에 유보하여 적립하는 금액을 준비금이라 한다.

2. 종 류

준비금 중에서 상법 또는 특별법의 규정에 의하여 의무적으로 적립하는 것을 법정준비금이라 하고, 정관 또는 총회의 결의에 의하여 특정한 목적을 위하여 적립하는 것을 임의준비금이라 한다. 법정준비금은 매결산기의 이익을 재원(財源)으로 하여 그 일부를 적립하는 이익준비금과 자본거래에서 생긴 잉여금을 재원으로 하여 그 적립한도없이 모두 적립하여야 하는 자본준비금으로 나누어진다.

Ⅱ. 법정준비금

1. 이익준비금 · 자본준비금

(1) 이익준비금

회사는 자본금의 2분의 1에 달할 때까지 매결산기에 주식배당의 경우를 제외하고는 이익배당액의 10분의 1 이상의 금액을 이익준비금으로 적립하여야 한다(제458조).

(2) 자본준비금

매결산기의 영업이익 이외의 이익을 재원으로 적립하는 법정준비금으로, 그 재원이 되는 이익은 자본거래에서 생기는 것으로 대통령령으로 정하는 바에 따라 주주에게 배당할 수 있는 이익이 못되므로 무제한 적립하여야 한다(제459조 제1항).

2. 법정준비금의 용도

(1) 결손전보

매결산기 말의 회사의 순재산액이 자본금과 법정준비금에 미달하는 결손이 난 경우, 그 보전을 위하여 사용된다(제460조).

(2) 자본금 전입

① **의의 · 성질** : 자본금 전입이란 법정준비금의 일부 또는 전부를 자본금으로 전입하는 것이다(제461조 제1항). 자본금 전입이 가능한 준비금은 법정준비금에 한한다.

② **절차** : 자본금 전입의 결정은 원칙적으로 이사회의 결의에 의한다(제461조 제1항 본문). 다만, 정관으로 주주총회에서 결의하기로 정할 수 있다(제461조 제1항 단서). 준비금의 자본금 전입에 관한 이사회의 결의가 있는 때에는 회사는 일정한 날을 정하여 그 날에 주주명부에 기재된 주주가 무상신주의 주주가 된다는 뜻을 그 날의 2주간 전에 공고하여야 한다. 그러나 그 날이 주주명부의 폐쇄기간 중인 때에는 그 기간의 초일의 2주간 전에 이를 공고하여야 한다(제461조 제3항).

③ **효과**

㉠ **신주발행** : 준비금의 자본금 전입 결의가 있은 때에는 주주에 대하여 그가 가진 주식수에 따라 무상으로 신주를 발행하여야 한다(제461조 제2항 1문). 이 경우에 단주가 생길 경우에는 이를 경매를 통해 매각한 금액을 단주의 주주에게 분배하여야 한다. 그러나 거래소의 시세 있는 주식은 거래소를 통해, 거래소의 시세 없는 주식은 법원의 허가를 얻어 경매 이외의 방법으로 매각할 수 있다(제461조 제2항 2문, 제443조 제1항).

주의 ① 무상의 신주발행시 발행가액은 액면주식의 경우에는 액면가액으로 하여야 한다. 종류주식을 발행하고 있는 경우에는 무상주도 주주들이 종래에 소유하는 주식의 종류와 수에 따라 교부하여야 한다.
② 준비금의 자본금 전입에 의해 발행된 신주는 구주식의 과실이나 종물에 해당하지 아니하므로 구주식을 매매하여 인도하기 전에 발행된 신주는 매매의 목적물에 포함하지 않는다(판례).

㉡ **신주의 효력발생시기** : 이사회의 결의에 의하여 준비금을 자본금에 전입하여 신주를 발행하는 때에는 신주의 배정일 날의 주주명부의 주주가 신주의 주주가 되며(제461조 제3항), 주주총회에서 준비금의 자본금 전입을 결의한 때에는 그 결의가 있은 날의 주주명부상의 주주가 신주의 주주가 된다(제461조 제4항).

㉢ **질권의 물상대위** : 종전의 주식을 목적으로 하는 질권은 등록질이건 약식질이건 질권의 물상대위가 인정되어 신주의 발행으로 주주가 받을 주식이나 금전에 대해서도 질권을 행사할 수 있다(제461조 제7항, 제339조).

④ **위법한 자본금 전입** : 이사회의 결의없이 준비금의 자본금 전입이 이루어지는 경우, 결의가 있더라도 하자있는 결의에 의한 경우, 발행예정주식총수를 초과하여 자본금 전입을 한 경우 등 준비금의 자본금 전입이 위법하게 이루어지는 경우에 주주는 통상의 신주발행과 같이 신주발행의 유지를 청구하거나 신주발행무효의 소를 제기할 수 있다.

⑶ 준비금의 감소

회사는 적립된 자본준비금 및 이익준비금의 총액이 자본금의 1.5배를 초과하는 경우에 주주총회의 결의에 따라 그 초과한 금액 범위에서 자본준비금과 이익준비금을 감액할 수 있다(제461조의2).

【제4관】 배당제도

Ⅰ. 이익배당

1. 의의 · 성질

주식회사에서는 이익이 없으면 배당이란 생각할 수 없다. 따라서 이익배당이란 회사가 경영활동을 통해 얻은 이익을 주주총회의 결의로 주주에게 분배하는 것으로, 출자자인 주주의 고유권에 해당한다.

2. 요 건

⑴ 배당가능한 이익의 존재

이익배당은 이익이 있어야 하며, 이익은 배당가능한 이익을 말한다. 배당가능이익이란 대차대조표상의 순재산액으로부터 자본금액, 그 결산기까지 적립된 법정준비금, 그 결산기에 적립하여야 할 이익준비금, 대통령령으로 정하는 미실현이익의 합계액을 공제한 금액이며, 이를 한도로 이익배당을 할 수 있다(제462조 제1항). 이 경우에 자본준비금에는 자산재평가법에 의한 재평가적립금도 포함되고, 정관 또는 주주총회의 결의로 임의준비금을 적립하기로 한 때에는 이것을 공제한 후의 잔액이 배당가능한 이익이 된다.

⑵ 주주총회 또는 이사회의 승인

이익배당은 주주총회의 결의로 정한다. 다만, 재무제표를 이사회가 승인하는 경우에는 이사회의 결의로 정한다(제462조 제2항).

3. 이익배당의 기준과 원칙

⑴ 주식수에 비례한 배당

이익배당은 주주평등의 원칙에 의하여 각 주주가 가진 주식의 수에 따라 지급하여야 한다(제464조 본문). 다만, 종류주식을 발행한 경우에는 그러하지 아니하다(제464조 단서).

⑵ 일할배당(日割配當)

상장법인이 영업연도 중간에 신주를 배당할 경우 그 다음 해에 이익배당을 결의할 때, 신주에 대해서는 구주에 대한 배당금에다 신주의 효력발생일 이후 영업연도의 말일까지의 일수가 당해 영업년도 전체 일수 중에서 차지하는 비율을 곱하여 배당액을 결정하는 것을 일할배당이라 한다. 준비금의 자본금 전입과 같은 무상신주에 대한 일할배당에 대해서는 인정할 수 있다는 것이 통설이지만, 유상신주에 대한 일할배당의 효력에 대해서는 학설의 대립이 있다.

⑶ 대소주주의 차등배당

주주의 차등배당률은 주주총회에서 결의할 성질의 것이 못되므로 대주주에 대한 차등은 대주주 스스로의 배당포기라고 해석할 수 있는 경우에 한해 유효하다.

4. 배당금지급시기

주주는 주주총회의 재무제표승인결의가 있으면 이에 의해 주주는 구체적인 배당금지급청구권을 갖게 된다. 회사는 주주총회의 재무제표 승인결의가 있은 날로부터 1월 내에 배당금을 지급해야 하고, 중간배당의 경우에는 이사회의 결의가 있은 날로부터 1월 내에 지급하여야 한다(제464조의2 제1항 본문). 다만 승인결의시 배당금의 지급시기를 따로 정할 수 있다(제464조의2 제1항 단서). 배당금지급청구권은 5년간 행사하지 아니하면 시효소멸하게 된다(제464조의2 제2항). 시효기간은 배당결의가 있은 날로부터 1개월이 경과한 때 또는 배당결의시에 따로 정한 기한이 경과한 때로부터 기산한다.

5. 위법배당

⑴ 의 의

위법배당이란 회사가 배당가능한 이익이 없음에도 불구하고 이익배당을 하거나, 배당가능한 이익이 있더라도 그 액을 초과하여 이익배당을 한 경우를 말한다.

⑵ 회사에 대한 반환청구

위법배당은 무효이므로 회사는 주주의 선의·악의를 불문하고 주주에 대하여 부당이득의 반환을 청구할 수 있고, 주주가 스스로 반환하지 않거나 회사가 반환청구를 하지 않으면 회사채권자도 주주에 대하여 위법배당금을 회사에 반환할 것을 청구할 수 있다(제462조 제3항). 그러나 회사가 정관이나 주주총회의 결의로 임의준비금을 적립하여야 함에도 이를 적립하지 않고 이익배당을 한 경우에는 상법 제462조 제1항의 위반이라 할 수 없으므로 채권자의 반환청구권은 인정되지 않는다.

(3) 이사 · 감사 등의 손해배상책임

재무제표를 작성한 이사 및 이사회의 승인결의에 찬성한 이사 및 이에 대한 허위의 감사보고를 한 감사는 회사에 대하여 위법배당으로 인한 손해를 연대하여 배상할 책임이 있다. 또한 이사 · 감사가 고의 또는 중대한 과실로 인한 임무해태로 제3자에게 손해를 발생시킨 때에는 연대하여 배상책임을 진다. 고의 또는 과실로 법령 또는 정관의 규정에 위반하여 이익을 배당한 때에는 위법배당죄가 성립한다(제625조 3호).

6. 중간배당

(1) 의 의

중간배당이란 영업연도를 1년으로 하여 연 1회의 결산기를 정한 회사가 정관에 의하여 이사회의 결의로 영업연도 중 1회에 한하여 일정한 날을 정하여 그날의 주주에게 이익을 배당하는 것을 말한다(제462조의3 제1항). 1인의 이사를 둔 회사에서는 그 이사의 결정으로 중간배당을 할 수 있다.

(2) 중간배당의 요건

중간배당은 ① 영업연도를 1년으로 하는 회사에서만 인정되고, ② 정관에 정함이 있어야 하며, ③ 이사회의 결의가 있어야 하고, ④ 이익배당(금전 또는 현물로 가능, 주식배당은 불가)으로 하여야 하며, ⑤ 영업연도 중 1회에 한하여 할 수 있다. 이때 중간배당의 한도액은 직전 결산기의 대차대조표의 순재산액에서 직전 결산기의 자본금의 액, 직전 결산기까지 적립된 자본준비금과 이익준비금, 직전 결산기의 주주총회에서 이익으로 배당하거나 지급하기로 정한 금액, 상법 제462조의3 제1항의 배당에 따라 당해 결산기에 적립하여야 할 이익준비금 등을 공제한 금액이다(제402조의2 제2항).

(3) 위법한 중간배당의 효과

중간배당의 한도액을 초과한 배당의 경우 이익배당과 마찬가지로 회사의 채권자는 위법한 중간배당으로 받은 금액을 회사에 반환할 것을 청구할 수 있다. 그리고 이사 · 감사는 고의 또는 과실로 법령 · 정관의 위반으로 인한 임무해태로 인하여 위법한 중간배당에 따른 회사의 손해가 있는 때에는 연대하여 배상책임을 진다. 이사의 책임은 총주주의 동의에 의해서 면책된다.

II. 주식배당

1. 의의 · 성질

주식배당이란 금전 대신 새로이 발행하는 주식으로 하는 배당을 말한다. 주식배당은 특수한 신주발행의 한 형태이며, 그 법적성질에 대해서는 주식분할설과 이익배당설로 견해가 나누어지고 있다.

2. 주식배당의 요건

(1) 배당가능한 이익의 존재

주식배당은 이익배당과 마찬가지로 주주에게 배당할 수 있는 금액에 상당하는 신주를 발행하는 것이므로 당해연도에 발생한 배당가능한 이익이 있어야 한다.

(2) 주식배당의 한도

주식배당은 이익배당액의 2분의 1에 상당하는 금액을 초과하지 못한다(제462조의2 제1항 단서).

(3) 미발행주식의 존재

주식배당을 하면 그만큼 발행주식수가 증가하므로, 이 증가분이 발행예정주식총수의 범위내이어야 한다. 따라서 회사에 미발행주식이 존재하여야 하며, 만약 발행예정주식총수를 초과하는 주식발행이 되는 경우에는 정관의 변경으로 회사의 발행예정주식총수를 증가시켜야 한다.

(4) 신주의 발행가액

주식배당은 주식의 권면액으로 하여야 한다. 발행가액은 권면액의 이하뿐만 아니라 초과도 인정되지 않는다.

3. 주식배당의 절차

(1) 주주총회의 결의

주식배당은 주주총회의 보통결의에 의하여 한다(제462조의2 제1항 본문). 재무제표의 승인결의와 주식배당의 결의는 동시에 이루어져도 무방하다.

(2) 배당의 통지

주식배당을 한다는 주주총회의 결의가 있는 때에는 지체없이 배당을 받을 주주와 주주명부에 기재된 질권자에게 그 주주가 받을 주식의 종류와 수를 통지하여야 한다(제462조의2 제5항).

(3) 단주의 처리

주식으로 배당할 이익의 금액 중 주식의 권면액에 미달하는 단주가 있는 때에는 그 부분에 대하여는 자본금 감소시의 단주처리에 관한 상법 제443조 제1항을 준용한다(제462조의2 제3항).

(4) 등 기

주식배당을 한 경우 회사의 자본금도 증가하고, 주식수도 증가하므로 주주총회의 종결시로부터 본점소재지에서는 2주간 내, 지점소재지에서는 3주간 내에 변경등기를 하여야 한다.

(5) 주권의 발행

주식배당에 의하여 주주가 취득한 신주에 관해 회사는 주권을 발행하여야 한다.

4. 주식배당의 효과

(1) 신주의 효력발생시기

주식배당을 받은 주주는 주식배당의 결의를 한 주주총회의 종결시로부터 신주의 주주가 되고, 다만 신주에 대한 이익배당에 관하여는 정관이 정하는 바에 의하여 그 주주총회가 종결한 때가 속하는 영업연도의 직전영업연도 말에 신주가 발행된 것으로 할 수 있다(제462조의2 제4항).

(2) 질권의 효력

등록질의 경우 질권자는 주식배당에 의하여 주주가 받을 주식에 대하여 질권을 행사할 수 있고, 따라서 질권자는 회사에 대하여 그 주권의 교부를 청구할 수 있다(제462조의2 제6항, 제340조 제3항).

(3) 위법주식배당의 효과

주식배당의 요건을 위반한 경우 신주발행의 무효를 주장할 수 있고, 주식배당이 있기 전에는 신주발행의 유지를 청구할 수 있다. 또한 위법주식배당으로 인해 회사에 손해가 발생한 때에는 이사·감사는 손해배상책임을 지고 형벌의 제재를 받는 것은 이익배당과 같다.

III. 현물배당

1. 의 의

현물배당이란 금전 이외의 재산으로 배당하는 것을 말한다(제462조의4 제1항).

2. 요 건

현물배당을 위하여는 정관에 그 규정이 있어야 한다.

3. 배당금의 지급

금전 이외의 재산으로 배당할 수 있으나, 회사는 주주가 배당되는 금전 외의 재산 대신 금전의 지급을 회사에 청구할 수 있도록 할 경우에는 그 금액 및 청구할 수 있는 기간과 일정수 미만의 주식을 보유한 주주에게 금전 외의 재산 대신 금전을 지급하기로 한 경우에는 그 일정수 및 금액을 정할 수 있다(제462조의4 제2항).

【제5관】 기 타

Ⅰ. 주주 · 채권자의 재무제표 등에 대한 권리

1. 재무제표 등의 열람권

주주와 회사채권자는 영업시간 내에는 언제든지 재무제표 및 그 부속명세서 · 영업보고서 · 감사보고서 등을 열람할 수 있으며, 회사가 정한 비용을 지급하고 그 서류의 등본이나 본의 교부를 청구할 수 있다(제448조 제2항).

2. 주주의 회계장부열람권

발행주식총수의 100분의 3 이상의 소수주주(상장회사는 6개월 전부터 계속하여 발행주식총수의 1만분의 10(자본금 1천억원 이상 회사 : 1만분의 5) 이상의 주식을 보유한 주주)는 이유를 붙인 서면으로 직접 회계의 장부와 서류를 열람할 수 있다(제466조 제1항). 회사는 주주의 열람청구가 부당함을 증명하지 아니하면 이를 거부할 수 없다(제466조 제2항).

3. 검사인 선임청구권

업무집행에 관하여 부정행위 또는 법령이나 정관을 위반한 중대한 사실이 있음을 의심할 사유가 있는 때에는 발행주식총수의 100분의 3 이상을 가진 소수주주(상장회사는 6개월 전부터 계속하여 발행주식총수의 1천분의 15 이상의 주식을 보유한 주주)는 회사의 업무 및 재산의 상태를 조사하기 위하여 법원에 검사인의 선임을 청구하여 적극적인 조사를 꾀할 수 있다(제467조 제1항). 법원이 검사인을 선임한 경우 검사인은 업무와 재산상태를 조사하고 그 결과를 법원에 보고하여야 하며(제467조 제2항), 법원은 검사인의 보고에 의하여 필요하다고 인정한 때에는 대표이사에게 주주총회의 소집을 명할 수 있다(제467조 제3항). 이 경우에 검사인은 보고서를 총회에 제출하여야 하며, 이사와 감사는 이 보고서를 조사하여 총회에 보고하여야 한다(제467조 제3항, 제310조 제2항).

II. 이익공여의 금지

1. 의 의

회사는 누구에게든지 주주의 권리행사와 관련하여 재산상의 이익을 공여할 수 없으며(제467조의2 제1항), 이에 위반하여 이익을 얻은 자는 그 이익을 회사에 반환하여야 한다(제467조의2 제3항). 이 규정은 이른바 총회꾼과 회사의 불건전한 거래를 근절시키고자 하는 취지에서 둔 것이다.

2. 금지내용

(1) 주주권행사와의 관련성

회사는 주주의 권리행사와 관련하여 재산상의 이익을 공여하였어야 한다. 주주권의 행사는 적법하든 위법하든 관계없다. 그리고 주주권의 행사와 관련하여 이익을 공여하였다는 것은 주주권의 행사・불행사・행사방법 등을 합의하고, 이에 관해 이익이 공여됨을 뜻한다.

(2) 이익공여의 상대방

이익공여의 상대방에는 제한이 없다. 즉, 제467조의2 제1항에서 「누구에게든지」 회사는 이익공여를 할 수 없다고 하고 있으므로, 주주 이외의 자가 주주권의 행사와 관련하여 이익을 제공받는 경우도 이익공여금지행위가 된다.

(3) 회사에 의한 이익공여

이익공여금지는 회사의 계산으로 이익이 제공되는 것을 금지하는 것이므로, 회사 이외의 자가 이익을 제공하는 것은 관계없다.

(4) 이익의 공여

재산상의 이익공여란 금전・물품・용역의 제공이나 채무의 면제, 채권의 포기 등 재산상의 이익이 따르는 것이면 제한이 없다. 회사가 특정한 주주에게 무상으로 재산상의 이익을 공여한 경우와 이익공여가 유상이라도 회사가 얻은 이익이 공여한 이익에 비하여 현저하게 적은 경우에는 주주의 권리행사와 관련하여 공여한 것으로 추정한다(제467조의2 제2항). 주주 이외의 자에게 이익을 무상으로 공여한 때에는 제467조의2 제2항에 따른 추정이 인정되지 않으므로, 그 책임을 추궁하는 자가 주주의 권리행사와 관련된 이익공여라는 것을 입증하여야 한다.

3. 위반의 효과

(1) 이익반환의무

주주의 권리행사와 관련하여 회사가 재산상의 이익을 공여한 때에는 그 이익공여를 받은 자는 이를 회사에 반환하여야 한다(제467조의2 제3항 1문). 이 의무는 상법상 특별의무에 해당한다. 회사가 이익반환을 청구하지 않는 경우 소수주주는 대표소송을 통해 반환청구를 할 수 있다(제467조의2 제4항).

(2) 회사의 대가반환

이익공여가 위법한 경우에 상대방이 회사에 대하여 대가를 지급한 때에는 회사는 그 대가를 반환하여야 한다(제467조의2 제3항 2문). 이 경우 회사의 반환의무와 이익공여를 받은 자의 반환의무는 동시이행의 관계에 있다.

(3) 주주권행사의 효력

이익공여와 관련하여 주주권이 행사되더라도 주주권행사 자체의 효력에는 영향이 없다.

(4) 벌 칙

이사가 이익공여금지규정에 위반하여 이익을 공여한 때에는 회사에 대해 손해배상책임을 지고, 감사가 이익공여에 대하여 그 임무해태를 한 때에는 역시 회사에 대해 손해배상책임을 진다. 뿐만 아니라 이사와 감사는 이익공여금지규정을 위반한 경우 이익공여죄의 벌칙이 적용된다(제634조의2).

Ⅲ. 사용인의 우선변제권

사용인이 고용관계로 인하여 회사에 대해 갖는 채권에 대하여는 근로자 보호를 위한 정책적 배려에서 우선변제권을 인정한다. 신용보증금의 반환을 받을 채권 기타 회사와 사용인간의 고용관계로 인한 채권이 있는 자는 회사의 총재산에 대하여 우선변제를 받을 권리가 있다(제468조 본문). 그러나 채권의 발생의 선후를 불문하고 질권이나 저당권에는 우선하지 못한다(제468조 단서).

Commercial Law

연습문제

01 상법상 회사의 회계에 관한 설명 중 틀린 것은? (2005년 공인회계사)

① 이사(대표이사)는 재무제표 및 그 부속명세서 등을 정기총회 회일의 1주간 전부터 본점에 비치하여 주주와 회사채권자에게 공시하여야 한다.

② 주식회사는 상인이므로 특칙이 있는 경우를 제외하고 상법총칙의 상업장부에 관한 규정이 적용된다.

③ 정기주주총회에서 재무제표의 승인을 한 후 2년 내에 다른 결의가 없으면 이사 또는 감사의 부정행위에 대한 것을 포함하여 회사는 이사와 감사의 책임을 해제한 것으로 본다.

④ 이사(대표이사)는 재무제표와 그 부속명세서 및 영업보고서를 작성하여 이사회의 승인을 받은 후 정기총회의 회일 6주간 전에 감사 또는 감사위원회에 제출하여야 한다.

⑤ 회사채권자는 영업시간 내에는 언제든지 본점에 비치된 감사보고서를 열람할 수 있다.

이사 또는 감사의 부정행위에 대해서는 책임해제를 인정하지 않는다(제450조 단서).

02 상법상 주식회사의 회계에 관한 설명으로 틀린 것은? (2017년 공인회계사)

① 주주는 영업시간 내에 언제든지 재무제표를 열람할 수 있으며 회사가 정한 비용을 지급하고 그 서류의 등본이나 초본의 교부를 청구할 수 있다.

② 회사는 정관이 정하는 바에 따라 주주총회의 결의로 준비금의 전부 또는 일부를 자본금에 전입할 수 있다.

③ 이사는 매 결산기에 영업보고서를 작성하여 주주총회의 승인을 얻어야 한다.

④ 회사는 자본거래에서 발생한 잉여금을 자본준비금으로 적립하여야 한다.

⑤ 회사는 적립된 자본준비금 및 이익준비금의 총액이 자본금의 1.5배를 초과하는 경우 주주총회의 결의에 따라 그 초과한 금액 범위에서 자본준비금과 이익준비금을 감액할 수 있다.

이사는 매 결산기에 영업보고서를 작성하여 주주총회에 보고하여야 하고(제449조 제2항), 재무제표는 승인을 얻어야 한다(제449조 제1항).

답 1. ③ 2. ⑤③

03 상법상 준비금의 자본금 전입(상법 제461조)에 관한 설명 중 틀린 것은? (2002년 공인회계사)

① 자본금 전입이 가능한 준비금은 법정준비금만을 지칭하는 것으로 해석하는 것이 일반적이다.

② 준비금의 자본금 전입은 정관으로 주주총회에서 결정하기로 정한 경우가 아니면 이사회의 결의에 의하여 정한다.

③ 이사회의 결의에 의해서 준비금을 자본금 전입하여 신주를 발행한 경우, 그 신주의 주주는 신주배정일 현재 주주명부상의 주주가 된다.

④ 준비금의 자본금 전입에 따라 발행되는 신주에 대해서는 종전의 주식을 목적으로 한 질권을 행사할 수 없다.

⑤ 준비금의 자본금 전입에 따른 주식 발행 후에는 이에 관하여 변경등기를 하여야 한다.

준비금의 자본금 전입은 무상신주의 발행이 되므로, 발행되는 신주에 대해서 종전의 주식을 목적으로 한 질권을 행사할 수 있다(제461조 제7항).

04 주식회사의 준비금에 관한 설명 중 옳은 것은? (2006년 공인회계사)

① 준비금의 자본금 전입은 주주총회의 결의사항으로 하는 것이 원칙이지만, 정관의 규정으로 이사회의 권한사항으로 할 수 있다.

② 자본금의 결손은 먼저 이익준비금으로 전보하고, 이것이 부족한 때가 아니면 자본준비금으로 충당하지 못한다.

③ 통설에 따르면, 자본금에 전입할 수 있는 준비금에는 법정준비금과 임의준비금이 모두 포함된다.

④ 준비금의 자본금 전입에 의하여 신주가 발행되는 경우에, 종전의 주식을 목적으로 하는 약식질에 대하여는 물상대위가 인정되지 않는다.

⑤ 준비금의 자본금 전입을 위한 이사회의 결의가 있는 때에는, 그 결의가 있는 날의 주주명부상의 주주가 신주의 주주가 된다.

① 준비금의 자본금 전입은 이사회의 결의사항으로 하는 것이 원칙이지만, 정관의 규정으로 주주총회의 권한사항으로 할 수 있다(제461조 제1항).
② 결손을 보전하는데 충당하는 준비금의 순서는 제한이 없다.
③ 통설에 따르면, 자본금에 전입할 수 있는 준비금에는 법정준비금에 한정되고, 임의준비금은 포함되지 않는다.

답 3. ④ 4. 정답 없음

④ 준비금의 자본금 전입에 의하여 신주가 발행되는 경우에, 종전의 주식을 목적으로 하는 약식질에 대하여는 물상대위가 인정된다(제461조 제7항, 제339조).

⑤ 준비금의 자본금 전입을 위한 이사회의 결의가 있는 때에는, 이사회가 정한 일정한 날의 주주명부상의 주주가 신주의 주주가 된다(제461조 제3항).

05 상법상 준비금의 자본금 전입에 관한 설명으로 틀린 것은? (2012년 공인회계사)

① 자본준비금과 이익준비금은 어느 것이나 순서에 관계없이 그 전부 또는 일부의 자본금전입이 가능하다.

② 준비금의 자본금전입에 의해 발행된 신주의 효력이 발생하는 시기는 이사회의 결의에 의한 경우 그 결의일이고 주주총회의 결의에 의한 경우는 배정기준일이다.

③ 준비금의 자본금전입에 의해 발행된 신주에 대한 이익배당에 관하여는 정관이 정하는 바에 의하여 신주의 효력이 발생하는 날이 속하는 영업년도의 직전 영업년도 말일에 신주가 발행된 것으로 할 수 있다.

④ 종전 주식에 대하여 약식질이 설정되어 있는 경우 등록질이 설정된 경우와 마찬가지로 준비금의 자본금전입에 의해 발행된 신주에 물상대위가 인정된다.

⑤ 판례에 의하면 준비금의 자본금전입으로 발행되는 신주는 구주식의 과실에 해당하지 아니하므로 구주식을 매매하여 인도하기 전에 발행된 신주는 매매의 목적물에 포함되지 않는다.

준비금의 자본금전입에 의해 발행된 신주의 효력이 발생하는 시기는 이사회의 결의에 의한 경우 배정기준일이고 주주총회의 결의에 의한 경우는 그 결의일이다(제461조 제3항, 제4항).

06 상법상 주식회사의 회계규정에 관한 설명으로 틀린 것은? (2014년 공인회계사)

① 이사는 정기총회회일의 6주간 전에 재무제표 및 영업보고서를 작성하여 이사회의 승인을 받은 후 감사 또는 감사위원회에 제출하여야 한다.

② 상장회사의 감사 또는 감사위원회는 이사에게 감사보고서를 주주총회일의 1주전까지 제출할 수 있다.

③ 자본준비금은 자본거래에서 발생한 잉여금을 재원으로 하여 적립되는 법정준비금이다.

④ 회사의 법정준비금의 총액이 자본금의 1.5배를 초과하는 경우 주주총회의 보통결의에 따라 그 초과한 금액 범위에서 자본준비금과 이익준비금을 감액할 수 있다.

⑤ 회사가 액면주식을 발행하고 있는 경우 법정준비금을 자본금으로 전입하면 신주가 발행되므로 순자산이 그 만큼 증가한다.

답 5. ② 6. ⑤

회사가 액면주식을 발행하고 있는 경우 법정준비금을 자본금으로 전입하면 신주가 발행되므로 자본금은 증가하지만, 준비금이 자본금으로 바뀌는 것일 뿐이므로 순자산은 변동없다.

07 주식회사의 이익배당에 관한 설명 중 틀린 것은? (2005년 공인회계사)

① 회사가 종류주식을 발행한 때에는 정관의 규정에 의하여 주식의 종류에 따라 배당을 달리할 수 있다.

② 위법배당이 있는 경우에 회사는 그 배당을 받은 주주의 선의 · 악의를 불문하고 반환을 청구할 수 있다.

③ 위법배당액의 반환청구를 할 수 있는 채권자는 이익배당이 행해진 당시의 채권자이어야 한다.

④ 중간배당은 정관에 규정이 있어야 가능하다.

⑤ 이사는 위법배당으로 인한 회사의 손해를 연대하여 배상하여야 한다.

위법배당액의 반환청구를 할 수 있는 채권자는 청구당시의 회사의 채권자이면 된다.

08 상법상 비상장주식회사의 이익배당에 관한 설명으로 틀린 것은? (2017년 공인회계사)

① 이익배당은 각 주주가 가진 주식 수에 따라 하여야 하지만 이익배당에 관한 종류주식의 경우에는 다르게 정할 수 있다.

② 주주총회의 결의에 의하여 이익배당을 새로이 발행하는 주식으로써 하는 경우 그 배당은 이익배당총액의 2분의 1에 상당하는 금액을 초과하지 못한다.

③ 회사가 이익배당안을 결의한 경우 주주의 배당금 지급청구권은 주식과 독립하여 양도할 수 있고 5년의 소멸시효가 적용된다.

④ 판례에 의하면 대주주가 스스로 배당받을 권리를 포기하거나 소액주주의 배당률보다 낮게 하기 위하여 주주총회에서 차등배당을 하기로 한 결의는 유효하다.

⑤ 회사가 정관으로 금전 외의 재산으로 배당할 것을 정한 경우 일정 수 미만의 주식을 보유한 주주에게 금전 외의 재산 대신 금전을 지급하기로 정할 수 없다.

회사가 정관으로 금전 외의 재산으로 배당할 것을 정한 경우 일정 수 미만의 주식을 보유한 주주에게 금전 외의 재산 대신 금전을 지급하기로 정할 수 있다(제462조의4 제2항 2호).

답 7. ③ 8. ⑤

09 상법상 중간배당에 관한 설명 중 틀린 것은? (2006년 공인회계사)

① 결산기를 연 1회로 정한 회사만 영업년도 중 1회에 한하여 중간배당을 할 수 있다.

② 중간배당은 정관의 규정에 의하여 이사회의 결의로만 가능하다.

③ 이사회의 결의가 있은 날로부터 1월 이내에 중간배당금을 지급하여야 하지만, 정관의 규정에 의한 주주총회의 결의로 지급시기를 따로 정할 수 있다.

④ 중간배당금의 시효기간은 5년이다.

⑤ 배당가능이익을 ch과한 중간배당은 당연 무효이며, 회사채권자는 직접 주주에 대하여 위법배당액을 회사에 반환할 것을 청구할 수 있다.

② 중간배당은 정관의 규정에 의하여 이사회의 결의로 할 수 있다. 그러나 이사가 1인인 때에는 중간배당은 그 이사가 결정한다.

③ 중간배당의 경우, 이사회에서 배당금지급시기를 따로 정할 수 있다(제464조의2 제1항, 단서).

10 상법상 주식회사의 위법배당에 관한 설명 중 틀린 것은? (2008년 공인회계사)

① 배당가능이익을 초과하거나 또는 배당가능이익이 없음에도 불구하고 이익배당을 한 경우는 위법배당이 된다.

② 위법배당은 무효이므로 회사는 주주에 대하여 부당이득의 반환을 청구할 수 있으며, 이 경우 주주의 선의 또는 악의는 불문한다.

③ 위법배당시의 회사채권자뿐만 아니라 그 후의 모든 회사채권자도 위법배당을 받은 주주에 대하여 그 배당금을 회사에 반환할 것을 청구할 수 있다.

④ 회사채권자의 반환청구권은 채권액과 관계없이 위법배당액의 전액에 대하여 인정되며 채권 보전의 필요성은 문제되지 않는다.

⑤ 이사가 고의 또는 중대한 과실에 의한 임무해태로 위법배당을 함으로써 회사채권자에게 손해를 입힌 경우 회사채권자는 직접 당해 이사를 상대로 손해배상을 청구할 수 없다.

이사가 고의 또는 중대한 과실에 의한 임무해태로 위법배당을 함으로써 회사채권자에게 손해를 입힌 경우 회사채권자는 직접 당해 이사를 상대로 손해배상을 청구할 수 있다(제401조 제1항).

11 상법상 주식회사의 위법배당에 관한 설명으로 옳은 것은? (2013년 공인회계사)

① 정관에 의하여 중간배당이 가능한 회사가 중간배당을 현물배당으로 했다면 그 외의 소정의 요건을 갖추어도 위법한 배당이 된다.

답 9. ②, ③ 10. ⑤ 11. ⑤

② 배당가능이익 없이 주식배당이 이루어진 경우에는 회사채권자도 신주발행무효의 소를 제기할 수 있다.

③ 상법 제462조 제1항의 배당가능이익의 범위 내에서 이익배당한 경우에도 그 절차나 시기가 위법한 경우에는 회사나 채권자는 주주에게 위법배당금을 회사에 반환할 것을 청구할 수 있다.

④ 위법한 주식배당으로 신주발행이 무효가 되면 회사는 배당받았던 주주에게 신주의 액면총액을 환급해 주어야 한다.

⑤ 대표이사가 이익배당에 관한 주주총회나 이사회에서 현물배당에 관한 결의가 없었음에도 정관규정만을 근거로 현물배당을 한 경우 회사는 주주에 대하여 지급한 현물의 반환을 청구할 수 있다.

① 정관에 의하여 중간배당이 가능한 회사가 중간배당을 현물배당으로 했다면 그 외의 소정의 요건을 갖추었다면 유효하다.

② 배당가능이익 없이 주식배당이 이루어진 경우에 신주발행무효의 소는 주주, 이사, 감사에 한하여 제기할 수 있다(제429조).

③ 상법 제462조 제1항의 배당가능이익의 범위 내에서 이익배당한 경우에도 그 절차나 시기가 위법한 경우라도 회사나 채권자는 주주에게 위법배당금을 회사에 반환할 것을 청구할 수 없다.

④ 위법한 주식배당으로 신주발행이 무효가 되면 회사는 주주가 납입했던 것이 아니므로 배당받았던 주주에게 신주의 액면총액을 환급할 책임이 없다.

12 상법상 비상장회사의 주식배당에 관한 설명으로 옳은 것은? (2012년 공인회계사)

① 주식배당에는 주주총회의 특별결의를 요하며 그 한도는 이익배당총액의 2분의 1에 상당하는 금액을 초과하지 못한다.

② 주식배당을 받은 주주는 주식배당의 결의를 한 주주총회가 종결한 날의 다음 날부터 신주의 주주가 된다.

③ 주식배당은 이익배당에 해당하고 유상증자가 아니므로 발행예정주식총수 중에 미발행부분이 남아있지 않더라도 신주의 발행이 가능하다.

④ 주식배당의 요건을 위반한 경우 신주발행 무효의 소를 제기할 수 있고 주식배당이 있기 전에는 신주발행의 유지를 청구할 수 있다.

⑤ 배당가능이익이 없는 주식배당의 경우 금전배당의 경우와 마찬가지로 채권자는 자신의 채권액을 한도로 주주에 대해 배당받은 주식을 회사에 반환할 것을 청구할 수 있다.

① 주식배당에는 주주총회의 보통결의를 요하며 그 한도는 이익배당총액의 2분의 1에 상당하는 금액을 초과하지 못한다(제462조의2 제1항).

답 12. ④

② 주식배당을 받은 주주는 주식배당의 결의를 한 주주총회가 종결한 날부터 신주의 주주가 된다(제462조의2 제4항).

③ 주식배당의 경우에도 발행예정주식총수 중에 미발행부분이 남아있어야 배당에 의한 신주의 발행이 가능하다.

⑤ 배당가능이익이 없는 주식배당의 경우, 이미 주식이 발행되었다면 신주발행무효의 소를 통해 이를 무효로 하여야 한다.

13 다음 중 주식배당에 관한 설명으로 틀린 것은? (2007년 공인회계사)

① 회사는 주주총회의 보통결의에 의해 이익배당 총액의 2분의 1에 상당하는 금액을 초과하지 않는 범위에서 이익배당을 새로이 발행하는 주식으로써 할 수 있다.

② 주식배당으로 발행하는 주식의 발행가액은 주식의 권면액이며, 종류주식을 발행한 경우에 우선주에 대하여는 우선주로 배당할 수 있다.

③ 주식배당을 받은 주주는 주식배당의 결의를 한 주주총회가 종료한 때부터 신주의 주주가 된다.

④ 신주에 대한 이익배당에 관하여는 정관이 정하는 바에 의하여 그 주주총회가 종결한 때가 속하는 영업년도의 말에 신주가 발행된 것으로 정할 수 있다.

⑤ 주식의 등록질의 경우에 질권자는 주식배당에 의해 주주가 받을 주식에 대하여도 질권을 행사할 수 있다.

신주에 대한 이익배당에 관하여는 정관이 정하는 바에 의하여 그 주주총회가 종결한 때가 속하는 영업년도의 직전영업년도말에 신주가 발행된 것으로 정할 수 있다(제462조의2 제4항).

14 다음 중 비상장주식회사의 주주의 경리감독권에 관한 설명으로 틀린 것은? (상장회사는 제외함) (2007년 공인회계사)

① 단 1주라도 보유한 주주는 언제든지 회사의 재무제표, 영업보고서 및 감사보고서의 열람을 청구할 수 있다.

② 발행주식총수의 100분의 3 이상에 해당하는 주식을 가진 소수주주는 회사의 회계장부와 서류의 열람·등사를 청구할 수 있다.

③ 판례에 의하면, 모회사의 소수주주는 자회사의 회계장부 및 서류의 열람·등사를 청구할 수 있다.

④ 소수주주가 회사에 회계장부와 서류의 열람을 청구하기 위해서는 그 청구가 정당함을 증명하여야 한다.

답 13. ④ 14. ④ (확정답안은 ③, ④)

⑤ 소수주주가 회사의 업무 및 재산상태를 조사하기 위하여 법원에 검사인의 선임을 청구하는 때에는 그 사유를 구체적으로 증명하여야 한다.

① 단 1주라도 보유한 주주는 "영업시간 내에" 언제든지 회사의 재무제표, 영업보고서 및 감사보고서의 열람을 청구할 수 있다(제448조 제2항).

② 제466조 제1항

③ 회사의 소수주주(발행주식총수의 100분의 3 이상에 해당하는 주식을 가진 주주)는 회사의 회계장부와 서류의 열람·등사를 청구할 수 있고, 이때 회사의 회계의 장부와 서류에는 자회사의 회계장부도 포함되고, 자회사의 회계장부도 필요한 경우 모회사의 회계서류로서 모회사 소수주주의 열람·등사의 청구대상이 될 수 있다(대판 2001. 10. 26. 99다58051).

④ 소수주주가 회사에 회계장부와 서류의 열람을 청구하는 때에는 회사가 그 청구가 부당함을 증명하지 아니하면 이를 거부할 수 없다(대결 2004. 12. 24, 2003마1575 참조).

⑤ 대결 1985. 7. 31, 85마214 ; 동 1996. 7. 3, 95마1335 참조

15 다음의 사례에 관한 설명으로 틀린 것은? (2010년 공인회계사)

신규사업에 실패한 甲주식회사(비상장회사)의 대표이사 A는 주주총회를 무사히 치르기 위해 甲회사의 주주 B에게 도와달라고 요청하였다. 이에 대하여 B는 도움을 주는 대가로 자신이 경영하는 乙회사에서 甲회사의 선물용 비누세트를 제작할 수 있게 해달라고 A에게 요구하였다. A는 B의 요청을 받아들여 甲회사와 乙회사간에는 비누세트 공급계약이 체결되었고, 甲회사는 대금을 지급하고 선물용 비누세트를 수령하였다. 그 후 甲회사의 주주총회는 B의 호의적 발언과 찬성하는 의결권의 행사에 의해 무사히 종료되었다.

① 만약 甲회사가 乙회사로부터 비누세트를 받지 않기로 하고 대금 상당액을 지급한 경우에는 주주 B의 권리행사와 관련하여 이익을 공여한 것으로 추정한다.

② 甲회사가 乙회사부터 받은 비누세트의 가액이 대금에 비하여 현저하게 적은 경우 그 대금의 지급은 주주 B의 권리행사와 관련하여 공여된 것으로 추정한다.

③ 乙회사는 대금을 甲회사에게 반환하여야 하고, 그 반대급부로 인도한 비누세트를 甲회사로부터 반환받을 수 있다.

④ 대표이사 A는 甲회사에 대하여 손해배상책임을 부담하지만, 甲회사가 乙회사로부터 대금을 반환받은 경우에는 그 책임이 소멸한다.

⑤ 甲회사의 주주 C는 발행주식총수의 100분의 1 이상의 주식을 확보하여 대표소송의 방법으로 乙회사에 대해 대금의 반환을 청구할 수 있다.

위의 설문은 "이익공여의 금지" 규정에 관한 내용이다. 이익공여의 금지에 관한 제467조의2 제2항에서

답 15. ①, ②, ④

이익공여로 추정되는 것은 주주의 권리행사와 관련된 것으로 추정하는 것이다. 그렇다면 "주주 B의 권리행사와 관련하여" 라는 표현에 오류가 있으므로 ①, ②는 틀린 지문이 된다. 그리고 대표이사 A는 甲회사에 대하여 손해배상책임을 부담하며, 甲회사가 乙회사로부터 대금을 반환받은 경우라도 대표이사 A는 그 책임을 면할 수 없으므로 ④는 틀린 지문이 된다.

16 상법상 주식회사의 신주발행에 관한 설명으로 틀린 것은?

① 신주의 인수인은 납입기일에 인수가액의 전액을 납입하지 않으면 실권절차 없이 바로 인수인으로서의 권리를 잃는다.

② 회사는 신기술의 도입, 재무구조의 개선 등 회사의 경영상 목적을 달성하기 위하여 필요한 경우 정관이 정하는 바에 따라 주주 외의 자에게 신주를 배정할 수 있다.

③ 회사가 성립한 날로부터 2년을 경과한 후에는 주주총회의 특별결의와 법원의 인가를 얻어서 주식을 액면미달의 가액으로 발행할 수 있다.

④ 신주의 인수인은 회사의 동의를 얻더라도 납입채무와 회사에 대한 채권을 상계할 수 없다.

⑤ 신주인수권증서를 상실한 자는 주식청약서에 의하여 주식의 청약을 할 수 있지만 그 청약은 신주인수권증서에 의한 청약이 있는 때에는 그 효력을 잃는다.

신주의 인수인은 회사의 동의를 얻어 납입채무와 회사에 대한 채권을 상계할 수 있다(제421조 제2항).

17 상법상 신주발행의 하자에 관한 설명으로 틀린 것은?

① 현저하게 불공정한 방법에 의하여 주식을 발행함으로써 주주가 불이익을 받을 염려가 있는 경우 그 주주는 회사에 대하여 그 발행을 유지할 것을 청구할 수 있다.

② 이사와 통모하여 현저하게 불공정한 가액으로 주식을 인수한 자에 대하여 공정한 발행가액과의 차액지급을 청구하는 소에 관하여는 주주대표소송에 관한 규정이 준용된다.

③ 신주발행의 무효는 주주·이사 또는 감사에 한하여 신주를 발행한 날로부터 6월 내에 소만으로 이를 주장할 수 있다.

④ 신주발행무효의 판결이 확정된 경우 신주는 소급하여 그 효력을 상실하므로 확정판결 전에 이루어진 신주의 양도는 무효가 된다.

⑤ 신주발행무효의 판결이 확정된 때에는 회사는 신주의 주주에 대하여 그 납입한 금액을 반환하여야 한다.

신주발행무효의 판결이 확정된 경우 신주는 장래에 대하여 그 효력을 상실하므로(제431조 제1항), 확정판결 전에 이루어진 신주의 양도는 유효하다.

답 16. ④, 17. ④

제9절 사 채

Ⅰ. 사채의 개념

1. 사채의 의의

(1) 의 의

사채란 주식회사가 일반투자자자로부터 비교적 장기에 걸치는 거액의 자금을 집단적·정형적으로 조달하기 위하여 채권발행의 형식으로 부담하며, 액면가에 따라 단위화된 채무이다.

(2) 주식회사가 부담하는 채무

사채발행에 대해 주식회사 이외에는 상법에 명문의 규정을 두고 있지 않다. 해석상 합명회사·합자회사는 사채발행을 금하는 규정이 없으므로 사채발행을 할 수 있으나, 유한회사는 폐쇄적 성질을 갖고 상법 제600조 제2항과 제604조 제1항이 유한회사는 사채를 발행할 수 없음을 전제로 한 것이므로 사채발행을 할 수 없다는 것이 통설의 입장이다. 유한책임회사의 경우 사채발행금지규정은 없으나, 제287조의44 규정에 따라 제604조 제1항을 준용하므로 사채발행을 할 수 없다고 본다.

(3) 불특정다수인을 상대로 집단적·정형적으로 부담하는 채무

보통 사채는 다액(多額)의 자금조달을 목적으로 하며, 주식의 발행처럼 여러 사람으로부터 자본금을 집중시키는 것이다. 따라서 불특정다수인과 집단적으로 채무부담을 위한 행위를 하게 되며, 발행조건이나 방법 등에 있어서 정형성을 띄게 된다.

(4) 액면가로 단위화된 채무

사채도 주식처럼 액면가로 세분화되어 있으며, 이것은 사채모집을 용이하게 하게 하기 위한 것이다.

2. 주식과 사채의 비교

(1) 차이점

① **출자자의 지위** : 사채는 사채권자의 입장에서 보면 일종의 금전채권임에 반하여, 주식은

구성원으로서의 지위를 뜻하는 사원권이다.

② **출자의 과실(果實)** : 사채권자는 이익의 유무에 관계없이 일정한 이자를 받지만, 주식은 배당가능한 이익이 있어야만 배당할 수 있다.

③ **출자의 회수** : 사채권자는 기한이 도래하면 상환을 받을 수 있으며 해산의 경우 주주에 우선하여 회사재산에서 변제를 받지만, 주주는 회사에 대하여 투자의 반환을 청구할 수 없고 다만 회사가 해산한 경우에 일반채권자보다 후순위로 잔여재산의 분배를 받을 수 있을 뿐이다.

④ **납입의 방법** : 사채의 경우에는 분할납입이 가능하나, 주식의 경우에는 전액납입주의에 의한다.

⑤ **자본금의 구성** : 사채는 타인자본으로 회사의 채무일 뿐이지만, 주식은 자기자본을 구성하므로 회사의 자본금이 증가한다.

⑥ **액면미달발행** : 사채는 액면미달발행이 허용되지만, 주식의 경우에는 원칙적으로 인정되지 않는다.

⑵ 공통점

사채와 주식은 어느 것이나 경제적으로 주식회사가 공중으로부터 대량의 장기자금을 조달하는 수단이다. 이로 말미암아 사채와 주식은 모두 발행의 결정 · 발행한도의 제한 · 증권의 발행 · 액면의 최저금액 등이 법정되어 있다.

⑶ 상호 접근

주식 중 비참가적 · 누적적 우선주식, 의결권 없는 주식, 상환주식 등은 사채와 유사한 주식이며, 반면에 전환사채와 신주인수권부사채는 주식과 같은 성질을 갖는 것으로 주식화된 사채라고 할 수 있다.

3. 사채계약의 성질

사채를 발행함으로 인해 회사와 사채를 인수하는 자 사이에 계약이 성립한다. 이 계약에 대해서는 학설의 대립이 있다.

II. 사채발행

1. 사채발행의 방법

(1) 총액인수

특정인이 회사와의 계약에 의하여 사채총액을 인수하는 방법으로서 사채청약서의 작성을 요하지 않는다(제475조 1문).

(2) 직접 또는 위탁모집 발행

사채를 일반공중으로부터 모집하는 방법으로서 원칙적으로 사채청약서의 사용을 요한다(제474조). 공모에는 발행회사가 직접 공중으로부터 모집하는 직접공모, 모집절차를 타인에 위탁하는 방법으로서 위탁모집이 있다. 위탁모집의 경우 수탁회사는 사채의 발행회사를 위하여 자기명의로 타인으로부터 청약을 받고 이에 대해 배정하고 납입을 할 수 있다(제476조 제2항).

보충 위탁모집에 있어 사채응모액이 총액에 달하지 않은 때에는 수탁회사가 그 잔액을 인수하는 것을 약정하는 인수모집이 가능하며, 이 경우 수탁회사가 인수하는 부분에 대해서는 사채청약서를 요하지 않는다(제475조 2문).

(3) 채권매출

일정 기간을 정하여 미리 작성된 채권을 매출하는 방법으로서 일반공모에 있어서와 같은 사채청약서의 작성 · 배정 · 납입 · 채권교부 등의 절차를 요하지 않으며, 특별법에 의한 특수회사에 한해 허용된다(예 한국산업은행법 제25조 이하에 의한 산업금융채권).

2. 사채발행의 절차

(1) 이사회의 결의

사채의 발행은 정관에 의하여 주주총회의 권한으로 하지 않는 한 이사회의 결의만으로 한다(제469조 제1항). 이 결의에서 사채의 종류 · 총액, 각 사채의 금액 · 이율 · 상환방법 · 발행방법 등을 정한다. 정관에서 정하는 바에 따라 이사회는 대표이사에게 사채의 금액 및 종류를 정하여 1년을 초과하지 아니하는 기간내에 사채를 발행할 것을 위임할 수 있다(제469조 제4항).

(2) 사채계약의 성립

사채모집에 응하고자 하는 자는 사채청약서 2통에 사채의 수와 주소를 기재하고 기명날인 또는 서명하여야 한다(제474조 제1항). 사채청약서는 이사가 작성하고, 법정사항을 기재하여야 한다(제474조 제2항, 제476조 제2항). 사채청약서에 의하지 않은 사채청약은 효력이 없다.

⑶ 납 입

사채의 모집이 완료하면 대표이사는 지체없이 인수인에 대하여 각 사채의 전액 또는 제1회의 납입을 시켜야 하고, 위탁모집의 경우에는 수탁회사가 이를 할 수 있다(제476조).

Ⅲ. 사채의 유통과 상환

1. 사채의 유통

⑴ 채권의 발행

사채에 대하여는 그 유통을 원활히 하기 위하여 채권(債券)이 발행된다. 채권은 사채금액의 납입이 완료한 후가 아니면 이를 발행하지 못한다(제478조 제1항). 채권은 요식증권으로서 법정기재사항을 기재하고 대표이사가 기명날인 또는 서명하여야 한다(제478조 제2항). 채권은 기명식과 무기명식으로 발행할 수 있으며, 두가지 방법을 병행하는 때에는 상호전환권이 인정된다(제480조 본문). 채권을 상실한 때에는 공시최고의 신청을 할 수 있고, 제권판결을 얻지 못하면 채권의 재발행을 청구할 수 없다. 회사는 채권을 발행하는 대신 정관에서 정하는 바에 따라 전자등록기관의 전자등록부에 채권(債權)을 등록할 수 있다(제478조 제3항).

⑵ 사채원부

사채원부란 사채권자 및 채권에 관한 사항을 기재한 장부로서, 일정한 사항(제488조)을 기재하여야 한다. 회사는 사채원부를 작성・비치하여야 한다(제396조 제1항). 회사채권자와 주주는 영업시간 내에는 언제든지 그 열람 또는 등사를 청구할 수 있다(제396조 제2항). 사채원부는 기명사채이전의 대항요건(제479조), 사채권자에 대한 통지・최고(제489조 제1항, 제353조), 신탁의 공시 등의 경우에 중요한 의의를 갖는다.

⑶ 사채의 양도・입질

① **무기명사채** : 상법에 규정이 없으므로 민법의 규정에 따라 양도는 채권을 교부함으로써, 입질은 질권자에게 채권을 교부함으로써 그 효력이 생기고, 점유함으로써 제3자에게 대항할 수 있다.

② **기명사채**

㉠ **기명사채의 양도** : 양도는 지시식으로 되어 있지 않는 한 당사자의 의사표시와 사채권의 인도로서 효력이 생기지만, 회사 기타 제3자에게 대항하기 위하여는 취득자의 성명과 주소를 사채원부에 기재하고 그 성명을 채권에 기재하여야 한다(제479조 제1항). 명의개서대리인이 있는 경우에는 명의개서대리인을 통해 이 절차를 밟을 수 있다(제479조 제2항).

㉡ **기명사채의 입질** : 당사자간의 의사표시와 사채권을 채권자에게 교부함으로써 질권설정의 효력이 생긴다.

2. 이자지급과 상환

(1) 이자와 이권

① **이자** : 사채의 이자액 · 이자의 지급기한 및 방법은 사채계약에서 정한 이율에 의하여 결정된다. 이율은 중요한 발행요건이므로 사채청약서 · 채권 · 사채원부에 기재하여야 한다(제474조 제2항 7호, 제478조 제2항 2호, 제488조 3호).

② **이권** : 이권(利券)은 이자지급기에 있어서의 이자지급청구권을 표창하는 유가증권으로, 독립적으로 유통의 대상이 된다. 이자의 지급은 이권과 상환으로 한다.

③ **이자청구권의 소멸시효** : 사채의 이자지급청구권과 이권소지인의 공제액지급청구권은 5년간 행사하지 아니하면 소멸시효가 완성한다(제487조 제3항).

④ **이자지급의 해태** : 회사가 사채의 이자지급을 해태하거나 사채의 일부 상환을 지체한 때에는 사채계약에서 기한이익의 상실사유로 정할 수 있다.

(2) 사채의 상환

① **의의** : 사채의 상환이란 발행회사가 사채권자에게 채무를 변제하여 사채의 법률관계를 종료시키는 것을 말한다.

② **방법** : 상환방법은 사채계약에 의하여 정하여지나, 일정 기간 후 일시상환의 방법과 일정기간 거치 후 분할상환하는 방법이 있다. 사채관리회사가 있는 경우에는 사채관리회사가 사채권자를 위하여 사채의 상환을 받는데 필요한 재판상 또는 재판 외의 행위를 할 권한이 있다(제484조 제1항). 이 때에는 사채관리회사가 발행회사로부터 상환을 받은 때에 사채는 소멸하고, 사채권자는 사채관리회사에 대하여만 채권과 상환으로 상환액의 지급을 청구할 수 있다(제484조 제2항, 제3항).

③ **매입소각** : 사채에는 자기사채를 매입하여 소각하는 것이 자유로우며, 사채의 시세가 하락했을 때 매입소각이 만기상환보다 회사에 유리하다.

④ **불공정한 변제의 취소의 소** : 발행회사가 어느 사채권자에 대하여 한 변제, 화해 기타의 행위가 현저하게 불공정한 때에는 사채관리회사는 그 행위의 취소를 청구할 수 있다(제511조 제1항). 이 취소는 소에 의해서만 할 수 있다. 소는 사채관리회사가 취소의 원인을 안 때로부터 6월, 행위가 있는 때로부터 1년 내에 제기하여야 한다(제511조 제2항).

예외 | 변제, 화해 기타의 행위에 의한 수익자인 사채권자 또는 전득자가 그 행위 또는 전득시에 사채권자를 해할 것을 알지 못한 때에는 취소를 청구할 수 없다(제511조 제3항).

⑥ **사채상환청구권의 소멸시효** : 사채의 상환청구권과 사채권자의 사채관리회사에 대한 상환액지급청구권은 10년간 행사하지 아니하면 소멸시효가 완성한다(제487조 제1항).

3. 사채관리회사의 사채관리

(1) 사채관리회사의 지위

① **성격** : 사채관리회사는 발행회사에 대하여 위임관계에 있다. 사채관리회사는 사채권자와는 위임관계가 있지 아니하므로 사채의 모집이 완료된 후에는 사채권자와의 사이에 더 이상 직접적인 법률관계가 존재하지 않고, 발행회사와의 관계에서도 법률관계가 종료함이 원칙이다.

② **자격** : 은행, 신탁회사 그 밖에 대통령령으로 정하는 자가 아니면 사채관리회사가 될 수 없고, 사무승계자도 같다(제480조의3 제1항). 사채의 인수인은 그 사채의 사채관리회사가 될 수 없다(제480조의3 제2항). 사채를 발행한 회사와 특수한 이해관계가 있는 자로서 대통령령으로 정하는 자는 사채관리회사가 될 수 없다(제480조의3 제3항).

③ **지정 · 위탁** : 회사는 사채를 발행하는 경우에 사채관리회사를 정하여 변제의 수령, 채권의 보전, 그 밖에 사채의 관리를 위탁할 수 있다(제480조의2).

④ **사임과 해임** : 사채관리회사는 발행회사와 사채권자집회의 동의를 얻어야만 사임할 수 있다. 다만 부득이한 사유가 있는 경우에는 법원의 허가를 얻어 사임할 수 있다(제481조). 사채관리회사가 사무처리에 부적임하거나 기타 정당한 사유가 있을 때에는 법원은 발행회사 또는 사채권자집회의 청구에 의하여 이를 해임할 수 있다(제482조).

⑤ **사무승계자의 선정** : 사채관리회사가 사임하거나 해임된 경우 발행회사는 사무승계자를 선임할 수 있으며, 이 경우 회사는 지체 없이 사채권자집회를 소집하여 동의를 받아야 한다(제483조 제1항). 부득이한 사유가 있을 경우 법원이 이해관계인의 청구에 의해 선임할 수 있다(제483조).

⑥ **사채관리회사의 보수 · 비용** : 사채관리회사에 대한 보수와 그 사무처리에 요할 비용은 특별한 약정이 없으면 법원의 허가를 얻어 발행회사로 하여금 이를 부담하게 할 수 있고, 또한 사채관리회사는 상환을 받을 금액에서 사채권자에 우선하여 그 보수와 비용의 변제를 받을 수 있다(제507조).

(2) 사채관리회사의 권한 · 의무

① **사채모집의 권한** : 사채관리회사는 그 명의로 위탁회사를 위하여 사채를 모집할 수 있다(제476조 제2항).

② **상환을 위한 권한** : 사채관리회사는 사채권자를 위하여 사채에 관한 채권을 변제받거나 채권의 실현을 보전하기 위하여 필요한 재판상 · 재판 외의 모든 행위를 할 권한이 있다(제484조 제1항). 사채관리회사가 두 개 이상의 회사인 경우에는 그 권한에 속하는 행위는 공동으로 하여야 한다(제485조 제1항). 따라서 그 중 한 회사만의 단독행위는 효력이 없다. 또한 각 회사는 사채권자에 대하여 연대하여 변제액을 지급할 의무가 있다(제485조 제2항).

③ **사채상환의무** : 사채관리회사가 사채의 상환을 받은 때에는 지체없이 그 뜻을 공고하고, 알고 있는 사채권자에 대하여는 각별로 이를 통지하여야 한다(제484조 제2항). 사채관리회사가 상환액을 수령한 때에는 발행회사의 상환의무가 소멸하므로, 사채권자는 사채관리회사에 대하여 사채상환액 및 이자의 지급을 청구할 수 있다. 이 경우 사채권이 발행된 때에는 사채권과 상환하여 상환액지급청구를 하고, 이권과 상환하여 이자지급청구를 하여야 한다(제484조 제3항). 사채관리회사가 사채에 관한 채권을 변제받거나 채권의 실현을 보전하기 위한 행위를 제외한 ① 해당 사채 전부에 대한 지급유예, 그 채무에 불이행으로 발생한 책임의 면제 또는 화해, ② 해당 사채 전부에 관한 소송행위 또는 채무자회생 및 파산에 관한 절차에 속하는 행위를 하는 경우에는 사채권자 집회의 결의에 의하여야 한다. 다만, ②의 행위는 사채권자집회의 결의에 의하지 아니하고 할 수 있음을 사채발행회사는 정할 수 있다(제484조, 제4항). 사채관리회사는 그 관리를 위탁받은 사채에 관하여 필요하면 법원의 허가를 받아 사채발행회사의 업무와 재산상태를 조사할 수 있다(제484조 제7항).

④ **기타의 권한** : 사채권자집회의 소집 · 운영 · 결의의 집행을 위한 권한(제491조 제1항, 제493조 제1항, 제501조), 발행회사의 불공정한 행위의 취소에 대한 소권(제511조) 등이 인정된다.

IV. 사채권자집회

1. 의의 · 성질

사채권자집회는 사채권자의 이해관계에 영향을 미치는 사항에 대하여 결의를 하며, 동일한 종류의 사채권자의 집약된 의사를 결정하는 임시적인 의결기관이다.

2. 소 집

(1) 소집권자

발행회사 또는 사채관리회사가 소집하며(제491조 제1항), 사채총액의 10분의 1 이상에 해당하는 사채권자도 회의의 목적사항과 소집의 이유를 기재한 서면 또는 전자문서로 발행회사 또는 사채관리회사에 사채권자집회의 소집을 청구할 수 있다(제491조 제2항). 이러한 소집청구에 발행회사가 응하지 않을 때에는 소집을 청구하였던 사채권자는 법원의 허가를 얻어 사채권자집회를 소집할 수 있다(제491조 제3항).

(2) 소집통지 · 공고

사채권자 집회를 소집하는 경우에는 집회일의 2주 전에 서면 또는 각 사채권자의 동의를 받아 전자문서로 통지를 발상하여야 하고, 이에는 집회의 목적사항을 기재하여야 한다(제491조의2 제1항, 제363조 제1항 · 제2항). 그리고 무기명식의 채권을 발행한 경우에는 사채권자 집회일의 3주(자본금 10억원 미만인 회사는 2주) 전에 사채권자 집회를 소집하는 뜻과 회의의 목적사항을 공고하여야 한다(제491조의2 제2항).

3. 권 한

결의사항은 법률로 정해져 있다. 자본금 감소의 이의 · 합병의 이의 · 사채권자집회의 대표자 및 결의집행자의 선임과 해임 · 발행회사의 불공정한 행위를 취소하기 위한 소제기 · 사채관리회사의 사임동의 · 해임청구 · 사무승계자 결정 등이다(제439조 제3항, 제481조, 제482조, 제483조 제1항, 제494조, 제500조 제1항, 제504조, 제505조 제1항). 이 밖에도 법원의 허가를 얻어 사채권자의 이해에 중대한 관계가 있는 사항에 관하여 결의할 수 있다(제490조).

4. 결 의

(1) 의결권

각 사채권자는 그가 가지는 해당 종류의 사채금액의 합계액(상환받은 액은 제외한다)에 따라 의결권을 가진다(제492조 제1항). 무기명식의 사채권자는 회일로부터 1주간 전에 채권을 공탁하여야만 의결권을 행사할 수 있다(제492조 제2항).

(2) 결의방법

출석한 사채권자의 의결권의 3분의 2 이상의 찬성과 총사채권자 의결권의 3분의 1 이상으로 하나(제495조 제1항), 사채관리회사의 사임동의 · 해임청구 그리고 사무승계자결정 등의 사항은 출석한 의결권의 과반수의 찬성만으로 할 수 있다(제495조 제2항). 특별이해관계 있는 사채권자의 의결권은 출석사채권자의 의결권 수에 산입하지 않는다(제495조 제6항).

(3) 서면에 의한 의결권행사

사채권자 집회에 출석하지 아니한 사채권자는 서면에 의하여 의결권을 행사할 수 있고(제495조 제3항), 서면에 의한 의결권 행사는 의결권행사 서면에 필요한 사항을 적어 사채권자집회 전일까지 의결권행사 서면을 소집자에게 제출하여야 한다(제495조 제4항). 서면에 의하여 행사한 의결권의 수는 출석한 의결권자의 의결권 수에 포함한다(제495조 제5항).

(4) 결의의 효력발생

사채권자집회의 결의는 결의한 날로부터 1주간 내에 법원의 인가를 청구하여야 하며(제496조), 법원의 인가를 얻어야 그 효력이 생긴다. 다만, 그 종류의 사채권자 전원이 동의한 결의는 법원의 인가가 필요하지 아니하다(제498조 제1항). 사채권자 집회의 결의는 그 종류의 사채를 가진 모든 사채권자에게 그 효력이 있다(제498조 제2항). 법원은 ① 집회의 소집절차 또는 그 결의방법이 법령이나 사채모집의 계획서의 기재를 위반한 때, ② 결의가 부당한 방법에 의하여 성립하게 된 때, ③ 결의가 현저하게 불공정한 때, ④ 결의가 사채권자 일반의 이익에 반하는 때에는 결의를 인가하지 못한다(제497조 제1항). 그러나 ①과 ②의 경우에는 법원은 결의내용 기타 모든 사정을 참작하여 결의를 인가할 수 있다(제497조 제2항).

(5) 비용의 부담

사채권자집회의 결의의 인가청구에 필요한 비용은 사채의 발행회사가 부담한다. 그러나 법원은 결의의 인가청구에 관한 비용을 이해관계인의 신청에 의하여 또는 직권으로 그 전부 또는 일부에 관하여 따로 부담자를 정할 수 있다(제508조).

5. 대표자와 결의의 집행

(1) 대표자

사채권자집회는 사채총액(상환받은 금액은 제외한다)의 500분의 1 이상을 가진 사채권자 중에서 1인 또는 수인의 대표자를 선임하여 그 결의할 사항의 결정을 위임할 수 있다(제500조 제1항). 수인의 대표자를 선임한 때에는 그 결정은 그 과반수로 한다(제500조 제2항).

(2) 결의의 집행

사채권자집회의 결의는 사채관리회사가 집행하고, 사채관리회사가 없는 경우에는 대표자가 집행하지만, 사채권자집회의 결의로 따로 집행자를 선임할 수도 있다(제501조). 사채권자집회는 언제든지 대표자나 집행자를 해임할 수 있고 위임한 사항을 변경할 수도 있다(제504조).

Ⅴ. 특수사채

1. 전환사채

(1) 의의 · 성질

전환사채란 사채권자에게 일정한 조건에 따라 사채를 주식으로 전환할 수 있는 권리를 인정하는 사채를 말하며, 전환사채는 그 발행 이후 전환권을 행사하기 전까지는 채권적 유가증권이라 할 수 있고 전환권을 행사하면 사원권적 유가증권이 된다.

(2) 발 행

① **발행의 결정**

㉠ **주주에의 발행** : 전환사채의 발행 및 발행사항은 정관으로 정한 경우 외에는 이사회가 결정한다(제513조 제2항 본문). 그러나 정관으로 주주총회의 결의사항으로 할 수 있다(제513조 제2항 단서).

●●● 전환사채의 발행사항

> 전환사채의 총액 · 전환의 조건 · 전환으로 인하여 발행할 주식의 내용 · 전환을 청구할 수 있는 기간 · 주주에게 전환사채의 인수권을 준다는 뜻과 인수권의 목적인 전환사채의 액

㉡ **제3자에의 발행** : 회사가 주주 이외의 자에 대하여 전환사채를 발행하는 경우에는 그 발행할 수 있는 전환사채의 액, 전환의 조건, 전환으로 인하여 발행할 주식의 내용과 전환청구를 할 수 있는 기간에 관하여 정관에 규정이 없으면 주주총회의 특별결의로써 이를 정하여야 한다(제513조 제3항 1문). 주주총회의 결의에 있어서 전환사채의 발행에 관한 의안의 요령은 주주총회의 소집통지 및 공고시에 기재하여야 한다(제513조 제4항). 주주총회의 결의 없이 주주 이외의 자에게 전환사채를 발행한 경우에는 대표이사의 업무집행이 법령에 위반되는 행위이므로 그 발행은 무효가 된다. 제3자에 대한 전환사채의 발행은 신기술의 도입 · 재무구조의 개선 등 회사의 경영상 필요한 경우에 한한다(제513조 제3항 2문).

② **배정일 지정 · 공고** : 주주가 인수할 전환사채의 액이 결정됨에 따라 주주는 그가 가진 주식의 수에 따라 전환사채를 배정받을 권리를 가진다(제513조의2 제1항 본문). 따라서

인수권을 행사할 주주를 확정하기 위하여 배정기준일을 정하고, 그 2주간 전에 배정기준일에 주주명부에 기재된 주주가 인수권을 갖는다는 뜻을 공고하여야 한다(제513조의2 제2항, 제418조 제2항). 배정기준일의 경과로 인수권을 갖는 주주 및 각 주주가 인수권을 갖는 사채총액이 확정되는데, 이때 전환사채의 최저액에 미달하는 단수에 대하여는 인수권이 미치지 않는다(제513조의2 제1항 단서).

③ **주주에 대한 최고 · 실권** : 배정기준일에 의해 인수권이 확정된 주주에게 청약일까지 전환사채의 청약을 하지 아니하면 권리를 잃는다는 뜻을 청약일의 2주간 전에 통지하여야 하며, 무기명주주를 위해서는 공고하여야 한다. 회사가 정한 청약기일에 청약을 하지 아니하면 실권(失權)한다(제513조의3 제2항, 제419조).

④ **사채청약서 등의 기재사항** : 전환사채의 청약서 · 채권 · 사채원부에는 ㉠ 사채를 주식으로 전환할 수 있다는 뜻, ㉡ 전환조건, ㉢ 전환으로 인하여 발행하는 주식의 내용, ㉣ 전환 청구기간, ㉤ 주식양도에 관하여 이사회의 승인을 얻도록 정한 때에는 그 규정을 기재하여야 한다(제514조).

⑤ **발행가액의 제한** : 전환사채의 총발행가액과 전환으로 인해 발행할 주식의 총발행가액은 동액(同額)이어야 한다(제516조 제2항, 제348조).

⑥ **전환사채의 불공정발행**

㉠ **발행의 유지청구** : 회사가 법령 또는 정관에 위반하거나 현저하게 불공정한 방법에 의하여 전환사채를 발행함으로써 주주가 불이익을 받을 염려가 있는 때에는 그 주주는 회사에 대하여 전환사채의 발행을 유지할 것을 청구할 수 있다(제516조 제1항, 제424조).

㉡ **불공정 가액으로 전환사채를 인수한 자의 차액지급의무** : 이사와 통모하여 현저하게 불공정한 발행가액으로 전환사채를 인수한 자는 회사에 대하여 공정한 발행가액과의 차액에 상당한 금액을 지급할 의무가 있다(제516조 제1항, 제424조의2 제1항). 이 경우 이사도 회사 또는 주주에 대한 손해배상책임을 면치 못하며, 주주는 대표소송을 제기하여 이사책임을 추궁할 수 있다(제516조 제2항, 제424조의2 제2항 · 제3항).

㉢ **전환사채 발행무효** : 전환사채의 발행이 법령 · 정관에 위반하거나 현저히 불공정한 경우에 그것이 주식회사의 본질이나 회사법의 기본원칙에 반하거나 기존주주들의 이익과 회사의 경영권 내지 지배권에 중대한 영향을 미치는 경우로서 전환사채와 관련된 거래의 안전, 주주 기타 이해관계인의 이익 등을 전부 고려하더라도 도저히 묵과할 수 없을 정도라고 평가되는 경우에 한하여 전환사채의 발행 또는 그 전환권 행사에 의한 주식의 발행을 무효로 할 수 있다(판례).

⑦ **전환사채의 등기** : 회사가 전환사채를 발행한 때에는 사채의 전액 또는 제1회의 납입이 완료된 날로부터 본점소재지에서 2주간 내에 전환사채의 등기를 하여야 한다(제514조의2

第1항). 등기할 사항은 전환사채의 총액, 각 전환사채의 금액, 각 전환사채의 납입금액, 제514조 1호 내지 5호에 정한 사항 등이다(제514조의2 제2항). 그리고 외국에서 전환사채를 모집한 경우에 등기할 사항이 외국에서 생긴 때에는 등기기간은 그 통지가 도달한 날로부터 기산하여 2주간 내에 전환사채의 등기를 하여야 한다(제514조의2 제4항).

(3) 전환사채의 전환

① **전환권의 성질** : 전환사채의 전환권은 사채권자의 지위를 주주로 변경시키는 효력을 생기게 하는 일종의 형성권이다.

② **전환의 청구** : 전환사채의 사채권자가 전환을 청구하려면 청구서 2통에 채권을 첨부하여 회사에 제출하여야 하며(제515조 제1항), 이 청구서에는 전환하고자 하는 사채와 청구의 연월일을 기재하고 기명날인 또는 서명하여야 한다(제515조 제2항). 한편, 주주명부의 폐쇄기간중에도 전환청구가 가능하지만, 그 기간 중에 전환된 주식의 주주는 그 기간 중의 총회의 결의에 관하여 의결권을 행사할 수 없다(제516조 제2항, 제350조 제2항).

③ **전환의 효력** : 전환청구가 있는 때에 전환의 효력이 발생한다(제516조 제2항, 제350조 제1항). 그러나 이익배당에 관하여는 그 청구를 한 때가 속한 영업연도 말에 전환된 것으로 보지만(제516조 제2항, 제350조 제3항 전단), 정관에 의하여 주주에 대한 이익배당에 관하여는 그 청구를 한 때가 속하는 영업연도의 직전 영업연도 말에 전환된 것으로 할 수 있다(제516조의2 제2항, 제350조 제3항 후단).

④ **전환의 효과** : 회사에 제출된 채권은 그 효력을 상실하고, 전환사채를 목적으로 하는 채권자에 대하여는 전환에 의하여 주주가 받을 주식에 대하여 물상대위가 인정된다(제516조 제2항, 제339조).

⑤ **변경등기** : 전환사채는 그 전환에 의하여 등기사항에 변경이 생기므로 전환을 청구한 날이 속한 달의 마지막 날부터 2주간 내에 본점소재지에서 변경등기를 하여야 한다(제516조 제2항, 제351조).

2. 신주인수권부사채

(1) 의 의

신주인수권부사채란 사채권자에게 사채의 발행 이후 회사가 신주를 발행하는 경우에 미리 확정된 가액에 따라 신주인수권을 부여하는 사채이다. 사채는 사채대로 존속하여 만기에 상환되므로 보통의 사채와 다름이 없고, 다만 신주인수권이 부여되어 있다는 점에서 사채의 주식으로서의 전환권을 인정하는 전환사채와 다르다.

(2) 종 류

신주인수권부사채는 채권과 신주인수권을 함께 표창하는 채권을 발행하여 양자를 분리하여 양도할 수 없는 비분리형과 양자를 분리하여 각각 채권을 표창하는 채권과 신주인수권을 표창하는 신주인수권증권을 발행하여 따로 양도할 수 있는 분리형이 있다.

(3) 발 행

① **주주에 대한 발행** : 신주인수권부사채의 인수권을 주주에게만 주는 경우에는 정관에 이에 관한 규정이 있거나 정관의 규정에 의해 주주총회가 결정하기로 한 경우가 아니면 이사회가 그 발행을 결정하고 그 발행사항도 정한다(제516조의2 제2항).

●●● 이사회가 결정해야 할 발행사항

> ① 신주인수권부사채의 총액, ② 각 신주인수권부사채에 부여된 신주인수권의 내용, ③ 신주인수권을 행사할 수 있는 기간, ④ 신주인수권만을 양도할 수 있는 것에 관한 사항, ⑤ 신주인수권을 행사하려는 자의 청구가 있는 때에는 신주인수권부사채의 상환에 갈음하여 그 발행가액으로 제516조의10 제1항의 납입이 있는 것으로 본다는 뜻, ⑥ 주주에게 신주인수권부사채의 인수권을 준다는 뜻과 인수권의 목적인 신주인수권부사채의 액

② **제3자에 대한 발행** : 주주 이외의 자에 대하여 발행하는 경우 그 발행할 수 있는 신주인수권부사채의 액, 신주인수권의 내용과 신주인수권을 행사할 수 있는 기간에 관하여 정관에 규정이 없으면 주주총회의 특별결의로서 이를 정하여야 한다(제516조의2 제4항 1문). 이를 위한 주주총회의 소집통지와 공고는 신주인수권부사채의 발행에 관한 의안의 요령도 기재하여야 한다(제516조의2 제5항, 제513조 제4항). 주주총회 결의없이 제3자에게 전환사채를 발행하는 경우 대표이사의 업무집행은 법령에 위반된 행위로서 무효가 된다. 제3자에 대한 신주인수권부사채의 발행은 신기술의 도입·재무구조의 개선 등 회사의 경영상 필요한 경우에 한한다(제516조의2 제4항 2문).

③ **신주의 발행가액제한** : 사채권자의 신주인수권의 행사로 인하여 발행할 주식의 발행가액의 합계액은 각 신주인수권부사채의 금액을 초과하지 못한다(제516조의2 제3항).

④ **주주에 대한 최고** : 주주가 신주인수권부사채의 인수권을 갖는 경우에 그 발행사항이 결정된 때에는 이사회는 각주주에 대하여 상법 제516조의2 제2항 각호의 내용을 일정 기일의 2주간 전에 통지하여야 한다(제516조의3 제1항·제2항).

⑤ **주주의 인수권** : 회사가 신주인수권부사채를 발행하는 경우에 그 배정비율과 배정일의 공고 기타 주주의 실권 등에 대하여는 전환사채에 관한 규정이 준용된다(제516조의11, 제513조의2 제1항, 제513조의3, 제419조 제4항).

⑥ **사채청약서 등의 기재사항** : 회사가 신주인수권부사채를 발행하는 때에는 사채청약서 · 채권 · 사채원부에 일정사항을 기재하여야 한다(제516조의4 본문). 그러나 신주인수권부사채가 분리형인 경우에 제516조의5 제1항의 신주인수권증권을 발행할 때에는 채권에는 이를 기재하지 아니한다(제516조의4 단서).

⑦ **신주인수권부사채의 불공정발행** : 신주인수권부사채의 불공정발행의 경우 발행유지 및 불공정가액으로 발행한 경우 그 차액의 지급의무에 대하여는 전환사채에 관한 규정이 준용된다(제516조의11, 제516조 제1항).

⑧ **신주인수권부사채의 등기** : 신주인수권부사채를 발행한 경우에는 일정사항(제516조의7 제1항)을 그 납입이 완료한 날로부터 2주간 내에 본점소재지에서 등기하여야 한다(제516조의8 제2항, 제514조의2 제1항 · 제4항).

(4) 신주인수권의 양도

신주인수권의 양도방법은 분리형의 경우와 비분리형의 경우에 따라 다르다. 비분리형의 경우 신주인수권은 채권의 교부에 의하여 사채권과 함께 양도한다. 분리형의 경우 신주인수권증권을 발행한 경우 신주인수권의 양도는 채권과 별도로 신주인수권증권의 교부에 의한다(제516조의6 제1항). 신주인수권증권은 일정한 법정사항을 기재하고 이사가 기명날인 또는 서명하여 발행하는(제516조의5 제2항) 신주인수권을 표창하는 유가증권이다. 따라서 신주인수권증권의 점유자는 자격수여적 효력이 인정되고, 선의취득이 인정된다. 신주인수권증권의 상실시에는 공시최고에 의한 제권판결을 얻어 재발행을 청구할 수 있다.

보충 회사는 신주인수권증권을 발행하는 대신 정관에서 정하는 바에 따라 전자등록기관의 전자등록부에 신주인수권을 등록할 수 있다(제516조의7).

(5) 신주인수권의 행사

① **방법** : 신주인수권을 행사하려는 자는 청구서 2통을 회사에 제출하고 신주발행가액 전액을 납입하여야 한다(제516조의9 제1항). 신주인수권증권이 발행된 때에는 이를 첨부하고 발행하지 아니한 때에는 채권을 제시하여야 한다(제516조의9 제2항).

② **납입** : 신주의 발행가액은 전액을 납입하여야 한다. 납입은 금전으로 하여야 하며 현물출자는 있을 수 없다.

예외 | 신주인수권부사채의 상환에 갈음하여 그 발행가액으로 신주에 대한 납입이 있는 것으로 본다는 뜻의 정함이 있는 때에는 사채권자는 사채의 상환금에 의한 대용납입이 가능하다.

③ **효력발생시기** : 신주인수권을 행사한 자는 신주의 발행가액의 전액을 납입한 때에 주주가 된다(제516조의10 전단). 그리고 주금을 대용납입한 경우에는 신주인수권의 행사를 위한 청구서에 신주인수권증권이나 채권을 첨부하여 회사에 제출한 때에 주주가 된다. 신주인수권을 행사한 경우 이익배당에 관하여는 그 납입을 한 때가 속하는 영업연도로 하지만, 정관으로 그 청구를 한 때가 속하는 영업연도의 직전 영업연도 말로 할 수 있다(제516조의10, 제350조 제3항).

④ **질권의 효력** : 신주인수권부사채의 경우 원칙적으로 신주인수권의 행사로 사채가 소멸하는 것이 아니므로 신주인수권의 행사로 발행되는 주식에 대한 물상대위는 인정되지 않는다.

(6) 변경등기

신주인수권의 행사에 의하여 등기사항이 변경되는 때에는 변경등기를 하여야 한다. 신주발행으로 인한 변경등기는 납입기일이 속하는 달의 마지막 날부터, 대용납입의 경우에는 신주인수권의 행사를 위한 청구시에 신주인수권증권이나 채권을 첨부하여 회사에 제출한 날이 속하는 달의 마지막 날로부터 2주간 내에 본점소재지에서 이를 하여야 한다(제516조의11, 제351조).

3. 기타 상법상 특수사채

사채권자가 사채의 이율에 따른 이자를 받는 외에 이익배당에도 참가할 수 있는 이익배당참가부 사채, 사채권자가 유가증권과 교환 또는 상환을 청구할 수 있는 권리가 부여된 교환사채, 유가증권이나 통화 또는 그 밖에 대통령령으로 정하는 자산이나 지표 등의 변동과 연계하여 미리 정하여진 방법에 따라 상환 또는 지급금액이 결정되는 파생결합사채 등이 있다(제369조 제2항). 이들의 발행에 관하여는 상법시행령에 규정(제21조부터 제24조까지)이 있고 그 내용은 다음과 같다.

(1) 이익참가부사채의 발행

① 상법 제469조제2항제1호에 따라 사채권자가 그 사채발행회사의 이익배당에 참가할 수 있는 사채(이하 "이익참가부사채"라 한다)를 발행하는 경우에 일정사항(1. 이익참가부사채의 총액, 2. 이익배당 참가의 조건 및 내용, 3. 주주에게 이익참가부사채의 인수권을 준다는 뜻과 인수권의 목적인 이익참가부사채의 금액)으로서 정관에 규정이 없는 사항은 이사회가 결정한다. 다만, 정관에서 주주총회에서 이를 결정하도록 정한 경우에는 그러하지 아니하다.

② 주주 외의 자에게 이익참가부사채를 발행하는 경우에 그 발행할 수 있는 이익참가

부사채의 가액(價額)과 이익배당 참가의 내용에 관하여 정관에 규정이 없으면 상법 제434조에 따른 주주총회의 특별결의로 정하여야 한다. 이 경우 이익참가부사채 발행에 관한 의안의 요령은 상법 제363조에 따른 통지에 적어야 한다.

③ 이익참가부사채의 인수권을 가진 주주는 그가 가진 주식의 수에 따라 이익참가부사채의 배정을 받을 권리가 있다. 다만, 각 이익참가부사채의 금액 중 최저액에 미달하는 끝수에 대해서는 그러하지 아니하다.

④ 회사는 일정한 날을 정하여, 그 날에 주주명부에 기재된 주주가 이익참가부사채의 배정을 받을 권리를 가진다는 뜻을 그 날의 2주일 전에 공고하여야 한다. 다만, 그 날이 상법 제354조제1항의 기간 중일 때에는 그 기간의 일의 2주일 전에 이를 공고하여야 한다.

⑤ 주주가 이익참가부사채의 인수권을 가진 경우에는 각 주주에게 그 인수권을 가진 이익참가부사채의 액, 발행가액, 이익참가의 조건과 일정한 기일까지 이익참가부사채 인수의 청약을 하지 아니하면 그 권리를 잃는다는 뜻을 신주배정일의 2주 전까지 통지하여야 하며, 회사가 무기명식의 주권을 발행하였을 때에는 통지한 사항을 공고하여야 한다. 이러한 실권예고부 통지 또는 공고에도 불구하고 그 기일까지 이익참가부사채 인수의 청약을 하지 아니한 경우에는 이익참가부사채의 인수권을 가진 자는 그 권리를 잃는다.

⑥ 회사가 이익참가부사채를 발행하였을 때에는 상법 제476조에 따른 납입이 완료된 날부터 2주일 내에 본점 소재지에서 이익참가부사채의 총액, 각 이익참가부사채의 금액, 각 이익참가부사채의 납입금액, 이익배당에 참가할 수 있다는 뜻과 이익배당 참가의 조건 및 내용을 등기하여야 한다. 이러한 사항이 변경된 때에는 본점 소재지에서는 2주일 내, 지점 소재지에서는 3주일 내에 변경등기를 하여야 한다.

⑦ 외국에서 이익참가부사채를 모집한 경우에 등기할 사항이 외국에서 생겼을 때에는 그 등기기간은 그 통지가 도달한 날부터 기산(起算)한다.

(2) 교환사채의 발행

① 상법 제469조제2항제2호에 따라 사채권자가 회사 소유의 주식이나 그 밖의 다른 유가증권으로 교환할 수 있는 사채(이하 "교환사채"라 한다)를 발행하는 경우에는 이사회가 교환할 주식이나 유가증권의 종류 및 내용, 교환의 조건, 교환을 청구할 수 있는 기간을 결정한다.

② 주주 외의 자에게 발행회사의 자기주식으로 교환할 수 있는 사채를 발행하는 경우에 사채를 발행할 상대방에 관하여 정관에 규정이 없으면 이사회가 이를 결정한다.

③ 교환사채를 발행하는 회사는 사채권자가 교환청구를 하는 때 또는 그 사채의

교환청구기간이 끝나는 때까지 교환에 필요한 주식 또는 유가증권을 한국예탁결제원에 예탁하여야 한다. 이 경우 한국예탁결제원은 그 주식 또는 유가증권을 신탁재산임을 표시하여 관리하여야 한다.

④ 사채의 교환을 청구하는 자는 청구서 2통에 사채권을 첨부하여 회사에 제출하여야 한다. 청구서에는 교환하려는 주식이나 유가증권의 종류 및 내용, 수와 청구 연월일을 적고 기명날인 또는 서명하여야 한다.

(3) 상환사채의 발행

① 상법 제469조제2항제2호에 따라 회사가 그 소유의 주식이나 그 밖의 다른 유가증권으로 상환할 수 있는 사채(이하 "상환사채"라 한다)를 발행하는 경우에는 이사회가 상환할 주식이나 유가증권의 종류 및 내용, 상환의 조건, 회사의 선택 또는 일정한 조건의 성취나 기한의 도래에 따라 주식이나 그 밖의 다른 유가증권으로 상환한다는 뜻을 결정한다.

② 주주 외의 자에게 발행회사의 자기주식으로 상환할 수 있는 사채를 발행하는 경우에 사채를 발행할 상대방에 관하여 정관에 규정이 없으면 이사회가 이를 결정한다.

③ 일정한 조건의 성취나 기한의 도래에 따라 상환할 수 있는 경우에는 상환사채를 발행하는 회사는 조건이 성취되는 때 또는 기한이 도래하는 때까지 상환에 필요한 주식 또는 유가증권을 한국예탁결제원에 예탁하여야 한다. 이 경우 한국예탁결제원은 그 주식 또는 유가증권을 신탁재산임을 표시하여 관리하여야 한다.

(4) 파생결합사채의 발행

상법 제469조제2항제3호에 따라 유가증권이나 통화 또는 그 밖에 제20조에 따른 자산이나 지표 등의 변동과 연계하여 미리 정하여진 방법에 따라 상환 또는 지급금액이 결정되는 사채(이하 "파생결합사채"라 한다)를 발행하는 경우에는 이사회가 ① 상환 또는 지급 금액을 결정하는 데 연계할 유가증권이나 통화 또는 그 밖의 자산이나 지표, ② ①의 자산이나 지표와 연계하여 상환 또는 지급 금액을 결정하는 방법에 관하여 결정하여야 한다.

4. 담보부사채

물적담보가 제공된 사채를 담보부사채라 한다. 상법의 사채규정은 일반적으로 무담보사채를 예상한 것으로 담보부사채에 관하여는 담보부사채신탁법이 제정되어 있다. 담보부사채는 발행회사가 신탁회사와의 신탁계약에 의하여 후자를 사채관리회사로 해서 발행하며, 사채에 붙일 수 있는 담보는 동산질, 채권질, 주식질, 부동산저당 기타 법령이 정하는 각종 저당에 한한다. 보증사채는 담보부사채가 아니다.

Commercial Law

연습문제

01 상법상 주식회사의 사채에 관한 설명으로 틀린 것은? (2014년 공인회계사)

① 이사회는 정관으로 정하는 바에 따라 대표이사에게 사채의 금액 및 종류를 정하여 1년을 초과하지 않는 기간 내에 사채를 발행할 것을 위임할 수 있다.

② 사채는 회사의 자금조달이 목적이기 때문에 사채의 납입은 분할납입이 인정되지 않고 전액을 납입하여야 한다.

③ 판례에 의하면 전환사채발행무효의 소는 신주발행무효의 소에 관한 상법 제429조를 유추적용한다.

④ 신주인수권부사채를 분리형으로 발행하는 경우 정관에 이에 관한 규정이 없으면 이사회에서 신주인수권만을 양도할 수 있다는 사항을 결정하여야 한다.

⑤ 회사는 사채권자에게 사채의 이율에 의한 확정이자를 지급하는 외에도 배당가능이익이 있는 경우 발행회사의 이익배당에도 참가할 수 있는 권리를 부여한 사채를 발행할 수 있다.

사채의 납입은 전액 또는 분할납입이 인정된다(제476조 제1항).

02 사채권자집회에 관한 설명으로 옳지 않은 것은?

① 사채권자집회는 기채회사, 수탁회사가 원칙적으로 소집하지만, 사채총액의 10분의 1에 해당하는 사채를 가진 사채권자도 소집을 청구할 수 있다.

② 법원은 결의가 사채권자의 일반의 이익에 반하는 때 또는 결의가 부당한 방법에 의하여 성립한 때에는 사채권자집회의 결의를 인가하지 못한다.

③ 사채권자집회는 각 사채권자는 그가 가지는 해당 종류의 사채금액의 합계액(상환받은 금액은 제외한다)에 따라 의결권을 가지며, 사채권자집회는 법정사항만을 결의할 수 있다.

④ 사채권자집회의 결의는 원칙적으로 법원의 인가를 얻은 경우에 그 효력이 발생한다.

답 1. ② 2. ③

⑤ 사채권자집회의 결의는 원칙적으로 총사채권자 의결권의 3분의 1 이상이며 출석한 사채권자 의결권의 3분의 2 이상의 찬성을 얻어야 한다.

사채권자집회는 법정사항 이외에 법원의 허가를 받은 사항에 대해 결의할 수 있다.

03 상법상 비상장 주식회사의 사채에 관한 설명으로 틀린 것은? (2013년 공인회계사)

① 사채권자의 청구에 의해 회사가 기존의 보유 주식으로 교환해 주게 되는 사채의 발행은 정관의 규정이 없어도 이사회의 결의만으로 대표이사에게 발행의 권한을 위임할 수 있다.

② 전환사채의 질권자는 전환권행사에 의하여 발행된 주식에도 질권을 행사할 수 있다.

③ 사채관리회사는 사채권자집회의 동의가 없어도 부득이한 사유가 있는 경우 법원의 허가를 얻으면 사임할 수 있다.

④ 사채관리회사가 해당 사채 전부에 대한 지급의 유예를 하는 경우(사채에 관한 채권을 변제받거나 채권의 실현을 보전하기 위한 행위는 제외한다)에는 사채권자집회의 결의가 필요하다.

⑤ 특정 종류의 사채총액(상환 받은 액은 제외함)의 10분의 1 이상에 해당하는 사채를 가진 사채권자는 회의목적사항과 소집이유를 적은 서면을 발행회사나 사채관리회사에 제출하여 사채권자집회의 소집을 청구할 수 있다.

사채권자의 청구에 의해 회사가 기존의 보유 주식으로 교환해 주게 되는 사채의 발행은 정관으로 정하는 바에 따라 이사회는 대표이사에게 발행의 권한을 위임할 수 있다(제469조 제4항).

04 상법상 주식회사의 사채의 관한 설명으로 옳은 것은? (2017년 공인회계사)

① 사채를 발행하기 위하여는 주주총회의 결의가 필요하다.

② 사채의 납입에는 분할납입이 가능하지만 사채의 상환에는 분할상환이 인정되지 않는다.

③ 사채의 상환청구권은 5년간 행사하지 아니하면 소멸시효가 완성된다.

④ 사채관리회사가 둘 이상 있을 때에는 그 권한에 속하는 행위는 공동으로 하여야 한다.

⑤ 사채권자는 이사회의 승인을 받아야 기명식의 채권을 무기명식으로 할 것을 회사에 청구할 수 있다.

답 3. ① 4. ④

① 사채를 발행하기 위하여는 이사회의 결의가 필요하다(제469조 제1항).
② 사채의 납입에는 분할납입이 가능하고, 사채의 상환에도 사채청약서의 정함에 의하여 분할상환이 인정된다(제474조 제2항 8호 참조).
③ 사채의 상환청구권은 10년간 행사하지 아니하면 소멸시효가 완성된다(제487조 제1항).
⑤ 사채권자는 언제든지 기명식의 채권을 무기명식으로 할 것을 회사에 청구할 수 있다(제480조).

05 다음 중 전환사채에 관한 설명으로 옳은 것을 모두 고르면? (2007년 공인회계사)

ㄱ. 주주 이외의 자에 대하여 전환사채를 발행하는 경우, 정관의 규정이 없으면 주주총회의 보통결의로써 이를 정하여야 한다.
ㄴ. 전환사채의 발행시 전환으로 인하여 새로 발행할 주식의 수는 전환청구기간 중에는 그 발행을 보류하여야 한다.
ㄷ. 전환사채의 전환은 그 청구를 한 날의 익일부터 효력이 발생한다.
ㄹ. 전환사채의 전환으로 회사의 발행주식총수는 증가하지만, 회사의 자본이 그만큼 증가하는 것은 아니다.
ㅁ. 전환사채의 질권자는 전환에 의하여 주주가 받을 주식에 대해 물상대위를 주장할 수 없다.
ㅂ. 판례에 의하면, 회사가 법령 또는 정관에 위반되거나 현저하게 불공정한 방법에 의하여 전환사채를 발행한 경우에는 주주, 이사 또는 감사는 전환사채발행무효의 소를 제기할 수 있다.

① ㄱ, ㄷ　② ㄱ, ㄹ, ㅁ　③ ㄴ, ㅂ
④ ㄴ, ㄷ, ㅁ　⑤ ㄷ, ㄹ, ㅂ

위의 설문 중 옳은 것은 ㄴ과 ㄹ이다. 그 내용을 살펴보면 다음과 같다.
ㄱ. 주주 이외의 자에 대하여 전환사채를 발행하는 경우, 정관의 규정이 없으면 주주총회의 특별결의로써 이를 정하여야 한다(제513조 제3항).
ㄴ. 제516조 제1항, 제346조 제2항
ㄷ. 전환사채의 전환은 그 청구한 날에 효력이 발생한다(제516조 제2항, 제350조 제1항).
ㄹ. 전환사채의 전환으로 회사의 발행주식총수가 증가하고, 자본금이 증가하게 된다.
ㅁ. 전환사채의 질권자는 전환에 의하여 주주가 받을 주식에 대하여 물상대위를 주장할 수 있다(제516조 제2항, 제339조).
ㅂ. 대판 2004. 6. 25, 2000다37326

답 5. ③

06 상법상 전환사채에 관한 설명 중 틀린 것은? (2008년 공인회계사)

① 전환사채권자는 주주명부폐쇄기간 중에도 전환을 청구하여 주주가 될 수 있지만, 그 기간 중의 주주총회의 결의에 관하여 의결권을 행사할 수 없다.

② 제3자에 대한 전환사채의 배정은 신기술의 도입, 재무구조의 개선 등 회사의 경영상 목적달성을 위하여 필요한 경우에 한한다.

③ 회사가 전환사채를 발행하는 경우에는 전환청구기간 동안 발행예정주식총수 중 전환으로 인하여 발행할 주식의 수만큼 그 발행을 보류하여야 한다.

④ 전환사채권자는 전환청구와 동시에 사채권자의 지위를 상실하지만, 정관에 다른 규정이 없는 한 그 청구를 한 때가 속하는 영업연도말까지 전환사채의 이자를 지급받을 수 있다.

⑤ 신주발행사항에 관하여 정관에 특별한 정함이 없는 회사가 주주배정의 전환사채를 발행하는 경우에 전환조건에 관하여 정관에 규정이 없으면 주주총회의 결의로 정하여야 한다.

신주발행사항에 관하여 정관에 특별한 정함이 없는 회사가 주주배정의 전환사채를 발행하는 경우에 전환조건에 관하여 정관에 규정이 없으면 이사회의 결의로 정하여야 한다. 다만, 정관에 규정이 있는 경우에는 주주총회에서 이를 결정할 수 있다(제513조 제2항).

07 상법상 전환사채발행의 하자에 관한 설명으로 옳은 것은? (2012년 공인회계사)

① 상법은 전환사채의 발행 무효의 주장방법으로 전환사채발행 무효의 소를 명문으로 인정하고 그 구체적인 내용에 관하여는 신주발행 무효의 소에 관한 규정을 준용한다.

② 전환사채발행 무효의 소에 대한 원고 승소판결은 형성판결로서 대세적 효력이 있으며 전환권 행사에 의해 발행된 신주는 소급하여 무효가 된다.

③ 판례에 의하면 전환사채발행의 무효원인이 이사회결의 하자에서 비롯된 경우 이사회결의 하자의 소 또는 전환사채발행 무효의 소 중에서 선택하여 다툴 수 있다.

④ 판례에 의하면 전환사채발행의 하자를 다투고자 하는 경우 전환사채가 주식으로 전환된 이후에도 신주발행 무효의 소에 의할 것이 아니라 전환사채발행 무효의 소에 의하여야 한다.

⑤ 판례에 의하면 전환사채발행의 경우 신주발행의 경우와는 달리 전환사채발행 부존재확인의 소를 별도의 쟁송수단으로 인정하지 않는다.

답 6. ⑤ 7. ④

① 상법은 전환사채의 발행 무효의 주장방법으로 전환사채발행 무효의 소를 명문으로 인정하고 있지 않으며, 판례가 신주발행무효의 소의 규정을 유추적용할 수 있다고 한다(대법원 2004. 6. 25 선고 2000다37326 판결).

② 전환사채발행 무효의 소에 대한 원고 승소판결은 형성판결로서 대세적 효력이 있으며 전환권 행사에 의해 발행된 신주는 무효가 되지만, 소급효가 없다(제431조 제1항).

③ 판례에 의하면 전환사채발행의 무효원인이 이사회결의 하자에서 비롯된 경우, 전환사채발행 무효의 소를 제기한 경우에는 이사회결의무효의 소는 전환사채발행무효의 소에 흡수된다.

⑤ 판례에 의하면 전환사채발행의 경우 신주발행의 경우와는 달리 전환사채발행 부존재확인의 소를 별도의 쟁송수단으로 인정한다(참고판 : 전환사채 발행의 실체가 없음에도 전환사채 발행의 등기가 되어 있는 외관이 존재하는 경우 이를 제거하기 위한 전환사채발행부존재 확인의 소에 있어서는 상법 제429조 소정의 6월의 제소기간의 제한이 적용되지 아니한다(대법원 2004. 8. 16. 선고 2003다9636 판결)).

08 전환사채와 신주인수권부사채에 관한 설명으로 옳지 않은 것은?

① 주주 외의 자에게 전환사채를 발행하는 경우에는 전환사채의 액, 전환의 조건, 전환으로 인하여 발행할 주식의 내용, 전환을 청구할 수 있는 기간에 관해서는 반드시 주주총회의 특별결의가 있어야 한다.

② 회사가 법령 또는 정관에 위반하거나 현저하게 불공정한 방법에 의하여 전환사채를 발행함으로써 주주가 불이익을 받을 염려가 있는 경우에는 주주는 회사에 대하여 그 발행을 유지할 것을 청구할 수 있다.

③ 주주명부폐쇄기간 중에도 전환청구를 할 수 있으나, 이 기간 중에 전환된 전환사채의 주주는 그 기간중의 주주총회의 결의에 관하여는 의결권을 행사할 수 없다.

④ 신주인수권부사채의 신주인수권 행사로 인하여 발행되는 신주의 발행가액 총액은 신주인수권부사채의 금액을 초과하지 않는 범위 내에서만 가능하다.

⑤ 신주인수권부사채의 신주인수권 행사로 인하여 납입을 하는 때에 신주인수권부사채의 상환에 갈음하여 신주의 발행가액의 납입이 있는 것으로 할 수 있다.

주주 외의 자에게 전환사채를 발행하는 경우에는 전환사채의 액, 전환의 조건, 전환으로 인하여 발행할 주식의 내용, 전환을 청구할 수 있는 기간에 관해서는 정관에 규정이 없으면 주주총회의 특별결의가 있어야 한다(제513조 제3항 1문).

답 8. ①

09 상법상 신주인수권부사채에 관한 설명 중 틀린 것은? (2006년 공인회계사)

① 사채권자는 신주인수권부사채의 상환에 갈음하여 주금(株金)을 대용납입한 경우 사채의 상환기일에 주주가 된다.

② 비분리형의 경우 신주인수권은 채권의 교부에 의하여 사채권과 함께 양도한다.

③ 신주인수권증권이 발행된 경우에 신주인수권의 양도는 신주인수권증권의 교부에 의하여서만 이를 행한다.

④ 신수인수권의 행사의 결과 신주가 발행된 경우, 이익배당에 관하여 주주로 보는 시기는 그 납입을 한 때가 속하는 영업년도말로 한다.

⑤ 대용납입의 경우를 제외하고, 신주인수권의 행사로 발행되는 주식에 대하여는 물상대위가 인정되지 않는다.

사채권자는 신주인수권부사채의 상환에 갈음하여 주금(株金)을 대용납입한 경우에는 신주인수권행사(청구)의 서류를 제출한 때 주주가 된다(제516조의2 제2항 5호).

10 상법상 신주인수권부사채에 관한 설명 중 틀린 것은? (2009년 공인회계사)

① 정관에 다른 규정이 없으면 이사회가 신주인수권부사채의 발행사항을 결정한다.

② 각 신주인수권부사채에 부여된 신주인수권의 행사로 발행할 주식의 발행가액의 합계액은 각 신주인수권부사채의 금액을 초과하지 못한다.

③ 신주인수권부사채의 발행가액을 납입하지 않을 경우 회사는 사채권자의 청구가 없더라도 사채의 상환에 갈음하여 대용납입 처리할 수 있다.

④ 분리형 신주인수권부사채의 경우 신주인수권을 행사하고자 하는 사채권자는 청구서 2통에 신주인수권증권을 첨부하여 회사에 제출하여야 한다.

⑤ 일반사채와 달리 신주인수권부사채를 발행한 때에는 등기하여야 한다.

신주인수권부사채의 발행가액을 납입하지 않을 경우 회사는 사채권자의 청구가 있는 때에는 사채의 상환에 갈음하여 대용납입 처리할 수 있다는 뜻을 정관에 규정이 없으면 이사회의 결의로 정할 수 있다(제516조의2 제2항 5호).

11 상법상 전환사채에 관한 설명으로 옳은 것은? (2011년 공인회계사)

① 상법은 전환사채의 발행에 무효사유가 있는 경우 그 무효를 인정하기 위하여 무효의

답 9. ① 10. ③ 11. ④

소를 준용하는 규정을 두고 있다.

② 전환사채는 주식으로 전환될 수 있는 권리가 부착된 특수한 사채이므로 주주총회의 결의에 의해서만 발행할 수 있다.

③ 판례에 의하면 전환사채발행무효의 소는 전환사채를 발행한 날로부터 3개월 내에 제기되어야 한다.

④ 전환사채의 전환으로 인하여 발행할 주식의 수는 전환청구기간 내에는 그 발행을 보류하여야 한다.

⑤ 전환사채의 발행에는 전환사채발행유지청구권이 인정되나 불공정한 가액으로 인수한 자의 책임은 인정되지 않는다.

① 상법은 전환사채의 발행에 무효사유가 있는 경우 그 무효를 인정하기 위하여 신주발행무효의 소를 준용하는 규정을 두고 있지 않다. 다만, 판례는 신주발행무효의 소 규정을 준용할 수 있다고 한다.

② 전환사채는 주식으로 전환될 수 있는 권리가 부착된 특수한 사채이며, 주주에 대한 발행은 이사회의 결의로 발행할 수 있다(제513조 제1항).

③ 판례에 의하면 전환사채발행무효의 소는 신주발행무효의 소의 규정이 준용되므로, 전환사채를 발행한 날로부터 6개월 내에 제기되어야 한다.

⑤ 전환사채의 발행에는 전환사채발행유지청구권이나 불공정한 가액으로 인수한 자의 책임이 인정된다(상법 제516조 제1항, 제424조, 제424조의2).

제10절 상장회사의 특례

Ⅰ. 상장회사의 의의

상장회사는 대통령령이 정하는 증권시장에 상장된 주권을 발행한 주식회사를 말한다. 다만, 대통령령으로 정하는 집합투자를 수행하기 위한 기구인 주식회사(예 증권회사, 펀드투자회사 등)는 제외한다(제543조의2).

Ⅱ. 상장회사의 특례

1. 주식매수선택권에 관한 특례(제542조의3)

(1) 매수선택권을 부여받을 수 있는 자

상장회사는 이사, 집행임원, 감사, 피용자 이외에도 대통령령으로 정하는 관계회사의 이사, 집행임원, 감사 또는 피용자에게 주식매수선택권을 부여할 수 있다. 다만, 상장회사의 주주로서 의결권없는 주식을 제외한 발행주식총수를 기준으로 본인 및 그와 대통령령으로 정하는 특수한 관계에 있는 자(이하 "특수관계인"이라 한다)가 소유하는 주식의 수가 가장 많은 경우 그 본인 및 그의 특수관계인 등 대통령령으로 정하는 자에게는 주식매수선택권을 부여할 수 없다(제543조의3 제1항).

① "대통령령으로 정하는 관계회사" 란 다음 각 호의 어느 하나에 해당하는 법인을 말한다. 다만, 제1호 및 제2호의 법인은 주식매수선택권을 부여하는 회사의 수출실적에 영향을 미치는 생산 또는 판매업무를 영위하거나 그 회사의 기술혁신을 위한 연구개발활동을 수행하는 경우에 한한다.

㉠ 해당 회사가 총출자액의 100분의 30 이상을 출자하고 최대출자자로 있는 외국법인

㉡ 제1호의 외국법인이 총출자액의 100분의 30 이상을 출자하고 최대출자자로 있는 외국법인과 그 법인이 총출자액의 100분의 30 이상을 출자하고 최대출자자로 있는 외국법인

㉢ 해당 회사가 「금융지주회사법」에서 정하는 금융지주회사인 경우 그 자회사 또는 손자회사 가운데 상장회사가 아닌 법인

② "대통령령으로 정하는 자" 란 법 제542조의8 제2항 제5호의 최대주주 및 그 특수관계인, 제6호의 주요주주 및 그 특수관계인을 말한다. 다만, 해당 회사 또는 제1항의 관계회사의 임원이 됨으로써 특수관계인에 해당하게 된 자[그 임원이 계열회사(「독점규제 및 공정거래에 관한 법률」에 따른 계열회사를 말한다. 이하 같다)의 상무에 종사하지 아니하는 이사 · 감사인 경우를 포함한다]를 제외한다.

(2) 매수선택권 부여의 한도

상장회사는 발행주식총수의 100분의 20의 범위에서 대통령령으로 정하는 한도(발행주식총수의 100분의 15에 해당하는 주식)까지 주식매수선택권을 부여할 수 있다(제543조의3 제2항). 한편, 상장회사는 정관에서 정하는 바에 따라 발행주식총수의 100분의 10의 범위에서 대통령령으로 정하는 한도(최근 사업연도 말 현재의 자본금이 3천억원 이상인 법인은 발행주식총수의 100분의 1에 해당하는 주식 수, 최근사업연도 말 현재의 자본금이 1천억원 이상 3천억원 미만인 법인은 발행주식총수의 100분의 3에 해당하는 주식수와 60만주 중 적은 수에 해당하는 주식 수, 최근 사업연도 말 현재의 자본금이 1천억원 미만인 법인은 발행주식총소의 100분의 3에 해당하는 주식수)까지 이사회가 제340조의3 제2항 각호의 사항을 결의함으로써 해당 회사의 집행임원, 감사 또는 피용자 및 제542조의3 제1항에 따른 관계회사의 이사, 집행임원, 감사 또는 피용자에게 주식매수선택권을 부여할 수 있다. 이 경우 주식매수선택권을 부여한 후 처음으로 소집되는 주주총회의 승인을 받아야 한다(제543조의3 제3항).

(3) 매수선택권의 행사

상장회사의 주식매수선택권을 부여받은 자는 대통령령으로 정하는 경우(주식매수선택권을 부여받은 자가 사망하거나 정년이나 그 밖에 본인의 귀책사유가 아닌 사유로 퇴임 또는 퇴직한 경우)를 제외하고는 주식매수선택권을 부여하기로 한 주주총회 또는 이사회의 결의일로부터 2년 이상 재임하거나 재직하여야 주식매수선택권을 행사할 수 있다(제543조의3 제4항).

(4) 매수선택권의 부여 등

① 주식매수선택권의 부여 취소 : 상장회사는 ⓐ 주식매수선택권을 부여받은 자가 본인의 의사에 따라 사임 또는 사직한 경우, ⓑ 주식매수선택권을 부여받은 자가 고의 또는 과실로 회사에 중대한 손해를 입힌 경우, ⓒ 해당 회사의 파산 등으로 주식매수선택권 행사에 응할 수 없는 경우, ⓓ 그 밖에 주식매수선택권을 부여받은 자와 체결한 주식매수선택권 부여계약에서 정한 취소사유가 발생한 경우에는 정관에서 정하는 바에 따라 이사회 결의에 의하여 주식매수선택권의 부여를 취소할 수 있다(상법시행령 제9조 제6항).

② 주식매수선택권 행사기간의 추가 : 주식매수선택권의 행사기간을 해당 이사, 집행임원, 감사 또는 피용자의 퇴임 또는 퇴직일로 정하는 경우 이들이 본인의 귀책사유가 아닌 사유로 퇴임 또는 퇴직한 때에는 그 날부터 3개월 이상의 행사기간을 추가로 부여하여야 한다(상법시행령 제9조 제7항).

2. 주주총회의 소집공고에 관한 특례

⑴ 소집통지

상장회사가 주주총회를 소집하는 경우 대통령령으로 정하는 수 이하의 주식을 소유하는 주주(발행주식총수의 100분의 1 이하의 주식을 소유하는 주주)에게는 정관에서 정하는 바에 따라 주주총회일의 2주 전에 주주총회를 소집한다는 뜻과 회의의 목적사항을 둘 이상의 일간신문에 각각 2회 이상 공고하거나 대통령령으로 정하는 바에 따라 전자적 방법으로 공고함으로써, 소집통지에 갈음할 수 있다(제542조의4 제1항).

⑵ 이사 및 감사 선임의 소집통지

상장회사가 이사, 감사의 선임에 관한 사항을 목적으로 하는 주주총회를 소집통지 또는 공고하는 경우에는 이사 및 감사 후보자의 성명, 약력, 추천인, 그 밖에 대통령령으로 정하는 후보자에 관한 사항(후보자와 최대주주와의 관계, 후보자와 해당 회사와의 최근 3년간의 거래내역)을 통지하거나 공고하여야 한다(제542조의4 제2항). 이러한 통지 또는 공고한 후보자 중에서 이사 또는 감사를 선임하여야 한다(제542조의5).

⑶ 기 타

상장회사가 주주총회 소집의 통지 또는 공고를 하는 경우에는 사외이사 등의 활동내역과 보수에 관한 사항, 사업개요 등 대통령령으로 정하는 사항을 통지 또는 공고하여야 한다. 다만, 상장회사가 그 사항을 대통령령으로 정하는 방법(회사의 인터넷 홈페이지에 기재하고, 본점 및 지점이나 명의개서대행회사 또는 금융위원회나 한국거래소에 비치하여 일반인이 열람할 수 있도록 하는 방법)으로 일반인이 열람할 수 있도록 하는 경우에는 그러하지 아니하다(제542조의4 제3항).

3. 소수주주권에 관한 특

⑴ 내 용

① **주주총회소집청구권** : 6개월 전부터 계속하여 상장회사 발행주식총수의 1천분의 15 이상에 해당하는 주식을 보유한 자("주식을 보유한 자"란 주식을 소유한 자, 주주권 행사에 관한 위임을 받은 자, 2명 이상 주주의 주주권을 공동으로 행사하는 자를 말한다)는 제366조(제542조에서 준용하는 경우를 포함한다) 및 제467조에 따른 주주의 권리를 행사할 수 있다(제542조의6 제1항).

② **주주제안권** : 6개월 전부터 계속하여 상장회사의 의결권 없는 주식을 제외한 발행주식총수의 1천분의 10(대통령령으로 정하는 상장회사의 경우에는 1천분의 5) 이상에 해당하는 주식을 보유한 자는 제363조의2(제542조에서 준용하는 경우를 포함한다)에 따른 주주의 권리를 행사할 수 있다(제542조의6 제2항).

③ **이사 및 감사 해임청구** : 6개월 전부터 계속하여 상장회사 발행주식총수의 1만분의 50(대통령령으로 정하는 상장회사의 경우에는 1만분의 25) 이상에 해당하는 주식을 보유한 자는 제385조(제415조에서 준용하는 경우를 포함한다) 및 제539조에 따른 주주의 권리를 행사할 수 있다(제542조의6 제3항).

④ **회계장부열람청구권** : 6개월 전부터 계속하여 상장회사 발행주식총수의 1만분의 10(대통령령으로 정하는 상장회사의 경우에는 1만분의 5) 이상에 해당하는 주식을 보유한 자는 제466조(제542조에서 준용하는 경우를 포함한다)에 따른 주주의 권리를 행사할 수 있다(제542조의6 제4항).

⑤ **이사의 위법행위유지청구권** : 6개월 전부터 계속하여 상장회사 발행주식총수의 10만분의 50(대통령령으로 정하는 상장회사의 경우에는 10만분의 25) 이상에 해당하는 주식을 보유한 자는 제402조(제108조의9 및 제542조에서 준용하는 경우를 포함한다)에 따른 주주의 권리를 행사할 수 있다(제542조의6 제5항).

⑥ **대표소송제기권** : 6개월 전부터 계속하여 상장회사 발행주식총수의 1만분의 1 이상에 해당하는 주식을 보유한 자는 제403조(제324조, 제408조의9, 제415조, 제424조의2, 제467조의2 및 제542조에서 준용하는 경우를 포함한다)에 따른 주주의 권리를 행사할 수 있다(제542조의6 제6항).

(2) 보유기간의 단축이나 보유비율의 감소

상장회사는 정관에서 제1항부터 제6항까지 규정된 것보다 단기의 주식 보유기간을 정하거나 낮은 주식 보유비율을 정할 수 있다(제542조의6 제7항).

(3) 소수주주권 행사요건 완화 적용대상 회사

상장회사의 소수주주권 행사요건이 완화되는 "대통령령으로 정하는 상장회사"란 최근 사업연도 말 자본금이 1천억원 이상인 상장회사에 적용된다(상법시행령 제11조).

4. 집중투표에 관한 특

(1) 집중투표의 청구

상장회사에 대하여 제382조의2에 따라 집중투표의 방법으로 이사를 선임할 것을 청구하는 경우 주주총회일(정기주주총회의 경우에는 직전 연도의 정기주주총회일에 해당하는 그 연도의 해당일) 6주 전까지 서면 또는 전자문서로 회사에 청구하여야 한다(제542조의7 제1항). 한편, 자산 규모 등을 고려하여 대통령령으로 정하는 상장회사(최근 사업연도 말 현재의 자산총액이 2조원 이상인 상장회사)의 의결권 없는 주식을 제외한 발행주식총수의 100분의 1 이상에 해당하는 주식을 보유한 자는 제382조의2에 따라 집중투표의 방법으로 이사를 선임할 것을 청구할 수 있다(제542조의7 제2항).

⑵ 집중투표의 배제의 정관변경시 의결권제한

상장회사가 정관으로 집중투표를 배제하거나 그 배제된 정관을 변경하려는 경우에는 의결권 없는 주식을 제외한 발행주식총수의 100분의 3을 초과하는 수의 주식을 가진 주주는 그 초과하는 주식에 관하여 의결권을 행사하지 못한다. 다만, 정관에서 이보다 낮은 주식 보유비율을 정할 수 있다(제542조의7 제3항). 상장회사가 주주총회의 목적사항으로 제3항에 따른 집중투표 배제에 관한 정관 변경에 관한 의안을 상정하려는 경우에는 그 밖의 사항의 정관 변경에 관한 의안과 별도로 상정하여 의결하여야 한다(제542조의7 제4항).

5. 사외이사의 선임에 관한 특

⑴ 사외이사의 수

상장회사는 자산 규모 등을 고려하여 대통령령으로 정하는 경우를 제외하고는 이사 총수의 4분의 1 이상을 사외이사로 하여야 한다. 다만, 자산 규모 등을 고려하여 대통령령으로 정하는 상장회사(최근 사업연도 말 현재의 자산총액이 2조원 이상인 상장회사)의 사외이사는 3명 이상으로 하되, 이사 총수의 과반수가 되도록 하여야 한다(제542조의8 제1항).

⑵ 사외이사의 자격 제한

상장회사의 사외이사는 제382조제3항 각 호 뿐만 아니라 다음의 어느 하나에 해당되지 않아야 하며, 이에 해당하게 된 경우에는 그 직을 상실한다(제542조의8 제2항).

① 미성년자, 금치산자 또는 한정치산자

② 파산선고를 받은 사람으로서 복권되지 아니한 자

③ 금고 이상의 형을 선고받고 그 집행이 끝나거나 집행이 면제된 후 2년이 지나지 아니한 자

④ 대통령령으로 별도로 정하는 법률에 위반하여 해임되거나 면직된 후 2년이 지나지 아니한 자

⑤ 상장회사의 주주로서 의결권 없는 주식을 제외한 발행주식총수를 기준으로 본인 및 그와 대통령령으로 정하는 특수한 관계에 있는 자(배우자, 6촌 이내의 혈족, 4촌 이내의 인척 등 ; 이하 "특수관계인"이라 한다)가 소유하는 주식의 수가 가장 많은 경우 그 본인(이하 "최대주주"라 한다) 및 그의 특수관계인

⑥ 누구의 명의로 하든지 자기의 계산으로 의결권 없는 주식을 제외한 발행주식총수의 100분의 10 이상의 주식을 소유하거나 이사 · 집행임원 · 감사의 선임과 해임 등 상장회사의 주요 경영사항에 대하여 사실상의 영향력을 행사하는 주주(이하 "주요주주"라 한다) 및 그의 배우자와 직계존비속

⑦ 그 밖에 사외이사로서의 직무를 충실하게 수행하기 곤란하거나 상장회사의 경영에 영향을 미칠 수 있는 자로서 대통령령으로 정하는 자

(3) 사외이사의 결원

상장회사는 사외이사의 사임 · 사망 등의 사유로 인하여 사외이사의 수가 제542조의8 제1항의 이사회의 구성요건에 미달하게 되면 그 사유가 발생한 후 처음으로 소집되는 주주총회에서 제542조의8 제1항의 요건에 합치되도록 사외이사를 선임하여야 한다(제542조의8 제3항).

(4) 사외이사 선임

① **후보 추천** : 제542조의8 제1항 단서의 상장회사는 사외이사 후보를 추천하기 위하여 제393조의2의 위원회(이하 이 조에서 "사외이사 후보추천위원회"라 한다)를 설치하여야 한다. 이 경우 사외이사 후보추천위원회는 사외이사가 총위원의 과반수가 되도록 구성하여야 한다(제542조의8 제4항).

② **사외이사의 선임 절차** : 제542조의8 제1항 단서에서 규정하는 상장회사가 주주총회에서 사외이사를 선임하려는 때에는 사외이사 후보추천위원회의 추천을 받은 자 중에서 선임하여야 한다. 이 경우 사외이사 후보추천위원회가 사외이사 후보를 추천할 때에는 제363조의2 제1항, 제542조의6 제1항 · 제2항의 권리를 행사할 수 있는 요건을 갖춘 주주가 주주총회일(정기주주총회의 경우 직전 연도의 정기주주총회일에 해당하는 연도의 해당일)의 6주 전에 추천한 사외이사 후보를 포함시켜야 한다(제542조의8 제5항).

6. 주요주주 등 이해관계자와의 거래

(1) 주요주주 등 이해관계자에 대한 신용공여 금지 및 예외

① **원칙** : 상장회사는 ㉠ 주요주주 및 그의 특수관계인, ㉡ 이사(제401조의2제1항 각 호의 어느 하나에 해당하는 자를 포함한다.) 및 집행임원, ㉢ 감사를 상대방으로 하거나 그를 위하여 신용공여(금전 · 증권 등 경제적 가치가 있는 재산의 대여, 채무이행의 보증, 자금 지원적 성격의 증권 매입, 그 밖에 거래상의 신용위험이 따르는 직접적 · 간접적 거래로서 대통령령으로 정하는 거래(담보제공, 어음배서, 출자이행약정 등)를 말한다. 이하 이 절에서 같다)를 하여서는 아니 된다(제542조의9 제1항).

② **신용공여금지의 예외**

㉠ 복리후생을 위한 이사 · 집행임원 또는 감사에 대한 금전대여 등으로서 대통령령으로 정하는 신용공여(학자금, 주택자금 또는 의료비 등 복리후생을 위하여 회사가 정하는 바에 따라 1억원의 범위 안에서 금전을 대여하는 행위), ㉡ 다른 법령에서 허용하는 신용공여, ㉢ 그 밖에 상장회사의 경영건전성을 해칠 우려가 없는 금전대여 등으로서

대통령령으로 정하는 신용공여(회사의 경영상 목적을 달성하기 위하여 요한 경우로서 법인인 주요주주와 그의 특수관계인을 상대로 하거나 그를 위하여 적법한 절차에 따라 행하는 신용공여)는 할 수 있다(제542조의9 제2항).

(2) 주요주주 등 이해관계자와의 거래제한 및 예외

① **거래제한** : 자산 규모 등을 고려하여 대통령령으로 정하는 상장회사(최근 사업연도 말 현재의 자산총액이 2조원 이상인 상장회사)는 최대주주, 그의 특수관계인 및 그 상장회사의 특수관계인으로서 대통령령으로 정하는 자를 상대방으로 하거나 그를 위하여, ㉠ 단일 거래규모가 대통령령으로 정하는 규모 이상인 거래, ㉡ 해당 사업연도 중에 특정인과 해당 거래를 포함한 거래총액이 대통령령으로 정하는 규모 이상이 되는 경우의 해당 거래의 어느 하나에 해당하는 거래(제1항에 따라 금지되는 거래는 제외한다)를 하려는 경우에는 이사회의 승인을 받아야 한다(제542조의9 제3항). 이사회의 승인 결의 후 처음으로 소집되는 정기주주총회에 해당 거래의 목적, 상대방, 그 밖에 대통령령으로 정하는 사항을 보고하여야 한다(제542조의9 제4항).

② **거래제한의 예외** : 상장회사가 경영하는 업종에 따른 일상적인 거래로서, ㉠ 약관에 따라 정형화된 거래로서 대통령령으로 정하는 거래, ㉡ 이사회에서 승인한 거래총액의 범위 안에서 이행하는 거래의 어느 하나에 해당하는 거래는 이사회의 승인을 받지 아니하고 할 수 있으며, 제2호에 해당하는 거래에 대하여는 그 거래내용을 주주총회에 보고하지 아니할 수 있다(제542조의9 제5항).

7. 상근감사

(1) 상근감사의 선임

대통령령으로 정하는 상장회사(최근 사업연도 말 현재 자산총액이 1천억원 이상인 상장회사)는 주주총회 결의에 의하여 회사에 상근하면서 감사업무를 수행하는 감사(이하 "상근감사"라고 한다)를 1명 이상 두어야 한다. 다만, 이 절 및 다른 법률에 따라 감사위원회를 설치한 경우(감사위원회 설치 의무가 없는 상장회사가 이 절의 요건을 갖춘 감사위원회를 설치한 경우를 포함한다)에는 그러하지 아니하다(제542조의10 제1항).

(2) 상근감사의 자격제한

① 제542조의8제2항제1호부터 제4호까지 및 제6호에 해당하는 자, ② 회사의 상무(常務)에 종사하는 이사 · 집행임원 및 피용자 또는 최근 2년 이내에 회사의 상무에 종사한 이사 · 집행임원 및 피용자(감사위원회 위원으로 재임 중이거나 재임하였던 이사는 상근감사가 될

수 있다), ③ ① 및 ② 외에 회사의 경영에 영향을 미칠 수 있는 자로서 대통령령으로 정하는 사람(회사의 상무에 종사하는 이사의 배우자 및 직계존비속, 계열회사의 상무에 종사하는 이사 및 피용자 또는 최근 2년 이내에 상무에 종사한 이사 및 피용자)은 제542조의10 제1항 본문의 상장회사의 상근감사가 되지 못하며, 이에 해당하게 되는 경우에는 그 직을 상실한다(제542조의10 제2항).

8. 감사위원회 특칙

(1) 감사위원회의 설치

① 요 건

㉠ 자산 규모 등을 고려하여 대통령령으로 정하는 상장회사(최근 사업연도 말 현재 자산총액이 2조원 이상인 상장회사)는 감사위원회를 설치하여야 한다(제542조의11 제1항).

㉡ 최근 사업연도말 현재 자산총액이 2조원 이상인 상장회사의 감사위원회는 제415조의2 제2항의 요건 및 ⓐ 위원 중 1명 이상은 대통령령으로 정하는 회계 또는 재무 전문가일 것, ⓑ 감사위원회의 대표는 사외이사일 것의 요건을 모두 갖추어야 한다(제542조의11 제2항).

② 감사위원의 자격제한 및 결원

㉠ 제542조의10 제2항 각 호의 어느 하나에 해당하는 자(상근감사의 자격제한을 받는 자)는 최근 사업연도말 현재 자산총액이 2조원 이상인 상장회사의 사외이사가 아닌 감사위원회 위원은 될 수 없고, 이에 해당하게 된 경우에는 그 직을 상실한다(제542조의11 제3항).

㉡ 상장회사는 감사위원회 위원인 사외이사의 사임·사망 등의 사유로 인하여 사외이사의 수가 ⓐ 제542조의11 제1항에 따라 감사위원회를 설치한 상장회사는 제542조의11 제2항 각 호 및 제415조의2 제2항의 요건, ⓑ 제415조의2 제1항에 따라 감사위원회를 설치한 상장회사는 제415조의2 제2항의 요건 등 감사위원회의 구성요건에 미달하게 되면 그 사유가 발생한 후 처음으로 소집되는 주주총회에서 그 요건에 합치되도록 하여야 한다(제542조의11 제4항).

(2) 감사위원회의 구성 등

① 감사위원의 선임과 해임

㉠ 제542조의11 제1항의 상장회사의 경우 제393조의2에도 불구하고 감사위원회 위원을 선임하거나 해임하는 권한은 주주총회에 있다(제542조의12 제1항).

㉡ 제542조의11 제1항의 상장회사는 주주총회에서 이사를 선임한 후 선임된 이사 중에서 감사위원회 위원을 선임하여야 한다(제542조의12 제2항).

② 감사위원 등의 선임과 의결권 제한

㉠ 최대주주, 최대주주의 특수관계인, 그 밖에 대통령령으로 정하는 자(최대주주 또는 그

특수관계인의 계산으로 주식을 보유하는 자, 최대주주 또는 그 특수관계인에게 의결권을 위임한 자)가 소유하는 상장회사의 의결권 있는 주식의 합계가 그 회사의 의결권 없는 주식을 제외한 발행주식총수의 100분의 3을 초과하는 경우 그 주주는 그 초과하는 주식에 관하여 감사 또는 사외이사가 아닌 감사위원회 위원을 선임하거나 해임할 때에 의결권을 행사하지 못한다. 다만, 정관에서 이보다 낮은 주식 보유비율을 정할 수 있다(제542조의12 제3항).

㉡ 대통령령으로 정하는 상장회사(최근 사업연도 말 현재 자산총액이 2조원 이상인 상장회사)의 의결권 없는 주식을 제외한 발행주식총수의 100분의 3을 초과하는 수의 주식을 가진 주주는 그 초과하는 주식에 관하여 사외이사인 감사위원회 위원을 선임할 때에 의결권을 행사하지 못한다. 다만, 정관에서 이보다 낮은 주식 보유비율을 정할 수 있다(제542조의12 제4항).

③ 감사보수결정을 위한 의안의 주주총회의 상정 : 상장회사가 주주총회의 목적사항으로 감사의 선임 또는 감사의 보수결정을 위한 의안을 상정하려는 경우에는 이사의 선임 또는 이사의 보수결정을 위한 의안과는 별도로 상정하여 의결하여야 한다(제542조의12 제5항).

④ 감사보고서 제출 : 상장회사의 감사 또는 감사위원회는 제447조의4제1항에도 불구하고 이사에게 감사보고서를 주주총회일의 1주 전까지 제출할 수 있다(제542조의12 제6항).

9. 준법지원인 제도

(1) 준법지원인의 의의

준법지원인이란 대통령령으로 정하는 일정한 규모 이상의 상장회사의 경우 준법통제기준의 준수에 관한 업무를 담당하는 자를 말한다(제542조의13 제2항). 여기서 준법통제기준이란 법령을 준수하고 회사경영을 적정하게 하기 위하여 임직원이 그 직무를 수행할 때 따라야 할 준법통제에 관한 기준 및 절차를 말한다(제542조의13 제1항). 준법통제기준과 준법지원인에 관하여 필요한 사항은 대통령령으로 정한다(제542조의13 제12항).

보충▶ 도입취지 : 최근 기업의 준법 · 윤리경영 및 사회적 책임에 대한 국민들의 기대와 관심이 어느 때보다 높아지고 있는 상황에서 정부와 기업은 선진적인 기업문화와 제도를 정착시키고자 다각적인 측면에서 노력하고 있음. 기업의 준법 · 윤리경영은 그 임직원의 직무수행에 있어서 준법성과 적정성을 확보할 수 있는 기준을 마련하고, 기업의 의사결정 및 업무집행 과정에서 법률전문가가 상시적으로 법적 위험을 진단하고 분쟁을 사전에 예방하는 선진적인 경영체제를 도입하는 것으로부터 시작될 것임. 현재 다국적 기업들은 이러한 준법통제 프로그램을 도입하고 준법지원부서를 설치하며 변호사 등 법률전문가를 준법지원인으로 임명하고 있고 선진 외국에서는 기업이 효과적인 준법통제프로그램을 운영하고 있는 경우 기업관련 범죄에 있어서 처벌수위를 대폭 낮추어 주고 있음. 그러나 우리나라의 경우 금융기관을 제외한 대부분의 기업에서는 법적 분쟁이 발생한 후 사후적으로 이를 해결하고 있을 뿐 사전에 변호사 등 법률전문가의 개입이 이루어져 위법행위나 법적 분쟁을 미리 예방하도록 하는 장치가 없음. 따라서 상장기업에 준법통제기준 및 준법지원인 제도를 도입하여 기업이 법률전문가의 충분한 법률지원을 받아 준법경영 · 윤리경영을 실현할 수 있도록 하고, 이를 통하여 주주나 상장회사의 고객, 거래상대방 등을 보호하고, 나아가 자본시장을 더욱 건전하게 하며 기업이 국제적 기준에 맞춘 준법통제제도를 완비하여 국제경쟁력을 강화하고 대외적 명성과 이미지도 높이도록 하려는데 그 도입취지가 있다.

(2) 준법지원인의 선임 및 자격

준법지원인은 이사회의 결의를 거쳐 임면하며(제542조의13 제4항), 준법지원인으로 임면가능한 자는 변호사자격이 있는 자, 고등교육법 제2조에 따른 학교의 법률학 조교수 이상의 직에 5년 이상 근무한 자, 그 밖에 법률적 지식과 경험이 풍부한 사람으로서 대통령령으로 정하는 자이어야 한다(제542조의13 제5항).

(3) 준법지원인의 수와 임기

대통령령으로 정하는 일정한 규모 이상의 상장회사의 경우에는 준법지원인 1인 이상을 두어야 하며, 준법지원인의 임기는 3년으로 하고 상근으로 한다(제542조의13 제6항). 준법지원인의 임기에 대하여 다른 법률의 규정이 3년보다 단기로 정하고 있는 경우에는 상법의 규정을 우선하여 적용한다(제542조의13 제11항).

(4) 준법지원인의 권한과 의무

① 준법지원인의 권한

㉠ 직무의 수행 : 준법지원인이 그 직무를 독립적으로 수행할 수 있도록 회사는 협조하여야 하고, 회사의 임직원은 준법지원인이 그 직무를 수행할 때 자료나 정보의 제출을 요구하는 경우 이에 성실하게 응하여야 한다(제542조의13 제9항).

㉡ 준법지원인의 인사상 불이익금지 : 회사는 준법지원인이었던 자에 대하여 그 직무수행과 관련된 사유로 부당한 인사상의 불이익을 주어서는 아니된다(제542조의13 제10항).

② 준법지원인의 의무

㉠ 선관주의의무 : 준법지원인은 선량한 관리자의 주의로 그 직무를 수행하여야 한다(제542조의13 제7항).

㉡ 이사회에 보고의무 : 준법지원인은 준법통제기준의 준수여부를 점검하고 그 결과를 회사에 보고하여야 한다(제542조의13 제3항).

㉢ 비밀유지의무 : 준법지원인은 재임중 뿐만 아니라 퇴임후에도 직무상 알게 된 회사의 영업상의 비밀을 누설하여서는 아니된다(제542조의13 제8항)

연습문제

01 최근 사업연도 말 현재의 자산총액이 2조원 이상인 상장회사의 정관변경에 관한 상법상 설명으로 틀린 것은? (2016년 공인회계사)

① 정관을 변경함으로써 어느 종류주식의 주주에게 손해를 미치게 될 때에는 주주총회의 특별결의 외에 그 종류주식의 주주의 총회의 결의가 있어야 한다.

② 주주에게 정관변경을 위한 주주총회의 소집을 통지할 때에는 그 의안의 요령을 기재하여야 한다.

③ 주주총회에 집중투표를 배제하기 위한 정관변경 의안을 상정하려는 경우 그 밖의 사항의 정관 변경에 관한 의안과 별도로 상정하여야 한다.

④ 집중투표를 배제한 정관규정을 변경하려는 경우 의결권 없는 주식을 제외한 발행주식총수의 3%를 초과하는 수의 주식을 가진 주주는 그 과하는 주식에 관하여 의결권을 행사하지 못한다.

⑤ 정관의 변경은 이를 등기해야 하며 등기를 함으로써 정관변경의 효력이 발생한다.

정관의 변경은 주주총회결의시 그 효력이 발생한다.

답 1. ⑤

CHAPTER

07 유한회사

제1절 유한회사의 특성

1. 자본단체성

유한회사의 모든 사원은 주식회사의 주주와 같이 간접 유한책임을 지기 때문에 회사 채권자를 보호하기 위하여는 회사의 자본금이 중요한 의의를 갖는다. 따라서 자본금에 관한 3원칙, 즉 자본금 확정의 원칙 · 자본금 유지의 원칙 · 자본금 불변의 원칙이 적용된다. 그러나 유한회사의 사원은 주식회사의 주주와는 달리 설립시 사원 또는 자본금 증가의 결의에 동의한 사원은 회사에 대해 자본전보책임을 진다(제550조, 제551조, 제593조). 유한회사의 자본금이 정관의 절대적 기재사항인 점에서 주식회사의 경우와 차이가 있다.

2. 폐쇄성

유한회사는 주식회사와 달리 폐쇄적 성격을 갖기 때문에 사원의 공모가 인정되지 않는다(제589조 제2항). 또한 사원의 지분에 관하여 증권을 발행하지 못하며(제555조), 대차대조표의 공고의무가 없다.

제2절 유한회사의 설립

Ⅰ. 설립절차

1. 정관의 작성

(1) 정관의 작성

유한회사의 설립에는 1인 이상의 사원이 공동으로 정관을 작성하고(제543조 제1항), 각 사원이 기명날인 또는 서명하여야 한다(제543조 제2항). 원시정관은 공증인이 인증을 함으로써 그 효력이 생긴다(제543조 제3항, 제292조).

(2) 정관의 기재사항

① **절대적 기재사항** : 목적, 상호, 자본금의 총액, 출자 1좌의 금액, 각 사원의 출자좌수, 사원의 성명 · 주민등록번호 및 주소, 본점소재지 등을 기재하여야 한다(제543조 제2항). 그리고 출자 1좌의 금액은 100원 이상 균일하여야 한다(제546조).

② **상대적 기재사항** : 상대적 기재사항으로서 먼저 변태설립사항으로 현물출자 · 재산인수 · 설립비용 등이 있고, 기타 지분양도의 요건 가중 · 감사의 선임 · 총회보통 결의요건의 완화 · 1좌1의결권의 예외 · 법정 이외의 해산사유 등이 있다.

③ **임의적 기재사항** : 강행법규나 선량한 풍속 기타 사회질서 및 유한회사의 본질에 반하지 않는 범위 내에서 필요한 사항을 기재할 수 있다.

2. 이사 · 감사의 선임

정관으로 초대이사를 선정할 수 있는 것이 특색이다(제547조 제1항). 정관으로 미리 정하지 아니한 때에는 회사성립 전에 사원총회를 열어 이를 선임하여야 한다(제547조 제1항). 회사성립 전의 사원총회는 각 사원이 소집한다(제547조 제2항).

유한회사의 감사는 임의기관이지만, 정관에 감사를 두기로 한 때에는 초대감사도 이사의 선임과 같은 방법으로 선임한다(제568조 제2항).

3. 출자의 이행

이사는 회사성립 전에 사원으로 하여금 출자금액의 납입 또는 현물출자의 목적인 재산 전부를 이행하도록 하여야 한다(제548조). 출자는 재산출자만 인정되며, 노무 또는 신용출자는 허용되지 않는다.

4. 설립등기

출자의 이행이 있은 뒤 2주간 내에 설립등기를 하여야 하며(제549조), 이로써 회사가 성립한다. 사원의 성명 · 주민등록번호 · 주소 및 각 사원의 출자좌수는 정관의 절대적 기재사항이지만 설립등기사항은 아니다(제549조 제2항 참조).

보충 유한회사의 지점설치 및 이전시 지점소재지 또는 신지점 소재지에서 등기를 하는 때에는 본점소재지에 등기할 사항인 제549조 제2항 3호부터 6호까지 규정된 사항과 제179조 1호 · 2호 · 5호에 규정된 사항을 등기하여야 한다. 다만, 회사를 대표할 이사를 정한 때에는 그 외의 이사는 등기하지 아니한다(제549조 제3항).

II. 설립에 관한 책임

1. 현물출자 등에 대한 사원의 책임

현물출자 또는 재산인수의 목적인 재산의 회사성립 당시의 실가(實價가 정관에 정한 가격에 현저하게 부족한 때에는 회사성립시의 사원은 회사에 대하여 부족액을 연대하여 지급할 책임이 있다(제550조 제1항). 이러한 사원의 전보책임은 무과실책임으로 어떠한 사유로든 이를 면제하지 못한다(제550조 제2항). 현물출자 등에 대한 책임을 지는 사원은 회사성립시의 사원 전원과 그 상속인 또는 포괄승계인, 회사의 성립 후에 사원의 지위를 상실한 자도 포함한다. 그러나 회사성립시의 사원으로부터 그의 지분을 양수한 자는 제외된다.

2. 출자미 액에 대한 사원 · 이사 · 감사의 책임

회사성립 후에 출자금액의 납입 또는 현물출자의 이행이 완료되지 않았음이 발견된 때에는 회사성립 당시의 사원 · 이사 · 감사는 그 출자미필액을 연대하여 지급할 책임이 있다(제551조 제1항). 출자미 액에 대한 책임은 무과실책임이며, 사원 · 이사 · 감사는 부진정연대채무관계에 있게 된다. 사원의 책임은 면제하지 못하지만(제551조 제2항), 이사 · 감사의 책임은 총사원의 동의로 면제할 수 있다(제551조 제3항).

III. 설립의 무효 · 취소

유한회사의 설립무효는 사원 · 이사 · 감사에 한하여, 설립취소는 그 취소권이 있는 자에 한하여 회사성립의 날로부터 2년 내에 소로써만 이를 주장할 수 있다(제552조 제1항). 설립무효 · 취소의 소에 관하여는 합명회사의 규정을 준용한다(제552조 제2항).

제3절 유한회사의 사원

1. 사원의 자격 · 원수

사원이 될 수 있는 자의 자격에는 특별한 제한이 없으므로, 자연인이든 법인이든 가능하다. 사원의 인원수는 역시 제한이 없으므로, 1인 이상이면 된다. 따라서 유한회사의 경우에도 1인회사가 인정된다.

2. 사원의 권리 · 의무

(1) 사원의 권리

① **자익권** : 사원은 이익배당청구권(제580조), 잔여재산분배청구권(제612조), 증자시의 출자인수권(제588조) 등의 자익권을 갖는다.

② **공익권** : 공익권 중 단독사원권으로 의결권(제575조), 사원총회결의취소의 소 및 결의무효확인의 소, 결의부존재확인의 소 등 각종의 소제기권 등이 있다. 자본금 총액의 100분의 3 이상에 해당하는 출자좌수를 가진 사원만이 행사할 수 있는 소수사원권으로 사원총회소집청구권(제572조), 이사해임청구권(제567조, 제385조), 회계장부열람청구권(제583조, 제466조), 회사의 업무 및 재산상태 조사를 위한 검사인 선임청구권(제582조), 대표소송제기권(제565조), 이사의 위법행위유지청구권(제564조의2) 등이 있으며, 자본금 총액의 100분의 10 이상에 해당하는 출자좌수를 가진 사원만이 행사할 수 있는 권리로 회사의 해산판결청구권이 있다.

(2) 사원의 의무

사원은 재산출자의무를 진다. 이 의무는 회사성립 후 또는 자본금 증가의 효력이 발생하기 전에 전부 이행되어야 한다(제548조, 제596조). 사원은 출자금액을 한도로 회사에 대하여 책임을 지며 회사채권자에 대한 직접책임은 없다(제553조). 다만 회사성립 또는 조직변경 당시의 사원 및 자본금 증가에 동의한 사원이 지는 자본금 전보책임이 유한책임의 예외에 해당한다.

3. 사원명부

이사는 사원명부에 사원의 성명 · 주소와 그 출자좌수를 기재하여 본점에 비치하여야 하며, 사원과 회사채권자는 영업시간 내에 언제든지 사원명부의 열람 또는 등사를 청구할 수 있다(제566조). 기타 사원명부의 효력 등은 주주명부에서의 내용과 같다.

4. 사원의 지분

(1) 의 의

유한회사의 사원은 자본금의 총액을 균일한 단위로 분할하여 그 출자의 좌수에 따라 지분을 갖는다. 모든 사원이 지분복수주의를 취하고 있는 점에서 인적회사의 지분과 다르며 주식과 비슷한 성격을 갖는다. 유한회사의 사원의 지분에 관하여 증권을 발행하지 못하는 점에서(제555조) 주식을 표창하는 주권을 발행할 수 있는 주식회사의 경우와 다르다.

(2) 지분의 양도

유한회사 사원은 지분의 그 전부 또는 일부를 양도하거나 상속할 수 있다. 다만, 정관에서 지분의 양도를 제한할 수 있다(제556조). 지분의 양도는 취득자의 성명 · 주소와 그 목적이 되는 출자좌수를 사원명부에 기재하지 아니하면 회사와 제3자에게 대항하지 못한다(제557조).

(3) 지분의 입질

유한회사의 지분은 질권의 목적으로 할 수 있다(제559조 제1항). 그러나 지분의 입질로 회사와 제3자에게 대항하기 위해서는 사원명부에 그 사실을 기재하여야 한다(제559조 제2항). 지분의 증권화가 불가능하므로 약식질은 인정되지 않는다.

(4) 자기지분취득의 제한

유한회사도 주식회사와 같이 자기지분을 취득하거나 질취하는 것이 원칙적으로 제한되며, 이는 주식회사의 경우와 같다(제560조, 제341조의2, 제342조).

제4절 유한회사의 기관

Ⅰ. 이 사

1. 선임 · 해임

유한회사는 1인 또는 수인의 이사를 둘 수 있고(제561조), 초대이사는 정관으로 정할 수 있으나(제547조), 그 후의 이사는 사원총회에서 선임하게 된다(제567조, 제382조). 이사는 회사와 위임관계에 있으므로 위임의 일반적 종료사유에 의해 종임하며, 사원총회의 해임결의나 소수사원에 의한 해임청구가 인정되는 것은 주식회사의 경우와 같다.

2. 소 집

⑴ 소집권자

소집권자는 원칙적으로 이사이지만(제571조 제1항 본문), 임시총회는 감사도 소집할 수 있다(제571조 제1항 단서). 또한 자본금 총액의 100분의 3 이상에 해당하는 출자좌수를 가진 소수사원도 총회의 소집을 청구할 수 있으며(제572조 제1항), 법원의 명령에 의하여 감사 · 이사가 소집하는 경우도 있다(제582조 제3항).

⑵ 소집절차

사원총회일의 1주간 전에 회의의 목적사항을 기재하여 각 사원에 대하여 서면으로 통지서를 발송하거나 각 사원의 동의를 받아 전자문서로 통지서를 발송하여야 한다(제571조 제2항). 그리고 총사원의 동의가 있으면 소집절차를 생략할 수 있다(제573조).

3. 의결권

각 사원은 출자 1좌마다 1개의 의결권을 가지나 정관으로 달리 정할 수 있다(제575조). 특정사원에 대해 다수의 의결권을 인정할 수 있지만, 특정사원의 의결권을 박탈하는 것은 인정되지 않는다.

4. 결의요건 · 결의사항

⑴ 보통결의

보통결의는 총사원의 의결권의 과반수를 가지는 사원이 출석하고 그 의결권의 과반수로 한다(제574조). 보통결의사항으로는 이사의 선임 · 공동대표이사의 정함 · 이사와 회사간의 소에 있어서 회사대표자의 선정 · 재무제표의 승인 · 이사의 경업승인 · 청산의 승인 등이 있다.

⑵ 특별결의

특별결의는 총사원의 반수 이상이며 의결권의 4분의 3 이상을 가진 자의 동의로 하며, 의결권을 행사할 수 없는 사원은 이를 총사원의 수에, 행사할 수 없는 의결권은 의결권의 수에 산입하지 않는다(제585조). 특별결의사항으로는 정관의 변경 · 이사 또는 감사의 해임 · 영업양도 · 사후설립 · 사원의 법정출자인수권의 제한 · 회사의 해산 · 회사의 합병 · 회사의 계속 · 자본금 감소 등이다.

2. 직무 · 권한

⑴ 업무집행권

이사는 업무집행권이 있다. 이사가 수인인 경우 정관에 다른 정함이 없으면 업무집행과 지배인의 선임 또는 해임과 지점의 설치 · 이전 · 폐지는 이사 과반수의 결의에 의하여야 한다(제564조 제1항). 그러나 이러한 규정에도 불구하고 사원총회는 지배인의 선임 또는 해임을 결의할 수 있다(제564조 제2항).

⑵ 대표권

이사가 1인인 경우에는 그 이사가 회사를 대표하고, 이사가 수인인 경우에는 정관에 다른 정함이 없는 한 사원총회에서 회사를 대표할 이사를 선정하여야 한다(제562조 제2항). 정관 또는 사원총회는 수인의 이사를 공동대표이사로 정할 수 있다(제562조 제3항, 제4항). 회사와 이사간의 소송에 있어서는 사원총회에서 그 소에 관하여 회사를 대표할 자를 선정하여야 한다(제563조).

3. 의무 · 책임

유한회사의 이사는 주식회사의 이사와 같이 선관의무 · 경업피지의무 · 회사와의 자기거래 제한 등의 규정의 적용을 받는다. 그리고 이사가 경업피지의무 등에 위반한 때 또는 법령 · 정관에 위반한 행위를 하거나 그 임무를 해태한 때에는 회사에 대하여 손해배상책임이 있다. 이러한 책임은 총사원의 동의로 면제할 수 있다. 또 이사는 회사설립 · 자본금 증가 등의 경우에 자본금 충실의 책임을 진다(제551조, 제594조).

II. 사원총회

1. 의 의

사원총회는 회사의 의사를 결정하는 기관이며, 법령 또는 정관에 반하지 아니하는 한 회사에 관한 모든 사항에 대하여 결의할 수 있는 점에서 주식회사의 주주총회와 다르지만, 주주총회에 관한 규정이 대부분 준용된다(제578조).

(3) 특수결의

총사원의 동의에 의하는 결의를 특수결의라 하며, 이에 해당하는 것으로는 조직변경과 서면에 의한 결의 등이 있다.

5. 서면결의

사원총회의 결의와 동일한 효력을 갖는 서면에 의한 결의를 인정하고 있다(제577조 제3항). 서면결의에 의한 결의는 ① 미리 일정한 사항에 관하여 총사원이 서면으로 결의할 것에 동의한 경우(제577조 제1항), ② 미리 서면결의에 의한다고 하는 동의가 없더라도 결의의 목적사항에 관하여 총사원의 동의가 있는 경우(제577조 제2항)에 한하여 인정된다.

Ⅲ. 감사 · 검사인

1. 감 사

(1) 선임 · 해임

유한회사의 감사는 주식회사의 경우와 달리 임의기관으로서 정관에 의하여 둘 수 있을 뿐이다(제568조 제1항). 최초의 감사는 정관으로 정할 수 있지만 정관에서 정하지 않은 때에는 회사성립 전에 사원총회의 보통결의에 의해 선임한다(제570조, 제382조 제1항). 감사의 임기와 수에는 제한이 없다. 한편, 감사는 사원총회에 의해 언제든지 해임할 수 있다. 그러나 주식회사와 같이 소수사원에 의한 감사의 해임청구가 인정되지 않는다.

(2) 권 한

감사는 언제든지 회사의 업무와 재산상태를 조사할 수 있고 이사에 대하여 영업에 관한 보고를 요구할 수 있다(제569조). 그리고 임시총회의 소집청구권(제571조 제1항), 설립무효 및 증자무효의 소권(제552조, 제595조), 이사와 회사간의 거래의 승인(제564조 제3항) 등에 관한 규정이 있다.

(3) 책임 · 의무

감사는 회사성립 후의 출자미 액과 자본금 증가 후의 미인수출자 등에 관한 전보책임(제551조, 제594조), 감사보고서의 제출의무(제579조 제3항) 등을 부담한다. 기타 사항은 주식회사의 감사에 관한 규정이 준용된다(제570조).

2. 검사인

임시기관으로서의 검사인을 사원총회에서 선임할 수 있고(제578조, 제367조), 소수사원의 청구로 법원이 선임할 수 있다(제582조 제1항). 그러나 회사설립의 경우에는 주식회사와 달리 검사인의 선임이 필요하지 않다.

제5절 유한회사의 회계

회사의 회계에 관해서는 주식회사의 규정이 대부분 준용되어 진다. 그러나 유한회사는 사채발행을 할 수 없으며, 법정준비금의 자본금 전입에 관한 규정도 준용되지 않는다. 대차대조표의 공고도 요구되지 않고, 주식배당제도가 인정되지 않는다. 준비금의 자본금 전입이나 이익공여금지의 규정이 준용되지 않는다. 그리고 회계장부열람권은 소수사원권이지만 단독사원권으로 할 수 있고, 이 경우에는 재무제표와 부속명세서의 작성·비치가 면제된다(제581조 제2항). 그리고 이익의 배당은 각 사원의 출자좌수에 비례하는 것이 원칙이지만, 정관에 이와 다른 기준을 둘 수 있다(제580조).

제6절 정관의 변경

Ⅰ. 정관변경의 의의·절차

정관변경의 의의 등에 관해서는 주식회사의 경우와 같다. 다만, 정관의 변경은 총사원의 반수 이상이며 총사원의 의결권의 4분의 3 이상을 가진 자의 동의가 필요하고(제585조 제1항), 서면결의에 의해서도 정관변경이 가능하다(제577조).

II. 자본금의 증가

1. 의 의

유한회사의 자본금은 정관의 절대적 기재사항이므로 자본금의 증가는 정관의 변경으로만 가능하며, 출자 1좌의 금액의 증가, 출자좌수의 증가 또는 양자의 병용의 방법을 사용할 수 있다. 그러나 출자 1좌의 금액을 증가하여 증자하는 경우에는 각 사원의 동의를 요한다.

2. 절 차

(1) 사원총회의 증자결의

자본금 증가는 정관변경의 한 예이므로 사원총회의 특별결의를 요한다. 이 결의에서는 증자방법 · 현물출자 · 재산인수 또는 증자할 자본금에 대한 출자인수권자를 정할 수 있다(제586조).

(2) 사원의 출자인수권

사원은 그가 가진 지분에 따라 인수권을 가지지만, 사원의 출자인수권은 제한 또는 박탈할 수 있다(제588조). 또한 회사가 정관 또는 사원총회의 특별결의로 출자인수권을 특정한 자에게 부여할 수 있다(제586조 제3호 참조). 출자인수권자가 인수권을 행사하지 않는 때에는 제3자에게 인수시킬 수 있지만 광고 기타의 방법에 의하여 인수인을 공모하지 못한다(제589조 제2항). 증가된 출자좌수의 전부에 대한 인수가 있는 때에는 이사는 인수인으로 하여금 출자 전액의 납입 또는 현물출자의 목적인 재산 전부의 납입을 시켜야 한다(제596조, 제548조).

(3) 변경등기

출자의 이행이 완료된 때에는 본점소재지에서 2주간 내에 자본금 증가로 인한 변경등기를 하여야 하며(제591조), 증자등기로 인하여 그 효력이 생긴다(제592조).

(4) 자본금 전보책임

사원은 현물출자와 재산인수의 목적인 재산의 실가가 현저하게 부족한 때에 그 부족액에 대한 지급책임이 있다(제593조 제1항). 그리고 이사와 감사는 자본금 증가 후에 인수되지 아니한 출자가 있는 경우에 출자의 인수책임을 지며(제594조 제1항), 자본금 증가 후에 납입미필재산의 가액에 대한 지급책임이 있다(제594조 제2항).

III. 자본금의 감소

자본금 감소는 출자 1좌의 금액을 감소시키는 방법, 출자좌수를 감소시키는 방법, 그리고 양자를 병용하는 방법이 있다. 출자좌수를 감소하는 방법을 택할 경우에는 지분의 소각 또는 병합에 의하게 된다. 자본금 감소도 정관변경사항이므로 사원총회의 특별결의가 있어야 하며, 이 결의에서 감소의 방법을 정한다(제597조, 제439조 제1항). 자본금 감소의 경우 채권자 보호절차를 거쳐야 하며, 변경등기를 하여야 한다. 자본금 증가의 경우와 달리 자본금 감소는 등기가 효력발생요건이 아니다.

IV. 자본금 증가 · 자본금 감소의 무효

자본금 증가의 무효는 사원 · 이사 · 감사에 한하여 증자등기일로부터 6월 내에 소만으로 이를 주장할 수 있으며(제595조 제1항), 주식회사의 신주발행무효의 소에 관한 규정이 준용된다.

자본금 감소의 무효는 주식회사의 자본금 감소무효의 소에 관한 규정이 준용된다(제597조, 제445조, 제446조).

Commercial Law

연습문제

01 상법상 유한회사의 주식회사에 대한 특징이 아닌 것은? (2000년 공인회계사)

① 주식회사의 경우와는 달리 회사설립 취소의 소가 인정된다.

② 회사성립시 현물출자 또는 재산인수의 목적인 재산의 실제가격이 정관에서 정한 가격에 현저히 부족한 경우 성립 당시의 사원은 회사에 대하여 그 부족액을 연대하여 지급할 책임을 진다.

③ 이사는 회사를 대표하고 업무를 집행하는 기관의 지위를 가지며, 자격 · 임기에 아무런 제한이 없다.

④ 물적회사로서의 특성상 정관으로도 1좌1의결권의 원칙과 다른 정함을 할 수 없다.

⑤ 감사는 임의기관으로서 정관에 의하여 둘 수 있다.

유한회사의 사원의 의결권은 1좌1의결권이 원칙이다(제575조 본문). 다만 정관으로 특정사원의 의결권을 복수로 인정할 수 있다(제575조 단서).

02 상법상 유한회사에 관한 설명으로 옳은 것은? (2017년 공인회계사)

① 이사가 수인인 경우에 정관에 다른 정함이 없으면 이사회에서 회사를 대표할 이사를 선정하여야 한다.

② 이사는 감사가 있는 경우에도 사원총회의 승인이 있는 때에 한하여 자기 또는 제3자의 계산으로 회사와 거래를 할 수 있다.

③ 유한회사는 정관으로 정한 경우에 사원총회의 특별결의로 주식회사로 그 조직을 변경할 수 있다.

④ 유한회사는 사원총회의 특별결의에 의하여 자본금을 증가할 수 있으며 그 결의를 한 때에 자본금증가의 효력이 생긴다.

⑤ 자본금증가 후에 아직 인수되지 아니한 출자가 있는 때에는 자본금증가결의에 동의한 사원과 이사, 감사가 인수되지 아니한 출자를 공동으로 인수한 것으로 본다.

① 이사가 수인인 경우에 정관에 다른 정함이 없으면 사원총회에서 회사를 대표할 이사를 선정하여야 한다(제562조 제2항).

답 1. ④ 2. ③

② 이사는 감사가 있는 경우에는 감사, 감사가 없는 경우에는 사원총회의 승인이 있는 때에 한하여 자기 또는 제3자의 계산으로 회사와 거래를 할 수 있다(제564조 제3항).
④ 유한회사는 사원총회의 특별결의에 의하여 자본금을 증가할 수 있으며 그 변경등기를 한 때에 자본금증가의 효력이 생긴다(제585조, 제592조).
⑤ 자본금증가 후에 아직 인수되지 아니한 출자가 있는 때에는 이사, 감사가 인수되지 아니한 출자를 공동으로 인수한 것으로 본다(제594조 제1항).

03 상법상 유한회사에 관한 설명 중 옳은 것은? (2003년 공인회계사)

① 유한회사도 법인이므로 2인 이상의 사원이 정관을 작성하여야 한다.
② 유한회사는 주식회사와 같이 사원의 지분에 관하여 무기명식의 증권을 발행할 수 있다.
③ 사원의 지분은 질권의 목적으로 할 수 있다.
④ 이사가 수인인 경우에 정관에 다른 정함이 없으면 이사회에서 회사를 대표할 이사를 선정하여야 한다.
⑤ 유한회사가 이사에 대하여 소를 제기하는 경우에는 감사는 그 소에 관하여 회사를 대표할 자를 선정하여야 한다.

① 유한회사의 정관의 작성은 '사원'에 의하는 것으로 규정되어 있으므로(제543조 제1항), 사원의 수는 제한이 없다. 따라서 1인의 사원에 의한 정관의 작성이 인정된다.
② 유한회사는 주식회사와 달리 지분에 관하여 지시식 또는 무기명식의 증권을 발행할 수 없다(제555조).
③ 제559조 제1항
④ 이사가 수인인 경우에는 정관에 다른 징함이 없는 한 사원총회에서 회사를 대표할 이사를 선정하여야 한다(제562조 제2항).
⑤ 유한회사가 이사에 대하여 소를 제기하는 경우에는 사원총회에서 그 소에 관하여 회사를 대표할 자를 선정하여야 한다(제563조).

04 상법상 유한회사에 관한 설명 중 틀린 것은? (2008년 공인회계사)

① 유한회사의 자본금의 증가는 정관변경의 절차에 따른 사원총회의 특별결의를 요한다.
② 유한회사는 주식회사의 모집설립에 해당하는 방법으로 설립할 수 없다.
③ 유한회사는 사원의 지분에 관하여 무기명식의 증권발행이 금지된다.
④ 유한회사의 설립시 자본금 결함이 있는 경우에 회사성립 당시의 사원은 회사에 대하여 그 부족액을 연대하여 지급할 책임이 있다.
⑤ 유한회사는 감사위원회제도를 인정하지 않는 대신 감사를 필요기관으로 하고 있다.

유한회사의 감사는 정관에 의하여 둘 수 있는 임의기관으로 하고 있다(제568조 제1항).

답 3. ③ 4. ⑤ 5. ②

05 상법상 유한회사에 관한 설명 중 틀린 것은? (2009년 공인회계사)

① 사원은 출자 1좌마다 1개의 의결권을 가지나 정관으로 이와 달리 정할 수 있다.

② 유한회사의 이사가 회사에 대하여 소를 제기하는 경우에는 감사가 그 소에 관하여 회사를 대표할 자를 선정하여야 한다.

③ 사원은 그 지분의 전부 또는 일부를 사원 이외의 자에게 입질할 수 있다.

④ 지분을 이전하는 경우 양수인은 그의 성명 · 주소 · 출자좌수를 사원명부에 기재하여야 회사 및 제3자에게 대항할 수 있다.

⑤ 사원총회의 결의의 목적사항에 관하여 총사원이 서면으로 동의한 때에는 서면에 의한 결의가 있은 것으로 본다.

유한회사의 이사가 회사에 대하여 소를 제기하는 경우에는 사원총회는 그 소에 관하여 회사를 대표할 자를 선정하여야 한다(제563조).

06 상법상 유한회사에 관한 설명으로 틀린 것은? (2014년 공인회계사)

① 유한회사는 1인 사원에 의한 설립이 가능하며 사원의 수에 제한이 없다.

② 사원은 출자좌수에 따라 지분을 가지는데 출자 1좌의 금액은 100원 이상으로 균일하게 하여야 한다.

③ 업무집행기관은 이사이고 감사는 임의기관으로 되어 있으며 감사위원회제도는 인정되지 않는다.

④ 유한회사는 자본금을 증가하거나 사채발행을 통하여 필요한 자금을 조달할 수 있다.

⑤ 사원은 1출좌 1의결권을 행사할 수 있지만 정관의 정함에 의하여 출자 1좌에 대하여 복수의 의결권을 행사할 수 있다.

유한회사는 자본금을 증가시켜 자금조달을 할 수 있으나, 사채제도가 인정되지 않으므로 사채발행을 통하여 요한 자금을 조달할 수 없다.

07 상법상 유한책임회사와 유한회사에 관한 설명으로 옳은 것은? (2016년 공인회계사)

① 유한책임회사의 사원은 노무나 신용의 출자가 가능하나 유한회사 사원의 경우에는 노무나 신용의 출자가 허용되지 않는다.

② 유한책임회사의 사원은 출자의 전액을 현실적으로 납입할 필요가 없으나 유한회사의 사원은 출자의 전액을 현실적으로 납입하여야 한다.

답 6. ④ 7. ⑤

③ 사원이 사망한 경우 유한책임회사는 원칙적으로 지분이 상속되나 유한회사의 경우에는 지분의 상속이 허용되지 않는다.

④ 유한책임회사와 유한회사의 사원이 금치산선고를 받더라도 상법상의 퇴사사유가 되지 않는다.

⑤ 대표소송의 제기권은 유한책임회사의 경우에는 단독사원권이나 유한회사의 경우에는 자본금 총액의 100분의 3 이상에 해당하는 출자좌수를 요구하는 소수사원권이다.

① 유한책임회사의 사원은 노무나 신용의 출자가 허용되지 않는다(제287조의4 제1항).
② 유한책임회사의 사원은 출자의 전액을 현실적으로 납입하여야 한다(제287조의4 제2항).
③ 유한회사의 경우 사원이 사망한 경우 그 지분의 상속이 허용된다(제556조).
④ 유한책임회사의 사원이 금치산선고를 받는 경우 퇴사사유가 된다(287조의25).

CHAPTER

08 외국회사

Ⅰ. 외국회사에의 상법 적용

외국회사는 법률에 다른 규정이 있는 경우 외에는 대한민국에서 설립된 동종 또는 가장 유사한 회사로 본다(제621조). 외국에서 설립된 회사라도 대한민국에 본점을 설치하거나 대한민국에서 영업할 것을 주된 목적으로 하는 때에는 대한민국에서 설립된 회사와 같은 규정에 의하여야 한다(제617조).

Ⅱ. 외국회사의 계속적 거래와 등기

외국회사가 대한민국 내에서 영업을 하기 위해서는 대표자를 정하여야 하고, 영업소를 설치하거나 대표자 중 1명 이상이 대한민국에 그 주소를 두어야 한다(제614조 제1항), 대한민국에서 설립되는 동종의 회사 또는 가장 유사한 회사의 지점과 동일한 등기를 하여야 한다(제614조 제2항). 이 경우 회사설립의 준거법과 국내대표자의 성명과 주소도 등기하여야 한다(제614조 제3항). 외국회사는 대표자 및 영업소의 등기를 하기 전에는 계속적 거래행위를 하지 못하며, 이에 위반하여 거래한 자는 그 거래에 대하여 회사와 연대하여 책임을 진다(제616조 제1항, 제2항).

Ⅲ. 외국회사 대표자의 지위

외국회사의 대표자는 국내의 영업에 관한 재판상 · 재판외의 모든 행위를 할 수 있으며, 대표자의 대표권의 제한으로 선의의 제3자에게 대항하지 못한다(제614조 제4항, 제209조 제2항). 그리고 대표자의 업무집행으로 인하여 타인에게 손해를 가한 때에는 회사는 그 대표자와 연대하여 배상할 책임을 진다(제614조 제4항, 제210조).

Ⅳ. 외국회사의 대차대조표 등의 공고

외국회사로서 상법에 따라 등기한 외국회사가 주식회사인 경우 재무제표의 승인절차가 종결된 후 지체없이 대차대조표 또는 이에 상당하는 것으로서 대통령령으로 정하는 것을 대한민국에서 공고하여야 한다(제616조의2 제1항). 다만, 정관의 정함으로 전자적 방법으로 공고할 수 있다(제616조의2 제2항).

Ⅴ. 외국회사의 주권 또는 채권의 발행과 유통

외국회사가 국내에서 주권 또는 채권의 발행, 이전 등을 하는 경우에는 상법 제335조 등 주식 및 사채에 관한 규정이 준용된다(제618조).

Ⅵ. 외국회사의 폐쇄명령

법원은 외국회사에 대해서 해산명령을 내릴 수 없고, 일정한 사유가 있는 때에 이해관계인이나 검사의 청구에 의하여 국내영업소에 대한 폐쇄명령을 할 수 있다(제619조 제1항). 폐쇄명령사유에 해당할 경우 법원은 폐쇄명령 전이라도 영업소재산의 보전에 필요한 처분을 할 수 있고, 외국회사는 법원에 이해관계인의 폐쇄명령청구가 악의임을 소명하고 이해관계인에게 담보제공을 명령할 것을 청구할 수 있다.

●●● 폐쇄명령의 사유

① 영업소 설치의 목적이 불법한 경우
② 영업소의 설치등기 후 정당한 사유 없이 1년 내에 영업을 개시하지 않거나 1년 이상 영업을 휴지하거나 정당한 사유 없이 지급을 정지한 경우
③ 대표자 또는 업무를 집행하는 자가 법령 또는 사회질서에 위반한 행위

Ⅶ. 외국회사의 청산

법원의 명령으로 또는 외국회사가 스스로 영업소를 폐쇄한 경우 법원은 이해관계인의

신청에 의하거나 직권으로 국내에 있는 그 외국회사의 재산 전부에 대해 청산의 개시를 명할 수 있으며, 이 경우 법원은 청산인을 선임하여야 한다(제620조 제1항, 제3항). 외국회사의 청산에 관하여는 그 성질이 허용하지 않는 경우를 제외하고는 주식회사의 청산에 관한 규정을 준용한다(제620조 제2항).

COMMERCIAL LAW

COMMERCIAL LAW

SECTION 04

어음수표법

| 제1장 서론 | 제2장 어음법 · 수표법 총론 | 제3장 환어음

| 제4장 약속어음 | 제5장 수표

section 04 어음수표법

CHAPTER

01 서 론

제1절 유가증권의 의의 및 기능

Ⅰ. 유가증권의 의의

1. 유가증권의 개념

유가증권의 개념에 대해서는 학설이 다양하게 대립되고 있으나, 재산적 가치 있는 사권(私權)을 표창하는 증권으로서 권리의 발생·행사·이전의 전부 또는 일부가 증권을 통하여 이루어지는 것이라는 설이 다수설이다.

2. 유가증권과 구별되는 증권

(1) 증거증권

증거증권이란 사법상의 실질적인 법률관계의 존부 또는 그 내용을 단순히 증명하는 증권으로서, 유가증권이 아니다(예 차용증서, 매매계약서, 영수증, 운송장, 보험증권 등). 유가증권은 증거증권으로서의 성질도 가지고 있다.

(2) 면책증권

면책증권이란 증권의 소지인이 권리자의 자격을 갖는 것으로 인정되는 증권으로서, 채무자가 증권의 소지인에게 이행을 하면 악의·중과실이 없는 한 면책되는 증권으로 유가증권이 아니다(예 예금통장, 신발표, 휴대품보관증, 수하물상환증 등). 유가증권은 면책증권으로서의 성질도 가지고 있다.

⑶ 금액권

금액권이란 금전에 갈음하는 효력을 가지는 증권으로서, 유가증권은 아니다(예 은행권 지폐, 우표, 수입인지 등).

Ⅱ. 유가증권의 기능

유가증권은 공통적으로 권리양도절차의 간이화의 기능과 권리양도효력의 강화의 기능을 갖는다. 한편 개별적으로 보면 수표의 경우 지급수단으로서의 기능이 제1차적 경제적 기능에 해당하며 어음의 경우 신용수단으로서의 기능이 제1차적 기능에 해당한다. 그러고 화물상환증 · 선하증권 · 창고증권 등은 재화의 유통을 촉진시키는 기능을 가지며, 주권과 무기명채권 등은 자본조달과 투자의 수단으로서의 기능을 갖는다.

Ⅲ. 유가증권의 종류

유가증권은 증권과 권리의 결합정도 또는 유통성의 강약을 기준으로 완전유가증권과 불완전유가증권으로 구분할 수 있고, 증권상의 권리자를 지정하는 방법에 따라 지시증권(배서에 의해 권리자를 지시하는 증권) · 소지인출급식증권(단순 교부에 의하여 권리를 이전하는 증권) · 선택무기명식증권 · 기명증권(지명채권 양도방법에 의해 권리를 이전하는 증권)으로 분류할 수 있다.

또한 증권에 표창된 권리의 종류에 따라 채권적 유가증권 · 물권적 유가증권 · 사원권적 유가증권으로 나눌 수 있으나, 우리나라에서는 물권적 유가증권은 존재하지 않는다.

증권상의 권리와 원인과의 관련여부에 따라 요인증권 · 무인증권, 권리의 증권화의 정도에 따라 문언증권 · 비문언증권, 증권의 특수성과 증권상의 권리발생관계를 기준으로 설권증권 · 비설권증권으로 나눌 수 있다.

기타 인도증권 · 처분증권 · 상환증권 등이 있다.

Ⅳ. 유가증권법

1. 실질적 의의의 유가증권법

실질적 의의의 유가증권법은 유가증권에 관한 통일적인 법으로서, 유가증권의 실체적 법률관계를 규율하는 사법적 규정을 말한다. 실질적 의의의 유가증권법을 협의의 유가증권법이라 한다.

2. 형식적 의의의 유가증권법

우리나라에서는 통일적인 형식적 의의의 유가증권법은 존재하지 않으며, 어음법·수표법·민법 등에 유가증권에 관한 규정이 산재하고 있을 뿐이다.

제2절 어음법 · 수표법의 의의 및 지위

Ⅰ. 어음법 · 수표법의 의의

실질적 의의의 어음법·수표법은 어음·수표에 관한 모든 법규를 말한다. 따라서 이에는 어음법과 수표법 이외에 어음·수표의 법률관계에 적용되는 일반 민·상법도 포함되며, 형법(유가증권의 위조·변조에 관한 규정)·부정수표단속법 등 공법적 규정도 포함된다.

형식적 의의의 어음법·수표법은 성문법으로서 1962년 1월 20일 공포되어 1963년 1월 1일부터 시행되고, 1995년과 2007년, 2010년에 일부개정이 있은「어음법」「수표법」을 말한다.

Ⅱ. 어음법 · 수표법의 지위

1. 어음법 · 수표법과 상법과의 관계

상법은 기업의 생활관계를 규율하는 법이므로, 어음법과 수표법은 상법에 속하는 법이라고는 할 수 없으나, 어음과 수표가 기업과 관련하여 많이 이용되고 있으며, 각 종의 어음행위에 대해 상법의 규정이 적용되고 있다(예 어음행위에 대한 명의대여자의 책임(상법 제24조), 표현대표이사의 어음행위에 대한 회사의 책임(상법 제395조) 등). 따라서 상법의 규정에는 어음법과 수표법을 보충하는 규정이 있다.

2. 어음법 · 수표법과 민법과의 관계

어음행위능력에 관한 문제에 대해서는 민법 제5조 이하의 규정, 어음행위자의 의사의 하자(瑕疵)에 관한 문제에 대해서는 민법 제103조, 제107조 내지 110조의 규정, 표현대리에 관한 문제에 대해서는 민법 제125조, 제126조, 제129조 등이 적용된다. 이러한 면에서 민법의 규정에는 어음법과 수표법을 보충하는 규정이 있다.

제3절 어음법 · 수표법의 특성

Ⅰ. 강행법적 성질

어음과 수표는 객관적인 거래의 대상으로서, 유통성의 확보와 지급의 확실이라는 목적을 위하여 이용되고 있으므로, 그에 관한 법규제도 객관적으로 강행법화할 수밖에 없다.

Ⅱ. 기술적 성질

어음과 수표는 금전지급의 수단으로서 역할을 담당하는 기술적인 제도이므로, 그에 관한 법규제도 기술적인 성질을 가지게 된다. 특히 유통성의 확보와 지급의 확실이라는 이념을 실천하기 위한 합목적적인 배려는 그에 관한 법규제를 한층 더 기술화하게 된다.

Ⅲ. 형식적 성질

어음과 수표는 일반적으로 실질적인 법률관계의 수단으로서 이용되고 또 유통되며, 그에 관한 법률관계는 그 증권을 중심으로 하여 형식적으로 해결될 것이 요구되고 있기 때문에 어음법과 수표법은 형식적인 성질을 가지게 된다.

Ⅳ. 통일적 성질

어음법과 수표법은 기술적 · 형식적인 성질을 가지므로 그 자체 세계통일법적인 경향을 지니고 있고, 또 국제적으로 어음과 수표가 이용되는 점에서 특히 어음법과 수표법은 통일적 성질이 강하다

CHAPTER

02 어음법 · 수표법 총론

제1절 어음(수표)의 개념

Ⅰ. 어음(수표)의 의의

1. 환어음

환어음이란 어음의 발행인이 제3자(지급인)에게 일정한 어음금액을 일정일(만기)에 어음상의 권리자에게 지급할 것을 무조건으로 위탁하는 유가증권을 말한다. 환어음에는 발행인 · 지급인 · 수취인의 3당사자가 필요하고, 지급인은 인수를 한 때에 인수인으로서 주채무자의 지위에 있게 된다.

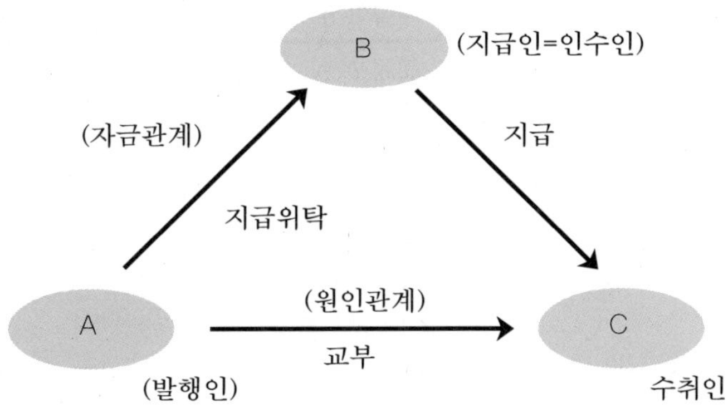

No. 환 어 음

(내국 신용장용)

내국 신용장 번 호

내국 신용장 개설일자

귀하

금 (₩)

(U$.)

위의 금액을 이 환어음과 상환하여 또는

그 지시인에게 지급하여 주십시오

거절증서 작성불요

발행일 년 월 일

발행지

지 급 지

주 소

지급장소 한국외환은행 ㅇㅇ지점

발행인 인

2. 약속어음

약속어음이란 발행인이 일정일에 어음금액을 어음상의 권리자에게 지급할 것을 무조건으로 약속하는 유가증권이다. 약속어음에는 발행인과 수취인의 2당사자를 필요로 한다.

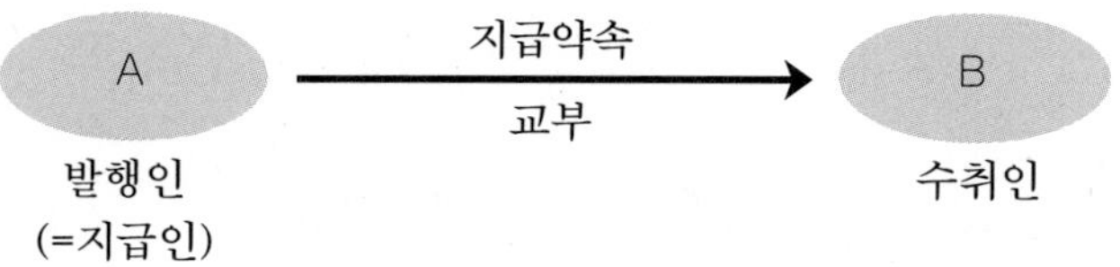

약 속 어 음

귀하 00000000

ㅇㅇ은행 금 (₩)

위의 금액을 귀하 또는 귀하의 지시인에게 이 약속어음과 상환하여 지급하겠습니다

지급기일 년 월 일 발행일 년 월 일

지 급 지 발행지

지급장소 주식회사 ㅇㅇ은행 주 소

발행인 인

●●● 환어음과 약속어음의 차이

① 기본당사자 : 환어음은 발행인 · 지급인 · 수취인의 3당사자를 필요로 하지만, 약속어음은 발행인과 수취인의 2당사자만을 필요로 한다.
② 주채무자 : 환어음의 주채무자는 인수인이지만, 약속어음의 주채무자는 발행인이다.
③ 상환의무자 : 환어음은 발행인과 배서인이 상환의무자이지만, 약속어음은 배서인만 상환의무자이고 발행인은 상환의무자가 아니다.
④ 자금관계 : 환어음에는 발행인과 지급인 사이의 자금관계가 필요하지만, 약속어음에는 발행인이 지급인을 겸하므로 자금관계가 필요하지 않다.
⑤ 인수제도 : 환어음에는 인수제도가 인정되지만, 약속어음에는 인수제도가 없다.
⑥ 복본제도 : 환어음에는 복본제도가 인정되지만, 약속어음에는 복본제도가 인정되지 않는다.
⑦ 경제적 기능 : 환어음은 신용기능 · 송금기능 · 추심기능 및 지급기능이 있으나, 약속어음은 신용기능 · 추심기능 및 지급기능이 있다.

3. 수 표

수표는 수표의 발행인이 지급인(은행)에게 일정한 수표금액을 수표상의 권리자에게 지급할 것을 무조건으로 위탁하는 유가증권이다. 수표에는 발행인 · 지급인(은행) · 수취인의 3당사자가 필요하며, 지급인은 은행에 한정된다.

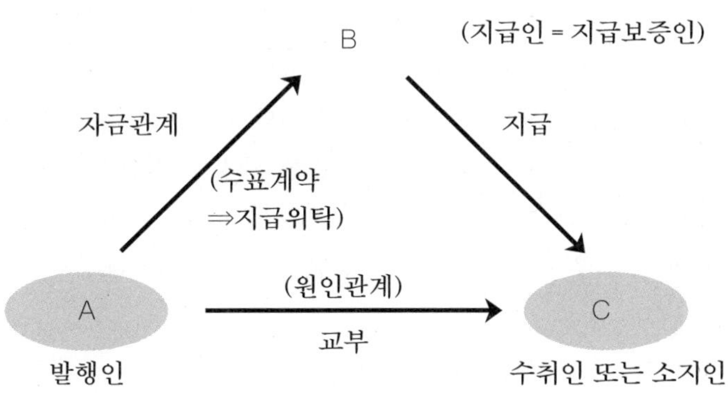

당 좌 수 표	
지 급 지	
주식회사 ○○은행 ○○지점	
금 (₩)	
이 수표 금액을 소지인에게 지급하여 주십시오	
발 행 지	년 월 일
발 행 인	인

••● 환어음과 수표의 차이

① 지급인 : 환어음의 지급인은 제한없이 누구나 가능하지만, 수표의 지급인은 은행 기타 금융기관에 한한다.

② 수취인 : 환어음의 수취인은 절대적 기재사항이지만(소지인출급식어음이 인정되지 않는다), 수표의 수취인은 유익적 기재사항이다(소지인출급식수표가 인정된다).

③ 주채무자 : 환어음은 인수인이 주채무자가 되지만, 수표에는 주채무자가 존재하지 않고 지급인이 지급보증을 한 경우 상환의무자와 같은 지위에 있게 될 뿐이다.

④ 인수제도 : 환어음에는 인수제도가 있으나, 수표에는 인수제도가 없고 지급보증제도가 있다.

⑤ 상환청구방법 : 환어음에는 만기전 상환청구와 역어음에 의한 상환청구방법이 있으나, 수표는 만기전 상환청구가 없고 역어음제도가 인정되지 않는다.

⑥ 지급위탁의 취소 : 환어음의 발행인은 언제나 지급위탁의 취소가 가능하지만, 수표의 발행인은 지급제시기간이 경과한 후에만 지급위탁의 취소가 가능하다.

⑦ 횡선제도 : 환어음에는 횡선제도가 인정되지 않지만, 수표에는 횡선제도가 인정된다.

⑧ 시효기간 : 환어음의 주채무자에 대한 어음상 권리의 소멸시효기간은 3년 · 상환청구권의 시효는 1년 · 재상환청구권의 시효는 6개월이지만, 수표의 지급보증인에 대한 수표상의 권리의 소멸시효기간은 1년 · 상환청구권과 재상환청구권의 시효는 6개월이다.

⑨ 참가제도 : 환어음에는 참가인수와 참가지급이 인정되지만, 수표에는 참가제도가 인정되지 않는다.

⑩ 등본제도 : 환어음에는 등본제도가 인정되지만, 수표에는 등본제도가 인정되지 않는다.

⑪ 경제적 기능 : 환어음에는 신용기능 · 송금기능 · 추심기능 및 지급기능이 있으나, 수표에는 지급기능과 송금기능이 있을 뿐 신용기능 · 추심기능은 없다.

●●● 환어음 · 약속어음 · 수표의 차이점

구 분	환어음	약속어음	수 표
경제적 기능	• 지급에 대한 신용기능 • 국제거래의 송금수단 • 지급위탁증권	• 지급에 대한 신용기능 • 지급약속증권	• 현금 대체물로서의 지급기능 • 지급위탁증권
주채무자	• 인수인이 주채무자 (지급인이 인수시)	• 발행인이 주채무자	• 주채무자가 없음 • 지급보증한 지급인은 상환의무에 가까운 책임 부담
당사자	• 발행인 • 수취인 • 지급인(3당사자)	• 발행인 • 수취인(2당사자)	• 소지인출급식은 발행인과 지급인의 2당사자 • 기명식 · 지시식은 3당사자
만 기	• 일람출급 • 일람후정기출급 • 확정일출급 • 발행일자후정기출급	• 일람출급 (거의 없음) • 일람후정기출급(환어음과 달리 특별규정 둠) • 확정일출급 • 발행일자후정기출급	• 일람출급만 인정
기 타	• 지급인의 제한 없음 • 지급인은 보증인이 될 수 있음 • 인수제도가 인정 • 복본제도, 등본제도가 인정	• 자금관계가 존재하지 않음 • 인수제도가 없음 • 복본제도가 인정되지 않음	• 지급인은 은행에 한함 • 지급인은 보증인이 될 수 없음 • 참가제도, 등본제도, 지급인의 배서, 입질배서가 인정되지 않음 • 지급위탁취소제도, 횡선제도, 지급보증제도 인정

II. 어음(수표)의 법률적 성질

1. 완전유가증권성

어음(수표)은 권리의 발생 · 행사 · 이전의 모든 경우에 증권의 소지를 요하는 완전유가증권에 속한다.

2. 금전채권증권성

환어음과 수표는 금전의 지급을 위탁하는 증권이고, 약속어음은 금전의 지급을 약속하는 증권이다. 따라서 금전채권 이외의 종류물이나 특정물에 관한 채권을 표창하는 어음(수표)은 발행할 수 없다.

3. 무인증권성

어음(수표)은 무인증권(無因證券)이다. 즉, 어음(수표)상의 권리는 매매 기타 어음행위를 하게 된 원인인 법률관계와는 독립하여 존재하며, 그 권리의 행사에 있어서는 원인관계의 입증을 요하지 않는다. 어음(수표)은 무인증권이므로 지급위탁 또는 약속은 무조건이어야 하며, 인적관계에 관한 사유는 어음(수표)의 선의취득자에게 대항하지 못한다.

4. 설권증권성

어음(수표)상의 권리는 어음(수표)의 작성에 의하여 비로소 발생하므로, 설권증권의 성질을 갖는다.

5. 요식증권성

어음(수표)은 엄격한 요식증권의 성질을 가지고 있다. 어음(수표)은 일정한 법정기재사항을 기재하여야 하며, 기재사항에 흠결이 있는 어음(수표)은 그 효력이 없다.

6. 문언증권성

어음(수표)상의 권리관계는 오로지 증권에 기재된 문언에 의하여 정하여 지므로, 문언증권성이 있다. 따라서 어음(수표)에 기재되지 않은 사항은 어음(수표)상의 채무자로부터 대항받지 않는다.

7. 지시증권성

어음(수표)은 지시식으로 발행할 수 있으나, 기명식으로 발행된 경우에도 법률상 당연히 배서에 의하여 양도할 수 있는 이른바 법률상 당연한 지시증권이다. 다만 지시금지어음의 경우는 지명채권양도의 방법에 의해서만 양도할 수 있고, 소지인출급식의 수표는 수표의 교부만으로 양도할 수 있다.

8. 제시증권성

어음(수표)상의 채무자는 소지인이 어음(수표)의 제시를 하지 않는 한 어음(수표)채무를 이행할 필요가 없다. 따라서 어음(수표)은 제시증권에 해당한다.

9. 상환증권성

어음(수표)상의 채무자는 어음(수표)과 상환(相換)으로써만 어음(수표)의 지급을 요한다. 이것은 어음(수표)증권과 어음(수표)채무는 일체불가분의 관계에 있기 때문이며, 채무자가 이중지급을 강요당할 위험을 피하기 위한 것이다.

제2절 어음(수표)의 종류

Ⅰ. 어음의 종류

1. 기본어음(원시어음)

발행인이 어음요건인 법정 기재사항을 기재하고 기명날인 또는 서명하여 수취인에게 교부하여 발행되는 어음을 기본어음이라 하고, 이 기본어음을 바탕으로 배서 · 보증 · 인수 등의 부속적 어음행위가 이루어지게 된다.

2. 완전어음 · 불완전어음 · 미완성어음

어음요건인 법정 사항이 모두 기재된 어음을 완전어음이라 하고, 그러한 요건이 갖추어지지 않은 어음을 불완전어음이라 한다. 불완전어음은 유효한 어음으로서의 효력이 없다. 이에 대해 요건이 흠결되어도 그 흠결부분이 소지인에 의하여 보충기재될 것이 예정되어 있는 어음을 미완성어음이라 한다. 미완성어음은 장래 흠결부분이 보충기재 으로써 완전어음이 된다.

3. 단명어음 · 복명어음

발행인 · 수취인 · 지급인의 세가지 자격을 한 사람이 겸한 어음을 단명어음이라 하고, 어음당사자가 2인 이상인 어음을 복명어음이라 한다.

4. 연기어음 · 구어음

기존어음의 만기가 도래하였을 때, 당사자의 합의에 의하여 그 지급을 연기하기 위하여 발행하는 어음을 연기어음이라 하고 기존의 어음을 구어음이라 한다.

5. 담보어음 · 대부어음 · 담보부어음

채무가 현재 발생하고 있거나 장차 발생할 경우에 그 채무의 이행을 담보하기 위하여 발행하는 어음을 담보어음이라 하고, 금전대차의 경우에 그 지급을 확보하기 위하여 차용증서에 대신하는 목적에서 채무자가 채권자에게 교부하는 어음을 대부어음이라 한다. 그리고 어음채무의 이행을 확보하기 위하여 물적 담보가 있는 어음을 담보부어음이라 한다.

6. 상업어음 · 융통어음

(1) 상업어음

실제의 상거래가 있고 이 상거래를 원인으로 하여 발행하는 어음을 상업어음(진정어음 또는 실어음)이라 한다.

(2) 융통어음

융통어음이란 어음발행의 원인에 현실적인 상거래가 없이 오직 자금융통의 목적을 위하여 발행된 어음을 말한다. 또한 융통어음이란 타인에게 신용을 줄 목적으로 발행하는 어음으로, 자기가 자금을 융통하기 위하여 대가관계 없이 발행 또는 양도하는 어음(기업어음이나 할인어음)과는 구별된다.

7. CP어음(기업어음)

CP어음이란 할인기관에 의하여 선정된 적격업체가 자금융통의 목적으로 발행한 어음을 할인기관이 매입하여 다시 일반투자가에게 매출하는 어음을 말한다. 즉, CP어음은 기업이 자금조달을 위하여 단자회사 또는 투자금융회사를 통하여 발행하는 융통어음의 일종이다.

8. 전도금(前渡金)어음

공사의 도급 또는 물품의 제조가공을 의뢰할 때 미리 전도금으로서 교부하는 어음을 전도금어음이라 하고, 이 어음의 교부는 현실적인 대금지급은 아니고, 일의 착수에 필요한 자금의 조달을 위하여 신용을 제공할 목적으로 교부되는 것으로 이 점에서 융통어음과 같다.

II. 수표의 종류

1. 당좌수표 · 가계수표

사업을 하는 자가 은행과 당좌거래계약을 체결하고 은행에 있는 수표자금의 범위 내에서 발행하는 수표를 당좌수표라 하고, 개인이 은행과 가계당좌거래계약을 체결하고 은행에 있는 수표자금의 범위내에서 발행하는 수표를 가계수표라 한다.

2. 자기앞수표

자기앞수표는 수표의 지급인인 은행이 동시에 발행인으로 되어 있는 수표를 말하며 보증수표라고도 한다.

3. 선일자수표

발행일보다 장래의 일자를 발행일자로 기재한 수표를 선일자수표라 하고, 이 수표에 기재된 발행일 이전에 지급제시를 할 수 있으며, 그 제시된 날에 지급하여야 한다(수표법 제28조 제2항).

4. 횡선수표

횡선수표는 수표의 표면에 2조의 평행선을 그은 수표로서 은행 또는 지급인의 거래선에 대하여서만 지급할 수 있다. 횡선수표에는 일반횡선수표와 특정횡선수표가 있다.

5. 송금수표

송금수표란 은행이 그 본 · 지점 또는 그 거래은행을 지급인으로 하여 송금의 목적으로 발행하는 수표이다.

6. 우편수표

우편수표란 우편대체법에 의하여 우체국을 지급인으로 하여 발행한 수표를 말한다. 우편대체관서(우체국)는 우편수표의 소지인의 지급청구가 있을 때에는 현금으로 지급하지 않고 우편대체관서의 자기앞수표를 발행 · 교부할 수 있는데 이것을 자기앞우편수표라 한다.

7. 여행자수표

여행자수표란 해외여행자가 현금의 휴대로 인한 분실 · 도난 등의 위험을 피하기 위하여 고안된 수표이며, 여행자로 하여금 여행지에서 이 수표와 상환하여 여행지의 화폐로 현금화할 수 있게 하는 수표이다.

제3절 어음(수표)의 기능과 남용

Ⅰ. 어음(수표)의 경제적 기능

1. 환어음의 경제적 기능

(1) 신용기능

환어음은 제1차적으로 신용기능을 수행한다. 신용기능이란 환어음의 만기까지의 신용을 이용하는 기능을 말하며, 이러한 신용기능으로 인하여 자금의 시간적 장애가 극복된다.

(2) 송금기능

환어음은 국제거래의 송금수단으로 많이 이용된다. 그러나 최근의 전자자금이체제도 · 은행지로(Giro)제도 등으로 인해 송금기능이 점차 상실되어 가고 있지만, 국제거래에서는 여전히 중요한 기능을 하고 있다.

(3) 추심기능

환어음은 국제거래에 있어서 매도인이 매수인에 대한 대금추심을 위하여 이용될 수도 있다. 특히 매도인은 매수인을 지급인으로 하는 환어음을 발행하고, 그 어음상의 권리를 담보하기 위하여 운송중의 운송물을 표창하는 선하증권 등의 운송증권을 함께 교부하는 경우 이 환어음을 하환(荷換)어음이라 한다.

(4) 지급기능

환어음의 수취인이 지급인으로부터 어음금을 지급받으면 동어음의 발행인 · 지급인간 및 발행인 · 수취인간의 대금지급이 자동적으로 종료되는 효과를 가져오는 지급기능을 갖는다.

2. 약속어음의 경제적 기능

(1) 신용기능

약속어음도 환어음과 같이 신용기능을 갖는다. 특히 국내거래에서는 신용기능을 수행하기 위하여 약속어음을 이용하는 것이 보편적이다.

(2) 추심기능

약속어음의 추심기능도 국내거래에서 많이 이용된다. 즉, 상품을 외상으로 판매한 매도인이 매수인으로부터 약속어음을 수취인 또는 피배서인의 자격으로 취득한 경우에 매도인이 그 어음을 자기의 거래은행으로부터 할인받는 형태로 이용된다.

(3) 지급기능

약속어음은 그 자체만으로는 지급기능을 수행하는 경우가 드물고, 통상 신용기능 · 추심기능과 결합하여 지급기능을 수행한다.

3. 수표의 경제적 기능

수표는 금융거래에 있어서 현금수수에 따르는 불편과 위험을 제거하는 지급기능을 수행하기 때문에 널리 이용되고 있다. 수표의 송금기능은 환어음의 경우와 같다.

II. 어음(수표)의 남용

1. 무인성(추상성)의 남용

어음(수표)은 원인관계에 의하여 아무런 영향을 받지 않는 추상성(무인성)을 갖고 있기 때문에, 이를 악용하여 도박채권이나 폭리행위에 의한 채권과 같은 반사회적이거나 법의 금지에 반하는 행위로 인한 채권을 은폐하는 일이 있다.

2. 신용기능의 남용

가공의 인물을 지급인으로 한 어음을 발행하거나 또는 무자력자가 서로 상대방을 지급인으로 하는 어음을 발행하여 이것에 인수 또는 배서를 함으로써 부당한 신용의 남용을 하기도 한다.

3. 요식성의 남용

어음법의 형식을 중요시하고 있는 것을 악용하여 간악한 채무자가 고의로 요건이 불비한 어음을 교부해 두고, 후일에 청구를 받았을 때에는 형식의 흠결을 이유로 하여 어음채무의 이행을 거부하는 경우도 있다.

제4절 어음(수표)행위

【제1관】 어음(수표)행위 총설

Ⅰ. 어음(수표)행위의 의의

1. 형식적 의의

어음(수표)행위란 강의학상의 용어로서, 어음이라는 증권상에 행하여지는 법률행위를 말한다. 이러한 어음(수표)행위의 형식적 의의는 기명날인 또는 서명을 불가결의 요건으로 하는 요식의 증권적 법률행위 를 말하며 이에 대해서는 이설(異說)이 거의 없다.

2. 실질적 의의

어음(수표)행위의 실질적 의의에 관해서는 부정하는 견해도 있으나, 긍정하는 견해에 의하면 어음상의 채무의 발생의 원인이 되는 법률행위 또는 어음행위의 결과 어음상의 채무를 부담하게 하는 행위라고 할 수 있다.

Ⅱ. 어음(수표)행위의 종류

어음(수표)행위로서는 환어음에 있어서는 발행 · 배서 · 보증 · 인수 · 참가인수가 있고, 약속어음에 있어서는 발행 · 배서 · 보증 · 참가인수(통설의 입장에서는 약속어음에도 참가인수가 인정되고 있다)가 있고, 수표에 있어서는 발행 · 배서 · 보증 · 지급보증이 있다.

어음(수표)행위의 종류

구 분	환어음	약속어음	수 표
발 행	· 어음법 1조 · 어음의 창조 · 이전 · 상환의무부담(인수 · 지급담보책임) · 지급무담보는 무익적 기재사항	· 어음법 75조 · 어음의 창조 · 이전 · 주채무자로서 지급의무부담 · 지급무담보는 유해적 기재 사항	· 수표법 1조 · 상환의무부담 (지급담보책임) · 지급무담보는 무익적 기재사항

배 서	· 어음법 11조 이하 · 어음상의 권리 이전 · 상환의무부담 (인수 · 지급 담보책임) · 인수 · 지급무담보배서 가능 · 어음법 30조, 31조, 32조	· 어음법 77조 1항 · 어음상의 권리 이전 · 상환의무부담(지급책임) · 지급무담보배서 가능	· 수표법 제14조 이하 · 수표상의 권리이전 · 상환의무부담 (지급담보책임) · 지급 무담보배서가능
보 증	· 피보증인과 동일한 책임 부담 · 어음법 21조 이하 · 주채무자로서 지급의무 부담	· 어음법 77조 3항 · 환어음과 동일	· 수표법 25조, 26조, 27조 · 환어음과 동일
인 수	· 어음법 56조, 57조 · 피참가인의 후자에 대해 피참가인과 동일 한 책임 부담	· 인수제도 없음	· 인수제도 없음
참가인수	· 지급보증제도 없음	· 참가인수제도 없음 (통설은 참가인수 인정)	· 참가인수제도 없음
지급보증		· 지급보증제도 없음	· 수표법 53조 이하 · 수표제시기간 내에 제시한 경우 시급의무 부담

III. 어음(수표)행위의 해석

1. 어음(수표)외관해석의 원칙

어음행위는 어음면의 기재가 의사표시의 내용이 되는 법률행위이므로, 어음(수표)행위의 해석은 오로지 어음(수표)면에 기재된 문언에 따라서 하여야 할 것이며, 어음(수표)면에 나타나지 아니한 사실에 의하여 당사자의 의사를 추지하거나 또는 어음(수표)의 기재를 보충변경할 수는 없다. 이것을 어음(수표)외관해석의 원칙이라 한다. 이러한 어음(수표)외관해석의 원칙은 어음(수표)엄정의 원칙의 한 내용으로 이에 의하여 어음의 유통성이 보장된다.

2. 어음(수표)유효해석의 원칙

어음(수표) 유효해석의 원칙은 어음을 무효라고 해석하는 것보다는 신의성실의 원칙에 따라 유효로 해석하여야 한다는 원칙으로 판례 · 통설이 인정하고 있다. 다만, 유효해석의 원칙을 적용하더라도 이것이 강행법 질서에 반하는 경우에는 인정될 수 없다. 예를 들어 어음행위 시에는 무능력자인자가 능력자가 되는 날을 어음 발행일자로 한 경우 능력자의 어음발행으로 볼 수는 없다.

●●● 어음유효해석의 원칙의 예

[유효해석의 원칙과 관련된 규정]

① 만기의 기재가 없는 어음은 일람출급어음으로 본다(어음법 제2조 1호).

② 지급지의 기재가 없는 때에는 지급인의 명칭에 부기한 지가 지급지이며 지급인의 주소지로 본다(어음법 제2조 2호).

③ 발행지의 기재가 없으면 발행인의 부기지에서 발행한 것으로 본다(어음법 제2조 3호, 수표법 제2조 3호).

④ 어음(수표)보증에서 피보증인의 표시가 없는 경우에는 발행인을 위하여 보증한 것으로 본다(어음법 제31조 제4항, 수표법 제26조 제4항).

⑤ 환어음에서 참가인수 또는 참가지급을 하는 경우에 피참가인을 표시하지 않은 때에는 발행인을 위하여 참가인수 또는 참가지급을 한 것으로 본다(어음법 제57조, 제62조 제1항).

[유효해석의 원칙과 관련한 판례]

① 세력이 없는 날을 발행일로 기재한 어음은 그 달의 말일에 발행된 유효어음으로 본다.

② 지급지 내의 장소가 아닌 다른 장소를 지급장소로 기재한 어음은 지급장소의 기재가 없는 유효한 어음으로 본다.

IV. 어음(수표)행위의 특성

1. 어음(수표)행위의 추상성(무인성)

어음(수표)행위를 함에는 보통 매매 · 소비대차 등의 원인이 있기 마련이지만, 어음(수표)행위는 이러한 원인관계의 부존재 · 무효 · 취소 등에 의하여 영향을 받지 않고 어음(수표)행위 그 자체에 의하여 효력이 생긴다. 어음(수표)행위의 이러한 특성을 무인성 · 추상성이라고 한다. 다만, 원인관계는 직접적인 당사자간, 그리고 악의의 취득자에 대한 관계에 있어서 인적 항변사유가 된다. 어음(수표)행위의 무인성의 실정법상의 근거는 각종 어음행위의 무조건성(어 제1조 2호, 제76조 2호, 수 제1조 2호 등)과 이득상환청구권(어 제79조, 수 제68조)에 관한 규정에서 나타난다.

2. 어음(수표)행위의 요식성

어음(수표)행위는 요식성을 갖는다. 즉, 모든 어음(수표)행위는 어음(수표)법이 각각의 어음행위에 대하여 규정한 법정의 형식을 갖추어야 하며, 이러한 형식을 갖추지 못하면 어음(수표)행위로서의 효력이 없다.

3. 어음(수표)행위의 설권성

어음(수표)행위에 의하여 비로소 어음(수표)상의 권리의무가 증권면에 발생하는 점에서 어음(수표)행위는 설권성을 갖는다. 어음(수표)행위의 설권성은 무인성을 전제로 하는 어음(수표)행위의 속성이다.

4. 어음(수표)행위의 문언성

어음(수표)행위의 내용은 어음(수표)상의 기재에 의해서만 정하여지고, 어음(수표) 외의 실질관계에 의하여 영향을 받지 않는다. 이러한 성질을 어음(수표)행위의 문언성이라 한다. 따라서 어음(수표)면의 문언과 실제행위자의 진실과의 불일치는 직접적인 당사자 사이와 악의의 취득자에 대한 관계에서만 인적 항변사유가 될 뿐이다.

5. 어음(수표)행위의 독립성

(1) 의 의

동일한 어음(수표)면에 하여진 여러 어음(수표)행위는 다른 어음(수표)행위의 실질적인 효력의 영향을 받지 않고 독립하여 그 효력이 생긴다. 이러한 것을 어음(수표)행위의 독립성 또는 어음(수표)행위독립의 원칙이라 한다.

(2) 근 거

① **성문법적 근거** : 대표적인 규정은 어음법 제7조 · 수표법 제10조이고, 보증에 대하여도 피담보채무와의 관계에서 어음법 제32조 제2항 · 수표법 제27조 제2항이 별도로 어음(수표)행위의 독립성에 관하여 규정하고 있다. 변조의 효력을 규정한 어음법 제69조 · 수표법 제50조도 어음(수표)채무범위의 면에서 어음(수표)행위독립의 원칙을 규정한 것이라고 할 수 있다.

② **이론적 근거** : 어음(수표)행위독립의 원칙의 이론적 근거에 관해서는 학설이 대립되고 있으나, 정책적으로 어음(수표)행위독립의 원칙을 규정하여 어음(수표)거래의 안전과 유통을 보호하고자 하는 것(법률행위의 예외법칙으로 본다.)이라고 할 수 있다. 즉, 선행하는 어음행위의 실질적 무효에도 불구하고 형식상 완전한 어음에 한 어음행위에 대하여 독립적인

어음채무를 부담시키고자 하는 것이다. 이러한 점에서 권리귀속과 관계된 선의취득과는 구별된다.

(3) 적용범위

① **적용되지 않는 경우** : ⓘ 어음(수표)행위독립의 원칙은 선행행위의 실질적 무효 등에 따라 후속하는 어음(수표)행위가 영향을 받지 않는다는 것이므로, 선행의 어음(수표)행위가 형식적 무효인 경우에는 어음(수표)행위독립의 원칙이 적용될 여지가 없다. ⓘⓘ 어음(수표)행위독립의 원칙은 어음(수표)행위의 효력발생에 관한 원칙이므로, 일단 유효하게 성립한 어음(수표)채무가 소멸한 때에는 이 원칙이 적용될 여지가 없다. ⓘⓘⓘ 선행의 어음(수표)행위가 존재하지 않는 어음(수표)의 발행에는 어음행위독립의 원칙이 적용되지 않는다.

② **적용되는 경우** : 선행의 어음(수표)행위가 존재하는 참가인수 · 보증 · 배서에 대해서는 어음(수표)행위독립의 원칙이 당연히 적용된다. 환어음의 인수나 수표의 지급보증의 경우에도 선행행위는 발행이라는 점에서 어음(수표)행위독립의 원칙이 적용된다.

(4) 악의취득자에 대한 적용여부

형식상 완전한 어음에 기명날인 또는 서명한 자는 선행하는 어음행위의 실질적 무효를 알고 있더라도 자기의 독립적인 어음채무부담의 의사표시인 기명날인 또는 서명에 의하여 어음상의 책임을 부담한다.

어음(수표)의 취득자가 악의인 경우에 어음(수표)행위독립의 원칙이 적용되는가에 대해서는 부정하는 견해도 있으나, 어음행위독립의 원칙은 선의취득자 보호뿐만 아니라 어음(수표)행위의 확실성을 보장하여 어음(수표)의 신용을 높이기 위한 것이므로 선의 · 악의에 관계없이 적용된다는 것이 다수의 입장이다.

【제2관】 어음(수표)행위의 요건

Ⅰ. 서 설

어음(수표)행위는 요식성을 갖추어야 한다. 그러므로 어음(수표)행위가 유효하게 성립하기 위해서는 증권의 유효한 작성행위와 작성된 증권의 유효한 교부행위가 있어야 한다. 유효한 작성행위가 성립하기 위해서는 일정한 형식적 요건과 실질적 요건이 갖추어져야 한다.

II. 어음(수표)행위의 형식적 요건

1. 법정사항의 기재

어음(수표)행위는 그 종류에 따라 고유한 방식, 즉 기재사항이 정하여져 있다(예 어음법 제1조 · 제13조 · 제31조, 수표법 제1조 · 제16조 · 제26조 등). 그리고 어떠한 어음(수표)행위가 다른 어음(수표)행위를 전제로 하는 경우에는 전제가 되는 어음(수표)행위의 방식도 구비하여야 한다. 따라서 어느 한쪽의 방식이 결여된 경우 당해 어음(수표)행위는 무효가 된다. 그리고 모든 어음(수표)행위의 공통된 최소한의 형식적 요건은 어음(수표)행위자의 기명날인 또는 서명이다.

2. 기명날인 또는 서명

(1) 자연인의 경우

① **기명날인** : 기명날인에서 「기명」이란 어음행위자의 명칭을 타이프라이터 · 인쇄 · 고무인 등으로 기재하는 것으로 타인에 의한 기재도 가능하다. 행위자의 명칭은 반드시 그 성명과 일치하여야 하는 것은 아니며(판례), 상호 · 아호 · 예명이라도 거래자 사이에 자기를 표시하는 명칭이면 무방하다.

「날인」은 어음(수표)행위자의 의사에 의하여 그의 인장을 찍는 것을 말한다. 인장은 은행 등에 신고된 인감인장임을 요하지 아니하며, 행위자가 일상 사용하지 않는 것이든 행위자의 아호를 나타내는 것이든 행위자의 동일성이 인정될 수가 있는 것이면 무방하다.

② **서명** : 「서명」이란 어음(수표)행위자의 자서의 성명서명을 의미한다. 성명의 전부가 나타나지 않고 이름 및 아호에서 따온 개별적인 철자만을 단순히 수서(手書)하는 것은 서명으로 인정되지 않는다. 또한 스템프 · 타이프라이터 등으로 하는 어음행위자의 성명의 표시도 서명으로 볼 수 없다.

③ **기명무인의 효력** : 무인(拇印)은 그 감별을 육안으로 할 수 없고, 또 기계의 힘을 빌려서 특수한 기능을 가진 자가 아니면 이를 감별할 수 없으며, 대비감별의 절차가 간단하지 아니하므로 유통증권으로서 신속히 전전함을 그 사명으로 하는 어음 · 수표에 있어서는 그 증권의 성질상 허용되지 않는다는 것이 판례 · 통설의 입장이다.

(2) 회사 기타 법인의 경우

회사 기타 법인이 어음(수표)행위를 하는 경우에는 그 대표기관자가 법인의 명칭을 기재하고 대표관계를 표시하여 대표기관 자신이 기명날인 또는 서명을 하여야 한다. 따라서 법인의 명칭을 기재하고 법인인만 찍고 그 대표자의 기명날인 또는 서명을 하지 아니한 어음(수표)행위는 무효가 된다. 그러나 법인명과 대표자의 성명을 기재하고 등록된 법인대표직인을 사용한 경우에는 그 법인은 어음상의 책임을 진다(판례). 회사가 어음을 발행한 후에 그 상호를 변경한 경우에도 동일한 법인체로 인정되는 한, 발행인으로서의 책임은 져야 한다(판례).

••● 법인대표기관의 대표권 남용

법인의 대표자의 자격을 표시하여 법인명의로 어음행위를 한 경우에 비록 대표권을 남용하였다 하더라도 법인은 어음당사자로서 선의의 제3자에 대하여 어음상의 채무를 부담한다. 다만, 대표권남용의 주장은 인적항변사유에 해당한다.

(3) 권리능력 없는 사단

권리능력 없는 사단의 어음권리능력을 인정하는 견해(판례)에 따르면 권리능력 없는 사단의 명의와 대표관계를 표시하고 대표자의 기명날인 또는 서명으로써 어음행위가 이루어진다.

(4) 조 합

조합의 경우에는 어음권리능력이 없으므로, 어음(수표)행위에 의하여 권리를 취득하고 의무를 부담하는 자는 조합이 아니고 조합원이다. 따라서 어음(수표)행위는 조합원 전원의 기명날인 또는 서명에 의하여야 할 것이지만, 실제로는 대표조합원이 그 대표자격을 표시하고 조합원을 대리하여 기명날인 또는 서명하는 방법을 취하고 있으며, 유효한 어음(수표)행위의 방식으로 인정된다(판례).

Ⅲ. 어음(수표)행위의 실질적 요건

1. 서 설

어음(수표)행위가 유효하게 성립하기 위하여는 실질적 요건으로서 어음(수표)권리능력이 있는 자가 어음(수표)행위능력을 가지고 어음(수표)행위에 관한 의사로써 어음(수표)행위가 이루어져야 한다.

2. 어음(수표)권리능력

(1) 자연인 · 법인

어음(수표)권리능력은 어음(수표)상의 권리의무의 주체가 될 수 있는 능력을 말한다. 자연인은 생존하는 동안 어음(수표)권리능력이 있으므로(민법 제3조) 특별히 문제될 것이 없다. 그러나 법인은 법률의 규정에 좇아 정관으로 정한 목적의 범위내에서 권리능력이 있으므로(민법 제34조)

어음(수표)권리능력도 이와 동일한 것으로 보아야 하는가에 대해 논란이 있을 수 있지만, 어음(수표)행위는 회사를 포함한 모든 법인의 목적범위 내의 행위에 속하는 것으로 보고, 구체적으로 어음(수표)행위가 법인의 목적범위 외의 행위에 관한 것인 때에는 인적 항변이 성립할 수 있다.

(2) 권리능력 없는 사단(재단)·조합

권리능력 없는 사단(재단)은 어음권리능력이 있고, 조합의 어음(수표)권리능력은 없다는 것이 판례의 입장이다. 또한 책임의 귀속에 관해서 판례는 권리능력 없는 사단의 경우 어음채무는 권리능력 없는 사단의 구성원에게 총유적으로 귀속하므로 그 채무에 대해서는 사단의 재산으로만 책임을 지며, 조합의 경우에는 전 조합원이 공동어음행위자로서 합동책임을 진다는 것이 판례의 입장이다. 한편, 사립학교장이 어음을 발행한 경우 학교자체는 권리능력이 없으므로 학교장의 어음행위가 학교에 귀속되지 않고 학교장 개인의 어음행위가 된다(판).

3. 어음(수표)행위능력

어음(수표)행위능력이란 자기의 행위에 의하여 유효한 어음(수표)행위를 할 수 있는 능력을 말하므로 어음(수표)행위자의 정신적 능력이 전제가 되고, 법인보다는 자연인의 경우에 특히 문제가 된다.

(1) 의사무능력자

의사능력이 없는 자는 행위능력이 없으므로 어음(수표)행위능력도 없으며, 따라서 의사무능력자의 어음(수표)행위는 당연히 무효가 된다. 그러므로 어음(수표)행위에 있어서도 법정대리인에 의하여 행하여 질 수 밖에 없다.

(2) 행위무능력자

① **미성년자** : 미성년자가 법정대리인의 동의를 얻지 아니하고 어음(수표)행위를 한 때에는 원칙적으로 그 어음(수표)행위는 취소할 수 있다. 이때 취소는 직접상대방뿐만 아니라 어음소지인에 대해서도 가능하다(통설). 행위무능력자의 어음행위의 취소는 물적 항변 사유에 해당한다. 미성년자라도 법정대리인으로부터 영업의 허락을 받은 경우 그 영업에 관하여, 또 처분이 허락된 재산에 관하여는 허락된 범위 내에서 완전한 어음(수표)행위능력을 가진다. 또 미성년자가 법정대리인의 허락을 얻어 회사의 무한책임사원이 된 때에는 그 사원자격으로 한 어음(수표)행위는 유효하다.

② **한정치산자(피한정후견인)** : 한정치산자의 행위능력은 미성년자의 그것과 동일하므로(민법 제10조) 한정치산자의 어음(수표)행위능력은 미성년자의 그것과 동일하다.

③ **금치산자(피성년후견인)** : 금치산자가 한 어음(수표)행위는 언제나 이를 취소할 수 있다(민법 제13조). 따라서 금치산자를 위하여 어음(수표)행위를 하고자 할 때에는 법정대리인이 이를 대리하는 수밖에 없다.

4. 어음(수표)행위에 관한 의사

어음(수표)행위도 법률행위로서 의사표시를 요소로 하기 때문에 민법상의 의사표시의 요건을 갖추어야 하며, 민법 제107조(비진의표시) · 제108조(허위표시) · 제109조(착오로 인한 의사표시) · 제110조(사기 또는 강박에 의한 의사표시)에 관한 규정이 적용된다. 따라서 어음(수표)행위가 비진의표시에 의한 경우 상대방이 어음(수표)행위자가 진의 아님을 알았거나 알 수 있었을 경우에는 무효가 되고, 상대방과 통정한 허위의 어음(수표)행위는 무효가 된다(판례). 그리고 어음(수표)행위가 착오 · 사기 · 강박에 의한 경우에는 취소할 수 있다. 그러나 어음행위 자체에는 의사표시의 흠결이나 하자가 없고 그 원인행위만 하자 또는 흠결이 있는 경우에는 어음행위의 무효 또는 취소를 주장할 수 없고, 인적 항변사유가 될 뿐이다. 의사표시의 흠결이나 하자로 인한 어음행위의 무효 또는 취소는 이로써 선의의 제3자에게 대항하지 못한다(민법 제107조 제2항 등). 여기에서 선의의 의미에 대해서는 학설의 대립이 있으나, 판례는 어음법 제17조 단서(인적항변의 부절단 : 악의의 항변)와 같이 해석한다. 한편, 어음행위 자체에 대한 의사표시의 착오나 하자가 있어 어음(수표)행위를 취소하는 경우에 취소의 상대방은 직접의 상대방뿐 아니라 채무자를 해할 것을 알고 있는 현재의 어음소지인을 포함한다(판례).

주의
1. 어음행위자가 강박에 의하여 의사결정을 스스로 할 수 없도록 행동의 자유를 완전히 박탈당한 상태에서 의사표시를 한 경우는 단지 법률행위의 외형만 만들어진 것에 불과하므로 이러한 상태에서의 어음행위는 무효가 되어 물적 항변의 사유가 된다(판례).
2. 어음행위에는 민법 제103조와 제104조가 적용되지 않으므로 반사회적 · 불공정행위로 어음행위를 한 경우에도 그 어음행위는 무효가 않고, 인적항변의 사유에 해당하게 된다.

Ⅳ. 어음(수표)의 교부(어음학설)

요식의 어음(수표)증권이 능력자에 의하여 작성되고, 상대방에게 교부되기 마련인데 이 교부행위가 어음행위의 성립요건의 하나가 되느냐 하는 것은 어음이론의 가장 중요한 문제이며, 어느 설을 취하느냐에 따라 어음상의 채권 · 채무가 어떠한 법률상의 이유에서 발생하는가에 대한 설명방법이 달라진다.

판례는 발행설 또는 권리외관설을 따르고 있다. 발행설의 입장에 따르면 어음(수표)의 작성이 이루어진 후 발행인의 의사에 따라 상대방에게 교부되었을 때에 그 효력이 발생한다. 이 설에 의하면 교부흠결의 어음은 어음수령자의 의사의 흠결이 있더라도 이는 인적항변사유에 불과하고 어음채무는 성립하므로, 교부흠결어음의 선의취득자에게 어음발행인은 어음상의 책임을 진다. 권리외관설의 입장에 따르면 어음(수표)의 작성이 이루어진 후 교부계약에 의하여 상대방에게 교부되었을 때에 그 효력이 발생한다. 이 설에 의하면 교부흠결의 어음은 효력이 없는 것이 되지만, 어음교부흠결의 어음에 배서가 연속되어 있는 경우 그 어음의 외관을 신뢰하고 취득한 소지인에 대하여는 그 소지인이 악의 또는 중과실에 의하여 그 어음을 취득하였음을 주장·입증하지 아니하는 한 발행인으로서의 어음상의 채무를 부담한다.

[어음교부학설] ① 어음발행인이 어음에 기명날인 또는 서명하고 그 어음을 상대방에게 교부함으로써 당사자간에 어음채무부담에 관한 어음계약이 성립한다는 교부계약설, ② 어음발행인이 어음증권에 기명날인 또는 서명을 함으로써 어음발행이 완성한다는 창조설, ③ 어음발행인이 어음에 기명날인 또는 서명하여 그의 의사에 따라 상대방에게 교부한 때에 어음발행의 효력이 나타난다는 발행설, ④ 어음행위 성립시에 교부계약을 요하지만 교부계약이 성립하지 않아도 권리외관에 기인하여 어음발행인의 책임이 발생한다는 권리외관설이 있다.

【제3관】 어음(수표)행위의 대리

Ⅰ. 어음(수표)행위의 대리의 방식

어음(수표)행위는 재산법적 법률행위이므로 대리에 친한 법률행위로서 실제에 있어서 대리인에 의하여 행해지는 경우가 많다. 어음(수표)행위는 어음(수표)상의 효과가 귀속되는 본인이 하는 것이 원칙이지만 타인에 의하여 이루어지는 경우도 있다. 타인에 의한 어음(수표)행위는 대리방식과 대행방식의 두가지가 있다. 대리방식은 대리관계를 표시하고 어음(수표)상의 대리인의 기명날인 또는 서명으로 하는 것이고, 대행방식은 타인이 본인명의의 기명날인 또는 서명을 하는 것이다.

Ⅱ. 어음(수표)행위의 대리의 요건

1. 형식적 요건

어음(수표)행위의 대리로서 효력을 발생하기 위한 형식적 요건으로는 본인의 표시, 대리관계의 표시, 대리인의 기명날인 또는 서명의 세가지가 필요하다.

(1) 본인의 표시

어음(수표)행위를 대리할 때에는 반드시 본인을 표시하여야 한다. 자연인의 경우에는 성명

· 아호 등으로 표시하고, 법인이나 조합 등은 법인명이나 조합명만 표시하면 된다. 본인을 표시하지 않고 어음(수표)행위를 한 경우에는 그 대리인 자신만이 어음행위자로서 책임을 질 뿐 본인에게는 그 행위의 효과가 귀속되지 않는다(민법 제115조 본문).

●●● 민법 제115조 단서 및 상법 제48조의 적용여부

어음(수표)행위에는 그 문언성으로 인하여 민법 제115조 단서 및 상법 제48조의 규정이 적용되지 않는다. 따라서 상대방이 대리인으로서 어음(수표)행위를 한 것임을 알았거나 알 수 있었을 경우에도 본인은 어음상의 책임을 부담하지 않으며, 영업상의 대리권을 가진 지배인이 영업주의 영업을 위하여 어음행위를 하면서 영업주를 표시하지 않은 경우 영업주는 책임이 없다. 대리인은 상대방이 악의인 경우 인적 항변으로 주장할 수 있을 뿐이다.

(2) 대리관계의 표시

대리관계의 표시는 기재의 전체로 보아 본인을 위한 어음(수표)행위로 인식될 수 있을 정도이면 되고, 반드시 대리인이라는 직접적인 표현을 요하지 않는다. 따라서 지배인 · 지점장 · 후견인 등의 표시도 대리관계의 표시로 충분하다. 한편, 복대리인이 어음(수표)행위를 하는 경우에는 대리인의 대리인이 아니고 직접 본인을 대리하는 것이므로, 자기에게 대리권을 수여한 대리인을 표시할 필요가 없다. 대리(대표)관계의 표시는 없으나 이를 나타내는 직인을 사용하여 날인한 경우에는 유효한 대리(대표)관계의 표시로 본다(판례). 그러나 법인명을 기재하고 대표자격의 기재없이 단지 자신의 이름만을 기재하고 개인인감을 압날하는 것은 법인의 어음행위로 볼 수 없다(판례).

(3) 대리인의 기명날인 또는 서명

대리인이 자기의 기명날인 또는 서명을 하여야 한다. 이러한 점에서 대리인이 직접 본인의 기명날인 또는 서명을 하는 대행과 구별된다. 법인은 성질상 법인 자체의 대행은 있을 수 없고 법인의 대표기관 등의 대행만이 있을 수 있다. 따라서 법인의 명칭을 기재하고 법인인만을 찍은 어음행위는 무효이다(판례).

2. 실질적 요건

(1) 대리권의 존재

어음(수표)행위가 대리행위로서 유효하게 성립하기 위한 실질적 요건으로서는 대리인에게

실질적 대리권을 필요로 한다. 즉, 대리인이 된 자가 본인을 위하여 어음(수표)행위를 할 수 있는 권한이 주어져야 한다.

어음행위의 대리권은 본인의 대리권 수여행위에 의하여 발생하는 임의대리권과 법률의 규정 · 법원의 선임 또는 지정권자의 지정행위에 의하여 발생하는 법정대리권이 있다. 어음행위의 수권행위에 관해서는 어음면에 기재할 필요가 없고, 서면이든 구두이든 묵시적이든 관계없이 가능하다.

(2) 대리권의 제한

대리인이 대리권을 갖고 있는 경우에도 일정한 경우에는 본인의 이익을 위하여 그 행위에 대하여 대리권이 제한되는 경우가 있다. 이때 민법 제124조 또는 상법 제398조의 적용에 대해서는 학설의 대립이 있으나 적용가능하다는 것이 통설 · 판례의 입장이다. 어음(수표)행위가 민법 제124조 또는 상법 제398조를 위반한 경우 위반행위가 대내적 행위인 경우에는 무효로 보고, 대외적 행위인 경우에는 상대방인 제3자의 악의(이사회의 승인이 없음을 안 경우 ; 중대한 과실있는 경우를 포함함)를 회사가 입증하지 못하는 한 유효하다(다수설 · 판례).

(3) 대리권의 남용

주식회사의 대표이사가 외형상으로는 회사를 대표하여 어음행위를 하였으나 실제는 자기의 채무변제를 위하여 한 경우와 같은 대표권 남용의 경우 상대방에게 악의 또는 중대한 과실이 있는 때에는 회사는 어음채무를 부담할 필요가 없다(판례). 상대방의 악의 또는 중대한 과실은 회사가 입증하여야 한다(판례).

Ⅲ. 무권대리

1. 표현대리

(1) 민법상 표현대리규정의 적용

민법의 표현대리에 관한 제125조(본인이 제3자에 대하여 타인에게 어음행위의 대리권을 수여하였음을 표시하였으나 사실은 그 타인에게 어음행위의 대리권을 수여하지 않은 경우), 제126조(대리인이 대리권의 범위를 넘어 어음행위를 대리한 경우), 제129조(대리인이 대리권 소멸 후에 대리행위를 한 경우) 등은 어음(수표)행위에도 적용된다. 이 때 표현대리인과 거래한 제3자는 거래상대방에 한정된다는 것이 판례의 입장이며, 민법상 표현대리규정이 적용되기 위해서는 제3자에게 악의 또는 중과실 이 없어야 한다.

(2) 상법상 표현대리규정의 적용

상법상 표현대리에 관한 규정인 제14조(표현지배인) · 제395조(표현대표이사) 등도 어음(수표)행위에 적용된다. 상법 제14조나 제395조가 적용되기 위해서는 제3자(상대방)는 선의이고 중과실이 없어야 하며, 제3자는 직접의 상대방뿐만 아니라 그 후의 어음취득자도 포함된다(판례).

⑶ 표현대리의 효과

어음(수표)행위에 표현대리가 성립하면 본인은 민 · 상법의 규정에 의하여 당연히 어음상의 책임을 지고, 표현대리인은 무권대리인으로서 어음법 제8조 1문에 의하여 어음상의 책임을 진다.

⑷ 월권대리

월권대리의 경우, 즉 대리권이 있는 대리인이 그 대리권의 범위를 초월하여 어음행위를 한 경우에 본인 및 월권대리인의 책임범위가 어떠한가가 문제된다. 이에 대해 민 · 상법상 표현대리가 성립하지 않는 경우에 본인은 수권범위내에서만 책임을 부담하고 월권대리인은 전액에 대하여 책임을 부담한다고 보는 것이 통설 · 판례의 입장이다.

2. 협의의 무권대리

⑴ 협의의 무권대리의 성립요건

어음(수표)행위의 협의의 무권대리가 성립하기 위해서는 ① 어음(수표)행위의 대리의 형식적 요건을 구비하여야 하고, ② 본인은 협의의 무권대리인에게 대리권을 수여하지도 않고 또 표현대리가 성립하지도 않으며 추인을 하지 않았어야 하고, ③ 상대방 또는 어음(수표)소지인이 선의인 경우라야 한다. 상대방이 악의인 경우에는 어음법 제8조 및 수표법 제11조를 적용할 여지가 없으나, 상대방이 선의라면 과실이 있더라도 무권대리인은 책임을 져야 한다. 다만 상대방에게 악의 또는 과실이 있는 때에는 무권대리인은 원인관계에서의 인적 항변으로 주장할 수 있게 된다. 따라서 무권대리인이 직접의 상대방에게 어음상의 책임을 부담하기 위해서는 상대방이 선의이고 무과실이어야 한다.

보충 [무권대리의 추인의 효력발생시기에 관한 학설] 무권대리의 추인을 인정함에는 이설이 없으나 추인의 효력발생시기에 대해서는 추인을 해제조건으로 하여 무권대리인의 어음상의 책임이 소멸한다는 견해(해제조건설)와 추인이 거절된 때로부터 무권대리인의 책임이 발생한다는 견해(정지조건설)가 있다.

⑵ 무권대리의 효과

① **무권대리인의 책임** : 어음(수표)행위의 협의의 무권대리가 성립하면 협의의 무권대리인은 어음소지인에 대하여 언제나 어음상의 책임을 부담한다(어음법 제8조 1문, 수표법 제11조 제1항). 무권대리인은 그가 대리권을 가졌으면 본인이 부담하게 되었을 의무와 동일한 내용의 의무를 진다. 무권대리인은 본인이 행사할 수 있었을 항변을 행사할 수 있으나, 그

어음(수표)행위 및 원인관계 이외의 사정으로 본인이 주장할 수 있었던 항변권이나 취소권은 이를 행사하지 못한다.

② **어음(수표)상의 책임을 이행한 무권대리인의 권리** : 협의의 무권대리인이 어음(수표)금액을 지급한 때에는 본인과 동일한 권리를 갖는다(어음법 제8조 2문 및 수표법 제11조 2문). 무권대리인의 권리취득은 법의 규정에 의하여 독립적 취득이며, 본인의 권리의 법률적 이전은 아니다. 따라서 어음(수표)채무자는 본인이 이 권리를 가졌으면 본인에 대하여 대항할 수 있었을 항변권으로 무권대리인에 대하여도 주장할 수 있다.

③ **입증책임** : 무권대리인과 그의 책임을 추궁하는 어음소지인 사이의 다툼에서 어음소지인은 본인이 무권대리를 이유로 이행을 거절한 사실을 입증하여야 한다.

④ **무권대리인의 책임과 시효의 중단** : 어음(수표)소지인의 무권대리인에 대한 권리행사는 시효기간 내에 하여야 한다. 즉, 약속어음의 발행인 또는 환어음의 인수인의 무권대리인에 대해서는 만기로부터 3년, 환어음의 발행인 또는 어음의 배서인의 무권대리인에 대해서는 상환청구권보전을 위한 기간 내에 권리행사를 하여야 시효중단의 효력이 있게 된다.

Ⅳ. 어음행위의 대행

1. 기명날인의 대행

(1) 대행의 의의

기명날인의 대행은 대행자가 단순히 본인의 표시기관 내지 수족으로 본인의 기명날인을 기계적으로 대행하는 고유의 대행과 대행자가 본인으로부터 일정한 범위의 기본적인 대리권을 수여받고 그 범위내에서 개개의 어음(수표) 행위에서는 스스로 결정하여 본인의 기명날인을 대행하는 대리적 대행이 있다.

(2) 대행의 효과

유권대행의 경우에는 본인 자신의 어음(수표)행위가 되어 본인이 당연히 어음상의 책임을 부담하지만, 무권대행의 경우에는 원칙적으로 위조가 되어 본인은 어음상의 책임을 부담하지 않는다.

2. 명의대여에 의한 어음(수표)행위

타인에게 자기의 성명 또는 상호를 사용하여 영업을 할 것을 허락하고, 타인이 그 영업에 관하여 자기의 성명 또는 상호로 어음행위를 하는 경우에는 상법 제24조에 의하여 명의대여자로서 명의차용자와 함께 어음(수표)상의 합동책임을 부담한다(판례).

Ⅰ. 어음(수표)의 위조

1. 위조의 개념

(1) 의 의

어음(수표)의 위조란 타인의 명의를 위용(僞用)하여 어음(수표)행위를 하는 것을 말한다. 즉, 권한 없는 자가 직접 타인 명의의 기명날인 또는 서명을 위작(僞作)하여 마치 그 타인이 어음행위를 한 것과 같이 외관을 조작하는 것을 말한다. 타인, 즉 그 명의를 위용당한 자(피위조자)는 실재인이든 가설인이든 관계없다. 그리고 위용은 타인의 인장을 도용하든 다른 목적으로 된 타인의 기명날인 또는 서명을 어음의 기명날인 또는 서명에 악용하든 그 방법에는 제한이 없다. 또한 어음(수표)의 위조는 사실행위이기 때문에 위조자에게 고의 또는 과실이 있음을 요하지 않는다. 위조의 대상에는 제한이 없으므로 발행 · 배서 · 보증 · 인수 · 참가인수 · 지급보증 등의 모든 어음(수표)행위에 위조가 가능하다.

(2) 타개념과의 차이

① **변조와의 차이** : 위조는 기명날인 또는 서명을 위작하는 것인데 반하여, 변조는 권한 없이 기명날인 또는 서명 이외의 기재사항을 변경하는 것이다. 따라서 위조는 어음(수표)행위의 주체를 속이는 것이고, 변조는 어음(수표)행위의 내용을 속이는 것이다. 즉, 위조는 어음채무의 성립에 관한 허위이고, 변조는 어음채무의 내용에 관한 허위이다.

② **무권대리와의 차이** : 위조와 무권대리는 권한 없이 한다는 점에서 공통되나, 그 방식에 있어서 구별된다. 즉, 위조는 피위조자의 기명날인 또는 서명만 있고 위조행위자의 기명날인 또는 서명이 나타나지 않지만, 무권대리의 경우에는 대리권의 수여사실만 없고 대리의 방식을 구비한다는 점에서 차이가 있다.

2. 위조의 효과

(1) 피위조자의 책임

① **원칙** : 피위조자는 스스로 어음(수표)행위를 한 것도 아니고 또 타인(위조자)에게 대행권한을 부여한 것도 아니기 때문에 누구에 대하여도 어음(수표)상의 책임을 지지 아니한다(어음법 제7조, 수표법 제10조). 따라서 위조의 항변은 물적 항변에 해당한다.

② **예외**

㉠ **추인에 의한 책임** : 위조된 기명날인 또는 서명을 추인할 수 있는가에 대해 어음법 · 수표법 및 민법 · 상법의 어디에도 규정이 없기 때문에 학설이 대립되고 있으나, 판례는 추인에 의한 책임을 인정하고 있다.

㉡ **표현책임** : 피위조자의 표현책임을 인정할 것인가에 대해 학설의 대립이 있으나, 판례는 피위조자의 표현책임을 인정하고 있다.

㉢ **사용자배상책임** : 위조자가 피위조자의 사용인이고 사무집행에 관하여 위조한 것인 때에는 민법 제756조에 의하여 피위조자는 불법행위로 인한 책임을 진다는 것이 통설 · 판례의 입장이다. 이 경우 사용인의 책임범위에 대해서는 어음금 전액이 아니라 위조어음의 취득의 대가로 지급한 금액(할인금액)이라는 것이 판례의 입장이다. 한편, 어음행위와 전혀 무관한 직무에 종사하는 피용자의 위조에 대해서는 피위조자의 사용자배상책임이 인정되지 않는다(판례). 그리고 어음취득자가 사용인의 어음행위가 그의 직무에 속하지 아니하는 것을 알았거나 알 수 있었을 경우에는 사용인의 위조행위에 대하여 사용자인 피위조자는 손해배상책임을 지지 않는다(판례). 이 경우 위조행위를 한 사용인은 불법행위상의 책임을 진다.

위조어음에 대한 피위조자의 사용자배상책임은 민법상 불법행위책임이므로 어음소지인이 상환청구권을 상실한 경우에도 인정된다(판례).

㉣ **신의성실의 책임** : 피위조자의 위조의 항변이 신의성실의 원칙에 반하는 경우에는 피위조자는 어음(수표)상의 책임을 져야 한다.

㉤ **피위조자의 어음(수표)금지급** : 피위조자가 위조임을 알면서 어음(수표)금을 지급한 경우에는 위조의 법정추인이 되어(민법 제146조 1호) 그 지급이 유효하게 된다. 이에 반해 피위조자가 위조임을 모르고 지급한 경우에는 원칙적으로 지급한 금액의 반환을 청구할 수 있지만(판례의 입장), 그러나 지급이 있었기 때문에 어음(수표)상의 권리의 보전절차를 밟지 않고 이로 인하여 어음(수표)상의 권리를 잃은 자에 대하여는 피위조자는 착오로 인하여 지급하였음을 이유로 하여 어음(수표)금의 반환을 청구할 수 없게 된다.

⑵ 위조자의 책임

위조자가 민법 · 형법상의 책임을 지는 외에 어음(수표)상의 책임을 지는지 여부에 대하여 어음(수표)의 문언증권성과 관련하여 학설의 대립이 있으나, 종래의 통설과 판례는 책임을 부정하고 있다.

⑶ 위조어음(수표)에 기명날인 또는 서명한 자의 책임

위조어음(수표) 위에 기명날인 또는 서명한 자는 어음(수표)행위독립의 원칙에 의하여 어음(수표)상의 책임을 진다(어음법 제7조, 수표법 제10조). 위조어음(수표)위에 기명날인 또는 서명한 자가 위조어음(수표)이라는 사실을 알고 기명날인 또는 서명한 경우라도 어음(수표)상의 책임을 지고, 이때 어음(수표)소지인이 위조임을 안 경우에도 같다.

⑷ 위조어음(수표)의 지급인의 책임

위조발행된 어음(수표)의 소지인에 대하여 지급인이 지급한 경우에 지급인의 면책유무에 관해서는 학설의 대립이 있으나, 특별법규 · 면책약관 또는 상관습 등에 근거하여 지급인의 면책유무를 결정하고 이때 지급인의 면책이 인정되기 위해서는 지급인이 선의 · 무과실이어야 한다고 본다. 지급인이 면책된 때에 피위조자의 손실부담으로 어음금을 지급한 경우에는 피위조자는 부당이득법리에 의하여 어음소지인에게 지급한 어음금의 반환청구권을 행사할 수 있다(판례).

보충 지급인의 면책약관이나 상관습이 존재하지 않는 경우에는 민법 제470조(채권의 준점유자에 대한 변제)에 근거하여 지급인의 면책유무를 결정할 수 있다.

3. 위조의 입증책임

위조의 입증책임이 어음(수표)소지인에게 있는가 피위조자에게 있는가에 대해 학설의 대립이 있으나, 판례와 다수설은 소지인입증설을 취하고 있다.

II. 어음(수표)의 변조

1. 변조의 의의

어음(수표)의 변조란 권한 없이 기명날인 또는 서명 이외의 기존문언을 변경하는 것을 말한다. 어음(수표)상의 효력을 가진 문언이면 어음(수표)요건이든 그 밖의 유익적 기재사항이든 불문한다. 권한 있는 자가 어음(수표)상의 기재내용을 변경하는 것은 변조가 되지 않으나, 이미 어음(수표)상에 다른 권리 또는 의무를 가진 자가 있는 경우에는 이러한 자의 동의를 얻지 않고 자기의 기재내용을 변경하는 것은 변조가 된다. 변조의 경우 변조자에게 고의 또는 과실이 있음을 요하지 않는다.

2. 변조의 방법 · 태양

(1) 변조의 방법

변조의 방법에는 제한이 없으며 현재문언의 변개(變改)뿐만 아니라 말소 · 도말에 의한 제거, 신문언의 부가 등 모두 이에 포함된다. 그러나 변조 후에도 형식상 어음(수표)요건은 구비되어 있어야 하며, 변조로 인하여 어음(수표)요건이 흠결된 때에는 어음(수표)의 훼멸(毁滅)이지 변조가 아니다.

(2) 변조의 태양

① **인지첩부에 의한 변조** : 제3자가 고의로 인지를 약속어음에 기재된「지시금지」의 문구위에 첩부한 경우 이는 어음의 기재내용을 일부 변조한 것으로 볼 수 있다(판례).

② **수취인란의 변조** : 어음소지인이 발행인의 동의를 얻지 않고 수취인란을 변경하는 경우에도 변조에 해당한다(판례).

③ **기존의 기명날인 또는 서명의 변경** : 어음(수표)면의 기존의 진정한 기명날인 또는 서명을 변경한 경우 이를 변조로 볼 것인가 위조로 볼 것인가에 대해 학설의 대립이 있으나, 기존의 진정한 기명날인 또는 서명의 면에서 보면 변조에 해당하고 권한 없이 변경된 새로운 기명날인 또는 서명의 면에서는 위조가 된다는 견해가 다수설이다.

(3) 백지어음(수표)의 보충권의 남용과 변조

백지어음(수표)의 보충권의 남용은 변조와 구별된다. 그 근거로는 첫째 변조의 대상은 어음(수표)상의 모든 기재사항이지만, 보충권의 남용은 백지부분에 한정된다. 둘째 변조는 물적 항변사유이지만, 보충권의 남용은 인적 항변사유에 해당한다. 백지어음(수표)의 경우에도 백지어음(수표) 중의 유효한 기재사항을 권한없이 변경하는 것은 보충권의 남용이 아니라 어음(수표)의 변조에 해당한다.

3. 변조의 효과

(1) 변조 전의 기명날인자 또는 서명자의 책임

변조 전에 기명날인 또는 서명한 자는 원문언, 즉 기명날인 또는 서명 당시의 어음(수표)문언에 따라 책임을 진다(어음법 제69조, 수표법 제50조). 원문언이 변조 후의 문언보다 무겁거나 또는 변조의 결과 어음(수표)이 훼멸된 경우에도 원문언에 따라 어음(수표)상의 책임을 부담한다.

그러나 변조 전의 기명날인자 또는 서명자가 어음(수표)면의 기재변경에 대하여 사전에 동의하거나 사후에 추인한 경우 또는 변조에 대하여 귀책사유가 있는 경우(예 변조되기 쉽게 어음을 작성하거나 연필로 어음금액 등을 기재하여 변조되어도 그 흔적이 남아 있지 않게 한 경우)에는 변조 후의 문언에 따라 책임을 부담한다.

(2) 변조 후의 기명날인자 또는 서명자의 책임

변조 후의 어음(수표)에 기명날인 또는 서명한 자는 변조된 문언에 따라 책임을 진다(어음법 제69조, 수표법 제50조). 그러나 변조로 인하여 어음(수표)요건이 결여된 후의 어음(수표)에 기명날인 또는 서명을 한 자는 아무런 어음(수표)상의 책임이 없다. 변조 후의 기명날인자 또는 서명자가 변조의 사실에 대하여 선의 · 악의이든 불문하고, 또 변조어음의 취득자의 선의 · 악의를 불문하고 변조 후의 어음(수표)에 기명날인 또는 서명한 자는 변조 후의 문언에 따라 책임을 진다.

(3) 변조자의 책임

변조자가 변조 후의 어음(수표)상에 기명날인 또는 서명한 경우에는 변조 후의 문언에 따라 어음(수표)상의 책임을 져야하지만, 변조만 하고 어음(수표)상에 기명날인 또는 서명을 하지 않은 경우에는 위조에서와 같이 책임을 부정하는 견해와 책임을 긍정하는 견해가 있다. 변조자가 어음(수표)소지인인 경우에 변조 전의 문언에 따른 어음(수표)상의 권리를 상실하지 않으므로, 변조전의 기명날인자 또는 서명자에게 어음(수표)상의 권리를 취득하는 것은 당연하다.

(4) 변조어음(수표)의 지급인의 책임

변조어음(수표)의 지급인의 책임은 위조어음(수표)의 지급인의 책임과 같다.

4. 변조의 입증책임

변조가 명백한 경우에는 어음(수표)소지인은 어음(수표)채무자의 기명날인 또는 서명이 변조 전인가 또는 변조 후인가를 증명하면 되지만, 변조가 명백하지 아니한 경우에 대해서는 그 주장하는 자(어음 · 수표의 채무자)가 입증하여야 한다는 것이 통설 · 판례의 입장이다.

제5절 어음(수표)상의 권리

【제1관】 어음(수표)상의 권리와 어음(수표)법상의 권리

Ⅰ. 어음(手票)상의 권리

어음(手票)상의 권리는 직접 어음(手票)의 목적을 달성하기 위하여 인정된 권리와 이에 갈음할 권리를 말한다. 이러한 어음(手票)상의 권리로는 환어음의 인수인 또는 약속어음의 발행인에 대한 어음금액청구권 · 전자에 대한 상환청구권 · 어음(手票)보증인에 대한 권리 · 채무를 이행한 보증인이 주채무자 및 그 전자에 대하여 가지는 권리 · 참가인수인에 대한 지급청구권 · 참가인수인이 환어음의 인수인 또는 약속어음의 발행인 또는 피참가인 및 그 전자에 대하여 가지는 권리 등이 이에 속한다.

Ⅱ. 어음(수표)법상의 권리

어음(手票)법상의 권리는 어음(手票)상의 권리와 구별되며, 이는 어음(手票)법상 인정된 권리이다. 이러한 권리로는 어음(手票)의 악의취득자에 대한 어음(手票)의 반환청구권 · 지급거절의 통지를 하지 음으로써 생기는 손해배상청구권 · 복본교부청구권 · 이득상환청구권 등이 있다.

【제2관】 어음(수표)상의 권리의 취득

Ⅰ. 취득방법

어음(手票)상의 권리의 취득에는 승계취득과 원시취득이 있다. 승계취득의 방법으로는 어음(手票)의 양도방법에 의한 취득(예 배서 · 지명채권의 양도방법 · 교부 등)과 상속 · 합병 · 전부명령 등에 의한 취득이 있고, 원시취득의 방법으로는 어음(手票)의 발행 · 선의취득 등이 있다. 어음(手票)의 발행 등 기타 사항에 대해서는 어음(手票)법 각론에서 설명하고 여기에서는 선의취득에 관한 내용만 다루도록 하겠다.

II. 선의취득

1. 의 의

어음(수표)의 선의취득이란 어음(수표)의 취득자가 배서에 의하여 양도받은 경우에 그 배서가 무효일지라도 선의이고 중과실이 없는 때에는 어음(수표)의 권리를 원시취득하는 제도를 말한다. 즉, 연속된 배서의 피배서인으로부터 어음법 및 수표법이 규정하는 유통방법에 의하여 어음 또는 수표를 취득한 자는 악의 또는 중과실이 없는 이상, 무권리자로부터 취득한 경우에도 어음(수표)상의 권리를 취득하게 된다(어음법 제16조 제2항, 수표법 제21조).

●●● 민법상 동산의 선의취득과의 차이

민법에 의하면 동산의 점유가 선의이며 무과실이어야 하지만, 어음 및 수표에 있어서는 악의 또는 중과실이 없어야 한다. 그리고 민법은 도품(盜品)·유실물에 관하여 특칙을 두고 있으나(제250조, 제251조), 어음 및 수표에는 이러한 특칙이 없다.

2. 선의취득의 요건

(1) 어음(수표)법적 유통방법에 의하여 취득하였을 것

어음(수표)취득자는 배서 또는 인도 등 어음(수표)법이 정하는 어음(수표)상의 권리의 양도방법에 의하여 어음(수표)을 취득하였어야 한다. 그러나 입질배서의 경우 선의취득이 인정되는 것은 질권이며 어음상의 권리가 아니다. 또한 기한후배서·추심위임배서의 경우 선의취득이 인정되지 으며, 배서금지어음의 경우에도 선의취득이 인정되지 않는다.

주의 백지어음은 보충 전에도 배서에 의하여 유통되므로 선의취득이 인정된다.

(2) 형식적 자격이 있을 것

어음 및 수표의 취득자가 형식적 자격이 있어야 한다. 즉, 배서가 연속되어 있거나 또는 최후의 백지식배서의 어음(수표)을 소지하고 있는 경우라야 한다.

보충 배서의 연속이 없는 어음이라 하더라도 그 끊어진 부분의 실질적 연속을 증명한 때에는 선의취득이 인정된다는 것이 통설의 입장이다.

(3) 무권리자로부터 취득하였을 것

선의취득이 인정되기 위해서는 취득자의 상대방(양도인)이 무권리자이어야 한다. 무권리자의 범위에 대해서는 학설의 대립이 있으나, 판례는 무권리자뿐만 아니라 대표권의 흠결 · 처분권이 없는 경우에도 선의취득이 인정된다고 한다.

(4) 취득자에게 악의 또는 중과실이 없을 것

어음(手票)의 선의취득이 인정되기 위해서는 취득자에게 악의 또는 중대한 과실이 없어야 한다. 여기서 「악의」란 양도인이 무권리자임을 알고 있음을 말하며, 「중대한 과실」이란 그것을 모르는 것에 대한 부주의의 정도가 현저한 것을 말한다. 이러한 악의 또는 중대한 과실은 어음(手票)의 취득당시에 있으면 된다. 취득자의 악의 또는 중대한 과실은 어음(手票)의 반환을 청구하는 자가 입증하여야 한다.

(5) 취득자가 취득에 관하여 경제적 이익을 가질 것

선의취득이 인정되기 위해서는 취득자가 그 취득에 관하여 독자적인 경제적 이익을 가지는 경우라야 한다. 따라서 추심위임배서는 피배서인에게 독자적인 경제적 이익이 없으므로 선의취득이 인정되지 않는다.

3. 효 과

(1) 어음(手票)상의 권리의 취득

어음(手票)의 선의취득의 요건을 갖춘 어음(手票)취득자는 양도인이 무권리자임에도 불구하고 어음(手票)상의 권리를 원시적으로 취득하여 누구에게도 어음(手票)을 반환할 의무가 없다(어음법 제16조 제2항).

(2) 어음(手票)항변과의 관계

선의취득자의 권리는 어음법 제17조 및 수표법 제22조의 인적 항변의 절단에 관한 규정에 의하여 보충되기는 하지만, 선의취득과 어음(手票)항변의 절단은 별개의 요건을 구비하여야 하는 것으로 구별된다. 따라서 항변권이 부착된 것은 알고 있었지만, 무권리자임을 알지 못하고 어음(手票)을 취득한 경우에는 그 취득자는 항변권이 붙어 있는 어음(手票)상의 권리를 선의취득한 것이 된다.

(3) 제권판결과의 관계

어음(手票)을 분실 · 도난당한 자가 공시최고절차를 거쳐 제권판결을 받은 경우에 어음(手票)의 선의취득자와 제권판결취득자 중 누가 실질적 권리자인지가 문제되는데, 이에 대해서는 제권판결자가 우선해야 한다는 견해와 선의취득자가 우선해야 한다는 견해로 나누어지고 있으나, 제권판결자가 우선한다는 것이 판례의 입장이다.

【제3관】 어음(수표)상의 권리의 행사(어음항변)

어음(수표)은 원래 금전지급수단으로서의 기능을 가지고 있으므로 그에 표창된 채권의 실행이 확실하고 또 유통성이 강하게 요청된다. 이러한 것을 어음(수표)엄정이라고 하고, 어음(수표)엄정은 어음에 특유한 간이신속한 소송절차를 말하는 형식적 엄정과 어음(수표)채무의 추상성 또는 어음(수표)항변의 제한을 뜻하는 실질적 엄정이 있다.

Ⅰ. 의의 및 종류

1. 의 의

어음(수표)항변은 어음(수표)채무자로서 청구를 받은 자가 그 청구권에 대하여 주장할 수 있는 항변을 말한다. 어음(수표)항변은 어음(수표)채무자가 주장할 수 있는 것이므로 어음(수표)채무자가 아닌 환어음의 지급인 · 지급담당자, 수표의 지급은행이 소지인에게 형식적 · 실질적 자격이 없다는 이유로 또는 어음(수표)자금이 없다는 이유로 지급을 거절하는 것은 어음항변이 아니다.

2. 종 류

어음(수표)항변은 크게 물적 항변과 인적 항변으로 구분된다. 물적 항변사유는 모든 어음(수표)소지인에 대하여 대항할 수 있는 항변이므로 어음(수표)거래의 안전을 해치게 되며, 따라서 너무 넓게 인정하는 것은 바람직하지 못하다고 본다.

Ⅱ. 물적 항변

1. 물적 항변의 의의

물적 항변이란 어음(수표)채무자가 모든 어음(수표)소지인에 대하여 대항할 수 있는 항변을 말하며, 객관적 또는 절대적 항변이라고도 한다.

2. 물적 항변사유의 예

(1) 어음(수표)행위의 효력에 관한 항변

행위자의 무능력을 이유로 하는 무효 · 취소, 대리권의 흠결, 어음(수표)의 위조 · 변조, 제권판결에 의한 어음(수표)의 무효, 공탁 등의 항변이 이에 해당한다.

(2) 어음(수표)의 기재상의 항변

어음(수표)요건의 불비, 무익적 또는 유해적 기재사항, 어음만기일의 미도래, 어음(수표)금의 일부지급의 기재, 지급무담보의 기재, 무담보배서, 인수무담보의 기재, 약속어음발행인의 지급무담보문언의 기재, 배서금지의 기재, 시효의 완성 등이 이에 해당한다.

III. 인적 항변

1. 인적 항변의 의의

인적 항변이란 특정된 또는 모든 어음(수표)채무자가 특정된 어음(수표)소지인에 대하여서만 대항할 수 있는 항변으로 주관적 또는 상대적 항변이라고도 한다.

2. 인적 항변의 예

(1) 실질관계에 관한 항변

당사자간의 원인관계의 부존재 · 무효 · 취소 · 해제의 항변, 당사자간의 원인관계가 공서양속 기타 사회질서에 반하는 항변, 어음과 상환하지 아니한 지급 · 지급유예 · 면제 · 상계 등의 항변, 동시이행의 항변 등이 이에 속한다.

(2) 어음(수표)행위의 성립에 관한 항변

의사의 흠결 또는 의사표시의 하자(사기 · 강박 · 착오 등)에 관한 항변, 부당보충된 백지어음(수표)을 악의 또는 중대한 과실로 취득한 소지인에 대한 어음행위자의 부당보충의 항변, 대리인 내지 대표자의 권한남용 등의 항변 등이 이에 속한다.

●●● 교부흠결의 항변에 관한 학설

발행설과 권리외관설에 의하면 인적 항변사유로 보지만, 교부계약설에 의하면 교부흠결은 어음(수표)을 무효로 만들기 때문에 물적 항변으로 본다. 창조설의 입장에서는 항변의 사유가 되지 않는다.

(3) 무권리의 항변

특정 어음(수표)소지인의 권리를 부정하는 항변으로, 어음(수표)을 도취 또는 습득하였다는 항변 · 소지인이 어음(수표)에 기재된 자와 동일한 자가 아니라는 항변 등이 이에 속한다.

⑷ 융통어음의 항변

융통어음은 타인의 자금융통을 목적으로 자기의 신용을 이용시키는 방법으로 발행하는 어음을 말한다. 이러한 융통어음을 피융통자(수취인)가 소지하고 있는 동안에는 피융통자(수취인)가 어음지급청구를 하더라도 융통자(발행인)는 인적 항변으로 대항할 수 있다. 그러나 제3자가 어음을 취득하여 융통자(발행인)에게 어음지급청구를 하는 때에는 비록 제3자가 융통어음임을 알고 취득한 경우에도 융통자(발행인)은 융통어음임을 이유로 이를 거절할 수 없다. 다만, 피융통자(수취인)가 융통자(발행인)에게 교환어음을 교부한 경우에 그 교환어음이 지급거절된 사실을 알고 융통어음을 취득한 소지인에 대하여는 융통어음의 항변으로 대항할 수 있다(판례).

3. 인적 항변의 절단과 악의의 항변

⑴ 인적 항변의 절단

① **의의** : 인적 항변의 절단이란 어음(수표)에 의하여 청구를 받은 자는 발행인 또는 종전의 소지인에 대한 인적관계로 인한 항변으로서 소지인에게 대항하지 못하는 것을 말한다(어음법 제17조 본문, 수표법 제22조 본문). 이러한 인적 항변의 절단을 인정하는 것은 어음(수표)거래의 안전을 보호하기 위한 것이다.

② **요건** : 인적 항변의 절단이 인정되기 위해서는 어음(수표)이 본래의 유통방법(예 발행, 배서 또는 양도)에 의하여 유통되어야 하고, 피배서인이 취득한 권리에 관하여 고유한 경제적 이익이 있어야 한다. 기한후배서 · 추심위임배서에 의한 경우 인적 항변이 절단되지 않으며, 상속 · 합병 · 전부명령 등의 사유로 취득한 경우에도 인적 항변이 절단되지 않는다.

주의 약속어음 발행인으로부터 인적 항변의 대항을 받는 어음소지인은 당해 어음을 제3자에게 배서 · 양도한 후 환배서에 의하여 이를 다시 취득하여 소지하게 되었다 하더라도 발행인으로부터 여전히 인적 항변의 대항을 받는다(판례).

⑵ 악의의 항변

① **의의** : 악의의 항변이란 어음(수표)소지인이 그 채무자를 해할 것을 알고 어음(수표)을 취득한 때에 어음(수표)채무자가 어음소지인에 대하여 가지는 항변을 말한다(어음법 제17조 단서, 수표법 제22조 단서).

② **내용** : 「채무자를 해할 것을 알고」라는 것은 자기가 그 어음(수표)를 취득함으로써 채무자가 항변을 주장하지 못하게 되는 것을 알면서 어음(수표)를 취득하는 것을 뜻한다. 악의의 항변은 악의 즉, 채무자를 해할 것을 알고 있는 경우에만 인정된다. 중과실로 인하여 알지 못한 경우에는 악의의 항변이 인정되지 않는다.

③ **악의와 인적 항변사유의 존재시기** : 악의는 어음(수표)를 취득한 때에 있어야 하며, 이에 대한 입증책임은 채무자가 부담한다(판례). 항변사유는 어음(수표)상의 권리행사시까지 존재하여야 한다.

④ **악의의 항변이 인정되지 않는 경우** : 인적 항변의 절단의 효력에 따라 어음(수표)항변의 존재를 모르고 어음(수표)을 선의로 취득한 자로부터 어음(수표)상의 권리를 승계취득한 자가 비록 악의인 경우에도 악의의 항변이 인정되지 않는다.

4. 제3자의 항변

제3자의 항변이란 다른 어음(수표)의 당사자의 항변사유를 자기를 위하여 원용하는 것을 말하며, 이러한 항변에는 전자의 항변과 후자의 항변이 있다. 예컨대 갑(甲)이 어음을 발행하여 을(乙)에게 교부하고 을(乙)이 동어음을 병(丙)에게 양도한 경우, 을(乙)이 갑병(甲丙)간의 인적 항변사유로써 병(丙)에게 대항할 수 있는 경우를 「전자의 항변」이라 하고, 을병(乙丙)간의 인적 항변사유로써 갑(甲)이 병(丙)에게 대항할 수 있는 경우를 「후자의 항변」이라고 한다. 이러한 제3자의 항변에 대해서는 어음법 또는 수표법에 명문규정이 없으나, 판 는 제3자의 항변을 인정하고 있다.

5. 이중무권(二重無權)의 항변

어음(수표)발행인과 수취인간의 원인관계 및 수취인과 피배서인(소지인)간의 원인관계가 모두 소멸되었을 경우, 어음(수표)소지인이 어음(수표)금청구를 한 경우에 발행인이 양쪽의 원인관계의 부존재를 이유로 이를 거절할 수 있는 항변을 이중무권의 항변이라 한다.

【제4관】 어음(수표)상의 권리의 소멸

Ⅰ. 소멸원인

1. 일반적 소멸원인

어음(수표)상의 권리도 채권이므로 일반채권소멸원인인 변제 · 대물변제 · 상계 · 경개(更改) · 공탁 등으로 인하여 소멸한다. 그러나 어음(수표)행위의 특성상 혼동에 의해서는 소멸하지 않는다. 그리고 수표의 경우에는 주채무자가 없으므로 어음법 제42조와 같은 공탁을 인정하는 규정이 없다.

2. 어음(수표)상의 특유한 소멸원인

어음(수표)상의 권리에 특유한 소멸원인으로는 상환청구권보전절차의 흠결 · 어음(수표)금액의 일부지급의 거절 · 참가지급의 거절 · 거절할 수 있는 참가인수의 승낙 · 참가지급의 경합이 있는 경우 자기보다 우선하는 참가지급인이 있는 것을 알고 한 참가지급 · 소멸시효 등이 있다.

II. 어음(수표)상의 권리의 소멸시효

1. 시효기간 및 시기

(1) 어음의 경우

① **어음소지인의 주채무자에 대한 청구권** : 환어음의 인수인 또는 약속어음의 발행인에 대한 어음소지인의 어음상의 청구권은 만기의 날로부터 3년이 경과하면 소멸시효가 완성한다(어음법 제70조 제1항, 제78조 제1항). 주채무자의 보증인 · 참가인수인 및 무권대리인에 대한 어음소지인의 어음상의 권리의 소멸시효도 같다.

② **어음소지인의 상환의무자에 대한 상환청구권**(소구권) : 어음소지인의 상환의무자에 대한 상환청구권은 거절증서작성일자로부터 1년, 거절증서작성이 면제된 경우에는 만기의 날로부터 1년이 경과하면 소멸시효가 완성한다(어음법 제70조 제2항).

③ **상환자의 그 전자에 대한 상환청구권**(재소구권) : 상환자의 그 전자에 대한 상환청구권은 그가 어음을 환수한 날 또는 제소된 날로부터 6월이 경과하면 소멸시효가 완성한다(어음법 제70조 제3항). 여기서 제소된 날이란 소장(訴狀)이 송달된 날을 말한다.

(2) 수표의 경우

① **수표소지인의 지급보증인에 대한 청구권** : 수표소지인의 지급보증인에 대한 청구권은 지급제시기간 경과일로부터 1년이 경과하면 소멸시효가 완성한다(수표법 제58조).

② **수표소지인의 상환의무자에 대한 상환청구권**(소구권) : 수표소지인의 발행인 · 배서인 기타의 채무자와 같은 상환의무자에 대한 상환청구권은 지급제시기간 경과일로부터 6월이 경과하면 시효가 완성한다(수표법 제51조 제1항).

③ **상환자의 그 전자에 대한 상환청구권**(재소구권) : 상환자의 그 전자에 대한 상환청구권은 그가 수표를 환수한 날 또는 제소된 날로부터 6월이 경과하면 소멸시효가 완성한다.

(3) 확정판결의 경우

어음(수표)상의 권리가 확정판결에 의하여 확정된 경우에는 어음법 또는 수표법상 만기시효가 적용되지 않고 그와 관계없이 10년의 시효기간에 의하여 소멸시효가 완성한다(민법 제165조 제1항).

2. 소멸시효의 계산

시효기간의 산정에 있어서 만기의 날 즉, 초일은 산입하지 아니한다(어음법 제73조). 시효기간의 말일이 법정휴일인 경우에는 이에 이은 제1거래일까지 기간이 연장된다(어음법 제72조 제2항).

3. 시효의 중단

(1) 시효중단의 사유

시효중단사유로 어음(수표)의 경우에는 소송고지로 인한 시효중단에 관하여만 규정하고 있을 뿐(어음법 제80조, 수표법 제64조), 그 이외에는 민법의 규정에 의하게 된다. 따라서 어음(수표)상의 시효중단사유로는 민법상 청구, 압류・가압류・가처분, 승인 및 소송고지가 있다. 시효중단을 위한 청구에 있어서는 재판상의 청구에는 어음(수표)제시가 필요없다는 견해도 있으나, 그 청구가 재판상의 청구이든 재판 외의 청구이든 어음(수표)의 제시를 요하지 않는다(통설).

(2) 시효중단의 효력

시효의 중단은 그 중단사유가 생긴 자에 대하여서만 효력이 생기며, 그 이외의 자에 대하여는 중단의 효력이 없다(어음법 제71조).

4. 각 시효간의 관계

(1) 상환의무 등의 시효소멸이 주채무에 미치는 영향

상환의무자 또는 보증인에 대한 권리가 먼저 소멸하여도 주채무자에 대한 권리에 영향을 미치지 않는다.

(2) 주채무의 시효소멸이 상환의무 등에 미치는 영향

주채무가 시효소멸한 경우 상환청구권을 행사하기 위하여는 유효한 어음(수표)을 반환하여야 한다는 점에서 상환의무는 소멸한다는 것이 통설의 입장이다.

Ⅲ. 어음(수표)의 말소 · 훼손 · 상실

1. 어음(수표)의 말소

어음(수표)의 말소란 어음(수표)의 기명날인 또는 서명 기타 기재사항을 도말 · 첩부 · 삭제 기타의 방법에 의하여 제거하는 것이며, 그 방법에 제한이 없다. 이러한 어음(수표)의 말소가 권한 없는 자에 의한 경우에는 변조가 되고, 일단 유효한 어음(수표)의 요건이 말소의 권한 없는 자에 의하여 말소가 되어도 그 어음(수표)상의 권리가 소멸하는 것은 아니다. 그러나 말소의 권한이 있는 자에 의하여 어음(수표)이 말소된 때에는 그 어음(수표)상의 권리는 변경 또는 소멸된다. 한편, 배서가 말소된 경우에는 그 배서의 연속에 관하여 배서를 하지 아니한 것으로 본다(어음법 제16조 제1항, 수표법 제19조).

보충 어음법상 말소에 관한 규정은 제16조 제1항(배서의 말소), 제29조 제1항(인수의 말소), 제50조 제2항(상환자의 배서말소)이 있고, 수표법상 말소에 관한 규정은 제19조(배서의 말소), 제37조 제5항(횡선의 말소), 제46조 제2항(상환자의 배서말소)이 있다.

2. 어음(수표)의 훼손

어음(수표)의 훼손은 절단이나 마멸 기타 방법에 의하여 어음(수표)의 일부의 물리적 손상을 가져오는 것을 말하며, 이에 대한 효과는 말소의 경우와 같다.

3. 어음(수표)의 상실

(1) 의 의

어음(수표)의 상실은 소실 등의 물리적 멸실뿐만 아니라 유실 · 도난 등으로 인하여 어음(수표)의 소재가 불분명하게 된 경우 또는 어음(수표)의 동일성을 잃은 정도의 말소 · 훼손 같은 것을 말한다. 어음(수표)이 상실된 경우 어음(수표)의 소지인은 당연히 그 권리를 상실하지 않지만, 어음(수표)증권을 상실함으로써 권리행사를 하지 못하게 되고, 상실된 어음(수표)을 선의취득한 자가 있을 때에는 어음(수표)상의 권리를 상실하게 될 염려가 있다.

따라서 이러한 어음(수표)의 소지인의 권리를 보호하기 위한 구제수단으로서 민사소송법 제475조 이하에서 공시최고에 의한 제권판결제도를 인정하고 있다.

(2) 제권판결의 효력

제권판결로 증권자체는 무효가 되고, 제권판결이 실질적 권리를 창설해주는 것은 아니나 어음소지와 동일한 지위를 회복시켜 주는 효력이 있으므로 증권상실자는 증권채무자에 대하여 증권없이도 권리를 행사할 수 있다(민사소송법 제497조).

(3) 제권판결과 선의취득의 관계

어음(수표)상실자가 공시최고에 의한 제권판결을 얻은 경우에, 공시최고 기간 내에 어음(수표)의 선의취득자가 권리신고를 하지 않은 때 어음(수표)의 선의취득자보다 제권판결취득자가 우선한다는 것이 판례의 견해이다.

Ⅳ. 이득상환청구권

1. 의의 및 법적성질

이득상환청구권이란 어음(수표)에서 생긴 권리가 절차의 흠결로 인하여 소멸한 때나 그 소멸시효가 완성한 때라도 소지인은 발행인・인수인(수표의 지급보증인)・배서인에 대하여 그가 받은 이익의 한도내에서 상환을 청구할 수 있는 권리를 말한다(어음법 제79조, 수표법 제63조). 이러한 권리는 법이 특별히 인정한 청구권으로서 민법상 지명채권의 일종이라는 것이 판례・통설의 입장이다.

2. 청구권의 발생요건

(1) 어음(수표)상의 권리의 소멸

어음(수표)상의 권리가 보전절차의 흠결 또는 시효로 인하여 소멸하였어야 한다. 따라서 이 이외의 사유로 인하여 어음(수표)상의 권리가 소멸하여도 이득상환청구권은 생기지 않는다. 상환청구권 보전절차의 흠결에 의한 권리소멸 또는 시효에 의한 권리소멸은 어음(수표)소지인의 과실의 유무에 관계가 없다.

(2) 어음(수표)상의 권리의 유효한 존재

어음(수표)상의 권리가 유효하게 존재하고 있어야 한다. 따라서 불완전어음(수표)의 소지인이나 백지어음(수표)과 같은 미완성어음(수표)의 소지인은 이득상환청구권을 취득하지 못한다.

(3) 소지인의 구제수단의 부존재

소지인은 따로 구제수단을 가지지 못한 경우이어야 한다. 이에 대해 어느 정도의 구제수단을 갖지 않아야 하는가에 대해서는 학설의 대립이 있으나, 판례는 민법상의 구제수단도 없는 경우라야 한다고 한다.

(4) 어음(수표)채무자의 이득

어음(수표)채무자가 이득을 한 경우라야 한다. 여기서 이득이라 함은 현실에 재산상의 이익을 받은 것을 말하며, 대가로서 적극적으로 금전을 취득한 경우이든 또는 소극적으로 기존채무를 면한 경우이든 불문한다. 한편, 어음(手票)소지인의 손해는 요건이 아니다. 따라서 어음(手票)소지인은 어음(手票)의 취득에 있어서 대가를 제공하지 않았거나 또는 기타의 손해를 입지 아도 무방하다.

3. 당사자

(1) 권리자

이득상환청구권을 가지는 자는 어음(手票)상의 권리가 절차의 흠결 또는 시효로 인하여 소멸한 당시의 소지인이다. 소지인인 이상, 최후의 배서에 의하여 어음(手票)을 취득한 자이든 상환의무를 이행하고 어음(手票)을 환수한 소지인이든 기한후배서에 의하여 어음(手票)을 양수한 자이든 관계없다. 배서의 연속이 없는 어음(手票)의 소지인도 실질적 권리를 증명하면 청구권자가 될 수 있다. 또 이러한 자로부터 상속, 합병, 일반채권양도, 전부명령에 의한 전부, 경매의 경락에 의한 이전 등의 방법으로 어음(手票)을 취득한 자도 정당한 소지인으로서 청구권을 갖는다. 공연한 추심위임배서의 경우 배서인이 이득상환청구권자이며, 숨은 추심위임배서의 경우 신탁배서설에 의하면 피배서인이 이득상환청구권을 갖는다.

보충 백지어음(수표)의 소지인은 백지어음(수표) 보충권의 행사시기내에 보충하지 않은 경우 이득상환청구권을 취득하지 못한다(판례).

(2) 의무자

이득상환의무자는 어음의 경우 발행인 · 인수인 · 배서인이고, 수표의 경우는 발행인 · 배서인 · 지급보증을 한 지급인이다. 보증인 · 참가인수인 · 지급인 · 지급담당자는 상환의무자가 아니다.

4. 이득상환의 내용

발행인 · 인수인 또는 지급보증인 · 배서인은 그가 받은 이익 의 한도내에서 이를 반환하여야 한다. 받은 이익이 현존하든 아니하든 불문한다. 여기서 받은 이익이란 어음(手票)채무자가 권리의 소멸에 의하여 어음(手票)상의 채무를 면하는 것 자체를 말하는 것이 아니라 어음(手票)수수의 원인관계 등 실질관계에 있어서 현실로 받은 재산상의 이익을 말한다(판례).

5. 이득상환청구권의 행사

(1) 이행장소

이득상환청구권은 어음(手票)상의 권리가 아니므로 어음(手票)면에 기재된 지급지 또는 지급장소를 그 이행지 또는 이행장소로 할 수 없으며, 채무자의 영업소 또는 소재지를 이행장소로 하여야 한다.

(2) 이득상환청구권의 소멸시효기간

이득상환청구권의 소멸시효기간에 관하여는 어음법과 수표법에 규정이 없으므로 학설이 대립하고 있다. 이득상환청구권의 소멸시효의 기산점은 어음(수표)상의 권리가 소멸한 날이 된다. 즉, 어음(수표)상의 권리가 시효소멸함으로써 이득상환청구권이 발생하는 경우에는 시효기간이 만료한 날의 다음날, 상환청구권보전절차의 흠결로 인하여 발생하는 경우에는 권리보전절차기간이 만료한 날(지급제시기간이 종료한 날)의 다음날이 된다.

(3) 입증책임

어음(수표)소지인이 권리발생의 요건의 전부와 채무자가 받은 이익의 한도를 증명하여야 한다. 그러나 은행이 발행한 자기앞수표의 경우에는 수표상의 권리의 소멸로 발행은행에 수표금 상당의 이득이 있는 것으로 추정되므로 수표소지인이 이익의 한도 등을 입증할 필요가 없다(판례).

(4) 채무자의 항변

채무자가 종전의 어음(수표)소지인에 대하여 주장할 수 있었던 어음(수표)상의 권리에 대한 항변권을 가졌던 경우에는 모두 이득상환청구권자에 대하여도 대항할 수 있다.

(5) 어음(수표)의 소지문제

이득상환청구권의 행사에 증권의 소지를 요하는가에 대해서는 이득상환청구권의 성질과 관련하여 학설의 대립이 있으나, 지명채권설에 의하면 어음(수표)의 소지가 필요하지 않다.

6. 이득상환청구권의 양도 · 선의취득 등

(1) 양도방법

이득상환청구권의 양도방법에 관해서는 이득상환청구권을 지명채권으로 보는 통설 · 판례의 입장에서는 지명채권의 양도방법에 의하여야 한다. 즉, 이득상환청구권을 양도한 경우 대항요건으로서 채무자에 대한 통지 또는 채무자의 승낙이 있어야 한다. 그리고 이득상환청구권의 양도에는 증권의 교부를 요하지 않는다. 그러나 잔존물설에 의하면 증권의 교부만으로 이득상환청구권을 양도할 수 있게 된다.

(2) 선의취득

이득상환청구권을 지명채권으로 보는 견해에서는 선의취득이 있을 수 없으나, 잔존물설에 의할 경우 선의취득이 인정된다.

(3) 담보이전

이득상환청구권을 지명채권으로 보는 견해에서는 이득상환청구권은 어음(수표)상의 권리와 전혀 별개의 것이므로 어음(수표)상의 담보 또는 보증은 당사자간의 특약이 없는 한 이득상환청구권을 담보하지 않는다고 하지만, 잔존물설에 의하면 이득상환청구권을 담보한다고 한다.

7. 수표의 이득상환청구권

(1) 권리자 및 의무자

이득상환청구권자는 수표상의 권리가 소멸할 당시의 정당한 수표소지인이어야 하므로, 수표의 지급제시기간 경과로 수표상의 권리가 소멸하였기때문에 지급제시기간 경과후에 수표를 취득한 자는 이득상환청구권을 행사할 수 없다(판례). 이득상환의무자는 발행인·배서인·지급보증인이다(수표법 제63조).

(2) 수표의 이득상환청구권의 발생시기

수표의 경우 지급제시기간이 경과하여도 지급위탁의 취소가 없는 한 지급인은 지급을 할 수 있으므로, 소지인은 제시기간경과 후에도 지급위탁의 취소 또는 지급거절이 있을 때까지 이득상환청구권을 가지는가에 대해서는 학설의 대립이 있으나, 통설과 판례는 일단 제시기간경과 후에는 이득상환청구권이 발생한다고 한다(해제조건설).

(3) 자기앞수표의 이득상환청구권

판례는 자기앞수표의 발행은행은 수표금액만큼 이득을 한 것으로 추정하고 있으므로, 자기앞수표의 소지인은 발행은행의 이득을 입증하지 않더라도 발행은행에 대하여 이득상환청구권을 행사할 수 있다고 한다. 그리고 자기앞수표에서 발생하는 이득상환청구권은 수표의 양도방법에 의하여 양도될 수 있다는 것이 판례의 입장이다. 다만, 수표상의 권리가 소멸할 당시에 정당한 소지인이 누구인지 불명한 경우에 제시기간 경과후에 자기앞수표를 양수하는 자는 지명채권의 양도방법에 따른 절차를 밟지 않는 한 이득상환청구권을 행사할 수 없다(판례). 한편, 은행발행의 자기앞수표는 수표의 양도방법에 의하여 양도하는 경우 이득상환청구권과 함께 은행에 대한 통지권능을 부여한 것으로 본다(판례).

제6절 어음(수표)의 실질관계

Ⅰ. 어음예약

어음예약이라 함은 어음행위를 하거나 또는 어음을 수수할 것을 목적으로 하는 어음 외의 계약을 말한다. 즉, 어음관계를 설정하는 것을 준비하는 계약을 어음예약이라 한다. 이러한 어음예약이 서면으로 될 때 이를 가어음이라 한다. 어음예약에서 정한 조건에 위반하여 발행된 어음도 완전히 유효하며, 이 위반은 당사자간의 인적 항변사유가 될 뿐이다.

Ⅱ. 원인관계

1. 의 의

어음(수표)수수의 원인이 되는 법률관계를 원인관계라 하며, 원인관계에서는 보통 대가가 수수되는 점에서 대가관계라고도 한다. 원인관계에는 매매 · 증여 · 채무의 추심위임 · 보증 · 채무의 담보 · 채무의 변제 · 어음개서 · 어음할인 등이 있다.

2. 원인관계와 어음(수표)관계와의 관계

(1) 원인관계와 어음(수표)관계의 분리

어음(수표)의 유효 · 무효 또는 어음(수표)상의 권리의 발생 유무는 원인관계의 존부나 유효 · 무효에 의하여 영향을 받지 않는다.

(2) 원인관계가 어음(수표)관계에 미치는 영향

① **인적 항변의 허용** : 원인관계를 고려한 어음(수표)관계상의 제도의 하나로 인적 항변이 있다. 즉, 원인관계에서 생기는 항변의 주장을 원인관계의 당사자간에 한하여 허용한다.

② **상환청구권의 인정** : 어음(수표)소지인이 전자에 대하여 가지는 상환청구권은 어음(수표)의 수수에 따르는 원인관계를 바탕으로 한 담보책임이 어음(수표)법화한 것이다.

③ **이득상환청구권의 인정** : 이득상환청구권은 어음(수표)의 원인관계를 고려하여 이로부터 발생하는 실질상의 불공평을 제거하기 위하여 어음(수표)소지인에게 인정된 권리이다.

(3) 어음(수표)관계가 원인관계에 미치는 영향

기존의 금전채무를 변제하는 수단으로 어음(수표)을 교부하는 경우로는「지급에 갈음하여」 교부하거나「지급을 위하여」또는「지급을 담보하기 위하여」교부하는 경우로 나눌 수 있다. 어떠한 변제의 수단으로 어음(수표)이 교부되는가에 따라서 기존채무는 그 영향을 받는다.

자기앞수표나 은행의 지급보증이 있는 당좌수표의 경우에는 지급이 확실하므로「지급에 갈음하여」교부된 것으로 보고, 일반당좌수표나 어음은 당사자간에 명시적 합의가 없는 한 「지급을 위하여」또는「지급을 담보하기 위하여」교부한 것으로 추정한다(통설 · 판례).

「지급을 위하여」 교부한 것으로 추정되는 경우란 어음상의 주채무자가 원인 관계상의 채무자와 동일하지 아니한 때에는 제3자인 어음상의 주채무자에 의한 지급이 예정되고 있는 경우이다(판례). 즉, 제3자가 발행한 어음이나 수표에 배서 · 교부하는 경우에는 「지급을 위하여」 배서 · 교부한 것으로 추정된다.

「담보를 위하여」 어음(수표)을 수수 또는 인수한 경우로 추정되는 경우란 원인관계상의 채무자가 직접 어음(수표)을 발행하여 채권자에게 교부하는 경우를 말한다.

① **기존채무의「지급에 갈음하여」어음(수표)을 수수 또는 인수한 경우** : 「지급에 갈음하여」 어음(수표)를 수수한 경우는 어음(수표)의 수수 또는 인수와 동시에 기존채무는 소멸하고, 어음(수표)채무가 이를 대신한다. 따라서 특약이 없는 한 기존채무에 부착하였던 질권이나 저당권 등은 그 효력을 잃게 된다.

② **기존채무의 지급을 위하여 (지급의 방법으로) 어음(수표)을 수수 또는 인수한 경우** : 「지급을 위하여」 어음(수표)을 수수한 경우는 기존채무는 소멸하지 않고 어음(수표)채무와 양립하게 된다. 채권자는 먼저 어음(수표)에 의하여 채권의 만족을 얻도록 하고, 이로써 변제받지 못하게 되었을 때 기존채권을 행사한다. 따라서 어음(수표)의 채무가 어음금의 지급 · 상계 등으로 소멸하면 그때 비로소 원인채무도 소멸한다(판례). 채권자는 어음(수표)에 의하여 채권의 만족을 얻지 못한 때에는, 즉 지급거절이 된 때에는 상환청구권보전절차를 밟아야 하지만 상환청구권을 행사할 필요까지는 없이 원인채권을 행사할 수 있다(판례).

보충 1. 어음의 만기가 기존채무의 변제기보다 후일인 경우에는 특단의 사정이 없는 한 기존채무의 변제를 유예하는 묵시적인 합의가 있었다고 보아야 한다(판례).

2. 채무의 변제를 위하여 어음 또는 수표를 교부하였는데 채권자가 그 어음 또는 수표를 받고도 원인채권만을 제3자에게 양도한 경우, 어음 또는 수표금이 지급되면 채무자는 채권의 양수인에 대하여 원인채무의 소멸을 주장할 수 있다(판례).

3. 채권자가 원인채권의 이행을 최고로 할 경우, 채무자가 어음의 반환과의 동시이행을 주장하지 않는 한 단순한 이행거절은 이행지체가 된다(판례).

4. 어음소송을 제기하면 소송상대방에 대한 원인채권의 시효가 중단되지만, 이미 어음채권이 시효로

소멸한 상태에서는 어음채권을 행사할 수 없고 따라서 그에 관한 소를 제기하더라도 원인채권의 시효를 중단시키는 효력이 있을 수 없다(판례).

5. 어음 채무자가 어음채무의 시효소멸의 이익을 포기하는 경우 원인채권의 시효도 중단된다(판례).

③ **기존채무의 담보를 위하여 어음(수표)을 수수 또는 인수한 경우 :** 「지급의 담보를 위하여」 어음(수표)을 수수한 경우 기존채권과 어음(수표)채권이 병존하게 되고, 이 가운데 어느 권리에 의하여 채권의 만족을 얻을 것인가 하는 것은 채권자의 자유이다. 이때 원인채권을 먼저 행사하는 경우에는 원인채권을 어음(수표)과 상환하여서만 행사할 수 있다. 따라서 채권자가 원인채권을 먼저 행사하는 경우에 채권자가 어음(수표)을 반환하지 않는 때에는 채무자는 동시이행의 항변권을 행사할 수 있다(판례). 기존채무의 「담보를 위하여」어음(수표)를 수수한 경우, 어음(수표)상 권리행사는 원인채권의 시효중단의 효력을 가져오지만 원인채권의 행사가 어음(수표)채권의 시효중단을 가져오지는 않는다(판례).

3. 어음개서

(1) 의 의

어음의 개서라 함은 기존어음채무에 관하여 새어음을 발행하는 것을 말하며, 통상 기존 어음의 만기를 연기할 목적으로 하는 경우가 많다.

(2) 효 과

① **구어음이 회수되지 않은 경우 :** 신 · 구어음상의 채권은 병존하게 된다. 신어음에 의하여 권리를 행사하는 경우 구어음에 대한 항변으로 대항할 수 있다. 또한 구어음에 대한 물적 담보(저당권 등)나 인적담보(보증 등)는 신어음에 이전되지 않는다(판례).

② **구어음이 회수된 경우 :** 구어음상의 권리는 신어음에 동일성을 유지하면서 존속한다(판례). 명백한 반대의 특약이 없는 한 구어음채무에 대한 어음의 물적담보(저당권 등)나 인적담보(보증 등)는 구어음채무의 목적의 한도내에서 개서어음채무(신어음채무)를 위하여 존속한다(판례).

4. 어음할인

(1) 의 의

어음할인이란 할인의뢰인이 만기미도래의 어음을 상대방에게 배서양도하고, 양수인이 어음금액에서 만기일까지의 이자 기타 비용, 즉 할인료를 공제한 금액을 할인의뢰인에게 지급하는 거래를 말한다.

(2) 할인어음의 환매청구권

할인어음이 지급거절되거나 할인의뢰인 · 어음상의 주채무자의 자력이 부실하여 기한의 이익을 상실하는 사유가 발생한 경우에 할인은행이 할인의뢰인에 대하여 그 어음의 환매청구를 할 수 있는 권리를 할인어음의 환매청구권이라 한다.

5. 어음대부

어음대부란 은행에 대하여 어음을 교부하고 만기까지의 이자를 공제한 금액을 은행으로부터 대부받는 거래를 말한다.

Ⅲ. 자금관계

1. 의 의

자금관계는 환어음의 지급인과 발행인 사이의 실질관계 또는 수표의 발행인과 지급인간의 실질관계를 말한다. 따라서 약속어음이나 자기앞수표에는 자금관계가 존재할 여지가 없다.

2. 환어음의 자금관계

어음관계는 자금관계의 유무나 내용에 의하여 아무런 영향을 받지 않는다. 어음관계의 직접 당사자간의 인적 항변의 허용, 발행인이 인수인에 대하여 갖는 지급청구권, 이득상환청구권 등은 자금관계를 어음관계에 반영한 것이다.

3. 수표의 자금관계

수표의 자금관계에도 환어음의 자금관계는 공통되지만, 구별되는 점도 있다. 즉, 수표의 자금관계는 수표법 제3조에서 명문의 규정을 두고 있다. 따라서 수표의 발행인은 수표를 제시한 때에 처분할 수 있는 자금이 있는 은행을 지급인으로 하고 이 지급인과 당좌계정거래계약을 체결해야 한다. 이러한 당좌계정거래계약은 당좌예금계약 또는 당좌대월계약, 수표계약, 상호계산계약으로 되어 있다. 그러나 수표의 경우 자금관계에 위반하여 발행된 수표도 유효하다. 다만, 발행인이 과태료의 제제를 받을 뿐이다.

IV. 하환어음

하환(荷換)어음이라 함은 격지자간의 매매에서 물건의 매도인이 매수인을 지급인으로 하여 발행한 환어음으로서, 운송중의 물건에 의하여 그 지급 또는 인수가 담보되어 있는 어음을 말한다. 하환어음에 어음금의 지급을 담보하기 위하여 선하증권 또는 화물상환증이 첨부되어 있다. 하환어음은 어음발행의 자금관계가 물건의 매매이며, 어음이용의 범위가 당사자간 및 은행에 한정되어 있을 뿐이며, 법률상 성질은 보통의 환어음과 같다.

Commercial Law

연습문제

제1절 어음(수표)의 개념

01 환어음과 수표에 관한 비교설명으로 옳은 것은?

① 환어음의 지급인에 대한 배서는 인정되지만, 수표의 지급인에 대한 배서는 무효이다.

② 환어음의 인수인이나 수표의 지급보증인은 주채무자의 지위를 갖는다.

③ 환어음의 지급인은 보증인이 될 수 없으나, 수표의 지급인은 보증인이 될 수 있다.

④ 환어음에는 복본제도와 등본제도가 인정되지만, 수표에는 복본제도가 인정되지 않는다.

⑤ 환어음의 지급인은 누구이든 관계없으나, 수표의 지급인은 은행 또는 은행과 동일시할 수 있는 사람 또는 시설에 한한다.

① 환어음의 지급인에 대한 배서는 인정되며, 수표의 지급인에 대한 배서는 영수증의 효력만이 있다.
② 환어음의 인수인이나 약속어음의 발행인은 주채무자가 되지만, 수표의 지급보증인은 지급제시기간내에 지급의무를 부담하고 어음의 상환의무자와 같은 지위를 가질 뿐이다.
③ 환어음의 지급인은 보증인이 될 수 있으나, 수표의 경우에는 보증인이 될 수 없다.
④ 환어음에는 복본제도와 등본제도가 인정되고, 수표에는 복본제도가 인정된다. 약속어음에는 등본제도만 인정된다.

02 다음은 환어음과 수표에 관한 설명이다. 틀린 것은? (2001년 공인회계사)

① 환어음과 수표에 있어서 상환청구권의 소멸시효기간은 모두 1년이다.

② 환어음에는 등본 · 복본이 인정되고 있지만, 수표에는 복본만이 허용되고 있다.

③ 환어음의 지급인이 될 수 있는 자의 자격에는 제한이 없지만, 수표의 경우에는 은행 기타 금융기관만이 지급인이 될 수 있다.

④ 환어음에는 인수제도가 있지만, 수표에는 인수제도가 없다.

⑤ 환어음의 만기에는 일람출급 · 일람후정기출급 · 발행일자후정기출급 · 확정일출급의 4종류가 있지만, 수표의 경우에는 일람출급만이 허용되고 있다.

환어음의 상환청구권은 1년, 수표의 상환청구권은 6개월의 시효가 적용된다(어음법 제70조 제2항, 수표법 제51조 제2항).

답 [제1절] 1. ⑤ 2. ①

03 환어음과 약속어음의 비교설명으로 옳지 않은 것은?

① 환어음은 지급위탁증권으로 발행인 · 수취인 및 지급인의 3당사자를 필요로 하지만, 약속어음은 지급약속증권으로 발행인과 수취인의 2당사자를 필요로 한다.

② 환어음의 주채무자는 지급인이지만, 약속어음의 주채무자는 발행인이다.

③ 환어음에는 복본제도가 인정되지만, 약속어음에는 복본제도가 인정되지 않는다.

④ 환어음에는 인수제도가 인정되지만, 약속어음에는 인수제도가 인정되지 않는다.

⑤ 환어음의 상환의무자는 발행인 및 배서인과 그의 보증인이지만, 약속어음의 상환의무자는 배서인 및 그의 보증인뿐이다.

환어음의 주채무자는 인수한 지급인을 말한다. 따라서 환어음의 지급인이 언제나 주채무자는 아니다.

제2절 어음(수표)의 종류

제3절 어음(수표)의 기능과 남용

제4절 어음(수표)행위

01 어음행위의 형식적 요건에 관한 설명으로 옳은 것은?

① 어음행위자의 기명날인에서 기명은 반드시 본명과 일치하여야 한다.

② 회사가 어음을 발행한 후에 상호를 변경한 경우에는 동일한 법인이 아니므로 어음발행인으로서의 책임이 없다.

③ 날인만 있고 기명이 없는 어음행위는 무효로 보아야 하지만, 날인이 정당하게 된 경우에는 백지어음행위로 볼 수 있다.

④ 기명무인(記名拇印) 또는 기명지장의 어음행위는 위조의 방지를 위해 유효하다는 것이 판례의 입장이다.

⑤ 어음 발행인란에 수인의 기명날인 또는 서명이 있는 경우, 공동발행인으로서 어음상 권리자에 대해 연대책임을 진다.

① 어음상의 기명날인에서 기명은 반드시 본명과 일치할 필요는 없고(대판 1969. 7. 22, 69다742), 상호 · 아호 · 통칭 · 예명 등 거래자 사이에 자기를 표시하는 명칭이면 무방하다는 것이 통설의 입장이다.

② 회사가 어음발행 후 상호를 변경한 경우에도 동일한 법인으로 인정되는 한 어음발행인으로서의 책임을 진다(대판 1970. 11. 24, 70다2205).

③ 대판 1980. 3. 11, 79다1999 참조

답 3. ② [제4절] 1. ③

④ 기명무인 또는 기명지장은 그 진부를 육안으로 식별할 수 없어 거래상의 유통을 저해할 수 있으므로 무효로 보는 것이 판례의 입장이다(대판 1962. 11. 1, 62다604).
⑤ 공동발행인은 합동책임을 부담한다(어음법 47조 등 참조).

02 어음행위와 의사표시의 하자에 관한 설명 중 틀린 것은? (2003년 공인회계사)

① 상대방과 통정한 허위의 어음행위는 무효이나, 그 무효로 선의의 제3자에게 대항하지 못한다.
② 어음행위의 내용의 중요부분에 착오가 있는 때에는 취소할 수 있으나, 그 착오가 어음행위자의 중대한 과실로 인한 때에는 취소하지 못한다.
③ 어음행위는 어음행위자가 진의 아님을 알고 한 것이라도 그 효력이 있다. 그러나 상대방이 어음행위자의 진의 아님을 알았거나 이를 알 수 있었을 경우에는 무효로 한다.
④ 사기에 의한 어음행위는 무효이나, 그 무효로 선의의 제3자에게 대항하지 못한다.
⑤ 어음행위에 의사표시의 하자가 있어 무효 또는 취소가 된 경우에도 그 어음 자체가 무효로 되는 것은 아니다.

사기에 의한 어음행위는 취소할 수 있으나, 그 취소로 선의의 제3자에게 대항할 수 없다(민법 제110조).

03 어음행위의 성립요건에 관한 설명 중 옳은 것은? (판례에 의함) (2006년 공인회계사)

① 어음행위자의 기명날인에서 기명은 반드시 그 본명과 일치하여야 한다.
② 기명과 함께 무인(拇印) 또는 지장(指章)의 어음행위가 있는 경우에도 유효한 기명날인으로 본다.
③ 기명의 명의와 날인의 명의가 불일치한 경우에도 유효한 기명날인이다.
④ 대표조합원이 대표자격을 밝히지 않고 개인자격으로 한 어음행위는 모든 조합원에게 효력이 있다.
⑤ 어음행위가 행위자의 의사결정권이 완전히 박탈된 상태에서 이루어졌다면, 어음행위자는 이를 취소할 수 있다.

① 어음행위자의 기명날인에서 기명은 반드시 그 본명과 일치할 필요는 없다는 것이 판례와 통설의 입장이다.
② 기명과 함께 무인(拇印) 또는 지장(指章)의 어음행위가 있는 경우에는 무효인 기명날인으로 보는 것이 판례와 통설의 입장이다.
④ 대표조합원이 대표자격을 밝히지 않고 개인자격으로 한 어음행위는 그 대표조합원 개인의

답 2. ④ 3. ③

어음행위가 되므로, 다른 조합원은 책임이 없다.
⑤ 어음행위가 행위자의 의사결정권이 완전히 박탈된 상태에서 이루어졌다면, 어음행위는 무효가 된다는 것이 판례의 입장이다.

04 다음 중 어음행위의 성립요건에 관한 설명으로 옳은 것은? (통설 및 판례에 의함)

(2007년 공인회계사)

① 어음의 발행인란에 수인이 공동발행인으로서 기명날인 또는 서명되어 있는 경우, 어음상의 권리자는 공동발행인 전원을 상대로 하여서만 어음상의 채무이행을 청구할 수 있다.

② 미성년자가 법정대리인의 허락을 얻어 회사의 무한책임사원이 된 경우에, 그 사원자격으로 하는 미성년자의 어음행위는 법정대리인의 동의를 얻어야 한다.

③ 어음행위가 상대방과 통정한 허위의 의사표시에 의한 경우 그 행위는 무효이므로, 어음행위자는 현재의 어음소지인인 제3자가 선의라 하더라도 그 무효를 가지고 대항할 수 있다.

④ 서명(署名)이란 어음행위자가 자기의 성명을 자서하는 것으로, 타이프라이터 · 스탬프 등으로 어음행위자를 표시하는 것도 서명에 해당한다.

⑤ 어음행위에 의사표시의 흠결이나 하자가 있는 경우 그러한 어음행위는 취소할 수 있는데, 그 취소의 상대방은 어음행위의 직접 상대방뿐만 아니라 현재의 어음소지인도 포함된다.

① 공동발행인들은 합동책임을 지므로, 각 발행인에 대하여 어음상의 채무이행을 청구할 수 있다.
② 미성년자가 법정대리인의 허락을 얻어 회사의 무한책임사원이 된 경우, 그 사원자격에서 하는 행위에 대해서는 능력자로 본다(상법 제7조). 따라서 그 사원자격에서 하는 어음행위는 법정대리인의 동의를 요하지 않는다.
③ 통정허위표시에 의한 어음행위의 무효는 인적항변사유에 해당하므로, 현재의 어음소지인인 제3자가 선의인 경우, 제3자에 대해서는 무효라는 항변을 주장할 수 없다.
④ 서명은 자필의 성명서명을 하는 것이므로, 타이프라이터나 스탬프에 의해 어음행위자를 표시하는 것은 서명이 될 수 없다.

05 甲이 乙로부터 컴퓨터를 구입하고 그 대금의 지급을 위하여 약속어음을 발행하여 준 경우, 위 매매계약이 무효 또는 취소되더라도 약속어음의 효력에는 영향이 없다. 이와 같은 어음행위의 특성을 무엇이라고 하는가?

(2002년 공인회계사)

① 독립성 ② 무인성 ③ 요식성
④ 문언성 ⑤ 협동성

원인관계에 관계없이 어음관계가 인정되는 것은 어음의 무인성에 따른 성질이다.

답 4. ⑤ 5. ②

06 어음상의 법률관계에 관한 설명 중 틀린 것은? (2008년 공인회계사)

① 을이 인수행위를 한 후 갑이 의사무능력 상태에서 환어음을 발행하였다면 을은 어음채무를 부담하지 않는다.

② 발행이 인수의 선행행위라고 전제할 때, 갑이 기명날인 또는 서명을 하지 않고 을을 지급인으로 기재하여 환어음을 발행한 후 을이 인수하였다면 을은 어음채무를 부담하지 않는다.

③ 어음의 발행은 선행하는 어음행위가 존재하지 않으므로 어음행위독립의 원칙이 적용될 여지가 없다.

④ 어음보증의 경우 어음법상 명문의 규정으로 어음행위독립의 원칙이 인정되고 있다.

⑤ 배서의 경우 어음행위독립의 원칙이 적용된다는 것이 통설과 판례의 입장이다.

을이 인수행위를 한 후 갑이 의사무능력 상태에서 환어음을 발행하였다면, 갑의 어음발행은 실질적으로 무효가 되지만 을은 어음행위독립의 원칙에 따라 인수에 따른 채무를 부담한다.

07 어음행위의 대리에 관한 설명 중 틀린 것은? (2006년 공인회계사)

① X 주식회사의 대표이사 A가 대표관계를 표시하지 않고 단지 자신을 발행인으로 하여 B에게 약속어음을 발행한 경우, X는 어음상의 책임을 부담하지 않는다.

② X 주식회사의 대표이사 A가 배서를 함에 있어서 회사의 명칭을 기재하고 A의 기명날인 없이 회사의 법인인(法人印)만을 날인하여 어음행위를 한 경우, 그 행위는 무효이다.

③ X 주식회사의 대표이사 A가 이사회의 승인을 얻지 않고 자신을 수취인으로 하여 약속어음을 발행한 후 이러한 사정을 모르는 B에게 배서양도하였다면, X는 A 및 B에게 대항할 수 있다.

④ A가 아무런 권한없이 B의 대리인인 것처럼 어음행위의 성립요건을 갖추어 자신의 채권자인 C에게 어음을 발행한 경우라 하더라도 B가 이를 추인하였다면, B는 C에게 어음상의 책임을 부담한다.

⑤ B의 협의의 무권대리인 A는 어음소지인에게 어음상의 책임을 부담하지만, A가 어음소지인에 대하여 어음금액을 지급한 때에는 B의 전자에 대하여 B와 동일한 권리를 갖는다.

①, ② 법인의 어음행위는 법인명(X)과 대표관계 및 대표자(A)의 기명날인 또는 서명이 있어야 하며, 이에 흠결이 있다면 어음행위로서의 효력이 없다.

③ 대표이사(A)의 권한남용행위로써, 제3자(B)가 선의이고 중대한 과실이 없다면, 회사(X)는 제3자(B)에 대하여 책임을 진다.

답 6. ① 7. ③

④ 무권대리행위를 추인하면, 유권대리행위로써 추인한 본인(B)으로써는 어음상의 책임을 진다.
⑤ 어음법 제8조

08 甲 주식회사의 대표이사 A는 개인주택 구매를 위하여 K은행으로부터 대출받는 과정에서 자신의 채무상환을 담보할 목적으로 K은행을 수취인으로 甲 주식회사 명의의 약속어음을 발행하였다. 그런데 이 과정에서 甲 주식회사 이사회의 승인이 없었다. K은행은 丙에게 동 어음을 배서양도하였다. 다음 중 옳은 것끼리 짝지어진 경우는? (다툼이 있을 경우 판례에 의함)

(2009년 공인회계사)

ㄱ. 甲 주식회사의 위 약속어음 발행행위는 어음행위의 무인성(無因性)상 甲 주식회사와 대표이사 A간 이해충돌의 염려가 있는 자기거래에 해당하지 않는다.
ㄴ. 甲 주식회사의 위 약속어음 발행행위는 甲 주식회사와 대표이사 A간 이해충돌의 염려가 있는 자기거래에 해당한다.
ㄷ. 甲 주식회사의 위 약속어음의 발행에 관하여 甲 주식회사 이사회의 승인이 필요하다.
ㄹ. 甲 주식회사의 위 약속어음의 발행에 관하여 甲 주식회사 이사회의 승인이 필요하지 않다.
ㅁ. 丙이 위 어음취득 당시 악의 또는 중과실이 없었다면 丙은 甲 주식회사에 대하여 어음상의 권리를 행사할 수 있다.
ㅂ. 丙이 위 어음취득 당시 악의 또는 중과실이 있더라도 丙은 甲 주식회사에 대하여 어음상의 권리를 행사할 수 있다.

① ㄱ, ㄹ, ㅁ ② ㄱ, ㄹ, ㅂ ③ ㄴ, ㄷ, ㅁ
④ ㄴ, ㄹ, ㅂ ⑤ ㄱ, ㄷ, ㅂ

甲 주식회사의 위 약속어음 발행행위는 甲 주식회사와 대표이사 A간 이해충돌의 염려가 있는 자기거래에 해당하므로, 甲 주식회사의 위 약속어음의 발행에 관하여 甲 주식회사 이사회의 승인이 필요하다. 따라서 이사회의 승인이 없는 어음발행은 대표이사A와의 관계에서는 무효이다. 다만, 丙이 위 어음취득한 당시에 악의 또는 중과실이 없었다면 丙은 甲 주식회사에 대하여 어음상의 권리를 행사할 수 있다(대판 2004. 3. 25, 2003다64688).

09 A는 甲으로부터 대리권을 수여받지 못했음에도 대리관계를 표시하여 甲 명의로 乙에게 약속어음을 발행하였다. 한편 甲은 A에게 대리권이 존재하는 듯한 외관의 형성에 기여한 바가 없다. 이에 관한 설명으로 틀린 것은? (다수설 및 판례에 의함) (2010년 공인회계사)

답 8. ③ 9. ②

① 甲의 추인을 받은 乙이 丙에게 약속어음을 배서양도하면 丙은 甲에 대한 어음채권을 취득한다.

② 甲이 乙에게 추인하면 乙은 甲과 A 모두에 대하여 어음채권을 행사할 수 있다.

③ 甲이 추인을 거절한 경우 약속어음 발행 당시 A가 대리인이 아님을 乙이 알았다면 乙은 A로부터 어음금을 지급받을 수 없다.

④ 甲이 추인을 거절한 경우 A에게 대리권 없음을 알지 못한데 대하여 乙에게 과실이 있더라도 A의 어음채무는 성립한다.

⑤ 乙은 민법상 표현대리의 요건이 충족되었음을 주장하여 甲에게 어음채무의 이행을 청구할 수 없다.

甲이 추인을 하면 A의 대리행위는 소급하여 유권대리행위가 되는 것이므로, 甲이 어음상 채무자가 되고 A는 책임이 소멸한다.

10 A로부터 적법하게 대리권을 수여받은 B는 A를 위하여 C에게 약속어음을 발행하였다. 이 경우에 관한 설명으로 틀린 것은? (2014년 공인회계사)

① 어음면에 "어음금액의 일부인 100만원을 지급하였음"이라는 문구가 기재되어 있다면 A는 누구에게나 일부지급의 항변을 할 수 있다.

② A와 C사이의 원인관계가 무효로 되었고 그 후 D가 C로부터 A를 해할 것을 알고 어음을 취득하였다면 A는 C와의 원인관계의 무효로써 D에 대하여 항변할 수 있다.

③ A가 C의 자금조달을 돕기 위해 원인관계 없이 약속어음을 발행한 경우라도 어음 자체의 효력에는 영향이 없다.

④ A에 대하여 C가 가지는 주채무이행청구권은 만기일로부터 3년간 행사하지 아니하면 시효로 소멸한다.

⑤ 판례에 의하면 B가 A로부터 부여받은 1천만원의 어음금액에 관한 대리권의 범위를 초과하여 약속어음을 발행하였다면 A는 어음상 책임을 부담하지 않는다.

판례에 의하면 B가 A로부터 부여받은 1천만원의 어음금액에 관한 대리권의 범위를 초과하여 약속어음을 발행하였다면 A는 1천만원의 범위에서 책임을 진다(대판 2001. 2 .23, 2000다45303 · 45310).

답 10. ⑤ 11. ⑤

11 갑은 을에게 물품대금조로 액면금 100만원인 약속어음을 발행교부하였고, 을은 어음금액을 400만원으로 변조하여 병에게 교부하였고, 병은 역시 물품대금조로 정에게 위 변조어음을 배서교부하였다. 이 경우 갑, 을, 병, 정의 어음관계에 관한 설명으로 옳은 것은? (이설이 있는 때에는 다수설에 의함)

① 을은 정에게 100만원을 변제해야 할 책임을 진다.
② 갑은 을에게 400만원을 변제해야 할 책임을 진다.
③ 을은 병에게 100만원을 변제해야 할 책임을 진다.
④ 병은 정에게 100만원을 변제해야 할 책임을 진다.
⑤ 갑은 정에게 100만원을 변제해야 할 책임을 진다.

위 설문에서 갑은 변조 전의 어음의 문언에 따라서만 책임을 지므로 100만원의 변제책임을 진다. 한편, 을과 병은 변조 후의 문언에 따라 책임을 져야 하므로 정에게 400만원의 책임을 진다.

12 어음의 위조와 변조에 관한 다음 설명 중 옳은 것은? (2004년 공인회계사)

① 권한 없이 만기를 변경하는 것은 위조에 해당한다.
② A가 권한 없이 B의 기명날인으로 어음에 배서하는 것은 변조에 해당한다.
③ 피위조자는 원칙적으로 선의의 어음소지인에 대해 어음상의 책임을 진다.
④ 어음소지인이 피위조자의 기명날인이 진정함을 입증하여야 한다는 것이 판례의 입장이다.
⑤ 변조 후에 어음에 기명날인한 자는 원칙적으로 원문언에 따라 책임을 진다.

① 권한 없이 만기를 변경하는 것은 변조에 해당한다.
② A가 권한 없이 B의 기명날인으로 어음에 배서하는 것은 위조에 해당한다.
③ 피위조자는 원칙적으로 선의의 어음소지인에 대해 어음상의 책임을 지지 않는다.
⑤ 변조 후에 어음에 기명날인한 자는 원칙적으로 변조 후의 문언에 따라 책임을 진다.

13 다음 중 어음의 위조 · 변조에 관한 설명으로 틀린 것은? (통설 및 판례에 의함) (2007년 공인회계사)

① A가 권한 없이 X를 발행인으로 하여 작성한 어음을 Y에게 교부하고 Y는 이를 선의의 Z에게 배서양도한 경우, X는 원칙적으로 Y는 물론 Z에 대하여도 어음상의 책임을 지지 않는다.

답 12. ④ 13. ④

② X주식회사의 경리사원 A가 X의 직인 및 대표이사의 개인 인장을 보관하면서 어음행위를 대행하던 중, 거래관계에 있던 B와 공모하여 B에게 X 명의로 약속어음을 발행하고 B는 이를 C에게 배서양도한 경우, X는 C에게 민법상 사용자책임을 부담할 수 있다.

③ 위 ②의 어음에 있어서 액면금액이 1억원으로 기재되어 있으나 C가 동 어음을 할인함 에 있어 B에게 7천만원을 지급한 경우, C가 X에 대하여 청구할 수 있는 금액은 7천만원 이다.

④ 발행인 X, 어음금액 1천만원으로 되어 있는 약속어음을 Y(제1배서인)로부터 교부받은 A가 어음금액을 4천만원으로 변경하여 이를 B에게, B는 C에게 배서양도한 경우, C에 대한 A · X · Y의 어음상의 책임은 동일하다.

⑤ 위 ④의 어음에 있어서 어음금액에 대한 변경이 교묘하게 이루어져 어음면상 변경 사실이 명백하게 나타나 있지 않다면, 그 변경에 대한 입증은 X가 하여야 한다.

어음변조의 경우, 변조 전에 기명날인 또는 서명한 자는 변조 전의 문언에 따라 책임을 지고, 변조 후에 기명날인 또는 서명한 자는 변조 후의 문언에 따라 책임을 진다(어음법 제69조). 변조자는 어음에 기명날인 또는 서명한 경우에는 변조 후의 문언에 따라 책임을 진다. 따라서 위 ④의 지문에서 A는 4천만원에 대하여 어음상의 책임을 지고, X와 Y는 1천만원에 대하여 어음상의 책임을 진다.

14 어음의 위조와 변조에 관한 설명 중 옳은 것은? (2009년 공인회계사)

① 판례에 의하면, 위조발행된 약속어음을 취득하여 동 어음을 배서양도한 자의 어음상 책임이 인정된다.

② 어음의 피위조자는 선의의 어음소지인에 대해 어음상의 책임을 진다.

③ 판례에 의하면, 어음 발행인이 자신의 기명날인이 위조된 것임을 주장할 경우 그 위조에 대한 입증책임은 해당 어음의 발행인에게 있다.

④ 판례에 의하면, 위조된 배서를 진정한 것으로 믿고 어음을 유상취득한 경우 그 손해액은 해당 어음액면 상당액이다.

⑤ 판례에 의하면, 위조된 어음을 만기에 지급하는 지급인은 사기 또는 중과실이 없으면 어음법에 의하여 책임을 면한다.

② 어음의 피위조자는 선의의 어음소지인에 대해 어음상의 책임을 지지 않는 것이 원칙이다.
③ 판례에 의하면, 어음 발행인이 자신의 기명날인이 위조된 것임을 주장할 경우 그 위조에 대한 입증책임은 해당 어음의 소지인에게 있다.
④ 판례에 의하면, 위조된 배서를 진정한 것으로 믿고 어음을 유상취득한 경우 그 손해액은 해당 어음의 취득금액(할인금액)이다.
⑤ 판례에 의하면, 위조된 어음을 만기에 지급하는 지급인은 선의의 경우 면책약정이 있는 경우에는 책임을 면할 수 있고, 이러한 면책약정은 유효하다고 본다.

답 14. ①

15 어음 · 수표의 위조 또는 변조에 관한 설명으로 틀린 것의 갯수는? (판례에 의함)

(2011년 공인회계사)

ㄱ. 발행인이 수취인란을 공란으로 하여 발행 · 교부한 백지어음을 제1배서인으로부터 배서양도 받은 어음소지인이 수취인을 '이성수'로 보충한 후 '주식회사 선진축산 대표이사 이성수'로 정정한 경우는 어음의 변조에 해당한다.
ㄴ. 무권리자가 수표발행인인 회사의 상호가 변경된 후에 그 회사의 상호변경 전에 적법하게 발행되었던 백지수표의 발행인란의 기명부분만을 임의로 사선으로 지우고 그 밑에 변경 후의 상호를 써넣은 경우는 수표의 위조나 변조에 해당하지 않는다.
ㄷ. 약속어음의 양수인이 배서 없이 그 어음을 제3자에게 양도하였다가 상환의무를 이행하고 이를 환수하여 정당한 소지인이 되었을 때 배서란에 배서하고 기명날인한 경우는 어음의 위조에 해당한다.
ㄹ. 어음발행인이 그의 어음보증인의 동의 없이 수취인명의를 변경기재하였다면 어음보증인과의 관계에서 어음의 변조에 해당한다.

① 0개 ② 1개 ③ 2개
④ 3개 ⑤ 4개

ㄱ. 발행인이 수취인란을 공란으로 하여 발행 · 교부한 백지어음을 제1배서인으로부터 배서양도 받은 어음소지인이 수취인을 '이성수' 로 보충한 후 '주식회사 선진축산 대표이사 이성수' 로 정정한 경우는 어음의 변조에 해당하지 않는다(대법원 1995. 5. 9. 선고 94다40659 판결).
ㄴ. 대법원 1996. 10. 11. 선고 94다55163 판결
ㄷ. 약속어음의 양수인이 배서 없이 그 어음을 제3자에게 양도하였다가 상환의무를 이행하고 이를 환수하여 정당한 소지인이 되었을 때 배서란에 배서하고 기명날인한 경우는 어음의 위조에 해당하지 않는다(대법원 1989. 12. 8. 선고 88도753 판결).
ㄹ. 대법원 1981. 11. 24. 선고 80다2345 판결

16 (ㄱ)-(ㄴ)의 연결이 옳은 것은? (판례에 의함)

(2011년 공인회계사)

기발행된 어음금액 1억원의 약속어음에 A가 甲회사 차장인 B와 공모하여 회사 명의의 배서를 위조하였다. 이 어음을 9천 6백만원에 할인취득한 C는 甲회사에 대하여 사용자배상책임을 물으려고 한다. 이 경우 C가 청구할 수 있는 손해액은 특별한 사정이 없는 한 (ㄱ)이며, C가 甲회사에게 사용자배상책임을 묻기 위하여는 상환청구 요건을 (ㄴ).

답 15. ③ 16. ④

① 1억원－갖추어야 한다.

② 9천 6백만원－갖추어야 한다.

③ 1억원－갖추지 않아도 된다.

④ 9천 6백만원－갖추지 않아도 된다.

⑤ 1억 4백만원－갖추어야 한다.

어음위조의 경우 취득자의 사용자배상청구의 경우에는 실제 취득금액(할인금액)이 손해액에 해당하여 배상청구가 가능하며, 이러한 권리는 어음상의 권리가 아니므로 상환청구를 위한 요건을 갖출 필요가 없다(대법원 1994. 11. 8. 선고 93다21514 판결).

17 A는 B에게 약속어음을 발행하였는데, C가 이를 절취하여 B의 기명날인으로 D에게 배서 · 교부하였다. D는 다시 E에게 배서양도하였다. 이 경우에 관한 설명으로 옳은 것은?

(2014년 공인회계사)

① B가 C의 배서행위를 추인하여도 배서의 효력이 발생하지 않는다.

② 판례에 의하면 B는 어음에 찍힌 인장이 자신의 진정한 인장이 아님을 증명하지 못하면 자신이 한 배서행위가 아니라는 항변을 할 수 없다.

③ B가 표현책임이 인정되어 어음상 책임을 부담하게 된다면 C는 별도의 민 · 형사상의 책임을 부담하지 않는다.

④ D가 선의이며 중과실 없이 약속어음을 취득하여 배서양도하였다면 자신의 배서행위에 따른 책임을 부담하지 않는다.

⑤ E가 선의이며 중과실 없이 약속어음을 취득하였다면 E는 A에 대하여 어음금지급청구권을 가진다.

① B가 C의 배서행위를 추인하여는 경우 배서의 효력이 발생한다는 것이 판례이다(대판 1998. 2. 10, 97다31113).

② 판례에 의하면 위조에 대한 입증책임은 소지인에게 있다(대판 1993. 8. 24, 93다4151).

③ B가 표현책임이 인정되어 어음상 책임을 부담하게 되더라도 C는 별도의 민법상 불법행위 책임 · 형법상 유가증권 위조죄의 처벌을 받는다(민법 제750조, 형법 제214조).

④ D가 선의이며 중과실 없이 약속어음을 취득하여 배서양도하였다면 자신의 배서행위에 따른 책임을 부담한다(어음법 제7조).

답 17. ⑤

제5절 어음(수표)상의 권리

01 어음의 선의취득에 관한 다음 설명 중 옳지 않은 것은?

① 어음의 선의취득이 인정되기 위해서는 어음취득자가 선의이며 무과실이어야 한다.

② 기한후배서에 의한 어음취득자에게는 선의취득이 인정되지 않는다.

③ 어음취득자가 어음취득에 관하여 경제적 이익을 갖지 않는 경우에는 선의취득이 인정되지 않으므로, 추심위임배서에 의한 선의취득은 인정되지 않는다.

④ 항변의 부착을 알아도 양도인이 무권리자임을 모르고 어음을 취득한 자는 항변이 부착된 어음을 선의취득하게 된다.

⑤ 어음취득자에게 형식적 자격이 있어야 선의취득이 인정된다.

민법상 동산의 선의취득을 위해서는 양수인이 선의이며 무과실이어야 하지만, 어음의 선의취득은 어음을 취득할 당시에 어음취득자에게 악의 또는 중과실이 없는 경우 인정된다.

02 어음(수표)의 선의취득에 관한 설명으로 옳지 않은 것은?

① 상속 · 합병 등의 포괄승계에 의한 어음(수표)의 취득은 선의취득이 인정되지 않는다.

② 선의취득이 인정되기 위해서는 배서의 형식적 연속이 있어야 한다.

③ 어음(수표)의 취득자에게 악의 또는 과실이 없는 경우에 선의취득이 인정된다.

④ 어음(수표)취득자가 어음취득에 관하여 독립된 경제적 이익을 갖지 않는 경우에는 선의취득이 인정되지 않는다.

⑤ 어음(수표)취득자의 선의취득시 선의유무는 어음의 취득시를 기준으로 한다.

어음(수표)의 선의취득은 취득자에게 악의 또는 중대한 과실이 없어야 하며, 경과실의 경우에는 선의취득이 인정되는 점에서 민법상 동산의 선의취득과 차이가 있다.

03 다음에서 C가 약속어음을 선의취득할 수 있는 경우는? (2012년 공인회계사)

① A의 약속어음을 절취한 B가 자신을 피배서인으로 하는 A 명의의 배서를 하여 선의이며 중과실 없는 C에게 어음을 배서 · 교부한 경우

② A가 약속어음을 분실하였는데 이를 습득한 B가 지명채권 양도방식으로 선의이며 중과실 없는 C에게 어음채권을 양도한 경우

③ A가 약속어음을 의사무능력 상태에서 B에게 배서 · 교부하였고 B가 지급제시기간 경과 후 선의이며 중과실 없는 C에게 배서 · 교부한 경우

답 [제5절] 1. ① 2. ③ 3. ①

④ A가 B 소유의 약속어음을 보관하던 중 사망하였는데 A의 자녀인 C가 그 어음을 A의 소유라고 중과실 없이 믿고 점유하는 경우

⑤ A가 분실한 배서금지어음을 B가 습득하여 A 행세를 하면서 선의이며 중과실 없는 C에게 배서·교부한 경우

위의 ②는 지명채권양도방식으로 양도하므로 선의취득이 인정되지 않고, ③의 경우 지급제시기간 경과 후의 배서로서 지명채권양도의 효력이 인정되므로(어음법 제20조 제1항) 선의취득이 인정되지 않고, ④는 상속이므로 선의취득이 인정되지 않고, ⑤의 배서금지어음은 배서가 인정되지 않으며 지명채권양도방법으로 양도되어야 하고 따라서 선의취득이 인정되지 않는다.

04 어음의 항변에 관한 설명으로 틀린 것은? (2017년 공인회계사)

① 어음채무자는 추심위임배서의 배서인에게 대항할 수 있는 항변으로써만 소지인에게 대항할 수 있다.

② 어음채무자는 소지인이 그 채무자를 해할 것을 알고 어음을 취득한 경우가 아닌 한 입질배서의 배서인에 대한 인적 항변사유로써 그 소지인에게 대항하지 못한다.

③ 어음요건의 흠결이나 시효소멸과 같은 항변사유가 있는 경우 어음채무자는 그 항변사유로써 어음소지인에게 대항할 수 있다.

④ 상속에 의하여 어음이 이전된 경우 어음채무자는 피상속인에 대한 인적 항변사유로써 상속인에게 대항할 수 없다.

⑤ 판례에 의하면 악의의 항변을 하려면 항변사유의 존재를 인식하는 것만으로는 부족하고 자기가 어음을 취득함으로써 항변이 절단되고 채무자가 손해를 입게 될 사정이 객관적으로 존재한다는 사실까지도 충분히 알아야 한다.

인적항변의 절단이 인정되기 위해서는 어음의 본래의 유통방법(배서 또는 교부)에 의하여 유통되어야 하므로, 상속에 의하여 어음이 이전된 경우 어음채무자는 피상속인에 대한 인적 항변사유로써 상속인에게 대항할 수 있다는 것이 통설의 입장이다.

05 어음항변에 관한 설명으로 틀린 것은? (1998년 공인회계사)

① 악의의 항변시 악의에 대한 입증책임은 어음채무자가 부담한다.

② 위조의 항변은 모든 어음소지인에게 대항할 수 있는 항변이다.

③ 기한후배서에 의하여서는 인적 항변이 절단되지 않는다.

④ 악의의 항변에 있어서 악의의 존재여부는 어음취득시를 기준으로 판단한다.

⑤ 융통어음임을 알고 취득한 자에 대해서는 융통어음의 항변으로 대항할 수 있다.

답 4. ④ 5. ⑤

융통어음을 발행한 경우 융통자는 제3자가 융통어음임을 알고 있다 하더라도, 융통어음의 항변으로 대항할 수 없다.

06 A가 B에게 발행하고 B가 C에게, C가 다시 D에게 배서양도한 것으로 기재된 약속어음에 있어서, A가 B에 대하여 가지고 있는 다음에 열거한 항변 중 A가 선의이며 과실 없는 C와 D 모두의 청구를 거절할 수 있는 항변은 전부 몇 개인가? (통설 및 판례에 의함) (2004년 공인회계사)

> ㄱ. 무능력을 이유로 발행을 취소하였다는 항변
> ㄴ. 원인관계가 무효라는 항변
> ㄷ. 융통어음이라는 항변
> ㄹ. 어음의 만기가 도래하지 않았다는 항변
> ㅁ. 어음이 사기에 의해 발행되었다는 항변

① 1개 ② 2개 ③ 3개
④ 4개 ⑤ 5개

위 설문은 물적 항변의 사유를 묻는 것이다. 무능력을 이유로 발행을 취소한 항변, 만기미도래의 항변은 물적 항변에 속한다. 그러나 원인관계의 무효항변, 융통어음의 항변, 사기에 의한 발행이라는 항변은 인적 항변에 속한다.

07 甲은 乙의 자금융통을 도와주기 위하여 乙을 수취인으로 한 약속어음을 발행하면서 어음상의 책임을 부담하지 않는다는 합의를 하였다. 이후 乙은 이 어음을 C에게 배서하였는데 C는 그 어음이 대가 없이 발행된 융통어음임을 알고 취득하였다. C가 만기에 甲에게 어음금지급을 청구하는 경우에 관한 설명 중 옳은 것은? (판례에 의함) (2005년 공인회계사)

① 경제적 대가관계 없이 호의적으로 발행된 융통어음은 원인관계가 없어 무효인 어음이다.
② 甲은 C에게 어음금지급을 거절하지 못한다.
③ 융통어음의 항변은 물적 항변이므로 甲은 C에게 어음금지급을 거절하지 못한다.
④ 甲은 C에게 악의의 항변을 제기하여 어음금지급을 거절할 수 있다.
⑤ 융통어음의 항변은 물적 항변이므로 甲은 C에게 어음금지급을 거절할 수 있다.

답 6. ② 7. ②

본 설문은 융통어음의 항변에 관한 것이다. 융통어음의 융통자는 융통어음을 취득한 제3자가 비록 융통어음임을 알고 있다 하더라도 이로써 제3자에게 대항할 수 없으므로(대법원 1979. 10. 30. 선고, 79다479판결), 위 설문에서 甲은 C에게 어음금지급을 거절하지 못한다.

① 융통어음은 현실적 상거래없이 자금융통의 목적으로 발행되는 어음으로 유효한 어음이다.

③, ⑤ 융통어음의 항변은 인적 항변사유에 해당한다.

④ 융통어음임을 단순히 알았다는 항변에 의한 대항을 인정하지 않는다(대법원 1996. 5. 14. 선고, 96다3449판결). 다만 피융통자가 융통자에게 교환어음을 교부한 경우에 그 교환어음이 지급거절된 사실을 알고 융통어음을 취득한 제3자에 대해서는 융통자는 융통어음이라는 항변을 할 수 있다(대법원 1995. 1. 20. 선고, 94다50489판결).

08 A가 B에게 약속어음을 발행한 후 그 원인관계가 소멸하였으나 B는 그 약속어음을 A에게 반환하지 않고 C에게 배서·교부하였다. C가 A에게 어음금 지급을 청구해 온 경우의 법률관계에 관한 설명으로 틀린 것은? (2012년 공인회계사)

① C가 어음을 취득할 때 원인관계가 소멸하였다는 사실과 항변이 절단되어 A에게 피해를 줄 것이라는 사실을 알았다면 A는 C에게 어음채무의 이행을 거절할 수 있다.

② C가 어음을 취득할 때 원인관계의 소멸사실을 몰랐으나 이후 그 사실을 알게 되더라도 A는 C에게 어음채무의 이행을 거절할 수 없다.

③ 판 에 의하면 C는 원인관계의 소멸과 관련하여 자신에게 해의가 없음을 입증할 책임을 부담한다.

④ B가 C에게 배서·교부한 시점이 지급제시기간 경과 후라면 A는 원인관계가 소멸하였음을 C에게 주장하여 어음채무의 이행을 거절할 수 있다.

⑤ 판 에 의하면 C가 어음을 취득할 때 원인관계의 소멸을 중과실로 알지 못한 경우 A는 C에게 어음채무의 이행을 거절할 수 없다.

C의 배서의 경우에는 A가 B에 대해 갖는 인적항변은 절단되는 것이 원칙이다. 다만, A가 C의 '악의(채무자를 해할 것을 안 것:항변이 절단되고 채무자가 손해를 입게 될 사정이 객관적으로 존재한다는 사실까지도 충분히 알았다는 것)'를 입증하면 인적항변은 절단되지 않게 된다(어음법 제17조)는 것이 판례 및 통설의 입장이다.

09 갑은 을에게 약속어음 1매를 발행하였던 바 을은 이를 분실하고 병이 이를 습득하여 소지하고 있다가 정으로부터 물건을 구입하고 그 대금으로 이 약속어음을 을명의로 위조배서한 후 교부하였다. 그런데 정이 이 약속어음을 소지중에 을은 제권판결을 받았다. 올바른 설명은? (1996년 공인회계사)

① 어음을 분실한 을은 어음상의 권리를 잃는다.

답 8. ③ 9. ③

② 어음을 습득한 병은 어음상의 권리를 갖는다.

③ 정은 선의취득자의 요건을 충족하고 있더라도 제권판결 후에는 소지하고 있는 어음에 의하여 권리행사를 하지 못한다.

④ 제권판결취득자인 을은 어음의 재발행을 받은 후에만 어음상의 권리행사를 할 수 있다.

⑤ 제권판결 후에도 정으로부터 어음을 선의로 취득한 자는 어음의 선의취득자가 될 수 있다.

① 어음을 분실하였다 하더라도 어음상의 권리를 잃는 것은 아니다.
② 병은 어음을 습득하였으므로 무권리자이다. 즉, 어음상의 권리를 가질 수 없다.
③ 제권판결을 받은 어음은 무효인 어음이 되므로, 제권판결 후에 그 어음으로 권리행사는 할 수 없다.
④ 제권판결을 받은 자는 어음의 재발행이 없이도 어음상의 권리를 행사할 수 있다.
⑤ 제권판결 후의 어음은 유효한 어음이 아니므로, 이 어음을 선의로 취득하더라도 선의취득의 요건상 선의취득자가 될 수 없다.

10 어음의 소멸시효에 관한 설명으로 틀린 것은? (2017년 공인회계사)

① 어음의 소멸시효를 적용할 때에는 만기가 공휴일인 경우 그에 이은 제1거래일로부터 기산한다.

② 무비용상환문구가 적혀 있는 경우 소지인의 배서인에 대한 청구권은 어음의 만기일로부터 1년간 행사하지 않으면 소멸시효가 완성된다.

③ 배서인의 다른 배서인에 대한 청구권은 그 배서인이 어음을 환수한 날 또는 그 자가 제소된 날부터 6개월간 행사하지 아니하면 소멸시효가 완성된다.

④ 판례에 의하면 소멸시효가 완성된 어음채무를 일부 변제한 경우 액수에 관해 다툼이 없는 한 그 채무 전체를 묵시적으로 승인하고 시효이익을 포기한 것으로 추정한다.

⑤ 판례에 의하면 장래 발생할 구상금채무를 담보하기 위하여 채무자가 채권자에게 발행한 어음의 경우 어음의 소멸시효는 피담보채무가 발생한 시점을 기산점으로 삼아야 한다.

어음의 소멸시효를 적용할 때에는 만기가 공휴일인 경우 그 날부터 기산한다. 다만, 그 기간의 말일이 법정휴일이면 말일 이후의 제1거래일까지 기간을 연장한다(어음법 제72조 제2항).

11 어음 · 수표의 소멸시효에 관한 설명으로 틀린 것은? (2013년 공인회계사)

① 인수인에 대한 환어음상의 청구권은 만기일부터 3년간 행사하지 아니하면 소멸시효가 완성된다.

답 10. ①

② 환어음 소지인의 배서인과 발행인에 대한 상환청구권은 거절증서작성일 또는 만기일(거절증서작성면제의 경우)로부터 1년간 행사하지 아니하면 소멸시효가 완성된다.

③ 환어음상 배서인의 다른 배서인과 발행인에 대한 상환청구권은 그 배서인이 어음을 환수한 날 또는 그 자가 제소된 날로부터 6개월간 행사하지 아니하면 소멸시효가 완성된다.

④ 수표소지인의 배서인, 발행인, 그 밖의 채무자에 대한 상환청구권은 제시기간이 지난 후 1년 간 행사하지 아니하면 소멸시효가 완성된다.

⑤ 수표상 상환의무를 이행한 자의 그 전자에 대한 상환청구권은 상환의무를 이행한 자가 수표를 환수한 날 또는 그 자가 제소된 날로부터 6개월간 행사하지 아니하면 소멸시효가 완성된다.

수표소지인의 배서인, 발행인, 그 밖의 채무자에 대한 상환청구권은 제시기간이 지난 후 6개월간 행사하지 아니하면 소멸시효가 완성된다(수표법 제51조 제1항).

12 이득상환청구권에 관한 설명으로 틀린 것은? (이견이 있으면 판례에 의함) (2017년 공인회계사)

① 백지어음은 백지보충이 이루어지지 않는 한 보충권의 시효완성으로 백지어음상의 권리가 소멸하더라도 이득상환청구권이 발생하지 않는다.

② 어음상의 권리가 소멸할 당시에 원인채권이 존재하였더라도 이후 원인채권이 소멸하게 되면 이득상환청구권이 발생한다.

③ 이득상환청구권은 지명채권의 성질을 가지므로 선의취득이 허용되지 않는다.

④ 어음상의 권리자가 제3자의 선의취득에 의해 권리를 상실한 경우 그 권리자에게는 이득상환청구권이 발생하지 않는다.

⑤ 약속어음의 발행인이 어음채무의 시효의 완성으로 지급을 면하게 된 경우 그가 반환하여야 할 이득은 어음금이 아니라 수취인으로부터 어음발행의 원인관계로 받은 급부의 가액이다.

어음상의 권리가 소멸할 당시에 원인채권이 존재하였다면 이득상환청구권이 발생하지 않는다(대판1959.9.10, 4291민상717). 원인관계상의 채무를 담보하기 위하여 어음이 발행되거나 배서된 경우에는 어음채권이 시효로 소멸되었다고 하여도 발행인 또는 배서인에 대하여 이득상환청구권은 발생하지 않는다고 할 것인바, 이러한 이치는 그 원인관계상의 채권 또한 시효 등의 원인으로 소멸되고 그 시기가 어음채무의 소멸 시기 이전이든지 이후이든지 관계없이 마찬가지라고 보는 것이 당원의 견해이다(대판 2000. 5. 26., 2000다10376).

답 11. ④ 12. ②

13 이득상환청구권에 관한 설명 중 틀린 것은? (2005년 공인회계사)

① 수표상의 권리를 상환청구권으로만 보는 견해에 의하면, 수표의 이득상환청구권의 발생시기는 지급제시기간의 경과시가 아니라 지급제시에 대하여 지급거절이 있거나 또는 제시기간이 경과한 후 발행인이 지급위탁을 취소한 때이다.

② 이득상환청구권의 법적 성질을 지명채권으로 보게 되면 이득상환청구권의 선의취득은 인정되기 어렵다.

③ 이득상환청구권의 법적 성질을 어음상 권리의 잔존물로 이해하는 견해에서는, 이득상환청구권이 어음의 배서나 교부만으로 양도된다고 한다.

④ 이득상환청구권의 법적 성질을 지명채권의 일종으로 보는 것이 통설, 판례이다.

⑤ 백지어음은 백지보충이 이루어지지 않는 한 보충권의 시효로 백지어음상의 권리가 소멸하더라도 원칙적으로 이득상환청구권이 발생하지 않는다.

수표상의 권리를 상환청구권으로만 보는 견해에 의하면, 수표의 이득상환청구권의 발생시기는 지급제시기간의 경과시로 본다(해제조건설, 판례·통설의 입장). 즉, 이 견해에 의하면 지급제시기간이 경과하면 확정적으로 수표상의 권리는 소멸하므로, 이 시점을 기준으로 이득상환청구권이 발생하고 다만 지급위탁의 취소가 없어서 지급인이 지급하는 때에는 이득상환청구권이 소멸한다고 한다.

14 을로부터 건물을 매수한 갑은 매매대금의 지급을 위하여 을에게 약속어음을 발행하였다. 그런데 을이 이 약속어음을 소지하고 있던 중 어음채권의 행사를 게을리하여 갑에 대한 어음채권의 소멸시효가 완성되었다. 이 경우 법률관계에 관한 설명 중 틀린 것은?

(2008년 공인회계사)

① 모든 어음상 채무자에 대한 어음채권이 소멸하기만 하면 이득상환을 청구할 수 있다는 견해에 따르면 을은 갑에게 이득상환청구권을 행사할 수 있다.

② 판례에 의하면 을의 매매대금채권이 존속하는 한 을은 이득상환청구권을 행사할 수 없다.

③ 만약 갑이 매매대금의 지급에 갈음하여 을에게 약속어음을 발행하고, 을이 소지하고 있던 중 어음상의 권리가 소멸시효 완성으로 인하여 소멸하였다면 을은 이득상환청구권을 행사할 수 있다.

④ 을이 이득상환청구권을 가지고 있다고 가정할 경우 위 약속어음에 배서하여 교부한 것만으로는 그 양수인이 갑에게 이득상환청구권을 행사할 수 없다는 것이 통설과 판례의 입장이다.

답 13. ① 14. ⑤

⑤ 을이 이득상환청구권을 가지고 있다고 가정할 경우 위 약속어음을 소지하고 있어야 갑에게 이득상환청구권을 행사할 수 있다는 것이 통설의 입장이다.

이득상환청구권의 법적성질에 대해 통설은 지명채권으로 보기 때문에, 통설에 의할 경우에는 이득상환청구권의 행사시에는 약속어음의 소지를 요하지 않는다.

15 어음의 이득상환청구권에 관한 설명으로 틀린 것은? (이견이 있으면 판례에 의함)

(2015년 공인회계사)

① 이득상환청구권은 어음관계자들의 이해 조정을 위한 어음상의 권리이다.

② 판례에 의하면 원인관계에 있는 채권의 "지급을 담보하기 위하여" 어음이 발행된 경우 어음채권이 시효로 소멸하였다고 하더라도 이득상환청구권은 발생하지 않는다.

③ 판례에 의하면 모든 어음채무자에 대해 어음상의 권리를 상실하고 일반법상의 구제방법 마저도 상실한 경우에야 비로소 이득상환청구권이 발생한다.

④ 판 에 의하면 이득상환청구권은 양도할 수 있지만 선의취득은 인정하지 않는다.

⑤ 판 에 의하면 이득상환청구권자가 어음을 소지하더라도 어음상의 권리가 소멸할 당시 자신이 적법한 소지인이었다는 사실과 의무자에게 실질관계로 인한 이득이 있다는 사실 등 모든 요건을 증명하여야 한다.

이득상환청구권은 어음관계자들의 이해 조정을 위한 어음법상의 권리이다.

16 甲이 발행한 약속어음에 A가 어음보증을 하였으며, 그 이후 甲은 이 어음을 乙에게, 乙은 丙에게 각각 배서양도하였다. 이 경우 후자의 항변을 원용하는 경우에 해당하는 것은?

(2011년 공인회계사)

ㄱ. 乙이 어음과 상환하지 않고서 丙에게 어음금을 지급하였는데 丙이 다시 甲에게 청구하는 때 甲이 乙의 항변사유를 주장하는 경우

ㄴ. 丙이 甲에게 어음금을 지급받은 후 다시 A에게 청구하는 때 A가 甲의 항변사유를 주장하는 경우

ㄷ. 丙이 甲으로부터 어음금을 지급받고도 다시 乙에게 상환청구하는 때 乙이 甲의 항변사유를 주장하는 경우

ㄹ. 甲, 乙간의 원인관계가 취소된 후 丙이 이 사실을 알고 어음을 취득한 때 A가 丙의 청구에 대하여 甲의 항변사유를 주장하는 경우

답 15. ① 16. ②

ㅁ. 乙, 丙간의 원인관계가 부존재한 때 甲이 丙의 청구에 대하여 乙의 항변사유를 주장하는 경우

① ㄱ, ㄴ ② ㄱ, ㅁ ③ ㄴ, ㄷ
④ ㄷ, ㄹ ⑤ ㄹ, ㅁ

후자의 항변이란 어음채무자의 후자가 갖는 항변을 그 어음채무자가 이를 원용하는 것을 말한다. ㄴ. ㄷ. ㄹ은 전자의 항변의 사유에 해당한다.

제6절 어음(수표)의 실질관계

01 어음관계와 원인관계에 관한 설명 중 틀린 것은? (2008년 공인회계사)

① 갑이 을에 대해 부담하는 매매대금채무의 지급에 갈음하여 병이 발행한 약속어음을 을에게 배서 · 교부하였다면 갑의 매매대금채무는 소멸한다.

② 갑이 을에 대해 부담하는 매매대금채무의 지급을 위하여 병이 발행한 약속어음을 을에게 배서 · 교부하였다면 갑의 매매대금채무는 소멸하지 않는다.

③ 갑이 을에 대해 부담하는 매매대금채무를 담보하기 위하여 을에게 약속어음을 발행하였다면 갑의 매매대금채무는 소멸하지 않는다.

④ 갑이 을에 대해 부담하는 매매대금채무를 담보하기 위하여 을에게 약속어음을 발행하여 을이 이를 소지하던 중 매매계약이 취소되었다면 갑은 을의 어음채권 행사에 대해 이행을 거절할 수 있다.

⑤ 위 ④의 약속어음을 을이 다시 병에게 배서 · 교부한 경우 갑과 을 사이의 매매계약이 취소되었다면 매매계약에 취소원인이 있음을 알지 못한 병에 대해 갑은 어음채무를 부담하지 않는다.

갑이 을에 대해 부담하는 매매대금채무를 담보하기 위하여 을에게 약속어음을 발행하여 을이 이를 소지하던 중 매매계약이 취소되었다면, 이는 갑과 을간의 인적항변사유가 되므로 갑은 을의 어음채권행사에 대하여 이행을 거절할 수 있다. 그런데, 위 약속어음을 을이 다시 병에게 배서 · 교부한 경우, 매매계약의 취소원인이 있음을 알지 못한 병에 대해서는 인적항변이 절단되므로(어음법 제17조 본문), 병에 대해 갑은 어음채무를 부담하여야 한다.

답 [제6절] 1. ⑤

02 어음관계와 원인관계에서 원인채무이행과 어음반환에 관한 설명으로 틀린 것은? (판례에 의함)

(2011년 공인회계사)

① 채권자가 어음채권의 만족을 얻지 못하여 원인채권을 행사할 경우 그 원인채권을 변제받은 사실만으로 어음채권이 소멸하는 것은 아니다.

② 채권자가 원인채권을 변제받고 어음을 유통시키면 채무자에게는 2중변제의 위험이 존재하게 된다.

③ 채권자가 원인채권을 행사하여 변제받는 때에는 특약이 없다면 이와 동시이행으로 어음을 반환하여야 한다.

④ 채권자가 원인채무의 변제기가 도래하여 그 이행을 최고한 경우 채무자가 어음의 반환과의 동시이행을 주장하지 않고 단순히 이행을 거절하더라도 이행지체가 되지 않는다.

⑤ 원인채권의 변제여부에 관하여 다툼이 있는 경우 어음이 반환되어 채무자가 이를 소지하고 있다면 원인채권이 변제된 것으로 추정된다.

채권자가 원인채무의 변제기가 도래하여 그 이행을 최고한 경우 채무자가 어음의 반환과의 동시이행을 주장하지 않고 단순히 이행을 거절하더라도 이행지체가 된다(대법원 1993. 11. 9. 선고 11203. 11210(반소)판결).

⑤ 대법원 1996. 12. 20 선고 96다41588 판결

답 2. ④

CHAPTER

03 환어음

제1절 발 행

Ⅰ. 총 설

1. 발행의 의의

어음의 발행이란 어음이라는 유가증권을 작성하여 수취인에게 교부하는 것을 말한다. 어음의 작성이란 필요적 기재사항을 기재하고 발행인이 기명날인 또는 서명하는 것을 말한다(어음법 제1조). 따라서 어음은 엄격한 요식증권성을 갖는다. 어음의 기재사항과 발행인의 기명날인 또는 서명을 어음요건이라 한다. 이렇게 어음요건을 갖추어 발행되는 어음을 기본어음이라 하고, 이와 같이 어음은 어음요건을 갖추어 증권을 작성하고 수취인에게 교부함으로써 비로소 어음상의 권리가 발생하는 것이기 때문에 어음을 설권증권(設權證券)이라 한다. 기본어음이 어음요건의 어느 것을 결(缺)한 때에는 어음으로서의 효력을 갖지 못하고, 이러한 어음에 한 배서 · 보증 · 인수 등의 어음행위도 무효이다.

2. 어음발행의 일반적 사항

(1) 어음증권의 재료 · 기재방법 등

어음요건사항을 기재할 증권의 재료, 기재방법과 그 재료, 기재시기의 전후 등에 관하여는 법률상 아무런 제한이 없다. 또한 기재 용어와 문자도 자유이다. 그러나 실제에 있어서는 편의상 부동문자로 인쇄된 어음용지가 사용되며, 특히 지급장소가 은행인 경우에는 그 은행에서 교부한 통일어음용지를 사용하는 것이 보통이다.

(2) 인지의 첨부

인지세법은 어음에 인지의 첨부를 요구하고 있으나, 이것은 어음요건이 아니며 인지가 첨부되지 않은 어음도 유효하다.

(3) 사실과 일치하지 않는 어음기재

어음증권상의 기재가 어음요건을 갖춘 때에는 그것이 사실과 반하는 경우에도 어음의 내용은 증권상의 기재에 따라서 결정된다. 따라서 기재는 객관적 진실과 일치할 필요는 없고 형식적으로 존재하면 된다.

(4) 보충지(補箋)에 한 발행행위

어음발행행위를 어음용지에 결합된 보충지(보전)에 한 경우 유효한가에 대해서는 학설의 대립이 있으나, 무효라는 견해가 다수설이다.

II. 어음의 기재사항

환어음의 기재사항은 발행시에 반드시 기재하여야 어음으로서 성립하는 사항(필요적 기재사항), 어음에 기재함으로써 이에 상응하는 어음상의 효력이 발생하는 사항(유익적 기재사항), 어음에 기재하여도 아무런 어음상의 효력이 발생하지 않는 사항(무익적 기재사항), 어음에 기재하면 어음 자체를 무효로 하는 사항(유해적 기재사항)이 있다.

1. 요적 기재사항

(1) 환어음문구

환어음에는 어음증권의 본문 중에 그 증권의 작성에 사용하는 국어로 환어음임을 표시하는 문자를 기재하여야 한다(어음법 제1조 1호). 환어음문구는 어음증권의 본문 자체 가운데 또는 문장 중에 기재하여야 한다. 환어음문구는 보통 「환어음」이라고 하고 있지만, 환어음증서 · 환어음증권 · 환어음서 등의 문자도 무방하다. 그러나 단순한 어음 · 어음증권 등은 환어음임을 표시하는 문자가 될 수 없다.

(2) 일정금액의 무조건의 지급위탁

환어음에는 조건없이 일정한 금액을 지급할 것을 위탁하는 뜻을 기재하여야 한다(어음법 제1조 2호).

① **금액의 기재** : 환어음은 금전채권을 표창하는 유가증권이므로 금전 이외에 물건의 지급을 목적으로 하는 환어음은 무효이다. 또한 어음금액은 일정하여야 하므로 「일백만원 또는 오십만원」이라는 선택적 기재, 「일백만원 이상 또는 이하」라는 등의 최고액 또는 최저액을 기재하는 것, 또는 「미화 일백달러에 해당하는 한화」라는 부동적(浮動的) 기재는 부적법하다. 따라서 이러한 어음은 무효이다. 어음금액은 일정한 금액을 표시하면 되고 반드시 내국통화로서 표시할 필요는 없고 외국통화로 표시하여도 무방하다.

주의 어음의 변조를 방지할 목적으로 금액을 중복기재하는 경우 그 금액이 일치하지 아니할 때에는 글자와 숫자와의 사이에는 글자로 기재한 금액을 어음금액으로 하고, 글자와 글자 또는 숫자와 숫자의 중복기재가 있는 경우에 그 금액의 차이가 있는 때에는 최소금액을 어음금액으로 한다(어음법 제6조).

② **조건없는 지급위탁** : 어음금액의 지급위탁은 무조건이어야 하므로, 지급에 조건을 붙이거나(예 상품수령과 동시에 지급함), 지급금액을 한정하는 경우(예 지급인의 보관중에 있는 갑회사의 예금중에서 지급함), 지급방법을 한정하는 경우(예 만원권으로 지급함)에는 어음이 무효가 된다.

(3) 지급인의 명칭

① **의의** : 환어음은 지급위탁증권이므로 발행인 이외에 지급인이 있어야 하며(어음법 제1조 3호), 이점에서 약속어음과 상이하다. 지급인은 실재인이 아니라도 무방하며, 이러한 경우 어음소지인은 지급인으로부터 인수 또는 지급을 받을 수 없으므로 발행인이나 배서인에게 상환청구권을 행사할 수밖에 없다.

② **표시방법** : 지급인의 표시방법으로는 그 성명 · 상호를 기재하는 것이 보통이지만, 지급인의 동일성을 인식할 수 있는 이상 어떠한 명칭이라도 무방하다. 그리고 통칭 · 아호 · 예명 · 별명 등의 기재도 관계없다. 회사 기타 법인을 지급인으로 기재하는 경우에는 그 상호 또는 명칭만을 기재하면 되고 대표기관을 표시할 필요는 없다.

③ **복수기재** : 지급인의 기재는 「지급인 갑 · 을」이라고 기재하는 중첩적 기재는 인정된다. 이 때에는 지급인 전원이 지급을 거절하여야 지급거절에 따른 상환청구권을 행사할 수 있으며, 인수거절로 인한 만기 전의 상환청구권은 지급인 중의 1인만이 인수를 거절하여도 가능하다. 지급인의 기재를 「제1지급인 갑, 제2지급인 을」이라고 기재한 경우에 대해 갑을 「지급인」, 을을 「예비지급인」으로 보아 유효하다는 것이 통설의 입장이다.

주의 ① 「지급인 갑 또는 을」이라고 기재하는 것은 지급인이 확정되지 아니하고 어음관계의 단순성을 해하므로 인정되지 않는다.
② 수인의 지급인을 기재하는 경우, 어음금을 분할하여 지급하는 뜻의 기재를 하면 그 지급인의 기재는 무효가 된다.

④ **당사자자격의 겸병** : 환어음에는 발행인 · 지급인 · 수취인의 3당사자가 필요하지만, 이 경우 당사자자격의 두 개를 동일인이 겸병할 수 있는 것을 인정하고 있다. 환어음의 발행인이 자신을 지급인으로 하는 경우 자기앞환어음이 되고, 발행인과 수취인이 동일인인 경우 자기지시환어음이 된다(어음법 제3조 제1항, 제2항). 또한 수취인과 지급인의 자격겸병에 대해서는 명문의 규정은 없으나 인정된다. 그리고 발행인 · 지급인 · 수취인의 3당사자 자격의 겸병도 인정된다.

(4) 만기의 표시

① **의의** : 만기는 어음의 필요적 기재사항으로(어음법 제1조 4호), 어음금액이 지급될 날로서 어음면에 기재한 날을 말한다. 만기는 일정하여야 하며, 분할출급어음 또는 각 지급인의 상이한 만기를 정하는 것은 인정되지 아니하며, 만기는 확정된 날 또는 확정될 수 있는 날이어야 한다.

●●● 구별개념

> 만기는 일반적으로 지급기일이라 한다. 만기와 「지급할 날」 또는 「지급의 날」과는 다른 개념이다. 「지급할 날」은 보통 만기와 일치하지만 만기와 법정휴일일 때에는 그에 이은 제1거래일이 지급을 할 날이 되므로 양자는 구별된다. 또한 「지급의 날」은 현실적으로 지급이 행하여진 날이므로 만기와 구별된다.

② **종류** : 어음법 제33조 제1항에서 일람출급 · 일람후정기출급 · 발행일자후정기출급 · 확정일출급의 네가지 만기만을 인정하고 있다. 따라서 이 이외의 만기는 무효로 한다(어음법 제33조 제2항).

㉠ **일람출급** : 일람출급이란 언제든지 지급제시할 수 있고 그 제시한 날이 만기가 되는 것으로, 이러한 어음을 일람출급어음이라 한다. 일람출급의 어음은 원칙적으로 발행일자로부터 1년 내에 지급을 받기 위하여 제시하여야 한다(어음법 제34조 제1항). 이러한 제시기간은 발행인에 의해 단축 또는 연장될 수 있고, 배서인에 의해 단축될 수 있다. 발행인이 제시기간을 정한 때에는 모든 어음관계자에 대하여 그 효력이 있고, 배서인이 정한 기간은 그 배서인만이 이를 원용할 수 있다(어음법 제53조 제3항).

㉡ **일람후정기출급** : 일람후정기출급이란 일람 후 일정한 기간을 경과한 날을 만기로 하는 것으로, 이러한 어음을 일람후정기출급어음이라 한다. 여기서 일람이란 인수를 위한 제시를 할 날을 의미한다(어음법 제22조 제1항, 제2항 단서 참조). 인수를 위한 일람은 발행일자로부터 1년 내이며, 이 기간을 발행인은 연장 또는 단축할 수 있고, 배서인은 단축할 수 있다(어음법 제23조).

●●● 일람후정기출급어음에 있어서 만기를 정하는 기간의 초일

① 일자 있는 인수를 한 때에는 그 일자가 되고,
② 인수를 하지 않은 때에는 거절증서가 작성되는 때에는 인수거절증서일자, 거절증서작성이 면제된 경우에는 인수제시기간의 말일,
③ 인수가 있어도 그 일자가 없는 때에는 인수일자기입거절증서의 일자,
④ 거절증서작성이 면제되어 있는 경우에는 인수가 되고 인수일자가 기입되어 있지 않은 경우에는 인수를 위한 제시기간의 말일이 그 기간의 초일이 된다(어음법 제25조 제2항, 제35조).

●●● 일람후정기출급어음에 있어서 만기를 정하는 기간의 말일

① 일람 후 며칠로써 만기로 하는 경우에는 초일, 즉 일람일은 산입하지 않고(어음법 제73조), 그 익일을 기간일로 계산한다.
② 주로써 기간이 정하여져 있는 경우에는 초일에 대응하는 제 몇 주째의 그 날이 만기가 된다.
③ 기간이 1월 또는 수월(數月)로써 정해진 경우에는 지급을 할 달의 대응일로써 만기로 하고, 대응일이 없는 경우에는 그 달의 말일을 만기로 한다(어음법 제36조 제1항).
④ 기간이 1개월반 또는 수개월반으로 되어 있는 경우에는 먼저 1개월 또는 수개월 전월(全月)을 계산하고 이것에 반개월, 즉 15일을 가산하여 만기를 계산한다(어음법 제36조 제2항, 제5항).
⑤ 기간이 일람 후 1년 또는 수년으로 되어 있는 경우에는 1년 또는 수년이 경과한 후의 지급할 해의 일에 대응하는 날을 만기로 한다.

㉢ **발행일자후정기출급** : 발행일자후정기출급이란 발행일자로부터 일정한 기간 후를 만기로 하는 경우이며, 이러한 어음을 발행일자후정기출급어음이라 한다. 이 어음의 경우 발행일자 후의 기간의 계산에 있어서는 초일을 산입하지 않으며, 일람후정기출급어음의 만기일의 계산방법과 동일하게 만기를 계산한다.

㉣ **확정일출급** : 확정일출급이란 확정일을 만기로 하는 것이며, 이러한 어음을 확정일출급어음이라 한다. 확정일의 기재에 있어서는 통상 만기일을 연월일로 정하는 것이 보통이지만, 연월일의 기재에 있어서 연호를 추찰할 수 있는 경우에는 연호(年號)를

기재하지 않은 경우에도 유효한 어음이라 볼 수 있다. 발행지와 세력을 달리하는 지(地)에서 확정일에 지급할 환어음의 만기의 날은 어음상의 문언 기타의 기재에 의하여 다른 의사를 알 수 있는 때가 아니면 지급지의 세력에 의하여 정한 것으로 본다(어음법 제37조 제1항, 제4항).

③ **만기의 보충** : 만기는 필요적 기재사항이므로 기재하여야 하지만, 어음법은 만기의 기재가 없는 경우 일람출급의 환어음으로 본다(제2조 제1호). 이에 대해 판례 · 통설은 만기의 기재가 없는 경우 백지어음과 구별이 어렵기 때문에 백지어음으로 추정하는 것이 타당하다고 한다.

(5) 지급지

① **의의** : 지급지는 필요적 기재사항으로서(어음법 제1조 5호) 어음금액이 지급될 일정한 지역을 말하며, 지급지 내에서 지급될 장소를 가리키는 지급장소와 구별하여야 한다(어음법 제27조 제2항). 지급지 외의 장소를 지급장소로 기재한 경우에도 지급장소는 어음요건이 아니므로 어음이 무효가 되는 것은 아니며, 지급장소의 기재없는 어음으로 인정된다.

② **기재방법** : 지급지를 필요적 기재사항으로 한 것은 어음상의 행위를 할 장소를 확정하기 위한 수단을 제공하게 하려는데 그 취지가 있으므로, 지급지는 최소의 독립행정구역단위뿐만 아니라 사회관념상 이에 해당하는 지역(예 서울특별시)이라도 무방하게 인정된다. 그러나 실재하지 않은 지역 또는 지나치게 광범위한 지역(예 경기도, 전라도, 경상도)을 지급지로 기재한 경우에는 어음상의 권리의 행사 자체가 실질적으로 불가능하다.

③ **지급지의 단일성** : 지급지는 단일적으로 확정될 수 있는 것이라야 한다. 따라서 선택적 기재 또는 중첩적 기재는 인정되지 않는다. 지급지의 기재가 없는 때에는 지급인의 명칭에 부기한 지를 지급지로 보고 동시에 이것을 지급인의 주소지로 보게 된다(어음법 제2조 제2호).

④ **어음소송의 특별재판적** : 어음소송의 경우, 어음소지인은 어음채무자의 주소지의 법원에 제소할 수 있지만 지급지의 법원에 특별재판적이 인정되므로 지급지의 법원에 제소할 수 있다(민사소송법 제9조).

●●● 동지(同地)어음 · 이지(異地)어음

지급지와 발행지가 동일한 어음을 동지어음, 지급지와 발행지가 다른 어음을 이지어음이라 한다.

●●● 동지지급어음 · 타지지급어음

> 지급지가 지급인의 주소지와 같은 어음을 동지지급어음이라 하고, 지급지와 지급인의 주소지가 다른 어음을 타지지급어음이라 한다. 타지지급어음에 있어서 발행인은 인수를 위한 제시를 금지할 것을 기재하지 못한다(어음법 제22조 제2항 단서).

(6) 수취인

① **의의** : 수취인이라 함은 어음에 지급을 받을 자로 기재된 자이다. 어음법에는「지급을 받을 자 또는 지급을 받을 자를 지시할 자의 명칭」이라고 규정하고 있다(어음법 제1조 6호). 발행인이 지급을 받을 자의 명칭을 기재한 어음을 기명식어음이라 하고, 지급을 받을 자를 지시할 자의 명칭을 기재한 어음을 지시식어음이라 한다. 어음은 지시식으로 발행된 경우뿐만 아니라 기명식으로 발행된 경우에도 배서에 의하여 양도할 수 있다(어음법 제11조 제1항).

② **표시방법** : 수취인은 특정할 수 있는 명칭이면 되고, 수취인의 표시는 반드시 자연인의 성명에 한하는 것은 아니며, 상호에 의한 표시 · 명칭 또는 상호에 의한 표시도 무방하다. 회사 기타 법인의 경우에는 그 상호 또는 명칭만을 기재하면 되고 대표자의 표시는 필요치 않다. 또 조합이 어음수취인으로서 조합명의가 표시된 경우에는 그 실질상의 권리자인 총조합원을 표시한 것이 되어 어음요건을 갖춘 것으로 본다.

③ **수취인의 복수기재 · 자격겸병** : 수인의 명칭을 수취인으로서 기재하는 것도 유효하다. 또한 당사자의 자격겸병도 가능하다.

구 분	지급지	지급인	수취인	지급금액
중첩적 기재	×	○	○	○
선택적 기재	×	×	○	×
순차적 기재	×	○ (후자 : 예비지급인)	○	부동적 기재나 최고 · 최저 금액 기재무효

(7) 발행일 · 발행지

발행일과 발행지의 표시를 환어음의 필요적 기재사항으로 하고 있다(어음법 제1조 7호).

① **발행일** : 발행일이란 그 날에 어음이 발행된 것으로 어음면에 기재된 일자를 의미하며, 실제 어음이 발행된 일자를 뜻하는 것이 아니며, 선일자 또는 후일자 어음도 가능하다. 발행일자의 기재는 정확하게 가능한 날이어야 하며, 단일적이어야 한다.

② **발행지** : 발행지는 어음을 발행한 지(地)로서 어음면에 기재된 지역을 말하며, 실제에 어음이 발행된 지와 달라도 무방하다. 발행지는 지급지와 달리 최소행정구역을 기재하지 않아도 된다. 발행지의 기재가 없는 때에는 발행인의 명칭에 부기한 지로써 보충된다(어음법 제2조 제3호).

주의 국내에서 발행하여 국내에서 지급하는 어음(수표)의 경우에는 발행지의 기재가 없더라도 어음(수표)은 유효하고, 그 어음(수표)으로 어음(수표)상의 권리를 행사할 수 있다(판례).

(8) 발행인의 기명날인 또는 서명

발행인의 기명날인 또는 서명도 어음요건으로서(어음법 제1조 8호), 기재가 없으면 어음은 무효가 된다. 발행인의 기명날인 또는 서명은 어음 자체에 하여야 하고 보충지 또는 등본에는 할 수 없다. 어음의 발행인은 1인인 경우가 보통이지만 수인인 경우도 있다. 이 경우 발행인 각자가 발행인임을 표시하고 어음면에 각각 기명날인 또는 서명하여야 하나, 1인의 대리인에게 위임하여 어음을 발행하게 할 수도 있다. 공동발행인의 경우 모두 각자가 어음금액을 지급할 의무(합동책임)를 부담한다(어음법 제47조 제1항).

●●● 공동발행과 어음보증의 차이

구 분	공동발행	어음보증
어음지급	1인의 지급은 다른 발행인의 책임 소멸, 민법상 구상권행사	보증인은 지급후 피보증인에 대해 어음상의 권리 취득
시 효	각 발행인에 대해 독립적인 시효 인정	피보증채무의 시효소멸시 보증채무도 소멸

2. 유익적 기재사항

(1) 어음법에 규정된 유익적 기재사항

환어음의 유익적 기재사항으로는 지급인의 명칭에 부기한 지(어음법 제2조 제3항), 발행인의 명칭에 부기한 지(어음법 제2조 제4항), 제3자방지급의 기재(어음법 제4조, 제27조), 일람출급 또는 일람후정기출급의 환어음에 있어서의 이자문언 · 이율 또는 이자의 기산일의 기재(어음법 제5조), 인수무담보문언(어음법 제9조 제2항), 배서금지문언(어음법 제11조 제2항), 인수제시의 명령 또는 금지(어음법 제22조 제1항 내지 제3항), 인수제시기간의 단축 또는 연장(어음법 제23조 제2항), 지급제시기간의 단축 또는 연장(어음법 제34조 제1항), 일정기일전의 지급제시금지문언(어음법

제34조 제2항), 준거할 세력(歲曆)의 지정(어음법 제37조 제4항), 외국통화환산률의 지정(어음법 제41조 제2항), 외국통화현실지급문언(어음법 제41조 제3항), 거절증서작성면제문언(어음법 제46조), 역어음발행금지문언(어음법 제52조 제1항), 예비지급인의 지정(어음법 제55조 제1항), 복본의 번호(어음법 제64조 제2항), 복본불발행문언(어음법 제64조 제3항) 등이 있다.

(2) 제3자방지급문언의 기재

① **의의** : 제3자방지급문언의 기재란 지급담당자와 지급장소의 기재를 일괄한 것이다. 환어음은 지급인의 주소지에 있거나 다른 지에 있거나를 묻지 아니하고, 제3자방에서 지급할 것으로 할 수 있다(어음법 제4조).

② **기재권자** : 제3자방지급문언의 기재를 할 수 있는 자는 발행인이다. 다만 발행인이 아직 이 기재를 하지 않고 있는 경우와 지급인의 주소를 지급장소로 지정하고 있는 경우에 한하여 지급인이 인수를 함에 있어서 이를 기재할 수 있다. 기재권자가 아닌 자가 제3자방문언을 기재한 경우에는 변조가 된다.

③ **기재의 효력** : 지급담당자가 기재되어 있는 경우 지급을 위한 제시는 이 자의 주소에서 지급담당자에게 하여야 한다. 지급담당자는 지급을 하여도 어음상의 권리를 취득하는 것은 아니다. 지급장소만을 기재한 경우에는 그 곳에서 지급인 자신이 지급하는 뜻으로 보아야 한다. 지급제시기간 경과 후의 제3자방문언의 기재는 의미가 없다.

(3) 이자문언의 기재

일람출급 또는 일람후정기출급의 환어음에 있어서는 이자약정의 문언을 기재할 수 있고, 이때 어음에는 이율도 함께 기재하여야 한다(어음법 제5조 제1항, 제2항). 따라서 이율의 기재가 없는 이자약정의 문언은 무익적 기재사항에 해당하게 된다. 한편, 이자계산의 기산일에 관하여 기재가 있는 때에는 그 문언에 따르고, 기재가 없는 때에는 발행일로부터 기산하다(어음법 제5조 제3항).

3. 무익적 기재사항

어음법에 기재되어 있는 무익적 기재사항은 위탁어음문언(어음법 제3조 제3항), 일람출급 또는 일람후정기출급의 환어음에 있어서의 이율의 기재가 없는 이자의 약정(어음법 제5조 제2항 후단), 일람출급 또는 일람후정기출급의 환어음 이외의 환어음에 있어서의 이자의 약정(어음법 제5조 제1항 후단), 환어음발행인의 지급무담보문언(어음법 제9조 제2항 후단), 지시문언(어음법 제11조 제1항), 상환(相換)문언(어음법 제39조 제1항), 파훼(破毁)문언(어음법 제65조 제1항) 등이 있다. 그리고 어음법에 규정은 되어 있지 않지만 무익적 기재사항인 것으로는 대가문언, 자금문언, 통지문언, 제시문언, 환수문언, 번호, 위약금문언, 어음개서의 특약, 관할법원의 합의, 담보부문언 등이 있다.

4. 유해적 기재사항

어음법에 규정되어 있는 유해적 기재사항으로는 법정만기 이외의 다른 만기를 정한 경우나 분할출급의 기재의 경우가 있고, 이러한 기재는 어음을 무효로 만든다(어음법 제33조 제2항). 어음법에 규정되어 있지 않지만 어음의 본질에 반하는 사항(예 어음채권을 원인관계상의 것으로 하는 기재, 어음의 지급방법을 한정하거나 지급에 조건을 붙이는 기재 등)은 어음을 무효로 만든다.

III. 발행의 효과

1. 본질적 효력

수취인은 자기의 명의와 발행인의 계산으로 어음금액을 수령할 권한을 취득하고, 또 지급인은 자기의 명의와 발행인의 계산으로 지급할 수 있는 권한을 취득한다. 지급인은 인수한 경우에 한하여 주채무자의 지위에 서게 되어, 어음금을 지급할 의무를 부담할 최종의무자가 된다.

2. 부수적 효력

발행인은 어음을 발행함으로써 그 어음의 인수와 지급을 담보하게 되어, 인수 또는 지급이 없는 때에는 스스로 지급할 의무를 부담한다(어음법 제9조 제1항). 이러한 발행인의 의무는 어음유통을 보호하기 위해 특별히 어음법이 인정한 법적 의무이다. 발행인은 인수 및 지급 담보책임 이외에 어음법상의 의무로써 복본교부의무 · 이익상환의무를 부담한다.

3. 지급위탁의 취소(철회)

수표의 경우 「지급위탁의 취소는 지급제시기간 경과 전에는 이를 할 수 없다」고 규정하고(수표법 제32조 제1항) 있는 것과는 달리, 환어음의 발행인과 지급인과의 관계는 자금관계로서 어음 외의 민사법적 법률관계이므로 발행인은 지급인이 지급할 때까지는 언제든지 어음외의 의사표시로 그 지급위탁을 철회할 수 있다.

IV. 백지어음

1. 의의 및 경제적 기능

(1) 의 의

백지(白地)어음이란 어음행위자가 후일 어음소지인으로 하여금 어음요건의 전부 또는 일부를 보충시킬 의사로써 고의로 이를 기재하지 않고 어음이 될 서면에 기명날인 또는 서명하여 어음행위를 한 미완성어음을 말한다.

(2) 경제적 기능

어음행위를 하는 자는 원인관계상의 채무액(어음금액), 지급기일(만기) 또는 수취인 등이 어음 교부시에 확정되지 않아 이를 후일 어음소지인에게 보충시킬 의사로써 일부러 이러한 어음요건을 기재하지 않고 백지(白地)상태로 하여 어음에 기명날인 또는 서명하여 유통시킬 경제상 필요에서 각국의 학설과 판례에 의하여 상관습법으로 인정되었고, 이후 제네바 통일어음법에 따라 우리 어음법 제10조도 이에 따라 규정을 두었다.

2. 요 건

(1) 어음요건의 전부 또는 일부의 흠결

어음요건의 전부란 기명날인 또는 서명을 제외한 어음금액 · 지급지 · 수취인 · 만기 등의 어음요건 전부를 의미하며, 어음요건의 일부란 어떠한 어음요건이라도 무방하다. 만기란이 공백으로 되어 있는 경우 어음법은 일람출급어음으로 보고 있으나(제2조 제2항), 학설과 판례는 백지어음으로 보고 있다. 백지어음은 어음행위의 종류에 따라 백지발행, 백지인수, 백지배서, 백지보증 등이 있는 경우 성립한다.

(2) 백지어음행위자의 기명날인 또는 서명의 존재

백지어음에는 적어도 1개의 백지어음행위자의 기명날인 또는 서명이 있어야 한다. 즉, 기명날인 또는 서명은 반드시 발행인의 기명날인 또는 서명에 한하는 것이 아니고, 인수인 · 배서인 · 보증인 등의 기명날인 또는 서명이라도 무방하다.

(3) 백지보충권의 존재

백지어음이 되기 위해서는 기명날인자 또는 서명자가 후에 소지인으로 하여금 흠결된 요건을 보충하게 할 의사를 가지고 유통상태에 둔 것이라야 한다. 이러한 점에서 불완전어음과 구별된다. 부동문자로 인쇄된 어음용지에 요건의 내용부분을 기재하지 않은 채 기명날인 또는 서명하여 교부한 경우에는 특별한 사정이 없는 한 보충권을 부여한 것으로 추정할 수 있다(판례).

3. 성 질

백지어음의 법적성질에 대해서는 학설이 대립하고 있으나, 백지보충권을 행사하면 언제든지 완전한 어음이 될 수 있다고 하는 기대권이 표창되어 있는 특수한 유가증권이라는 것이 통설의 입장이다.

4. 백지보충권

(1) 보충권의 의의 및 성질

① **보충권의 발생** : 백지보충권이 언제 발생하는가에 대해서는 학설대립이 있으나, 통설은 보충권은 어음행위자와 그 상대방 사이에 어음관계 이외의 일반사법상의 계약에 의하여 상대방에게 수여함으로써 생기는 권리라고 한다.

② **보충권의 성질** : 보충권의 성질에 대해 학설대립이 있으나, 통설은 보충권은 미완성어음을 완성어음으로 하고 그 위에 한 어음행위의 효력을 발생시키는 형성권이라고 한다.

③ **보충권의 존속** : 보충권에 있어서는 어음행위자가 백지어음의 교부 후 보충 전에 사망하였거나 무능력자가 되거나 대리권을 잃은 경우에도 그 효력에는 영향이 없다.

④ **보충위탁의 철회** : 어음행위자는 보충권을 부여한 이상은 그 어음을 회수하지 않고 단순히 소지인에 대한 보충의 위탁을 철회한다는 의사표시만 한 때에는 소지인의 권리를 소멸시키지 못한다.

(2) 보충권자 및 보충의 방법

① **보충권자** : 백지어음의 소지인이나 그의 대리인이 보충할 수 있다. 그러나 단순히 백지어음의 양도를 위임받은 대리인은 보충권을 행사할 수 없다.

② **보충의 방법** : 어음면에 미기재된 내용을 기재하여야 하며, 어음이 아닌 별지나 어음의 사본에 미기재사항을 기재하는 것은 백지어음의 보충이 아니다(판례).

(3) 보충권의 남용

① **의의** : 보충권자가 보충계약에 위반하여 보충권의 범위를 넘어서 기입한 경우, 즉 부당보충을 한 경우에 이러한 어음을 부당보충된 사실에 대하여 악의 또는 중과실이 없이 취득한 자는 보충된 내용대로 권리를 취득하고, 어음행위자는 어음소지인에게 부당보충의 항변을 주장하지 못한다(어음법 제10조).

② **효과** : 부당보충된 어음의 취득자에게 악의 또는 중대한 과실이 있는 경우에는 인적 항변으로 대항할 수 있다. 이때 어음행위자가 어음취득자의 악의 · 중과실을 입증하여야 한다. 백지어음의 부당보충 후에 기명날인 또는 서명한 자는 부당보충된 문언에 따라 책임을 지며, 이러한 어음의 취득자의 선의 · 악의는 불문한다. 보충권을 남용하여 부당보충한 자는 백지어음의 행위자가 선의취득자에 대하여 책임을 짐으로써 생긴 손해에 대하여 배상할 책임을 진다.

보충 백지어음을 취득하여 선의(무중과실)로 부당보충을 하여 어음금 청구를 하는 경우에도 어음법 제10조가 적용된다는 것이 통설의 입장이다.

(4) 보충의 시기

① **어음의 만기의 기재가 있는 경우**

㉠ **상환의무자에 대한 관계에서의 보충시기** : 만기의 기재가 있는 경우에는 확정일출급 또는 발행일자후정기출급의 어음에 있어서는 지급을 할 날에 이은 2거래일 내에, 일람출급 또는 일람후정기출급의 어음에 있어서는 지급 또는 일람을 위한 제시기간 내에 보충하지 않으면 상환청구권을 상실하게 된다(어음법 제44조, 제53조).

㉡ **주채무자에 대한 관계에서의 보충시기** : 만기 후 3년 내에 보충하지 않으면 인수인의 책임이 시효에 걸리므로, 확정일출급 및 발행일자후정기출급어음에 있어서는「소정의 만기」로부터 3년 내, 일람출급어음에 있어서는「지급제시기간 내의 지급제시일」로부터 3년 내, 일람후정기출급어음에 있어서는「인수일자 또는 거절증서의 일자 후 일정기간 경과」로부터 3년 내에 보충권을 행사하여야 한다.

② **어음의 만기의 기재가 없는 경우** : 만기가 백지인 경우에는 보충권 자체의 소멸시효와 관련하여 설명하고, 보충의 시기에 대하여는 학설의 대립이 있으나, 판례는 백지보충권을 행사할 수 있는 날로부터 3년내에 보충하여야 한다고 한다.

③ **수표의 경우** : 발행일의 기재가 있는 때에는 발행일로부터 10일 내, 발행일이 백지인 경우에는 백지보충권을 행사할 수 있는 날로부터 6월 내에 보충하여야 한다(판례).

④ **소송상의 청구** : 백지어음으로 어음금 청구소송을 제기한 경우에는 사실상의 변론종결 전까지 보충하여야 한다(판례).

(5) 백지보충의 효과

백지어음의 소지인이 그가 갖고 있는 보충권을 적법하게 행사하여 백지를 보충한 때에는 보통의 어음과 완전히 동일한 어음이 되며, 백지어음행위자는 보충된 문언에 따라 그 책임을 부담하게 된다. 백지어음행위자의 권리능력, 행위능력 및 대리권의 유무 등은 당해 백지어음행위시를 표준으로 하여 결정되고, 발행일자 · 인수일자 · 배서일자 · 만기 등도 다른 백지부분의 보충전에 이미 기재되어 있는 경우에는 그 기재시에 성립되어 있으므로, 기입된 기재를 기준으로 하여 이에 따라 법률효과를 결정하여야 할 것이다.

5. 백지어음의 양도

(1) 양도방법

백지어음의 양도방법은 완성어음의 양도방법과 같다. 따라서 수취인 또는 피배서인의 기재가 있는 백지어음은 배서에 의하여(어음법 제13조), 수취인의 기재가 없는 백지어음은 교부 또는 배서에 의하여 양도할 수 있다(어음법 제14조 제2항). 백지어음보충권도 백지어음과 불가분의 관계에서 백지어음양도와 함께 이전된다. 따라서 백지어음취득자는 동시에 백지어음보충권도 취득하게 된다.

(2) 선의취득 · 인적 항변

백지어음도 선의취득이 인정되며, 보충권도 선의취득이 인정된다. 또한 인적 항변의 절단도 인정된다.

(3) 제권판결

백지어음을 상실한 자는 완성어음과 같이 공시최고를 신청하여 제권판결을 받을 수 있다. 따라서 백지어음에 의한 제권판결은 단지 상실된 백지어음의 취득자의 권리행사를 방해하거나, 또는 제권판결을 받은 자가 발행인에 대하여 백지부분에 대한 어음 외의 의사표시에 의하여 보충권을 행사하고 어음금의 지급청구를 할 수 있다(판례).

6. 백지어음에 의한 권리행사

백지어음은 유통상에서는 어음법적 양도방법에 의하여 양도되지만, 그 밖의 점에서는 어음이 아니므로, 백지어음에 의하여 주채무자에 대한 어음상의 권리를 행사할 수 없고 또 상환의무자에 대한 상환청구권을 보전하는 효력도 없다(통설 · 판례). 백지어음의 정당한 소지인이 백지를 보충한 후 어음상의 권리를 행사하면 물론 적법한 어음상의 권리의 행사가 가능하다.

만기 이외의 기재사항이 백지인 백지어음을 보충하지 않고 어음금 청구를 하는 경우에도 권리 행사를 객관적으로 표명한 것으로 보아야 하므로 주채무자에 대한 어음금청구소송에 한하여 변론종결 전에 보충을 하면 소제기시로 소급하여 시효를 중단하는 효력이 있다(판례).

보충 국내어음의 경우 발행지의 기재가 없는 어음이라도 유효어음으로 보아 발행지의 기재없는 어음의 지급제시도 적법하다는 것이 판례의 입장이다.

제2절 인 수

Ⅰ. 인수의 개념

1. 의 의

인수란 환어음의 지급인이 어음금액지급의 채무를 부담할 것을 목적으로 하는 어음행위를 말하며, 인수를 함으로써 비로소 환어음의 지급인은 어음상의 주채무자가 된다. 환어음의 지급인은 단순히 어음에 지급인으로 기재된 것만으로는 어음상의 채무를 부담하는 것이 아니다. 약속어음에 있어서는 발행인이 주채무자로서 인수인과 동일한 지위를 겸하고 있기 때문에, 인수라는 제도가 인정되지 않는다. 수표에도 인수제도는 인정되지 않고 그 대신 지급보증제도를 인정하고 있다.

2. 인수말소(철회)

지급인은 어음을 인수제시인에게 반환할 때까지는 자기의 인수의 의사표시를 당연히 말소(철회)할 수 있다(어음법 제29조 제1항 1문). 어음소지인의 이익을 보호하기 위하여 어음상의 인수의 기재의 말소는 어음의 반환 전에 한 것으로 추정한다(어음법 제29조 제1항 2문). 어음의 반환 전에 인수가 말소된 경우에도 지급인이 어음소지인 또는 그 어음에 기명날인 또는 서명한 자에게 서면으로 인수의 통지를 한 때에는 인수의 문언에 따라 어음상의 책임을 부담하여야 한다(어음법 제29조 제2항). 서면에 의한 통지로 한정하고 있는 것은 후일의 분쟁을 방지하기 위한 것이다.

Ⅱ. 인수제시

1. 의 의

인수제시란 환어음을 지급인에게 제시하여 어음의 인수를 청구하는 행위를 말한다.

●●● 인수제시의 필요성

① 지급인이 인수를 함으로써 주채무자가 되므로 어음상의 신용을 높이고, 지급인이 인수를 거절하면 만기 전의 상환청구가 가능하기 때문이다.
② 지급인도 인수제시를 받음으로써 자기에 대하여 어음이 발행된 것을 알고 지급준비를 할 수 있다.
③ 일람후정기출급어음의 경우에는 만기를 확정하기 위해서이다.

2. 인수제시의 당사자

(1) 제시자

인수를 위한 제시를 할 수 있는 자는 어음소지인 이외에 현실로 어음을 가지고 있는 데 불과한 단순한 점유자도 포함된다(어음법 제21조).

(2) 피제시자

인수의 피제시자는 지급인이다. 지급담당자의 기재가 있는 경우에도 지급인에게 제시하여야 하고, 수인의 지급인이 지정된 경우 그 전원이 피제시자가 된다.

3. 인수의 시기 · 장소

(1) 인수의 시기

환어음은 발행시로부터 만기에 이르기까지 언제라도 인수를 위한 제시를 할 수 있다(어음법 제21조). 그러나 제시기간이 법정되어 있거나 지정되어 있는 경우에는 그 기간 내에 제시하여야 한다. 다만, 만기를 경과한 어음에도 그 시효기간 내에는 인수를 위한 제시를 할 수 있고, 만기 후의 인수도 인수로서의 효력이 있다.

(2) 유예기간

유예기간은 지급인이 인수를 할 것인가의 여부를 결정하기 위하여 부여된 일정한 고려기간을 말한다. 지급인이 인수의 제시를 받은 때에는 제1의 제시가 있은 익일에 제2의 제시를 할 것을 청구할 수 있고(어음법 제24조 제1항 1문), 이 경우 제시자는 제2의 제시를 하지 않으면 상환청구권을 행사할 수 없다. 제2의 제시를 청구한 경우 제시자는 제1의 제시에 관하여 인수거절증서를 작성하게 하고, 지급인은 제2의 제시의 청구를 한 뜻을 기재하게 한다(어음법 제24조 제1항 2문).

(3) 제시장소

인수제시의 장소는 지급인의 영업소 · 주소 또는 거소이다. 지급인의 주소를 찾을 수 없는 경우에는 지급지에서 인수거절증서를 작성시키면 된다.

4. 인수제시의 방법

인수제시함에는 지급인에게 어음원본 또는 복본 중의 하나를 현실로 제시하여야 하고, 어음의 등본으로써는 인수제시를 할 수 없다. 백지어음에 의한 인수제시는 가능하지만, 지급인을 백지로 한 환어음은 지급인이 보충된 후에 한하여 인수제시를 할 수 있다.

5. 인수제시의 자유와 제한

(1) 인수제시의 자유

어음소지인은 만기에 이르기까지 언제든지 인수를 청구하기 위하여 어음의 제시를 할 수 있으며(어음법 제21조), 원칙적으로 인수제시의 여부와 시기는 어음소지인의 자유이다.

(2) 인수제시의 금지

환어음의 발행인은 일정한 기일을 한정하거나 한정하지 않고 인수를 위한 제시를 금지하는 뜻을 어음에 기재할 수 있다(어음법 제22조 제2항, 제3항). 그러나 제3자방지급어음 · 타지지급어음 · 일람후정기출급어음에 대해서는 기일을 정하지 않은 인수제시금지는 인정되지 않는다(어음법 제22조 제2항 단서). 이러한 인수제시금지는 발행인만이 기재할 수 있다. 인수제시금지의 기재가 있는 경우에는 소지인의 제시에 대해 인수거절이 있어도 상환청구권을 행사할 수 없다. 인수제시금지어음이라도 지급인이 인수를 하면 그 인수는 유효하다.

(3) 인수제시의 명령

환어음의 발행인이나 배서인은 기간을 정하거나 또는 정하지 않고 어음에 인수를 위한 제시를 하여야 할 뜻을 기재할 수 있다(어음법 제22조 제1항, 제4항). 발행인이 이미 인수제시명령의 기재를 한 경우에 배서인은 그 기간을 단축하여 같은 취지의 기재를 할 수 있다. 그러나 발행인이 제시금지의 기재를 한 경우에는 배서인은 이에 반하여 제시명령의 기재를 하지 못한다(어음법 제22조 제4항 단서). 발행인에 의한 인수제시의 명령이 있는 경우 인수제시기간 내에 인수제시를 하지 않으면 전자에 대한 모든 상환청구권(인수거절에 따른 상환청구권과 지급거절에 다른 상환청구권)을 상실한다(어음법 제53조 제2항 본문). 그러나 배서인이 인수제시명령을 기재한 경우에 이를 도과한 때에는 그 배서인에 대해서만 상환청구권을 상실한다.

(4) 일람후정기출급어음의 경우

일람후정기출급어음은 만기를 확정하기 위하여 반드시 인수제시가 있어야 한다. 인수를 위한 제시는 발행일로부터 1년 내이며(어음법 제22조 제1항), 발행인은 이 기간을 단축 또는 연장할 수 있고(어음법 제23조 제2항), 배서인은 이 기간을 단축할 수 있다(어음법 제23조 제3항).

III. 인수의 방식

1. 인수의 요건

인수는 환어음에 「인수」 기타 이와 동일한 의의가 있는 문자를 표시하고 지급인의 기명날인 또는 서명으로써 하며(어음법 제25조 제1항 1문 · 2문), 이러한 인수를 정식인수라 한다. 그러나 어음의 표면에 지급인이 단순한 기명날인 또는 서명을 한 경우도 인수로 보며(어음법 제25조 제1항 3문), 이것을 약식인수라 한다.

주의 ▸ 인수는 보전이나 등본에 할 수 없고, 반드시 어음 자체에 하여야 한다(어음법 제25조 제1항 1문). 정식인수는 어음 자체에 하는 이상 앞면이 나 뒷면에 모두 할 수 있지만, 약식인수는 반드시 어음의 앞면에 하여야 한다(어음법 제25조 제1항 3문).

인수는 지급인이 하여야 하므로, 인수인과 지급인은 동일인이어야 한다. 이러한 동일성의 판단기준에 대해서는 학설의 대립이 있으나, 어음기재상 형식면에서 동일성이 인정되어야 한다는 것이 다수설의 입장이다.

2. 요건 이외의 기재

(1) 인수일자

인수일자는 인수요건은 아니므로 기재하지 아니하여도 인수의 효력에는 영향이 없다. 그러나 일람후정기출급어음 또는 인수제시명령의 기재가 있는 어음의 경우에는 인수일자를 기재하여야 한다(어음법 제25조 제2항 1문). 인수일자의 기재가 없고 인수일자거절증서의 작성도 없는 경우에는 인수인에 대한 관계에서는 인수제시기간의 말일에 인수한 것으로 본다(어음법 제25조 제2항 2문).

(2) 제3자방지급기재

타지지급어음의 경우에 발행인이 지급지 내의 지급장소를 기재하지 아니한 때에는 지급인이 인수를 할 때에 이를 기재할 수 있으며, 인수인이 이를 기재하지 아니한 때에는 인수인이 지급지에서 직접 지급할 의무를 부담한 것으로 본다(어음법 제27조 제1항). 동지지급어음의 경우에도 지급인은 인수를 할 때에 지급지 내의 지급장소를 기재할 수 있다(어음법 제27조 제2항).

(3) 일부인수

어음금액의 일부를 제한하여 인수하는 일부인수는 유효하며(어음법 제28조 제1항 단서), 일부인수된 범위 내에서는 인수거절로 인한 상환청구권을 행사할 수 없고 인수되지 않은 나머지 어음금액에 대하여는 인수거절에 따른 상환청구권을 행사할 수 있다(어음법 제43조 1호 후단).

(4) 부단순인수(변경인수)

인수는 무조건이어야 하며, 어음금액 이외의 어음기재사항을 변경한 경우에는 부단순인수가 된다. 부단순인수는 인수거절이 있는 것으로 보고, 어음소지인은 상환의무자에 대하여 인수거절로 인한 상환청구권을 행사할 수 있다(어음법 제43조 1호). 따라서 부단순인수는 무효가 아니며, 인수인은 인수의 문언에 따라서 책임을 지게 된다(어음법 제26조 제2항 단서).

(5) 조건부인수

인수인의 책임에 조건을 붙여서 하는 인수의 경우 그 조건부인수의 효력에 대해서는 학설의 대립이 있지만, 인수로서의 효력이 없다는 견해가 타당하다.

(6) 과인수

지급인이 어음금액을 초과하여 인수한 때에는 어음금액의 한도에서 인수한 것으로 볼 것이므로 어음금액의 과부분에 대한 기재는 효력이 없다.

IV. 인수의 효력

지급인은 인수를 함으로써 어음상의 주채무자가 되며, 만기에 어음금액을 지급할 의무를 진다(어음법 제28조 제1항). 인수인의 의무는 제1차적인 무조건의 절대적 · 최종적인 것이다. 인수인의 주채무자로서의 지급할 금액은 만기에는 어음금액과 이자이며, 만기에 지급하지 아니한 때에는 상환금액(어음법 제48조, 제49조)과 동일한 금액이다.

Commercial Law

연습문제

제1절 발 행

01 어음상 기명날인 또는 서명에 관한 설명으로 옳은 것은? (이견이 있으면 판례에 의함)

(2016년 공인회계사)

① 기명은 반드시 어음행위자의 본명과 일치해야 한다.

② 법인이 어음행위를 하는 경우 대표기관의 기명날인 없이 법인의 명칭만을 기재하고 법인의 인감을 날인한 것은 무효이다.

③ 어음상 기명의 명의와 날인의 명의는 반드시 일치하여야 한다.

④ 무인(拇印) 또는 지장(指章)은 날인으로서의 효력을 가진다.

⑤ 성명의 일부 또는 전부를 도형화하여 표시하는 속칭 "사인(signature)"은 이를 통해 서명자의 성명을 식별할 수 없다 하여도 자필로 기재한 경우에는 서명으로 인정된다.

① 기명은 반드시 어음행위자의 본명과 일치할 필요가 없고, 그 동일성이 인정되는 아호, 필명, 예명 등도 가능하다.

③ 어음상 기명의 명의와 날인의 명의는 반드시 일치할 필요가 없다.

④ 무인 또는 지장은 날인으로서의 효력이 없다는 것이 판 및 통설의 입장이다.

⑤ 성명의 일부 또는 전부를 도형화하여 표시하는 속칭 "사인(signature)" 은 이를 통해 서명자의 성명을 식별할 수 없다면 자필로 기재하더라도 서명으로 인정되지 않는다. 서명은 자 의 성명서명이어야 한다.

02 다음 중 어음의 필요적 기재사항에 관한 설명으로 옳지 않은 것은?

① 어음에 기재되는 어음금액을 일정금액이어야 하므로 부동적 기재만을 하는 것은 부적법하고, 원금과 이자를 따로 분리하여 기재할 수 없다.

② 지급인의 중첩적 기재는 발행인이 모든 지급인에게 합동하여 지급할 권한을 부여한 것이라고 볼 수 있으므로 인정되지만, 지급인의 순차적 기재나 선택적 기재는 인정되지 않는다.

③ 만기는 단일하고 확정할 수 있는 날이어야 하므로, 어음금액의 일부씩에 각별로 만기를 정하거나 각 지급인에 대하여 각각 다른 만기를 정할 수 없다.

답 [제1절] 1. ② 2. ②

④ 지급지의 기재는 단일하고 확정되어야 하므로, 중첩적 기재나 선택적 기재는 인정되지 않는다.

⑤ 어음면의 기재 자체로 보아 국내어음으로 인정되는 경우에 있어서는 발행지의 기재는 별다른 의미가 없는 것이므로, 그 어음면상 발행지의 기재가 없는 경우라 할 지라도 무효어음으로 볼 수 없다는 것이 현재 판례의 입장이다.

지급인의 중첩적 기재나 순차적 기재는 인정되지만 선택적 기재는 인정되지 않는다. 순차적 기재의 경우 제1지급인은 지급인으로, 제2지급인은 예비지급인으로 인정된다.

03 환어음의 만기에 관한 설명 중 틀린 것은? (2006년 공인회계사)

① 통설에 따르면, 만기는 발행 당시에 확정할 수 있어야 하고, 어음금액의 일부씩에 대하여 각각 만기를 정할 수 없다.

② 어음법상 4종의 만기 중 일람출급과 확정일출급은 확정된 만기이지만, 발행일자후정기출급과 일람후정기출급은 확정할 수 있는 만기이다.

③ 일람출급어음이라 하더라도 발행일자로부터 1년 내에 지급을 위하여 제시하여야 한다.

④ 일람후정기출급의 환어음의 만기는 인수의 일자 또는 인수거절증서의 일자에 의하여 정한다.

⑤ 일람후정기출급어음에 인수일자의 기재가 없고 거절증서도 작성하지 않은 경우에, 인수인에 대한 관계에서는 인수제시기간의 말일에 인수한 것으로 본다.

어음상의 만기중 일람출급은 지급제시를 하는 때가 만기이므로 확정할 수 있는 만기이고, 일람후정기출급도 일정기간 후 만기가 확정되어지는 것이다. 그러나 확정일출급이나 발행일자후정기출급은 특정일에 지급하기로 하는 것이므로 확정된 만기에 해당한다.

04 다음은 각종의 어음행위에 조건을 붙인 경우의 효력에 관한 설명이다. 틀린 것은? (2004년 공인회계사)

① 발행에 조건을 붙인 경우에는 어음이 무효가 된다.

② 배서에 조건을 붙인 경우에는 조건을 기재하지 아니한 것으로 본다.

③ 인수에 조건을 붙인 경우에는 인수거절이 있는 것으로 본다.

④ 지급인은 어음금액의 일부에 제한하여 인수할 수 없다.

⑤ 보증에 조건을 붙인 경우에는 조건부 보증문언대로 보증인의 책임이 발생한다고 보는 것이 판례의 입장이다.

지급인은 어음금액의 일부에 제한하여 인수할 수 있다(어음법 제26조 제1항 단서).

답 3. ② 4. ④

05 다음 중 환어음의 유익적 기재사항에 관한 설명으로 옳지 않은 것은?

① 제3자방지급문구의 기재는 동지지급어음 및 타지지급어음의 어느 어음에서도 가능하다.

② 제3자방지급문구의 기재권자는 원칙적으로 발행인이지만, 발행인이 기재하지 아니한 경우에 한하여 지급인이 인수 당시에 기재할 수 있다.

③ 지급담당자의 기재가 있는 경우 지급담당자가 지급을 하였다면 어음상의 권리를 취득한다.

④ 일람출급 또는 일람후정기출급 어음의 경우 이율의 기재가 없는 이자문구의 기재는 기재하지 아니한 것으로 본다.

⑤ 발행인은 인수제시기간 또는 지급제시기간의 연장 또는 단축의 기재를 할 수 있다.

지급담당자는 지급인에 갈음하여 어음금액을 지급하고 또 이를 거절할 수 있는 법률상의 지위를 갖고 있으나, 지급을 하더라도 어음상의 권리를 취득하지 못한다.

06 환어음의 요건에 관한 설명 중 틀린 것은? (2005년 공인회계사)

① 환어음에서 다른 표시가 없는 때에는 발행지를 지급지이며 발행인의 주소지로 본다.

② 확정일출급의 환어음에는 이자의 약정을 기재하여도 하지 아니한 것으로 본다.

③ 환어음은 제3자의 계산으로 발행할 수 있다.

④ 증권의 본문(本文) 중에 그 증권의 작성에 사용하는 국어로 환어음임을 표시하는 문자가 있어야 한다.

⑤ 환어음은 지급인의 주소지에 있거나 다른 지에 있음을 불문하고 제3자방에서 지급할 것으로 할 수 있다.

환어음에 지급지의 기재가 없는 때에는 지급인의 명칭에 부기한 지를 지급지로 본다(어음법 제2조 제2호). 그러나 약속어음에서 다른 표시가 없는 때에는 발행지를 지급지이며 발행인의 주소지로 본다(어음법 제76조 제2호).

07 다음 중 환어음에 관한 설명으로 옳은 것은? (2007년 공인회계사)

① 환어음에 지급인의 명칭을 기재하지 않더라도 백지어음이 아닌 한 그 어음의 효력은 인정된다.

답 5. ③ 6. ① 7. ②

② 일람후정기출급 환어음의 인수제시기간은 발행일자로부터 1년인데, 발행인은 이 기간을 단축 또는 연장할 수 있지만 배서인은 이 기간을 단축할 수 있다.
③ 환어음의 발행인이 지급을 담보하지 아니한다는 뜻을 기재한 경우 그 어음의 효력은 부정된다.
④ 환어음에 가설인의 기명날인 또는 서명이 있는 경우 다른 기명날인자 또는 서명자의 어음채무도 소멸한다.
⑤ 환어음의 금액을 문자 또는 숫자로 중복하여 기재한 경우, 그 금액에 차이가 있는 때에는 문자로 기재한 금액을 어음금액으로 한다.

① 환어음의 지급인의 명칭은 반드시 기재하여야 할 사항이므로, 그 기재가 없는 때에는 어음은 무효가 된다(어음법 제2조 제1항).
③ 환어음의 발행인이 지급을 담보하지 아니한다는 뜻을 기재한 경우라도, 이는 기재하지 아니한 것으로 본다(어음법 제9조 제2항 2문). 따라서 지급무담보문언이 기재되더라도 어음의 효력이 부정되는 것은 아니다.
④ 어음행위독립의 원칙이 인정되므로, 가설인의 기명날인 또는 서명이 있는 경우라도, 다른 기명날인자 또는 서명자의 어음채무는 그 효력에 영향을 받지 않는다(어음법 제7조).
⑤ 환어음의 금액을 문자 또는 숫자로 중복하여 기재한 경우, 그 금액에 차이가 있는 때에는 최소금액을 어음금액으로 한다(어음법 제6조 제2항).

08 어음상 법률관계에 관한 설명으로 틀린 것은? (2010년 공인회계사)

① 만기일에 발행인이 생존해 있는 것을 조건으로 기재하여 행한 약속어음의 발행은 그 조건 부분만이 무효이다.
② 배서에 어음 외의 사정을 조건으로 붙인 경우 그 조건 부분만이 무효이다.
③ 지급인이 환어음의 만기를 변경하여 인수하면 그 변경한 문언대로 어음채무를 부담한다.
④ 지급인이 환어음의 만기를 변경하여 인수하면 어음소지인은 상환의무자를 상대로 상환청구권을 행사할 수 있다.
⑤ 어음보증에 조건을 붙인 경우 그 효력에 관하여 어음법상 규정이 없지만, 유익적 기재사항으로 보는 것이 대법원 판례의 입장이다.

어음행위는 조건에 친하지 아니하며, 발행에 조건을 붙이는 경우에는 그 발행이 무효가 된다. 따라서 만기일에 발행인이 생존해 있는 것을 조건으로 기재하여 행한 약속어음의 발행은 그 발행 자체가 무효가 된다.
⑤ 대판 1986. 85다카1600

답 8. ①

09 어음의 발행에 관한 다음 설명 중 옳은 것은 몇 개인가? (2014년 공인회계사)

㉠ 어음금액 1억원 중 5천만원은 2014년 1월 5일에 지급하고 5천만원은 2014년 2월 5일에 지급하는 것으로 기재한 환어음은 무효이다.
㉡ A가 환어음을 C에게 발행하면서 지급인 B를 위해 지급사무를 대행해줄 제3자 "D"를 기재하여도 이러한 "D"의 기재는 기재하지 않은 것으로 본다.
㉢ A와 B가 환어음의 발행인으로서 중첩적으로 기명날인하여도 어음의 효력에는 영향이 없다.
㉣ A가 B에게 2014년 1월 5일에 1천만원 어음금액의 약속어음을 발행하면서 "발행일 후 1년"으로 만기를 기재하고 "연 3%의 이자를 지급한다"고 기재하였다면 A는 만기시에 1천30만원의 어음상의 채무를 부담한다.
㉤ A가 B를 지급인으로 하여 C에게 환어음을 발행하면서 "D의 계산에서 지급하여 주시오"라는 문구를 기재하였다면 이 어음은 효력이 없다.

① 1개 ② 2개 ③ 3개
④ 4개 ⑤ 5개

㉡ A가 환어음을 C에게 발행하면서 지급인 B를 위해 지급사무를 대행해줄 제3자 "D"를 기재하 였다면 이러한 "D"의 기재는 효력이 있다(어음법 제4조).
㉣ A가 B에게 2014년 1월 5일에 1천만원 어음금액의 약속어음을 발행하면서 "발행일 후 1년"으로 만기를 기재하고 "연 3%의 이자를 지급한다"고 기재하였더라도 확정일출급어음에 의한 이자의 기재는 효력이 없으므로(어음법 제5조 제1항), A는 만기시에 1천만원의 어음상의 채무를 부담한다.
㉤ A가 B를 지급인으로 하여 C에게 환어음을 발행하면서 "D의 계산에서 지급하여 주시오"라는 문구를 기재하였다면 이 어음은 효력이 있다(어음법 제3조 제3항).

10 다음 중 백지어음 또는 백지수표에 관한 설명으로 옳은 것은? (통설 및 판례에 의함) (2007년 공인회계사)

① 미완성으로 발행한 환어음에 미리 한 합의와 다른 보충을 한 경우에, 소지인이 중과실로 인하여 이를 취득하였다면 그 소지인에게 대항할 수 있다.
② 백지어음은 어음행위자의 기명날인 또는 서명을 포함하여 어음요건의 전부 또는 일부를 흠결한 어음을 말한다.

답 9. ② 10. ①

③ 백지어음행위자가 사망하거나 대리권의 흠결 등의 사유가 생긴 경우에는 백지보충권도 소멸한다.

④ 발행일을 백지로 하여 발행된 수표의 백지보충권의 소멸시효기간은 백지보충권을 행사할 수 있는 때로부터 3년이다.

⑤ 발행일이 기재되지 아니한 채 발행된 약속어음을 지급제시기간 내에 보충하지 않고 지급제시하였다 하더라도 배서인에 대한 상환청구권은 존속한다.

② 백지어음은 어음요건의 전부 또는 일부가 흠결되더라도, 적어도 어음행위자 1인의 기명날인 또는 서명은 있어야 한다.

③ 백지어음행위자가 사망하거나 대리권의 흠결 등의 사유가 생긴 경우에도 백지보충권은 소멸하지 않는다.

④ 발행일을 백지로 하여 발행된 수표의 백지보충권의 소멸시효기간은 백지보충권을 행사할 수 있는 때로부터 6개월이다(대판 2001. 10. 23, 99다64018).

⑤ 발행일이 기재되지 아니한 채 발행된 약속어음을 지급제시기간내에 보충하지 않고 지급제시를 하였다면, 이는 적법한 지급제시로 볼 수 없으므로 배서인에 대한 상환청구권은 발생하지 않는다(대판 1995. 9. 15, 95다23071 참조).

11 A가 B에게 2013년 2월 1일을 만기일로 하는 약속어음을 발행하면서 어음금액을 공란으로 비워두고 500만원의 범위 내에서 보충할 수 있는 보충권을 수여하였다. 아래 설명 중 틀린 것은? (이견이 있으면 판례에 의함) (2013년 공인회계사)

① B는 만기일 이전에 어음금액의 보충 없이 C에게 이음금액이 공란인 약속어음을 배서양도할 수 있다.

② B가 만기일 이전에 어음금액을 1,000만원으로 보충한 후 어음을 C에게 배서양도한 경우 C가 이러한 사실에 대하여 악의 또는 중과실이 없는 경우라면 약속어음이 만기에 지급제시된 때 A는 C에게 1,000만원을 지급하여야 한다.

③ 판례에 따르면 B가 C에게 어음금액을 1,000만원의 범위 내에서 보충할 수 있다고 설명하여 C가 그러한 사실을 믿고 어음을 배서양도 받은 후 A에게 보충권의 내용에 관하여 직접 조회하지 않고 만기일에 1,000만원으로 어음금액을 보충하여 지급제시한 경우에 특별한 사정이 없는 한 A는 C에게 1,000만원을 지급하여야 한다.

④ B가 어음금액을 보충하지 아니한 상태에서 어음을 분실한 경우 B는 공시최고에 의한 제권판결을 받을 수 있다.

⑤ 판례에 따르면 B가 어음금액을 보충하지 않은 채 만기에 A에게 지급제시하였다가 지급을 거절당한 후 A를 상대로 어음금의 지급을 청구하는 소송을 제기한 경우 변론종결

답 11. ③

시까지 어음금액을 보충하였다면 A가 부담하는 어음채무의 소멸시효는 중단된다.

판례에 따르면 B가 C에게 어음금액을 1,000만원의 범위 내에서 보충할 수 있다고 설명하여 C가 그러한 사실을 믿고 어음을 배서양도 받은 후 A에게 보충권의 내용에 관하여 직접 조회하지 않고 만기일에 1,000만원으로 어음금액을 보충하여 지급제시한 경우에는 중대한 과실이 있으므로 A는 C에게 500만원을 지급하면 된다(대판 1978. 3. 14, 77다2020).

⑤ 대판 2010. 5. 20, 2009다48312

12 백지어음에 관한 다음의 설명 중 옳은 것은? (통설 및 판례에 의함) (2004년 공인회계사)

① 백지어음의 경우 어음행위의 성립시기는 백지를 보충한 때이다.

② 발행인의 기명날인은 없고 배서인의 기명날인만 있는 경우에는 백지어음이 성립되지 않는다.

③ 만기 이외의 사항이 백지인 경우에 보충권은 만기로부터 5년 이내에 행사하여야 한다.

④ 백지어음에 대해서는 선의취득이 인정되지 않는다.

⑤ 소지인이 부당보충된 어음임을 알고 취득한 경우에도, 발행인은 자신이 유효하게 보충권을 수여한 범위 안에서는 당연히 어음상의 책임을 진다.

① 백지어음의 경우 어음행위의 성립시기는 보통의 어음과 같이 어음행위시이다.

② 발행인의 기명날인은 없고 배서인의 기명날인만 있는 경우에는 백지어음이 성립한다. 이를 백지배서라 한다.

③ 만기 이외의 사항이 백지인 경우에 보충권은 만기로부터 3년 이내에 행사하여야 한다(대판 2002. 2. 22, 2001다71507).

④ 백지어음에 대해서도 선의취득이 인정된다.

⑤ 소지인이 부당보충된 어음임을 알고 취득한 경우에도, 발행인은 자신이 유효하게 보충권을 수여한 범위 안에서는 당연히 어음상의 책임을 진다(대판 1999. 2. 9, 98다37736 참조).

13 백지어음에 관한 다음 설명 중 옳지 않은 것은? (학설의 대립이 있는 때에는 판례에 따름)

① 백지어음의 경우 발행인이 수취인으로 하여금 백지부분을 보충케 하려는 보충권을 줄 의사로써 발행하였는지의 여부에 관하여 발행인에게 보충권을 줄 의사로써 발행한 것이 아니라는 점을 입증할 책임이 있다.

② 백지어음이 부당보충된 경우에 이러한 어음의 부당보충된 사실에 대하여 악의 또는 중대한 과실없이 취득한 자는 보충된 내용대로 권리를 취득하므로, 백지어음행위자는 어음소지인에게 부당보충의 항변을 주장하지 못한다.

답 12. ⑤ 13. ⑤

③ 만기 이외의 사항이 백지인 경우 주채무자에 대한 관계에서는 어음채무는 만기로부터 3년의 시효로 소멸하므로 보충권은 이 시효기간 내에 행사하여야 한다.

④ 백지어음의 보충은 보충권이 시효로 소멸하기까지는 지급기일 후에도 이를 행사할 수 있고, 주된 채무자인 발행인에 대하여 어음금청구소송을 제기한 경우에는 변론종결 시까지만 보충권을 행사하면 된다.

⑤ 만기가 백지인 어음이나 발행일이 백지인 수표의 백지보충권의 행사는 보충권을 행사할 수 있는 때로부터 3년 이내에 하면 된다.

만기가 백지인 어음의 경우에는 백지보충권을 행사할 수 있는 때로부터 3년, 발행일이 백지인 수표의 경우에는 백지보충권을 행사할 수 있는 때로부터 6월 내에 백지보충권을 행사하여야 한다(대판 2003. 5. 30, 2003다16214 ; 대판 2001. 10. 23, 99다64018).

14 백지어음에 관한 판례의 입장으로 틀린 것은? (2009년 공인회계사)

① 백지약속어음의 경우 수취인이나 그 소지인에게 보충권을 수여할 의사가 없었다는 점에 대한 입증책임은 발행인이 부담한다.

② 수취인이 백지인 채로 발행된 어음은 인도에 의하여 어음법적으로 유효하게 양도될 수 있다.

③ 만기백지어음에서 만기도래 전에 배서가 행해진 경우 만기도래 후에 백지보충하더라도 동 배서는 기한전 배서이다.

④ 백지어음에 대한 제권판결을 받은 자는 어음 외의 의사표시로 백지부분에 대하여 보충권을 행사할 수 없다.

⑤ 백지어음의 소지인이 보충권을 행사하지 않으면 이득상환청구권을 행사할 수 없다.

백지어음에 대한 제권판결을 받은 자는 어음 외의 의사표시로 백지부분에 대하여 보충권을 행사할 수 있다는 것이 판례의 입장이다(대판 1998. 9. 4, 97다57573).

15 A는 B에게 1,000만원의 범위에서 어음금액을 보충할 수 있는 보충권을 부여하고 어음금액을 기재하지 않은 채 지급일이 2012년 4월 1일인 약속어음을 B에게 발행하였다. 이에 관한 설명으로 옳은 것은? (이견이 있으면 판례에 의함) (2012년 공인회계사)

① B는 2012년 5월 1일에 어음금액을 1,000만원으로 보충하였다면 A에게 어음금의 지급을 청구할 수 없다.

답 14. ④ 15. ④

② B가 어음금액을 2,000만원으로 기재한 후 이를 중과실 없이 믿은 C에게 어음을 배서·교부한 경우 A는 C에게 1,000만원의 한도에서 어음채무를 부담한다.

③ B가 어음금액을 보충하지 않은 채 어음을 타인에게 양도하고자 하는 경우 지명채권 양도방식에 의하여야 한다.

④ B가 어음금액을 보충하지 않은 채 A를 상대로 어음금의 지급을 청구하는 소송을 제기한 경우 A가 부담하는 어음채무의 소멸시효는 중단된다.

⑤ B가 어음금액을 보충하지 않은 상태에서 어음을 분실한 경우 공시최고에 의한 제권판결을 받을 수 없다.

① B는 2012년 5월 1일에 어음금액을 1,000만원으로 보충하였더라도 주채무자인 A에게 만기로부터 3년간은 어음금의 지급을 청구할 수 있다.

② B가 어음금액을 2,000만원으로 기재한 후 이를 중과실 없이 믿은 C에게 어음을 배서·교부한 경우 A는 C에게 2,000만원의 한도에서 어음채무를 부담한다.

③ B가 어음금액을 보충하지 않은 채 어음을 타인에게 양도하고자 하는 경우에도 배서에 의하여야 한다.

⑤ B가 어음금액을 보충하지 않은 상태에서 어음을 분실한 경우, 백지어음도 유가증권이므로 공시최고에 의한 제권판결을 받을 수 있다.

제2절 인 수

01 환어음의 인수제시에 관한 설명으로 옳은 것은? (다수설 및 판례에 의함) (2010년 공인회계사)

① 환어음의 소지인은 인수제시를 할 수 있지만, 환어음의 단순한 점유자는 인수제시를 할 수 없다.

② 환어음의 소지인은 지급인 또는 지급담당자 중 선택하여 인수제시를 할 수 있다.

③ 지급인이 중첩적으로 기재되어 있는 때에는 그 중 1인에게 인수제시하면 된다.

④ 발행인이 인수제시금지 문구를 환어음에 기재하였음에도 환어음의 소지인이 한 인수제시가 거절되었다면, 그 소지인은 모든 상환의무자에 대하여 인수거절로 인한 상환청구권을 잃는다.

⑤ 발행인이 일정 기간 내에 인수제시하도록 환어음에 기재하였음에도 환어음의 소지인이 그 기간 내에 인수제시하지 않았다면, 그 소지인은 모든 상환의무자에 대하여 인수거절로 인한 상환청구권만을 잃는 것이 원칙이다.

① 환어음의 소지인 뿐만 아니라 환어음의 단순한 점유자도 인수제시를 할 수 있다(어음법 제21조).

② 환어음의 소지인은 지급인에게만 인수제시를 할 수 있다. 지급담당자는 지급의 권한만 있을 뿐, 어음상의 어떠한 권리와 의무가 없다.

답 [제2절] 1. ④

③ 지급인이 중첩기재된 경우에는 전원에게 인수제시를 하여야 하고, 다만 이들 중 1인의 인수거절만 있어도 상환청구권을 행사할 수 있다는 것이 통설의 입장이다.

⑤ 발행인이 일정 기간 내에 인수제시하도록 환어음에 기재하였음에도 환어음의 소지인이 그 기간 내에 인수제시하지 않았다면, 그 소지인은 모든 상환의무자에 대하여 인수거절로 인한 상환청구권과 지급거절로 인한 상환청구권을 모두 잃는다(어음법 제53조 제2항 단서).

02 다음 중 환어음의 인수에 관한 설명으로 옳지 않은 것은?

① 환어음의 인수제시인은 어음소지인 또는 어음의 단순한 점유자이다.

② 지급인은 만기 또는 인수제시기간 경과 후에도 어음소지인 및 상환의무자의 이익을 위하여 시효기간 내에는 인수할 수 있다는 것이 통설의 입장이다.

③ 발행인은 어떤 어음이든지 인수제시를 절대적으로 금지할 수 있고, 이러한 어음은 모든 상환의무자가 인수를 담보하지 않은 것과 같게 된다.

④ 어음금액의 일부를 제한하여 인수하는 일부인수는 유효하고, 인수된 금액에 대하여는 유효한 인수가 있는 것이 되므로 어음소지인은 그 범위 내에서는 인수거절로 인한 상환청구권을 행사할 수 없다.

⑤ 일람후정기출급어음의 경우에는 만기를 확정하기 위하여 반드시 인수제시를 하여야 하는데, 이 때의 인수제시기간은 원칙적으로 발행일자로부터 1년인데, 발행인은 이 기간을 단축 또는 연장할 수 있고, 배서인은 이 기간을 단축할 수 있을 뿐이다.

발행인은 원칙적으로 인수제시를 절대적으로 금지할 수 있으나, 제3지방지급어음이나 타지지급어음 및 일람후정기출급어음은 인수제시를 절대적으로 금지할 수 없다.

03 다음 중 환어음의 인수에 관한 설명으로 틀린 것은? (2007년 공인회계사)

① 인수는 무조건이어야 하지만, 지급인은 어음금액의 일부에 제한하여 이를 인수할 수 있다.

② 어음의 앞면에 지급인의 단순한 기명날인 또는 서명이 있는 경우에는 이를 인수로 본다.

③ 발행인의 인수제시명령에도 불구하고 어음소지인이 인수제시를 하지 아니한 경우에, 소지인은 인수거절로 인한 상환청구권을 잃지만 지급거절로 인한 상환청구권은 보유한다.

④ 발행인이 인수를 위한 어음의 제시를 금지한 때에는 각 배서인은 기간을 정하여 인수를 위해 어음을 제시하여야 할 뜻을 기재할 수 없다.

답 2. ③ 3. ③

⑤ 인수인은 어음소지인이 지급제시기간 내에 지급제시를 하지 않았다 하더라도 만기 후 3년의 소멸시효기간 내에는 어음채무를 부담하게 된다.

발행인의 인수제시명령에도 불구하고 어음소지인이 인수제시를 하지 아니한 경우에, 소지인은 인수거절로 인한 상환청구권뿐만 아니라 지급거절로 인한 상환청구권도 잃는다(어음법 제53조 제2항 본문). 그러나 그 기재한 문언에 의하여 발행인이 인수에 대한 담보의무만을 면할 의사가 있었음을 알 수 있는 때에는 인수거절로 인한 상환청구권만 잃는다(어음법 제53조 제2항 단서).

04 환어음의 인수에 관한 설명으로 옳은 것은? (2011년 공인회계사)

① 지급인이 '김갑동'으로 기재된 어음을 실제로 타인인 '이을동'이 인수하면 이 인수는 유효하다.

② 어음에 인수의 기재를 한 지급인이 그 어음의 반환 전에 인수의 기재를 말소한 경우 인수를 거절한 것으로 본다.

③ 인수의 기재의 말소는 어음의 반환 전에 한 것으로 간주된다.

④ 지급인이 어음의 반환 전에 인수의 기재를 말소하였더라도 어음소지인이나 다른 어음채무자에게 서면으로 인수를 통지한 경우 그 통지 상대방 이외의 자에게도 인수의 문구에 따라 책임을 진다.

⑤ 판례에 의하면 지급인은 어음에 인수의 문구를 기재하지 않았더라도 어음외의 서면으로 인수의 뜻을 통지한 경우에는 인수인으로서의 책임을 진다.

① 지급인이 '김갑동'으로 기재된 어음을 실제로 타인인 '이을동'이 인수하면 형식적 동일성이 없으므로 이는 인수의 효력이 없다는 것이 통설의 입장이다.

③ 인수의 기재의 말소는 어음의 반환 전에 한 것으로 추정한다(어음법 제29조 제1항).

④ 지급인이 어음의 반환 전에 인수의 기재를 말소하였더라도 어음소지인이나 다른 어음채무자에게 서면으로 인수를 통지한 경우 그 통지 상대방에 대하여 인수의 문구에 따라 책임을 진다(어음법 제29조 제2항).

⑤ 지급인이 환어음에 인수문언의 기재 및 기명날인 등을 하지 아니한 채 소지인 등에게 인수의 통지를 한 경우에는 그 지급인에 대하여 어음법 제29조 제2항에 따른 어음상의 책임을 물을 수 없다(대법원 2008. 9. 11, 선고 2007다74683 판결)

답 4. ②

제3절 배 서

Ⅰ. 어음상의 권리이전 방법

1. 양도배서의 의의

어음은 법률상 당연한 지시증권이므로 지시식으로 발행된 경우든 기명식으로 발행된 경우든 배서에 의하여 타인에게 양도할 수 있다(어음법 제11조 제1항). 배서라 함은 어음의 유통을 조장하기 위하여 법이 특히 인정한 어음의 유통방법으로서, 수취인 기타 후자가 보통 어음의 뒷면에 일정한 사항을 기재하고 기명날인 또는 서명하여 타인에게 교부하는 행위를 말한다.

2. 배서 이외의 방법에 의한 어음상의 권리 이전

어음의 통상의 이전방법인 배서에 의하여 어음상의 권리가 이전하지만, 발행인이 어음에 배서금지(지시금지)문구를 기재한 어음은 지명채권양도에 관한 방식에 따라서만 양도할 수 있다(어음법 제11조 제2항). 그 이외에 통상의 채권양도방법 · 전부명령 · 경매 등에 의한 특정승계 또는 상속 · 합병 등과 같은 포괄승계에 의하여 어음상의 권리는 이전될 수 있다. 수취인이 백지로 된 어음은 인도(교부)에 의하여 어음법적으로 유효하게 양도할 수 있다.

3. 배서금지어음

(1) 의 의

배서금지어음 또는 지시금지어음이란 발행인이 지시금지의 문자 또는 이와 동일한 의의가 있는 문언을 어음의 앞면에 기재한 어음을 말한다(어음법 제11조 제2항). 어음의 뒷면에 지시금지의 문자를 기재하더라도 발행인이 기명날인 또는 서명하면 유효한 배서금지어음으로 볼 수 있다.

보충 ▸ 발행인과 수취인 간의 배서금지의 특약만으로는 배서금지어음의 효력이 없고, 그 후 제3자가 이러한 특약이 있었음을 알고 배서에 의해 어음을 취득하더라도 그 배서는 유효하다(판례).

(2) 기재방법

지시금지 , 배서금지 또는 하모(何某)에 대하여서만 이라고 하여 수취인을 지정하는 경우와 같이 배서금지의 뜻이 어음상의 문언에 나타나야 한다. 단순히 어음면에 '보관용' 또는 '견질용'이라고 쓴 것은 배서금지어음으로 볼 수 없고, 어음상에 인쇄된 지시문언을 삭제하는 것으로는 배서금지어음이 되지 않는다(판례). 배서금지문언은 발행인에 의하여 기재된 것이

어음면상에 명백히 되어야 하므로, 배서인란에 배서금지를 뜻하는 기재가 있는 경우에는 배서인에 의한 배서금지기재로 추정될 것이다(어음법 제15조 제2항).

어음용지에 배서금지문언과 부동문자로 인쇄된 지시문언이 병존하는 경우 그 효력에 관하여는 어음은 유효하고 인쇄된 지시문언보다 기재한 배서금지문언이 우선하여 배서금지어음이 된다고 보아야 할 것이다.

(3) 양도방법 및 효력

① **양도방법** : 배서금지어음은 배서에 의하여 양도할 수 없고, 다만 지명채권양도의 방법에 의하여서만 이를 양도할 수 있다. 지명채권양도방법에 의하더라도 어음은 유가증권이므로 어음의 교부(인도)를 필요로 하며(판례), 배서금지어음을 압류할 때에는 어음의 점유를 요한다(판례). 또한 어음상의 권리를 행사하는 경우에도 어음을 제시하여야 하며, 어음금을 지급받을 때에는 어음을 상환하여야 한다(판례).

② **양도의 대항요건** : 배서금지어음은 지명채권양도방법에 의하여 어음상의 권리를 양도하므로 민법 제450조에 따른 대항요건을 갖추어야 한다. 따라서 양도에 대하여 채무자에게 통지하거나 승낙을 얻어야 한다. 여기서 채무자란 약속어음의 발행인, 환어음의 인수인을 말한다. 다만, 환어음의 인수여부를 불문하고 발행인도 통지의 대상 또는 승낙의 주체가 된다.

③ **양도의 효력** : 배서금지어음의 양도의 효력도 지명채권양도의 경우와 동일하다. 따라서 인적 항변의 절단이 인정되지 않으며, 배서의 연속에 의한 자격수여적 효력이 인정되지 않으므로 선의취득이 인정되지 않는다. 그리고 배서금지어음의 양도인은 배서인과는 달리 담보책임이 없다. 그러나 배서금지어음이라도 추심위임배서는 가능하고(통설), 입질배서나 제권판결제도는 적용되지 않는다는 것이 다수설의 입장이다.

II. 배서의 방식

1. 일반적 방식

배서는 어음이나 이에 결합한 보전(補箋 : 보충지) 또는 등본에 일정한 사항을 기재하고 배서인이 기명날인 또는 서명함으로써 하는 서면행위이다. 배서는 보통 어음의 뒷면에 하는 것이지만, 백지식배서를 제외하고는 어음앞면에 하여도 유효하다.

●●● 약속어음 배서의 예

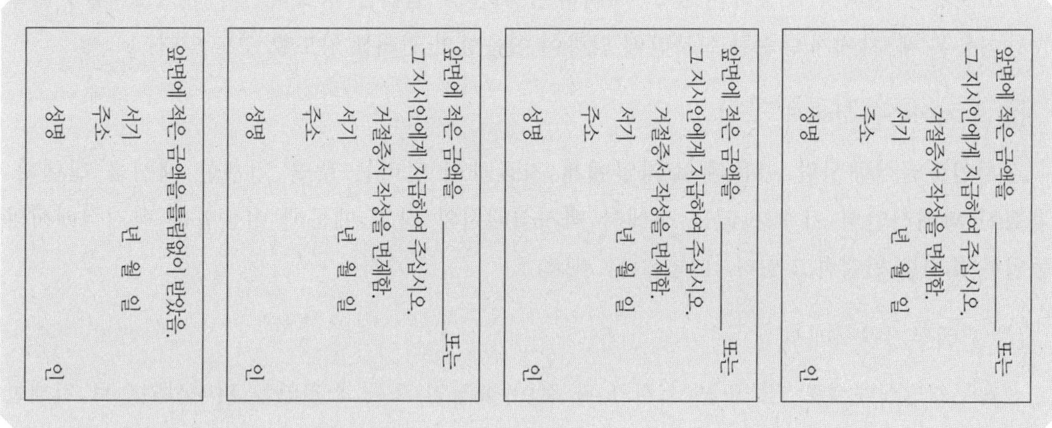

2. 피배서인의 기재여부에 따른 방식

(1) 기명식배서

기명식배서는 완전배서 또는 정식배서라 하며, 배서인의 기명날인 또는 서명 이외에 피배서인의 성명 또는 상호를 기재함으로써 하는 배서이다(어음법 제13조 제2항 참조). 피배서인은 중첩적 또는 선택적 기재가 가능하며, 배서일자는 반드시 기재해야 하는 것은 아니므로 배서일자가 발행일자보다 앞서는 등 모순이 생기더라도 배서가 무효가 되는 것은 아니다(판례). 또한 배서인의 주소를 허위로 기재하더라도 배서의 효력에 영향을 미치지 않는다(판례). 배서인이 자신을 피배서인으로 기재하는 것은 배서 자체가 무효가 된다.

(2) 백지식배서

① **의의** : 백지식배서는 피배서인을 지정하지 아니한 배서를 말하고, 약식배서 · 무기명배서 · 백지배서라고도 한다. 백지식배서는 다시 두가지의 경우가 있는데, 첫째는 배서문언 및 배서인의 기명날인 또는 서명은 있으나 피배서인의 기재만이 없는 경우이고, 둘째는 배서인의 기명날인 또는 서명만이 있는 경우이다. 후자를 간략백지식배서라 하며, 이는 어음의 뒷면이나 보충지에만 할 수 있다(어음법 제13조 제2항 후단).

② **효력** : 백지식배서에 의하여 어음상의 권리를 양수한 자는 ㉠ 백지의 피배서인란에 자기의 명칭 또는 타인의 명칭으로 백지를 보충하여 어음상의 권리를 행사할 수 있고, ㉡ 백지의 피배서인란을 보충하지 않고 어음상의 권리를 행사할 수 있다. 최종의 배서가 백지식인 경우 어음점유자는 어음의 적법한 소지인으로 추정되기 때문이다. 그리고 소지인은 백지의

피배서인란을 보충하고 백지식으로 또는 타인을 표시하여 다시 어음에 배서할 수 있다. 또 소지인은 백지를 보충하지 않고 배서하여 어음상 권리를 양도하거나 배서도 하지 않고 어음을 제3자에게 단순한 교부만에 의하여 어음상의 권리를 양도할 수도 있다.

(3) 소지인출급식배서

소지인출급식배서란 어음의 소지인에게 지급하여 달라는 뜻을 기재한 배서를 말한다. 특정된 피배서인의 기재가 없는 점에서 백지식배서와 같기 때문에 어음법은 백지식배서와 동일한 효력을 인정하고 있다(어음법 제12조 제3항).

(4) 선택무기명식배서

선택무기명식배서란 「갑 또는 소지인」과 같이 특정인 또는 소지인을 피배서인으로 기재한 배서를 말한다.

3. 배서의 기재사항

(1) 유익적 기재사항

배서는 무조건이어야 하지만, ① 소지인출급의 배서문언, ② 무담보문언, ③ 배서금지문언, ④ 추심위임문언, ⑤ 입질문언, ⑥ 배서일자, ⑦ 인수제시명령, ⑧ 인수제시기간 단축, ⑨ 지급제시기간의 단축, ⑩ 배서인의 처소, ⑪ 거절증서의 작성면제, ⑫ 예비지급인의 기재, ⑬ 등본에만 배서할 것의 문언 등의 기재는 그 내용에 따른 효력이 생긴다.

(2) 무익적 기재사항

배서에 붙인 조건, 대가문언, 지시문언 등은 어음상에 기재하여도 그 효력이 생기지 않는다.

(3) 유해적 기재사항

어음금액의 일부에 대한 배서는 무효이다(어음법 제12조 제2항). 그러나 일부금액의 지급이 있은 후 그 잔액에 대하여 한 배서는 유효하다.

Ⅲ. 배서의 효력

1. 권리이전적 효력

(1) 의 의

권리이전적 효력이란 배서에 의하여 어음상의 모든 권리는 어음과 더불어 배서인으로부터 피배서인에게 이전되는 효력을 말한다(어음법 제14조 제1항). 배서의 권리이전적 효력이 발생하기 위해서는 그 방식에 있어서 유효하고, 또 배서인이 어음상의 권리자이어야 한다.

⑵ 인적 항변의 절단

배서의 경우 배서인에 대한 인적 관계에 기한 항변으로써 선의의 피배서인에게 대항할 수 없게 되며(어음법 제17조), 인적 항변의 절단이 생긴다.

⑶ 종된 권리의 이전

배서의 권리이전적 효력과 관련하여 어음상의 종된 권리, 즉 질권 · 저당권 · 보증채권 · 위약금의 약속 등도 이전되는가에 대해서는 학설의 대립이 있으나, 종된 권리의 이전에 관한 배서인과 피배서인 간에 명백한 합의가 없는 한 이전되지 않는다는 것이 다수설의 입장이다.

2. 담보적 효력

(1) 의 의

배서의 담보적 효력이란 배서에 의하여 원칙적으로 배서인이 피배서인 및 기타 자기의 후자 전원에 대하여 인수 및 지급을 담보하는 효력을 말한다(어음법 제15조 제1항). 배서의 담보적 효력은 배서의 부차적 효력이며, 법정의 효력이다.

⑵ 독립된 어음채무의 부담

배서인은 피배서인 및 기타 자기의 후자에 대하여 선행하는 어음행위의 실질적 효력 및 배서의 원인관계의 효력과는 관계없이 배서 그 자체의 효력에 의하여 담보책임을 진다.

⑶ 담보적 효력의 배제 · 제한

모든 배서에 있어서 담보적 효력이 생기는 것은 아니며, 기한후 배서 · 추심위임배서 · 무담보배서의 경우의 배서인은 그 후자 전원에 대하여 담보책임이 없고, 배서금지배서의 경우에는 그 직접 피배서인을 제외한 후자에 대하여 담보책임이 없다(어음법 제15조 제2항). 또한, 배서에 의하지 않은 방법으로 어음상 권리를 양도한 자는 담보책임이 없다.

3. 자격수여적 효력

(1) 의 의

배서의 자격수여적 효력이란 어음소지인이 배서의 연속에 의하여 그 권리를 증명한 때에는 적법한 어음상의 권리자로 추정되는 효력을 말한다(어음법 제16조 제1항). 배서연속이 있는 어음의 소지자에게 지급을 한 선의의 어음채무자는 그 자가 진정한 권리자가 아닌 경우에도 유효하게 어음상의 의무를 면하게 된다(어음법 제40조 제3항). 배서의 자격수여적 효력은 배서의 권리이전적 효력을 전제로 하지 않는 부차적 효력이며, 법이 어음의 간이 · 신속한 유통을 확보하기 위하여 정책적으로 인정한 법정의 효력이다. 배서의 자격수여적 효력은 모든 배서에서 인정된다.

(2) 배서의 연속

① **의의** : 배서의 연속이란 어음의 기재상 수취인이 제1배서의 배서인이 되고 제1배서의 피배서인이 제2배서의 배서인이 되어 순차로 계속하여 최후의 배서에 이르게 되는 것을 말한다.

② **요건** : 배서의 연속이 있기 위해서는 각 배서는 그 형식에 있어서 유효하여야 한다. 그러나 실질적으로 유효할 필요는 없다. 따라서 배서가 어음의 기재상 형식적으로 연속되어 있으면 배서의 연속이 인정되고, 실질적으로 피배서인과 배서인이 동일인이라 하더라도 형식상 전혀 별개의 명칭을 표시한 때(예 피배서인에는 자기의 성명을 기재하고 배서인에는 자기의 상호를 기재하는 경우)에는 배서의 연속은 인정될 수 없다. 배서의 동일성은 어음기재가 사회통념상 동일성을 인정할 수 있을 정도이면 배서의 연속은 인정된다.

③ **효과** : 배서가 연속된 어음의 소지인은 어음상의 권리를 행사함에 있어서 실질상의 권리의 증명을 요하지 아니하고 적법한 권리자로 추정되며(어음법 제16조 제1항), 어음상의 권리이전에 있어서 선의취득이 인정되고(어음법 제16조 제2항), 배서연속의 어음소지인에게 어음금을 지급한 자는 면책될 수 있다(어음법 제40조 제3항).

(3) 말소된 배서

말소된 배서는 배서의 연속에 관하여 배서의 기재가 없는 것으로 본다(어음법 제16조 제1항 3문). 배서의 연속에 관하여 효력이 있는 배서의 말소는 배서권이 있는 자에 의하든 없는 자에 의하든, 고의로 하든 과실로 하든 가능하다. 그리고 거절증서작성기간 경과전후를 불문하고 배서의 말소는 가능하다. 말소의 방법에도 제한이 없다(판례). 다만, 배서의 말소권이 없는 자에 의한 말소는 어음의 변조가 된다.

(4) 배서의 불연속

① **실질적 배서의 연속이 있는 경우** : 형식상 배서의 연속이 단절된 때에는 실질적 배서의 연속이 있더라도 그 후의 배서의 피배서인은 실질상의 권리의 승계가 있어도 어음상의 권리자로는 추정되지 않으며, 단절 전의 최후의 배서의 피배서인이 어음상의 권리자로 추정된다. 배서가 단절된 이후의 배서에 의하여도 권리이전적 효력과 담보적 효력은 인정되지만, 자격수여적 효력은 인정되지 않는다. 따라서 배서의 단절 이후에는 선의취득이 인정되지 않으며, 인적 항변이 절단되지 않는다. 배서가 단절된 어음의 소지인이 그 실질적 권리를 증명하여 어음상의 권리를 행사할 수 있다(통설 · 판례).

② **실질적 배서의 연속이 없는 경우** : 형식상 배서의 연속이 단절되고 실질적 배서의 연속도 없는 경우, 그 이후의 배서는 권리이전적 효력과 자격수여적 효력이 인정되지 않으므로 선의취득이 인정되지 않는다. 다만, 배서의 독립성에 따라 담보적 효력이 인정된다.

(5) 담보목적의 배서와 불연속

담보목적의 배서란 어음을 양도한다는 목적이 없이 오직 배서인으로서의 담보책임만을 부담할 목적으로 어음에 배서의 기명날인 또는 서명을 하는 것이며, 이러한 담보목적의 배서가 있고 이로 인하여 배서의 불연속이 있는 경우에 담보목적으로 한 배서의 배서인이 담보책임을 지는가에 대해 학설의 대립이 있으나 배서로서의 유효요건을 구비하고 있는 한 배서인으로서의 담보책임을 져야 한다는 것이 통설 · 판례의 입장이다.

Ⅳ. 특수한 양도배서

1. 무담보배서

(1) 의 의

무담보배서란 배서인이 어음상의 담보책임을 부담하지 않는다는 뜻을 기재한 배서를 말한다(어음법 제15조 제1항). 배서인은 종국적 의무자가 아니므로 인수담보책임과 지급담보책임을 모두 지지 않을 것을 기재할 수 있고, 또 그 책임을 어음금액의 일부에 제한할 수도 있고 지급담보에만 제한할 수도 있다.

(2) 효 과

무담보배서를 기재한 경우 배서인은 담보책임이 없거나 제한된다. 무담보배서의 배서인은 직접의 피배서인뿐만 아니라 그의 후자에 대해서도 담보책임이 없다. 배서인이 단순히 담보책임을 지지 아니한다는 뜻을 기재한 경우 인수 · 지급담보책임 모두를 지지 않는다는 것을 의미하고, 지급무담보를 기재한 경우에는 인수무담보를 포함한 것으로 본다.

2. 배서금지배서

(1) 의 의

배서금지배서란 새로운 배서를 금지하는 뜻을 기재한 배서를 말한다(어음법 제15조 제2항).

주의 ▸ 환어음의 발행인이 배서금지문언을 기재하면 배서금지어음이 되어 배서에 의하여 양도할 수 없으나, 배서인이 배서금지문언를 기재하면 배서금지배서가 되어 배서에 의하여 양도될 수 있다.

(2) 효 력

배서금지문언을 기재한 경우 그 배서인은 자기의 직접의 피배서인에 대하여만 담보책임을 부담하고 그 후의 피배서인에 대하여는 어음상의 책임을 지지 않는다. 배서금지배서의 피배서인이 다시 배서를 한 경우 그 피배서인은 배서인으로서의 담보책임을 진다. 배서금지배서라도 권리이전적 효력과 자격수여적 효력이 있다.

3. 환배서

(1) 의 의

환배서라 함은 어음상의 채무자를 피배서인으로 한 양도배서로써(어음법 제11조 제3항), 기명식이든 백지식이든 불문한다. 즉, 인수인 · 발행인 · 배서인 · 보증인 또는 참가인수인을 피배서인으로 한 배서를 말한다. 인수하지 않은 지급인은 채무자가 아니므로 이에 대한 배서는 환배서가 아니지만, 편의상 환배서에 관한 내용에서 함께 설명하고자 한다.

(2) 효 력

① **일반적 효력** : 환배서도 배서이므로 배서의 권리이전적 효력, 담보적 효력, 자격수여적 효력이 있다. 선의취득도 인정되며, 다만 어음항변은 피배서인과 그 상대방이 누구인가에 따라서 다르다.

② **환어음발행인에 대한 환배서** : 환어음의 발행인이 환배서를 받은 경우에는 자기의 전자는 발행을 표준으로 할 때 모두 자기의 후자가 되므로, 발행인인 소지인은 모든 전자에 대하여 어음상의 권리를 행사할 수 없게 된다. 그러나 발행인이 후자를 위하여 특히 보증의 목적으로 발행인이 된 경우에는 그 후자에 대하여 상환청구권을 행사할 수 있다.

③ **주채무자에 대한 환배서** : 환어음의 인수인(약속어음의 발행인)이 환배서에 의하여 어음을 취득한 경우에는 인수인의 자격에서는 모든 어음채무자에 대하여 지급의무를 부담하는 것이므로 항변의 대항을 받게 되어 어음상의 권리를 행사할 수 없다. 인수인이 환배서를 받은 경우에도 어음상의 권리는 소멸하지 않으므로 인수인은 다시 그 어음을 배서양도할 수 있다.

④ **배서인에 대한 환배서** : 배서인이 환배서에 의하여 어음을 취득한 경우 자기가 한 배서를 표준으로 하여 자기의 후자가 되는 어음채무자에 대하여는 반대채권의 대항을 받게 되지만, 인수인 · 발행인 및 기타의 전자에 대해서는 아무런 반대채권의 대항없이 상환청구권을 행사할 수 있다.

⑤ **참가인수인 · 보증인에 대한 환배서** : 참가인수인 또는 보증인에 대한 환배서의 효력은 각각 피참가인 또는 피보증인에 대한 환배서의 경우와 같다.

⑥ **인수하지 않은 지급인에 대한 환배서** : 인수하지 않은 지급인은 어음채무자가 아니므로 지급인에 대한 배서는 환배서가 아니다. 따라서 지급인인 어음소지인은 어음상의 권리를 직접 행사할 수 있고, 다시 제3자에게 배서양도할 수 있다.

4. 기한후배서

(1) 의 의

기한후배서란 지급거절증서 작성 후 또는 거절증서 작성기간 경과 후의 배서를 말한다(어음법 제20조 제1항).

주의 ▶ 기한후 배서는 만기 후의 배서와 다르다. 만기 후에 한 배서에 대하여는 만기 전의 배서와 동일한 효력이 인정된다(어음법 제20조 제1항 본문).

기한후배서인가의 여부는 실제 배서를 한 때를 표준으로 하여 결정하고, 배서에 일자의 기재가 없는 경우에는 거절증서 작성기간 경과 전에 한 것으로 추정한다(어음법 제20조 제2항).

(2) 지급거절 또는 인수거절과 기한후배서

① **지급거절과 기한후배서** : 지급거절증서 작성면제의 문언이 없음에도 불구하고 지급거절증서가 작성되지 않고 지급거절증서 작성기간 경과 전에 한 배서는 기한후배서가 아니다. 그러나 어음에 있어서 지급거절증서는 작성되지 않았으나 지급거절의 사실이 어음면상에 명백하게 나타난 경우에는 기한후배서로 본다.

② **인수거절과 기한후배서** : 인수거절증서 작성 후의 배서도 어음면상 상환청구권을 행사할 수 있는 어음이 명백하고 또 그 신용의 정도도 지급거절증서 작성 후의 어음과 다를 바 없으므로 기한후배서로 보아야 할 것이다.

(3) 기한후배서의 입증책임

기한후배서인지 여부는 실제로 배서한 날을 기준으로 하고 또 기한후배서에 의하여 이익을 보는 자는 어음채무자이므로, 어음상 배서일자의 기재유무에 불문하고 어음채무자는 실제로 배서한 날을 입증하여 기한후배서임을 주장할 수 있다.

(4) 효 력

① **권리이전적 효력** : 기한후배서에 의하여 어음상의 권리가 이전하기는 하지만, 피배서인은 배서인이 가졌던 권리를 취득하는데 불과하다. 기한후배서에는 항변의 절단이 일어나지 않는다. 그러나 현재의 어음소지인에게 어음을 양도한 자가 기한후배서에 의한 어음취득

당시 선의이었기 때문에 그에게 대항할 수 없었던 사유에 대하여는 기한후배서에 의하여 어음을 취득한 현재의 어음소지인에게도 대항할 수 없다.

② **담보적 효력** : 기한후배서의 경우에는 지명채권양도의 효력만이 인정된다. 즉, 배서인은 어음상의 책임을 지지 않으며, 담보적 효력이 없다.

③ **자격수여적 효력** : 기한후배서에 의하여 어음이 유통된 경우에도 자격수여적 효력이 있고, 배서연속이 있는 경우 피배서인은 권리추정력이 인정되므로 어음상의 권리를 행사할 수 있다. 동시에 지급면책의 효력도 인정된다.

④ **선의취득** : 기한후배서는 지명채권양도의 효력밖에 없고 유통을 보호할 필요가 없으므로 어음법 제16조 제2항의 선의취득은 인정되지 않는다.

Ⅴ. 특수배서

1. 추심위임배서

(1) 의 의

추심위임배서는 배서인이 피배서인에게 어음상의 권리를 행사할 대리권을 부여할 목적으로 그 뜻을 기재하여 하는 배서를 말한다. 어음금액 중 일부를 양도배서하고 그 나머지를 추심위임배서로 하는 것은 인정되지 않는다.

(2) 공연한 추심위임배서

① **방식** : 배서에 회수하기 위하여 「추심하기 위하여」 「대리를 위하여」 등으로 대리권수여를 표시하는 문언을 부기하여야 한다(어음법 제18조 제1항).

② **효력** : 추심위임배서는 대리권수여의 효력과 자격수여적 효력은 인정되지만, 권리이전적 효력과 담보적 효력은 없다. 따라서 추심위임배서를 받은 피배서인은 다시 추심위임배서를 할 수는 있으나(복대리인의 선임이 된다), 양도배서는 할 수 없다. 또한 추심위임배서의 피배서인은 어음상의 권리자가 아니므로 어음상의 권리의 면제, 화해 등 권리의 처분을 하지 못한다. 한편, 배서인은 어음상의 권리를 상실하는 것은 아니므로 그 배서를 말소하거나 또는 자신이 직접 추심하거나 양도배서할 수 있다.

(3) 숨은 추심위임배서

① **의의 및 법적성질** : 숨은 추심위임배서는 추심위임을 목적으로 하는 통상의 양도배서로서 그 법적성질을 어떻게 보는가에 따라 효력문제도 달라진다. 판례와 다수설은 어음상의

권리는 피배서인에게 이전하고, 추심위임의 합의는 당사자간의 인적 항변사유가 되는 데 그친다는 견해(신탁배서설)를 취하고 있다.

② **효력** : 신탁배서설의 입장에서는 자격수여적 효력이 인정되며, 배서인은 피배서인에 대하여 담보책임을 부담하지 않는다. 그러나 피배서인으로부터 양도배서를 받은 자에 대해서는 담보책임을 진다. 당사자간에 권리이전적 효력이 있지만, 당사자간의 추심위임의 합의는 인적항변사유가 된다. 따라서 피배서인의 선의취득이 인정되지 않으나, 피배서인으로부터 배서양도를 받은 양수인은 선의·악의에 관계없이 어음상의 권리를 취득한다. 이는 통상의 권리취득에 해당한다. 다만 양수인이 악의인 경우 악의의 항변으로 대항할 수 있다. 그리고 인적 항변의 절단의 효력에 대해서는 긍정하는 견해를 취하고 있다. 다만, 어음 채무자가 숨은추심위임임을 입증한 때에는 인적항변의 절단이 인정되지 않는다고 한다.

2. 입질배서

(1) 의 의

입질배서란 어음상의 권리에 질권을 설정할 목적으로 어음에 그 뜻을 기재함으로써 하는 배서를 말한다.

(2) 공연한 입질배서

① **방식** : 배서 자체 가운데 「담보하기 위하여」 「입질하기 위하여」 등 질권설정을 표시하는 문언을 부기함으로써 한다(어음법 제19조 제1항).

② **효력** : 입질배서에 의하여 피배서인은 배서인에 속하는 어음상의 권리 위에 질권을 취득하며, 그 결과 피배서인은 어음상의 모든 권리를 행사할 수 있는 자격수여적 효력은 인정된다(어음법 제19조 제1항 본문). 어음채무자는 피배서인에게 악의가 없는 한 배서인에 대한 항변으로써 이에 대항하지 못하는 동시에 피배서인에 대한 인적 항변으로는 이에 대항할 수 있다(어음법 제19조 제2항). 입질배서의 경우 권리이전적 효력은 없으며, 입질배서의 피배서인이 한 배서는 그 기재형식에 불구하고 추심위임배서로서의 효력을 가질 뿐이다(어음법 제19조 제1항 단서). 피배서인은 질권의 선의취득이 인정된다.

(3) 숨은 입질배서

실질적으로 질권설정의 목적을 가지면서 형식적으로는 통상의 양도방법을 취하는 것으로서, 그 성질은 신탁배서로 본다. 따라서 숨은 입질배서는 양도배서로서의 효력이 있으므로, 권리이전적 효력·자격수여적 효력·담보적 효력·선의취득이 인정되고, 인적 항변의 절단이 인정된다.

각종 배서의 효력

구 분	권리이전적 효력	자격수여적 효력	담보적 효력	선의취득	인적 항변의 절단
양도배서	인 정	인 정	인 정	인 정	인 정
백지식배서	인 정	인 정	인 정	인 정	인 정
배서금지어음 양도	인 정	불인정	불인정	불인정	불인정
무담보배서	인 정	인 정	불인정	인 정	인 정
배서금지배서	인 정	인 정	피배서인에만 인정	인 정	인 정
기한후배서	인 정	인 정	불인정	불인정	불인정
환배서	인 정	인 정	피배서인에 따라 다름	인 정	인 정
공연한 추심위임배서	불인정	인 정	불인정	불인정	불인정
숨은 추심위임배서 (신탁배서설)	인 정	인 정	피배서인에게는 불인정, 그 이후는 인정	제3자에게 권리의 당연한 이전	인 정
공연한 입질배서	불인정	인 정	인 정	인정(질권)	인 정
숨은 입질배서 (신탁배서설)	인 정	인 정	인 정	제3자에게 권리의 당연한 이전	인 정

연습문제

01 甲은 "지시금지" 문구를 기재하여 乙에게 약속어음을 발행하였다. 이에 관한 설명으로 틀린 것은? (다수설 및 판례에 의함) (2010년 공인회계사)

① 乙이 양도할 목적으로 약속어음에 배서하여 타인에게 교부하여도 甲에 대한 어음채권이 이전되지 않는다.

② 乙은 지명채권 양도의 방식과 효력에 의하여 약속어음을 양도할 수 있다.

③ 乙이 약속어음을 양도하면서 지명채권 양도의 대항요건을 갖추면, 양수인에게 약속어음을 교부하지 않아도 甲에 대한 어음채권이 이전된다.

④ 지명채권 양도방식에 의해 乙로부터 약속어음을 양수한 자가 甲에게 어음채무의 이행을 청구한 경우, 甲은 乙과의 원인관계에서 갖는 항변사유를 주장하여 어음금의 지급을 거절할 수 있다.

⑤ 乙은 약속어음에 추심위임배서를 하여 교부할 수 있다.

지시금지어음은 지명채권양도의 방법과 그 효력으로써만 권리의 이전이 인정된다. 다만, 지시금지어음도 유가증권으로써 제시증권성과 상환증권성을 갖고 있으므로 어음상의 권리이전에는 어음의 교부(인도)가 있어야 한다는 것이 통설의 입장이다.

02 어음의 배서에 관한 설명으로 틀린 것은? (이견이 있으면 판례에 의함) (2017년 공인회계사)

① 배서에 있어서는 배서일자의 기재가 요건이므로 배서일자가 발행일자보다 앞서는 경우 그 배서는 효력이 없다.

② 백지식 배서의 다음에 다른 배서가 있는 경우에는 그 배서를 한 자는 백지식 배서에 의하여 어음을 취득한 것으로 본다.

③ 배서인이 자기의 배서 이후에 새로 하는 배서를 금지한 경우 그 배서인은 어음의 그 후의 피배서인에 대하여 담보의 책임을 지지 아니한다.

④ 피배서인의 명칭이 '여의도상사'로 기재되고 이어진 배서의 배서인이 '주식회사 여의도상사 대표이사 홍길동'으로 기재된 경우 배서의 연속이 인정된다.

답 1. ③ 2. ①

⑤ 피배서인이 '홍길동'으로 기재되고 이어진 배서의 배서인이 '주식회사 여의도상사 대표이사 홍길동'으로 기재된 경우 배서의 연속이 인정되지 않는다.

배서에 있어서는 배서일자의 기재가 배서의 요건이 아니므로 배서일자가 발행일자보다 앞서는 경우라도 그 배서는 효력이 있다(대판1968.6.25, 68다243).

03 어음의 배서의 효력에 관한 다음 설명 중 옳지 않은 것은?

① 배서가 연속한 어음소지인은 적법한 권리자로 추정되므로 자기가 실질적 권리자라는 사실을 입증하지 않고도 어음상의 권리를 행사할 수 있다.

② 배서의 연속이 있기 위해서는 각 배서에 있어서의 수취인 또는 피배서인과 배서인의 표시가 어음상의 기재에서 반드시 동일하여야 한다.

③ 배서의 권리이전적 효력이 발생하기 위하여는 배서가 그 형식에 있어서 유효하여야 하고, 또 배서인이 어음상의 권리자이어야 한다.

④ 배서인이 단순히 무담보라고 기재한 경우에는 인수와 지급의 모두에 대하여 무담보문언을 기재한 것으로 인정된다.

⑤ 배서인이 기재한 일부배서는 배서 자체를 무효로 만든다.

배서의 연속이 있기 위해서는 각 배서에 있어서의 수취인 또는 피배서인과 배서인의 표시가 어음상의 기재에서 똑같아야 할 필요는 없고, 주요한 점에서 틀리지 않는다면 동일성이 인정된다(대판 1995. 6. 9, 94다33156 등 참조).

04 약속어음의 배서에 관한 다음 설명 중 옳은 것은? (2004년 공인회계사)

① 배서는 피배서인을 지명하지 아니하고 할 수 없다.

② 기명식으로 발행한 어음은 배서에 의하여 양도할 수 없다.

③ 배서인은 반대의 문언이 없으면 인수와 지급을 담보한다.

④ 배서인은 다시 하는 배서를 금지할 수 있다. 이 경우에 그 배서인은 자신의 피배서인에 대해서 담보책임을 지지 않는다.

⑤ 배서에 '대리를 위하여'라는 문언이 있는 경우에는, 어음의 채무자는 배서인에게 대항할 수 있는 항변만으로써 소지인에게 대항할 수 있다.

① 배서는 피배서인을 지명하지 아니하고 할 수 있다. 이를 백지식배서라 한다(어음법 제13조 제2항).
② 기명식으로 발행한 어음은 배서에 의하여 양도할 수 있다. 이를 법률상 당연한 지시증권성이라 한다(어음법 제11조 제1항).
③ 배서인은 반대의 문언이 없으면 지급을 담보한다. 약속어음에는 인수담보책임이 있을 수 없다.

답 3. ② 4. ⑤

④ 배서인은 다시 하는 배서를 금지할 수 있다. 이 경우에 그 배서인은 자신의 피배서인을 제외한 후자에 대해서 담보책임을 지지 않는다(어음법 제15조 제2항).

⑤ 어음법 제18조 제2항

05 A는 지급거절증서가 작성된 약속어음에 배서하여 B에게 양도하였다. A가 B에게 한 배서에 대해 인정되는 효력으로 올바르게 짝지어진 것은? (통설 및 판례에의함)

(2004년 공인회계사)

ㄱ. 권리이전적 효력　　ㄴ. 자격수여적 효력

ㄷ. 담보적 효력　　ㄹ. 선의취득의 효력

① ㄱ, ㄴ　② ㄱ, ㄷ　③ ㄱ, ㄹ

④ ㄱ, ㄴ, ㄷ　⑤ ㄱ, ㄷ, ㄹ

지급거절증서가 작성된 약속어음에 배서하는 것은 기한후배서이며, 기한후배서는 지명채권양도의 효력만이 발생한다. 따라서 담보적 효력과 선의취득의 효력은 인정되지 않는다.

06 환어음의 배서의 효력에 관한 설명으로 옳지 않은 것은?

① 무담보배서인은 자기의 직접의 피배서인에 대하여서 뿐만 아니라 그 후자 전원에 대하여 담보책임을 부담하지 않는다.

② 발행인이 배서금지문언을 기재한 경우에는 배서금지배서가 되어 동어음은 배서에 의하여 양도될 수 있으나, 발행인은 자기의 직접의 전자를 제외한 그 후자 전원에 대해 담보책임을 부담하지 않는다.

③ 환어음의 발행인이 환배서에 의하여 어음을 취득하면 인수인에 대해서는 어음상의 권리를 행사할 수 있으나, 수표의 발행인이 환배서에 의하여 수표를 취득한 경우에는 누구에 대해서도 수표상의 권리를 행사할 수 없다.

④ 기한후배서도 권리이전적 효력이 있으나, 이와 관련하여 발생하는 인적 항변의 절단의 효력은 없다.

⑤ 입질배서에는 권리이전적 효력이 없으므로 입질배서의 피배서인은 양도배서나 입질배서를 할 수 없고 다만 추심위임배서만을 할 수 있다.

배서금지배서는 배서인이 배서금지문언을 기재하는 경우이며, 발행인이 배서금지문언을 기재한 경우에는 배서금지어음이 되어 배서에 의하여 양도될 수 없다.

답 5. ① 6. ②

07 A로부터 甲에게 발행된 어음에 대하여, 甲은 乙에게 토지대금의 지급을 위해 어음에 배서하여 양도하고, 乙은 이 어음을 자동차매매대금의 지급을 위해 丙에게 배서를 하였다. 이 어음에 丙의 배서가 단절된 상태에서 丁은 가구의 구입대금으로 戊에게 이 어음을 배서하여 양도하였고, 현재의 어음소지인이 戊인 경우에 배서의 효력에 관한 다음 설명 중 옳지 않은 것은? (학설의 대립이 있는 때에는 판례에 의함)

① 丁이 어음을 습득한 자인 경우, 丁의 배서는 무권리자의 배서이므로 戊는 어음상의 권리를 취득할 수 없다.

② 丁이 상속에 의하여 어음상의 권리를 취득한 경우, 丁은 戊에 대하여 상환의무를 부담한다.

③ 丁이 상속에 의하여 어음상의 권리를 취득한 경우, 戊는 선의취득에 의하여 어음상의 권리를 취득하게 된다.

④ 위의 어음에서 丙에게는 자격수여적 효력이 인정되지만, 丁이나 戊에게는 자격수여적 효력이 인정되지 않는다.

⑤ 戊는 배서가 단절된 부분에 대하여 실질적 관계가 있음을 증명한 경우에 한하여 A에 대하여 어음상의 권리를 행사할 수 있다.

丁이 상속에 의하여 어음상의 권리를 취득한 경우, 丁은 정당한 어음상의 권리자이므로, 戊는 丁으로부터 어음상의 권리를 승계취득하는 것이지 선의취득하는 것은 아니다. 한편, 丙과 丁사이의 배서의 단절로 인하여 丁이나 戊는 자격수여적 효력이 인정되지 않으나, 戊는 실질적 배서의 연속이 있음을 입증한다면 어음상의 권리를 행사할 수 있다는 것이 판례의 입장이다(대판 1995. 9. 15, 95다7024).

08 배서인 A는 B를 피배서인으로 하여 배서를 하면서 "추심(推尋)하기 위하여"라는 문언을 기재하였다. 어음소지인 B가 만기에 어음상의 채무자인 C에게 어음금지급을 청구하는 경우에 관한 설명 중 옳은 것은? (2005년 공인회계사)

① B는 추심의 대리권만 있으므로 어음상의 권리 중 어음금지급청구권만을 행사할 수 있다.

② C는 A에게 대항할 수 있는 항변만으로써 B에게 대항할 수 있다.

③ A가 무능력자가 됨으로 인하여 B의 대리권은 소멸한다.

④ B는 A의 허락을 받아야만 재추심위임(再推尋委任)의 배서를 할 수 있다.

⑤ C가 어음금을 지급하지 아니하는 때에는 B는 A에 대하여 상환청구권을 행사할 수 있다.

추심위임배서의 경우, 어음채무자는 배서인에게 대항할 수 있는 항변만으로써 소지인에게 대항할 수 있다(어음법 제18조 제2항). 따라서 C는 A에게 대항할 수 있는 항변만으로써 B에게 대항할 수 있다.

① 추심의 대리권을 수여하는 때에는 환어음으로부터 생기는 모든 권리를 행사할 수 있다(어음법 제18조 제1항 본문).

답 7. ③ 8. ②

③ 대리를 위한 배서에 의한 대리권은 그 수권자가 사망하거나 무능력자가 됨으로 인하여 소멸하지 아니한다(어음법 제18조 제3항).
④ 추심위임을 받은 자는 별도의 허락이 없더라도 대리를 위한 배서만을 할 수 있다(어음법 제18조 제1항 단서).
⑤ 추심위임배서의 경우에는 권리이전적 효력과 담보적 효력이 없으므로, 피배서인이 배서인에 대해 상환청구권을 행사할 수 없다.

09 다음은 지급거절증서가 작성된 후에 이루어진 양도배서의 효력에 관한 내용이다. 틀린 것은?

(2001년 공인회계사)

① 지급거절증서 작성기간 경과 후의 양도배서와 동일한 효력이 발생한다.
② 배서의 담보적 효력은 발생하지 아니한다.
③ 어음상의 권리는 배서인으로부터 피배서인에게 이전한다.
④ 피배서인은 어음상의 권리를 행사할 수 있는 자격을 취득한다.
⑤ 어음채무자는 배서인에 대항할 수 있었던 인적 항변사유로 피배서인에게 대항하지 못한다.

지급거절증서 작성 후 또는 지급거절증서 작성기간 경과 후의 배서는 기한후배서로서, 권리이전적 효력과 자격수여적 효력은 인정되지만, 담보적 효력은 인정되지 않는다. 그리고, 선의취득도 인정되지 아니하며, 인적 항변의 절단이 일어나지 않는다.

10 어음의 배서에 관한 설명 중 옳은 것은? (통설 및 판례에 의함) (2006년 공인회계사)

① X로부터 어음을 양수받은 정당한 어음소지인 B가 자신의 배서 앞뒤에 허무인 A 및 C를 기재하여 Y에게 양도한 경우에는 배서의 연속성이 부정된다.
② X로부터 액면가 1억원의 어음을 양수받은 A가 배서란에 '5천만원에 대하여 무담보'라고 기재하여 B에게 양도한 경우에, A는 5천만원에 대하여는 B와 그 후자 모두에 대하여 담보책임을 지지 않는다.
③ B가 A로부터 배서양도 받은 어음에 대하여 예금부족 등의 사유로 지급을 거절한다는 취지의 지급담당은행의 부도선언이 보전(補箋)에 기재되어 있다면, B는 A에 대하여 상환청구권을 행사할 수 없다.
④ A는 X와의 물건매매계약에서 매매대금을 어음으로 받아 이를 B에게, B는 C에게 배서양도하였으나, 물건의 하자를 이유로 매매계약이 해제되었다면 X는 C에게 어음금의 지급을 거절할 수 있다.
⑤ B가 자신의 채무자 A로부터 채권담보를 위해 질권설정계약만을 체결하고 X가 발행한

답 9. ⑤ 10. ②

환어음을 양도배서 받아 C에게 다시 배서양도한 경우, C 및 그 후자에게는 권리이전적 효력이 인정되지 않는다.

해설 ① 형식적 배서연속은 배서란에 허무인이 존재하더라도 관계없다.

③ 어음의 상환청구권행사에는 지급거절증서가 작성되어야 하고, 지급인의 지급거절의 선언이 거절증서작성과 같은 효력을 갖지 못한다. 다만 수표의 경우에는 지급인의 거절선언이 거절증서와 같은 효력을 갖는다.

④ 매매계약의 해제는 인적 항변사유이므로 X는 A에게 인적 항변을 주장할 수 있으나, C에게 어음금지급을 거절할 수 없다.

⑤ 양도배서받은 어음상의 권리이전적 효력은 인정된다. 권리이적적 효력이 인정되지 않는 배서는 공연한 추심위임배서나 공연한 입질배서의 경우이다.

11 어음소지인 A는 X가 발행한 어음의 어음금을 추심하기 위한 취지에서 B에게 양도배서를 하였지만, 이러한 사유를 기재하지 않은 것을 이용하여 B가 어음채무자에게 추심하지 않고 C에게 배서하여 양도하였다. 이 경우 옳은 것을 모두 포함하고 있는 것은? (통설 및 판례에 의함) (2006년 공인회계사)

ㄱ. A와 B의 행위는 통정허위표시이므로 무효이다.
ㄴ. B가 C에게 양도하지 않은 상태에서 X에 대한 어음금지급청구는 유효하다.
ㄷ. B가 C에게 양도하기 전 A는 B에게 담보책임을 진다.
ㄹ. A는 어음소지인 C에게 원칙적으로 대항할 수 없다.
ㅁ. A가 무권리자라 하더라도 B는 선의취득을 주장할 수 없다.

① ㄱ, ㄷ, ㄹ ② ㄴ, ㄷ, ㅁ ③ ㄱ, ㄹ, ㅁ
④ ㄴ, ㄷ, ㄹ ⑤ ㄴ, ㄹ, ㅁ

해설 위의 설문은 숨은 추심위임배서의 효력에 관한 문제이다.

ㄱ. 숨은 추심위임배서는 신탁배서로써의 효력을 갖는다는 것이 판례와 통설의 입장이다. 숨은 추심위임은 통정허위표시가 아니라, 유효한 배서로 보는 것이 통설과 판례의 입장이다(대판 1990. 4. 13, 89다카1084).

ㄴ. B는 A로부터 숨은 추심위임배서를 받은 자이므로 X에 대해 어음상의 권리를 행사할 자격을 갖는다(자격수여적 효력인정). 따라서 X에 대해 어음금지급청구를 할 수 있다.

ㄷ. A는 B에게 추심위임을 한 것이므로, 인적 항변을 주장하여 B에게 담보책임을 지지 않는다(담보적 효력 없음).

ㄹ. A와 B 사이에는 인적 항변의 관계가 존재하므로 B가 C에게 양도배서한 경우에는 인적 항변의 절단이 인정되고, 따라서 A는 C에게 대항할 수 없다는 것이 통설의 입장이다.

ㅁ. 신탁배서설의 입장에서는 A가 무권리자라 하더라도 B는 선의취득을 주장할 수 없다.

답 · 11. ⑤

12 발행인 X로부터 약속어음을 교부받은 A는 이를 B에게, B는 C에게, C는 D에게 순차적으로 배서양도하였다. 이때 C는 자신의 채권자인 D에게 질권을 설정하기 위하여 이 어음을 교부하였으나 그러한 뜻이 어음면에 나타나 있지 않은 경우, 그 법적 효력에 관한 설명으로 옳은 것은? (2007년 공인회계사)

① D는 질권자이므로 C에 대하여만 어음금지급청구권을 행사할 수 있다.

② D는 어음상의 권리자로서 동 어음을 타인에게 배서양도할 수 있다.

③ X는 C가 D에 대하여 가지는 실질관계에 기한 항변사유로써 D의 어음금지급청구를 거절할 수 있다.

④ C는 D와의 원인계약이 해제되었다 하더라도 이를 이유로 D의 어음금지급청구에 대항할 수 없다.

⑤ D로부터 어음을 배서양도 받은 자는 D에게는 상환청구권을 행사할 수 있지만, C에게는 이를 행사할 수 없다.

위 설문은 숨은 입질배서에 관한 내용으로서, 숨은 입질배서의 성질은 신탁배서로 본다. 그렇다면 숨은 입질배서는 양도배서로서의 효력이 나타나게 된다. 이를 기준으로 지문을 살펴보면 다음과 같다.

① D는 양도배서를 받은 자이므로, 자기의 전자들에 대해 어음상의 권리를 행사할 수 있다.

② D는 양도배서를 받은 자이므로 다시 타인에게 배서양도할 수 있다.

③ X는 C에 대한 인적항변사유로 D에게 대항하지 못한다.

④ C는 D와의 원인계약이 해제되었다면, 이로써 D에게 항변을 주장할 수 있다.

⑤ D로부터 어음을 배서양도받은 자는 자기의 전자들에 대해 어음상의 권리를 행사할 수 있다.

13 갑이 2008년 1월 3일을 만기로 기재한 약속어음을 을에게 발행하였고, 을은 동년 1월 3일에 갑에게 이를 지급제시 하였으나 지급이 거절되자 지급거절증서를 작성한 후 동년 1월 10일에 병에게 배서 · 교부하였다. 이 경우 어음상의 권리관계에 관한 설명 중 옳은 것은? (통설 및 판례에 의함) (2008년 공인회계사)

① 갑이 을에게 약속어음을 발행한 원인관계가 소멸하였다면 갑은 병에게 어음채무의 이행을 거절할 수 있다.

② 만약 을의 무권대리인이 을 명의의 배서를 하였다면 이러한 사정을 알지 못한 데 중대한 과실이 없는 병은 약속어음을 선의취득할 수 있다.

③ 병은 을에게 상환의무의 이행을 청구할 권리를 갖는다.

④ 을이 갑에게 어음채권의 양도를 통지하거나 갑이 이를 승낙하지 않았다면 병은 어음채권을 취득할 수 없다.

답 12. ② 13. ①

⑤ 병은 자신이 실질적으로 어음상 권리를 취득한 과정을 입증해야 갑에게 어음채권을 행사할 수 있다.

위의 사례는 기한후배서의 효력에 관한 내용이다. 기한후배서의 경우 권리이전적 효력이 있으나, 이는 지명채권양도의 효력에 따른다. 한편, 기한후배서의 경우 자격수여적효력이 인정된다. 그러나 담보적 효력이 없고, 선의취득도 인정되지 않는다. 그리고 기한후배서의 경우에는 인적항변의 절단이 인정되지 않는다. 따라서 갑이 을에게 약속어음을 발행한 원인관계가 소멸하였다면 갑은 병에게 어음채무의 이행을 거절할 수 있다.

14 어음의 소지인이 상환청구권 보전절차를 이행한 것으로 전제할 경우 다음 중 그 후자의 전부 또는 일부에 대해 담보책임을 부담하는 경우는 모두 몇 개인가? (2008년 공인회계사)

ㄱ. A는 '무담보'라는 문구를 기재하여 배서 · 교부하였다.
ㄴ. B는 새로운 배서를 금지하는 뜻을 기재하여 배서 · 교부하였다.
ㄷ. C는 약속어음에 기재된 만기인 3월 15일에 지급제시하지 않고 당해 날짜에 어음을 배서 · 교부하였다.
ㄹ. 피배서인란을 빈 칸으로 둔 배서방식에 의하여 어음을 취득한 D는 자신으로부터 어음을 취득하는 자의 명의를 그 빈 칸에 기재한 후 어음을 교부하였다.
ㅁ. E는 '배서금지'라는 문구가 기재된 약속어음을 발행받은 후 이에 배서 · 교부하였다.

① 1개 ② 2개 ③ 3개
④ 4개 ⑤ 5개

ㄱ. A는 '무담보' 라는 문구를 기재하여 배서 · 교부하였다면, A는 자기의 피배서인을 비롯한 모든 후자에 대하여 담보책임을 지지 않는다.
ㄴ. B는 새로운 배서를 금지하는 뜻을 기재하여 배서 · 교부하였다면, B는 자기의 피배서인을 제외한 모든 후자인 피배서인에 대해서는 담보책임을 지지 않는다. 따라서 자기의 피배서인에 대해서는 담보책임을 부담한다.
ㄷ. C는 약속어음에 기재된 만기인 3월 15일에 지급제시하지 않고 당해 날짜에 어음을 배서 · 교부하였다면, 이는 만기후의 배서로서 만기전의 배서와 동일한 효력이 있으므로, 담보책임이 있다.
ㄹ. 피배서인란을 빈 칸으로 둔 배서방식에 의하여 어음을 취득한 D는 자신으로부터 어음을 취득하는 자의 명의를 그 빈 칸에 기재한 후 어음을 교부하였다면, 이는 백지식배서에 의하여 어음을 취득한 D가 자신의 명의를 어음상에 기재하지 않았으므로 담보적 책임이 없다.
ㅁ. E는 '배서금지' 라는 문구가 기재된 약속어음을 발행받은 후 이에 배서 · 교부하였다면, 이 약속어음은 배서금지어음에 해당하므로 지명채권양도의 방법으로 어음상의 권리가 이전되고, 따라서 담보적 효력이 인정되지 않는다.

답 14. ②

15 다음은 약속어음의 뒷면이다. 약속어음의 앞면에는 만기일이 2010. 1. 26.로 기재되어 있고, 배서의 연속이 단절된 부분에서는 어음상 권리가 유효하게 승계취득되었다. G가 권리의 승계 과정을 입증하여 2010. 1. 27. 발행인에게 지급제시하였으나 지급을 거절당한 후, 지급거절증서를 작성하여 상환청구절차에 나서려고 한다. G에 대해 상환의무를 부담하는 자는 모두 몇 명인가? (다수설 및 판례에 의함) (2010년 공인회계사)

앞면에 적은 금액을 B 또는 그 지시인에게 지급하여 주십시오. "지시를 금지함" 2010년 1월 5일 성명 A A의 ㊞
앞면에 적은 금액을 ________ 또는 그 지시인에게 지급하여 주십시오. 2010년 1월 12일 성명 C C의 ㊞

앞면에 적은 금액을 E 또는 그 지시인에게 지급하여 주십시오. "무담보" 2010년 1월 20일 성명 D D의 ㊞
앞면에 적은 금액을 G 또는 그 지시인에게 지급하여 주십시오. 2010년 1월 26일 성명 F F의 ㊞

① 1명 ② 2명 ③ 3명
④ 4명 ⑤ 5명

답 15. ②

위 설문은 "배서의 담보적 효력"에 관한 내용으로써, 위의 배서 중 배서금지배서인(A)과 무담보배서인(D)은 담보책임(상환의무)를 부담하지 않는다. 그리고 B와 E는 배서를 하지 않았으므로 담보책임을 부담하지 않는다. 한편, 약속어음의 발행인은 주채무자이므로 담보책임을 부담하는 상환의무자에 포함되지 않는다. 따라서 담보책임을 부담하는 자는 위 어음에 배서인으로 기재되어 있는 C와 F 2명뿐이다.

16 A가 B에게 약속어음을 발행하고, B는 그 어음에 '추심하기 위하여'라는 문구를 기재하여 C에게 배서 · 교부한 경우의 법률관계에 관한 설명으로 틀린 것은? (2012년 공인회계사)

① B의 어음채권이 C에게 이전되는 것은 아니며 C는 B의 어음채권을 대리 행사할 수 있는 권한을 취득할 뿐이다.

② B가 C로부터 어음을 회수하여 C에 대한 배서를 그대로 둔 채 다시 D에게 배서양도하였다면 배서의 연속이 단절된다.

③ C가 A에게 어음채권을 행사한 경우 A와 B 사이에 존재하던 원인관계가 소멸하였다면 A는 이러한 사유로 C에게 대항할 수 있다.

④ C가 A에게 어음채권을 행사한 경우 A는 C에 대한 인적 항변사유를 주장하여 어음금 지급을 거절할 수 없다.

⑤ C는 지급제시기간 내에 A에게 어음금 지급을 청구하여 지급을 받지 못한 경우 B에게 상환청구권을 행사하지 못한다.

B가 C로부터 어음을 회수하여 C에 대한 배서를 그대로 둔 채 다시 D에게 배서양도하였다면 배서의 연속이 단절되지 않는다. 추심위임배서는 어음상의 권리행사에 대한 대리권을 부여하는 것이지, 어음상의 권리가 이전되는 것은 아니다. 따라서 공연한 추심위임배서이므로 B가 D에게 어음상의 권리를 이전하는 배서를 하는 경우 이는 배서의 연속이 당연히 인정된다.

17 A는 2013년 5월 1일에 발행일로부터 6월을 만기로 하는 약속어음을 B에게 발행하였고, B는 C에게 "지급을 담보하지 않는다"는 문구를 기재하여 배서 · 교부하였다. 2013년 8월 1일에 C는 D에게 특별한 문구의 기재 없이 배서 · 교부하였다. 이 경우에 관한 설명으로 옳은 것은? (모든 당사자에 있어서 어음시효는 문제 삼지 않음) (2014년 공인회계사)

① A는 D에 대하여 어음금 지급을 거절할 수 있다.

② C의 배서는 지명채권양도의 효력밖에 없다.

③ D는 B에게 다시 배서할 수 있다.

④ B는 C에 대하여 지급담보책임을 부담한다.

답 16. ② 17. ③

⑤ D가 2013년 9월 1일에 다시 E에게 피배서인을 지명하지 아니하고 배서·교부하였다면 D는 지급담보책임을 부담하지 않는다.

① A는 주채무자이므로 D에 대하여 어음금 지급을 거절할 없다.
② B는 무담보배서를 한 것이므로 C도 배서을 할 수 있고, 이는 일반 배서의 효력이 있다.
④ B는 C에 대하여 지급담보책임을 부담하지 않는다(어음법 제15조 제1항).
⑤ D가 2013년 9월 1일에 다시 E에게 피배서인을 지명하지 아니하고 배서·교부하였다면 D는 지급담보책임을 부담한다.

18 甲은 乙을 수취인으로 하는 약속어음을 발행하고 교부하였는데 이 어음은 乙에게서 A M B M C의 순서로 각각 배서 양도되었다. 어음채무자의 책임형태에 관한 다음 설명 중 틀린 것은?

(2015년 공인회계사)

① C가 친한 친구인 A에 대하여 상환청구권을 면제하더라도 그것이 甲의 어음상의 채무를 소멸시키는 것은 아니다.
② C가 A를 상대로 상환청구를 해서 A가 이를 이행한 경우에도 B는 A에 대하여 여전히 어음상의 채무를 부담한다.
③ C가 A를 상대로 상환청구를 해서 A가 이를 이행한 경우에도 乙은 A에 대하여 여전히 어음상의 채무를 부담한다.
④ C가 발행인 甲에 대한 청구에 집중하여 만기일로부터 3년의 시간이 흐른 경우 乙에 대한 어음상의 청구권은 행사할 수 없다.
⑤ C에 대한 甲의 어음채무발생원인과 A의 어음채무발생원인은 각각 다르다.

C가 A를 상대로 상환청구를 해서 A가 이를 이행한 경우에, A는 전자에 대하여 상환청구를 할 수 있을 뿐이고, 후자에 대하여는 반대채권의 대항을 받으므로 B는 A에 대하여 어음상의 채무를 부담하지 않는다.

19 어음의 기한후배서에 관한 설명으로 옳은 것은? (이견이 있으면 판례에 의함) (2017년 공인회계사)

① 만기 이후 지급거절이 되지 않고 지급거절증서의 작성기간도 경과하기 전에 한 배서는 기한후배서이다.
② 기한후배서는 지명채권양도의 효력이 있으므로 어음채무자에 대한 통지·승낙 등 대항요건을 갖추어야 한다.
③ 기한후배서 여부를 결정하는 자료가 되는 것은 실제 배서한 일자가 아니라 배서란에 기재된 일자이다.

답 18. ② 19. ⑤

④ 날짜를 적지 아니한 기한후배서는 지급거절증서의 작성기간이 지나기 전에 한 것으로 본다.

⑤ 지급거절증서의 작성기간 경과 전에 백지식배서에 의해 어음을 취득한 자가 지급거절증서의 작성기간 경과 후에 백지를 보충하더라도 기한후배서가 되는 것은 아니다.

① 만기 이후 지급거절이 되지 않고 지급거절증서의 작성기간도 경과하기 전에 한 배서는 만기후배서로써 만기전의 배서와 같은 효력이 있다(어음법 제20조 제1항).

② 기한후배서는 지명채권양도의 효력이 있으나, 배서에 의하여 어음상 권리가 이전하므로 어음채무자에 대한 통지・승낙 등 대항요건을 갖추어야 하는 것은 아니다(대판 1997.11.14, 97다38145).

③ 기한후배서 여부를 결정하는 자료가 되는 것은 실제 배서한 일자이다(대판 1964.5.26, 63다967).

④ 날짜를 적지 아니한 기한후배서는 지급거절증서의 작성기간이 지나기 전에 한 것으로 추정한다(어음법 제20조 제2항).

제4절 어음보증

Ⅰ. 개념 및 특색

1. 의 의

어음보증은 어음상의 채무를 담보할 목적으로 하는 부수적 어음행위이다. 어음보증도 보증으로서 다른 어음상의 채무를 담보할 것을 목적으로 하는 것이므로 주채무의 존재를 전제로 하며, 주채무자가 존재하지 않는 때에는 어음보증도 무효가 된다. 주채무는 어음의 기재상(형식상) 존재하면 되고 실질적으로 유효하여야 하는 것은 아니다(어음법 제32조 제2항). 따라서 주채무가 무능력으로 인하여 취소된 경우에도 어음보증의 효력에는 영향을 미치지 않는다.

그리고 어음보증은 어음채무를 담보하기 위한 것이므로 원인채무를 담보하기 위하여 하는 어음행위는 어음보증이 아니다.

2. 법적 성질

어음보증의 법적성질에 대하여는 계약이란 견해도 있으나, 보증인이 되고자 하는 자가 어음에 보증의 기명날인 또는 서명을 하는 것만으로 할 수 있는 점에서 민법상의 보증과 구별되는 단독행위에 해당한다고 본다(판례 · 다수설).

3. 숨은 어음보증

숨은 어음보증은 사실은 보증을 목적으로 하면서 형식상 발행 · 배서 · 인수 등의 어음행위를 하는 것을 말하지만, 이것은 어음보증이 아니다. 즉, 어음행위자는 발행인 · 배서인 · 인수인으로서의 책임을 지는 것이며, 보증인으로서의 책임을 지는 것은 아니다.

4. 공동어음행위

공동어음행위는 수인이 동일한 내용의 어음채무를 부담하는 점에서는 어음보증과 비슷하나, 공동어음행위자는 공동으로 1개의 어음행위를 하는 데 대하여, 어음보증인은 주채무자인 피보증인과 공동으로 어음행위를 하는 것이 아니라는 점에서 다르다.

●●● 민법상 보증과의 차이

① 민법상의 보증은 주채무자가 특정되어야 하고 이것이 불분명한 때에는 보증은 성립하지 않으나, 어음보증은 누구를 위한 보증인가 분명하지 않을 때에는 발행인을 위한 보증으로 본다.

② 민법상의 보증은 계약이지만 어음보증은 단독행위에 해당한다.

③ 민법상의 보증은 불요식계약에 의하지만 어음보증은 요식행위이다.

④ 민법상의 보증은 주채무의 성립을 그 성립요건으로 하나, 어음보증은 피담보채무가 방식에 하자가 있는 경우를 제외하고는 다른 어떠한 사유로 인하여 무효로 된 때에도 유효하게 성립할 수가 있다.

⑤ 민법상의 보증인은 특정된 채무자에 대하여서만 보증채무를 부담하지만, 어음보증인은 피보증인의 모든 후자인 불특정인에 대하여 보증채무를 부담한다.

⑥ 민법상의 보증인은 최고의 항변권이나 검색의 항변권을 갖지만, 어음보증의 보증인은 보증된 자와 동일한 책임을 지므로(어음법 제32조 제1항), 이러한 항변권이 없다.

⑦ 민법상의 보증채무의 소멸시효는 10년이지만, 어음보증채무는 주채무에 따라 3년, 1년, 6월로 한다.

⑧ 민법상의 공동의 보증인은 분별의 이익이 있으나, 공동의 어음보증인은 분별의 이익이 없고 어음채무의 전액에 대하여 합동책임을 부담한다.

II. 당사자

1. 보증인

어음보증을 할 수 있는 자의 자격에는 제한이 없으며, 제3자든 이미 어음에 기명날인 또는 서명한 어음채무자이든 어음보증인이 될 수 있다(어음법 제30조 제2항). 그러나 주채무자가 어음보증인이 되거나 어음관계에서 전자가 후자를 위하여 어음보증인이 되는 것은 무의미하다.

2. 피보증인

피보증인이 될 수 있는 자는 어음채무자로써, 인수인 · 발행인 · 배서인 · 참가인수인은 피보증인이 될 수 있다. 어음채무자 이외의 자를 피보증인으로 하는 어음보증은 무효이며, 인수하지 않은 지급인 · 지급담당자 · 무담보배서의 배서인 등을 위한 보증은 무효가 된다.

Ⅲ. 보증방식

1. 정식보증

어음보증인이 어음상에 보증 또는 이와 동일한 의의가 있는 문언 및 피보증인을 표시하고, 기명날인 또는 서명한 경우에는 정식보증이라고 한다(어음법 제31조 제1항 · 제2항).

2. 약식보증

지급인 또는 발행인의 기명날인 또는 서명을 제외하고 어음의 앞면에 단순히 기명날인 또는 서명을 한 경우에는 어음보증으로 본다(어음법 제31조 제3항). 어음보증인이 피보증인을 표시하지 않고 어음상에 보증문언만을 기재하고 기명날인 또는 서명하거나, 보증문언도 기재하지 않고 단순히 기명날인 또는 서명만을 한 경우를 약식보증이라 한다. 특히 후자를 간략약식보증이라 한다.

주의 보증문언만을 기재하고 기명날인 또는 서명하는 약식보증은 어음의 앞면 또는 뒷면에 기재되거나 어음에 결합된 보충지에 기재된 때에도 성립하지만, 어음 뒷면에 단순한 기명날인 또는 서명만 있는 경우는 보증으로서의 효력이 없다.

3. 기타 기재사항

(1) 피보증인의 불기재효력

어음보증에 피보증인을 표시하여야 하지만, 하지 않은 경우에는 발행인을 위한 보증으로 본다(어음법 제31조 제4항).

(2) 일부보증

어음보증은 어음금액의 전부에 대하여서 뿐만 아니라, 그 일부에 대하여 할 수 있다(어음법 제30조 제1항). 일부보증의 경우에는 반드시 어음보증금액을 기재하여야 하며, 보증금액의 기재가 없으면 전부보증으로 본다.

(3) 유익적 기재사항

어음보증인은 거절증서작성면제, 예비지급인 등을 기재할 수 있다. 어음보증에 조건을 붙인 경우에는 그 조건이 붙은 대로의 효력이 생긴다는 것이 판례의 입장이다.

IV. 보증시기

보증을 할 수 있는 시기에 대해 어음법에는 아무런 규정이 없으나, 만기 전이든 만기 후이든 어음채무의 시효가 완성하기 전에는 할 수 있다.

V. 효 력

1. 보증인의 책임

(1) 어음보증의 종속성

어음보증인은 자기의 어음행위에 의하여 독립하여 어음상의 채무를 부담하며, 그 채무의 내용은 주채무와 동일하다. 즉, 보증인은 피보증인인 주채무자와 동일한 책임을 진다(어음법 제32조 제1항). 어음소지인에 대한 피보증인의 어음채무 자체가 소멸된 때에는 어음보증인은 이를 원용하여 소지인의 청구를 거절할 수 있다. 피보증인에 대한 상환청구권보전의 효력은 어음보증인에게도 효력이 있으므로 보증책임을 묻기 위하여 별도의 상환청구권보전절차를 거칠 필요는 없다.

(2) 어음보증의 독립성

보증인은 주채무가 방식의 하자로 인한 경우를 제외하고는 어떠한 사유로 인하여 무효가 되더라도 어음보증채무의 효력에는 영향이 없다(어음법 제32조 제2항).

(3) 보증인의 합동책임

어음보증인은 주채무자와 합동하여 책임을 부담하므로 최고 및 검색의 항변권을 갖지 못한다. 동일한 주채무자를 위하여 수인의 보증인이 있는 경우에는 각자가 자기의 어음행위를 근거로 하여 어음금 전액에 대하여 책임을 진다(어음법 제47조 제1항). 그리고 어음소지인은 어음보증인과 주채무자 중 1인에 대하여 청구한 후에 다시 다른 자에게 청구할 수도 있다(어음법 제47조 제2항).

(4) 피보증인의 항변의 원용

① **물적 항변** : 피보증인의 물적 항변의 사유 중에서 어음기재상의 항변은 이를 원용하여 보증인은 피보증인의 상대방 또는 제3취득자에 대하여 거절할 수 있고, 어음행위의 효력에 관한 항변은 피보증인의 상대방 또는 악의의 제3취득자에게 권리남용을 주장하여 어음보증채무의 이행을 거절할 수 있다.

② **인적 항변** : 인적항변사유 중 원인관계의 소멸 또는 부존재의 항변도 원용할 수 있다(판례). 그러나 피보증인이 원인관계상의 해제권 · 취소권 · 상계권을 행사하지 않는 동안에 어음보증인이 이러한 항변으로서 소지인의 청구를 거절할 수 없다. 또한, 피보증인의 어음행위가 위조이거나 취소된 결과 피보증인이 어음상의 채무를 지지 않게 된 경우라도 어음보증인은 이러한 사유를 항변으로 원용하여 소지인의 청구를 거절하지 못한다.

2. 보증채무이행의 효과

보증인의 보증채무이행이 있는 경우 보증채무와 주채무는 소멸한다. 다만, 보증채무를 이행한 보증인은 법률상 당연히 피보증인과 피보증인의 어음상의 채무자에 대하여 어음상의 권리를 취득한다(어음법 제32조 제3항). 공동보증인이 있는 경우 그 중 1인이 보증채무를 이행한 때라도 다른 공동보증인에 대하여 구상권을 행사할 수 없다.

제5절 지 급

Ⅰ. 의 의

광의의 어음의 지급이란 지급인 · 발행인 · 배서인 · 보증인 · 참가인수인 · 참가지급인 또는 제3자 등 모든 어음관계자에 의한 지급을 포함하는 것을 말하며, 협의의 어음의 지급인이란 환어음의 지급인 · 인수인 또는 지급담당자가 하는 지급을 말한다.

Ⅱ. 지급제시

1. 의 의

지급제시란 어음의 소지인이 어음금의 지급을 받기 위하여 지급인 · 인수인에게 어음을 제시하여 지급청구를 하는 것을 말한다.

●●● 인수제시와 지급제시의 차이

구 분	인수제시	지급제시
인정범위	환어음에만 있는 제도	환어음 · 약속어음 · 수표에 공통된 제도
제시인	어음소지인 또는 단순 점유자 백지어음소지자	완전한 어음소지인(단순점유자는 지급제시를 할 수 없음)
피제시인	지급인	지급인 또는 인수인(환어음) 발행인(약속어음) 지급인 또는 지급보증인(수표)
유예기간	인 정	불인정
법률행위 여부	인수는 어음행위	지급은 어음채무소멸의 사실행위

2. 제시의 당사자

(1) 제시인

지급제시인은 원칙적으로 형식적 자격이 있는 어음소지인이고, 예외적으로 형식적 자격이 없는 어음소지인인 경우에도 그가 실질적 권리자임을 입증한 경우에 한하여 지급제시를 할 수 있다. 또한 지급제시인의 대리인이나 사자(使者)도 지급제시를 할 수 있고, 공증인 · 집행관에 의한 지급제시도 유효하다.

(2) 피제시자

피제시자는 환어음의 지급인 · 인수인 또는 지급담당자 또는 약속어음의 발행인이다. 환어음의 인수인 또는 약속어음의 발행인이 수인인 경우에는 이러한 공동인수인 또는 공동발행인은 연대책임을 부담하는 것이 아니라 합동책임을 부담하여 각자가 독립적으로 어음금 전액에 대하여 지급의무를 부담하는 것이므로, 어음소지인은 공동인수인 또는 공동발행인의 전원에 대하여 지급제시를 하여야 상환청구권을 보전할 수 있다.

3. 지급제시기간

(1) 주채무자에 대한 지급제시기간

환어음의 인수인 또는 약속어음의 발행인과 같은 주채무자에 대하여 어음소지인이 어음상의 권리를 행사하기 위한 지급제시기간은 「만기의 날로부터 3년간」이다(어음법 제70조 제1항, 어음법 제77조 제1항 8호). 즉, 지급을 할 날 이후 채무가 시효로 인하여 소멸하기까지의 기간 내에 지급제시를 하면 된다. 지급제시기간의 계산에 있어서 초일은 산입하지 않는다(어음법 제73조). 지급제시기간의 말일이 법정휴일일 때에는 그날 이후의 제1거래일까지 연장되며, 기간중의 휴일은 그 기간에 산입된다(어음법 제72조 제2항).

(2) 상환청구권보전을 위한 지급제시기간

① **확정일출급·발행일자후정기출급·일람후정기출급어음의 경우** : 이러한 어음의 소지인은 지급을 할 날 또는 그날 이후의 2거래일 내에 지급제시를 하여야 한다. 여기서 「지급을 할 날」이란 법률상 지급이 있을 날을 가리키며, 보통은 만기와 일치하지만 만기가 법정휴일인 때에는 그날 이후의 제1의 거래일에 지급을 청구할 수 있으므로(어음법 제72조 제1항) 만기의 날 이후의 제1의 거래일이 지급을 할 날이 된다. 거래일이란 법정휴일 이외의 금융거래가 있는 날을 말한다. 은혜일은 법률상이거나 재판상임을 불문하고 인정하지 않는다(어음법 제74조).

② **일람출급어음의 경우** : 이러한 어음의 소지인은 발행일자로부터 1년 내에 또는 발행인이 일정한 기일 전의 지급제시를 금지한 경우에는 그 기일로부터 1년 내에 지급제시를 하여야 한다(어음법 제34조 제1항, 제2항). 발행인은 지급제시기간을 단축 또는 연장할 수 있고, 배서인은 자기를 위하여 단축할 수 있다. 기간의 계산에서는 초일을 산입하지 않는다(어음법 제73조).

4. 제시장소 및 방법

(1) 제시장소

지급제시는 지급장소가 기재되어 있는 경우에는 그 장소에서 하고, 기재가 없는 경우에는 지급지에서의 지급인의 영업소·주소 또는 거소(居所)에서 제시할 수 있다. 제3자방지급의 경우에는 그 제3자방에서 제시하여야 한다. 어음교환소에서 한 제시는 지급제시로서의 효력이 있다(어음법 제38조 제2항). 어음에 기재된 영업소·주소가 실제의 영업소·주소와 같지 않은 경우에는 실제의 영업소·주소에서 제시하여야 한다.

보충 [어음교환소] 시중은행들이 소지하고 있는 타은행이 지급할 어음·수표를 동시에 상호결제하거나 추심하기 위하여 회합하는 장소를 어음교환소라 한다. 어음교환소에서의 어음·수표의 교환은 어음·수표의 특수한 지급방법이라고 본다(판례).

(2) 제시방법

① **실물어음의 경우** : 지급제시의 방법은 완전한 어음을 현실로 제시하여야 하며, 그 등본을 제시하거나 보충완료 전의 백지어음의 제시는 적법한 제시가 아니다(판례). 지급인이 지급거절

을 할 것이 명백한 사정이 있는 경우에도 적법한 지급제시를 하여야 하지만, 소지인이 제시에 필요하고 가능한 방법을 취한 이상 정당한 시기와 장소에 피제시자가 없음으로써 현실의 제시를 하지 못한 경우에도 제시를 한 것이 된다. 재판상 어음금의 지급을 청구하는 경우에는 소장 또는 지급명령의 송달이 어음의 제시와 동일한 효력이 있는 것으로 본다(판례).

② **전자적 정보형태로 제시하는 경우** : 소지인으로부터 환어음의 추심을 위임받은 금융기관(제시금융기관)이 그 환어음의 기재사항을 정보처리시스템에 의하여 전자적 정보의 형태로 작성한 후 그 정보를 어음교환소에 송신하여 당해 어음교환소의 정보처리시스템에 입력된 때에는 어음교환소에서 지급을 위한 제시가 이루어진 것으로 본다(어음법 제38조 제3항).

5. 지급제시의 효력

(1) 상환청구권의 보전

어음소지인이 상환청구권보전을 위해서는 상환청구권보전을 위한 지급제시기간내에 지급제시를 하여야 하며(어음법 제38조 제1항), 이 기간 내에 지급제시가 있었다는 사실은 지급거절증서에 의하여 증명되어야 한다. 그리고 이 기간 내에 지급제시를 하지 않는 경우에는 상환의무자에 대한 상환청구권을 상실하며(어음법 제53조), 어음채무자는 어음소지인의 비용과 위험부담으로 어음금액을 공탁할 수 있다(어음법 제42조).

(2) 채무자의 이행지체

환어음의 인수인 또는 약속어음의 발행인에 대한 지급 제시기간 내(만기로부터 3년 간)에 지급제시를 하지 않으면 주채무자에 대한 어음상의 권리는 시효소멸하며, 제시기간 내에 지급제시를 한 경우 주채무자의 이행지체의 책임이 발생한다.

6. 지급제시의 면제

(1) 지급제시가 있는 것과 동일한 효력이 인정되는 경우

재판상 어음금을 청구하는 경우에는 소장 또는 지급명령의 송달을 지급제시와 동일한 효력이 있는 것으로 보며, 인수거절증서를 작성한 경우에는 지급제시없이 상환청구권을 행사할 수 있으며, 어음의 경우 불가항력이 만기로부터 30일을 넘어 계속하는 경우 지급제시를 하지 않고 상환청구권을 행사할 수 있다(어음법 제54조 제4항).

(2) 지급제시면제의 특약이 있는 경우

상환의무자가 특정 어음소지인과 지급제시를 면제하는 특약을 한 경우에는 그 당사자간에는 그 특약의 효력이 인정된다. 다만, 지급제시를 면제한 상환의무자 이외의 다른 상환의무자에 대하여는 지급제시기간 내에 지급제시를 하지 않으면 그 자에 대하여는 상환청구권을 상실한다.

보충 지급제시의 면제가 있다고 하여 거절증서의 작성도 면제되는 것은 아니다. 지급거절증서의 작성이 면제된 경우라도 만기에 지급제시를 하여야 하며, 지급거절증서가 작성된 경우에는 적법한 지급제시가 있었던 것으로 추정된다(판례).

(3) 기타의 경우

어음이 채무자의 수중에 있는 경우의 지급청구 또는 약속어음의 발행인에 대한 지급청구의 경우에는 지급제시없이 할 수 있다.

Ⅲ. 제시기간경과 후의 청구제시

환어음의 인수인이나 약속어음의 발행인은 지급제시기간이 경과한 후에도 어음상의 채무가 소멸되기 전까지는 언제든지 채무자의 현재의 영업소 또는 주소에서 어음을 제시하여 어음금의 지급청구를 할 수 있다. 다만, 제시기간경과후의 청구제시는 지급제시기간 내의 지급제시와 달리 상환청구권을 보전하는 효력이 없고(어음법 제53조 제1항), 어음상의 주채무자는 어음금액 이외에 그 청구제시를 한 날 이후의 지연손해금의 지급책임을 부담할 뿐이다. 지급제시기간 경과 후의 청구제시도 어음채권의 시효중단의 효력이 있다.

Ⅳ. 지 급

1. 지급시기

(1) 만기 전의 지급

만기 전에는 어음소지인은 지급청구를 할 수 없는 동시에 지급을 받을 의무도 없으므로(어음법 제40조 제1항), 어음소지인이 수령을 거절하더라도 수령지체가 되는 것은 아니다. 또 지급인은 만기 전에 지급할 의무가 없다. 다만, 소지인의 동의가 있는 때에는 유효한 지급을 할 수 있지만, 어음법상 완전한 지급, 즉 면책력있는 지급은 될 수 없으며 지급인은 자기의 위험부담으로 지급하게 된다(어음법 제40조 제2항). 따라서 지급위탁이 취소됨으로써 생길 불이익도 지급인이 부담하게 되고, 만기 전에는 어음소지인이 지급받을 의무가 없으므로 만기 전의 지급인의 공탁으로는 어음금채무가 소멸하지 않는다. 그러나 만기 전의 지급이라도 만기 전의 상환청구가 인정되어 지급하는 경우에는 만기에 있어서의 지급과 동일하다.

⑵ 만기에 있어서의 지급

만기에는 어음소지인은 인수인에 대하여 지급청구를 할 수 있으며, 인수인도 지급할 금액의 증가를 막기 위하여 지급의 수령을 요구할 수 있고, 지급의무자에게 보상청구를 할 수 있다. 만기에 지급제시를 하였음에도 지급하지 않는 경우 어음소지인은 어음채무자에게 만기 이후의 연 6푼(分)의 이율에 의한 지연이자를 청구할 수 있다(어음법 제48조 제2항 2호). 만기에 지급하는 지급인은 어음법에 의하여 선의지급에 대하여 특별한 보호를 받는다(어음법 제40조 제3항). 만기에 지급할 채무가 있는 어음채무자는 어음소지인이 만기에 지급제시를 하지 않는 경우에는 어음소지인의 비용과 위험부담으로 어음금액을 관할관서에 공탁하고 어음채무를 면할 수 있다(어음법 제42조, 제77조 제1항 3호).

⑶ 만기 후의 지급

만기 후의 지급, 즉 지급제시기간 경과 후의 지급의 경우에 있어서 인수를 한 지급인은 시효기간 내에 지급을 하면 선의지급의 보호를 받으며(어음법 제40조 제3항), 발행인에 대하여 보상청구를 할 수 있다. 그러나 인수를 하지 않은 지급인은 지급을 하여도 특약이 없는 한 그 결과를 발행인에게 귀속시킬 수 없는 위험을 부담하게 된다.

⑷ 지급의 유예

① **당사자의 의사에 의한 경우** : 당사자의 의사에 따라서 어음지급을 연기할 수 있는 경우의 하나로 어음개서가 인정된다. 어음개서에 의하여 발행된 신어음을 연기어음이라 한다. 어음관계자의 동의를 받아 만기를 변경하는 경우는 만기의 변경이 되어 어음상 지급연기의 효과가 발생하며, 동의를 하지 않는 어음채무자에 대하여는 어음의 변조가 되므로 그에게 어음상의 권리를 행사하기 위하여는 변경 전의 만기를 기준으로 한다. 한편, 어음소지인이 어음채무자와의 특약으로써 지급의 유예를 하는 경우에는 그 당사자 사이에 지급유예의 인적 항변이 생길 뿐이며 만기의 변경이 되는 것은 아니다.

② **법률의 규정에 의한 경우** : 전쟁 · 지진 · 홍수 · 경제공항 기타 1국 전체 또는 어떤 지방에 사변이 발생하여 법령에 의하여 어음채무의 지급이 유예되는 경우가 있다. 이와 관련하여 어음법 제54조에서는 상환청구권보전절차에 관하여 지급제시기간 및 거절증서작성기간이 연장됨을 규정하고 있다(어음법 제54조 제1항).

③ **은혜일의 불허** : 어음금의 지급에 있어서 은혜일(만기 이후에 어음채무자의 요구에 의하여 어음소지인의 권리행사가 정지되는 기간)은 법률상으로든 재판상으로든 인정하지 아니한다(어음법 제74조).

2. 지급의 목적물

어음지급의 목적물은 일정액의 금전이며, 어음금이 어느 종류의 통화로 지급할 것인 경우에 그 통화가 지급시에 강제통용력을 잃은 때에는 지급인은 다른 통화로 지급하여야 한다.

어음상에 외국통화로써 어음금액을 표시한 경우에도 원칙적으로 만기의 날의 가격에 의하여 내국의 통화로 지급할 수 있으며, 어음채무자가 지급을 지체한 경우 소지인은 그 선택에 따라 만기일 또는 지급하는 날의 환시세에 따라 지급지의 통화로 어음금액을 지급할 것을 청구할 수 있다(어음법 제41조 제1항). 이 경우 환산율은 발행인이 어음상에 특히 정한 때에는 그에 따르고, 이러한 정함이 없는 경우에는 지급지의 관습에 따라서 정한다(어음법 제41조 제2항). 그러나 발행인이 특종의 통화로 지급할 뜻을 기재한 경우에는 이에 따라야 한다(어음법 제41조 제3항). 그리고 발행국과 지급국에서 동명이가(同名異價)를 가진 통화에 의하여 어음금액을 표시한 경우에는 지급지의 통화에 의하여 정한 것으로 추정한다(어음법 제41조 제4항).

3. 지급시 조사사항

(1) 서 설

원래 채무는 진정한 권리자 또는 그 자로부터 권리행사의 권한을 부여받은 자에게 변제하지 으면 그 효과를 얻을 수 없으므로, 채무자는 변제를 함에 있어서 일일이 청구자가 진정한 권리자인가의 여부를 조사하여야 한다. 그러나 어음에 대해서는 어음거래의 원활을 기하기 위하여 지급인의 조사의무를 경감하고 있다. 즉, 만기에 지급하는 지급인은 사기 또는 중대한 과실이 없으면 그 책임을 면하는 것으로 하고 있다(어음법 제40조 제3항). 이 규정은 만기 이후의 지급의 경우에만 적용되며, 만기 전에는 지급인의 위험부담하에 지급하게 된다(어음법 제40조 제2항).

(2) 형식적 자격의 조사

지급인이 만기에 지급을 함에 있어서는 형식적 자격만을 조사하면 된다. 즉, 지급인은 어음의 방식이 적법한가의 여부, 배서가 연속되어 있는가의 여부, 자기의 기명날인 또는 서명이 있는 경우에는 그것이 진정한 것인가의 여부만을 조사하면 된다(어음법 제40조 제3항 후단). 배서의 연속이 흠결되어 있는 경우에는 그 흠결된 부분의 연결을 소지인이 입증한 경우에는 지급할 수 있다(판례).

한편, 어음법 제38조 제3항에 따른 지급제시의 경우에는 지급인 또는 지급인으로부터 지급을 위임받은 금융기관은 배서의 연속의 정부(整否)에 대한 조사를 제시금융기관에 위임할 수 있다(어음법 제40조 제4항).

(3) 실질적 자격의 조사

지급인은 어음의 제시자가 진정한 권리자인가의 여부, 어음의 기재상 권리자로 되어 있는 자와 현실에 청구를 하는 자가 동일인인가의 여부는 이를 조사할 의무가 없으며, 또 배서가 진정한 것인가의 여부, 최후의 배서가 위조인가의 여부에 대하여도 조사할 의무는 없다(어음법 제40조 제3항

2문). 그렇다고 하여 지급인에게 실질적 자격의 조사권이 없다는 것은 아니다. 지급을 할 자는 자기의 위험부담하에 형식적 자격을 가진 소지인의 실질적 자격 및 동일성을 조사할 권리가 있다. 다만, 이 경우 입증책임은 어음채무자측에 있고, 지급시까지의 지연이자를 부담하여야 한다.

(4) 면책적 조사의무의 정도

만기에 지급하는 지급인은 사기 또는 중대한 과실이 없으면 그 책임을 면한다.

여기서 사기 란 어음법 제16조 2항의「악의 또는 중과실」이라고 하고 있는 점 및 어음법 제17조가「해(害)할 것을 알고」라고 규정하고 있는 점과는 구별되는 것으로, 제시자에게 지급수령의 권한이 없음을 알고 있을 뿐만 아니라 용이하게 이를 입증할 수 있는 증거방법을 가지고 있음에도 불구하고 지급한 경우를 말한다.

「중대한 과실」이란 지급인이 보통의 조사를 하면 어음제시자가 무권리자임을 알고 그 무권리자임을 입증할 자료도 얻었을 것인데, 이 조사를 하지 않음으로써 무권리자임을 모르고 지급을 한 경우를 말한다.

(5) 적용범위

① **만기지급 · 지급인의 범위** : 지급인의 조사의무에 관한 어음법 제40조 제3항은 만기에 지급하는 지급인 의 의무로서 규정하고 있으나, 지급담당자 및 상환의무자의 지급의 경우를 포함하는 것으로 볼 수 있다.

② **만기후지급에 대한 적용** : 지급인의 조사의무에 관한 어음법 제40조 제3항은「만기에 지급하는」경우에 관하여 규정하고 있으나, 만기후지급(지급거절증서작성 후 또는 거절증서 작성기간이 경과한 후의 지급)의 경우에도 적용되는 것으로 본다.

③ **인수하지 아니한 지급인의 지급** : 인수하지 아니한 지급인은 발행인으로부터 만기에 지급할 것을 위탁받은 것이므로 만기 후에 지급한 때에는 특약이 없는 한 발행인과의 사이의 자금관계상의 채무를 면하지 못하고, 또 발행인에 대하여 구상을 하지 못하게 된다.

④ **지급면책의 효과** : 어음법 제40조 제3항 전단에 의하여, 환어음의 인수인 또는 약속어음의 발행인이 지급한 경우 어음상의 채무는 모두 소멸한다. 인수인이 지급한 경우에는 그 결과를 발행인의 계산으로 귀속시킬 수 있고, 상환의무자가 지급한 경우에는 그 상환의무자 및 그 후자의 어음상의 채무가 소멸한다.

4. 지급방법

(1) 영수문언의 기재와 어음의 교부

지급인이 지급을 할 때 소지인에 대하여 어음에 수령을 증명하는 기재를 하여 교부할 것을 청구할 수 있다(어음법 제39조 제1항). 영수문언을 기재할 수 있는 자는 어음채권자 본인 또는 그 대리인이다. 이 문언은 어음 또는 보전 위에 기재되며, 통상 어음의 뒷면의 최후의 배서에 이어서 기재한다.

(2) 일부지급

지급인은 어음금의 일부지급을 할 수 있으며, 이 경우 소지인은 이를 거절하지 못한다(어음법 제39조 제2항). 일부지급이 있는 경우 잔액에 대하여는 상환청구권이 인정된다. 일부지급의 경우에 지급인은 소지인에 대하여 그 지급한 뜻을 어음에 기재하고 수령증을 교부할 것을 청구할 수 있다(어음법 제39조 제3항). 그러나 지급제시기간이 경과한 후에는 어음채권자는 일부지급을 받을 의무가 없다.

(3) 지급 이외의 어음채무소멸

어음채무는 지급 이외에 경개(更改)·대물변제 등의 일반채무의 소멸원인으로 소멸하게 되나, 이 경우 어음의 교부를 청구할 수 있으며, 만약 그 어음을 교부하지 않은 때에는 당사자간에는 채무소멸의 인적 항변이 생기는데 불과하다.

(4) 어음금액의 공탁

지급제시기간 내에 지급제시가 없는 때에는 각 어음채무자는 소지인의 비용과 위험부담으로 어음금액을 관할관서에 공탁할 수 있다(어음법 제42조). 공탁을 하고자 하는 어음채무자는 소정의 공탁서를 작성하고, 공탁물인 어음금을 첨부하여 지정된 은행에 제출하게 되며, 공탁금에는 소정의 이자를 붙일 수 있다(공탁법 제4조, 제5조).

제6절 상환청구

Ⅰ. 의의

상환청구는 어음이 만기에 지급거절되었거나 또는 만기 전에 인수거절 또는 지급기능이 현저하게 감소되었을 때에 어음소지인이 전자에 대하여 어음금액 기타 비용을 청구하는 것을 말한다. 즉, 어음소지인이 어음채무자에 대하여 담보책임의 이행을 청구하는 것으로서, 어음소지인의 이러한 이행청구를 할 수 있는 권리를 상환청구권이라 한다.

II. 입법주의

상환청구에 관한 입법주의로는 ① 인수거절시에는 담보청구권을 인정하고 지급거절시에는 상환청구권을 인정하는 이권주의(二權主義), ② 인수거절의 경우와 지급거절의 경우 모두 상환청구권만을 인정하는 일권주의(一權主義), ③ 지급거절의 경우에는 상환청구권을 인정하고 인수거절의 경우에는 담보청구권과 상환청구권의 선택이 가능하다는 선택주의가 있다. 우리 어음법은 일권주의를 택하고 있다.

III. 당사자

1. 상환청구권자

상환청구권자는 제1차적으로는 어음소지인이고, 제2차적으로는 상환하여 어음을 환수한 소지인, 보증채무를 이행한 보증인과 참가지급인, 어음채무를 이행한 무권대리인 등이다.

2. 상환의무자

상환의무자는 환어음의 발행인 · 배서인과 이러한 자의 보증인 · 참가인수인이다. 이 외에 무권대리인도 특수한 상환의무자에 해당한다. 환어음의 인수인과 약속어음의 발행인은 주채무자일 뿐, 상환의무자가 아니다. 또한 무담보배서인 · 추심위임배서인 · 기한후배서인은 상환의무가 없다.

●●● 상환의무자의 합동책임

상환의무자인 환어음의 발행인 · 배서인 · 보증인은 주채무자인 인수인과 더불어 어음소지인에 대하여 합동하여 어음금지급의 책임을 진다(어음법 제47조 제1항). 합동책임에 있어서는 각 어음채무자의 의무범위가 다르고, 채무부담의 조건이 다르고, 내부의 부담부분이 없다는 점에서 연대책임과 차이가 있다.

IV. 상환청구의 요건

1. 만기 전의 상환청구

(1) 실질적 요건

① **인수의 전부 또는 일부의 거절이 있는 경우**(어음법 제43조 1호) : 인수의 거절은 지급인이

적극적으로 인수를 거절한 경우뿐만 아니라 불단순인수가 있는 경우, 지급인이 사망하고 그 상속인이 불분명한 경우, 지급인의 주소가 불분명한 경우도 포함된다. 일부인수가 있는 경우에는 인수되지 아니한 잔액에 대하여 상환청구할 수 있다.

② **지급인의 인수여부와 관계없이 지급인이 파산한 경우, 그 지급이 정지된 경우 또는 그 재산에 대한 강제집행이 주효(奏效)하지 않은 경우** : 이것은 지급인에 의한 지급을 기대할 수 없는 경우이다. 지급인의 파산은 파산개시의 선고결정의 뜻이며, 그 확정의 여부는 묻지 않는다. 파산 기타의 자력불확실의 사실은 상환청구권행사시까지 계속함을 요하지 않는다. 인수를 하였거나 하지 아니한 지급인이 지급을 정지한 경우 또는 그 재산에 대한 강제집행이 주효하지 아니한 경우에는 소지인은 지급인에 대하여 지급제시를 하고 거절증서를 작성시킨 후가 아니면 상환청구권을 행사하지 못한다(어음법 제44조 제5항).

③ **인수제시를 금지한 어음의 발행인이 파산한 경우**(어음법 제43조 3호) : 인수를 위한 제시를 금지한 어음은 오로지 발행인의 자력을 신용하여 유통되는 것이므로, 어음의 발행인의 파산은 인수인의 파산과 동일시하여야 하기 때문에 상환청구의 요건으로 한 것이다.

(2) 형식적 요건

① **인수의 제시** : 소지인이 인수거절을 이유로 하는 상환청구를 하기 위하여는 인수를 위한 제시가 필요하다. 그러나 인수제시를 하지 않는 경우에도 지급거절로 인한 상환청구권까지 상실하는 것은 아니다. 그리고 인수거절이 있어도 상환청구권을 행사하지 않고 후일에 다시 제시할 수 있으며, 그대로 만기를 기다려도 관계없다. 그러나 인수제시명령이 있는 어음이나 일람후정기출급어음의 경우에는 인수제시를 하지 않으면 모든 상환청구권을 잃게 된다.

② **인수거절증서 또는 지급거절증서의 작성** : 인수제시가 있고 인수거절이 된 경우 이를 증명하는 인수거절증서의 작성이 있어야 한다. 인수거절증서를 작성시켰을 때에는 만기가 도래한 후 상환청구를 하는 경우에도 다시 지급제시를 하여 지급거절증서를 작성시킬 필요가 없다(어음법 제44조 제4항). 지급인의 지급정지 또는 이에 대한 강제집행이 주효하지 않은 경우에는 소지인은 만기 전이라도 일단 지급제시를 하고 지급거절증서를 작성시킨 후가 아니면 상환청구를 하지 못한다(어음법 제44조 제5항).

예외 | 거절증서의 작성이 면제되어 있는 경우, 인수를 하거나 하지 아니한 지급인 또는 인수제시가 금지된 어음의 발행인이 파산선고를 받은 경우(파산결정서 제출에 의함)에는 거절증서를 작성할 필요가 없다.

③ **참가의 청구** : 지급지에서의 예비지급인이 있는 경우에는 이에 대하여 어음을 제시하고 참가인수를 요구하고 그 거절이 있었다는 것을 거절증서에 의하여 증명하여야 하며, 그렇지

않으면 예비지급인을 기재한 자와 그 후자에 대하여는 상환청구권을 행사할 수 없다(어음법 제56조 제2항).

2. 만기 후의 상환청구

(1) 실질적 요건

어음소지인이 만기에 적법한 지급제시를 하였어도 지급인이 어음금액의 전부 또는 일부의 지급을 하지 아니한 경우이어야 한다(어음법 제43조). 수인의 지급인이 중첩적으로 기재되어 있는 경우에는 그 지급인 전원의 지급거절이 있어야 한다.

(2) 형식적 요건

① **지급제시** : 지급제시가 있어야 한다. 지급거절증서의 작성이 면제되어 있는 경우에도 지급제시를 하여야 한다(어음법 제46조 제2항 1문). 지급제시에는 어음요건을 갖춘 완전한 어음이어야 한다. 예비지급인 또는 참가인수인 등이 존재하는 경우에는 그들의 전원에 대하여 지급제시기간의 익일까지 지급제시를 하여야 하며, 그렇지 않으면 예비지급인을 기재한 자 또는 피참가인과 그 후의 배서인에 대하여 상환청구권을 잃는다(어음법 제60조).

예외 | 이미 인수거절증서가 작성되어 있는 경우(어음법 제44조 제4항), 불가항력이 만기로부터 30일을 넘어 계속하는 때에는 지급제시를 하지 않고 상환청구권을 행사할 수 있다(어음법 제54조 제4항). 어음당사자간의 지급제시를 면제하는 약정이 있는 경우, 그 약정은 당사자간에서만 효력이 인정된다.

② **지급거절증서의 작성** : 지급거절을 증명하기 위하여 지급거절증서를 작성하여야 한다(어음법 제44조 제1항). 지급거절증서는 확정일출급·발행일자후정기출급 또는 일람후정기출급의 어음에 있어서는 지급을 할 날 또는 이에 이은 2거래일 내에, 또 일람출급어음의 경우에는 발행일로부터 1년 내에 이를 작성시켜야 한다(어음법 제44조 제3항).

예외 | 거절증서의 작성이 면제된 경우, 인수거절증서가 작성되어 있는 경우, 지급인의 파산의 경우, 불가항력이 만기로부터 30일 이상 계속하는 경우에는 지급거절증서를 작성시킬 필요가 없다.

3. 불가항력

(1) 의 의

불가항력이란 보통 합리적이고 필요하다고 인정되는 주의를 다하여도 그를 피할 수 없는 장애를 가리킨다. 여기서 피할 수 없는 장애란 전쟁·변란·지진·교통두절·홍수해 등의 사변·모라토리움 등을 말한다. 그러나 단순한 인적사유 즉, 소지인의 질병 등과 같은 사유는 불가항력이 되지 않는다(어음법 제54조 제6항). 불가항력은 어음상의 권리보전절차를 이행할 기간의 종기에 있어야 한다.

(2) 불가항력과 권리보전절차

불가항력이 있는 경우에는 원칙적으로 권리보전절차를 밟을 기간이 연장된다(어음법 제54조 제1항). 어음소지인은 불가항력이 있는 경우 자기의 배서인에 대하여 지체없이 그 불가항력을 통지하고, 어음 또는 보전에 그 통지한 뜻을 기재하며, 일자를 부기하여 기명날인 또는 서명하여야 한다(어음법 제54조 제2항). 그 불가항력이 종지(終止)된 때에는 소지인은 지체없이 인수 또는 지급을 위한 어음제시를 하고, 필요한 경우에는 거절증서를 작성시켜야 한다(어음법 제54조 제3항). 그러나 불가항력이 만기로부터 30일을 넘어 계속되는 때에는 어음제시 또는 거절증서의 작성없이 상환청구권을 행사할 수 있다(어음법 제54조 제4항). 이 경우 30일의 기간은 일람출급과 일람후정기출급의 어음과 같이 제시가 있음으로써 만기가 정하여지는 어음에 있어서는 소지인이 배서인에게 불가항력의 통지를 한 날로부터 기산한다(어음법 제54조 제5항).

4. 거절증서

(1) 의 의

거절증서는 어음상의 권리의 행사 및 보전에 필요한 행위를 한 것과 같은 결과를 증명하는 증명증서로서 요식의 공정증서이다. 이러한 거절증서의 작성절차에 대해서는 거절증서령에서 규정하고 있다.

(2) 거절증서 작성을 요하는 경우

거절증서의 작성을 요하는 경우로는 인수거절의 경우, 제시일자 또는 인수일자의 기재가 거절된 경우, 제2의 인수제시의 청구가 있는 경우, 지급거절의 경우, 지급인의 자력이 불확실하게 된 경우, 참가인수거절의 경우, 참가지급거절의 경우, 복본교부거절의 경우, 원본반환거절의 경우 등이다.

(3) 거절증서 작성이 면제되는 경우

① **면제되는 사유** : 거절증서의 작성이 면제되어 있는 경우, 인수거절증서를 작성시킨 후에 지급거절이 있는 경우, 파산결정서가 있는 경우, 불가항력으로 인한 면제의 경우가 있다. 이 중 특히 거절증서의 작성면제에 관해 설명하고자 한다.

② **면제권자** : 거절증서의 작성을 면제할 수 있는 자는 상환의무자인 환어음의 발행인 · 배서인 · 보증인 · 참가인수인 등이다. 그러나 인수인과 그 자를 위한 보증인은 면제할 수 없다.

③ **면제의 방식** : 면제의 방식으로는 「무비용상환」「거절증서불필요」의 문자 또는 이와 같은

뜻을 가진 문구를 어음에 적고 기명날인 또는 서명함으로써 한다(어음법 제46조 제1항). 단순히 거절증서작성면제가 기재된 경우에는 인수와 지급의 양거절증서의 작성이 면제된 것으로 볼 것이다. 어음의 배서란에 거절증서작성의무 면제의 문언이 인쇄되어 있는 경우에는 배서기명날인 또는 서명만을 하여도 거절증서작성의무를 면제한 것이 된다(통설 · 판례).

④ **면제의 효력** : 소지인은 거절증서 없이 상환청구권을 행사할 수 있다. 발행인이 면제문언을 기재한 경우에는 모든 기명날인 또는 서명자에게 그 효력이 생기며, 소지인이 임의로 이를 작성시킨 경우에는 그 비용은 소지인이 부담한다(어음법 제46조 제3항 2문). 배서인 · 보증인 등이 면제문언을 기재한 경우에는 그 자에 대하여서만 효력이 생긴다(어음법 제46조 제3항 1문).

V. 상환청구의 통지

1. 의의 · 입법주의

(1) 의 의

상환청구의 통지는 거절의 통지라고도 한다. 상환청구권의 행사는 발행인 기타 어음소지인의 전자로서는 예기치 못하던 일이므로, 어음법은 상환청구권자로 하여금 전자에 대하여 상환청구 원인의 발생을 통지하게 함으로써 상환의무자에게 상환의무 이행의 준비를 시키는 동시에, 신속한 상환을 하여 상환금액의 증대를 방지할 기회를 가질 수 있도록 하고 있는 것이다.

(2) 입법주의

상환청구의 통지는 이 통지로써 상환청구의 요건으로 하는 주의와 후자의 전자에 대한 의무로 하는 주의가 있다. 우리 어음법은 후자의 전자에 대한 의무로 하는 주의를 취하고 있다.

2. 통지를 요하는 경우 · 요하지 않는 경우

(1) 통지를 요하는 경우

어음소지인은 인수 또는 지급의 거절이 있는 경우에 이를 자기의 배서인과 발행인에게 통지하여야 한다(어음법 제45조 제1항). 지급인의 지급정지 또는 강제집행의 부주효의 경우에도 거절증서를 작성시켜야 하므로 통지를 하여야 한다.

(2) 통지를 요하지 않는 경우

지급인 · 인수인 · 인수제시금지어음의 발행인이 파산한 경우에는 파산선고의 공고가 있고, 회생절차가 개시되는 경우에는 그 사실이 공고되므로 통지가 필요없다. 또 어음참가가 있는 경우

참가에 의하여 상환청구가 저지되는 범위에서는 통지를 요하지 않으며, 통지면제의 특약이 있는 경우에도 당사자 사이에 통지를 생략할 수 있다.

(3) 거절증서작성이 면제된 경우

거절증서의 작성이 면제된 경우에도 통지의무를 면제하는 것은 아니므로 통지하여야 한다(어음법 제46조 제2항).

3. 통지의 당사자

통지의무자는 어음의 최후의 소지인과 통지를 받은 배서인이며, 피통지자는 발행인 · 배서인 및 이러한 자의 보증인이다(어음법 제45조 제1항, 제2항). 어음의 소지인은 자기의 직접의 전자 이외에 발행인에게도 직접 통지하여야 한다(어음법 제45조 제1항 1문). 배서인이 그 장소를 기재하지 아니하였거나 그 기재가 분명하지 아니한 경우에는 그 배서인의 직접의 전자에게 통지하면 된다(어음법 제45조 제3항).

4. 통지기간

소지인은 거절증서작성일 또는 이에 이은 4거래일 내에, 거절증서작성이 면제되어 있는 경우에는 어음 제시일 또는 이에 이은 4거래일 내에, 또 배서인은 통지를 받은 날 또는 이에 이은 2거래일 내에 인수거절 또는 지급거절이 있었음을 통지를 하여야 한다(어음법 제45조 제1항). 이러한 통지의 유무에 관하여는 통지의무자가 통지기간 내에 통지하였음을 증명하여야 하지만, 이 기간 내에 통지의 서면을 우편으로 부친 때에는 그 기간을 준수한 것으로 본다(어음법 제45조 제5항).

5. 통지의 방법과 내용

통지의 방법에는 제한이 없고, 구두에 의하든 서면에 의하든 관계없다. 다만 피통지자에게 그 통지가 도달할 수 있는 방법이면 되며, 단순한 어음의 반환으로도 가능하다(어음법 제45조 제4항). 통지의 내용은 인수 또는 지급의 거절이 있는 사실을 통지하면 된다.

6. 통지의무위반의 효과

통지의무를 위반하였다 하더라도 상환청구권을 상실하는 것은 아니다. 그러나 통지의무위반자의 과실로 인하여 손해가 생긴 때에는 어음금액의 한도 내에서 그 손해를 배상할 책임을 진다(어음법 제45조 제6항).

VI. 상환청구금액

만기 후의 상환청구에 의하여 어음소지인은 인수 또는 지급되지 아니한 어음금액과 이자의 기재가 있으면 그 이자, 연 6푼(分)의 이율에 의한 만기 이후의 이자, 거절증서작성비용 · 통지비용 · 기타 비용을 청구할 수 있다(어음법 제48조 제1항).

그러나 만기 전의 상환청구의 경우에는 인수 또는 지급되지 아니한 어음금액과 이자의 기재가 있으면 그 이자, 거절증서작성비용 · 통지비용 · 기타 비용을 청구할 수 있고, 만기까지의 소지인이 주소지에서의 상환청구한 날의 공정할인율에 의하여 할인하여 그 어음금액을 감액하는 것으로 하고 있다(어음법 제48조 제2항).

VII. 상환청구의 방법

1. 상환청구권자의 상환청구방법

(1) 상환청구의 순서

상환청구권자는 상환의무자의 채무부담의 순서에 상관없이 상환청구권을 행사할 수 있으며(어음법 제47조 제2항 전단), 또 특정한 상환의무자에게 청구하였다고 하여도 다른 자에 대한 상환청구권에 영향을 미치지 아니하므로 언제든지 다른 자에 대하여 다시 상환청구권을 행사할 수 있다(어음법 제47조 제4항). 또 피청구자의 수에도 제한이 없으므로 상환의무자의 1인, 수인 또는 전원에 대하여 동시에 청구할 수 있다(어음법 제47조 제2항 후단).

(2) 역어음의 발행

① **의의** : 어음소지인 또는 상환의무를 이행한 배서인이 그 전자의 1인을 지급인으로 한 새로운 환어음을 발행하여 상환청구할 수 있는데, 이러한 환어음을 역어음이라 한다(어음법 제52조).

② **발행요건** : 역어음의 발행에 있어서는 ㉠ 발행인은 상환청구권자이다. ㉡ 지급인은 상환의무자이다. ㉢ 지급지는 상환의무자의 주소지이며, 제3자방지급으로 하지 못한다. ㉣ 만기는 일람출급이어야 한다. ㉤ 발행지는 본어음의 지급지 또는 상환청구권자의 주소지이어야 한다. ㉥ 어음금액은 상환금액 이외에 그 역어음의 중개료 및 인지세를 가산한 금액으로 한다. ㉦ 역어음은 그 발행이 금지되지 않아야 한다.

(3) 역어음의 양도 · 지급

역어음의 소지인이 역어음을 양도하는 경우에는 역어음과 함께 본어음 · 거절증서 등도 양도하여야 한다. 역어음의 지급인이 동어음의 소지인에게 지급한 경우에는 본어음에 대하여 상환의무를 이행한 것이 된다(어음법 제52조 제1항).

2. 상환의무자의 이행방법

(1) 이행의 방법

상환의무의 이행은 금전채무이행의 일반원칙과 같이 지급・상계 기타의 방법으로 할 수 있다. 일부상환은 일부지급과는 달리 상환청구권자가 이를 거절할 수 있다.

(2) 어음・계산서 등의 교부

① **일반적인 경우** : 상환의무자는 지급과 상환으로 거절증서・영수를 증명하는 계산서와 그 어음의 교부를 청구할 수 있다(어음법 제50조 제1항). 따라서 이러한 서류의 교부는 지급과 동시이행의 관계에 있는 것이다. 계산서는 상환청구금액을 명확히 하기 위하여 상환청구권자에 의하여 작성되는 것이며, 거절증서와는 달리 각 상환청구권자가 각별로 작성한다.

② **일부인수가 있는 경우** : 일부인수가 있는 경우에 인수되지 아니한 어음금액에 대하여 만기전의 상환청구를 한 때에는 상환자는 소지인으로 하여금 그 지급한 뜻을 어음에 기재하게 하고, 영수증・어음의 증명등본 및 거절증서의 교부를 청구할 수 있다(어음법 제51조).

③ **일부지급이 있는 경우** : 일부지급이 있는 경우에는 어음은 소지인의 수중에 있으므로 지급되지 않은 잔액에 대한 상환청구의 방법은 보통의 경우와 같다.

④ **어음상실의 경우** : 어음소지인이 어음을 상실한 경우에는 공시최고에 의한 제권판결에 의하여 어음상의 권리를 행사할 수 있으므로, 상환의무자는 어음이 없이도 상환의무를 이행할 수 있다.

(3) 상환자의 배서말소

상환의무를 이행하여 어음을 환수한 자는 어음상 자기의 의무가 소멸하였음을 표시하기 위하여 자기와 후자의 배서를 말소할 수 있다(어음법 제50조 제2항).

(4) 상환의무자의 상환권

상환의무자는 상환청구권자에 의한 상환청구를 기다리지 않고 자진하여 어음・거절증서・계산서 등의 서류와 교환하여 상환할 수 있다(어음법 제50조 제1항). 수인의 상환의무자가 상환을 희망하는 경우 가장 많은 상환의무자의 의무를 면하게 하는 자의 상환을 받아야 한다.

VIII. 상환의무자의 책임

어음소지인에 대하여 상환의무자들은 합동책임을 지므로(어음법 제47조 제1항), 소지인은 채무부담의 순서에 불구하고 상환의무자들의 1인 또는 전원에 대하여 상환청구를 할 수 있다(어음법 제47조 제2항). 또한 어음채무자가 자신의 채무를 이행하고 어음을 환수하면 그의 전자에 대하여 어음상 권리를 행사할 수 있고(어음법 제47조 제3항), 어음채무자 중의 1인에 대한 청구는 다른 어음채무자에 대한 청구에 영향을 미치지 아니한다(어음법 제47조 제4항). 그리고 각 상환의무자는 독립된 자기의 채무를 부담하므로 상환의무자 간의 어음채무에 대한 각자의 부담부분이 존재하지 않는다.

IX. 재상환청구

1. 의 의

재상환청구란 어음소지인 또는 자기의 후자에 대하여 상환의무를 이행하여 어음을 환수한 전자가 어음상의 권리자인 지위를 회복하여 다시 그 전자에 대하여 상환청구하는 것을 말한다.

2. 요 건

재상환청구를 하기 위해서는 첫째로 상환의무를 이행하고 어음을 환수하여야 한다. 상환의무가 시효 또는 절차의 흠결로 인하여 소멸한 후에 상환을 하거나, 무담보배서의 경우에 상환을 하여도 전자에 대하여 상환청구하지 못한다. 둘째로 재상환청구를 할 자는 어음, 거절증서 및 영수를 증명하는 계산서의 교부를 받아야 한다(어음법 제50조 제1항).

3. 상환자의 지위

어음을 환수한 배서인은 다시 배서에 의하여 타인에게 어음을 양도할 수 있다. 그리고 상환의무를 이행하고 어음을 환수한 배서인은 자기의 후자의 배서를 말소할 수 있다(어음법 제50조 제2항).

4. 재상환청구금액

상환의무를 이행하여 어음을 환수한 자는 지급한 총금액과 이 금액에 대한 연 6푼(分)의 이율에 의하여 계산한 지급의 날 이후의 이자 및 지출한 비용을 청구할 수 있다(어음법 제49조).

제7절 참 가

Ⅰ. 총 설

1. 의 의

참가는 인수거절 또는 지급거절 등으로 인하여 소지인이 상환청구할 수 있는 경우에 상환청구권을 저지하기 위하여 제3자가 어음관계에 개입하는 것이다. 상환청구권행사단계에 들어가게 된 경우에 제3자가 어음관계에 개입하여 소지인을 구제하고 어음의 신용을 회복시키고 상환청구권의 행사에 의한 상환금액의 증대를 방지하는 어음의 사실적 구제제도이다. 이러한 참가제도는 어음거래를 위해서 실제로는 유용하지만, 현실적으로 거의 이용되지 않고 있다.

2. 참가의 종류와 시기

(1) 참가의 종류

참가에는 참가인수와 참가지급이 있다. 참가인수는 제3자의 개입행위가 인수로써 만기전의 상환청구를 저지하기 위하여 제3자가 지급인에 대신하여 인수하는 것이고, 참가지급은 제3자의 개입행위가 지급으로서 만기 전이든 후이든 상환청구를 저지하기 위하여 제3자가 지급인 또는 인수인에 대신하여 지급하는 것이다.

(2) 참가의 시기

참가인수는 만기 전의 상환청구요건이 구비된 때로부터 만기까지 할 수 있고(어음법 제56조 제1항), 참가지급은 만기 또는 만기 전의 상환청구요건이 구비된 때로부터 지급거절증서 작성기간의 최종일의 익일까지 할 수 있다(어음법 제59조).

3. 참가당사자

(1) 참가인

① **참가인** : 참가인이 될 수 있는 자는 제3자, 지급인, 환어음의 발행인, 배서인 및 보증인 등이다. 환어음의 인수인과 약속어음의 발행인 및 그들의 보증인은 참가인이 될 수 없다.

② **예비지급인** : 만기 전 또는 만기의 상환청구를 저지하기 위하여 참가할 자로서 미리 어음상에 기재된 자를 말하며 자격에는 제한이 없다. 예비지급인은 상환의무자인

환어음의 발행인 · 배서인 또는 이들의 보증인이 지정할 수 있다(어음법 제55조 제1항). 그러나 환어음의 지급인 또는 인수인과 약속어음의 발행인 및 그들의 보증인은 상환의무자가 아니므로 예비지급인을 지정할 수 없다.

(2) 피참가인

상환의무자 또는 그 보증인은 모두 피참가인이 될 수 있다. 따라서 상환의무자가 아닌 환어음의 지급인 · 인수인, 약속어음의 발행인, 무담보배서인은 피참가인이 될 수 없다.

4. 참가의 통지

참가인이 참가를 한 때에는 피참가인에 대하여 참가일로부터 2거래일 내에 그 참가의 통지를 하여야 한다(어음법 제55조 제4항). 통지의 목적은 피참가인으로 하여금 신속히 상환권을 행사하여 전자에 상환청구하게 하거나 참가인에 대한 상환준비를 하게 하고 발행인이 피참가인일 경우 무자력지급인에 대한 지급자금의 제공방지 또는 회수를 가능하게 하려는 데 있다. 참가통지기간을 준수하지 않은데 과실이 있는 경우 참가인은 어음금액의 범위 내에서 손해배상책임을 진다.

II. 참가인수

1. 의의 · 법적 성질

참가인수는 만기 전의 상환청구를 저지하기 위하여 어음의 지급을 약속하는 어음행위이다. 참가인수의 법적성질에 관해서는 상환의무의 인수라고 해석하는 것이 통설이다. 참가인수인의 책임은 어음지급이 되지 않는 경우에 피참가인의 후자에 대해서만 지급의무를 부담한다.

●●● 인수와 참가인수의 차이

① 인수인은 주채무자이지만, 참가인수인은 상환의무자와 동일한 책임을 지는 자이다.
② 참가인수인은 지급인이 지급하지 않는 경우에만 지급의무를 부담한다.
③ 참가인수인은 피참가인의 후자에 대하여서만 의무를 진다.
④ 참가인수인은 상환청구권보전절차의 흠결로 인하여 면책된다.
⑤ 참가인수가 있어도 어음소지인은 피참가인의 전자에 대하여 상환청구권을 행사할 수 있다.

2. 참가인수의 요건

참가인수를 함에는 만기 전에 상환청구원인이 발생하고, 그 사실이 인수거절증서에 의하여 확정되어 있어야 한다. 인수제시금지어음에 대해서는 참가인수를 하지 못한다(어음법 제56조 제1항).

3. 참가인수의 방식

참가인수는 참가지급과 달리 어음행위이므로, 어음에 반드시 참가인수문구를 기재하고 참가인이 기명날인 또는 서명을 하여야 하며, 피참가인을 표시하여야 한다. 피참가인의 표시가 없는 경우에는 환어음의 발행인을 위한 것으로 본다(어음법 제57조).

4. 참가인수인의 선택

(1) 참가인수의 거절

어음소지인은 그가 신용할 수 없는 자의 참가인수에 의하여 상환청구권을 상실한다는 것은 부당하므로 원칙적으로 참가인수를 거절할 수 있다(어음법 제56조 제3항 1문). 그러나 지급지에 있는 예비지급인이 기재되어 있는 경우에는 그 자의 참가는 거절할 수 없으며, 소지인은 먼저 그 자에게 어음을 제시하여 참가인수를 요구한 후가 아니면 예비지급인을 기재한 자와 그 후자에 대하여 만기 전에 상환청구권을 행사하지 못한다(어음법 제56조 제2항). 예비지급인에 대한 제시기간은 만기 전이며, 만기 후에는 하지 못한다.

(2) 수인의 참가인수가 있는 경우

참가인수를 할 자가 수인인 경우에는 지급지에 있는 예비지급인이 우선하고, 예비지급인이 수인인 경우에는 가장 많은 상환의무자를 면책시키는 자가 우선한다. 수인의 지급지 외에 있는 예비지급인과 순전한 제3자의 참가인수에 대해서는 어음소지인은 어느 자에 대하여 참가인수를 시키든 자유이며, 이들 전원의 참가인수를 거절할 수도 있다.

5. 참가인수의 효력

(1) 참가인수인의 의무

참가인수인은 어음소지인과 피참가인의 후자에 대하여 피참가인과 동일한 의무를 진다(어음법 제58조 제1항). 이 의무는 상환의무자로서의 의무이므로 제2차적 의무이며, 지급할 금액도 피참가인의 상환금액과 같다.

(2) 상환의무자의 지위

참가인수가 있는 경우에는 어음소지인은 피참가인과 그 후자에 대하여 만기 전의 상환청구권을 잃는다(어음법 제56조 제3항 2문). 피참가인과 그 전자는 참가인수에도 불구하고 자진하여 상환금액을 지급하여 어음을 환수할 수 있으며, 거절증서와 영수를 증명하는 계산서가 있는 때에는 그 교부도 청구할 수 있다(어음법 제58조 제2항).

(3) 일부참가인수

일부참가인수는 인정되지 않는다. 그러나 일부인수가 있는 경우에는 그 잔액에 대하여 참가인수를 할 수 있다.

Ⅲ. 참가지급

1. 의 의

참가지급은 만기 또는 만기 전의 상환청구권행사의 요건이 구비되었을 경우에 그 상환 청구를 저지하기 위하여 인수인 이외의 자가 하는 지급을 말한다. 참가지급은 어음행위가 아니고, 상환청구권의 소멸을 목적으로 하는 변제와 유사한 행위라는 것이 통설이다. 참가 지급은 피참가인의 후자의 의무만을 소멸시키는 점에서 본래의 지급과 다르다(어음법 제63조 제2항 참조).

2. 참가지급의 요건

참가지급을 함에는 만기 전 또는 만기 후의 상환청구원인이 발생하여야 하며(어음법 제59조 제1항), 거절증서의 작성이 면제되어 있는 경우 및 파산의 경우를 제외하고 그 사실이 거절증서에 의하여 입증되어야 한다.

3. 참가지급인

참가지급인이 될 수 있는 자는 참가인수인 · 예비지급인 기타의 제3자이며, 인수인과 그의 보증인은 참가지급인이 되지 못한다(어음법 제55조 제3항).

4. 참가지급인에 대한 지급제시 · 참가지급의 거절불가

(1) 참가지급인에 대한 지급제시

지급지에 주소를 가진 참가인수인 또는 예비지급인의 기재가 있는 경우에는 소지인은 늦어도 지급거절증서를 작성시킬 수 있는 최종일의 익일까지 그 전원에게 어음을 제시하고, 필요한 경우에는 참가지급거절증서를 작성시켜야 한다(어음법 제60조 제1항). 이 기간 내에 거절증서의 작성이 없는 때에는 예비지급인을 기재한 자 또는 피참가인과 그 후자의 배서인은 의무를 면한다(어음법 제60조 제2항).

⑵ 제3자의 참가지급의 거절불가

순전한 제3자가 참가지급을 하려고 한 때에는 참가인수의 경우와는 달리 소지인은 이를 거절하지 못한다. 만약 이를 거절한 때에는 피참가인의 후자에 대하여 상환청구권을 잃는다(어음법 제61조). 참가지급인이 수인인 경우에는 가장 다수인으로 하여금 의무를 면하게 하는 자가 우선하며, 사정을 알고 이에 위반하여 참가지급을 한 자는 의무를 면할 수 있었던 자에 대하여 상환청구권을 잃게 된다(어음법 제63조 제3항).

5. 참가지급의 방법

⑴ 시 기

원칙적으로 지급거절증서 작성기간의 익일까지이나, 참가인수인은 그에 대한 보전절차가 취해질 경우에는 거절증서 작성기간의 익일이 경과함으로써 지급의무를 면하는 것이 아니므로(어음법 제60조 제2항), 피참가인이 지급할 때까지 참가지급을 할 수 있다. 예비지급인 기타 제3자의 참가지급은 만기 전후를 불문하고 할 수 있으나, 지급거절증서 작성기간의 익일까지 하여야 하며, 그 후의 지급은 참가지급이 되지 않는다.

⑵ 금 액

참가지급의 금액은 피참가인이 지급할 금액이며, 소지인은 일부지급의 경우와는 달리 일부참가지급을 거부할 수 있다. 왜냐하면 일부참가지급은 상환청구권의 행사를 저지할 수 없기 때문이다.

⑶ 방 식

어음면에 피참가인을 표시하고 소지인으로 하여금 그 영수를 증명하는 문언을 기재하여야 한다. 피참가인의 표시가 없는 경우에는 발행인을 위하여 지급한 것으로 본다(어음법 제62조 제1항). 소지인은 이 기재를 한 어음과 거절증서를 작성한 때에는 거절증서도 함께 참가지급인에게 교부하여야 한다(어음법 제62조 제2항).

6. 참가지급의 효력

⑴ 본질적 효력

참가지급으로 인하여 어음소지인은 어음상의 권리는 모든 어음채무자에 대한 관계에서 소멸하게 된다.

(2) 면책적 효력

참가지급으로 인하여 피참가인의 후자는 상환의무를 면한다(어음법 제63조 제2항). 그러나 피참가인은 의무를 면하지 못하고, 참가지급인에 대하여 상환의무를 진다(어음법 제63조 제1항).

(3) 참가지급인의 권리취득

참가지급인은 피참가인과 그 전자 및 인수인 그리고 이들의 보증인에 대하여 어음상의 권리를 취득한다(어음법 제63조 제1항). 이것은 어음법에 의한 법정취득에 해당한다. 이 외에 위임과 같은 일반 사법상의 관계에 의하여 보상청구권을 가질 수 있고, 어음법상의 권리와 중첩되는 경우 선택적 행사가 가능하다. 참가지급인은 지급 후 다시 그 어음에 배서를 하지 못한다(어음법 제63조 제1항 단서). 왜냐하면 지급 후에는 참가지급에 관한 구상의 범위 내에서만 어음으로서 존재하기 때문이다.

●●● 참가인수와 참가지급의 비교

구 분	참가인수	참가지급
요 건	–만기전 상환청구권이 발생할 것 –인수제시금지어음이 아닐 것	–만기 또는 만기전 상환청구권이 발생할 것
선 택	–제3자의 참가인수 거절 가능. 단, 예비지급인의 참가는 거절 불가능 –참가인수인의 경합시 • 지급지내의 예비지급인이 우선하고, 예비지급인이 수인인 경우 : 가장 많은 채무자의 면책자를 우선함 • 지급지 외의 경우 소지인은 예비지급인 또는 제3자중 선택가능	–제3자의 참가지급 거절 불가능 –참가인수인, 예비지급인에 참가지급 요구하고 참가지급거절증서 작성이 있어야 상환청구권행사가능
방 식	–반드시 참가인수 표시 –피참가인 표시없는 경우 발행인을 위함 –예비지급인은 지정권자를 위함	–거절증서 작성 최종일의 익일까지 참가지급 가능(원칙). 기간 경과후에도 참가 지급가능 –참가지급과 수령증명문언 작성요 –피참가인 표시없는 경우 발행인을 위함.

효 력	–참가인수인은 피참가인와 동일의무 –참가인수인의 책임은 상환청구권보전 절차를 밟은 후 발생(거절증서작성최종일의 익일까지 참가인수인에 참가지급 위한 제시요) –참가인수시 피참가인의 후자에 대해 소지인 상환청구권 상실. 단, 피참가인의 전자에 대한 만기전 상환청구가능 –참가인수인의 참가지급시 피참가인과 그 전자에 상환청구가능 –일부참가인수 인정안 (일부지급이 있은 경우 잔액 참가 가능)	–소지인의 권리 소멸 –피참가인의 후자 상환의무 소멸 –참가지급인은 피참가인의 권리 취득 –참가지급인의 배서는 인정하지 않음

제8절 복본 · 등본

Ⅰ. 복본

1. 의 의

복본이란 발행인이 발행하는 한 개의 환어음상의 권리를 표창하는 수통의 어음증권을 말한다. 환어음과 수표에서는 복본이 인정되지만, 약속어음에서는 인정되지 않는다.

2. 복본의 발행

어음의 복본은 각 통의 내용이 거래의 통념상 동일하여야 하고, 증권의 본문 중에 번호를 붙여야 한다. 번호가 없는 수통의 복본은 별개의 환어음으로 본다(어음법 제64조 제2항). 복본은 발행인만이 발행할 수 있다(어음법 제64조 제1항). 발행인이 복본을 교부하지 아니한다는 뜻을 어음상에 기재하지 않는 한 어음소지인은 자기의 비용으로 복본의 교부를 청구할 수 있다(어음법 제64조 제3항). 환어음을 상실하면 복본교부청구를 하지 못한다. 복본의 청구는 만기 이후에도 가능하고, 어음상의 권리가 절차의 흠결 또는 시효로 인하여 소멸한 경우에도 청구할 수 있다.

3. 복본의 효력

복본은 각 통마다 어음의 효력을 가지나, 동일한 어음채권을 표창하는 수통의 복본을 소지하더라도 그 소지인은 하나의 권리를 취득할 뿐이다. 이것을 복본일체의 원칙이라 한다.

수통의 복본 중 1통으로써 어음의 제시나 상환청구를 할 수 있고, 1통에 대하여 지급 또는 상환을 하면 다른 수통에도 그 효력이 미친다. 수통의 복본에 인수를 한 인수인이 지급시에 그 수통을 환수하지 않으면 환수하지 아니한 복본에 대한 지급책임을 면하지 못한다(어음법 제65조 제1항). 어음소지인이 수통의 복본을 수인에게 따로따로 배서양도한 때에는 그 배서인과 그 후의 배서인은 반환받지 아니한 각자의 기명날인 또는 서명이 있는 복본에 대하여 책임을 진다(어음법 제65조 제2항).

4. 인수를 위한 복본의 송부

인수를 위하여 복본의 1통을 송부한 자는 다른 각 통에 송부복본을 보지(保持)하는 자를 기재하여야 하며, 이러한 기재가 있는 어음의 양수인은 다른 복본의 소지인에 대하여 그 반환을 청구할 수 있다(어음법 제66조 제1항).

II. 등본

1. 의 의

등본이란 어음의 원본을 복사한 것을 말하며, 환어음과 약속어음에서는 인정되지만 수표에서는 인정되지 않는다.

2. 등본의 발행

어음의 등본에는 원본의 보지자(保持者)를 표시하여야 한다. 복본과 달리 모든 어음소지인이 임의로 작성하여 발행할 수 있다. 등본에는 배서 기타 원본에 기재한 모든 사항을 정확하게 기재하고 그 말미를 표시하는 기재(경계문언)를 하여야 한다(어음법 제67조 제2항). 경계문언이 없거나 등본임을 표시하지 아니한 경우에는 원본이 된다.

3. 등본의 효력

등본에는 배서나 보증만 가능하며(어음법 제67조 제3항), 어음상의 권리를 행사하기 위해서는 원본을 소지하여야 한다. 등본소지인은 원본의 보지자에 대하여 원본의 반환청구를 할 수 있다(어음법 제68조 제1항). 원본에 경계문언과 함께 배서금지문언이 있는 경우 등본작성 후에 한 원본의 배서는 그 효력이 없다(어음법 제68조 제3항).

●●● 복본과 등본의 비교

구 분	복 본	등 본
발행자	발행인만이 발행가능	발행인 또는 소지인이 발행 가능
인수 · 지급의 청구	가 능	불가능
경계문언	표시 없음	반드시 표시 있어야 하며, 없는 경우 원본이 됨
번호표시	유익적 기재사항임	번호표시 불요

연습문제

제4절 어음보증

01 A가 B에게 약속어음을 발행하였고, B는 이 약속어음을 C에게 배서양도 하였다. 이 경우에 관한 설명으로 옳은 것은? (2014년 공인회계사)

① D가 어음보증을 하면서 누구를 위하여 보증을 하는지 표시하지 아니하였으면 D의 어음보증은 B를 위하여 한 것으로 본다.

② E가 어음등본에 어음보증행위를 했다면 어음보증의 효력이 없다.

③ B가 A를 위하여 어음보증행위를 할 수 있다.

④ F가 B를 위하여 어음금액의 일부를 어음보증했다면 어음보증의 효력이 없다.

⑤ G가 B를 위하여 어음보증을 하면 B의 어음상 채무가 방식의 흠으로 무효가 되어도 어음보증의 효력을 가진다.

① D가 어음보증을 하면서 누구를 위하여 보증을 하는지 표시하지 아니하였으면 D의 어음보증은 A를 위하여 한 것으로 본다(어음법 제31조 제4항).
② E가 어음등본에 어음보증행위를 했다면 어음보증의 효력이 있다(어음법 제67조 제3항).
④ F가 B를 위하여 어음금액의 일부를 어음보증했다면 어음보증의 효력이 있다(어음법 제30조 제1항).
⑤ G가 B를 위하여 어음보증을 하면 B의 어음상 채무가 방식의 흠으로 무효가 되면 어음보증은 효력이 없다(어음법 제32조 제2항).

02 A는 B에게 상품구입의 대가로 약속어음을 발행하였다. 그리고 B는 자신이 무능력자임을 아는 D에게 배서양도하면서 D를 안심시키기 위하여 C를 자신의 배서란에 보증인으로 기명날인하도록 하였다. 그후 D로부터 무담보배서로 어음을 양도받은 E가 추심위임배서를 하여 F에게 양도하였다. 그런데 만기가 도래하여 어음을 소지한 F가 A에게 지급제시를 하였으나 거절되었다. 이때 F가 누구에게 상환청구권을 행사할 수 있는가? (1998년 공인회계사)

① A	② B	③ C
④ D	⑤ E	

답 [제4절] 1. ③ 2. ③

상기 설문에서 A는 주채무자이므로 소구의무자가 아니며, B는 무능력자로서 법정대리인의 취소가 있는 경우 물적 항변 사유가 되며, D는 무담보배서를 하였으므로 담보책임을 부담하지 않는다. 또한 E는 F에게 추심위임배서를 하였으므로 역시 담보책임이 없다. 따라서 B를 보증한 C만이 소구의무자에 해당한다.

03 어음보증에 관한 설명 중 옳은 것은? (2006년 공인회계사)

① 보증은 담보된 채무가 그 방식에 하자가 있는 경우 외에는 어떠한 사유로 인하여 무효가 된 때에도 효력이 있다.

② 환어음의 지급은 보증에 의하여 금액의 일부에 대한 담보를 할 수 없다.

③ 환어음의 지급인을 피보증인으로 하더라도 유효하다.

④ 피보증인을 표시하지 않은 경우는 소지인을 위한 보증으로 본다.

⑤ 어음보증은 반드시 어음 앞면에 '보증'이라는 문언을 표시하고 보증인이 기명날인 또는 서명하여야 효력이 있다.

① 어음법 제32조 제2항(어음행위독립성)

② 환어음의 지급은 보증에 의하여 금액의 일부에 대한 담보를 할 수 있다(어음법 제30조 제1항).

③ 환어음의 지급인은 어음채무자가 아니므로 피보증인이 될 수 없다.

④ 피보증인을 표시하지 않은 경우는 발행인을 위한 보증으로 본다(어음법 제31조 제4항).

⑤ 어음보증은 어음 앞면에 '보증' 이라는 문언을 표시하고 보증인이 기명날인 또는 서명하여야 효력이 있다. 그러나, 환어음의 앞면에 단순한 기명날인 또는 서명이 있는 경우에도 이를 보증으로 본다(어음법 제31조 제2항, 제3항).

04 갑이 을로부터 상품을 구입하고 그 대금지급조로 약속어음을 발행하여 Y로부터 어음보증을 받아 을에게 교부하고, 을은 다시 이 어음에 배서하여 병에게 양도한 경우, 어음보증을 한 Y의 어음상의 책임에 대한 다음 설명 중 옳지 않은 것은? (학설의 대립이 있는 경우 판례에 의함)

① 甲과 乙간의 매매계약이 해제된 경우, Y의 乙이나 丙에 대한 어음보증채무는 유효하게 성립한다.

② 甲이 乙에 대하여 매매계약을 해제할 수 있음에도 불구하고 해제하지 고 있는 동안에는 Y는 乙에 대하여 보증채무의 이행을 거절할 수 없다.

③ 甲이 피위조자로써 어음채무를 부담하지 않게 되는 경우, 乙이 악의이더라도 Y의 어음보증채무는 유효하게 성립한다.

답 3. ① 4. ④

④ 甲과 乙간의 매매계약이 해제된 후에 乙이 丙에게 배서양도한 경우에, 丙이 매매계약의 해제사실을 알고 어음을 양수한 경우라도 Y는 丙에게 어음상의 책임을 부담한다.
⑤ 甲이 발행한 어음의 요건흠결이 있었을 경우, Y는 乙이나 丙 누구에 대하여도 어음보증채무를 부담하지 않는다.

위의 설문은 어음보증의 종속성과 독립성에 관련하여 Y의 어음상의 책임을 묻는 문제이다. 위의 지문중 甲과 乙간의 매매계약이 해제된 후에 乙이 丙에게 배서양도한 경우에, 丙이 매매계약의 해제사실을 알고 어음을 양수한 경우, 丙의 Y에 대한 어음보증채무의 이행청구하는 것은 권리남용이 되므로 Y는 丙에게 그 이행을 거절할 수 있다(대판 1988. 8. 9, 86다카1858 참조).

05 어음보증과 민법상 보증의 차이에 관한 설명으로 옳은 것은? (2010년 공인회계사)

① 주채무가 의사무능력으로 무효이면 민법상 보증과 어음보증 모두 그 효력이 없다.
② 민법상 보증인과 어음보증인 모두 특정한 채권자에 대해서만 채무를 부담한다.
③ 주채무자가 특정되지 않으면 민법상 보증과 어음보증 모두 무효이다.
④ 어음보증에 비해 민법상 보증이 더욱 엄격한 방식상 제한을 받는다.
⑤ 민법상 보증인은 최고 · 검색의 항변권을 갖지만, 어음보증인은 최고 · 검색의 항변권을 갖지 않는다.

① 주채무가 의사무능력으로 무효이면 민법상 보증은 무효이나 어음보증은 독립의 원칙이 인정되므로 유효하다.
② 민법상 보증인은 특정한 채권자에 대해서만 채무를 부담하지만, 어음보증인은 피보증인의 후자 모두에 대해서 채무를 부담한다.
③ 주채무자가 특정되지 필으면 민법상 보증은 무효이나, 어음보증은 발행인을 위한 보증으로 본다.
④ 어음보증은 엄격한 요건에 의하여 인정되는데 비해 민법상 보증은 방식상 제한을 받지 않는다.

06 어음의 보증에 관한 설명으로 틀린 것은? (2017년 공인회계사)

① 어음금액의 일부만을 보증하는 일부보증이 가능하다.
② 판례에 의하면 어음보증은 조건부로 하더라도 그 조건은 유익적 기재사항으로서 유효하다.
③ 배서인은 이전의 다른 배서인을 피보증인으로 하여 어음보증을 할 수 없다.
④ 보증에는 누구를 위하여 한 것임을 표시하여야 하지만 그 표시가 없는 경우에는 발행인을 위하여 보증한 것으로 본다.

답 5. ⑤ 6.③

⑤ 지급인 또는 발행인의 기명날인이 아닌 한 환어음의 앞면에 단순한 기명날인이 있는 경우에는 보증을 한 것으로 본다.

배서인은 이전의 다른 배서인을 피보증인으로 하여 어음보증을 할 수 있다(어음법 제30조 제2항).

제5절 지 급

01 어음(수표)의 지급에 관한 다음 설명 중 옳지 않은 것은?

① 만기 전에는 어음채무자는 원칙적으로 지급할 수 없고, 지급을 한 경우에는 전적으로 지급인의 위험부담으로 지급하는 것이 된다.

② 만기에 지급할 채무가 있는 어음 또는 수표의 채무자는 어음소지인이 만기 내에 지급제시를 하지 않는 경우에는 어음 또는 수표의 소지인의 비용과 위험부담으로 어음 또는 수표금액을 관할관서에 공탁하고 그 채무를 면할 수 있다.

③ 만기에 지급하는 지급인은 조사의무에 대하여 사기 또는 중대한 과실이 없으면 그 책임을 면한다.

④ 어음금액의 일부지급도 유효하며 소지인은 이것을 거절하지 못한다.

⑤ 발행국과 지급국에 있어서 동명이가(同名異價)의 화폐가 있는 경우에 어음의 금액을 그 통화로써 정한 때에는 지급지의 통화에 의하여 정한 것으로 추정한다.

어음과 달리 수표의 경우에는 수표소지인이 지급제시기간 내에 지급제시를 하지 않았다고 하여 수표금을 공탁할 수 있는 제도가 없다.

02 다음은 어음과 수표의 지급제시기간에 관한 설명이다. 틀린 것은? (2001년 공인회계사)

① 약속어음의 지급제시기간 경과 후에는 발행인은 어음금액을 공탁하여 그 어음채무를 면할 수 있다.

② 수표의 지급위탁의 취소는 제시기간 경과 후에만 그 효력이 생긴다.

③ 만기일이 2011년 1월 14일(금요일)인 약속어음을 소지하고 있는 자는 2011년 1월 14일, 15일, 16일 중에 지급을 위한 제시를 하여야 한다.

④ 수표의 소지인이 지급제시기간 내에 지급제시를 하지 못하면 수표의 발행인에 대한 수표상의 권리를 행사할 수 없다.

⑤ 약속어음의 소지인이 지급제시기간 내에 어음을 제시하지 못한 경우에는 배서인에 대한 어음상의 권리를 행사할 수 없다.

답 [제5절] 1. ② 2. ③

약속어음의 지급제시는 지급할 날 또는 그에 이은 2거래일 내이므로, 1월 14일 또는 이후 2거래일 내에 제시하여야 한다. 그러나 1월 15·16일이 토요일과 일요일이므로 이 날은 거래일이 아니다. 따라서 지급제시는 1월 14일, 1월 17일, 1월 18일 중에 하여야 한다.

03 인수와 지급에 관한 설명 중 옳은 것은? (2005년 공인회계사)

① 지급제시기간 내에 환어음의 지급을 위한 제시가 없는 때에는 각 어음채무자는 소지인의 비용과 위험부담으로 어음금액을 관할관서에 공탁할 수 있다.

② 일람후정기출급의 환어음은 그 일자로부터 1년 내에 인수를 위하여 이를 제시하여야 하고, 배서인은 1년의 기간을 단축 또는 연장할 수 있다.

③ 일람후정기출급의 환어음인 경우에 발행인은 인수를 위하여 어음의 제시를 금지하는 뜻을 어음에 기재할 수 있다.

④ 인수에서는 지급과는 달리 유예기간(猶豫期間)이 인정되지 않는다.

⑤ 일람출급의 환어음의 소지인은 지급을 할 날 또는 이에 이은 2거래일 내에 지급을 위한 제시를 하여야 한다.

① 어음법 제42조

② 일람후정기출급의 환어음은 그 일자로부터 1년 내에 인수를 위하여 이를 제시하여야 하고, 배서인은 1년의 기간을 단축할 수 있다(어음법 제23조 제1항, 제3항). 따라서 배서인의 기간연장은 인정되지 않는다.

③ 일람후정기출급의 환어음인 경우에 발행인은 기간을 정하여 인수제시금지를 할 수 있으나, 기간을 정하지 않고 인수를 위하여 어음의 제시를 금지하는 뜻을 어음에 기재할 수는 없다(어음법 제22조 제2항 참조).

④ 인수에서는 지급과는 달리 유예기간이 인정된다(어음법 제24조).

⑤ 일람출급의 환어음의 소지인은 원칙적으로 발행일로부터 1년 내에 지급을 위한 제시를 하여야 한다(어음법 제34조 제1항).

04 2008년 1월 7일(월요일)이 만기로 기재된 환어음상 권리의 행사에 관한 설명 중 옳은 것은? (2008년 공인회계사)

① 환어음의 단순한 점유자는 인수제시와 마찬가지로 지급제시도 할 수 있다.

② 환어음의 소지인이 2008년 1월 9일까지 유효한 지급제시를 하지 않았다면 상환의무자에 대한 어음상 권리뿐 아니라 인수인에 대한 어음상 권리도 행사할 수 없다.

③ 소지인에게 보충시킬 목적으로 수취인란을 비워두고 발행된 환어음의 소지인이 2008년 1월 9일까지 수취인란을 보충하지 않은 채 수 차례지급제시를 했을 뿐이라면 상환청구권을 상실한다.

답 3. ①

④ 지급장소가 별도로 어음에 기재되어 있는 경우 환어음 소지인이 2008년 1월 9일에 그 지급장소 이외의 장소에서 행한 지급제시는 유효하다.

⑤ 지급장소가 지급지 외의 장소로 기재된 경우에도 2008년 1월 9일에 유효하게 지급제시를 하기 위해서는 당해 지급장소에서 지급제시를 하여야 한다.

① 환어음의 단순한 점유자는 인수제시와 달리 지급제시는 할 수 없다.

② 환어음의 소지인이 2008년 1월 9일까지 유효한 지급제시를 하지 않았다면 소구의무자에 대한 어음상 권리는 행사할 수 없으나, 주채무자인 인수인에 대한 어음상 권리는 만기로부터 3년 내에는 행사할 수 있다.

③ 소지인에게 보충시킬 목적으로 수취인란을 비워두고 발행된 환어음의 소지인이 2008년 1월 9일까지 수취인란을 보충하지 않은 채 수 차례지급제시를 했을 뿐이라면, 이는 백지어음에 의한 제급제시에 해당하므로 지급제시로서의 효력이 없고, 따라서 상환청구권을 보전하는 효력도 없기 때문에 소구권을 상실한다.

④ 지급장소가 별도로 어음에 기재되어 있는 경우 환어음 소지인이 2008년 1월 9일에 그 지급장소 이외의 장소에서 행한 지급제시는 효력이 없다.

⑤ 지급장소가 지급지 외의 장소로 기재된 경우에는 지급장소의 기재가 없는 지급지의 효력이 인정되므로 2008년 1월 9일에 유효하게 지급제시를 하기 위해서는 지급지에서 지급제시를 하여야 한다.

05 배서가 연속된 환어음을 지급제시한 자에게 행한 지급의 효력에 관한 설명으로 틀린 것은?

(2010년 공인회계사)

① 만기일 이전에 환어음을 지급제시한 자가 무권리자임을 과실없이 알지 못한 인수인이 어음금을 지급한 경우 그 어음채무를 면하지 못하는 것이 원칙이다.

② 지급제시기간 경과 후에 환어음을 지급제시한 자가 무권리자임을 과실없이 알지 못한 인수인이 어음금을 지급한 경우 그 어음채무를 면한다.

③ 만기일의 다음 날 환어음을 지급제시한 자가 무권리자임을 과실없이 알지 못한 인수인이 어음금을 지급한 경우 그 어음채무를 면한다.

④ 인수인이 환어음의 무권리자에게 행한 지급의 효력이 인정되는 경우 진정한 어음권리자는 상환청구절차를 통해 보호받을 수 있다.

⑤ 상환의무자는 환어음을 제시한 자가 무권리자임을 과실없이 알지 못한 채 지급하면 그 어음채무를 면한다.

위 질문내용에 따라 배서가 연속된 환어음의 소지인은 적법한 소지인으로 추정되므로, 배서연속된 어음에 대해 인수인이 무권리자에게 지급한 경우라도 사기 또는 중대한 과실이 없으면 면책되어진다(어음법 제40조 제3항). 따라서 진정한 어음권리자는 어음을 소지하지 못함으로서 어음상 권리를 행사할 수 없고, 지급받은 무권리자에게 손해배상책임을 물을 수 있을 뿐이다.

답 4. ③ 5. ④

06 甲은 2015년 1월 10일에 만기일을 2015년 2월 1일로 기재한 약속어음을 乙에게 발행하고(단 2월 1일은 일요일이고 그 날 이후 5일간은 영업거래일임), 乙은 거절증서작성을 면제하고 丙에게 배서 양도하였다. 이에 대한 설명으로 옳은 것은? (2015년 공인회계사)

① 소지인 丙이 지급제시하여야 할 지급제시기간은 2015년 2월 3일에 종료한다.

② 소지인 丙이 2015년 2월 2일에 지급제시하지 않은 채 이를 丁에게 양도하면 만기후배서가 되며 만기후배서에는 담보적 효력이 없다.

③ 소지인 丙이 지급제시하지 않은 채 2015년 2월 4일에 丁에게 배서 양도하면 기한후배서가 되는데 이 경우 인적항변은 절단된다.

④ 소지인 丙이 2015년 2월 2일에 지급제시 하였으나 어음금 지급의 연기를 위하여 甲과 丙이 합의하여 만기를 변경하였는데 그 변경된 만기는 乙에게 유효하다.

⑤ 소지인 丙이 날짜를 적지 아니하고 한 배서는 지급거절증서 작성기간이 지나기 전에 한 것으로 추정한다.

① 소지인 丙이 지급제시하여야 할 지급제시기간은 지급할 날 2월2일, 그에 이은 2거래일에 해당하는 2015년 2월 4일에 종료한다(어음법 제38조 제1항).

② 소지인 丙이 2015년 2월 2일에 지급제시하지 않은 채 이를 丁에게 양도하면 만기후배서가 되며 만기후배서는 만기전배서와 동일한 효력이 있으므로 담보적 효력이 있다(어음법 제20조 제1항).

③ 소지인 丙이 지급제시하지 않은 채 2015년 2월 4일에 丁에게 배서 양도하면 거절증서 작성기간이 경과하지 않았으므로 기한후배서가 아니다.

④ 소지인 丙이 2015년 2월 2일에 지급제시 하였으나 어음금 지급의 연기를 위하여 甲과 丙이 합의하여 만기를 변경하였는데 그 변경된 만기는 乙에게는 변조에 해당한다.

⑤ 어음법 제20조 제2항

07 A는 지급일을 2012년 2월 27일로 기재하여 B에게 약속어음을 발행하였고, B는 그 어음을 다시 C에게 배서·교부하였다. 그런데 A는 지급일에 지급이 어려워질 것이 예상되자 지급일을 연기하고자 한다. 이에 관한 설명으로 틀린 것은? (2012년 공인회계사)

① A와 C가 어음 외에서 지급유예를 합의하였는데 C가 그 합의를 무시하고 2012년 2월 27일 A에게 어음금 지급을 청구한 경우 A는 어음채무의 이행을 거절할 수 있다.

② A와 C가 어음 외에서 지급유예를 합의한 후 C가 이러한 사정을 알 수 없었던 D에게 배서·교부한 경우 D가 2012년 2월 27일 A에게 어음금 지급을 청구하면 A는 어음채무의 이행을 거절할 수 없다.

③ A가 C로부터 어음을 회수하고 그 대신 지급일이 2012년 3월 27일로 기재된 새로운

답 6. ⑤

약속어음을 C에게 발행한 경우 B는 새로운 어음에 배서하지 않은 이상 C에게 상환의무를 부담하지 않는다.

④ A와 C 두 사람만 합의하여 지급일을 2012년 3월 27일로 변경기재 한 경우 C는 2012년 2월 27일 A에게 어음금 지급을 청구할 수 없다.

⑤ A와 C 두 사람만 합의하여 지급일을 2012년 3월 27일로 변경기재 한 경우 C는 B에 대한 상환청구권을 보전하기 위해 2012년 2월 27일 및 그에 이은 2거래일 내에 A에게 지급제시할 필요는 없다.

A와 C의 합의만으로 만기가 변경되므로, 그 변경이 B에 대해서는 변조가 되는 것이다. 따라서 A와 C 두 사람만 합의하여 지급일을 2012년 3월 27일로 변경기재 한 경우라도 C는 B에 대한 상환청구권을 보전하기 위해서는 2012년 2월 27일 및 그에 이은 2거래일 내에 A에게 지급제시를 하여야 이를 거절한 경우 B에 대해 상환청구권을 행사할 수 있다(어음법 제44조 제3항).

08 환어음의 지급에 관한 설명으로 옳은 것은? (2014년 공인회계사)

① 확정일 출급의 어음의 소지인은 만기일 또는 그 날 이후 2거래일 내에 지급제시를 하여야 하므로 만기일이 법정휴일인 경우에는 실질적으로 지급제시행사가 가능한 기간이 축소될 수 있다.

② 어음소지인의 적법한 지급제시에 대하여 어음채무자가 어음소지인의 의사를 묻지 않고 일정기간 어음소지인의 권리행사를 정지시켜달라고 요청하는 것은 재판상으로 허용될 수 있다.

③ 어음채무자는 적법한 기간내에 어음의 지급을 받기 위한 제시가 없으면 어음소지인의 비용으로 어음금액을 관할 관서에 공탁할 수 있으나 이로 인한 위험부담은 감수하여야 한다.

④ 발행인이 특정한 종류의 통화로 지급한다는 뜻(외국통화 현실지급 문구)을 어음에 기재한 경우에도 그 특정통화가 지급지 통화와 다른 경우에는 지급인이 만기일의 가격에 따라 지급지의 통화로 지급할 수 있다.

⑤ 만기에 지급하는 지급인은 배서의 연속이 제대로 되어있는지를 조사하고 사기 또는 중대한 과실 없이 지급하면 배서인의 기명날인 또는 서명의 진위 여부를 조사하지 아니하여도 면책된다.

① 확정일 출급의 어음의 소지인은 만기일 또는 그 날 이후 2거래일 내에 지급제시를 하여야 하므로 만기일이 법정휴일인 경우에는 그에 이은 제1거래일이 지급할 날이 되므로(어음법 제72조 제1항), 실질적으로 지급제시행사가 가능한 기간이 축소되지 않는다.

② 어음소지인의 적법한 지급제시에 대하여 어음채무자가 어음소지인의 의사를 묻지 않고 일정기간

답 7. ⑤ 8. ⑤

어음소지인의 권리행사를 정지시켜달라고 요청하는 것은 재판상으로 허용될 수 없다(어음법 제74조).

③ 어음채무자는 적법한 기간내에 어음의 지급을 받기 위한 제시가 없으면 어음소지인의 비용과 위험부담으로 어음금액을 관할 관서에 공탁할 수 있다(어음법 제42조).

④ 발행인이 특정한 종류의 통화로 지급한다는 뜻(외국통화 현실지급 문구)을 어음에 기재한 경우에는 그 외국통화로 지급하여야 한다(어음법 제41조 제3항).

제6절 상환청구

01 어음(수표)의 상환청구에 관한 설명으로 옳지 않은 것은?

① 어음의 경우에는 만기 전 상환청구가 가능하지만, 수표의 경우에는 만기 전의 상환청구가 인정되지 않는다.

② 인수제시금지어음의 경우에는 발행인의 파산만으로도 상환청구가 가능하다.

③ 수표는 불가항력이 만기로부터 15일을 넘어서 계속할 때에는 수표의 제시와 거절증서의 작성없이 상환청구권을 행사할 수 있다.

④ 상환청구의 통지의무를 위반한 경우라도 상환청구권을 상실하는 것은 아니며, 다만 어음소지인 등의 과실로 상환의무자에게 손해가 생긴 때에 그 어음금액의 범위 내에서 손해를 배상할 책임을 진다.

⑤ 상환청구의 방법으로 역어음제도가 인정되지만, 역어음은 반드시 일람후정기출급어음으로 발행하여야 한다.

역어음의 만기는 반드시 일람출급이어야 한다.

02 환어음의 상환청구에 관한 설명으로 틀린 것은? (2014년 공인회계사)

① 발행인이 인수제시를 금지한 경우에도 발행인이 파산한 경우에는 만기 전 상환청구를 할 수 있다.

② 적법한 지급제시기간 내에 완전한 어음을 지급제시하여야 만기의 상환청구를 할 수 있다.

③ 어음소지인이 상환청구사유가 발생하였음에도 자기의 배서인과 발행인에게 이를 어음법 제45조 제1항의 소정의 기간 내에 통지하지 않으면 상환청구권을 잃는다.

④ 상환청구권자는 어음에 반대문구가 없다면 그 전자 중 1명을 지급인으로 하여 그 자의 주소에서 지급할 일람출급의 새 어음을 발행하여 상환청구권을 행사할 수 있다.

⑤ 어음소지인의 자신의 전자에 대한 상환청구는 다른 상환의무자에 대한 청구권의

답 [제6절] 1. ⑤ 2. ③

소멸시효 완성에 영향을 미치지 아니한다.

어음소지인이 상환청구사유가 발생하였음에도 자기의 배서인과 발행인에게 이를 어음법 제45조 제1항의 소정의 기간 내에 통지하지 않더라도 상환청구권을 잃는 것은 아니다(어음법 제45조 제6항).

03 다음 중 상환청구요건에 관한 설명으로 틀린 것은? (판례에 의함) (2007년 공인회계사)

① 만기후배서의 피배서인은 지급제시기간 내에 지급제시를 하지 않아도 상환청구권의 보전이 인정된다.

② 약속어음 발행인의 다른 약속어음이 모두 부도가 된 경우에는 만기 전의 상환청구가 가능하다.

③ 약속어음에 있어서 발행인의 파산이나 지급정지 등의 사유로 지급거절이 예상되는 경우에는 만기 전의 상환청구가 가능하다.

④ 약속어음의 소지인이 만기 2일 전에 지급제시를 한 것은 만기 전에 상환청구권을 행사하기 위한 것으로 볼 수 있다.

⑤ 수표의 경우 지급인의 지급거절선언은 부전(附箋)에는 할 수 없고, 반드시 수표 자체에 하여야 한다.

만기후배서의 피배서인은 만기전의 배서와 동일한 효력이 있고(어음법 제20조 제1항), 따라서 지급제시기간내에 지급제시를 하지 아니하면 거절증서를 작성하지 못하므로 상환청구권을 보전할 수 없다.

04 어음 · 수표의 상환청구에 관한 설명 중 타당하지 않은 것은? (2000년 공인회계사)

① 어음의 경우에는 만기 전 상환청구와 만기 후의 상환청구가 인정되는데 비해, 수표의 경우에는 지급거절로 인한 상환청구만이 인정된다.

② 상환의무자는 주채무자와 함께 소지인에 대하여 연대하여 어음 · 수표상의 채무를 부담한다.

③ 상환의무자의 무권대리인도 상환의무를 부담한다.

④ 어음의 경우에는 약정이자의 기재가 있으면 상환청구금액에 그 이자가 포함되나, 수표의 경우에는 약정이자의 기재가 있더라도 그 효력이 인정되지 않는다.

⑤ 상환청구권자는 상환의무자의 채무부담의 순서에 관계없이 상환청구권을 행사할 수 있다.

상환의무자는 주채무자와 함께 소지인에 대하여 「합동책임」을 진다.

답 3. ① 4. ②

05 어음과 수표의 상환청구의 차이에 관한 설명으로 옳지 않은 것은?

① 어음의 경우에는 역어음제도가 인정되지만, 수표의 경우에는 역어음제도가 인정되지 않는다.

② 어음의 경우에는 만기 전 상환청구가 가능하지만, 수표의 경우에는 만기 전 상환청구가 인정되지 않는다.

③ 어음의 인수거절에 의한 상환청구가 인정되지만, 수표의 지급보증거절에 의한 상환청구는 인정되지 않는다.

④ 어음의 경우 지급거절의 증명방법으로 지급거절증서가 작성되어야 하지만, 수표의 경우에는 지급거절증서 외에 지급인의 선언 및 어음교환소의 선언이 추가된다.

⑤ 어음의 경우 15일을 넘어 불가항력이 계속하는 때에는 상환청구권보전절차를 면제받지만, 수표의 경우에는 30일을 넘어 불가항력이 계속하는 때에 상환청구권보전절차를 면제받는다.

어음의 경우 불가항력 사유가 30일 이상 계속하는 때, 수표의 경우 불가항력의 사유가 15일 이상 계속하는 때 상환청구권보전절차를 면제받는다(어음법 제54조 제4항, 수표법 제47조 제4항).

06 어음의 상환청구에 관한 설명 중 옳은 것은? (2008년 공인회계사)

① 환어음의 지급인이 일부지급하는 경우 어음소지인은 이를 거절하지 못하므로 지급받은 금액을 공제한 잔액에 한하여 지급거절로 인한 상환청구권을 행사할 수 있다.

② 환어음의 만기가 도래하기 전에 지급인 또는 인수인의 지급정지, 강제집행의 부주효가 발생하여 만기 전 상환청구절차를 개시하고자 한다면 원칙적으로 인수거절증서를 작성해야 한다.

③ 약속어음의 경우 환어음의 만기 전 상환청구에 관한 규정을 준용하는 어음법 규정이 없으므로 만기 전 상환청구가 인정될 수 없다.

④ 환어음의 발행인이 지급거절증서의 작성을 면제한 때에는 그 어음의 소지인은 어느 경우든지 지급제시 없이 상환청구할 수 있다.

⑤ 약속어음의 발행인 또는 환어음의 지급인이 미리 지급거절의사를 표시한 경우에는 지급제시기간 내에 지급제시하지 않아도 된다.

② 환어음의 만기가 도래하기 전에 지급인 또는 인수인의 지급정지, 강제집행의 부주효가 발생하여 만기 전 상환청구절차를 개시하고자 한다면, 원칙적으로 지급제시를 하고 지급거절증서를 작성해야 상환청구권을 행사할 수 있다(어음법 제44조 제5항).

③ 약속어음의 경우에도 발행인의 파산 등이 있을 수 있으므로 만기 전 상환청구가 인정된다는 것이

답 5. ⑤ 6. ①

통설의 입장이다.

④ 환어음의 발행인이 지급거절증서의 작성을 면제한 때에는 그 어음의 소지인은 지급거절증서의 작성없이 상환청구할 수 있다는 뜻이지, 지급제시없이 상환청구할 수 있다는 뜻은 아니다. 따라서 지급제시 없이는 상환청구할 수 없다.

⑤ 약속어음의 발행인 또는 환어음의 지급인이 미리 지급거절의사를 표시한 경우에도 지급제시기간 내에 지급제시하지 않으면 상환청구권을 행사할 수 없다.

07 (ㄱ)-(ㄴ)-(ㄷ)의 연결이 옳은 것은? (2011년 공인회계사)

> 액면 1,000만원의 환어음을 X로부터 배서양도받은 최종소지인 Y가 지급인 B에게 인수제시를 하자 B는 600만원에 대하여만 인수를 하였다. Y가 미인수된 400만원에 대하여 X에게 상환청구하자 X는 이를 이행하였다. 이 경우 X는 400만원을 지급한 사실을 어음에 적을 것과 (ㄱ)을(를) 교부할 것을 청구할 수 있다. 또한 Y는 X의 그 후의 상환청구를 위하여 어음의 (ㄴ)과 (ㄷ)을(를) 교부하여야 한다.

① 영수증－증명등본－복본
② 증명등본－영수증－복본
③ 거절증서－복본－영수증
④ 복본－영수증－증명등본
⑤ 영수증－증명등본－거절증서

일부인수로 인한 잔액의 상환청구의 경우 이를 지급한 자는 그 사실을 어음에 적을 것과 영수증을 교부할 것을 청구할 수 있고, 전자에 대한 상환청구를 위해 어음의 증명등본과 거절증서의 교부를 청구할 수 있다(어음법 제51조 참조).

08 A가 B에게 약속어음을 발행하고, B는 C에게 그 어음을 배서 · 교부하면서 피배서인을 기재하지 않았다. C가 D에게 다음과 같은 방식으로 어음을 양도하는 때 어음상 상환의무를 부담하게 되는 경우는? (2012년 공인회계사)

① B가 행한 배서의 피배서인란을 빈 칸으로 둔 채 C가 피배서인란을 빈 칸으로 하는 배서를 하여 D에게 어음을 교부한 경우
② B가 행한 배서의 피배서인란의 빈 칸에 C가 D의 이름을 기재하여 어음을 교부한 경우
③ B가 행한 배서의 피배서인란을 빈 칸으로 둔 채 C가 D에게 배서 없이 어음을 교부한 경우

답 7. ⑤ 8. ①

④ B가 행한 배서의 피배서인란의 빈 칸에 C가 자신의 이름을 기재하여 지명채권 양도방식에 따라 어음을 D에게 양도한 경우

⑤ B가 행한 배서의 피배서인란을 빈 칸으로 둔 채 C가 D에게 어음을 배서 · 교부하면서 '무담보'라는 문구를 기재한 경우

B가 행한 배서의 피배서인란을 빈 칸으로 둔 채 C가 피배서인란을 빈 칸으로 하는 배서를 하여 D에게 어음을 교부한 경우에는 담보책임이 인정되지만, ②, ③은 C의 명의가 어음에 배서인으로 기재되어 있지 않고 ④는 지명채권양도방법에 의하고 ⑤는 무담보배서를 하였으므로 담보책임(상환의무의 부담)이 인정될 수 없다.

제7절 참 가

제8절 등본 · 복본

CHAPTER

약속어음

제 1절 약속어음에 관한 법규

약속어음은 발행인 자신이 일정금액의 지급을 약속하는 어음으로서, 환어음과 달리 인수제도가 존재하지 않기 때문에 지급인이 없다. 따라서 인수를 위한 제시나 인수거절에 의한 상환청구는 인정되지 않는다. 약속어음에 대하여는 환어음과의 차이점에 관한 소수의 특별한 규정을 두고 있을 뿐이고(어음법 제75조, 제76조, 제78조), 기타의 모든 문제에 대하여는 그 성질이 허용하는 범위 내에서 환어음에 관한 규정을 준용한다(어음법 제77조).

제2절 약속어음에 관한 특칙

Ⅰ. 약속어음의 발행

1. 의 의

약속어음의 발행이란 일정한 금전의 채무부담의 의사로 법정요건(어음법 제75조 참조)을 구비한 기본어음을 작성하여 수취인에게 교부하는 행위를 말한다.

2. 기재사항

(1) 필요적 기재사항

① **약속어음문구** : 약속어음임을 표시하는 문자를 기재하여야 하며, 이 문자의 기재는 어음 본문 중에 하여야 한다. 즉, 지급약속문구 중에 약속어음이라는 표시가 있어야 한다.

② **지급약속문구** : 발행인은 지급약속문구를 기재하여야 하며, 환어음의 경우의 지급위탁문구와 다르다. 지급약속문구에는 어떠한 조건이있거나 지급방법을 제한하는 경우에는 어음을 무효로 한다는 점에서는 환어음의 경우와 같다.

③ **만기** : 만기의 종류는 환어음과 같다. 다만, 일람후정기출급어음에 있어 만기의 기산점에 차이가 있다. 약속어음에는 인수제도가 없으므로 인수제시의 대신으로 발행일로부터 1년 내에 일람을 위한 제시를 하여야 하고(어음법 제78조 제2항 1문), 이 일람 후의 기간은 발행인이 어음에 일람의 뜻을 기재하고 기명날인 또는 서명한 날로부터 진행한다(어음법 제78조 제2항 2문).

④ **기타** : 어음금액, 지급지, 수취인의 표시, 발행일 · 발행지, 발행인의 기명날인 또는 서명은 환어음과 같다. 지급지의 기재가 없으면 다른 표시가 없는 한 발행지를 지급지로 본다(어음법 제76조 2호).

(2) 유익적 기재사항

어음법에 규정된 약속어음의 유익적 기재사항으로는 발행인의 명칭에 부기한 지(어음법 제76조 3호), 제3자방지급의 기재(어음법 제77조 제2항)이 있고, 기타 환어음과 같이 이자의 약정 · 배서금지문언 · 지급제시기간의 단축 또는 연장의 기재 · 지정기일 전의 지급제시금지문언 · 표준이 될 세력(歲曆)의 기재 · 환산율의 기재 · 외국통화현실지급문언 · 거절증서작성면제 · 역어음발행금지문언 등이 유익적 기재사항이다.

(3) 무익적 기재사항 · 유해적 기재사항

무익적 기재사항과 유해적 기재사항은 환어음의 경우와 같다. 그러나 조건부지급의 기재, 발행인의 면책문구는 어음을 무효로 하는 유해적 기재사항이라는 점에서 환어음의 경우와 차이가 있다.

3. 발행의 효력

(1) 발행인의 의무

약속어음의 발행인이 지는 의무는 제1차적 의무이며 무조건의 의무이다. 또한 지급제시를 하지 않은 경우에도 시효에 걸리기 전에는 책임을 지는 절대적인 것이다. 따라서 발행인은 예비지급인을 기재할 수 없다. 또 발행인이 어음을 환수한 때에 어음상의 권리의무가 소멸하게 되므로 발행인의 의무는 최종적인 의무이다.

⑵ 공동발행인의 책임

발행인이 수인인 경우를 공동발행이라 한다. 공동발행인은 각자가 어음금액의 전액을 지급할 의무를 부담하며, 그 책임은 합동책임이다. 공동발행의 경우 배서인에 대하여 상환청구를 하려면 발행인 전원에 대하여 제시기간 내에 이행을 청구한 경우에만 가능하다.

II. 참가인수

참가인수는 인수거절만을 원인으로 하는 것이 아니며, 만기 전에 상환청구를 할 수 있는 모든 경우에 할 수 있으므로 약속어음에도 환어음의 참가인수규정을 준용할 수 있다. 다만, 피참가인의 기재가 없는 경우 환어음과 달리 제1배서인을 위하여 참가한 것으로 보아야 한다.

연습문제

01 약속어음의 기재사항으로 옳은 것은? (1996년 공인회계사)

① 발행인의 기명날인 또는 서명은 어음자체에 해야 하고 등본에는 불가하다.

② 확정일출급어음에 이자문구를 기재하면 기재한대로 효력이 발생한다.

③ 어음금액을 문자와 숫자로 중복 기재한 경우 그 금액의 차이가 있을 때에는 숫자로 기재한 금액을 어음금액으로 한다.

④ 발행일은 실제 발행한 날과 일치해야 하는 것은 아니지만 발행일보다 앞선 날을 발행일로 기재할 수 없다.

⑤ 만기는 확정일 또는 확정할 수 있는 날이어야 하므로 "청구 즉시 지급하겠음"이라는 기재는 할 수 없다.

① 발행인의 어음발행행위는 어음자체에 이루어져야 한다.
② 확정일출금의 이자문구는 무익적 기재사항에 해당한다.
③ 어음금액이 문자와 숫자로 중복 기재된 경우 그 금액의 차이가 있을 때에는 문자로 기재한 금액을 어음금액으로 한다(어음법 제6조).
④ 실제 발행한 날보다 앞선 날을 발행일로 기재하는 선일자어음의 발행은 인정된다.
⑤ "청구 즉시 지급하겠음" 의 기재는 일람출급으로써, 법정만기의 하나로 기재가 가능하다.

02 갑은 을로부터 상품을 외상으로 구입하고 그 대금의 지급을 위하여 어음금액 500만원 · 지급기일 1999년 3월 8일 · 수취인 을 · 발행일자 1998년 12월 15일로 하는 약속어음을 을에게 발행한 바 있다. 을은 병으로부터 중고차를 구입하고 그 대금의 지급을 위하여 소지하고 있던 이 어음에 "지급거절증서의 작성을 면제함"이라고 기재한 후 병에게 배서하였다. 병이 이 어음을 1999년 3월 18일에 갑에게 지급제시하였으나, 갑은 지급제시기간내에 제시하지 아니하였다는 이유로 지급을 거절하였다. 병의 갑 · 을에 대한 권리의 행사와 관련한 다음의 내용 중에서 옳은 것은? (1999년 공인회계사)

① 병은 갑에게 어음금청구권을 행사할 수 있다.

② 병은 갑에게 어음금청구권과 원인채권을 행사할 수 있다.

③ 병은 을에게 어음금청구권을 행사할 수 있다.

답 1. ① 2. ①

④ 병은 을에게 어음금청구권과 원인채권을 행사할 수 있다.

⑤ 병은 갑과 을에게 이득상환청구권을 행사할 수 있다.

본 설문에 의할 경우 갑은 을에게 원인채권이 있고, 을에게 「지급을 위하여」 약속어음을 발행하였으므로 어음채권도 존재한다. 또한 을이 병에게 이 어음을 배서양도한 경우 어음채권의 양도가 이루어진 것이다. 갑에 대한 어음금지급청구권이 시효소멸하지 않고 있으므로, 병은 갑에게 어음금청구권을 행사할 수 있다. 그러나 3월 8일이 지급기일(만기)이고, 이로부터 10일이 지난 후의 지급제시이므로 병은 을에게 소구권을 행사할 수 없다. 또한 병은 원인채권이 존재하므로 갑과 을에게 이득상환청구권을 행사할 수 없다.

03 甲은 乙로부터 구입한 상품의 대금지급조로 약속어음을 작성하여 Y로부터 어음보증을 받아 乙에게 교부하고 乙은 동 어음을 다시 丙에게 배서양도하였다. 다음 중 Y가 乙 또는 丙에 대하여 어음에 관한 보증 책임을 부담하는 경우로 옳은 것은? (다툼이 있을 경우 판례에 의함)

(2009년 공인회계사)

① 丙이 어음을 양수한 후에 甲과 乙간의 매매계약이 해제되었고 丙이 이 사정을 알면서 Y에게 어음보증채무의 이행을 청구한 경우

② 위 어음에 기재된 만기의 날로부터 3년이 경과한 후 丙이 Y에게 어음보증채무의 이행을 청구한 경우

③ 甲과 乙간의 매매계약이 유효한 상황에서 Y가 어음 뒷면에 단순히 기명날인을 한 경우

④ Y가 어음금액의 지급을 지급기일까지 보증한다는 문구를 기재하였는데 지급기일 경과 후 丙이 Y에 대해 어음보증채무의 이행을 청구한 경우

⑤ 피보증인 甲이 약속어음의 발행인 란에 기명 없이 날인만 한 경우

위의 ①의 경우에는 인정항변의 절단이 되고, 갑을간의 매매계약이 실질적으로 무효가 되더라도 Y의 어음보증은 유효하므로, Y의 보증책임은 인정된다.
그러나 ②의 경우에는 소멸시효로 인하여 주채무가 소멸하였으므로, 보증인의 채무도 소멸하여 보증책임을 지지 않는다. ③의 경우 Y가 어음 뒷면에 단순히 기명날인을 한 경우는 배서가 되므로, 보증책임이 인정되는 것은 아니다. ④의 경우에는 보증시 조건을 붙인 경우 그 조건은 유익적 기재사항에 해당하므로, 보증인의 보증책임이 인정되지 않는다. ⑤의 경우 피보증인의 어음행위는 방식에 하자가 되므로, 어음보증은 효력이 없고 따라서 Y는 보증책임을 부담하지 않는다.

답 3. ①

04 어음요건에 관한 설명으로 옳은 것은? (판례에 의함) (2011년 공인회계사)

① 약속어음의 발행일의 기재가 어느 해 2월 30일로 되어 있는 경우 이 어음은 불가능한 것을 기재한 것으로서 무효이다.

② 약속어음에서 지급지가 포항시로 되어 있는데 그 지급장소를 서울특별시로 기재하였다면 이 약속어음은 무효이다.

③ 국내에서 발행되고 유통될 것임이 분명한 경우에도 약속어음에서 발행지의 기재는 불가결한 요건이다.

④ 확정일출급의 약속어음에서 발행일의 기재는 어음요건이 아니라고 보아야 한다.

⑤ 약속어음의 지급장소로서 '甲은행 능곡지점'이라고 기재한 경우 지급지란 자체는 백지이더라도 지급장소의 기재에 의하여 지급지가 보충된다.

① 약속어음의 발행일의 기재가 어느 해 2월 30일로 되어 있는 경우 그 달의 말일에 지급되는 어음으로서의 효력이 있다(대법원 1981. 7. 28. 선고 80다1295 판결).

② 약속어음에서 지급지가 포항시로 되어 있는데 그 지급장소를 서울특별시로 기재하였다면 이 약속어음은 지급장소의 기재가 없는 포항시를 지급지로 한 어음으로 인정된다(대법원 1970. 7. 24. 선고 70다965 판결).

③ 국내에서 발행되고 유통될 것임이 분명한 경우에 약속어음에서 발행지의 기재가 없더라도 유효한 어음으로서 인정된다(대법원 1988. 4. 23.선고 95다36466 판결).

④ 확정일출급의 약속어음에서 발행일의 기재는 어음요건에 해당한다.

답 4. ⑤

CHAPTER

05 수 표

제1절 총 설

Ⅰ. 수표의 의의

수표는 발행인이 지급인에 대하여 수취인이나 수표의 정당한 소지인에게 수표상에 기재된 일정한 금액의 지급을 위탁하는 유가증권이다. 수표는 금전의 지급위탁증권이라는 점에서 환어음과 같다.

Ⅱ. 수표의 경제적 기능

어음이 신용증권인데 반하여 수표의 본질적 기능은 지급증권이라는 점에서 차이가 있다. 수표의 신용증권화를 방지하기 위하여 수표법은 다음과 같은 규정을 두고 있다. 즉, 수표는 일람출급만을 인정하고(수표법 제28조 제1항), 이자의 기재는 인정하지 않으며(수표법 제7조), 참가제도가 없고, 제시기간은 10일로 단축되어 있으며(수표법 제29조), 시효기간도 어음에 비하여 짧게 되어 있다(수표법 제51조).

제2절 수표의 발행

Ⅰ. 의 의

수표의 발행은 발행인이 지급인에게 수표금액을 수취인 기타 소지인에게 지급할 것을 위탁하는 요식의 단독행위이다. 수표행위의 법적성질과 그 효력은 환어음과 거의 같으나, 인수제도가 없는 수표에 있어서 수취인의 지급수령권한은 기대이익에 불과하지만, 수표계약과 수표자금의 존재를 전제로 하여 지급의 확실성이 담보된다.

II. 수표의 기재사항

1. 필요적 기재사항

(1) 수표문구

증권의 본문 중에 그 증권의 작성에 사용하는 국어로 수표임을 표시하는 문언을 기재하여야 한다.

(2) 일정한 금액의 무조건의 지급위탁

일정한 금액을 지급할 뜻의 무조건의 지급위탁문구를 기재하여야 한다. 지급위탁은 무조건이어야 하므로, 지급에 관하여 조건을 붙이는 경우에는 그 수표는 무효가 된다.

(3) 지급인의 명칭

수표의 지급인은 은행에 한하며(수표법 제3조), 이 경우의 은행은 은행과 동일시할 수 있는 사람 또는 시설을 포함한다(수표법 제59조).

(4) 지급지

지급지의 기재가 없으면 지급인의 명칭에 부기한 지를 지급지로 본다. 지급인의 명칭에 수개의 지를 부기한 때에는 맨 앞에 기재한 지에서 지급할 것으로 본다(수표법 제2조 1호). 이것도 없으면 발행지를 지급지로 본다(수표법 제2조 2호).

(5) 발행일과 발행지

수표에 기재할 발행일자는 사실상 발행된 날과 일치하여야 되는 것은 아니다. 따라서 선일자수표, 후일자수표 모두 인정된다. 발행일자는 지급제시기간과 시효의 기산점이 되며, 발행지는 제시기간 · 세역 · 복본 등과 관련된다. 발행지의 기재가 없는 수표는 발행인의 명칭에 부기한 지를 발행지로 본다(수표법 제2조 3호).

(6) 발행인의 기명날인 또는 서명

발행인의 기명날인 또는 서명이 있어야 하며, 이에 대해서는 환어음의 경우와 같다.

2. 유익적 기재사항

(1) 수취인의 기재

어음과는 달리 수취인의 기재가 수표요건(필요적 기재사항)은 아니지만, 그 기재로써 유효하게 효력이 발생한다. 수취인의 표시방식은 다양하여, 지시금지의 뜻을 기재한 기명식, 지시식, 소지인출급식, 지명소지인출급식, 무기명식의 기재방식이 있다(수표법 제5조 참조).

(2) 제3자방지급문구

발행인은 지급장소와 지급담당자의 기재를 할 수 있다. 이 경우 제3자는 반드시 은행이어야 한다(수표법 제8조).

(3) 기 타

기타 유익적 기재사항으로서 지급인의 명칭에 부기한 지, 발행인의 명칭에 부기한 지, 배서금지문구, 외국통화환산율의 기재, 외국통화현실지급문구, 횡선, 거절증서 작성면제문구, 복본의 번호 등이 있다.

3. 무익적 기재사항 · 유해적 기재사항

무익적 기재사항으로는 인수의 기재, 이자약정의 기재, 발행인의 지급무담보문구, 일람출급 이외의 만기의 기재, 위탁수표문구, 예비지급인의 기재, 위약금의 문구 등이 있다. 유해적 기재사항에 대해 수표법은 특별한 규정을 두고 있지 않으며, 환어음의 경우와 같다.

III. 수표발행의 효력

수표를 발행한 자는 환어음의 발행인과 같이 수표금지급에 대한 담보책임을 부담하고, 수표의 지급인은 지급보증을 함으로써 소지인에게 지급제시기간 내에는 수표금 지급의 의무를 부담한다. 수표의 발행후 발행인이 사망하거나 금치산선고를 받더라도 수표의 효력에는 아무런 영향이 없다(수표법 제33조).

IV. 위탁수표 · 백지수표

1. 위탁수표

위탁수표는 제3자의 계산으로 발행할 수 있는 수표를 말한다(수표법 제6조 제2항). 위탁수표의 경우 자금관계는 위탁자와 지급인간에 존재하게 된다. 위탁자는 수표상의 아무런 권리 · 의무도 없다.

2. 백지수표

백지수표라 함은 수표요건의 흠결의 경우에 그 흠결부분을 소지인으로 하여금 후에 보충시킬 의사를 가지고 유통상태에 둔 수표로써, 그 내용은 백지어음과 같다(수표법 제13조).

V. 수표자금과 수표계약

수표는 그것을 제시한 때에 발행인이 처분할 수 있는 자금이 있어야 한다. 이러한 자금이 있는 은행을 지급인으로 하고, 발행인이 그 자금을 수표에 의하여 처분할 수 있는 명시 또는 묵시의 계약에 따라서만 발행할 수 있다(수표법 제3조). 수표계약은 지급인인 은행이 발행인이 발행하는 수표를 예치된 수표자금으로 지급할 의무를 지는 계약이다. 수표계약은 수표의 지급사무를 위탁하는 위탁계약에 해당한다. 위탁계약의 수표자금관계는 제3자인 위탁자와 지급인 사이에 존재하고, 또 수표계약도 이들 양자 사이에 존재한다. 수표계약은 수표관계와는 분리된 자금관계상의 것이므로 그 유무는 수표의 효력에 영향을 미치지 않는다.

주의 1. 은행이 발행인으로써 지급인의 지위를 겸병하는 자기앞수표는 수표계약이 필요하지 않다.
2. 은행 이외의 자를 지급인으로 기재한 경우에도 수표로서의 효력에는 영향이 없다.

제3절 수표의 양도

I. 수표의 양도

1. 소지인출급식수표의 양도

(1) 인도에 의한 양도

소지인출급식수표는 증권의 단순한 교부에 의하여 양도된다. 이 경우 증권의 교부는 권리이전의 성립요건이다. 수표소지인을 권리자로 하는 것이므로, 수표의 교부에 의하여 권리이전적 효력이 발생하고, 수표의 소지에 의하여 자격수여적 효력이 생긴다. 항변제한과 선의취득도 배서에 의한 양도의 경우와 같이 인정된다.

(2) 배서에 의한 양도

소지인출급식 수표에 배서를 한 때에도 그 배서는 무효로 되지 않으며 배서인은 상환청구에 관한 규정에 따라 상환의무를 부담하게 되어, 배서의 담보적 효력이 인정된다(수표법제20조). 배서 후에도 소지인출급식 수표가 지시식으로 변하는 것은 아니며 단순한 교부에 의하여 양도가 가능하다. 소지인도 배서에 관계없이 증권의 소지만으로 정당한 권리자로 추정된다.

2. 지시식수표 · 배서금지수표의 양도

(1) 지시식수표의 양도

수표는 법률상 당연한 지시증권이며, 지시식이든 기명식이든 배서에 의하여 양도할 수 있다(수표법 제14조 제1항).

(2) 배서금지수표의 양도

배서금지수표의 양도는 지명채권양도에 관한 방식에 따라서만 양도할 수 있다(수표법 제14조 제2항).

II. 수표의 배서

1. 수표배서의 특성

수표배서의 방식은 어음의 경우와 동일하다. 수표는 등본제도가 없으므로 등본상의 배서는 인정되지 않으며, 배서에 있어서 예비지급인을 기재하는 것은 인정되지 않는다. 또한 수표의 인수제도도 인정되지 않으므로, 인수제시에 관한 사항의 기재도 허용되지 않는다. 수표의 인수가 금지되므로, 수표지급인이 한 배서는 무효이며(수표법 제15조 제3항), 수표지급인에 대한 배서는 원칙적으로 영수증의 효력만 있다(수표법 제15조 제5항 본문). 지급인인 은행이 수개의 영업소를 가진 경우에는 수표발행의 상대방이 된 영업소 이외의 영업소에 대하여 한 배서는 보통의 배서로서의 효력을 가진다(수표법 제15조 제5항 단서). 수표에 있어서도 추심위임배서가 인정되나, 입질배서는 인정되지 않는다.

●●● 수표의 배서와 환어음의 배서의 차이

구 분	수표의 배서	환어음의 배서
등본에의 배서	불인정	인 정
배서인의 인수담보책임	불인정	인 정
지급인의 배서	무 효	유 효
지급인에 대한 배서	영수증의 효력	유효(지급인의 배서 인정)
예비지급인의 기재	불인정	가 능
입질배서	불인정	인 정

2. 배서인의 연대보증책임

회사가 금전의 대여를 받음에 있어서 회사의 상무로 근무하는 사람이 그 회사의 차용증서 대신에 동회사명의의 수표를 발행하면서 그 채무를 담보하는 의미에서 그 수표의 뒷면에 배서를 한 경우에는 대여금 채무에 대하여 연대보증책임이 있다는 것이 통설·판례의 입장이다.

3. 선의취득

수표의 선의취득에 관한 수표법 제21조의 규정은 제시기간이 경과한 후의 수표의 양도에는 적용되지 않는다. 수표의 지급은행에 분실자로부터 분실신고가 있는 경우에도 수표의 선의취득이 인정된다.

제4절 지급보증

Ⅰ. 의 의

지급보증이란 지급인이 지급제시기간 내에 지급제시가 있을 때에 그 지급을 할 것을 약속하는 수표행위이다. 수표에는 인수제도가 없고, 지급인의 배서와 보증이 인정되지 않으므로 수표지급의 확실성을 보장하여 그 유통의 원활을 위하여 지급보증제도를 인정하고 있다.

●●● 환어음의 인수와의 차이

	수표의 지급보증	환어음의 인수
지위	지급보증인은 지급제시기간내에만 지급의무부담. 주채무자 아님	주채무자
거절시 상환청구	지급보증 거절의 경우 상환청구권 발생하지 않음	인수거절의 경우 상환청구권 인정
유예기간	인정안	1일의 유예기간 인정
일부 · 약식 행위	일부지급보증 · 약식지급보증 안됨	일부인수 · 약식인수 인정
책임의 시효	제시기간 경과 후 1년	만기로부터 3년

II. 지급보증의 방식

수표의 표면에 지급보증 기타 지급을 할 뜻을 기재하고 일자를 부기하여 지급인이 기명날인 또는 서명하여야 한다(수표법 제53조 제2항). 지급보증은 무조건이어야 하며, 지급보증에 의하여 수표의 기재사항에 가한 변경은 이를 하지 않은 것으로 본다(수표법 제54조).

III. 당사자

지급보증의 청구인에는 제한이 없다. 따라서 발행인 · 배서인 · 소지인 등이 지급보증을 청구할 수 있으나, 실제로는 발행인이 청구하는 것이 보통이다.

지급보증의 피청구인은 지급인에 한한다(수표법 제53조 제1항).

IV. 효 력

1. 지급보증인의 의무

지급보증을 한 지급인은 지급제시기간 경과 전에 수표를 제시한 경우에 한하여 지급의무를 부담한다(수표법 제55조 제1항). 지급보증인은 일반의 보증인과 같은 제2차적 담보의무자가 아니고, 제1차적 수표금액지급의무자이다. 그러나 환어음의 인수인과 같은 절대적인 주채무자는 아니다. 지급제시기간 경과 후에 수표소지인이 지급보증인에게 지급책임의 이행을 청구하는 때에는 제시기간 내에 적법한 제시를 하였음을 거절증서 또는 이것과 동일한 효력이 있는 선언, 즉 지급인의 선언 또는 어음교환소의 선언에 의하여 증명하여야 한다(수표법 제55조 제2항).

지급보증인이 지급할 금액은 원래는 수표금액이지만, 지급거절로 인하여 수표소지인이 권리보전절차를 밟은 경우에는 상환의무자가 지급할 금액과 같다(수표법 제55조 제3항).

2. 발행인 등의 책임

지급보증은 지급과 동일한 효력이 있는 것이므로 발행인 기타 수표상의 채무자는 지급보증으로 인하여 그 책임을 면하지 못한다(수표법 제56조). 따라서 수표상의 채무자는 지급보증인과 합동하여 이행할 책임을 진다(수표법 제43조 제1항).

3. 소멸시효

지급보증인에 대한 수표상의 지급청구권의 소멸시효기간은 제시기간 경과 후 1년이다(수표법 제58조).

제5절 수표보증

Ⅰ. 의 의

수표보증은 발행인, 배서인 등 수표상의 채무자의 채무의 전부 또는 일부의 이행을 담보하는 수표행위이다(수표법 제25조 제1항). 지급인이 제시기간 내에 수표의 제시를 하였을 때에 그 지급을 약속하는 지급보증과는 차이가 있다.

●●● 지급보증과의 차이

구 분	지급보증	보 증
행위자	지급인	지급인 이외의 자
책임	지급제시기간내 지급의무부담	피보증인과 동일 책임
일부 · 약식 행위	일부지급보증 · 약식지급보증 안됨	일부보증 · 약식 보증 인정
책임의 시효	제시기간 경과 후 1년	6개월

II. 당사자

1. 보증인

제3자는 물론 수표상의 채무자도 보증인이 될 수 있다. 다만, 발행인이 배서인의 보증인이 되는 경우와 같이 상환의무자의 전자가 후자의 보증인이 되는 것은 의미가 없고, 지급인은 보증인이 될 수 없다(수표법 제25조 제2항).

2. 피보증인

피보증인은 발행인, 배서인 등의 수표상의 채무자이며, 지급인은 채무자가 아니므로 피보증인이 될 수 없다.

III. 보증의 방식

보증도 수표행위이므로 수표 또는 보전에 하여야 하고(수표법 제26조 제1항), 등본제도가 인정되지 않으므로 등본에 하는 수표보증은 인정되지 않는다. 보증은 보증 또는 이와 동일한 의의가 있는 문언을 표시하고 보증인의 기명날인 또는 서명으로써 한다(수표법 제26조 제2항). 수표의 표면에 발행인 이외의 자의 단순한 기명날인 또는 서명이 있는 경우에는 발행인 또는 지급인의 기명날인 또는 서명을 제외하고는 보증으로 본다(수표법 제26조 제3항). 보증에는 피보증인을 표시하여야 하나, 표시되어 있지 않은 경우에는 발행인을 위한 보증으로 본다.

IV. 보증의 효력

수표보증인은 피보증인과 동일한 책임을 부담한다(수표법 제27조 제1항). 그러나 수표보증은 독립성이 인정되므로, 피담보채무가 그 방식에 하자가 있는 경우를 제외하고 어떠한 사유로 인하여 무효가 된 때에도 그 효력이 있다(수표법 제27조 제2항). 지급제시기간 경과 후에는 채무자의 상환의무가 없으므로 수표보증인은 수표금의 지급을 거절할 수 있다.

V. 보증채무이행의 효과

보증인이 보증채무를 이행하면 수표소지인에 대한 보증채무와 주채무는 소멸한다. 보증인은 수표의 지급을 한 때에는 피보증인과 피보증인의 전자에 대하여 수표상의 권리를 취득한다(수표법 제27조 제3항).

제6절 지 급

Ⅰ. 지급제시

1. 수표의 일람출급성

수표는 지급증권이므로 법률상 당연히 일람출급식으로 되어 있어(수표법 제28조 제1항 1문), 발행 후 언제든지 지급제시를 할 수 있다. 어음과 달리 만기라는 것이 없고, 일람출급성에 위반되는 모든 기재는 기재하지 아니한 것으로 본다(수표법 제28조 제1항 2문).

2. 선일자수표

(1) 의 의

선일자수표란 실제 발행일보다 후일을 발행일자로 기재한 수표를 말한다(수표법 제28조 제2항). 수표에 기재된 발행일자가 사실상의 발행일자와 다르더라도 발행의 효력에는 영향이 없으며 이러한 선일자수표도 유효하다.

(2) 효 력

선일자수표를 발행하는 경우에는 통상 발행인과 수취인간에 발행일자 이전에는 지급제시를 하지 않는다는 특약이 있다. 그러나 이에 위반하여 제시한 경우에도 수표의 신용증권화를 방지하기 위해 선일자수표의 소지인이 그 발행일자의 도래 이전에 지급제시를 한 경우에 그 제시일에 지급하여야 한다(수표법 제28조 제2항). 그러나 특약에 위반함으로 인해 발행인에게 손해가 있으면 수취인은 채무불이행에 따른 책임을 부담한다. 수표소지인은 지급이 거절된 때에는 보전절차를 밟아 상환청구권을 행사할 수 있다. 또한 수표발행인은 수표법에 의한 과태료의 제재를 받으며, 부정수표단속법에 의하여 처벌된다.

3. 지급제시기간과 지급제시기간 경과 후의 효과

수표의 지급제시기간은 내국수표의 경우에는 발행 후 10일이고, 외국수표는 발행지와 지급지가 동일 주(州)에 있는 경우에는 20일이며 다른 주에 있는 경우에는 70일이다(수표법 제29조). 지급제시기간 내에 지급제시를 하지 않으면 전자에 대한 상환청구권을 상실하며(수표법 제39조), 그밖에 지급보증인에 대한 지급청구권도 상실한다. 제시기간 경과 후에도 지급위탁의 취소가 없는 한 수표소지인은 지급인이 지급하는 수표금의 수령권을 갖는다.

4. 지급제시의 장소

수표의 지급제시는 원칙적으로 지급인의 영업소이며, 제3자방지급의 경우에는 그 제3자의 영업소에서 하여야 한다. 그러나 어음교환소에서 한 수표의 제시도 지급제시의 효력이 있다(수표법 제31조 제1항). 소지인으로부터 수표의 추심을 위임받은 은행(제시은행)이 그 수표의 기재사항을 정보처리시스템에 의하여 전자적 정보의 형태로 작성한 후 그 정보를 어음교환소에 송신하여 당해 어음교환소의 정보처리시스템에 입력된 때에는 어음교환소에서 한 지급제시의 효력이 있는 것으로 본다(수표법 제31조 제2항).

II. 지급

1. 지급방법

수표의 지급방법은 환어음의 경우와 대체로 같다. 즉, 지급인은 수표소지인에 대하여 지급을 함에 있어 수표에 영수를 증명하는 기재를 하여 교부할 것을 청구할 수 있으며(수표법 제34조 제1항), 소지인은 일부지급을 거절하지 못한다(수표법 제34조 제2항). 수표의 일부지급이 있는 경우에는 지급인은 소지인에 대하여 그 지급한 뜻을 수표에 기재하고 영수증을 교부할 것을 청구할 수 있다(수표법 제34조 제3항).

예외 ▶ 수표는 어음과 달리 지급인의 공탁제도가 인정되지 않는다.

2. 지급인의 조사의무

(1) 형식적 자격의 조사

수표지급인은 배서의 연속의 정부를 조사할 의무는 있으나, 배서인의 기명날인 또는 서명을 조사할 의무는 부담하지 않는다(수표법 제35조 제1항). 수표법 제31조 제2항의 규정에 따라 제시은행이 정보처리시스템에 의한 지급제시를 한 때에는 배서연속의 정부에 대한 조사를 지급인은 제시은행에게 위임할 수 있다(수표법 제35조 제2항). 지급인은 어음의 경우와 같이 수표요건, 배서연속 등 형식적 자격을 조사할 의무만을 진다.

예외 | 소지인출급식수표의 지급에 있어서는 수표소지인이 형식적 자격자로 인정되므로 특히 형식적 자격에 대한 조사의무도 부담하지 않는다.

(2) 조사의무의 범위

수표지급인이 제시기간 내에 또는 지급위탁의 취소가 없는 때에는 지급제시기간의 경과 후에도 형식적 자격자에게 수표금을 지급한 때에는 사기 또는 중대한 과실이 없으면 그 책임을 면한다(일반적으로 수표지급인의 면책약정은 유효한 것으로 본다). 수표의 지급에 있어서는 어음지급의 경우와 같이 형식적 자격만을 조사하면 된다(수표법 제35조 제1항). 다만, 지시금지수표의 경우에는 진정한 권리자에 대해서만 지급하여야 하므로 이 경우에는 실질적 자격에 관한 조사의무가 있다.

3. 지급위탁의 취소

지급위탁의 취소란 수표의 발행에 의하여 지급인에게 부여된 발행인의 계산으로 그 수표의 지급을 할 수 있는 권한을 발행인이 철회하는 것을 말하며, 발행인과 지급인간에만 그 효력이 미친다. 지급위탁취소의 의사표시의 통지로써 지급인에게 그 효력이 발생하며, 제시기간 경과 전에는 지급위탁을 취소할 수 없다(수표법 제32조). 제시기간 경과 후에는 임의로 취소할 수 있고, 취소가 없는 동안에는 지급인은 발행인의 계산으로 지급할 수 있다.

주의 ▶ 자기앞수표의 경우에는 발행인이 곧 지급인이므로 지급위탁의 취소가 인정되지 않고, 자기앞수표의 분실 또는 도난에 대한 신고는 사고신고의 의미만 있을 뿐 지급위탁의 취소는 아니다(판례).

제7절 상환청구

Ⅰ. 의 의

수표의 상환청구는 상환청구의 요건 · 방법 · 효과 등에 있어서 어음의 경우와 대체로 같다. 다만, 상환청구의 요건으로 제시기간(10일) 내에 지급제시를 하고, 거절증서 또는 이에 갈음할 지급인의 선언 또는 어음교환소의 선언에 의하여 지급거절을 증명하여야 한다(수표법 제39조).

Ⅱ. 환어음의 상환청구와의 차이

1. 상환청구의 원인

환어음의 경우에는 인수거절로 인한 상환청구 등의 만기 전의 상환청구 및 만기 후의 상환청구가 모두 인정되고 있지만, 수표에는 만기 전의 상환청구는 인정되지 않는다.

2. 지급거절의 증명방법

환어음에서는 지급거절증서에 의한 지급거절의 방법만 인정되지만, 수표의 경우에는 지급거절증서 이외에 지급인의 선언 또는 어음교환소의 선언 등의 방법이 인정되고 있다. 그리고 지급거절증서의 작성기간에 있어서도 수표는 지급제시기간 내 또는 그 기간의 말일에 이은 제1거래일 내에 작성하여야 한다(수표법 제40조)는 점에서 환어음의 경우와 차이가 있다.

3. 불가항력의 존속기간

환어음에 있어서는 불가항력이 만기로부터 30일 이상 계속되는 경우에는 어음의 제시 또는 거절증서의 작성 없이 상환청구권을 행사할 수 있으나, 수표에 있어서는 불가항력이 그 통지를 한 날로부터 15일 이상 계속되는 경우에는 지급제시기간 경과 전에 그 통지를 한 때에도 상환청구권보전절차 없이 상환청구권을 행사할 수 있다(수표법 제47조 제4항).

4. 역어음의 불인정

환어음은 상환청구의 방법으로 역어음제도가 인정되지만, 수표의 경우에는 역어음제도가 인정되지 않는다.

5. 상환청구권의 시효

어음에 있어서 어음소지인의 상환청구권의 소멸시효기간은 거절증서의 일자 또는 만기의 날로부터 1년이고, 재상환청구권은 어음을 환수한 날 또는 제소된 날로부터 6개월로 되어 있다. 그러나 수표소지인의 전자에 대한 상환청구권의 시효기간은 지급제시기간 경과 후 6개월이고(수표법 제51조 제1항), 재상환청구권은 수표를 환수한 날 또는 제소된 날로부터 6개월이다(수표법 제51조 제2항).

수표의 상환청구제도와 환어음의 상환청구제도의 차이

구 분	수표의 상환청구제도	환어음의 상환청구제도
상환청구원인	만기전 상환청구 불인정	만기전 상환청구 가능
지급거절증서 등	지급거절증서 이외에 지급인의 선언이나 어음교환소의 선언 인정	지급거절증서
거절증서 작성기간	지급제시기간 내 또는 그 기간의 말일에 이은 제1거래일내	• 일람출급어음 : 지급제시기간 내 • 일람후정기출급 · 발행일자후 정기출급 · 확정일출급 : 지급할 날 또는 이에 이은 2거래일 내

이 자	이자의 약정 불인정으로 상환청구금액에 약정이자는 포함되지 않음	일람출급어음과 일람후정기출급어음은 이자의 약정 가능하므로 상환청구금액에 그 이자가 포함
역어음제도	불인정	인 정
상환청구권의 시효	상환청구권 · 재상환청구권 모두 6개월	상환청구권은 1년, 재상환청구권은 6개월
기 타	인수제도의 불인정으로 인수거절의 통지 · 인수거절증서작성의 면제 · 만기전 상환청구의 경우 상환금액 · 일부인수의 경우의 상환청구에 관한 규정이 없음	인수제도의 인정으로 인수거절의 통지 · 인수거절증서작성의 면제 · 만기전 상환청구의 경우 상환 금액 · 일부인수의 경우의 상환청구에 관한 규정이 있음

제8절 복 본

Ⅰ. 복본을 발행할 수 있는 수표

수표도 어음과 같이 원격지 송부를 하는 경우에 분실을 대비하기 위하여 복본제도를 인정하고 있다. 수표의 경우에는 다음과 같이 4종의 수표에 한하여 복본을 작성할 수 있도록 규정하고 있다(수표법 제48조 1문). ① 일국에서 발행하여 타국이나 발행국의 해외영토에서 지급할 수표, ② 일국의 해외 영토에서 발행하여 그 본국에서 지급할 수표, ③ 일국의 해외 영토에서 발행하고 지급할 수표, ④ 일국의 해외 영토에서 발행하여 그 국의 다른 해외영토에서 지급할 수표 등이다.

Ⅱ. 복본의 작성

발행인이 작성하되 각 복본에는 그 본문 중에 번호를 붙여야 하며, 이것이 없는 때에는 그 수통의 복본은 이를 각 별개의 수표로 본다(수표법 제48조 제1항 2문 · 3문). 한편, 소지인 출급식 수표의 경우에는 복본은 인정되지 않으며, 환어음과 달리 수표소지인은 복본교부를 청구할 수 없다.

Ⅲ. 복본의 효력

복본의 1통에 대하여 지급이 있으면 그 지급이 다른 복본을 무효로 한다는 뜻의 기재가 없는 경우에도 의무를 면하고, 수인에게 각 별로 복본을 양도한 배서인과 그 후의 배서인은 그 기명날인 또는 서명한 각 통으로서 반환을 받지 아니한 것에 대하여 책임을 진다(수표법 제49조 제2항).

제9절 자기앞수표 · 횡선수표

Ⅰ. 자기앞수표

1. 의 의

자기앞수표란 발행인이 자기 자신을 지급인으로 하여 발행하는 수표를 말한다(수표법 제6조 제3항). 따라서 발행인이 수취인을 겸하는 자기지시수표와는 구별된다. 자기앞수표는 발행인과 지급인이 반드시 동일한 은행점포임을 요하지는 않는다.

자기앞수표는 고객이 은행에 수표자금을 제공하고 수표의 발행을 의뢰하면 은행이 이를 발행 · 교부하지만, 의뢰인은 수표상의 당사자가 아니므로 수표상의 의무는 없다. 우리나라에서는 은행의 자기앞수표를 보증수표 또는 보수(保手) 라고 부르고 있다.

2. 법률관계

자기앞수표의 법률관계는 발행의뢰인과 은행과의 법률관계, 소지인과 은행과의 법률관계로 나눌 수 있다. 전자에 대해서는 학설의 대립이 있다. 소지인과 은행과의 법률관계에 있어서는 자기앞수표를 발행한 은행은 소지인에 대하여 발행인의 지위와 지급인의 지위를 겸하여 가지고 있다. 지급인으로서의 은행은 지급제시기간이 경과한 때에도 지급위탁의 취소가 없는 동안은 소지인에게 수표금을 지급할 수 있으나, 다른 수표에 있어서와 마찬가지로 수표소지인이 은행에 대하여 지급을 청구할 권리는 없다. 발행인으로서의 은행은 지급제시기간 내에 지급거절이 된 때에는 수표의 소지인에 대하여 상환의무를 부담한다(수표법 제39조). 그러나 제시기간 경과 후에는 발행인으로서의 은행은 상환의무가 없다.

II. 횡선수표

1. 의 의

횡선수표는 발행인이나 소지인이 수표의 표면에 두 줄의 평행선을 그은 수표를 말한다(수표법 第37조 제1항, 제2항). 횡선수표제도는 발행인이나 소지인이 지급인에 대하여 지급과 취득을 제한하는 것인데, 분실이나 도난 등에 대비할 수 있는 제도이다.

2. 종 류

횡선수표는 두 줄의 평행선 안에 아무런 지정을 하지 아니하거나 은행 또는 이와 동일한 뜻의 문자를 기재한 일반횡선수표와 두 줄의 평행선 안에 특정은행의 명칭을 기재한 특정횡선수표가 있다(수표법 제37조 제3항). 발행인 또는 소지인이 증권의 표면에 「계산을 위한」이란 문자 또는 이와 동일한 의의가 있는 문언을 기재하고 현금의 지급을 금지한 수표로서 외국에서 발행하여 대한민국에서 지급할 것으로 하는 수표는 횡선수표로서의 효력이 있다(수표법 제65조).

3. 효 력

(1) 지급의 제한

① **일반횡선수표** : 일반횡선수표의 지급인은 은행 또는 지급인의 거래처에 대해서만 지급할 수 있다(수표법 제38조 제1항). 지급인의 거래처란 지급인과 다소 계속적인 거래관계가 있는 신원이 확실한 자를 가리킨다.

② **특정횡선수표** : 지급인은 원칙적으로 피지정은행에 대해서만 또 지급인이 피지정은행일 때에는 자기의 거래처에 대해서만 지급할 수 있지만, 피지정은행은 추심위임배서를 하여 다른 은행으로 하여금 추심하게 할 수 있다(수표법 제38조 제2항).

(2) 취득제한

은행은 자기의 거래처 또는 다른 은행으로부터만 횡선수표를 취득할 수 있고, 또 은행은 이러한 자 이외의 자를 위하여 횡선수표의 추심을 할 수 없다(수표법 제38조 제3항). 여러 개의 특정횡선이 있는 수표의 지급인은 이를 지급하지 못하지만, 어음교환소에서의 추심을 위하여 제2의 횡선을 하는 것은 무방하다(수표법 제38조 제4항).

(3) 지급제한의 위반효과

횡선수표의 지급제한에 관한 규정에 위반한 지급인 또는 은행은 그로 인하여 생긴 손해에 대하여 수표금액을 한도로 배상책임을 진다(수표법 제38조 제5항).

4. 횡선의 말소와 변경

일반횡선수표를 특정횡선수표로 변경하거나 횡선 없는 수표를 일반 또는 특정횡선수표로 변경할 수는 있으나, 반대로 특정횡선수표를 일반횡선수표 또는 횡선 없는 수표로 변경할 수 없다. 횡선의 말소 또는 특정횡선에 있어서 지정된 은행명의 말소는 누구에 의하든 말소하지 아니한 것으로 본다(수표법 제37조 제5항). 이는 횡선수표를 절취하거나 습득한 자가 횡선을 말소하여 지급받는 것을 방지하기 위함이다.

연습문제

01 어음 또는 수표의 발행에 관한 설명 중 옳은 것은? (2009년 공인회계사)

① 판례에 의하면, 약속어음 발행인의 기명날인시 기명의 명의와 날인의 명의가 합치되어야 한다.

② 환어음은 발행인 자신을 지급인으로 하여 발행할 수 없다.

③ 수표는 일람출급으로 하며 이자약정의 기재는 효력이 없다.

④ 판례에 의하면, 약속어음 발행인이 기명 후 무인(拇印)한 경우 유효한 기명날인으로 본다.

⑤ 판례에 의하면, 약속어음이 발행인의 기명날인 란에 "甲 주식회사 甲 주식회사 인(印)의 날인(捺印)"으로 발행된 경우 해당 약속어음에 대해 甲 주식회사의 어음상 책임이 성립한다.

① 판례에 의하면, 약속어음 발행인의 기명날인시 기명의 명의와 날인의 명의가 반드시 합치할 필요는 없다고 한다(대판 1969. 7. 22, 69다742).
② 환어음은 발행인 자신을 지급인으로 하여 발행할 수 있다(어음법 제3조 제2항).
③ 수표법 제7조.
④ 판례에 의하면, 약속어음 발행인이 기명 후 무인(拇印)한 경우 무효의 기명날인으로 본다(대판 1956. 4. 26, 1955민상424).
⑤ 약속어음이 발행인의 기명날인 란에 "甲 주식회사 甲 주식회사 인(印)의 날인(捺印)"으로 발행된 경우 그 어음행위는 무효가 된다는 것이 통설 및 판례의 입장이다.

02 다음은 환어음 · 약속어음 · 수표에 어음(수표)행위를 한 자의 책임에 관한 내용이다. 틀린 것은? (1999년 공인회계사)

① 환어음의 발행인이 인수무담보의 기재를 하였을 경우에는 인수담보책임을 부담하지 않는다.

② 수표의 발행인이 지급무담보의 기재를 하였을 경우에는 지급담보책임을 부담하지 않는다.

③ 약속어음의 발행인과 배서인은 합동책임을 진다.

④ 수표에 지급보증을 한 지급인은 제시기간의 경과전에 수표가 제시된 경우에 한하여

답 1. ③ 2. ②

지급의무가 있다.

⑤ 환어음의 발행인은 지급제시기간의 경과후에 제시된 어음에 대하여는 지급의무가 없다.

수표의 발행인의 지급무담보문구의 기재는 무익적 기재사항에 해당하므로, 이를 기재하더라도 지급담보책임을 부담한다.

03 수표 요건에 관한 설명으로 틀린 것은? (2017년 공인회계사)

① 지급지의 기재가 없고 지급인의 명칭에 부기한 지가 수개인 경우에는 수표의 맨 앞에 적은 지에서 지급할 것으로 한다.

② 발행지의 기재가 없고 발행인의 명칭에 부기한 지나 그 밖의 다른 표시가 없는 경우에는 지급지에서 발행한 것으로 한다.

③ 판례에 의하면 국내수표는 국내어음의 경우와 마찬가지로 발행지의 기재가 없더라도 유효하다.

④ 판례에 의하면 발행일에 대한 기재가 없더라도 수표면의 어느 부분에 일정한 날을 표시하는 기재가 있는 경우에는 그 일자를 발행일자로 보아야 한다.

⑤ 기명식수표에 '지시금지'라는 글자를 적은 경우 그 수표는 지명채권의 양도방식으로만 그리고 그 효력으로써만 양도할 수 있다.

발행지의 기재가 없고 발행인의 명칭에 부기한 지가 없는 때에는 그 수표는 무효가 된다. 지급지나 그 밖의 다른 표시가 없는 경우에는 발행지에서 지급할 것으로 한다(수표법 제2조).

04 수표의 지급에 관한 설명으로 옳은 것은? (2017년 공인회계사)

① 수표의 지급제시기간 중의 휴일은 지급제시기간에 산입하지 아니한다.

② 선일자수표의 지급제시기간을 계산할 때는 기재된 발행일자를 기산일로 하지만 그 시효를 계산할 때에는 실제 발행일자를 기산점으로 한다.

③ 지급보증은 수표의 뒷면에 '지급보증'이라고 적고 날짜를 부기하여 지급인이 기명날인하거나 서명하여야 한다.

④ 지급위탁의 취소는 수표행위가 아니어서 수표면에 할 수 없고 방식의 제한으로 인하여 구두로는 할 수 없다.

⑤ 지급위탁의 취소는 지급제시기간이 지난 후에만 그 효력이 있다.

수표행위의 독립의 원칙에 따라 지급인이 지급보증을 한 경우, 선행행위에 관계없이 지급책임을 부담한다.

답 3. ② 4. ⑤

05 수표의 지급보증에 관한 설명 중 옳은 것은? (2008년 공인회계사)

① 지급보증인은 수표의 소지인이 지급제시기간 내에 수표를 지급제시한 경우에 한하여 수표상의 채무를 부담한다.

② 지급보증인은 수표상의 채무를 이행한 후 수표의 발행인 등에 대해 수표상의 권리를 취득한다.

③ 조건을 붙여 지급보증을 한 경우 지급보증은 무효이다.

④ 지급보증인에 대한 수표금채권의 소멸시효 기간은 지급제시기간 경과 후 6개월이다.

⑤ 지급인이 지급보증을 하면 수표의 발행인, 배서인 등은 책임을 면한다.

② 지급보증은 지급제시기간내에 제시한 때에 한하여 지급의무를 부담하는 수표행위로서, 지급보증인이 수표상의 채무를 이행하더라도 수표상의 권리를 취득하는 것은 아니다.

③ 조건을 붙여 지급보증을 한 경우 지급보증은 조건을 붙이지 않은 지급보증의 효력이 있다(수표법 제54조 제1항).

④ 지급보증인에 대한 수표금채권의 소멸시효 기간은 지급제시기간 경과 후 1년이다(수표법 제58조).

⑤ 지급인이 지급보증을 하면 수표의 발행인, 배서인 등은 책임을 면하지 못한다(수표법 제56조).

06 어음 또는 수표상의 권리에 관한 설명 중 틀린 것은? (2009년 공인회계사)

① 수표소지인의 배서인에 대한 상환청구권은 제시기간 경과 후 6월간 행사하지 아니하면 소멸시효가 완성한다.

② 판례에 의하면, 지급제시기간이 경과한 자기앞수표의 양도행위에는 수표상의 권리 소멸로 인하여 소지인에게 발생한 이득상환청구권의 양도도 포함된다.

③ 어음금을 상환한 배서인의 전자에 대한 재상환청구권은 어음을 환수한 날 또는 그 자가 제소된 날로부터 6월간 행사하지 아니하면 소멸시효가 완성한다.

④ 어음의 소멸시효 완성으로 어음상의 채무를 면한 어음채무자에 대하여 이득상환청구권이 성립하려면 해당 어음채무자가 원인관계에서 현실적으로 재산상의 이득을 얻어야 한다.

⑤ 지급보증을 한 지급인에 대한 수표상의 청구권은 제시기간경과 후 6월간 행사하지 아니하면 소멸시효가 완성한다.

지급보증을 한 지급인에 대한 수표상의 청구권은 제시기간경과 후 1년간 행사하지 아니하면 소멸시효가 완성한다(수표법 제58조).

답 5. ① 6. ⑤

07 어음 · 수표에 관한 대법원 판례의 설명 중 옳은 것은? (2005년 공인회계사)

① 말소권(抹消權)이 있는 자가 말소한 배서만 배서의 연속에 관하여는 배서의 기재가 없는 것으로 본다.

② 원인관계에 의한 채무의 지급과 관련하여 어음이 수수된 경우에 당사자간의 명확한 의사표시가 없다면 '지급에 갈음한' 것으로 본다.

③ 지급제시기간이 경과한 은행발행의 자기앞수표를 양도할 때에는 그 교부에 의하여 이득상환청구권을 양도함과 동시에 이득을 한 발행은행에 대하여 채권양도의 통지를 할 권능을 아울러 부여하는 것이다.

④ 민법의 표현대리에 관한 규정은 어음의 위조에 유추적용될 여지가 없다.

⑤ 어음면의 기재 자체로 보아 국내어음임이 명백한 경우에도 그 어음면상 '발행지'의 기재가 없다면 이를 무효의 어음으로 본다.

① 말소권이 있는 자이든 말소권이 없는 자이든 말소한 배서는 배서의 연속에 관하여는 배서의 기재가 없는 것으로 본다(어음법 제16조 제1항, 대법원 1995. 2. 24.선고, 94다41973판결).

② 원인관계에 의한 채무의 지급과 관련하여 어음이 수수된 경우에 당사자간의 명확한 의사표시가 없다면 '지급을 위하여(지급의 방법으로) 한' 것으로 본다(판례 · 통설의 입장).

③ 대법원 1976. 1. 13.선고, 70다2462판결.

④ 민법의 표현대리에 관한 규정은 어음의 위조에 유추적용될 여지가 있다. 즉, 피위조자의 경우 위조어음에 대해 원칙적으로 책임을 지지 않지만, 판례는 민법상의 표현대리에 관한 규정이 적용 또는 유추적용되어 피위조자의 책임이 인정된다고 한다(참조판례 : 대법원 1999. 12. 24.선고, 99다13201판결).

⑤ 어음면의 기재 자체로 보아 국내어음임이 명백한 경우에는 그 어음면상 '발행지'의 기재가 없더라도 무효어음으로 볼 수 없다는 것이 판례의 입장이다(대법원 1998. 4. 23.선고, 95다36466판결).

08 A는 B로부터 물품을 구매하고 대금지급을 위해 C은행을 지급인으로 하는 당좌수표를 2003년 5월 1일자로 발행하면서 수표상에는 그 발행일을 2003년 7월 1일로 기재하였다. A는 B에게 수표를 교부하면서 2003년 7월 1일 이전에는 수표를 타인에게 양도하거나 지급제시하지 않기로 합의하였으나, B는 2003년 6월 1일에 C에게 이 수표를 지급제시하여 부도처리되었다. 다음 설명 중 옳은 것은? (통설 및 판례에 의함) (2004년 공인회계사)

① A가 발행한 수표는 사실에 반하는 것으로서 무효이다.

② 2003년 7월 1일 이전에는 지급제시가 불가능하므로 C의 지급거절과 부도처분은 부당하다.

③ A는 자신이 발행한 수표가 부도처리되었으므로 부정수표단속법에 의한 형사처벌의 대상이 된다.

답 7. ③ 8. ③

④ B는 A가 부도처분으로 입은 손해에 대해 손해배상책임이 없다.

⑤ 2003년 7월 1일 이전에 지급제시하지 않기로 하는 A, B간의 합의는 선량한 풍속 기타 사회질서에 반하는 것으로서 무효이다.

위의 설문은 선일자수표의 발행후 발행일 이전의 지급제시의 효력에 관한 내용이다. 통설과 판례의 의할 경우 선일자수표의 발행이 인정되며, 수표의 발행일 이전의 지급제시도 가능하며, 이때 지급거절의 경우에는 소구가 인정된다. 따라서 ①, ②는 틀린 지문이다. 한편, 선일자수표의 발행일 이전에 지급제시하지 않기로 하는 당사자간의 약정은 유효하므로 ⑤는 틀린 지문이다. 당사자간의 약정에 위반하여 지급제시를 하더라도 이는 유효하다. 다만, 약정에 위반함으로 인하여 발행인에게 손해가 발생하였다면 제시인은 발행인에게 손해배상책임을 부담한다. 따라서 ④는 틀린 지문이다. 한편, 수표의 부도의 경우에는 어음과 달리 형사특별법인 부정수표단속법에 의한 처벌을 받는다.

09 甲은 지급인을 A로, 발행일을 실제 발행일인 2010. 2. 10이 아닌 2010. 2. 22로 기재하기로 乙과 합의한 후 乙에게 수표를 발행하였다. 이에 관한 설명으로 틀린 것은? (다수설 및 판례에 의함)

(2010년 공인회계사)

① A는 2010. 2. 2. 乙의 지급제시에 대하여 甲의 계산으로 지급할 수 있다

② 乙이 2010. 2. 10. A에게 지급제시함에 따라 甲이 손해를 입은 경우 乙에게 채무불이행에 의한 손해배상책임을 청구할 수 없다.

③ 乙이 지급제시하지 않은 채 2010. 2. 12. 丙에게 배서양도한 후, 丙이 2010. 2. 20. A에게 지급제시하여 지급이 거절된 경우 乙에게 상환청구권을 행사할 수 있다.

④ 乙이 지급제시하지 않은 채 2010. 2. 12. 丙에게 배서양도한 후, 丙이 2010. 2. 20. A에게 지급제시함에 따라 甲이 손해를 입은 경우 丙에게 채무불이행에 의한 손해배상책임을 청구할 수 없다.

⑤ 乙이 지급제시하지 않은 채 2010. 2. 12. 丙에게 배서양도한 후, 丙이 2010. 3. 3. A에게 지급제시하여 지급이 거절된 경우 乙에게 상환청구권을 행사할 수 있다.

위의 설문은 "선일자수표"에 관한 내용으로써, 수표에 기재된 발행일 이전에 제시하지 않는다는 합의에 위반하여 2010. 2. 10에 지급제시를 하여도 이를 지급하여야 한다(수표법 제28조 제2항). 이로 인하여 수표발행인 甲이 손해를 입었다면 乙은 채무불이행에 의한 손해배상책임을 진다.

③ 丙은 甲과 乙 간의 합의에 따를 필요가 없으므로 채무불이행에 따른 손해배상책임을 지지 않는다.

10 A는 B에게 상품대금으로 수표금 일백만원의 당좌수표를 발행하였고, B는 이 수표에 두 줄의 횡선을 그은 후 C에게 배서양도 하였다. 옳은 것은? (2001년 공인회계사)

답 9. ②

① C가 이 수표를 다시 양도하려면 배서하여야만 한다.

② 지급은행은 자기의 거래처가 아닌 C에게도 수표금을 지급할 수 있다.

③ C가 이 수표의 횡선을 말소한 경우 이 수표는 일반수표로 전환된다.

④ C가 그 횡선 안에 지급은행이 아닌 다른 특정은행명을 기재한 경우, 그 수표의 지급은행은 그 특정은행에 대해서만 지급할 수 있다.

⑤ C가 다시 수 개의 특정횡선을 기재한 경우, 지급은행은 임의로 선택하여 수표금을 지급할 수 있다.

① 소지인출급식수표에 배서하여 양도한 경우 지시증권으로 변하는 것이 아니므로 배서에 의해서만 양도하여야 하는 것은 아니다. 즉, 배서에 의해 양도할 수 있다가 되어야 옳다.

② 일반횡선수표는 은행 또는 자기의 거래처에 대해서만 지급할 수 있다(수표법 제38조 제1항).

③ 일반횡선수표를 특정횡선수표로 전환하는 것은 가능하지만, 일반수표로 전환하는 것은 인정되지 않는다(수표법 제37조 제4항).

④ 특정횡선수표의 지급인은 지정된 은행에 대하여서만 또는 지정된 은행이 지급인인 때에는 자기의 거래처에 대해서만 지급할 수 있다(수표법 제38조 제2항).

⑤ 수개의 특정횡선이 있는 수표의 지급인은 이를 지급하지 못한다. 다만, 두 개의 횡선이 있는 경우 그 하나가 어음교환소에 제시하여 추심하게 하기 위한 것인 때에는 지급할 수 있다(수표법 제38조 제4항).

11 甲은 상품대금조로 乙에게 당좌수표를 발행하였는데, 乙은 이 수표에 두 줄의 횡선을 그어 丙에게 배서양도 하였다. 다음 설명 중 옳은 것은? (2009년 공인회계사)

① 乙이 횡선 내에 "은행" 또는 이와 동일한 의의가 있는 문자를 기재한 경우 특정횡선수표가 된다.

② 乙이 횡선 내에 특정은행 명을 기재하였고 그 특정은행이 지급인으로 기재된 은행과 동일한 경우 기재된 특정은행은 자기의 거래처에 한하여 지급할 수 있다.

③ 乙이 횡선 내에 "은행" 또는 이와 동일한 의의가 있는 문자를 기재한 경우 丙이 다시 그 횡선 내에 특정은행 명을 기재할 수 없다.

④ 은행은 자기의 거래처 또는 다른 은행이 아니더라도 횡선수표를 자유로이 취득할 수 있다.

⑤ 횡선 내에 기재된 은행이 아닌 제3의 은행이 수표금을 지급할 경우 그 제3의 은행은 이로 인하여 생긴 손해가 수표금액을 초과하더라도 수표법상의 손해배상책임을 진다.

① 乙이 횡선 내에 "은행" 또는 이와 동일한 의의가 있는 문자를 기재한 경우 일반횡선수표가 된다(수표법 제37조 제3항).

② 수표법 제38조 제2항 본문

③ 乙이 횡선 내에 "은행" 또는 이와 동일한 의의가 있는 문자를 기재한 경우 丙이 다시 그 횡선 내에 특정은행 명을 기재할 수 있다(수표법 제37조 제4항).

답 10. ④ 11. ②

④ 은행은 자기의 거래처 또는 다른 은행에서만 횡선수표를 취득할 수 있다(수표법 제38조 제3항 전문).
⑤ 횡선 내에 기재된 은행이 아닌 제3의 은행이 수표금을 지급할 경우 그 제3의 은행은 이로 인하여 생긴 손해에 대하여 수표금액의 한도내에서 손해배상책임을 진다(수표법 제38조 제5항).

12 자기앞수표에 관한 설명으로 틀린 것은? (2012년 공인회계사)

① 수취인이 기재되지 않은 자기앞수표에 배서한 자는 상환청구에 관한 규정에 따라 책임을 부담한다.

② 자기앞수표의 소지인이 지급제시기간 내에 지급제시하지 않으면 발행은행은 수표상의 상환의무를 부담하지 않는다.

③ 판례에 의하면 자기앞수표에서 발생한 이득상환청구권을 양도하는 자가 정당한 권리자가 아닌 경우에도 양수인은 이득상환청구권을 선의취득할 수 있다.

④ 판례에 의하면 지급제시를 하지 않은 채 지급제시기간이 경과된 자기앞수표를 교부한 경우 이득상환청구권은 물론이고 발행은행에 대한 채권양도의 통지 권능도 양도된다.

⑤ 판례에 의하면 자기앞수표의 소지인이 지급제시를 하지 않은 채 지급제시기간이 경과된 경우 발행은행이 수표금액 만큼 이득을 얻은 것으로 추정한다.

판례에 의하면 자기앞수표에서 발생한 이득상환청구권을 양도하는 자가 정당한 권리자가 아닌 경우에는 이득상환청구권은 지명채권양도의 방법에 따라 양도되어야 하므로(대법원 1981. 6. 23 선고 81다167 판결), 양수인은 이득상환청구권을 선의취득할 수 없다.

13 수표에 관한 설명으로 옳은 것은? (2014년 공인회계사)

① A가 지급인인 B은행에 대하여 C에게 발행한 수표의 지급위탁을 취소하였다 하더라도 B은행은 지급제시기간 중에는 수표금을 C에게 지급할 수 있다.

② A가 지급인 B은행과 자금을 수표에 의하여 처분할 수 있는 명시적 계약을 체결하지 않고 C에게 수표를 발행하였다면 그 수표는 수표로서의 효력이 없다.

③ A가 지급인을 B은행으로하여 C에게 발행한 수표에 인수문구가 기재되어 있다면 그 문구대로 법적 효력이 발생한다.

④ A가 C에게 B은행을 지급인으로하여 "C에게 지급하시오. 그리고 지시금지"라는 문구를 기재하여 수표를 발행한 경우에도 C는 배서에 의해 D에게 수표를 양도할 수 있다.

⑤ A가 2014년 1월 5일에 C에게 수표를 발행하면서 수표상 발행일자를 2014년 1월 10일로 기재한 경우에는 C는 2014년 1월 10일 이후에 지급인인 B은행에 수표를 지급제시 하여야만 수표금액을 지급받을 수 있다.

답 12. ③ 13. ①

② A가 지급인 B은행과 자금을 수표에 의하여 처분할 수 있는 명시적 계약을 체결하지 않고 C에게 수표를 발행하였더라도 그 수표는 수표로서의 효력이 있다(수표법 제3조).

③ A가 지급인을 B은행으로하여 C에게 발행한 수표에 인수문구가 기재되어 있다면, 수표에는 인수가 금지되므로 그 문구대로 법적 효력이 발생하지 않는다(수표법 제4조).

④ A가 C에게 B은행을 지급인으로하여 "C에게 지급하시오. 그리고 지시금지"라는 문구를 기재하여 수표를 발행한 경우에는, 지시금지수표이므로 C는 지명채권양도방법에 의해서만 D에게 수표를 양도할 수 있다(수표법 제14조 제2항).

⑤ A가 2014년 1월 5일에 C에게 수표를 발행하면서 수표상 발행일자를 2014년 1월 10일로 기재한 경우에는 C는 2014년 1월 10일 이전에 지급인인 B은행에 수표를 지급제시 하여 수표금액을 지급받을 수 있다(수표법 제28조 제2항).

14 수표에 관한 설명 중 옳은 것은? (2005년 공인회계사)

① 상환의무자에 대한 수표상 권리의 시효기간은 6월, 재상환청구권의 시효기간은 1월이다.

② 수표에 기재한 이자의 약정은 이율의 기재만 있다면 그 효력이 있다.

③ 수표에는 유통을 조장하기 위하여 등본제도가 인정된다.

④ 수표의 지급위탁의 취소는 제시기간경과 후에만 그 효력이 생긴다.

⑤ 수표는 신속하게 지급되어야 하므로 복본제도가 인정되지 않는다.

① 상환의무자에 대한 수표상 권리의 시효기간과 재상환청구권의 시효기간은 6월이다(수표법 제51조 제1항, 제2항).

② 수표에 기재한 이자의 약정은 기재하지 아니한 것으로 본다(수표법 제7조).

③ 수표는 신용증권성이 없으므로 등본제도가 인정되지 않는다.

④ 수표법 제32조 제2항.

⑤ 수표는 복본제도가 인정된다(수표법 제48조).

15 수표에 관한 설명 중 틀린 것은? (2006년 공인회계사)

① 수표의 지급위탁의 취소는 제시기간경과 후에만 그 효력이 생긴다.

② 지급인이 배서에 조건을 붙이지 않고 한 배서는 유효하다.

③ 소지인출급의 수표에 배서한 자는 담보책임을 부담한다.

④ 지급보증에 의하여 수표의 기재사항을 변경하더라도 변경의 효력이 없다.

⑤ 판례에 따르면, 수표의 지급보증에서 지급보증일자가 없으면 지급보증의 효력이 인정되지 않는다.

수표의 지급인의 배서는 조건을 붙이든 붙이지 않든 효력이 없다(수표법 제15조 제3항).

답 14. ④ 15 ②

16 다음 중 수표에 관한 설명으로 옳은 것은? (2007년 공인회계사)

① 횡선수표라 함은 표면에 두 줄의 평행선이 그어진 것으로, 수표에 횡선을 그을 수 있는 자는 수표의 발행인이나 소지인이다.

② 수표계약 없이 수표를 발행하거나 수표자금이 없음에도 수표를 발행한 경우 그 수표의 효력은 부정된다.

③ 일반횡선수표의 지급인은 자신의 거래처 또는 횡선 속에 지정된 은행에 대해서만 지급할 수 있다.

④ 수표의 발행일을 실제 발행일의 후일로 기재한 경우에는 수표에 기재된 날에 제시 및 지급될 수 있을 뿐이다.

⑤ 지급인이 지급보증을 한 경우에는 소지인이 지급제시기간 경과 후에 수표를 제시하더라도 지급인은 지급의무를 부담한다.

② 수표계약이 없이 발행된 수표라도 그 효력에는 영향이 없다(수표법 제3조 단서).
③ 일반횡선수표의 지급인은 은행 또는 자신의 거래처에 대해서만 지급할 수 있다(수표법 제38조 제1항).
④ 수표의 발행일을 실제 발행일의 후일로 기재한 경우(선일자수표)에, 기재된 발행일자의 도래 전에 지급을 위하여 제시된 수표는 그 제시한 날에 이를 지급하여야 한다(수표법 제28조 제2항).
⑤ 지급인이 지급보증을 한 경우에는 지급제시기간 내에만 지급의 의무를 부담하므로(수표법 제53조 제1항), 소지인이 지급제시기간 경과 후에 수표를 제시한 경우 지급인은 지급의무를 부담하지는 않는다.

17 수표의 특성에 관한 설명으로 틀린 것은? (2011년 공인회계사)

① 환어음의 인수와 대비되는 수표의 지급보증을 할 경우 지급보증인은 무조건적인 책임을 부담한다.

② 수표는 지급증권이지 신용증권이 아니므로 인수금지규정을 회피할 수 있는 지급인의 배서를 금지하고 있다.

③ 수표에는 도난 · 분실에 대비하여 지급위탁취소제도가 인정되나 제시기간 경과 후에만 효력이 발생한다.

④ 수표의 지급증권성을 유지하기 위하여 지급인의 수표보증을 금지하고 있다.

⑤ 수표에는 등본이 인정되지 아니하고 복본은 분실의 염려가 있는 국제간 또는 원격지에 송부되는 경우에 한하여 인정된다.

환어음의 인수와 대비되는 수표의 지급보증을 할 경우 지급보증인은 지급제시기간내에수표를 제시한 때에만 지급책임을 부담하며(수표법 제55조), 제시기간경과후에는 거절증서의 작성 등의 상환청구를 위한 요건이 갖추어져 있는 경우 제시기간 경과후 1년 내에 상환의무자와 유사한 책임을 진다(수표법 제58조). 이 점에서 환어음의 인수인과 책임에 차이가 있다.

답 16. ① 17. ①

상법강의

초판 1쇄 인쇄 / 2017년 8월 24일
초판 1쇄 발행 / 2017년 8월 31일

저자 이상수 · 송상원 · 정다희
발행처 형설출판사
경기도 파주시 회동길 37-23 · **전화** (031) 955-2361~4 · **팩시밀리** (031) 955-2341
발행인 장진혁
등록 라-제9호 · 1962년 5월 1일
홈페이지 http://www.hyungseul.co.kr
e-mail hs@hyungseul.co.kr

정가 45,000원

ISBN 978-89-472-8196-6 93360

이 도서의 국립중앙도서관 출판시도서목록(CIP)은 서지정보유통지원시스템 홈페이지(http://seoji.nl.go.kr)와 국가자료공동목록시스템(http://www.nl.go.kr/kolisnet)에서 이용하실 수 있습니다.(CIP제어번호 : CIP2017019759)

상법 강의